ANNIE COHEN-SOLAL

SARTRE

1905–1980

Aus dem Französischen
von Eva Groepler

ROWOHLT

«Sartre, A Life»
erschien 1987 bei Pantheon Books,
A Devision of Random House, New York
Die Übersetzung folgt der französischen Ausgabe
der Éditions Gallimard, Paris 1985
Die Fußnoten und die deutschen Quellenangaben
stammen von der Übersetzerin.

1.–10. Tausend Oktober 1988
11.–16. Tausend Dezember 1988
17.–23. Tausend Dezember 1988
24.–29. Tausend März 1989

Umschlaggestaltung Walter Hellmann
(Foto: Rowohlt Archiv)
Gesetzt aus der Garamond (Linotron 202)
Gesamtherstellung Clausen & Bosse, Leck
Printed in Germany
ISBN 3 498 00873 0

Der Saal Nummer 1 im *Nouveau Drouot* ist mit rotem Teppichboden ausgelegt; Metallschienen an der Decke werfen ein grelles, beinah unerträgliches Licht auf das Publikum. Paris, 12. Juni 1984, drei Uhr nachmittags: Die schwüle und drückende Hitze scheint zu stehen. «Etwas schneller bitte... Etwas schneller... Nein, Monsieur... 16 von einer Dame links... In der Mitte nichts... Rechts nichts... Schneller, schneller... Bietet jemand mehr?» Der Saal im *Nouveau Drouot* ist ein Durchgangsort: Die Tür ist offen, Touristen gehen ein und aus: Mädchen in Jeans, Mädchen in Shorts werfen einen Blick hinein. Was gibt es eigentlich zu beobachten? Nichts außer dem seltsamen Ballett der Käufer: Zwischenhändler, kleine Juristen in grauen Anzügen, die den Arm heben, ein unmerkliches Zeichen geben, ohne wahre Leidenschaft, wie ferngesteuerte Automaten.

An diesem Tag erlebte ich den Verkauf der Liebesbriefe von Montherlant, der Notizen von Gérard de Nerval, einer kurzen Nachricht von Proust an seine Mutter, eines Buches von Romain Rolland mit Widmung... Und dann kam Sartre dran. «Wir verkaufen jetzt den Posten 115», kündigte der Versteigerer an. «Manuskripte von Jean-Paul Sartre.» Dem Auktionspublikum werden sechs Seiten in Quartformat vorgestellt, ein Entwurf von *Qu'est-ce-que la littérature?* Anfangsgebot: 3000 Francs; für 4800 Francs zugeschlagen. Dann folgt das Manuskript von *La mort dans l'âme:* 544 Seiten; zugeschlagen für 85 000 Francs. Ein 274 Seiten dickes Heft, *Notes pour une morale,* 75 000 Francs. «Schneller, schneller...» Der Auktionsleiter wird ungeduldig. Er schluckt ein Pfefferminzbonbon. Verlieren die Sartre-Aktien an Wert? «Schneller, schneller, jetzt zwei Seiten... Ich biete zwei Seiten von *Les mains sales* an...» 1800 Francs. Der Rest wird ziemlich schnell verkauft: 3500 Francs für sieben Seiten aus *Le diable et le bon Dieu.* 6000 Francs für sechs Seiten aus *Les mots.* 12000 für neunundzwanzig unveröffentlichte Seiten zum Russell-Tribunal.

Vier Jahre nach Sartres Tod wird versteigert. Die letzten Reliquien werden in alle Winde zerstreut. Einige seiner Freunde sind im Saal; sie grüßen einander; sie haben sich seit vier Jahren nicht gesehen. Die Bibliothèque nationale hat ihr Vorkaufsrecht für den Erwerb von *La mort dans l'âme* und *Notes pour une morale* geltend gemacht. Es heißt, die sonstigen Käufer seien Ausländer, Amerikaner. Man grüßt sich; man geht wieder auseinander; man taucht wieder in die Backofenhitze der Straße ein. Eigenartige Zeremonie... Sein ganzes Leben hat Sartre Manuskripte verstreut, verschenkt, verloren. «Sartre verkauft sich nicht besonders», behauptet ein Experte, «das liegt vielleicht am Überangebot...» Später wird ein Artikel der Tageszeitung *Libération* die Versteigerung unseres Literaturgutes behandeln und diese Mutmaßungen bestätigen. «Ein Brief von Baudelaire an seine Mutter erreicht 150000 Francs... 90000 Francs für einen Zettel von Maupassant an einen Freund... Bei diesem Transaktionsspiel schneidet Sartre schlecht ab...»

Diese Szene ist mir äußerst unangenehm gewesen: Man sieht ungern zu, wie symbolische Werte, denen man selber Bedeutung schenkt, brutal taxiert, ausgestellt, verkauft und von kleinen, anonymen Herren in grauen Anzügen weggeschleppt werden. All diese Manuskripte stammten aus Sartres Hand; einige waren sogar unveröffentlichte Texte. Wohin gingen sie, wohin verschwanden sie? Würden sie jemals zugänglich sein? Würden sie jemals wieder auftauchen? Sartre wurde also notiert, und zwar schlecht. Machte wirklich das Überangebot den Markt kaputt? Oder drückte es, unmittelbar nach dem Tod des Schriftstellers, einen vielleicht unvermeidlichen Zweifel am Wert seines Werkes aus? Tatsächlich, seit Sartres Tod im April 1980 war sein Werk in eine Gefahrenzone geraten, wofür die Versteigerungszeremonie wahrscheinlich nur eines der harmlosesten Symptome war. Und dennoch, was zeigte sich eigentlich bei diesem Ball der Manuskripte: Dieses ständige Auftauchen, Verschwinden, Wiederauftauchen zeugte von einem unablässigen Kreisen um das Sartresche Werk, von seiner Mobilität, von seinem Weiterleben.

Für den Biographen sind die Jahre unmittelbar nach dem Tod eines Schriftstellers sehr ungünstig, und wenn er seine Forschung zu einem solchen Zeitpunkt beginnt, setzt er sich allerlei Stürmen und Gegenwinden aus und teilt mit dem Schriftsteller die Widrigkeiten dieser Reise. Öfters bin ich an Grenzen dieses Unternehmens gestoßen; ich habe auch seine Freuden genossen. Das überraschende Auftauchen eines Zeugen, eines unbekannten Fotos, einer Aufzeichnung von Sartres Stimme haben oft Wesentliches der Untersuchung wieder in Frage gestellt. Man glaubt zu kennen, man glaubt zu wissen, und plötzlich bringt ein überraschendes, unvorhergesehenes Dokument alles wieder durcheinander, und der Bericht muß neu geschrieben werden. In anderen Fällen ist es das Fehlen eines Puzzlestückes, das den Biographen umtreibt, bis er es gefunden hat. Ich hatte viel über den Roman *Une défaite* gehört, den Sartre im Alter von zwanzig Jahren geschrieben hatte. Die ehemaligen Normaliens, die ich getroffen hatte, machten mich neugierig: «Ein großartiger Roman, den man unbedingt gelesen haben mußte! Ein wahrer Mythos an der École normale!» Diesen Text hatte ich also lange gesucht, ich hatte auf ihn gewartet und gehofft. Zunächst war ich enttäuscht: Auf den ersten Blick war es einfach ein unvollkommener Jugendroman – weder wirklich vollendet noch ein flüchtiger Entwurf –, eine Folge schlecht zueinander passender, nebeneinandergestellter Kapitel unterschiedlicher Qualität. Doch mitten in diesem Durcheinander leuchteten wie ein Schatz zwanzig wunderbare Seiten mit der Überschrift «Un conte de fées» auf. Der Held des Romans, Frédéric, Hauslehrer in einer bürgerlichen Familie, erfand für Jenny und Louise, seine zwei kleinen Schülerinnen, und auch für ihre Mutter, die er zu verführen versuchte, ein wahres Märchen. Das wie jedes Märchen mit «Es war einmal...» begann. Es war die Geschichte eines Prinzen «von wunderbarer Klugheit und erlesener Schönheit», der jedoch, kühl und unnahbar, «nicht an die Seele der Menschen glaubte»: Er lebte mitten unter Automaten. Seine schlauen Untertanen hatten ihn «Tyrann» genannt. Eines Tages ritt der ungeliebte Prinz lange durch den Wald:

Der Prinz gab dem Pferd die Peitsche und galoppierte davon. Ein furchtbarer Gedanke drängte sich ihm auf: ‹Hat jedes Ding eine Seele?› Er ritt an einer Wiese mit hohem, grünem raschelndem Gras entlang. ‹Hat...?› Was war dieses Rascheln, das das Gras wie eine Seele bewegte? Welches dunkle Leben steckte in ihm? Bei diesem Gedanken überkam ihn ungeheurer Ekel. Er gab dem Pferd die Sporen, so daß es Angst bekam und losstürmte. Von der Geschwindigkeit zerzauste Bäume näherten sich ihm und verschwanden wieder wie Karten... Und jedes Ding schien zu leben, ein dunkles, feindseliges Leben, ein auf ihn gerichtetes Leben zu leben, das ihn würgte. Er hielt sich für den Mittelpunkt einer unermeßlichen Welt, die ihn beobachtete. Die Flüsse, die Pfützen auf dem Weg belauerten ihn. Alles lebte, alles dachte. Und plötzlich dachte er an sein Pferd: dieses folgsame Tier auch... Sie, Jenny, die Sie sich vor Spinnen fürchten, stellen Sie sich vor, Sie würden mit einem Pferd vor einer Spinnenarmee flüchten, und plötzlich stellen Sie fest, Ihr Pferd ist eine riesige Spinne. Das gibt Ihnen eine ungefähre Ahnung von seinem Entsetzen und seinem Ekel... Der Prinz, der sich mit Mühe im Sattel hielt, betrachtete die riesigen und dunklen Wesen, die er so gut zu kennen gemeint hatte und die ihm jetzt wie Ungeheuer vorkamen: die Bäume. Er fing an zu schreien. Ein niedriger Ast schlug ihm heftig gegen die Stirn, und er fiel aus dem Sattel, in seiner außer den Fugen geratenen Phantasie kam ihm für die Dauer eines Augenblicks der Ritt, den er soeben erlebt hatte, wie ein Höllenritt vor, der mit dem allgemeinen Untergang enden würde, und er fiel ohnmächtig zu Boden.

Diesen Ritt des Prinzen entdeckte ich kurz nach der traurigen Zeremonie im Auktionssaal. In der Sturmzone, in die Sartres Werk geraten war, wirkte der Ritt des Prinzen wie ein günstiges Zeichen. Obwohl ich damals dessen Reichtümer noch nicht zu ermessen vermochte, spürte ich doch, daß es sich dabei um etwas Kostbares handelte. Denn am Ende seines Ritts entdeckte der einst isolierte Prinz die Welt. Eine Welt wimmelnden, überquellenden Lebens, die ihm die Evidenz seiner Freiheit und die der Existenz der anderen vermittelte. Am Ende seines Ritts hatte sich der Prinz politisch verändert.

Er wurde gesund, er gewöhnte sich allmählich daran, unter anderen Seelen zu leben. Er wurde ein Mensch wie die anderen, nur ein besserer... Er konnte es nicht ertragen, daß eine andere Seele litt. Er entließ seine Minister und regierte sein Land mit Gerechtigkeit...
Dann entdeckte der Prinz die Liebe, er verliebte sich in eine Schäferin: Die Frau wurde für ihn seine Vermittlerin. Der Ritt des Prinzen war ein seltsames Labyrinth, in dem sich alle Themen, alle Motive des Sartreschen Werkes verflochten. In dem sich alle Bereiche seines Schaffens bereits abzeichneten. Der Ritt des Prinzen aus der Feder eines zwanzigjährigen Studenten kündigte die Hauptthemen des zukünftigen Werkes an: Man konnte in ihm die Konturen von *La nausée* und *L'être et le néant* erahnen. Es war eine Version von *La nausée* für Kinder. Man konnte darin sogar mühelos eine Allegorie von Sartres Leben erkennen.

Eine Versteigerung, ein unveröffentlichter Text: Fünf Jahre nach Sartres Tod lebte sein Werk weiter. Sein Weiterleben hatte seinen eigenen, unerwarteten, unkontrollierbaren Rhythmus. In seiner Großzügigkeit hatte Sartre viele Manuskripte verschenkt; aus Nachlässigkeit hatte er manche verloren. Beides läßt hoffen, daß noch Tausende von Seiten wieder auftauchen. Beides schützt heute sein Werk, das immer noch offen, mitreißend und noch für lange Zeit unvollendet ist. Als habe er, bevor er ging, bewußt vergessen, seine Akten zu schließen, das Licht auszumachen... Als habe er sich in einer letzten, wahnwitzigen Anwandlung leidenschaftlich gesträubt, sein Werk anderen zu hinterlassen, sich selbst zur Beute zu machen.

A. C.-S.
17. Juni 1985

Ich fühle mich nur in der Freiheit wohl, den Gegenständen entgehend, mir selbst entgehend... Ich bin ein vor Hochmut trunkenes und durchsichtiges wahres Nichts... Daher will ich die Welt besitzen.

Jean-Paul Sartre, *Tagebücher*.

UNTERWEGS ZUM GENIE

1905–1939

JEAN-BAPTISTE IM RAMPENLICHT

Mein Vater war rücksichtsvoll genug gewesen, zu sterben und sich dadurch ins Unrecht zu setzen ... indem er sich auf englische Weise empfahl, hatte mir Jean-Baptiste die Freude verwehrt, seine Bekanntschaft zu machen. Noch heute wundere ich mich darüber, daß ich so wenig von ihm weiß ... Aber niemand in meiner Familie hat je vermocht, mich auf diesen Mann neugierig zu machen ...

Die Wörter

Meine liebe kleine Schwester, ich halte mein Versprechen und werde Dir vom Ball am Sonnabend berichten. Es war ein wunderschöner, außerordentlich gut organisierter Ball. Er fand in den Salons des *Hôtel Continental* statt; es sind riesige und ziemlich prunkvolle Salons; Samstag abend waren dort bestimmt an die dreitausend Menschen eines ausgesuchten Publikums versammelt; die Balltoiletten waren schön und boten einen überaus angenehmen Anblick. Natürlich gab es viele Uniformen, und zwar sehr schöne, wie die der Marineoffiziere und Marineingenieure. Ebenfalls anwesend waren zwei Minister, ehemalige Studenten: Cavaignac und Guieysse. Um elf Uhr wurde Monsieur Faure angekündigt: Die Ballkommissare (zu denen ich gehörte) haben bei seinem Eintreffen ein Ehrenspalier mit gezogenen Degen gebildet. Der Präsident schien sehr zufrieden zu sein und bewies es uns durch die Bewilligung eines ganzen Urlaubstags für Montag ...» Paris, 22. Januar 1896. Wie jede Woche erzählte ein in Thiviers (Dordogne) geborener junger Student der École polytechnique seiner zu Hause gebliebenen Schwester Hélène von den kleinen Ereignissen seines neuen Lebens. Mit einundzwanzig Jahren hatte Jean-Baptiste Sartre als sechsundvierzigster von 223 Studenten die Aufnahmeprüfung des Studienjahres 1895 bestanden.

Dieser Sohn eines Landarztes aus Frankreichs Südwesten war klein, zierlich, dunkelhaarig und düster: In seinem Blick gab es nicht die geringste Spur eines Funkelns, sondern das Ernsthafte, das Müde und die Intensität jener Menschen ohne Alter, die mit zwanzig zu reif, mit dreißig zu alt sind. Elf Jahre später wird er gestorben sein, ohne daß er eigentlich gealtert ist, nachdem er einen Sohn, Jean-Paul, gezeugt hat, den er kaum kennenlernen wird. In der schönen Uniform und mit seinem Riesenschnurrbart ähnelte er einem verkleideten Kind, einer Miniatur, einem richtigen Zinnsoldaten. Wäre dieser Miniaturmensch ohne die unproportionierte Verzierung seines unglaublichen Schnurrbarts überhaupt aufgefallen? Man fühlte sich sofort angegriffen, so gebieterisch, streitsüchtig, dunkel und glühend war er. Ein absoluter Blickfang, eine Herausforderung, der man sich nicht entziehen konnte, mit seiner verhaltenen Ironie, der imposanten und steifen Unnahbarkeit, kurz mit jenem Augenzwinkern der zu klein geratenen Männer, die sich über ihre Größe mokieren.

Nie wird Jean-Paul Sartre seinen Vater länger als auf einer Seite erwähnen, und das nur nebenbei. Nie wird Jean-Paul Sartre erzählen, daß er an der École polytechnique studiert hatte. Nie wird er diese wenigen und ihm doch bekannten Tatsachen überhaupt erwähnen: daß sein Vater, ein brillanter Schüler mit doppeltem Abitur, dreifacher Preisträger beim Concours général*, Sohn einer gutsituierten Familie, sehr jung beschlossen hatte, alle Brücken hinter sich abzubrechen und weit weg von seinem kleinen Geburtsort im Périgord das Abenteuer zu suchen. Und doch wie viele Gemeinsamkeiten zwischen Jean-Baptiste und Jean-Paul! Äußerlich eine perfekte Kopie. Der Vater hundertsechsundfünfzig Zentimeter, der Sohn hundertsiebenundfünfzig Zentimeter. Und dann das gleiche Außenseitertemperament bei diesen beiden jungen Männern aus gutem Hause, denen Vermögen und Gesellschaft freundlich gesinnt und die von der Wiege an für den sicheren Weg des gehobenen Bürgertums bestimmt waren, dem sie entstammten. Der Schriftsteller Jean-Paul Sartre beschloß, die Spuren zu verwischen, die Biogra-

* *Concours général*: Jährlicher nationaler Leistungswettbewerb, zu dem die besten Gymnasialschüler jedes Fachs ausgesucht werden.

Paris, le 22 Janvier 1896

Ma bonne petite sœur,

Je tiens ma promesse, et je vais te parler du bal de samedi. C'était un bal magnifique, excessivement bien organisé: il se passait dans les salons de l'Hôtel Continental; ces salons sont immenses et fort luxueux: il y avait là, samedi soir, trois mille personnes certainement, et formant un public très choisi: les toilettes étaient belles, et offraient un très beau coup d'œil. Il y avait, bien entendu, beaucoup d'uniformes, et de très beaux uniformes, comme ceux des officiers et des ingénieurs de la marine.

....

Ton frère X,

Sartre

phen in die Irre zu führen und die Anhänger auf falsche Fährten zu setzen. Als Sohn von niemand wählte er sich selbst und beschloß offiziell die Nichtexistenz eines Sartre-Vaters. Zwar hatte er diesen Vater nicht gekannt: Als Jean-Baptiste starb, war Jean-Paul fünfzehn Monate alt. Und wenn man ihn hierzu befragte, redete sich der Schriftsteller mit dem Mangel an Spuren, dem Schweigen der Familie oder ganz einfach mit ihrer verpaßten Begegnung heraus. «Mein Vater?» griff er gleichgültig die Frage auf, «das war nur ein Foto im Schlafzimmer meiner Mutter...» Und um das Thema abzuschließen, sagte er noch: «Ich habe keinen Vater gehabt» mit einem knappen, ganz und gar unpathetischen Ton, der nach der letzten ausgesprochenen Silbe den Abbruch jedes weiteren Kontakts zum Gesprächspartner bedeutete. «Ich habe keinen Vater gehabt.» Erledigt.

1960 aber, mitten in einer Phase ostentativer Gleichgültigkeit, arbeitete der damals fünfundfünfzigjährige Sartre an einem autobiographischen Werk – an seinem vielleicht schönsten Buch –, das drei Jahre später erscheinen sollte: *Les mots.* Plötzlich und ohne daß er es für nötig hielt, irgend jemanden aus seiner Umgebung davon zu informieren, setzte sich Sartre an der Gare d'Austerlitz in den Zug nach Périgueux. Vage entsann er sich, daß sein Vater dort eine Schwester gehabt hatte, die Tante Hélène Lannes, die früher in der Rue Saint-Front, parallel zur Kathedrale gewohnt hatte. Jean-Paul Sartre klingelte bei der Nummer 7 der Rue Saint-Front. Es war ein gutbürgerliches Haus gegenüber einem mittlerweile baufälligen Gebäude, das früher das Freimaurerzentrum in Périgueux gewesen war. Niemand machte auf. Er klingelte noch einmal. Nichts. Dann ging er zum Antiquar im Erdgeschoß hinunter und erkundigte sich nach Madame Lannes. «Madame Lannes? Sie ist vor kurzem gestorben, vielleicht vor drei Monaten...» Über dreißig Jahre waren vergangen, seitdem er jeglichen Kontakt zu dieser Tante abgebrochen hatte, die er nicht mochte und die die letzte Überlebende der Familie seines Vaters war. Ihr Leben habe sie als «schöne Alte» beendet, erzählen sich heute die Nachbarn, als eine etwas schrullige alte Dame, die sich bei Rouge und Lippenstift ein wenig vergriff und Sommer wie Winter im schwarzen Tailleur mit einem vermotteten Silberfuchs, in dem eine rote Rose steckte, durch Périgueux spazierte. Eines Tages hatte ein Nachbar sie, ohne es böse zu meinen, «Madame-de-rentre-en-ville»*getauft. An dem Tag, als Sartre draußen klingelte, befand sich hinter der verschlossenen Tür immer noch eine mit Briefen, Fotografien und Erinnerungen vollgestopfte Truhe, die später vom Hauseigentümer in Sicherheit gebracht wurde. Trotz diesem Anfall von Neugierde stieß der Schriftsteller auf nichts besonders Erzählenswertes über Jean-Baptiste und begnügte sich damit, in *Les mots* die ohnehin schon kümmerlichen Erinnerungen noch abzuschwächen. Truhe, Briefe, Fotografien und noch wesentlich mehr Erinnerungsstücke tauchten 1984, anläßlich der abenteuerlichen Wirrungen einer Familienforschung wieder auf. Hier also als Vorspiel zur Biographie des vaterlosen Kindes, als Buch im Buch der Bericht über Jean-Baptiste und einige der Informationen, nach denen der Schriftsteller Jean-Paul Sartre in Périgueux gesucht hatte.

Sechs Uhr morgens: Aufstehen beim Hornsignal. Von sechs bis sechs Uhr dreißig: Lernen. Von sechs Uhr dreißig bis acht Uhr dreißig: Unterricht im Vorlesungssaal. Um acht Uhr dreißig: Frühstück, bestehend aus einer Tasse Milch oder aus einem Stück Käse (Roquefort oder Gournay)... Gefiel Jean-Baptiste das perfekte militärische Ritual genausosehr, wie er offenbar das Prestige der Uniform schätzte? Als er seine neue Ausstattung samt kleiner und großer Ausrüstung in Empfang nahm, wurde ihm da bewußt, daß er jetzt eine neue, äußerst vorteilhafte Identität annahm? Ein Mantel mit Umhang... Eine Weste... Zwei Ausgehhosen... Eine Reithose... Zwei Waffenröcke... Eine Ausgehmütze in ihrem Originalkarton... Wenige Monate später bat er seine Eltern um einen kleinen finanziellen Zuschuß: «Ich brauche unbedingt etwas anzuziehen für den Sommer, da ich nicht mehr die Uniform der École polytechnique tragen und schon Offizier sein werde. Ich habe eine ausgezeichnete Gelegenheit gefunden, mich sehr billig sehr elegant einzukleiden. Wenn mein Vater mir 80 oder 100 Francs schicken würde, könnte ich mich vollständig ausrüsten. Das wäre der Anfang meiner Ausstattung. Wenn er will, mag mein Vater das als Anleihe betrachten. Schon nächstes Jahr werde ich mit der Rückzahlung beginnen können.»[1]

* Wörtlich: «Madame geht aus».

Seit Beginn der drei Jahre, die Jean-Baptiste bereits in Paris studierte – die Vorbereitungsjahre hatte er auf dem Lycée Henri IV absolviert –, teilte er in seinen Briefen nach Hause gesellschaftliche Beobachtungen und politische Wahrnehmungen mit, die er bei seinen allerersten Berührungen mit der Hauptstadt hatte machen können. Er wußte, daß sein älterer Bruder Joseph wie immer zum Schweinekaufen auf den Viehmarkt nach Excideuil fuhr, wenn er nicht mit einer Umhängetasche über der Schulter die Familienhöfe zur Eier-, Enten- und Kapauneinsammlung ablief. Er wußte, daß seine Schwester Hélène zu Hause dank den mütterlichen Talenten die Rezepte von Trüffelomelett, Tomatenkonserven oder Kirschkuchen lernte. Er wußte, daß seine fromme und konventionelle Mutter das Haus nur zur Messe verließ und freitags die Demoiselles de Magondeaux sowie die Frau des Bürgermeisters und die Tochter des Notars empfing, auch daß sein Vater wie üblich «Hü, hott» rief, um mit dem Pferdewagen schneller vorwärts zu kommen, wenn er in der Gegend von Saint-Germain-des-Prés oder Saint-Sulpice-d'Excideuil einer gebärenden Frau oder einem an Tetanus erkrankten Bauern zu Hilfe eilte. Er wußte schließlich, daß die Großmutter Theulier im Salon des großen Elternhauses in der Rue du Thon hinter dem Fenster saß und strickte und dabei das Kommen und Gehen um die zwei Gebäude, die sie im Blickfeld hatte, nämlich Kirche und Apotheke, kommentierte... «Sieh mal an... Schon wieder geht die Tochter von Lacombe einkaufen... Ob die Mutter wieder krank ist?» An sie alle richtete er sich, er, der aus der Provinz nach Paris hinaufgegangen war, wenn er seiner Familie in Thiviers im Périgord vom Ball der École polytechnique und der Anwesenheit des Präsidenten der Republik erzählte oder, drei Jahre vorher, von den allerersten begeisterten Reaktionen berichtete, die das russisch-französische Abkommen in der Hauptstadt ausgelöst hatte. An sie alle auch richtete er sich an dem Tag, als er, nachdem er bei dem Zug von halb drei umsonst auf den angekündigten Besuch von Bruder und Schwester gewartet hatte, ihnen einen wütenden Brief schrieb: «Vermutlich hat Euch die Angst, sieben Sous für ein Telegramm ausgeben zu müssen, davon abgehalten, mir gegenüber Euren Besuch rechtzeitig abzusagen...»

Durch seinen Weggang nach Paris hatte Jean-Baptiste mit seinem familiären Milieu gebrochen, und seine Erfolge auf der École polytechnique ermöglichten ihm einen noch tieferen Bruch. Von der Hauptstadt aus und mit der Autorität seiner neuen Erfahrungen machte er seiner Schwester Hélène Vorhaltungen, verabreichte ihr bevormundend kleine Spitzen, gab ihr moralische Belehrungen: «Du neigst zu stark dazu, Dich von Trubel und Festen blenden zu lassen», schrieb er beispielsweise am 12. November 1893. «Denk nach, und Du wirst einsehen, wie hohl und leer das alles doch ist... Wenn Du einige Zeit allein in der Menge der Gleichgültigen gelebt hättest... Denk daran, daß eine Menge junger Mädchen in Deinem Alter nach Paris zieht; ihre Eltern konnten sie nicht mehr ernähren, und so haben sie sich mit nur wenigen Francs in der Tasche in das Pariser Leben gestürzt. Nach monatelangem Elend», schrieb er weiter, «finden sie endlich eine Anstellung in Modewarenläden und verdienen dort 35,45 Francs – und das in Paris!!!» Er erwog gar, seine provinzielle Schwester politisch zu sensibilisieren! «Wenn Du in diesen Tagen unter der Kälte gelitten hast», schreibt er an einem Januartag im Jahre 1894, «dann mußt Du jetzt mit dem ganzen Elend der Armen mitfühlen können. Wie vielen bin ich begegnet, die in Lumpen gehüllt vor Kälte zitterten? Donnerstag abend sah ich einen, der sich in einem Pissoir die Hände zu wärmen versuchte, indem er sie mit dem eigenen Speichel wusch. Und dann ziehen die Pferdeequipagen an ihnen vorbei, deren Kutscher Pelzkragen haben. Ich verstehe, daß diese Menschen entrüstet, empört, Anarchisten sind. Denn der Glaube macht nicht mehr wie früher aus den Bedürftigen Märtyrer. Sei großzügig den Armen gegenüber, und was Dich betrifft, so schätze Dich glücklich. Wenn Du auch nicht sämtliche Freuden kennst, die Du Dir erträumst, so lebst Du doch wenigstens im Wohlstand...» Etwa ein Vierteljahrhundert nach der Pariser Commune war Jean-Baptiste in Paris gelandet, und für den aufmerksamen Fremden wiesen die Straßen der Hauptstadt jene untrüglichen Zeichen einer Großindustrie auf, die damals ihre Blüte erlebte. Trieb Jean-Baptiste seine politischen und sozialen Erkundungen über diese wenigen Anmerkungen hinaus? Nichts veranlaßt zu dieser Annahme, obwohl er in einer besonders bewegten Periode der französischen Geschichte ins Lebenszentrum des Landes kam: Nachwirkungen des Zweiten Kaiserreichs, Beginn der radikaldemokratischen Ära, demütigende Erinnerungen an die Niederlage im Krieg von 1870/71, die die französische Nation verstümmelt hatte. Schwierige Zeiten für ein Land, das tastend nach seiner Identität suchte. Und die Nachrichten, die Jean-Baptiste 1894 den Zeitungen entnommen hatte, symbolisierten nicht sie allein schon die tiefgreifende Erschütterung des Landes? Denn kurz aufeinanderfolgend hatte er von der Ermordung des Präsidenten der Republik, Sadi Carnot, und von der Verurteilung des Hauptmanns Dreyfus gelesen. Zwei finstere Ereignisse, die einen natürlich hinter den hohen weißen Mauern der Montagne-Sainte-Geneviève aufgewühlt hatten. Man bleibt nicht unbeteiligt, wenn zwei ehemalige Studenten der École polytechnique sterben oder verurteilt werden, man fühlt sich persönlich angegriffen. Auch wenn das Frankreich, das Dreyfus verurteilt hatte, damit die Traditionen seiner mehrheitlich royalistisch, klerikal und oft auch antisemitisch gebliebenen Armee fortsetzte.

Nein, die Erschütterungen der Geschichte bewegten Jean-Baptiste nicht übermäßig. Er wollte «arrivieren», teilte er seiner Schwester weiterhin mit, er wolle in die École polytechnique aufgenommen werden. Hatte diese angesehene Militärhochschule dem Land seit über einem Jahrhundert nicht außer seinen Eliteingenieuren auch Philosophen wie Auguste Comte oder Georges Sorel, Staatsmänner wie Sadi Carnot, große Seeleute – deren Uniform Jean-Baptiste so sehr liebte – wie die Admiräle Rigault de Genouilly und Courbet, Akteure der französischen Kolonialkriege in Indochina, gegeben? Das Gesetz vom 21. Ventôse des Jahres II (11. März 1791), das die École centrale des travaux publics in École polytechnique verwandelt hatte, schrieb folgendes vor: «Ausbildung der Ingenieure aller Fachrichtungen; Wiedereinführung des während der Krisenjahre unterbrochenen Unterrichts in Naturwissenschaften.» Seit einem Jahrhundert also lieferte Frankreich der École polytechnique nach einem strengen und harten Ausleseverfahren die besten Mathematikschüler. Und seit einem Jahrhundert gab die École polytechnique dem Land diejenigen zurück, aus denen sie in zwei Jahren Militärhochschule mit harter Büffelei die aktive Elite des Landes machen wollte. Hier studierte Jean-Baptiste Astronomie, Stereotomie, Mechanik, technisches Zeichnen, Literatur, und bereits im ersten Studienjahr bestätigten sich die guten Voraussetzungen, die er bei der Aufnahmeprüfung gezeigt hatte: In Militärkunde erhielt er 13,50; in Stereotomie 14; in Literatur und Geschichte ebenfalls 14; in Astronomie 15,67 und in

Mechanik 17,6. Er teilte das fleißige und privilegierte Leben seiner Kommilitonen des Studienjahres 1895, besuchte eifrig die Bälle der Saison, den Saint-Cyr-Ball wie den Ball des Hôtel de Ville, er liebte das Theater, aber auch die endlosen Pokerpartien mit den Studienkameraden des «casert 23»: Chapelot, Perra, Lafargue, Vallantin, Marsollier oder Schweitzer... Und im Vergleich zu den Jungen, die mit ihren Pausbacken und ersten Schnurrbärten aussahen, als wären sie direkt von der Wiege aus in die Uniform geschlüpft, wirkte er, Jean-Baptiste, ernster, mit dem aufmerksamen Blick über dem berühmten Schnurrbart, ruhig, düster, beinahe schon blasiert.

Als Jean-Baptiste nach zwei Jahren Studium erfuhr, er sei der siebenundzwanzigste von zweihundertdreiundzwanzig Studenten – also *la botte* im internen Sprachgebrauch –, beschloß er bald, daß ihm an den Vorteilen eines so guten Abschlußzeugnisses nichts lag, und meldete sich zur Marine. Lag es daran, daß in Thiviers in einem Nachbarhaus früher der Admiral Fourichon gelebt hatte, der 1870 Marine- und Kriegsminister gewesen war und von dem man sich lächelnd die abenteuerliche Geschichte einer gemeinsamen Ballonfahrt mit Gambetta erzählte? Denn aus dem Périgord stammende Seeleute waren Seltenheit. Beweis: Die Mitstudenten seines Jahrgangs, die Jean-Baptistes Wahl teilten, hießen Cloître, Denquin und Marteville, waren jeweils in Saint-Brieuc, Calais und Cherbourg geboren, hatten alle drei einen Seemann als Vater verloren und folgten einer ererbten unwiderruflichen Bestimmung.[2] Anders bei Jean-Baptiste: Seine Entscheidung, die Meere zu durchkreuzen, faßte er in der Stadt Thiviers, durch die man unweigerlich kommt, wenn man von Limoges nach Périgueux fahren will, und die zu Zeiten des englischen Aquitaniens, als noch Wegzoll genommen wurde, Haupt- und Grenzstadt gewesen war, eine Stadt, wo sich stolze geschichtliche Erinnerungen eher von dem am Ort geschmiedeten Kanonen, den Festungen, Zugbrücken, Armbrusten, Pechnasen als von Seeschlachten oder anderen spanischen oder englischen Armadas herleiten lassen. Jean-Baptistes Träume und Pläne kreuzten um Panzerschiffe, Torpedos, Patrouillen- und Kanonenboote, die gerade Fregatten und Segelschiffe abgelöst hatten. Nach Paris, nach der École polytechnique war wohl seine Entscheidung für die Marine der tiefste Bruch mit Thiviers. Denn er wußte, daß diese Laufbahn ihn ans andere Ende der Welt, weit weg von seinem Geburtsort zu langen, vielleicht drei, vier oder fünf Jahre dauernden Reisen führen würde. Ein letztes Mal vor dem großen Aufbruch fuhr er nach Thiviers, bevor er am 1. Oktober 1897 in Brest an Bord der Segelfregatte *Melpomène* ging.

Er sah die engen, steilen Gassen wieder, die vom Bahnhof zur Kirche führen: die Sackgasse Les Clous, die Rue des Huiles, die Rue du Puy-de-l'Archer, die Place des Trois-Coins, die Place du Chapeau-Rouge und die schönen mittelalterlichen Häuser der Altstadt aus Lehm und braunem Fachwerk. Er fand die Ulmen am Großen Platz wieder, den quadratischen Kirchturm mit dem Schloß seines Freundes Magondeaux dahinter und nebenan die 1821 von seinem Urgroßvater Jacquot Theulier erworbene Apotheke, die später sein Großvater, Jean-Baptiste Chavoix, ein erstklassiger Apotheker, übernahm. Und schließlich gegenüber das große Familienhaus in der Rue du Thon, das sein Großvater 1862 für 1000 Francs von Joseph Faure gekauft hatte. In diesem Haus war Jean-Baptiste zur Welt gekommen, hier hatte er bis zu dem Tag gelebt, als er Thiviers verließ, um in Périgueux und dann in Paris zu studieren. Es war ein riesiges, äußerst stattliches Haus, ein großer Würfel aus weißen, glatten Steinen, bestehend aus drei Stockwerken und mit dem Vorteil, an einem der beneidenswertesten Standorte zu stehen: mitten im Zentrum, kaum zehn Meter von der Kirche, kaum fünf von der Apotheke entfernt. Ein Haus mit zwanzig Zimmern und einem großen Garten, das zusammen mit dem Besitz in La Brégère, den Höfen und den dazugehörigen siebenunddreißig Hektar Land das Wesentliche des Familienvermögens ausmachte. Diese Erwerbungen gingen auf die Familie mütterlicherseits zurück, die, dank dem doppelten Vorteil des Apothekerberufs und der Auswahl von jungen Mädchen mit hoher Mitgift, mitten im 19. Jahrhundert in Thiviers und Umgebung innerhalb von zwei Jahrzehnten ein solides kleines Immobilienkapital erworben hatte, das 1920 auf über 150000 Francs geschätzt wurde. Außerdem hatte Jean-Baptistes Mutter eine Mitgift in Höhe von 20000 Francs, «davon 12000 in bar», erhalten, als sie den Arzt Eymard Sartre heiratete. Sie war die Erbin des durch die Familien Theulier, Chavoix, Poumeau-Delille, Barailler-Laplante und Fuehle-Sablière akkumulierten Vermögens. Von Tourtoirac, von Excideuil, von Bordeaux, von Juillac in der Corrèze waren sie nach Thiviers gekommen, in jene lebhafte kleine Ortschaft, um sich die Entwicklung des Handels in der Region zunutze zu machen. In diesem Sommer 1897 fand Jean-Baptiste also für lange Zeit zum allerletztenmal dieses grüne Périgord wieder, wo seine Familie mütterlicherseits so viele Spuren hinterlassen hatte. Die Theuliers und Chavoix' hatten Frankreich seit der Revolution von 1789 eine ansehnliche Zahl von Bürgermeistern, Unterpräfekten, Generalräten und Abgeordneten geliefert, die die Dordogne oder das Périgord in der Nationalversammlung vertraten. Und hätte es Jean-Baptiste vergessen, so hätten ihn Straßennamen, Denkmäler oder auch einfach nur die *vox populi* ausführlich daran erinnert. An allererster Stelle an den ältesten Vorfahren, an Léonard Barailler, Sieur de Laplante, 1740 Chirurg bei der Marine unter Ludwig XV. Oder an den Rechtsanwalt Jean-Baptiste Chavoix (1738–1818), geboren in Juillac in der Corrèze, Mitglied der Verfassunggebenden Versammlung von 1789, Abgeordneter des dritten Standes bei den Generalständen für das Landgericht Limoges. Erinnert worden wäre er auch – noch ein Jean-Baptiste! – an den Arzt Jean-Baptiste Chavoix (1805–1881), geboren in Excideuil, Vertreter seiner Region in der Verfassunggebenden und der Gesetzgebenden Versammlung von 1848 bis 1849, radikal-demokratischer Abgeordneter von 1849 bis 1881, ehe er vor allem durch den Konflikt mit dem örtlichen «Mann der Rechten», mit dem Marschall Bugeaud, berühmt wurde. Und natürlich auch an Thiviers' ersten Bürgermeister von 1792, an Jean Theulier und seine Nachkommen, Jacques, Jules und Albert, Apotheker und Gemeindevertreter, die der Stadt ihr großes Haus mit dem herrlichen Park verkauften, das heutige Bürgermeisteramt. Dazu kamen jene, die jetzt noch im Amt waren, der Arzt Albert Theulier, seit 1881 republikanischer Abgeordneter, der während seines Wahlkampfes 1889 die Einführung einer Kapitalsteuer verlangt hatte, oder der Notar Henri Chavoix, der ebenfalls 1881 als Abgeordneter der Republikaner in die Nationalversammlung gekommen war. Dieser Ahnengalerie von in der Geschichte des französischen Südwestens fest verankerten Honoratioren sollte Jean-Baptiste also, als er eine den Theuliers und Chavoix' absolut fremde berufliche Laufbahn wählte, den Rücken kehren. Es war ihm gleichgültig, daß seine Ahnen im Gedächtnis des Südwestens lange Zeit Symbole für eine radikaldemokratische, ja extreme, vermutlich freimaurerische Linke waren und auf jeden Fall, schenkt man den Erzählungen Glauben, für eine «heftig antiklerikale und gern sektiererische» Linke. Nein, trotz seinen Erfolgen, trotz seinen Fähigkeiten wollte Jean-Baptiste nicht zu den örtlichen Honoratioren gehören.

Im übrigen sollte er dem Erbe seiner eher ländlichen Familie väterlicherseits auch nicht viel treuer sein: Es ist sein Bruder Joseph, der diese Tradition fortführen wird. Was empfand er nun, er, Jean-Baptiste, als er Puifeybert, den Geburtsort seines Vaters, wieder aufsuchte? Er erinnerte sich daran, daß er als kleiner Junge die Reisen mit dem Pferdewagen mochte, wenn er den Arzt auf seine Visiten begleitete: eine knappe Stunde von Thiviers nach Corgnac-sur-l'Isle und noch gute zwanzig Minuten von Corgnac bis zu der Serpentinenstraße, die durch Coulonges führt, entlang an einer kleinen Ansammlung von fünf Häusern, die noch nicht einmal ein Dorf bilden: Puifeybert. An der Wegkreuzung trug ein schlichtes, hohes Kreuz aus Granit das Datum seiner Aufstellung: 1836. Am Ende des Weges, hinter den Hühnerhöfen, den Kuh- und Pferdeställen, erreichte man schließlich den Haupthof auf dem Pachtland der Sartres. Der etwas unregelmäßige Bauernhof, 1805 von Jean-Baptistes Urgroßvater erbaut, war längs und quer mit niedrigen Mauern aus Feldsteinen und an den Ecken aus Mühlsteinen umgeben. Während der Restauration war im Garten eine große Zisterne mit einem Fassungsvermögen von 240 Fässern sowie ein Backofen errichtet worden. Von den Proportionen her ein richtiger Sartre-Hof: Kein Türrahmen, der über einen Meter siebzig hinausging! Und eine wunderschöne Aussicht, die auf einen Blick den gesamten Werdegang der Familie Sartre einschließlich ihrer Geschichte und Soziologie zeigte: Von der Eingangsmauer aus zur Linken konnte man in ein und derselben Achse nur einige Meter entfernt die Schiefertürme des Schlosses von Laxion sehen und dann am Horizont den quadratischen Kirchturm von Thiviers. Die Familiengeschichte erzählte sich dann von diesen drei Gebäuden her wie von selbst: Der Bauer Sartre war an die Schloßbesitzer von Laxion, die Familie Chapt de Rastignac, Grafen von Ribérac und Montagrier gebunden gewesen, die die höhere, mittlere und niedere Gerichtsbarkeit über die Gemeinde Corgnac innehatten; dann, nach der Französischen Revolution, hatte er 1805 die ersten Gebäude seines Hofes errichten lassen; sein Sohn Pierre, 1806 geboren, hatte anschließend den

Familienhof auf seine jetzige Größe von zwanzig, dreißig Hektar Land gebracht; schließlich hatte Pierres Sohn Eymard, 1836 geboren, den Ort Puifeybert verlassen, hatte in Thiviers, später in Périgueux, danach an der angesehenen medizinischen Fakultät von Montpellier studiert, wo er drei Jahrhunderte nach Rabelais mit einer Dissertation über Fettstofftumoren den Grad eines Doktors der Medizin erworben hatte; er hatte anschließend die einzige Arztpraxis in Thiviers eröffnet, ehe er eine der reichsten Erbinnen des Ortes, die Tochter des Apothekers, heiratete und mit ihr in dem Haus der Rue du Thon gegenüber dem Kirchturm lebte. Das Schloß von Laxion war ein schönes, seltsam feudal anmutendes Gebäude aus dem 17. Jahrhundert: «Bei seinem Verkauf, 1850, nach dem Tod des Barons Curial, sind drei ganze Tage zum Zählen aller Goldmünzen nötig gewesen», erzählt man sich in der Gegend bis heute. Vom Schloß von Laxion also bis zum Kirchturm von Thiviers über den Bauernhof in Puifeybert hatten drei Sartre-Generationen diesen geradlinigen, bilderbuchhaften sozialen Aufstieg vollbracht: Der Bauer zeugte den Landpächter, der den Landarzt zeugte... Mit Paris und der École polytechnique sollte Jean-Baptiste noch weiter nach oben aufsteigen. Für die Alteingesessenen jedoch klingt kaum ein Name so stark nach ländlicher Abstammung wie der Name Sartre, *lou sartrou* sagen sie mit rollendem *r* und Betonung der Endsilbe, «das weiß doch jeder, das kommt von *sartor*, was in périgordinischer Mundart ‹Hausschneider› bedeutet».

Jean-Baptiste wußte das alles, wie er in den herzlichen mundartlichen Begrüßungen seines Vaters in Puifeybert den zurückgelegten Weg spürte. Denn Docteur Eymard war natürlich der Liebling des Dorfes geblieben: Bis zu seinem Tod 1913 fuhr er regelmäßig einmal monatlich zur Behandlung der Menschen aus der Umgebung dorthin. Hinter dem überdachten Portal und dem Wohnzimmer gab es im Familienhof einen kleinen Raum, in dem er die Patienten empfing. «Wenn du zahlen konntest, hast du gezahlt», erzählen die Einwohner weiter, «wenn du aber nicht konntest, hat er dich trotzdem behandelt: ein sehr guter Armenarzt!» «Manchmal bei Notfällen holten wir ihn in Thiviers ab», berichtet Madame Raynaud. «Wenn er hier herauffuhr, graste sein Pferd immer am Wegrand, und Docteur Eymard ließ es zu, er hatte es nicht eilig. Wenn aber das Pferd galoppierte, schrie er: ‹He, Kleiner, nicht so schnell.›»[3] Und er setzte seine Visiten durch das grüne, hügelige und so reizende Périgord fort, fuhr in die Gegend von Vieux-Sarrazac, Petit-Bois-Loubet, Puybarbeau, Nègrevergne oder Saint-Jean-de-Côle und bemühte sich, bestimmten Patienten zu erklären, daß bei Verletzungen in Mundart zu beten keine große Heilwirkung hätte, daß ihr *ôu noum dou Pai e dou Fis e sent Pière e sent Paul* am Verlauf einer Diphterie oder einer schweren Bronchitis nichts änderte. Nach wie vor grassierten Aberglauben, Heidentum und quasi mittelalterlicher Obskurantismus bei bestimmten Bauern im Bas-Limousin oder Périgord, die sich davon Schutz vor dem allergrößten Übel versprachen, nämlich den städtischen Sitten. Und der Doktor Eymard, der mit seinen vier, fünf, sechs täglichen Patientenbesuchen nur mäßig verdiente, war in der Dordogne und einem breiten Umkreis, der bis zur Corrèze, Gironde, Haute-Vienne und Charente reichte, bei Bauern wie lokalen Honoratioren zu einer hochangesehenen Persönlichkeit geworden.

Im Kreis seiner Familie aber blieb der so hilfsbereite und wohltätige Landarzt ein ziemlich verschlossener Mensch, dessen radikaler Atheismus, gesunder Appetit und legendäre Zurückhaltung, was das Portemonnaie angeht, sprichwörtlich waren. In diesem Sommer 1897 wohnte Jean-Baptiste abermals den wortlosen abendlichen Mahlzeiten wie auch den verhaltenen Spannungen und dem heimlichen, sterilen Krieg bei, den sich seine Eltern von jeher lieferten. Der Religion wegen? Des Geldes wegen? Der sozialen Herkunft wegen? Drei Hauptgründe für diesen Tatbestand. Seine Eltern stammten aus unterschiedlichem Milieu, und die Heirat hatte die Sachen nicht einfacher gemacht, im Gegenteil; zwischen dem Doktor Eymard und seiner Frau Élodie, geborene Chavoix, herrschte das anhaltende Schweigen, die allmähliche Gleichgültigkeit einer Ehe, die immerhin schon sechsundvierzig Jahre andauerte, aber das Haus in Thiviers war geräumig, und so zog sich jeder geschickt auf sein Privatterritorium zurück. Während seiner fünfzehn Jahre Familienlebens hatte Jean-Baptiste immer wieder beobachten können, wie seine Mutter, vielleicht aus Verdruß, sich in unvorstellbare religiöse oder gastronomische Programme stürzte, die ihre Zeit stark beanspruchten, zum Beispiel wenn sie «Fleischer spielte» oder für drei Monate, wie sie selber sagte, «Konservenfabrikantin» wurde und ihre Küche, je nach Jahreszeit und Ertrag aus ihren Ländereien, zu einer wahren Lebensmittelfabrik machte. Nun lebte sie auch im Herzen einer ausgesprochen gastronomischen Region und war oberste Hüterin einiger Rezepte, die man nur von Mutter zu Tochter vererbte. Getrüffelte Gänseleberpastete, eingemachte Ente, Kastanienwürste, Cassoulets, Perlhuhnragout, Steinpilzomelett, Quittenkonfitüre, Pflaumenschnaps, das waren nur einige Glanzstücke dieser unermüdlichen Köchin. Im Sommer 1897 verdoppelte sie für ihren Jean, für ihren J.-B., wie sie ihn weiterhin gern nannte, ihre kleinen kulinarischen Aufmerksamkeiten. Warum hing sie dermaßen an ihm? Weil es ihr Jüngster war, weil er ständig abwesend war oder einfach nur weil er das kleine Familiengenie war? Sie wußte es nicht, aber war sehr stolz darauf, viel für seine Aufnahme in die École polytechnique gebetet zu haben, und wenn sie jetzt angesichts der bevorstehenden Abreise tief betrübt war, lag es vor allem an der Ungewißheit, wann sie ihn wiedersehen würde. Zwar hatte sie in Thiviers noch die beiden Ältesten bei sich, Hélène und Joseph, doch das war nicht dasselbe. Das Paar Eymard Sartre und Élodie Chavoix hatten einen komischen Wurf von drei Kindern gehabt, die jeweils drei Jahre auseinander lagen. Als erstes Kind kam Joseph, der in diesem Sommer dreißig war. Dann kam die jetzt siebenundzwanzigjährige Hélène und schließlich Jean-Baptiste, der am 5. August 1897 vierundzwanzig wurde. Hélène war nicht sonderlich hübsch, sie war ganz das Porträt ihrer Mutter mit ihrem plumpen und schlaffen Mondgesicht, ihren kleinen Augen, ihrem traurigen breiten Mund mit herunterhängenden Mundwinkeln: Sie blieb bis ins Alter von dreiunddreißig Jahren unverheiratet zu Hause, half ihrer Mutter bei den Küchenarbeiten, träumte verbittert von einem Märchenprinzen und bewunderte vielleicht zu sehr den Helden, für den sie den jüngeren und glanzvollen Bruder schon immer gehalten hatte, J.-B., den Abenteurer der Familie. Natürlich blieb ihr der Älteste, Joseph, aber genauso wie für die Mutter war das nicht dasselbe. Und dieser Joseph, an den sich noch heute einige Einwohner von Thiviers erinnern als «schlichtes Gemüt», «glücklichen Idioten, den man Kerzen zur Kirche tragen ließ, damit er beschäftigt war», war er tatsächlich so einfältig, wie man gerne behauptete? Er hatte zwar die Schule nur sporadisch besucht, hatte Schwierigkeiten beim Sprechen, stotterte heftig, war aber lieb und hilfsbereit. Nie sollte er eine Frau haben und fast nie einen Beruf: Kurze Zeit war er wohl «Versicherungsagent», doch der berufslose Junggeselle bemühte sich sein ganzes Leben lang, die Rolle eines Domänenverwalters zu spielen. Er lebte also nach dem Rhythmus der Jahreszeiten, der guten und schlechten Ernten, der Weinlesen und Destillierungen, ging regelmäßig vom Hof in La Brégère bis zum Hof in La Combe, suchte die Bauern auf und versäumte keinen einzigen Viehmarkt vom Rindermarkt in Thiviers bis zum Schweinemarkt in Excideuil. Wie ein Lieferant gab er das, was er täglich in einem Beutel einsammelte, in der Küche seiner Mutter ab. Im übrigen entwickelte sich zwischen «Madame Eymard» und ihrem Sohn Joseph allmählich die Komplizenschaft eines Paars, bei dem der Sohn seiner Mutter jene unerschütterliche Ergebenheit entgegenbrachte, an der es der Vater hatte fehlen lassen: Er lief zur Post, mähte den Rasen, tadelte die Hausangestellten oder rannte wie ein treuer und serviler Laufbursche oder Hofmeister zur Nachbarin. Wurde ihm manchmal die Verachtung bewußt, die Mutter, Bruder und Schwester trotzdem für ihn hegten? Zum Beispiel wenn anläßlich bevorstehender Verwandten- oder Vetternbesuche zwischen Élodie, Hélène und Jean-Baptiste große Beratungen abgehalten wurden, wie man die Dummheiten, die der brave Joseph unweigerlich sagen oder machen würde, unter Kontrolle halten könnte.

Jean-Baptiste war wieder in Thiviers, und doch hielt ihn dort nichts wirklich, und nichts hätte ihn davon abbringen können, im Sommer in Brest an Bord zu gehen und seine Karriere als Seemann zu beginnen. Weder die kulinarischen Aufmerksamkeiten seiner «lieben kleinen Mama» noch die Ausflüge nach Puifeybert, noch sein schönes Zimmer in der Rue du Thon. Und nicht einmal die Fahrradtouren, die er gern mit seinen zwei Kindheitsfreunden Magondeaux und Durieux in der Nähe vom Schloß unternahm, bevor er zwischen Magnolien, Haselnußsträuchern und Schilfhecken zum Baden in die Laveau sprang. Jean-Baptiste riß sich also von Thiviers los, aber ohne Mühe, denn er liebte das stickige Milieu der Provinz nicht, weder das Getratsche noch die Messen oder das Landleben, ganz zu schweigen natürlich von der vergifteten Atmosphäre des Familienlebens.

Am 1. Oktober 1897 trat der Offiziersanwärter Sartre M. J.-B. E. – Marie Jean-Baptiste Eymard, wie er sich jetzt nannte – im Hafen von Brest den Dienst in der Kriegsmarine an. Er schiffte sich an Bord der Segelfregatte *Melpomène* ein, wo er unter dem Befehl des Kommandanten Testard, Kapitän zur See, in dieser angesehenen Gastschule in die Wartung und Betakelung von Schiffen eingewiesen werden sollte. Am 20. Oktober verließ die *Melpomène* den Hafen von Brest, am 11. November erreichte sie Madeira, am 5. Dezember die Kanarischen Inseln, am 22. Dezember Dakar im Senegal und zwei Tage später São-Vicente auf den Kapverdischen Inseln, um dann über Rufisque und Dakar nach Brest zurückzukehren. «Eifrig und einsatzbereit im Dienst... Großes Interesse an der Marine...», notierte Kommandant Testard nach den ersten sechs Monaten Ausbildung und sah in Jean-Baptiste schon einen künftigen Admiral.[4] Aber hatte Jean-Baptiste genügend Zeit gehabt, tatsächlich die See kennenzulernen? Gelernt hatte er, auf Masten und Leinen zu klettern, Segelringe zu greifen, Tannensparren, Mastkörbe und Mastrastwerke zu beaufsichtigen, das ruhende von dem fließenden Takelwerk zu unterscheiden.

Nach diesen tropischen Vorspielen im Westmittelmeer- und Levantegeschwader wurde die Angelegenheit bald sehr viel ernster. In Cherbourg schiffte er sich auf der *Bruix* ein, die über Manila zur Bucht von Kuang-tschou-wan fuhr: dort hatte die *Descartes* angelegt, der er jetzt zugeordnet war. Dieser Kreuzer zweiter Klasse war zwar erst vier Jahre alt, besaß aber vierzehn Kanonen und eine Leistung von 5500 PS; er gehörte dem Fernost- und Westpazifikgeschwader an. Unter dem Befehl von Schiffskapitän Philibert und Fregattenkapitän Serpette de Bersaucourt sollte der *Descartes* schnell eine bedeutende strategische Position innerhalb des Geschwaders der Region zufallen. Wenn sie an den wunderschönen Buchten kreuzte, an den Inseln und Reisfeldern um die Kuang-tschou-wan-Insel, zwischen China, Indochina, Japan und den Philippinen, wenn sie zwei ganze Jahre lang immer wieder von der Bucht von Along nach Hoiteou, Hongkong, Woosung, Nagasaki, Pagoda, Nanking und Manila auslief, entsprach das einem ganz bestimmten Vorhaben. Jean-Baptiste hatte kaum Zeit gehabt, sich mit den Grundlagen seiner neuen Aufgabe vertraut zu machen, als er schon in den ersten Monaten nach seiner Ankunft in fernöstlichen Gewässern an einem Feldzug im Golf von Tonkin teilnehmen mußte. Seine mathematischen Kompetenzen sollten ihm glücklicherweise von Vorteil sein, weil man ihn der Instrumenten- und Navigationsabteilung zuwies; somit kam er in den Genuß des perfekt geregelten Stundenplans der Wachoffiziere; er berechnete Position und Richtung, arbeitete mit dem Sextanten, führte das Kursbuch und hörte aufmerksam zu, wie der Mastwächter Tiefen und Böen ausrief. Die Lehrzeit zog sich allerdings nicht in die Länge: Es war Krieg.

Jean-Baptiste trat nämlich gegen Ende der großen Kolonialmanöver in die Marine ein, als Frankreich, Deutschland, Großbritannien, Spanien und Amerika sich im Fernen Osten begehrte Territorien teilten. Sein Dienst begann, als der Vizeadmiral de Beaumont, der Oberkommandant des Fernostgeschwaders, Admiral Besnard, den Kriegsmarineminister sowie den Minister Hanotaux vom Außenministerium am Quai d' Orsay drängte, ihm mehr Truppen und moderne Schiffe zu bewilligen, was ihm ermöglichen würde, seine Annektionspläne zu verwirklichen und diese und jene Insel, Konzession und Niederlassung zu erobern. «Vom Handel aus gesehen», schrieb Beaumont, «kann die Erwerbung von Kuang-tschou-wan zu den schönsten Hoffnungen Anlaß geben. Das Land ist reich, dicht bevölkert, bebaut, produziert abwechslungsreiche Ernten und wird von zahlreichen Flüssen und Seen bewässert. Die arbeitsame Bevölkerung hat unser Eintreffen mit wohlwollender Gleichgültigkeit aufgenommen, weil sie sich einfach die Vorteile ausrechnet, die sie mit uns erzielen kann. Anders verhält es sich bei den Mandarinen und den Gebildeten, die sehr wohl die Gefahr spüren, die unsere Anwesenheit bedeutet und die Unvermeidlichkeit unserer weiteren Expansionen...»[5] Um die Eroberung der Bucht von Kuang-tschou-wan drehte sich genau der erste Feldzug, an dem Jean-Baptiste – der damals sowohl dem Instrumenten- wie dem Kanonendienst zugeteilt war – auf der *Descartes* teilnahm. Bereits seit Jahren hatte der Admiral seine Männer regelmäßig zur Zeichnung von Karten, Gebietseingrenzungen, zu Bohr- und Bauarbeiten an Land geschickt, weil er dieses strategisch so kostbare Schlüsselgebiet besser kennenlernen und dadurch seinen Einflußbereich erweitern wollte. Denn durch seine Lage im Nordosten des Golfes von Tonkin, im Norden der

Hainan-Insel, an Chinas Südostküste, zwischen Hongkong und dem Delta des Roten Flusses lag Kuang-tschou-wan in der Tat außerordentlich günstig. Im Mai und im Juni 1898 hatte also Jean-Baptiste, der aufmerksam hinter seinen Kanonen stand, den Befehlen des Kommandanten Philibert zu gehorchen, der die gesamten Operationen von der *Descartes* aus leitete. Jean-Baptiste diente zwar «eifrig und tapfer», aber ohne sich restlos mit der allgemeinen Haltung seiner Vorgesetzten identifizieren zu können. So schrieb er auch seinem Vater ein Jahr später, als er bei der erstbesten Gelegenheit die *Descartes* verließ: «Der Kommandant Philibert ist ein harter und unruhiger Mensch.» Gehorchen mußte er also, allerdings ohne Begeisterung, als Kommandant Philibert ihm seine Pläne darlegte: Er habe sich mit Oberst Tcheng, dem Kommissar der Bucht von Kuang-tschou-wan, getroffen, um ihm seine Beschwerden über die Bevölkerung des Nachbardorfes zu unterbreiten: Diebstähle und bewaffnete Überfälle, «sehr unruhiger Pöbel»; auch mit dem Unterpräfekten von Sui-kai hatte er sich getroffen. «Der Präfekt war erschüttert und verärgert», erzählte Kommandant Philibert seinen Männern, «er war soeben von den Einwohnern im Dorf Hoiteou unwirsch empfangen worden und sagte, diese Menschen seien stockdumm, wären keinem Argument zugänglich, stünden unter der Führung von Geheimbünden und würden jegliches Gespräch mit Franzosen ablehnen...»

Und was geschehen mußte, geschah: Die Konfrontation fand vom 12. bis zum 15. Juli 1898 statt, der Admiral machte sich damals ein Vergnügen daraus, sämtliche Einzelheiten dem Kriegsmarineminister zu berichten. «Am 12. Juli, um 3 Uhr 50 nachmittags», schrieb er, «kamen in der Nähe von Hoiteou plötzlich chinesische Banden von 500 bis 600 bewaffneten Männern mit Flinten, Säbeln, Speeren und Schilden aus einer Schlucht hervor. Eine weitere Gruppe von mindestens 300 Mann marschierte zur gleichen Zeit aus einem Dorf im Süden los; die Befehle schien ein Chinese dieser Gruppe mit einer roten Fahne zu geben. Auf uns wurde ein ziemlich starkes Feuer eröffnet. Kommandant Philibert, der sofort an Land ging, befahl seiner Mannschaft, auf die Zusammenrottungen und auf Hoiteou zu schießen. Die 65er Kanonen richteten ihr Feuer auf die Menschenansammlungen und auf Hoiteou und die Nachbardörfer; die Chinesen hatten an die zehn Tote und zahlreiche Verletzte. Um 4 Uhr 45 wurde das Feuer eingestellt...» Wir übergehen die Begleitmanöver, die Schutzpatrouillen der Marinetruppen, die in das Gebiet geschickt wurden, «um zu kontrollieren, ob sich noch Banden in den zahlreichen Gebüschen oder Senkungen versteckt hielten». Ebenso die Einschüchterungsversuche, die in den darauffolgenden Tagen, zum Beispiel am 15. Juli, befohlen wurden: «Ein Feuer mit Unterbrechungen zu unterschiedlichen Zeiten aus den 100er Kanonen der *Descartes* und den 65er Kanonen der Festung auf die verlassenen Nachbardörfer mit leichtem Richtungswechsel bei jedem Schuß, um die Einwohner an einer Rückkehr und der Fortsetzung des Alltags zu hindern und sie ständig im Alarm zu halten...» Man kann also begreifen, weshalb die Einzelheiten dieses wilden imperialistischen Raubzuges Jean-Baptiste endgültig anwiderten. Seine kümmerliche Karriere als Marineoffizier stand unter ihrem Zeichen: «Feldzug im Tonkin», trugen seine Vorgesetzten stolz in seine Akte ein. Ja, der Krieg hatte schon seine allerersten Dienstmonate tief geprägt: Hatte er nicht von der *Bruix* aus an einer der spektakulärsten Episoden des spanisch-amerikanischen Krieges um Kuba teilgehabt? Es war am 1. Mai 1898, als sie vor Manila lagen, die spanische Flotte war innerhalb von nur wenigen Stunden unter dem starken und anhaltenden Feuer von Admiral George Dewey restlos zerstört worden.

Auf die Kolonialoperationen folgte das Unwetter. Der Sommer 1898 war abscheulich: starke, böige Winde, zahlreiche Schauer, Wolkenbrüche, hoher Seegang, Taifune und schwere militärische Verluste. Auf das Unwetter folgten neue Repressalien. «Die jüngsten Gebietsannektionen durch die Europäer», schrieb der Vizeadmiral dem Minister, «haben in China allerlei zum Gären gebracht: Man muß sich allerorts vor den ständigen Beschimpfungen des Pöbels in acht nehmen.» Wieder wurde Jean-Baptiste mit der Aufrechterhaltung von Ruhe und Ordnung unter den Völkern des Reichs der Mitte beauftragt, die, so der Admiral, «durchdrungen sind von einem ererbten Mißtrauen gegen Europäer und seit Jahrhunderten ihren alten Plünderungssitten nachgehen.» Man müßte sie, setzte er fort, «zu Verstand bringen, denn sie wollen, angeführt von Geheimbünden, die Tatarendynastie in Peking stürzen...» Jean-Baptiste hatte genug vom Kommandanten Philibert und seinem kriegerischen Eifer und wechselte von der *Descartes* auf die *Jean-Bart*. «Der Dienst hier ist weitaus weniger unangenehm», erläuterte er seiner Familie, «die Vorgesetzten sind herzlicher. Ich habe hier die Möglichkeit gesehen, meine Kriegszeit etwas ruhiger zu Ende zu bringen, und habe sie wahrgenommen.» Und er erzählte, was auf ihn zukommen sollte: «Wir werden die Bucht von Along verlassen. Die *Entrecasteaux*, die *Descartes* und die *Jean-Bart* werden in einer Formation auf Kuangtschou-wan Kurs nehmen, dort werden wir ostentativ anlegen, um die Grenzziehung zu unseren Gunsten zu beeinflussen. Wie lange wir dort bleiben werden? Ich habe keine Ahnung, einen Monat, zwei Monate, einige Tage? Ich weiß es nicht. Und danach? Das weiß ich noch weniger. All das ist von geringem Interesse: Ich hätte eine Reise nach Japan vorgezogen. Der Fernostfeldzug ist ein ziemlich uninteressanter Schlamassel: Unsere Regierenden befürchten so sehr einen Konflikt mit England, daß sie alle französischen Schiffe in Indochina blockieren, damit uns niemand sieht und auch keiner an uns Anstoß nimmt. Darum hoffe ich jetzt nur noch auf die Rückfahrt, die mit jedem Tag näherrückt...»

Erlosch jetzt Jean-Baptistes Liebe zum Meer, hatte sie unter diesem Feldzug im Tonkin und den Exzessen des Kommandanten Philibert gelitten? «Der Fernostfeldzug ist ein ziemlich uninteressanter Schlamassel... Ich hätte eine Reise nach Japan vorgezogen...» Spricht hier der Abenteurer, oder ist es der Pazifist oder der Offizier, der laut gegenüber seinem Kommandanten, gegenüber den Untergebenen aber «sanft und bestimmt» sein konnte? Auf jeden Fall ein enttäuschter, ein wenig verbitterter und stark desillusionierter Mann. Ein Mann, den die letzten Wochen auf den chinesischen Meeren wirklich in nichts schonten. In dieser Pechsträhne fehlte nur noch die Krankheit. Nicht lange: Im August 1899 erkrankte Jean-Baptiste. Nicht an der Influenzaepidemie, die auf der *Jean-Bart* ausgebrochen war, auch nicht an Typhus, an dem einen Monat später der Leutnant Latapie starb, sondern an einer Kotschinchina-Darmkolitis, die seinen Rücktransport nach Frankreich erforderlich machte. Eine lange und anstrengende Reise für den Leutnant zur See Sartre M. J.-B. E., der in Marseille in das Haus 5 des Repatriiertenlagers aufgenommen wurde. Ironie des Schicksals: Zur gleichen Zeit, als der bettlägerige und kranke Jean-Baptiste nach Frankreich zurücktransportiert wurde, sonnte sich Kommandant Philibert im Glanz einer ganz anderen einer «triumphalen» Reise. Denn seit dem 24. August wehte die «französische Flagge über der Bucht von Kuang-tschouwan und der Nachau-Insel», und Philibert hatte den Wunsch geäußert, «auf dem Landweg zum Golf von Tonkin» zurückzukehren. In Begleitung seines Spießgesellen, des chinesischen Oberst Tcheng, genoß er also das Glück, in drei Tagen einen sechzig Kilometer langen Marsch zurückzulegen, gemeinsam mit «hundert gut ausgerüsteten und bewaffneten Soldaten, mit Fahnen, Trompeten, Trommeln, Sonnenschirmen, Sänften, Trägern, vorbei an völlig verdutzten Einheimischen, die noch nie einen Europäer zu Gesicht bekommen hatten. Sie zeigten weder Begeisterung noch Aggressivität», berichtete der Kommandant weiter, «sondern schlichte Neugierde, gepaart mit diesem spezifischen Gefühl, das die chinesischen Barbaren gegenüber Europa haben. Alles in allem», faßte er zusammen, «haben wir großen Eindruck gemacht, und viele ernsthafte Gesichter schienen uns Ausdruck des Bewußtseins zu sein, daß mein Durchzug eine geschichtliche Wende markiere und eine neue Ära für sie beginne.»

Jean-Baptiste hingegen kam von Krieg und Krankheit schwer erschöpft nach Frankreich zurück. Er brachte zwar Bilder, starke Eindrücke, einige chinesische Seiden, die er in Thiviers verschenken wollte, mit, dafür aber äußerst wenig Begeisterung für die kriegerischen Pläne seiner Vorgesetzten. Zu diesem Zeitpunkt übrigens schlug er sich die Absicht einer Marineoffizierskarriere aus dem Kopf. Wie wir sehen werden, hält er sich noch bis zum November 1905 auf Schiffen auf, aber mit dem Herzen war er nicht mehr dabei, er war oft kränkelnd oder geschwächt, oft auch wurde er Posten zugeteilt, für die er weder kompetent war noch ein Interesse hegte, man setzte ihn Situationen aus, in denen er von vornherein scheitern mußte, man wunderte sich über das langsame Tempo seiner Beförderungen, gelegentlich wurde auch grausam angemerkt, «seine Einschiffung als Wachoffizier auf einem Geschwaderschiff ist für den jeweiligen Kommandanten eine wahre Plage, weil er es schließlich sein muß, der nachts Wache hält»: kurz, ein Teufelskreis. Jean-Baptistes Leben reduzierte sich dann nur noch auf wenige Daten, wenige Reisen: 1. Dezember 1899: Repatriierungslager in Marseille; 13. Dezember 1899–13. März 1900: Krankenhaus in Toulon; März bis Juni 1900: Genesungsurlaub in Thiviers. Zehn Monate wieder zur See auf der *Linois* im Mittelmeer. Danach vier Monate Kur in Plombières. Dann wieder ein Jahr Marinedienst auf der *Loiret*, die der Reede von Cherbourg angehörte. Danach weitere Einsätze auf der *Calédonien*, der *Couronne*, der *Dupuy-de-Lôme* und der *Bouvines*. Im Jahr 1903 schien er als Adjutant des Geschützoffiziers und danach als Verantwortlicher der Zielausbildung zu Leistung und Gesundheit zurückgefunden zu haben. Seine Kommandanten trugen ohne Ausnahme beinahe zwei Jahre lang in seine Akte unter dem Stichwort Gesundheit den Vermerk «hervorragend» ein.

Eines schönen Tages, als sich Jean-Baptiste auf der *Bouvines* unter dem Befehl von Schiffskapitän Dufaure de Lajarte mit «lobenswerter Geduld und Ausdauer» um die Zielausbildung kümmerte, durfte er an Land gehen und fand sich allein in Cherbourg wieder. Er wußte, daß einer seiner ehemaligen Mitschüler aus dem Studienjahr 95, nämlich Georges Schweitzer, dort inzwischen Schiffsbauingenieur geworden war. Er fand die Adresse heraus und suchte ihn auf. Einige Tage später stellte Schweitzer Jean-Baptiste seine Schwester Anne-Marie vor, die damals gerade einundzwanzig war. Einige Wochen später schrieb Jean-Baptiste gleich zwei Heiratsanträge: einen an Anne-Maries Vater, Monsieur Charles Schweitzer, der Lehrer in Paris war; den anderen, den Gepflogenheiten entsprechend, an seinen Vorgesetzten. Der Text des ersten Antrags ist unbekannt. Und der zweite hielt sich an den traditionellen Stil offizieller Korrespondenz: «Herr Kommandant», schrieb Jean-Baptiste, «ich bitte Sie, an den Herrn Präfekten der Marine in Toulon den vorliegenden Antrag weiterzureichen, mit dem ich um Erlaubnis bitte, Mademoiselle Anne-Marie Schweitzer, wohnhaft in Paris bei ihren Eltern, 13, Rue Mignard im 16. Arrondissement, heiraten zu dürfen.» Der Konteradmiral, Kommandant der zweiten Division des Nordgeschwaders, gab seine Einwilligung: «Die beabsichtigte Eheschließung zwischen Monsieur Sartre und Mademoiselle Schweitzer scheint mir allen wünschenswerten Voraussetzungen zu genügen.»

Jean-Baptiste Sartre heiratete Anne-Marie Schweitzer am 5. Mai 1904 in Paris. Nur seine Mutter war zur Trauung aus Thiviers angereist. «Sie, Mademoiselle, haben die Erziehung einer modernen Frau in dem kultivierten Milieu erhalten, in dem Sie aufwuchsen...», behauptete der Abbé Dibildos ohne Ironie in seiner Traurede in der

Escadre du Nord 1er !

2ème Division

Garde-côtes Cuirassé

le "Bouvines"

MINISTÈRE DE LA MARINE
ARCHIVES

Bord, le 29 mars 1904

Demande en autorisation de mariage

L'enseigne de vaisseau Sartre

à Monsieur le Capitaine de Vaisseau,

Commandant le "Bouvines"

5e ARRONDISSEMENT MARITIME
15 AVR. 1904
ÉTAT-MAJOR

Autorisation n° 110 accordée le 14 avril 1904

Commandant,

Je vous prie de vouloir bien transmettre à Monsieur le Préfet Maritime de Toulon la présente demande tendant à me faire autoriser à épouser Mademoiselle Anne-Marie Schweitzer habitant chez ses parents à Paris, 13, rue Mignard, 16ème arrondissement.

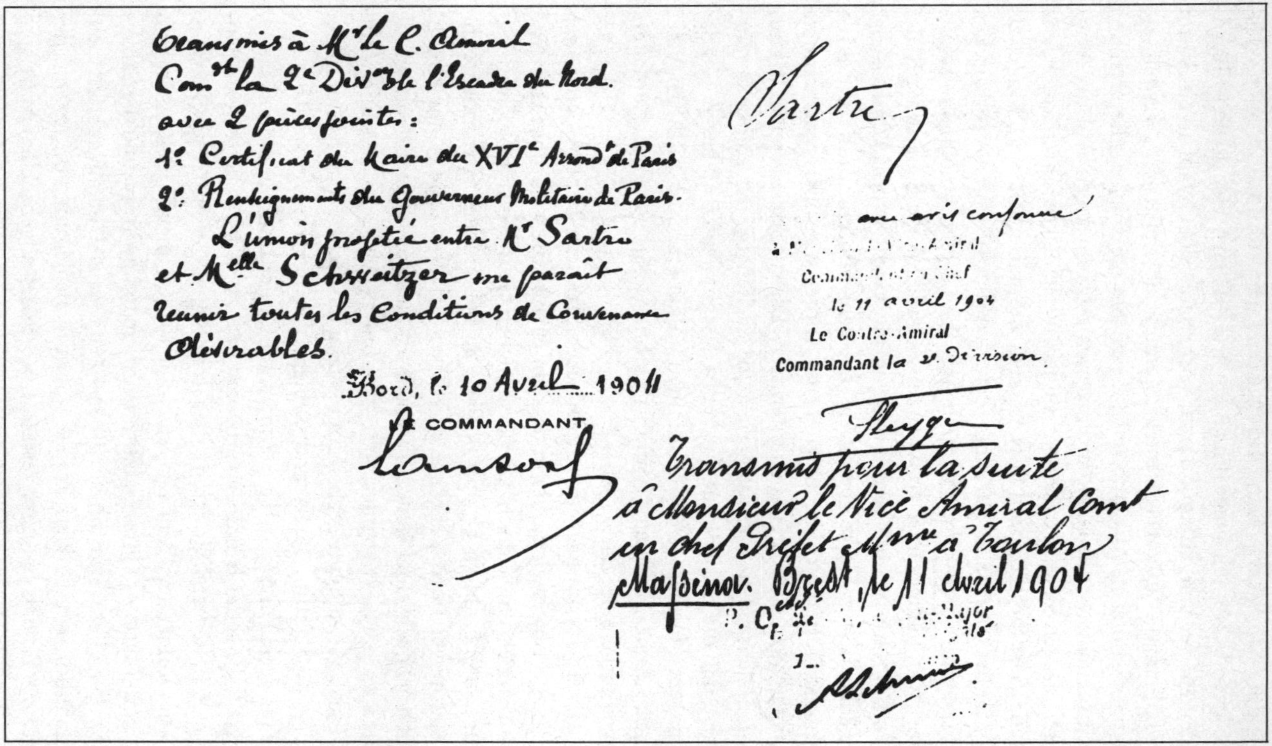

Transmis à Mr le C. Amiral
Comt la 2e Divon de l'Escadre du Nord.
avec 2 pièces jointes :
1° Certificat du Maire du XVIe Arrondt de Paris
2° Renseignements du Gouverneur Militaire de Paris.
L'union projetée entre Mr Sartre
et Melle Schweitzer me paraît
réunir toutes les conditions de convenance
désirables.

Bord, le 10 Avril 1904

Le COMMANDANT
Lamson

Sartre

[illegible] avec avis conforme
à [illegible]
Commandant en Chef
le 11 avril 1904
Le Contre-Amiral
Commandant la 2e Division

Fleyge

Transmis pour la suite
à Monsieur le Vice Amiral Comt
en chef Préfet Mme à Toulon
Massenot. Brest, le 11 avril 1904
P. C. [illegible] Major
[illegible]

Kirche von Passy. «Man lehrte Sie die Liebe zur hohen, reinen, klassischen Schönheit, man führte Sie in die wissenschaftlichen Methoden ein. Sie sind also gut darauf vorbereitet, die Gefährtin eines ‹mit Mathematik aufgewachsenen› Mannes zu werden... Werden Sie seine Schülerin, Mademoiselle. Lesen Sie die Bücher, die er Ihnen empfehlen wird, schenken Sie seinen Ausführungen Aufmerksamkeit, folgen Sie ihm in seinen Studien. Verleihen Sie Ihrer Intelligenz jene Bestimmtheit und Allseitigkeit, die wir selbst aus Dünkel als männlich ansehen.»[6] In einer Zeit, wo die Rollenteilung zwischen Frau und Mann – ihm die Intelligenz, ihr das Herz – noch unerschüttert war, nahm keiner von den Anwesenden Anstoß an dieser Rede: Anne-Marie wäre bestimmt die ideale Gattin eines Admirals der französischen Flotte geworden. Die sehr hübsche Braut, die ihren uniformierten Offizier um eine gute Kopfeslänge überragte, heiratete gewiß nicht aus materiellen Interessen: Die vorgeschriebenen Erkundigungen, die die Gendarmerie hatte machen müssen, sollten bestätigen, daß die junge Braut durch ihre Mitgift genügend besaß, um das magere Marineoffizierseinkommen aufzubessern. Von ihrem Vater hatte Anne-Marie eine Mitgift in Höhe von 40000 Francs erhalten, was ausgereicht hatte.

Drei Monate nach der Hochzeit kehrte Jean-Baptiste auf seinen Panzerkreuzer *Bouvines* in den Hafen von Brest zurück; sehr bald äußerte er den Wunsch, aus persönlichen Gründen einen sechsmonatigen unbezahlten Urlaub in Paris zu bekommen. «Ich möchte die Marine verlassen», erklärte er, «dieser Urlaub würde es mir ermöglichen, nach einer neuen Tätigkeit zu suchen.» Der Urlaub wurde ihm vom 15. November 1904 bis zum 15. Mai 1905 bewilligt, und Jean-Baptiste teilte sechs Monate lang das Leben seiner Frau in der Rue de Siam im 16. Arrondissement; Weihnachten reiste das junge Paar nach Thiviers. «Ich brenne darauf, die Familie und die Gegend, wo J.-B. seine Kindheit verbracht hat, zu sehen», hatte Jean-Baptistes Frau sechs Monate vorher ihrer Schwiegermutter geschrieben. Am Donnerstag, dem 24. Dezember 1904, kamen Jean-Baptiste und Anne-Marie – in ihrer Familie nannte man sie «You», und die Sartres werden diese Sitte übernehmen – um sechs Uhr abends auf dem Bahnhof von Thiviers an. Sie waren in Begleitung von Joseph, der seinen Besuch bei den Vettern in Croisset abgebrochen hatte und im Zug zu ihnen gestoßen war. You machte bei ihrer Ankunft großen Eindruck mit ihrem schwarzen Taftrock, ihrer schwarzen Astrachanjacke und ihrem sehr hellen graublauen Filzhut, der mit einer Bandschleife weißer Veilchen geschmückt war. «Sehr schlicht, doch geschmackvoll», kommentierte die Schwiegermutter, die schockierende Exzesse der Pariserin befürchtet hatte. Dann kam ein Geschenkzeremoniell: You hatte der Großmutter Theulier ein großes, schönes Tuch aus schwarzer Wolle, dem Schwiegervater zwei Tüten Bonbons und ihrer Schwiegermutter ein selbstgenähtes Kissen aus gelbem Satin mit applizierter Richelieuspitze mitgebracht. Es folgten die Besuche: Die Vincents, Helliers, Dussutours, Farrands, Lacostes, Lapouyades, Hauteforts und schließlich der Pfarrer luden das junge Paar ein. Einige revanchierten sich mit einem Gegenbesuch: Madame Dussutour, Madame Durieux, Madame Hellier. Es gab phantastische gastronomische Familienessen, zu denen sich am Sonntag, dem 27., auch Joseph Jollivet gesellte, der auf der Durchreise war. Einziger Schatten: die Abwesenheit Hélènes, die seit sechs Monaten mit dem Hauptmann Frédéric Lannes in Montpellier verheiratet war und nicht hatte reisen können. Während dieser drei Tage war das Wetter wunderbar, und die Familie Sartre schien die Neue, die hübsch, gebildet und reserviert war, zu schätzen. Allen voran der Doktor Sartre, der, so seine Frau, «sich für sie mit Freundlichkeiten und Zuvorkommenheiten überschlug, allerdings ohne großen Aufwand des Portemonnaies: Er hat viel mit ihr geredet.» «You hat jeden durch ihre schlichte Herzlichkeit erobert», erzählte auch Jean-Baptiste, «allerdings haben wir hier nur eine Stippvisite gemacht». Drei Tage später reisten sie mit dem Zwei-Uhr-Zug wieder ab. Danach wurde das Ereignis in Thiviers ausführlich kommentiert: J.-B. sehe schlecht aus, er sei abgemagert, und daß er wieder häufige Migränen hatte, erregte Besorgnis. Dafür sah You strahlend aus. «Sie trägt das Kind sehr gut», schrieb Madame Sartre-Mutter ihrer Tochter Hélène, «der Bauch ist nicht besonders dick, es sind eher die Hüften, die stark sind. Ihr Gesicht hat sich nicht verändert, sie hat nach wie vor einen hübschen Teint, kurz, alles deutet darauf hin, daß sie eine komplikationslose Schwangerschaft haben wird. Sie hat schon beinahe die Hälfte hinter sich, das Ereignis wird für die ersten Junitage erwartet…»

Das «Ereignis», das You trug, erfreute die Leute in Thiviers und glich die neuen Sorgen um J.-B.s wieder anfällige Gesundheit etwas aus. Aus den Briefen konnte das Programm der weiteren Monate abgelesen werden: Freude und Sorge; die Lage war in Thiviers richtig eingeschätzt worden. «Sie scheinen miteinander sehr glücklich zu sein», beendete die Ehefrau des Doktor Sartre ihren Brief. Ja, sie sahen glücklich aus, und You erzählte, die Reise habe sie überhaupt nicht angestrengt, im Gegenteil, ihr Schwiegervater sei «äußerst charmant» gewesen, die «liebe Mama» habe sich «bemüht, sie zu verwöhnen», und überhaupt hätten alle sie liebenswürdig empfangen. Platte Kommentare im Rahmen des bürgerlichen Anstands, die nicht viel besagen.

Später würde das Kind, mit dem sie schwanger ging, Jean-Paul Sartre werden. Auch er sprach nicht viel über die Heimat seines Vaters: lediglich einige diskrete, oft nicht zu entschlüsselnde Andeutungen wie in seinem ersten Buch *La nausée*. Nie wird er sich eindeutig auf Thiviers oder das Périgord beziehen, und bei jedem sich bietenden Anlaß demonstrierte er einen unerbittlichen Abscheu vor Chlorophyll. Eines Tages wurde er im Restaurant von einer jungen Frau namens Sartre angesprochen, die sich als eine entfernte Kusine vorstellte. Er beantwortete ihre Fragen zwar höflich, doch ließ er die Unterhaltung versanden und aß weiter. Eine einzige, vielleicht bedeutungslose Konzession gegenüber Jean-Baptistes Heimat: Die einzige Sorte von Gänseleberpastete, die er bereit war zu Weihnachten zu essen, hatte unbedingt aus dem Périgord zu stammen und mußte, wie in Thiviers oder Puifeybert, in einem Tongefäß gebacken sein. Aber die wenigen von Jean-Baptiste geerbten Bücher, eines von Le Dantec über die Zukunft der Wissenschaft und eins von Weber *Vers le positivisme par l'idéalisme absolu*, überflog er unachtsam und verkaufte sie bald.

GLÜCKLOSE ANNE-MARIE

Man zeigt mir ein junges Riesenweib und sagt, es sei meine Mutter. Von mir aus hätte ich es eher für eine ältere Schwester gehalten... Sie erzählt mir ihr Unglück, und ich höre ihr mitleidig zu: später werde ich sie heiraten, um sie zu beschützen.

Die Wörter

La Coquille... La Bussière-Galant... Lafarge... Nexon... Limoges...: War sie mit ihrer Reise zufrieden, die zweiundzwanzigjährige Anne-Marie, die in ihrem schwarzen Astrachan so elegant wirkte, als sie auf der Rückfahrt Namen von Dörfern und Städten an sich vorbeiziehen sah, in denen sie noch nie gewesen war? War sie von Thiviers begeistert, oder war sie eher enttäuscht und ablehnend? War sie überrascht, heiter, erstaunt? Sie sprach kein Wort. Sie sprach nicht mit Jean-Baptiste. Gehorsam hatte sie jeden «reizend» gefunden, und das war alles. Man wird nicht von heute auf morgen kritisch oder gesprächig oder rebellisch, wenn man jahrelang passiv und schweigsam gewesen ist. Sie äußerte sich also nicht während der Rückreise aus Thiviers, doch empfand sie das starke, merkwürdige Gefühl eines großen Bildungsabstands.

Ehe sie Jean-Baptiste heiratete, hatte Anne-Marie Schweitzer wie eine lange, stille Liane brachgelegen, zunächst als Kind, später als vernachlässigtes Mädchen ohne besondere Zukunftspläne. «Die Schweitzers sind geborene Musiker», hatte ihr Vater behauptet. Also spielte sie am elterlichen Klavier Beethovens schwierigste Sonaten und sang zu eigener Klavierbegleitung Lieder von Schubert und Brahms. Sie lernte nähen, zeichnen, alles mit glücklicher Hand. Ruhig, schweigsam und passiv, unterwarf sie sich artig ihrem Schicksal einer Tochter aus gutem Hause, die nichts fordert und Mißgeschicke mit der entsprechenden Vornehmheit erträgt. Wie alle Schweitzers war sie groß, schlank und hatte eine solide Bildung. Ihre Schönheit war allerdings weder frech noch verführerisch: Sie hatte große, helle Augen, einen sinnlichen Mund, starkes Haar und den ruhigen Blick eines artigen und resignierten jungen Mädchens, das von Männern etwas erdrückt wird.

Waren denn nicht Charles Schweitzer, Anne-Maries Vater, oder Philippe-Chrétien, ihr Großvater, als starke Persönlichkeiten anerkannt? Die Einwohner von Pfaffenhoffen, im äußersten nordöstlichen Dreieck Frankreichs eingekesselt, erinnern sich noch heute an die Schweitzers, und das große, stattliche Haus von Philippe ist nach wie vor das vornehmste von allen in der geradlinigen, sauberen und blumengeschmückten Hauptstraße. Seitdem der Vorfahre Jean-Nicolas Schweitzer, der Sohn eines Fährmannes aus Frankfurt am Main, 1660 nach Straßburg gezogen war, wo er Pastor wurde, hatten sämtliche Männer der Familie den Beruf des Grundschullehrers gewählt. Eine wahre Lehrerdynastie, diese Schweitzer-Familie: Vom Sohn des Pastorenahns bis zu Anne-Maries Großvater hatten sich sieben Schweitzer-Generationen an elsässischen Kleinstadtschulen abgelöst: Boofzheim, Eckwersheim, schließlich Pfaffenhoffen. Aber auf Grund neuer historischer Umstände beschloß Anne-Maries Großvater widerwillig, diese lange Kette von Lehrern, der er entstammte, abzubrechen. Denn als das Kaiserreich wiederhergestellt wurde, gab er sich offen als Linker zu erkennen, weigerte sich, Napoleon III. den Eid zu leisten, verlor seinen Beamtenposten und wurde Lebensmittelhändler. Der leidenschaftlich an Politik interessierte Republikaner wurde später, von 1875 bis 1886, Bürgermeister von Pfaffenhoffen: Gewissenhaft kommentierte er abwechselnd auf französisch, deutsch und elsässisch die wesentlichen politischen Ereignisse seiner Zeit. «Im Namen von Ordnung und Freiheit, die das Land fordert, stimme ich mit: ‹Nein!›», erklärte er wütend zum Plebiszit am 8. Mai 1870.[1] Philippe-Chrétien verpaßte allerdings eines, nämlich die Ausrufung der Dritten Republik und die Verwirklichung der meisten seiner pädagogischen und politischen Vorstellungen. Er hatte sich nämlich nach der französischen Niederlage von

1870 für den Verbleib auf deutschem Boden entschlossen, und er näherte sich bereits dem Pensionsalter, als die Periode begann, die mancher später als das «Goldene Zeitalter des Protestantismus» bezeichnete. Als Jules Ferry sich mit einem Mitarbeiterstab von protestantischen Pädagogen und *liberalen* Protestanten – wie Félix Pécaut oder Ferdinand Buisson – umgab, um seine neue Konzeption des Grundschulwesens auszuarbeiten. Das *Dictionnaire Pédagogique*, eine wahre Bibel des Grundschulunterrichts, übernahm die meisten Vorstellungen, die von liberalen Protestanten entwikkelt und propagiert worden waren: das Vertrauen in den freien Willen des Kindes, den Glauben an Vernunft, Geschichte und Natur, die Zielsetzung der Herausbildung freier und autonomer Individuen mit scharfsinnigem kritischem Verstand. «Der Dritten Republik fiel die Aufgabe zu, das Erziehungswerk der Revolution dort weiterzuführen, wo sie es abgebrochen hatte», brüstete sich Ferdinand Buisson... Mit dem Eifer von Militanten und der Selbstlosigkeit von Missionaren setzten sich diese aufgeklärten Pädagogen ein klares und hochgestecktes Ideal: die Regenerierung Frankreichs gegen das verkalkte Schulwesen, wie es in den zahlreichen katholischen Ordensgemeinschaften betrieben wurde, die Erziehung des Volkes durch Ausbildung eines individuellen Verantwortungsbewußtseins. «Die Organisation unseres Grundschulwesens vor dem 20. Jahrhundert ist ein Kind des Protestantismus», bekräftigte beispielsweise der Hochschullehrer Bréal... Sämtliche Schweitzers gehörten dieser glaubensfesten, starken und stolzen Minderheit, dieser reinen, republikanischen und militanten Minderheit, dieser Minderheit innerhalb einer Minderheit an: den liberalen Protestanten.

Unter den fünf Kindern von Philippe-Chrétien drei Söhne: Auguste, «der reichste», der in Paris eine Handelsgesellschaft mit Peru gründete; Louis; «der frommste», der zunächst in Kaysersberg, danach in Gunsbach Pastor war und den berühmten Albert Schweitzer zeugte; Charles, «der intelligenteste» – wie er selber meinte –, der Vater von Anne-Marie. Charles war das älteste der fünf Kinder, ein «Wunderkind» laut seiner Mutter, die für ihn eine Pastorenlaufbahn vorsah: Wegen einer Frauengeschichte flog der temperamentvolle und halsstarrige Charles aus dem Pfarrerseminar, das er besuchte, und hatte danach ohne große Mühe eine Agrégation* für Germanistik vorbereitet. Am 1. Mai 1872 optierte er für Frankreich und heiratete in Mâcon, wo er unterrichtete, ein junges Mädchen der Stadt, Louise Guillemin. Das etwas künstliche Paar brachte drei Kinder zur Welt: Georges, der auf die École polytechnique ging – Studienjahr 95; Émile, der später wie sein Vater Deutschlehrer wurde; und schließlich Anne-Marie. «Georges ist von allen dreien mein Lieblingskind», sagte gelegentlich Anne-Maries Mutter, die mit vollem Ernst erläuterte: «Er macht am wenigsten Krach.» Sehr mütterlich schien sie in der Tat nie gewesen zu sein, diese Louise Guillemin, die Charles Schweitzer geheiratet hatte; im übrigen war sie genausowenig eine richtige Gattin wie eine richtige Mutter. Hätte sie in anderen Zeiten gelebt, hätte sie bestimmt das Leben einer freien, selbständigen Frau vorgezogen: Die keineswegs zurückhaltende, sondern lebhafte, gebildete, humorvolle Rebellin beschloß statt dessen, sich in eine seltsame chronische Krankheit zurückzuziehen, um der etwas erdrückenden Persönlichkeit ihres Mannes Widerstand entgegenzusetzen. Als er ans Gymnasium Janson-de-Sailly versetzt wurde, weigerte sie sich, ihm nach Paris zu folgen, und schickte die drei Kinder ins Internat: die beiden Jungen zu den Dominikanern – sie war katholisch –, die Tochter zu den Nonnen, und richtete sich endgültig in ihrer Krankenrolle ein. Auf diese Art und Weise übte sie einen jahrelangen Widerstand aus, wechselte vom Bett im Kurhaus von Arcachon in das Bett im Landhaus ihrer Eltern bei Saint-Gobain oder in das eigene im getrennten Zimmer über, das sie gelegentlich unter Charles' Dach bezog, trat also, wie andere in einen Hungerstreik treten, in einen Lebensstreik. Und doch, was für eine Frau! Sie war zynisch, stolz, tolerant, zitierte gern Voltaire, Diderot und die *Encyclopédie*, liebte Scherze und Witze, suchte ungeschickt und mit den wenigen Mitteln, die sich ihr anboten, nach ihrer Identität als Frau und lebte nicht mit, sondern neben Charles Schweitzer, diesem eine Spur zu selbstsicheren, zu herablassenden, zu theatralischen Deutschlehrer, den nichts daran hindern konnte – schon gar nicht die Anwesenheit seiner Frau –, mit seinen Brüdern nach dem Essen ausgiebig auf elsässisch zu albern...

* Prüfungswettbewerb für das höhere Lehramt.

Das waren vermutlich einige der Bilder, der Erinnerungen, die Anne-Marie beschäftigten, als sie auf der Rückreise von Périgueux nach Paris vom Zug geschüttelt wurde. Sicher hatte sie vage den beträchtlichen Bildungsunterschied zwischen den Schweitzers und den Sartres gespürt. Und wenn er immer größer werden sollte? Vor allem hatte sie die tiefe Überzeugung, daß ein Leben als Paar keine Selbstverständlichkeit war: Ihr Vater und ihre Mutter hatten ihr das Beispiel einer mißlungenen, aber auch streitsüchtigen und lebhaften Verbindung geliefert; die Eltern von J.-B. dagegen waren in weitaus konventionellere Verhältnisse verstrickt: ständige dumpfe Konflikte, die tagtäglich unter dem gemeinsamen Dach in hoffnungsloser Gleichgültigkeit geteilt wurden. Trotz diesen düsteren Beispielen deutet allerdings alles darauf hin, daß die folgenden Monate eine glückliche Zeit für die beiden Reisenden waren: daß sich J.-B. um sie kümmerte wie ein großer Bruder, wie ein Beschützer, so wie er sich früher um Hélène gekümmert hatte; daß Anne-Marie endlich jemanden gefunden hatte, der mit ihr sprach, ihr Bücher empfahl, ihre Begabungen zu schätzen wußte. Das Jahr 1905 begann, und einige Monate später würde Anne-Marie, wie sie selber sagte, «eine kleine Annie» oder «einen kleinen Paul» zur Welt bringen, wobei sie ganz offenkundig einer Tochter den Vorzug gab. Das Jahr 1905 begann, und der Marineoffizier beschloß, für Anne-Marie und das Kind auf die früheren Träume, auf die Reisen nach Japan zu verzichten. Kolonialkriege, Krankheit und Druck der Hierarchie hatten schnell sein Fernweh abklingen lassen: Jean-Baptiste wollte unbedingt aufs Land zurück. Er lief von einem Ministerium, von einem Amt zum anderen, bewarb sich um den Posten eines «Marineredakteurs», bemühte sich gar um offizielle Unterstützung und zog die albernsten Lösungen in Erwägung.

Mit etwas Glück, so hoffte Jean-Baptiste, dessen unbezahlter Urlaub am 15. Mai unwiderruflich zu Ende ging, würden die kleine Annie oder der kleine Paul in den ersten Junitagen zur Welt kommen: Die Bestimmungen waren strikt, jedes Fernbleiben würde bestraft werden. Es war daher für ihn ein Wettlauf mit der Zeit, noch vor diesem unheilvollen 15. Mai eine Anstellung auf dem Festland zu finden, und vielleicht hegte er insgeheim den Wunsch, das Kind möge etwas früher kommen. Doch You und J.-B. begriffen schnell, daß die

Hoffnung vergebens war: die Marineleitung würde sie nicht bevorzugt behandeln, und was das Kind betraf, hatten sie anscheinend falsch gerechnet, als sie es für einen Monat früher eingeplant hatten. Am 14. Mai 1905 verließ J.-B. schweren Herzens Paris, um nach Toulon zu fahren. Am 29. schiffte er sich völlig verzweifelt als Zweiter Offizier an Bord des Torpedoboots *La Tourmente* mit Kurs auf Sizilien und Kreta und Zwischenlandungen in Messina, Palermo und Chania ein. Von jedem Hafen aus telegrafierte er an seine Frau; während der ganzen ersten Tage auf See wartete er auf die Nachricht der Geburt. «Ich werde in Toulon an Bord gehen», schrieb er nach Thiviers. «Ich bin sehr traurig, You verlassen zu müssen, kurz bevor sie Mutter wird, und es schmerzt mich so, mein Kind nicht küssen zu können...» Und You ihrerseits sagte das gleiche: «Ich bin so unglücklich, daß mein lieber Jean abwesend ist, ich hoffe allerdings, ihn im Oktober wiederzusehen; wenn er achtzehn Monate an Bord bleibt, bin ich fest entschlossen, ihn in Chania auf Kreta zu besuchen... Ich bin jetzt dermaßen dick», schrieb sie weiter, «daß ich überhaupt nicht mehr ausgehen kann. Wenn Sie damit einverstanden sind, werde ich Ihnen mein Baby Ende September zeigen: Dann wird es groß und stark sein.» Sie erklärte weiter: «Für die Taufe werden wir auf J.-B. warten, aber auch gleich nach der Geburt eine Nottaufe machen.» Wie die Briefe zeigen, plante man in Jean-Baptistes Abwesenheit: Ein Seemann als Vater war beinahe wie ein ausreißender Vater. Und alle warteten – auf Kreta, in Thiviers, in Paris. Die Schweitzers hatten für den Monat Juli ein großes Haus im Mâconnais gemietet, und der «Rechenfehler» brachte allerlei durcheinander. Je länger das Kind auf sich warten ließ, desto geringer wurden die Chancen, mit ihm zusammen von Paris wegzureisen. Diese Zeitverschiebung war wirklich ärgerlich. «Noch immer keine Nachricht von unserem kleinen Seemann», schrieb die zukünftige Großmutter Sartre am 21. Juni in Thiviers. Einige Stunden später schickte der Großvater Schweitzer zwei Telegramme los, eins nach Kreta, das andere nach Thiviers: Er zeigte die Geburt eines Jungen an.[2]

Jean-Paul Sartre kam mit Verspätung auf die Welt und brachte von vornherein so manche Familienpläne durcheinander. Und als er auf die Welt kam, fand eine Reihe politischer Ereignisse statt, die das Jahrhundert tief prägen sollten. 1905 war das Jahr der ersten russischen Revolution, des russisch-japanischen Kriegs und, was ihn direkter betraf, des Gesetzes über die Trennung von Kirche und Staat. Ja, als man in Thiviers auf «das Ereignis» wartete, bezeugten dort Straßendemonstrationen und spontane Erhebungen die unterschwelligen Spannungen der Kleinstadt zwischen Anhängern und Gegnern besagten Gesetzes. Im übrigen war man im ganzen Périgord ziemlich aufgewühlt, seitdem 1901 ein Gesetz verabschiedet worden war, das den religiösen Orden Unterrichtsverbot erteilte. Vor allem seitdem der Monseigneur Delamaire, der Bischof von Périgueux, sich öffentlich gegen Émile Combes, den Kultusminister unter Präsident Loubet, gewandt hatte. Drei Persönlichkeiten repräsentierten den antiklerikalen Kampf in Thiviers: der Bürgermeister, ein linker Republikaner, der Arzt Prévost; ein besonders streitsüchtiger Gemeinderat namens Rey, der in diesem Sommer erklärt hatte: «Es ist uns gelungen, den Klerikalismus an der Gurgel zu packen»; schließlich ein freimaurerischer Drucker, und zwar nicht irgend jemand, denn Fargeot druckte die Tageszeitung *L'Indépendant de Thiviers*. Am 22. Februar 1904 hatten sich sogar dreihundert Frauen vor der Kirche von Thiviers versammelt und feierlich versprochen, «das französische Vaterland und die französische Freiheit wieder Gottes Reich zurückzugeben». «Ich kämpfe gegen die Allmacht der Religion und der Ordensgesellschaften, für die Vorherrschaft der zivilen Gesellschaft», hatte der Gemeinderat zurückgerufen. «Nieder mit den Juden und mit den Freimaurern!» erwiderten die Frauen. «Nieder mit der klerikalen Verdummung. Es lebe die Vernunft, es lebe die Aufklärung, und es lebe die laizistische Schule!» skandierten ihre Gegner. Vom Fenster in der Rue du Thon aus hatte die Frau des Doktor Sartre hautnah den öffentlichen Streit der Einwohner von Thiviers verfolgen können. Am 21. August 1905 schrieb sie ihrer Tochter Hélène: «Die kleine Marie Jousseix hat vor kurzem eine Stelle an der Schule von Thiviers erhalten. Ich habe ihre Mutter nach der Kirche gesehen. Ich bedaure sie wirklich», schrieb sie weiter, «da ich die Denkweise mancher Einwohner von Thiviers gut kenne. Arme Frau, wie man sie bespitzeln wird! Sie fürchtet sich schon jetzt, will aber nichts an ihren Glaubensgewohnheiten ändern.» Manchmal also nahmen die Konflikte zur Laizisierung des Schulunterrichts in den konservativen Kreisen von Thiviers auch private Formen an. Das Gesetz zur Trennung von Kirche und Staat wurde am 9. Dezember 1905 verabschiedet: Der Erbe der Sartres und Schweitzers wurde sechs Monate alt.

Und für die beiden Familien war er allein das Ereignis des Jahres. Charles Schweitzer, ein leidenschaftlicher Fotograf, nahm seinen Enkel, alleine oder mit seiner Mutter, unter allen möglichen Blickwinkeln auf. Man schickte Fotos zum Torpedoboot *La Tourmente*, das weiterhin entlang der kretischen Küste kreuzte; man schickte welche nach Thiviers. Wie in jeder Familie üblich, war man über die Bilder entzückt; jedem Besucher in der Rue du Thon wurden sie gezeigt und sogar an Hélène nach Montpellier geschickt. Und dann bereitete man sich in Thiviers darauf vor, ihn gebührend zu empfangen: «Ich habe einen Teil des Nachmittags damit verbracht», schrieb die neue Großmutter Sartre, «meine Wiege oder, besser gesagt, Eure Wiege wieder aufzufrischen. Ich habe sie neu streichen und Netz und Bordüre waschen lassen; ich habe ausreichend Baumwollstoff gefunden, der zum Futter der Vorhänge paßt, um sie zu beziehen, und für die Vorhänge selbst habe ich alte Bettvorhänge aus Musselin gefunden, kurz, ich werde also eine wunderschöne Wiege mit geringen Kosten hergestellt haben. Die Wiege wird bereit sein, J.-P. zu empfangen, sobald man ihn mir vorführen will.» Schon suchte man nach Verkleinerungsformen, als wolle man ihn schon in die Familie integrieren, noch bevor man ihn kennengelernt hatte. Während J.-P. im kleinen Kreis der Familie bereits berühmt wurde, langweilte sich J.-B. auf seinem Torpedoboot zu Tode. «Ich habe hier nicht das Leben eines Bourgeois geführt», erklärte er derb seiner Schwester Hélène, die ihm Gleichgültigkeit vorgeworfen hatte, «und Briefe zu schreiben war mir nicht möglich. Weißt Du, was ein Torpedoboot ist? In den vier Monaten, die ich nun auf einem Torpedoboot verbringe, schlafe und esse ich dort und verlasse es nicht... Laß Deine Phantasie etwas spielen, versuche Dir die rauhe See um Kreta, die Hitze des hiesigen Sommers vorzustellen, und Du wirst begreifen können.» Und niedergeschlagen fügte Jean-Baptiste hinzu: «Die Rückkehr bahnt sich an, und diesmal wird es, glaube ich, eine endgültige Rückkehr sein. Möglicherweise werde ich im Oktober eine gute Gelegenheit haben, das Schiff zu verlassen... Wenn ich wieder normal leben kann, werde ich wieder glücklich sein. Du hast Nachricht von meiner Frau und meinem kleinen Paul erhalten. Ich habe wenigstens die Freude zu wissen, daß beide weiterhin bester Gesundheit sind. Paul soll prächtig sein. Wie sehne ich mich danach, ihn kennenzulernen und seine Mutter wiederzusehen! Dort wartet viel Glück auf mich. Glaube mir, welche Dummheit ist es, hier zu leben...» Trotz allen seinen Bemühungen, trotz allen seinen Wünschen, nie erhielt Jean-Baptiste Gelegenheit, die Marine zu verlassen: Am 2. Juni hatte er eine Versetzung beantragt; am 18. Juli erhielt er ein Empfehlungsschreiben des Handelsministers für einen Posten auf dem Festland; am 23. August wurde er in die Liste der Redakteurkandidaten aufgenommen; am 10. September schließlich beantragte er einen unbezahlten einjährigen Urlaub, «zur Wiederherstellung seiner Gesundheit»: Es nützte alles nichts. August, September, Oktober gingen vorüber, sein «kleiner Paul», wie er ihn nannte, wurde zwei Monate, drei Monate, vier Monate alt, und Jean-Baptiste vegetierte auf dem kretischen Meer dahin. Die Krankheit schließlich brachte ihn seinem Sohn näher: Am 5. November, genau fünf Jahre nach seiner ersten erzwungenen Rückkehr aus der Bucht von Along, wurde er zur 5. Stammtruppe in Toulon zurücktransportiert. Eine Woche später traf er in der Rue de Siam ein, wo er eine vor Gesundheit strotzende You und seinen kleinen Paul vorfand.

Erstes Zwiegespräch zwischen Vater und Sohn. «Wir beide haben, er und ich, eine Zeitlang die gleiche Erde bewohnt, das ist alles», schrieb der Sohn später. Jean-Baptiste selber erlebte die Entdeckung seines Kindes mit großer Rührung: «Mein kleiner Paul ist ein köstliches Kind», erzählte er seinen Eltern. «Er freut sich über alles, ist nie still, ständig in Bewegung, schreit lauthals, lacht schallend und weint nie. Sein Blick ist neugierig, intelligent und ganz sanft... Neben mir auf seinem Stuhl am Fenster beobachtet er die Straße, was er sehr gerne tut, und spielt mit einem Rosenkranz, den ich oft wieder aufheben muß... Für sein Alter ist er sehr weit, ich kenne mich selber da nicht aus, aber ich finde meinen Kleinen ausgesprochen schön...» Jean-Baptiste war über das fünf Monate alte Kind entzückt und siechte selber langsam dahin: «Ich kann nicht behaupten, daß ich in bester Gesundheit zurückgekommen bin», gab er zu, «diese sechs Sommermonate waren in jeder Hinsicht für mich sehr hart, ich brauche aber lediglich Ruhe und Fürsorge, und vor allem muß ich zu Hause sein.» Weihnachten 1905 feierte das Sartre-Trio – Vater, Mutter, Sohn – im Familienkreis in der Nummer 16 der Rue de Siam; das Kind war vom Weihnachtsbaum, von den Kerzen begeistert, J.-B. probierte vom Päckchen aus Thiviers, er fühlte sich «besser, aber schwach». Und man machte sich Gedanken über die Taufe des «kleinen Paul»: in Paris, in Thiviers?

Doch entgegen seinen Hoffnungen konnten Erholung, Fürsorge und Familienleben seine Krankheit nicht aufhalten. Die Sommermonate auf Kreta hatten nämlich einerseits einen Rückfall seiner Kotschinchina-Darmkolitis bewirkt, andererseits eine schwere Bronchitis ausgelöst, die elegant als «Verhärtung der rechten Lungenspitze» umschrieben wurde. So wurde nun sein Leben auf schauerliche Weise vom Rhythmus seiner Termine vor dem Gesundheitsrat der Marine und seiner offiziellen Briefen bestimmt, in denen er die Umwandlung seines Krankheitsurlaubs mit halbem Sold in einen Krankheitsurlaub mit vollem Sold beantragte, da seine beiden Erkrankungen eine langwierige und kostspielige Pflege erforderten. Erster dreimonatiger Genesungsurlaub vom 12. November an; vom 12. Februar an um drei Monate verlängert; weitere Verlängerung um drei Monate vom 12. Mai an; dasselbe vom 4. August an. Inzwischen war die Großmutter Theulier mit über achtzig Jahren in der Rue du Thon gestorben; in ihrem Testament ernannte sie die drei Sartre-Enkelkinder zu den Haupterben ihrer Besitzungen, und Jean-Baptiste teilte sich danach die Domäne in La Brégère mit seinem Bruder Joseph. Am 11. Mai 1906 teilte Jean-Baptiste seiner Mutter eine seltsame Nachricht mit, die im übrigen zum erstenmal auf Trauerpapier mit schwarzem Rand geschrieben war: «Was Neues. Wir ziehen mit allen unseren Möbeln nach Thiviers. Du wirst Cäsar und sein Glück wiedersehen», schrieb er geheimnisvoll. «Nach reiflicher Überlegung ist es für uns am besten, wenn wir die Möbel in Thiviers lassen... Ich werde es Dir später erklären. Ich habe ein Umzugsunternehmen ausfindig gemacht, das die Sache erledigen wird... You und Minet sind begeistert davon, nach Thiviers zu gehen, und ich natürlich auch! Die frische Luft wird mir guttun. Meine Besserung hält zwar an, macht aber keine wesentlichen Fortschritte. Hier würde sie sich noch länger hinziehen, glaube ich.» Und er schrieb noch dazu, um die Nachricht abzumildern: «Mach Dir keine Sorgen; wir werden Euch nicht groß beanspruchen. Es muß aber über vieles nachgedacht werden... Minet läßt seine Großmutter heftig küssen...» Am 15. Mai 1906 also sah man die drei Sartres samt ihrem ganzen Mobiliar zu ihrem Ausgangspunkt zurückkehren: J.-B., You und «petit Paul», genannt «J.-P.», genannt «Minet», genannt «Poulou». Eine erzwungene und nicht freiwillige Rückkehr, die aber doch alles in allem klug war, weil der Kranke eine Rekonvaleszenz auf dem Lande brauchte, allerdings nicht vermögend war, dafür aber gerade einen großen Landbesitz fünf Minuten von Thiviers entfernt geerbt hatte. J.-B. und seine Frau richteten sich sehr schnell in La Brégère ein; das Baby selbst wurde in Thiviers gelassen, was in der Tat praktischer war. Der Doktor und die Großmutter Sartre sowie Joseph liefen unermüdlich zwischen beiden Häusern hin und her und überbrachten Nachrichten vom Kind. Im Juli kam der Großvater Schweitzer seinen Schwiegersohn besuchen und Anne-Marie trösten, die sich Sorgen machte. «Arme Kleine», kommentierte die Frau des Doktor Sartre, «sie hat so viel Kummer, daß ihr die Anwesenheit ihres Vaters wie Balsam ist. Jean ist ebenfalls froh. Monsieur Schweitzer fand ihn sehr gealtert, stark verändert, und auch wenn er noch Hoffnung hat, glaube ich, daß er jetzt doch die traurige Wahrheit begreift...» In den drei Sommermonaten hatte sich J.-B.s Zustand weiter verschlechtert: Man erlebte ihn «elend», dann wieder «in besserer Verfassung», danach wieder «Anfällen von Fieber ausgesetzt» und später «verzweifelt». Der Kranke wurde sogar von zwei Ärzten betreut: einerseits von seinem Vater und andererseits von dem Freund seiner Kindheit, Jean-Louis Durieux, der ihn täglich untersuchte. Jean-Baptiste hatte an zwei Fronten gleichzeitig zu kämpfen, und sein Organismus hatte eine immer geringere Widerstandskraft. Da war die Darmkolitis, die ihn Tag für Tag immer schwächer machte, und da war die Tuberkulose, die auf diesem angegriffenen Boden immer weiter fortschritt. Das Baby wurde auch schwächer. Ob es daran lag, daß es seine Mutter nicht sah? Und die Großmutter Sartre begann von ihren «zwei Kranken» zu sprechen: «Poulou», schrieb sie, «hat seinen Großvater Schweitzer richtig wiedererkannt und sich sehr gefreut. Der arme Kleine wird aber von seinen Zähnen ganz schön gequält...» Und zum Schluß des Briefes an die Tochter sagte sie: «Ich bin *alt*, sehr *alt*, und trotz meinem Kummer muß ich wieder jung werden und singen, damit Poulou einschläft und Spaß hat...» Jeder mußte also Poulou

Spaß bereiten, der mit über einem Jahr in jener morbiden Umgebung sicher allerlei spürte. Joseph beschäftigte sich damals viel mit ihm, und auch die kleine Hausangestellte Juliette, ehe sie gekündigt wurde.

Am 16. September 1906, am Ende dieses traurigen Sommers, schrieb Madame Sartre wieder an ihre Tochter Hélène: «Ich mußte nach La Brégère, Jean hat einen schlechten Tag gehabt, das Wetter hat sich nämlich nach einem Regen wieder abgekühlt. Wir haben ausgemacht, daß sie morgen hierher zurückziehen. Dein Vater wird Jean mit allen Vorsichtsmaßnahmen, die sein Zustand verlangt, abholen. Was das arme Baby betrifft, wird es der Obhut von Joseph anvertraut werden: So schön wie er auf den Bildern war, so schwach ist der arme Kleine jetzt... Er möchte ein kleines Lamm bekommen, und er hat gelächelt, als ich ihm gesagt habe: ‹Ich werde Tante Hélène schreiben, daß sie ihrem kleinen Poulou eins schickt.›» Am 17. September, wie ausgemacht, begab sich der Arzt Eymard Sartre nach La Brégère, um J.-B. und You nach Thiviers zurückzuholen. Jean-Baptiste hustete die ganze Strecke lang. Sein Vater half ihm, in den Wagen zu steigen und sich im ersten Stock des Hauses einzurichten. Man brachte ihm seinen «kleinen Paul», der viel weinte, weil er Zähne bekam. Einige Minuten später, um sechs Uhr abends an diesem 17. September 1906, starb Jean-Baptiste in seinem Kinderzimmer.

Mittwoch, den 21. September 1906, elf Uhr morgens am Friedhof von Thiviers: Eine riesige Menschenmenge wartet auf das Eintreffen des Trauerzugs auf der Place du Docteur-Jules-Theulier. Die Kindheitsfreunde halten die Kordeln des Sargtuchs, die Studienfreunde, die als Delegation gekommen sind, halten das Bahrtuch. Der Degen und die Abzeichen von Jean-Baptiste liegen auf dem Sarg. Blumen, Kränze und Sträuße sind um dem Sarg herum ausgebreitet. Der Doktor Durieux, Kindheitsfreund und letzter Arzt von Jean-Baptiste, erinnert in seiner Ansprache an die Etappen der Laufbahn und der Erkrankung eines jungen Mannes, der alle Voraussetzungen besessen hatte, ein glückliches Leben zu führen, und es doch verfehlte, der die Figuren aufgestellt hatte und nicht zum Spielen gekommen war. «Wenn umsichtige Pflege, liebevolle Fürsorge, unzählige Nachtwachen, erstickte Tränen genügt hätten, das Wunder einer wiederhergestellten Gesundheit zu bewirken, dann wäre dieses Wunder derjenigen zu verdanken gewesen, die wahrhaftig die gute Fee des Hauses gewesen ist. Und wie dankbar ist der junge Kranke dafür gewesen! Während des allerletzten Kampfs fand der arme Sterbende zwischen zwei Erstickungsanfällen wiederholt die Kraft, der, die er hinterließ, ein letztes Lächeln zu schenken. So wie er früher vom abfahrenden Schiff aus seinen Lieben zuwinkte, von denen er sich vorübergehend trennte, so schien mir auch, daß dieses allerletzte Lächeln kein Lebewohl, sondern ein Aufwiedersehen bedeutete.

Deswegen nehme ich in Anteilnahme an der Trauer seiner jungen Witwe, seines kleinen Kindes, seiner unglücklichen Eltern und seiner zahlreichen Freunde voller Hoffnung Abschied von unserem geliebten Verstorbenen.»

Die örtliche Wochenzeitung *L'Indépendant du Périgord* widmete dem Ereignis einen ganzen Artikel und erinnerte daran, daß Jean-Baptiste «die brillanteste Zukunft vor sich hatte und Thiviers Stolz geworden wäre». Anne-Marie war vierundzwanzig Jahre, ihr Sohn fünfzehn Monate. Sie trug lange schwarze Kleider, lange Schleier aus schwarzem Crêpe, die mit einem weißen Stirnband am Haar befestigt waren. Ihrem kleinen Sohn zog sie jene Matrosenanzüge an, wie sie Kinder manchmal tragen, mit großem, gestreiftem Kragen in Marineblau und Weiß. Vielleicht die einzige Erinnerung an Jean-Baptiste, abgesehen von einem etwas steifen Porträt des Marineleutnants in Uniform, das über dem Bett des Sohns hing und 1917 verschwinden wird.

Das Thiviers-Intermezzo hatte für Anne-Marie eigentlich nur die Zeit von Jean-Baptistes Todeskampf gedauert. Sie ahnte nicht, daß es sich doch noch viel länger hinziehen und sie sogar später einmal stark belasten würde. Zunächst aber kehrte sie zu den Schweitzers zurück und war noch zu angegriffen, um sich um die Regelung der Erbschaftsprobleme beim Notar in Thiviers kümmern zu können. Sie hinterließ stark gealterte Schwiegereltern in der Rue du Thon, die zwischen eigenartigen Schuldgefühlen wegen des frühen Weggangs ihres Sohns und seltsamer Verlegenheit gegenüber dieser fremden jungen Frau schwankten. Zwei Todesfälle in der Familie in nur wenigen Monaten Abstand; doch das Rad drehte sich weiter, und bald sollten Hélène und ihr Mann in Thiviers eintreffen: Dort sollte sie das neue Baby der Familie zur Welt bringen, man hoffte auf ein kleines Mädchen, eine Spielgefährtin für Poulou.

La Coquille... Bussière-Galant... Lafarge... Nexon... Limoges... Noch einmal las Anne-Marie die Bahnhofsnamen, als sie im Zug nach Paris saß. Ihr kleiner Sohn saß am Fenster, beobachtete Flüsse, Bäume, Pferde, an denen der Zug vorbeifuhr. Komische Rückreise; nach der Beerdigung hatte sie sich beeilt, Thiviers zu verlassen: Was sollte sie dort ohne J.-B.? Sie wußte nur zu gut, daß diese letzte Reise für Jean-Baptiste nur eine Zwangsrückkehr gewesen war, und für sie waren nun Thiviers und La Brégère Vorboten des Todes.

PRIVATBESTIARIUM EINES KÖNIGSKINDES

Ein verwöhntes Kind ist nicht traurig; es langweilt sich königlich. Hündisch.

Die Wörter

Zunächst im kleinen Wagen von Thiviers nach Limoges, dann im Zug Limoges–Paris begleitete das blonde Kind im Matrosenanzug eine große, schwarzgekleidete junge Frau. Nahm er vielleicht undeutlich wahr, daß er nun den Hauptrivalen bei seiner Mutter, Jean-Baptiste, losgeworden war? Tatsächlich war das Kind von Geburt an ja der einzige Mann an Anne-Maries Seite gewesen, während sein Vater einsam auf hoher See unweit der kretischen Küsten vor Langeweile verging. Dann war Jean-Baptiste zurückgekehrt und hatte in einem unglücklichen Intermezzo «petit Paul» entthront, ehe er wieder verschwand. Während des Sommers in Thiviers hatte das gequälte, geschwächte und abgemagerte Kind seine Mutter noch weiter verloren. Jetzt nahm er Anne-Marie wieder in Besitz und reiste allein mit ihr ab, in restloser Freiheit und Sorglosigkeit: sein Vater würde nicht mehr wiederkommen. Die folgenden zehn Jahre waren die große Zeit einer heftigen Liebe zweier Schiffbrüchiger, des Paares von Mutter und Sohn. Es waren auch zehn Schweitzer-Jahre: Anne-Marie hatte sich für etwas ganz Braves entschieden, für die Rückkehr zu ihren Eltern. Sie hatte eine sinnlose Ehe hinter sich, brachte aber einen kleinen Jungen mit, der «für sein Alter weit entwickelt» war. «Natürlich ist in einer Familie eine Witwe immer noch lieber gesehen als eine uneheliche Mutter, aber das ist auch alles», schrieb das Kind später.[1]

1907–1917: Sartre wird diese zehn Jahre, und nur sie, später in seinem autobiographischen Buch *Les mots* schildern. Er wird schreiben, durchstreichen, suchen, wieder anfangen, wird sich wie ein Besessener abarbeiten, um zu analysieren, zu begreifen, zu deuten. Aus verständlichen Motiven wird er die beiden Perioden, die diese glücklichen Jahre einrahmten, ausklammern: Unmittelbar vorher hatte es Jean-Baptiste gegeben, unmittelbar danach sollte Joseph Mancy auftauchen, der verhaßtere zweite Ehemann. Die zwei Männer Anne-Maries. Sicher wirkt es stellenweise aufdringlich, wenn hartnäckige Biographen gewaltsam das Ganggestein jener «Schweitzer-Jahre» sprengen wollen, die der Schriftsteller Sartre etwa fünfzig Jahre später in *Les mots* völlig rekonstruiert hat. Sicher ist es etwas respektlos, ein brillantes, souveränes, bissiges Meisterwerk mit dem Handwerkszeug von Archäologen untersuchen zu wollen. *Les mots* läßt wenig Raum für Kommentare oder spitze Bemerkungen. Es ist ein starkes, autoritäres, verführerisches, unwiderstehliches Buch, das den Leser mit unterschiedlichsten Techniken in Bann zieht, ihn mitreißt, entzückt, begeistert, ihn schließlich traumatisiert und hilflos zurückläßt: ein Schock. Das 1963 veröffentlichte Werk wurde lange Zeit als Erzählung Sartres über seine Kindheit gelesen, während es um wesentlich mehr wie auch um wesentlich weniger gegangen ist. Es war ein im Erwachsenenalter geschriebener Lehrroman, reich an Interpretationen, äußerst subjektiv und lyrisch, ein beharrliches Kreisen um die Kindheit, aus der zahlreiche Spuren getilgt worden waren, darunter Jean-Baptiste und alles, was zu Thiviers gehörte, weil er es vergessen wollte. Es war eine Art Selbstanalyse, als ob ein Juwelier eine Fälschung aus Künstlerhand vollbracht hätte. Es war ein munter spöttisches Selbstporträt, in dem er sich rücksichtslos malträtierte, das Begleichen einer Rechnung, eine Ode auf seine Mutter. Es war ein schönes Kunstwerk. Ja, *Les mots* ist all das und noch viel mehr. Das Biographische blieb da unwesentlich. Auf den folgenden Seiten werden sich also Biograph und Schriftsteller begegnen, einander zuwinken, doch von weitem nur und folgenlos. Denn mit seinem Meisterwerk – dieser uneinnehmbaren Festung – hat es der Schriftsteller uns gleichzeitig leicht- und schwergemacht. Er hat Informationen, Personen, genaue Bilder, Schlüssel preisgegeben und weiße Flecken hinterlassen; aber den Kode ließ er verschwinden, und die Spuren hat er verwischt. Diese Jahre haben wir untersucht; manchmal konnten wir der Klippe, die *Les mots* darstellt, ausweichen, manchmal sind wir frontal auf sie geprallt. Es ist also nicht verwunderlich, wenn die nächsten Seiten die unvermeidliche schmerzliche Konfrontation mit dem Schriftsteller widerspiegeln. Nein, Sartre ist wirklich nicht ohne weiteres zugänglich.

Zugänglich sind uns die Schauplätze, an denen das Königskind lebte, umgeben von denjenigen, die es später selber beschrieben hat. Da ist zunächst der hochmütige und allmächtige Großvater, «ein Mann des neunzehnten Jahrhunderts, der sich, wie viele andere Männer, Victor Hugo selbst nicht ausgeschlossen, für Victor Hugo hielt...» ein schöner «Mann mit den breit auseinanderstehenden Bartenden, der beständig dem nächsten Theaterauftritt entgegenlebte wie ein Trinker dem nächsten Glas...»[2]: Charles Schweitzer, zweiundsechzig Jahre, «Karl» für seinen Enkel. An seiner Seite, maliziös und stolz die Großmutter, «Mamie», Louise Schweitzer, achtundfünfzig Jahre, eine «lebhafte und spöttische, aber kalte Frau, (die) folgerichtige, aber unerbauliche Gedanken (hatte), weil ihr Mann erbaulich und unlogisch dachte... Da sie von tugendhaften Schauspielern umgeben war, füllte sie sich mit Haß gegen Tugend und Schauspielerei».[3] Und natürlich Anne-Marie, vierundzwanzig, die Mutter-Schwester und inzestuöse Geliebte, deren Zimmer er teilt: «Auch heute noch – im Jahre 1963 – ist dies (der Inzest, d. Übers.) das einzige Verwandtschaftsband, das mir Eindruck macht.»[4] Im Mittelpunkt dieses seltsamen Trios schließlich der zweijährige blondlockige Kleine, vergöttert, wunderbar: Poulou, das Königskind. Nun ist es endgültig vorbei mit den Namen, die ihm die Leute in Thiviers gegeben hatten; vorbei mit den «J.-P.», «Minet», «Petit Paul»: Das von Anne-Marie ausgewählte «Poulou» triumphiert. Zunächst im großen Haus in Meudon, später in der hochgelegenen Wohnung in der Rue Le Goff in Paris, zwischen Pantheon und Jardin du Luxembourg gelegen, oder bei der Familie von Mamie in Saint-Gobain, bei Onkel Georges in Guérigny in der Nièvre und schließlich während der Ferienaufenthalte in Gunsbach und Pfaffenhoffen im besetzten Elsaß: Überall führte das Schweitzer-Quartett ein echtes intensives und abwechslungsreiches Familienleben.

«Es war das Paradies», fährt er in *Les mots* fort.[5] «Jeden Morgen wachte ich mit freudigem Staunen auf und bewunderte die ungeheure Chance, daß ich in der glücklichsten Familie, im schönsten Land der Welt geboren wurde...» Es war die Belle Époque, Blütezeit gelassener Heiterkeit, bürgerlicher Friedfertigkeit und angenehmer Illusionen von Wissenschaft und Fortschritt. Es gab die großen Wunder in dieser begnadeten Periode, in der Film, Radio, Telefon, Automobil und Flugzeug erfunden wurden. Durch die vereinte Kraft von westlichem Imperialismus und neuen technischen Glanzleistungen schien die Erde restlos erobert und ein soziales Gleichgewicht erreicht zu sein, eine Weltordnung, die die Bürger im allgemeinen und die Schweitzers im besonderen hochzufrieden stimmte. Und doch spielten sich unter der Präsidentschaft von Armand Fallières heftige gesellschaftliche Unruhen ab: Aufstände, Demonstrationen und Streiks erschütterten plötzlich die verlogene, selbstzufriedene Harmonie. «Wir sind die, die arbeiten und keinen Pfennig Geld haben... Wir sind die, die unter drückender Sonne schuften und deren Arme knotig wie Weinstöcke sind... Die, die für ihre Arbeit essen wollen und ein Recht auf Leben haben. Wir wollen nicht vor Hunger krepieren...» Im Languedoc erschütterte die Revolte der Armen den Alltag der Bauern: Die Landarbeitergewerkschaften beriefen immer radikalere Kongresse ein; die größten Demonstrantenmengen, die man jemals in der Dritten Republik gesehen hatte, versammelten sich in Perpignan, Nîmes oder Montpellier; der Bürgermeister von Narbonne hißte die schwarze Fahne auf dem Rathaus, und der Ministerpräsident Georges Clémenceau empfing die Bauerndelegierten persönlich... In ihrer Pariser Wohnung nahe am Jardin du Luxembourg, Eckhaus, sechster Stock, hohe Zimmer, Gardinen vor der Sicht auf die Straße, erfuhr das Schweitzer-Quartett von solchen Nachrichten aus den Zeitungen *Le Temps* und *Le Matin*, die nur in Ausnahmefällen vom Großvater kommentiert wurden. «Dieser Dreyfus-Anhänger hat mir niemals von Dreyfus gesprochen», bedauerte der Enkel später. Trotz dem Schweigen, mit dem Charles diese exklusive, für Frauen und Kinder verbotene Männerdomäne abschottete, erriet das ausgeschlossene Trio dennoch, daß der Bürger Schweitzer bei den Präsidentschaftswahlen am 17. Januar 1912 für den radikal-demokratischen Poincaré und gegen den «Teppichhändler» Pams, den späteren Landwirtschaftsminister, gestimmt hatte; das Wahlrecht war den Frauen selbstverständlich noch nicht zugestanden worden – das geschah erst 1944 –, von den Kindern ganz zu schweigen. Louise und Anne-Marie, «meine Frauen», wie Charles Schweitzer zu sagen pflegte, hielten in diesem ersten Jahrzehnt des 20. Jahrhunderts an Sitten und Manieren fest, wie sie in guten Familien von Mutter zu Tochter weitergegeben wurden: Tülleinsatz mit hohem Kragen, lange Röcke mit Volants, die Taille im Korsett hochgezogen und gehalten, Spitzenoberteile, bauschig um den Ellbogen gefaßte Ärmel, schräg aufgesetzter breitrandiger Hut mit Schleiern und Blumen überladen. Am 3. Juli 1907 hatte die Abgeordnetenkammer das erste Gesetz zum Schutz von Frauenarbeit verabschiedet. Die Realität der Arbeiterunruhen, die zum Sturz des linken Regierungsblocks führte, blieb für die beiden Frauen um Charles Schweitzer, denen ein junges elsässisches Dienstmädchen bei der Hausarbeit half, ganz bedeutungslos.

Dafür zerstörte der Kriegsausbruch von 1914 brutal die schöne Harmonie der Familie Schweitzer: Es ging nämlich um die Rückgabe der verlorenen Gebiete von Elsaß-Lothringen an Frankreich, und diese Hoffnung nahm alle vorstellbaren Formen nationalistischen, chauvinistischen Wahns an. So hatte Charles Schweitzer zur Zerstreuung des Enkels und seiner Freunde «ein patriotisches Schauspiel für zehn Personen» geschrieben und inszeniert: Poulou war ein junger Elsässer, dessen «Vater sich für Frankreich entschieden» hatte und der «heimlich die Grenze (überschritt), um zu ihm zu gelangen». «Charles hatte mir sehr eindrucksvolle Szenen geschrieben», liest man in *Les mots*, «ich streckte den rechten Arm aus, neigte den Kopf, verbarg mein hochrotes Gesicht in der Schulterhöhlung und murmelte: ‹Adieu, adieu, du geliebtes Elsaß›.»[6] Immer wieder hatte das Kind die großen Alben von «Onkel Hansi» gelesen, Bände mit blauen und bunten Zeichnungen entzückender elsässischer Dörfer, wo die unvermeidlichen Kirchtürme stets vom unvermeidlichen Storch gekrönt waren. «Seit vierzig Jahren hat sich in unserer Heimat nichts verändert», konnte er mitten in der preußischen Besatzungszeit lesen. «Nach wie vor leben hier zwei voneinander getrennte Völker und Rassen, die sich nie vermischen. Auf der einen Seite der Elsässer, der auf seine Heimat, auf sein Leiden stolz ist; auf der anderen der Eindringling, laut und hochmütig, der uns unter dem Vorwand der Germanisierung seine Kultur aufzwingen will...» So wurde ein halbes Jahrhundert lang jeder kleine Elsässer und Lothringer unter Zuhilfenahme von Zeichnungen und Karikaturen in diese eigenwillige französische Geschichtsschreibung eingeweiht und mit französischer Kultur künstlich beatmet.[7] Im ersten Kriegsjahr vertraute Charles Schweitzer einem Freund brieflich die Sorgen und Befürchtungen eines gedemütigten Elsässers an: «Wird das anbrechende neue Jahr endlich das Jahr sein, das meine geliebte Heimat wieder frei atmen läßt? Fingerspitzengefühl wird vonnöten sein und der allerschlimmste Fehlgriff wäre es, wenn das Land mit einem Schwarm von Mandarins übersät würde, die nicht ein Wort Elsässisch sprechen und nicht die geringste Ahnung von der elsässischen Seele haben... Diese Angst, die mich als alten Elsässer beunruhigte..., ist etwas zurückgegangen, seitdem mir aus der Umgebung von Präsident Poincaré versichert worden ist, daß man elsässische Verwalter, die das Land kennen, dorthin schicken will. Leider wird den Kammern die Entscheidung zufallen, und Sie wissen so gut wie ich, wie unsere Kammern sind. Sollen sie dort nur ihre antiklerikale Politik exerzieren, unsere Bauern werden sich dafür in Chouans* verwandeln.»[8] Fürsorge und Wachsamkeit eines großen Liebhabers politischer Spekulationen, eines echten Pariser Botschafters der Komplexitäten seiner Heimat. Erwartungsgemäß würde das Kind gelegentlich in seine Fußstapfen treten; als Enkel eines Elsässers, der ausschließlich in Paris gelebt hat, würde es seinen Großvater rächen: «In meiner Person würde das gemarterte Elsaß einziehen in die École normale supérieure»[9], rief der tapfere Kleine.

Wie aber sollte er die großen öffentlichen Auftritte, die «Offenbarungen» seines Großvaters über sich ergehen lassen? «Im September 1914 offenbarte er sich in einem Kino in Arcachon: meine Mutter und ich, wir saßen auf dem Balkon, als er rief, man solle Licht machen; andere Herren stellten sich als Engel in seinen Dienst und riefen: ‹Sieg! Sieg!› Der liebe Gott stieg auf die Bühne und las das Kommuniqué über den Ausgang der Marne-Schlacht.»[10] Während der ganze

* Royalistische Aufständische in der Vendée gegen die Revolutionsrepublik (1792–1794).

Saal berauscht aufsprang und beides gleichermaßen mit Beifall bedachte, die grandiose Inszenierung wie den Sieg der tapferen französischen Soldaten, fühlte sich das Kind unangenehm berührt. Etwas verlegen und distanziert beobachtete es schweigsam die Szene. Der Krieg von 1914 bescherte ihm vor allem die Entdeckung eines neuen Heldentyps, was in seiner Innenwelt einiges ins Wanken brachte: des Kollektivhelden.

Denn bis dahin war das Wunderkind in den Büchern der großväterlichen Bibliothek nur den Worten und Taten unzähliger Einzelhelden begegnet. Bis dahin hatte es sich mit Karls Unterstützung in der Rolle von Poulou eingerichtet, Held, Hauptdarsteller und Superstar eines endlosen, immer wieder fortgeschriebenen Epos, das Tag für Tag zwischen den Wänden des Hauses Schweitzer aufgeführt wurde. Macht uns Sartre in *Les mots* etwas vor? Ist er tatsächlich dieser lockige Pausback im Matrosenanzug gewesen, der an der Hand seines Großvaters wie ein von einem elsässischen Geppetto fabrizierter Pinocchio ein äußerst seltsames Produkt gewesen wäre: ein schreckliches kleines Monster, Kondensat eines eingebildeten Erwachsenen, ein hybrides Wesen, überzüchtetes Hündchen, ein Salonpudel, geschwätziger Papagei? Handelt es sich um eine überspitzte Rekonstruktion? Eine subjektive Interpretation? Charles Schweitzer jedenfalls erzählt in seinen Briefen, die wiedergefunden wurden, etwas ganz anderes: «Ich habe mich zum Lehrer meines kleinen Kerls gemacht», erklärt er einem Freund im Januar 1915. «Ich bringe ihm Geschichte und Erdkunde bei und lerne selbst dabei. Es gibt nichts Reizvolleres als junge Intelligenzen zu befruchten und aufzuziehen...» Mit seinem Vater Philippe Schweitzer, seinem Großvater Jean-Chrétien Schweitzer, seinem Urgroßvater und seinen Ahnen Jean-Louis Schweitzer und Jean-Jacques Schweitzer fanden sich seit Beginn des 18. Jahrhunderts ganze acht Lehrergenerationen in der Person von Charles Schweitzer zusammen, um sich den Geschicken, dem Urteilsvermögen und der Bildung des fünfjährigen Kindes Poulou zu widmen. Der Großvater erklärte die Ausbildung des Enkels zu *seiner* Sache, zur Männersache. Die besagte junge Intelligenz unterwarf er einem perfekten, auf das Individuum zugeschnittenen Elitetraining. Der Pädagoge konnte sich leidenschaftlich verausgaben. Er erklärte sich zum Schulmeister eines kleinen heranwachsenden Menschen und zu seinem Meister schlechthin. Diese einmalige Chance belebte wieder seine Berufung und die in seine Lehrerkarriere investierten Energien. Virtuos bot er sie dem begabten Schüler an, seinem besonderen, einzigartigen Privatschüler.

Später wird der begabte Schüler auf seine Weise die historische Bildung, die er vom Großvater erhielt, beschreiben und erzählen, was er ihm verdankt: «Mein Großvater hatte mir die Geschichte unseres Landes beigebracht: lange Zeit wurde es von Königen regiert, so blieb es bis 1793. Im 19. Jahrhundert wurde es von Kaisern beherrscht, denen man mißtrauen mußte, denn das Wahlgesetz, das jedem das Wahlrecht gab, könnte heute Einfluß auf die Regierung haben, und die Mehrheit würde siegen. Auf diese Art und Weise habe ich gelernt, was Demokratie ist; ich lernte also, sie zu lieben unter der Voraussetzung, daß bestimmte Individuen, begabter und kühner als andere, sie zu lenken wissen. Ich brachte Anarchismus mit Demokratie in Einklang, das heißt, die Menschheit wurde durch Persönlichkeiten, durch Helden gelenkt. Im übrigen war das alles nichts von mir selber Erfundenes. Es war der damalige Zeitgeist.»[11]

Wir haben gesehen, wie Charles Schweitzer um die Erziehung seiner beiden Söhne gebracht worden war, die ihre Mutter zu den Dominikanern geschickt hatte. Doch auf den Gymnasien, an denen er unterrichtete, wußte er sich die von acht Generationen ererbte Leidenschaft für das Grundschulwesen zunutze zu machen. Alles deutet darauf hin, daß er jene Freuden und Überraschungen erfuhr, mit denen versessene Pädagogen bekanntlich belohnt werden. Mit Hingabe und gelegentlich auch Überschwang widmete sich Charles Schweitzer also der Bildung seines Enkels. Der pensionierte Lehrer machte sich wieder an die Arbeit; obwohl er eine berufliche Laufbahn mit reichen Erfahrungen hinter sich hatte, verzichtete der Pelikan-Großvater, ohne zu zögern, auf die Bücher, die er in seinen Pensionsjahren hätte schreiben oder auch lesen können, um ein Institut für moderne Sprachen in Paris zu gründen – es war seine Pflicht, und er nahm sie engagiert wie immer wahr. Für ein Kind namens Poulou fand er eine neue Jugend, war großzügig, gefiel sich wie jeder echte Narziß in seiner Großmut und war dem Kind grenzenlos dankbar, daß es ihm die Möglichkeit gab, sich rückhaltlos zu verausgaben. Es war wie ein

Geschenk, wie ein Wunder. Es blieb sein letzter Einsatz, die große Wiedergutmachung seines Lebens. Der letzte große Auftritt eines großherzigen alten Mannes.

«Mein kleiner Schüler – verzeihen Sie einem Großvater – ist in natürlicher Weise von erstaunlicher allseitiger Intelligenz... Ich überlege, was er im Leben werden könnte, jedenfalls kein Mathematiker, obwohl er Sohn eines Polytechnikers ist... Was seine Art von Begabung charakterisiert, ist das Wort – väterlicherseits stammt er aus der Heimat von Bertran de Born –, er träumt zwar nur von Abenteuer und Poesie, doch das sind ziemlich nutzlose Dinge in unserem 20. Jahrhundert. Kämpferisch und eloquent wie er ist, könnte man aus ihm leider bestenfalls einen Rechtsanwalt oder einen Abgeordneten machen! Nun, es geht ihm gut, er hat den angenehmsten Charakter der Welt, er singt den ganzen Tag...» Verwirklichte sich die Prophezeiung von Charles Schweitzer? Auf jeden Fall entnimmt man diesen wenigen Zeilen ausgesprochen moderne Pläne für die Karriere des Enkels. Was bedeutet in diesem Zusammenhang der Vergleich mit Bertran de Born, jenem kämpferischen Troubadour, der zugleich Schriftsteller und Kriegsmann, Abenteurer und Literat gewesen war? Wir werden noch zu klären versuchen, ob das Kind später als Erwachsener dem illustren Mann nacheifern mochte, von dem es heißt, Richard I. Löwenherz sei an seiner Seite gefallen, und der in Englisch-Aquitanien mit Thiviers als Grenzstadt auf okzitanisch sein schönstes Lied *sirventès* schrieb, ehe er sich erblindend in eine Abtei im Vézère-Tal zurückzog und sein Leben meditierend beendete.

Wenngleich der Geppetto-Großvater ein Wunderkind ausbildete, stellte er sich, wie aus diesem Briefwechsel deutlich wird, eher einen kultivierten Abenteurer vor als einen ambitionierten Federfuchser. Das widerspricht dem, was Sartre in *Les mots* behauptet. Doch wie soll man im Alter von zwei, fünf oder zehn Jahren die Persönlichkeit eines übermächtigen Großvaters erleben, ohne zu einer gewissen Anomalität zu neigen? Abgesehen von einer einzigen, übrigens äußerst kurzlebigen Episode erhielt Poulou tatsächlich bis zum Alter von zehn Jahren keine öffentliche schulische Ausbildung; in seinen ersten Schuljahren ist er der einzige Schüler in der einzigen Unterrichtsklasse eines Schullehrers gewesen, der zugleich sein Großvater war. Mit seiner Vorliebe für Bach, klassische Schriftsteller, maßvolle

Je par son atavisme paternel, il est du pays de Bertrand de Born — il ne rêve qu'aventures et poésie. Mais ce sont là facteurs bien inutiles en ce vingtième siècle. Batailleur et éloquent, il y a là, hélas, tout au plus de quoi faire un avocat ou un député!

En attendant, il se porte bien et a le plus heureux caractère du monde — il chante toute la journée, et nous en sommes trop heureux après l'avoir vu si longtemps débile.

....

Votre cordialement dévoué

Schweitzer

Eleganz und mit seinem puritanischen Zugang zur Kultur hatte dieser Protestant – der zwar sein Theologiestudium abgebrochen hatte und dessen väterlicherseits erwünschte Pastorenkarriere schon im Keim mißglückt war – «das Göttliche dadurch bewahrt(e), daß er es auf die Kultur übertrug»[12]: vielfältige kulturelle Einflüsse, denen das Kind schutzlos ausgesetzt war. Vorzuweisen hatte der Großvater beinahe ein Werk, jedenfalls eine Reihe seriöser, fundierter Bücher, die seinen kulturellen Wurzeln ensprachen: eine Dissertation über Hans Sachs, den Musiker, Sänger und Dichter des 16. Jahrhunderts, Heldenfigur in Wagners *Meistersängern*: eine auf lateinisch geschriebene Zusatzdissertation über Wilhelm von Aquitanien, ein Lehrbuch der deutschen Sprache mit Hilfe der direkten Methode, das *Deutsche Lesebuch*, ein Buch über Johann Sebastian Bach, herausgebracht in Zusammenarbeit mit zwei geistlichen Musikern seiner engsten Umgebung, mit seinem Bruder Louis und seinem Neffen Albert. «Voltaire und Rousseau hatten zu ihrer Zeit harte Arbeit leisten müssen: aber damals gab es noch Tyrannen. Victor Hugo hatte von Guernesey aus den dritten Napoleon zerschmettert, den mich mein Großvater zu verabscheuen gelehrt hatte.»[13] Das gemarterte Elsaß, die Philosophen der Aufklärung, die Rettung durch die Ethik und durch die Kunst: Das sind die Teddybären, die dieses Kind mit einer Zeitverschiebung von drei Generationen in das Leben begleiteten. «Zwischen der ersten Russischen Revolution und dem Ersten Weltkrieg...» schreibt Sartre, «brachte ein Mann des neunzehnten Jahrhunderts seinem Enkel jene Gedanken bei, die unter Louis-Philippe Geltung gehabt hatten... Ich begann meine Laufbahn mit einem Handikap von achtzig Jahren.»[14]

Die Bibliothek von Charles Schweitzer enthielt über tausend Bände. Als Anekdote sei erwähnt, daß er nach dem Umzug von Meudon nach Paris annähernd vier Jahre mit dem Einräumen seiner Bücher verbrachte. «Meine Frauen verfluchten mich um so mehr, als mein Lesezimmer und der Salon eins sind...», berichtete er einem Freund. Im Lesezimmer des Großvaters also, zwischen dem Flügel und dem Sofa, auf dem man zum Tee Platz nahm, lernte Poulou leben. Die Bücher seines Großvaters wurden sein Lieblingsrevier, so wie andere Kinder in einem Garten den fiktiven Rahmen ihrer Spiele finden. «Die Bücher waren meine Vögel und meine Nester», schrieb er später, «meine Haustiere, mein Stall und mein Gelände; die Bücherei war die Welt im Spiegel...» Und der Sohn von Jean-Baptiste, dem Abenteurer, stürzte sich in das Lesen, genau wie sich sein Vater in die Indochina-Feldzüge gestürzt hatte, gleichermaßen angezogen vom Geheimnisvollen, Unvorhersehbaren und der endlosen Vielfalt.

Die Erwachsenen-Bibliothek war eine klassische deutsch-französische Bücherei: Dem Kind bedeutete sie die ganze Welt, während der in den Dienst zurückgekehrte Großvater Unterricht gab. Bäuchlings auf dem Teppich im Salon ließ Poulou stundenlang Seite auf Seite vor seinen Augen vorbeiziehen, las Wörterbücher oder für Erwachsene zusammengefaßte Abhandlungen wie *La vie des hommes illustres*, die Onkel Georges vor fünfundzwanzig Jahren als zweiten Preis in Arithmetik erhalten hatte. *Les misérables, La légende des siècles, Madame Bovary*: Alle Klassiker aus dem 19. Jahrhundert, alle Bücher über griechische Geschichte kamen dran. Hier im Lesezimmer lernte das Kind die berühmten Männer auf eine Weise kennen, an der Sartre sein Leben lang festhalten wird: Er las sie, erkannte sie und verkehrte mit ihnen allen wie mit Freunden. Wie selbstverständlich und mit der Ungezwungenheit dessen, der von nichts gebremst wird, richtete er sich an sie und fühlte sich spontan mit den Genies auf gleichem Fuß: Hugo, Voltaire, Corneille, Racine, La Fontaine sind die wahren Freunde des zehnjährigen Poulou.

Wie uns Sartre in *Les mots* berichtet, entartete das lesende Kind schnell und wurde zugleich ein schreibendes Kind, ein angeberisches, lächerliches und widerwärtiges Kind. Aber ist diese Entartung, wie er behauptet, tatsächlich die schlichte Folge der Ambitionen seines Großvaters gewesen? Wollte man den tendenziösesten Punkt in Sartres eigener Kindheitsdarstellung ausmachen, müßte man wahrscheinlich diese Stelle nennen. Als Charles Poulou den Vorschlag machte, es mit dem Schreiben zu versuchen, hatte er damit nicht die Vorstellung einer Schriftstellerkarriere verbunden. Und nichts belegt, daß er selber die frühzeitigen maßlosen Ambitionen des Kindes ermuntert oder ihn auf die Fährte eines unsterblichen Genies gesetzt hätte. Ganz im Gegenteil. Charles Schweitzer zuckte bloß mit den Schultern, als Poulou in seinem Romanheft die ersten Texte entwarf, die ihm sein frühes Genie eingab: «Pour un papillon»,

«Le marchand de bananes». «Dummheiten», grummelte er und ließ ihn alleine. Er blieb übrigens der einzige aus dem Kreis der Schweitzers, der die besonnene und kluge Haltung einnahm, den immer verwirrenden wie äußerst banalen schriftlichen Produkten eines Kindes nur ein mäßiges Interesse entgegenzubringen. Es waren also die anderen, die das kleine Monster anstachelten und mit Komplimenten überschütteten. Anne-Marie schrieb entzückt die Texte ihres kleinen Mannes ab, las sie und sorgte für ausgiebige Verbreitung. Onkel Émile schenkte ihm gleich eine Schreibmaschine. Die Großmutter ermunterte ihn wärmstens. Madame Picard, eine Freundin der Familie, brachte ihm eine Weltkarte, die das Kind anregen sollte.

Ja, Sartre echauffiert sich wirklich in *Les mots*, wenn er die Rolle von Charles Schweitzer interpretiert. Und genau an diesem Punkt ist die Erzählung seiner Kindheit eindeutig gefälscht. Die Briefe des Pädagogen Schweitzer bezeugen Maß und Besonnenheit. Sein Verhalten bei den allerersten Schreibanfängen weisen ihn als den Vernünftigsten der ganzen Familie aus. Vielleicht ist Sartre, weil er in seine Mutter vernarrt und in einem heftigen Ödipuskomplex gefangen war, nichts Besseres eingefallen, sie zu halten, als Charles Schweitzer mit allen erdenklichen Fehlern zu belasten? Denn offenkundig ist, daß Anne-Marie mit Verehrung für ihr Wunderkind nicht gerade geizte. Wenn es jemanden gibt, dem man in dieser Beziehung Vorwürfe machen könnte, dann ist sie es.

Sartre war übrigens als Fünfzigjähriger außer sich, als eines Tages einer seiner Kinderbriefe an Georges Courteline veröffentlicht wurde. Dieser Brief war zwar sehr komisch; zeigte er aber wirklich das kleine Monster, das uns *Les mots* präsentiert? Wenn Sartre dermaßen in Wut geriet, so zweifellos deshalb, weil dieser Brief das Interpretationssystem etwas demontiert, das er uns in *Les mots* bietet. Hier der Brief ohne großen Kommentar.

1, Rue Le Goff, 26. Januar 1912

«Lieber Monsieur Courteline,
Großvater hat mir erzählt, daß man Ihnen eine große Auszeichnung gegeben hat. Das hat mir viel Freude gemacht, denn ich lache viel, wenn ich Théodore und Dhantéon bourelle

lese, die bei uns vorbeigeht. Ich habe auch versucht, Théodore mit meinem deutschen Hausmädchen zu übersetzen, aber die arme Nina verstand den Witz nicht.

Ihr zukünftiger Freund
(frohes neues Jahr)
Jean-Paul Sartre, 6 1/2 Jahre»*

Ja, *Les mots* sind eine wahre Ode auf Anne-Marie, allerdings eine scheue und teilweise versteckte Ode. Und die Themen dieses facettenreichen Buches kommen einigen sehr spezifischen Zügen der Sartreschen Biographie sehr nahe: Inzest, Kreativität, Unsterblichkeit, Rivalität oder Verführung. Eine große Verwandtschaft also zwischen realem und erzähltem Leben. Allein die Deutung des Schriftstellers wird später die Spuren verwischen, die Akteure verkleiden. Zunächst aber handelt es sich um ein Kind, das die harte Erfahrung der anderen und der Welt macht: Nach intensiver privater Grundausbildung unter der alleinigen pädagogischen Anleitung des Großvaters besucht er mit unterschiedlichem Erfolg die Grundschule und später das Gymnasium...

Politik? Männerangelegenheit. Geschichte? Männerangelegenheit. Poesie? Auch eine Männerangelegenheit. Dank Anne-Marie und mit Anne-Marie gemeinsam wird Poulou dennoch altersgemäße Zerstreuungen kennenlernen, die seine als minderjährig behandelte Mutter mit ihm teilt. Zum Beispiel das Lesen amerikanischer Comic-Hefte. Zum Beispiel die Entdeckung des Kinos. Zum Beispiel die langen Stunden, in denen sie im selben Raum, die Mutter am Klavier, der Sohn bei seinen Spielen, Träume und Vergnügungen teilten, die zwar nicht wirklich gemeinsam erlebt wurden, aber nichtsdestoweniger in einer komplizenhaften, liebevollen Atmosphäre unbedingter Nähe.

«‹Lacrosse ist einer der größten Verbrecher der USA. Es ist ihm

* Frz. Original: «Cher Monsieur Courteline, Grand-père m'a dit qu'on vous a donné une grande décoration. Cela me fai bien plaisir quart je rit bien en lisant Théodore et Dhantéon bourelle qui passe devant chez nous. J'ai aussi esseyé de traduire Theodore avec ma bonne allemande mais ma pauvre nina ne comprenait pas le sence de la plaisenterie. Votre futur ami (bonne année) Jean-Paul Sartre 6 ans 1/2.»

gelungen, mich auf unglaubliche Weise hinters Licht zu führen, ich werde mir aber so lange keine Ruhe gönnen, bis er dafür bezahlt hat. Ich werde ihn an den Galgen bringen, den feinen Herrn...› Nick wandte sich Chick und Patsy zu und sagte: ‹Ich kann gerade noch den Zug nach New York erwischen; ich reise sofort ab!›» Nick Carter, «der größte Detektiv Amerikas», tauchte auf dem französischen Markt erstmals am 22. März 1907 auf. Es war ein prompter Erfolg. Von da an warteten die französischen Leser sieben Jahre lang jeden Mittwoch voller Ungeduld auf das nächste Heftchen, in dem man für fünfundzwanzig Centimes auf etwa dreißig Seiten mit Sicherheit wieder auf den berühmtesten Detektiv aller Zeiten treffen würde, der dank Spürsinn, Bravour und Gutmütigkeit – womit er blitzschnell Polizisten, Taxichauffeure, Krankenpfleger und andere anständige Menschen überzeugte –, aber auch dank generellem Mißtrauen gegen «die dummen Neger, deren Stärke nicht gerade der Mut ist», eine enorme Zahl von Strolchen, Gaunern und Räubern erledigte. Wie er von einer seiner zahllosen Absteigen in New York City in eine Opiumhöhle überwechselte und einem Zauberer gleich die Kunst, sich zu verkleiden und zu verstellen, beherrschte, konnte er mit einem schlichten «Ich bin Nick Carter» Respekt, Bewunderung und Unterstützung gewinnen; der Detektiv, der überall Leidenschaften entfesselte, konnte mit einem raffinierten Apparat jonglieren und durchquerte Amerika im Boot, in der Straßenbahn, im Zug, im Auto oder auch zu Pferd. Unerheblich blieb, daß die Welt, in der er sich bewegte, so restlos manichäistisch, so dummdreist rassistisch war und sich ausschließlich um ihn drehte, unerheblich blieb, daß seine Ermittlungsmethoden rein intuitiv und empirisch waren. «Stärker und nachhaltiger denn je empfand der Detektiv jenes Gefühl tiefster Überzeugung, das so selten getäuscht hatte; etwas sagte ihm, daß...» Woche um Woche, Heftchen um Heftchen, Titel um Titel gelang es Nick Carter, einen in Spannung zu halten, vom *Chemin des Coyotes* zu den *Voleurs d'or de Grubstake Mine* über *Les fraudeurs de Detroit, Michigan.* Und die wilden und unheimlichen Schauplätze dieses Amerikas des 19. Jahrhunderts, die Dächer von New York City, die verrufenen Stadtteile, die Bowery oder Harlem, wurden für das Kind die bevorzugten Orte von Exotik und Abenteuer.

Das Kind sammelte die Alben, stapelte die Heftchen und schleifte

aux bons soins de Mr. Flammarion : Editeur

Monsieur Courteline. Homme de lettres,

43 Avenue de Saint-Mandé

Paris 12e

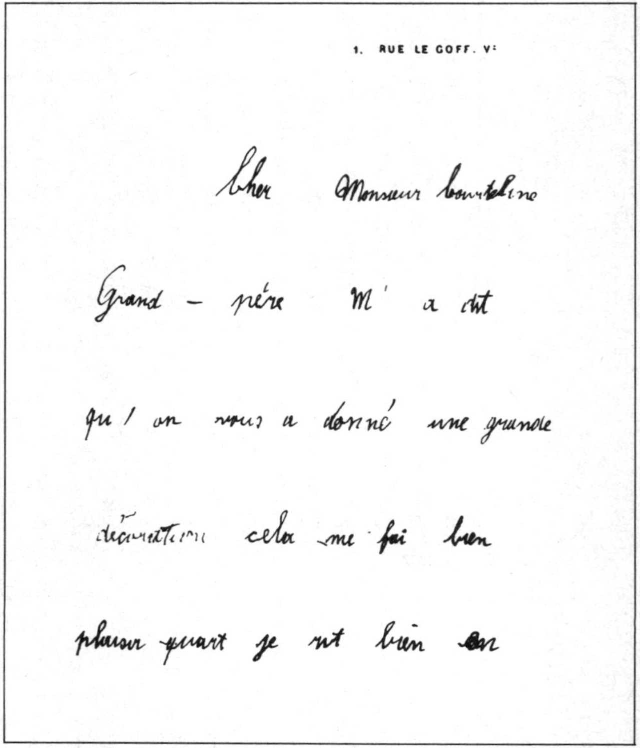

1. RUE LE GOFF. Ve

Cher Monsieur Courteline

Grand - père M' a dit

qu' on vous a donné une grande

décoration cela me fai bien

plaisir quant je nt bien

lisant Théodore et Phanthéon borvrelle

qui passe devant chez nous. J'ai

aussi essayé de traduire Théodore avec

ma bonne allemande mais ma pauvre

nina ne comprenait pas le sence

de la plaisanterie.

Votre futur ami

(bonne année)

Jean paul Sartre

6 ans 1/2

seine Mutter auf endlosen Ausflügen zu den Bouquinisten am Quai des Grands Augustins, wo ältere Hefte zu herabgesetzten Preisen verkauft wurden. Systematisch durchwühlte es auf der Suche nach neuen Abenteuergeschichten die Kästen und besaß mit Anne-Maries Hilfe bald eine der schönsten *Nick Carter*-Sammlungen; dann entdeckte es *Buffalo Bill, Texas Jack* oder *Sitting Bull*, und die komplette amerikanische Produktion kam hinzu. Neben Nick war der Oberst W. J. Cody, genannt Buffalo Bill, zum Idol des Kindes geworden, wie er eine schöne Frau auf seinem «herrlichen Pferd von beinahe menschlicher Intelligenz» entführt oder die Siedlerzüge gegen «Überfälle von wilden, ewig blutdürstigen und raubgierigen Indianerstämmen» schützt. Auch Texas Jack bewunderte er, den «Schrekken der Indianer» und Jäger der «Outlaws» und «Desperados» oder den lieben, von Kopf bis Fuß mit Federn bedeckten Sitting Bull, den «letzten der Mohikaner» mit der legendären edlen Seele, der 1876 dem General Custer trotzte, als er zur Goldsuche an den Rosebud-Fluß gekommen war...[15]

Dann entflammte ihn der Ritter Pardaillan, dessen Abenteuer der Romancier Michel Zévaco in epischer Breite erzählte. Das Kind wechselte von Amerika nach Spanien, wo der ruhmreiche einsame Ritter, der jede Art von Autorität ablehnte, seiner ewigen Feindin, Prinzessin Fausta, begegnete. «In den *Romans héroiques* bewies der berühmte Romancier Michel Zévaco, dessen über alles geliebter populärer Name den klaren und triumphalen Klang einer Siegesfanfare hat, alle seine hervorragenden Qualitäten, denen er seinen kolossalen Erfolg und sein weltweites Ansehen verdankt. Auf der Grundlage *dieses außerordentlichen Werkes* ist Pardaillan für das Kino bearbeitet worden...» Bescheidenheit war nicht gefragt bei dieser Werbung vom 12. Dezember 1913. Sie spiegelt eine ganze Epoche wider, und der kleine Sartre ist einer ihrer eifrigsten Akteure: «Pardaillan war mein Meister. Um es ihm nachzutun, habe ich hundertmal, dastehend auf meinen stolz gespreizten Hahnenbeinen, Heinrich III. und Ludwig XIII. geohrfeigt.»[16] Schließlich kam noch die berauschende Entdeckung jener neuen Kunst, des Kinos, hinzu, und zusammen mit Anne-Marie genoß er die köstlichen Nachmittagsvorstellungen, wo ein Pianist im Dunkeln eines Theatersaals die sich überstürzenden Abenteuer auf der Leinwand begleitete, Pardaillan in Sevilla unterstützte, Nick Carter in New York verfolgte oder die Angst vor dem Schatten von Fantomas in Paris wiedergab, «diesem mysteriösen Wesen, das der gesamten Gesellschaft scheinbar unauslöschlichen Haß geschworen hat...»

«...die Kriegsjahre (wurden) die glücklichsten meiner Kindheit. Meine Mutter und ich waren gleichaltrig, und wir trennten uns nicht. Sie nannte mich ihren dienstbaren Ritter, ihren kleinen Mann; ich sagte ihr alles...»[17] Mit ihren Geheimnissen, Sprachritualen, mit ihrer Komplizenschaft von Minderjährigen bilden sie ein harmonisches, inniges Paar. Man urteile selbst: «Eines Tages hatte ich auf dem Quai zwölf Hefte von *Buffalo Bill* entdeckt, die ich noch nicht besaß. Meine Mutter war dabei, die Hefte zu bezahlen, als ein dicker, blasser Mann näher trat... Er schaute starr auf meine Mutter... ‹Du wirst verwöhnt, kleiner Mann, du wirst verwöhnt!› ...dann sah ich seinen besessenen Blick, und nun waren Anne-Marie und ich nur noch ein einziges erschrecktes junges Mädchen, das zurückwich... Der Zwischenfall schloß uns noch mehr zusammen; ich trottete mit hartem Gesicht dahin, an der Hand meiner Mutter, und war sicher, sie zu beschützen.»[18] Solche Szenen tastet man nicht an, man registriert, hört hin. Man sieht die Mutter, wie sie von den Locken des Kindes entzückt Fotos macht und machen läßt, wie sie die Aufnahmen retuschiert und zu zeichnen versucht, um das Gesicht stolz, den Ausdruck herrisch, das lange Haar golden, gekünstelt und süßlich wirken zu lassen.

Dieses Kind, das beide Frauen zärtlich und geziert aufzogen, wurde von seinem Großvater auch noch mit einer Eigenschaft ausgestattet, die er selbst ausgiebig praktizierte, seit seine Frau in den endgültigen Streik getreten war: die Polygamie. Sobald Poulou auf ein kleines Mädchen traf und sich ihr näherte, sobald man ihn in den Ferien in Vichy oder Arcachon mit einem gleichaltrigen Mädchen spielen sah, gab Charles damit an, sein Enkel habe eine neue «Verlobte». Eher gegen seinen Willen besaß das Kind dank den Sprachgepflogenheiten des Großvaters in jeder Stadt, in die es kam, eine Verlobte. In Thiviers zum Beispiel war es seine Kusine Annie Lannes, die Tochter seiner Tante Hélène. Gleiches Alter, gleicher Charakter, gleicher Stolz, gleiche Bildung, gleiche Wißbegierde: Wenn das Kind an die Großmutter in Thiviers schrieb, vergaß es nie zu versichern, seine

«Kusine Ninie» fehle ihm sehr, aber es würde sie «im Sommer besuchen». Zwischen dem kleinen Jungen und seiner Kusine gab es offenbar tatsächlich eine gegenseitige Zuneigung, eine jener Beziehungen, die man Kindheitsliebe nennen kann. Der achtzehn Monate ältere Poulou kümmerte sich um die kleine Ninie wie ein großer Bruder und galanter Beschützer: Die beiden Kinder verbrachten die Schulferien gemeinsam, tauschten Briefe aus, schickten sich Geschenke. Er verschenkte Puppen, erhielt Bücher und legte gelegentlich Wert darauf, ein Urteil über die Spielsachen seiner Kusine abzugeben: «Ich habe die unsäglich dumme Puppe von Ninie in so schlechter Erinnerung, daß ich ihr eine andere schicke unter der Bedingung, daß sie ihr entzückendes Baby vergißt, und ich küsse Ninie auf beide Wangen», schrieb der kleine besitzergreifende Junge in einem Brief. Die Kinderspiele setzten sich bis in die Jugend hinein fort.

Hin und her gerissen zwischen den «Männerangelegenheiten» und dem, was man mangels eines treffenderen Ausdrucks Frauenangelegenheiten nennen könnte, das heißt den harmlosen Freuden der schönen Künste und der Literatur, suchte der kleine Junge mühsam seinen Weg. Die Frauen kümmerten sich darum, ihn mit Gott bekannt zu machen, ein von Erfolg gekröntes Unternehmen, da das Kind bis zum zwölften Lebensjahr fromm sein wird. Auf der Schule wurde sein Glauben vom Abbé Dibildos, der ja schon seine Eltern getraut hatte, durch Vorträge über das Leben Jesu gestärkt, die im besten Fall mit Silbermedaillen belohnt wurden. Die Religion war ein delikates Terrain, war doch der protestantische Großvater gegen Päpste und Priester gleichermaßen allergisch, während die Mutter in der Kathedrale Notre-Dame-de-Paris Orgelkonzerten oder Bachkantaten mit einer Inbrust lauschte, von der sie selber nicht so recht wußte, ob sie von der Liebe zu Gott oder zur Musik herrührte. Wenn das Kind während der Ferien in Thiviers von seinen Freunden Magondeaux eingeladen war, erhielt es Briefe von seiner Mutter, in denen sie ausdrücklich mahnte, «nicht anstößig zu wirken und sich der katholischen Umgebung anzupassen». Verzweifelt versuchte das Kind am Tag der Huldigung der Jungfrau Maria, dem 15. August, sich an den genauen Wortlaut der Bußerklärung zu erinnern, die er im Beichtstuhl abzugeben hatte: Es war vergebens. Einige Jahre später, 1920, wird er durch ein Wunder den Glauben verlieren, als er eines Tages auf seine Mitschüler wartete, um in die Klasse zu gehen.

Schwieriges Pendeln zwischen dem kleinen beschützenden und generösen Mann, den Charles nach seinem Ebenbild formen will, und dem androgynen Kind, dessen langes Haar von den Frauen gern in Locken gelegt wurde. Pendeln zwischen dem seiner Autorität bewußten Großvater und den beiden bewundernden Frauen. Doch eines Tages setzte Charles einen Punkt, die blonden Locken wurden abgeschnitten, eine Enteignung, Verstümmelung. Nicht länger sollte sein Enkel die Attribute, Verhaltensweisen und Manieren eines kleinen Mädchens haben und Gefahr laufen, für eine Memme gehalten zu werden: Ohne Vorwarnung ließ er ihn scheren und bewies damit, wer der Stärkere war. «Ich wurde häßlich wie ein Frosch», erläuterte das Objekt jener Auseinandersetzungen später. Abrupt verlor Anne-Marie das runde goldene Ding, das sie gepflegt und für sich behalten hatte.

Inzwischen hatte sie noch weitere Kämpfe an anderen Fronten ausgefochten. Die Erbschaft von Jean-Baptiste war nicht geregelt worden, ihr Schwager Joseph vernachlässigte die juristischen Erfordernisse, ob es um das Zusenden einer Vollmacht, einer Unterschrift oder einer Ermächtigung ging; zunächst höflich, später immer nachdrücklicher versuchte sie, ihre Rechte geltend zu machen. Vielleicht erklärt sich die leidenschaftliche, zuweilen auch besitzergreifende Mutterliebe von Anne-Marie zum Teil aus diesem Kampf mit den Behörden. Der kleine Poulou war zwischen zwei Schweitzers eingeklemmt, die um so stärker auf ihn setzten, als das Leben ihnen vieles genommen hatte. Seiner Söhne beraubt, fand Charles in Poulou den idealen Schüler. Ihres Mannes und ihres Vormundschaftsrechts beraubt, besaß Anne-Marie nur diesen kleinen Sartre, der der einzige Mann ihres Lebens bleiben sollte. Pädagogische Vereinnahmung, affektive Vereinnahmung: Zwei besonders willenstarke, aktive, kämpferische und radikale Erwachsene fielen über das Kind her. Es wurde zum Wunderkind eines theatralischen Großvaters und einer unglücklichen Mutter, ihr beiderseitiger größter Kampf, ihre beiderseitige letzte Rettung. Es wurde zum Einzelkind des Paares Charles und seiner Tochter. Wenn die Großmutter Schweitzer, Louise, oft stichelte und tadelte, Anne-Marie gewinne immer größeren Einfluß auf die Haushaltsführung, dann handelte es sich vermutlich um die unbewußte Wahrnehmung einer ganz bestimmten Rollenverteilung. Das Kind, das diesem doppelten Druck und diesen maßlosen Erwartungen ausgesetzt war, ging seinen Weg, so gut es konnte. Es wurde das Double seines Großvaters und der Mann seiner Mutter; mit fünf war es gleichzeitig siebzig und dreißig Jahre alt; in dem Bemühen, beide zufriedenzustellen, nahm es Rache für das Leiden des Elsaß und spielte hervorragend seine Rolle als ritterlicher Galan. Wie selbstverständlich schlüpfte es in die Rollen, verhalf den Verkleidungen zu Glanz und stellte die Ansprüche seiner beiden Kommanditisten mit kindlichem Geschick zufrieden. Wie soll man auch anders reagieren, wenn man im Alter von sechs Jahren Produkt und Zweck zweier verwundeter Erwachsener, ihre Rache und ihre Hoffnung wird? Vor allem: wie soll man dann dem Wahn entkommen?

«Liebe Großmutter, ich bin krank gewesen, aber nicht schlimm», «chère granmère, j'ai été malade mais pas gravemen» (*sic*), schreibt das achtjährige Kind. «Liebe Mutter, Poulou hat eine schwere Bronchitis, die ihn ans Bett fesselt. Morgen wird ihm der Arzt wahrscheinlich erlauben, wieder aufzustehen. Mit dem Gymnasium ist es allerdings vorbei, zumindest im Winter, denn wenn auch das Lernen dort für Poulou ein Kinderspiel ist, wäre die Zugluft für ihn mörderisch, und das muß vermieden werden...» schreibt Anne-Marie ihrer Schwiegermutter. «Momentan geht es ihm gut», schreibt der Großvater Schweitzer, «wir sind sehr froh darüber, nachdem wir ihn so lange schwächlich erlebt haben...» Ein kränkliches, schwächliches, anfälliges, oft bettlägeriges Kind zwischen einer Grippe, einer Ohrenentzündung und einer Bronchitis. Die Sprache der Krankheit bei dem Kind zu entziffern ist genauso schwierig, wie den Sinn dieser Schwäche zu deuten und daraus stichhaltige Schlußfolgerungen zu ziehen. Der angegriffene Zustand hielt nicht lange an: Bedeutete er eine Flucht, eine Botschaft oder eine Etappe? Die vielleicht einzigen Folgen dieser Periode: das Schielen auf dem rechten Auge. Mit vier Jahren bekam das Kind nach einer Grippe einen weißen Flecken auf der Hornhaut: Nie wieder wird es dieses Auge wie vorher benutzen können.

Während Poulou in der Krankheit und im Stolz vielleicht ein Mittel gegen den Wahn fand, zog sich Anne-Marie ihrerseits in eine endlose Korrespondenz mit Thiviers zurück. Nach Jean-Baptistes Tod waren in der Erbschaftsangelegenheit Nachlässigkeiten begangen worden, und Anne-Marie hatte Verschiedenes aus ihrer Mitgift nicht zurückerhalten; nun sollte sie auf eine Vollmacht ihres Schwiegervaters, später ihres Schwagers angewiesen sein, damit sie – lächerlicher Kampf! – das Recht erhielt, sich ihre beiden Indochina-Pfandbriefe in Höhe von hundert Francs auszahlen zu lassen, die gerade ausgelost worden waren. Zunächst versuchte sie es höflich und vertrauensvoll: «Seien Sie sicher, daß ich Ihnen nie auch nur den kleinsten Schaden zufügen werde...», dann ein wenig besorgt: «Ihr Schweigen verwundert mich...», allmählich verletzt und betroffen: «Sie beschuldigen mich, ohne Ihr Wissen Ihrem Notar einen Brief geschrieben zu haben...», schließlich kämpferisch: «Wenn es mir nicht *dringend* gewesen wäre, meine Vormundschaftssituation zu regeln, hätte ich diese Fragen nie aufgeworfen, ich hoffe, wir werden diese undankbare Angelegenheit lösen können, koste es, was es wolle...» Das Verhältnis zwischen Paris und Thiviers verschlechterte sich so rapide, daß Vermittler notwendig wurden: nacheinander werden Monsieur Hellier, ein Freund der Sartres, und der Arzt Durieux, Jean-Baptistes Freund, Anne-Marie aufsuchen und mit ihr reden wollen. «Eine Beendigung der Zwangsgemeinschaft läge im Interesse aller Beteiligten», erklären beide zutreffend und vergessen dabei nicht den Zusatz, daß Madame Sartre «keine andere Ambition verfolgt als die Lösung dieser Probleme» und «ihre Überlegungen allein vom Wunsch geleitet sind, ihr Kind aufzuziehen».

Im Oktober 1913 war der Arzt Eymard Sartre im Alter von siebenundsiebzig Jahren gestorben: Anläßlich seiner Beerdigung kam eine beträchtliche Menschenmenge nach Thiviers, wo er in der mit einem riesigen Kreuz versehenen Familiengruft aus weißem Marmor begraben wurde, neben den Familien Theulier und Chavoix und neben seinem Sohn, «J.-B. Sartre, Leutnant zur See». An die zweihundert Beileidsschreiben aus allen Ecken des Südwestens wurden im Haus in der Rue du Thon in Empfang genommen, was die außerordentliche Beliebtheit des «lieben Doktors», des «großen Doktors», der «sein ganzes Leben der Menschheit gewidmet hatte», bewies. Sämtliche chére granmére

j'ai été malade mais pas gravemen. Je regréte bien mes camarades et mes classes car j'aime baucou le travail je regrète aussi Thivièrs et ma cousine ninie mais j'irai cet été la voir.

chére grand-mère je vous embrasse bien ainsi que tout le monde

votre petit fils
Jean Paul Sartre

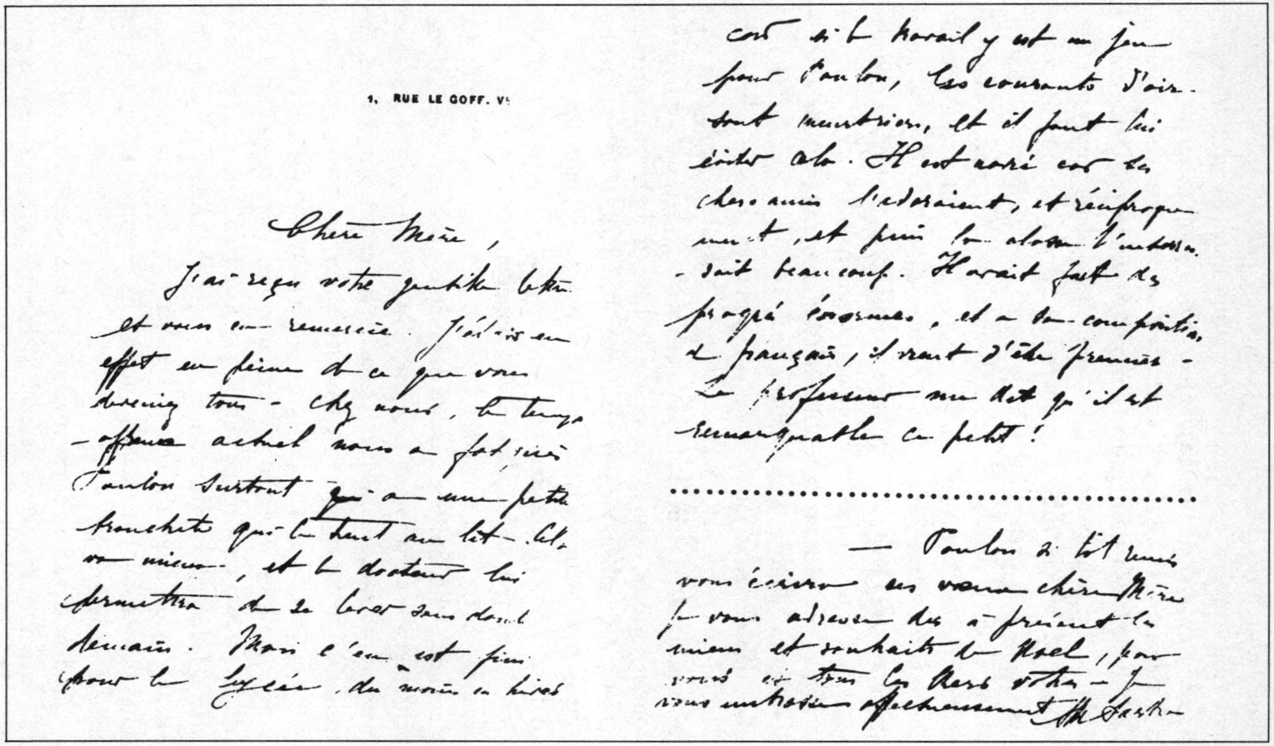
1, RUE LE GOFF. Vᵉ

Chère Mère,

J'ai reçu votre gentille lettre et vous en remercie. J'étais en effet en peine de ce que vous deveniez tous. Chez nous, le temps affreux actuel nous a [illegible] Poulou surtout qui a eu une petite bronchite qui le tient au lit. Il va mieux, et le docteur lui permettra de se lever sans doute demain. Mais c'en est fini pour le Lycée du moins en hiver car si le travail y est un jeu pour Poulou, les courants d'air sont meurtriers, et il faut lui éviter cela. Il est navré car ses chers amis l'adoraient, et réciproquement, et puis la classe l'intéressait beaucoup. Il avait fait des progrès énormes, et à la composition de français, il venait d'être premier. Le professeur me dit qu'il est remarquable ce petit!

....

— Poulou a tôt remis vous écrire ses vœux chère Mère. Je vous adresse dès à présent les miens et souhaits de Noël, pour vous et tous les vôtres — Je vous embrasse affectueusement M. Sartre

Honoratioren der Region, Bürgermeister, Präfekten, Unterpräfekten, Abgeordnete, Senatoren, Verwaltungsräte, Richter, Rechtsanwälte, Anwaltskammerpräsidenten, Notare, die gesamte örtliche Aristokratie vom Grafen de Lestrade de Conti über den Grafen de Falvelly de la Marthonye, die Gräfin du Seigneur, die Grangevieilles de Mazaubert, die Issalènes de Rouville bis zu den Paroutys du Grézeau, die Priester, Abbés, Domherren, Vikare, Oberinnen, Apotheker, Bankdirektoren, Lehrer: Aus Bordeaux, Périgueux, Limoges, Montpellier, Juillac, Brantôme, Bourdeilles, Avignon, Excideuil, Cadaujac, Souillac, Agen, Villeneuve-sur-Lot, Toulouse und natürlich auch aus Paris kamen Beileidsschreiben. Es war wie ein langer Trauerzug, der sich zu der Witwe hin begab und ihr immer wieder sagte, wie grausam dieser dritte Verlust innerhalb kürzester Zeit sei – zunächst ihre Mutter, dann ihr jüngster Sohn und jetzt ihr Mann – und daß es dennoch, alles in allem, auch Tröstliches gebe. Zum Beispiel, daß der Arzt Sartre als Christ gestorben sei. «Der christliche Glaube von Monsieur Sartre», schrieb Madame Dussutour, «hat mich nicht überrascht. Ich habe vorher oft gesagt, daß es noch so kommen würde, denn je älter er wurde, desto mehr beschäftigten ihn religiöse Gedanken. Sie sind wahrscheinlich darüber alle sehr froh», fuhr sie mit einem gewissen Sinn für schwarzen Humor fort, «daß es zu dieser Entwicklung kam; es ist ein so großer Trost, den der liebe Gott Ihrem Glauben und Ihrer Frömmigkeit geschenkt hat...» Ja, der Arzt Sartre hatte die letzte Ölung angenommen, und jeder war glücklich. Auch hoffte man, daß der Name erhalten bleiben würde. Seltsamerweise erwähnten viele Briefschreiber die kleine Annie, aber niemand, auch nicht ein einziger, dachte an Jean-Baptistes Sohn, obwohl Poulou der einzige war, der den Namen Sartre trug, und Anne-Marie ihn zur Beerdigung mitgenommen hatte. Ein dummer Zufall? Symptom für die Verlegenheit gegenüber Jean-Baptiste? Für die Ablehnung durch die Familie? Für das gespannte Verhältnis zu Anne-Marie? Jedenfalls wurde in dieser umfangreichen Korrespondenz der kleine Poulou nirgendwo als kleiner Sartre wahrgenommen. Allerdings erwies sich das eher als günstig: Es entsprach seiner eigenen späteren Lossagung.

Mit dem Arzt Sartre verschwand auch Poulous Mitvormund. Am 22. November 1913 entschied der Richter von Thiviers, Jean-Baptistes Bruder, Joseph Sartre, sei der neue Mitvormund des Kindes: Poulou war damals acht Jahre alt, sein Onkel Joseph vierundvierzig. Es ist schon nicht ohne Pikanterie, daß es für die kommenden vier Jahre der Onkel Joseph war, der mutmaßliche Idiot der Familie, der neben Anne-Marie zum gesetzlich anerkannten Erziehungsberechtigten für das Wunderkind wurde! «Wir haben wirklich katastrophales Wetter gehabt», schrieb Joseph im Jahre 1910. «Wenn das Wetter gut wäre, wäre auch die Ernte gut, wir brauchten jetzt allerdings viel Hitze und keinen Regen, die Erde ist völlig aufgewühlt und das Korn vergilbt. Die Dame Komet sollte sich jetzt wirklich keinen solchen Spaß mehr erlauben. Wir haben sie gestern gesehen...» In den Jahren zwischen der Sonnenfinsternis vom 30. August 1905, die er als Astronom vom Balkon seines Zimmers aus beobachtete, und dem Kometen vom Juni 1910 setzte Joseph sein Landleben mit den Ernten, Regenfällen, Weinlesen und Viehmärkten der Region fort, half seiner Mutter, schrieb seiner Schwester, überwachte den verpachteten Familienbesitz. Offensichtlich lebten sich die beiden Sartre-Paare, Anne-Marie und Poulou einerseits, Élodie und Joseph andererseits, wesentlich schneller auseinander, als man es sich vorgestellt hätte, allerdings in beiderseitigem Einvernehmen. «Schon lange habe ich keine Nachricht mehr von You und Poulou erhalten», schrieb die Großmutter Sartre. «Allerdings hätte ich ihnen selber schreiben müssen. Aber was hätte ich ihnen schreiben sollen? Nichts, denn ich habe nichts zu erzählen.» Gelegentlich äußerte sie doch eine bestimmte Verbitterung: «You reist überallhin», stellte sie ironisch fest, «bloß nach Thiviers nicht, ich will dazu aber nichts sagen.» Und Joseph war noch ironischer: «Sie kommt aus Vichy zurück und will gemeinsam mit ihren Eltern den September am Luzerner See verbringen: Ich nehme an, Poulou wird sich gut in Geographie auskennen!» «Ich glaube nicht, daß ich dieses Jahr nach Thiviers kommen kann», schrieb die Schuldige an ihre Schwägerin Hélène. «Ich hätte gern Nachrichten von Mama, ich verwöhne sie zwar in dieser Hinsicht auch nicht gerade, sie sind aber noch schweigsamer als ich!»

So kurzlebig und anfällig das Intermezzo mit Jean-Baptiste gewesen war, so zäh zog sich das Kapitel Thiviers hin, das für Anne-Marie gelegentlich Züge einer alptraumähnlichen Farce annahm wie das

Plagiat eines schlechten Romans aus dem 19. Jahrhundert. Sie sollte anderswo die für sie bequemste Lösung finden. Am 14. April 1917 beantragte sie die Einberufung eines Familienrats, der die Vormundschaftsprobleme für Sartre, Jean-Paul, elf Jahre, regeln sollte. Die Entscheidung erleichterte sie zunächst: «In Anbetracht der Zuneigung von Madame Sartre zu ihrem Kind und in Anbetracht dessen, daß Monsieur Mancy uneingeschränktes Vertrauen genießt, übergibt der Familienrat Madame Sartre die Vormundschaf über ihr Kind und ernennt zum Mitvormund Monsieur Mancy, Joseph, ehemaliger Generaldirektor der Marine und Direktor der Établissements Delaunay-Belleville in La Rochelle.»

Anne-Marie heiratete wieder. Zum zweitenmal einen Absolventen der École polytechnique aus demselben Jahrgang wie ihr Bruder Georges. Bei der ersten Wahl hatte sie Jean-Baptiste Sartre, einen Arztsohn aus dem Périgord, genommen. Bei der zweiten nahm sie mit Joseph Mancy vorlieb, den Sohn eines Eisenbahners aus der Umgebung von Lyon. So war ihr wenigstens gelungen, ihrem Sohn einen wirklichen Vormund zu bieten und für sich die Gewißheit zu erlangen, die Erziehung des Kindes in völliger Unabhängigkeit durchführen zu können. Sie ließ die Wahrnehmung von Poulous Interessen von dem einen Joseph zum nächsten wandern. Sie wußte, daß sie nun einen Beistand in ihren Kämpfen und eine komfortable finanzielle Stütze haben würde. Denn ihre Soldatenwitwenrente, die sie dem Staatsrat beinahe hatte abringen müssen, war nicht sehr hoch. «Gestatten Sie mir, Herr Admiral, darauf hinzuweisen», hatte sie zum Beispiel am 22. Dezember 1906 geschrieben und so an den düsteren langen behördlichen Briefwechsel von Jean-Baptiste angeknüpft, «daß die bescheidenen Ressourcen, über die ich verfüge, mich in allergrößte Sorge um meine Zukunft und die meines achtzehn Monate alten Kindes versetzen. Ich habe jetzt Zuflucht bei meiner Familie gefunden, könnte mich aber nie entschließen, ewig zu Lasten meines Vaters, eines alten und mittellosen Akademikers, zu leben...» Über sechs Monate dauerte der behördliche Ärger mit Marineministerium, Staatsrat und Gesundheitsrat: War der Leutnant zur See Sartre einem Rückfall seiner ersten Erkrankung erlegen? Oder war er, nachdem er seine erste, aus tropischen Breiten mitgebrachte Darmkolitis völlig auskuriert hatte, an einer «Verhärtung der rechten Lungenspitze», anders gesagt: an Tuberkulose gestorben? Die ganze Auseinandersetzung sollte feststellen, ob Anne-Marie einen Mann, von dem sie von vornherein wußte, daß er todkrank war, geheiratet hatte, nur um in den Genuß seiner Pension zu kommen. Sie hatte eine Ungeschicklichkeit begangen, weil sie anscheinend unter dem Einfluß der Tuberkulose-Mythologie verschämt behauptet hatte, ihr Mann sei zwar zum Zeitpunkt der Eheschließung völlig gesund gewesen, später jedoch an einem Rückfall in die erste Krankheit gestorben. Ein Expertenstreit, der in dieser Angelegenheit völlig deplaziert war. Am 13. Juli 1907 wurde ihrem Antrag stattgegeben: 893 Francs jährlich sollte sie für sich und ihren Sohn erhalten. 1917 verschwanden durch ihre zweite Ehe auch alle ihre finanziellen Sorgen. Sie war von der dumpfen Last von Thiviers befreit, hängte in ihrem Schlafzimmer das Porträt ab, das Jean-Baptiste in Ausgehuniform zeigte, und verließ zum zweitenmal die Schweitzers. In dem Glauben, ihren Sohn endgültig gewonnen zu haben. In Wirklichkeit verlor sie ihn.

Es war das Ende der Schweitzer-Herrschaft, die entgegen jeder Erwartung an die zehn Jahre gedauert hatte. Jene Jahre würde Sartre mit über fünfzig in *Les mots* beschreiben. «Poulou hat von seiner Kindheit nichts begriffen», würde Anne-Marie entrüstet aufschreien. Sartre blieb der Familie seiner Mutter nicht besonders verbunden, und als einer seiner Schweitzer-Cousins ihm einmal in der Annahme, ihm eine Freude zu bereiten, einen Stammbaum zusandte, warf er ihn nach einem kurzen Blick in den Papierkorb. Jean-Baptistes Bücher hatte er verkauft, und so erteilte er beiden Familien, von denen er abstammte, in einem fiktiven Kampf Sartre contra Schweitzer dieselbe Abfuhr. Ein Kampf, aus dem allein er unversehrt hervorging.

SZENEN AUS DEM LEBEN IN LA ROCHELLE

In La Rochelle habe ich eine Entdeckung gemacht, die für mein weiteres Leben zählen sollte: Die wahren Beziehungen zwischen den Menschen sind auf Gewalt gegründet.
Autobiographische Materialien

La Rochelle ist von fünf bis sechs eine Stadt herbstlicher Dämmerung. Der alte Hafen wirkt bei Sonnenuntergang wie verwischt durch das fahle Grau der letzten Sonnenstrahlen... Die blassen Farben des Himmels gehen in die der alten Wachtürme der Bucht über... Im Hafen steht ein dickflüssiges, weißgesprenkeltes Wasser, dem schwarzen Benzinstreifen ähnlich, den ein parkendes Auto auf dem Pflaster zurückläßt. Die Segelboote kommen leise, beinahe wie übernatürlich zurück...» Das zwölfjährige Kind mit den langen Hosen und dem eigensinnigen Ausdruck, das beim Schulanfang im September 1917 in die dritte Klasse des Gymnasiums von La Rochelle aufgenommen wurde, hat tatsächlich einige Jahre später die Magie des Lichts von La Rochelle besungen, das in Farben verliebte Zeichner und Maler in den ersten Herbsttagen nach La Rochelle zog.[1]

Dennoch war die Zeit in La Rochelle von Anfang bis Ende ein Leidensweg. Sartre selber wird stets vermeiden, sie zu erwähnen; er sprach davon nur sehr spät und nur dann, wenn er zu seiner Jugend befragt wurde und nicht mehr ausweichen konnte. In La Rochelle traf ihn unversehens und hinterrücks eine ganze Reihe von Schicksalsschlägen. Sein Narzißmus wurde einer harten Prüfung ausgesetzt, und Poulou fiel vom Paradies der Schweitzers, wo das Beste gerade gut genug für das verwöhnte Kind gewesen war, in die reale Welt rüpelhafter und grausamer Gymnasiasten, die dem kleinen prahlerischen Monster nur mit verächtlicher Ablehnung begegneten und sich über seine altmodischen Lektüren, seine schwafeligen Wortspiele, sein unmögliches Aussehen und seine Pariser Manieren mokierten.

Als Anne-Marie die Mitvormundschaft von Joseph Mancy durchsetzte, hatte sie einen Strich unter die endlose Korrespondenz mit Thiviers sowie den gesamten behördlichen Ärger gesetzt, der ihr Leben seit Jean-Baptistes Tod vergiftet hatte. Das Auftauchen von Joseph Mancy löste die Schweitzer-Zelle abrupt auf und verschaffte Anne-Marie finanzielle Autonomie, gesellschaftliche und seelische Unterstützung wie auch juristische Hilfe bei der Wahrnehmung ihrer Vormundschaft; im gewissen Maße befreite er sie von jenem unklaren, labilen und abhängigen Status der jungen-Witwe-und-Mutter-die-bei-ihren-Eltern-lebt. Mit vierunddreißig bekam sie einen Ehemann aus der École polytechnique, ein Haus, ein Hausmädchen, gesellschaftliche Beziehungen und einen Vater für ihren Sohn. Nach der langen Pechsträhne widerfuhr ihr das Los aller Frauen, die den eigentlichen Sinn ihres Lebens aus dem Status ihrer Ehemänner ziehen.

«Meine Mutter hat meinen Stiefvater bestimmt nicht aus Liebe geheiratet. Außerdem war er ziemlich unfreundlich. Es war ein großer, hagerer Kerl mit schwarzem Schnurrbart, unruhigem Teint, sehr langer Nase, hübschen Augen und schwarzem Haar. Er war etwa vierzig Jahre alt.»[2] Der Sohn eines Eisenbahnangestellten bei der PLM-Gesellschaft war also Jean-Baptiste auf der École polytechnique begegnet; am Tag, an dem Mancy in das Leben von Anne-Marie trat, verschwand das Porträt des glücklosen Seemanns für alle Zeiten. Exit Jean-Baptiste samt Uniform und seinen ohnehin spärlichen Spuren. Joseph Mancy hatte offensichlich vor, Jean-Baptiste an mehr als nur einer Front zu schlagen: Letzterer hatte nur den einnehmenden Charme seiner Seeabenteuer bieten und durch seine Abwesenheit herrschen können: keine Angriffsfläche, kein einziger Fehler, kein einziger Tadel, die absolute Reinheit. Als Jean-Baptiste zum erstenmal gefordert wurde, entschwand er in den Tod. Joseph Mancy wird die Arbeit mit zehn Jahren Verspätung auf seine Art, und zwar gut, erledigen, um die verlorene Zeit wieder wettzumachen. Ist der Arbeitersohn tatsächlich ein stahlharter Unternehmer geworden, wie Sartre immer behauptet hat? Fest steht auf jeden Fall, daß dieser Nicht-Vater ein allgegenwärtiger Stiefvater und richtiger Ehemann wurde: Dieses Gesellschaftsspiel, an dem Jean-Baptiste nicht beteiligt war, wird Joseph Mancy bis zum Schluß durchhalten. «Meine Familie ist zerbrochen», wird Sartre später kommentieren, «ich fand mich mit einem Herrn wieder, der meinen Vater spielte und mir völlig fremd war.» In den beiden stattlichen Häusern, die das Trio nacheinander in La Rochelle bewohnte, hatte jeder einzelne aus der neuen Mannschaft Schwierigkeiten, sich an die zwei anderen zu gewöhnen. Ein zwölfjähriges Kind war einem dreiundvierzigjährigen Mann konfrontiert, der ihm seine Mutter wegnahm. Ein besitzergreifender und eifersüchtiger Heranwachsender stand einem verantwortungsbewußten Erwachsenen gegenüber. Dazu kam eine Frau, die sich recht und schlecht darum bemühte, den Ehemann vor dem Sohn zu schützen. Von Jean-Baptiste hatte Joseph Mancy, der Eindringling, die unsichere Vaterschaft übernommen. Charles Schweitzer löste er kulturell ab. Eine messerscharfe Wende: Nach den deutsch-französischen Klassikern des 19. Jahrhunderts wurden dem jungen Sartre die Vorzüge der exakten Wissenschaften gepriesen. Allabendlich im großen Salon der Avenue Carnot und später der Rue Saint-Louis machte es sich Joseph Mancy zur Aufgabe, dem Jugendlichen langwierige Stunden in Geometrie und Algebra aufzuzwingen, die gelegentlich mit einer Ohrfeige beendet wurden.

Parallel zur Erziehung seines Mündels bemühte sich Joseph Mancy mit größerem Nachdruck als Anne-Marie um die Erbfolge der Großmutter aus Thiviers: sie starb 1919 und hinterließ drei Erben, Jean-Paul Sartre, seinen Onkel Joseph und seine Tante Hélène. Das Aufteilen der Erbschaft nahm schäbige Formen an, die Tante war zäh, der Onkel gierig. Poulou bekam, was übrigblieb: sechs Handtücher, drei Kaffeelöffel... Und als Anne-Marie ihren Schwager darum bat, für sich und ihren Sohn eine Ferienunterkunft auf dem Familienbesitz in La Brégère zu reservieren, lehnte Joseph schroff ab. «Es steht zu befürchten, daß diese Beziehungen, wenn sie sich weiter fortsetzen, zunehmend unangenehmer werden», kommentierte Joseph Mancy, der seine Frau abgelöst hatte und übrigens noch härtere Wörter fand, wenn er die Rechte seines Mündels einklagte, Geld für seine Ausbildung oder die Möblierung seines Zimmers reklamierte. War der Stiefsohn undankbar gegenüber dem Mann, der sich derart Mühe gab, seine Interessen zu verteidigen? Schritt für Schritt entdeckte Jean-Paul Sartre, daß dieser autoritäre Mann, dieser Unternehmer, der 1920 Streiks niederschlug, dieser konformistische Bourgeois in einer Welt lebte, die seiner eigenen radikal entgegengesetzt war. Man urteile selbst: Als Sartre fünfzehn Jahre später von seiner Freundin Simone de Beauvoir erzählt, lehnt es der Stiefvater ab, sie zu sehen oder zu empfangen. Die Begründung lautet schlicht, sie seien weder verlobt noch verheiratet. Poulou wird durch Joseph Mancy, der ihm Anne-Marie nimmt, entthront und sinkt nach eigenem Bekunden auf den Rang eines «gefallenen Prinzen», eines zweitklassigen Prinzen herab.

«Die Familienatmosphäre war von moralischer Steife, Arbeitsethos und apostelhafter Strenge geprägt, wie sie für den französischen Calvinismus, dessen Zentrum La Rochelle ist, charakteristisch sind», liest man in der Biographie eines Malers aus La Rochelle. In dieser entzückenden Provinzstadt, die sich mit ihren Türmen und dem alten Hafen vor der Welt schützte und stolz war auf die Kapitel in jedem französischen Geschichtsbuch, in denen ihr unerschrockener protestantischer Widerstand gegen jede Belagerung, deren Opfer sie war, beschrieben wurde, sah sich die träge, gepflegte und geschlossene bessere Gesellschaft bei Diners, zu denen Fremde nicht eingeladen wurden; die Damen trafen sich zum Tee und aßen die berühmten kleinen Küchelchen aus der Konditorei Langlade. Sonntags spazierten die Familien auf den Promenaden am Meer entlang und wußten die Gartenanlagen des Kasinos zu schätzen, eines exklusiven Privatklubs, in dem Boule gespielt wurde. Typische Mentalität der französischen Provinz, egoistische Lust des französischen Bürgers, der sich seiner Rechte bewußt und seines Schutzes sicher ist. Eleganz von La Rochelle: Man sprach «rochelais», eine Sprache, die sich aus altfranzösischen und Marinebegriffen zusammensetzte wie «bail» oder «timbre». Hinter ihrem Geld, ihren Ritualen, ihrer Geheimsprache und ihren Spitzengardinen verschanzt, brachten die mißtrauischen und ängstlichen Rochelaiser Neuankömmlingen in der Stadt weder Neugier noch Interesse entgegen. Eher gar nichts, Gleichgültigkeit.

Gleich zu Beginn des Krieges war am Stadtrand im Hafen von La

Pallice ein amerikanischer Stützpunkt errichtet worden. Dieser Stützpunkt Nummer 7 erhielt 800 000 Tonnen Waffenmaterial sowie 175 000 Pferde und Maultiere zum Kampf gegen die Deutschen, als deren U-Boote auf offener See Dampfer und Fischerboote torpedierten. Das Gymnasium hatte einige Räume für eine Sanitätsstation zur Verfügung gestellt. Auf dem Bahnhof von La Rochelle sah man Kriegsgefangenentrupps ankommen, die sofort in die Festung auf der Insel weitergeschickt wurden. Im Hafen kamen Dampfer mit Flüchtlingen aus Belgien und dem französischen Nordosten an. «Was soll ich euch zu diesem furchtbaren Krieg sagen?» regte sich Charles Schweitzer in seinem elsässischen Stolz auf. «O diese üble, diese abscheuliche deutsche Rasse...» In La Rochelle wurde Jean-Paul Sartre erstmals mit Weltgeschichte konfrontiert. Hier erfuhr er von der russischen Revolution von 1917. Ebenfalls in La Rochelle wurde ihm bewußt, daß der Krieg von 1914–1918 dem 19. Jahrhundert und dem kulturellen Erbe, das er von seinen beiden Großvätern erhalten hatte, den Garaus gemacht hatte.

Das Land, das Eymard Sartre und Charles Schweitzer beschrieben hatten, jenes zerstückelte und zerrissene Frankreich, jenes Puzzle, das keine kulturelle Identität besaß, dafür aber in feste regionale Bastionen atomisiert war, erhielt gleich nach Ende der «Grande Guerre» seine modernen, hexagonalen und einheitlichen Dimensionen. Vom Frankreich, das seine Großeltern 1850 gekannt hatten, zu jenem der Nachkriegszeit, in der ihr Enkel leben würde, hatte das Land die tiefste Erschütterung einer gesellschaftlichen Umschichtungsperiode erfahren. Waren die beiden Großväter nicht Zeugen einer gerade untergehenden Welt? Welche Informationen gaben sie ihm außer solchen aus einer schon veralteten, archaischen und abgeschlossenen Welt, die in den letzten Zügen lag? Der Krieg von 1914–1918 bedeutete das Ende dieser letzten Widerstandsherde, dieser letzten Bastionen, und zum ersten Privileg, ein vaterloses Kind zu sein, kam für Jean-Paul Sartre noch das zweite hinzu, daß er zu einem Zeitpunkt volljährig wurde, als die Welt seiner Großväter vollständig überholt war. Ein bindungsloses Kind, eine aufgelöste Familie, eine Periode tiefen gesellschaftlichen Umbruchs: Alles traf im richtigen Moment zusammen, damit er sich in der befreienden Rolle des «Niemandssohnes» außerordentlich wohl fühlen konnte, frei und frank wie ein

Vogel. Er war zwar ganz und gar ein Erbe, aber in einer Welt, die einen völligen Bruch mit der seiner Großväter vollzog. Wohl ein Erbe, aber ohne Kontinuität. Der Unterschied ist wichtig.

Auf dem teilweise zu Kriegszwecken requirierten Jungengymnasium machte Sartre mit seinen deplaziert wirkenden eleganten langen Hosen sofort Eindruck. Für das Bürgertum von La Rochelle, wo man den Söhnen die ausgebesserten Anzüge der Väter anzog, bedeutet diese typisch pariserische Eleganz einen jener Unterschiede, die Kinder einander nicht verzeihen. «Nach oben übertroffen» vom Collège Fénelon, der sogenannten Pfaffenschule, auf die die katholische Stadtaristokratie ihre Söhne schickte, nach unten von den Kindern getrennt, die ihre Schulausbildung abbrachen, um eine Lehre anzufangen, bestanden die Schulklassen auf dem Jungengymnasium aus einer äußerst heterogenen Mischung. Auf dieses Gymnasium gingen vor allem Söhne aus dem protestantischen Großbürgertum, aus dem landwirtschaftlichen Milieu, die meist im Internat wohnten, und die Kinder aus den Austernzüchter- und Fischerfamilien der umliegenden Marktflecken.

«Eine ziemlich wilde Klasse», sagte Sartre später. In der Tat spielte die Gymnasiastengruppe eine Pufferrolle unter den übrigen gleichaltrigen Jugendlichen, die sich in Abwesenheit der an der Ostfront eingesetzten Männer auf den Straßen der Stadt austobten. Die Gruppe stand zwischen zwei Feuern: einerseits die «*covacs*» von der Pfaffenschule, die konventioneller waren und artig Uniform trugen, andererseits die «Schläger» oder «kleinen Ganoven», wie Sartre sie nannte, die im gleichen Alter nicht mehr zur Schule, sondern in die Lehre gingen. Es sind rivalisierende Banden, die sich gegenseitig verprügeln, miteinander kämpfen, sich mit Blicken messen und auf den Straßen der Stadt aufeinander losgehen. Sartre verbündete sich wie die anderen Gymnasiasten auch mit den Schülern der «Pfaffen» gegen die «Ganoven». Brutale Verhältnisse, unvermeidliche Klassenkonflikte in der kleinen verschlossenen Stadt, wo man seine Tür nur Menschen aus derselben sozialen Klasse öffnete. Zusätzliche Konflikte für den sowieso schon lächerlichen und sehr schlecht integrierten Jungen. Zur Krönung des Ganzen wuchs er nicht mehr weiter, erzählte aber laufend von «großen Coups». Daß Kinder im Umgang miteinander nicht gerade zartfühlend sind, ist hinlänglich bekannt; jetzt, da alle Voraussetzungen für die Zuspitzung der Konflikte in geballter Form vorhanden waren, ging es aber vor allem auf Kosten des jungen Sartre, der wie ein Ertrinkender um sich schlug. Er wurde zum Prügelknaben, zum Ausgeschlossenen. Bei seinen Spielkameraden in Thiviers hinterließ er übrigens den gleichen Eindruck: Weil er Kricket wie Fußball und überhaupt jede Art von Spiel verschmähte, war er bei den Kindern im Südwesten alles andere als beliebt. «Stark von sich eingenommen und unfähig zum Spaß», sagen alle. Die einzige Zerstreuung, die den kleinen Intellektuellen anziehen und seinem Narzißmus schmeicheln wird, ist die Entdeckung der neuen Fotografiertechnik «auf Platten». Es wird erzählt, daß Sartre es überaus liebte, sich mit einem Lorbeerkranz um den Kopf ablichten zu lassen. «Achte vor allem darauf, daß der Gesichtsausdruck gut herauskommt», mahnte er eitel den jeweiligen Amateurfotografen.[3] Der Ruf eines «schwierigen Kindes» verfolgte ihn bis nach Périgueux; anscheinend hatte selbst seine Kusine Annie oft unter den «Streichen» des verdammten Poulou zu leiden. Von jeder gemeinsam verbrachten Ferienzeit kam das kleine Mädchen ganz zermürbt von den Streichen ihres Lieblingsvetters zurück. Zuweilen mußte Anne-Marie sogar als Schiedsrichterin intervenieren: «Weißt du, er hat dich nicht vergessen», schrieb sie dem kleinen Mädchen, «trotz der bösen Streiche, die er dir gespielt hat, dieser große Lausejunge!»

«Ein verbissener, cholerischer, streitsüchtiger, unfreundlicher Junge», erinnert sich Guy Toublanc, der jüngste Schüler der Klasse, den die «Neigung des seltsamen Jungen, mit den anderen kaum zu verkehren und sich jedem überlegen vorzukommen»[4], neugierig gemacht hatte. Sartre imponierte, wenn er öffentlich dem Französischlehrer widersprach: Diese oder jene Prosaübertragung eines Gedichts durch ihn sei schwerfällig; er hätte es anders gemacht. Schon damals gehörte Sartre zur Mythologie des Gymnasiums, wo wie überall etwas abweichende Individuen auffallen. Der etwas lächerliche Französischlehrer, Pater Loosdregt, dem die Schüler wegen seiner dicken, leicht violett getönten Nase den Spitznamen «Pif d'Azur»* verpaßten, hat es am schwersten; im übrigen wird er Sartre zu einer seiner Jugenderzählungen, «Jésus la Chouette» inspirieren. Was Rie-

* Wörtlich: Azurblauer Zinken

mer, den Deutschlehrer, betrifft, so war er die originellste Person der Schule: Der Journalist, Dichter und vorzeitige Werbemann besaß das Genie der Pseudonyme: als Jean Populo schrieb er Artikel zum Kollektivismus in einer Linkszeitung, *La Démocratie*, und seine Verleumder forderte er zum Duell auf; als Jean de la Genette verfaßte er Verse, wenn ein Schüler gestorben oder jemand im Krieg vermißt war; unter seinem eigenen Namen übersetzte er den deutschen Dichter Lenau und schrieb Werbetexte für den Schuhfabrikanten Poindessous.

«Ein bemerkenswerter Junge», gibt Gontrand Lavoissière, einer seiner Mitschüler, zu. «Ein intelligenter Junge, der mühelos lernte, ein guter Kamerad, aber verschlossen und wenig mitteilsam.»[5] Sein Charakter, seine Lesegewohnheiten und ungewöhnlichen Manieren werden im Gedächtnis bleiben. Dafür werden die Rochelaiser den fabulierenden Jugendlichen, den Sündenbock der Klasse vergessen. Man urteile selbst: Der junge Sartre, dessen Eigenliebe bereits durch die Anwesenheit von Joseph Mancy erschüttert worden war, der dann auf der Schule gehänselt wurde, bemühte sich mit rein intellektuellen Mitteln, sich zu befreien und den Feindseligkeiten zu entgehen. «Eine Zeitlang habe ich versucht, mich den Verfolgungen zu widersetzen», sagte er später, «entweder dadurch, daß ich mich mit den anderen schlug – wobei der Ausgang ungewiß war –, oder auch dadurch, daß ich die anderen für Pläne gewann.» Manchmal, oft sind die Pläne schlecht durchdacht, stehen auf schwachen Füßen, und der Fehlschlag ist dann hart. Zum Beispiel an dem Tag, an dem der Junge von den Frauen in den berüchtigten Stadtteilen von La Rochelle und gewissen Etablissements in der Rue des Voiliers phantasierte und sich ein ebenso ausgiebiges und natürlich erfundenes Sexualleben ausdachte und andichtete, damit er bei den Angebereien seiner Kumpane mithalten konnte. «So habe ich meinen Schulkameraden erzählt, es gäbe in Paris ein Mädchen…, mit dem ich ins Hotel ginge», erklärt er, «das vor allem mußte ja Erstaunen erregen, daß ich mich nachmittags mit ihr traf, wir uns dann ein Hotel suchten und das taten, was sie angeblich mit ihren Mädchen taten. Ich habe mir sogar von einer jungen Frau, die als Dienstmädchen bei meiner Mutter arbeitete, einen Brief schreiben lassen: ‹Mein lieber Jean-Paul…›, ich weiß nicht mehr, was, den ich dann einigen zu lesen gab. Diejenigen meiner Kameraden, die mich am besten kannten, hatten meine Angeberei natürlich durchschaut, und zweien oder dreien habe ich es auch zugegeben; das hat dann die Runde in der Klasse gemacht...» Das Zappeln eines Ertrinkenden, die Unbeholfenheit eines Eifersüchtigen, die Niederlagen eines grotesken Kindes: Er wollte sich selber wehren und fuhr sich statt dessen immer weiter fest; er wollte schlau sein und machte sich statt dessen lächerlich. «...ich sehe mich noch heute, wie ich im Mail – das ist eine Anlage, die auf der einen Seite an den Strand grenzt – um meine Kameraden aus dem Gymnasium und sogar aus meiner Klasse herumstrich und nur darauf wartete, daß sie mich ansprechen würden, um in ihre Gruppe einzutreten. Schließlich haben sie mich dann angesprochen, aber ich glaube, sie haben mich absichtlich zappeln lassen.»[6] La Rochelle oder die Stadt des Pechs. Man wird sagen, jeder Jugendliche lernt solche Beleidigungen und Gemeinheiten kennen. Die jungen Rochelaiser der Kriegsjahre von 1914, die begeistert über die «Boches» herzogen, die ihnen die Väter nahmen, spürten besonders stark die tiefe kollektive Gewalt, die nur in Kriegszeiten aufwachsende Jugendliche kennenlernen; dann wird der Mensch, auf den unglücklicherweise wegen der Umstände die Gewaltinstinkte projiziert werden, wie im Fall des jungen Sartre, doppelt zum Sündenbock, vor allem wenn man wie er dem selbst auch noch nachhilft. «Die Rochelaiser waren viel roher und weitaus weniger kultiviert als meine Schulfreunde in Paris.» Sehr viel später erzählt Sartre: «Sie haben mich oft verprügelt. Die meisten lebten alleine mit ihrer Mutter, da der Vater an der Front war. Auf Grund der Abwesenheit der Väter waren die Familienverhältnisse erschüttert; zum Beispiel bedrohte der Sohn eines Zeichenlehrers, einer meiner Mitschüler, seine Mutter mit dem Messer in der Hand, weil sie ihm schon wieder Kartoffeln zum Mittagessen serviert hatte.»[7] In La Rochelle also lernte er die Gewalt kennen, ebenfalls dort warf er seine ersten «politischen» Blicke auf das Weltgeschehen; hier entdeckte er den Antikolonialismus: «Es kam spontan», sagte er später, «vielleicht beim Anblick der Schwarzen, Araber und Chinesen, die aus ihren Ländern in unsere Betriebe verpflanzt wurden...»

In dieser Klasse gereizter Jugendlicher einer Stadt im Kriegszustand, wo nichts vor Spannungen und Konflikten schützt, weder die Gesellschaft noch die Geschichte, noch das Alter, hatte der Sohn aus gutem Hause stark zu leiden; ob er allerdings stärker zu leiden hatte als ein Deschênes, der als «Mündel der Nation» und Stipendiat, dessen verwitwete Mutter als Putzfrau in einem Krankenhaus arbeitete, jährlich den ersten Preis in Mathematik erhielt, bleibt fraglich. Man begreift, weshalb sich die Situation nach Ende des Ersten Weltkriegs umkehrte: Sartre wechselte das Lager. Wenn er 1917 noch zusammen mit den Reichen auf die «Ganoven» einschlägt, wird er sich doch schnell für eine Kursänderung entscheiden und sich endgültig den Benachteiligten gegen die Begüterten anschließen. Der Erste Weltkrieg löschte in Frankreich all das aus, was von der Aristokratie übriggeblieben war und die Französische Revolution nicht hatte beseitigen können; im Zusammenhang mit dieser tiefen Umwälzung stellte auch das von seinen Großvätern mit bleischwerem Erbe verwöhnte Kind die Uhrzeiger auf Null. Aus freiem Entschluß radierte er seine Herkunft aus, brach mit den Großvätern und stürzte sich in einen etwas vermessenen Kampf: den eines verzweifelten, luziden und unglaublich stolzen Fünfzehnjährigen, der gegen seinen Stiefvater, gegen die Gesellschaft und gegen sein Milieu rebelliert. Der Krieg von 1914 veränderte ihn tief: Er hatte in La Rochelle schwerste soziale Spannungen erlebt und außerdem erfahren müssen, daß sein Onkel, der Vater der Kusine Ninie, Hauptmann Lannes, 1917 umgekommen und in Thiviers neben Jean-Baptiste beerdigt worden war. Ein weiterer Verlust also während der Zeit in La Rochelle, in der so viele unterschiedliche Herausforderungen in rasendem Tempo zusammenkamen. Alles in allem ging der deklassierte Niemandssohn, der avantgardistische jugendliche Bastard aus den Prüfungen des Krieges einigermaßen gestärkt hervor, um sich der neu beginnenden Ära zu stellen.[8]

Letztes Aufbäumen eines luziden, stolzen und wahnwitzigen Jugendlichen: Im Alter zwischen zwölf und fünfzehn Jahren, als er so massiv angegriffen und stigmatisiert wurde, entwarf Jean-Paul Sartre, wütend und besessen, die Grundlagen einer gesellschaftlichen Persönlichkeit: seiner eigenen. Beträchtliche Energie wandte er dazu auf, sich von der Rolle des kleinen Jungen, der Erwachsene nachäfft, loszureißen, sich von der Empfindlichkeit des verwöhnten Einzelkindes, der Treibhausblume zu befreien, für die Anne-Marie einen Teil Verantwortung trug. Luzide, das war er, und auf äußerst schmerzliche Weise; vielleicht war das sogar seine einzige tatsächliche Stärke in diesen schwierigen Zeiten. «Ich bin ein Genie», sagte er sich immer öfter. Haß, Gewalt, Unbeholfenheit, Reflexe eines gehetzten Tieres. Der vergötterte Prinz wachte als Frosch auf, das Königskind als kläglicher Angeber. Er suchte seinen Weg durch einen unbeschreiblichen Wirrwarr von Niederlagen, Zurückweisungen, Lügen und Selbsthaß hindurch. Hinzu kam die übliche Ruhelosigkeit einer beginnenden Pubertät: die Suche nach «Weibern», die Rivalitäten von aufgereizten Jungen beim großen Rennen auf die Mädchen. Verführen zu können war der letzte Trumpf, wie man beim Pokern alles auf eine Karte setzt, die letzte Möglichkeit, bei Provokationen, Angebereien und Muskelspielen das Gesicht zu wahren.

Hören wir ihn seine letzten Alpträume in La Rochelle berichten. Es ist 1919, er ist vierzehn und befindet sich mit seiner Clique im Mail am alten Hafen. Er wartet auf Lisette Joirisse, «die hübsche kleine Tochter eines Schiffsausrüstungsverkäufers... ich fand sie bildschön». Es wird in der Gruppe verhandelt; Sartre, der sich im fortgeschrittenen Stadium der Verletzlichkeit befindet, meldet sich als Interessent; er äußert den Wunsch, sich mit Lisette zu treffen. Die anderen sind einverstanden, allerdings informieren sie das kleine Mädchen heimlich. «Sie ist mit dem Fahrrad durch die Alleen gefahren, und ich bin ihr gefolgt... Aber als ich am nächsten Tag wiederkam, hat sie sich zu mir umgedreht und hat vor meinen Kameraden zu mir gesagt: ‹So ein alter Dummkopf, mit seiner Brille und seinem großen Hut...›» «Du bist eben allzu häßlich», riefen die Kameraden:[9] Das Verführen, diese letzte Rettung, war gescheitert...

Es war der letzte Rückschlag dieser jämmerlichen Eskalation der letzten Chance. Was Anne-Marie betrifft, ist es vorbei, es gibt nichts, was rückgängig zu machen wäre; was die Mädchen betrifft, sind zwei auch noch öffentliche Niederlagen zuviel. Zum Verführen eine ziemlich schlechte Position. Bleibt also, die Schulgefährten zu verführen, indem man sie mit Geschenken überhäuft und ihnen, weil sie Leckermäuler sind, Kuchen kauft, doch nicht nach Gymnasiastenart «pains au chocolat» beim Schulbäcker, nein, viel eleganter, es müssen «babas au rhum» für drei Sous von Langlade in der Rue du Palais sein. Dazu ist nur eine Taktik möglich: Geld aus Anne-Maries Handtasche klauen. Für einige Wochen wurde das

Kind seinem Gewissen zum Trotz wieder ein grandioser, großzügiger König auf Bewährung. Bis zu dem Tag, als Anne-Marie das Geld in der Westentasche des Kindes entdeckte: siebzig Francs. «Ich sagte», erklärt Sartre, «das ist Geld, das ich Cardinaud aus Spaß geklaut hatte.» Kurz, er verhedderte sich in einer abenteuerlichen Lügengeschichte, verlor das Gesicht vor seiner Mutter, den Freunden, sich selbst und schließlich auch, als größte Schmach, vor seinem Großvater Schweitzer, der ihn abwies und bewußt demütigte, als er das Kind, das eine zu Boden gefallene Münze aufheben wollte, wegstieß. Er sank immer tiefer, war erst lächerlich gewesen, dann grotesk, wurde bei jeder seiner Betrügereien demaskiert und bei jedem neuen Verführungsversuch öffentlich blamiert. Was blieb da anderes, als sich wieder den Büchern zu widmen? Er las, wurde Mitglied der Büchereien und Leseklubs der Stadt, vertiefte sich in Ponson du Terrail und Claude Farrère und öffnete sich neuen Einflüssen. Und er schrieb weiter. Da er sich durch das Schreiben sowohl vor seinen Mitschülern wie vor Joseph Mancy schützte, schlug er zwei Fliegen mit einer Klappe. «Die Tatsache, daß ich schrieb, erhob mich über ihn», erläutert er später. Und fügte hinzu: «Er fand, daß man mit vierzehn nicht beschließen kann, Literatur zu machen. Das verband sich für ihn mit gar nichts... So daß er ständig derjenige war, gegen den ich schrieb. Mein ganzes Leben lang.»[10]

Dieser Prozeß war schon vor der Ankunft in La Rochelle in Gang gekommen, das Schriftstellerkind war bereits unterwegs. Der Krieg, die Gewalt, die Einsamkeit, die Verfolgung, die Eifersucht, die Mißerfolge förderten dieses literarische Erwachen und hatten autobiographische Texte zur Folge. Der erste Roman trug als Titel *Histoire du brave soldat Perrin*: «Ein junger französischer Soldat betrat das deutsche Lager, wo sich der Kaiser befand, der der Front einen Besuch abstattete; er nahm ihn gefangen und brachte ihn uns; dort, mitten im französischen Lager befreite er den Kaiser, den er gefesselt auf dem Rücken geschleppt hatte, und forderte ihn zum Faustkampf heraus. Der Kaiser nahm den Kampf an, von dem der Ausgang des Krieges abhing; der französische Soldat war ein Boxer, er schlug den Kaiser, der unter den Schlägen ohnmächtig wurde und zu Boden ging... Ich schrieb den Roman nicht zu Ende», sagt Sartre weiter, «aber ich fühlte mich genauso stolz, als wenn ich den Krieg gewonnen hätte.»[11]

Der Ritterroman *Goetz von Berlichingen*, den er danach im Alter zwischen dreizehn und vierzehn schrieb, erfüllte mehr als nur eine Funktion: Zuflucht, Rückzug, Rache. Der Held aus dem deutschen Mittelalter übte eine Terrorherrschaft aus und schlug auf seine ganze Umgebung ein, wenn er dabei auch nur ihr Bestes wollte; das bringt ihm einen besonders grausamen Tod ein: Sein Kopf steckt im Uhrwerk des Glockenturms an der Stelle der Zahl XII, mittags wird er durch den Zeiger enthauptet werden...

Zusammenhang oder reiner Zufall? Während seiner letzten Ferien in La Rochelle Ende Sommer 1921 litt Sartre an einem ernsthaften Kopfleiden. «Poulou hat sich beim Baden erkältet», erklärt eine etwas besorgte Anne-Marie ihrem Schwager Joseph. «Ein vorhandener Abszeß am Ohr hat sich verschlimmert», schreibt sie weiter. «Er mußte operiert werden, wegen der Gefahr einer Meningitis... Poulou stolziert ebenso munter und kräftig wie zuvor durch die Straßen, mit dem einzigen Unterschied, daß sein armer Kopf völlig eingewikkelt und verbunden ist... Die Verbände werden noch lange bleiben.»[12] Der kleine Romancier hatte Goetz von Berlichingen enthauptet. Einige Monate später wird er es sein, der «stolz» seinen armen verbundenen Kopf trägt. Ein Akt der Selbstverstümmelung? Des geschärften Selbstbewußtseins? Zahlreiche Interpretationen bieten sich an. Das fünfzehnjährige Kind verläßt La Rochelle geschwollen: Er ist ein Großkopfiger, er ist der Mann mit dem verbundenen Kopf. Als Provokateur kommt er wieder unter die Fuchtel von Charles Schweitzer in Paris. Ende eines Aktes, Ende eines Abschnitts. Die Kindheit ist vorbei. Vorhang. Die Jahre des Heranwachsens sind vorbei. «Und der Leser wird begriffen haben, daß ich meine Kindheit und alles, was von ihr überlebte, hasse», schrieb der Autor von *Les mots*.

TAUSEND SOKRATESSE

Die erste Periode reicht von 1921 bis 1929, es ist eine Periode des Optimismus, die Zeit, da ich «tausend Sokratesse» war.

Tagebücher

Zwangsweise nach Paris zurückgekehrt, trat der fabulierende rebellische Jugendliche wieder in das Lycée Henri IV ein, wo er vor La Rochelle schon zwei Jahre verbracht hatte. Diesmal allerdings zur Bestrafung als Internatsschüler: Mädchen nachzulaufen war ausgeschlossen. Als jemand, der noch stark von der «rohen und barbarischen Gewalt eines Provinzlers geprägt war», würde er seine Großeltern nur einmal wöchentlich am Sonntag morgen nach dem Chorgesang in der Messe besuchen und die Nächte gemeinsam mit den anderen Provinzlern im Schlafsaal verbringen. Unter den Bürgersöhnen aus dem Quartier Latin traf er manche Mitschüler wieder, die er drei Jahre zuvor verlassen hatte: Bercot, Gruber, Nizan, Frédet. Die Folgen von La Rochelle konnte er vor allem an der Rückständigkeit seiner Lektüre abmessen. Sofort merkte er, daß Claude Farrère oder auch Ponson du Terrail seine Schulgefährten nie interessieren würden; dafür verschlang er gierig deren letzte Lektüre: Morand, Proust, Valéry, Giraudoux... Nach wenigen Wochen hatte er den Abstand aufgeholt.

Für das Einzelkind Sartre, der immer der Ausgeschlossene und Isolierte gewesen war, war das große Erlebnis dieser Jahre zweifellos die Begegnung mit einem anderen Einzelkind, der Dialog mit einem anderen angehenden Schriftsteller – kurz: die Freundschaft mit Paul Nizan. Denn Nizan, ein ungewöhnliches Phänomen, hatte gegenüber Sartre den Vorzug einer schnellen und äußerst fruchtbaren Feder. Er hatte bereits Gedichte und Novellen verfaßt und wird in den nun folgenden vier Jahren weitere drei Novellen, zwei Gedichte, vier literaturkritische Essays in Studentenzeitschriften und avantgardistischen Blättern veröffentlichen. Mal lobte er Proust, mal imitierte er Jules Laforgue oder Giraudoux, mal tastete er sich an die Dadaisten heran oder informierte sich bei Jean-Richard Bloch und schätzte andererseits Barrès. Selbstsicher, begabt, frühreif und ungezwungen wird Nizan sofort ohne Verzögerung und ohne die geringste Schwierigkeit Zugang zur Pariser literarischen Welt bekommen: Er ist es, der Sartre mitziehen wird.

Sechzehn, siebzehn, achtzehn Jahre alt sind die beiden Internatsschüler am Lycée Henri IV, die ähnliche Erfahrungen hinter sich haben: die leicht morbide Kindheit von Pseudo-Erwachsenen, die gleiche frühe Lesegier, die schriftstellerischen Ambitionen. Wie selbstverständlich werden sie sich anfreunden und als Paar eine gemeinsame Fassade, eine gemeinsame Verteidigung und eine gemeinsame Persönlichkeit erfinden. Nitre und Sarzan, Sartre und Nizan, Nizan und Sartre heißen sie fortan für rund sechs, sieben Jahre. «Ich kann nicht von Sartre sprechen, ohne von Nizan zu reden», sagte zum Beispiel Raymond Aron – der sie erst später kennenlernte –, als er nach Sartres Tod um seine Erinnerungen gebeten wurde. Als verbündete, miteinander verschmolzene Komplizen gehen sie nun einen gemeinsamen Weg. «Porträtieren hätte ich ihn können: mittelgroß, schwarze Haare. Er schielte wie ich, aber in der entgegengesetzten Richtung, das heißt auf eine angenehme Art. Mein Schielen nach außen machte aus meinem Gesicht ein Brachfeld; er schielte nach innen, und das gab ihm den Anschein von spöttischer Geistesabwesenheit, selbst wenn er uns zuhörte.»[1] Es spielte keine Rolle, daß Nizan väterlicherseits der Enkel analphabetischer, unterdrückter bretonischer Bauern war; er vermittelte Sartre das Streben, den Hunger und die Sucht nach Kultur, die er genau wie sein Vater als einzig möglichen Zugang, als Königsweg zur Welt sah. Was Sartre mühelos, selbstverständlich und wie nebenbei zugefallen war, hatte Nizan sich in beengten und chaotischen Verhältnissen erworben. Von seinem Vater, einem gewissenhaften Arbeiter, ermuntert, hatte Nizan indirekt sogar sehr früh die segensreichen Wirkungen des öffentlichen Schulwesens unter der Dritten Republik erfahren. Die Ameisenarbeit, die die Groß- und Urgroßväter Sartres im Elsaß wie im Südwesten voller Eifer geleistet hatten, bezweckte eben gerade die Förderung solcher begabten Kinder wie es Nizans Vater gewesen war. Beide hatten gelernt, das laizistische republikanische Schulwesen zu verehren. Für den einen aber war es eine Selbstverständlichkeit, für den anderen ein Wunder. Diesen gesellschaftlichen Aufstieg über die Kultur hatte Nizan von seinem Vater als kostbarste Lehre erhalten. Deswegen besaß er jene lebhafte Neugierde, die unersetzlich ist: die Leidenschaft für das Wissen. Sartre war ein Begüterter, Nizan ein Emporkömmling. Man wird noch sehen: Der soziale Unterschied verändert so manches, wenn zur Tat übergegangen werden soll. Sartre-der-Begüterte wird verhältnismäßig viel passiver sein als Nizan-der-Emporkömmling. Zunächst aber wollen wir uns vor Augen halten, wie dieses schlecht zueinander passende Paar lebt. Der eine, Nizan, mittelgroß; der andere, Sartre, sehr klein. Zugegebenermaßen schielen beide: Nizan nach innen, Sartre nach außen. Aber während der feinfühlige, raffinierte, rätselhafte, elegante Nizan durch seine wählerische Kleidung auffällt, ähnelt Sartre eher einem schlampigen, unansehnlichen, schmutzigen kleinen Lümmel.

Zwischen den beiden Jungen herrscht bald eine richtige Brüderlichkeit: Äußerst feierlich stellt Sartre Nizan die Kusine Annie Lannes vor, auf die er so stolz ist; sie lebte inzwischen alleine mit ihrer Mutter in Périgueux, wo Nizan einige Jahre seiner Kindheit verbracht hatte. «Mein Freund Nizan», schreibt Sartre eines Tages an seine Kusine, «ist zum Leiter der Antialkoholiker-Liga ernannt worden und möchte eine Sektion in Périgueux eröffnen... Hättest du daran Interesse?» Nizan wendet sich seinerseits an die kleine Annie. «Ich habe erfahren», behauptet er mit größter Selbstsicherheit, «Sie würden sich lebhaft für die Arbeit und die Aufgaben der nationalen Liga gegen den Alkoholismus, deren Vizepräsident ich bin, interessieren... Diese Liga, die zunächst auf Paris begrenzt ist, soll sich auf die Provinz ausweiten. Ich würde mich freuen, Sie zu meinen freiwilligen Mitarbeiterinnen zählen zu dürfen.» Zwischen Paris und Périgueux, zwischen den jungen Mädchen aus dem Mädchengymnasium, das Annie besucht, und den beiden Pariser Internatsschülern entwickelt sich ein reger Briefwechsel von Jugendlichen, die sich selten sehen und gegenseitig stark idealisieren. Einmal bittet «John-Paul» «Anny», ihn anzurufen: «*I want to talk with you about something – that perhaps, you'll not be sorry to do...*», erklärt er geheimnisvoll. Ansonsten führt er eine Chronik dieser Internatsjahre, beschreibt seinen «Leidensweg bis zum Abitur und nach dem Abitur den Sturz», und er erwähnt die «kleinen, ewig gleichen uninteressanten Beschäftigungen (Philosophie, *sic!*, und Physik), denen man nachgehen muß, um dann auf einem Lehrstuhl zu vermodern». Bei Erfolgen triumphiert er glücklich: «Ich habe aufgeatmet, als ich diese sinnlose und langweilige Prüfung hinter mir hatte»; er erzählt von seinen Erlebnissen, wenn er ausgeht: «Es ist mir gelungen, *Dédé* zu sehen, die Operette, nach deren Musik Du getanzt hast, Anny: als ich die Strophe hörte ‹Je m' donne...›. dachte ich an Thiviers und an die Osterferien», und er spielt weiterhin die Rolle des beratenden großen Bruders: «Ich schicke Dir nur eine der versprochenen Arbeiten, denn die andere fand ich vollkommen blöde... Ich küsse dich brüderlich, das heißt auf die Stirn.» Voller Ungeduld bereitet er Annies Ankunft in Paris vor: «Ich hoffe, Du kommst mich in der École normale besuchen, diesem gastfreundlichen Haus, wo ich sehr frei sein werde. Ich küsse dich sehr zärtlich...» Sartre-Nizan-Anny: ein interessantes Trio. Um so mehr, als Nizan einige Jahre zuvor seine eigene Schwester verloren hatte: Sie war im Alter von sieben Jahren an einer Herzkrankheit gestorben, und das Bild des kleinen Mädchens, das in jedem Zimmer des Hauses hing, sorgte für die Aufrechterhaltung einer permanenten Atmosphäre von Tod und Trauer in der Familie. Nizan freundete sich natürlich mit Annie Lannes an; Poulou allerdings, «der hübsche Cousin», wird es sein, von dem die kleinen Mädchen aus Périgueux zugeben werden, ihn manchmal im Traum zu sehen...[2]

Dank der Komplizenschaft und brüderlichen Freundschaft mit Nizan wird Sartre wieder Boden unter die Füße bekommen und sich innerhalb von nur wenigen Monaten einen bedeutenden Namen verschaffen. Für diese ganze Eliteklasse in Latein und Griechisch wird Sartre bald nur noch der «O.S.» sein, das heißt der «offizielle Satyr». «Lange schien es mir erstrebenswert, böse zu sein und vor allem böse zu wirken», sagte er später. Derb, hämisch, ironisch zeichnet sich Sartre durch Scherze, Witze und Zoten aus. Das wird noch dadurch verstärkt, daß Nizan ihn unterstützt und geradezu inspiriert. Von soviel Gunst angespornt, erlebt Sartre eine große Zeit der Verführung und des Ruhms. In seiner schulischen Laufbahn erzielt er außergewöhnliche Erfolge: er bekommt den Prix d'excellence, den Preis für den Klassenbesten, besteht mühelos beide Abiturteile und erhält zahlreiche erste Preise für den französischen Aufsatz, die lateinische Übersetzung und für Philosophie, die er sich mit Nizan teilt. Sartre habe gewiß «Charakter und Originalität», meint Monsieur Georgin, sein Französischlehrer, der Nizan eine unbestreitbare «Begabung zum Schreiben» zuspricht. Beiden rät er, methodischer vorzugehen, das grammatische Wissen zu vertiefen, kurz, das Erworbene zu festigen. Unser explosives Paar erwirbt sich einen solchen Ruf, daß es bald den Unterricht von «Cucu-Philo» alias Monsieur Chabrier verschmäht, statt dessen Diskussionen mit den «khâgneux»* des ruhmreichen Alain sucht und sich gelegentlich sogar zu seinen Vorlesungen einladen läßt, die dem Niveau der beiden eindeutig angemessener sind. «Sartre und Nizan», erzählt Georges Canguilhem, «redeten endlos, während sie unermüdlich den Pausenhof abliefen; und wir, die ‹khâgneux› von Alain, die wir zwei, drei, vier Jahre Vorsprung hatten, waren eigentlich geneigt, sie als unseresgleichen zu betrachten.»[3] Sie redeten über Philosophie, über Literatur, über die Liebe von Swann und Charlus, als wären sie mit ihnen zusammen aufgewachsen, und bereiteten sich im nahe gelegenen Lycée Louis-le-Grand auf die Aufnahmeprüfung für die École normale vor. Ein letztes Bild aus der Gymnasialzeit: Betrunken sollen Nitre und Sarzan bei ihrer Abiturfeier aus Lust an Provokation wie auf Grund Ihres Zustands dem Direktor des Lycée Henri IV vor die Füße gebrochen haben: So behauptet es jedenfalls die Legende. Energiegeladen und glücklich fuhr der regenerierte Sartre weg, um zwischen Guérigny und La Brégère die Sommerferien zu verbringen. Das Abitur hatte er hinter sich, er war voller Optimismus und Ideen: Er war «tausend Sokratesse».

Die «khâgneux» genossen zwar nirgendwo den Ruf, besonders adrette junge Männer zu sein, am Lycée Louis-le-Grand aber wurde die Schlampigkeit bis zum Snobismus kultiviert. Und das gefiel

* Schüler des zweiten Vorbereitungsjahres auf die École normale supérieure.

Sartre, wie man sich denken kann, ausgesprochen gut. Die Hände tief in die Taschen eines formlosen grauen Kittels gebohrt, trieben die Internatsschüler die Tradition des «reinen Geistes» so weit, daß sie sich nur in Ausnahmefällen auszogen. Beim Wechseln vom Arbeitssaal zum Schlafsaal begnügten sie sich damit, lediglich den Kittel abzustreifen; morgens betraten sie den Unterrichtsraum in Pantoffeln, Nachthemd und Unterhemd, die in zu weiten Hosen steckten, und dem unvermeidlichen Kittel über dem Ganzen. Duschen? Gerade einmal wöchentlich, allerdings nicht wenn Klassenarbeiten geschrieben wurden. So verbrachten Interne, Halbinterne und Externe mehrere Jahre ihres Lebens, zwei im günstigsten, vier bis fünf im schlimmsten Fall. Bis zu hundert Personen saßen sie in einem großen Stufensaal, in dem sich die Lehrer der fünf verschiedenen Prüfungsfächer ablösten: Philosophie, Französisch, Latein-Griechisch oder moderne Sprachen, Geschichte. Von den Lehrern und Schulleitern des ganzen Landes ausgewählt strömten die «Elitetruppen der Nation», wie sie der Leiter der École normale supérieure noch kürzlich genannt hat, die Träger des Prix d'excellence, die Klassenbesten, diejenigen, die das Abitur mit Auszeichnung bestanden hatten, die Preisträger beim «Concours Général» in die Hypokhâgne-* und Khâgneklassen des Lycée Louis-le-Grand. In diesem Jahr hatten das Lycée Gay-Lussac aus Limoges, das Lycée Pierre-de-Fermat aus Toulouse, das Lycée Bugeaud aus Algier die allerbesten Elemente aus der Provinz und den Kolonien entsandt, die sich unter optimalen Bedingungen auf die Aufnahmeprüfung für die École normale supérieure vorbereiten sollten. Büffeln und Elitedenken waren die Schlüsselbegriffe dieses festen pädagogischen Systems. Die «Khâgne» von Louis-le-Grand, ein echtes Kulturtreibhaus, verdiente ihren Ruf voll und ganz: Nur fünfzig Prozent der Schüler schafften jährlich den Engpaß der Prüfung; damals wurden im literarischen Zweig pro Jahr nicht mehr als dreißig Kandidaten angenommen. Auf grausame Weise wurde das Erfolgsstreben noch durch die geringe Entfernung von nur einigen hundert Metern zwischen Louis-le-Grand – an der Ecke der Rue Saint-Jacques und dem Panthéon-Platz – und der École normale supérieure gesteigert.

* Erstes Vorbereitungsjahr auf die École normale supérieure.

Unter den Provinzlern befanden sich viele Grundschul- und Gymnasiallehrersöhne sowie Kinder von Schuldirektoren. Es war, als ob sich die Kultur der zwanziger Jahre wie in einem spontanen Reflex das Ziel gesetzt hätte, so lange wie möglich die Republik der Lehrer zu reproduzieren, die seit 1878 existierte. Pariser, Interne und Halbinterne, Kinder der Großbourgeoisie und Lehrersöhne, Fromme und Atheisten kamen also in dem Stufensaal 1922 als «Hypokhâgne» und 1923 als «Khâgne» zusammen, ungeachtet der jeweiligen Herkunft, der jeweiligen Ambitionen und jeweiligen Dialekte. Zwei bis drei Jahre lang sollten die sechzehn- bis neunzehnjährigen Jugendlichen Stunden um Stunden Unterricht erhalten. Tausende von Seiten lesen, Hunderte von Seiten schreiben, Notizen anfertigen, sie wieder durchgehen, mit Klassenarbeiten, Vorprüfungen, Fangfragen und Einzelstunden sich auf die Prüfung vorbereiten, über Immanenz und Transzendenz bei Plato und Kant schreiben, Flauberttexte interpretieren, Shakespeare, Homer und Vergil übersetzen, die Ursprünge der Französischen Revolution und der Pariser Kommune schildern, sich in andere Sphären vertiefen, sich in ihnen verlieren und versinken. Alle einzelnen Techniken – ob Referat, Aufsatz oder Interpretation – sollten sie meisterhaft zu beherrschen versuchen, wie man im Zirkus eine Seiltanznummer probt. Ein Treibhaus der Elite, eine gut bewachte Zuchtanstalt, eine geschützte Festung: Die Ereignisse draußen, die Welt, die Politik besitzen kein Wohnrecht in diesem Reich, wo allein die lateinische und griechische Übersetzung von Bedeutung ist. Zwei, drei, manchmal auch vier Jahre einer harten Lehre, ausgerüstet mit Gaffiot-Wörterbuch und Larousse-Klassikern, ehe man das heilige Tor passieren darf und verdutzt wieder auf die Außenwelt stößt. Zur Zeit versuchen sich die jungen, fleißigen, strebsamen Männer mit den verfügbaren Mitteln zu entspannen; stolz und scheu zugleich erfinden sie Streiche, beschnuppern sich, verbünden sich untereinander nach gesellschaftlichen und geographischen Kriterien und manchmal auch aus wahrer Zuneigung.[4]

«Wir gehen zur Hypokhâgne / Um wie die Ochsen zu schuften / Während – ohne den kleinsten Fetzen – / Die anderen im Puff sind (*bis*) / Wir lernen Geschichte / Während sie die Nutten befummeln / Der Kelch ist noch lange nicht leer / Und voller Scheiße ist er (*bis*) /

Statt Frauenbrüste / Streicheln wir Baillys* / Wenn man was in den Knochen hat / Nimmt man so was klaglos an. Anmerkung: Siehe Jules Laforgue.»[5] Eine Koproduktion Sartre-Nizan, die, falls noch nötig, diese Situation der Quarantäne, des freiwilligen, provisorischen und absurden Exils mit den in Kauf genommenen Opfern und Verzichten illustriert. «Die Schule war eine Art riesige Kaserne aus hellem Backstein und mit goldenen Inschriften auf den Sonnenuhren; Jünglinge von neunzehn Jahren konnten dort nicht viel über die Welt erfahren, denn sie lebten mitten unter den Griechen, den Römern, den idealistischen Philosophen und den Doktrinären der Julimonarchie.»[6]

«Es war eine Ebene in den Vogesen mit rauhen Abhängen...»: erste Versuche, literarisches Debüt während der fleißigen Schuljahre. Von Nizan ermuntert, veröffentlicht Sartre zwei Märchen in der kurzlebigen literarischen Zeitschrift *Revue sans titre*. Zwei düstere Erzählungen über das Lehrerleben in der Provinz, zwei minuziöse pessimistische Porträts, in denen seine Ironie, sein Talent, das Morbide und Schäbige aufzuspüren, sein Ekel vor konventionellen, feigen oder abgeschotteten Lebensweisen zum Durchbruch kommen. Louis Gaillard, schreibt er beispielsweise, «hatte die Dummheit begangen, seinen Schülern, trägen elsässischen Rohlingen, eigene Verse vorzutragen, er wurde ausgebuht, mehrere Tintenfässer flogen ihm an den Kopf, er wurde verbittert, traurig und ließ sich in den großen Ferien seine Melancholie durch die ruhige und frische Stille der Vogesen versüßen». Elsaß, La Rochelle, man trifft auf die Spur der eigenen Umwege, seiner eigenen Verhaltensweisen. «Ihre Tochter schien von ihr diese wahnsinnige Anerkennungssucht geerbt zu haben», schrieb er weiter. «Man konnte im übrigen schon voraussehen, wie die Zeit ihre Lippen schmal, die Zähne gelb machen, die Wangen in Falten legen und aus ihr eine ihrer Mutter in allem ähnliche Megäre machen würde.»[7] Verachtung für die Lehrer, Freude an der Provokation von Bürgern, Provinzlern und Lehrern: Das Begleichen von Rechnungen erlebt seine Hochzeit. Hat die Lektüre von Bergson bereits gewirkt? Beeinflußt es diese allerersten Bemühungen? In «Jésus la Chouette,

* Nach dem Namen des Verfassers benanntes klassisches Griechisch-Französisch-Wörtberbuch.

ein Provinzlehrer» greift Sartre in der ersten Person einige autobiographische Elemente aus den Jahren in La Rochelle auf. Selbstanalyse und Schreiben: Sollte er schon im Alter von achtzehn Jahren all die Techniken erprobt haben, die ihm später, während des größten Teils seines Lebens, den Königsweg zur Befreiung bedeuteten?

Während Sartre diese beiden kleinen Erzählungen produzierte, sich in seine jüngste Geschichte vertiefte und die verworrenen Felder seines jungen Innenlebens erforschte, entwarf Nizan die Prämissen eines Gesamtwerks mit anspruchsvolleren, raffinierteren Novellen, die so schlichte Titel trugen wie: «Klagelied eines Medizinstudenten, der seine Freundin sezierte und dabei zwei Päckchen Maryland rauchte.» Vor allem hatte Nizan schon einen eigenen Stil, während der in persönlichen Erzählungen verstrickte Sartre sich für diesen ersten Versuch den Mädchennamen seiner Großmutter mütterlicherseits hatte ausleihen müssen: warum das Pseudonym Jacques Guillemin, hinter dem er sich zu verbergen beschloß? Wie kann das interpretiert werden? Als ein weiteres Zeichen, ein Symptom ihrer Verschiedenheit?

Der Unterschied wird auch deutlich, wenn der verdutzte Sartre in einem Artikel von Nizan zufällig auf ein Zitat, einen Vergleich oder eine Idee stößt, die er irgendwann einmal selbst geäußert hatte. «Dieser Bursche», vertraut er seinem Freund Frédet an, «der macht aus allem etwas!» Damals schon kündigen sich offenbar zwei verschiedene Stile, zwei verschiedene Verhaltensweisen, zwei verschiedene literarische Profile an: Sartre, auf Selbstentzifferung konzentriert und von mühsamer Dekodierungsarbeit restlos in Anspruch genommen, schrieb aus mangelnder Distanz zu sich selbst Texte, die sich auf ihn bezogen. Nizan war eleganter, kühner, vielleicht auch reifer, angetrieben von einer Not, die Sartre nicht kannte. Was passierte übrigens, als sich die beiden für einige Monate überwarfen? Nitre und Sarzan waren im Lauf zweier Jahre zum Maskottchen der Klasse geworden: Wenn die Lehrer in die Pausen verschwanden, brachten sie die anderen im Arbeitssaal des ersten Stocks mit ihren ständigen Darbietungen bei offenen Türen zum Lachen. Zum Beispiel mit dem Phonographenspiel: Sartre steht vor einem mit schwarzem Tuch bedeckten Tisch und dreht eine nicht vorhanden Kurbel, Nizan ist unter dem Tisch versteckt und imitiert die näselnde Stimme eines Liedes von Bruant... Außerdem gewinnen sie Anhänger für das linguistische Ritual, das sie erfunden haben, wie «oui-da», «si-fait», «parbleu», das heißt für die gewöhnliche Anwendung des feierlichen Tons der Comtesse de Ségur auf gewagte derbe Witze. Dieser unbekannte Cocktail, den sie selbst gemixt hatten, wurde zum *nec plus ultra* der jungen Männer mit Geschmack oder, besser gesagt, zum Erkennungszeichen der Literarischsten unter ihnen, die so ihre Überlegenheit über diejenigen demonstrierten, die sie – wahrscheinlich zu Recht – in der Klasse als «reine Streber» ansahen.

Während des Zerwürfnisses schrieb Sartre einen Text, «La Semence et le Scaphandre», der ihre Freundschaft offen erzählt. Von dieser Freundschaft berichtet er: «Sie war stürmischer als eine Leidenschaft. Ich war schwierig, eifersüchtig, weder zuvorkommend noch sanft, wie ein manischer Liebhaber. Lucelles, unabhängig und hinterhältig, suchte jede Gelegenheit, mich zu betrügen, erfand von Zeit zu Zeit Vorwände, um dem Sonntag oder dem Donnerstag zu entfliehen. Oft schuf er sich auch Freunde: er hatte eine kurzlebige Leidenschaft für einen algerischen Juden, später für jemanden aus Marseille. Dann mied er mich tagelang. Ich fand mich nicht damit ab. Schließlich der neuen Gesichter überdrüssig kam er zu mir zurück, den er ebenso aggressiv und gallig wie vorher vorfand, obwohl ich an meiner Unfähigkeit, meine Zärtlichkeit auszudrücken, erstickte.»[8] Jugendfreundschaften sind besitzergreifend und exklusiv. Wer hätte angesichts des nicht zueinander passenden Paares eines Derben und eines Eleganten vermutet, daß der raffinierte und unabhängige Nizan Sartre leiden ließ? Wer hätte vermutet, daß der redegewandte, der aggressiv-mokante Sartre manchmal die Qualen der Ablehnung erlitt? Als sich Nizan damals verschlossen und abweisend auf seine Bücher zurückzieht, fängt Sartre an zu toben. Aus diesem Toben gewinnt Nizan anscheinend die verbale Aggressivität, die Heiterkeit, den Spott und Zynismus, die ihm damals noch fehlten, und diese provozierende Brutalität gefällt ihm. Der Schweigsame und der Schreihals, der Elegante und der Schlampige, der Ruhige und der Aggressive: Sie sind unterschiedlich und ergänzen sich, und so wird es bis 1927 bleiben. Nizan genießt widerspruchslos jene Universalprozesse gegen die ganze Welt, in denen Sartre den Großinquisitor spielt. Und dann sind da die Fußmärsche, die langen Wanderungen durch Paris, die Gelegenheit, literarische Topographie und philosophische Projekte miteinander zu verbinden. In Montmartre sind sie Rastignac, in den Anlagen der Champs-Elysées sind sie Proust, und als Romanfiguren kreuzen sie den Quai d'Orsay, die Sainte Chapelle, die Alleen im Bois de Boulogne. In ihren Spielereien und ihrem kulturellen Selbstverständnis sind sie einfach Übermenschen: «Wir gingen durch Paris spazieren», erzählte Sartre später, «als zwei Übermenschen, die ihre Jugend dazu nutzten, ihre Mythen und ihre Theorien zu perfektionieren. Manchmal gesellte sich zu uns ein dritter Übermensch, ein netter Schulkamerad, aber Nizan und ich sagten uns heimlich, daß an ihm nichts von Übermenschentum vorhanden war und wir ihn lediglich aus Humanität daran glauben ließen, er sei unseresgleichen... Dennoch liebten wir die Menschen... Man muß dazu sagen, daß paradoxerweise der Gedanke vom Übermenschen bei uns gleichzeitig den Gedanken der Gleichheit hatte entstehen lassen. Noch waren wir nicht den Menschen schlechthin gleich geworden, dachte ich, diesen großen Massen, mit denen wir uns manchmal vermischten. Sie blieben uns unterlegen, doch wir waren zutiefst Gleiche und auch mit allen weiteren Übermenschen der Welt gleich, die wir nicht kannten, die uns nicht kannten, die aber, ob in der Provinz oder anderen Ländern des Globus, bestimmt existierten. So waren wir Legionäre einer Heerschar von Gleichen, die wir nicht kannten, abgesehen von zweien: uns selber. Daher hatten wir Gedanken, die sowohl einem leicht nietzscheanischen Aristokratismus entsprangen wie auch einer vagen Gleichheitskonzeption einer nichtexistierenden Gesellschaft.»[9]

«Sag mal, das ist ganz schön, nimm es in dein Heftchen auf.» Feierlich und amüsiert gibt Sartre seinem Freund Frédet das beige Heftchen zurück, in dem dieser Tag für Tag Zitate und Gedanken einträgt, je nachdem was er gelesen oder entdeckt, was ihn gefesselt hat. Montherlant, Proust, Hafis begegnen dort Saint-John Perse, Giraudoux, dem hebräischen Alphabet oder auch der Keilschrift und den Hieroglyphen. Euphorisch, Unbekanntes zu entdecken, wird Sartre ein begeisterter Liebhaber dieses Heftchens werden, er liest es, schreibt es ab und läßt sich von ihm inspirieren. Frédet, der Sohn eines Chirurgen, der mit Sartre die kulturelle Sicherheit des Pariser Bürgertums teilt, begleitet ihn auf seinen literarischen Entdeckungsreisen und seiner Suche nach den zeitgenössischen Avantgardetexten.[10]

Bunte Mischung, absoluter Dilettantismus, kulturelles Herumflattern, bis eines Tages Colonna d'Istria, der denkwürdige Philosophielehrer – «ein behindertes, stark verkrümmtes und noch kleineres Individuum als ich selber», beschrieb ihn Sartre –, vorschlägt, den *Essai sur les données immédiates de la conscience* von Bergson zu lesen und einen Aufsatz über die Dauer zu verfassen. Bedingungsloser Bergsonianer wurde Sartre nie: Doch in diesen Jahren intellektueller Entfaltung schlug diese Lektüre bei ihm unbestreitbar wie ein Blitz ein, wie eine Evidenz, eine absolute Offenbarung. «Ich fand dort sofort», erzählt er Jahre später, «die Beschreibung meines eigenen psychischen Lebens.» Initiiert durch dieses Buch wird Sartre Philosoph aus Begeisterung und aus Notwendigkeit, denn er hatte begriffen, daß er hier ein unvergleichlich bedeutenderes und wirksameres Werkzeug zur Hand hatte als alles Frühere. Von da an erhält für ihn das, was er Philosophie nennt, den Status äußerster Omnipotenz. Auch wenn er zum eigenen Zweck, zum eigenen Bedarf eine exklusive eigene Definition der Philosophie erfindet. «Das, was ich ‹Philosophie› nannte, war eigentlich nackte Psychologie»[11], bemerkte er später. Ähnlich einem Kompaß, der den Norden findet, fanden die tausend Sokratesse ihr Zentrum: Die Philosophie würde ihr Hauptinstrument werden. Sie war das ideale Arbeitsinstrument, denn sie ermöglichte den Zugang zu zwei privilegierten Interessenfeldern: zum psychischen Leben des entstehenden Schriftstellers; zur Romanwelt, die er schaffen wollte. Und mit ihrem Zauberschlüssel ausgerüstet, begann Sartre mit den Vorbereitungen auf die Aufnahmeprüfung zur École normale supérieure.

Colonna d'Istria hatte Anlaß, sich zu freuen: Von den achtundzwanzig auf die ENS Aufgenommenen waren vierzehn in der «khâgne» von Louis-le-Grand durch seine Hände gegangen. «Ich freue mich sehr, Ihnen gratulieren zu können», schrieb er Nizan am 28. August 1924. «Die Prüfungsergebnisse stellen mich sehr zufrieden... Sie werden auf der École eine Gruppe junger Philosophen sein, deren Erfolge, die die Zukunft verspricht, ich gerne im Auge behalten werde.»[12] Was die Prophezeiung zukünftiger Erfolge betrifft, war er sich so gut wie sicher, nicht zu irren. Was er noch nicht wußte? Daß unsere beiden brillanten «khâgne»-Schüler ihre künftigen Lorbeeren mit weiteren Philosophen aus dem gleichen Schuljahr teilen würden, einem gewissen Raymond Aron und einem gewissen Daniel Lagache, die ihrerseits vom Lycée Condorcet kamen.

Der erste Kontakt mit der École normale supérieure erregte eher Erstaunen: «Die materiellen Lebensbedingungen auf der École stehen im absoluten Gegensatz zur elementarsten Hygiene. Der Schlafsaal wird so gut wie nie gelüftet oder auch nur ausgefegt. Der Staub sammelt sich unter den Betten an, durchdringt die Kleidung, vergiftet die Luft, die man einatmet. Die Morgentoilette findet unter primitivsten Bedingungen statt: Der, dem es gelingt, auf seinem Tischchen eine winzige Schüssel zu haben, kann sich glücklich schätzen! Ansonsten muß man sich unter einem hauchdünnen Wasserstrahl, an einem verdreckten Waschbecken in einem Schuppen waschen, der gleichzeitig zum Schuheputzen und zur Aufbewahrung der Besen und der Mülleimer der Jungen dient. Das Essen ist zwar einigermaßen zufriedenstellend, dafür läßt die Bedienung zu wünschen übrig: Die Teller sind schlecht gewaschen, mit schwarzem Boden, und die dreckigen Bestecke sind wunderbare Mikrobenüberträger.»[13] Ein Einzelprotest? Im Grunde drückt der vielleicht etwas empfindliche Schüler dem Leiter der ENS gegenüber die latenten Beschwerden aller aus. Ja, die Eliteanstalt, auf der sie nach hartem Arbeiten aufgenommen worden sind, ist 1924 in der Tat eine noch schmutzigere, noch baufälligere, noch verdrecktere Zuchtschule als das Louis-le-Grand. Das Frühstück? Wird aus einem Suppenteller gelöffelt. Getränke? Während der Mahlzeiten verboten, abgesehen vom eigenen Trinkbecher. Hinter dem Gittertor an der Nummer 45 der Rue d'Ulm liegt das hohe quadratische Gebäude mit langen rechtwinkligen Gängen, die das Echo dämpfen, rund um einen viereckigen, verglasten Innenhof, wo im Frühling Rosen blühen, mit dem berühmten Bassin in der Mitte, in dem sich manchmal unter dem Wasserstrahl die alten Goldfische gegenseitig kitzeln; die jungen «Normaliens», körperlose, reine Geister, laufen durch die Gänge, wenn sie in dieser abgeschlossenen Welt zu ihren Arbeitsräumen oder zu ihrem Privatbereich wollen. Die Bedeutung der École normale supérieure 1924? Eine der glanzvollsten französischen Institutionen, der Stolz der Nation, der Wappenträger einer typisch französischen und auf der Welt vielleicht einzigartigen Tradition, der Tradition der Grandes Écoles. Ob aus puritanischem Snobismus von Intellektuellen oder auf Grund der Einschränkungen der Nachkriegszeit – so oder so treten die materiellen Gegebenheiten schnell in den Hintergrund, verblassen hinter diesem Studien-, Beziehungs-, Lese-, Cliquen-, Kodex- und Ritualsystem, das sofort entsteht und Zuneigung und Ablehnung für die folgenden vier Jahre festlegt.

«Tu es un conquistador. – Dis plutôt un con qui t'adore.» «Du bist ein Conquistador. – Besser gesagt ein Idiot, der in sich selbst vernarrt ist.» Als Gustave Lanson – der Leiter der École normale supérieure – mit weißem Bart, Kolonialhelm und Gamaschen verkleidet erntete Sartre gleich in den ersten Monaten auf der Schule rauschenden Beifall, als er anläßlich der traditionellen Schülerrevue mit einer unvergeßlichen Darbietung glänzte. Es ist Samstag, der 28. März 1925, im Amphitheater Fischer, genannt Amphi Fouard: Das Theater der «Folies Normaliennes» führt sein «großes Revuespektakel» auf: «La Revue des Deux Mondes ou le Désastre de Lang-son», «Die Revue der beiden Welten oder das Desaster von Lang-son». Das seriöse Publikum aus Eltern, Lehrern, Lehrertöchtern findet die Witze, die Kalauer und den harmlosen Spott sehr lustig: Als Normalien kann man sich ja alles erlauben. «L'École cassée», «Forêts demi-vierges», «La Paix des rastas»*: Die begabten jungen Männer riskieren nichts, wenn sie an Autorität, Kultur und natürlich an der École normale supérieure kratzen.

Zweiter Akt: mit verliebten Augen für Daniel Lagache, der – mit Dutt, geblümter Jacke und langem Zigeunerinnenrock – Dona Ferentes[14] spielt, stimmt Sartre das Lied der «Nutten und der Boas»[15] an. In Begleitung von Canguilhem und Lagache haben sie die Kleidertrödler vom Marais bis Pigalle abgeklappert, um Kostümierungen, Verkleidungen und exotische Requisiten zu finden. Was sie wollen? Die letzte Normalien-Manie verspotten, die neue Vorliebe für Karrieren in den großen internationalen Organisationen wie beispiels-

* Wörtlich: «Die zerstörte Schule»; «halb-jungfräuliche Wälder» (Wortspiel: forêt vierge = Dschungel); «Der Frieden der Angeber».

weise beim Völkerbund. Eine Mode, die durch die Szene mit Lanson, der von der reichen, prallen und anziehenden Brasilianerin Dona Ferentes verführt wird, zwar nett, doch drastisch wiedergegeben werden soll. Professionelle Musik mit Sartre am Klavier – «Die Schweitzers sind geborene Musiker», hatte Charles Schweitzer behauptet –, anzügliche Kostüme, mit literarischen Zitaten gespickte Texte von derber Freizügigkeit, bei den Lehrerfamilien wird herzlich gelacht, und die jungen Töchter in ihren Sonntagskleidern erröten manchmal leicht. Lagache überragt als übertrieben geschminkter wunderbarer Transvestit den barttragenden Sartre um gut drei Köpfe, und letzterer schmilzt langsam dahin unter den stürmischen Angriffen der schönen Brasilianerin. Die Verführungsszene geht ihrem Ende zu, als eine hintere Tür im Saal aufgeht und Édouard Herriot, Ministerpräsident, Paul Painlevé, Präsident der Abgeordnetenkammer, und François Albert, Erziehungsminister, in der ersten Reihe Platz nehmen. Alle drei sind «archicubes»[16], jeweils aus den Jahrgängen 1891, 1883 und 1898. Die würdigen Mitglieder des Linkskartells in dreiteiligem Anzug und mit Taschenuhr in der Westentasche applaudieren an diesem Tag lächelnd den Possen eines unbekannten Zwanzigjährigen namens Jean-Paul Sartre, der sich zum erstenmal Rolle, Verkleidung und Manieren des siebzigjährigen Leiters der École normale supérieure, Gustave Lanson, aneignet. Was soll man zu dieser elitären Komplizenschaft, zu den soliden Traditionen, zum ENS-Korpsgeist sagen, die für die Zeit eines Festes unterschiedliche, entgegengesetzte, oft auch verfeindete Männer nur wegen des zugleich lächerlichen und mächtigen Bandes zusammenschweißen, das diese Adresse bedeutet: 45, Rue d'Ulm?

Die Normaliens-Komplizenschaft wirkte sich an diesem 28. März 1925 bestimmt auch bei einem Menschen wie Édouard Herriot voll aus. Denn an dem Tag, an dem er dem Liebestanz von Sartre und Lagache beiwohnt, ist er nur noch Ministerpräsident auf Bewährung. Seit dem Machtantritt des Linkskartells im Mai 1924 haben Währungskrise und Regierungsfehler dazu beigetragen, den politischen Zersetzungsprozeß zu beschleunigen; schließlich wird Édouard Herriot – vor allem von Poincaré – am 10. April 1925 zum Rücktritt gezwungen. Damit wurde eine Periode außerordentlicher Instabilität und tiefer Desillusionierung eröffnet, die sich in einer Reihe totgeborener Kabinette bis 1926 dahinschleppte, ehe die Rückkehr Poincarés eine Stabilisierung des Franc bewirkte, die bis zur großen Währungskrise von 1929 anhielt. Welche Bedeutung kam also der ebenso ungewöhnlichen wie überraschenden Anwesenheit des Ministerpräsidenten bei der Revue der Schule zu, während er bereits eine präzedenzlose Infragestellung seiner Person erfuhr und das Land eine offene politische Krise erlebte? «Was für eine Überraschung!» dachte Canguilhem in den Kulissen und gab sich große Mühe, einen kleinen Text zu Ehren des glanzvollen Zuschauers zu improvisieren. Auf die Melodie des *Petit soldat de bois* bastelte er auf die schnelle ein paar Verse zusammen, die ihm einen ansehnlichen Erfolg einbrachten! «Herriot, hätten wir früher von deinem Kommen gewußt / », sang also Canguilhem, «Dann hätten wir dir sofort / Eine Rolle in der Revue gegeben / Doch hast du gut daran getan / Dir eine Lehre zu holen / Mach nicht den gleichen Fehler wie Lanson...» Soviel Schlagfertigkeit entzückte die Lehrer, bezauberte deren Töchter und begeisterte Herriot. Dann wurden die Bänke beiseite geschoben, eine Runde wurde spendiert, und Herriot, der auf einen Tisch gestiegen war, lüftete bald das Geheimnis seines Besuches. Er stand mitten zwischen Schauspielern, Eltern und Lehrern und stimmte bereitwillig in die Lieder mit ein, die ihm seinerzeit in seinem Schuljahrgang den Ruf eines «Witzboldes» eingebracht hatten. Nach Lagache, nach Sartre, nach Canguilhem sang jetzt der Präsident. Er sang allerdings nicht mit der gleichen harmlosen Intention respektloser Normaliens. Erst später begriffen manche, daß es sich bei Herriots Geste wahrscheinlich um das bewußte oder unbewußte – wer weiß? – Bedürfnis gehandelt hatte, sich bei seinem ursprünglichen Korps Anerkennung zu verschaffen. Vielleicht wollte er sich – wer weiß? – von diesen Menschen in einer Art Plebiszit bestätigen lassen.[17]

In den folgenden Jahren setzte Sartre fröhlich die Demonstration seiner Talente als Schauspieler, Sänger und sogar Pianist fort. Seine Größe von hundertsiebenundfünfzig Zentimetern nutzte er damals als Vorteil, denn ein falscher Bart und ein Abzeichen der Ehrenlegion reichten, und schon sah er ohne weitere äußere Zutaten wie Gustave Lansons Double aus. 1926 schaffte er es, bei einer Revue mit dem dezenten proustianischen Titel «À l'ombre des jeunes billes en fleur» die Aufmerksamkeit der Presse zu wecken. In *L'Œuvre* vom 22. März las man folgendes: «Der Schüler Sartre hat brillant die Rolle von Monsieur Lanson gespielt.» Dem Artikel beigefügt, allerhöchste Ehre, war ein Foto des Laienschauspielers! Die Revue von 1927, ein ganz anderes Genre, ist den Normaliens als bissigste, radikalste und vor allem skandalöseste im Gedächtnis geblieben. Wie man sich vorstellen kann, war Sartre daran nicht unbeteiligt. Im Normaliens-Milieu waren die Widersprüche schnell zu spüren gewesen, zunächst zwischen den verschiedenen Konfessionen – zwischen den «talas» einerseits und den «patalas» [18] andererseits –, dann zwischen den verschiedenen politischen Positionen. Von allem gab es etwas: Sozialisten, Kommunisten und Valoisianer. Sartre schloß sich den «patalas» und Pazifisten an, einer Minderheit, die sich im wesentlichen aus den ehemaligen Schülern Alains zusammensetzte und mit äußerster Wut auf jeden Hinweis auf die Armee und den Krieg von 1914 reagierte. Insbesondere lehnten sie sich 1927 gegen das Paul-Boncour-Gesetz auf, das «eine Orientierung der intellektuellen Ressourcen des Landes auf die nationale Verteidigung durchsetzen» wollte. Sie arbeiteten eine Petition aus, unter die sie vierundfünfzig Schülerunterschriften aus allen Jahrgängen und allen Fachrichtungen sammelten. Vor allem richteten sie die Revue von 1927 auf den Widerstand gegen die «Militarisierung» der ENS aus. Die Hauptrollen dieser Aufführung spielten natürlich Sartre und die wohlbekannten «Alaniens», die Alain-Schüler wie Canguilhem, Péron, Lebail, Lucot und Broussaudier.

Zur Melodie der *Marseillaise* – Skandal! – brüstete sich ein als Hauptmann verkleideter Schüler mit äußerst zynischer Kriegslüsternheit: «Ich habe meine Karriere begonnen / Als der Beruf noch was Gutes hatte / Man konnte auf den Krieg hoffen / Und viele Orden ergattern...» Danach schlugen sie auf der Melodie von *Le temps des cerises* noch härter zu: «Wenn aber die gesegnete Kriegszeit zurückkehrt / dann werden Leutnants, Oberste, Abgeordnete, Senatoren / Alle in Feststimmung sein...» [19] Bei der ersten Probe wurde etwas gepfiffen. Bei der öffentlichen Aufführung kam es zum regelrechten Chaos: Im Saal wurde heftig protestiert gegen diese «Bande tyrannischer Ganoven, die andere unter dem Vorwand des Pazifismus fertigmachen», einige Schüler buhen die Aufführung aus, andere stehen auf: ein wahrer Skandal. Einige Tage später greift die Presse die Affäre auf, und Gustave Hervé wird in *La Victoire* mit aller Schärfe geißeln, daß im Heiligtum der intellektuellen Elite Frankreichs ungestraft die französische Fahne in den Dreck gezogen und auf die französische Armee gespuckt wird. Gustave Lanson hatte seinen einzigen Sohn im Krieg von 1914 verloren und war seitdem, wie man sagte, in einer Depression versunken, die ihn von den Alltagsproblemen fernhielt. Der Skandal um die Revue von 1927 traf ihn direkt: Ermittlungsaussschuß, Disziplinarrat, Verweis für die Schüler, Verdächtigungen in der Presse, die Renommiertheit der Schule war, soldatisch gesprochen, schwer angeschossen worden. Der harmlose Spott von 1925 und 1926 war einem subversiven Unternehmen gewichen. Die traditionelle Folklore anständiger Normaliens räumte das Feld zugunsten dieser Bombe, dieser Ohrfeige für den Direktor. «Parteiliche Demonstration gesellschaftlichen Hasses», vermerkte der Militärbericht, in dem die Hauptdarsteller unter dem Kürzel «R.P.» für «Revolutionäre Partei» eingetragen wurden.

Auf der École normale war Sartre also der gefürchtete Anstifter aller Revuen, aller Witze, aller Unruhen. Diese Rolle des Stimmungsmachers, bösen Clowns und bissigen Hanswursts wird er pausenlos spielen. Er brillierte vor allem bei Cliquenbildungen und Streichen gegen seine Mitschüler; einige davon, die gemeinsten, sind berüchtigt geblieben.[20] Beispielsweise der Streich gegen Roger Delbiausse, der in einem Brief an die Polizei als Mörder einer kurz zuvor im Stadtteil umgebrachten Diplomatenfrau angezeigt wurde. Ein andermal heckte er gemeinsam mit Larroutis, Baillou, Herland und Nizan eine Geschichte aus, wonach der Flieger Lindbergh – der gerade im Einzelflug den Atlantik überquert hatte – zum «Ehrenschüler der ENS» ernannt werden würde. Unsere jungen «Witzbolde» hatten die gesamte Presse alarmiert; von allen Zeitungen wurde das Ereignis angekündigt. Daraufhin blockierte eine Menschenmenge von fünfhundert Journalisten, Fotografen und Schaulustigen die Rue d'Ulm von der Rue Rataud bis zur Rue Claude-Bernard. «Nachdem wir sie so an der Nase herumgeführt hatten», erzählt Sartre, «ließen wir Bérard, der (Lindbergh) ein wenig ähnlich sieht, an einer Gaslaterne der Rue Rataud hinunterklettern, und eine Viertelstunde später kam er im Taxi. Sofort Ovationen unsererseits, wir haben ihn auf die Schultern gehoben und im Triumphzug durch die Menge getragen.

Das Publikum ist drauf reingefallen, und ein alter Herr hat ihm die Hände geküßt. Währenddessen intonierten im Musiksaal das Klavier und zwei Geigen die *Marseillaise*, und man sang bereitwillig mit. Allmählich zerstreute sich die Menge, und um 10 Uhr 45, als Bérard wieder heraustrat, um in eine Vorlesung zu gehen, waren nur noch drei Polizisten da, die ihn den ganzen Morgen beschatteten.»[21] Eine Ermittlung wird angeordnet, die Abendpresse berichtet darüber «mit ein paar Perfidien gegenüber Lanson», und der Leiter der École normale, so behauptet es jedenfalls Sartre, tritt zurück, teilweise wegen dieses Streichs, aber auch wegen der Kette von Affären, die die ENS in Verruf gebracht hatten. Demnach wäre Sartre mit zwanzig Jahren einer der Hauptverantwortlichen für Lansons Sturz gewesen, angefangen bei dem harmlosen Spott der Revuen von 1925 und 1926 bis zum Skandal der Revue von 1927, über die ständigen Streiche, die zweifellos bei Presse, Polizei und Behörden dazu beitragen, die glänzende Aura zu zerstören, die die ENS bis dahin umgeben hatte.

Hat Sartre tatsächlich Lansons Geduld seit den ersten Tagen auf der École normale mit einer Art persönlicher Herausforderung auf die Probe gestellt? Oder schloß er sich einer Bewegung an, die andere initiiert hatten und in der er nur ein nebensächliches Zahnrad war? Sicher lohnt es sich aus mehreren Gründen, die Konfrontation zwischen diesen beiden Menschen näher zu untersuchen, denn sie ist reich an Symbolik: Lanson angreifen heißt für Sartre nicht nur banal eine Verkörperung von Autorität angreifen. Sondern es bedeutet die Infragestellung DER Kompetenz, DER Referenz, DES «Patrons des Französischen», wie Charles Péguy es selber ausdrückte. Lanson hat nämlich seit Beginn des Jahrhunderts Machtbefugnisse akkumuliert: Einerseits ist er Autor eines berühmten Schulbuches, das Methode, Technik und Thematik des französischen Literaturunterrichts an den Gymnasien veränderte, andererseits hat er als erster die historische Methode auf die Literaturwissenschaft angewandt, schließlich ist er auch einer der anerkanntesten Kritiker sowohl in Massen- wie in Fachzeitungen. Vom gebildetsten bis zum einfachsten sprach er jedes Publikum an; von der journalistischen Kritik über das Genre der Biographie und der Textinterpretation bis zum Schulbuch beherrschte er jeden Stil, kurz: Lanson hatte überall Gesprächspartner. Sartres Lehrer hatte er ausgebildet, Sartres Literaturbücher hatte er geschrieben.

Aus den Schul- und Universitätslehrprogrammen hatte Lanson die Rhetorik zugunsten der Literaturgeschichte gestrichen. Brunetière und seiner Tradition der subjektiven Textanalyse hatte er den Tod geschworen; die Autoren des 17. Jahrhunderts wie La Bruyère und Fénelon hatte er zurückgesetzt zugunsten derjenigen der Aufklärung wie Voltaire und Diderot, die seinem Geschmack viel eher entsprachen. Sartre verdankt also Lanson gleich ein Dreifaches, in dreifacher Hinsicht hat Lanson ihn beeinflußt: Was Sartre an der Person Lanson angreift, ist die Tradition, deren bestausgestatteter Erbe und zugleich heftigster Widersacher er selber sein wird. Vergessen wir nicht das Bild Sartres, wie er Lanson in Anwesenheit des Ministerpräsidenten Herriot verspottet: Hier stehen sich die Republik der Intellektuellen und die Republik der Lehrer gegenüber. Die ehrwürdige Alte Garde wohnt den Schwanks eines begabten, vielleicht des begabtesten Normaliens seiner Generation bei. Vergessen wir nicht dieses Bild eines provozierenden, respektlosen und subversiven Sartre. Wie ein Leitmotiv kehrt es regelmäßig in jeder Etappe seines Lebens wieder zurück. Weder Alter noch Erfolge, noch der Ruhm – nichts wird den rebellischen Zug, den Sartre als Gegengift produziert, jemals auslöschen können. Und wenn er der einzige Normalien ist, der die Rolle des Direktors spielt, liegt es vielleicht daran, daß es hinter den vielen pädagogischen Attributen aus der Dritten Republik auch um Charles Schweitzer geht...

Welche Wahrheit verbirgt sich aber hinter der Fassade des Stimmungsmachers? Welche Suche hinter der Bösartigkeit des kleinen rauhen und unbeholfenen Menschen, der sich beim Schlipsknoten immer verhedderte? Welche Tiefe steckt in diesem stämmigen Angeber, der sich in der Sporthalle der Rue d'Ulm eine außergewöhnliche Muskulatur antrainiert hatte, damit er bravourös den großen Umschwung am Reck turnen konnte?[22] Damit er vor allem beim Boxen oder beim Kampf mit bloßen Händen glänzen konnte, während die anderen Mannschafts- oder Geschicklichkeitssportarten – Aron zum Beispiel dem Tennis, Canguilhem oder Lucot dem Rugby – den Vorzug gaben. Warum wählte er diesen aggressiven Sport, wo allein die bloße Kraft zählt? Und was verbarg sich hinter seinem Ruf, seinem Prestige und jener Berühmtheit, um die ihn bestimmt einige gelegentlich heimlich beneideten? War es dieser berühmte Roman, wor-

Kiki Sartring s'entraine
devant sa glace

über man mit glänzenden Augen wie von einem Mythos sprach?[23] War es die herrliche, laute, schöne Stimme oder sein Improvisationstalent am Klavier – er gab auch Musikunterricht –, war es das Zusammentreffen eines geborenen Musikers, eines begabten Schauspielers, eines kreativen Schriftstellers, eines humorvollen Regisseurs und eines erstklassigen Provokateurs? Oder war es das Prestige seiner Intelligenz, seiner dezidierten Urteile, seiner starken Identität? Jedenfalls: Sartre machte Eindruck. Wenn er zu den Mahlzeiten das Refektorium betrat, kündigte ein langgezogenes Raunen «Sartre…!» seine polternde Ankunft an und kaschierte eine Überraschung, die Sekunden später ausbrach: «…und Nizan!» Die Männergemeinschaft mit ihren Ritualen und ihrem Zeremoniell bot ihm Freundschaften wie Publikum, und er fühlte sich darin wohl. Nach zwei Jahren intensiven Lernens, Büffelns und Wetteiferns auf der Hypokhâgne und Khâgne verschafften ihm die Jahre auf der École normale eine neue Freiheit, eine Aufgeschlossenheit, eine Euphorie, die – beinahe – alles erklären.

In diesen unbestimmten, wechselhaften Jahren eines Landes, das sich darauf vorbereitete, mit großem Brimborium das Jubiläum der «Grande Guerre» zu feiern, und in dem Poincaré erneut zum starken Mann, zum Mann der Stunde wurde, bemühten sich die Normaliens, eine politische Identität zu finden, und suchten bei ihren labilen Herrschenden nach Orientierungspunkten, die es weniger denn je gab. Der «Cercle Jean-Jaurès» sozialistischer Studenten organisierte Treffen, Diskussionen und Debatten mit Politikern, die manchmal einen berühmten Namen hatten. So werden sich nacheinander Léon Blum, Marcel Cachin und Marc Sangnier (letzterer war 1895 als ehemaliger Student der École polytechnique durch den Zufall der alphabetischen Aufnahme direkter Nachbar eines gewissen Jean-Baptiste Sartre gewesen) am Gittertor der Rue d'Ulm 45 einfinden. Die Gruppe der sozialistischen Studenten trifft sich beispielsweise am 25. November 1924 zu einer völlig überraschenden Demonstration, als die Asche von Jean Jaurès zum Panthéon übergeführt wird: Präsident Herriot hält eine Ansprache; und einige Normaliens werden Politikern, darunter Léon Blum, vorgestellt. Der Initiator dieser Vorstellung ist der Bibliothekar der École, Lucien Herr, der zwar ab Juni

1925 pensioniert war, auf unsere Jaurès-Anhänger allerdings als Dreyfusard und Sozialist wesentlichen Einfluß hatte. Einige der damaligen sozialistischen Studenten, zum Beispiel Raymond Aron und Georges Lefranc, werden das Experiment des Linkskartells bis zum Schluß unterstützen, ungeachtet ihrer Beziehung zur damaligen S. F. I. O.: In der Nationalversammlung sieht man Raymond Aron, der 1926 die Haushaltsdebatten zwischen Herriot und Poincaré verfolgt. Über den Sieg des Linkskartells «außer sich vor Freude», demonstrierte Aron damals gern auf den Pariser Straßen, vor allem wenn es darum ging, sich mit den Studenten der «Action Française» zu messen; Aron las *L'Œuvre*, *Le Quotidien*, *Le Temps*, alles Tageszeitungen, mit deren Hilfe er geduldig eine eigene politische Identität fand; in einer Arbeit träumte Aron von seinem zukünftigen Engagement, von einer möglichen deutsch-französischen Versöhnung.[24] Sartre dagegen teilte mit zwanzig weder den revoltierenden Romantizismus seines Freundes Nizan noch die realistischen Überlegungen seines Freundes Aron. Als spontaner Anarchist interessierte er sich weder für die etablierten politischen Parteien noch für parlamentarische Debatten. Er ging nicht demonstrieren, las keine Zeitungen, ereiferte sich für keine Sache und verlor keine Illusionen: Er hatte keine. Bei seinen pazifistischen Freunden fand er eine verbale Vehemenz vor, die ihm zusagte, eine Ironie und Distanziertheit, die seinem Temperament mehr entsprachen. Diese vier Jahre auf der École normale, an die er sich später als «vier Jahre Glück» erinnern wird, nutzte er zur langwierigen Arbeit einer Selbstanalyse.

Während Jean-Paul Sartre als Lanson verkleidet 1926 mit Revuen, Liedern und Streichen weiter mit den Autoritäten, der aktiven Pädagogik, der Generation seines Großvaters, der französischen Armee und anderen hausgemachten Spukfiguren abrechnete, während er, von Cocteau, den Surrealisten und den Dadaisten angeregt, eine ästhetische Radikalität kultivierte, trat Paul Nizan seinerseits auf Grund anderer Lektüren eine lange Reise an: England, Ägypten, Äthiopien und schließlich Aden, wo er Hauslehrer in einer französischen Familie wurde. Eine kathartische Reise, ein Bruch: Bei seiner Rückkehr war Nizan ein anderer geworden. Nachdem Nizan am 14. Juli 1926 mit seinen Freunden ausgegangen war, schrieb er einer Freundin: «Es war Nationalfeiertag: Meine Freunde haben mich durch die Straßen mitgezogen. Sartre, Péron, Larroutis, Cattan und ich. Doch die Zeit der Clique ist vorbei. Wir sind nicht länger sechs Freunde, die zusammen marschieren, sondern wir sind Sartre und Péron und Nizan, jeder mit einem eigenen Leben, und zusammen sind wir nur mangels eines Besseren. Um Mitternacht waren Larroutis und Sartre betrunken. Auch Cattan. Péron und ich fanden das nicht komisch. Wir sind nach Hause gegangen.»[25] Die Zeit der Clique hört für Nizan gleich nach der Rückkehr aus Aden auf: Er ist einundzwanzig Jahre alt; nacheinander verlobt er sich, heiratet, zeugt Kinder, tritt der KPF bei und setzt ganz selbstverständlich seine Karriere als Journalist und Schriftsteller fort. Als allererstes lehnt er mit äußerster Heftigkeit die Zeit auf der École normale und das System der «angeblich normalen und sogenannten höheren» Schule ab. «Auf die Frage, warum ich blieb, würde ich antworten: aus Trägheit, Unsicherheit, Unkenntnis anderer Berufe und weil der Staat mich ernährte, mich beherbergte, mir gratis Bücher lieh und mir monatlich 100 Francs gab»[26], schrieb er voller Haß. Und er versetzte dem Ganzen erbarmungslos den letzten Stoß: «Diese Einrichtung, um die uns die anderen Völker beneiden... (erzieht) einen Teil der stolzen Gruppe von Magiern... Hier herrscht der Korpsgeist von Seminaren und Regimentern.»

1924, als sie beschlossen in derselben Bude, die sie mit anderen teilten, zusammenzubleiben, waren sie noch Nitre und Sarzan. Als sie den Rest der Welt mit ihren Streichen, ihren Lektüren provozierten, die sie zu einem überlegenen und unnahbaren Paar zusammenschweißten, waren sie ebenfalls Nitre und Sarzan, und auch noch, als sie aus Lust an der Provokation beschlossen, ein Porträt Mussolinis an die Wand zu hängen; oder als der zu früh geweckte Sartre einen Schwall von Beschimpfungen über Nizan ergehen ließ[27] oder auch als beide leicht berauscht, leicht beschwipst sich in einer etwas zu heftigen Diskussion bei *La Baronne*, dem banalen Café in der Rue Gay-Lussac, echauffierten, dem Ort, wo die meisten telefonischen Streiche entstanden und den sie über alles liebten, weil er ihnen den Luxus erlaubte, auf die Frage, wo man seine letzten Stunden verbracht hätte, die Antwort zu geben: «Nun, ich war bei der Baronin!» Todsichere Wirkung.

Das Gebäude Nitre-Sarzan zerbröckelte ohne Drama, ohne Haß,

ohne tatsächlichen Bruch, mit der Sanftheit jenes langsamen Auseinanderlebens, das manche Paare kennen, wenn das Schweigen sich angestaut hat, wenn jeder seinen eigenen Interessen nachgeht und sich vom anderen ebenso entschlossen wie taktvoll entfernt: das Paar Nitre-Sarzan ging sanft auseinander. Nizan entfernte sich gleichzeitig von der Rue d'Ulm und von Sartre. Sartre knüpfte neue Freundschaften und lebte während Nizans Reise nach Aden in einem Trio mit Aron und Pierre Guille. Mit Aron teilte er den privilegierten – ansonsten aber wenig faßbaren – Status eines Nicht-Stipendiaten: Nur vier Schüler aus ihrer Klasse waren auf Grund der finanziellen Ressourcen ihrer Eltern als zu wohlhabend für den Notgroschen von monatlich hundert Francs eingestuft worden, den ihre Mitschüler als «Taschengeld» benutzten. Sartre, Aron, Lecœur und Bérard waren die vier, und sie kamen nur in den Genuß von Mahlzeit und Unterkunft in der Nummer 45 der Rue d'Ulm. Gleichzeitig waren sie wie die anderen auf der Jagd nach den «tapirs», den Nachhilfeschülern, denn die Suche nach ihnen war der Lieblingssport der Normaliens zur Auffrischung der Monatsenden; der eine gab Lateinstunden, der andere Englischstunden, der dritte Literaturstunden. So fand sich Nizan bei Royalisten auf einem Schloß in der Vendée wieder und bei einer Großhändlerfamilie, die nach Aden zog. Guille «tapirisierte» einen jungen Pariser, Albert Morel, und entflammte sich für die Mutter seines Schülers. Er nahm Sartre bei seinen Besuchen mit, und Sartre entflammte sich ebenso schnell.

«Der Kleine ist etwas verschmitzt», erklärte Pierre Guille gegenüber Raymond Aron. Die einzige Methode anscheinend, die sie gefunden hatten, um Sartres – des sogenannten «Kleinen» – tatsächliche Meinung über dieses oder jenes Referat von Aron, diesen oder jenen Text von Guille in Erfahrung zu bringen: «Eine der Besonderheiten Sartres war», erzählte Aron noch vor kurzem, «daß er den direkten Dialog so schlecht ertragen konnte, so daß ich, um zu wissen, was er von meinen Arbeiten wirklich hielt, Guille darum bat, und Guille übermittelte es mir dann... Es hätte mich nicht gestört», sagte Aron mit unerwarteter Bewegtheit, «wenn er mir gesagt hätte, ein Referat sei nicht gut; einmal fand er ein Exposé von mir zu Rousseau gut, ein anderes Mal fand er eine Arbeit zur Psychologie nichtssagend; in beiden Fällen hatte er recht, aber er hätte es mir doch sagen können!»

Zwischen den drei sensiblen und unbeholfenen jungen Männern wurde ein Kode eingeführt, und der Kleine war mal «verschmitzt» und mal «schmeichelnd», je nach den positiven oder negativen Vertraulichkeiten gegenüber dem einen oder dem anderen aus dem Trio: Auf diese Weise gelang es unseren drei in Sachen Freundschaft empfindsamen jungen Männern, sich recht und schlecht ihre jeweiligen Meinungen kundzutun. Dagegen gab es keinerlei Schwierigkeiten bei den philosophischen Dialogen, bei den endlosen Duellen zwischen den beiden insgeheim vielleicht miteinander rivalisierenden Philosophen, die der mehr literarische Guille von weitem verfolgte. Raymond Aron berichtet: «Damals war ich sein bevorzugter Gesprächspartner.» «Jede Woche, jeden Monat hatte er eine neue Theorie; er stellte sie mir vor, und ich diskutierte sie: *Er* war derjenige, der Gedanken entwickelte, und *ich* war derjenige, der sie prüfte; für meinen Teil legte ich ihm keine Theorien vor, aus dem schlichten Grund, weil ich keine hatte. Er probierte eine Idee aus, und wenn es nicht klappte, wenn sie mich nicht fesselte, ging er zur nächsten über; manchmal, wenn er sich zu sehr in die Enge getrieben fühlte, wurde er wütend, zum Beispiel an dem Tag, als mir ein Gegensatz nicht gefiel, den er, ausgehend von Nietzsche, zwischen der absurden Trägheit der Dinge und dem Bewußtsein oder Für-sich aufgestellt hatte: Ich sah nicht ein, wie der Schatten uns gegenüber eine Materie sein könne, die ohne Bedeutung wäre.»[28]

Zwischen Jean-Paul Sartre und Raymond Aron war in jenen Jahren hochfliegender philosophischer Gedankenspiele eine erstaunliche Komplizenschaft und gegenseitige Ergänzung entstanden: einerseits der geniale, kühne Neuerer Sartre mit seinem dringenden Verlangen nach Macht, Wissen und Eroberung; andererseits der methodische, rationale, vorsichtige Aron, der die Welt der Philosphie mit dem extremen Scharfsinn einer gewissenhaften und aufmerksamen Intelligenz ergründete; Sartre wollte vor allem sich selbst, Aron vor allem die Welt entziffern; Sartre war streng und verschlossen; Aron flexibler und gesprächsbereiter; Sartre entwarf großartige Weltanschauungen; Aron suchte nach dem adäquaten theoretischen Instrumentarium; Sartre, ein genialer Erneuerer; Aron eine auserlesene Intelligenz; Sartre eine unwiderrufliche Autorität; Aron eine vornehme Ausgewogenheit; Sartre überzeugte; Aron machte Vorschläge; Sartre war verwegen; Aron mäßigend; Sartre legte unaufschiebbare Projekte, seine Philosophie und seinen darauf aufbauenden Roman dar; Aron nuancierte, empfahl bestimmte Bücher, milderte ab, nahm Rücksichten. Während dieser Jahre, in denen sie dasselbe Zimmer bewohnten, dieselben Bücher lasen und dieselben Vorlesungen hörten, führten die beiden ein wahres Gefecht, tanzten sie ein endloses philosophisches Ballett, in dem sie sich immer wieder entgegenkamen. Gewiß wird es Streit, Trennungen, ja Beschimpfungen geben, doch als sie sich gegen Ende ihres Lebens zufällig und unerwartet auf der Treppe eines bekannten öffentlichen Gebäudes wieder trafen und Aron zu dem inzwischen erblindeten Sartre trat, um ihn mit dem berühmten «mein kleiner Freund» zu begrüßen, schienen die Erinnerungen an die zärtlichen Jahre auf der École normale, an die philosophische Intimität, die freundschaftlichen Streitgespräche, das ontologische Argument beim heiligen Anselm, das Aron in der Vorlesung von Brunschvicg so hart kritisiert hatte, und die Rolle des Freiheitsbegriffs bei Kant Aron überwältigt zu haben, und alles andere war vergessen.

Einerseits war Sartre ein hektischer Lebemann, der gern über die Stränge schlug. Andererseits war er aber ein eifriger Arbeiter, der im Eiltempo über dreihundert Bücher pro Jahr verschlang: Plato, Schopenhauer, Kant, Spinoza, Chrétien de Troyes, Mallarmé, Nerval, Cervantes, Aristoteles, Bergson, Shakespeare, Tolstoi, Maine de Biran, Erasmus, Giraudoux, Seneca, Lukrez, Augustinus, Casanova, Ramuz, Stendhal, Cicero.[29] Er war «tausend Sokratesse», unersättlich, produktiv, skandalös. 1926 schrieb er beispielsweise nacheinander Lieder, Gedichte, Novellen, Romane – darunter einen mythologischen Roman über Ganymed und seine Schwester Heba, der nichts anderes als den Angriff der Titanen auf den Olymp beschrieb –, literarische und philosophische Essays. Äußerst gewissenhaft bereitete er sogar eine «komplizierte Theorie über die Rolle des Imaginären beim Künstler» vor, wobei es sich, wie er sagte, um die Vorarbeit zu einer umfassenden Ästhetik handelte, und entdeckte schließlich die Kontingenz. Er hatte zugleich etwas von Quasimodo und etwas von Rabelais. «Eine unaufhaltsame Kraft», sagten die einen, während andere ihn «einen feinen Kerl» nannten und dritte behaupteten: «ein bösartiger und gemeiner Mensch». Jedenfalls war er der «Mann mit der berühmten Arbeitskapazität», den man beneidete, bewunderte, fürchtete. Eine Persönlichkeit, über die es bereits im Alter von zwanzig in der ENS zahlreiche Mythen, Anekdoten und Legenden gab. Jean Baillou erzählt: «Man ahnte bei ihm äußerste intellektuelle Schärfe: Er formulierte klar umrissene, unverschnörkelte Meinungen aus, und bei seinen Gedanken war man mit äußerst soliden und gut begründeten Überlegungen auf sehr hohem Niveau konfrontiert... Das erschien uns, seinen Zeitgenossen, um so ungewöhnlicher, als wir selber damals mit unseren eigenen Projekten noch sehr zögernd waren.» Armand Bérard fügt seinerseits hinzu: «Sartre hat sich selbst *gemacht*: er *machte* sich stark, er *machte* einen Schriftsteller aus sich – allein dank seiner Willenskraft. Ebenso hat Nizan seinen Weg gesucht. Ich erinnere mich sogar daran, wie Sartre eines Tages schlicht erklärte: ‹Mir wäre es egal, Gefangener wie Cervantes oder Benediktinermönch zu sein, Hauptsache, ich könnte jeden Tag schreiben.›» Schließlich beschreibt Georges Canguilhem für seine Person, was ihn beeindruckte: «Sartre, das war zunächst einmal für einen Zwanzigjährigen eine unwahrscheinliche intellektuelle Potenz, die von seiner umfassenden Belesenheit herrührte; dazu kam eine lyrische Art, furchtlos über alles zu reden; schließlich eine Kühnheit, und ich würde sogar ‹Dreistigkeit› sagen, die ihn noch im besonderen Maß von den kleinen Jungen unterschied, die wir ausnahmslos waren.»

Zur Vorbereitung auf die Prüfungen entschied er sich gewissenhaft für eine Methode zur Aneignung der großen, damals maßgeblichen Texte: Er schrieb sie ab. Er faltete das schäbige blaue oder beige Papier, das man an der ENS erhielt, zusammen, schnitt daraus mit der Schere acht mehr oder weniger gleicher Rechtecke und füllte die erhaltenen Karteikarten von links nach rechts, von oben nach unten, ohne den geringsten Rand, ohne innezuhalten in seiner eiligen Schrift mit den ineinanderfließenden Buchstaben und dem unregelmäßigen Schriftbild; er hielt seine Lektüren fest und machte sich Notizen über Plato, Kant, Descartes oder den Freiheitsbegriff, je nach dem anstehenden Programm. 1928 bestand er die Prüfungen in Psychologie und Geschichte der Philosophie; 1929 in allgemeiner Philosophie und Logik sowie Moral und Soziologie. Er besuchte die Vorlesungen seiner Professoren ohne Begeisterung, da er sich in der

Tradition des idealistischen Rationalismus von Léon Brunschvicg absolut nicht wiederfand; dem positivistischen Szientismus völlig abgeneigt ergründete er denjenigen weiter, der ihn zur Philosophie bewogen hatte: Henri Bergson. Er bemühte sich um einen eigenen dritten Weg zwischen Spiritualismus und Positivismus, tastete sich an Gedanken über Kreativität und Werden heran, und bastelte sich eine restlos laizistische Philosophie der Freiheit zusammen. Er segelte ohne Steuermann, folgte allein der Intuition seiner eigenen intellektuellen Bedürfnisse und verkehrte mit den großen Texten, wie er früher als Kind mit den großen Männern verkehrt hatte. Professoren, die er bedeutungslos fand, ließ er außer acht und richtete seine Fragen an Descartes, Kant und Spinoza, übernahm von diesem und jenem etwas, sammelte hier und dort adäquate Kategorien und Begriffe und entwarf sein eigenes, vielseitiges und kohärentes Gedankensystem. «Was uns betrifft, Nizan, Aron und mich, so waren wir sehr ungerecht gegen diese armen Leute (die Professoren), die wirklich *Sinn* für die Philosophie hatten, denen es jedoch an Werkzeugen fehlte.» Sie verwarfen diese «eleganten und weichen Gedanken» und stellten sich alle drei «unter das Zeichen Descartes» und unter «sein revolutionäres Denken»: er «scheidet und schneidet», und weil er ein «explosiver Denker ist», zählte für sie außer ihm damals kein einziger Philosoph.[30]

Eines Tages, als ihn die Zeitschrift *Les Nouvelles littéraires* für eine Untersuchung der «heutigen Studenten» um sein Urteil bat, antwortete Sartre mit einem knappen, äußerst dichten Text. Man urteile selber: «Es ist das Paradox des Geistes», schrieb er, «daß der Mensch, der dazu bestimmt ist, das Notwendige zu schaffen, sich selber nie bis zur Ebene des Seins erheben kann, ähnlich den Wahrsagern, die zwar die Zukunft anderer, jedoch nie die eigene vorhersagen können. Darum sehe ich im Innersten des Menschen wie im Innersten der Natur Traurigkeit und Langeweile... Wir sind zwar so frei, wie wir es wollen, aber doch machtlos... Was den Rest betrifft, sind Wille zur Macht, Aktion, Leben alles leere Ideologien. Es gibt nirgendwo Willen zur Macht. Alles ist viel zu schwach: jedes Ding neigt zum Tod. Vor allem ist das Abenteuer ein Trugschluß, ich meine diesen Aberglauben an notwendige, tatsächlich existierende Zusammenhänge. Der Abenteurer ist ein konsequenter Determinist, der sich frei wähnt... Wir sind unglücklicher, aber sympathischer...»[31] Er ist einundzwanzig Jahre alt; und schon liegen in diesem Text die zukünftigen Themen von *La nausée*, von *L'être et le néant* in Keimform vor. Kann man sein Leben zu einem ästhetischen Werk machen? Es ist die Wahl des Abenteurers, der, einsam, sein Leben als einen Roman lebt. Bergson verhilft Sartre dazu, seine Philosophie auf die eigene innere Erfahrung zu stützen; Descartes garantiert die rationale Dimension dieser Philosophie des Subjekts; Plato seinerseits sorgt für die ästhetischen Elemente. Was er hier von allen diesen Schriften ausgehend aufbaut, ist sein eigenes System, eine Art psychologischer Realismus: Konzeptualisierung der inneren Erfahrung und Begründung seines ästhetischen Projekts. Philosophie wäre demnach eine Art Propädeutik zur Psychologie und zum schriftstellerischen Schaffen. Ob er die Fahnen der *Allgemeinen Psychopathologie* von Jaspers durchsieht, ob er zu den Vorführungen von Kranken im Hospital Sainte-Anne geht, wohin er sich sonntags morgens in Begleitung von Nizan, Aron und Lagache begibt, oder ob er sich schließlich in seiner Diplomarbeit für Henri Delacroix entscheidet: Sartre erforscht vor allem anderen das Feld der Psychologie. «Die Vorstellung im psychischen Leben: Rolle und Wesen» erhält die Auszeichnung «sehr gut». Während Nizan, bereits Spinozist, im kommunistischen System eine Ideologie findet, die ihn beruhigt, gibt Sartre äußerst kohärente Erklärungen für seine zukünftigen Projekte: Philosophie wird für ihn stets ein bevorzugtes Instrument und ein Zugang zum Roman sein. Er holt sich, was er benötigt, bei den großen Philosophen, ohne sich in irgendeinem tatsächlich restlos wiederzufinden, er sucht die Vorlesungen seiner Professoren auf, ohne mit einem von ihnen wirklich zu sympathisieren, er behauptet sich selbstbewußt ohne Vorbild und Leitfigur. «Ich lebe etwas zu stark von der Bewunderung, die andere für mich hegen», wird er später sagen.

«Ich will derjenige sein, der am meisten weiß«, sagt Sartre eines Tages zu dem von so viel Selbstbewußtsein und Stolz verblüfften Daniel Lagache.[32] Es sind Jahre ausgeprägten Bildungshungers, allseitiger Erkundungen, unterschiedlichster Aneignungen. Der Philosoph als Nabel der Welt sondiert die menschlichen Verhaltensweisen, begeistert sich für Psychologie und Psychopathologie und schreibt seinen ersten Roman; der Philosoph interessiert sich für die sich entwickelnden neuen Kunstformen und rennt zu den Vorführungen der letzten Filme von Murnau und Griffith ins Studio des Ursulines, ins Ciné-Latin oder auch ins Studio 28, um darüber einen enthusiastischen Artikel zu verfassen: «Apologie des Films: Verteidigung und Illustration einer internationalen Kunst.» Gierig, ungeduldig, «den zeitgenössischen Ideen gegenüber weitaus aufgeschlossener als wir», behauptet Canguilhem, ergründet Sartre die Bereiche des Denkens und der Kunst mit um so größerem Appetit, als es um eine aufsteigende, avantgardistische Kunst geht. «Der Film ist das Zeichen der Epoche», schreibt er am Ende des Artikels, «deswegen machen ihn diejenigen, die 1895 zwanzig Jahre alt waren, für den unvermeidlichen Unterschied zwischen ihren und unseren Gedanken verantwortlich. Man wirft ihm, wie damals Sokrates, vor, die Jugend zu verderben, man setzt ihn mit dem *dancing* gleich... Aber der Film richtet sich an alle... Jener Minister, der seine Uhr aus der Tasche zog und sagte: ‹Um diese Stunde schreiben alle Schüler Frankreichs die gleiche Französischarbeit›, wäre zufrieden. Um zehn Uhr abends, in Saint-Denis, in Barbès, auf den Boulevards, im *Marivaux*, im *Gaumont* sitzen verschiedene Menschen aus unterschiedlichen Klassen in einem genauso dunklen Saal wie das Schiff einer Kathedrale zusammen, mit gebanntem Gesicht in Richtung Leinwand, mit der gleichen Angst oder der gleichen Freude, denn sie haben im selben Augenblick auf dem weißen Tuch das verrückte Gesicht von André Nox oder das Lächeln von Charlie Chaplin gesehen. Das Volk gibt sich rückhaltlos hin. Die ‹Gebildeten› zieren sich mehr.»[33] Sartre, der Philosoph, wendet auf den Film die neuen Methoden seiner klassischen Bildung an, nachdem er «über alles befunden» hat: Mit Hilfe seiner eigenen Kategorien wendet er sich der *par excellence* neuen Kunst zu und erklärt sie mit der Methode der Phagocytose (absorbieren und zerstören), einer Technik, die er im Laufe der Jahre immer weiter verfeinern wird. Wie hätte er auch dem «Vagabunden Chaplin» und seinen Abenteuern und der Entdeckung jener neuen «blassen, sympathischen und schalkhaften Helden» widerstehen können?

Nizan hatte sich verlobt und verheiratet mit einem jungen Mädchen, das er auf dem allerersten Ball der École kennengelernt hatte. Die Zeugen dieser Eheschließung am 24. Dezember 1927 im Rathaus des

V. Arrondissements hießen Jean-Paul Sartre und Raymond Aron. Für Sartre selber bleibt das Eheleben dagegen eine bizarre Sache, und seine weiblichen Bekanntschaften werden schnell eine ganz eigene Note bekommen. Man weiß, daß die Normaliens gern Sévriennes*, Agrégatives** oder Lehrertöchter heiraten, abgesehen von denen, die sich für eine Karriere innerhalb der Diplomatie oder der Finanzwelt entscheiden, und an der Gattinnenwahl läßt sich schnell der Plan eines ganzen Lebens ablesen.

Was ihn betrifft, probierte Sartre im amourösen Bereich sämtliche Genres. Seine erste wirkliche Liaison begann 1925 in der Umgebung von Thiviers auf besonders morbide Weise. Der Kahlschlag in der Sartre-Familie schien nicht mehr aufhören zu wollen: 1906: Jean-Baptiste; 1913: der Arzt Eymard Sartre; 1917: der Hauptmann Lannes; 1919: die Großmutter Sartre... Das Haus in der Rue du Thon war am 27. Juni 1910 öffentlich versteigert worden, und Joseph nahm verzeifelt die Veränderungen wahr, die die neuen Eigentümer am Familiensitz vornahmen: «Es tut mir im Herzen weh», schrieb er. «Man sagt, es sei ein Tuchhändler aus Limoges, der das Haus gekauft hat...» Und nacheinander zählte er jeden Raum des Gebäudes mit der jeweiligen neuen Bestimmung auf. Ein Vermögen löste sich auf und zerbröckelte, ein neues richtete sich im Hause ein und verlieh ihm neues Leben. «Wenn du wüßtest», schrieb Joseph seiner Schwester Hélène weiter, «daß ich immer noch auf Nachrichten von Poulou warte... Ich wollte ihm schreiben, aber nach reiflicher Überlegung warte ich, daß er so gut ist, sich zu melden. Habt Ihr Nachrichten? Welche Gleichgültigkeit!»[34] Ja, seitdem Joseph sich geweigert hatte, Poulou in den Genuß eines Zimmers für die Ferien in La Brégère kommen zu lassen, hatte sich das Verhältnis zwischen den beiden nicht verbessert, und der junge Mann hatte nicht viel übrig für die ständigen Erinnerungen an den Verlust der Familie, die seinem Onkel so sehr lagen. Doch wenn er nicht von sich aus nach Thiviers fahren wollte, sah er sich allerdings bald dazu genötigt: Seine Kusine Annie, die er während der Monate, die sie in Paris studierte, bemuttert hatte,

* Schülerinnen oder ehemalige Schülerinnen der École normale supérieure pour jeunes filles, die früher in Sèvres war.

** Kandidatinnen für die Prüfung der Agrégation.

war erkrankt: Tuberkulose! Schnell wußte man, daß sie nicht gerettet werden könnte, und 1925 starb sie im Alter von neunzehn Jahren, als Sartre sein erstes Jahr auf der École normale beendete. Mit Annie verschwand der letzte anregende junge Mensch, den er jemals in der Welt von Thiviers kennengelernt hatte. Nach Aussagen seiner Mitschüler wäre sie im übrigen wahrscheinlich «das weibliche Double ihres Cousins»[35] geworden. Provozierend, überlegen, brillant und frech, wurde sie von ihren Lehrern, die nie so recht wußten, wie sie dieses Kind mit der ungewöhnlichen Bildung behandeln sollten, gleichzeitig bewundert und gefürchtet. Sartre hat von Annie nie gesprochen, aber ihren Namen gab er der weiblichen Figur in *La nausée* und der Freundin, die er exemplarisch in *L'être et le néant* zitiert: scheue Spurenlegung, die lange übersehen wurde.

Sartre fuhr also nach Thiviers, und wieder einmal zu einer Beerdigung. Dort gab es immer weniger Menschen, die er kannte, er sah aber seine Tante Hélène, seinen Onkel Joseph und Madame Mancy wieder, die sich anläßlich dieses neuen Dramas ebenfalls wieder zu ihnen gesellte. Sartre machte dort vor allem die Bekanntschaft von Annies Kusine ersten Grades väterlicherseits; sie war die Tochter von Joseph Jollivet, einem Apotheker aus Toulouse, und einer Schwester von Frédéric Lannes. Das damals einundzwanzigjährige Mädchen fiel Sartre unter den unbekannten Erwachsenen sofort auf. «Ich traf Simone Jollivet auf der Beerdigung einer Kusine in Thiviers», erzählte er später. «Wir haben in heiterer Laune an der Beerdigung teilgenommen. Danach lud meine Tante Hélène etwa fünfzehn Leute zum Essen ein. Ich langweilte mich mit diesen Menschen, die ich kaum verstand, Honoratioren aus Thiviers, Ärzten, Notaren usw. Ich versuchte mit dieser jungen Frau zu reden, die ebenfalls Lust hatte, mit mir zu reden, doch wurden wir bei unserer Unterhaltung durch Fragen der Notare und Ärzte gestört. Darum sind wir, die junge Frau und ich, sobald wir den Kaffee ausgetrunken hatten, verschwunden und die Wiesen entlang spazierengegangen. Hier begann eine Liaison, die mehrere Jahre gedauert hat.»[36] Simone Jollivet führte in der Provinz von Toulouse das exhibitionistische und freizügige Leben der jungen Frauen der ‹tollen Zwanziger›, die in den Cafés vom Montparnasse verkehrten und Literaten vergötterten. In denselben Jahren traf Nancy Cunard Louis Aragon, lernte Colette Peignot Crevel, Picasso und Buñuel kennen. Simone Jollivet, genannt «Miyette», genannt «Camille», genannt «Toulouse», ließ in Nizans und Sartres Zimmer eine ganz besondere Atmosphäre von Skandal und Provokation einziehen. Sie hatte sich ausgedacht, ihnen eines ihrer Unterhöschen als Lampenschirm zu schenken, dessen Aussehen uns dank dem phänomenalen Gedächtnis von Henriette Nizan überliefert worden ist: «ein Höschen aus lila Baumwolle mit einem Schritt aus ockerfarbener, fabrikgefertigter Spitze». Auf dem zweiten Ball der École normale war sie am Arm eines Gamaschen tragenden, eleganten und geckenhaften Sartre erschienen und hatte selbst mit einem extravaganten und, wie man sagt, freizügigen Kleid für eine Sensation gesorgt. Eine episodische und stürmische Beziehung zwischen einem verliebten Sartre und der großen jungen Frau mit schönem blondem Haar, harten blauen Augen und überladener Eleganz. Eine leidvolle Beziehung für einen Sartre, der von den Launen seiner Freundin ziemlich malträtiert wurde, wenn sie ihm wache Nächte auf Bänken unter freiem Himmel aufzwang, ihm von ihren übrigen Abenteuern berichtete und ihn in einen Wettbewerb mit reichen Männern treten ließ, die bequem dazu in der Lage waren, sie auszuhalten.

«Man sollte sich doch verständigen. Wollen Sie mich sehen, ja oder nein? Ich billige *absolut nicht* diese Art und Weise, mich als den Herrn zu betrachten, dem man alle vierzehn Tage zu festgelegter Stunde einen Brief schreibt, um ihn in seinem Schwarm von Flirts zu halten, und einmal im Jahr ein Almosen von drei Tagen zugesteht.»[37] Offenbar über einige Exzesse aufgebracht, lehnt sich Sartre gelegentlich auf. Einmal rebelliert er sogar offen: «Hören Sie damit auf», schleudert er Simone Jollivet entgegen, «mir von Zeit zu Zeit wie einem Pudel ein Stück Zucker zu geben.» Trotz der Abfuhren wird diese in Phasen verlaufende Liebesgeschichte alles in allem etwa drei Jahre dauern. Und unser verliebt-unglücklicher Sartre wird mit ihr immer wieder, mal einige Tage in Thiviers, mal in Toulouse, mal in Paris, große Gefühlsstürme erleben. Eine leidenschaftliche Beziehung also mit vielem Hin und Her und besonders reich an literarischem Austausch: Genauso wie früher bei Annie liebt es Sartre, Bücher zu empfehlen, Meinungen zu erfragen, geheime Pläne anzuvertrauen, von seinen Arbeiten zu erzählen. «Mon cher amour... Es gefällt mir nicht, daß Du sagst, Du ‹liebst mich mit der Leidenschaft *der Ma-*

rietta›, die war ein leichtes Mädchen, das Fabrice nur vage liebte. Der Ausdruck ‹mit Leidenschaft lieben› stammt von einer alten Puffmutter, die ihm soviel Geld wie möglich abknöpfen wollte. Ich möchte aber, daß Deine Liebe zu mir der Sanseverinas zu Fabrice gliche.»[38] Manchmal legt er Geständnisse ab: «Der Mensch mit der berühmten ‹Arbeitswut› quält sich ab, mehr als eine Viertelstunde täglich zu arbeiten.»[39] Oder auch: «Ich für meine Person war bis zum letzten Jahr sehr melancholisch, weil ich häßlich war und darunter litt. Ich habe das völlig abgelegt, denn es ist eine Schwäche.»[40]

Für Simone Jollivet, sein «kleines Porzellanmädchen», wie er sie mit Kosenamen nannte, wird Sartre seinen ersten Roman *Une défaite* schreiben. Sehr direkt von dem Dreierverhältnis Richard Wagner-Cosima-Friedrich Nietzsche inspiriert, stark von seinen jüngsten Erfahrungen als Hauslehrer bei Monsieur und Madame Morel und den Liebesleiden mit Simone Jollivet beeinflußt, ist dieser Jugendroman ein erstaunliches Dokument. Und wären Beweise für das frühzeitige Entstehen Sartrescher Themen und Obsessionen nötig, wäre *Une défaite* ein zentrales Dokument. Drei Personen: Richard Organte, der ältere Künstler, Komponist und Schriftsteller; Cosima, seine junge Frau; Frédéric, Hauslehrer der drei kleinen Töchter von Cosima, Bewunderer von Richard und verliebt in dessen Frau. Ein Trio also. Es ist natürlich überflüssig, umständlich Bezüge zu Sartres Biographie hervorzuheben oder diese leichtfertig zu kommentieren: J.-B., Anne-Marie, Poulou; Charles Schweitzer, Anne-Marie, Poulou; Joseph Mancy, Anne-Marie, Poulou... Auf alle Fälle: welch auffallender Verweis auf die Schweitzers in diesem von einem undankbaren Enkel mit zwanzig Jahren geschriebenen Text. Der Hintergrund der Intrige sind nämlich Sartres Kenntnisse deutscher Kultur. Zu diesem Zweck las er übrigens Schopenhauer, Nietzsche und Wagners Biographie neu sowie zahlreiche Werke zur Geschichte der Musik und Musikerbiographien; er las auch E. T. A. Hoffmann und *Ecce Homo* wieder und bestellte bei der Bibliothek der École normale die Partitur der *Götterdämmerung*. Erinnerte er sich, daß der Cousin seiner Mutter, Albert Schweitzer, eine Zeitlang eine sehr alte Cosima in Bayreuth regelmäßig besucht und mit ihr einen interessanten Briefwechsel unterhalten hatte?

Trotz dem impliziten kulturellen Schweitzer-Hintergrund wird

Sartre von sich und nur von sich reden. In einem gewaltigen Entwurf der Gesamtthematik des künftigen Sartre-Werkes: die Kreativität als Ästhetik; der Inzest; das Trio; das Gegensatzpaar starker Mann / schwacher Mann, junger Mann / reifer Mann; der Blick des Anderen; die gesellschaftliche und metaphysische Freiheit; die soziale Erstarrtheit und das Auftauchen des «salaud»* die «mauvaise foi»*... *Une défaite* ist auch der Roman einer Liebe, und zwar einer unglücklichen. Der Roman einer Lehre, und zwar einer gescheiterten, wie schon der Titel besagt. Doch das zweifache Scheitern – intellektuell und affektiv – wird hier zum Motor, zum Sprungbrett eines grenzenlosen Optimismus. «Im Grunde war seine Niederlage ein Sieg», schreibt der Anfänger auch an jedes Kapitelende.

Eines macht allerdings sofort stutzig. In *Une défaite* scheint sich Sartre nämlich selbst in beide männlichen Figuren projiziert zu haben: Richard und Frédéric. Ihre Beziehung zueinander, ihre Unterhaltungen, ihre Dialoge haben einen merkwürdigen Widerhall: Könnte es sich dabei nicht um den eigenen Dialog zwischen dem zwanzigjährigen und dem siebzigjährigen Sartre handeln? Um das langsame intellektuelle Heranreifen zu zweit? Um das permanente Hin und Her zwischem dem Meister und seinem Schüler? Den freien Austausch zwischen zwei Intelligenzen und zwei Erfahrungen, die sich wechselseitig anregen, ständig miteinander auseinandersetzen und gegenseitig bereichern würden. Einige Textpassagen räumen den letzten Zweifel aus: «Frédéric war nicht Organtes Freund, denn er fühlte sich ihm nicht ebenbürtig. Er empfand für ihn eine unbestimmte Zuneigung... Was er am allermeisten an Richard liebte, war die Kraft, die er ihm zuschrieb. Wenn er an ihn dachte, sah er nicht das Gesicht, sondern er ballte die Fäuste zusammen und hatte vage das Bild eines Wasserfalls oder eines Kavallerieangriffs vor sich. Manchmal murmelte er Worte wie ‹ein Wasserfall› oder auch ‹die Kraft› vor sich hin, und er fühlte innerlich eine Präsenz, ohne genau zu wissen, ob es sich nun um Richards oder seine eigene Kraft handelte... Er liebte tatsächlich diesen großen gebeugten Athletenkörper als solchen. Bei dessen Anblick schauderte er, außer sich vor Ekstase bei der Vorstellung ihrer zukünftigen Kämpfe. Körperliches

* Spießer, Unaufrichtigkeit: zentrale Sartresche Begriffe.

mischte sich ein: Er hätte sich an ihm wie an einer Wand reiben und vor allem mit ihm ernsthaft kämpfen, ihn in einer kräftigen Anstrengung umschlingen und zu Boden werden wollen. Ihre Gespräche gingen immer über den trockenen dialektischen Apparat hinaus, den er sich, bevor er Organte sah, wünschte.»[41]

Alle Normaliens, die dieses Manuskript lasen[42] – denn es gab welche –, fanden in ihm einige Züge des muskulösen Angebers, der allwöchentlich im Turnsaal boxte, des begabten und grausamen Streichespielers, der täglich eine neue Theorie erfand, wieder. Körperliche Stärke, Muskelkraft und besessene Kreativität waren hier ganz eng miteinander verbunden: «In seinen Muskeln, in diesen Muskeln eines Kämpfers», schrieb Sartre weiter, «spürte er ein ständiges Bedürfnis, sich an anderen zu messen und seine Gegner zu schlagen. Freude und Schmerz seines gigantischen Organismus steigerten sich zu einer unglaublichen Raserei. Wenn er schrieb, hielt er den Füllfederhalter zum Zerbrechen fest. Kein einziger Satz in seinen Büchern, keine einzige Melodie in seinen Opern, in denen er sich nicht voll und ganz hingegeben hätte, denen er nicht sein ganzes Gewicht aufgebürdet hätte.»[43] Die Mythen von Samson, von Michelangelo, von Antäus, vom Phönix durchziehen filigranartig das lange spielerische Duell.

Die Beziehung zu Simone Jollivet wird auf die Art enden, die sie immer gekennzeichnet hatte: die einer sporadischen Leidenschaft. Die beiden Liebhaber aus Thiviers werden ihr Leben lang in freundschaftlicher Verbundenheit zueinander verbleiben. Ihr gelang es, einen ihrer Pläne zu verwirklichen: Charles Dullins Geliebte zu sein, und sie wurde Schauspielerin, Dramaturgin und das, was man allgemein eine «Literatin» nennt, stets maßlos und extravagant. Was den Roman betrifft, der eigentlich ein Produkt ihrer Liaison war, griffen diejenigen aus Sartres Umgebung, die ihn zu lesen bekommen hatten, noch zwanzig Jahre später einige Elemente davon auf. «Sie haben schon wieder diesen Frédéric-Tonfall», warf ihm manchmal Madame Morel vor oder lachte laut auf: «Jetzt sind Sie wieder dieser erbärmliche Frédéric!»

Auf die Extravaganz folgt die Konvention. Sartre verlobt sich mit der Kusine seines Kommilitonen Alfred Péron, die er in Usson-en-Forez kennenlernt, wo er zu den Sommerferien eingeladen ist. «Ich glaube, sie wünschte sich eine Leidenschaft, und ich bin es gewesen, der sie ihre Zuneigung zu mir übertreiben ließ»: Später rekonstruierte er diese fast ein Jahr dauernde Episode etwas abenteuerlich und zynisch. Aron und Guille hatten dem frisch «Verlobten» beide ein Gratulationsschreiben geschickt, dessen Mittelmäßigkeit er bedauerte. Das junge Mädchen lebte in Lyon, er sah es selten, die Affäre nahm allerdings gelegentlich seltsame Formen an: «Da ihre Eltern mehr über mich wissen wollten, haben sie mich von einem Privatdetektiv beschatten lassen, der ihnen berichtet hat, daß man mich auf der École in unfreundlichen, gar ordinären Worten über meine Verlobte hatte reden hören.»[44] Das Verhältnis hörte bei der ersten Agrégationsprüfung wie von selbst auf. Zur allgemeinen Überraschung – selbst der Direktor der École normale wies darauf hin – und zur Freude Arons – der der Legende nach vor Freude seinen Hut zertrampelt haben soll –, fiel Sartre gleich bei der schriftlichen Prüfung durch, während Aron sie als erster bestand. Die zukünftigen Schwiegereltern lehnten es daraufhin ab, die Hand ihrer Tochter einem Studenten zu geben, der zwar Normalien, aber durch die höchste Prüfung durchgefallen war. Doppelte Niederlage für Sartre und seine Eltern, die ganz förmlich einen Antrag bei den Péron-Eltern gestellt hatten und nun abgewiesen wurden. «Ich bin alleine mit einer Flasche Wein auf die Wiese gegangen und habe getrunken… Ich habe sogar geweint. Geweint, weil ich getrunken hatte, aber es war schön. Ich sage nicht, daß ich geschauspielert habe, ich war allerdings froh, einen gewissen Tränenzoll zu bezahlen. Ich war erleichtert.»[45] Später wird er nur selten diese «Verlobte» erwähnen, die vor allem, so drückte er sich aus, «Tochter eines Krämers» war.

Die Agrégation bedeutete das Ende der Lehrjahre – der *Bildungsjahre*, wie unser Germanistenphilosoph gesagt hätte. Wenngleich er in die École-normale-Folklore aufgenommen wurde, war es doch etwas anderes als bei denen, die die Nummer 45 der Rue d'Ulm für alle Ewigkeit wie einen Ankerplatz, eine Ordensgemeinschaft oder eine neue Familie in Beschlag nehmen, die dem Verein der ehemaligen Schüler einen Beitrag zahlen, regelmäßig an den Revuen ihrer Nachfolger teilnehmen und jährlich auf dem Klassenball erscheinen. Sartre setzte nie wieder einen Fuß in die ENS, zahlte dem Verein der ehemaligen Schüler keine Beiträge und verfiel in keiner Hinsicht dem Rue-d'Ulm-Kult. So kam es auch zu heftigen Debatten nach seinem Tod, als es um das Ritual des Nachrufs ging: «Er hat nie einen Beitrag entrichtet, also hat er auf den Nachruf kein Recht», sagten die Hundertprozentigen und pochten auf die Regeln. «Trotzdem ist er der berühmteste Normalien auf der Welt gewesen», antworteten die Weitherzigen. Die Affäre blieb stecken: Meines Wissens hat der Verein der ehemaligen Schüler der École normale supérieure dem, der seinen eigenen Worten zufolge dort «vier Jahre Glück» erfahren hatte, nicht die letzte Ehre erwiesen.

Der Hochmütige war sich selbst, seinen Eltern und Mitschülern eine Glanznummer bei der Wiederholung der Prüfung schuldig. Sechsundsiebzig Kandidaten bewarben sich im Juni 1929 um die Philosophie-Agrégation; Sartre wurde der erste unter den siebenundzwanzig Zugelassenen und der erste unter den dreizehn Absolventen, die das Examen bestanden. «Scharfsinnige, logische Intelligenz und profundes Wissen, denen es allerdings gelegentlich an Sicherheit zu fehlen schien», notierten die Jurymitglieder, Monsieur Parodi und Monsieur Wahl. Wahrscheinlich auf Grund von Arons Rat, der ihm statt unbedingter Originalität empfohlen hatte, auf gesunden Menschenverstand und Sicherheit zu setzen, ließ Sartre bei der schriftlichen Prüfung den zweiten Kandidaten weit hinter sich. Er vermied also geniale Abweichungen bei den beiden schriftlichen Arbeiten: «Freiheit und Kontingenz» und «Rolle der Induktion in den deduktiven Wissenschaften». Eher ließ er sich bei dem berühmten mündlichen Vortrag «Psychologie und Logik» von seinen eigenen Gedanken leiten. «Sein Agrégationsvortrag ist vorzüglich gewesen», berichtete uns jetzt Maurice de Gandillac. «Er sprach mit außergewöhnlicher Selbstsicherheit: Die Jury und besonders ihr Vorsitzender Lalande waren restlos hingerissen.»[46] Die Nummer Eins der Philosophieagrégés des Jahres 1929 lag nur knapp vor dem zweiten Prüfling, der im übrigen eine Frau war: Mademoiselle Simone de Beauvoir. «Rigoros, anspruchsvoll, präzise und methodisch war sie die Jüngste dieses Jahrganges», erzählt Gandillac weiter, «sie war erst einundzwanzig, also drei Jahre jünger als Sartre, und hatte das Kunststück vollbracht, ein Jahr zu überspringen; in ein und demselben Jahr bereitete sie ihr Universitätsdiplom und die Agrégation vor. Übrigens haben mir später zwei Professoren aus der Jury, Davy und Wahl, anvertraut, sie hätten lange zwischen ihr und Sartre für den ersten Platz geschwankt. Denn obwohl Sartre offenkundige Qualitäten, eine ausgeprägte Intelligenz und Bildung hatte, die allerdings manchmal ungenau blieb, waren sich alle einig, daß von den beiden sie DIE Philosophin war.»

Das zweite Jahr der Vorbereitung auf die Agrégation hatte Sartre in der Cité Universitaire am Boulevard Jourdan verbracht, da er wegen des anfänglichen Mißerfolgs keinen Anspruch mehr auf ein Zimmer in der Rue d'Ulm hatte. Ein turbulentes Jahr mit Vorlesungen an der Sorbonne und gemeinsamer Gruppenarbeit mit Nizan, Maheu und Gandillac. Sämtlichen «Agrégatifs» des Studienjahres 1928–1929 war das beeindruckende Trio Nizan-Sartre-Maheu aufgefallen, von denen jeder einen ausgemachten Ruf hatte. Allen voran galt Sartre zwar als «kein schlechter Kerl», aber als «Schlimmster von den dreien», und man bezichtigte ihn gar des «Trinkens». Unter den jungen Mädchen, die Maheu in der Bibliothèque nationale und den Hörsälen der Sorbonne traf, war eine hochgewachsene, ernsthafte Philosophie-«Agrégative» mit blauen Augen, über die Sartre bereits ein Urteil abgegeben hatte. «Sympathisch, hübsch, aber schlecht gekleidet», hatte er mit überzeugter und herablassender Stimme verkündet. So begann die Beziehung zwischen Sartre und Simone de Beauvoir, die Maheu «Castor» getauft hatte, «weil auf englisch *beaver* castor bedeutet», und der Biber ein Symbol für Arbeit und Energie ist. Einundfünzig Jahre sollte die Beziehung dauern.

Überlassen wir es Sartre und dem Castor, über dieses beinahe mythisch gewordene Zusammentreffen zu erzählen, das praktisch den Mittelpunkt des ersten Bandes von Simone de Beauvoirs Erinnerungen in *Les Mémoires d'une jeune fille rangée* bilden wird. Allerdings bietet einer ihrer damaligen Freunde, Maurice de Gandillac, eine etwas andere Version dieser allerersten Momente an: «Es war überhaupt nicht im Stil von ‹endlich kam Sartre›», sagte er uns, «wie sie es in ihren Memoiren schildert; es gab eine ganze Gruppe von Leuten, von Zeitgenossen, die sich mehr oder weniger gut kannten und sich eine ganze Zeitlang gegenseitig besuchten; darunter waren Sartre, Nizan, Maheu, Merleau-Ponty, Simone de Beauvoir und ich selber. Durch Merleau-Ponty lernte ich Simone kennen, durch mich lernte sie Maheu kennen, über Maheu näherte sie sich Nizan und Sartre.

Das ganze fand in dem Jahr statt, als wir uns auf die Agrégation vorbereiteten.» Laut Gandillac war es weniger «Liebe auf den ersten Blick» als eine langsame, überlegte und vielleicht viel banalere Annäherung, als man glaubt.

Ritualisierte Zusammenkünfte um die Prüfungstexte, Kommunikation zweier verbündeter Studenten, die von Büchern übersättigt, durch die Konventionen des Examens und den Prüfungsdruck überreizt waren. So fand auch das erste wirkliche Treffen in der Aufgeregtheit der letzten Tage vor der mündlichen Prüfung statt: Sartre hatte dem jungen Mädchen angeboten, «mit ihnen zu lernen» – in seinem Studentenzimmer. «...ich fand außer einem riesigen Durcheinander von Büchern und Papieren überall umherliegende Zigarettenstummel und dicken Rauch vor. Sartre empfing mich als Weltmann; er rauchte Pfeife. Schweigend, mit einer Zigarette im Mundwinkel und schief lächelnd, beobachtete mich Nizan sehr nachdenklich durch seine dicke Brille. Den ganzen Tag kommentierte ich, erstarrt vor Schüchternheit, den *Discours metaphysique*.»[47] Schlecht angezogen, ja. Sie mußten dennoch zugeben, daß sie intellektuell «mithielt». Sartre, Nizan und Maheu nahmen das junge Mädchen in ihr Arbeitstrio auf: «...stets behielt Sartre das Übergewicht», erläutert sie, «er scheute keine Mühe, uns von seinem Wissen profitieren zu lassen. ‹Er ist ein fabelhafter geistiger Trainer›, notierte ich. Ich war geblendet von seiner Großherzigkeit, denn diese Zusammenkünfte brachten ihm nichts ein, er gab sich nur, ohne zu rechnen, stundenlang selber aus... Wenn er sich selber genügend verausgabt hatte, legte er eine Grammophonplatte auf...»[48] Hilfsbereit, aufgeschlossen, amüsant, witzig, großzügig und anregend wurde Sartre die ganze Prüfungszeit hindurch, im darauffolgenden Sommer und den nächsten zwei Jahren der verliebte Gefährte, der ratgebende und zuverlässige große Bruder, der anregende Gesprächspartner dieser um drei Jahre jüngeren Person, die sich anschickte, mit der Vergangenheit eines wohlerzogenen jungen Mädchens zu brechen, das auf einer privaten katholischen Institution und umgeben von Familienkonventionen aufgewachsen war und sich entschlossen hatte, den Respekt abzuwerfen. «Von jetzt an werde ich mich um Sie kümmern» erklärte er ihr, beinahe herausfordernd, vor dem Beginn der Ferien.

Zahlreiche, immer häufigere Treffen und intellektuelle Gefechte folgten zwischen diesen beiden Denkmaschinen, die von den Prüfungen zwar ausgezehrt, doch immer für originelle Gedankengänge zu begeistern waren. «Mit Sartre... maß ich mich täglich und ganze Tage hindurch, und in unseren Diskussionen hielt ich ihm nicht die Waage... (eines Tages) setzte ich ihm... jene pluralistische Moral auseinander, die ich mir zurechtgelegt hatte...: er zerpflückte sie mir ganz und gar... Dann mußte ich zugeben, daß ich geschlagen war...»[49] Als sie nach drei Monaten anfing, von ihm als dem «Doppelgänger» zu sprechen, von dem sie mit fünfzehn geträumt hatte, als die beiden täglich Briefe austauschten und sich spielerisch eine von allen Zwängen freie Zukunft ausmalten, als Sartre sich schließlich des Wehrdiensts, der auf ihn lauerte, bewußt wurde und dessen, wieviel Freiheit er eine Zeitlang aufgeben müßte, setzten sie sich hin, um ihr zukünftiges Leben zu betrachten und darüber nachzudenken. Von Anfang an setzte Sartre seine Vorstellungen durch: Reisen, Polygamie und Transparenz. Auf keine einzige dieser gesunden Neigungen wolle er verzichten. Um der Langeweile einer Lehrerkarriere in der Provinz zu entkommen, hatte er sich für das Jahr nach der Beendigung seines Wehrdienstes um einen Lehrerposten in Japan beworben. Es läge ihm sehr an dieser Reise, und er werde sie machen. Genauso hätten ihn weibliche Freundschaften immer angezogen, und er werde nicht darauf verzichten. Bei dieser Quadratur des Kreises wurde er natürlich schöpferisch, da er weder seine neue Freundin noch seine Grundprinzipien verlieren wollte. Er erfand das Konzept der «notwendigen» und der «kontingenten Liebe» sowie die Idee eines «Zwei-Jahres-Pakts». Somit würde Simone de Beauvoir seine privilegierte Liebesbeziehung bleiben, ohne ihm weitere zu verbieten. Er könnte sie auch während der zwei Soldatenjahre so oft wie möglich besuchen, ehe er nach Japan ginge. Und die Transparenz war gerettet. «...(ich) dachte vor allem daran, diese Freiheit gegen die Frauen zu behaupten», schrieb er später. «Das war um so komischer, als sie weit davon entfernt waren, mir nachzulaufen, sondern vielmehr ich es war, der ihnen nachlief... Einmal fiel ich bei diesem Spiel herein. Castor akzeptierte diese Freiheit und behielt sie.»[50]

Seinen eigenen Aussagen nach bewog der Wehrdienst den Militärmeteorologen mit der Nummer 1991 zur «größten Bescheidenheit». Zunächst auf der Saint-Cyr-Festung, dann in der Saint-Symphorien-

Kaserne in der Nähe von Tours erlernte er den Umgang mit Ballons, Theodoliten, Sextanten, Oktanten und Kompassen. Das «zu geregelte Leben» dort ödete ihn an; so gut es ging, bemühte er sich, den «Zustand aller Eingesperrten»[51] zu ertragen. Er schrieb viel, um sich vor militärischen Zwängen, Hierarchie und Ordnung, zu schützen. So entstanden zwischen der Rue d'Ulm und seiner späteren Lehrertätigkeit drei «Übergangstexte», drei sogenannte «Jugendtexte»: *Légende de la vérité* ist eine dreiteilige Erzählung, in der die Legende des Gewissen, die Legende des Wahrscheinlichen und die Legende des einsamen Menschen aufeinanderfolgen. Die Form ist den griechischen Klassikern entlehnt, der Inhalt Sartres in eigenen intellektuellen Interessen verankert, wenn sich Schweitzer und Mancy darin wiederfinden, denen er den Rücken kehrt; diese Erzählung wird nur teilweise veröffentlicht werden, wie wir später sehen werden. Die beiden Theaterstücke *Épiméthée* und *J'aurai un bel enterrement* werden ebenfalls in der Schublade bleiben. Der einsame Künstler als die dem Ingenieur entgegengesetzte Figur, die sich mit dem Tod auseinandersetzt, taucht als Thema wieder auf. Als erste Leserin kommentierte Castor diese Texte. In der Zwischenzeit hatte sie beschlossen, den Beginn ihrer Lehrertätigkeit so weit wie möglich hinauszuschieben und, solange Sartre Soldat wäre, in Paris, nicht weit von ihm, zu leben. «(Ich) hatte Lust, mich ein wenig fallenzulassen, ins Glück, in Sartres Liebe...» erklärt sie. «Da war er es, der mir gesagt hat: Aber Castor, warum denken Sie nicht mehr! Warum arbeiten Sie nicht mehr! Sie wollten doch schreiben! Sie wollen doch wohl keine Hausfrau werden, oder?»[52] Und mit all seiner Energie bat und ermunterte der kleine Mann seinen Castor, sich die Unabhängigkeit zu bewahren und zu schreiben, intellektuell kreativ zu bleiben und weiterhin alles kritisch zu ergründen. Sie beschloß also, einen Roman zu beginnen. Ihre Pläne änderten sich, als der junge Soldat erfuhr, er sei nicht für die Lehrerstelle in Tokio ausgewählt, sondern ab 1. März 1931 dem Lycée in Le Havre zugewiesen worden, wo er einen an einer Depression erkrankten Lehrer ablösen sollte. Die Reise war ihm verweigert worden, der Zwei-Jahres-Pakt abgelaufen, er bedurfte also einer Revision. Enttäuschung für ihn: Japan hatte ihn lange angezogen, und die französische Provinz fand er dermaßen abstoßend! Enttäuschung auch für sie: Bei Schulbeginn im Oktober 1931 wurde sie nach Marseille versetzt! Sie werden Mittel und Wege finden, ihre neuen Verbindlichkeiten zu regeln und zu meistern. Nach den Jahren der Jugend sieht das Tor viel schmaler aus, als er es sich vorgestellt hatte. Als er fern von der Kaserne über die Stränge schlug, war er noch «tausend Sokratesse». Jetzt nahm er an der Gare Saint-Lazare den Zug nach Le Havre. «Gerade die Zeit, einen Krimi zu lesen», meinte er amüsiert nach der ersten Reise.

EIN EINZIGER SOKRATES

... ich wurde plötzlich ein einziger Sokrates... Bisher bereitete ich mich aufs Leben vor... Und nun auf einmal spielte ich das Stück, alles, was ich von nun an tat, tat ich mit meinem Leben...

Tagebücher

Im März 1931 findet der unvermeidliche erste Auftritt in der so gefürchteten Rolle des Provinz-Gymnasiallehrers statt. Gewollt hatte er Tokio, bekommen Le Havre. Gehofft hatte er, der Lehrerkarriere zu entkommen, bis zum Juni 1936 blieb er in Le Havre. Nach der französischen Armee die französische Provinz und der Tagesablauf eines Lehrers: Brutal stößt er auf die wirkliche Welt, die Arbeit und den Alltag mit seinen Stundenplänen, Gehältern und der starren gesellschaftlichen Hierarchie, wo ihm die Rolle zugewiesen ist, zu der ihn sein Studium bestimmt hatte: Normale Supérieure, Agrégation, das bedeutete eine klar definierte Berufsrolle mit Verpflichtungen, Ritualen, mit festgelegten Reaktionen der anderen, kurz, eine komplette Maschinerie, die einen aufnahm, programmierte und ein ganzes Leben lang nicht losließ. Er wurde Beamter, das heißt bis ins Rentenalter Angestellter des Staates, der während der Schulferien und der Krankheitsurlaube bezahlt und versorgt werden und eine stillschweigende Allianz mit dem Staat eingehen müßte, die durch nichts gestört werden würde. Als er die Schwelle des Lycée François I. passierte und durch den Statuenhof zum «Kabinett von Monsieur le Proviseur»* hochstieg, wo es hinter einer schweren Portiere aus schwarzem Leder nach Wachs und Sauberkeit roch, als er die langen, vier Meter fünfzehn hohen Korridore betrat,

* Gymnasialschulleiter.

die Kapelle und den Ehrenhof besichtigte, der den Schülern des riesigen Gymnasiums, das ein ganzes Stadtviertel bildete, verwehrt war, als er die schwere, statische und geordnete Stille der Lehrräume wahrnahm, sah sich Sartre in der Falle: Die Welt der zeit- und sorgenlosen französischen Provinz mit ihrem Schweigen, ihrer Sauberkeit und Langeweile hatte ihn eingefangen. Es war eine Gefangenschaft. Plötzlich wurde er ein einziger Sokrates. Plötzlich zerbrach alles.

Am 12. Juli 1931, nach vier Monaten Gymnasium, hatte er seinen ersten öffentlichen Auftritt in der Stadt Le Havre. Im dekorierten und mit Blumen geschmückten großen Turnsaal fand die traditionelle Preisverleihung statt, wie sie Jahr für Jahr von sämtlichen Gymnasialdirektoren Frankreichs zelebriert wurde. Eine starre Zeremonie, verkrustet durch Jahre und Jahre der Wiederholung und Tradition. Eine gesellschaftliche und familiäre Zeremonie, die Eltern und Gäste für die Dauer eines Tages in den verschlossenen Alltag des Gymnasiums eindringen ließ. Plötzlich werden die Mauern einer Schulklasse niedergerissen, und die Öffentlichkeit erfährt Listen von Schülernamen, die ein Jahr Arbeit widerspiegeln sollen. Die ungerechte und grausame Feierlichkeit treibt ein Bildungssystem, dessen Schlüsselbegriffe Wettbewerb und Auslese sind, auf die Spitze, indem es die sogenannten «Besten» hervorhebt und die anderen vergißt. Kittel, Holzpantinen und violette Tintenflecke auf den Händen werden gegen Sonntagskleidung eingetauscht. Eisiger Ernst und theatralische Stille begleiten die Vergabe von Lorbeeren, Bücherstapeln mit goldenem Einband, die Verlesung der Reihenfolge der Preisträger wird abgelöst vom Beifall, der Vorstellung der Klassenbesten, dem offiziellen Händeschütteln, den Blicken zu den Eltern, den Lehrern, den Mitschülern und dem Unterpräfekten – eine absurde Zeremonie im Scheinwerferlicht. Vorne im Saal ein breites, mit dem Hof über einen langen roten Teppich verbundenes Podest, in der Mitte Eltern und Honoratioren, und rundum auf den Stufen die nach Klasse und Alter aufgestellten Schüler. Den achthundert «Zuschauern» wird der Platz zugewiesen, ehe das lange Vorbeiziehen der Lehrer im Talar beginnt, die einer nach dem anderen hinter Proviseur und Censeur*

* In der Gymnasialhierarchie ist der Censeur die zweite Person nach dem Proviseur.

über den roten Teppich nach vorn schreiten, um dann nach einem ausgetüftelten System auf dem mit Buchsbaum- und Blumengirlanden geschmückten Podest Platz zu nehmen.

«Meine lieben Freunde, jedes Land, so sagte Sainte-Beuve, den ich aus dem Gedächtnis zitiere, hat seine eigenen nationalen Feierlichkeiten. Belgien hat seine Hahnenkämpfe, Spanien seine Corridas; wir haben die Preisverleihungen...» Jean-Paul Sartre ging ans Mikrofon und schlug einen bis dahin nicht gehörten Tonfall an, der das Auditorium erstarren ließ: Er sprach in größter Geschwindigkeit, scheu und zugleich selbstbewußt, unsicher und ironisch, mit einer knappen, knarrenden und ungewöhnlichen Stimme. Im Juli 1931 war Sartre gerade sechsundzwanzig Jahre alt, und traditionsgemäß wird der jüngste Lehrer des Gymnasiums vom Schulleiter mit der feierlichen Ansprache beauftragt. Schülereltern und Honoratioren erlebten an diesem Tag den Mann mit dem Ruf, «großköpfig» zu sein, weil er, wie man aus sicherer Quelle wußte, Normalien und erster seines Jahrganges in der Philosophie-Agrégation gewesen war. In schwarzem Talar mit Jabot und gelbem Schulterstreifen – Zeichen der Geisteswissenschaftler –, mit drei Reihen weißen Hermelins am Saum – Zeichen der Agrégés –, verstrickt in die Falten eines für ihn viel zu langen Gewands, sieht sich Jean-Paul Sartre in der ungewohnten Rolle, als Star des Tages vor dem ausgesuchten und vornehmen Publikum einer Provinzunterpräfektur eine Zeremonie abhalten zu müssen, die er, wie man sich denken kann, nur mäßig schätzt.

Monsieur Albert Dubosc, Generalrat des Departements Seine-Inférieure und Vorsitzender der Commission départementale, präsidierte in diesem Jahr der Sitzung. Monsieur le Censeur Robert Blondel, schwarzer Talar und zwei große farbige Rockschöße, hatte ihn dazu ausersehen, da der Unterpräfekt verhindert war. Zwischen die Eingangsreden und die Bekanntgabe der Ergebnisse, zwischen die konventionellen Ausführungen der nicht minder konventionellen beiden Männer eingekeilt flucht Sartre in sich hinein. Man urteile selbst: Der Censeur Blondel, Sohn eines Berufssoldaten, soll in der Schule, wie manche behaupten, eine rücksichtslose Disziplin eingeführt und, da er sie für eine besondere Art von Kaserne hielt, von Lehrern wie von Schülern Grußzwang und eine geordnete Aufstellung verlangt haben. Das «unruhige Element», das Sartre einige Jahre zuvor auf der École normale gewesen war, wurde jetzt brutal in den Kreis der Ordnungshüter hineinkatapultiert, wo ihm nichts anderes übrigblieb, als sich aufzulehnen. Als ob er eine Granate zündete, richtete er also seine Rede ausschließlich an die Schüler. Vom feierlichen Podest aus genoß er es, eine Bombe in die Zuhörerschaft zu werfen. Bei dieser erstickenden und manierierten Zeremonie, die ihm einen Rollen-, Alters-, Stil- und Identitätswechsel aufzwingen wollte, entschied er sich für den Durchbruch, für den Pakt mit den Schülern, mit der Jugend, mit den Minderjährigen, Heranwachsenden, in denen er seine wirklichen Kollegen und den einzigen Rettungsanker sah. Unverhohlen beabsichtigte er, die Jugendlichen zu verführen und die Alten zu beleidigen. Den einen wollte er gefallen, die anderen schockieren. Er ging weit, schon bei den Begrüßungsformalien den «Monsieur le Conseiller général» und «meine Damen und Herren» auszulassen, was auch das lockerste Protokoll vorgeschrieben hätte, und begann in einem Höllentempo seine Rede, die er in völliger Mißachtung des aufkommenden Gemurmels direkt an die Sitzstufen richtete. Zu behaupten, Sartre habe an diesem 12. Juli 1931 einen skandalösen Eindruck bei der feinen Gesellschaft von Le Havre gemacht, wäre milde gesagt.

Einer Preisverleihung, fuhr er fort, «geht ein Sühneopfer voraus. Der jüngste Lehrer nimmt sämtliche Sünden des Jahres auf sich und tut öffentlich Buße: Das ist das, was die übliche Ansprache ausmacht. Beim letzten gesprochenen Wort ist die Reinigung vollendet: In dieser Weise fängt jedes neue Jahr auf den französischen Gymnasien in einem Gnadenzustand an. Die Strafe ist für den Sündenbock harmloser als für seine Zuhörer: Er kann sich wenigstens sein Thema aussuchen; das Thema braucht nur entfernt in Beziehung zur Feierlichkeit zu stehen. Ich übe mein Recht aus: Ich werde vom Film sprechen.» Lächeln, Gelächter, Interessiertheit in den Reihen am Rand bei den nach Schulklassen aufgeteilten Schülern. Konsterniertheit, Verlegenheit, Schweigen bei den Eltern in der Mitte. Er greift seine besten Kindheitserinnerungen auf, zieht das Ritual der Feier ins Lächerliche und ist restlos glücklich, von etwas zu reden, was er liebt. Völlig frei gegenüber den Konventionen, die er zerstört, spricht er lautstark, zitiert Anatole France, Äsop und Pirandello; vor den hochnäsigen und eisigen Großbürgern dieser affektierten und kalten Stadt wird er, mit zahlreichen Belegen untermauert, demonstrieren, daß... der Film «durchaus eine Kunst» ist. Überglücklich versetzt er den letzten Stoß: «Ihre Eltern», schließt er, ohne sie anzublicken, der Provokation jedoch bewußt, «Ihre Eltern können sich beruhigen: der Film ist keine schlechte Schule. Es ist eine... Kunst..., (die) ihrem Wesen nach die Zivilisation unserer Zeit (reflektiert). Wer sollte Sie die Schönheit der Welt, in der Sie leben, die Poesie der Geschwindigkeit, der Maschinen, das unmenschliche und strahlende Verhängnis der Industrie lehren? Wer, wenn nicht *Ihre* Kunst, der Film?» Er holt wieder Luft und sagt noch: «Gehen Sie oft hin. Allerdings ist es ein Vergnügen für die schlechte Jahreszeit; verbringen Sie vorher schöne Ferien!»[1]

Sinnlose Provokation? Billige Demagogie? Jedenfalls hat man in den Reihen der Aristokratie von Le Havre für Spaß überhaupt keinen Sinn. Der kleine junge Mann mit den unzulässigen Leitbildern und seine deplazierte, schockierende Rede werden äußerst gering geschätzt. Schon entrüstet man sich über den zersetzenden, schädlichen Einfluß, den er auf die Kinder ausüben könnte. Man sorgt sich, man ahnt eine Gefahr, man protestiert, erregt sich und wartet ab. Hinter ihren Handschuhen und Veilchenhüten hielten die Damen der «Côte» mit knirschender, erstickter Stimme von solcher Geschmacklosigkeit entsetzt ihren Schluckauf mühsam zurück. Bei der nächsten Preisverleihung wird man übrigens sehen, wie dieselbe Person, links und rechts von seinen Kollegen Messieurs Bonnafé und Isoré gestützt, taumelnd auf dem langen roten Teppich erscheint, sich auf das Podest hieven läßt und kurz darauf durch den Notausgang verschwindet: er kam nicht wieder hervor. Konsterniert nahm man zur Kenntnis und erzählte sich schaudernd weiter, er sei betrunken gewesen und habe am Vorabend zusammen mit seinen Abiturienten das Bestehen ihrer Prüfung in einem..., in einer... nun, also mit Damen..., wie soll man sagen? Kurz: er sei am Vorabend im betrunkenen Zustand zusammen mit seinen Schülern in einem Etablissement der Stadt gesehen worden.

Hierbei handelte es sich allerdings nur um Prämissen, um vorbereitende Manöver: die Beziehungen, die Sartre fünf Jahre lang zur Stadt Le Havre unterhielt, waren affektgeladen, dumpf, heftig und sinnlich. Und die anständigen Schülereltern sollten noch zahlreiche weitere Gelegenheiten zu entsetzten Worten bekommen. Zwischen Sartre und Le Havre spielte sich ein Duell ab, das abwechselnd faszinierend und schauderhaft, deprimierend und romantisch, peinlich und zauberhaft war. Keine andere Stadt der französischen Provinz weist eine so brutale und eindeutige gesellschaftliche und klassenmäßige Topographie auf – beinahe bilderbuchhaft. Unten am Hafen, in der Nähe des Bahnhofs die heißen Straßen, die armen Stadtteile, die Werften. Auf dem Felsen über der Stadt Sainte-Adresse und die Côte Félix-Faure, stattliche bürgerliche Villen mit Meeresblick, englischem Rasen, Kindermädchen und artigen Kindern. In Sartres Unterrichtsklassen vermischten sich jedes Jahr Hafenarbeiterkinder und Reedersöhne: Die Großbourgeoisie von Le Havre setzte sich in den dreißiger Jahren nach wie vor aus den Nachkömmlingen der Protestanten zusammen, die im 19. Jahrhundert aus dem Elsaß und der Schweiz gekommen waren: von der industriellen Entwicklung der großen Häfen angelockt, hatten sie sich mit Erfolg im Zucker-, Kaffee-, Baumwoll- und Gewürzhandel betätigt und waren dabei reich geworden. Sie besaßen Häuser mit drei oder vier Stockwerken, beschäftigten manchmal bis zu sechs Angestellte und fuhren mit Kutsche oder Pferdedroschke herunter zum Bahnhof. Sartre fand sofort sein Lager: das der armen Stadtteile und der Hafenarbeiterkinder. So entschied er sich für ein denkbar dreckiges, schäbiges, düsteres Hotel mit dem hübschen Namen *Hôtel Printania*.

Ein erster Versuch hatte ihn allerdings auf den Boulevard François I. zu einer Vermieterin geführt, die einem Freund bekannt war. «Ich habe in einem Winkel ein bürgerliches Haus gefunden, ich bin in ein bürgerliches Vestibül eingetreten, das in bürgerliche Finsternis getaucht war. Plötzlich ist mir (die Witwe Dufaux) erschienen... Für mich... ist sie typisch für eine Witwe und für menschliche Gemeinheit. Der Gedanke, bei (ihr) zu leben, hat mich die Flucht ergreifen lassen.»[2] Die Aversion saß zu tief, als daß ein einfacher Kompromiß möglich gewesen wäre. Weder Vermieterin noch bürgerliches Haus, sondern ein Hotel sollte es sein «neben dem Bahnhof, in dem Viertel von Le Havre, das ich so liebe», schreibt er am gleichen Tag. Eine windige, trostlose Ecke zwischen der menschenleeren Rue Charles-Lafitte – beinahe eine Sackgasse – und einer kleinen namenlosen Straße zwischen Bahnhof und Hafen: Im *Hôtel Printania* waren die Gäste vor allem Handelsvertreter und Durchreisende, die spät in der Nacht mit den letzten Zügen ankamen. Sartres «einäugiges Zimmer in einem einäugigen Hotel», wie einer seiner Schüler sagte, ging gleichzeitig auf den Rangierbahnhof mit grellfarbenen Glasdächern und das Elektrizitätswerk. Von den grau-grünen Schaltern und Transformatoren, die in einem Drähte- und Eisenwirrwarr die hohen roten Backsteinmauern zerschnitten, ging ein ständiges Summen aus, das man tagsüber und sogar nachts im Zimmer hörte, eine unruhige und emsige Anwesenheit. «Ein Höllenlärm», wird ein Schüler meinen. Aber so hatte sich Sartre entschieden: Als wäre er eine Küstenwache, würde er von seinem Zimmer aus die Sirenen und das Pfeifen der Züge hören. Von diesem Aufenthaltsort aus, von wo man genauso übers Meer wie übers Land aufbrechen konnte, würde er auf die Stadt Le Havre lauschen. Stets auf der Hut wie ein blinder Passagier, der bereit ist, jederzeit vom Trittbrett des fahrenden Zugs abzuspringen. «Alles, was Menschen nachts tun, höre ich», schrieb er damals. «Die ganze Straße geht durch mein Zimmer und rollt über mich hinweg.»[3]

Anfang der dreißiger Jahre wies dieser Stadtteil von Le Havre zwischen See- und Eisenbahnstation wie kein anderer die lebendigen Zeichen der Weltwirtschaftskrise auf. Sartre liebte diese Versprengten, die in den Cafés und den kleinen verwinkelten Kneipen am Hafen Zuflucht suchten, er wurde Fußgänger, streifte an blaugrünen, feuchten, feindseligen Winterabenden durch schwankende Menschen, er spazierte zwischen den Bassins am Handelshafen umher, wo sich Fisch-, Öl- und Teergeruch mit der Meeresluft vermischten, wo Staub und Kohlenasche herumfliegt, wo die Kipploren vorgefahren werden und die Hafenarbeiter mit einem Haken in der Hand auf das Ausrufen von Arbeit warten. Er gewöhnte sich an das ölige Pflaster, die grellen Lampen frühmorgens, das magische Licht nachts über dem Meer, an das Ballett der Kisten, die entladen, der Kräne, die bewegt, der Baumwollballen, die aufgehängt werden, an den Tanz des Hafens, die Arbeit auf der Werft, dieses heftige, rhythmische Hin und Her, die Bewegungen der Männer, der Maschinen, der Schlepper, Schleusen, Schiffe, Anker – an diesen Ort, der nach Ferne roch und an dem der Handel mit der ganzen Welt organisiert wurde. Eine Welt von seltsamen Piraten mit Ohrringen, die Papageien verkauften, von betrunkenen tätowierten Matrosen, Schlägereien und Bordellen, wie Francis Carcos Romane, Mac Orlans Lieder und Brassaïs Fotos sie erzählt haben. Sartre gefiel die Rue des Galions mit den Stundenhotels, die sich *L'Étoile Violette, La Lanterne Rouge* oder *La Java* nannten. Genauso gefielen ihm die schwermütigen Stimmen und pathetischen Texte der Lieder der Damia oder der Fréhel: «Dans les bas quartiers de la ville/Il est une rue sans nom» (In den Elendsquartieren der Stadt/Gibt es eine namenlose Straße), sang die erste. «Dans la tristesse et la nuit qui revient/Je reste seule isolée sans soutien» (In der wiederkehrenden Traurigkeit der Nacht/Bleibe ich allein, einsam und ohne Hilfe), antwortete die zweite. Hier in Le Havre nahm Sartre Alltagsgewohnheiten an, die er für immer behalten sollte; hier eignete er sich die öffentlichen Plätze an und machte aus dem Besuch von Hotels und Cafés eine notwendige Lebensregel, eine Ethik. Mittags ein Sauerkraut im *Guillaume Tell*: breite kleine Bänke mit abgewetztem rotem Samt, Grünpflanzen und Vergoldungen. Ein Becher von 35 Zentiliter für einen Franc fünfundzwanzig im *Café de la Grande Poste:* Mit Pfeife und Federhalter bewaffnet, arbeitete er ganze Stunden, beobachtete abwesend die Ein- und Ausgänge und wurde langsam einer der Bewohner jener bunten Fauna, die das Leben selbst war.

Die Gymnasiasten in Le Havre waren ihrerseits der Rede Sartres und seinem Lob des Films nicht verschlossen geblieben. Sie hatten sich den Mann um so eher gemerkt, als sich die Tageszeitung *Le Havre libre* schon seit geraumer Zeit zum Schutzengel der Jugend erklärt hatte und dabei insbesondere vor den Gefahren des Films warnte, der sie verdürbe und vom rechten Weg abbrächte. Sartres Rede kam also wie gerufen. «Eltern schrien über diese Rede auf», erzählt Jean Giustiniani, «ich selber war von dem, was er sagte, begeistert gewesen, es war alles sehr schlau... Als Sartre im darauffolgenden Oktober den Klassenraum betrat, wußten wir bereits: ‹Das ist ein Anarcho, der ist in Ordnung...›» Während seines gesamten Aufenthalts in Le Havre wird Sartre nur einen einzigen Unterrichtsraum haben, *seinen* Raum im ersten Stock gleich beim Eingang, isoliert im äußersten Winkel des linken Schulflügels gelegen. Ein sehr großzügiger Raum mit Stufen, einem riesigen Kohleofen im hinteren Teil und großen hellen Fenstern, die auf die Bäume und Reihenhäuser der menschenleeren Straßen gingen. «Wir sahen diesen kleinen Menschen ankommen», fährt Giustiniani fort, «die Hände in den Taschen, ohne Hut – was selten war –, Pfeife rauchend – was sehr ungewöhnlich war –, er setzte sich auf den Schreibtisch und begann sofort frei zu reden: so was hatten wir noch nie gesehen.» [4] Der Altersunterschied zwischen Sartre und seiner ersten Schülergeneration betrug acht, neun Jahre. Und es gab gleich Zeichen der Komplizenschaft. Beim Schulbeginn von 1935 «betrat er seinen Unterrichtsraum in einer Sportjacke mit schwarzem Hemd und ohne Schlips: wir begriffen sofort, daß er kein gewöhnlicher Lehrer sein würde...» Robert Marchandeau fügt hinzu: «Er war herzlich und unkonventionell, in Wirklichkeit unterrichtete er nicht, sondern er unterhielt sich mit jüngeren Freunden.» [5] Rebellion und Kompetenz, diese Mischung wirkte sofort anziehend!

Alle fünf Abiturientengenerationen, die Sartre als Lehrer hatten, berichten voller Sympathie von ihm – abgesehen von wenigen Zwischentönen, auf die wir später eingehen werden. Am meisten begeistert von allen ist vielleicht Jean Giustiniani, dessen soziale und berufliche Laufbahn derart stark von der Begegnung mit Sartre geprägt wurde, daß er beinahe ein Modell, ein Prototyp jenes entscheidenden, grundlegenden und unwiderruflichen Einflusses ist. «Giusti», der seinen Vater verloren hatte, lebte mit seiner Mutter, einer Näherin; seit er die Angewohnheit angenommen hatte, an Bord zu gehen und mit den ausländischen Matrosen zu reden, stets in Begleitung seines besten Freundes Morzadec, genannt «Morza», dessen Mutter Kneipenwirtin im Stadtteil Saint-François war, liebte er das Hafenleben; die beiden Jungen hatten in der besagten Spelunke Matrosen, Dirnen, Reisende vorbeiziehen sehen, dort lernten sie Englisch, dort lernten sie die Welt kennen. Beide wurden später, und zwar äußerst brillant, Agrégés in Englisch. «Ein kleiner Mann hat alles, was ich im Laufe meiner fleißigen Schuljahre gelernt hatte, in Frage gestellt. Jean-Paul Sartre wurde mein Lehrer, mein Lehrmeister», erzählt Giustiniani. «Ich scheue mich nicht, es zu sagen: Er hat mich zu dem gemacht, der ich bin...»

Pädagogische Prinzipien der Verantwortung und des «Weckens» noch vor der Zeit: Für damalige Verhältnisse neu, erhielt jede Woche ein Schüler das Wort und hielt ein Referat. Pädagogisches Prinzip der Achtung vor dem Schüler, was sofort sämtliche künstlichen Barrieren von Hierarchie und Autorität sprengte: «Die übrigen Lehrer hatten uns wie kleine Bengels behandelt, Sartre aber sprach uns als Erwachsene an, von gleich zu gleich, er zwang uns zum eigenständigen Denken, zur permanenten kritischen Reflexion, zur konstanten Infragestellung übernommener Ideen, zur exemplarischen intellektuellen Aufrichtigkeit» (Giustiniani). Eine große Premiere vom «alten Sartre» war auch seine ganz spezielle Auffassung von Disziplin, eine «dem Mai 68 vorweggenommene» Konzeption, wie sich Pierre Guitard ausdrückt, der das erläutert: «Während des Unterrichts durften wir rauchen und im Sommer Schlips und Jacke ablegen.»[6] René Picard erinnert sich an eine witzige Anekdote: Eines Tages kam er ohne Schlips mit dem Fahrrad zur Schule; der Schüler wurde vom Schulleiter erwischt, der ihm eine Standpauke wegen mangelnden Anstands halten wollte. Sartre, der vorbeikam, verteidigte ihn und antwortete ironisch: «Aber Herr Direktor, haben Sie jemals Charles Pélissier mit Schlips auf seinem Fahrrad gesehen?»[7] Schließlich praktizierte er eine Pädagogik, die sich stärker darum kümmerte, das Denken zu fördern, als mechanisch Wissen einzupauken. Logik und Psychologie waren die beiden Fächer, denen Sartre den größten Teil seines Unterrichts und seiner Darlegungen widmete. Er war begeistert, diesen wissensdurstigen Jungen, die die Philosophie entdeckten, seine jüngsten Kenntnisse über pathologische Psychologie vermitteln zu können; er erzählte ihnen zum Beispiel von den Besuchen im Sainte-Anne-Krankenhaus und sprach während der Pausen über seine Zeit auf der École normale supérieure. Was hingegen die Prüfungsfächer Moral und Metaphysik betraf, verwies Sartre seine Schüler auf ihre Bücher.

Der gegenseitige Austausch zwischen Sartre und seinen Schülern wird sich nicht auf die Unterrichtszeit beschränken, ganz im Gegenteil. Im *Guillaume Tell*, im *Café de la Grande Poste* trinken sie zusammen Limonade und Bier, spielen Tischtennis, Poker und debattieren unermüdlich; Sartre befragt sie zu ihren Vorlieben, zu ihrem Leben, neckt sie, erzählt von sich. Morza, Giusti und zwei, drei andere laden umgekehrt Sartre und zwei andere «sympathische» Profs zu den traditionellen Picknicks am Strand von Le Havre ein, sobald das Wetter im Mai, Juni milder wird. «Zunächst schwammen wir», erzählt Giustiniani, «Sartre schwamm mit großer Ausdauer, er war sehr zäh, dann aßen, tranken und sangen wir. Eines Abends hat uns Sartre sagenhafte Lieder vorgetragen, anzügliche Lieder, Operettenarien und auch Texte, die er selber geschrieben hatte. Wir blieben bis Mitternacht zusammen.» «Traîne tes couilles par terre/Prends ta pine à la main, mon copain / Nous partons en guerre / À la chasse aux putains...» (Laß deinen Sack hängen / Nimm deine Pfeife in die Hand, Freund / Jetzt gehen wir auf Jagd / Auf die Nuttenjagd), sang der Stimmungsmacher Sartre. «Er nahm uns die Scham», kommentiert fünfzig Jahre später Pierre Brument.[8] Außerdem sind da noch die Filmvorführungen im Kursaal der Rue de Paris. In diesen allerersten Anfängen des Tonfilms schrien und brüllten die Zuschauer, die sich von der Handlung regelrecht mitreißen ließen. Zusammen sahen sie sich beispielsweise *Le collier de la reine* an. Er war ihr großer Bruder, ihr Freund, Förderer, Lehrmeister und Vertrauter. Als drei seiner unkonventionellsten Kollegen, der Englischlehrer Isoré, der Sportlehrer Rasquin und der Französischlehrer Bonnafé ihn eines Tages einluden, mit ihnen zum Boxtraining in die Charles-Porta-Turnhalle zu gehen, wurde ein fester Brauch eingeführt. Sartre hatte seine Muskulatur auf der École normale alleine trainiert, er hatte sich Bodenturnen und Übungen am Stufenbarren beigebracht. In Le Havre steckte ihn die «Boxomanie» der dreißiger Jahre an: Le Person, aus Le Havre stammend, war französischer Meister im Schwergewicht, und zahlreiche junge Franzosen träumten davon, in seine Fußstapfen zu treten. Sartre schleppte, wie man sich denken kann, seine Schüler zur Charles-Porta-Turnhalle mit: «Ich brauche Sparringspartner.» Muskulös, robust, zäh, schnell und mit guter Kondition ausgestattet schwang Sartre die Fäuste mit seinen Schülern, zeigte vielen von ihnen den linken Uppercut, den rechten Haken, den Umgang mit Punchingball und Springseil. Bald hatte der Lehrer unter seinen Schülern ebenbürtige Gegner: Jünger und größer als er, hatten sie eine gefährliche Armlänge, vor allem Picard, der den kleinen Sartre um vierzig Zentimeter überragte.

Wie man sich denken kann, hatte Sartre in Le Havre nicht nur «groupies». Ziemlich perplex sahen Proviseur und Censeur, wie der große, ewig geöffnete Unterrichtsraum sich täglich ein Stück weiter zu einer linksradikalen Bastion innerhalb der Schule entwickelte, wo sämtliche geltenden Regeln, Traditionen und Sitten aufgehoben und ins Lager nutzloser, altmodischer und absurder Konventionen verwiesen wurden. Keine steife Disziplin, keine Anwesenheitskontrolle, keine regelmäßige Korrektur der Arbeiten, kein Prüfungs- und Notenritual, keine Konkurrenz, keine mechanische Wissensvermittlung – und trotzdem: Bewies Sartre nicht meisterhaft, daß er beim Abi ebenso erfolgreich – wenn nicht erfolgreicher – wie seine Kollegen war? Und damit verhöhnte er Jahrzehnte traditioneller Unterrichtsführung, wie wenn man ein Luftschloß wegpustet. Ließ er nicht außerdem noch wie durch einen Zauber die etablierten Grenzen zwischen Lehrern und Schülern, Schule und Alltag, Lehre der Philosophie und Lehre des Lebens verschwinden? Für die dreißiger Jahre war er mit dieser Art von Pädagogik ein Vorläufer. Nicht wenige waren schockiert.

Die Schulklassen des Gymnasiums von Le Havre spiegelten ziemlich genau die Soziologie der Stadt wider, denn abgesehen von den katholischen Bürgern, die ihre Kinder zur Institution Saint-Joseph schickten, begegneten sich im Lycée François I. die Kinder der «Côte» und die Kinder der unteren Stadt. Jacques-Laurent Bost – der Benjamin unter den Kindern von Pastor Charles Bost, der lange Zeit Anstaltsseelsorger gewesen war – wurde beim Schulanfang von 1935 Sartres Schüler und blieb ihm als Freund und Vertrauter sein ganzes Leben lang treu. Er beschreibt das seltsame gesellschaftliche Gefüge in Le Havre: «Bei den Pfadfindern habe ich erstmals den Unterschied zwischen den protestantischen Großbürgern und den anderen wahrgenommen; zwischen denen der Côte mit ihren Häusern, ihrer Dienerschaft, ihren Droschken und zum Beispiel mir und meiner Familie eines abgebrannten Pastors; bei den Pfadfindern habe ich auch diejenigen kennengelernt, die nach dem Grundschulzeugnis aufhörten und nicht mehr ins Gymnasium kamen.»[9] In Sartres Unterrichtsklassen gab es eine überwiegende Mehrheit von Bürgerkindern; einige berichten zu Hause von der Atmosphäre in der Klasse und vom Unterrichtsstil des Philosophieprofs, woraufhin sich einige entrüstete

Eltern beim Schulleiter beschweren: Diese Methoden, diese «Zigeunerart» werden ungern gesehen, und man flüstert gar, die Löcher in seinen Strümpfen seien dermaßen gewaltig, daß sie aus den Schuhen rausgucken! Einige Schüler werden trotz allem einen Weg zur üblichen Schülerprovokation finden, als würde sie dieses neue System verwirren. Zum Beispiel kam ein Schüler jeden Montagmorgen ganz systematisch mit zehn Minuten Verspätung an, legte seinen Schlapphut ab und unterbrach den Unterricht mit einem vermeintlich komischen «Guten Morgen, Monsieur Sartre». «Ein rechter Kretin», kommentiert Bost.

Möglicher Kristallisationspunkt für das unvermeidliche Zähneknirschen und Murren der Havresen war die Antipathie, die der aus Rouen stammende Kollege Sartres, Monsieur Troude, ihm gegenüber hegte. Das hätte niemanden weiter gestört, wenn besagter Kollege es nicht für angebracht gehalten hätte, sich an Sartres Schülern zu rächen, wenn er sie zum Jahresende für das Abitur prüfte. Geduldig vereitelte Sartre die Kriegslist, half seinen Schülern, übte mit ihnen am Vortag der Prüfung sogar Metaphysik – ein Fach, das Troude nie ausließ – und intervenierte persönlich zum Schutz seiner «Schäfchen». «Sartres durchdringende Intelligenz», erzählt Georges Le Sidaner, «und seine Entschlossenheit siegten restlos über die gallige Rankünе von Troude, der ihm nicht verzieh, für uns ein außergewöhnlicher Lehrer gewesen zu sein.» [10] Die Schulräte ihrerseits ließen sich nicht täuschen, sie bescheinigten ihm «Redefähigkeit», eine «beachtliche Unterrichtsführung» mit «bemerkenswerten, fundierten, sehr informierten Darlegungen», ein «entschiedenes und originelles Denken, dem die Schüler mit Freude folgen», «Eifer, Originalität, ungewöhnliche intellektuelle Schärfe, große Begabung, erstklassige Leistungen, die eine glänzende Karriere erwarten lassen». [11] Sartre selber dachte immer gerührt an seine ersten jugendlichen Schüler aus Le Havre zurück. Hier entstand die ihm eigene Komplizenschaft mit der Jugend, diesem Ferment von Leben, Revolte und Haß. Das Bündnis wird nie aufgekündigt werden: «Die Klassenbesten, die Allerbesten mochte ich nicht besonders», sagte er später, «aber ich interessierte mich für die Einfallsreichen. Sie waren oft ein bißchen verschieden von den Besten, sie fingen an nachzudenken.» [12] 1980 bestand die erste öffentliche Ehrung nach Sartres Tod darin, daß der

Gemeinderat die Rue Ancelot, die an seinem Unterrichtsraum im Gymnasium vorbeiführte, in Rue Jean-Paul Sartre umtaufte. Seitdem, behauptet der Schulleiter, würde das Straßenschild regelmäßig beschmiert werden.[13] Protestzwang?

Der Castor war für die Gymnasiasten von Le Havre ebenfalls zur geheimnisvollen anziehenden Person geworden. Sartre hatte zunächst erzählt, daß sie in Marseille, später in Rouen unterrichtete, und vor allem wußte man, daß er mittwochs nach dem Unterricht schnell wegrannte, um nicht den Zug nach Rouen zu verfehlen. Einige hatten sich übrigens einen Mittwoch ausgesucht, um zwischen zwei Knopflöchern seines Mantels ein Vorhängeschloß anzubringen, so daß er «Simone» an einem Wintertag nur mit Jacke besuchen konnte! Noch weitere Namen hatten die Schüler aus dem kleinen Kreis erfahren, den Sartre und der Castor sich im Lauf der Zeit aufgebaut hatten. Ein kleiner Kreis? Eher eine Art Bestiarium, denn die Kobra – alias der kleine Mann – und der Castor trafen abwechselnd Boubou und Baba, Lama und Lamate, Pelote und Mops, Bel Eute, Zuorre, Lapin, Grand Duc und Douairière. Jeweils Synonyme für Sartre und Simone de Beauvoir, Fernando und Stépha Gerassi, Maheu und seine Frau, Albert Morel und seine Schwester, die Frau von Pierre Guille, Marc Zuorro, Hélène de Beauvoir, Paul und Henriette Nizan. Die lustige zoologische Kleinwelt weist viele Spuren der École-normale-Zeit auf, bedeutet aber vor allem Festigung des Vertrautenkreises. Man erinnert sich an Sartres Freundschaft zu Madame Morel, Mutter seines Nachhilfeschülers, genannt «Cette Dame». Der Castor wird in die Morel-Sippe aufgenommen und in deren Wohnung am Boulevard Raspail oder in die Häuser in La Pouëze am Loire-Ufer und in Juan-les-Pins am Mittelmeer eingeladen werden. Ein kleines, langsam gewobenes Netz, das von den Freundschaften aus der École-normale-Zeit ausging und sich durch personelle Fluktuationen und geographische Veränderungen hindurch herausbildete; der Castor hatte sich darin integriert und die eigenen Freunde, die Gérassis, ihrerseits eingeführt. Allmählich werden auch die befreundeten Schüler in den mehr oder weniger intimen Kreisen rund um das Netz auftauchen, einige werden für immer dort bleiben, andere nur vorübergehend.

«... Wir (gaben) unserer Beziehung, noch ehe wir ihren Charakter bestimmt hatten, einen Namen...: ‹Eine morganatische Ehe›. Als Paar verfügten wir über ein Doppelleben. Gewöhnlich waren wir M. und Mme. M. Organatique, ein Beamtenpaar, nicht reich, ohne Ehrgeiz und mit wenigem zufrieden. Dann und wann... gingen (wir) in ein Kino an den Champs-Élysées oder zum Tanzen ins ‹Coupole›, und dann waren wir die amerikanischen Milliardäre Mr. und Mrs. Morgan Hattick.» [14] In ihrem Memoirenband *La force de l'âge* hat Simone de Beauvoir bekanntlich von ihren gemeinsamen Erlebnissen in der Zeit zwischen den Kriegen berichtet; detailliert hat sie ihre Reisen, ihre Lektüren, ihre Begegnungen nachgezeichnet und eine «wir»-Form benutzt, die aus den beiden Individuen ein unzertrennliches siamesisches Wesen macht. Obwohl der von Sartre durchgesetzte «Pakt», der «Zwei-Jahres-Vertrag», zunächst beinahe als Witz gemeint war. Dieses Paar wird für zahllose Generationen ein alternatives Modell, einen Traum dauerhafter Komplizenschaft, einen unglaublichen Erfolg darstellen, da ihm offenbar die Vereinbarung von Unvereinbarem gelungen ist: Beide Partner blieben frei, gleichberechtigt, und das ohne jede Lüge. Wie entstand dieses außergewöhnliche Paar? Wie festigte es sich? Wie sah sein Weg aus? Jenseits aller Modelle gelangen dem kleinen Mann und dem Castor, ohne eine Ehe einzugehen, die Verwirklichung einer Kommunikation und eines Dialogs von Gleichberechtigten, die offensichtlich lange andauerten. Gelungen ist es ihnen, aber um welchen Preis? Sie nahmen Menschen in ihr Verhältnis auf, aber mit welchem Status? Sie wiesen andere zurück, aber mit welchem Schaden? Als Simone de Beauvoir den Freiheitspakt akzeptierte, ihre eigene Autonomie entwickelte und die von Sartre respektierte, ließ sie ihn in die Falle seiner eigenen Ansprüche tappen. Nunmehr zusammen entwickelten sie gemeinsame Vorlieben, gemeinsame Abneigungen und allmählich eine wirkliche antikonventionelle Gegenkultur des Alltags: Provokation, Haß gegenüber den «salauds» und Leben in Cafés. Seiner «kleinen Blume», seinem «süßen kleinen Castor» schrieb Sartre: «Sie machen mich ganz betrübt», «Das stimmt mich ganz poetisch», «Selten ist mir etwas so vergeblich und notwendig erschienen». Zusätzlich zu den zoologischen Spitznamen entsteht eine Gruppensprachregelung, die weitere geheime und phantastische Zeichen der Zugehörigkeit schaffen wird. Gemeinsam machten sie Jagd auf die Anekdote und liebten die Transparenz über alles: «(Meine) geringsten Gefühle, meine geringsten Gedanken (waren) von ihrer Entstehung an öffentlich», schrieb er 1939. «Bis zu diesem Krieg habe ich *öffentlich gelebt.*»[15] Gemeinsam entdeckten sie Céline, Faulkner und Kafka; gemeinsam besichtigten sie Neapel und Barcelona, London und Athen, Hamburg und Rabat; gemeinsam waren sie auf der Suche nach den neuesten Pariser Jazzkellern, gemeinsam tranken sie gern, schnell, bis zum Rausch. Äußerlich paßt das Paar schlecht zusammen: sie groß, er klein – genau wie Anne-Marie und Jean-Baptiste – sie von beeindruckender Schönheit, er eher häßlich, sollten sie unzertrennliche Gesprächspartner und engste Freunde werden. Er, großer Bruder und wie bei der mündlichen Prüfung ständige Stütze; sie Zuhörerin und Ratgeberin. Sie teilten Bücher, Pläne, Freunde, Geld und gaben gemeinsam auf einer Reise die Summe aus, die er von seiner Großmutter mütterlicherseits geerbt hatte. Zwei Intellektuelle, die sich nicht in die verhaßte Gesellschaft integrieren wollen und Bräuche, Normen, Kodes und neue Modelle erfinden, die später Nachahmer haben werden. Zum jetzigen Zeitpunkt aber sind sie lediglich zwei Philosophielehrer, die die französische Provinz heftig und ihre Kollegen nicht wenig verabscheuen, die in Hotels oder Cafés leben und sich seltsamerweise siezen.

Unterdessen schrieb Sartre weiter, im Café oder im Saal der Stadtbücherei. 1930 bot Nizan sein Manuskript *Légende de la vérité* Jacques Robertfrance, dem Leiter der Éditions Rieder, an. Abgelehnt. Ungefähr zur gleichen Zeit schlug Malraux, wieder über Nizan, seinen Roman *Une défaite* bei Gallimard vor. Abgelehnt. Ein Auszug aus *Légende de la vérité* wurde in einer Ausgabe der Zeitschrift *Bifur* veröffentlicht, Nizan hatte ein Vorwort dazu geschrieben, durch das die gesamte Argumentation des Textes jedoch entstellt wurde. Während seines Wehrdiensts setzte Sartre seine Überlegungen und Recherchen fort und begann eine lange Arbeit über die Kontingenz, um die Gedanken weiterzuführen, die er 1928 in dem Gespräch mit *Les Nouvelles littéraires* geäußert hatte. Von vornherein polemisch entschied er sich für eine – was wesentlich ist – zugleich didaktische und seriöse, aus dem 17. und 18. Jahrhundert übernommene Form: das «factum». In Anlehung an Voltaire, Beaumarchais und Furetière teilte er Nizans Angewohnheit, jede etwas aggressivere Analyse als «factum» zu bezeichnen. Seit den Jahren des Wehrdiensts arbeitete er also an diesem «factum über die Kontingenz»: das Unternehmen wird, wir werden es sehen, langwierig und schwierig sein.

«Ich stelle mir den Ruhm wie einen Ballsaal voller befrackter Herren und dekolletierter Damen vor», hatte er einmal Simone Jollivet geschrieben, «die mir zu Ehren ihre Gläser erheben. Das ist sicherlich eine Bilderbuchvorstellung, aber ich habe dieses Bild seit meiner Kindheit in mir. Es lockt mich nicht, doch lockt mich der Ruhm...»[16] Er war damals einundzwanzig und sonnte sich in der Gewißheit der unmittelbar bevorstehenden Karriere eines berühmten Schriftstellers. «Wer mit achtundzwanzig nicht berühmt ist, muß endgültig auf dem Ruhm verzichten», schrieb er etwas später in seinen Notizheften auf. Ein Toepffer-Zitat, das er damals ohne weiteres für sich in Anspruch nahm, weit davon entfernt, sich vorzustellen, daß er selber weder mit Achtundzwanzig noch mit Dreißig, noch mit Zweiunddreißig «berühmt» sein würde... Daß er bei seiner ersten literarischen Veröffentlichung schon dreiunddreißig sein würde. Daß er ganz im Gegensatz zu seinen Annahmen Ruhm und Glanz erst nach dem Zweiten Weltkrieg, im Alter von vierzig Jahren, kennenlernen würde. In der Zwischenzeit war er seinen eigenen Prophezeiungen gemäß häufig nahe daran, auf Ruhm für immer zu verzichten; er erlebte Kränkungen, Verletzungen, Infragestellungen, Ablehnungen, Rückschläge, Ohrfeigen, Alpträume, die seinen Narzißmus in eine derart schlimme, tiefe und radikale Krise stürzten, daß jeder andere endgültig den Boden unter den Füßen verloren hätte. Daß er sich daraus durch Arbeit, Luzidität und die Kraft, Leiden und Niederlagen durchzustehen, befreite, grenzt an Wunder.

Während Sartre in Le Havre lebte, gingen seine Freunde Aron und Nizan ihren Weg: Ersterer folgte in Deutschland der Tradition eines Bouglé oder Durkheim; nach seiner Rückkehr sollte er seine Dissertation und seine ersten zwei Bücher veröffentlichen. Letzterer sollte sich, nachdem er der KPF in einer besonders sektiererischen Phase beigetreten war, zu einem denkbar radikalen und kompromißlosen Parteimitglied entwickeln. Als Aktivist sicherte er sich sehr schnell gleichzeitig einen Platz im Verlagswesen, im Journalismus und in der

Politik: er war Zeitschriftenherausgeber, Kandidat bei den Parlamentswahlen von 1932, Buchhändler in der Rue Lafayette und schließlich 1933 Parteifunktionär. Seine ersten beiden Pamphlete veröffentlichte er 1931 und 1932, seinen ersten Roman 1933. Das ganze Jahr 1934 verbrachte er in Moskau. Verglichen mit diesen zwei Lebenswegen könnte Sartres eigener fast verwundern. Ihre Mitschüler auf der École normale hatten nicht gewußt, wer von den beiden siegen würde, Nizan oder Sartre. Jetzt, 1933, stellte sich die Frage nicht einmal mehr. Während Aron französische Philosophie an der Kölner Universität lehrt und Nizan eine Wahlkampagne in Bourg-en-Bresse startet, durchlebt Sartre in Le Havre eine harte Bewährungsprobe für seinen Narzißmus und ist von seiner Zeit praktisch abgeschnitten. Das kleine Monster nach Art des Schweitzer-Hauses, der ungezogene und wissensbegierige Normalien hatte mit allem gerechnet außer mit Mißerfolg. Überzeugt von seinem Genie, seinem Ruhm, seiner Biographie und seinem Talent hatte sich der junge Sartre für den «jungen Sartre» gehalten und in der süßen Vorahnung eines künftigen Schriftstellerdaseins gebadet. Er hatte sich an romanhaften Lebensentwürfen von Goethe bis Shelley, von Nietzsche bis Byron berauscht, sich grandiosen Plänen, wunderbaren Mutmaßungen, raffinierten und endlosen Versuchungen hingegeben, sich das Leben der großen Männer der Geschichte schlicht angeeignet, er hatte sich privilegiert und begünstigt gesehen, in den Kulissen ihre glänzenden Kostüme anzuprobieren, und er allein war zu jener absoluten Freiheit erkoren, als Ebenbürtiger an ihren Diskussionen teilzunehmen und als einziger Gleichberechtigter in jener geschlossenen vornehmen Elite der Schriftsteller voll akzeptiert zu werden.

Womit der junge Sartre überhaupt nicht gerechnet hatte? Daß dieses Gerüst eines vorgefertigten Lebens leer bliebe, daß die biographische Illusion erbärmlich in sich zusammenfiele, weil seine ersten Manuskripte durch die Verlage systematisch abgelehnt und mit negativen Beurteilungen zurückgeschickt wurden; kurz, der erträumte mühelose Zutritt zur literarischen Welt wurde ihm offiziell verwehrt. Als Kind hatte er nie den geringsten Zweifel daran gehabt, daß Schreiben und Berühmtwerden ein und dasselbe wäre. Anne-Marie hatte immer alles abgeschrieben, immer Beifall geklatscht; später hatten die Freunde ihn bewundert, manchmal auch belächelt. Doch nie und nimmer hatte sich der kleinste Riß in seine Gleichung Schreiben = Ruhm eingeschlichen. Für Unwahrscheinliches, Unerwartetes, für die Außenwelt war kein Platz vorgesehen gewesen. Der Vertrag zwischen ihm und der Welt war von Anfang an besiegelt worden, jede Beeinflußung von außen ausgeschlossen. Daß Sartre mit fünfundzwanzig berühmt sein würde, war eine abgemachte Sache in diesem außergewöhnlichen Pakt, und das Schreiben das Mittel dazu. Als ihm allmählich bewußt wurde, daß er sich geirrt hatte, setzte er sich wieder fest in den Sattel: Er hatte mehr als nur eine Karte. Er hatte sich also getäuscht? Er steckte die abgelehnten Manuskripte wieder ein und forschte weiter, selbstbewußt, entschlossen und resolut. Sein berühmtes «factum über die Kontingenz» begleitete ihn in diesen Jahren überall: Mit drei nacheinander völlig umgeschriebenen Fassungen, vier kritisierten Titeln, mehreren Lektoren, zahlreichen Auslassungen und Anregungen im Verlauf von Reisen und Begegnungen wird sich das Manuskript schließlich sämtliche Erfahrungen Sartres zunutze machen, ehe es nach einer endlosen Tunnelfahrt im Frühjahr 1938 unter dem Titel *La nausée* das Licht erblickt.

Offenbar 1926 – so entsinnt sich Raymond Aron – hatte Sartre erstmals seine Gedanken zur Kontingenz entwickelt, als er sich während der Léon-Brunschvicg-Vorlesungen mit Nietzsches Philosophie beschäftigte.[17] Dann hatte er den Begriff in seinem Artikel über den Film zu illustrieren versucht. Danach begann er über seine Vorstellung des «einsamen Menschen» nachzudenken und seine ersten Texte zu entwerfen, darunter *Légende de la vérité*, wo er mit Schweitzer und Mancy abrechnet: mit seinem Großvater, indem er die idealistische Philosophie verurteilt, und mit seinem Stiefvater, indem er die wissenschaftliche Erkenntnis kritisiert. Die Wehrdienstzeit hatte ihn Bescheidenheit gelehrt, seine Le-Havre-Erfahrungen hatten ihn in seinem Verständnis des einsamen Menschen bestärkt, so daß sich seine Überlegungen zur Kontingenz nunmehr in einem neuen empirischen Kontext entwickelten. Von der ersten Fassung an bot sich das Manuskript, das *La nausée* werden wollte, in Form eines Tagebuchs des Antoine Roquentin dar, der einsam in Bouville lebt und dort Nachforschungen über einen Gelehrten des 18. Jahrhunderts, Adhémar Marquis de Rollebon, anstellt.

«Ich aber lebe allein, vollständig allein. Ich spreche mit niemandem, niemals; ich bekomme nichts, ich gebe nichts. Der Autodidakt zählt nicht. Da ist zwar Françoise, die Wirtin vom Rendezvous des Cheminots.»[18] Kein anderes Manuskript wird Sartre solche Geburtswehen kosten wie *La nausée*. Die spärlich bevölkerte Welt von Bouville, der Sonntagsspaziergang in einer Provinzstadt, die nächtlichen Geräusche der Küchenmädchen, die durch die Wände eines schäbigen Hotelzimmers dringen, und Roquentin, der seine Existenz mit sich schleppt wie ein träge vorbeiziehender Kahn, ein Fremder, ein Voyeur, der die verborgene Welt einer unvergleichlich maskierten Gesellschaft, der Provinzgesellschaft, aufspürt. Nacheinander empfindet er «eine Art süßliche Übelkeit», «eine Art Ekel», Distanz und Nähe bei Dingen und Menschen. Er sehnt sich nach Reinheit – «weder Blut noch Lymphe, noch Fleisch haben» –; nach Freiheit – «Ich weiß nicht, warum es heute morgen diese prächtige und bittere Freiheit ist, auf die ich wieder stoße» –; nach äußerster Luzidität – «Aber ich kann das, was ich sehe, nicht mehr erklären. Niemandem» –; er fühlt einen beginnenden Rausch – «Das ist es: Ich gleite sachte auf dem Grund des Wassers, in die Angst» –; schwindelerregende Einsamkeit – «Ich blieb ganz nah an den Menschen, an der Oberfläche der Einsamkeit, entschlossen, im Notfall zu ihnen zu flüchten» –; heftigen Haß – «Ich fragte mich für einen Augenblick, ob ich die Menschen nicht lieben könnte. Aber schließlich war es ihr Sonntag und nicht meiner... Aber für mich gibt es weder Montag noch Sonntag». Bis zum Rausch führt er Experimente der Aneignung, Einverleibung und Verinnerlichung durch: die Kastanienbaumwurzel, das Glas Bier, der flache und glatte Kiesel, eine Menschenhand. Von einer schlaflosen Nacht in seinem Hotelzimmer geht er über zu einer langweiligen und überflüssigen Kopulation mit der Wirtin; von einem grauen Nachmittag in der Stadtbücherei zu einem ontologischen Experiment auf der Bank einer öffentlichen Parkanlage: «Was habe ich zu verlieren: keine Frau, keine Kinder, kein besonderer Auftrag auf dieser Welt. Ich bin weder ein Chef noch ein Verantwortlicher, noch irgendein anderes Arschloch.»[19]

Die erste Version des «factums über die Kontingenz» machte sich bereits sämtliche Erfahrungen aus Le Havre ausgezeichnet zunutze und verknüpfte die Themen, die sich in der zweiten und dritten Version entwickeln und behaupten würden: der «Schein» als die Kategorie *par excellence* des bürgerlichen Denkens und der «salauds», die Kritik am Humanismus – meisterhafte und unvergeßliche Zeilen –, die Reduktion des Gedächtnisses auf eine wahre Fiktion, das Abenteuer als Illusion und schließlich und vor allem die Erfahrung der Existenz und der Kontingenz in einer Grenzsituation, kurz vor der Katastrophe von Hyperluzidität und Wahn. Durch ihr eigenes Zeugnis kennen wir Simone de Beauvoirs wesentliche Rolle beim allmählichen Entstehen des Manuskripts; insbesondere ist sie diejenige gewesen, die von der ersten Fassung an das Gezierte eines noch stark dem 19. Jahrhundert verhafteten Stils spürt, die sich gegen zu flache Darlegungen zur Kontingenz sträubt, die den Vorschlag einer dramatischen Handlung macht. Denn seit sie 1929 in Sartres Leben eingetreten ist, ist sie seine Gesprächspartnerin, seine Kritikerin und sein Realitätsprinzip geworden; sie hat, symbolisch versteht sich, Aron in der Rolle des realistischen Beraters, die er auf der École normale gespielt hatte, abgelöst. Natürlich wird sie es auch wieder sein, die bei der gemeinsamen Entdeckung der neuen Stimmen in der zeitgenössischen Literatur der bevorzugte Zeuge ist, mit dem er diskutiert, vergleicht, analysiert und sich begeistert. Weitere Faktoren beim Entstehen von *La nausée* sind: Céline, Kafka, Queneau. Das Manuskript wird wellenweise unterschiedliche Einflüsse erfahren: den des frechen, beißenden, schneidenden Stils aus Célines *Voyage au bout de la nuit*, das 1932 erscheint und von der Kritik bis hin zum Kommunisten Nizan einstimmig gefeiert wird, ehe es durch das nicht minder kommunistische Paar Aragon-Triolet ins Russische übersetzt wird. Den der Novellen von Kafka, wie *Der Bau* oder *Die Verwandlung*, die man damals in Frankreich zu übersetzen begann; schließlich den Einfluß des gebürtigen Havresen Queneau, der in *Le Chiendent* eine allzu konventionelle Sprache durcheinanderbrachte, wenn er bitter, ironisch und immer brillant vom Alltag der Vororte, der Cafés, der Bahnabteile erzählte oder auch das Schauderliche einer um ein schäumendes Bier an der Theke kreisenden Fliege beschrieb.

Mit dem ganzen Spürsinn und der ganzen Genauigkeit ihrer Intelligenz versah Simone de Beauvoir das Manuskript mit ihren Anmerkungen und verfolgte Schritt für Schritt die von ihr empfohlene Entwicklung der dramatischen Handlung, den Aufbau des Romans und das Entstauben des Stils. Sie äußerte sich zu den beiden Nebenfiguren, Roquentins Komparsen: zu Ogier P., genannt der Autodidakt, und zu Anny, an deren Auftauchen in Roquentins Mondlandschaft sie beteiligt war. Vor allem wird sie die bevorzugte Zeugin für Sartres allererste Verwandlungen des Realen in die Form des Romans sein. Gestützt auf die Liebeserfahrungen mit Simone Jollivet beschrieb er nämlich die frustrierenden, erstickenden Wortwechsel zwischen Roquentin und Anny, jene unglaublichen Tiraden über die «vollkommenen Momente». Mit Anny, der einzigen weiblichen Figur von Bedeutung in seinem ersten Roman, überreichte Sartre der kaum engagierten Schauspielerin Simone Jollivet ein Geschenk, prächtig wie alle Geschenke, die er Frauen machen wird. Es war sogar ein zweifaches Geschenk, denn er gab ihr auch den Vornamen von Annie Lannes, seiner Kusine und Doppelgängerin, die auch Simones Freundin gewesen war, ehe sie starb; anläßlich von Annie Lannes' Beerdigung in Thiviers, wir erinnern uns, hatten sich Sartre und Simone getroffen, und letztere hatte gewissermaßen die affektive Nachfolge angetreten hatte. Sartre vermengte beide mit Scheu und Leidenschaft zu dieser ersten Frauenfigur, in der sie für immer miteinander verbunden wurden und die kleine, mit zwanzig Jahren verstorbene «Ninie» eine Art ewiges Leben erhielt.

Durch das Manuskript entdeckte Simone de Beauvoir auch, welche Rolle Sartre der Erkenntnis und dem Abenteuer als den beiden privilegierten Wegen zur Aneignung der Welt zuschrieb. «Jede meiner Theorien war ein Akt der Eroberung und der Besitznahme», schrieb er 1939. «Ich glaube, wenn ich sie alle nebeneinanderstellen würde, hätte ich schließlich ganz allein die Welt erobert.» Für den Philosophen Jean-Paul, Sohn des Abenteurers Jean-Baptiste, wird allein über die Erkenntnis die Welt entdeckt, erobert und angeeignet. Hatte sich Sartre nicht unmittelbar nach der Agrégation eine Stelle im Ausland gewünscht? Man hatte ihm Japan vorgeschlagen, doch ein anderer war ihm zuvorgekommen. Hatte er damals nicht auch dem Castor sein Fernweh, seine Träume von großen Reisen anvertraut? In «Konstantinopel», schrieb sie, «würde er mit Hafenarbeitern fraternisieren; in den verrufenen Vierteln sich mit Zuhältern betrinken; er würde den ganzen Erdkreis durchwandern, und weder die Parias Indiens noch die Popen vom Berg Athos, noch die Neufundlandfischer sollten Geheimnisse vor ihm haben.»[20] Den Posten in Japan erhielt er nicht, er kam nach Le Havre. Im darauffolgenden Jahr bemühte er sich, wieder wegzukommen, bewarb sich um eine Stelle in Marokko, erhielt sie aber nicht und blieb in Le Havre. Allerdings werden Sartre und Simone de Beauvoir wie alle Lehrer in allen Schulferien, Weihnachten, Ostern, drei Monate im Sommer, verreisen, doch immer im vernünftigen Rahmen der europäischen Grenzen: Spanien, Italien, Großbritannien, Norwegen, Belgien, Griechenland und, als einziger Abstecher nach Nordafrika, Marokko. Der große Arbeiter aber blieb gegenüber Reisen wie gegenüber der Geschichte oder auch gegenüber der Politik resistent: Kaum fand er dort die Möglichkeit, sich zu entspannen. Vielmehr nahm er seine Obsessionen, seine Notizhefte mit, hielt gelegentlich eine Atmosphäre, eine Idee, einen Text fest, in denen er eine punktuelle Verwandtschaft und Gemeinsamkeit mit seiner Niedergeschlagenheit erkannte, und spürte unterschiedlichstes Material auf, das er in sein factum einarbeiten könnte.

«Plötzlich war die Idee des Reisens oder genauer des Abenteuers in mir aufgekommen und hatte sich gebieterisch festgesetzt», schreibt Antoine Roquentin in einer in der endgültigen Fassung von *La nausée* gestrichenen Passage seines Tagebuchs. «Manchmal machte ich halt, zählte an meinen Fingern die Länder und Städte ab, die ich gesehen hatte: es war nicht genug, es war nie genug. Und ich fuhr wieder weiter... Ich bin nach Japan gefahren. Ich bin ein Jahr in Tokio und in Osaka geblieben, ich habe ein bißchen gespart, dann bin ich in Java, Shanghai, in Indochina herumgezogen. Meine letzten Verbindungen mit Frankreich waren abgerissen: ich hatte in Tokio, bei der Rückkehr von einer Exkursion nach Korea, von Vélines Tod erfahren. Ich war wirklich allein auf der Welt: von meiner Familie durfte wohl nur einer meiner Cousins im Périgord übrig sein, ein Roquantin mit ‹a›.»[21] Spuren von Jean-Baptiste, Spuren von Thiviers. Jean-Baptistes Sohn schickte seinen ersten Helden als Ersatzabenteurer auf Jean-Baptistes Spuren und jene Reisen, die er selber nicht machen würde. Jean-Baptistes Sohn lernte dabei fern von jedem Kult der Exotik etwas kennen, was zum größten Nutzen ferner Reisen gehört: die radikale Entwurzelung, den – illusorischen? – Bruch mit Vergangenem, Familie, Herkunftsland. Ansonsten scheint das Thiviers von

Jean-Baptiste und Annie überall in *La nausée* herumzuspuken, vor allem wenn er haßerfüllt ausruft: «Sie, Ducoton, Präfekt, Impétraz, Akademieinspektor, Bourgadié, Straßenbauingenieur..., mächtig durch eure Tugenden, die Achtung der ordentlichen Leute und der Gemeinplätze, das Sparen, die guten Manieren; und ihr anderen, weniger bedeutenden Genies, deren Namen man auf Schildern an den Straßenecken liest... Stadträte, Ärzte, Ökonomen..., Ihr alle..., die ihr über Bouville herrscht, vergeblich seid ihr hinter mir her, ich fürchte eure Verhexungen nicht...»[22]

Aprikosencocktail oder einfaches Bier? Die Legende zögert noch, welche Art Getränk am begnadeten Tag dabei war, als der vorübergehend in Paris anwesende Aron sich mit Sartre und Simone de Beauvoir traf und ihnen seine letzten philosophischen Entdeckungen darlegte. Simone de Beauvoir behauptet ganz entschieden, Aprikosencocktail; Raymond Aron seinerseits schwört, es sei nur ein Glas Bier gewesen. Soweit ich weiß, hat sich Sartre zur Frage des Getränks nicht geäußert: die Angelegenheit bleibt also unentschieden. Als Aron Anfang 1933 dieses Treffen im Café vorschlug, rechneten natürlich alle drei mit einem interessanten Austausch über ihre letzten Lektüren, ihre jüngsten Arbeiten, sie in Frankreich, er in Deutschland, doch keiner hatte vermutet, daß an diesem Tag mehr passieren würde. Es wurde mehr als nur ein einfaches Treffen. Sartre sprach von seinem «factum über die Kontingenz», Aron von seinem Studium der deutschen Philosophie; schließlich ereignete sich das Wunder, als Aron Sartres Intentionen begriff und eine Darlegung der Phänomenologie entwarf: Über dieses Glas und jenen Tisch redeten die Phänomenologen in philosophischen Begriffen... Mehr war gar nicht nötig, Sartre fühlte sich sofort vertraut; er kaufte das Buch, das Emmanuel Lévinas drei Jahre zuvor bei Alcan unter dem Titel *Théorie de l'intuition dans la phénoménologie de Husserl* veröffentlicht hatte. Ungeduldig und beinahe gierig blätterte er darin, auf jeder Seite hatte er den Eindruck, etwas Bekanntes wiederzuerkennen: offenbar beschäftigte sich Husserl mit dem Begriff der Kontingenz. So stieß Sartre auf Husserl. Bis 1939 wird er, was Philosophie betrifft, ausschließlich Husserl lesen. Noch einmal wird es eine hautnahe Auseinandersetzung, eine direkte Konfrontation sein. Sechs Jahre lang wird Sartre die *Cartesianischen Meditationen* und die *Ideen zu einer reinen Phänomenologie und phänomenologischen Philosophie** studieren; wie besessen stellt er sich diesen schwer lesbaren Texten, stürzt sich in Husserl hinein und läßt sich völlig von ihm überwältigen. Zur Vertiefung seiner Husserl-Kenntnisse bewirbt er sich 1932 als Nachfolger von Aron beim Institut Français in Berlin für ein Forschungsjahr: «Allgemeine Beziehungen zwischen dem Psychischen und dem Physiologischen» gab er auf seinem Stipendienantrag an. Die Bedingungen waren gut: Er würde sein Lehrergehalt behalten, und Aron würde ihn in Le Havre vertreten.

Begeistertes Kennenlernen Husserls. Der Gymnasiallehrer aus Le Havre entdeckte den deutschen jüdischen Philosophen, der 1883 an der Wiener Universität in Mathematik promoviert und durch Brentano die Philosophie entdeckt hatte; nach ersten Arbeiten über mathematische Logik hatte er seine Philosophie in Vorlesungen an der Göttinger und Freiburger Universität entwickelt; von 1916 an hatte er Schüler zunächst in Deutschland, dann in Frankreich, und schließlich sollte sein Denken die Philosophie des 20. Jahrhunderts revolutionieren.

Daß Sartre sofort von Husserl eingenommen ist, liegt vermutlich zum Teil an Descartes. Denn der Descartes der *Meditationes* fasziniert Husserl deshalb, weil er der Typus des «Helden selbst ist, der, nur auf die eigene Kraft vertrauend, sich auf die Suche nach einer primären Wahrheit macht und dazu zunächst mit dem methodischen und hyperbolischen Zweifel beginnen mußte: reinen Tisch mit den gefestigtsten Überzeugungen und dem etabliertesten Wissen machen.»[23] Man erinnert sich, welche Verachtung Sartre für seine Philosophielehrer an der École normale hegte und welche Sympathie für berühmte Männer, mit denen ihn über das Lesen eine Art Freundschaft verband: zum Beispiel Kant und vor allem Descartes, «ein explosiver Denker», sein «revolutionäres Denken», «die eleganten und weichen Gedanken», er «scheidet und schneidet».[24] Kartesianische Läuterung, ontologische Nüchternheit, Anspruch auf extreme Genauigkeit, Bankrotterklärung der spekulativen Philosophie, Philo-

* Husserl, *Ideen zu einer reinen Phänomenologie und phänomenologischen Philosophie*, 1. Buch 1913.

sophie als grundlegender Entwurf, «der sich aus sich selbst heraus begründet»:[25] In Husserls Phänomenologie entdeckte Sartre eine intellektuelle Verfahrensweise, die ihn in jeder Etappe, jeder Themenstellung und jeder Phase auf die eigene zurückverwies. Muß man sich dann nicht wundern, daß Sartre die Vortragsreihe, die Husserl 1929 an der Sorbonne hielt, nicht besuchte? Immerhin hatten die unter gemeinsamer Schirmherrschaft des Fachbereichs Germanistik und der Société française de philosophie organisierten Vorträge Jean Cavaillès und andere angezogen. Aber Sartre hatte damals genauso wenig Heidegger Aufmerksamkeit geschenkt, obwohl dessen Vorlesung *Was ist Metaphysik?* in derselben Ausgabe von *Bifur* wie der Auszug aus *Légende de la vérité* veröffentlicht worden war. Erst nachdem er seine eigenen Überlegungen zur Kontingenz begann, in Le Havre weiterentwickelte, prüfte und in der ersten Version seines «factums» illustrierte, wird Sartre Husserl, diesem Genie, seinem Lehrer, begegnen.[26] Er versank völlig in seinem philosophischen Entwurf und begleitete den «Descartes» des 20. Jahrhunderts» auf seinem Weg, überzeugt, sowohl die Wissenschaft wie auch das In-der Welt-sein zu erfassen und sich mit den revolutionärsten, zwingendsten und wesentlichsten Gedanken zu beschäftigen; mit Husserl entdeckt Sartre die Phänomenologie, die immer *die* Begegnung seines Lebens bleiben wird; nie wird er davon Abstand nehmen. Er ist auf das bedeutendste Denken des 20. Jahrhunderts und seinen privilegierten Autor gestoßen, dem er nun den größten Teil seiner Aktivitäten widmen wird.

«Husserl hatte mich gepackt», schrieb er später, «ich sah alles durch die Perspektive seiner Philosophie... Ich war ‹Husserlianer› und sollte es lange bleiben. Gleichzeitig hatte mich die Anstrengung zu *verstehen*, das heißt, meine persönlichen Vorurteile zu durchbrechen und die Ideen Husserls nach seinen eigenen Prinzipien und nicht nach meinen zu erfassen, für dieses Jahr philosophisch erschöpft... Ich brauchte vier Jahre, um Husserl auszuschöpfen.»[27] Die Tage in Berlin werden in der Tat äußerst anstrengend sein: Sartre unterwarf sich einem drakonischen Tagesablauf. Morgens Husserl lesen, nachmittags die zweite Fassung seines factums redigieren. Seine gesamte Energie und Aufmerksamkeit werden um so leidenschaftlicher und intensiver beansprucht, als er eine Kritik Husserls unternimmt, insbesondere seiner Widerlegungen des Solipsismus in den Abhandlungen *Formale Logik und transzendentale Logik* und *Cartesianische Meditationen*: «Die von uns vorgebrachte Konzeption des Ego scheint uns die Befreiung des transzendentalen Feldes und gleichzeitig dessen Reinigung zu realisieren», schreibt Sartre. «Das von jeder egologischen Struktur gereinigte transzendentale Feld erlangt seine anfängliche Klarheit wieder.»[28] Abstrakte Auseinandersetzungen, essentielle Auseinandersetzungen – der Philosoph Sartre bezieht Stellung zur Frage des Ego: «Für die meisten Philosophen ist das Ego ein ‹Bewohner› des Bewußtseins... Wir wollen hier zeigen, daß das Ego weder formal noch material *im* Bewußtsein ist: es ist außerhalb, *in der Welt*; es ist ein Sein der Welt, wie das Ego anderer.»[29] Rein formale Auseinandersetzungen? Sartre insistiert auf dieser punktuellen Widerlegung Husserls, die seiner Meinung nach die Phänomenologie vor dem Idealismus oder den Vorwürfen, eine «Zuflucht-Doktrin» zu sein, bewahrt: «Dieser Vorwurf», schreibt er abschließend, «scheint uns keine Seinsberechtigung mehr zu haben, wenn man aus dem ICH ein uneingeschränkt zugleich mit der Welt Existierendes macht, dessen Existenz die gleichen Wesensmerkmale wie die Welt hat.»[30] Und triumphierend fügt er hinzu: «... nichts (ist) ungerechter, als die Phänomenologen Idealisten zu nennen. Im Gegenteil, seit Jahrhunderten hat man in der Philosophie keine derart realistische Strömung mehr gespürt. Die Phänomenologen haben den Menschen wieder in die Welt eingetaucht, sie haben seinen Ängsten und seinen Leiden, auch seinen Revolten ihr ganzes Gewicht wiedergegeben... Mehr braucht man nicht, um eine absolut positive Moral und Politik philosophisch zu begründen.»[31]

Diese Überschreitung Husserls durch Sartre erschien unter dem Titel: *La transcendance de l'ego. Esquisse d'une description phénoménologique*; der Artikel wurde 1936 in der von Koyré, Puech und Spaier herausgegebenen Zeitschrift *Recherches philosophiques* veröffentlicht. Sartres Forschungen ordneten sich also in die französiche Phänomenologie-Strömung ein, sie standen neben einem Vorwort von Jean-Wahl für *Vers le concret*, neben übersetzten Artikeln von Heidegger, Conrad Martius, Oskar Becker und Karl Löwith, neben Essays von Gabriel Marcel zur «Phénoménologie de l'avoir» und den

«Esquisses phénoménologiques» von Minkowski.* Sartres Husserl-Kritik wird innerhalb der Phänomenologen Verteidigungsmechanismen auslösen, ob in Lateinamerika, Portugal, Israel und Schweden oder auch, natürlich, in Deutschland, England oder in den Vereinigten Staaten: spitze Polemiken, Auseinandersetzungen quer durch die verschiedenen Kontinente, eine lange Kette von Widerlegungen zwischen Eingeweihten, die sich von 1936 an ein halbes Jahrhundert lang hin und her stritten, ob nun die von Sartre aufgestellte Transzendenz des Ego ein «tiefer Irrtum» sei oder nicht.[32] Oder ob Sartre in diesem Punkt gegen Husserl recht habe.

Immer noch unter Husserls Einfluß setzte Sartre die eigenen philosophischen Forschungen nach seiner Rückkehr aus Deutschland fort. 1935 und 1936 verfaßte er *L'imagination* und *L'imaginaire*: «Ich... (versuchte) meine Ideen darzulegen und (begann) im Herbst 1937 ein dickes Buch..., *La psyché*»[33], schreibt er; er ließ es später fallen, und nur *Esquisse d'une théorie des émotions* wird davon übrigbleiben. Die dreißiger Jahre sind die große Periode des Entstehens und der Herausbildung des zentralen Sartre: des Philosophen. Er produziert, verfeinert und erprobt seine späteren intellektuellen Werkzeuge, er arbeitet die Begriffe, Kategorien und Argumentationen heraus, die das Fundament seiner Weltanschauung bleiben werden. Diese vermutlich unter den Schriftstellern seiner Zeit einzigartige Dimension darf nicht unterschätzt werden: Das Ziel einer sehr engen Verknüpfung zwischen Philosophie und Literatur, das Sartre sich von der École normale an gesetzt hatte, wird langsam Formen annehmen, wenn auch nicht in dem zeitlichen Ablauf, den sich Sartre selbst vorgestellt hat. Der Philosoph wird dem Romancier vorausgehen; die Begriffe den Fiktionen. Doch der Plan wird eingehalten, und die beiden Karrieren laufen parallel. «Die zeitgenössischen Schriftsteller», schreibt er 1939 über Faulkner in einem Brief an Paulhan, «hinken den Philosophen hinterher. Diese Zeitbegriffe sind nur die schriftstellerische Kehrseite der Theorien, die man bei Descartes und Hume finden kann. Ich glaube, es wäre interessanter, Heideggers Zeitbegriff in Romanform zu bringen, und das ist es, was ich für meinen Teil versuchen will.»[34] Den literarisch-philosophischen Dia-

* Hermann Minkowski, *Raum und Zeit* in: *Das Relativitätsprinzip*, 1908.

log wird er gemäß seiner eigenen Logik nicht ohne Mühe führen: Zerrissenheit, Spannungen und Notwendigkeiten werden ihn häufig zur Wahl zwingen, beispielsweise im Herbst 1937, als er in seine Philosophie vertieft war: «Ich schrieb vierhundert Seiten in drei Monaten voller Begeisterung, und dann hörte ich aus Vernunftgründen auf: ich wollte meinen Novellenband beenden. Ich war von meinen Forschungen noch so durchdrungen, daß mir meine literarische Arbeit über zwei Monate höchst unverbindlich vorkam.»[35] Später werden Sartres persönliche Intentionen übertroffen werden: Ehe er Schriftsteller ist, wird er als Philosoph existieren und Leser, Gesprächspartner und Förderer haben. Sein Doktorvater Delacroix wird bei ihm eine Arbeit für seine Reihe beim Alcan-Verlag bestellen, und Jean Wahl wird ihn 1940 dazu ermutigen, *L'imaginaire* zur Dissertation an der Sorbonne umzuarbeiten.

Literatur oder Philosophie? Literatur und Philosophie, denn in Le Havre setzte er seine Entdeckungen der zeitgenössischen Literatur fort und vor allem seine Interpretation ihrer jeweiligen Techniken, seine gründlichen Analysen aller damals vorherrschenden Mechanismen in der zeitgenössischen Fiktion. Einmal monatlich hält er in Le Havre, in der Salle de la Lyre, einen literarischen Vortrag: Diese abendliche Vortragsreihe, an der Liebhaber der Literatur teilnehmen, geht um sechs oder sieben Jahre seinen Artikeln zur Literaturkritik in der *Nouvelle Revue française* voraus, die ihm 1938 und 1939 ein gewisses Renommee einbringen werden. Ein interessantes Phänomen: in seinen Referaten in der Salle de la Lyre in Le Havre untersucht er bereits die gleichen Bereiche. In der Provinzstadt, wo solche Vorträge wie auch die behandelten Schriftsteller 1931–1932 noch ziemlich unbekannt waren, werden nacheinander Faulkner, Dos Passos, Virginia Woolf, Joyce, Huxley und die Technik des inneren Monologs mit bemerkenswerter Genauigkeit und Scharfsinnigkeit vorgestellt und analysiert. Bei einer seiner ersten «Plaudereien», wie er sie selbst nennt, zeigt er die Entwicklung der Technik des inneren Monologs auf, der 1887 in *Les lauriers sont coupés*, dem Roman von Édouard Dujardin, erstmals auftaucht: «Weshalb 1887?» fragt Sartre. «Weshalb nicht 1870 oder 1900?» Und er setzt das Auftauchen dieser Technik zur symbolistischen Bewegung und ihrem «Kult des Innenlebens», ihrer Entdeckung des Unbewußten in Beziehung – «das Unbewußte, diese unbekannte, unerforschte Welt, das Unbewußte, diese große Welle, von der das Bewußtsein nur der Schaum ist», behauptet er damals. Er wird auch den wagnerianischen Einfluß des totalen Kunstwerks unterstreichen und aufzeigen, wie «dieses aus einer eindeutig idealistischen Strömung entstandene Verfahren von den englischen Neorealisten übernommen wurde, sich verfeinert und bereichert hat... zunächst nur darauf beschränkt, uns ein Bewußtsein entdecken zu lassen, integriert es schließlich die gesamte Welt... und entspricht den Zwecken eines absoluten Realismus...»[36]

Diese für die Havresen vorbereiteten «literarischen Plaudereien» sind von erstaunlicher Sorgfalt und Vielfalt. Die unveröffentlichten Manuskripte – kleine immer wieder überarbeitete Blätter Papier – zeugen von einer noch stark akademischen Arbeitsweise, von Gelehrtenarbeit, kündigen aber zwischen den Zeilen bereits den werdenden Romanautor an. Diese Manuskripte waren das Hauptbegriffswerkzeug, das reflexive und theoretische Feld, die persönliche Forschung eines noch unbekannten Autors: Philosophie und spekulative Literaturkritik waren hier miteinander verbunden. Auch indem er schon Anfang der dreißiger Jahre noch vor ihren französischen Übersetzungen die Namen Schnitzler, Dos Passos und Faulkner vor einigen wenigen Zuhörern aus Le Havre erwähnte, war Sartre ein Neuerer.

Während sich allmählich die so komplexe Maschinerie des Sartreschen Denkens herausbildete, während sich die Erfahrungsschichten, Schreibsphären und Reflexionsebenen anhäuften, während er noch zwischen gleichermaßen notwendigen Begriffen, Gattungen und Richtungen schwankte, hatte der Mensch Sartre seinen Standort gewechselt. Er ließ die Cafés von Le Havre hinter sich und hatte neun Monate lang Gelegenheit, an verschiedenen Sorten dunklen Biers in den unwiderstehlichen Kneipen der Stadt Berlin Geschmack zu finden. Wie man sich denken kann, setzte er seine philosophischen Forschungen mit unverändertem Eifer fort, nun in der neuen Umgebung des Französischen Akademikerhauses in der Landhausstraße 14 im Berliner Stadtteil Wilmersdorf. Ein neuer geographischer Rahmen, ein neuer historischer Rahmen. Seine Schüler in Le Havre hatten beobachtet, wie er stundenlang im Café, in der

Stadtbücherei oder auch zwischen zwei Unterrichtsstunden ein Blatt Papier um das andere schwärzte; seine Berliner Kollegen werden verdutzt zusehen, wie er sich im Café, in der Bierkneipe oder auch in seinem Zimmer im ersten Stock seinen Forschungen hingab. Und die Bücherverbrennungen von 1933 wie auch die Reden von Papens an der Humboldt-Universität werden an dem Forschenden und seiner entstehenden Philosophie «wie Wasser von einer geölten Ente» abgleiten – wie das deutsche Sprichwort sagt.[37]

Zu Beginn dieser dreißiger Jahre gab es zahlreiche deutsch-französische Annäherungen. «Deutsch-französische Nachkriegsprobleme», «Dynamik und Status quo in Deutschland und in Frankreich» sind 1930–1931 modische Themen, über die auf Kolloquien und Diskussionen gestritten wird. Französische Intellektuelle wie André Chamson, Jean Guéhenno, Vladimir d'Ormesson oder der junge Raymond Aron tauschen sich über die «Dynamik» des deutschen Volkes aus und riskieren dabei ab und an Begriffe wie Angst und Flucht nach vorn. Annäherungen einer Nachkriegszeit in den äußerst zivilen, höflichen und gemessenen Formen einer Akademikerdebatte; vor allem aber wirkt die große deutsche kulturelle Tradition und die absolute Faszination fort, die sie auf die europäischen Intellektuellen ausübt. Seit Goethe, Schiller, Heine und Novalis hatte die deutsche Kultur nie versagt, und der preußische Staat war das gesamte 19. Jahrhundert über seinem Ruf treu geblieben. Für Sartre und Aron bedeutete ein Kulturaufenthalt jenseits des Rheins wie für Generationen vor ihnen eine notwendige Pilgerfahrt zum Fundament des europäischen Denkens und das Aufspüren ihrer Einflüsse und Neigungen an der Quelle selbst. Muß man an die elsässische Abstammung der Schweitzers, an die Zusammensetzung der Bibliothek des Großvaters erinnern oder auf die Thematik verweisen, die der Normalien Jean-Paul Sartre für seinen ersten Roman gewählt hatte? Sicher noch viel stärker als für Aron war die Reise nach Deutschland für ihn eine Evidenz und eine Notwendigkeit.

Das Französische Akademikerhaus in Berlin hatte an dieser kulturellen Tradition teil; seit es zwei Jahre zuvor eröffnet worden war, bemühte man sich, so etwas wie eine privilegierte Brücke zwischen jungen, hochbegabten Forschern, alles Agrégés und meist auch Normaliens, zu schaffen. Ein deutsches Pendant war in Paris vorgesehen; wegen der nationalsozialistischen Politik wurde das Projekt jedoch begraben. Als Sartre sich, ermuntert von Aron, für das Jahr 1933–1934 bewarb, erhielt er sofort einen positiven Bescheid. In der Wilmersdorfer Villa, die früher dem General von Kluck gehörte und in einer Wohnstraße der schwedischen Kirche gegenüberliegt, wird er im Herbst 1933 sehr entgegenkommend aufgenommen: Man gibt ihm ein großes Zimmer im ersten Stock mit wunderschönen Holztäfelungen und Balkon zum Garten hin, das den ganzen Charme eines ehemaligen Rauchsalons hat.[38] Er stößt auf eine etwas sonderbare Gemeinschaft, die ihn vage an seine Jahre auf der École normale erinnert: Da war eine von Henri Jourdan geleitete Gruppe gleichaltriger Lehrer, sowohl Geistes- wie Naturwissenschaftler, die sich zu Forschungszwecken dort aufhielt. In der Landhausstraße traf Sartre den zwei Jahre älteren Normalien und Germanisten Eugène Susini, einen offenen und herzlichen Gelehrten korsischer Abstammung, praktizierender Katholik, klein, untersetzt und mit krausem, kohlrabenschwarzem Haar. Ihm wird Sartre eines Tages anvertrauen: «Husserl – das ist meiner Meinung nach das Stärkste in der deutschen Philosophie nach Kant!»[39] Er lernte auch einen gewissen Klee kennen, einen riesigen Elsässer von über einem Meter neunzig Länge, der die Deutsch-Agrégation bestanden hatte und mit einer gewissen verächtlichen Steifheit offen rassistisch auftrat, mit kaum jemandem innerhalb des Hauses sympathisierte und Kontakten zu Deutschen sichtlich den Vorzug gab. Anwesend war ferner Jean Ehrard, ein ehemaliger Mitschüler des Jahrgangs 24, den Sartre offenbar ohne allzu große Begeisterung wiedertraf; dann ein weiterer ehemaliger Normalien und Mathematik-Agrégé, Jean-André Ville, zusammen mit seiner Frau – wir werden auf die beiden zurückkommen –, die Sartre die «Mondmenschen» taufte. Etwas deplaziert in diesem «Areopag von Normaliens» kam sich Henri Brunschwig vor, Agrégé in Geschichte, der zusammen mit Marc Bloch an der Straßburger Universität studiert hatte: Dieser Aufenthalt in Berlin hatte ihn nicht begeistert, er mochte die Deutschen nicht und nahm die schon unter der Weimarer Republik eindeutig spürbaren antisemitischen Tendenzen äußerst unwillig zur Kenntnis; dennoch wird er vier ganze Jahre in Berlin bleiben. Schließlich wohnte, ehe er ein Zimmer in der Stadt fand,

Pascal Copeau in der Landhausstraße, Sohn von Jacques – einem der Begründer der *Nouvelle Revue française* –, der gerade sein Politologiestudium abgeschlossen hatte und eine Journalistenlaufbahn als Korrespondent von *Le Petit Journal* und *Les Nouvelles littéraires* begann. Er ist derjenige, der auf Grund seiner Tätigkeit die politische Situation an Ort und Stelle am stärksten wahrnehmen wird.

«Eindeutige Niederlage», «Der Zauber ist gebrochen», «Die Anziehungskraft scheint weg zu sein», schrieb am Tag nach den deutschen Parlamentswahlen vom November 1932 der eigentlich kompetente französische Botschafter in Berlin, André François-Poncet. Der Germanist und ehemalige Journalist, der seinen Posten von 1931 bis 1938 innehatte, analysierte die Krisenperiode, die Deutschland erlebte, noch relativ optimistisch. Mit dieser Fehldiagnose, die den alles überrollenden Nationalsozialismus unterschätzte, war er nicht der einzige unter den französischen Beobachtern. «Hitlers Verschwinden von der politischen Bühne ist vorhersehbar», meinte *Le Populaire*. «Hitlers Stern sinkt... die höchste Macht wird er nicht bekommen», betonte *L'Écho de Paris*. «Hitler hat den Anschluß verpaßt», bekräftigte *Les Débats*. Alle diese aktuellen Einschätzungen wurden von erfahrenen Kommentatoren kurz vor den Wahlen am 30. Januar 1933 vorgenommen. War die französische Öffentlichkeit besorgt, als Hitler an diesem Datum offiziell und legal Kanzler des Dritten Reichs wurde? Offenbar wenig, denn die Zweifel blieben auch nach diesem Ereignis bestehen, und man zögerte weiterhin, wie dieses neue Phänomen einzuordnen sei. «Möglich ist, daß sich der neue Kanzler schnell verbraucht», schrieb *Le Temps*. Obwohl *Mein Kampf* schon 1925 veröffentlicht worden war und einem so erfahrenen Menschen wie dem Botschafter François-Poncet, der es im Original gelesen hatte, hätte beunruhigen müssen. Und doch sah sogar der «Experte des ewigen Deutschland», der François-Poncet war, dieser angesehene Germanist, den man beim gewohnten Spaziergang «im Tiergarten begrüßte» und dessen «bon mots» man sich überall weitererzählte, keinen Anlaß zur Sorge.[40]

«Für uns, die wir an große Straßendemonstrationen nicht gewöhnt waren, war das Gebotene feierlich und machtvoll... Eine ‹Clique› von Pfeifern und Trommlern, dirigiert von einem jugendlichen Vortrommler, skandierte einen Militärmarsch. Die rotweißen Fahnen mit dem Hakenkreuz wehten über unseren entblößten Köpfen. An die Fahnenstangen der Abteilungen, die bei den Unruhen Tote gehabt hatten, war ein Trauerflor gebunden. Als Goebbels mit seiner Rede zu Ende war, rief die Menge dreimal kurze Parolen... Die Völker, die sich nach Mystik sehnen, geben oft das furchtbarste Bild der Kollektivität ab.»[41] Pierre Mac Orlan, Sonderberichterstatter von *Paris-Soir* bei Hitlers Machtantritt, schickt zwar finstere Beschreibungen des Berliner Straßengeschehens nach Paris, jedoch ohne Alarm zu geben, ohne sich zu entschließen, den fahrenden Zug aufhalten zu wollen. Irgendwie, sagt man sich, ist das Ganze nicht ernst zu nehmen. Im übrigen interessiert sich Pierre Mac Orlan auch für das düstere Pittoreske der Stadt: «Von der ersten Berührung mit der Stadt Berlin an», schrieb er, «begreift man, daß hier das Elend lauert, das sich wie ein monströses, uniformes Tier verkrochen hat. Man merkt es aber nicht sofort, trotz der berühmten endlosen Friedrichstraße... Die Mulackstraße, zwei Schritte vom Alexanderplatz entfernt, ist eine Straße, wo das Elend herrscht, wie ein Modeschlager. Seine Vorbotinnen sind jene grauen Mädchen, die auf einen Kunden warten... Hier kann man die kriminelle deutsche Romantik in ihren wirklichen Farben ansiedeln.»[42] Sartre scheint dem Malerischen der Stadt gegenüber nicht unempfänglich gewesen zu sein. Als er im Herbst 1933 – neun Monate nach Hitlers Machtübernahme – nach Berlin kommt, war er nicht mehr und nicht weniger hellhörig als die anderen.

Hätte er wie Christopher Isherwood die schäbigen und schauerlichen Familienpensionen in der Wassertorstraße kennengelernt, hätte er wie Isherwood in der stattlichen Wohnung der Landauers am Tiergarten oder in ihrem Landhaus am Wannsee verkehrt, hätte er mit Natalja Landauer über Literatur oder mit ihrem Vetter Bernhardt über Philosophie debattiert, hätte er in der Intimität jener kultivierten, raffinierten jüdischen Großbürger gelebt, hätte er die Drohbriefe zu lesen bekommen, die sie tagtäglich erreichten, hätte er Enteignungen, Beschimpfungen und Pressionen verfolgt, dann hätte er wahrscheinlich das Wesen des damals schon überdeutlichen Nationalsozialismus durchschaut. «Berlin ist eine Stadt mit zwei Zentren», schreibt Isherwood in *Goodbye to Berlin*. Nahm Sartre den Glanz und die Dekadenz der Berliner Gesellschaft der dreißiger Jahre wahr?

Ihre Schmuckstücke und ihre Abgründe? Sah er dieses letzte Flakkern einer untergehenden Welt? Sah er die zerfressenen Kreuzberger Ecken und die Fäulnis hinter den bürgerlichen Fassaden der Budapester Straße, wo man noch allzu prunkvolle Abende gab? Sah er die aufblitzenden Zeichen dieser Verdammten, dieser schaurigen Akteure eines Schauspiels, das ihnen entglitt? Fand er in der heiseren Stimme Zarah Leanders die Spuren dieser bankrott gehenden Welt, deren Hysterie sie auf die Spitze trieb, wenn sie «*Irgendwo, irgendwann kommt die große Liebe an…*» sang? Gewiß, er war einer der Zuschauer dieser täglichen Szenen, aber die Kulissen blieben ihm verborgen. Wie die anderen blieb er ein beobachtender Antinazi, der seinen Beschäftigungen nachging.

Der auf Husserl versessene Sartre landete in einem französischen Mikrokosmos, der ihm vertraut war; wie zu den schönsten Zeiten in der Rue d'Ulm befand er sich wieder in einer organisierten Gruppe, in einer Art Familienpension mit geregeltem Einkommen, gesicherter Unterkunft und regelmäßigen Mahlzeiten zu festen Zeiten im Eßraum der Villa. Er hatte eine Bibliothek zur Verfügung und genoß zahlreiche Vergünstigungen, um am Berliner Kulturleben teilnehmen zu können, beispielsweise für ein Avantgarde-Kino in der Nähe des Bahnhofs Friedrichstraße oder für den Studentenklub des «Humboldthauses», das Theater am Kurfürstendamm und zum Segeln auf dem Wannsee. Er war Nachfolger von Raymond Aron, und keiner in der Landhausstraße kam umhin, die beiden zu vergleichen. Man erinnerte sich an Arons flüssiges Deutsch, während Sartre sich abmühte, an das überlegene Auftreten des ersteren gegenüber dem beinahe demütigen des letzteren, an seine Ironie, seine Sensibilität für die Ereignisse in der Welt, sein Interesse an den Häusern aus dem 18. Jahrhundert in der Umgebung des Tiergartens oder der Linden, an die spontanen Unterhaltungen, die Aron in der Straßenbahn mit Studenten führte; kein Vergleich mit Sartres fast ausschließlicher Besessenheit für seine Lektüre, seine Forschung, sein Manuskript und seinem offenkundigen Desinteresse – wegen der Sprachbarriere? – an eventuellen Begegnungen. Wie hätte auch Aron dem Antisemitismus des Naziregimes gegenüber gleichgültig bleiben können? Der Leiter des Humboldthauses, der dem Leiter des Französischen Akademikerhauses die Aufnahme eines seiner französischen Schützlinge in das Komitee der deutschen Studenten vorgeschlagen hatte, hatte nacheinander Arons und Brunschwigs Kandidatur abgelehnt: «Es ist ein bißchen... schwierig... Verstehen Sie?» hatte er gegenüber Henri Jourdan erklärt.[43]

Mitten in der kleinen abgeschlossenen französischen Kolonie begann Sartre seine Auseinandersetzung mit Husserl und schlug sich mit den abstraktesten Begriffen des Meisters herum, während er gleichzeitig an der zweiten Fassung seines factums und an seinen ersten Widerlegungen des husserlianischen Solipsismus arbeitete. Gern stieg er mit Brunschwig zu fortgeschrittener Nachtstunde in das hochgelegene Zimmer Susinis, «Taubennest» genannt, um zu diskutieren. Gelegentlich ließ er sich von Copeau mitziehen, der eine neue Schwulenkneipe in einem Altberliner proletarischen Viertel unweit des Kanals ausfindig gemacht hatte. Jeden Morgen keuchte er vor seinem Fenster, wo er mit mehreren übereinandergezogenen Wollpullovern Gymnastikübungen betrieb, um die Pfunde zu verlieren, die ihm die vielen Biere mit Wurst eingebracht hatten. Oder er überzeugte Brunschwig davon, ihn ins ultramoderne Schwimmbad *Neue Welle* zu begleiten, wo ein atemberaubendes Schwimmerlebnis in sagenhaftem Rahmen sogar mit künstlichen Wellen geboten wurde. Gerade in der Freundschaft zu Brunschwig erfuhr er Momente großer Nähe: Sartre legt seine Theorie des «salaud» dar, Brunschwig seine Wahrnehmung des Antisemitismus, seine Erfahrungen in Mülhausen. Sartre stellt Fragen. Brunschwig erwähnt einen Artikel, den er soeben über Chateaubriand geschrieben hat, Sartre bittet, ihn lesen zu dürfen, kritisiert und kommentiert ihn minuziös, Seite für Seite. Sie tauschen sich über die brutalen Zusammenstöße aus, die sie an irgendwelchen Straßenecken mit den widerwärtigsten Erscheinungen des triumphierenden Faschismus hatten, etwa als eines Tages eine aufgekratzte SS- und SA-Bande in Wilmersdorf Susini den Hut herunterriß. Oder als an einem anderen Tag Copeau außer sich von den Bücherverbrennungen erzählt, die er gerade gesehen hat und von den Reden Goebbels', der im Radio brüllt.[44] Oder als sie in der Gruppe nach Tempelhof gingen, um an einem jener Riesenfeste teilzunehmen, zu denen anscheinend nur Deutsche fähig sind: schäumende Ströme dunklen Biers, Rausch, kleine rundliche Frauen, entblößt und appetitlich, alle Hemmungen fallen, man singt, tanzt, faßt sich an, macht Radau, man ist Teil eines stimmungsvollen schlüpfrigen Massenvergnügens. «Mit Entsetzen habe ich in Berlin gesehen, wie sehr die Deutschen diese Art Simultaneität genießen... einer warf seinen Hut in die Luft, während der andere tanzte und der dritte in ein Jagdhorn blies usw.»[45] Kleine Bilder einer in einem lauten und monströsen Deutschland isolierten französischen Gruppe; Bilder eines abgeschotteten Mikrokosmos, tägliche, von der Umgebung zum Teil unberührte Bilder; französische Gespräche von französischen, durch Sprache, Freundschaft und gemeinsame kulturelle Bezüge zusammengeschweißten Intellektuellen, die zur Realität des Dritten Reichs meist keinen Zugang haben, da sie von ihren Untersuchungen, Büchern, Stundenplänen und Gewohnheiten ganz in Anspruch genommen werden. Vor allem deshalb, weil es nicht das zeitgenössische Deutschland gewesen war, das sie angezogen hatte, sondern solche Schriftsteller wie die des Sturm-und-Drang, solche Philosophen wie die des 19. Jahrhunderts und diese oder jene vergangene historische Periode.[46] Die kleine Franzosengruppe wird also in den schützenden Grenzen der Wilmersdorfer Villa ihren intellektuellen Komfort pflegen und Deutschland sozusagen nur versehentlich und wie zufällig begegnen. Ängstliche Franzosen, die wenig geneigt sind, den Sprachbarrieren zu trotzen, und Intellektuelle, die im engen und zeitlich limitierten Raum ihrer Forschungen eingeschlossen sind: So waren sie, so blieben sie. Keine günstigen Voraussetzungen, hellhörig zu werden. Beim Essen tauschten sie französische Witze aus, sie erlebten den banalen und dumpfen Trott im fremden Milieu exilierter Gruppen, die sich aus Angst vor Unbekanntem an die Schicksalsgefährten klammern, statt sich in die Entdeckung der Einheimischen zu stürzen. Sartre war natürlich ein idealer Gefährte an diesen langen französischen Tafeln, er erzählte von Le Havre, sang seine Lieder, sprach vom Castor. Eines Tages, kurz vor Ostern, kündigte er Brunschwig ihren Besuch an, um das Unterkunftsproblem zu besprechen: Brunschwig bot das Zimmer in der Stadt an, das er seit einiger Zeit hatte und das für die beiden praktisch wäre. Die einzige Einschränkung wäre, daß seine Vermieterin ein illegitimes Paar vielleicht mißbilligen würde. Und deswegen liefen die beiden Freunde zum erstbesten Juwelier und kauften Eheringe zum angemessenen Empfang des Castor. Schon «seit Jahren bin ich von Frauen umgeben und will immer neue kennenlernen... Ich ziehe es vor, mit einer Frau über die kleinsten Dinge zu sprechen, als mit Aron über Philosophie... Ich weiß nicht, ob ich eine Zeitlang die Gesellschaft der Frauen nicht deshalb gesucht habe, um mich von der Last meiner Häßlichkeit zu befreien... Sicherlich hatte ich ein Verlangen nach Schönheit, das nicht wirklich sinnlich, sondern eher magisch war.»[47] Mit dem Castor hatte er Schönheit und Dialog in einem gefunden: Mit ihr würde er ein doppeltes Paar bilden. Ein Paar von Frau und Mann, in dem er die Identifizierung mit ihrer Schönheit genießen würde; ein Paar von Freunden, wo er endlos – wie früher mit Nizan, Guille und Aron – in seine Theorien und Projekte abschweifen könnte. Sie, zuverlässig, aktiv, methodisch und realistisch, würde sein bester Berater, seine Stütze, seine Hauptbewunderin werden. Und dann war er nach Berlin abgereist: «...ich war mit dem festen Vorsatz fortgefahren, die Liebe der deutschen Frauen kennenzulernen, aber nach kurzer Zeit begriff ich, daß ich für ein Gespräch nicht genug Deutsch konnte. Somit meiner Waffe beraubt, stand ich ganz blöde da und wagte nicht, etwas zu unternehmen; ich mußte mit einer Französin vorliebnehmen.»[48]

Als der Castor in Berlin eintraf und mit dem besagten Ehering empfangen worden war, erzählte ihr Sartre von jener «Mondfrau», für die er eine tatsächliche Zuneigung empfand. Marie Ville nahm als Ehefrau eines Mitbewohners in der Landhausstraße an den Mahlzeiten der Gruppe teil und faszinierte Sartre vom ersten Tag an durch ihre Stummheit, ihre Trägheit, ihre passive Schönheit. «Er hielt es vor Neugier und Ungeduld kaum aus», erzählt Brunschwig, «sie interessierte ihn deshalb, weil sie amorph war, und er war darauf versessen, daß sie etwas sagt, daß sie aus sich selbst herausgeht.» Später dachte Sartre über dieses Phänomen nach, über diese seine «wesentlichste Struktur», diese «Art schmerzlicher Gier... alle ‹Naturen› zu erkennen, das Leid, den Genuß, das In-der-Welt-sein». «Daher», schrieb er weiter, «rührt jener magische Reiz, den rätselhafte Frauen auf mich ausüben.»[49]

Erste Krise im affektiven System Beauvoir-Sartre, erstes Auftreten einer kontingenten Liebe neben der notwendigen. Der Castor begab sich unter schwierigen Bedingungen nach Berlin und überzog den ihr bewilligten Urlaub reichlich. Ein Hinweis, daß sie Gefahr ahnte? Ein diplomatischer Besuch zur Festigung des Abkommens? Nach manchen Aussagen soll sich Sartre lebhaft eine einjährige Verlängerung der philosophischen Forschungen in seinem Wilmersdorfer Zimmer gewünscht haben; nach dem Besuch des Castors redete er nicht mehr davon und kehrte ans Lycée in Le Havre zurück. Er hatte sich allerdings verändert. «Durch Husserl für dieses Jahr philosophisch erschöpft», hatte er vergebens versucht, sich Heidegger vorzunehmen: «Ich habe mit Heidegger begonnen und 50 Seiten gelesen, aber sein schwieriges Vokabular stieß mich ab.» «Mein Irrtum hatte in dem Glauben bestanden, daß man nacheinander zwei so bedeutende Philosophen *lernen* kan, so wie man nacheinander die Außenhandelsbeziehungen zweier europäischer Länder lernt.»[50] Als er im Juni 1934 aus Berlin abreist, ist der neunundzwanzigjährige, von Husserl gesättigte und von deutschen gastronomischen Exzessen verfettete Mann nicht einmal mehr ein einziger Sokrates; er ist ein künftiger Philosoph, ein arbeitsamer Schriftsteller; er steuert auf eine persönliche Krise zu, auf ein Übergangsritual: den Wendepunkt, dreißig zu werden.

Einige Freundschaften wie die zu Brunschwig läßt er zurück und einige ungewöhnliche Eindrücke. Zum Beispiel den geheimnisvollen Eindruck, den der Botschafter François-Poncet von ihm behielt: Sartre, der ein ganzes Botschaftsdiner über stumm geblieben war, hatte sich kein einziges Mal dazu herabgelassen, gegenüber seinen Tischpartnern die Zähne auseinanderzunehmen.[51] Oder den begeisterten Eindruck, den der Literaturkritiker Albert Béguin, Lektor in Halle, von einem Besuch in Berlin mitnahm. «Er kam zurück», erzählt seine Frau, «von der Intelligenz eines jungen Philosophen namens Jean-Paul Sartre geblendet... Tagelang redete er noch davon, als stünde er unter einem Schock.»[52] Paradoxerweise ging der Berliner Aufenthalt zu Ende, ohne daß Sartre, der Inbegriff eines Fußgängers, der den direkten Kontakt so schätzte, in Berlin zur Tat geschritten wäre – wie er es in Paris, Le Havre und später Neapel, Rom oder New York hielt. Nirgendwo ein Hinweis auf Spaziergänge durch die Stadt, keine einzige Erwähnung ihrer Vorzüge. Diese Stadt, die vielleicht besser als jede andere seine Phantasie und seine Gedanken hätte anregen können, verweigerte sie sich ihm damals?

SCHWERMUT, WAHN UND DIVERSE REISEN

Wir brauchten Maßloses, da wir zu lange maßvoll gewesen waren. Das alles endete mit jener komischen Schwermut, die gegen März jenes Jahres in Wahnsinn umschlug ...
Tagebücher

Nach der Rückkehr aus seinen «Berliner Ferien», wie er es später nannte, findet er den Zug nach Le Havre, die Stundenpläne, die ironischen Begrüßungen seiner Kollegen und seine Reisen nach Rouen wieder. Nach dem Wilmersdorfer Zwischenspiel sind diese Zwänge noch schwerer zu ertragen. Wiederannehmen einer Reihe unangenehmer Gewohnheiten, denen man jetzt aber nicht mehr entkommen kann, wo doch das Heil durch die Kunst tagtäglich an Aktualität, an Schärfe verloren hatte. «Ich erinnere mich, daß Castor und ich im November dieses neuen Jahres in Le Havre in einem Café namens *Les Mouettes* gegenüber dem Meer darüber klagten, daß uns nichts Neues zustoßen konnte...» Unterschiedliche Sehnsüchte, zum Beispiel nach einem «Leben in Unordnung», nach Authentizität, Desillusionierung, Überdruß, Schwermut, sich nun in den Klauen einer «breiigen und verfehlten» Existenz zu fühlen, die dem «Leben eines großen Mannes», das er sich erträumt hatte, so fern war. Die Krise seiner dreißig Jahre überfiel ihn bei seiner Rückkehr aus Deutschland mit ihrem Gefolge von magischen, rituellen und unvermeidbaren Zeichen, ihren Bildern, Ängsten und Selbstanklagen. Diese Krise begann – welches Schweitzer-Symbol! – mit einer Haargeschichte, als er eines Tages vor dem Spiegel zum erstenmal sein Kahlwerden merkte. Es war «für mich ein symbolisches Desaster», resümierte er später, «das Kahlwerden wurde für mich zum greifbaren Zeichen des Alterns.» «Und lange Zeit habe ich vor Spiegeln meinen Kopf geknetet», schreibt er schließlich.[1] Mit dem beginnenden Haarverlust verschwand der überlebende einzige Sokrates endgültig. Das Wunderkind war gestorben – hatte es jemals existiert? –, die Opferung der blonden Locken durch den Großvater und die Qualen des rasierten Frosches verblichen als eine weit zurückliegende und harmlose Verletzung. Im Herbst 1934 war er nur noch ein kleiner, fetter und bereits alternder Provinzlehrer in Le Havre; der Glaube an den «großen Mann», an die unbegrenzten Möglichkeiten eines berühmten Schriftstellers waren verschüttet. Er sah nunmehr unwiderruflich einem vollgestopften Tabakbeutel, einem häßlichen dicken und abstoßenden kleinen Buddha ähnlich. Und Guille neckte ihn immer wieder gern, indem er mit beiden Händen durch den Pullover seinen Bauch knetete, damit das Fett verschwand.

Diese Rückkehr aus Deutschland geschah also unter etwas entmutigenden Bedingungen; eine Reihe von harten Schlägen verschlimmerte die Lage noch. Es wurde eine finstere Periode, eine Folge mehrerer schwerer Jahre, die ganz im Zeichen von gesellschaftlicher Marginalität und Erforschung von Grenzsituationen standen. Sartre wurde depressiv, «die Vorstellung des Todes ließ mich beinahe völlig kalt», er setzte seine Beobachtungen fort, wollte mehr denn je die Welt entziffern. Die Philosophie, hatte er in den Jahren am Lycée Louis-le-Grand beschlossen, würde seine Hauptwaffe sein; zur Selbsterforschung befaßte er sich mit sämtlichen Richtungen der Psychologie; dann sondierte er beharrlich mit totalisierender Absicht die Welt, wobei die Philosophie das ideale Untersuchungs-, Eroberungs- und Aneignungsinstrument wurde. Dieses System lief in jenen Jahren auf Hochtouren: luzider denn je ist er Beobachter, Entzifferer, gar Seher, nichts läßt er aus. Als ihn zum Beispiel nach seiner Rückkehr Henri Delacroix, sein ehemaliger Philosophieprofessor an der École normale supérieure aufforderte, etwas für die Philosophiereihe zu schreiben, die er bei Alcan herausgab, schlug Sartre ein Buch über die Imagination vor, eine Gelegenheit, seine Husserl-Kenntnisse einzubringen und gleichzeitig seine Überlegungen zum Status der Vorstellungen zu vertiefen. Eine Gelegenheit auch, die Natur der Vorstellungen bei halluzinierenden Menschen zu verstehen: Mit Halluzinogenen zu experimentieren reizte den Forscher, faszinierte den Erforscher und begeisterte den Philosophen. Er suchte Daniel Lagache auf, der inzwischen Arzt an jenem Sainte-Anne-Krankenhaus war, wo sie zehn Jahre vorher gemeinsam an Patientenvorführungen teilgenommen hatten und zum erstenmal mit der Psychopathologie in Berührung gekommen waren. Lagache selber hatte gerade für die Reihe von Delacroix ein Buch mit dem Titel *Les hallucinations verbales et la parole* geschrieben. Die optischen Halluzinationen, die Sartre interessierten, traten besonders unter Meskalineinwirkung hervor: Die Wirkung hielt zwischen vier und zwölf Stunden an, eine Suchtgefahr war ausgeschlossen, dafür waren aber mehr oder weniger angenehme «Rückfälle» bis zu einem Jahr nach dem Versuch möglich. Im Januar 1935 ließ sich Sartre also im Sainte-Anne-Krankenhaus unter ärztlicher Aufsicht zu wissenschaftlichen Zwecken von Lagache mit Merck-Meskalin spritzen, ein Peyotl-Derivat, «die Pflanze, die einen verzückten Blick macht». «Ich habe», erzählt er in *L'imaginaire*, «... ein kurzes halluzinatorisches Phänomen feststellen können. Es hatte genau diesen lateralen Charakter: jemand sang in einem Nachbarzimmer, und als ich die Ohren spitzte, um etwas zu hören – indem ich dadurch aufhörte, vor mich hin zu *sehen* –, erschienen drei parallele kleine Wolken vor mir. Dieses Phänomen verschwand natürlich, sobald ich versuchte, es zu erfassen ... Es konnte nur *heimlich* existieren und gab sich übrigens auch so; diese drei kleinen Nebel boten sich meiner Erinnerung unmittelbar nach ihrem Verschwinden in einer Weise dar, die etwas zugleich Unbeständiges und Geheimnisvolles hatte, das, wie mir scheint, die Existenz dieser freigewordenen Spontaneitäten nur *auf die Ränder* des Bewußtseins übertragen ließ.»[2] In Wirklichkeit machte Sartre eine sehr unangenehme Reise, und er versuchte es nicht noch einmal. «Er hatte Geier-Regenschirme gesehen, Skelett-Schuhe, greuliche Fratzen», schreibt Simone de Beauvoir, «und neben ihm, hinter ihm wimmelten Krebse, Polypen, grimassenschneidende Wesen.»[3] In seinem Fall handelte es sich nicht um ästhetische Traumbilder, sondern um kosmische, phantastische Visionen mit den üblichen Verzerrungen von Raum und Zeit. Es geschah zwar nichts tatsächlich Außergewöhnliches, doch auf Grund seines damaligen erschöpften und mißmutigen Zustandes wirkte das Experiment noch lange nach und machte ihn vermutlich auch psychisch verletzbarer als zuvor. Durch diese Reise trat er auch der großen Familie jener Künstler bei, die seit Baudelaire, Artaud, Michaux und den Surrealisten und in jüngster Zeit auch René Daumal den Gebrauch bestimmter Drogen zur Voraussetzung erklärten, Zustände der Transzendenz, der Hyperluzidität und des Hellsehens zu erreichen, ohne die die Poesie ihren eigentlichen Sinn einer Entzifferung der Welt verlöre. Mit anderen Absichten jedoch sollte Sartre die literarischen Bestrebungen seiner Zeit teilen. Seine eigenen inneren Grenzen hatte er durch eine sehr theoretische und abstrakte Weiterentwicklung seiner philosophischen Untersuchungen sondieren wollen; ohne jegliche mystische, poetische oder rein formale Absicht. Er fand aber Zugang zu den Erfahrungen Daumals, der 1930 geschrieben hatte, «es kann in der Intuition etwas Absurdes gegeben sein.» Ebenso wird er in der eigenen Lebensästhetik seiner dreißiger Jahre ganz wesentliche Bereiche einer Entente cordiale mit den Surrealisten finden. Diese Ästhetik der Marginalität, die der kommunistischen Moral des neuen Menschen und des Aufbaus des Sozialismus so entgegengesetzt war, wird, wie wir sehen werden, dazu beitragen, daß Sartre in den Reihen der KPF als degeneriertes und dekadentes Produkt des Kapitalismus angesehen wird, als eine der letzten Kakerlaken eines Systems im Zustand zunehmender Verwesung.

Unter den Schlägen, die Sartre in diesen düsteren Jahren hinnehmen mußte, ist auch eine unglückliche Liebesgeschichte, die man vielleicht die «Olga-Geschichte» nennen kann. Als die erste wirkliche Gefährdung des kontingenten-notwendigen Paares, das er mit Castor bildete – die Berliner Mondfrau-Affäre war alles in allem harmlos gewesen –, würde die Olga-Geschichte dem Paar ein Überschreiten seiner Pläne und Gewohnheiten abverlangen, das eine tatsächliche Erschütterung seines Gleichgewichts, eine extreme Bedrohung bedeutete, die sie alle drei in einen Wirbel mitriß, der einen bösen Ausgang hätte haben können. Unlöschbare Spuren blieben davon zurück; für den kleinen, bereits angegriffenen Mann zwei Jahre Qual und eine Romanfigur; ein Roman für Simone de Beauvoir, die diese Geschichte in *L'invitée* – 1943 veröffentlicht – und später auch in ihren Memoiren erzählte und so dazu beitrug, der Öffentlichkeit reales Informationsmaterial über Sartres Privatleben zu geben; für Olga der definitive Zutritt zur «kleinen Familie» im Guten wie im

Bösen. Olga Kosakiewicz war in Rouen Simone de Beauvoirs Schülerin gewesen, doch der Lehrerin war das originelle junge Mädchen – man nannte sie «die kleine Russin» – erst gegen Ende des Schuljahres aufgefallen. «Olga, das war eine Persönlichkeit», erzählte Simone de Beauvoir, «sehr intelligent, sehr stolz, mit ausgeprägter Eleganz und raffinierten Gesten. Es gab in ihr eine Stärke, die ihr als kleines Mädchen gegeben worden war und die sie behalten hatte; sie hatte eine ziemlich systematische und seltsame Erziehung erhalten, deren Spuren noch vorhanden waren, wie zum Beispiel das Gefallen daran, auch im Winter frühmorgens mit nackten Füßen durch den Tau zu laufen... Eine Französin als Mutter, die als Gouvernante in einer ziemlich reichen adligen Familie alleine nach Rußland gegangen war; der Sohn hatte sich in die sehr hübsche Frau verliebt, sie geheiratet...»[4] Sie bekamen zwei Töchter: Olga und Wanda. Olga wurde in Moskau geboren, ehe ihre Eltern vor der Revolution von 1917 flohen, und hatte von ihrer Erziehung, von ihren Familiengeschichten den «Hochmut einer Aristokratin im Exil» behalten, der, wie Castor sagt, «zu unserem antibürgerlichen Anarchismus paßte».[5]

Geheimnisvolle, slawische und kapriziöse Olga! Ihre langen blonden Haare, die das lange dreieckige Gesicht bedeckten, ihr blasser Teint, ihre großen, auseinanderstehenden Augen, ihre plötzlichen Launen, ihre Tanzschritte mitten auf der Straße, ihre provozierenden und brillanten Einfälle, ihre natürliche Echtheit, ihre unwiderstehliche Spontaneität umgaben die desillusionierte Lehrerin wie ein Feuerkreis. Musik, Literatur, Schachpartien, bis zum Rand gefüllte Likörgläser, gewagte Spaziergänge durch die Stadt Rouen: Olga war im Laufe des Jahres 1934 Castors große Freundin geworden. Während seiner Meskalin-«Rückfälle» nähert sie sich später Sartre; er macht unangenehme Krisen durch, fühlt sich von Langusten verfolgt; das junge Mädchen hört ihm zu, muntert ihn auf, teilt lachend seine Delirien, verführt ihn zu langen Sparziergängen, langen Reisen, endlosem und genauem Gedankenaustausch. Und sehr schnell verfällt Sartre einer totalen Leidenschaft, die ihn zwei Jahre lang nicht loslassen wird. «Ich war nervös, unruhig. Jeden Tag wartete ich auf den Augenblick, sie wiederzusehen, und über diesen Augenblick hinaus auf irgendeine unmögliche Verständigung. Die Zukunft all dieser Augenblicke... war diese unmögliche Liebe.»[6] Zwei Jahre einer unglücklichen, quälenden Liebe; zwei Jahre morbider und extremer Eifersucht; zwei Jahre schwindelerregender Obsessionen. Olga gibt weder nach, noch weist sie ihn völlig ab; er verharrt also im undurchschaubaren und unerträglichen Zustand von zweideutigen Amouren und Zweifeln; fieberhaft, und verzweifelt wartet er auf eine Geste, eine Aufforderung, eine Veränderung; er versucht sie mit seinem Humor, seiner Intelligenz, seiner Mitteilsamkeit, seiner Phantasie zu verführen. «...meine Leidenschaft für O. brannte meine alltäglichen Unreinheiten aus wie eine Bunsenflamme», schreibt er weiter. «Ich wurde mager wie ein Hahnrei und toll.»[7] Krisen, Ängste und gefährliche Spiele zwischen dem kleinen Mann und dem jungen Mädchen: sie ertrug seine eifersüchtige «Tyrannei» nicht mehr; er verlor den Kopf bei ihren unzähligen Launen; sie hörten nicht auf, sich gegenseitig Szenen zu machen, Castor als Zeugen anzurufen. Er zögerte nicht, jene Jahre als «Leidenschaft und Wahn» zu bezeichnen.

Das launenhafte und charmante junge Mädchen erschütterte die intellektuelle Konstruktion, die fünf Jahre zuvor entworfen worden war. Sartre hatte sich für andere Liebesgeschichten offenhalten wollen: Hier bot sich ihm die Gelegenheit mit plötzlichem Ungestüm und stellte die Kategorien von «notwendiger Liebe» und «kontingenter Liebe» auf die Probe. Schwindel, Eifersucht, Wahn, Verzweiflung begruben das von der bloßen Intelligenz entworfene fleischlose System, in dem tiefe Verletzbarkeit ignoriert und vor allem übersehen worden war, wie einfach jede Konstruktion dieser Art von einer stürmischen Leidenschaft weggepustet, weggefegt und zerstört werden kann, zu welcher extremen Verwundbarkeit die Liebe führt, wenn sie von einem Besitz ergreift und durch die prekäre Abhängigkeit von einem Menschen, von einer Stimme jede Sicherheit sprengt. Sartre schreibt, «daß ich mich zum erstenmal in meinem Leben vor jemand demütig und entwaffnet fühlte und lernen wollte»[8]. Alle seine Illusionen, alle seine Überzeugungen lösten sich in Nichts auf, als ihn ein achtzehnjähriges junges Mädchen namens Olga mit Takt und Charme abwies. Die biographischen Illusionen schwanden, kein Byron, kein Shelley, kein «großer Mann» am Horizont mehr, sondern ein Mann, der nicht zu gefallen verstand, der sich als «alt, angeschlagen, zukunftslos» empfand. Der Sturz des Engels ließ keine Hoffnung mehr zu: Ein junges Mädchen verweigerte ihm die Welt. Sein ganzes Leben lang wird er sich immer wieder unersättlich bei jungen Menschen eine Bestätigung seiner Überlegungen, Gedanken und Schriften holen wollen. Olga übergab er das besagte «factum», seine ersten Novellen; von ihr verlangte er Zustimmung, Kommentare, Anerkennung; jedes Wort von ihr wird unendlich viel mehr zählen als das irgendeines Verlegers. Der Jugend gehört wie selbstverständlich die Stärke, die Frechheit, die Gegenwart, die Provokation, das Lachen, die Selbstsicherheit, die Kraft, die Härte, der kritische und subversive Geist, die eroberungslustige Eleganz, die wunderbare Ungezwungenheit: ein Axiom, das Sartre nie aufgab. «Weitaus mehr als nur ehrlich», hatte Olga achtlos schriftlich vermerkt, nachdem sie das Manuskript, das zu *La nausée* wurde, erstmals gelesen hatte.

«Ohne es mir eingestehen zu wollen», schrieb Simone de Beauvoir später, «verübelte ich Sartre, diese Situation geschaffen zu haben, und Olga, sich damit abzufinden. Dieser wirre Groll, der sich, so könnte man sagen, seiner selbst schämte, war um so schwerer zu ertragen, als ich ihn nicht wahrhaben wollte.»[9] Durch die Olga-Geschichte werden Sartre und Castor Rivalen: Rückkehr des alten Schemas, Besitz, Ausschließlichkeit, Eifersucht. Rückkehr der konventionellen Kategorien? Brutales Außer-Kraft-Setzen sämtlicher Prinzipien der freien Verbindung und der Transparenz? «Statt eines Duos wären wir von nun an ein Trio», schreibt Simone de Beauvoir, der offenbar durch das Mittel der Erzählung gelungen war, diese für sie schmerzhafte Situation zu parieren und wieder in den Griff zu bekommen. «Wir arbeiteten ein System von Zweiertreffen und Vollversammlungen aus, das unserer Ansicht nach jeden zu seinem Recht kommen ließ.»[10] Hat sich für Sartre die Vorstellung des «Tricks», des Versuchs einer Annektierung Olgas durch das Paar genau in derselben Art dargestellt wie für Castor? Oder handelte es sich hier um eine nachträgliche Rekonstruktion durch eine unglückliche und kluge Frau? Schon in den ersten Monaten ihrer Paarbeziehung, erzählt Beauvoir weiter, hatten sich beide an der Vorstellung berauscht, ein junges, leicht verlorenes Mädchen zu adoptieren, das sie in einer Bar getroffen hatten. Und offen analysiert sie die verschiedenen Etappen dieser Faszination, dieses Annektierungsversuchs: Jugend gegen Reife. Sie vergötterten die Jugend, und sie schreibt: «Wir beluden sie also mit Werten und Symbolen. Sie wurde Rimbaud, Antigone, die Schrecklichen

Kinder, ein Schwarzer Engel, der uns von der Höhe eines Diamanthimmels herab verurteilte.»[11] Es ist schwierig, das Duell Sartre-Simone de Beauvoir ganz durchsichtig zu machen. Fest steht jedenfalls, daß Castors Selbstbeherrschung und Entschlossenheit hier offen zutage treten; sie bewies eine eiserne Stärke und verlor nie die Fäden aus der Hand. «Ich verschloß mich also der Unordnung, die Olga in mein Leben bringen würde...», erzählte sie. «Ich bemühte mich, wieder das aus ihr zu machen, was sie immer für mich gewesen war... Ich befand mich genau im Mittelpunkt des Ganzen, und ich würde diesen souveränen Platz nicht an sie abtreten.»[12]

Olga «war... von der graziösen, gespielten Zartheit... einer geknickten Blume.» Einige Zeit nach dem Ende seiner «Verrücktheit nach Olga» beschreibt Sartre Castor ein gemeinsames Mittagessen mit dem jungen Mädchen, das an diesem Tag traurig war und deren Mienenspiel «ein ganz klein wenig salbungsvoll»[13] gewesen sei. Ganz sicher blieb Olga eine der zwei oder drei Leidenschaften in Sartres Leben; direkt redete er selten darüber, außer wenn sich die Unterhaltung um Eifersucht drehte. «Ich kenne keine Eifersucht», sagte er mit entschlossener Stimme. Allerdings räumte er ein, wenn man insistierte und ihn fragte, wie es früher gewesen sei: «Nun ja, für Olga habe ich sogar eine Fensterscheibe zerschlagen». Und wenn er die Geschichte mit Olga erwähnte, dann immer vermittelt, über die Romanfiktion, in jenen verschlüsselten Reden, die er liebte: in seinem Romanzyklus *Les chemins de la liberté*, an dem er seit 1939 saß und der 1945/1949 veröffentlicht wurde, teilt die Frauenfigur Ivich Olgas verwirrende Anwandlungen, insbesondere bei den chaotischen Szenen, die sie mit Sartres Double Mathieu konfrontieren: herrschsüchtig, exotisch, depressiv und sprunghaft nimmt Ivich einen bedeutenden Platz in Sartres Romanwelt ein. Mit ihren Einfällen, zum Beispiel als sie sich absichtlich die Hand mit einem Messer verletzt, mit ihren beleidigenden Launen, ihren ungeduldigen Worttiraden, ihrer Neigung zum negativen Trotz und ihrer Gelangweiltheit, ihren diffusen Erwartungen. «Sie gab sich mit trotziger Frechheit den unangenehmsten Situationen hin», schrieb der Romancier an einer der besten Stellen. Die ergreifendste Szene ist vermutlich jene zwischen Mathieu und Ivich im Café vor einem Glas Pfefferminzsprudel, den sie bestellt hat, obwohl sie ihn verabscheut; sie lehnt es ab, das Glas zurückgehen zu lassen, da sie sowieso keinen Durst habe, betrachtet es dann als Objekt, spielt mit den zwei hübschen grünen Eiswürfeln und trinkt es schließlich, während Mathieu telefoniert. «Sie sah das Glas an, und Mathieu sah sie an. Ein heftiges, verschwommenes Verlangen hatte ihn erfaßt: für einen Augenblick dieses leidenschaftliche, von seinem eigenen Geruch erfüllte Bewußtsein zu sein, von innen her diese langen schlanken Arme zu fühlen... Ivich zu sein, ohne aufzuhören, Ich zu sein.»[14] Wie ein Echo klingen folgende Zeilen aus den *Carnets*: «Sicherlich hatte ich ein Verlangen nach Schönheit, das nicht wirklich sinnlich, sondern eher magisch war. Ich hätte die Schönheit essen und mir einverleiben mögen, ich denke, daß ich in gewisser Weise gegenüber allen hübschen Personen an einem Identifikationskomplex litt...»[15]

Sechs Jahre später heiratete Olga Jacques-Laurent Bost, einen der Lieblingsschüler Sartres in Le Havre; sie trat aus der «kleinen Familie» nie aus, wurde sogar öfters durch das Herrscherpaar finanziell unterstützt, spielte in Sartres erstem Theaterstück die Hauptrolle, gewann aber nie eine Autonomie gegenüber dem Kreis der Freunde, Vertrauten und Bewunderer; wie wir noch sehen werden, wird sich der kleine Kreis allmählich zu einer bemerkenswerten Organisation entwickeln, der Olga angehören wird. Jedenfalls trennt sie sich nicht von Sartre, und dadurch, daß sie einen Freund heiratet, verstärkt sie noch die Bindung; ihre Schwester Wanda wird ihrerseits einige Jahre später Sartres Geliebte werden. Die Familie nimmt langsam Form an: Lionel de Roulet, ein Schüler Sartres, wird Hélène, Castors Schwester, heiraten.

Die Olga-Geschichte brachte den gemeinsamen Mythos der Transparenz ans Licht; und wenn sie auch in zwei literarischen Werken sowohl bei Beauvoir wie bei Sartre auftauchte, nimmt sie doch ganz unterschiedliche Bedeutungen an. *L'invitée* ist die Geschichte eines unmöglichen Trios und endet mit der Ermordung des jungen Mädchens namens Xavière, das das Paar annektieren wollte. Nichts Vergleichbares findet sich in Sartres Andeutungen, auch kein Trio-Projekt, sondern nur eine unglückliche Liebe. Die Transparenz zwischen Castor und Sartre: ein gemeinsamer Mythos? Ist ihre Wahl einer authentischen Erzählung zudem Selbstschutz? Seine dagegen Lebensästhetik zur Bewahrung von Schatten- und Schamzonen. Ging es wirklich um dasselbe?

Letzte Etappe beim narzißtischen Sturz Pardaillans: Gallimard lehnte das Manuskript seines «factums» zur Kontingenz, *Melancholia*, ab. Nach seiner Rückkehr aus Berlin hatte er eine dritte Fassung des Manuskripts geschrieben, die seiner Meinung nach erzählerische Spannung und Philosophie miteinander kombinierte. Nizan hatte als Vermittler gedient; einige Wochen später erhielt Sartre einen kleinen Zettel; das Manuskript wurde nicht genommen. «Das hat mir etwas ausgemacht», sagte Sartre 1973. «Ich hatte mich ganz und gar in dieses Buch eingebracht und lange daran gearbeitet; mit dieser Ablehnung lehnte man mich selbst ab, wies man meine Erfahrung ab.» [16] Die Geschichte des «factums» und seiner Veröffentlichung ist damit nicht abgeschlossen, die weiteren Verwicklungen werden wir bald sehen; Sartre ist enttäuscht und schreibt weiter; er schreibt weiter, trotz oder vielleicht auch wegen dieser ausweglosen Situation, nach einem besonders ausgefüllten Zeitplan, zwischen den Unterrichtsstunden, seinen Liebesgeschichten, seinen Bahnreisen und den Essensritualen bei Monsieur und Madame Mancy: er unterrichtet, beobachtet, notiert, ißt, schreibt, schläft und schreibt weiter. Hat der Druck so vieler gleichzeitiger Schläge seine Wahrnehmungsfähigkeit geschärft? Sämtliche Texte aus dieser Zeit tragen deutlich das Zeichen jener finsteren Jahre: Als entschiedener Anarchist, der all diese Abfuhren nur schlecht erträgt, erkundet er die Welt, die Randbereiche der Gesellschaft und ihren morbidesten, obszönsten, widerwärtigsten Untergrund. Damals war er auch sehr empfänglich für banale Faits divers und Verbrechen, und die Geschichte der Schwestern Papin sowie die Affäre Violette Nozières faszinierten ihn. Letztere war beschuldigt worden, im Alter von achtzehneinhalb Jahren ihre Eltern vergiftet zu haben: Der im Oktober 1934 begonnene Prozeß ließ viel Tinte fließen und schockierte das anständige kleinbürgerliche französische Moralempfinden um so mehr, als das junge Mädchen ihren Vater des Inzests mit ihr seit ihrer frühesten Jugend beschuldigte. Die Surrealisten Breton, Éluard, Mesens, Péret entflammten sich für Violette, für den von ihr ausgelösten Skandal und bewunderten vor allem, daß sie es erreicht hatte, die Respektabilität der Familie in Zweifel zu ziehen. Darin stimmten Sartre und Beauvoir mit den Surrealisten überein: derselbe prinzipielle Anarchismus, dieselbe Ablehnung von gesellschaftlicher Heuchelei und dieselbe Radikalität der Forderungen.

In diesen Jahren der Schwermut schrieb er viel und warf den Blick eines unerbittlichen, ein bißchen manischen, beinahe voyeurhaften Beobachters auf die Welt. Er beobachtete pausenlos und ließ sich nicht in Versuchung bringen, die Schandflecke, Ungeheuerlichkeiten und Obszönitäten der Welt zu beschönigen. Das wird in seinen Briefen aus dieser Zeit, in den Novellen, die er damals schrieb, bei seinen Reisen und seinen Wahrnehmungen von Städten deutlich: «Man hat Blut am Hosenschlitz des Alten gefunden», schreibt er dem Castor im Sommer 1934 und präzisiert, sein Großvater sei «völlig verblödet». «Das Fräulein war von unermüdlicher Ausdauer», schreibt er weiter, «...(sie) kam nachmittags, nahm ihm einige Tropfen Blut ab und ließ ihn in einem Zustand unerhörter Erregung zurück.»[17] «...die alte katholische Schlampe strickte», schreibt er ihr wieder, diesmal im April 1937, «...die wehleidige Mutter nähte... ein junger Veterinäroffizier mit grüner Samtmütze, weichem und zugleich nervösem Gesicht, rosiges Fleisch, der Mund schlaff und sinnlich erstarrt in einem abgeklärten, irgendwie arroganten ewigen Lächeln.»[18] Die Neapolitaner, erzählt er Olga, als er im Sommer 1936 in Neapel ist «...sind vielleicht die einzigen Leute in Europa, über die ein Fremder... etwas sagen kann, weil sie die einzigen sind, die man von vorn bis hinten leben *sieht*...» Sartre schreibt ihr unter dem Eindruck dieser Szenen von «schrecklicher, aber seltsamer Schönheit» einen zweiunddreißig Seiten langen Brief, schildert ihr die Kinder mit dem «nackten Hintern». «Überall Kinder, überall Popos oder kleine wackelnde Geschlechtsteile, die in alle Richtungen hüpfen... Und tatsächlich wirkt dieses Gewimmel von dreckigen Hintern und Geschlechtsteilen schrecklich animalisch.» Er beschreibt detailliert die neapolitanischen Straßen, von ihrer absoluten Unschicklichkeit fasziniert: «...in dieser Zwischenwelt machen (die Neapolitaner) alle wesentlichen Verrichtungen ihres Lebens. So wie es kein Draußen und Drinnen mehr gibt und die Straße die Fortsetzung ihres Zimmers ist, füllen sie sie mit ihren persönlichen Gerüchen und ihren Möbeln.» Der Grund für die magische Anziehungskraft, die Neapel auf Sartre ausübt, ist, daß das schamlose und durchsichtige Neapel keine Geheimnisse hat, daß seine Einwohner draußen sitzen «und all das tun..., was die Franzosen im verborgenen tun.»[19]

Die Atmosphäre dieser wenigen Briefzeilen taucht ähnlich obsessiv, aber auch weitaus gewagter in den Novellen wieder auf, die er im selben Zeitraum schreibt: *Soleil de minuit, Érostrate, Dépaysement, La chambre* und *Intimité*. Es sind literarische Konzentrate, wie er sie später nie wieder schreiben wird, Ergebnisse jener Fixiertheit auf das Morbide, den Wahn und die pathologischen Formen der Sexualität; in diesen Sketchen, Skizzen, Momentaufnahmen gesellschaftlicher Szenen offenbart er vielleicht seinen wundesten Punkt. War eine Figur wie Paul Hilbert, der in einer größenwahnsinnigen und verzweifelten Tat an der Ecke Rue Delambre/Boulevard Edgar Quinet, dem Sartreschen Perimeter von Montparnasse, mit einem Revolver auf die Menge feuerte, nicht teilweise ein Doppelgänger des Schriftstellers, der in einer unwiderstehlichen Bewegung in den Wahn abgeglitten war? In diesem bedrohlichen Zustand macht Sartre Erkundungsreisen, will er immer stärker pathologisches Alltagsverhalten begreifen, interessieren ihn jene Grenzzonen des Wahns, wie zum Beispiel psychiatrische Anstalten: Einen ganzen Tag lang besucht er zusammen mit Castor, Bost und Olga das psychiatrische Krankenhaus von Rouen – eine Offenbarung, die sie nachhaltig prägte.

Die folgenreichste, verheerendste und heilsamste Erfahrung in Sartres Leben? Ohne Zweifel war es diese finstere Zeit, diese frühe Pechsträhne, diese unerwartete Panne. Die Reifekrise einer alternden Schauspielerin ohne Publikum oder eines Rentners, die einen plötzlich an einer Wende des Lebens überkommt, weil man an Charme, an Talent verliert, erfuhr Sartre vorzeitig. Das Publikum, die Bewunderer, die Leser, die in seinen Vorstellungen als Zehn-, Zwanzigjähriger selbstverständlich und zwangsläufig vorhanden waren, verschwanden schlagartig. Und Anne-Maries Bewunderung, die wie ein Stahlgerüst seine Eigenliebe und seine Überzeugungen gestützt hatte, die sich jetzt als leer und fruchtlos erwiesen, war plötzlich überflüssiger Nippes. Um ihn herum stürzte alles zusammen; in ihm stürzte alles zusammen; und seine so früh in so harter Legierung gegossene Identität war nur noch von einer absoluten Monstrosität. Der Engel stürzte in die Kehrseite der Dinge, hinter die Kulissen, in das Getriebe hinab. Eine so radikale, fatale narzißtische Kränkung, daß sie ihm ein grelles, hyperluzides, blendendes Licht auf sich selber und die Welt zurückwarf, dem er standhalten konnte. Und das war gleichzeitig seine Rettung: Er geriet in das «Warum» der Dinge, in jenen schmalen Randstreifen, den man nur selten, in psychotischem oder extremem Rauschzustand betritt. Sein Lebensprogramm verlief nicht wie vorgesehen und konnte also nichts anderes als den Tod des Helden, bestenfalls seine radikale Infragestellung bedeuten? Pardaillan hatte sich also verirrt, in eine Sackgasse begeben, ein abscheuliches Selbstbelügen: ein Quasimodo. Diese Panne vernichtete zwar das Wunderkind und sein potentielles Genie, beseitigte aber nicht die Ressourcen des Mannes, der sieben Jahre später mit einer provisorisch reparierten Mechanik, einem instand gesetzten Motor wieder auftauchte. Er hatte die Erfahrungen eines trunkenen Schiffes, gesellschaftlicher Grenzen, absoluter Randzonen kennengelernt. Auf seinem Hochsitz hatte er von weitem die Bewegung der Menschen in Cafés und Hotels beobachtet und verfolgt; seit seinen schlaflosen Nächten in der französischen Provinz hatte er die Geräusche, die Bewegungen, die Zuckungen des Lebens wahrgenommen, als stammten sie aus einer anderen Welt. «Alles, was die Menschen nachts machen, höre ich... Die ganze Straße geht durch mein Zimmer und fließt über mich... Ich bin hier vorübergehend... wie zu Besuch... ich bin frei.»[20]

Die dreißiger Jahre, die für so viele andere das Goldene Zeitalter der französischen Literatur bedeuteten, waren für ihn sein Kreuzweg, sein großes schwarzes Loch, seine Wanderung durch die Wüste, seine Jahre der Verzweiflung und der Isolierung. Literatur, Verlage und Zeitschriften erlebten eine Blütezeit: Malraux, Gide, Barbusse, Romain Rolland, Martin du Gard, Nizan, Morand, Aragon, Drieu la Rochelle, Guéhenno, Chamson, Maurois, Duhamel, Jean-Richard Bloch, die Surrealisten, Bataille und so viele andere schrieben, publizierten, reisten, engagierten sich und prägten die Geschichte ihrer Zeit, während Sartre in einem Leben und einer Laufbahn versackte, die er gleichermaßen verachtete, langsam den Boden verlor, den Blick mehr denn je auf diese Linie am Horizont fixiert, die er allzu oft angestarrt, die ihn geblendet hatte und die er jetzt haßte. Die dreißiger Jahre sollten für ihn Sturz und zugleich Bereicherung, sein Kreuzweg und seine intensivste Schaffensperiode, seine Jahre der mageren und der fetten Kühe, seine grausamsten und schönsten, marginalsten und faszinierendsten, asozialsten und fruchtbarsten

Jahre werden. Während er arbeitete, beobachtete, festhielt, kämpfte, trat alles andere, der Rest hinter diesem privaten Kampf eines Menschen mit seinem Ungeheuer zurück. Welcher Rest? Geschichte, Politik, der Spanienkrieg, die Entwicklung eines neuen Menschen in der Sowjetunion, der Sieg der Volksfront in Frankreich, die Demonstrationen, die Streiks, der bezahlte Urlaub, das Emporkommen des Faschismus in Deutschland, die rechtsradikalen Verbände in Frankreich, die großen Massenbewegungen, die kollektiven Sehnsüchte, der Glaube an eine neue Ära, an einen Internationalismus von Gerechtigkeit und Gleichheit, an die Umwälzung der Weltordnung, die revolutionären Lieder, die Fahnen, die gereckten Fäuste, die absolute Überzeugung vom schließlichen Sieg, der Haß gegen die Ausbeuter, der Rausch der Ausgebeuteten, der Mythos der Sowjetunion, das absolute Paradies der sozialen Gerechtigkeit, die große Verbrüderung der Intellektuellen mit den Werktätigen in zahllosen gemeinsamen Organisationen, Komitees und Vereinen zur Bekämpfung des aufsteigenden Faschismus, wo man bessere, zukünftige Zeiten besang, den Kult des absoluten Ideals der Gesundheit der Welt betrieb, die man nur aufzurütteln brauchte, wo man sich am künftigen Triumph berauschte, sich engagierte, überzeugte, anklagte, wo man die richtige, die richtigste, die einzig wahre revolutionäre Linie verkündete.

Das Jahr 1935 beispielsweise, eines der qualvollsten Jahre des künftigen Schriftstellers, war auch das Jahr großer literarischer Zusammenkünfte, das Jahr des großen Freudenrausches der vereinigten Linken, der der Volksfront vorausging, das Jahr der Treffen europäischer Künstler auf den antifaschistischen Kongressen der Bewegung Amsterdam-Pleyel. Am 23. Juni 1935 grüßten André Gide, André Malraux, Louis Aragon und Paul Nizan auf dem Podium der Pariser Mutualité die ersten Takte der *Internationale* mit geballter Faust vor einem begeisterten Publikum: Der internationale Schriftstellerkongreß zur Verteidigung der Kultur brachte fünf Tage lang Huxley, Forster, Pasternak und Babel mit französischen Schriftstellern zusammen. Sogar Roger Martin du Gard war dabei, und der alte Henri Barbusse übermittelte zwei Monate vor seinem Tod dem Publikum eine Botschaft von Gorki, die er mit feierlicher Stimme vortrug. Zahlreiche Gäste also aus allen politischen Richtungen: nur der als zu rechts betrachtete Montherlant war nicht eingeladen worden. Aragon sagte als ehemaliger Surrealist noch schnell einige Worte über René Crevel, der gerade Selbstmord begangen hatte. Vergebens bemühte sich André Breton, die Massen für Victor Serge zu mobilisieren, der in der Sowjetunion verhaftet worden war. Es gelang ihm nicht, und er sprach sich in einem heftigen Artikel darüber aus: Dieser Kongreß, schrieb Breton, habe «unter dem Zeichen der systematischen Vertuschung stattgefunden, der Vertuschung der wahren kulturellen Probleme». Es folgten Vorwürfe der Speichelleckerei und des Infantilismus an die Adresse der Kommunisten, «der neuen hundertprozentigen Konformisten»[21]. Es handelte sich tatsächlich auch um eine moralische Divergenz zwischen Kommunisten und Surrealisten, und die Annäherung zwischen André Breton und einem Mann wie Georges Bataille im Rahmen der Gruppe *Contre-Attaque* beweist diese Suche: Wie kann man den Faschismus bekämpfen und trotzdem einer politischen Struktur, einer Partei fernbleiben?

Ebenfalls 1935 bot sich Sartre die Gelegenheit zu einem großen politischen Gedankenaustausch mit Nizan, der, nachdem er ein ganzes Jahr in der Sowjetunion verbracht hatte, auf Vortragsreisen in der Provinz über die Errungenschaften des sowjetischen Experiments referierte: In Rouen trafen sich beide wieder. Nach Nizans Vortrag gingen sie zu viert essen, der Redner, Sartre, Castor und Colette Audry; diese Freundin und Kollegin Simone de Beauvoirs, die Mitglied der CGTU war, hatte mit ihnen die ausführlichsten politischen Gespräche geführt und sie aufgefordert, wenigstens der Lehrergewerkschaft beizutreten. Sartre und Castor hatten sie die «Kommunistin» getauft, sie begriffen aber nicht so recht ihre kritische Sympathie außerhalb der KPF; «Entweder ist man in der KPF, oder man ist es nicht», sagte der kleine Mann, der andererseits der Meinung war, daß es für einen Arbeiter nichts Besseres gäbe. An diesem Abend hielt Nizan also eine Rede über die Sowjetunion, die Colette Audry «sehr revolutionär» fand. Nach einer äußerst dogmatischen, sektiererischen Phase trat Nizan mit seiner Partei für eine Öffnung ein; abgesehen von der Verteidigung der Sowjetunion beauftragte ihn Thorez mit der Politik der ausgestreckten Hand gegenüber den Katholiken; seit drei Jahren war er Parteifunktionär, und dieses Jahr in Moskau und in den asiatischen und kaukasischen Sowjetrepubliken hatte ihm weitere Sporen eingebracht; in der Welt der Literatur hatte er bereits einen Namen: Schon sein erster Roman war für den Prix Goncourt vorgeschlagen worden, er korrespondierte mit Gide und Drieu la Rochelle und hatte Malraux in der Sowjetunion geführt. «Wenn ihr die Macht bekommt, was fangt ihr mit André Malraux an?» fragte der kleine Mann abrupt bei dem Gespräch. «In ein Zimmer einschließen, schreiben lassen und beaufsichtigen», antwortete Nizan ruhig.[22]

Einige Monate später erschien bei Gallimard Nizans viertes Buch, ein Roman mit dem Titel *Le cheval de Troie*, sein dogmatischstes Werk. Hier beschrieb er insbesondere eine Figur namens Lange, einen Gymnasiallehrer der Provinz, ein völlig verzweifeltes, nihilistisches und anarchisierendes Individuum, das einer Gruppe positiver Helden, nämlich Kommunisten, gegenübergestellt wurde und perfekt die Rolle des zweideutigen, gefährlichen Abwieglers spielte. «Lange kam von der École normale», schrieb Nizan, «für fast alle seine Kollegen ein zusätzlicher Grund, ihn zu hassen. Er befand sich an dem äußersten Punkt, wo Kultur zur Erschöpfung wird, in einem Grenzbereich der Einsamkeit und des Todes... Lange lächelte: – Ich mag die Marxisten nicht. Auch nicht die Psychoanalytiker... Sie stellen eine Frage, die keinen Sinn hat. Das einzige, was zu klären wichtig ist, ist die Beziehung des einsamen Menschen zum Sein... Meine Gleichgültigkeit ist radikaler als deine.»[23] Dieser radikale Pessimismus entwickelt sich zu einer Dynamik des Romans, der mit einer Massendemonstration endet, bei der Lange ins Fahrwasser des unkontrollierten Terrorismus gerät und sich den verhaßtesten Feinden der Arbeiterklasse anschließt. Nizan hatte bestimmt keine perversen Absichten seinem kleinen Freund gegenüber, und die beiden werden bis 1940 freundschaftliche und komplizenhafte Beziehungen zueinander behalten. Als Sartre sich allerdings in und nach dem Zweiten Weltkrieg um eine Annäherung an die KPF bemühte, machte vielleicht dieses Bild von Lange, ergänzt von Sartres eigenen Texten jegliche Begegnung zunichte. «Zum erstenmal in seinem Leben», schrieb Nizan weiter, war Lange an «einer Gruppenaktion beteiligt: es war eine Niederlage. Pech.»[24] Sartre konnte diesem leidenschaftlichen, auf den politischen Erfahrungen und Überzeugungen seines Jugendfreundes beruhenden Roman tatsächlich nicht zustimmen. Er konnte einfach nicht jenen langen idealistischen Stanzen zustimmen, die die «Explosion der Geschichte» verkündeten, den Sieg über den Tod, die neuentstehende Welt, die unausweichliche Macht des internationalen Proletariats, das die Ordnung der Dinge umwälzte. Ethik des Kollektivs, «Propagandatöne», hatte ein Kritiker geschrieben, nein, *Le cheval de Troie* konnte nicht Sartres Zustimmung finden; übrigens sagte er Nizan, er habe geglaubt, sich teilweise in Langes Person wiederzuerkennen. «Nizan behauptete nachlässig, aber fest», erzählt Simone de Beauvoir, «daß Brice Parain ihm als Vorbild gedient habe. Sartre erwiderte gutgelaunt, daß er es nicht glaube.»[25]

Im Frühjahr 1936 hatte Gallimard Sartre das Manuskript von *Melancholia* ohne Umschweife zurückgeschickt; den Verlagslektor Seeligmann hatte es nicht interessiert. Einige Monate später wurde ein zweiter Vorstoß gemacht, und zwar gleichzeitig bei Gaston Gallimard und Jean Paulhan über Pierre Bost – den älteren Bruder von Sartres Schüler und Freund –, und über Charles Dullin – der inzwischen mit Simone Jollivet zusammenlebte. Am Freitag, dem 30. April 1937, verkündet schließlich der kleine Mann seinem «reizenden Castor», daß «*Melancholia* sozusagen angenommen ist und daß Paulhan eine Novelle von mir in der *Nouvelle Revue française* und eine weitere in *Mesures* unterbringen will»[26]. Er fügt einen schlichten und zurückhaltenden Satz hinzu, der jene Jahre des Zweifels und der Schwermut abschließt: «Wenn ich könnte, würde ich Ihnen auch gern erklären, in welchem merkwürdigen und eigenartig angenehmen Zustand ich innerlich bin, aber die Darlegung der Seelenzustände wird mir zweifellos durch die wenige Zeit, über die ich verfüge, verwehrt sein...» Seelenzustände wird es also nicht geben; jetzt eilt die Zeit.

EIN KURZES INTERMEZZO: ZWEI JAHRE GLÜCK

> *Mit einemmal fühlte ich mich herrlich jung, ich war glücklich und fand mein Leben schön. Nicht, daß es etwas vom ‹Leben eines großen Mannes› hatte, aber es war* mein *Leben...*
>
> Tagebücher

Melancholia ist sozusagen angenommen...»: Die noch inoffizielle Nachricht hatte magische Folgen für das sich langsam zerfasernde Leben des kleinen Mannes: Zwei sich gleich anschließende Erfolge, auf die er schon lange wartete, verlängerten sein Glück. Zunächst einmal wurde ihm verkündet, daß er im neuen Schuljahr ab Oktober 1937 einen Posten in Paris, genauer am Lycée Pasteur in Neuilly, bekommen würde. Und dann begannen die jungen Frauen, denen er den Hof machte, seine Umwerbungen endlich freundlicher aufzunehmen. Die sich nun ankündigende günstige Periode zerschellt bald an der Verschärfung der Kriegsgefahr und am Beginn des Zweiten Weltkriegs. Nur einige wenige Monate, etwas mehr als ein Jahr wird der Schriftsteller Jean-Paul Sartre für sein Debüt – und was für eins! – auf der Bühne der französischen Literatur zur Verfügung haben. Ein Debüt, das allerdings, was das «factum» betrifft, durch weitere Verwicklungen verzögert wird, die schon für sich genommen einen ganzen Roman ausmachen.

Denn die Beziehung Jean-Paul Sartres zum Hause Gallimard beginnt unter ziemlich schlechten Auspizien. Und was nach den Zahlen vom 31. Dezember 1978 einer der zehn lukrativsten Titel des Verlags werden wird, wurde zunächst zweimal abgewiesen, ehe persönliche Beziehungen beim dritten Anlauf Erfolg hatten. Den gleichen Zahlenquellen zufolge erreichte allein die französische Ausgabe einiger seiner Titel eine Auflage von zwei Millionen, und kurz vor seinem Tod unterzeichnete Sartre mit Gallimard einen Exklusivvertrag für alle seine noch unveröffentlichten Werke. Man muß also zumindest sagen, daß er weder undankbar gewesen ist noch die beiden ersten Ablehnungen in allzu schmerzlicher Erinnerung behielt: weder die Ablehnung von *Légende de la vérité*, 1930, noch die von *Melancholia*, 1936. Der Hausphilosoph, Bernard Groethuysen, hatte auf seiner Kartei notiert: «Außerordentlicher Kopf, sofort zugreifen.» «Sartre, eine bemerkenswerte Figur, nicht entgehen lassen», meinte auch der durch Nizan und Sartres Ruf an der École normale supérieure überzeugte Brice Parain. «Geniales, bemerkenswertes, außergewöhnliches Werk, das wahrscheinlich das einzige Werk dieses Schriftstellers bleiben wird», stand in Jean Paulhans letztem Gutachten, das zur endgültigen Annahme führte.[1] Und letzterer gab Sartre gegenüber eine Erklärung ab, von der man halten kann, was man will, die aber jedenfalls den Vorzug hat, ihre beiderseitigen Empfindlichkeiten nicht zu verletzen: es habe ein Mißverständnis gegeben, erläuterte Paulhan gegenüber Sartre, das Manuskript von *Melancholia* sei zur Veröffentlichung in der *Nouvelle Revue française* vorgeschlagen worden, was man natürlich nur ablehnen konnte; erst beim zweiten von Dullin und Bost unternommenen Vorstoß habe man den Sinn des Projekts tatsächlich begriffen: ein richtiges Buch. Ließ sich Sartre von diesen nachträglichen Erklärungen täuschen?

«Ich bin glorreich eingetreten. Sieben arme Kerle warteten im Zwischengeschoß, einer auf Brice Parain, ein anderer auf Hirsch, ein dritter auf Seeligmann. Ich habe einer Frau, die an einem Tisch Telefone bediente, meinen Namen angegeben und verlangt, Paulhan zu sehen. Sie hat eines der Telefone abgehoben und mich angemeldet. Man ließ mich fünf Minuten warten. Ich habe mich auf einen kleinen Küchenstuhl in eine Ecke gesetzt und gewartet. Ich habe Brice Parain vorbeigehen sehen, der mich vage ansah, ohne daß er mich zu erkennen schien... Ein temperamentvoller kleiner Herr erschien. Blendendweißes Hemd, Krawattennadel, schwarzes Jackett, gestreifte Hose, Gamaschen und die Melone ein wenig nach hinten geschoben. Ein rotes Gesicht mit einer großen, scharfkantigen Nase und harte Augen. Es war Jules Romains.»[2] Erste Schritte eines Schriftstellers in den Räumlichkeiten seines künftigen Verlegers, erste Eindrücke, erste Beobachtungen. Sartre beim Betreten des Hauses Gallimard, das ist ein bißchen Roquentin beim Betreten eines Parks: nichts Überflüssiges, kein Bewundern, keine Gefühlsregung, sondern nüchterne Weltwahrnehmung. Die schweren Prüfungen mit Olga und andere hatten die Begeisterungsanfälle, die besorgten Leidenschaften, den ungeduldigen Stolz der tausend Sokratesse ausgelöscht.

Ironisch, distanziert, beinahe unbeteiligt: So verhält sich Sartre bei seinem ersten Kontakt zum Hause Gallimard. Paulhan? «Ich stand vor einem großen, braungebrannten Mann mit einem Schnurrbart..., der einmal sanft in Grau übergehen wird... Ein bißchen fett...»[3] Brice Parain? «Er war ein bißchen gönnerhaft, sehr ‹ich bin der Ältere›.»[4] Hatte er übrigens nicht einige Monate vorher ein Antwortschreiben an Paulhan mit einem Witz beginnen lassen? Jacques-Laurent Bost hatte den Text diktiert, den Umschlag frankiert und abgeschickt: Der Schüler begleitete den Lehrer in eine umgekehrte Welt, und Sartre erzählte diese Anekdote mit Vorliebe als Farce. Das Verhältnis zwischen dem kleinen Mann und seinem ehemaligen Schüler Jacques-Laurent Bost illustriert schon für sich allein einige der charakteristischsten Züge und Verhaltensweisen Sartres in dieser Periode. War es nicht Bost, der über seinen Bruder für den Schriftsteller eine Antwort, ein Rendezvous mit dem Verleger erreichte? Die beiden Anläufe Nizans, des Jugendfreunds und mittlerweile anerkannten Schriftstellers, verliefen ergebnislos. Allein die Hartnäckigkeit Dullins und die eines Zwanzigjährigen, der zwei Jahre vorher in Sartres Abiturklasse gesessen hatte, hatten etwas erreicht. Der «kleine Bost», das jüngste Kind eines liberalen Pfarrers aus Le Havre, sah im übrigen sehr gut aus: helle Augen, matter Teint, ein aristokratisches Profil, ein unwiderstehlicher natürlicher Charme, eine Selbstsicherheit, gedämpft von jener leichten Reserviertheit der Protestanten, die sie manchmal den Kopf zur Seite neigen, die Arme übereinanderschlagen oder durch ungeschickte Gesten eine gewisse Verlegenheit ausdrücken läßt, die ihren Charme nur noch verführerischer macht. Gleich nach der Rückkehr aus Berlin war Sartre der interessante, sitzengebliebene Junge aufgefallen, der offenbar im letzten Schuljahr trotz gelegentlicher Tischtennisspiele kein besonders herzliches Verhältnis zu Raymond Aron gehabt hatte. «Damals war ich ein hundertprozentiger Linksradikaler», erzählt heute der kleine Bost: Entwickelte sich diese Freundschaft wegen der Verwandtschaft zwischen zwei abtrünnigen Protestanten, zwei radikalen Temperamenten, der gegenseitigen Faszination zwischen dem Zwanzig- und dem Dreißigjährigen? Die Freundschaft zwischen Sartre und Bost hielt bis zum Tod des kleinen Mannes. Als Freunde und Verbündete wurden sie nahezu unzertrennlich, und Bost wird im entscheidenden Zeitpunkt zwei Schlüsselrollen im Leben des Schriftstellers spielen.

Zwei Schlüsselrollen? Ja, denn abgesehen von seiner Vermittlerrolle bei seinem Bruder Pierre und den Gallimards wird Bost unwissentlich Modell und Anstifter sein für Sartres *Le mur*, die als letzte entstandene und als erste aller seiner Texte veröffentlichte Novelle. «Dem hundertprozentigen Linksradikalen» lag auch viel daran, von Le Havre nach Paris zu den riesigen Massendemonstrationen zu fahren, die 1935 und 1936 dem Sieg der Volksfront vorausgingen. «Kommen Sie mit?» fragte er Sartre. «Das interessiert mich nicht, ich mag keine Aufmärsche», antwortete der kleine Mann unweigerlich. Dann bat er Sartre, ihm dabei zu helfen, daß er sich bei den revolutionären Truppen im Spanienkrieg melden konnte. Sartre schickte ihn zu Nizan, der ihn zu Malraux schickte, der ihm zwei Fragen stellte: «Haben Sie Ihren Wehrdienst gemacht? Können Sie mit einer Maschinenpistole umgehen?» Enttäuscht über beide Verneinungen sagte er dann: «Vielleicht können Sie sich bei Gastine-Rénette, einem Schießstand für Maschinenpistolen, ausbilden lassen.»[5] Bosts Weg nach Spanien endete zwar bei André Malraux, dafür entnahm Sartre diesen Anekdoten im voraus einiges für seine Novelle *Le mur*, die offensichtlich Anfang 1937 geschrieben wurde. Paulhan, dem Sartre sie anläßlich des ersten Gesprächs übergibt, fällt sie sofort auf, sie wird ein interessantes Wechselspiel zwischen den beiden Männern eröffnen.

Am 30. April 1937, also an jenem begnadeten Tag des Eintritts in den Cénacle und der Zusammenkunft mit Paulhan, beginnt das gleichzeitige Leben zweier Werke im Haus Gallimard: der Novellen, die Sartre an diesem Tag mitbringt, und natürlich des «factums». Was erstere betrifft, wird es schnell und unkompliziert laufen: Schon zwei Monate später sind sie vollständig veröffentlicht und berühmt. Das «factum» aber hat noch einen an Zwischenfällen reichen Weg vor sich und wird sich noch zwölf Monate gedulden müssen, ehe es veröffentlicht wird. Brice Parain wird damit beauftragt, «den Autor arbeiten zu lassen», er ist derjenige, der mit Sartre die Auslassung zu derber Seiten, die juristisch inkriminiert werden könnten, aushandelt: anderthalb Monate Arbeit, der sich Sartre zwar widerstrebend fügt, die aber zur endgültigen Annahme des Manuskripts erforderlich ist. «Mein lieber Parain, es gibt kein einziges rohes Wort mehr im Text», schreibt er Anfang Juni gereizt, «und ich hoffe, daß jeder zufrieden sein wird. Mehr kann man jedenfalls von mir nicht verlangen.»[6] Was hatte er unter dem Druck Parains und des Justitiars des Verlags, Maurice Garçon, gestrichen? Einige «zu... freizügige» Stellen, wie er es selbst sagte. Anfangs strich er widerstandslos an die vierzig Seiten. «Garçon wünscht, daß du das weiter bearbeitest und zu rohe Ausdrücke wegläßt», teilt ihm Brice Parain ungerührt mit. Und damit alles ganz klar ist, schreibt er hinzu: «Gaston Gallimard ist der gleichen Meinung.»[7] Was blieb Sartre also übrig? Diese Auslassungen, diese Zensurmaßnahmen, mögen sie auch nachträglich gerechtfertigt sein, waren zur *conditio sine qua non* der Veröffentlichung geworden. Und sein erstes Werk sah sich einem seltsamen Phänomen unterworfen, das man als kollektive Geburt bezeichnen könnte, da das «fertige Produkt» das Eingreifen eines Geburtshelfers, einer Hebamme und der Zange benötigte.

«Monsieur, wir senden Ihnen einen unterzeichneten Vertrag zu Ihrem Werk mit dem Titel *Melancholia* zu. Wir bitten Sie, den Titel, der uns für die Verbreitung des Buches ungünstig erscheint, zu ändern. Wollen Sie sich dazu Gedanken machen?» hatte seinerseits Gaston Gallimard geschrieben.[8] Postwendend erhielt er einen zugleich hilflosen und rührenden Alternativvorschlag Sartres; ist nicht jeder Schriftsteller unbeholfen, wenn es um das eigene Manuskript geht? «Da ‹Melancholia› Ihnen nicht gefällt», schrieb er, «was würden Sie von ‹Die außerordentlichen Abenteuer des Antoine Roquentin› halten? Man könnte vielleicht «Es gibt keine Abenteuer» oder so etwas Ähnliches auf die Bauchbinde drucken... Ich hoffe, dieser Titel sagt Ihnen zu, denn ein anderer fällt mir nicht ein.» Knappe Antwort von Brice Parain, der erwartungsgemäß sagt, so eine Bauchbinde wäre angezeigt, «wenn man die Leser vergraulen will».[9] Litt Sartre unter diesen Änderungen und Verstümmelungen? Den Titel *Melancholia* hatte er – wahrscheinlich auf Empfehlung von Simone Jollivet – in Anspielung auf Dürers Kupferstich *Melencholia* und überhaupt auf die Tradition der Melancholie im klassischen Denken ausgesucht.[10]

«Ich gehe durch die Straßen wie ein Autor...»: Der Tag, als das Manuskript endgültig angenommen wurde, war für Sartre wie der Tag seiner eigenen Selbsterkenntnis und vielleicht auch seiner eigentlichen Geburt. «Ich vermute stark, daß das Mißbehagen, das ich die ganzen Tage empfand – und das ich subtilen Gründen zuschrieb –, ganz einfach daher kam, daß *Melancholia* noch nicht ganz sicher angenommen war...»[11] Bei Gallimard ging das Manuskript im kleinen Kreis des «Hauses» von Hand zu Hand: Zuerst Paulhan, dann Groethuysen, dann Parain und schließlich der Chef Gaston Gallimard lasen es. Frühling-Sommer 1937: *Melancholia* wird in den Gängen des Verlags kommentiert: Ein kleiner Kreis ausgesuchter Lektoren tauschte auf der Treppe, hinter verschlossenen Türen, auf geschlossenen Versammlungen Kommentare, Komplimente, Fragen aus. Sehr schnell war klar, daß die Schlacht gewonnen war: Mißt sich zunächst die Glaubwürdigkeit eines Buches nicht an der Zahl der Lektoren, durch die ein Manuskript plötzlich einer Gruppenkritik unterworfen wird, die noch vor dem eigentlichen Druck den Text rechtfertigt, verändert, die öffentliche Lektüre der Leser und Journalisten vorwegnimmt? «Das ist immer ein sehr gutes Zeichen», kommentiert Robert Gallimard.[12] Durch diese Diskussionen angeregt steuerte Gaston Gallimard seinen entscheidenden Beitrag bei: «Gaston Gallimard schlägt für Dein Buch einen meiner Meinung nach hervorragenden Titel vor: ‹La nausée›», schreibt wiederum Parain am 12. Oktober 1937. Ein Titel, «auf den man sich um so eher einigen sollte, als niemand im Haus vor seinem etwas abstoßenden Eindruck zurückschreckt. Was hältst Du davon?»[13] Das embryonale Leben des Manuskripts, das nacheinander ‹Factum sur la contingence›, ‹Melancholia› und ‹Les aventures extraordinaires d'Antoine Roquentin› hieß, endete also mit diesem großartigen Einfall von Gaston Gallimard. Als ausgezeichneter Pate taufte er das Kind und gab dem Neugeborenen mit dem Zauberstock den Schlag auf den Kopf, den ihm sein Vater nach der zermürbenden Arbeit von sieben Jahren nicht selbst geben konnte. Nach einem endlosen und heroischen Hindernisrennen erblickt *La nausée* im April 1938, das heißt, acht Jahre nachdem es begonnen wurde, das Licht der Welt.

Während über Textstreichungen und Titelgebung verhandelt wurde, schrieb er zwischen zwei Zügen, zwei Hotels, zwei Verabredungen weiter: private Korrespondenz, Novellen, Artikel, Notizen zu Heidegger, den er damals entdeckte. Er entdeckte auch die neue Umwelt der Schüler des Lycée Pasteur in Neuilly, wo er seit Oktober 1937 unterrichtete. Er lernte die langen Mauern aus rotem Backstein und die Schieferdächer, die verstaubten Korridore und die unvermeidlich tristen Klassenzimmer kennen. Er lernte hochgewachsene, elegante junge Männer kennen, meist Söhne jenes Großbürgertums, das im Westen der Hauptstadt im Schutz der langen, ruhigen Avenuen dieses Gartenstadtteils lebte. Es waren gemischte Klassen, da das Gymnasium dem großbürgerlichen Vorort Neuilly wie dem bescheidenen Vorort Levallois als gemeinsamer Schulbezirk diente; innerhalb der Schule verhaltene Auseinandersetzungen, außerhalb heftigere, wenn die faschistischen Schüler der «Action française» oder der «Camelots du Roi» ihre jeweiligen Zeitungen ausriefen. «Die erste Unterrichtswoche», erzählt Raoul Lévy, «war ein Jammerkonzert: Wir hatten nicht den richtigen Lehrer. Sartre kam in einem abgewetzten, zerknautschten Anzug an, auf der Nase hatte er einen dicken roten Pikkel, und mit den Händen in der Hosentasche begann er, einen uns restlos unverständlichen Unterricht abzuhalten... Es war zum Verzweifeln! Und dann plötzlich lief es...»[14], erzählt Lévy weiter, der natürlich nicht nur ein Freund des Lehrers wurde, sondern auch den Prix d'excellence und den ersten Preis in Philosophie erhielt. «Was das Umschwenken bewirkt hat, war, mit welchem Interesse er uns von Wahn, Abweichungen und Psychopathologie erzählt hat...» Das System funktioniert wieder, man kennt es schon seit Le Havre. Man wird auf dem Lycée Pasteur fast genau das gleiche beobachten können, Sympathie der einen, Antipathie der anderen, überschwengliche Faszination auf der einen, vehemente Ablehnung auf der anderen Seite. Die Schulleitung ist ratlos gegenüber dem stets auf den letzten Drücker ankommenden kleinen Lehrer, den ein Taxi vor den Toren des Gebäudes absetzt, der zu seiner Unterrichtsklasse rennt und sofort zu reden beginnt. Man wird hören, wie bürgerlich erzogene Jungen abends beim Essen im Kreise der Familie kühl erklären: «Die Wahnsinnigen sind keine Wahnsinnigen, und wenn alle verrückt sind, ist niemand verrückt» und wie sie vor ihren schockierten Eltern fortfahren: «Die Wut ist ein Reflex des Schwachen» oder auch «Die Wut ist ein Reflex des Spießers». Fetzen von teilweise halb verdauten Sätzen, jugendliche Lust an Provokationen – für viele dieser jungen Männer bietet Sartre vor allem die Gelegenheit einer beschleunigten eisigen Distanzierung von ihrem Milieu; Sartre verstärkt dabei die in dem Alter sowieso stark vorhandene Neigung zur Kritik. «Dank Sartre», sagt auch Gérard Blanchet, «habe ich die Generation gewechselt.»[15] Das System wird sich wie in Le Havre fortsetzen: Die Eltern werden lamentieren, ja von «Verseuchung» reden und sich zwei Jahre lang um das Abitur sorgen. Wie in Le Havre wird man auch in Neuilly die Löcher in den Strümpfen, die klaffenden Schuhsohlen, den seltsamen Mantel aus synthetischem braunem Fell bemerken, den er im Winter trug und in dem er wie eine kleine, runde Kugel aussah: «Das Aussehen des kleinen Königs in den Bildergeschichten der damaligen Zeit», kommentiert Blanchet. Man wird ebenfalls seine Pfeife bemerken, die Boyard-Zigaretten, das Abwechseln des schwarzen Rollkragens – eine damals sehr originelle Kleidung für einen Lehrer – mit einem weißen Hemd. «Das Hemd ist wohl in der Wäscherei?» wird einmal an einem Rollkragentag ein Schüler hämisch fragen. «Genau so ist es», wird der kleine Mann sofort antworten, ehe er zum Unterrichtsthema des Tages übergeht.

Das eigentlich Wichtige zwischen Sartre und den Neuilly-Gymnasiasten wird sich im *Sabot Bleu* abspielen, in jenem Café, wo die meisten Pläne zwischen den Jungen vom Lycée Pasteur und den Mädchen von gegenüber geschmiedet werden: ein idealer Ort, ein privilegierter Treffpunkt für diese Zeiten, wo die Hierarchie Lehrer/Schüler und die Trennung Mädchen / Jungen das Leben schwermachten. Im *Sabot Bleu* wurde das Gleichgewicht wiederhergestellt, man fühlte sich frei, man atmete die Luft der großen, weiten Welt, die zwischen den Backsteinmauern verboten war. Dort wurde die Idee der Zeitung *Trait d'union* geboren: Der intelligente, literarische und aktive Serge Dumartin wird den Plan verwirklichen. Um ihn herum sammeln sich bereits Persönlichkeiten: der zukünftige Chris Marker als Chefredakteur der Zeitschrift und die zukünftige Simone Kaminker (Signoret), eine entzückende Schülerin aus dem Gymnasium gegenüber, die die Herzen der jungen Männer brach – sie schlugen sich darum, wer mit ihr die Druckfahnen der Zeitung zur Druckerei bringen durfte.[16] Sartre war natürlich ein idealer Tischgenosse im *Sabot Bleu*, er spendierte Getränke und Zigaretten, neckte, provozierte, befragte diese Jugendlichen, unter denen er sich so wohl fühlte. «Wie können Sie soviel Zeit mit uns verbringen, M'sieur, wo Sie doch soviel Arbeit haben?» fragten manche, die über diese noch nicht dagewesene Situation entzückt und zugleich verblüfft waren. «Man lernt immer dazu, auch von Idioten», antwortete er,[17] ehe er vom letzten René-Clair-Film oder vom letzten Hemingway-Roman erzählte oder sich auf eine Diskussion über die Existenz Gottes mit ihnen einließ. «Was nützt euch denn die Beichte?» schleuderte ihnen der kleine Mann entgegen. «Ihr tretet in ein kleines Holzgehäuse ein, und was dann?... Aber bitte, erklärt mir das doch, ich möchte es ja verstehen», fuhr er etwas hinterhältig fort. Sartre war wirklich der ideale einfache und heitere Gefährte im *Sabot Bleu*; er war sogar bereit, für *Trait d'union* zu schreiben, und zwischen zwei Bockbier verfaßte er für die Zeitschrift dieser Herren einen Artikel über den amerikanischen Roman. Man muß dazu sagen, daß inzwischen *La nausée* veröffentlicht worden war und der Prof sehr schnell die Position eines Stars erworben hatte. Die Schüler hatten ihn um Widmungen für die Exemplare gebeten, die sie natürlich gleich gekauft hatten. «Für Raoul Lévy, für seine persönliche Bibliothek», hatte Sartre vor seine Unterschrift gesetzt. «Ein bedeutendes, geniales Werk, ein Höhepunkt», dachte damals Lévy. In dieser ungewöhnlichen Klasse gab es einige ausgezeichnete Adjutanten: Raoul Lévy, Jean Kanapa, Bernard Lamblin, Jacques Besse, Guy Joffroy, Jean-Pierre Huberson, Timoutchine Adjibeyli-Bey... Besse und Lamblin, zwei begeisterte Hot-Jazz-Liebhaber, äußerten, nachdem sie *La nausée* gelesen hatten, allerdings einige Einwände zur Benutzung des Themas *Some of these days*: Der Prof hätte etwas rückständige musikalische Kenntnisse, er liebe den Jazz so wie Cocteau, meinten sie, nämlich mehr deswegen, weil er Mode war, als aus wahrer Leidenschaft wie sie. Diese Adjutanten werden Philosophie an der Sorbonne studieren, unerbittliche Sartre-Anhänger sein und andere im Namen ihrer vertraulichen Beziehungen zum größten Genie der Philosophie und der Literatur mit einer unvorstellbaren Einbildung zerschmettern. Später werden sie aufwachen und eine heilsame, manchmal, wie im Fall von Jean Kanapa, exzessive Distanz einnehmen. 1939 werden sie von den Studenten an der Sorbonne wie exotische Tiere angegafft und die «kleinen Sartres» getauft.

Intellektuell landete er bei seinen Schülern sicher einen doppelten Coup: einerseits ein unwahrscheinlicher Lehrer, andererseits ein genialer Romancier! Dazu führt er ihnen noch ein Lebensmodell vor, das sämtlichen Familienmodellen, denen sie entstammen, diametral entgegengesetzt ist: «Ich habe nichts, ich besitze nichts», erklärt der kleine Prof, wenn er von seinem Hotelzimmer in der Rue Delambre erzählt, in das er sie manchmal mitnimmt: ein Bett, ein Waschbecken, ein Tisch, ein Stuhl, ein grauer Anzug, einige Bücher, das ist alles. «Eine junge Frau, eine Schauspielerin», berichtet Blanchet, «holte ihn manchmal nach dem Unterricht ab. Wir sagten uns: Zum einen ist es komisch, in seinem Alter nicht verheiratet zu sein; aber homosexuell sieht er auch nicht aus; er hat eine oder mehrere Mätressen, darunter eine Schauspielerin...: phantastisch!» Und natürlich setzte sich Sartre gegen sämtliche Einwände durch, als ein Heidegger-Zitat – er sprach im Unterricht ständig von ihm – als Abiturthema vorgeschlagen wurde. Seine Schüler hatten dank seiner Hilfe, seinem erprobten kritischen Geist und seinem unermüdlichen Verantwortungsbewußtsein gelernt, Klassenkampf und schleichenden Rassismus wahrzunehmen, den anderen zu akzeptieren, den Wahn zu entmystifizieren, Ehe, Privateigentum und weitere Symbole des bürgerlichen Lebens radikal anzugreifen, künstliche Hierarchien und sinnlose Konventionen zu zerstören...: ein wahrer Gesellschaftskundeunterricht! «Es gibt den guten und es gibt den bösen Juden», hatte ein Schüler 1938 einmal eingeworfen. «Sie reden wie ein Primitiver», hatte Sartre außer sich vor Wut geantwortet. «Brauchen Sie denn unbedingt einen Sündenbock?» Damals, als er im stillen das Treiben dieser rechtsextremistischen Schüler verfolgte, arbeitete er an seiner Novelle *L'enfance d'un chef*, wobei er sich die Schärfe seines kritischen Blicks zunutze machte und deren Verhaltensweisen und Gebärden unter die Lupe nahm. Und wie immer gab es unter seinen Schülern unvermeidlich auch Verleumder wie Alfred Tomatis, der zwar seine «virtuosen Improvisationen, die Vitalität und die Brillanz seiner Intelligenz» lobte, später jedoch erzählte, wie «ein Teil der Klasse, der alles, was er sagte, ernst und wortwörtlich nahm, in Verzweiflung geriet, wobei manche sogar vor ihren Ängsten zu Drogen und in extremen Fällen zum Selbstmord Zuflucht nahmen... Dieser Mensch», sagte er abschließend, «war von seiner Vitalität und Denkschärfe her von außergewöhnlichem Format.»[18]

Weder Fisch noch Fleisch, so war auch der Bericht des Generalschulinspektors Davy vom 14. März 1939, dem das Format des Schriftstellerlehrers bereits aufgefallen war, ein etwas ambivalenter und wahrscheinlich gerechtfertigter Bericht bei einer Schule, wo es in jener Zeit immerhin von Schriftstellerlehrern wie Robert Merle, Georges Magnane und vor allem Daniel-Rops, damals Geschichtslehrer, wimmelte. «Wer die *Nouvelle Revue française* kennt und *La nausée* und *Le mur* gelesen hat», schrieb der Inspektor, «wird die Klasse von Monsieur Sartre mit der Erwartung betreten, dort auf ein Talent zu stoßen. Und M. Sartre besitzt ein unbestreitbares rhetorisches Talent, eine erstaunlich genaue, treffsichere und ausgesuchte Sprache. Ebenso unbestreitbar ist sein Einfluß auf seine Schüler, die auf Grund ihres Alters und ihrer Situation als junge Besucher eines renommierten Pariser Gymnasiums nur günstig voreingenommen sein können gegenüber einem Lehrer, der sich jetzt einen Namen in der Literaturwelt macht und gleichzeitig der Freund seiner Schüler zu bleiben scheint, mit denen er auf vertraute Weise spricht und verkehrt, ohne jemals Notizen zu benutzen. Daher ist aber der Kontrast zwischen dieser Verhaltensweise und dem absoluten und restlos dogmatischen Monolog über die Emotion nur um so größer. Auch mit dem phänomenologischen Denken vertraute Schüler können, wie ich fürchte, einem solchen Unterricht nur schwer folgen, bei dem man sich in meiner Gegenwart übrigens nie vergewisserte, ob sie ihm folgen und begreifen, in welchem Maß die Emotion ‹die Welt leugnet›, ‹das Reale destrukturiert› oder ‹die Verhaltensweisen simplifiziert›. Man hat etwas zu sehr den Eindruck von Formeln, die als unwiderrufbare Wahrheit aufgezwungen werden, ohne daß man hinreichend dazu bereit wäre, aufzuzeigen, ob sie wirklich erschöpfend die Wahrheit der Emotion erklären.»[19] Ein wirklich schöner Bericht, der alle Widersprüche eines Philosophen andeutet, dessen damalige deutsche

Bildung bereits die eines durchaus informierten Schulinspektors übertreffen: Ein theoretischer Philosoph, der Anfänger unterrichtet, ein Novellist und Romancier, der seinen Lebensunterhalt als Lehrer verdient, das sind Daten, die die langweiligen Zwänge der Abiturvorbereitung wahrscheinlich etwas mühselig machen. Spürte das der Generalinspektor Davy? Von nun an fühlt sich Sartre sehr beengt in diesem Lehrergewand, das unter dem Druck seiner ihn in Anspruch nehmenden übrigen Aktivitäten aus allen Nähten platzt.[20]

«Wer ist dieser neue Jean-Paul?» fragt André Gide Paulhan[21], nachdem er in der *Nouvelle Revue française* zum erstenmal *Le mur* gelesen hat. «Ein vielversprechender Autor», sagt er weiter. «Und was seine Novelle betrifft, halte ich sie für ein Meisterwerk...» Literarische Gespräche über diese Neuentdeckung: «Ich finde das viel besser als *Temps du Mépris* von Malraux...», erklärt Jean Schlumberger seinem Freund Gide. Und letzterer wieder: «Ich selber übrigens auch; was Malraux schreibt, mag sehr interessant sein, aber er hat keinen Sinn für Sprache.»[22] Alles steht für den Erfolg bereit. Nach den Verlegern lesen und kommentieren jetzt die Kritiker: Selten ist ein Beifallssturm stärker ausgefallen. *La nausée* und *Le mur*, die im Abstand von einigen Monaten veröffentlicht werden, sind das glanzvolle Debüt des Schriftstellers Jean-Paul Sartre. Paradoxerweise wirkt sich das lange Warten zugunsten des Schriftstellers aus: *La nausée* und *Le mur* erreichen gleichzeitig die Öffentlichkeit, die beides gleichzeitig kommentiert, Gemeinsamkeiten erkennt, Verbindungen herstellt und auf einmal mit Sartres schrecklichem Universum konfrontiert wird.

«Eines der glänzendsten literarischen Debüts der letzten Jahre...»; «Eines der strengsten Werke...»; «Ein vielversprechender Schriftsteller...»; «Ein verletzendes und tiefes Buch...»; «Er faßt mehrere Tendenzen der zeitgenössischen Literatur zusammen: Kafka, Joyce, Rabelais, Dostojewski, Flaubert, Céline, Proust, Nietzsche...»; «ein wunderbares Vorhaben... ein so einzigartiges Unternehmen, das allerhöchstes Lob verdient... eine erschütternde Erfahrung... existieren, ohne zu sein... in Berührung nicht mit den Dingen, sondern mit ihrer Existenz...»: Maurice Blanchot; «ein ganz und gar origineller Geist...»; «ein wirklicher Dichter...»; «einer der reinsten Künstler...»; «einer jener kritischen Geister von unbarmherziger Genauigkeit, die das Salz der Erde sind... man ist fasziniert...»: Jean Cassou; «Der erste Roman eines vielversprechenden Schriftstellers... erster Wurf eines einzigartigen und energischen Geistes... Wir warten ungeduldig auf die kommenden Werke und Erkenntnisse...»: Albert Camus; «Junger bemerkenswerter Schriftsteller, eine Mischung aus Céline und Kafka...»; «ein philosophischer, ein echter Roman... hat den Dingen wieder ihr Maximum an Existenz verliehen...»; «ein poetischer Roman... Sartre will der Sensibilität des 20. Jahrhunderts neue Gebiete erschließen...»: Claude-Edmonde Magny.[23] Einzig vielleicht Céline hatte Jahre vorher mit seinem ersten Buch, *Voyage au bout de la nuit*, einen solchen Sturm der Begeisterung ausgelöst.

«*Le mur*, ein Werk von einer derartigen Dichte... ein ungeheures Talent bricht auf jeder Seite durch... außergewöhnliche Begabung... ein Meisterwerk... Die Zeit wird sich daran die Zähne ausbeißen...»; «Welche wunderbare Begabung! Welche zwanglose und autoritäre Art, uns in die trüben Gewässer des Lebens zu tauchen und bis zur Atemnot und zum Erbrechen Wasser schlucken zu lassen... niemand hat besser als Sartre... das Grauen, zu leben, ausgedrückt... ein meisterhaftes Werk...»; «Das beeindruckendste Debüt, das man seit langem erlebt hat... ein kraftvoller Schriftsteller...»; «bei einem Schriftsteller, der in nur zwei Büchern gleich zum Wesentlichen vorgedrungen ist, kann man schon jetzt von einem Werk sprechen...»: Albert Camus; «ein unbestreitbares, ausgeprägtes Talent...»; «ein begabter, schonungsloser Analytiker, eine beeindruckende Schärfe, ein hervorragender, klarer, schnörkelloser Stil kennzeichnen sein unleugbares Talent...»; «*La nausée* war die Entdeckung des vergangenen Jahres; *Le mur* verursacht keine Enttäuschung über diesen Schriftsteller von seltenster Begabung, ganz im Gegenteil...»; «die Sprache ist rein, nackt und voll... Durch diese Meditation über die Existenz fügt Sartre unserer Literatur ein absolut neues Thema hinzu...»: Gaëtan Picon; «*Le mur* läßt sich mit den besten Passagen aus *La condition humaine* vergleichen...»: Gabriel Marcel.[24]

Inzwischen ist er bereits, vielleicht etwas vorschnell, im Gespräch für den Prix Goncourt. «Das öffentliche Aufsehen trägt den Goncourt-Juroren bereits Titel zu», schreibt der Kritiker der Zeitung *Pa-*

ris-Midi. «Haben sie *La nausée* von J.-P. Sartre gelesen? Selbst wenn sie keine Lust dazu haben, müssen sie es lesen. Einige der besten Kritiker haben es gelesen und darin ein Meisterwerk gesehen. Das steht in den Zeitungen, es geht von Mund zu Mund. Es heißt sogar, mehrere der Zehn, ohne daß sie genannt würden, aus Rücksichtnahme... Kurz: ein Favorit, wie man sagt, seit die Verleger ‹Ställe› haben und die Preise ‹Rennen› sind.»[25] «Meisterwerk», «Favorit»: «öffentliches Aufsehen»: Der Pariser Wirbel ist im Gange, und auch wenn Sartre den Goncourt nicht bekommt, scheint diese so schnell, so frühzeitig, so plötzlich vorhandene *Vox populi* der unwiderlegbare Beweis seines Schriftstellererfolgs zu sein. Übrigens hat ihn Paulhan ab November 1939 für ein Fixum von 400 bis 500 Francs bei der *Nouvelle Revue française* für eine monatliche Chronik engagiert; dabei steht ihm die Wahl der Themen frei. Und beflügelt von seinen Novellen beginnt er einen Roman: «Ich habe plötzlich das Sujet meines Romans, seine Proportionen und seinen Titel gefunden. Genau wie Sie es wünschten: das Sujet ist die Freiheit. Das ist der Titel (der 2. Band wird heißen *Le Serment*).»[26]

Überschwengliches Lob, überschwengliche Ehre, und jeder Kritiker äußerte seine eigene Vorliebe: «‹Le mur›, ein bemerkenswertes Werk von außergewöhnlicher Stärke und Originalität. ‹La chambre› ist aber vielleicht noch höher einzuschätzen...»; «‹L'enfance d'un chef› ist ein richtiger kleiner satirischer Roman von hundert Seiten», schrieb beispielsweise André Thérive in *Le Temps*. «‹L'enfance d'un chef› skizziert auf meisterhafte und äußerst scharfsinnige Weise... das moralische Versagen einer ganzen Generation von Jugendlichen», meint seinerseits André Billy in *Le Temps*. Keiner merkte, keiner konnte merken, daß in der Sammlung von fünf Novellen mit dem Titel *Le mur* – nach der ersten Novelle – erstmalig zwei Texte standen, die Sartres Interesse für aktuelle historische Probleme bezeugten. Der im Februar 1939 veröffentlichte Sammelband enthält nacheinander *Le mur, La chambre, Érostrate, Intimité* und *L'enfance d'un chef*. Abgesehen von den drei mittleren Novellen – meisterhafte Sketches schonungsloser Pathologie – beweisen die erste und die letzte den wachsenden Einfluß politischer Ereignisse auf den Schriftsteller. Gibt es überhaupt neben *L'enfance d'un chef* einen anderen Text, der eine so scharfe Analyse der faschistischen Bewegungen in der französischen Zwischenkriegszeit bietet? Der Weg jenes Lucien Fleurier, dem Sartre von der Kindheit an nachspürt, die Verwandlung der «großen Bohnenstange», die an ein und demselben Tag ihre Unschuld verliert und in die «Jeunesses Patriotes» eintritt, die Erzählung der gleichzeitigen Erfahrungen von Liebe und Politik, das Erwerben einer gesellschaftlichen Identität über den Haß auf Arbeiter, Juden und Frauen, all diese Momente der Jugend eines französischen Bürgers beherrscht Sartre meisterhaft. Vor allem glänzt er bei der Beschreibung von Luciens ersten Schritten unter den Jungfaschisten, es gelingt ihm, die Mechanismen auseinanderzunehmen, die ihn allmählich von bloßen Gefühlsregungen zur endgültigen Mitgliedschaft führen werden: Zunächst wird Lucien verführt, umschmeichelt, beweihräuchert, man stachelt seinen Judenhaß an, und eines Tages wird er dann schließlich einen braven französischen Bürger zu Tode prügeln, bevor er am nächsten Morgen entschlossen ankündigt: «Es ist entschieden, ich bin der Eure!» «Den wahren Lucien – das wußte er jetzt – mußte man in den Augen der anderen suchen, im furchtsamen Gehorsam von Pierrette und Guigard, in der hoffnungsvollen Erwartung all dieser Wesen, die für ihn heranwuchsen und reiften, dieser jungen Lehrlinge, die *seine* Arbeiter werden würden...»[27] Zwischen Angst, Verachtung, Macht und Feigheit schwankend wird Lucien Fleurier im Verlauf der einundsiebzig Seiten allmählich zum Symbol: Als kleines beispielhaftes Kondensat enthält die Novelle bereits gewisse Themen und Schlüssel, kurz, sie kündigt im Keim beinahe den gesamten Nachkriegs-Sartre an. Nach der vollendeten Verwandlung betrachtete sich Lucien im Spiegel und beschloß: «Ich werde den Schnurrbart fallenlassen». Lächerlicher und provisorischer Abschluß der literarischen Vorkriegsphase, der literarischsten Phase in Sartres gesamtem Leben.[28]

Lange genug hatte es gedauert; jetzt, im Zeitraum von nur wenigen Monaten, und jeder weiß es, ist die zeitgenössische französische Literatur ohne Sartre nicht mehr denkbar. Sehr schnell wird er von Paulhan integriert, eingeladen, in Anspruch genommen. Ein Wunder von Schriftstellerexistenz: jahrelanges Schweigen, aufeinanderfolgende Mißerfolge, radikale Zweifel, Jahre am Rande, unergründliche Hindernisse, und dann plötzlich der Durchbruch, die Öffnung, die freie Bahn und das Licht, das wirkt beinahe brutal, so stark ist der Kontrast. Die französischen Schriftsteller, wir haben es gesehen, entdekken einen Meteor; Paulhans Werbekampagne hilft ihnen auf die Sprünge: Ob auf Treffen oder in seiner Korrespondenz, nie versäumt er eine Gelegenheit, den «jungen» Novizen zu erwähnen, er fordert auf, ihn zu lesen, und wendet sich an alle seine Freunde in der Literatenwelt. An Jules Supervielle: «Hast du etwas von Sartre gelesen?» [29]; an André Gide: «Haben Sie *Le mur* von Sartre gelesen? Er wird ein ganz Großer werden» [30]; an Roger Martin du Gard: «Ich versuche, Sartre zu einer Romanserie zu bewegen. Ich kenne keinen jungen Schriftsteller, der mehr dazu fähig wäre als er. Und *alles* ist noch zu sagen...» [31]; an Ungaretti: «Liest du *Mesures*? Ich glaube, Sartre ist jemand. Seine Füße stecken im Schlamm einer bestimmten Nachkriegsliteratur, aber er ist schon über all das hinaus, wenn er darüber reflektiert.» [32]

Ermuntert durch seinen neuen Gesprächspartner, aufgeregt durch die sich anbahnende Veröffentlichung seiner Bücher, erlebt Sartre in der ersten Hälfte des Jahres 1938 die günstigste Periode seines literarischen Schaffens. Zwei Projekte nimmt er gleichzeitig in Angriff: die Novelle *L'enfance d'un chef* und einen Artikel zu François Mauriac für die *Nouvelle Revue française*, beides herausragende Momente in seinem Schriftstellerleben. Befreit von jedem Zwang und Druck findet er im Schreiben eine Identität, von der ihn bislang vielleicht zu starke Ängste abhielten. Nach diesen beiden Texten entsteht übrigens sein endgültiges Image, bevor der Krieg ausbricht. Hier tritt er kämpferisch, beinahe gehässig, hart und kompromißlos auf; kaum ist ihm die Veröffentlichung sicher zugesagt, schon steckt er ohne Umschweife sein Feld ab, benennt seine Feinde. Er arbeitet mit einem erstaunlichen Tempo; er provoziert scharfsinnig und streitsüchtig alle zum Duell, die er sowieso ablehnen will. Seine ersten beiden Feinde sind einerseits die faschisierende extreme Rechte, die unter dem geistigen Einfluß von Maurras bei den Schülern und Studenten der «Action française» ihre Blüten treibt; zweitens eine angepaßte, katholische und etwas akademische Literatur, die François Mauriac für ihn verkörpert. Rückkehr Pardaillans, der mit Feder und Schwert dem kleinen Mann zu Hilfe eilt, sich wieder mit Poulou verbündet. Lange Verhandlungen mit Paulhan, dem Komplizen beider geplanten

Duelle, dem ersten fröhlichen Zeugen dessen, der dabei ist, «jemand» zu werden. Paulhan der begabte Förderer von Talenten, begreift die Situation, und seine Verlegernase sagt ihm, daß es Zeit ist, daß Sartre «die Hunde losläßt».

«Cher Monsieur, ich bin mit Ihren Streichungsvorschlägen einverstanden. Allerdings möchte ich daran festhalten, daß die ‹Action française› eine Verschwörung ist... Sie wissen genausogut wie ich, daß Maurras geschrieben hat: ‹Wir sind keine Partei, wir sind eine Verschwörung›... Hatte ich nicht eine zusätzliche Seite zur ersten Seite der Druckfahnen für den Mauriac-Artikel hinzugefügt? Meiner Ansicht nach reichte sie aus... Gibt es denn Ihrer Meinung nach noch mehr zu sagen, cher Monsieur?» [33] Ein großartiges Dokument aus der Paulhan-Sartre-Korrespondenz in den ersten Jahren ihrer Beziehung: Unter dem Druck Paulhans stimmt Sartre respektvoll, höflich, anerkennend sämtlichen Kürzungen, Veränderungen und Abschwächungen zu, die dieser ihm vorschlägt. Das wird nicht lange anhalten, der «große Sartre» wird später nur selten eine Abschwächung seines Denkens hinnehmen. Bei den Kürzungen, Vorschlägen und während der offiziellen Einladungen, zum Beispiel bei Madame de Bassiano, werden Projekte geschmiedet, Lektüren geplant, Vorschläge ausgetauscht: eine wirkliche Literatenkorrespondenz. «Cher Monsieur et ami, ich habe gerade ihren Brief zur Macht der Wörter gelesen», schreibt Sartre mit zittriger Schrift von dem Schiff aus, auf dem er nach Casablanca in die Ferien fährt: «Ich bin völlig einer Meinung mit Ihnen... Ich habe den Eindruck, daß Sie mich herausfordern wollen: Man zeige mir jemanden, der in dem Moment, in dem Augenblick, da er spricht, sagen wird: Ich bin für die Macht der Wörter empfänglich. Sie begeben sich hier auf psychologisches, nicht mehr auf soziologisches Terrain...: Sie berufen sich auf die Introspektion. Ich glaube, ich kann Ihnen hierzu antworten, daß ich dieser seltene Vogel bin (so selten auch wieder nicht). Ich bin für etwas an den Wörtern empfänglich, was ich nicht ihren begrifflichen, sondern ihren magischen Sinn nennen würde...» [34] Und der seltene Vogel schließt daran sofort eine lange brillante Abhandlung über die magische Kraft der Wörter an, zwingt Paulhan, sich selbst zu übertreffen, stellt ihm präzise Fragen, die fast über seine «so feinsinnigen Analysen» hinausgehen... Schlag auf Schlag bereitet Sartre nach *L'enfance d'un chef* und dem Mauriac-Artikel eine Bemerkung zu Husserl, einen Artikel zu Nizan, einen weiteren zu Faulkner vor und beschließt, in Anknüpfung an seine letzte Novelle einen Roman zu beginnen, der «Luzifer heißen wird» und dessen Sujet er glücklicherweise jetzt ganz klar sieht.

Unerschütterlich fährt Sartre mit seinen Analysen, Vorschlägen, Anregungen fort. Nach seiner Faulkner-Interpretation zum Begriff der Zeit im Roman kündigt er, ohne auch nur mit der Wimper zu zucken, an, es handele sich hierbei «um den ersten Teil weiterer Untersuchungen zum Phänomen der Auflösung der Zeit in der heutigen Literatur.»[35] Seine ersten, aufsehenerregenden Artikel setzen also seine Vorträge in Le Havre fort, vertiefen, verlängern und verfeinern sie. Dos Passos, Faulkner sind wieder in der Theorie des Romans anzutreffen, die sich zwischen den Zeilen dieser Artikelserie abzeichnet. Sämtlichen Abhandlungen stellt er übrigens definitive Formeln voran: «Ein Roman (ist) ein Spiegel»; «Der Roman enthält nicht die Dinge, sondern ihre Zeichen»; «Aus einiger Entfernung betrachtet, gleichen sich gute Romane ganz und gar Naturerscheinungen an».[36] Er teilt Nadelstiche aus, erforscht Neues, verdammt und bejubelt: «Ich halte Don Passos für den größten Schriftsteller unserer Zeit» einerseits und: «Gott ist kein Künstler; Mauriac auch nicht» andererseits. Das wird gesagt mit der Heftigkeit eines seitlichen Hakens. Welche Überraschung in der Welt der Literatur! Seine «Reputation» als Kritiker erwirbt er ganz allein durch diesen Artikel, *Mauriac et la liberté*, der im Februar 1939 in der *Nouvelle Revue française* erscheint. Er fällt über *Thérèse Desqueyroux* und ihren Autor her, er vernichtet einen zwanzig Jahre älteren Schriftsteller, der seit 1932 Mitglied der Académie française ist und allerorts größten Respekt genießt. Ist es nicht auch ein bißchen Thiviers, das er hier mit dem regionalistischen Schriftsteller des Südwestens, der François Mauriac war, vernichten will? «Ich werde nie der Dichter des Aurillac sein», pflegte Sartre ironisch zu äußern. Mauriac brauchte einige Jahre, um sich von dieser Attacke zu erholen. Sartre dagegen hatte sich damit einen soliden Ruf als Zensor in der kleinen Republik der Künste verschafft, die seine Ausbrüche, seine Wutanfälle, seine Leidenschaft und seinen Haß noch kennenlernen sollte.

Zweiter unmittelbarer Feind in der literarischen Welt von Paris:

Robert Brasillach, der durch *L'enfance d'un chef* herausgefordert war, tobte in der *Action française* gegen diesen «langweiligen» Autor «dreckiger Erotik». Allerdings gesteht er ihm gleichzeitig einen «schlauen und subtilen Geist» zu, «dem es nicht an einer gewissen gehässigen Intelligenz fehlt», ehe er sich tugendhaft über die allgemeine Atmosphäre seiner Novellen entrüstet. «Denn schließlich, mein lieber Sartre», hält er ihm mitleidsvoll vor, «kann es nicht besonders witzig sein, den ganzen Tag mitten im Gestank, in abstoßenden Gewohnheiten, in dreckiger Wäsche, ungesunden Zimmern und zwischen Kreaturen verbringen zu müssen, die weder Dusche noch Zahnpasta kennen.» [37] Kritiken, zu denen sich bald die von Jean Pierre Maxence im *Gringoire* hinzugesellen, der das Gesicht verzieht und sich auflehnt gegen «dieses zugleich übermächtige und abscheuliche, von Larven wimmelnde, von bösartigen Fiebern geschüttelte Universum, über dem ein bleierner Himmel lastet; ein Universum von so radikalem Pessimismus, daß im Vergleich dazu die Welt von Herrn Louis-Ferdinand Céline beinahe schon freundlich erscheint.» [38] Überlassen wir zunächst Sartre seinen Verleumdern, ihren Zahnbürsten und Kämmchen netter und adretter Faschisten... Sie werden sich schnell wieder treffen.[39]

«Jean-Paul Sartre, der, glaube ich, Philosophielehrer ist..., hat gerade ein glänzendes Debüt als Romancier gegeben»: neckische Spitze, komplizenhaftes Zuzwinkern an dem Tag, als Paul Nizan persönlich den Eintritt des kleinen Freundes in die Literatur begrüßt, den «französischen Kafka», den «philosophischen Romancier erster Ordnung... mit einem wilden Humor und einem scharfen Sinn für die gesellschaftliche Karikatur».[40] Offizielle Anerkennung in der Zeitung *Ce soir*, wo er seit März 1937 gemeinsam mit Aragon und Jean-Richard Bloch verantwortlicher Redakteur ist und die Rubrik Außenpolitik betreut. Spanienkrieg, Versammlung des Völkerbunds, Münchner Abkommen, Reisen der französischen Minister nach Osteuropa, nichts entgeht dem marxistischen Reporter, der parallel seine Laufbahn als Romancier fortsetzt: 1938 ist er Anwärter für den Prix Goncourt mit seinem Buch *La conspiration*, das im selben Jahr wie Sartres *La nausée* bei Gallimard erscheint, und erhält schließlich den Prix Interallié, der für Schriftsteller-Journalisten vorgesehen ist. Natürlich zieht der dankbare kleine Freund in der *Nouvelle Revue fran-*

çaise seinerseits komplizenhaft den Hut vor *La conspiration* und lobt die «bittere und düstere Persönlichkeit» Nizans, diesen «Mann, der seiner Jugend nicht verzeiht», den «schönen, harten und nachlässigen Stil», die «langen kartesianischen Sätze, die in der Mitte zusammenfallen, wie wenn sie sich nicht mehr halten könnten, und plötzlich wieder aufspringen, um im Schwebezustand zu enden.»[41] Wie haben sie in ihren Jugendjahren von diesem kleinen Szenario sich spiegelnder Spiegel träumen müssen! Und wie viele komplizenhafte Kritiken hatten sie nicht in Gedanken schon entworfen! Schließlich, ein Jahr vor Kriegsausbruch, werden sie es erreicht haben; aber Nizan stirbt 1940, und es wird bei diesem ersten Sich-Zuzwinkern bleiben: Mit Nizans Tod bricht auch die Reihe der «Kommandant Sartre» genannten Figuren ab, die Nizan gern in seine Bücher plazierte, ebenso wie die «Gendarm Nizan» genannten, mit denen sich Sartre revanchierte.

Es war allerdings eine rein literarische Komplizenschaft aus der Ferne, da beide Männer nicht mehr wirklich miteinander verkehrten. Sartre wird später erklären, es habe ihm manchmal genügt zu wissen, daß sein Freund täglich in *Ce Soir* einen Leitartikel zur Außenpolitik schrieb, um sich selber von aktiver Politik oberflächlich «dispensiert» zu fühlen und sich auch etwas vorschnell vorzustellen, Nizans journalistische Tätigkeiten hätten aus ihm einen erstrangigen politischen Funktionär innerhalb der Hierarchie der KPF gemacht. Die darauffolgenden Ereignisse sollten ihm bald das Gegenteil beweisen. Der nun gefeierte, offiziell anerkannte Sartre betrachtet immer noch die Welt, jetzt aber als Akteur, der anfängt, sich persönlich Sorgen zu machen über die Unterzeichnung des Münchner Abkommens im September 1938, der integrierter und daher durch die Ereignisse der europäischen Politik und Geschichte verwundbarer ist. Am Lycée Pasteur sagte man in dieser Philosophieklasse, die den Kriegsausbruch erlebte, gern, Sartres Hauptrivale sei kein anderer... als Daladiers Sohn: Daladier, Jean, Sohn von Daladier, Édouard, dem Ministerpräsidenten, der bei Schulanfang 1938 seine Bewegung «Les jeunesses de l'Empire français» ins Leben rief und damit in den Schulklassen des Lycée Pasteur durch notorische Aufregungen, Berge von Post und Radiointerviews einen gewissen Ruhm erwarb, so daß Sartre ihm eines Tages, als er sah, wie Jean Daladier während des Philosophieunterrichts seine umfangreiche Post aufmachte, zurief: «Herr Daladier, von zwei bis vier empfange ich nicht; von zwei bis vier habe ich Unterricht.» [42]

Für die Erschütterungen der Geschichte eher über Filme empfänglich – die er sich mit der gleichen Freude wie früher ansah – als durch regelmäßige Zeitungslektüre, sollte Sartre jetzt, in dieser so eigenartigen Vorkriegszeit, aus seinem «dogmatischen Schlaf» [43] erwachen. «1930 öffneten uns die Weltkrise, das Aufkommen des Nazismus, die Ereignisse in China und der Spanienkrieg die Augen; der Boden schien unter unseren Füßen zu wanken, und plötzlich begann *auch für uns* die große historische Eskamotage: jene ersten Jahre des großen Weltfriedens mußte man plötzlich als die letzten der Zwischenkriegszeit betrachten.» [44] Stärker als jeder andere wird Sartre diesen Geisteszustand, der dem Münchner Abkommen vorausging, diese «trügerische Windstille», die Daladier bei seiner Rückkehr Applaus einbrachte, dieses «feige Aufatmen» spüren. Einige Monate später macht er diese Septembertage von 1938 zum historischen Rahmen von *Le sursis*, dem zweiten Roman seiner Trilogie *Les chemins de la liberté*. Immer betroffener sieht er also dem Krieg entgegen. Dabei ist unerheblich, ob seine Lektüre eher kinematographischer als politischer Natur gewesen ist, von jetzt an wird er Zeugnis über diese schwierigen Zeiten ablegen. Unerheblich ist also, ob seine früheren Zeugen Fritz Lang, Charlie Chaplin, Ophüls, Lubitsch, Pabst oder auch Carné, Renoir und René Clair hießen, nun ist er der Zeuge. Abwechselnd luzide, besorgt oder skeptisch ist er von der Geschichte eingenommen, betroffen und gefesselt: «Ist es denkbar, daß wir untätig zusehen, wie eine Nation ausgelöscht wird, deren Unverletzbarkeit wir garantiert hatten?» fragt er Castor nach dem Münchner Abkommen und der Preisgabe der Tschechoslowakei, wobei er nebenbei bemerkt: «Die Demokraten haben endgültig die Hoffnung verloren, Hitler jemals zurückzudrängen. Das ist ein echter Sieg des Faschismus, nicht nur auf dem Gebiet der internationalen Politik, sondern in den verschiedenen Nationen.» [45] Er sitzt nun im gleichen Boot wie die anderen, genauso besorgt wie sie, und spinnt dabei nach seiner eigenen Art weiter an seinem literarischen und privaten Leben.

«‹Bist zu zufrieden hier, Poulou?› Ich: ‹Ja, Mama.› ‹Hm? Nicht gut?›... Ich: ‹Doch, doch, Mama.›... Sie dann...: ‹Jedenfalls tut es dir gut, es ist gesund.›» [46]

In den ersten Sommerwochen von 1939 opfert sich ein vierunddreißigjähriger Poulou ohne allzu starken Widerwillen dem Ritual der Familienferien und sitzt zwischen Mutter und Stiefvater brav am Tisch. Im Departement Yonne, unweit von Colettes Haus, wird spazierengegangen, gelesen, zu den Émerys essen gegangen und Bridge gespielt: die ewige Langeweile des französischen Landes, der Sommermondänitäten, des Schweigens gegenüber dem Stiefvater. Ebenfalls jeden Sommer wacht Poulou wie nach einem Ritual nachts auf, mitten in einer Asthmakrise, die diese Rückkehr in die Familie unvermeidlich auslöst. Doch gleichzeitig und parallel dazu gibt es ein ausgeklügeltes, ziemlich akrobatisches Feriensystem mit Castor und den anderen. Denn nach der Talsohle ist anscheinend die Polygamie des kleinen Mannes wieder aufgeblüht: Wanda – Olgas jüngere Schwester –, Lucile, Martine Bourdin, beides Schauspielschülerinnen bei Dullin, Louise Védrine, eine Schülerin von Castor, füllen nacheinander in einem Hotelzimmer im Montparnasse die Nächte des kleinen Mannes aus. Seine Ferientage teilt er gerecht auf zwischen seiner Mutter in der Gegend von Auxerre, Castor in Marseille und Juan-les-Pins, «Louise V.» in La Clusaz und Wanda in Marseille. Täglich schreibt er an alle Abwesenden, erzählt allen alles, schildert seine sexuellen Erlebnisse, seine Mahlzeiten, seine Lektüre. Dank seiner Feder und seinem Geschick unterhält er sozusagen aus der Entfernung einen echten kleinen Harem, schickt Geld, Geschenke, Adressen, Versprechen, kümmert sich um jede und macht aus Angst, auch nur eine einzige zu verlieren, je nach Tag und Stunde jeder wieder Hoffnung. Zwischen Castor und ihm existiert nun ein seltsames Gleichgewicht als Paar, das alle «Peripheren» offenbar zu akzeptieren haben. Denn trotz seinen neuen Liebesgeschichten mit Wanda oder «Louise V.» ist es doch Castor, mit dem er bei Madame Morel zwei Wochen am Meer verbringt, wo man gemeinsam schwimmen geht, liest und mit Freunden Unfug treibt. Und nichts kann offenbar Castor diesen Vorrang, dieses Recht auf Urlaub, diese Bevorzugung streitig machen. Sie ist es auch, die die meisten detaillierten Informationen erhält und vielleicht auf ihr Drängen hin durch das geteilte Wissen eine Art Komplizenstatus des kleinen Mannes erreicht. Seit der Olga-Geschichte ist die Gefahr geringer geworden, und wenn Sartre sich in seine neuen Freundinnen verliebte, verfiel er nie wieder einer ausschließlichen, selbstmörderischen, verzehrenden und einzigen Leidenschaft. Für Castor ist das Meistern der peripheren Gefahren jetzt beinahe zur Gewohnheit geworden: Sie billigt, sie erträgt, sie befürwortet diese Abenteuer sogar, die für sie keine Gefahr mehr bedeuten. Und worüber sollte sie sich beklagen, da Sartre ihr soviel berichtet? «Wir haben uns ohne ein Wort befummelt...», schreibt er zum Beispiel an Castor, als er eine seiner Nächte mit «Martine Bourdin» erwähnt. «Ich habe alles getan, außer mit ihr geschlafen... eine ‹große Liebhaberin›... Das ist das erste Mal, daß ich mit einer Dunkelhaarigen oder eher Schwarzen schlafe... voller Düfte und komisch behaart mit einem kleinen schwarzen Pelz im Kreuz und einem ganz weißen Körper... Eine Zunge wie ein Mirliton, das sich endlos entrollt und einem die Mandeln streichelt...» [47] Äußerste Transparenz, Voyeurismus und Polygamie: Die Schüler vom Lycée Pasteur waren schon von der geahnten Freiheit begeistert gewesen; wenn sie gewußt hätten!

Letzte Augustwochen 1939: Zufälliges Zusammentreffen mit der Familie Nizan im Hafen von Marseille, bevor sich diese nach Korsika einschifft, gemeinsames Mittagessen, Austausch von Informationen über die Kriegsgefahr. Es wird das letzte Treffen zwischen Sartre und Nizan sein. «Verstehst Du, mon amour», schreibt er Ende August an «Louise Védrine», «selbst wenn es Krieg gäbe, gäbe es ein *Danach* für uns drei. Da bin ich absolut sicher; unser Leben wird weitergehen.» [48] Der Wunsch, ein achtzehnjähriges Mädchen nicht zu beunruhigen, oder übertriebene Ruhe? Am Tag nach dem Hitler-Stalin-Pakt, am Tag, nachdem Nizan sein Amt niederlegt, angewidert aus der KPF austritt und das öffentlich in der Zeitung *L'Œuvre* bekanntgibt, bleibt Sartre seelenruhig: «Hitler kann unmöglich einen Krieg anzetteln bei der Einstellung der deutschen Bevölkerung», schreibt er dem jungen Mädchen. «Das ist Bluff...» [49] Tags darauf ist er einberufen.

Mit einem Schlag ließ er seine Mutter, Castor und seine Mätressen, seine angefangenen Artikel für Paulhan und das neue Angebot, die literarische Rubrik der Zeitschrift *Europe* zu betreuen, seine akrobatischen Stundenpläne und seine Schülerfreunde, sein Romanmanuskript und seine Heideggerstudien hinter sich zurück, um in Essey-les-Nancy die Uniform eines Wetterdienstsoldaten anzuziehen. «Der Mann wirkt kaum wie dreißig, ist von zarter Statur, hat helle Haare und hinter Brillengläsern verlorene Augen, aber schmale Lippen, die von derart subtiler Zeichnung sind, daß sie zu beobachten scheinen...»: So hatte Claudine Chonez die literarische Entdeckung der letzten Jahre zu porträtieren versucht. «Das Aussehen eines reinen Philosophen», schrieb sie weiter, «eines Menschen, dessen Fleisch und Blut sich nach innen zurückgezogen haben, damit sie den Geist überernähren können... Er wuchs zunächst zwischen Büchern auf, später zwischen den Wänden der École normale supérieure...»[50] Der zarte und blasse Romancier, der reine Philosoph, der Bücherwurm verließ mit Tornister und Ausrüstung, Uniform und Soldbuch seine gewohnten und neueroberten Gebiete für ein fernes, vielleicht sein verwegenstes Abenteuer, für einen Krieg, in dem Europa, bewußt und unbewußt zugleich, untergehen würde, einen Krieg, aus dem er so wenig wie jeder andere unversehrt zurückkommen sollte.

EINE VERWANDLUNG IM KRIEG

1939 – 1945

Mir scheint, ich bin auf dem Weg, wie die Biographen um die Seite 150 ihres Buches sagen, «mich zu finden»...

Brief an Simone de Beauvoir vom 6. Januar 1940.

War Sartre wirklich auf dem Weg, sich zu finden? War der kleine Soldat im Marineblau mit Kniebundhosen, langen Strümpfen und dicken Schuhen, mit gerade geschnittener Jacke und goldenen Knöpfen, mit der schräg aufgesetzten Mütze und dem ungeschickt geschlossenen Lederkoppel, das das Ganze wie ein Päckchen zusammenhielt, wirklich dabei, sich zu finden? Die einzigen sichtbaren Attribute, die auf seine Vergangenheit hinweisen, sind eine helle Meerschaumpfeife und eine runde, dunkle Hornbrille. Die Pfeife und die Brille sichern die Kontinuität des Vorkriegs-Sartre gegen alles übrige.

«Der Krieg hat mein Leben regelrecht in zwei Teile geteilt» [1], wird er später sagen. Eine Prüfung ist nicht nötig, das Spielchen «vorher-nachher» funktioniert bestens. Der Sartre von 1945 ist nicht mehr der Sartre von 1939. Es ist die große Mutation, die große Verwandlung seines Lebens. Bei Eintritt in den Tunnel ein Philosophielehrer am Gymnasium, der zwei Werke vorzuweisen hat, ein isolierter, individualistischer Mensch, der sich kaum oder gar nicht von den Angelegenheiten dieser Welt betroffen fühlt, völlig apolitisch ist. Beim Verlassen des Tunnels ein Schriftsteller, der seine vielfältigen Talente in unterschiedlichen Gattungen entfaltet, der politisch aktiv ist und es auch sein will: ein anerkannter Schriftsteller, der einige Monate später international berühmt sein wird.

Zur Stunde aber verfolgt der Teilnehmer des Ereignisses, der kleine

Soldat, die großen Manöver zwischen Hitler und Stalin, die internationalen Strategien und die Überlegungen uniformierter Generäle oder schnurrbartbewehrter Staatsoberhäupter nur mäßig. Sartre ist Akteur des Krieges von 1939--1945 und Soldat der den Männern über 32 Jahren vorbehaltenen Kategorie B. Er erhält eine neue Identität und erfährt die rituelle Nivellierung der großen Armeeformationen. Er ist der Soldat Sartre mit der Nummer 1991 und im Regiment der 70. Artilleriedivision für den Dienst auf der Wetterstation A. D., Abteilung 108 abgestellt, er gehört zur 11. Armeegruppe unter dem Befehl von General François, Oberst de Larminat und dem Obergefreiten Pierre.

EIN KAFKAESKER KRIEG

Ich habe seit der Einberufung oft an Kafka gedacht, ihm hätte dieser Krieg gefallen, und es wäre ein gutes Thema für ihn gewesen, er hätte einen Menschen namens Gregor K. beschrieben, der ihn beharrlich sucht, überall seine Gefahr spürt und ihn nie findet. Ein Krieg im Aufschub, wie einige Verurteilungen im Prozeß*...*

Brief an Jean Paulhan, 13. Dezember 1939.

Die *drôle de guerre* ist nicht der Krieg. Von ihren Vätern, Großvätern, Onkeln, allen Kriegsveteranen und Frontsoldaten, aus den unzähligen Erzählungen über 1914–18 hatten sie gelernt, sich Schützengräben, sichtbare Feinde, Nahkämpfe und heldenhafte Soldaten vorzustellen. Sie werden über neun Monate in endlosem und absurdem Warten unter Franzosen verbringen. Sie werden sich langweilen, Karten spielen, lesen, von ihren Frauen oder Geliebten erzählen, ohne wirklich zu begreifen, was um sie herum und mit ihnen geschieht. «Nun bin ich also Soldat und eifrig», schreibt Sartre. «Aber nicht kriegerisch. Ich lasse in der Nähe der Artilleriebatterien Ballons los, als wären es Tauben, und verfolge sie durch das Fernglas, um die Windrichtung zu bestimmen ... Ich habe genug Zeit, meinen Roman weiterzuschreiben, und hoffe, ihn vor dem Winter zu beenden. Ich denke auch, wegen der Aktualität, an ‹Überlegungen zum Tod›, die ich der *Nouvelle Revue française* geben möchte.» [2]

Am 2. September 1939, dem Tag der allgemeinen Mobilmachung, nimmt der kleine Soldat in der Kaserne von Essey-les-Nancy an der Ostfront seine Uniform in Empfang und verkleidet sich. Als der Obergefreite Pierre, der die Wetterstation der 70. Artilleriedivision leitet, in die Stube kommt, um seine drei Kameraden abzuholen, deren Namensliste er gerade erhalten hat, entdeckt er verdutzt einen schwer beschäftigten Rekruten auf dem Bett sitzen und schreiben. Neun Monate lang wird die kleine Vierergruppe, eine Zufallsvereinigung denkbar verschiedener Individuen, in einem bewegten und komischen Alltag alles miteinander teilen. Da ist Pieterkowski, ein Pariser Großhändler für Damenbekleidung, Müller, ein Telefonangestellter aus der Provinz, Pierre, der Obergefreite, Mathematiklehrer am Gymnasium in Bar-le-Duc, und Sartre, der den drei anderen beinahe gleichermaßen als ziemlich verschlossener, ungeselliger Mensch erscheint, der Vertraulichkeiten verabscheut, von dem man jedoch weiß, daß er in Paris Philosophie unterrichtet.

Die *drôle de guerre*? Eine unverhoffte Ferienzeit, die sich ziel- und bewegungslos in einem mißmutigen Klima von Ratlosigkeit, Langerweile und träger Passivität dahinzieht. Wenn Sartre fünfunddreißig Jahre später Simone de Beauvoir seine ersten Eindrücke als einberufener Soldat schildert, wird er sich noch genau an das Absurde der Situation erinnern: «Ich war also da, in Militärkleidung, die mir sehr schlecht stand, inmitten von anderen Personen, die die gleiche Kleidung trugen wie ich. Wir hatten eine Bindung, die weder eine familiäre noch eine freundschaftliche Bindung war, die jedoch sehr wichtig war. Wir hatten Rollen, die uns von außen zugeteilt worden waren. Ich ließ Ballons aufsteigen und beobachtete sie durchs Fernglas. Das hatte man mir beigebracht, als ich dachte, daß ich es nie anwenden würde, während meines Militärdienstes. Und ich war da, um diesen Beruf auszuüben, unter anderen unbekannten Leuten, die diesen Beruf ausübten wie ich, die mir dabei halfen, denen ich dabei half, und wir sahen meinen Ballons nach, wie sie in den Wolken verschwanden. Und das ein paar Kilometer von der deutschen Armee entfernt, in der es Leute wie uns gab, die sich auch damit beschäftigten, und es gab andere Leute, die einen Angriff vorbereiteten. Das war eine absolut historische Tatsache. Ich befand mich plötzlich in einer Masse, in der man mir eine bestimmte und dumme Rolle zu spielen gegeben hatte, die ich anderen Leuten gegenüber spielte, die wie ich militärisch gekleidet waren und die die Rolle hatten, das, was wir taten, zu vereiteln und am Ende anzugreifen.» [3]

Er hatte gelernt zu herrschen. Über Ideen, über Wörter. Etappe für Etappe war er ins süße Bad der Elite getaucht: Familie, bürgerliche

Gesellschaft, École normale, Agrégation, Gymnasialwelt, alles geschlossene Orte, Elfenbeintürme, die ihm soziopolitische Turbulenzen ersparten. Sehr früh hatte er seine Schriftstellerkarriere entworfen, war sich der eigenartigen und nicht greifbaren Megalomanie der Wörter bewußt geworden. Mit der *drôle de guerre* zerbricht plötzlich alles. Akteur wider Willen in einem Stück, von dem er weder den Kode noch das Programm kennt, erlebt er, der Demiurg, die unkomischste Farce, der er jemals beigewohnt hat. Eine Vergewaltigung. Lächerliche Kleidung, kontingente Gesten, ungewohnte und unsympathische Stubengefährten. Erfahrungen, die den Entscheidungen, die er bislang immer frei getroffen hatte, diametral entgegengesetzt sind.

Sartre, Pierre, Pieterkowski, Müller: die Gruppe wird in kleinen Sprüngen von Nancy nach Ceintrey, von Ceintrey nach Marmoutier, von Marmoutier nach Brumath, von Brumath nach Morsbronn-les-Bains reisen und die Reize des elsässischen und lothringischen Landes kennenlernen mit seinen kleinen adretten Dörfern, seinen weißgetünchten Fachwerkhäusern, seinen blumengeschmückten Schulen, seinen einladenden Cafés und Bars, seinem Duft nach germanischer Kultur. Am Ende des Winters werden sie einige Wochen in Bouxwiller verbringen, ehe sie im Mai 1940 nach Morsbronn zurückkehren. Ihr erster Auftrag ist schon für sich genommen ein ganzes Programm: Sie sollen sich in der Kaserne von Ceintrey einfinden, wo der Generalstab der 70. Artilleriedivision aufgestellt wird. Dazu schickt man sie zur Blaudan-Kaserne, damit sie einen Lastwagen in Empfang nehmen. «Wir erhielten zwar den Wagen», berichtet der Obergefreite Pierre, «dafür wurde uns der kleinste Tropfen Benzin vorschriftsgemäß verweigert.» Vergebens wird gedrängt und verhandelt. Schließlich ist es Sartre, der einen Ausweg aus dieser schönen bürokratischen Sackgasse findet. «Er hatte den Einfall», erzählt sein Obergefreiter weiter, «auf ein Blatt Papier mit dem Kopf *République française* einen Requirierungsbefehl zu schreiben, mit dem wir von einem Tankwart zwanzig Liter Benzin erhielten...»[4] Doch als sie beim Generalstab eintreffen, geht der Ärger weiter: Der Oberst de Larminat, der ihre Abteilung leitete, hatte keinen sie betreffenden Befehl erhalten und weigerte sich daher, sie aufzunehmen. Sie wurden also wie vier arbeitslose Musketiere wieder in die Natur zurückgeschickt: ein Monat idiotischen, nicht enden wollenden Wartens inmitten der herbstlichen Pracht des lothringischen Landes.

«Wir haben zu siebzehn Quartier in einem Hotel bezogen», schreibt Sartre nicht ohne Humor, «dessen Hauptklientel in Friedenszeiten aus bescheidenen Rheumakranken bestand. Übrig geblieben sind wunderbar durchhängende Betten und Spiegelschränke. Der militärische Sozialismus, der sich in den kleinen Räumen mit geblümter Tapete installiert hat, hat etwas Idyllisches und Phalangenhaftes, etwas von fourieristischem Experiment, das gleich schiefgehen wird und wo die Teilnehmer der Expedition sich zu hassen beginnen. Es ist ziemlich poetisch und interessant.»[5] Der Aufenthalt in Brumath, einer typisch lothringischen Kleinstadt und einem genauen Pendant zu Baden-Baden, wird einige Monate dauern. Sie sind bei der Bevölkerung untergebracht, nehmen aber ihre Mahlzeiten in Restaurants mit schillernden Namen ein, *Zum Hirsch, Zum schwarzen Ochsen, Zum goldenen Löwen*, ein ganzer Grenzzoo taucht da auf. Ihre Beschäftigung? Ballons aufsteigen lassen und sie durchs Fernglas beobachten. «Das nennt man ‹eine meterologische Sondierung›», erklärt Sartre. «Danach gebe ich den Artillerieoffizieren die Windrichtung durch, die damit anfangen, was sie wollen. Die Jungen benutzen die Informationen, die Alten schmeißen sie in den Papierkorb. Beide Methoden kommen sich gleich, denn geschossen wird ja nicht. Diese extrem pazifistische Arbeit (nur die Taubenzüchter, wenn es bei der Armee noch welche gibt, könnten eine sanftere und poetischere Funktion haben) läßt mir sehr viel Freizeit.»[6]

Während die Sowjetunion Finnland angreift, Franzosen und Engländer sich gegenseitig verpflichten, keinen Separatfrieden zu unterzeichnen, Dänemark und Norwegen von den Soldaten des Dritten Reichs überfallen werden, während der neun Monate der *drôle de guerre* versuchte Sartre, diese Freizeit so gut wie möglich zu nutzen: Er schrieb. Unter den unglaublichen Details, die er über seine Zufallsgefährten, die Orte, die er durchquerte, und über den seltsamen Krieg notierte, der nach einem Anfang à la Kafka jetzt eher an Courteline erinnerte, findet sich alles in allem wenig zur Analyse der politischen Ereignisse. Dafür rief die Rückkehr in die Heimat der Schweitzers überraschende Überlegungen bei diesem Hochmütigen hervor, der die Wurzeln seiner Herkunft so verachtete... Schon am

2. September 1939 wurde eine massive Umsiedelung elsaß-lothringischer Bevölkerungsteile in den Südwesten Frankreichs beschlossen: Man wollte eventuellen Verbrüderungen zwischen ihnen und den deutschen Nachbarn vorbeugen. «Straßburg (Dordogne)» titelte damals die Zeitung *L'Œuvre*, um das Phantastische der Operation zu beschreiben, das in dem ungewöhnlichen Aufeinandertreffen zweier so verschiedener Bevölkerungen wie der Elsässer und Perigordiner lag. Auf seinem Beobachtungsposten als arbeitsloser Soldat hörte Sartre natürlich alle Kommentare elsässischer Kneipenwirtinnen und Besitzer requirierter Hotels. Ihn selber störte die Umsiedlung nicht: Es war eine Wiederholung, eine Kopie. Die Schweitzers hatten die Sartres besucht, Anne-Marie war nach Thiviers gezogen, sein Großvater Schweitzer hatte die Eigenarten und Wunderlichkeiten seines Großvaters Sartre entdeckt, das war die harte Konfrontation zwischen Pfaffenhoffen und Puifeybert. «Eines der merkwürdigsten Phänomene dieses technischen Krieges wird die systematische Verpflanzung der Elsässer gewesen sein... Man hat sie zu den limousinischen Bauerntrampeln geschickt, den letzten Menschen, rückständig, stumpfsinnig, geldgierig und niederträchtig. Diese Elsässer, noch ganz geblendet von der Erinnerung an ihre gepflegten Felder, ihre schönen Häuser, geraten in diese Gegend, in diese schmutzigen Städte, zu diesen mißtrauischen und häßlichen, zum größten Teil verdreckten Leuten... Ihr Sauberkeitssinn mußte einen Schock bekommen haben von Kleinstädten wie Thiviers, wo man noch vor zwölf Jahren Müll und Exkremente in Schlammgruben warf. Das Resultat jedenfalls ist klar: Die Elsässer, die in die Heimat schreiben, nennen die Limousiner *Wilde*. Das Wort kehrt in allen Briefen wieder, es ist wirklich eine kollektive Vorstellung: ‹Wir sind bei den Wilden.› Die Limousiner wiederum nennen die Elsässer *Boches*.»[7]

Wieder einmal zog Sartre es vor, sich als Schweitzer und Elsässer zu sehen. Wieder identifizierte er sich mit diesen stolzen Elsässern, die «das primitive Aussehen der Landwirtschaftswerkzeuge dieser Wilden» verachteten, schon beim Anblick bestimmter perigordinischer Gerichte – der *Garbure* oder der Trüffelomeletts? – ihren Ekel äußerten und entsetzt aufschrien: «Die essen Abfälle!», die natürlich wegen des limousinischen Mißtrauens beleidigt waren und zutiefst darüber enttäuscht, dem perigordinischen Bauern nicht die eigenen

Arbeitsmethoden beibringen zu können, wie es dem Charakter des Elsässers, der gerne Ratschläge erteilt, entspricht. Auf einen plötzlichen und überraschenden Einfall hin ist Sartre «nach Pfaffenhoffen ‹gepilgert›, der Wiege meiner Familie mütterlicherseits, wenn ich mich recht erinnere», wie er gleich wieder distanzierend hinzufügt. Warum? fragt er sich. «Letzten Endes hoffte ich ein wenig, daß sich durch diesen plötzlichen Kontakt mit einer Stadt, in der ich einmal gelebt hatte, auf einmal ein ganzer Schwarm von Erinnerungen kristallisieren würde. Und dann kam sie mir poetisch vor, diese auf dem Grund meines Gedächtnisses verschüttete kleine Stadt, wie die Stadt Ys auf dem Grund des Meeres...» Im Sommer 1913 hatte er in dieser Kleinstadt Pfaffenhoffen bei seiner Tante Caroline Biedermann – der Schwester von Charles Schweitzer – die Ferien verbracht und dort als Kind einen seiner ersten Texte, «Pour un papillon», geschrieben. Sechsundzwanzig Jahre später kehrte der Soldat Sartre mit Gewehr und Helm dorthin zurück, «nicht gerade die klassischen Requisiten des Pilgers», bemerkt er humorvoll. Abfahrt am Freitag, dem 22. Dezember 1939, in aller Frühe mit einem Militärlastwagen, den ein schnurrbärtiger dicker Elsässer fährt: Sartre sitzt vorne, Grener hinten... Eberbach... Schweighausen... Niedermodern... Es ist ziemlich kalt: minus neun Grad. Abgesehen von einigen Ackergäulen, anderen Soldaten und Feldarbeitern begegnen die drei Soldaten so gut wie niemandem; eine triste fahle Sonne scheint durch den bewölkten Himmel. Sieben Uhr morgens. Eine Runde Schnaps, eine Runde Rum, um sich aufzuwärmen; schließlich kommt man in Pfaffenhoffen an. Sartre – wen wundert's? – empfand keine romantische Nostalgie. «(Ich bin) durch diese große, reiche und etwas traurige Ortschaft geirrt, die mir nichts sagte», erzählte er. «Die ganze Vergangenheit ist gut verschüttet, nichts kann sie wieder hervorholen... An einer Straßenecke fand ich mich vor einem großen ockerfarbenen, sehr häßlichen Gebäude mit Schieferdächern, Erkern und Giebeln: es war das Kaufhaus Biedermann. Auch hier blieb mein Gedächtnis stumm...» [8] Mit einigen zynischen Worten über das Dorf seiner Vorfahren kehrte der pilgernde Soldat nach Brumath zurück. Obwohl er seit einem Monat, vielleicht als Ausdruck einer anderen, eher scheuen, abweichenden und persönlichen Elsaßnostalgie, über Ausschnitte aus seiner Vergangenheit nachdachte und schrieb. Wahrscheinlich spielte der Fetisch dieses Orts, in dem er sich völlig unbeabsichtigt eingefunden hatte, dabei eine Rolle...

Was aber seine Tage vor allem ausfüllt, ist das enge Zusammenleben, sind die ständigen Spannungen mit seinen Vorgesetzten, genauer gesagt mit dem nächststehenden, dem Obergefreiten Pierre. Als einen mageren, nervösen Menschen, einen Mathematiklehrer mit einem Brillengestell aus Eisen beschreibt Sartre ihn. Alte Erinnerungen an die Algebraübungen mit Joseph Mancy zu Hause in La Rochelle? «Lag es daran, daß Pierre Mathematiklehrer war», fragt Sartre weiter, «daß er nicht ohne Markierungspunkte leben konnte? Den ganzen Winter lang hatte er tagtäglich die Lage abgeschätzt, er legte oft fünfzehn Kilometer zu Fuß durch den Schnee zurück, um im Radiowagen die Nachrichten zu hören...: den ganzen Krieg lang kannte er die genaue Entfernung, die ihn von seiner Frau trennte, die Zeit, die er am jeweiligen Frontabschnitt bleiben würde, und seine Nummer auf der Urlaubsliste...»[9]

Ein Musterbeispiel gegenseitiger Antipathie zwischen diesen beiden so verschiedenen Männern. Wer haßte den anderen als erster? Sartre jedenfalls ist davon überzeugt, daß der Obergefreite Pierre nicht die geringste Sympathie für ihn hatte: «Wir waren beide Lehrer. Das hätte, spürte Pierre vage, uns verbinden müssen. Ich nicht. Für mich existierte diese Verbindung nicht, deshalb war er unzufrieden.»[10] Tatsächlich geraten Sartre und Pierre ständig aneinander. Auf der einen Seite der manische, pingelige, übergenaue Obergefreite, der Ordnung und Hierarchie rückhaltlos respektiert, in die Armee integriert ist und einen pathologischen Bezug zur Wirklichkeit hat; auf der anderen der marginale, einsame, atypische Sartre, der ungeschickt mit seinen Arbeitsinstrumenten umgeht und Ordnung und Armee haßt. Eines Tages bekommt ihr Verhältnis eine paranoide Wende, und Sartre schreibt an Beauvoir: «...Sie hätten mich den ganzen Nachmittag mit trauriger Miene und nägelkauend sehen können..., so daß Paul (Pierre), der auf meine Schwächen lauert, mich mit ironischer und mitleidiger Überlegenheit gefragt hat, ob ich einen Katzenjammer oder schlechte Nachrichten von Zuhause habe. Ich habe ihn scharf zurückgewiesen...»[11] Später wird auch Pierre von den Launen Sartres erzählen, den er als zykloid und labil einstuft: «Bei einer Übung», schreibt er, «wollte er nicht auf mich hören, wie ein Theodolit aufzustellen sei, und äußerte seine Verärgerung mit dem Satz: ‹Ich bin nicht einer deiner Schüler›.» [12] Am aggressivsten lehnt Sartre offensichtlich die Hierarchie in dieser geschlossenen Gesellschaft ab. Schon der Lehrer von Le Havre sträubte sich gegen hierarchische Beziehungen zum Schuldirektor. Dem Muschkoten fällt es sehr schwer, von einem schulmeisterlichen Obergefreiten belehrt zu werden. Alle Anmerkungen von Pierre weisen ausnahmslos auf eines hin: Sartre sei ein Außenseiter, der für die Armee weder Interesse noch Achtung empfindet, ein Anarchist und Phantast. Immer wieder erwähnt er seine Respektlosigkeit, seine Ungepflegtheit, sein Ungeschick. Von Anfang an, schreibt er weiter, «hatten wir den Eindruck, daß er uns nicht vom kleinsten militärischen Nutzen sein würde» [13].

Tatsächlich spielt Sartre das Spiel nicht mit. Diese Soldatenrolle, diese erzwungenen Männerfreundschaften, diese unerwünschte Intimität ödeten ihn an. Beispielsweise als ein Soldat, vermutlich Müller, ihm gegenüber vertraulich wird. «Das affektive Band, das dadurch entstand, daß ich für ihn der Mensch war, der sein Leben kannte und mit dem er über Dinge sprach, an die ich mich anschließend erinnern mußte, das erschien mir unerträglich ... Weil das die Beziehung verschiebt, es ist nicht mehr die gleiche Beziehung. Man ist gefangen, man muß Ratschläge geben, jemand beruft sich auf einen, jemand bezieht sich auf einen, jemand hat eine Art Respekt vor der Person, die die Vertraulichkeiten empfängt, und ich wurde schließlich das, was ich nicht sein will, der Meister mit Jüngern, und ich mochte es nicht, daß man mir Vertraulichkeiten erzählte.» [14] Weder unterlegen noch überlegen erträgt Sartre weder Patriarchalismus noch Bewunderung. Er kapselt sich also in ein völlig obsessives Verhalten ein, zieht sich auf seine eigenen Beschäftigungen zurück und will, daß man ihn vergißt, achtet und in Ruhe läßt. Ein schreibender Soldat, das wird seine eigene Rolle sein. Und Achtung seitens der Vorgesetzten, der Hauptleute oder Obersten, wird er erhalten, als sie eines Tages von seinen Nebenbeschäftigungen erfahren. Die witzige Szene ist von Sartre festgehalten worden: «Ein Hauptmann kam – forsch, Militärakademie, diniert mit dem General – und sagte zu mir: ‹Und der da, der so mitgenommen aussieht, was macht er?› Ich sah überhaupt nicht mitgenommen aus, aber ich machte das Gesicht, das ich mache, wenn ich arbeite. ‹Eine persönliche Arbeit, Herr Hauptmann.› ‹Was denn?› ‹Ein Buch.› ‹Einen Roman?› ‹Ja, Herr Hauptmann.› ‹Worüber?› ‹Es wäre ein bißchen langwierig, Ihnen das zu erklären.› ‹Na, gibt es da Frauen, die gevögelt werden, und betrogene Ehemänner?› ‹Natürlich.› ‹Sehr gut. Sie haben Glück, daß Sie arbeiten können.› Worauf... er nicht ohne einen Anflug von Melancholie zu den Schreibern sagte: ‹Schriftsteller darf man nicht von nahem sehen.›» [15]

Dem Obergefreiten zufolge fiel der ungewöhnliche Muschkote noch weiteren Armeegrößen auf: «In Morsbronn-les-Bains», erzählt er, «brachte ihm Oberst de Larminat größtes Interesse entgegen. Er hatte erfahren, daß er schrieb, jedoch nie eines seiner Bücher gelesen. Den Bart von Sartre, der sich nur selten rasierte, sah er als Schmuckstück der Division an. Sartre trug ein Schild bei sich, auf dessen Vorderseite ‹Belästigen erlaubt› und auf dessen Rückseite ‹Belästigen verboten› stand. Der Oberst traf an einem für ihn günstigen Schildtag ein und freute sich über diesen glücklichen Zufall!» [16] Der schreibende Soldat war in der Tat ein kurioses Phänomen innerhalb dieser Kleingruppe: Ob er Mißtrauen oder Bewunderung hervorruft, jedenfalls läßt er keinen gleichgültig. Unzählig sind die Details über seine «stinkende Stube», über die wochenlange Zeit, die er, «ohne sich zu waschen, verbringt, obwohl er nur die Straße zu überqueren hatte, um über ein Badezimmer im Badehaus *ad libitum* zu verfügen», oder über seinen Spitznamen als «der Mann mit den schwarzen Handschuhen», den er in der Kaserne erhalten hatte, weil «seine Arme bis zum Ellbogen schwarz vor Dreck» [17] waren. Eine letzte Anekdote, wieder vom Obergefreiten: «Ich hatte mit ihm einen heftigen Streit», erläutert er, «als ich ihn davon abhalten wollte, die Möbel des Hauses zu verbrennen, weil er sich weigerte, Holz zu hacken. Sein Hauptanliegen war, keine Zeit zu verlieren, damit er lesen und schreiben konnte.» [18]

Sartre wird also im Durchschnitt an die zwölf Stunden täglich darauf verwenden, in Schulräumen zu schreiben, während sich um ihn herum Menschengruppen unterhalten, im Freien auf den Knien zu schreiben, während der Wache zu schreiben, beim Küchendienst zwischen der Suppenausgabe zu schreiben. «Ich habe Paul (Pierre) vorgeschlagen, heute abend an seiner Statt die Wache zu übernehmen, um weiterschreiben zu können.» [19] Wenn er nicht gerade seine

Ballons aufsteigen läßt, schreibt er ununterbrochen, er schreibt, wie man Sauerstoff einatmet. Er schreibt, um den anderen zu entkommen, sein eigenes Territorium abzustecken und sich von dieser Klebrigkeit befreien zu können, die ihn anekelt. Er erfindet sich Menschen, Gesprächspartner und sucht sich Freunde aus. Als eine Art aktiven Widerstands gegen die Angst, zu verkommen, baut er sich wieder eine Welt zusammen, ruft andere Kommunikationsweisen ins Leben und überlebt. Mit seinen Briefkorrespondenten und seinem kleinen Notizheft als Ersatzobjekten.

Um zu überleben, nahm sich Sartre also ein Notizheft und führte zum erstenmal in seinem Leben ein Tagebuch. Dieses Heft wird sein Rettungsanker, seine tägliche Zuflucht. Obwohl es eine Schreibweise ist, die seinen eigentlichen Neigungen so fern liegt. Als ihm Paulhan wenige Monate vorher vorschlug, sich an einer «Hommage à André Gide» zu beteiligen, die in der *Nouvelle Revue française* erscheinen sollte, hatte Sartre noch sein prinzipielles Unbehagen gegenüber dieser Gattung geäußert: «Ich möchte», hatte er Paulhan geantwortet, «zu seinem Tagebuch etwas schreiben und überhaupt darüber, was die Attitüde ‹Tagebuch› bedeutet.» Das war im August 1939: Man kann sich also Paulhans Staunen vorstellen, als er von dem gleichen Sartre einen auf den 13. Dezember 1939 datierten Brief empfing, in dem es hieß: «Ich habe mich vor zwei Monaten dazu entschlossen, ein Tagebuch zu führen, trotz dem Widerwillen, den diese Art von Übung bislang bei mir erregte. Es ist eine Hygienemaßnahme: ich lade dort alle Gedanken ab, auf die mich der Krieg und meine Situation als Soldat bringen; so habe ich, nachdem ich der Aktualität meinen Tribut gezahlt habe, den Kopf frei, um einen ganz pazifizistischen Roman zu schreiben, der 1938 spielt.» [20] Sartres Heft oder die Einführung eines Doppellebens während der *drôle de guerre*. Als Komplize, Muse, alter Freund wird das Heft bald seinen Status eines beschränkten Objektes überschreiten und magisch werden. «Ich habe jede Menge Ideen im Moment, und ich bin sehr froh, dieses kleine Heft zu führen, denn es läßt sie entstehen», schreibt er Castor. «Das kommt mir vor wie ein geheimes kleines Leben über dem anderen, mit Freuden, Sorgen, Gewissensbissen, von denen ich ohne dieses kleine Ding aus schwarzem Leder nicht die Hälfte gekannt hätte.»[21] Einmal, zwischen zwei Wachen, schreibt Sartre über achtzig Heftseiten voll! Ein anderes Mal gut dreißig im nächsten Heft, einem Geschenk von Simone de Beauvoir, «Ihr schönes nachtblaues Heft»[22], wie er es nennt. Ästhetik des fetischisierten Objekts: «Ich verspüre eine Freiheit des Denkens, wie ich sie nie gehabt habe», vertraut er ihr an. «...ich glaube, daß über den Krieg und das Infragestellen hinaus die *Form* des Tagebuchs viel dazu beiträgt; diese freie und ungeglättete Form macht nicht von früheren Ideen abhängig, man schreibt alles, wie es einem gerade kommt, und macht erst einen Punkt, wenn man will.»[23] Die Form des Tagebuchs oder das Sartresche Entdecken eines neuen Schreibhedonismus.

Zwischen dem 23. September 1939 und dem 21. Juni 1940 erlebte Sartre seine *drôle de guerre* in der wohltuenden Intimität von mehr als fünfzehn Heftchen, hübschen Gegenständen aus schwarzem Leder, grauem Kunstleder oder nachtblauem Leinen. Über fünfzehn Hefte, vollgeschrieben mit enger Schrift von links bis rechts, von oben bis unten ohne Ränder. Nur fünf der fünfzehn Hefte, die vielleicht ein literarisches Gesamtwerk waren, wurden gerettet und sind heute vorhanden. Sie werden drei Jahre nach Sartres Tod von seiner Adoptivtochter unter dem Titel *Carnets de la drôle de guerre* veröffentlicht. Was für ein Dokument! Sartre behandelt die vielfältigsten Themen: seine Lektüre, seine Stubenkameraden, seine Erlebnisse in Le Havre, Laon, Berlin, seine Freundschaften an der École normale, seine Frauenfreundschaften, seine unglücklichen Liebesgeschichten, sein Verhältnis zur Politik: Alles wird dort aufgenommen, sein gesamtes vorheriges Leben, jetzt gefiltert durch den Soldatenblick, zieht abschnittsweise vorbei. In diesen neun absurden und nutzlosen Monaten besinnt sich der Schriftsteller auf sich selber, liefert er eine erste «Entzifferung», wie er sich ausdrückt. Erste Spuren, erste Entwürfe zu dem, was Mitte der fünfziger Jahre sein erstes autobiographisches Manuskript sein wird, das 1964 unter dem Titel *Les mots* erscheint.

In einem unentwirrbaren Ideenknäuel mit beeindruckenden Gedankensprüngen, in denen sich Philosophie, Literaturkritik, Analyse der politischen Situation zwischen Stalin und Hitler, Anmerkungen zu seinem Stiefvater oder seinem Verhältnis zum Geld abwechseln, führt der Soldat der *drôle de guerre* Buch. Manchmal treuherzig oder auch naiv erzählt er sich sein eigenes Leben, um es in einem unbeschreiblichen und genialen Wirrwarr, wo durcheinander Husserl, Heidegger, Flaubert, Wilhelm II., Aron, Guille, Nizan, Castor, Olga, sein Stiefvater, Faulkner, Bost und Hemingway auftauchen, zu sondieren und zu begreifen. Daneben stößt man auf die Genese von Werken, die hier bereits entworfen werden wie *L'être et le néant* und *L'âge de raison* oder von solchen, die erahnt werden wie *Les mots* oder der Flaubert. Dazu kommt eine Bestandsaufnahme seiner eigenen Charaktermerkmale, ob Fehler oder Vorzüge: Stolz, Intelligenz, Luzidität, Megalomanie, Generosität. «Ich muß ausgeben», schreibt er zum Beispiel. «Nicht um etwas zu *kaufen*, sondern um diese monetäre Energie explodieren zu lassen, sie mir gewissermaßen vom Hals zu schaffen und weit von mir wegzuschleudern wie eine Handgranate. Es gibt so etwas wie eine Vergänglichkeit des Geldes, die ich liebe: ich liebe es, es mir durch die Finger rinnen und verschwinden zu sehen... Es muß in ungreifbaren Feuerwerken davonstieben. Zum Beispiel an einem *Abend*.» [24]

Wie ist es zu erklären, daß er 1939 unter besagten Umständen zum erstenmal das Bedürfnis empfand, sein Leben zu analysieren? «Ich denke, der Wahrheit treu zu bleiben», verkündet er eines Tages, «wenn ich... drei Perioden in meinem Leben als junger und erwachsener Mann unterscheide. Die erste reicht von 1921 bis 1929...» [25] Dieses Vorüberziehen der Vergangenheit wie bei einem bald sterbenden Menschen und all diese unbeholfenen Klassifizierungs-, Analyse- und Objektivierungsversuche – was sagen sie aus über diesen Soldaten, der sich unwohl fühlt? Sagen sie uns etwas anderes, als daß er die nahe Verwandlung ahnt, daß er am Rand eines Abgrunds steht und deswegen, aus einem dringenden Exorzismusbedürfnis heraus, schreibt und schreibt und schreibt?

Bewußtseinsprozeß, Entzifferung, bis zur Besessenheit betriebene Analysen, wenn er zum Beispiel von der «Verdreckung» spricht, in der er sich früher befunden habe, «als der Krieg ausbrach... (Mein Roman) ist ein husserlianisches Werk, und das ist ein bißchen unangenehm, wenn man ein Zelot Heideggers geworden ist.» [26] Einsame Reisen mit Wellengang, Höhen und Tiefen. Der Begeisterung folgt der Selbstzweifel, nie ist die Rückschau gefällig, nie fehlt es ihr an Bissigkeiten. Man stößt hier auf eine Konstante von Sartres Persönlichkeit:

harte, unnachgiebige restrospektive Selbstkritik und vor allem der Glaube an radikale Veränderungen. Der brutale Bruch garantiert eine neue Identität. Mit anderen Worten: die Überzeugung, daß Diskontinuität Leben schafft. So schreibt er am 6. Januar 1940: «Seit ich meinen Minderwertigkeitskomplex gegenüber der extremen Linken abgelegt habe, verspüre ich eine Freiheit des Denkens, wie ich sie nie gehabt habe; auch gegenüber den Phänomenologen.» [27] Ist es die Vorahnung einer kommenden Mutation, die ihn die Karten neu verteilen läßt? Ob in der Philosophie oder in der Politik? Als müßte er seine Vergangenheit wiedergutmachen, als hätte er einen Schandfleck wegzuwaschen, als müßte er wieder bei Null anfangen. Die Neugeburt eines jungfräulichen Individuums beruhigt Sartre. «Und dann habe ich auch meine fünf Hefte noch einmal gelesen, und das hat mir nicht den angenehmen Eindruck gemacht, auf den ich ein bißchen hoffte. Mir schien, es gäbe Vages darin, Nettigkeiten und die klarsten Ideen seien nur eine Neuauflage von Heidegger, im Grunde würde ich mit dem Zeug über ‹meinen› Krieg usw. seit September nur umständlich entwickeln, was er über die Geschichtlichkeit auf zehn Seiten sagt.» [28] Man sieht, mit welcher Strenge, mit welcher Genauigkeit er sich selbst beobachtet, an sich arbeitet, sich zerstört und neu entwirft. «Zu wissen, wo ich bin, hat nur Sinn von dem ‹wo ich war› her. »Eine Meditation über den zurückgelegten Weg, über den entstehenden Menschen. Daß ihn an erster Stelle jetzt der Begriff der Geschichtlichkeit verfolgt, ist ein weiteres Zeichen der Veränderung. Am 26. Oktober schreibt er dazu zehn Seiten in sein Heft. Am selben Tag kritisiert er diffus seinen Apolitismus der Vorkriegszeit, ohne ihn jedoch wirklich klar zu analysieren. Hätte er «diesen Krieg am Horizont... als die für diese Epoche spezifische Möglichkeit» gedacht und gelebt, deutet er an, dann hätte er auch «(seine) *Geschichtlichkeit* erfaßt» [29]. Heidegger-Einfluß? Zweifellos, aber unbestreitbar taucht hier auch ein neuer, noch scheuer Zugang zur Welt auf. Der Park von Bouville tritt aus seinem Nichts heraus und treibt auf die Welt zu.

Den Heften und der täglichen Introspektion verwandt ist die Anwendung der Philosophie. Als eine wirkliche Ergänzung zum allmächtigen Heft spielt sie, sagt er, «in meinem Leben die Rolle, mich gegen die Melancholie, Verdrossenheit und Traurigkeit des Krieges zu schützen...» [30] Weiter: «...und außerdem versuche ich jetzt weder, mein Leben nachträglich durch meine Philosophie zu schützen, was eine Schweinerei ist, noch, mein Leben meiner Philosophie anzupassen, was pedantisch ist, sondern Leben und Philosophie sind wirklich eins.»[31] Was gleichzeitig eine theoretische Stütze ist, denn Anfang Dezember schreibt er Simone de Beauvoir: Ich habe «plötzlich diese Moral *gesehen*, die ich seit drei Monaten praktiziere, ohne eine Theorie daraus gemacht zu haben – ganz wider meine Gewohnheit... Es dreht sich natürlich alles um Gedanken zur Freiheit, zum Leben und zur Authentizität.»[32] Eine Woche später verkündet er stolz: «Ich habe meine Moral beendet.» Begegnung mit Heidegger, Begegnung mit einem existentiellen Zugang zur Realität, Begegnung mit der Geschichte. Geduldiges Forschen, aber auch kathartische Übung. Man sei «in eine Situation geworfen..., die jede Menge Irrationales impliziert», schreibt er damals, «und daß man es nicht beseitigt, indem man es verschleiert. Es verschleiern heißt nämlich gerade ihm gegenüber die Haltung der Unauthentizität einnehmen. Wir hatten eine ganze Menge davon aufgezählt (Geburt, Tod, Generation, gesellschaftliche Klasse usw.). Aber es gibt auch den Krieg... Ich verschleierte ihn...»[33] Schließlich die allmähliche Entdeckung seiner eigenen Wahrheit durch luzide Analyse: Ich denke «nicht mehr unter Berücksichtigung gewisser Vorschriften... (die Linke, Husserl usw.) sondern mit totaler Freiheit und Ungebundenheit, aus Neugier und reiner Uneigennützigkeit, indem ich von vornherein bereit bin, mich als Faschisten wiederzufinden, wenn das am Ende von richtigen Überlegungen steht...»[34] In enger Verbindung zu diesen Erkundungen, diesen Verwandlungen, steht sein Roman, der *L'âge de raison* werden wird, der erste Band der *Chemins de la liberté*. Schon im Juli 1938 hatte er Simone de Beauvoir geschrieben: «Ich habe plötzlich das Sujet meines Romans, seine Proportionen und seinen Titel gefunden...: das Sujet ist die Freiheit.»[35]

Am 22. Oktober 1939 hat er die neunzigste Seite dieses Romans über die Freiheit fertig geschrieben. Er ist glücklich, er ist sich sicher, ihn zu Ende zu schreiben. Stolz und erstaunt zugleich jubelt er am 31. Dezember: «Wissen Sie, daß ich den Roman *beendet* habe? Ich habe unten auf eine Seite das Wort Ende geschrieben.»[36] Und umgehend beginnt er mit dem folgenden Band, für den er sogleich den Titel *Septembre* wählt. Er korrigiert seinen Text mehrfach, und erst im Frühling 1941 wird das endgültige Manuskript vorliegen. Welche Eile, welche Energie für dieses Projekt! Er will den Roman unbedingt so schnell wie möglich veröffentlicht sehen und bemüht sich, das Manuskript seinem Verleger in der kürzesten Frist zukommen zu lassen. Ein Wettlauf mit der Zeit. Was drängt ihn so? Er wird seinen Text selber abtippen, damit es schneller geht. Am 1. Mai 1940 ist er sogar davon überzeugt, daß sein Roman schon ab Juli als Fortsetzungsgeschichte in der *Nouvelle Revue française* erscheinen kann. Im übrigen glaubt er bei seiner damaligen Entzifferung des Krieges ohne den geringsten Pessimismus an sein baldiges Ende. Seine *drôle de guerre* ist wie ein Aufenthalt außerhalb der Hauptstadt, damit er in Ruhe arbeiten kann. «Wissen Sie, dieser Roman, das ist ein Abschnitt in meinem Leben. Und ich hatte solche Angst, nie fertig zu werden.» [37]

Es folgen endlose Retouchen, Selbstzweifel: «...ich befürchte, daß das Ganze keineswegs existentiell wird»,[38] Fragen: «...ich glaube wirklich, daß ich nicht die Imagination eines Romanschriftstellers habe»,[39] Gewißheiten: «...jetzt *weiß* ich, daß er beendet werden wird. Bloß weiß ich überhaupt nicht (Zensur), wann er veröffentlicht werden wird...» (22. Oktober 1939) oder auch kritische Distanz: «...heute morgen beim Aufwachen habe ich erkannt, wie ich einen Roman verfasse und wie ich imaginiere... ich (bin) nicht für den Roman geschaffen...» [40] Noch bis in die letzten Tage vor dem deutschen Angriff und dem Beginn des Debakels wiederholt er hartnäckig: «...das Buch (sollte) im Oktober erscheinen... können».[41] Schließlich ein weiteres Element seiner Schreibwut: das Interesse, das er seinem Ruhm entgegenbringt. Im April 1940 verlieh man ihm den Preis des populistischen Romans für *Le mur*: wie Ausgehungerte das erstbeste zu sich nehmen, hatte er sich eiligst bemüht, irgendwo auch nur einen Presseauszug aufzutreiben. Die Zeitung *Paris-Midi* war ihm in die Hände gefallen. Sie berichtete über die Preisverleihung unter der reißerischen Überschrift: «Ein ungewöhnlicher Preisträger». Das war er.

Die Gier des schreibenden Soldaten ist damit nicht gestillt: Nach den Tagebüchern, der Philosophie und dem Roman dehnt sie sich jetzt auf Theater und Literaturkritik aus. Mit weniger Glück: «...vor allem brenne ich darauf, ein Theaterstück zu schreiben» [42], beschließt er eines Tages. Und kurze Zeit später: «Es ist vorbei, ich habe vorhin die ersten sechs Seiten... zerrissen, ich schämte mich, sie zu schreiben... ich (fühlte) mich wie eine gefallene Walküre...»[43] Anderntags springt er auf eine neue Idee, «Das würde ein kleiner Band literarischer Kritik»[44], von der er dann nie wieder spricht. Und erfrischend ehrlich gibt er einmal zu, als er die Kilo schon beschriebenen Papiers betrachtet: «Länge habe ich immer als eine Tugend betrachtet.»[45]

Letzte Sparte schließlich seiner Schreibaktivität: Sartre als Briefeschreiber. Genauso wie das Tagebuch, die Philosophie und der Roman ihn von der Welt abschirmten und dazu verhalfen, sich gegen seine Gefährten zu panzern, genauso wird die tägliche Anwesenheit seiner Gefährtinnen sein Gefühlsleben wiederherstellen. Er lädt sie ein, er ruft sie an, sie sind seine wahren Gesprächspartner. «Tag für Tag», bemerkt der Obergefreite Pierre, «schrieb er drei, vier lange Briefe: an Mademoiselle Simone de Beauvoir und an andere Frauen. Von den letzteren kannten sich zwei nicht, die anderen wußten von der Existenz dieser komplexen Korrespondenz und tolerierten sie mühelos... Während eines Urlaubs hatte er uns damit beauftragt, jeden Tag einer seiner Korrespondentinnen einen Brief zukommen zu lassen. Er hatte uns fünfzehn durchnumerierte vorbereitete Briefe hinterlassen. Gegen Mitte seines Urlaubs mußten wir ein Telegramm schicken.»[46] Man kann sich vorstellen, was für einen Skandal es für diese Gruppe frustrierter Männer war, die bestenfalls eine Frau oder «Verlobte», schlimmstenfalls gar niemanden hatten, daß dieses komische, abseitige schreibende Individuum zu allem Überfluß auch noch eine Menge Frauen hat. Die Polygamie, die Sartre bis zu seinem Tod pflegen wird, beginnt glanzvoll während der *drôle de guerre*. Was die Soldaten nicht wußten: daß eine seiner Briefpartnerinnen, die nicht denselben Namen wie er trägt, Madame Mancy, seine Mutter war.

Allerdings wird nur eine einzige seiner Briefpartnerinnen das Privileg seltener Urlaube haben: Castor. Von sich aus beschließt sie, Paris am 31. Oktober 1939 zu verlassen und auf dem kürzesten Weg nach Brumath zu eilen. Vom *Cerf* aus läßt sie ihn benachrichtigen und wartet wieder. «...und dann sehe ich Sartres Gestalt am Ende der Straße auftauchen, ich erkenne seinen Gang sofort, seine Statur, seine Pfeife. Aber er hat einen gräßlichen Stoppelbart, der ihn entstellt... Um elf Uhr kommt er zurück, frisch rasiert...» Vom 1. bis zum 5. November verbringen sie vier gemeinsame Tage in Brumath, nachdem sie den gröbsten Fallen entkommen sind, die in Kriegszeiten solchen völlig normalen, aber unehelichen Paaren gestellt werden: «meine Verlobte», «meine Frau», «meine Freundin» – Sartre mußte seine schon in Berlin angestellten Bemühungen noch übertreffen, um ein richtiges Hotelzimmer mit großem Bett zu bekommen, ohne einen Skandal hervorzurufen. Das Gasthaus *Zum Hirsch*, *Zum schwarzen Ochsen* und das Café *Zum Krebs* nahmen nacheinander dieses ungewöhnliche Paar auf, das sich nach acht Wochen Trennung soviel zu sagen hatte. Eine Atmosphäre wie in einer Bahnhofshalle oder im Besucherraum eines Gefängnisses mit seinem ständigen Gedränge, seinen schamlosen Blicken, permanenten Geräuschen und ungewohnten Leuten. «Auch Sartre glaubt, daß es nicht zum Kampf kommen wird», trägt Castor in ihr Tagebuch ein, «daß es ein moderner Krieg wird, ohne Gemetzel, so wie die moderne Malerei ohne Sujet ist, die Musik ohne Melodie und die Physik ohne Materie.»[47] Sie nahmen abscheulichen elsässischen Café, Bier aus riesigen Gläsern und viel Rum zu sich, aßen Sauerkraut und Kastanienwürste und redeten ganze Stunden. Castor hatte Berge von Heften, Tinte und Bücher mitgebracht. Und während Sartre tagsüber seinen Pflichten als Wetterexperte nachging, las sie die Hefte durch, die er in den letzten zwei Monaten vollgeschrieben hatte. «...es ist im Grunde so einfach», schrieb ihr Sartre nur einige Stunden nach ihrer Abreise, «ich war zutiefst und friedlich glücklich... es ist wie am Tag nach einem Feiertag...»[48] Und sehr schnell rechtfertigte er sich bei Castor: «Es gibt Momente, wo es mir komisch vorkommt, zu schreiben, während im Norden Menschen wie Fliegen sterben und das Schicksal ganz Europas auf dem Spiel steht, aber was soll ich tun? Außerdem ist es *mein* Schicksal, mein enges individuelles Schicksal, und kein einziges großes kollektives Schreckgespenst darf mich auf mein Schicksal verzichten lassen... Mein Roman muß um den 15. Juni fertig sein. Das ist alles. Das ist seine einzige Zukunft. Danach hängt es nicht mehr von mir ab... Allerdings schreibe ich schon – symbolisch – *gegen* den Bankrott der Demokratie und der Freiheit, gegen den Bankrott der Alliierten.»[49]

Das Schreiben wird mit dieser unglaublichen Korrespondenz

einen fast nicht mehr schätzbaren Umfang erreichen. Zweitausend Seiten für die ganze Zeit der *drôle de guerre*? Mehr? Weniger? Jedenfalls mehrere Briefe täglich, alle mehrseitig, während fast eines ganzen Jahres. Der Sinn dieser unzähligen Zeilen ist wahrscheinlich von größerem Interesse als die Seitenzahl. Denn wenn er detailliert jeden seiner Schicksalsgenossen, jede Gruppenszene beschreibt, von jeder Lektüre und jeder Mahlzeit erzählt, versucht er damit nicht, die Außenwelt in der Hand zu behalten? Wäre dann Sartres endlose Korrespondenz nicht so etwas wie der verzweifelte Versuch, dem Ghetto der Armee zu entkommen? Ein verzweifelter Versuch, so zu tun, als wäre er noch präsent, und in gewissem Sinn die Kontrolle über das, was in Paris geschieht, nicht zu verlieren. «Erzählen Sie mir immer alles ganz genau», bittet er Castor. «Es ist ungeheuer, wie mich das interessieren kann.» Und von der Ostfront aus zieht ein kleiner Soldat in blauer Uniform die Fäden, manipuliert, verlangt zusätzliche Informationen, erzählt von den einen, den anderen, seinen Schülern, seinen Freunden, unterhält insbesondere zu Simone de Beauvoir Alltagsbeziehungen, als ob nichts wäre. Er regelt Geldangelegenheiten, bittet sie um 1000 Francs zur persönlichen Verwendung, empfiehlt ihr, Geld bei seiner Mutter auszuleihen, Camille oder den kleinen K. etwas zu geben. Er tauscht Lesetips mit ihr aus, verlangt ein Buch, empfiehlt ein anderes, entwirft diese und jene Pläne für später... Als würde der Alltag, das literarische Leben nicht aufhören. «...nach dem Krieg kaufe ich mir eine Maschine und tippe meine Schriften selber wie Nizan» [50], kündigt er eines Tages stolz an. Während dieser ganzen Kriegsmonate also empfängt Sartre, für den Castor ein fiktives normales Doppelleben aufrechterhält, Briefe und schreibt wiederum selber welche. Und Simone de Beauvoir, der Kopf der versprengten kleinen Sartre-Familie, kümmert sich um die einen und die anderen, berichtet von den kleinsten Mängeln, den kleinsten Schritten. Wanda ist in Laigle? Bost in Morzine? Olga in Paris? Camille auf dem Lande? Kanapa im Süden? Sie berichtet von den Reisen der einen, den Briefen der anderen, von Treffen, beschreibt Szenen im *Flore*, zitiert Unterhaltungen, kurz sie führt ein Tagebuch in die andere Richtung. «Wissen Sie», vertraute er ihr eines Tages mürrisch an, «es ist Arbeit, drei Briefe täglich zu schreiben. Drei Briefe, fünf Seiten Roman, vier Seiten Tagebuch, nie in meinem Leben habe ich so viel geschrieben.» [51]

Nach sieben Monaten falschem Krieg, sieben Monaten, in denen sie geglaubt hatten, immer weiter Krieg spielen zu können, erreicht sie eines Morgens im Mai 1940 in Morsbronn-les-Bains die Nachricht vom deutschen Angriff. Mit einemmal gerät alles in Bewegung, und der Krieg bekommt eine wirkliche Existenz. Mit einemmal erwacht Sartre: der Ausgang des Krieges? Er hatte ihm immer mit Optimismus entgegengesehen, beinahe leichtfertig, an Witzen und Wortspielen nicht gespart. Mit einemmal ist er erschüttert, die Nähe, die Anwesenheit des Feindes bestürzt ihn. Ihr Rückzug wird sie von Haguenau über Breschwillers – in der Nähe von Donnon – bis Padoux führen, wo sie am 21. Juni gefangengenommen werden.

Die zwei Frühlingsmonate sind ihr Exodus. Er führt seine Hefte weiter. Diejenigen, die er bald verlieren wird. 1942 aber, als er Jean Lescure für seine in Genf erscheinende Zeitschrift *Messages* einen Text zusagt, wird er das damalige Debakel nachzeichnen und dazu wieder die Form des Tagebuchs aufgreifen. Es ist ein schöner Text, der unter dem Titel «La mort dans l'âme», den er später auch dem dritten Band seiner Romantrilogie *Les chemins de la liberté* gab, die Tage des 10. und 11. Juni 1940 beschreibt. Ankunft in Haguenau, im äußersten nordöstlichen Winkel Frankreichs. «Die Stadt ist seit einem Monat evakuiert.» [52] Allmähliches Eintreffen der kleinen Soldatengruppe in der toten Stadt, das Rathaus, die Schule, der Unterrichtsraum. «Auf dem Katheder liegen zwei Stapel rosa Schulhefte. Ich blättere darin. Es sind französische Aufsatzhefte. Sie enden alle am 10. Mai 1940: ‹Eure Mutter bügelt. Beschreibt sie dabei.›» [53] Langsam beginnender Informationsfluß, chaotische, ungesicherte, sehr besorgniserregende Nachrichten: «Wo stehen die Deutschen? Vor Paris? In Paris? Wird in Paris gekämpft? Seit fünf Tagen sind wir ohne Zeitung und ohne Post. Ein Bild verfolgt mich: ich sehe ein Café an der Place Saint-Germain-des-Prés, in das ich manchmal ging. Es ist berstend voll, und die Deutschen sind darin. Ich sehe sie nicht – seit Kriegsbeginn habe ich mir die Deutschen nie *vorstellen* können –, aber ich weiß, daß sie da sind.» [54]

Gruppenszenen verdutzter französischer Soldaten. Eine Opernkulisse. Entdeckung einer Geisterwelt, einer toten Stadt. Wahrnehmung des Chaos, des Krieges, einer Gegenrealität. «Wir sehen uns ein wenig verloren um, und da ist es plötzlich Sonntag. Ein Sonntagnachmittag, ein sommerlicher Sonntag in der Provinz, wirklicher als die Wirklichkeit... Ich gebe mir einen Ruck, ich versuche mir zu sagen ‹Es ist Mittwoch, und es ist Vormittag, und sie sind leer und dunkel, alle die verlassenen Zimmer hinter den Vorhängen.› Aber nein, es ist nichts zu machen, der Sonntag hält stand, es gibt in Haguenau nur noch einen einzigen Tag für die ganze Woche, nur noch eine einzige Stunde für den ganzen Tag.» [55]

Wie ein phantastischer Bergman-Film oder ein Bulgakow-Roman. Der Soldat, Schriftsteller, Romancier und Philosoph tritt durch die Tür des Phantastischen in den Krieg ein. Und welche Entdeckung! Das ist die Realität des Krieges: rosa Hefte, in ihrem Schülerleben abgebrochen, ein unechter Sonntag, der sich aufzwingt und einem die Augen blendet, eine travestierte, machiavellistische Realität, Echtes wird zum Unechten... Später betonte er in einem Gespräch mit Simone de Beauvoir genau diese ersten Momente, mit denen der Krieg auf den Akteur zukam: «...diese Fakten, die kleine Fakten waren, mit denen sich kein Lehrbuch, keine Geschichte des Krieges befassen würde. Ein kleines Dorf wurde beschossen, ein anderes wartete darauf, seinerseits eingenommen zu werden... Ich bin hinausgegangen, und ich erinnere mich an diesen seltsamen Kinoeindruck, den ich gehabt habe, den Eindruck, daß ich eine Kinoszene spielte und daß es nicht wahr wäre.» [56]

Der Eindruck ist so stark, daß der Schriftsteller jeden Tag des Juni 1940 einzeln erzählen wird. In *La mort dans l'âme* zum Beispiel den Sonntag des 16. Juni: «Mathieu machte die Augen auf und sah den Himmel; er war perlgrau, wolkenlos, bodenlos, nichts als Abwesenheit. Langsam entstand dort ein Morgen, ein Tropfen Licht, der auf die Erde fallen und sie in Gold tauchen würde. Die Deutschen sind in Paris, und wir haben den Krieg verloren. Ein Anfang, ein Morgen... In Paris blickten die Deutschen zu diesem Himmel auf, lasen dort ihren Sieg und dessen künftige Tage ab. *Ich* habe keine Zukunft mehr.» [57] Oder den nächsten Tag, Montag, den 17. Juni: «Die Motorradfahrer fuhren knatternd um den Platz herum. Nichts regte sich, außer den Spatzen, die aufflogen... Gebannt dachte Mathieu: ‹Das sind Deutsche›... Er hatte keine Angst vorm Sterben, er hatte Angst vor dem Haß.» [58] Mit einem gewissen literarischen Humor erzählte Sartre schließlich Paulhan vom Wichtigsten in seinem damaligen Leben, dem Roman, nicht ohne den zwar nebensächlichen, aber doch anregenden historischen Rahmen zu erwähnen: «Wir sind in letzter Zeit ziemlich durchgeschüttelt worden, obwohl wir uns weiterhin in totenstillen Frontabschnitten befinden (ich erlebe einen kafkaesken Krieg, bis zum 15. Mai war es amüsant; jetzt wird es etwas unangenehm, da andere einen echten Krieg führen). Allerdings werde ich meinen Roman in ungefähr einer Woche beendet haben, und ich stelle ihn Ihnen zur Verfügung – wenn die Umstände seine Verschickung und Veröffentlichung erlauben. Sonst müssen wir auf bessere Tage warten.» [59]

Schließlich kommt der 21. Juni, der Simone de Beauvoir weiter im Kafka-Stil erzählt wird: «Wir sind marschiert, und wir wußten nicht so recht, was man mit uns machen würde. Manche hofften, daß man uns acht oder vierzehn Tage später freilassen würde. Tatsächlich war es der 21. Juni, mein Geburtstag, und andererseits der Tag des Waffenstillstands. Wir sind ein paar Stunden vor dem Waffenstillstand gefangengenommen worden. Wir sind in eine Polizeikaserne gebracht worden, und auch da erfuhr ich wieder, was das war, die historische Wahrheit. Ich habe erfahren, daß ich jemand war, der in einer verschiedenen Gefahren ausgesetzten Nation lebte, und daß dieser Jemand diesen Gefahren ausgesetzt war. Es gab da eine Art Einheit unter den Männern, die da waren...» [60]

So verläuft ein Leben: verwegen, kapriziös, unerwartet. Einige Stunden, einige Tage werden sein Leben prägen und es in einem unerwarteten Maß beeinflussen. Sie werden zum Teil schwerer wiegen als ganze Jahre des Wartens. So verlaufen die Zyklen eines Lebens. Sie müssen aufgespürt, begriffen, respektiert, beinahe beschattet werden. Sartre selbst hat diesen Tagen ein derartiges Gewicht verliehen, daß ihre Bedeutung unübersehbar ist. Das Debakel vom Mai–Juni 1940 ist eine folgenreiche Periode zwischen seltsamen Schriftstellerferien an der Front und acht Monaten Gefangenschaft. Es ist das erste wirkliche Zusammentreffen zwischen dem anarchistischen Schriftsteller und der Geschichte, sein erster wirklicher Bruch: «Alles, was ich in den Jahren zuvor gelernt, geschrieben hatte, erschien mir nicht mehr gut, nicht einmal so, als hätte es einen Inhalt.» [61] Die erste Bruchlinie: klar, sauber, scharf wie mit dem Messer gezogen.

Weder Unaufrichtigkeit noch Kompromisse: es ist ein neuer Mensch, der hier entsteht. «Beim Rückzug», schreibt der Obergefreite, «erfuhren wir, daß wir umzingelt waren. Sartre, der bis dahin gegenüber vielen Soldaten aggressiv gewesen war, schien auf einmal eine echte instinktive Solidarität zu den anderen zu empfinden.» [62] Die *drôle de guerre* erzeugt den Bruch, obwohl sie weder Konfrontations- noch Kampfplatz ist. Der *drôle de guerre* schließt sich die Gefangenschaft an. Der neue Sartre wird dort gesellig und sogar glücklich sein.

EINE ERHABENE GEFANGENSCHAFT

Diese Welt, der man uns entrissen hat..., wie klein sieht sie aus... Sie hat uns abgestoßen, und doch haben wir den Eindruck, sie zu beherrschen... Alles liegt zu unseren Füßen...

La mort dans l'âme (fragments de journal)

Zwei Monate in der Kaserne Haxo in Baccarat an der Meurthe im Herzen Lothringens zwischen Straßburg und Nancy. Eingesperrt mit 14000 weiteren Soldaten. Nach dem absurden Krieg, diesem unechten Krieg, nach der *drôle de guerre* hat sich alles verändert. Gefangenschaft, das bedeutet Hunger, bis hin zum Schwindel, bis zum Wahnsinn. Das bedeutet Schlafen auf nacktem Boden, einer neben dem anderen. Das bedeutet Plündern der Bücherei der Gardes mobiles und Lesen als einzige intellektuelle Tätigkeit. Gelangweilt liest er die *Mémoires* von Montluc, «mit lebhaftem Interesse» einen vereinzelten Band der *Histoire des deux restaurations* von Vaulabelle, zu der er erläutert: «Ich fand dort die Züge jener neuen Restauration wieder – der von 1940 –, in welcher Pétain in einem besetzten Frankreich die Rolle von Ludwig XVII. spielte», sowie *Le tour du monde en 80 jours* von Jules Verne.[1] Lesen wird als einzige Fluchtmöglichkeit wichtiger als Schreiben. Worauf aber wird gewartet? Welche Projekte gibt es? Überzeugt von seiner bevorstehenden Befreiung bleibt Sartre optimistisch, er ist meilenweit davon entfernt, einen Abtransport nach Deutschland zu befürchten. Die wenigen Zeugnisse seiner zwei Monate in Baccarat geben eine Momentaufnahme von ihm wieder: inmitten dieser dumpfen Langeweile hatte er ein kleines Spiel erfunden, das ihm großen Spaß machte. Er nahm die Blechtöpfe der Armee, in denen die Suppe transportiert wird, warf sie zum einen

Ende der Kaserne hin und rannte dann ganz schnell in die andere Richtung, um noch das Echo einzufangen... Mitte August findet der Transport nach Deutschland, nach Trier nahe der luxemburgischen Grenze statt. Diejenigen, die mit einer Freilassung oder zumindest mit dem Verbleib in Frankreich gerechnet hatten, brechen zusammen. Sartre ist die ganze Fahrt über von absoluter Seelenruhe. Bei der Ankunft in Trier ist er der einzige, der lyrisch die Schönheit der Landschaft betont. Trotz dem Viehwagen, mit dem sie befördert werden, trotz den schauerlichen Baracken und trotz dem Stacheldraht.

Sein Gefangenenlager? Ein Dorf mit 25000 Einwohnern, ausschließlich Männern. Mit dreistöckigen Holzbaracken, wo man zu vierzig pro Raum zusammengepfercht wird. Mit Hausordnungen, Gesetzen, Sperrstunde und Deutschen – autoritären Offizieren und ihren Untergebenen –, und den Bürgern dritter Klasse, den Gefangenen. Mit Ritualen, Sitten und Kodewörtern: die «Fritz», die «Frisés», das «Revier»... Auch mit Zerstreuungsmöglichkeiten, Musik, Theater, Büchern. Ein autarkes Leben, wo Tricks, Tauschhandel aller Art, diverse Schmuggelgeschäfte und Fluchtversuche sich wie Viren vermehren. Kaum Kontakt zur Außenwelt: kaum Informationen, Nachrichten über den Kriegsverlauf. Ein irgendwo verstecktes Radio gibt ab und zu meist falsche oder schon überholte Einzelheiten bekannt. Einige Gefangene bewegen sich außerhalb der Lagergrenzen bei gelegentlichen Arbeitseinsätzen in einem benachbarten Kloster. Abgesehen von Wein und anderen Lebensmitteln bringen sie manchmal Informationen, Bücher, Nachrichten von der Außenwelt mit.

«Das Paradoxe an unserer Lage ist, daß sie zugleich unlebbar und leicht zu leben ist», stellt Sartre fest.[2] Ja, es muß versucht werden, die Klischees zu überwinden: Besitzt das Gefangenenleben einen verborgenen Charme, der später zur Nostalgie wird? Trotz Läusen, Flöhen, Wanzen, trotz dem eisigen Winter – minus 40 Grad – und der Essensknappheit stellt sich eine neue, zugleich grausamere und solidarischere, geregeltere und geschütztere Ordnung als in der übrigen Welt her. Eine Ordnung, die vom Rhythmus der Gruppendienste, gemeinsamen Zerstreuungen, Suppenzeiten, Sperrstunden, Sonntagsspaziergänge, Essenspakete vom Roten Kreuz und der Post bestimmt wird. Das Lager reduziert und schützt zugleich, reduziert alle gesellschaftlichen Werte: Arbeit, Geld, Sexualität, Politik. Dafür schafft es neue, anders bestimmte Privilegien, ein neues Kastensystem; die Sanitäter zum Beispiel werden besonders gehaßt, sie sind die Aristokratie: Sie leben unter sich, werden besser ernährt, haben keine Läuse, erhalten Tabak und Zucker.

Erste Etappe der Nivellierung, erste Formalität: die Durchsuchung, oft mit der Konfiszierung persönlicher Gegenstände verbunden. Danach wird der kahlgeschorene, gewaschene, entlauste Gefangene in eine mit seinem Bild versehene Kartei eingetragen. Eine Maßnahme, die jede Art Besonderheit, jede gesellschaftliche Anerkennung auslöscht. Zweite Etappe: der unvermittelte Eintritt in den Dschungel des Tauschhandels. Die ältesten Gefangenen, wie beispielsweise die Polen, überfallen einen gleich bei der Ankunft und bieten vertrocknetes Brot gegen eine Uhr an. Nachdem man sechs Stunden für einen Teller Suppe angestanden hat, ist man allerdings auch bereit, nahezu jedes Zeug zu essen. Schließlich kommt noch die Suche nach Orientierungspunkten, bekannten Gesichtern, lächerlichen Privilegien hinzu.

So schmuggelte sich Sartre für einige Stück Zucker und ein paar Zigaretten als falscher Kranker in die Sanitätsstation ein. Dort blieb er einige Wochen, ehe er auffiel und in die Künstlerbaracke geschickt wurde. Die Integration der Gefangenen vollzieht sich in mehreren Abschnitten: Gegen die Deutschen, gegen die körperlichen Mißhandlungen, gegen die Beschimpfungen und die willkürlichen Befehle bildet der Gefangene mit den anderen eine Einheit, ist er nur noch Teil eines Ganzen: «(Wir sind) so zahlreich, so anonym, so unterschiedslos... (wir) fürchten... nichts, die Drohung ist zur Zeremonie geworden.»[3] Gegenüber dem Rest der Gefangenen herrscht das «jeder für sich», der Rückzug auf einen rabiaten Egoismus aus instinktivem Selbstschutz: fliehen, sich Tricks ausdenken, Lebenstriebe, denen man alleine oder manchmal auch in einer Kleingruppe folgt.

Gemeinsam mit den 25 000 anderen wird Sartre in diesem bizarren Milieu ein Abenteuer, eine Art Verwandlung erleben. Im Lager angekommen ist er in einem Viehwagen, hinausgehen wird er zu Fuß, mit gefälschten Papieren, die ihn als untauglich ausweisen. Die härteste Etappe des Kriegs, die radikalste Mutation, die entscheidenden Monate. Was geschah mit ihm, daß man ihn als einen aktiv Engagierten wiedertrifft? Wie begegnete er den anderen, nachdem er sich während der *drôle de guerre* gegen Kontakte derart gesträubt und hinter einem besessenen Schreiben verschanzt hatte? Blieb er zurückgezogen, verschlossen, einsam, mürrisch? Oder griesgrämig, pessimistisch und verzweifelt? Auch hier überrascht er uns wieder: «Ich habe im Stalag eine Art kollektiven Lebens wiedergefunden, die ich seit der École normale nicht mehr erlebt hatte, und ich kann sagen, daß ich dort eigentlich glücklich war.»[4] Worin bestand das Glück des Kriegsgefangenen Sartre irgendwo auf den Trierer Anhöhen?

Sein erster Eindruck, seine erste Freude: der topographische Standort des Lagers. Auf dem Kemmelhügel liegend überragt es die Stadt, beherrscht es alles: die Mosel, die Dörfer, die Stadt. «Ich empfinde sehr lebhaft, daß ich auf einem Berg wohne, über einer Stadt... Wo immer ich bin, setze ich die Höhe meiner geographischen Lage mit irgendeiner moralischen Überlegenheit gleich... alles liegt zu meinen Füßen.»[5] Oder auch: «Ich wundere mich, daß die Freiheit *unten* ist, unter mir. Gefangene oben auf einer Bergspitze, das scheint mir ein Paradox zu sein... Diese Welt, der man uns entrissen hat, um uns zu diesem Adlernest zu entführen, wie klein sieht sie aus: sie hat die Dimensionen eines Spielzeugs. Sie hat uns abgestoßen, und doch haben wir den Eindruck, sie zu beherrschen... Alles liegt zu unseren Füßen: die roten Wege der Pfalz, der lange, kurvenreiche und flache Blitz der Mosel und das Volk unserer Besieger... Jetzt aber ist unser Blick freier als wir selbst, freier als der Blick der Wächter der Stadt. Er schwebt, verachtet – und trotzdem sind wir hier.»[6]

Seine *drôle de guerre* zermürbte ihn, er schrieb viel. Seine Gefangenschaft ließ ihn aufblühen, er fühlte sich glücklich. Genau wie während der vier Glücksjahre auf der École normale supérieure, von denen er im Vorwort zu *Aden Arabie* sprechen wird. Eine vordergründige oder tiefergehende Parallele? Beiden Erfahrungen ist gemeinsam, daß beides abgeschottete Institutionen, beides Männergemeinschaften waren. Sartre hat das sehr gut erfaßt, als er später erklärte: «Es war eine lückenlose Kommunikation, Tag und Nacht... es gab gemeinsame Latrinen. Und wenn man die zusammen mit vielen anderen benutzt, verschwindet jede Elite.»[7] Während viele andere aus dieser Art Erfahrungen angeschlagen, niedergedrückt, zerstört hervorgehen, blüht Sartre auf, entwickelt in seltener Vielfalt Überlebenstalente, -aktivitäten und -strategien. Was er am Lager liebt? «Das Gefühl, Teil einer Masse zu sein.»[8] So flieht er auch wie aus Trotz, ohne daß er eigentlich Lust dazu hat.

Ist es die ständige sichtbare Präsenz der Autorität, die das vaterlose Kind, das «niemals kommandiert wurde», anspornt und anregt? Ja, der deutsche Feldwebel und seine Obergefreiten spaßen weder mit Disziplin noch mit Gesetz und Hierarchie. «Das muß man tun. Punkt.» Absurde Befehle, ohne Diskussion, ohne Erklärung. Doch notwendige Befehle, die unter allen Umständen zu befolgen sind: entweder Unterwerfung oder Bestrafung durch Fußtritt, Bajonettstoß in den Hintern oder Ins-Gesicht-Spucken. Klassische Struktur einer solchen Institution, wo die Autorität einer kleinen Führungsgruppe die große Masse der Geführten tyrannisiert, unterdrückt und beschimpft: eine Grenze, zwei Lager, eine Welt in Schwarz-Weiß. Das Erlaubte und das Verbotene, das Gute und das Böse, die Verantwortlichen und die Untergebenen. Zum erstenmal in seinem Leben schlägt die greifbare, konkrete Unterdrückung Sartre mitten ins Gesicht, hier wird nicht mehr gespielt. Die Sperrstunde, die riegellosen Latrinen, die Dorschsuppe, die Läuse und die Arbeitseinsätze hat man hinzunehmen. Keine Ausnahme, kein Hintertürchen: Der kleinste Fluchtversuch kann das Leben kosten. Zwei Lösungen also: entweder passivste Unterwerfung und Warten auf das Kriegsende oder kleine pfiffige Strategien, die dem überaktiven einzelnen den Alltag mit Phantasie und schlauen Tricks verbessern. Sartre gehört selbstverständlich zur zweiten Kategorie. Er beginnt damit, sich einen Unterschlupf unter den Privilegierten der Sanitätsstation zu beschaffen. Nachdem er dort herausgeflogen ist, kommt die Künstlerbaracke dran, wo er sich als Dramatiker ausgibt. Und wenn er das Lagerspiel mitspielt, tut er es perfekt. Er nimmt aktiv am Alltagsleben, am kollektiven Leben teil, singt, schreibt, inszeniert, spielt, komponiert, hält Vorträge, gibt Unterricht, spielt den Clown und flieht schließlich mit gefälschten Papieren. Das sind die Etappen dieser mit Bravour durchgestandenen Gefangenschaft. Denn diese Prüfung wirft ihn nicht um, sondern stimuliert ihn.

Daß er sich auf dem hochgelegenen Stalag XII D wohl fühlt, liegt daran, daß er sich als mit den anderen eins empfindet: «Der Feldwebel, dem wir den Beinahmen Pilchard gegeben haben, ohrfeigt uns gern... Was die Deutschen in der Tat überrascht, entmutigt oder aufbringt, ist unser passiver Ungehorsam... beim Zapfenstreich... bleiben (wir) vor den Baracken, still, entspannt, jede gestohlene Minute genießend... Pilchard... schreit, seine Stimme wird heiser vor Wut; die ihm am nächsten stehen, gehen hinein, kommen aber wieder heraus, sobald er ihnen den Rücken gekehrt hat, die anderen warten und verschwinden, wenn er sich nähert. Er kehrt um: wir sind alle vor der Tür... Nach zehn Minuten solchen Treibens verliert er den Kopf und prügelt; alles flieht... Denn unsere Haltung ist auch ein Sich-Wehren gegen die Erniedrigung... Im übrigen gibt es noch viele andere Formen der Abwehr: von der starren Bewegungslosigkeit bis zum einfältigen Lachen.»[9] Einige Gruppenszenen, bei denen die Gefangenschaft wie ein Ferienlager erlebt wird, in dem die Zermürbung der Autoritäten mit höchster Lust, mit äußerstem Stolz gefeiert wird: man ist zwar gefangen, aber man bleibt immer noch ein bißchen Mensch. Allmählich entsteht für Sartre wie für die anderen durch dieses Treiben ein Bild vom Deutschen, «diese Mischung aus Unaufrichtigkeit, ein wenig zittriger Zärtlichkeit, pedantischem Bekehrungseifer und Utilitarismus»[10], das nicht länger steroptyp, sondern durch die Erfahrung geprägt ist. Ein Bild vom Deutschen, aber auch ein Bild des «‹gewieften› Franzosen, des ‹Pariser Bengels›, der dem dicken deutschen Rohling durch die Finger witscht... Sollen sie uns schlagen, soviel sie wollen, die legen wir noch immer aufs Kreuz»[11]: zwei antagonistische Klassen stehen sich gegenüber, eine Neuinterpretation der Situation der Gefangenschaft findet statt. Sartre geht uneingeschränkt in dieser unterdrückten Masse auf. Er ist nicht mehr der Individualist der dreißiger Jahre, der sein Heil alleine sucht: Er hat soeben die Erfahrung der Erniedrigung gemacht.

«Gestern abend zum Beispiel hat es mir Spaß gemacht, einen Tritt in den Arsch zu kriegen»[12]: Er, dem die Erfahrung der Kindheit erspart geblieben war, wird mit sechsunddreißig Jahren plötzlich der grotesken Willkür eines deutschen Offiziers ausgeliefert. «Ich hatte mich... verspätet, und die Stunde des Zapfenstreichs war schon lange vorbei... Als ich auf leisen Sohlen den Seitenweg erreichte, traf mich das Licht einer Taschenlampe voll ins Gesicht. Der Posten... brüllte los und bedrohte mich mit dem Bajonett... Ich verstand, daß er nicht die Absicht hatte, mir sein Bajonett in den Bauch zu stoßen, aber daß er mit dem Gedanken spielte, mir damit in den Hintern zu stechen. Er wartete darauf, daß ich ihm den Rücken zukehrte. Ich machte langsam kehrt, nie habe ich so lebhaft und deutlich dieses ganze ohnmächtige Fleisch gespürt, das sich unter meinem Rücken zusammenballt... Schließlich habe ich einen gewaltigen Fußtritt bekommen, der mich gegen die Tür geschleudert hat. Ich lachte noch drüber, als ich in die Stube trat. Ich habe zu den Kumpeln gesagt: ‹Ich habe gerade einen ihrer Arschtritte bekommen!›, und sie haben alle herzlich losgelacht.» [13]

Die Kumpels? Kunterbunt zusammengewürfelt, vor allem Priester, die einzigen Intellektuellen im Lager. Es gibt echte Freunde wie Marc Bénard, Journalist aus Le Havre, und Zufallsfreunde wie «Braco», ein kleiner untersetzter Mann aus den Ardennen, schlau wie ein Fuchs, der wegen seiner ungewöhnlichen Talente «Wilderer» genannt wird.[14] Er spricht ein ziemlich unverständliches «chtimi», ist wahrscheinlich auch mythoman und erzählt überall, daß er seine Frau umgebracht hat, weil sie ihm während der *drôle de guerre* Hörner aufgesetzt hat... Dieser Analphabet gehört zu den geheimen Führern des Lagers, jongliert geschickt mit den drei Brocken Deutsch, die er kann, handelt mit Kleidung und Essen wie kein anderer. Zwischen Sartre und Braco entsteht eine außergewöhnliche Komplizenschaft, eine gegenseitige Bewunderung für einander perfekt ergänzende Talente. «Von Braco können Sie alles verlangen, Monsieur Sartre», verkündet aus Dankbarkeit für einen erwiesenen Dienst der Kleine aus den Ardennen. Seinerseits wird Sartre ihm mehrere Seiten seines Tagebuchs widmen, «ein kleiner, häßlicher, verdreckter Mann mit vor Intelligenz leuchtenden Augen». «Er lebt also hier unter falschem Namen, stehlend, plündernd, tauschend, hart arbeitend, um das Vermögen zu erwerben, das er nach der Freilassung ausgeben will. Man übergibt ihm die Bestellungen acht Tage vorher, und nur selten bringt er nicht, was er versprochen hat... Einen Moment hat er auch mich begünstigen wollen, er hat erfahren, daß ich Lehrer bin, und hat sich vorgestellt, ich könnte gegebenenfalls ‹günstig über ihn aussagen›. Er hat mir zweimal Tabak mitgebracht. Das dritte Mal habe ich abgelehnt...» [15]

Es gibt auch die Antipathien: Sartre mag die Künstlerbaracke nicht besonders, diese «Phalanx von Introvertierten», wo er gelandet ist. Dort leben Musiker – zum Beispiel Lebâtard, Dirigent des Lagerorchesters und Musiker am Pariser Konservatorium –, angebliche Impresarios wie Chomisse und Sportler aller Art, Catcher, Boxer, Ringkämpfer ... «Chomisse», erzählt er, «war so ein Bursche, von dem man nicht wußte, wo er herkam. Es wurde behauptet, daß er vor dem Kino Gaumont-Palace Taxitüren öffnete. Das ist nicht ausgeschlossen.» [16] Unter den sogenannten Künstlern sind einige düstere Figuren, und Sartre verabscheut den Typ, «der nicht mitspielt», und die, die von den Beziehungen und Ratschlägen der anderen «profitierten, um sich Vorteile zu verschaffen ... die wirkliche Feinde werden konnten» [17]. Für die anderen aber, für seine Kumpels spielt Sartre seine Rolle als Unterhalter, Spaßvogel und Stimmungsmacher perfekt: «... abends stand ich ganz zu ihrer Verfügung: ich erzählte Geschichten, ich setzte mich an einen Tisch mitten in der Baracke und redete, sie lachten sich kaputt. Ich erzählte ihnen alles mögliche und machte den Clown.» Als er später Jacques-Laurent Bost diese Leseabende beschrieb, fügte er ein Detail hinzu: «Ich erzählte also vor dem Einschlafen Witze. Und um zu wissen, ob sie mir richtig zuhörten, nannte ich zu einem bestimmten Zeitpunkt ihre Namen, einen nach dem anderen. Wenn niemand mehr antwortete, schlief auch ich ein.» [18]

Man erlebt ihn sogar an einem Sonntag im Winter 1940, wie er ganz offiziell mit Boxhandschuhen gegen Gaillot, einen jungen Drucker aus der Provinz, ein Leichtgewichtsturnier ausficht. Erste Runde: klarer Vorsprung des Philosophen. In der zweiten Runde holt der Drucker den Vorsprung ein: Es geht null zu null aus. «In der zweiten (Runde) hat mich die Müdigkeit gepackt, denn ich hatte seit Jahren nicht geboxt und wurde besiegt», entschuldigt sich Sartre. «Das Ergebnis war unentschieden. Was für mich enttäuschend war, denn Pardaillan kämpft nicht unentschieden.» [19]

Der perfekt angepaßte Sartre mischt sich unter die anderen und sondert sich zugleich von ihnen ab. Wegen seiner Aversion gegen den «Kumpel»- und «Heuchler»-Stil der Künstlerbaracke geht er jeden Morgen nach der «Brühe» zur Chefabteilung der Baracke 42 arbeiten. Der Barackenvorsteher, Abbé Marius Perrin, verfügt über einen großen beheizten Raum; ihm hat Sartres vor kurzem gehaltener Vortrag sehr gefallen. Anschließend haben sie über Malraux, Heidegger und Rilke gesprochen, begeistert über die Begegnung zweier solider klassischer Bildungen. Bande werden geknüpft, man tauscht Bücher aus, lädt sich gegenseitig zum Essen ein, stellt einander potentielle Freunde vor. Unter den existierenden Bedingungen spricht man bis zu einem gewissen Grad eine verwandte Sprache. Sartre wird dazu gebracht, *Les Sermons* von Bossuet wieder zu lesen, die ihm der Priester Espitallier, ein Rhetorikprofessor aus Lyon, ausleiht. Mit einer Grimasse gibt er das Buch zurück, die etwas oberflächliche Eloquenz berührt ihn wenig, allerdings hat er damit seine Theorie zur Klassik überprüfen können. Schließlich schlägt er dem Priester Perrin vor, ihn in Heidegger einzuführen: Ein Exemplar von *Sein und Zeit* wird heimlich vom Priester Etchegoyen beschafft, der außerhalb des Lagers in einem Kloster arbeitet und dort mit einem deutschen Priester, einem Nazigegner, Freundschaft geschlossen hat. Allmorgendlich zwei Stunden deutsche Phänomenologie zusammen mit Perrin am Ofen in der Baracke 42…

Alles in allem fühlt er sich den Priestern geistig verwandt. Trotz endlosen Diskussionen über den Glauben. Eines Tages zum Beispiel legt Sartre am Tisch der Nummer 42 seine Pfeife hin und springt auf: Espit hatte gerade gesagt, «es sei immerhin ein Vorteil, den Glauben zu haben». Der Philosoph fragt, «was er darunter verstehe, wenn er sage, ‹den Glauben zu haben›. Sei das etwas, das er besitze, wie er selbst diese Pfeife besitze? Ein äußerlicher Gegenstand, der eine magische Verbindung zu seinem Besitzer habe? ‹Ist es nicht eher eine grundlegende Haltung, die Sie annehmen, wenn Sie sich zum Gläubigen machen?… Sie sind Priester. Sie müssen doch jeden Morgen, wenn Sie die Messe lesen, Ihre Priesterweihe wiederholen, erneuern? Nur die Heiligen aus Holz sind, was sie sind.›» [20] Espit gibt zu, daß er sich schlecht ausgedrückt hat, und bedankt sich bei Sartre für diese «Lektion in Spiritualität». Wenige Minuten später vertraut er einem befreundeten Priester an, Sartre sei «eine Art Prophet…, jemand, der einen daran hindert, sich im Kreise zu drehen»… Abgesehen von diesen seltenen Zwischenfällen fühlt sich unser Protestant, der die Blasphemie schätzt, unter den Priestern äußerst wohl. Was er mit ihnen teilt? Das Zölibat, die Unabhängigkeit. Die anderen Gefangenen haben außerhalb des Lagers familiäre Bindungen, Verantwortungen, Verpflichtungen. Sie nicht. Und er ist wie ein freischwebender Luftballon, ohne Faden, ohne Standort. Seine große Entdekkung im Stalag ist weniger das Eingesperrtsein als die Verantwortung. «Die Gefangenschaft setzt uns in eine Art schrecklicher Unschuld zurück... Wir tragen nicht die Verantwortung dafür, daß wir hier sind; wir sind hier, weil wir nicht hinauskönnen. Welche Erholung für den Geist.»[21]

«Zeuge, immer Zeuge. Zeuge der anderen und meiner selbst... Bis zum Krieg habe ich nichts gemacht: ich spielte vor Kindern mit Ideen, die zu alt waren, um Schaden anzurichten; eine Behörde zahlte mir jeden Monat Geldbeträge, die in keinem erkennbaren Verhältnis zu meinem Geschwätz standen: ich war Rentier mit schlechtem Gewissen, ein reiner Konsument... Ich drehte mich im Kreis, ich machte manchmal mit, ich gab mich nicht hin: ich war eine Jungfrau, die für ein extravagantes Verlöbnis bestimmt war, ich habe alle Bewerber abgelehnt, weil sie nicht schön genug waren, besonders den Spanischen Bürgerkrieg, weil er nicht *mein* Krieg war.»[22] Die seltsame Gegenwart ruft die Erinnerung an die Vergangenheit wach: die eines geschützten, abseits stehenden Menschen. Und die Gegenwart drängt zum Handeln. Als würde sich durch das Lager, durch diese Miniaturgesellschaft seine gesellschaftliche Lähmung lösen. Weihnachten 1940 wird er Theaterautor, so wie andere anläßlich einer Gruppenreise unter dem seltsamen Druck der Bedingungen Kulturveranstaltungen organisieren. Wie schnell und wie leicht fällt ihm das. Innerhalb von sechs Wochen schreibt er das ganze Stück zu Ende, sucht sich seine Darsteller aus, läßt sie Proben machen und ihre Texte lernen, entwirft das Bühnenbild, die Kulissen und Kostüme... In unermüdlichem Tempo wirbelt er zwischen diesen unterschiedlichsten Beschäftigungen hin und her, widmet ihnen seine ganze Zeit und verschiebt seine Privatstunden zu Heidegger auf Januar. Mit Leidenschaft stürzt er sich in dieses Theaterabenteuer und stolziert auf seinem Berg erhaben zwischen den vereisten Stacheldrähten eines Gefangenenlagers umher.

Seine von der Kühnheit des Vorhabens verblüfften Priesterfreunde befragen ihn besorgt. Selbstbewußt und sicher nennt er ihnen stolz das Thema: die Freiheit; und die Handlung: ein Weihnachtsspiel. Und macht sich an die Arbeit. Diesmal zieht er das Getöse seiner

Stube dem etwas abgelegenen Refugium des Abbé Perrin vor. Nachdem er das Stück in großen Zügen entworfen hat, verteilt er sofort die Hauptrollen, weil er davon überzeugt ist, daß das Aussehen des Schauspielers von Bedeutung für die Imagination des Autors zu sein hat. Für die Hauptrollen wählt er Henri Leroy, Marc Bénard und den Pater Feller aus. Diese machen sich sofort daran, während Sartre noch an dem Stück arbeitet, ihre Rollen abzuschreiben. «Zum Wiehern», findet es Leroy, den die Begeisterung des Autors angesteckt hat. Die Proben beginnen in einem Schuppen – «die Halle», sagen die Deutschen –, den Pater Boisselot, der Verbindungsmann, einige Zeit zuvor beim Lagerkommandanten für Messen, Konzerte, Theater und allgemeine Unterhaltungsveranstaltungen hat reservieren können. Sartre nimmt an sämtlichen Proben teil, und es gelingt ihm sogar, von den Deutschen eine Art bunten Papierstoff zu erhalten, aus dem die Kostüme hergestellt werden... Die Herstellung von Kulissen und Kostümen und die Proben folgen in rasendem Tempo aufeinander, während das Stück selbst gerade erst fertig geschrieben ist. Am Abend des 24. Dezember steht alles: «Ein Akkordeonstück. ‹Meine Herrschaften, ich werde Ihnen die außerordentlichen und einmaligen Erlebnisse von Bariona, dem Sohn des Donners, erzählen. Diese Geschichte spielt in der Zeit, als die Römer Herren in Judäa waren, und ich hoffe, sie wird Sie interessieren. Während ich erzähle, können Sie sich die Bilder hinter mir ansehen; sie werden Ihnen helfen, sich die Dinge so vorzustellen, wie sie waren. Und wenn Sie zufrieden sind, dann zeigen Sie es. Musik! Wir fangen an.»[23] Der Bildvorführer macht dem Erzähler Platz. Die Geschichte ist eigentlich einfach: Bariona entwickelt sich von der Verzweiflung zur Hoffnung, vom Mißtrauen gegenüber dem von den Heiligen Drei Königen angekündigten Messias zu neuer konstruktiver, tatkräftiger Entschlossenheit und bringt schließlich sein Volk zum Widerstand gegen die Römer. «Meine Gefährten, Soldaten Christi», ruft er in der Schlußtirade, «ihr seht wild und entschlossen aus, und ich weiß, daß ihr euch gut schlagen werdet... Ich will, daß ihr mit Freuden sterbt... Kommt, trinkt ein Gläschen Wein, ich erlaube es euch, und dann laßt uns marschieren gegen die Söldner des Herodes, laßt uns marschieren, trunken von Liedern, Wein und Hoffnung.»[24] Beifall, die gesamte Schauspielertruppe verbeugt sich, auch der Autor, der die Rolle des schwarzen Königs Balthasar spielte. Später wird Sartre übrigens von dieser ungewöhnlichen Erfahrung sprechen, die er damals als Autor und Schauspieler gleichzeitig machte, als er von der Bühne aus die dicht gedrängte Masse wahrnahm, die ihm zuhörte: «Als ich mich... über das Rampenlicht hinweg an meine Kameraden wandte und ihnen von ihrer Kriegsgefangenenlage sprach, begriff ich bei dieser Gelegenheit, als ich sie plötzlich so still und aufmerksam sah, was Theater sein sollte: ein großes kollektives religiöses Phänomen..., ein Mythentheater...»[25] An anderer Stelle wird er weiter erläutern, er habe über die Figur von Bariona den neuralgischen Punkt des Widerstands gegen die Deutschen berühren wollen... Sofort nach Schluß der Aufführung wechselt der Schauspieler die Kleidung und eilt zur Mitternachtsmesse, um unter Espitalliers Leitung im Lagerchor Weihnachtschoräle und Responsorien mitzusingen... «Heute nacht hat es geschneit», notiert der Priester Perrin am nächsten Morgen. «Alles ist weiß. Wenige Spuren auf dem Boden... Man sieht keine Menschenseele an diesem Weihnachtsmorgen... Sartre noch nicht gesehen: Er hat seinen faulen Vormittag wohl verdient. Leroy ist wieder eingeschlafen. Man könnte meinen, das ganze Lager liegt noch in Morpheus' Armen... Doch ich muß von dem sprechen, von dem alles spricht oder sprechen wird. Ich war gespannt, was Sartre aus Weihnachten machen würde. Ich habe es gesehen, und, Gott sei Dank, er ist er selbst geblieben... Nichts von einem klassischen Weihnachtsspiel an diesem *Bariona*. Man bekommt weder die Jungfrau noch das Kind zu sehen, außer zwischen den Zeilen... Und (die Leute Barionas) gehen, vielleicht in den Tod, aber dann sterben sie, damit die Hoffnung der freien Menschen nicht vernichtet wird.»[26] Andere Stimmen teilen diese Beurteilung des Stücks überhaupt nicht: «Sartre ließ die Lagertruppe ein von ihm geschriebenes antisemitisch inspiriertes Stück spielen», meint der Obergefreite Pierre. «Das Thema: das Recht auf Mutterschaft einer jungen Frau, das ihr Mann ihr verweigert.»[27]

Zuletzt Sartres eigenes, eher negatives Urteil dreißig Jahre später: «Ich schrieb *Bariona*, es war ziemlich schlecht, aber es enthielt eine dramatische Idee.» Die Anspielung auf das Engagement «haben die Deutschen nicht begriffen, sie sahen nur ein Weihnachtsspiel darin; aber die französischen Gefangenen haben alles verstanden, und mein

Stück hat sie interessiert.»[28] Oder: «Wenn ich meinen Stoff der christlichen Mythologie entnommen habe, so bedeutet das nicht, daß sich die Richtung meines Denkens während der Gefangenschaft auch nur einen Moment lang geändert hat. Es ging einfach darum, in Übereinstimmung mit den gefangenen Priestern einen Stoff zu finden, der an diesem Weihnachtsabend die breiteste Gemeinschaft von Christen und Nichtchristen herstellen konnte.»[29]

Eine vielleicht wichtigere Erfahrung, als es scheint: «Jedenfalls hat ‹Bariona› mir Geschmack am Theater gegeben.»[30] «Sie schrieben mir Briefe darüber und sagten, daß Sie von nun an Theater machen würden», ergänzt Simone de Beauvoir. Ja, ein Anfang ist damals tatsächlich gemacht worden, wenn auch dank dem Spiel des Zufalls und unter merkwürdigen Bedingungen. Der junge Theaterautor wird nicht lange warten, um seine Technik zu verbessern. Auf einen Mißton in dieser ganzen Angelegenheit hatte allerdings schon der Obergefreite Pierre angespielt; «Ein antisemitisch inspiriertes Stück», hatte er gesagt. Hören wir selber: «Ihr Juden könnt natürlich nicht heizen... Ihr seid echte Wilde... Die meisten Eurer Glaubensgenossen wissen nicht einmal das Datum ihrer Geburt. Sie sind im Jahr des großen Hochwassers, im Jahr der großen Ernte, im Jahr des großen Sturms geboren... Echte Wilde. Ich will Euch natürlich nicht kränken. Ihr seid zwar Israelit, aber ein gebildeter Mensch... Soll ich Euch etwas sagen: das jüdische Volk ist nicht erwachsen... (Wir) möchten..., daß das jüdische Volk im eigenen Interesse endlich einmal etwas zur Vernunft kommt...»[31] Natürlich handelt es sich um die Rede des Lelius, eines römischen Beamten, die auf keinen Fall als direkte Äußerung, sondern als indirekte Rede verstanden werden muß. Dennoch: War das der richtige Ort, die angemessene Zeit, das angemessene Publikum für solche Sprüche? Ist es Gedankenlosigkeit? Unbeholfenheit? Man wird später untersuchen, was Sartre damit wollte.

Denn sofort nimmt er heftigen Anstoß an den Vereinnahmungsbemühungen der faschistischen Gruppe um Marcel Bucard, die mit dem Segen der Kommandantur gerade ins Leben gerufen worden ist. «Anscheinend gibt es schon 200 Beitritte zum Frankismus», bemerkt er am 25. November. «Bei mir jedenfalls wird es keinen geben. Ich habe meine Burschen ordentlich angeschnauzt... Aber die Typen sind lau. Lau dafür und lau dagegen. Sie sind Opfer der demokratischen Illusion: sie betrachten Gilly und seine Clique als ‹Stars› des Lagers. Sie mögen ihn nicht, aber er ist für sie eine amüsante und bekannte Persönlichkeit. Sie sehen ihn gern vorbeigehen mit seinen Stiefeln und seiner Chechia, die sein freches, blasses und flaches Gesicht zusammendrückt... Sie stoßen sich mit dem Ellbogen an, wenn er vorbeigeht... Noch einer, der im Lager *seine* Chance findet. Das wird seine beste Zeit sein.»[32] Eine ausgesprochen klarsichtige Analyse: Schon spürt Sartre die Lauheit, die willige Passivität und verabscheut sie. Sofort greift er diejenigen an, die sich jetzt zunächst im kleinen Kreis versammeln, aber ein Jahr später den Rassemblement populaire français von Marcel Déat bilden und sogar eine Demonstration im Lager veranstalten werden. Gleichzeitig diskutiert er mit ganz anderen Leuten, beispielsweise den Kommunisten. Eines Tages lädt er Marius Perrin zu einem Treffen bei den Künstlern ein, und es ergibt sich eine harte Diskussion zwischen ihnen beiden und kommunistischen Akademikern. Der Stalin-Hitler-Pakt? Ein taktischer Trick von Stalin, eine notwendige Episode, um den Faschisten das Rückgrat zu brechen, ehe die Stunde des Sozialismus, der Demokratie und der Sowjets endgültig schlägt, sagen die KPF-Getreuen. Sartre ist nicht überzeugt und spart nicht mit Kritik an den eingesetzten Mitteln. Vermutlich denkt er an Nizan, vermutlich schätzt er die jüngsten Diffamierungen gegen seinen Kindheitsfreund nicht besonders, das höhnische Lachen über seinen Austritt...

«Gestern lange Unterhaltung mit Espit, Sartre und Leroy», schreibt Marius Perrin Anfang 1941. «Sartre gefällt offenbar gar nicht, was in Frankreich vor sich geht; gegenüber de Gaulle hat er eher Vorbehalte. Er hat für kein Regime Sympathie; das faschistische ruft sein Entsetzen hervor: die Macht in den Händen der ‹Schweinehunde›. Und die ‹Republikaner› sind alte Knacker, gerade gut, um mit den Veteranen zu defilieren. Außerdem haben sie allesamt ‹Croix-de-Feu-Fressen›. Er bedauert nicht, sie nie gewählt zu haben, aber er meint, daß es Zeit ist, etwas zu tun. Der Fehler der freien Menschen ist immer, daß sie den anderen freie Hand lassen, die davon profitieren. Er hat also beschlossen, seinen Turm zu verlassen und sich ins Getümmel zu stürzen.»[33] Diese Pläne werden sich weiter konkretisieren, da Sartre im Lauf derselben Diskussion so weit geht,

Ideen und ein Programm zu entwerfen. «Man kann sich keiner Partei anschließen. Sie sind alle verdorben, einschließlich der kommunistischen... Sartre meint jedoch, es gäbe Platz für eine Assoziation neuer Art, die man... ‹Partei der Freiheit› nennen könnte. Sie stünde allen freien Menschen offen, unabhängig von ihren philosophischen Überzeugungen.» Perrin schreibt weiter: «Sein Programm ist, zumindest in großen Zügen, fertig. Ich entdecke viel Fourier und ein wenig Saint-Simon darin.» Nehmen wir nichts vorweg, noch ein, zwei Monate und genau diese Leitlinien werden von unserem jetzt politikreifen Gefangenen in die Praxis umgesetzt werden.

Was bleibt zur Vervollständigung dieses Weges noch übrig? Fast nichts, denn er ist beinahe am Ziel. Am Ende der Erfahrung, des Weges, der Verwandlung. Er hat die Notwendigkeit des Handelns begriffen, ohne seinem Ekel gegenüber Parteien, Bürokratien, Massenzwang abzuschwören. Gleichwohl ist er sich seiner eigenen Grenzen ganz bewußt: «Wenn ich... in seine (revolutionäre) Partei einträte», schreibt er im *Journal de Mathieu*, «geschähe das aus einem Edelmut, der sich seiner allzu bewußt wäre, um moralisch *sein* zu können. Die KP hat ganz recht, den Intellektuellen zu mißtrauen.»[34] Handeln drängt sich zwar auf, doch bleibt er Einzelgänger. Im Stalag hat er tatsächlich zu einer Art Gleichgewicht gefunden. Er hat wie ein Ethnologe die Bantuvölker die anderen entdeckt. Er hat sie analysiert, angeblickt, interpretiert. Er hat mit ihnen Schläge, Entbehrungen, Schikanen geteilt. Er hat sich ihnen zugewandt, mit ihnen auf vielfältigste Weise kommuniziert. Er hat dieselbe unvergleichliche, glanzvolle Prüfung der Nivellierung und der Überlebensstrategien erlebt. Er hat sich wie kein anderer die Institution des Stalags zunutze gemacht, sie erlitten, abgelehnt, überrumpelt. Er hat die Gesellschaft von beiden Seiten kennengelernt, bestimmte Realitäten wie die der Autorität, der Unterwerfung oder auch die der Solidarität erfahren. Er ist hinter dem Stacheldraht eines schäbigen deutschen Gefangenenlagers marginalisierten, verlorenen Menschen begegnet, die eigentlich ungleich sympathischer sind als seine drei Zwangskameraden aus der *drôle de guerre*. Anders als die anderen erlebt er hier eine wirkliche Befreiung. Andere werden viel dabei verlieren, er umgibt sich mit einem Panzer und lernt zu leben. Der glückliche Gefangene wird noch einige eigene Formulierungen äußern, ehe er verschwindet: «Man (kann) hier freier sein ... als auf der anderen Seite», sagt er beispielsweise zu Marius Perrin,[35] oder er schreibt im *Journal de Mathieu* den etwas prophetischen Satz aus den ersten Tagen nach seiner Ankunft: «... wir tun zwar nichts, aber wir sind die passiven Gegenstände einer Verwandlung.»[36]

Verlassen wir Sartre mit diesem letzten Bild eines glücklichen Gefangenen. Später wird er im Rahmen einer großangelegten Untersuchung zu Lesegewohnheiten von Gefangenen lange, beinahe nostalgische Antworten geben und eine seltsame Parallele zwischen seinen Kindheits- und seinen Lagerlektüren ziehen: «Ich habe *Au pays des tigres parfumés*, ein Buch über Indien von Dekobra sehr gemocht, ein zwar lächerliches Buch, das ich aber verschlungen habe, weil es mich außerhalb Deutschlands versetzte ... Ich habe auch Krimis, *Les filles du feu* von Nerval, und Sophokles' Theaterstücke gelesen ... auch Rilke- und Carossagedichte auf deutsch. Meine zwei großen Entdekkungen dort waren *Le soulier de satin* und *Le journal d'un curé de campagne*. Es sind die zwei einzigen Bücher, die mich wirklich aufgewühlt haben ... Es sind Zufallslektüren. Ich habe dort nie die Bücher bekommen, die ich mitgenommen hätte, wenn ich gewußt hätte, daß ich dort leben müßte. In diesen völlig beschäftigungslosen Tagen, an denen Träumerei eine Fluchtfunktion spielte und man vermied, zu viel an die Vergangenheit zu denken, hatte die Lektüre einen Reiz und eine Verzauberungskraft, die ich nur von meiner Kindheit her kannte. Eigentlich konnte man alles mögliche mit Leidenschaft lesen, und die Tage waren von den gerade gelesenen Büchern geprägt: es gab die Somerset-Maugham-Tage, die Nerval-Tage und sogar Dekobra-Tage.»[37]

Im März 1941 wird Sartre dank einem falschen Attest freigelassen, wonach er an einer «Teilerblindung des rechten Auges erkrankt (sei), die Orientierungsschwierigkeiten zur Folge hat.» Es gelingt ihm noch, sich das Manuskript zurückzuholen, das ein deutscher Offizier konfisziert hatte, und zehn Tage später trifft er in Paris ein, erstaunt und beinahe lustlos. «Ich bin aus Vernunftsgründen geflohen», sagte er später, «ich hatte gar keine richtige Lust dazu, ich sagte mir: ‹Es muß eben sein, wenn man dabeisein will›.»

Das Stalag XII D in Trier wird für ihn nie diesen Nachgeschmack süßer Nostalgien verlieren, er wird sich mit der Zärtlichkeit eines Fetischisten für den Gegenstand seiner Begierden daran erinnern. Und an einem Sommertag 1953, bei einer Reise nach Amsterdam, wird er Simone de Beauvoir einen großen Umweg über Deutschland fahren lassen, um mit ihr gemeinsam die Überbleibsel des Schwarzen Platzes, der Halle und der die Stadt überragenden Holzbaracken auf dem Kemmelhügel zu besichtigen.

«SOZIALISMUS UND FREIHEIT»

Paris, 2. April 1941. Es ist genau ein Jahr her, daß er keinen Fuß in die Hauptstadt gesetzt hat. Wie sieht sie jetzt aus? Wie eine Operettenbühne? Wie ein unerträglicher Alptraum? Wie ein phantastischer Roman? Verkehrsschilder in allen Himmelsrichtungen, die den neuen Akteuren die Richtung zur Kommandantur, zum Deutschen Institut oder auch zum Wehrmachtsgottesdienst weisen... Graugrüne Uniformen, Stiefel, Mützen, rote Fahnen mit Hakenkreuzen, Militärautos, Militärgruß: eine Invasion. «Man (kann) hier freier sein als... auf der anderen Seite», hatte er Henri Leroy noch vierzehn Tage vorher auf den Trierer Bergen anvertraut. Wirrwarr in seinem Kopf: die Kumpel aus dem Lager, Bracos Akzent, das feste, geregelte, vertraute Morgenritual; und hier jetzt diese anonymen Männer, die seine Stadt einnehmen, sie vergewaltigen, entweihen. Er ist sechsunddreißig, es ist Frühling, er kommt nach Hause: Doch Paris ist anders, und er ist ein anderer... Was für eine Geschichte!

Erster Abend in Freiheit für einen Fremden in der eigenen Geburtsstadt, der, ehe er sich auf die Suche nach den früheren Freunden macht, geistesabwesend die Tür eines Cafés aufmacht: «In diesem Augenblick überfiel mich Angst», schreibt er, «oder doch etwas dergleichen; ich konnte nicht verstehen, wie diese behäbigen, dickbäuchigen Häuser solche Wüsten in sich bergen konnten; ich fühlte mich verloren: die paar Kunden erschienen mir weiter entfernt als die

Sterne; jeder hatte Anrecht auf ein großes Stück Bank, einen ganzen Marmortisch, und ich hätte, um sie zu berühren, das ‹glänzende Parkett› überqueren müssen, das zwischen mir und ihnen lag. Sie erschienen mir unnahbar, diese funkelnden, in ihrer Hülle aus verdünnter Luft sich wohl fühlenden Menschen, denn ich hatte nicht mehr das Recht, ihnen mit der Hand auf die Schultern oder Schenkel zu klopfen und sie ‹alter Junge› zu nennen: ich war wieder in der bürgerlichen Gesellschaft, mußte wieder lernen, ‹auf respektvolle Entfernung› zu leben, und meine plötzliche Platzangst verriet die unbestimmte Sehnsucht nach dem einträchtigen Leben, von dem ich soeben für immer ausgeschlossen worden war.» [1]

Wiedergewöhnung an die Orte, die Entfernungen, die Beziehungen freier Menschen, ehe er sich den wirklichen Herausforderungen stellt, die auf ihn warten. Erster Halt, der gemütlichste von allen, die Nummer 23 der Avenue de Lamballe im 16. Arrondissement, bei seiner Mutter und seinem Stiefvater: bürgerlicher Komfort, aufmerksame Bedienstete, Mittagessen. Und schon ist er wie immun und kann sich in die schwindelerregende und paradoxe Luft der Freiheit stürzen. Wiedersehen mit Simone de Beauvoir? Ein Zettel in ihr Fach im Hotel legen und Warten im *Café des Mousquetaires*, Avenue du Maine... «Ich fühlte mich verloren.»

Seit Juni 1940 hat Frankreich seine Autonomie und Integrität verloren. Pétain unterzeichnet den Waffenstillstand mit Hitler, General de Gaulle appelliert aus London: «Frankreich hat eine Schlacht verloren, aber nicht den Krieg...» Das Land scheint geteilt zu sein: Nordzone und Südzone, Anhänger des Marschalls und unbestechliche Patrioten. Tatsächlich ist es in tausend Stücke zerbröckelt. Die kleine Welt der Pariser Literatur ist wie nach einer Bombardierung in alle Himmelsrichtungen zerstoben. Die politisierten Schriftsteller klammern sich entweder an die Anweisungen ihrer jeweiligen Partei und Gruppe oder danken ab. Und dann sind sie wie die anderen vereinzelt, verloren, isolierter denn je wie umherirrende Sterne auf der Suche nach einem Fixpunkt. Sämtliche Orientierungspunkte lösen sich auf, der Schriftsteller ist auf seine ausschließlich individuelle Initiative angewiesen und stürzt ins Leere: wie ein Blindfahrer im Nebel. Wie verrückt gewordene Figuren auf einem zerbrochenen Schachbrett geraten die Schriftsteller in diesen ersten Zeiten der deutschen Besatzung in Bewegung, je nach den früheren Schwerpunkten, den Mäandern des jeweiligen psychologischen Profils, den ideologischen, gesellschaftlichen, geographischen, familiären Bindungen, je nach Alter und Generation, je nach der eigenen Armee-Erfahrung... Gide ist von einem lauen Pessimismus erfüllt. Drieu la Rochelle liebt nur die Sieger. Saint-Exupéry neigt zögernd zum Marschall und fürchtet de Gaulle, Malraux macht Ferien, Breton fährt nach New York, Aragon schreibt Gelegenheitsgedichte... Schon der Stall Gallimard ist ein Turm zu Babel.

Die große Neuerung im Pariser literarischen Leben ist das Vorhandensein der deutschen Zensur, die alles, was französische Schriftsteller produzieren, nach eigenen ideologischen Gesetzen kontrolliert, verbietet oder auch erlaubt. Es geht noch weiter: auch alles, was sie schon veröffentlicht haben. Die erste «Otto-Liste», die im September 1940 in Kraft tritt, zählt schlicht einen Katalog der verbotenen französischen Bücher auf. Unterteilt nach Verlagen reiht sich ein Name und Titel an den anderen, nach eigenartigen und schwer entzifferbaren Gesetzen wird der Bann verhängt. Aus der *Nouvelle Revue française*-Gallimard wird Malraux wegen *L'espoir* und *Le temps du mépris* verbannt, Nizan wegen *Chronique de septembre*, Denis de Rougemont wegen *Journal d'Allemagne*. Sartre bleibt verschont, auch auf der zweiten Liste, der von 1942. In erster Linie sind offensichtlich jüdische oder antideutsche Autoren betroffen; bei den übrigen ist es undurchschaubarer! «Frankreich muß dem deutschen Zug angehängt werden», hatte Hitler befohlen, und zur Erfüllung seines Wunsches schreckten die höheren Instanzen des Reichs vor keinen Kosten zurück: Ihre Finanzpolitik in Sachen ideologischer Propaganda war einfach erstaunlich. Nicht weniger als drei Institutionen, die Deutsche Botschaft, das Deutsche Institut und die Propagandastaffel sollten die französische Literatur nach arischem Vorbild von jedem jüdischen, kommunistischen, freimaurerischen und anderen Ungeziefer reinigen. Diese Instanzen unterstanden der französischen Abteilung von Alfred Rosenberg sowie den unzähligen Naziagenten, die Berlin in Sondermission nach Paris schickte.

Von den neuen Akteuren, die das französische literarische Leben aus- und vor allem niedermachen, waren Karl Epting, Karl-Heinz Bremer und Gerhardt Heller als Deutschlehrer in französischen Provinzstädten bereits in den Genuß des französischen Kulturguts gekommen. Sieburg, genannt «der schöne Friedrich», ist in Paris wohlbekannt, seit der Verleger Grasset sein Werk *«Gott in Frankreich?»* übersetzen ließ. Otto Abetz, fünfunddreißigjähriger vornehmer und eleganter Botschafter, der sich vor dem Krieg für eine deutsch-französische Annäherung im Sinne von Ribbentrops eingesetzt hatte, kehrt, mit einer Französin verheiratet, frankophil und begeistert in das eroberte Land zurück. In äußerst gewählten Worten vertraut der geistig eng mit ihnen verwandte Schriftsteller Ernst Jünger seinem Tagebuch an, welchen Gefallen literarische Deutsche an ihren Pariser Aufenthalten fanden: «Paris, 6. April 1941», notiert Jünger. «Heute, am Sonntag, ununterbrochener Regenfall. Ich ging zweimal in die Madeleine, deren Stufen von Buchsbaumblättern gesprenkelt waren; mittags und abends bei Prunier. Die Stadt ist wie ein altvertrauter Garten, der nun verödet liegt und in dem man dennoch Weg und Steg erkennt.»[2]

Erstaunliche Figuren: Ohne die geringste Hemmung genießen diese neuen Akteure eine Stadt, eine Kultur, für deren Exotik sie schon immer geschwärmt hatten. Vom *Prunier* zum *Tour d'Argent* und vom *Ritz* zum *George V* lassen sie sich als Künstler und Ästheten Weine, Champagner und Pasteten schmecken: wohlerzogene Ethnologen, die sich mit Wonne die Sitten der Eingeborenen aneignen. Und Jünger brilliert in jenem literarischen Genre, das man als «das gesättigte gute Gewissen der germanischen Ästheten» bezeichnen könnte.[3]

«Ich kam also mit der Vorstellung nach Frankreich zurück, daß die anderen Franzosen das nicht wußten, daß manche es wußten, die, die von der Front kamen und entlassen worden waren, daß es aber keine Leute gab, die sie dazu bewogen, Widerstand zu leisten. Das schien für mich das erste zu sein, als ich nach Paris zurückkam, nämlich eine Widerstandsgruppe zu bilden, zu versuchen, nach und nach Leute für den Widerstand zu gewinnen und so eine Bewegung der Gewalt zu schaffen, die die Deutschen vertreiben würde.»[4] Erstes Eintauchen in das besetzte Paris, und schon haben wir einen Sartre vor uns, der wie ein Stehaufmännchen aus seinem Stalag kommt, aufspringt und sich für die direkte Aktion kampfbereit meldet. Eine Verwandlung, die seine Umgebung verwirrt. Unter anderen auch Simone de

Beauvoir, die, fassungslos über «die Starrheit seines Moralismus», seine neue Einstellung und ihre erste Unterhaltung präzis nachzeichnet: «Trieb ich Schwarzhandel? Ich kaufte dann und wann ein wenig Tee. Schon zuviel, sagte er. Ich hätte die Erklärung, daß ich weder Freimaurer noch Jüdin sei, nicht unterschreiben dürfen. Sartre hatte zu allen Zeiten seinen Ideen, seiner Billigung und seiner Mißbilligung unumwunden Ausdruck gegeben, in seinen Gesprächen und seinem Verhalten; aber nie hatte er universelle Maximen aufgestellt... An diesem ersten Abend überraschte er mich noch mit einer anderen Eröffnung. Wenn er nach Paris zurückgekommen war, so nicht, um die Süße der Freiheit zu genießen, sondern um zu handeln. Wie? fragte ich ihn verblüfft. Wir waren so isoliert, so machtlos! Eben darum, sagte er, man müsse diese Isolierung durchbrechen, sich zusammenschließen, den Widerstand organisieren.»[5]

Sartre hat von den ersten Widerstandsaktionen noch nichts gehört, er weiß noch nicht, daß im Sommer und Herbst 1940 Patriotengruppen spontan mit der Arbeit begonnen haben, er bereitet sich selber auf seine eigene Weise vor. Vom Dezember 1940 an hat sich das Wort «Résistance» durchgesetzt: «Widerstand leisten, das schreit jedes eurer Herzen in der Not, in die euch das Desaster des Vaterlands versetzt hat...» Als erstes illegales Blatt hatte *Résistance* den Aufruf des «Comité national de salut public» veröffentlicht, das die Zeitung gegründet hatte. Hinter diesem Komitee steht die «Musée de l'homme» genannte Gruppe, die zwei Wissenschaftler, Boris Vildé und Anatole Levitsky, ins Leben gerufen haben; später kommen der Rechtsanwalt Nordmann, die Schriftsteller Aveline und Cassou hinzu und Abraham, der frühere Kabinettsdirektor von Jean Zay. Die Gruppe wird die Veröffentlichung und Verbreitung illegaler Flugblätter bis Februar 1942 fortsetzen; eine Verhaftung wird sie sehr teuer zu stehen kommen. Weiterer Ausdruck spontanen Widerstands sind die Demonstrationen am 11. November 1940 zum Gedenken an den Sieg von 1918. Schaufenster kollaborierender Jugendgruppen werden auf den Champs-Élysées zerstört, und es gibt zahlreiche Verhaftungen. Hinzu kommen Veröffentlichungen wie *Libération*, die Wochenzeitung der französischen Résistance, *La Vraie France*, *Sous la botte*, lauter kleine spontan gebildete Grüppchen, von denen viele gleich im Jahr Null der Résistance zerschlagen werden.[6] Bei den

Kommunisten herrscht Isoliertheit und Durcheinander. Einsam, vereinzelt bereiten einige Gegner der harten Linie, nämlich der vollständigen Zustimmung zum Stalin-Hitler-Pakt, Veröffentlichungen vor.

In diesem außerordentlich komplexen Kontext, in dem die politisch Aktiven auf sich selbst angewiesen sind, in dem die durch die Bindung an die UdSSR zum Schweigen verurteilten Kommunisten politisch schwimmen und mit Staunen die subtilen Linienkorrekturen in der illegalen *Humanité* verfolgen, in dem die Sozialisten restlos ihre Orientierung verloren haben, gibt die Entschlossenheit eines kleinen Mannes namens Jean-Paul Sartre die Intensität der allerersten Flugblätter, der allerersten Demonstrationen vom Herbst 1940 wieder. Der Neuling in Politik und überhaupt allem, was das Gesellschaftliche betrifft, geht von seinen Gefangenschaftserfahrungen aus und bringt zum erstenmal seine politische Wut zum Ausdruck. Daher die Fassungslosigkeit in seiner Umgebung, die das Zwischenspiel nicht kennt. Denn über dieses Zwischenspiel spricht er so gut wie nie: Über die tiefsten Wunden redet man nicht, vor allem wenn sie einen verwandeln, wie es hier der Fall ist.

«‹Ein Tatsachenurteil betrifft das, was ist. Ein Werturteil betrifft das, was sein soll...› So lauteten, glaube ich, die ersten Worte, die er diktierte. Es war im Frühjahr 1941, und wir begannen gerade mit der Moral»: Jean-Bertrand Pontalis, Philosophieschüler am Lycée Pasteur, sah ohne Vorwarnung seinen Lehrer ankommen. Abrupte Wende, radikal veränderter Zugriff auf die Philosophie: «Er fiel auf. War es wegen der (kühlen) Stimme, des (schneidenden) Tons oder auf Grund der Gerüchte (er trug keinen Schlips) – jedenfalls fiel er auf...›»[7] Der zurückgekehrte Mann ist von fast übertriebener Strenge: Anzug mit Weste statt des erwarteten Pullovers, reservierte Zurückhaltung gegenüber den Schülern statt der legendären Kameradschaftlichkeit... Das geht so weit, daß er zu der aktuellen Realität schweigt, denn «während dieser wenigen Monate», berichtet Pontalis weiter, «hat er kein einziges Wort zu Vichy oder zur Niederlage, kein Wort zum Stalag, aus dem er kam, verloren. Als Aufsatzthema gab er uns allerdings die Reue...» Unerwartete Veränderungen an der Fassade und im Auftreten decken die unter der Oberfläche stattfindenden großen Vorgänge. Die Vehemenz des überzeugten «Résistant» wird durch das Schweigen des Lehrers geschützt: Als Pontalis und sein

Freund Bourla im Unterrichtsraum das obligate Porträt des Marschalls herunterreißen, was den Besuch des Censeur zur Folge hat, mißbilligt sie Sartre, ohne sich jedoch tatsächlich von ihnen zu distanzieren. «An dem Tag habe ich den ganzen Unterschied zwischen einer ‹Geste› und einer ‹Tat› begriffen», erzählt Pontalis.

Fünf, sechs, sieben? Zu wievielt sind sie in dem Hotelzimmer mit dreckigen braunen Wänden in einer engen, schrägen Straße hinter der Gare Montparnasse genau oberhalb des Friedhofs? Einige Stunden vorher hatte Jean Pouillon einen dringenden Telefonanruf von Jacques-Laurent Bost erhalten: «Sartre ist aus der Gefangenschaft zurück, besuche ihn nachher im Hotel *Mistral*...» Nur die intimsten Freunde sind dort versammelt: Bost und Olga, Pouillon, Castor, Wanda... Sartre spricht lange mit unglaublich entschlossenem Ton... Die Deutschen aus Frankreich hinausjagen... Zeugnis ablegen... Überzeugen... Die Mehrheit für den Widerstand gewinnen... Mit diesem Ziel zu arbeiten versuchen... Schritt für Schritt ist es möglich... Ein politisch durchdachtes, ausgearbeitetes Projekt? Ein genauer Verteidigungsplan gegen die Besetzer? Eher ist es der Dialog mit den Priestern, den er hier fortsetzt. Ohne Übergang von der Holzbaracke zum Hotelzimmer im *Mistral* geraten, hält er dieselbe Rede. Er ist enthusiastisch, überzeugend, sogar optimistisch: Er ist sich beispielsweise sicher, daß es nicht bei den spontanen ersten Anläufen der Revolte bleiben wird, daß die isolierten Grüppchen weiter wachsen, sich begegnen und gegenseitig stärken werden trotz den Gefahren der Illegalität, der Repression und den übrigen Risiken...

Nach der «Familie» die nahestehenden Freunde: Maurice Merleau-Ponty, der «Philosophiekaiman» aus der Rue d'Ulm. Er hat sich einige Monate lang der Bildung der Gruppe «Sous la botte» gewidmet, die seit Studienbeginn 1940 existiert. Um ihn versammelt sind seine Studenten aus der École normale: Jean-Toussaint Desanti, ein sechsundzwanzigjähriger Bewerber für die Agrégation, seine junge Frau Dominique, die an der Sorbonne Geschichte studiert; François Cuzin, Simone Debout und Yvonne Picart, brillante und politisierte junge Philosophen. Ihre Flugblätter haben sie gemeinsam mit Wissenschaftlern der École normale verfaßt, Aktivisten wie beispielsweise der Mathematiker Raymond Marrot, Vordenker der

Gruppe, ein Libertärer ohne die geringste Illusion über die Kommunisten. Oder Georges Chazelas, vierundzwanzigjähriger Physiker aus dem «Studienjahr 37», und sein junger Bruder Jean, Medizinstudent. Beides zur Tat entschlossene große und kräftige Jungen, immer in der ersten Reihe. Sie haben eindringliche, kämpferische Flugblätter verfaßt, in denen zu Sabotage und Widerstand in allen Formen, ohne Ausnahme, ohne Sektierertum, ohne Aufschub aufgerufen wird... Und auf halbem Weg zwischen der «Sartre-Familie» und «Sous la botte» haben ehemalige Schüler wie Raoul Lévy und Jean Kanapa sehr schnell wieder zueinandergefunden: im übrigen haben sie den Kontakt nie abgebrochen, mit dem Soldaten und später dem Gefangenen Briefe ausgetauscht, sich mit Castor und den anderen getroffen. Lévy bezeichnet sich selbst als «Gaullisten». Er hatte Simone de Beauvoir schon 1940 erklärt, es wäre von größter Bedeutung gewesen, wenn die französische Regierung sich nach dem Beispiel der holländischen zum Exil entschlossen hätte... «Sie reden wie die Engländer», hatte sie ihm vorgehalten.[8]

«Sartre nahm sich kaum die Zeit, seine Gefangenschaft zusammenzufassen, dann hieß es: Gut. Was tun wir? Habt ihr was angefangen?»[9] In einem unordentlichen Zimmer des *Hôtel d'Égypte* in der Rue Gay-Lussac findet das von Dominique Desanti nacherzählte erste Arbeitstreffen der Veteranen von «Sous la botte» statt. «Ein Erdgeschoß, das man durch das Fenster erreichte», erzählt sie, «das gab uns die Illusion der Fluchtmöglichkeit, falls die Polizei käme. Denn damals hatten wir die Naivität von verfolgungsunerfahrenen Neubekehrten...» Unzweideutiger Kampf gegen das Vichy-Regime und sämtliche Kollaborateure ist die gemeinsame Grundlage beider Gruppen; nach rechts sich von den Bürgern und den Gaullisten absetzen; sich auf den Sozialismus berufen; nach links sich von den Kommunisten und ihrem absurden Pakt absetzen. Daher kommt bald der Vorschlag auf, die Gruppe «Socialisme et liberté» zu taufen. Wie Sartre erläutert, müsse jetzt schon weiter geblickt und eine globale Vorstellung eines befreiten Frankreichs entworfen werden, man müsse sich auf später vorbereiten, um den Sozialismus in Freiheit zu organisieren, dem man nach dem Sieg über den Faschismus zur Macht verhelfen müsse... Das Kriegsende? Sartre glaubt, es stünde bevor. «Eigenartigerweise», stellt Dominique Desanti fest, «denn er, ein Mensch mit gewisser Reife, bewies mehr Optimismus als wir, die um zehn Jahre jünger waren.» [10]

«Hitler deportiert unsere Leute», schreibt Sartre eines Tages, «das ist ein Zustand, mit dem wir uns nicht abfinden können. Nähmen wir das Vichy-Regime hin, wären wir keine Menschen: mit den Kollaborateuren ist kein Kompromiß möglich. Denn es handelt sich schon heute um den Aufbau einer Gesellschaft, in der der Ruf nach Freiheit nicht vergebens sein wird...» Dominique Desanti tippt den Text auf eine Matrize und bringt ihn zu Chazelas und Marrot, die im Kellergeschoß der École normale arbeiten. Der Verschlag Nummer 50 ist ihr illegales Revier: Zwischen Stapeln von Kisten und Physikinstrumenten haben sie inmitten eines verstaubten und düsteren Chaos Druckgeräte installiert. Eine alte Abzugsmaschine mit Farbe und Matrizen, die mit der Hand bedient wird, Papierbögen, die dem Physiklaboratorium entwendet sind, Farb- und Benzinflaschen, Schraubenzieher und Hammer, wenn es Pannen gibt... An jenem Tag öffnet sich während des Druckvorgangs die Tür. «Wer ist da?» brüllt jemand hysterisch. Chazelas erkennt sofort Uchamp, den Verwalter der École, einen bekannten «Collabo», und stürzt zur Glühbirne, um sie herauszudrehen. Einige Sekunden Panik, während Marrot ihm ins Ohr flüstert: «Du hast jetzt nur noch die Möglichkeit, ihn umzubringen!» Szene à la Melville wegen eines Sartre-Texts. Plötzlich auf der Treppe eine Stimme, ein Wunder: «Monsieur Uchamp, Monsieur Uchamp, schnell, schnell, ein Telefonanruf für Sie, ganz dringend...» Die Sekretärin des Kollaborateur-Verwalters hatte unserer Mannschaft aus der bösen Situation geholfen. «Diese drei Seiten lange Abhandlung Sartres über die Freiheit», stöhnt Georges Chazelas zweiundvierzig Jahre später, «hat mich in wahnsinnige Wut versetzt. Wirklich ein dummer Einfall, uns wegen solcher Texte in solche Situationen zu bringen... Die Freiheit ahnten andere nicht über philosophische Flugblätter, sondern bei Stiefeltritten.» [11]

Groteskes Hin und Her, abenteuerliche Situationen, lächerliche Exzesse – die Abenteuer und Mißgeschicke der Gruppe wirken von weitem gesehen teilweise wie Zeichengeschichten in Fortsetzungen. Bost und Pouillon etwa, denen ihre im Salon von Madame Pouillon in Saint-Mandé installierte Abzugsmaschine Sorgen bereitet, da sie auf dem Teppichboden Flecken macht, überlegen sich: Weshalb sie nicht draußen, beispielsweise im Garten, aufstellen? Und unsere beiden Freunde aus Le Havre drehen die Handkurbel unter der strahlenden Frühlingssonne 1941, stapeln in aller Öffentlichkeit unter freiem Himmel die frisch gedruckten und streng geheimen Flugblätter... Ein anderes Mal sucht und sucht Pouillon seine Aktentasche, als er wie verabredet in der *Coupole* eintrifft. Wo hat er sie gelassen? Unter den Sitz gelegt, als er im Café ankam? Oder ist er mit leeren Händen gekommen? Und wenn ich sie in der Metro vergessen hätte? Eine Katastrophe! Alles ist drin: Schüleraufsätze, Namen, Adressen, Telefonnummern und vor allem *der* Stapel Flugblätter, der verteilt werden soll! Allgemeine Panik... bis zum nächsten Tag..., an dem der Gegenstand unversehrt im Regal des zuvorkommenden Fundbüros in der Rue des Morillons wiedergefunden wird...[12] Noch ein anderes Mal ist es wieder Georges Chazelas, der beim Großvater eines Freundes in der Rue de Ranelagh die Vervielfältigungsmaschine bedient. Der Schriftsteller François Coppée hat sich bereit gefunden, seinen Enkel Pierre Strauss, Medizinstudent, und dessen Freunde einen Nachmittag lang zu beherbergen. Plötzlich klingelt es: Die Gestapo kommt die Bücher des Großvaters abholen... In der Not setzt man sich hastig hin, der eine auf die Abzugsmaschine, der andere auf die noch feuchten Matrizen, Strauss stürzt zum Kamin, um die kompromittierenden Flugblätter zu verbrennen, aber er schafft es nur, ihn kaputtzukriegen...[13] Seiltanz auf Seiltanz, das Risiko der illegalen Aktion bedroht die kleinste Geste. Ein Risiko, das manchmal sehr, sehr teuer bezahlt wird. Zum Beispiel am 15. Juni 1941. Erschöpft nach einer schlaflosen Nacht an der Druckmaschine im Kellerverschlag 50 will Georges Chazelas an den Wänden der medizinischen Fakultät Plakate ankleben: Aufruf zur Sabotage mit Bomben und Granaten. Um sechs Uhr morgens wird er verhaftet, sechs Monate lang bleibt er wegen Plakatierens von Flugblättern an Universitätsmauern in der Santé.

Ängste, Improvisationen, Seiltänze, doch die Gruppe wächst und entwickelt sich. Im Juni 1941 sind bereits etwa fünfzig Professoren, Literatur-, Medizin-, Naturwissenschaftstudenten und Ingenieure für «Socialisme et Liberté» tätig. Wie die Gefahren vermeiden? Wie der Polizei keine Angriffsfläche bieten? Von nun an werden die Versammlungen in «Zellen» abgehalten. Eine Zelle besteht aus fünf Mitgliedern, jedes Mitglied einer Zelle hat die Aufgabe, eine weitere aus ebenfalls fünf Mitgliedern zu bilden und so weiter und so fort... Die Überzeugungsarbeit trägt Früchte, und von einem Treffen zum nächsten zwischen dem *Hôtel d'Égypte* und dem Jardin du Luxembourg konkretisieren und differenzieren sich die Aufgabenbereiche, vervielfältigen sich auch die Standpunkte und verhärten sich gelegentlich die Auseinandersetzungen.

Marrot ist Anarchist, Merleau-Ponty bereits Marxist, Sartre Proudhonist und entschiedener Antikommunist, Rigal Trotzkist... Trotz allem sind Sartres Reden nie sektiererisch, und er findet es «unerläßlich», auch den marxistischen Standpunkt zu Wort kommen zu lassen. «Er drehte den Tabakersatz, dessen sperrige Krümel immer wieder das Zigarettenpapier durchbohrten», erzählt Desanti, «er feuchtete das Zigarettenpapier an und eröffnete die Ära des Dialogs, des Multilogs, die er lange Zeit fortsetzen wird... ‹Gut, der Leitartikel wird immer abwechselnd von einem Marxisten und einem Nicht-Marxisten verfaßt›. Eine Entscheidung, die natürlich immer neue Auseinandersetzungen auslöste und die in Friedenszeiten vermutlich nur banaler Liberalismus gewesen wäre. In dem Zimmer mit den wegen möglicher feindlicher Ohren geschlossenen Fenstern nahm Sartre etwas von seinem zukünftigen Kampf vorweg, die Ablehnung von Anti-Marxismus und Anti-Kommunismus, die ihn später mit Camus entzweite. Die Parteinahme für die Toleranz, trotz den Beschimpfungen der Kommunisten, der Wille, sich nicht von den Avantgarde-Organisationen zu distanzieren, standen an diesem Vormittag 1941 im Quartier Latin schon fest.»[14] In der Tat ein kompliziertes Lavieren zu einer Zeit, in der die kommunistischen Parteimitglieder Mühe hatten, die sich gelegentlich widersprechenden und ausschließenden Anweisungen zu durchschauen. «Wir reichen jedem Franzosen guten Willens brüderlich die Hand», besagt das Programmanifest auf der einen Seite, während auf der anderen die illegale *Humanité* vom 20. Juni 1941 zur Jagd auf die Gaullisten und ihre «reaktionäre und kolonialistische Bewegung» bläst.[15] Die ideologischen Differenzen drücken sich natürlich auch in taktischen Differenzen aus. Lange Auseinandersetzungen zwischen den Radikalsten unter ihnen, den bedingungslosen Anhängern von Attentat und direkter Aktion wie Marrot, «Touki» Desanti, Chazelas und den anderen. «Wenn wir einen deutschen Munitionstransport vorbeiziehen sehen, jagen wir ihn in die Luft», erklären sie ernsthaft. «Und warum sollte man nicht mit einem Anschlag auf die deutsche Buchhandlung *Rive gauche* am Boulevard Saint-Michel beginnen?» [16] Oder auch: «Man müßte eine exakte Auflistung der Standorte und Stellungen der deutschen Luftwaffeneinheiten haben, damit wir sie mit Sabotageaktionen behindern können.» [17] An einem anderen Tag ist es Pérons Zelle, die «die Anfertigung eines exakten Grundrisses der Renault-Werke» vorschlägt, «um die zu bombardierenden und die zu schonenden Stellen auszumachen.» [18] Bei abgesprochenen punktuellen Unternehmen mischen sich auch die Frauen ein: «Soll Debout oder soll ich Brasillach vermöbeln?» [19] fragt Simone de Beauvoir, als man davon erfährt, welche Gruppe französischer Schriftsteller zum erstenmal mit dem Zug nach Weimar reisen würde. Realistischer wirft Dominique Desanti eines Tages die Frage auf: «Sollen wir unsere Flugblätter auch den deutschen Soldaten zukommen lassen oder nicht? Zwischen einem Deutschen und einem Nazi gibt es nämlich Abgründe.» Allein Sartre unterstützt sie, und der Vorschlag versandet. Etwas später greift Merleau-Ponty die Frage wieder auf: «Und wenn die deutsche Besetzung lange dauern sollte? Dreißig, vierzig Jahre?» fragt er einmal bekümmert Raoul Lévy. «Ich müßte mich dazu entschließen, Artikel für sie zu schreiben, um sie zu überzeugen, um sie möglichst zu demobilisieren.» [20] Was sie nicht alles erwägen! Panzer und schwere Waffen beispielsweise könnte man für ein Kommandounternehmen zur Befreiung eines besetzten Dorfs gebrauchen. «Kannst du eine Bombe herstellen?» fragt Pouillon Bost. «Wir könnten doch die Technik erlernen... Schon wenige Monate später wird man von den ‹Sardinendosen› reden.»

Im Juni 1941 verausgaben sich unsere braven kleinen Soldaten von «Socialisme et Liberté» bis zum äußersten. Bald ähnelt die Gruppe einem Ameisenhaufen, in dem jeder seinen Platz und seine Aufgabe hat: die Vordenker, die die Texte schreiben und sich um die Leitartikel streiten; die Basismilitanten, die die Texte tippen, abziehen und verteilen. Leute, die Plakate kleben, Flugblätter stecken und illegale Informationen sammeln. Oft greifen sie auf Dienste Außenstehender zurück, beispielsweise auf Jean Rabaut oder David Rousset, der vom Innenministerium aus, wo er eine internationale Presseschau herausgibt, einen direkten Zugang zu Radionachrichten in allen Sprachen hat. «Leider», lächelt Simone Debout, «haben sich die Ereignisse, die sie uns unmittelbar für die nächsten vierzehn Tage ankündigten, oft als Falschmeldungen erwiesen.»[21] Gefährlicher und schwerwiegender sind die Beziehungen zwischen Sartre und Jean Cavaillès, dem großen Widerstandskämpfer, der später erschossen wurde. «Heute erwarte ich von dir die allergrößte Vorsicht», vertraut Sartre Raoul Lévy geheimnisvoll an, ehe er ihn in Richtung der Rue du Val-de-Grâce zum *Hôtel des Terrasses* mitnimmt, wo Cavaillès wohnt. Sartre und Cavaillès: beide Normaliens, beide Philosophen, beide Germanisten, beide Protestanten, die das Deutschland von Weimar persönlich kennengelernt hatten. Und doch im Grunde entgegengesetzte Typen von politisch aktiven Intellektuellen. Die nächsten Monate werden den Beweis dafür liefern. Was beobachtet aber zur Stunde der zwanzigjährige Student Raoul Lévy? Einen ernsten, autoritären Cavaillès, einen ergebenen und bewundernden Sartre, «fast wie ein kleiner Junge». Lévy erhält den Auftrag, die «Sartre-Gruppe» bei Cavaillès zu vertreten: unter anderem Überbringen von Nachrichten und kodierten Botschaften. «In Wirklichkeit brauchte ich dies nur einmal zu tun», erzählt Lévy heute, «die Nachrichten, die ich zu überbringen hatte, kamen mir dermaßen lächerlich vor, daß ich mich schämte...» Dem Blatt Papier, das ihm Lévy überreichte, konnte Cavaillès zwei Informationen entnehmen. Die erste: eine «statistisch belegte» Untersuchung, inwieweit in der besetzten Zone prodeutsche Zeitungen gelesen wurden. Allerdings handelte es sich um Zahlen mit drei Stellen hinter dem Komma... Raoul Lévy mußte dabei an die mathematischen Arbeiten von Jean Cavaillès denken, an die Unverhältnismäßigkeit jener Arbeit und an den wissenschaftlichen Wert einer «Untersuchung», für die höchstens fünfzehn Menschen befragt worden waren! Zweite Information: die Anwesenheit deutscher Panzer im Wald von Rambouillet, wo man umfangreiche Fahrzeugbewegungen beobachtet hatte. Daraus schloß man auf die Notwendigkeit eines englischen Bombenabwurfs an dieser Stelle.[22] Botschaften der Sartre-Gruppe an den aktiven Widerstand von Cavaillès oder der handwerklerische, amateurhafte Beitrag von Lehrlingen für die wirklichen Professionellen.

Vor der Sommerpause beschloß man, Bilanz zu ziehen. Die zwei

«Tenöre» der Gruppe, Sartre und Merleau-Ponty, werden beide einen Text schreiben, damit die ideologische Ausgewogenheit gewahrt wird. Vorwiegende Zielsetzung dieser Dokumente: Verbreitung der Standpunkte von «Socialisme et Liberté», Gewinnung weiterer Intellektueller für die Gruppe und Zusammenschluß mit anderen Widerstandsgruppen, die man sich als zahlreich und versprengt vorstellt. Merleau-Ponty schlägt einen zwanzigseitigen Text vor, Sartre seinerseits schreibt seinen zu Ende... eine wahre Verfassung für das Nachkriegsfrankreich auf über hundert vollgeschriebenen Seiten! «Ein Glaubensbekenntnis», bezeugt Simone Debout, die beide Texte, die sie in die Südzone bringen will, mehrfach liest und sie dann aus Angst vor einer Durchsuchung in den Toiletten des Zugs vernichtet. «Sartre legte dort ein Programm für den zukünftigen Staat nieder», erzählt sie. «Er berief sich stark auf proudhonistische und entsetzlich anachronistische Gedanken. Schon damals bewies er diese ausgeprägte verbale Virtuosität, weswegen wir ihn so bewunderten und die von uns allen allein er besaß: Außerdem hatten wir alle *La nausée* gelesen, und sein Schriftstellerformat war uns bewußt.» «Sein allererster Versuch einer ethisch-politischen Theorie», fügt Jean-Toussaint Desanti hinzu. «Seiner Ansicht nach wäre unser unmittelbares Handeln völlig sinnlos gewesen, wenn man nicht gleichzeitig eine langfristige politische, gesellschaftliche und moralische Perspektive für ein von Nazifesseln befreites Frankreich entwickelt hätte.»[23]

Wie kann heute Sartres erstes politisches Dokument, von dem alle zehn Exemplare offensichtlich verschwunden sind, am treffendsten eingeschätzt werden? Wie soll man die Spuren jener aus 110 bis 120 Paragraphen bestehenden Verfassung beurteilen, die, wie es heißt, von den Strukturen des Staates über die Wirtschaft bis zum Status der jüdischen Bürger alles einschloß? Als Ergebnis seiner ersten Marx-Lektüre schlug er die Schaffung einer auf der Arbeit fußenden Währung vor. Der Wert eines Gegenstands müsse der zu seiner Herstellung notwendigen Arbeitszeit entsprechen. Notwendig sei ein anderes Parlament, in dem Berufskammern und andere Korporationen demokratisch vertreten wären. Dem schlossen sich eine minuziöse Beschreibung der von der Exekutive völlig zu trennenden Legislative an sowie Vorschläge für einen anderen Wehrdienst und ausgearbeitete Prinzipien für eine Außenpolitik... Wir sind auf die Reaktionen der Zeugen, auf die Bruchstücke ihrer Erinnerung angewiesen: Damals empfand Raoul Lévy noch eine «unermeßliche Bewunderung» für Sartre; dennoch wirkte diese Verfassung auf ihn wie ein «absolut närrisches Wahlprojekt»[24].

Finden sich in Sartres erstem Beitrag zur politischen Praxis im Keim schon einige seiner späteren Positionen? Von Interesse ist, daß er sich sofort um ein umfassendes Projekt konkreter politischer Einwirkung auf die Welt bemühte. «Schon damals meinte Sartre, daß die Darlegung der ideologischen und ethischen Prämissen einer solchen Bewegung, das Ausarbeiten eines politischen, zeitlich festgelegten Entwicklungsprojekts ein sich selbst genügendes Handeln sei», kommentiert Jean-Toussaint Desanti. «Aber diese Überlegungen in eine wirkliche politische Praxis einzubringen, die tagtäglich überprüft werden muß, machte ihm Schwierigkeiten, die er sich nicht näher klarmachte und für die er sich auch nicht sonderlich interessierte.»[25] Das Minuziöse mancher Einzelheiten sollte allerdings unterstrichen werden: Ein ganzer Paragraph beschäftigt sich mit dem Status der Lehrkräfte im Nachkriegsfrankreich. Darin werden sogar die Voraussetzungen zur Gewährung von Sonderurlaub zwecks privater oder Forschungsarbeiten festgehalten. Vor allem aber ist auch an dem unvollständigen Mosaik die Fortsetzung von Sartres Gedanken in der Gefangenschaft unübersehbar. Unübersehbar ist der Proudhonist, der Saint-Simonist oder auch Fourierist, von dem der Abbé Perrin spricht. Das gleiche gilt für bestimmte Leitlinien, die später wieder auftauchen werden und in der Tradition einer bestimmten französischen Linken stehen, die man dem Anarchosyndikalismus zuordnen kann.

Telegramm vom 21. August 1941, Abmusterungszentrale Departement Bourg an Erziehungsministerium und Leitung des Schulwesens in Vichy: «Dringend telegrafisch melden ob Sartre Jean-Paul geboren 21. Juni 1905 bereits abgemustert worden ist und wann eine eventuelle Abmusterung beabsichtigt Sartre ist Lehrer am Lycée Pasteur Neuilly.»

Telegramm vom 22. August 1941, Staatssekretariat für Erziehung und Jugend Vichy an Sekretariat Erziehung Paris: «Ist Sartre Lehrer Lycée Pasteur an seinem Posten Telegrafische Antwort erbeten.»

Telegramm vom 23. August 1941, Staatssekretariat Erziehungswesen Paris an Sekretariat Erziehungswesen Vichy: «Sartre Philosophielehrer Lycée Pasteur freigelassener ehemaliger Kriegsgefangener ist an seiner Dienststelle stop.»[26]

Telegrammwalzer zwischen Bourg-en-Bresse, Vichy und Paris zwecks Offizialisierung der Abmusterung des Philosophielehrers. Der ist im Sommer 1941 jenseits dieses Zeremoniells und jenseits seiner pädagogischen Karriere eifrig beschäftigt. Denn das »ZK der Sartre-Gruppe» – wie die Freunde von Simone Debout ironisch sagen – beschließt, sich in die Südzone zu begeben, um berühmte Schriftsteller wie Gide und Malraux aufzusuchen und zu überzeugen, damit sich der Einfluß von «Socialisme et Liberté» vergrößere. Diese Ferien werden sein langer Marsch, sein längster Marsch im Leben sein...

«Der Paketverkehr zwischen den Zonen war erlaubt. Wir schickten Räder und Gepäck» nach «Roanne... Wir nahmen Fahrkarten nach Montceau-les-Mines. Man hatte uns die Adresse eines Cafés gegeben, wo wir einen ‹Grenzlotsen› finden sollten.» Simone de Beauvoir, die Sartre auf dieser Reise begleitet, erzählt. «Als wir eben aus der Stadt heraus waren, hatte Sartres Vorderrad einen Plattfuß. Ich verstehe nicht, wie ich mich auf ein derartiges Abenteuer einlassen konnte, ohne zu wissen, wie man ein Rad flickt; aber es war nicht zu leugnen, ich konnte es nicht... Seit Jahren hatte Sartre keine so lange Radtour mehr gemacht, und nach vierzig Kilometern ging es ihm sehr übel.»[27] Zwei Pariser mit dem Fahrrad auf den holprigen Straßen des freien Frankreichs unterwegs: Roanne, Bourg, Lyon, Saint-Étienne, Lyon, Le Puy, die Cevennen, Montélimar, Arles, Marseille, Grasse, Grenoble, Auxerre... was für ein Unternehmen! Zwei Monate ungewohnter körperlicher Anstrengung, Übernachtungen im Zelt und mit Fahrradunfällen oder politischen Treffen gespickte Ferien. «Sartre machte viel lieber Radtouren als Fußwanderungen, deren Monotonie ihn langweilte... Es machte ihm Spaß, bergauf zu sprinten... Auf ebenen Strecken radelte er so sorglos dahin, daß er ein paarmal im Straßengraben landete. ‹Ich dachte an etwas anderes›, sagte er dann.»[28] Wie schlecht geführte Marionetten setzen sie ungeschickt, technisch völlig unbegabt, von Widrigkeiten verfolgt ihren

Weg fort, stolpern, stürzen, verletzen sich, stehen nur auf, um gleich wieder zu stürzen: ernüchternder Zusammenstoß mit der Realität für diese verwöhnten, gerade ihrer Schutzblase entschlüpften Kinder.

«Es war eine Leistung, uns mit dem Fahrrad zu erreichen», erklärt Madame Pierre Kaan. «Wir wohnten in einem kleinen Dorf, Saint-Étienne-de-Ludgarès, auf einem steilen Berg an der Kreuzung von drei Departements, Gard, Lozère und Haute-Loire.»[29] Sartre war seit der École normale mit den Philosophen-Geschwistern Pierre und André Kaan befreundet: Letzterer war zeitweise Kommunist gewesen und sollte später eine der solidesten Bastionen der Résistance im Zentrum Frankreichs aufbauen. Daher die Zusammenkunft mit Sartre, vermutlich auf Empfehlung von Jean Cavaillès. Sartre zeigt Kaan sein Verfassungsprojekt und berichtet ihm detailliert über die Aktivitäten von «Socialisme et Liberté». Kaan spricht von seinen Lehrerfahrungen am Gymnasium von Montluçon und seinen Beziehungen zu den Kommunisten in der unbesetzten Zone. «Unter einer Cevennen-Pinie», erzählt Marie Kaan, «habe ich einen der schönsten Vorträge Sartres gehört, eine Improvisation zur Rolle der Gewerkschaften im Nachkriegsfrankreich.»[30] Die beiden Männer malten sich aus, was aus einer vereinigten Résistance werden könnte: eine neue, originelle linke Partei, die die Freiheit des Individuums achten würde... Eine Nacht bei den Kaans, und es folgt die Abreise nach dem Süden.

Marseille, August 1941. In einem Postamt trifft sich Jean Rabaut, der mit den der Gruppe «Socialisme et Liberté» nahestehenden Trotzkisten zusammengearbeitet hatte, mit Sartre und Simone de Beauvoir. «Sartre sah sich nach Leuten für den Widerstand um», erzählt er. «Für welchen Widerstand? Das wußte er nicht genau... Er bemühte sich aber um Kontakte. Er hatte den Sozialisten Daniel Mayer, der in Marseille arbeitete, aufgesucht oder wollte es tun.»[31] «Könnte er unserer Gruppe einige Richtlinien geben, Aufgaben vorschlagen? Daniel Mayer sagte, wir sollten Léon Blum einen Gratulationsbrief zu seinem Geburtstag schreiben. Sartre verließ ihn enttäuscht.»[32] Später wird Mayer erklären, er habe absichtlich so reagiert, weil er Sartre, der damals ohne politische Vergangenheit war, testen wollte. «Sartre hatte auch André Gide auf seine Liste gesetzt und neben seinen Namen eine unleserliche Adresse gekritzelt: Caloris? Valoris? Wahrscheinlich Vallauris», berichtet seine Begleiterin weiter. «Wir gingen zum Rathaus und fragten nach der Adresse André Gides. ‹Monsieur Gide, der Fotograf?› erkundigte sich der Beamte. Einen anderen kannte er nicht... ich suchte auf der Karte..., und mir ging ein Licht auf: Cabris.«[33] Gide war von Cabris nach Grasse übergewechselt, und dort findet in einem Café endlich das Treffen zwischen dem militanten Philosophen und dem achtzigjährigen Ästheten statt. Zwei Jahre zuvor hatte Gide noch Adrienne Monnier darum gebeten, ein Essen zu organisieren, damit er dem Autor von *Le mur* vorgestellt werden könne.[34] Kurze Zeit später hatte Sartre Paulhans Vorschlag zugestimmt, einen Text zu einer «Hommage an André Gide» für eine Sondernummer der *Nouvelle Revue française* zu schreiben, die im November 1939 erscheinen sollte. «Ich würde gern etwas zu seinem Tagebuch schreiben... Es sei denn, Sie selber zögen es vor (was mich allerdings weniger interessieren würde), daß ich mich mit Gide als ‹Experimentator des Romans› befasse...»[35] Die Einberufung hatte allerdings den Elan der Sartreschen Kritik gelähmt.

Nichts konnte Gide überzeugen, und Sartre bemühte sich nicht weiter. «Leider bezweifle ich, ob Frankreich das Zeug dazu hat, sich aus dieser finsteren Talsohle wieder zu retten», hatte Gide seinem *Journal* am 6. Mai 1941 anvertraut. «Die Kollaboration mit Deutschland scheint mir akzeptabel, ja wünschenswert zu sein, wenn sie nur aufrichtig wäre. Ich gehe sogar so weit, die Unterwerfung unter die Deutschen für eine bestimmte Zeit vorzuziehen, trotz der quälenden Erniedrigung ist sie, glaube ich, für uns weniger beeinträchtigend als die Vichy-Disziplin.»[36] Hätte man bei dem alten Humanisten argumentieren müssen, daß sich die Sowjetunion seit Ende Juni im Krieg befand, wodurch ein gemeinsamer Kampf mit den Kommunisten erleichtert sei? Hätte Sartres Aktivismus ihn mitreißen können, jenen Gide, der kurz vor Sartres Besuch wie in Anklang an den Pariser Ästhetizismus von Ernst Jünger niederschrieb: «Man kann sich keine schönere Aussicht vorstellen als die, die ich zu jeder Tageszeit vom Fenster meines Zimmers im *Grand Hôtel* genieße. Die Stadt Grasse, von der Kathedrale überragt, deren Turm die Linie der Berge am Horizont schneidet, das harmonische Durcheinander der Häuser, die terrassenförmig bis zu der tiefen Schlucht hinabsteigen, die mich von der Stadt trennt. Während ich diese Zeilen schreibe, vollendet die

Sonne ihren Lauf, und bevor sie hinter den Hügeln von Cabris verschwindet, taucht sie Mauern, Dächer, die gesamte Stadt in ein wunderbar blondes Licht ein... Mein Leben neu beginnen? Ich werde jedenfalls versuchen, etwas mehr Abenteuer hineinzubringen.»[37] Offenkundig war der geeignete Zeitpunkt für das Abenteuer noch nicht gekommen: Sartre fand lediglich einen handlungsunfähigen, stagnierenden, auf einen anderen Planeten verirrten Schriftsteller vor. «Sartre teilte ihm mit, daß er für den nächsten Tag eine Verabredung mit Malraux habe. ‹Nun›, sagte Gide beim Abschied, ‹ich wünsche Ihnen einen *guten* Malraux›.»[38] Anschließend setzte er sich an seinen Tisch und schrieb an Roger Martin du Gard: «Ich weiß nicht, was das Treffen Malraux–Sartre ergeben wird, denn Malraux schätzt Sartres Literatur überhaupt nicht. Aber Sartre weiß Bescheid.»[39]

In der Nähe von Saint-Jean-Cap-Ferrat am Cap d'Ail leben in der Villa Les Camélias André Malraux, seine neue Lebensgefährtin Josette Clot und ihr Baby. «Zu Mittag gab es ein auf amerikanische Art gegrilltes Hühnchen mit reichen Beilagen. Malraux hörte Sartre höflich an, meinte aber, daß man im Augenblick keine wirkungsvolle Aktion starten könne; die russischen Tanks, die amerikanischen Flugzeuge müßten den Krieg gewinnen.»[40] Malraux wird später erklären, er sei ab Juni 1940 bereit gewesen, nach London zu gehen, und habe das auch in einer Botschaft mitgeteilt, die nie angekommen sei.[41] Erst drei Jahre später, Anfang 1944, nahm Malraux aktiv an der Résistance teil. Zur Zeit verbringt er sonnige Tage mit seiner Familie, mit dem Baby, dessen Pate kein anderer als Drieu la Rochelle ist, der drei Monate vor Sartre hier zu Besuch gewesen war. Drieu, zu dessen Gunsten Malraux soeben bei Gide interveniert hat, Drieu, der seine Koffer packt für eine Reise nach Weimar im Oktober... So sehen die sich kreuzenden Treffen der Gallimard-Schriftsteller in der nicht besetzten Zone aus. Während die Résistance sich organisiert, während d'Astier de la Vigerie in der Südzone *Libération* gründet, während die jungen Studenten von *Défense de la France* ihre illegale Praxis verfeinern, weisen die Pariser Schriftsteller Sartre am Ende dieses Sommers 1941 die Tür und bewundern die Sonnenuntergänge über dem Mittelmeer.

Als Sartre und Beauvoir auf dem Rückweg in Grenoble vorbeikommen, erzählen sie Colette Audry enttäuscht, Malraux habe seine Ablehnung damit begründet, daß es schon nicht mehr auf Frankreich ankäme. Vielleicht aber, deuten sie diskret an, lehnt er es auch ab, ein Held unter vielen zu sein.[42] Dort sehen sie auch Simone Debout. «‹Was wir tun, interessiert Malraux nicht›, sagt Sartre mit seiner metallischen Stimme, ‹außerdem hätten wir uns beide unmöglich verstanden; es kann nur einen Chef geben...›» Zurück in Paris berichtet Sartre den Desantis, die ihren noch wenige Monate zuvor so optimistischen «berühmten Gesandten» verstört erleben, von dieser Serie von Mißerfolgen.

Nach dem gescheiterten Versuch, die Bewegung in der Provinz aufzubauen, nach der Zurückweisung durch verschiedene Persönlichkeiten in der Südzone und vor allem nach der Verhaftung von zwei Freunden wird die Gruppe «Socialisme et Liberté» noch bis Ende 1941, für manche Zellen einige Monate länger, ihre anfällige Existenz fristen. Wie viele andere sporadische Bewegungen der Stunde Null zerfiel sie mangels der Stütze einer festen Institution. «Nehmt euch vor Sartre in acht, das ist ein deutscher Agent», war eine der Verleumdungen, die die Kommunisten in der Südzone gegen den führenden Kopf der Gruppe verbreiteten. Man «erfuhr» auch, daß er seine Befreiung aus dem Gefangenenlager der direkten Intervention von Drieu la Rochelle verdanke und daß er wie sein Meister Heidegger Handlanger der Nationalsozialisten sei... Wie hätte er sich unter diesen Umständen den Kommunisten anschließen können? In dieser Periode ausgeprägter kommunistischer Paranoia wird er zum idealen Sündenbock: Der Kindheitsfreund Nizans mußte auch irgendwie, irgendwo ein Spion sein...

«...der Widerstand brachte wichtige und strenge Normen mit sich, wie die Arbeit im geheimen oder besondere und gefährliche Missionen, deren tiefer Sinn aber der Aufbau einer anderen Gesellschaft war, die frei sein sollte», wird Sartre später sagen. «Folglich hatte die Freiheit des Individuums die freie Gesellschaft zum Ideal, für die es kämpfte.»[43] Simone de Beauvoir erwähnt die endlosen Diskussionen mit Sartre vor dem physischen Ende der Gruppe. «...genau gesagt, er diskutierte mit sich selbst; denn wir waren einer Meinung: aus reinem Starrsinn den Tod eines Menschen zu verschulden, das könnte man sich wohl kaum verzeihen. Der Verzicht auf dieses

Projekt, das ihm während der langen Zeit im Stalag ans Herz gewachsen war und für das er sich wochenlang guten Mutes verausgabt hatte, fiel ihm nicht leicht. Widerstrebend gab er schließlich auf.»[44]

Welche Momente müssen bei der Bilanzierung des Scheiterns besonders hervorgehoben werden? Die Wirkungslosigkeit der Gruppe, ihre Unerfahrenheit, ihre Schwäche? Ihre Leichtfertigkeit und Machtlosigkeit angesichts des Aufstiegs der beiden großen Organisationen des Widerstands, der gaullistischen und der kommunistischen? Das eigene Erlahmen? Die Weigerung, weitere sinnlose Risiken einzugehen? Die Heftigkeit der kommunistischen Angriffe? Die grandiose Trägheit der zur Verstärkung der eigenen Reihen angesprochenen Schriftsteller und anderer Ästheten? Yvonne Picart wurde verhaftet, deportiert und kam nie aus Drancy zurück. Und Alfred Péron? Er verschwand und starb vermutlich in der Deportation. Es wird noch einige weitere Schrecksekunden geben: zum Beispiel als Simone Debout zusammen mit Jacques Merleau-Ponty im letzten Moment illegale Flugblätter auf das Dach der École normale bringen mußte. Sie wird ein weiteres Mal als «Verbindungsagent» mit der Kontaktaufnahme zu allen Pariser Gruppen beauftragt und kommt enttäuscht zurück: «Sie waren zwar alle sehr aufrichtig», sagte sie heute, «dafür aber so unseriös, so wenig revolutionär wie nur möglich. Ich habe sie nach dieser Mission verlassen, um bei den unendlich effektiver organisierten Kommunisten zu arbeiten.»[45] Im Oktober wird in der *Closerie des Lilas* eine Zusammenkunft zwischen der Sartre-Familie und Jean Cavaillès stattfinden. «Aber wir waren keine Pariser Guerilleros», erzählt nun Jean Pouillon, «sondern lediglich eine Gruppe von Freunden, die alle Antinazis waren und es anonym den anderen mitteilen wollten. Im übrigen», fährt er fort, «konnte eine Gruppe wie unsere isoliert und ohne Kontakte nach außen nicht mehr länger existieren, als die Widerstandsbewegung damit begann, sich Strukturen zu geben. Außerdem war wohl der hauptsächliche Wert unserer Flugblätter nicht ihr Inhalt, sondern deren Existenz überhaupt.»[46]

Allmählich werden die diversen Konflikte und Pressionen, denen die kleine Gruppe ausgesetzt ist, das armselige, brüchige Floß endgültig zerstören. Zunächst sind es innere Konflikte, denn man hatte es, laut Raoul Lévy, innerhalb von «Socialisme et Liberté» mit einer regelrechten Opposition zu tun. «Es heißt, Sie hätten zahlreiche Kritiker?» fragte eines Tages Merleau-Ponty Raoul Lévy, der sich über gewisse Lächerlichkeiten der Gruppe beklagte. «Abgesehen davon: lauter Naive», schrieb Sartre Jahre später. «Unsere kleine Einheit, aus dem Enthusiasmus geboren, bekam das Fieber und starb ein Jahr später, weil sie nicht wußte, was tun.»[47] Ja, ab Juni 1941, nach dem Kriegseintritt der Sowjetunion und der aktiven Mobilisierung der französischen Kommunisten, fiel es ihnen schwer, sich durchzusetzen. Um so mehr als sich die Sartre-Gruppe stets ausdrücklich für einen «dritten Weg» zwischen den zwei mächtigen Widerstandsapparaten, dem gaullistischen und dem kommunistischen, einsetzte. Zwei durchstrukturierte Organisationen mit gefestigtem ideologischem und personellem Potential. Im Frühjahr 1941 war Lévy mit zwei Missionen beauftragt worden, für die man ihn zur äußersten Vorsicht ermahnt hatte: Kontaktaufnahme einerseits zu den Trotzkisten, andererseits zu den Kommunisten. Die Trotzkisten hatten den unmittelbar bevorstehenden Kriegseintritt der Sowjetunion vorhergesagt. Die Kommunisten wünschten einfach Zahlenangaben zu «Socialisme et Liberté»... Beide Treffen verliefen ergebnislos.[48] Und «Socialisme et Liberté» wird von den Winden der aktiven Résistance weggefegt werden, von den entgegengesetzten politischen Strömungen, die für eine kurzfristige politische Strategie punktuell zusammengeschweißt wurden. In jener Phase wird Sartre weder mit den Kommunisten noch mit den Gaullisten zusammenarbeiten. Im Gegensatz zu allen anderen Mitgliedern von «Socialisme et Liberté», die in die KPF übergehen werden. Dieses Nicht-Bündnis ist eine wichtige Gegebenheit auf seinem politischen Weg und hat einen Sinn. Man wird es sich später in Erinnerung rufen müssen, wenn Sartre undifferenziert vorgehalten werden wird, er spiele die Rolle eines «Wegbereiters der Kommunisten».

Die Mehrzahl der Mitbegründer von «Socialisme et Liberté» erlebten das Kriegsende in der freien Zone und leisteten aktiven Widerstand, meist an der Seite der KPF. Zum Strategiewechsel Sartres nach diesem Scheitern befragt, stimmen alle in einem Punkt überein: Der kleine Mann reagierte realistisch und nahm unter den gegebenen Umständen die klügste Haltung im Sinn einer ihm und seinen Fähigkeiten entsprechenden Kampfform an. Die Versuche, Malraux oder Gide zu gewinnen, waren im Sommer 1941 vermutlich verfrüht gewesen. Die späteren Gruppen noch zu zerstreut. Die kleine durch «Socialisme et Liberté» verkörperte Strömung und ihr Vorhaben eines «dritten Weges» konnten nicht überleben zu einer Zeit, in der die Mehrzahl der isolierten Schriftsteller – im Gegensatz zu Sartre – passives Abwarten dem Sprung in unmittelbares Handeln vorzog. In dem großen Vakuum zwischen Gaullisten und Kommunisten wird Sartre beharrlich und hartnäckig seinem dritten Weg, dem abzuschwören er sich weigert, die Treue halten und weiter kämpfen, jedoch anders. Nicht politisch im engen Sinn des Wortes, sondern ideologisch. Endgültig verzichtet er auf die direkte Aktion und entfernt sich von den großen Widerstandsströmungen. Erste Bewegung, erster Rückzug. Die Kommunisten werden ihm diese erste verpatzte Begegnung mit der Politik nie verzeihen. Vielleicht deswegen, weil er, der sich viel früher als sie selbst engagierte, es nicht nötig gehabt hatte, die Ausflüchte und Anweisungen irgendeiner Partei abzuwarten, um seinem Haß auf die Nazis Luft zu machen...

Das ist die Wende, dachten die Desantis, als die UdSSR in den Krieg eintrat. Heute sagen sie dazu: «Wir waren für die KPF schon reif.» 1943 treten sie der Partei bei, nachdem sie in die nicht besetzte Zone übergesiedelt sind, wo sie aktive Widerstandskämpfer werden. Sie distanzieren sich von «Socialisme et Liberté», sie meinen, Sartre habe sich «im Treibsand der Aktion verirrt, weil er weder über die Voraussetzungen noch über die Kompetenz oder die Mittel zur Realisierung seines illegalen Projekts verfügte»[49]. Georges Chazelas tritt bei seiner Ankunft in Montluçon 1942 ebenfalls in die KPF ein, wird militärischer Verantwortlicher der Résistance im Departement Allier und erlebt das Kriegsende mit 10000 Männern unter seinem Befehl bei der Befreiung von Moulins und Vichy. Verbittert blickt er auf die Monate der Pariser Illegalität zurück: «Das hat bei mir nicht dazu beigetragen, Intellektuelle ernster zu nehmen. Sartre verbuchte ein enormes Potential für sich: einen bereits berühmten Namen und Menschen, die ihm folgten, dennoch gelang es ihm nicht, diese Menschen zu mobilisieren, obwohl er am ehesten dafür geeignet war. Gleich von Anfang an waren sie mir kindisch erschienen, sie waren sich beispielsweise nie wirklich bewußt, wie stark ihr Gequatsche die Arbeit anderer gefährdete... Und», faßt er zusammen, «wenn sie an der Universität vielleicht Denkmethoden erlernt hatten, kann ich Ihnen aber auf jeden Fall versichern, daß sie zu politischen Überlegungen unfähig waren. Außerdem taugte Sartre zu dieser Art illegaler Arbeit überhaupt nicht, was er übrigens am Ende vollkommen begriffen hat.»[50]

Raoul Lévy entschloß sich auf dem Höhepunkt der Rassengesetze, als das Tragen des gelben Sterns angeordnet wurde, über die Demarkationslinie zu gehen, und lebte bis zum Ende des Kriegs in der Südzone. Er verläßt Paris im Juni 1942, nachdem ihm Sartre eine Art Leitfaden, ein Zwischending zwischen politischer Analyse und Ferienaufgabe, anvertraut hat. Thema «Der Staat bei Hegel». Lévy wird die Arbeit nicht schreiben, in der Schlußphase des Kriegs nur gelegentlich nach Paris kommen und sich nach dem Krieg ebenfalls der KPF anschließen, im selben Jahr wie sein Freund vom Lycée Pasteur, Jean Kanapa. Raoul Lévy berichtete uns bereitwillig von dieser Erfahrung, allerdings mit tonloser, verbitterter Stimme, überzeugt vom Unsinn des Projekts, das «ein Ventil für jedermanns Wut beim Lesen der deutschen Zeitungen, eine Schwatzgruppe rund um eine Tasse Tee» gewesen sei. Weiter ist er davon überzeugt, daß Sartre als politischer Analphabet schon zur Entschlüsselung der damaligen Zeitungen unfähig gewesen sei. Und schließlich auch davon, daß Sartres Hauptmotive für ein politisches Engagement eher in einem «philosophischen Bedürfnis nach Integration der Geschichte in sein Denken als in einem tatsächlichen spontanen Interesse»[51] zu suchen seien.

Vom Stalin-Hitler-Pakt endlich befreit, werden sich die Kommunisten Ende 1942 breiten Bündnissen öffnen, ihr sektiererisches Exil verlassen und Kontakte suchen. Getreu ihrem Pendelkurs werden sie wie selbstverständlich Sartre bitten, in das Nationale Schriftstellerkomitee einzutreten und für die illegale Zeitschrift *Les Lettres françaises* zu schreiben. Vor diesem Datum war ihnen Sartre suspekt. Suspekt auf Grund seiner Freundschaft zu Nizan – den Maurice Thorez gerade als «dreckigen Hund und Bullen» beschimpft hatte, weil er aus der KPF ausgetreten war –; weiter hieß es, er sei ein pessimistischer, dekadenter, kleinbürgerlicher Schriftsteller, wie *La nausée* ausreichend bezeuge; er sei zusammen mit einer «Fuhre»

Vichyisten, darunter Brasillach, aus der Gefangenschaft entlassen worden; schließlich sei er, wie einige behaupten, der «Freund einer Halbkollaborateurin»[52]... Pauschale Folge der kommunistischen Verdächtigungen gegen Sartre: Als Jean Paulhan Jacques Decour vorschlägt, Sartre für *Les Lettres françaises* zu gewinnen, erntet er ein klares und eindeutiges Nein.[53] Diese Szene spielt sich in den ersten Tagen von 1942 ab, kurze Zeit später wird Jacques Decour erschossen. Sartre wird mit ihnen erst gegen Ende 1942 zusammenarbeiten, als sie sich Bündnissen in allen Richtungen öffnen. Allerdings werden Sartres Beziehungen zu den französischen Kommunisten trotz punktueller Momente der Komplizenschaft stets von einer gewissen Zwiespältigkeit geprägt sein. Zwischen beiden geht es um eine langatmige Auseinandersetzung, die über vierzig Jahre andauern wird. Sie hat gerade erst begonnen.

Günstig sind die Umstände weder für Bündnisse noch für Improvisationen, und Sartre wird, wie Paulhan erzählt, traurig feststellen müssen, daß er «weder ein Massenorganisator noch ein Apparatmensch, sondern ein Mann der spontanen Reaktion sei».[54] Ehe er sich von der illegalen Aktion verabschiedet, wird Sartre eine Ungeschicklichkeit begehen: er sagt einen Artikel für die Kollaborateur-Wochenzeitschrift *Comoedia* zu; laut Simone de Beauvoir habe er sogar einen regelmäßigen Leitartikel zugesagt.[55] Zugesagt also, sich an einer Zeitung zu beteiligen, die allwöchentlich ihre Leser ermuntert, Deutschland kennenzulernen, die germanischen Figuren von Kleist oder Hölderlin zu lieben oder, anders ausgedrückt, der These zuzustimmen, wonach es Frankreich gutginge, die Franzosen sich amüsierten und das kulturelle Leben weiter liefe... Von Krieg keine Spur, von Naziunterdrückung keine Spur... «Max Jacob ist tot», kündigt eines Tages ein Zweizeiler auf der Titelseite an, ohne zusätzliche Information, ohne zu erwähnen, daß der jüdische Schriftsteller in der Deportation gestorben ist. Sartre sagte also auf Anfrage von Delange, dem Chefredakteur von *Comoedia*, eine Kritik über *Moby Dick* von Herman Melville zu. Abgesehen von dem Mißgriff hat sie uns eine schöne Formulierung hinterlassen: «Niemand», schreibt er, «hat stärker als Hegel und Melville gespürt, daß das Absolute hier um uns herum ist, als etwas Furchterregendes und Vertrautes, und daß wir es sehen können, weiß und glatt wie ein Hammelknochen, wenn wir nur die bunten Schleier etwas zur Seite tun, mit denen wir es bedeckt haben.»[56]

Ein Jahr später führt die französische Polizei in Paris die große Razzia gegen die jüdische Bevölkerung durch. An diesem Tag beschließt Jean-Toussaint Desanti, den entscheidenden Schritt zu machen und sich dem bewaffneten Kampf an der Seite der Kommunisten anzuschließen. Hier sein Bericht: «Sie schrien nicht, die jüdischen Kinder an diesem Morgen des Jahres 1942. Sie weinten nicht. Sie warteten nur, umzingelt und bewacht. Sie waren da, das war alles. Sie suchten bei keinem Vorbeigehenden Schutz. Und dennoch, ich erinnere mich, wie ich beim Laufen dachte: ‹Ich werde die Herstal-Pistole, die ich Ende letzten Jahres M. geschenkt habe, zurückholen müssen. Ich hoffe, er hat sie gut geschmiert und gut versteckt…› Das war meine explizite und ‹praktische› Antwort.»[57]

IN DER SACKGASSE

Und wenn man ihnen Scheiße gäbe, sie würden sie essen!» Eine blaue Schürze um die Hüften gebunden, stochert der Herr des Hauses in seinem Kohleofen und regt sich auf. Tags zuvor hatte er sich einen stinkenden Kaffee-Ersatz liefern lassen, den die Gäste, ohne zu murren, heruntergeschluckt hatten. Das *Café de Flore*, im Herbst 1941, auf der linken Seite des Boulevard Saint-Germain, wenn man in Richtung Boulevard Saint-Michel blickt. Mahagonitische, Wandspiegel, rote Stühle und Säulen. Ein banales Dekor in klassischen Proportionen. Wie kein anderer weiß Monsieur Boubal, wo Kohle, Tee und Tabak aufzutreiben sind. Schwarzmarkt? Sicherheiten gibt es in dieser Zeit nicht mehr, in der bei der Waren- und Lebensmittelverteilung je nach Stadt, Jahreszeit und Person größte Anarchie herrscht. Die Wärme seines Etablissements macht aus dem Café eines der begehrtesten im ganzen Viertel. Nahe am Kohleofen plaziert und trotzdem in einen unbeschreiblichen Mantel aus Pelzimitation gehüllt, schreibt der kleine Mann. Runde Hornbrille, eine gewöhnliche Pfeife. Von Zeit zu Zeit hebt er ruckartig den Kopf, seit drei Stunden arbeitet er hier. Beim Betreten des Cafés hat er einen Tee mit Milch bestellt, den er in einem Zug getrunken hat. Seitdem nichts mehr. Ab und zu springt er von seinem Stuhl auf, stürzt sich auf eine Kippe, die jemand gerade zu Boden geworfen hat, stopft damit seine Pfeife und steckt sie sofort an. Welche komische Silhouette, wenn er in dem zu weiten und zu kurzen braunen Mantel dasteht: ein eigenartiger, untersetzter, rundlicher kleiner Mann, der ewig in Bewegung ist. Daß Boubal es wenig schätzt, wenn er sich hier für Stunden und Stunden niederläßt, und das bei nur einer Bestellung, ist ihm gleichgültig. Eines Tages, als am Telefon Monsieur Sartre verlangt wird und Boubal unerwartet ein «hier» von dem kleinen Pelz- und Tintenknäuel vernimmt, wird er freundlicher werden, man weiß ja nie...[1]

Sartres Revier im ersten deutschen Winter von Paris? Auf ein Dreieck reduziert: Montparnasse, Passy, Saint-Lazare. Montparnasse, das ist, trist und schmutzig, das *Hôtel Mistral* zwischen der Avenue du Maine und der Rue de la Gaîté. Außerdem das *Café des Mousquetaires*, wo er morgens einen Café einnimmt. Passy, hier wohnen Monsieur und Madame Mancy in der Nummer 23 der Avenue de Lamballe, einer eleganten Straße, die schleifenförmig zum früheren Haus Balzacs an der Seine hinabführt; dort erwartet Sartre eine freundliche und zuvorkommende Bewirtung; die Haushälterin, die ihre Zeit mit Schlangestehen verbringt, serviert. Saint-Lazare, das ist das Lycée Condorcet, wo er 1941 als Lehrer eingestellt wird. Zwischen diesen drei Orten: Saint-Germain-des Prés und sein Hauptquartier, das *Flore*. Seine Begegnungen? Allein auf die «Familie» reduziert: Olga, Wanda, Bost, zu denen Lise stößt, eine Schülerin von Simone de Beauvoir am Lycée Camille-Sée, die vor kurzem ihre Eltern verlassen hat. Die Gehälter der beiden Beamten reichen kaum für den Unterhalt all dieser Menschen aus: 7000 Francs monatlich sind für zwei reichlich. Aber 7000 Francs für sechs, das genügt eindeutig nicht, da man sogar für die schlechten Gerichte in den Restaurants der Kategorie D viele kostbare Lebensmittelmarken braucht. Simone de Beauvoir nimmt das Budget der kleinen Gruppe in die Hand, sie wird die Lebensmittelkarten einsammeln und kochen. Im *Hôtel Mistral* bei Sartre macht sie ein Zimmer mit Küche ausfindig: die Chance! Hartnäckig, systematisch bietet sie ihre ganze Phantasie auf, jeder Spur nachzugehen, ob sie nun auf das Eintreffen einer Ladung Raben oder Fische deutet. Das Menü der ersten Mahlzeit: Rübenkraut mit Bouillonwürfeln veredelt. «Sartre behauptete, es sei gar nicht übel. Er aß so ziemlich alles, und es machte ihm nichts aus, gelegentlich eine Mahlzeit zu überspringen. Ich war nicht so stoisch»[2], erzählt sie.

Nachmittags kommen alle bei Monsieur Boubal wieder zusammen. Frühere Schüler, die jetzt Vertraute geworden sind. Neue Schüler, die gelegentlich vorbeischauen. Die sich teilweise unbekannterweise grüßen, gegenseitig achten oder sich nach geheimnisvoll verborgenen Regeln und Gesetzen treffen: als Duo, als Trio, als Quartett... «Wenn ich mich im ‹Flore› mit Olga oder Lise unterhielt, wenn Sartre mit Wanda ausging, wenn Lise und Wanda zusammen plauderten, wäre es keinem von uns eingefallen, sich an den Tisch der beiden anderen zu setzen. Die Leute fanden dieses Verhalten lächerlich, uns schien es selbstverständlich.»[3] Allmählich wird mit den Stammgästen Bekanntschaft geschlossen, mit denen, die man täglich am Nachbartisch wiedersieht, einem gewissen Mouloudji, der Gedichte schreibt, und mit Lola, einer reizvollen Rothaarigen. Ein gemeinschaftliches Leben auf engem, allen zugänglichem Raum. Liebe und Arbeit werden öffentlich gelebt, und für jeden ist Zeit, egal für wen, egal wann. Weder Eigentum noch Abschottungen, noch Geheimnisse: ein durchsichtiges oder fast durchsichtiges Sozialleben...

Der Winter 1941 / 1942 ist ein harter Winter. In der Hauptstadt ein Kälterekord: Abgesehen vom vorherigen haben die Pariser noch nie einen so strengen Winter erlebt. Dazu die Lebensmittel- und Kohlerestriktionen, die Monat für Monat schlimmer werden. Auf zwanzig Gramm Fleisch pro Person und Tag ist man jetzt heruntergekommen. Siebzig Gramm Kartoffeln! Wochenlang Schnee auf den Bürgersteigen. Schneeverwehungen und vereiste Straßen, richtiges Packeis mitten in der Hauptstadt: Zunächst hatte man diese klimatischen Exzesse als natürliche Folge des deutschen Einmarsches angesehen, als Element eines Seriengesetzes, als eine Katastrophe von vielen in diesem brutalen Krieg, der alles entstellte. Dann kam der Frühling, der Schnee schmolz, und die von den Dächern herabfallenden Eiszapfen waren zusätzliche Schrecken zum häufigen Bombenalarm. Mittlerweile hatte man sich ein wenig an die Kälte und die Deutschen gewöhnt; aufsehenerregend war jetzt eine andere Gegebenheit dieser verkehrten Zeiten, die das Alltagsleben schmierig und zweideutig machte wie ein klebriger Traum, dem man nicht entkommen kann. Die Deutschen hatten Frankreich nämlich die mitteleuropäische Zeit aufgezwungen, und die tiefschwarze, um zwei Stunden verschobene Nacht dauerte im Winter bis neun Uhr morgens. Dazu kamen die

Sperrstunde, die manchmal um sechs Uhr abends verhängt wurde, die Lebensmittelverknappung durch die neuen Vorschriften, der Bombenalarm, der einen zur Flucht in den Bunker oder die nächstliegende Metrostation zwang: Zeit und Raum schmolzen für jeden immer weiter zusammen.

Entbehrungen auf der einen Seite, Überfülle auf der anderen: Der Umgang mit dem Portemonnaie, das seit jetzt zwei Jahren mit so vielen neuen Papieren vollgestopft war, mußte erlernt werden. Die neue Kennkarte, der «Ausweis» mit seinem Stempel «gültig bis zum...» – deutsche Gültigkeit natürlich. Und die Lebensmittelkarten: die Brotkarte mit ihren Rationen, taktvoll «Punkte» genannt, die nur der Bäcker persönlich abreißen durfte; die Fleischkarte ebenfalls mit Marken; die Kohlenkarte mit ihren kleinen Kästchen, die amtlich gelocht werden mußten; die Karte für «seifenhaltige Produkte», die Textilienkarte usw. Rosa Marken, blaue Marken für Schuhe, Tabak, Fleisch, Benzin – was für ein Durcheinander in den Taschen. Nicht zu vergessen, daß man seine Eintragungen auf dem neuesten Stand zu halten hat, daß man sich über das Radio informieren muß, um von den letzten Lieferungen von Löwenzahn, Kohlrüben oder Kaninchen zu erfahren, daß man die optimale Zeit ausfindig machen muß, um Rempeleien und endlose Schlangen vor dem Milchladen zu vermeiden.

«Niemals waren wir freier als unter der deutschen Besatzung. Wir hatten all unsere Rechte verloren und in erster Linie das Recht zu sprechen; jeden Tag warf man uns Schmähungen ins Gesicht, und wir mußten schweigen... überall an den Mauern, in den Zeitungen, auf der Leinwand begegneten wir dem abscheulichen und faden Gesicht, das unsere Unterdrücker uns von uns geben wollten: auf Grund all dessen waren wir frei. Da das Nazigift bis in unser Denken eindrang, war jeder richtige Gedanke eine Eroberung; da eine allmächtige Polizei versuchte, uns zum Schweigen zu zwingen, wurde jedes Wort kostbar wie eine Grundsatzerklärung; da wir verfolgt wurden, hatte jede unserer Gesten das Gewicht eines Engagements.»[4] Das Scheitern seines ersten politischen Versuchs und die tägliche Anwesenheit der Naziunterdrücker werden Sartre wie eine Batterie neu aufladen. Eroberungstaten? Er wird deren dreimal so viel wie zuvor erfinden. Andere wären bei einem vergleichbaren Scheitern heruntergekommen, wieder andere hätten sich nach Neuem umgesehen. Er nicht. Ein riesiger Haß auf den Besetzer, großer Ehrgeiz in seiner Entschlossenheit, der kleine Mann hält die Stellung. Sein Projekt einer anarchosyndikalistischen Verfassung hat keine Chance? Er steckt es hastig weg und sucht, nicht anderswo, sondern bei sich selbst. In einer schwindelerregenden zentripetalen Bewegung fängt er sich, sammelt er sich neu, gräbt er eigensinnig und blind wie ein Maulwurf unter dem Pflaster der Sackgasse, in die er geraten ist. Später wird er über den Pariser Alltag unter der Okkupation schreiben:

«Zunächst müssen wir uns von den Bilderbogenvorstellungen frei machen: nein, die Deutschen liefen nicht mit der Waffe in der Faust durch die Straßen; nein, sie zwangen nicht die Zivilisten, ihnen auszuweichen, vor ihnen von den Gehsteigen hinunterzugehen; in der Metro boten sie ihren Platz alten Frauen an, ließen sich gerne von Kindern rühren und tätschelten ihnen die Wange... Aber man darf nicht vergessen, daß die Besatzungszeit *täglich* war... Vier Jahre hindurch haben wir gelebt, und die Deutschen lebten auch mitten unter uns, untergetaucht im gleichförmigen Leben der großen Stadt... Sie kamen uns mehr wie Möbel als wie Menschen vor... Dennoch gab es einen Feind – und zwar den hassenswertesten –, aber der hatte kein Gesicht... Es schien, als gäbe es in der Stadt versteckte Löcher und als entleerte sie sich durch diese Löcher, wie befallen von einer unerfaßbaren inneren Hämorraghie. Übrigens sprach man wenig darüber; mehr noch als die Hungersnot verheimlichte man dieses ununterbrochene Ausbluten, teils aus Vorsicht, teils aus Stolz... man stelle sich also dieses ständige Nebeneinander eines gespensterhaften Hasses und eines allzu vertrauten Feindes vor, den zu hassen einem nicht gelingt.»[5]

Mit gesenktem Kopf stürzt er los wie ein Rammbock. Das Hindernis stimuliert ihn, macht ihn rasend, er spannt seine ganze Energie an und schreibt und schreibt ununterbrochen. Nichts zu essen? Er begnügt sich mit Brot. Nichts zu rauchen? Er wartet auf Kippen am Straßenrand oder unter den Cafésitzen. Und wie im Wahn, wie unter Drogen schwärzt er mechanisch Seite um Seite, konzentriert, isoliert, angespannt. Die direkte Aktion ist gescheitert? Er macht reinen Tisch und nimmt seine Furche wieder auf. Die Treffen mit Gide, Malraux und den anderen sind gescheitert? Er geht in sich und findet den Weg, von der Sackgasse zu profitieren. Kaum ist er gescheitert, schwingt er sich schon wieder auf. Andere sind oft noch nicht einmal wieder aufgewacht. Sein blinder Haß wächst, er will den Feind treffen. Der wütet seit einigen Monaten immer mehr: Am 22. Juni 1941 überfallen Hitlers Truppen die Sowjetunion, im September 1941 gründen die französischen Rechten und Rechtsextremisten die berüchtigte *Ligue des volontaires français contre le bolchévisme*, bekannter unter dem Kürzel L.V.F. Überdimensionale Plakate in der gesamten Stadt mit dem Hinweis «Juden ist der Aufenthalt vor diesem Schaufenster verboten». Im September 1941 wird im Palais Berlitz die Ausstellung «Der Jude und Frankreich» eröffnet. Die französischen Faschisten triumphieren. Auf der anderen Seite individuelle terroristische Aktionen vereinzelter Kommunisten, deren letzte Skrupel mit dem Bruch des Stalin-Hitler-Pakts geschwunden sind. Am 22. August 1941 hat ein Unbekannter einen deutschen Offizier, den Seekadetten Moser, in der Metrostation Barbès mit drei Schüssen aus einer 6,35er Pistole getötet. Das Räderwerk setzt sich in Gang. Der General von Stülpnagel, Kommandant der deutschen Truppen in Frankreich, fordert Sanktionen. Ein Sondergericht wird gebildet: Pucheu, Innenminister der Vichy-Regierung, stimmt der Einführung rückwirkender Gesetze zu, damit Unschuldige, in erster Linie Juden und Kommunisten, verurteilt werden können. Die Sanktionen lassen nicht lange auf sich warten. 16. September 1941: Exekution von zehn Geiseln in Paris; 22. Oktober 1941: Exekution von achtundneunzig Geiseln, davon siebenundzwanzig Erschossene in Châteaubriant.

«Ich habe *meine* Tat getan, Elektra, und diese Tat war gut...» Das Publikum am 3. Juni 1943 im *Théâtre de la Cité* ist unruhig. Es ist die Premiere von Sartres erstem Theaterstück, *Les mouches*. Sie findet am Nachmittag statt, um Stromausfällen zu entgehen. Beeindruckendes Aufgebot an Statisten, eine kraftvolle Inszenierung von Charles Dullin, der Konsens zwischen Autor und Regisseur war nicht leicht gewesen! Orest kehrt nach Argos, das an Reue erstickt, zurück. «Die Leute von Argos haben nichts gesagt... Sie haben nichts gesagt... Sie haben nichts getan...» wiederholt Jupiter bei der Beschreibung der Feigheit einer ganzen Stadt beim Tod ihres Königs.

«Mein Mann war auf dem Feld, was konnte ich schon tun? Ich habe meine Tür verriegelt», sagt eine Alte. Reaktionen im Saal. «Buh», brüllt Rebatet. Unruhe. Ein Raunen geht durch das Publikum, als der Chor der Männer von Argos immer wieder fleht: «Vergebt uns, daß wir leben, wo ihr tot seid.» Orest ist gekommen, seinen Vater zu rächen, und wird Ägist und Klytämnestra, die Verräterin, seine eigene Mutter, töten, während er seine Schwester Elektra zu gewinnen versucht. «Es gibt Menschen, die sind engagiert von Geburt an», sagt er im ersten Akt. «Und es gibt andere, Schweigsame... Ich habe *meine* Tat getan, Elektra, und diese Tat war gut... Ich bin weder Herr noch Sklave, Jupiter, ich bin *meine* Freiheit! Kaum hast du mich erschaffen, habe ich auch schon aufgehört, dir zu gehören...» Nur mühsam erträgt das aufgebrachte Publikum die verwirrende Figur des Orest, und die steifen Kostüme, die starren Masken, die schwerfälligen antiken Posen, die Atmosphäre der Angst steigern seine Verständnislosigkeit noch.

«Das eigentliche Drama, das ich habe schreiben wollen», erklärt er später, «war jenes des Terroristen, der, wenn er auf der Straße Deutsche erschießt, die Exekution von fünfzig Geiseln hervorruft.»[6] Ein unmißverständlicher Hinweis auf das Entsetzliche des Sommers 1941. Gleichzeitig nimmt er eindeutig Stellung zu der Frage, ob der Tod Unschuldiger in Kauf genommen werden müsse: Ja, die eigenen Taten verantworten, selbst wenn sie den Tod Unschuldiger bedeuten. Dazu beitragen, «diese krankhafte Reue, dieses Gefallen an Reue und Scham» auszumerzen. Er läßt seinem Haß freien Lauf und wettert gegen die Vichy-Mentalität und gegen die Selbstbezichtigung. Erster Ausweg aus der Sackgasse, erster Ausdruck seiner Theorie des Engagements? Die Geschichte von *Les mouches* hatte eigentlich harmlos begonnen: «Die beiden Olgas... hatten... (Barrault) gefragt, wie man es anstellen müsse, zu einer richtigen Rolle zu kommen. ‹Am besten wäre es, wenn jemand ein Stück für Sie schriebe›, antwortete er.»[7] Der Satz stieß nicht auf taube Ohren. Ermutigt durch die Erfahrung mit *Bariona* begann Sartre bald, ein Drama über die Atriden zu entwerfen. Im Sommer 1941 schrieb er am Sandstrand von Porquerolles. Er schrieb weiter an den unwirtlichsten Herbergstischen im Jura auf der Rückreise per Fahrrad nach Paris.

Ganz ohne Zweifel war die Aufführung ein Mißerfolg: leere Säle, vorzeitig abgebrochener Spielplan, reservierte Kritiken. «Das Stück läßt mich unzufrieden», schrieb der sehr geachtete Roland Purnal in *Comoedia*, «trotz einiger Passagen von unbestreitbarer Schönheit.» Sorgfältig vermied er jegliche politische Andeutung. Die Kollaborateur-Presse war offen bösartig; allein Michel Leiris, der unter einem Pseudonym in den illegalen *Lettres françaises* schrieb, stimmte der «großen moralischen Lektion» zu: «Orest lehnt den Königsthron ab und verläßt seine Heimatstadt ohne Rückkehrabsichten, mit ihm verschwinden die Fliegen, die die Stadt verpesteten... Orest begeht einen Mord, den er nicht bereut und der ihn deshalb erfüllt, weil es sich für ihn weder um Rache noch um persönliche Ambition, sondern um eine frei begangene Tat handelt... Orest ist aus dem fatalen Kreis ausgebrochen, hat den Weg freigelegt, der vom Reich der Notwendigkeit ins Reich der Freiheit führt.»[8]

Weshalb diese geteilten Reaktionen? Wo doch das Pariser Publikum der Kriegsjahre, das an Giraudoux und Cocteau gewöhnt ist, längst keinen Anstoß mehr an griechischen Dramen nimmt. Anouilhs *Antigone* wird in derselben Theatersaison mit modernen Kostümen aufgeführt, und es ist üblich geworden, daß Götter von Gärtnern als «Typen» bezeichnet werden! «Wie bei Sophokles», sagt Sartre, «hat niemand bei mir recht oder unrecht.» Und darin liegt vielleicht der wahre Grund dieses Mißerfolgs: Orest und Elektra sind nicht genauso gut «lesbar» wie *Antigone* oder auch *Jeanne d'Arc avec nous* von Vermorel, ein Erfolgsstück unter der Besatzung, in dem das Publikum sofort klare Fronten entschlüsseln kann. Ist nicht Jeanne den als Nazis verkleideten Engländern gegenüber eine unmittelbare Allegorie des Widerstands? Hat sich Sartre durch ein zu stark intellektualisiertes Vorhaben selbst behindert? «Das französische Volk mußte unbedingt wieder aufgerichtet, ermutigt werden», setzt der Autor fort. Er forderte die deutsche Zensur heraus, ohne ein Veto zu riskieren: enger Spielraum in einer Zeit, in der die moralisierende Vichy-Zensur noch strenger zu sein schien als die politische Zensur in Paris. Übrigens als Beweis für das Unbehagen, das das Stück hinterließ, ein paar Zeilen aus *Comoedia:* «Die Aufführung von *Les mouches* im Théâtre de la Cité hat in der Künstlerwelt unterschiedliche Reaktionen zur Folge gehabt... Dennoch haben *Les mouches* großen Widerhall bei Intellektuellen ebenso wie bei Jugendlichen, die dadurch mit einer unbekannten Welt in Berührung gekommen sind und meinen, etwas entdeckt zu haben. Aus diesem Grund werden wir demnächst eine Diskussion über *Les mouches* eröffnen.»[9] *Comoedia* hat diese Diskussion jedoch nie eröffnet. André Castelot seinerseits äußerte in *La Gerbe* tiefen Ekel über das Stück und die «vom Autor demonstrierte Vorliebe für das Abscheuliche»[10].

Dennoch sind *Les mouches*, die als politisches Stück aufgenommen wurden, das bahnbrechende Werk für Sartres Karriere als Dramatiker. «Wenn *La nausée* nicht veröffentlicht worden wäre», schreibt er später, «dann hätte ich dennoch weiter geschrieben. Aber wenn *Les mouches* nicht aufgeführt worden wären, frage ich mich, ob ich weiterhin Stücke gemacht hätte, so fern lag mir damals das Theater.»[11] Sein Verhältnis zum Theater, das ist zunächst die Begegnung mit Dullin, der seit der Vorkriegszeit Lebensgefährte von Simone Jollivet ist. Eine quasi «familiäre» Beziehung, die sich vor allem anläßlich von Sonntagen auf dem Land «bei den Dullins» entwickelt, obwohl Simone von der ganzen Gruppe die einzige offene Kollaborateurin und Antisemitin ist. Trotz den Konflikten zwischen Regisseur und Autor erhält Sartre dadurch eine erstklassige Theaterausbildung. «Dullin... ließ mich begreifen, ... daß ein Theaterstück genau das Gegenteil von einer Eloquenzorgie zu sein hat... Auf der Bühne kann man nichts zurücknehmen: Wenn ein Satz nicht so ist, daß man ihn, nachdem man ihn ausgesprochen hat, nicht mehr zurücknehmen kann, dann muß man ihn aus dem Dialog entfernen... Nach den Proben von *Les mouches* habe ich Theater völlig neu gesehen.»[12] Inthronisierung, Entjungferung, das Amateurhafte von *Bariona* liegt schon weit zurück; ist nicht ein *aufgeführtes* Stück, auch ohne den erhofften Widerhall, viel eher als ein veröffentlichtes Buch ein literarisches Ereignis, das Publikum anzieht, Menschen zusammenbringt, Aufsehen erregt, für Meinungsstreit, Diskussionen und Aufregung sorgt? Etwa wenn sich Paulhan in einem Brief an Jean Fautrier vom 23. Juni 1943 freut: «Wir haben gestern *Les mouches* gesehen. Ich finde es sehr schön, und Mauriac ist einfach ungerecht. Diese Stadt der Reuigen – man sieht Vichy vor sich. Und die Masken, sehr schöne Theatermasken.»[13] So gerät Sartre aus seiner bisherigen Randständigkeit allmählich in immer bedeutendere literarische Kreise hinein.[14]

Genau parallel zu *Les mouches* – vom Schreiben wie vom Erscheinen her, es wird im Juni 1943 veröffentlicht – sein philosophisches Werk von siebenhundertzweiundzwanzig Seiten: *L'être et le néant*. Sartre hat es eilig, er ist von der unglaublichen Intensität der Ereignisse des Jahres 1942 angetrieben. Dieses Jahr 1942 hatte übel begonnen: Ausstellung «Der Bolschewismus gegen Europa», erste Transporte jüdischer Deportierter. Der Belle Époque der verführerischen Nazis folgte eine Periode äußerster Verhärtung. Dann kommt alles Schlag auf Schlag: Im Mai 1942 wird Darquier de Pellepoix in Vichy zum Kommissar für Judenangelegenheiten ernannt; er befiehlt das Tragen des gelben Sterns, den jeder Bürger «jüdischer Rasse» gegen drei Textilienmarken zu erwerben hat. Zwei Monate später wird ihnen das Aufsuchen aller öffentlichen Plätze verboten: Cafés, Kinos, Theater... Im Umkreis der Sartre-Familie sind es Gesetze, die man fast ausnahmslos überschritt. Im *Flore* sah man wenig gelbe Sterne – dafür gab es gleich an der Straßenecke Denunziationen, anonyme Briefe und vor allem die Gefahr von Razzien, Ausweiskontrollen und dann: Transport nach Drancy. Eine entsetzliche Maschinerie wird im Juli 1942 in Gang gesetzt bei einer großen Razzia gegen die jüdische Bevölkerung, die im Vélodrome d'Hiver im 15. Arrondissement zusammengetrieben wurde. Die französische Polizei und Gendarmerie, die eifrig die germanischen Befehle umsetzten, tauften dieses Unternehmen poetisch «Frühlingswind». Gleich nachdem der französische freiwillige Arbeitsdienst in Deutschland gescheitert war, rief die Vichy-Regierung den Zwangsarbeitsdienst, den berüchtigten STO, ins Leben. In Wirklichkeit eine zivile Wehrpflicht für jeden Franzosen zwischen achtzehn und fünfzig Jahren. Eine unerträgliche Maßnahme. Die jüngeren Widersacher gingen in die Südzone, um sich dem Widerstand anzuschließen. Nur nicht zur Zwangsarbeit nach Deutschland müssen! Das Land wurde mit Plakaten und Bekanntmachungen übersät; die erstickende, erbarmungslose Naziordnung nahm von Frankreich Besitz wie ein Raubvogel; während Sartre natürlich weiterarbeitet. «Für Israeliten verboten», «Spielplatz nur für Kinder. Für Juden verboten» oder bei der Reklame für den Film *Le juif et la France*: «Jeder Franzose, der sich gegen den hebräischen Zugriff zur Wehr setzen will, muß lernen, den Juden zu erkennen.» Immer schneller vermehren sich die nazistischen Ungeheuerlichkeiten. Immer größer wird der Eifer des Schriftstellers. Jeder neu von ihm niedergeschriebene Satz ist in seinen Augen ein dem Besetzer entrissener, entwendeter Satz, ein Stückchen Freiheit, auf das dieser keinen Zugriff hätte.

Hinzu kommt nun die Raserei «gegen die jüdisch-bolschewistischen Verbrecher». Im Mai wird Georges Politzer erschossen. Im Juli Feldmann. Bekanntmachungen in der Metro, Plakate auf den Straßen, Angst soll herrschen. Ob in Paris oder in den Ferien, Sartre schreibt. Sartre schreibt in Le Havre, als er Ostern 1942 Marc Bénard, einen Freund aus dem Stalag, besucht. Trotz Bombardierungen, trotz Bombenalarm. Er schreibt im August 1942 oben auf dem Col du Tourmalet: «Sartre blieb auf einer Wiese, über die der Wind fegte, und schrieb, das Papier auf den Knien ... und war sehr zufrieden» mit seinen vollen Seiten.[15] Vor allem schreibt er ununterbrochen im passenderen Rahmen des Hauses von Madame Morel in Anjou. Sartres Zimmer mit Deckenbalken und roten Fliesen ist geräumig. Er verläßt es kaum, die Gastgeberinnen kommen zu den Mahlzeiten zu ihm herauf und bleiben manchmal bis nach Mitternacht. Gelegentlich versucht Simone de Beauvoir, den Gefangenen seinen vier Wänden zu entreißen. Gelingt es ihr, dann spazieren sie am Ufer der Loire entlang, oder sie machen eine Fahrradtour. Beim Rückweg beeilen sie sich, um die BBC zu empfangen, die man gemeinsam in Sartres Zimmer hört. «Erste Rückschläge für die von-Paulus-Truppen in Stalingrad ...», hört man Weihnachten 1942: die erste gute Nachricht nach der Landung der Alliierten in Nordafrika.

Es wird «stinklangweilige Abschnitte geben. Dagegen gibt es aber allmählich auch schon einen oder zwei pikante: einen über die Löcher im allgemeinen und einen anderen speziell über den Anus und die Liebe à l'italienne. Das eine wird für das andere entschädigen ...»[16] Wer würde glauben, es handle sich hier, in diesem Brief an Castor, um die Ankündigung eines ersten Entwurfs von *L'être et le néant*? Und doch: An Sartreschen Präzisionen und Provokationen fehlt es diesen Zeilen nicht, die das Werk beschreiben, das mitten in der Kälte und Langeweile der *drôle de guerre* Form angenommen hatte. Nebeneinander von langweiligen und schlüpfrigen Passagen, warnt Sartre. Ein Kilo Papier, wird Paulhan sagen, der einen Nebennutzen des Buchs entdeckt: weil es, wie die Legende sagt, genau ein Kilo wiegt, kann man mit ihm Obst und Gemüse abwiegen ... Sehen wir uns jedoch diese siebenhundertzweiundzwanzig Seiten ernster an: *L'être et le néant* nimmt eine Schlüsselposition in Sartres Leben und Werk ein. Hier entwickelt der Philosoph mehrere parallel verlaufende Gedankenlinien: Er begründet sein früheres Werk – Philosophie und Fiktion – aus den dreißiger Jahren; er bilanziert die theoretischen Grundlagen seines Denkens, er vertieft alle Axiome, alle Themen des Sartreschen Credo. Und wenn einige später verwirrt sind, als Sartre beispielsweise den Nobelpreis ablehnt, und sich andere über seine Vorträge in der Nachkriegszeit wundern, liegt es daran, daß sie den zentralen Punkt des Buches übersehen haben. Alles fußt hier ja auf der Idee der permanenten Spannung zwischen Für-sich und An-sich, anders ausgedrückt zwischen Subjektivität und Welt. Als Verkündigung des absoluten Primats der Subjektivität gegenüber der Welt ist *L'être et le néant* ein zutiefst kartesianisches Werk. Ist Sartres Werk bis 1943 überhaupt etwas anderes als die Odyssee eines einsamen Bewußtseins? *L'être et le néant* wird diesen Schlüsselgedanken wieder aufnehmen, erläutern und vertiefen: Stolz des Bewußtseins gegenüber der Welt und von daher absolute Freiheit des Individuums. Bewußtsein als Versacken und Sich-Losreißen zugleich; Freiheit als Fieber und Disziplin zugleich; permanente Kritik; Mißtrauen gegen versteinerte und erstarrte gesellschaftliche Rollen; etappenweise nähert man sich den Grundsätzen Sartres, die sein Verhältnis zur Politik, Gesellschaft und Ästhetik begründen. Auch die ganz spezielle Beziehung zwischen dem Sartreschen Denken und dem Marxismus, die ebenso von radikaler Fremdheit wie von Vertrautheit geprägt ist, wird später verständlich. Bei dem Menschen Sartre führte das zu seinen zahlreichen Ablehnungen der traditionellen gesellschaftlichen Werte.

Der Krieg übernahm die Funktion eines Brutkastens für alle diese Tendenzen. Er ermöglichte, daß die Heidegger-Lektüre im Sartreschen Denken ihren Platz einnahm. Der Einfluß Heideggers, notierte er in den *Carnets* im Februar 1940, «...ist mir in letzter Zeit manchmal schicksalhaft vorgekommen, da er mich die Authentizität und die Geschichtlichkeit genau in dem Augenblick gelehrt hat, als der Krieg mir diese Begriffe unerläßlich zu machen drohte. Wenn ich mir vorzustellen versuche, was ich ohne diese Werkzeuge mit meinem Denken angefangen hätte, bekomme ich nachträglich Angst. Wieviel Zeit habe ich gewonnen.»[17]

Gibt es einen Zusammenhang zwischen der Verhärtung im Jahr 1942, dem historischen Nährboden des Werkes, und der unglaublichen Radikalität von *L'être et le néant*? Zwischen der verschärften Repression und der libertären Explosion Sartres? Zweifelsohne. Schon vor dem Krieg hatte er seine ersten Pfeile gegen die französische philosophische Tradition abgeschossen, die er global als «essentialistisch» bezeichnete und rundherum ablehnte. Gegen die Hohenpriester der «Ernährungs-» oder auch «Verdauungsphilosophie» Brunschvicg, Lalande, Meyerson setzte er die deutschen Phänomenologen. Genauso heftig werden in *L'être et le néant* gesellschaftliche Etiketten jeglicher Art abgelehnt. «Wie werde ich dann die objektiven Grenzen meines Seins erfahren: Jude, Arier, häßlich, schön, König, Beamter, Unberührbarer usw., wenn die Sprache mich über sie, die *meine* Grenzen sind, unterrichtet hat?»[18] Denn die Entfremdung, fährt er fort, die Selbstverstümmelung des Individuums und dadurch seine Unauthentizität entstehen aus der Hinnahme dieser gesellschaftlichen Etiketten. Er präzisiert: «Ich bin ja Jude oder Arier, schön oder häßlich, einarmig usw. Alles das bin ich *für den andern*, ohne Hoffnung, diesen Sinn, den ich *draußen* habe, zu erfassen oder gar zu ändern.»[19] Oder auch: «Noch allgemeiner (kann) ein Verbot, dem wir unterwegs begegnen: ‹Eintritt für Juden verboten›... nur Sinn haben auf der Grundlage und durch die Grundlage meiner freien Wahl. Denn indem ich den gewählten freien Möglichkeiten meiner Wahl folge, kann ich das Verbot übertreten, es für nichtig halten oder ihm im Gegenteil eine zwingende Geltung verleihen, die es nur von dem Gewicht haben kann, das ich ihm beimesse.»[20]

In der Sackgasse der subversiven Aktion, im Würgegriff einer unerträglichen, täglichen Repression, erkennt Sartre plötzlich das Unannehmbare. Natürlich bewegt er sich in der philosophischen Abstraktion, als er seine Theorie der Freiheit erarbeitet. Aber er betreibt diese Reflexion *in und unter* jenen spezifischen geschichtlichen Bedingungen. Sein Ruf nach Authentizität und Verantwortung, seine Verurteilung unauthentischen Verhaltens überhaupt, beides geschieht in einem Nazi-Frankreich. Auch seine Moral des Schriftstellers wird unter dem wahnsinnigen, unmittelbaren Druck der täglichen Knebelung entworfen. Der finstersten Unterdrükkungsperiode entreißt er einen Ruf nach Freiheit und individuellem Anarchismus.

Das Werk erschien im Sommer 1943. Wer las es damals? Offenbar wurde es in diesem Jahr allein in einem Artikel der *Études et essais universitaires* von René-Marill Albérès zur Kenntnis genommen. Später werden in langsamem Rhythmus Rezensionen hinzukommen, drei im darauffolgenden Jahr, neun 1945 und über fünfzehn 1946, als Sartre seine berühmten Vorträge hielt. Zur Stunde aber bleibt das Buch quasi unbemerkt: die philosophische Sprache, die Dichte der Gedanken, das Erscheinungsdatum: Erklärungen gäbe es genügend. Obwohl ein solch enormer Bastard für die Philosophie sehr ungewöhnlich ist. Beispielsweise das gemischte Genre, das eine zweifellos beeindruckende philosophische Abhandlung darstellt: klassisch, was Sprache, Zitate, kartesianische Logik betrifft. Aber welcher Zündstoff in der Art der Darstellung, in der Auswahl der Beispiele. Ein Philosoph bricht mit der damals herrschenden Akademikertradition und bezieht sich auf die «Trivialität» des Alltagslebens, um seine Theorien darzulegen: «Sicher ist das Café, durch sich selbst, mit seinen Gästen, seinen Tischen und Stühlen, seinen Spiegeln, seinem Licht, seiner verrauchten Atmosphäre, den Geräuschen von Stimmen, von klappernden Untertassen, von Schritten, die es erfüllen, eine Seinsfülle.»[21]

Erst später werden die Anhänger, die Begeisterten, die richtigen Leser kommen. Das trifft beispielsweise auf André Gorz zu, der Sartre 1946 zum erstenmal in der Schweiz trifft und einer seiner treuesten Freunde bleiben wird. «...ich hatte *Das Sein und das Nichts* in mich eingesogen, ohne zunächst viel davon zu verstehen, fasziniert von der Neuheit und Kompliziertheit seines Denkens, hatte mich dann, durch die hartnäckige Lektüre dieses dicken Objekts, damit infiziert, seine Terminologie angenommen, es zur Würde einer Enzyklopädie erhoben, die, da alles darin zur Sprache kam, auf alles eine Antwort haben müßte, und bewegte mich schließlich in einem Universum, dessen Grenzen *Das Sein und das Nichts* waren...»[22] Eine ähnliche Entdeckung bedeutet *L'être et le néant* für den Schriftsteller Michel Tournier, der für seinen Teil erzählt: «An einem Herbsttag 1943 fiel ein Buch auf unsere Tische... Zunächst war man einen Augenblick lang wie benommen, darauf folgte ein langsames Durchkauen. Das Werk war massig, struppig, ausufernd, von unwiderstehlicher Kraft, voller köstlicher Subtilitäten, enzyklopädisch, höchst technisch, von der Reinheit eines Diamanten... Kein Zweifel: Hier bot man uns ein System.»[23] Schließlich, als letzter damaliger Sartre-Anhänger, Olivier Revault d'Allonnes, der als eifriger Student an der Sorbonne zusammenzuckt bei «dieser Stimme außerhalb der Institution, die den Mumm hatte, alle Philosophien, die gelehrt wurden, als ‹essentialistisch› zu etikettieren. Auch war nicht unwichtig, daß sich die Philosophie in einem Roman ausdrücken, in einer für alle lesbaren Schrift darstellen, im Café entwickeln ließ. Natürlich gibt es auf der Welt nicht nur Cafés, aber es gibt tatsächlich mehr Cafés als Sorbonnes.»[24]

«...jeder Satz (in *L'étranger*) ist... gleichsam eine Insel. Und so stürzen wir aus einem Satz in den nächsten, aus einem Nichts in das nächste. Um die Abgeschlossenheit jeder Satzeinheit noch zu unterstreichen, hat Camus für seine Erzählung das Perfekt gewählt.»[25] Begeistert von dem soeben erschienenen Camus-Roman, widmet ihm Sartre einen zwanzigseitigen Artikel. Präzise, sorgfältig ausgearbeitet, didaktisch, einleuchtend. Und zwischen den Zeilen stellt er stillschweigend eine Verwandtschaft fest. Fasziniert wie ein Kompaß, der gerade seinen Pol gefunden hat, schreibt er: «*L'étranger* ist nun einmal da, herausgelöst aus einem Leben, nicht gerechtfertigt und nicht zu rechtfertigen, steril, die Erscheinung eines Augenblicks, von seinem Verfasser bereits wieder aufgegeben, verlassen um anderer Gegenwärtigkeiten willen. Und so sollen wir ihn auch auffassen: als ein plötzliches In-Verbindung-Treten zweier Menschen, des Autors und des Lesers, im Absurden, jenseits aller Gründe.» Er stellt ihn an die Seite von Hemingway und Voltaire. Ganz sicher hat Sartre in Camus den ersten Anlaß zu einem grenzenlosen Lob gefunden. Gegenseitige Anerkennung und Spiegelspiele: Camus hatte seinerseits schon *La nausée* und *Le mur* gefeiert; einige Sätze darin hätten in der Tat auch seine eigenen Romanfiguren sagen können. Er schrieb, «ein Mensch analysiert seine Anwesenheit bei der Welt, die Tatsache, daß er die Finger bewegt und zu geregelten Zeiten ißt – und das, worauf er bei der elementarsten Tat stößt, ist ihre grundlegende Absurdität»[26]. Daß die beiden Männer eine Verwandtschaft zwischen sich entdekken, ist nicht weiter erstaunlich: dieselbe Denkweise, dieselbe Ablehnung mystischer oder moralischer Werte, dieselbe pessimistische Radikalität. Ein Zusammentreffen bahnt sich an; genau vier Monate nach dem Artikel über *L'étranger*, am Tag der Premiere von *Les mouches* stellt sich Sartre ein Mann vor: Albert Camus. Nach dieser Kritik setzte Sartre für *Les Cahiers du Sud* seine Reflexionen zu zeitgenössischen Schriftstellern fort. In dieser in Marseille erscheinenden Zeitschrift stellte er gemeinsam mit anderen Schriftstellern der Résistance eine Übersicht über das literarische Leben zusammen, verteilte Plus- und Minuspunkte, steckte wie ein Literaturpapst das Feld ab. Parain, Blanchot, Bataille kamen ebenfalls unter das Mikroskop des Meisters, der am Ende seiner minuziösen Analysen selbstherrlich befindet: «Der zeitgenössische Roman hat mit den amerikanischen Autoren, mit Kafka, bei uns mit Camus seinen Stil gefunden.»[27]

Andere wären nach einem Scheitern untergegangen? Aus der politischen Sackgasse tritt ein eifriger, polyvalenter, allseitiger Schriftsteller hervor. Anfang Sommer 1943 hat er sich einen neuen Rahmen geschaffen, sein Denken vertieft. Man hielt ihn für k.o.? Zwei Jahre später tritt er wieder an, mit radikalen Werken, mit einem Faustschlag; der Stil ist dicht, die Gedanken kämpferisch. Etwa wenn er sich im Januar 1943 Drieu la Rochelle vornimmt. In einem Artikel, in dem der Haß kulminiert, schleudert ihm Sartre entgegen. «Er ist eine lange, traurige Erscheinung mit einem gewaltigen, verbeulten Schädel und dem verwelkten Gesicht eines jungen Mannes, der nicht älter werden konnte... Drieu hat die faschistische Revolution herbeigewünscht, so wie manche Leute den Krieg herbeiwünschen, weil sie sich nicht getrauen, mit ihrer Geliebten Schluß zu machen.»[28]

«EIN SCHRIFTSTELLER, DER WIDERSTAND LEISTETE, KEIN WIDERSTANDSKÄMPFER, DER SCHRIEB ...»[1]

«...meine Schuhe waren übersät von alten Kernseife- und Zahnpastaflecken und standen neben wunderbaren Rohlederschuhen, die Delannoy gehörten.»[2] Erstes Arbeitstreffen in den Aufnahmestudios von Pathé-Cinéma am 2. Juli 1943: Der Regisseur Jean Delannoy liest das Drehbuch, das er Sartre vorgeschlagen hatte. Erstes Ergebnis seiner Arbeit: Die Aufführung von *Les mouches* hat den engen Kreis, in dem sich Sartre bislang wohl fühlte, plötzlich gesprengt. Sein Name hat jetzt weit über die kleine Gemeinde von Schülern, Studenten und Lesern hinaus eingeschlagen, die von *La nausée* und *Le mur* begeistert gewesen waren. Delannoy, Leiris, Camus, lauter neue Freunde kommen auf ihn zu.

Im Sommer 1943 beginnt sich das Kriegsgeschehen zu wenden, Mussolini wird gestürzt und verhaftet. Die dritte Phase der Konfrontation änderte allerdings nichts an der Entwicklung des brutalen Bürgerkriegs zwischen den Franzosen. Die Widerstandsnetze werden weiter ausgebaut, jetzt schließen sich ihnen alle jugendlichen Verweigerer des STO an. Parallel dazu wächst auch die Verbissenheit der Miliz. Am 24. April 1943 wird der erste unter den Schüssen von Widerstandskämpfern gefallene Milizangehörige begraben: Zwei Monate später versammeln sich die RNP-Truppen von Déat im Stadion Pierre-de-Coubertin. Gnadenlose Kämpfe an einem finsteren Pariser 14. Juli: Arroganz der Milizmitglieder, die in blauem Hemd und mit Baskenmütze auf dem Boulevard Saint-Michel hinter ihren Fahnen hermarschieren. Brutalität ihres Ordnerdienstes, der auf jeden einschlägt, der sich weigert, den Arm zum Gruß zu heben, feindseliges Geschrei von Frauen in geblümten Kleidern. «Lyncht ihn», kreischen sie mit geballter Faust... Blitzlichtaufnahmen eines sich immer weiter verschärfenden Bürgerkriegs. Die jungen Résistance-Studenten von *Défense de la France* trotzen der Gefahr: Am selben 14. Juli 1943 verteilen sie in der Metro fünftausend Exemplare ihrer illegalen Zeitung. Panik, Unruhen. Wie hätte es auch anders sein können in einem Land, das sich wenige Monate zuvor bereit gefunden hatte, dem Feind einige seiner bekanntesten Politiker wie Blum, Daladier und Georges Mandel auszuliefern?

Ebenfalls an diesem 14. Juli 1943 veröffentlichen die Éditions de Minuit eine umfangreiche Sammlung illegaler Gedichte unter dem Titel *L'honneur des poètes*. Im Vorwort schreibt Éluard: «Es ist Zeit, wieder zu sagen und zu verkünden, daß die besten Dichter Menschen wie alle anderen sind, denn die Besten unter ihnen vertreten unerschütterlich die Auffassung, daß alle Menschen Dichter sind oder Dichtern ebenbürtig sind.» Ist es eine für Poesie günstige Periode? Das literarische Leben überlebt recht und schlecht und wird über illegale Wege künstlich beatmet. So erscheint im Februar 1942 bei Les Éditions de Minuit *Le silence de la mer* von Vercors alias Jean Bruller; die Éditions de Minuit werden im August 1943 auch *Le cahier noir* von Forez alias François Mauriac veröffentlichen. Hinzu kommen Bulletins oder Zeitungen wie die illegalen *Lettres françaises* oder in der Südzone *L'Arbalète* in Lyon, *Fontaine* in Algier, *Les Cahiers du Sud* in Aix-en-Provence, *Poésie 4* in Villeneuve-lès-Avignon. So gut es geht, schlüpft die Literatur in eine neue, dem Ausnahmezustand angemessene Gestalt, nimmt emphatische, lyrische Formen an. Besser als jede andere Ausdrucksform eignet sich die Poesie dazu, Botschaften der Hoffnung zu überbringen. «Paris friert. Paris hungert / Paris ißt keine Kastanien mehr auf der Straße / Paris hat die Kleider einer Alten übergestreift / Paris schläft im Stehen, in der Metro, ohne Luft...» Éluard beschreibt das Leiden in einem deutschen Paris; Aragon ereifert sich unter dem Pseudonym François La Colère in alexandrinischen Versen: «Einen Dichter könnt ihr zum Schweigen verurteilen / Aus einem Vogel am Himmel einen Galeerenhäftling machen / Aber das Recht ihm verweigern, Frankreich zu lieben / Das, solltet ihr wissen, das könnt ihr nicht...» Gefühlsausbrüche, Entfaltung der poetischen Ader, Kult Frankreichs und der patriotischen Werte: «Hört, ihr Partisanen Frankreichs», wird Aragon weiter sagen, «den Ruf eurer eingesperrten Kinder / Stellt die Bataillone auf, stellt auf... / Genug gegessen vom Tränenbrot / Jeder Tag kann Valmy sein...»

«Eine Abordnung der Miliz des Regenten biegt in eine belebte Straße ein...» Allein an einem Tisch im *Flore* schreibt Sartre. «Die Gesichter unter einer flachen Mütze mit kurzem Schirm, die Oberkörper stramm unter dem dunklen Hemd mit glänzendem Wehrgehänge, Maschinenpistolen am Tragriemen, schreiten die Männer mit einem dumpfen Hämmern der Stiefel vorwärts...» Die Hand hält inne, zögert kurz, der Schriftsteller hebt den Kopf, sieht sich um; und dann eilt die Hand aufs neue hastig über das Papier. «An die Tür eines bescheidenen Hauses gelehnt betrachten zwei junge, kräftige Männer ironisch die vorbeiziehenden Trupps. Die rechte Hand haben sie in der Jackentasche.» Kurzes zufriedenes Aufleuchten im Gesicht des Philosophielehrers. Der jetzt aufsteht, um den Tisch geht, aus dem Café heraustritt, den Himmel inspiziert und plötzlich wieder hineingeht. Welche Unruhe plagt Sartre an diesem Julinachmittag kurz vor den Sommerferien? Der Sommer 1943 beginnt schlecht, als müßte zu allem Überdruß auch noch das Wetter kommen: finsterer, grauer Himmel, Regen und Kälte, ein Septembernachmittag. In was für eine bizarre Saison sind die Pariser bloß hineingeraten? Der kleine Mann ist nervös. Pfeife, Tintenfaß und Stift auf einem Durcheinander von Papier; ruhelos guckt er um sich, als suche er jemanden. Ist es wegen dieses Zwischenfalls, der Wanda vielleicht in Wut versetzen und für einen jener heftigen Anfälle sorgen wird, eine jener Krisen, die sie sich unter Berufung auf ihr slawisches Temperament leistet? Nun, versprochen hatte er ihr tatsächlich, daß er während des dreiwöchigen Aufenthalts von Castor in der Südzone ganz seiner t.p.k.[3] gehören und sich ganz nach ihr richten würde. Sie hatte den Wunsch geäußert, ihre Rolle, Molly Byrne in *The Well of the Saints* von Synge mit ihm durchzugehen, und er hatte es getan. Sie hatte verlangt, daß er in den schauderhaften Kulissen des Théâtre Lancry in der Nähe der Place de la République auf sie wartet, und er hatte trotz dem merkwürdigen Gefühl, das ihn mit einemmal überkam, als sie ihre zweitklassige Rolle probte, eingewilligt: War er nicht ein alter Graukopf geworden, der auf eine Schauspielerin wartet und ihr auf Schritt und Tritt folgt? Am Abend der Premiere hatte er einen Nervenzusammenbruch und Tränen über sich ergehen lassen müssen und war ihrem Wunsch entsprechend erst zur dritten Aufführung gekommen. Und heute abend, wo sie ihn erwartete, mußte er im *Flore* ausharren, um eventuell Merleau-Ponty zu treffen: Es war die einzige Möglichkeit, dem endlosen Schlangestehen nach einer Bahnfahrkarte zu entgehen, und Sartre war damit einverstanden gewesen, daß sich «Ponteaumerle» auch für ihn auf den Weg machte. Dafür mußte er jetzt im *Flore* warten, sonst wäre es an ihm, morgen in aller Frühe für beide anzustehen. Und dann die enttäuschte Wanda!

Andere Gründe für die nervöse, zittrige blaue Schrift, die nicht mehr so rund ist und gelegentlich über den linken Rand hinausgeht? Die einzuhaltende Zeiteinteilung zwischen den Frauen? Castor, die es wenig schätzen würde, wenn er den Zug und ihre Verabredung am 15. Juli in Uzerche verpaßte? «Auf Wiedersehen, mein süßer kleiner Castor... Ich küsse Sie mit aller Kraft, mein reizender Castor, den ich von ganzem Herzen liebe.»[4] Oder ist es wegen Wanda, die weinen würde, wenn er gegen das ausschließlich ihr versprochene Programm verstieße, und die er dann lange trösten müßte? Oder beunruhigt ihn Dullins knappe telefonische Auskunft, die Verlegenheit, die er am Vortag aus seiner Stimme herausgehört zu haben meinte und die ihn nachhaltig verwirrt hatte? Beabsichtigte er tatsächlich, *Les mouches* nach den Ferien nur noch einmal wöchentlich spielen zu lassen? Das wäre lächerlich! In drei Tagen würde er mit Wanda in Férolles essen, man würde sich aussprechen, danach wüßte man Bescheid... Sicher trug auch das für den nächsten Tag vorgesehene Arbeitstreffen noch zu seiner Unruhe bei: Der zweite Arbeitstag mit den Leuten von Pathé würde entscheidend sein. Entweder würden sie das Drehbuch insgesamt nehmen, einschließlich der psychologischen Note, die er Giraudoux zu Gefallen eingearbeitet hatte, dann könnte der Vertrag unterschrieben werden, und Geld würde eintreffen: ein Scheck von 37500 Francs – das Zehnfache eines monatlichen Lehrergehalts –; oder sein Szenario würde abgelehnt werden, und was dann? Derart viele Pläne hingen vom Ausgang des morgigen Treffens ab. Glücklicherweise hatte er für Castor dank Delange gerade eine Einnahmequelle für das Jahr 1944 auftreiben können – ihre Situation wurde allmählich beunruhigend, da sie mit dem Unterricht am Gymnasium Camille-Sée aufgehört hatte –, sie sollte für 1500 bis 2000 Francs die Woche Radiosketches schreiben. Wenn alles gutginge, würden sie das Hotel wechseln und Wanda und Lise, Olga und Bost bei sich haben können...

Prosaisch, diese menschlichen Sorgen zum Zeitpunkt der großen Wende in seinem Schriftstellerdasein, wo ihn gerade so viele neue Angebote erreichen? Am nächsten Tag kann er beruhigt sein: Das Drehbuch ist angenommen, ein Vertrag über drei weitere abgeschlossen und der Scheck unterwegs. Schon am darauffolgenden Donnerstag sieht er um die gleiche Zeit Castor im *Hôtel Chavanes* in Uzerches an der Vézère wieder, und bringt ihr die von ihr bestellten Fahrradschläuche mit. Sie radeln auf herrlichen Serpentinen die Schluchten des Tarn entlang. Sie schlafen in Scheunen auf dem Heu. Sie genießen den relativen Überfluß der Südzone. Bauern schenken ihnen Eier, Milch, Apfelkuchen. Sie erleben Regen, Winde und andere Widrigkeiten. Etwa als plötzlich ein Sturm die beiden gegen die Mauer gelehnten Räder umwirft und ein Sturzbach Sartres Romanmanuskript davonschwemmt. Der kleine Mann, der durch die feuchten Brillengläser nichts mehr sah, lachte unter seinem gelben Regenumhang, sammelte die einzelnen Blätter wieder ein, trocknete sie und rekonstruierte die verwischten Zeilen.[5] Später das milde Licht der Loire, der herzliche Empfang und der Komfort in La Pouèze bei Madame Morel. Augenblicke kollektiver Euphorie, als im Radio die Nachrichten über den Sturz des Duce und den Rückzug der Truppen an der Ostfront bestätigt werden. Mitten im August wird Sartre den Zug für eine kurze Hin- und Rückfahrt nach Paris nehmen: ein Treffen des CNE, das er nicht versäumen durfte.

Das Nationale Schriftstellerkomitee CNE hat sich erst Anfang 1943 nach dem kommunistischen Taktikwechsel mit ihm in Verbindung gesetzt. Vorher war er das schwarze Schaf gewesen, das zwielichtige, bürgerliche, negative Individuum, das Jacques Decour auf keinen Fall haben wollte, wie er dem machtlosen Paulhan wiederholt nachdrücklich sagte. Dann hatte sich der Wind gedreht; Decour war wie viele andere gefallen und zu einem der KPF-Helden geworden, und seit Stalingrad verzichteten die Kommunisten allmählich auf ihr Sektierertum der ersten Zeit und kehrten wieder zur Taktik der großen Öffnung zurück: die berühmte Pendelbewegung. Sartre, für den man in der ersten Kriegsphase unzugänglich gewesen war, stieg jetzt, beim großen Umschwung der zweiten Phase, zum begehrten Beuteobjekt auf. Er war sich dessen bewußt. Auch hatte er beim ersten Treffen darauf bestanden, keine Unklarheiten offenzulassen, und Claude Morgan erklärt, daß gegen ihn in der Südzone erschienene Pamphlet sei regelrecht infam: «Also», hatte er trocken aufgelacht, «wenn ich es richtig begriffen habe, soll ich deswegen ein Helfershelfer des Nationalsozialismus sein, *weil* ich Heideggers Phänomenologie zitiere und weiterentwickle. Es heißt, ein gewisser Marcenac habe diese Idiotie verfaßt...» Verlegen hatte Claude Morgan zugesagt, in Zukunft die Genossen in der Südzone vor solchen bedauernswerten «Irrtümern» zu warnen.[6] Nach diesen Präliminarien hatte die Zusammenarbeit begonnen, Sartre war gern zur Kooperation bereit, schlug Artikel für die illegalen *Lettres françaises* vor, gab sich Mühe, in den Diskussionen die Gemeinsamkeiten herauszufinden, und ließ sich von Konflikten nicht beirren...

Die Versammlungen finden im Quartier Latin bei Edith Thomas in der Rue Pierre-Nicole Nummer 15 statt. Das anfängliche Grüppchen ist beträchtlich angewachsen: Im Februar 1943 wird man sich zu zweiundzwanzig Personen treffen, darunter so unterschiedliche Schriftsteller wie Gabriel Marcel, Éluard, Queneau, Guéhenno, der Jesuitenpater Maydieu, Leiris, Debû-Bridel und François Mauriac. Eine außergewöhnliche Konzentration von Schriftstellern. Die unterschwelligen Spannungen werden übergangen, die ideologischen Differenzen kommen nur *mezza voce* zur Sprache, und die Arbeit beginnt. Man stelle sich aber das Ausmaß an unterdrücktem Narzißmus, an verdrängten individuellen Eifersüchteleien, persönlichen Konflikten und dazu noch die notwendige Anonymität vor: Erst dann kann man den Wert dieser Zusammenkünfte in der Illegalität genau ermessen! Wie konnte Mauriac beispielsweise in der Rue Pierre-Nicole vergessen, daß er jetzt mit demjenigen zusammenarbeitete, der ihn vor dem Krieg so grausam verletzt, so tief getroffen hatte? Denn Mauriac hat sich von Sartres Pfeilen immer noch nicht erholt. Ob er jemals wieder Romane wird schreiben können, nachdem der junge Kritiker ihn als «einen ernsten und fleißigen Autor, der sein Ziel verfehlt hat» beleidigt hat? In diesen Zeiten mußte man lernen, solche Verletzungen des eigenen Stolzes zu verdrängen, zu verschweigen und zugunsten der gemeinsamen Arbeit an einem politischen Projekt zu vergessen. «Ist es vernünftig gewesen», fragt Jahre später Debû-Bridel, «derart zahlreiche Risiken einzugehen, derart zahlreiche Menschenleben zu gefährden, nur um einige Seiten anonymer Literatur veröffentlichen zu können? So viele unmittelbar nützlichere Aufgaben boten sich den Widerstandskämpfern an (Sabotage, Sammlung von Informationen). Einen Zug zu sprengen, das war eine Kriegshandlung, und als solche rechtfertigte sie die größten Opfer, aber ein Gedicht?»[7] Hier sei nur das Beispiel jenes Untergrundflugblatts mit patriotischen Gedichten erwähnt, das Fallschirmjäger über Feldern abwarfen und das man blutbefleckt und unentzifferbar am Körper eines getöteten Soldaten wiederfand... Auseinandersetzungen auf Auseinandersetzungen – sie werden unter diesen Umständen und bei dieser Zusammensetzung endlos gewesen sein. Praktische Probleme: Papier, Druck, Verteilung; taktische Probleme: Soll man in *Comoedia* veröffentlichen und das Blatt unterwandern oder es prinzipiell ablehnen, um nicht als Alibi zu dienen?[8] Nachrichten von Les Éditions de Minuit, Nachrichten aus der Südzone... Fühlt sich Sartre in diesem Milieu wohl, er, der immer Zugehörigkeiten gemieden hat, er, der über die brave alte Literaturorthodoxie der Zwischenkriegszeit hergezogen ist und den Geist von Barbusse und anderer Romain Rollands stets verabscheut hat?

Zweideutigkeiten und eine kuriose Mischung: Kann unter diesen geschichtlichen Bedingungen eine stärkere Homogenität erwartet werden? Die sechste Ausgabe der *Lettres* enthält ein buntes Mosaik: unter anderem das Gedicht «La chanson des francs-tireurs» (Das Lied der Partisanen) und zwei polemische Artikel, «L'écran français» (Der französische Film) und «La littérature, cette liberté» (Die Literatur, diese Freiheit). Wer konnte hinter den anonymen, schlicht nebeneinander gedruckten Texten die Namen Aragons und Sartres vermuten? Und wie soll heute diese stille Schriftstellergeste, dieses Geschenk eines nicht unterzeichneten, namenlosen Textes richtig bewertet werden? Im übrigen sind *Les Lettres* bis Oktober 1943 nichts als eine kleine quadratische Flugschrift aus schlechtem braunen Papier, das mit veralteten Schreibmaschinentypen getippt wird und ziemlich bescheiden aufgemacht ist; die Artikel werden nicht durch Leerraum voneinander getrennt, sondern mit geraden Strichen; die Großbuchstaben in den Überschriften sind mit der Hand geschrieben, damit sie sich vom Text abheben. Schon die Existenz der illegalen Zeitschrift ist eine Kampfhandlung: vier bescheidene Blatt Papier, die der Zensur und dem Schreibverbot, dem totalitären Maulkorb entgehen. Und auf diesen armseligen Papierblättern Worte – Waffen? – von den größten französischen Schriftstellern. Eigenartiger Kampf! Ungenauigkeiten, Unbeholfenheiten, Druckfehler, unregelmäßiges Erscheinen, Georges Adam ist es zu danken, daß die immer dicker werdende Zeitung monatlich gedruckt wird und mit zunächst vier, später acht Seiten erscheinen kann, bis sie eine Auflage von 12000 Exemplaren erreichte.

Einige werden lyrisch, andere patriotisch sein, wieder andere geben sich einem Gelegenheitspathos hin: Sartre, der Einzelgänger, wird den kühlen Haß wählen. «Er war schlaff und weich, ohne körperliche und moralische Spannkraft, ein ‹leerer Koffer›... Er amüsierte sich, nahm Rauschgift – aber alles in Maßen, aus Blutarmut.»[9] Auch Rebatet und *Je suis partout* durchbohrt er mit seinem Degen und lehnt sich gegen jene «Tenöre» auf, «denen das Talent abhanden gekommen ist, entweder weil sie das bißchen Kraft und das bißchen Charme, die sie einmal besaßen wie Montherlant oder Céline, verloren haben oder weil sie wie Thérive oder Brasillach sowieso nie etwas zu sagen hatten.» Erbarmungslos, hochmütig und verächtlich erledigt er den Gegner: «Isolierte, verachtete, terrorisierte Terroristen, den Deutschen ohne Hoffnung unterworfen», schreibt er, «sobald sich ihre eigene Stimme erhebt, zittert sie in der Stille, macht sie ihnen angst... Es ist offenkundig, daß sie nicht gerne schreiben, daß sie die Literatur sogar hassen, weil sie im Grunde selber wissen, daß sie kein Talent haben.»[10] Andere werden sich für die Poesie, das Emotionale, den Vaterlandskult entscheiden. Für seinen Teil wählt er, dem Feind den Garaus zu machen, zieht er es vor, an die Front zu gehen, statt im Hinterland Wache zu stehen. Er setzt sich seinen persönlichen Neigungen entsprechend ein, schreibt zum Beispiel über den Film und bleibt hundertprozentig glaubwürdig und authentisch.

Er ist mit ihnen *und* abseits von ihnen. Was wundert es dann, daß niemand seinen Platz, seine Absichten, seine Positionen richtig begreift? Daß noch nicht gesehen wird, wie er sich von einer Position des individuellen Rückzugs aus punktuell beteiligt, um sich dann erneut zurückzuziehen? Die Kommunisten werden über die Feder von Jean Kanapa seine Isoliertheit betonen. Unter dem Namen Labzac beschreibt der ehemalige Sartre-Schüler vom Lycée Pasteur einen Sartre, der in jenen Besatzungsjahren vor allem damit beschäftigt gewesen sei, die Kommunisten «in den Dreck zu ziehen». «(Sie) leiden an reinem Verfolgungswahn», läßt ihn Kanapa sagen, «überall sehen sie die Gestapo, überall Verräter. Und sehen Sie sich doch diese Schweine an, die ihre kleine Ermittlungsarbeit über uns machen! Wie gewöhnliche Bullen! Sie haben eine Bullenmentalität, das ist die Wahrheit!»[11] Vorwegnahme von Spannungen, die sich zuspitzen werden. Vercors hingegen bedauert, daß Sartres Verhalten nicht eindeutiger gewesen sei: Zum Beispiel hätte er gerne einen Text für Les Éditions de Minuit von ihm bekommen, wo ein Mauriac publizierte; zum Beispiel hätte er es lieber gesehen, wenn *Les mouches* ihre Aufführung nicht einer nachsichtigen deutschen Zensur zu verdanken gehabt hätten. Ebenso hätte er es vorgezogen, wenn Camus ihm und nicht Gallimard *L'étranger* zur illegalen Veröffentlichung überlassen hätte. Vorbehalte über Sartres Verhalten; allerdings ohne Verbissenheit, ohne tatsächliche Ranküne.[12]

Er ist da *und* außerhalb. In diesen Jahren entdeckt man einen undurchsichtigen Sartre, den seine Zeitgenossen nicht einordnen können, und manche unter ihnen, die ihm seinen Absentismus vorhalten, verdächtigen ihn. 1943 werden am Lycée Condorcet beispielsweise «linke» Lehrer wie der Anglist Crouzet und sogar der Proviseur versetzt. Sartre bleibt im Amt: Was hat das zu bedeuten? Man braucht nur den vorletzten Schulratsbericht über ihn zu lesen, um zu wissen, daß die Vichy-Regierung sein «Treiben» nicht mehr lange dulden will. Am 17. März 1942 schreibt der von Vichy ernannte Rektor der Pariser Akademie, Gilbert Gidel: «Monsieur Sartre, der seine beiden bei Gallimard erschienenen Werke, *Le mur* und *La nausée*, in der Liste seiner Arbeiten nicht erwähnt hat, scheint begriffen zu haben, daß diese Bücher, von welchem Talent sie auch immer zeugen, nicht zu denen gehören, von denen man wünscht, daß sie ein Lehrer, das heißt jemand, der Seelen lenken soll, geschrieben hat. Monsieur Sartre möge über einige sehr gesunde Zeilen von André Bellessort in *Le Collège et le Monde* nachdenken und daraus Nutzen für seine Laufbahn und seine Existenz ziehen.»[13] Merkwürdige Umkehrung: Sartres ehemaliger Lehrer Bellessort am Gymnasium Louis-le-Grand war einige Tage zuvor gestorben, und die Vichy-Regierung hatte ihm in Anwesenheit von Brasillach postum alle Ehren erwiesen.

Der geheime Sartre der Besatzungsjahre ist auch derjenige, der schon im Frühjahr 1943 die Verbindung zu Pierre Kaan wieder aufnimmt. Dieser ist inzwischen Sekretär des Comité National de la Résistance, CNR, geworden und arbeitet vor allem in der Südzone mit Jean Moulin zusammen. Im Mai 1943 wird er mit einer Mission in Paris beauftragt, die ihm sehr am Herzen liegt: die Schwerfälligkeit des CNR-Apparates, dessen Aktionen weder direkt noch wirksam genug sind, soll durch die Bildung von Aktionsgruppen zur Sabotage (AGATE) behoben werden. Anläßlich dieses Pariser Auftrags trifft Pierre Kaan auch einige Mitglieder des Vélite-Netzes, darunter Pierre Piganiol, Pierre Mercier und Raymond Crolant. Diese Naturwissenschaftler aus der École normale hatten über die Vermittlung von Roger Wybot frühzeitig Kontakt mit London aufgenommen und sich durch illegale Aktionen an der Seite von Cavaillès ausgezeichnet. Sartre trifft also Kaan mehrfach und teilt ihm sein Einverständnis und seinen Wunsch mit, an der Bildung dieser Sabotagegruppen mitzuwirken.[14] Die AGATE-Gruppen haben bald mehrere Untergruppen; die eine Gruppe hält Verbindung zu den Maquis-Kämpfern in der Corrèze und wird von einem der Mercier-Söhne geleitet; eine andere Gruppe mit Bertrand und Sartre hat Paris als Standort; eine dritte schließlich faßt unter der Leitung von Philippe Wacrenier und einem weiteren Mercier-Sohn die Studentenkorps «Liberté» zusammen. Drei Aufgaben stehen unmittelbar an: Bildung eines Ermittlungsnetzes, Aufbau von Sicherheitsgruppen für gefährdete Personen – wie Pierre Brossolette – und Planung von Sabotageaktionen.

Square Croulebarbe im 13. Pariser Arrondissement. Von seinem Kindheitsfreund Pierre Kaan informiert, trifft sich Pierre Piganiol mit Pierre Isler, einem Deutschlehrer, der zur Tarnung einen Kinderwagen schiebt. Man wartet auf einen Dritten, dem Isler Bescheid gesagt hat: Der kleine Mann mit seiner unvermeidlichen Pfeife trifft eiligen Schritts ein. Keine gegenseitigen Vorstellungen, gesprochen wird beim Gehen. «Wörter sind schön», sagt Sartre, «jetzt aber heißt es Handeln. Mir geht es auf keinen Fall darum, mich der London-Ideologie anzuschließen, doch manchmal ist es richtig, daß sich Schriftsteller der Stimme der Kanonen bedienen, denn in Perioden äußerster Krisen hat der Schriftsteller keine Stimme mehr. So, ich bestätige auch jetzt, was ich schon Dupin[15] gesagt habe», fährt er fort. «Ich habe zu Freunden Kontakt aufgenommen, die umfangreiche Waffendepots in den Steinbrüchen von Villejuif und Arcueil angelegt haben.» Projekte werden geschmiedet: es geht darum, deutsche Kähne, die Waffen transportieren, in die Luft zu sprengen, die Bomben sollen an der Schleuse in Vernon angebracht werden. «Wir haben Waffen», antwortet Sartre. «Wir haben Verstecke, und sobald wir über die Mittel dazu verfügen, können wir weitere terroristische Aktionen in Angriff nehmen, Waggons sprengen, ich habe zahlreiche Vorstellungen...» Er fügt hinzu: «Später werden wir Leute rekrutieren müssen, die Botschaften überbringen, die den Kontakt zu London halten... Was mich betrifft, stehe ich zur Verfügung, ich habe genug davon, mich als Schriftsteller geknebelt zu fühlen...» Für den nächsten Monat wird ein Termin in der *Coupole* ausgemacht. «Überflüssig, miteinander Versteck zu spielen», meint Isler zu Piganiol, «Sie haben ihn doch erkannt.» «Nein», sagt letzterer, «obwohl dieses Gesicht, dieses Schielen ungünstig für die Illegalität ist.» «Das ist Sartre», schließt Isler ab, «und unabhängig von seinem Talent und seinem Mut will ich Ihnen nicht verheimlichen, daß man es, laut Kaan, beim CNR nicht besonders schätzt, daß sein Theaterstück unter solchen Bedingungen aufgeführt worden ist: Er ist schwer kritisiert worden.»[16]

Was wäre aus Sartres Aktivitäten in der AGATE-Gruppe geworden? Es kam das katastrophale Ende mit einundvierzig jungen Erschossenen aus dem Freikorps «Liberté», anschließend die Verhaftung von Pierre Kaan im Dezember 1943 in Paris. Zwei Katastrophen, die dem bald folgenden totalen Zusammenbruch der Gruppe vorausgingen. «Ich bin ein Illegaler der Illegalität», hatte Pierre Kaan seiner Frau anvertraut. Er wird am 29. Dezember 1943 verhaftet, als er mit dem einen der Mercier-Söhne den Anschlag in Vernon vorbereitet. Er wurde deportiert und kam nie zurück. Auch Crolant starb

1945. Mit dem Scheitern von AGATE und dem Verlust von Pierre Kaan scheint Sartres Widerstandsbereitschaft 1943 abzubrechen. Führten die wenigen Zusammenkünfte nur zu Absichtserklärungen? Kündigten sie standfestere Projekte an? Die aktiven Spuren des illegalen Sartre verlieren sich gegen Ende 1943.

Einziges Zeichen seiner vorübergehenden Anwesenheit in diesen Kreisen: die Akte «Streng geheim», die im Mai 1944 Algier erreichte und unter den Papieren von Georges Oudard, dem Leiter der Widerstandsgruppe Cochet, wiedergefunden wurde. Der Text ist überschrieben «Die Résistance: Frankreich und die Welt von morgen, von einem Philosophen gesehen» und trägt die handschriftliche Anmerkung: «Jean-Paul Sartre, Normalien, Mitglied der Nationalen Front.» In der gleichen Akte findet sich der Text «eines Intellektuellen im Widerstand», der, ebenfalls handschriftlich, «Albert Camus, Philosophie-Agrégé...: (unleserlich) politisch, schreibt in der illegalen Presse»[17], zugeschrieben wird. Sartre erinnerte sich nicht daran, diesen Text geschrieben zu haben, erkannte aber die Urheberschaft für die dort vorkommenden Gedanken an. Jenen Text hatte das Comité général des experts (CGE) besorgt, das seit seiner Gründung durch Jean Moulin Informationen über die Intellektuellen der Résistance sammelte.[18] Ein von den Rückschlägen seit «Socialisme et Liberté» geprägter, sehr pessimistischer Text, dem man anmerkt, daß Sartre seit den aufeinanderfolgenden Verlusten von Cavaillès, Cuzin und Kaan kein jungfräuliches Individuum mehr ist, das sich blindlings in die konkrete Aktion stürzt: Er ist ein angeschlagener Mann. Hier spricht schon der Nachkriegs-Sartre. Die Stimme, die wir 1944 immer wieder hören werden, entsteht jetzt in den Monaten, die der Befreiung vorausgingen.

Eine luzide, aber enttäuschte, eine bittere, aber kräftige Stimme, die der Realität den Puls gefühlt hat und auch erstmals – jetzt wird der Schritt vollzogen –, «wir» sagt. «Wir», das ist die Gemeinschaft der französischen Widerstandskämpfer gegenüber denjenigen, die in Algier sitzen. Einige Monate später wird er es auch denen entgegensetzen, die in London sitzen. Erste Manifestation der politischen Absichten des Schriftstellers; begleitet von der Analyse und der Synthese eines Zeugen, der sprechen *will*. «Wir leben in der Angst», sagt die Stimme. «Tagtäglich verlieren wir ein weiteres Stück Hoffnung... Dieser Widerstand ist so gut wie wirkungslos... Die Franzosen *lesen* die Flugblätter nicht... Wozu die Ermordung eines Dorfmetzgers, der Kollaborateur ist, wenn Darnand am Leben bleibt und noch nie Zielscheibe eines Attentats gewesen ist? ...Wie viele Irrtümer: in der Haute-Savoie vergeht kein Tag, an dem nicht Unschuldige umgebracht werden... Der Kampf ähnelt meist einem kopflosen Treiben... Die Kräfte Frankreichs werden in diesem sinnlosen Kampf verzehrt... Die Ratschläge der BBC oder von Radio-Algier erscheinen uns frivol... Wir sehen machtlos der Ausdünnung der französischen Bevölkerung zu... Der französische Widerstand ist, insgesamt gesehen, rein negativ: wir wissen, gegen wen, nicht aber *wofür* wir kämpfen... Die Franzosen tappen im dunkeln... Daher diese verbitterte Resignation, die kennzeichnend für die aktuelle Phase des Widerstands ist: man kämpft, weil es getan werden muß, weil unsere Menschenwürde diesen Kampf verlangt...»[19]

Bestandsaufnahme, Bilanz, Entschlossenheit, sich die Situation ungeschminkt vor Augen zu führen und der Versuchung, sie zu beschönigen, nicht nachzugeben, die Stimme ist ernst, die Enttäuschung real. Allmählich verläßt er den Tunnel, und die globalen Beschreibungen treten zugunsten genauerer Kritiken, konkreterer Vorschläge zurück. Prinzipielle Weigerung, sich einzuordnen, ob bei den Kommunisten oder bei den Gaullisten, wie zur Zeit von «Socialisme et Liberté»; entschlossene Orientierung auf eine Politik des dritten Weges – beide Themen tauchen immer wieder auf. «Die Mehrzahl der Franzosen», fährt er unbeirrt fort, «ist weder kommunistisch noch kapitalistisch: sie ist ziellos... Zwischen dem nutzlosen Mut der Résistance und dem Schicksal, das man uns bereitet, gibt es keinen gemeinsamen Maßstab; auch wenn wir annehmen, Attentate und Sabotageakte würden uns dem Sieg näherbringen, wissen wir noch nicht, *wem* wir damit helfen. Nichts ist demoralisierender, als nicht einmal die unmittelbarsten Folgen unserer Handlungen abschätzen zu können... Der junge gaullistische Bürgersohn, der das Betreiben eines illegalen Senders sichert, beschleunigt unter Umständen den Sieg des Kommunismus. Der junge Kommunist, der gestern erschossen wurde, hat vielleicht durch seinen Tod zur Wiederherstellung der von ihm gehaßten kapitalistischen Demokratie beigetragen...» Ausgehend von seiner Ablehnung politischer Institutionen beendet er den Monolog mit einem unerwarteten Hoffnungszeichen: «Die Franzosen beginnen zu begreifen, daß man den Einzelnen durch die Veränderung des Kollektivs, in dem er lebt, verändert, und sie wollen, daß es nach den Maßstäben der Gerechtigkeit verändert wird... Staatssozialismus und individuelle Freiheit schließen sich gegenseitig aus, das steht fest. Es gibt allerdings andere Formen des Sozialismus, und ohnehin wäre ein Sozialismus, dessen höchstes Ziel nicht die Befreiung des Menschen und die Wiederherstellung der Menschenwürde wäre, lediglich eine bedeutungslose Technik. Es scheint, daß wir heute am Ende der Talsohle sind: jetzt ist Hoffen wieder erlaubt. Eine Exilregierung, die sich unserer Not bewußt wäre und sich die Verwirklichung der konkreten Freiheit durch die Kollektivierung der Produktionsmittel zum Ziel setzen würde, hätte die Mehrheit der Franzosen hinter sich. Sie würde der Résistance ein positives Ziel geben; mit einer solchen Botschaft versehen würde Frankreich zur Politik und Würde zurückfinden und sich einen neuen Platz in der Welt schaffen.»

Diese entschlossene, schwungvolle, feste und bruchlose Stimme – ist sie nicht die endgültige Stimme des vierzigjährigen Sartre? Nunmehr sagt Sartre «wir». Unerheblich, ob er selbst die eigenen politischen Aktivitäten gegenüber der Literatur als zweitrangig betrachtet; der Schritt ist vollzogen. Aktivismus, theoretische Debatten, Treffen, Einsichten aller Art, Beteiligung an Komitees, unterschiedliches Lavieren zwischen Kommunisten, Trotzkisten, Gaullisten: Woraus besteht eigentlich Sartres politisches Engagement als Mann des Widerstands? Aus allen diesen Versuchen, Erfahrungen und Irrtümern, aus den Diskussionen mit den Studenten, aus dem Entschluß, ausschließlich in illegalen Zeitschriften und solchen der nicht besetzten Zone zu veröffentlichen und seine Romane beiseite zu legen... Und vor allem aus einer Suche: der Suche nach einem Platz innerhalb des französischen politischen Lebens abseits von Organisationen, nach einer anderen Stimme, die sich unterscheidet von jener der Dichter und Patrioten; der Suche nach einem Ort, den ihm keine der bestehenden Strukturen geben kann und den er sich mit den zur Verfügung stehenden Mitteln selbst schaffen muß. Ein im übrigen plausibles Vorhaben, denn inzwischen ist er zu einem gleichberechtigten Bürger der Pariser Republik des Geistes aufgestiegen...

Ein Philosophielehrer rutscht allmählich in die entscheidenden Kreise des Kulturlebens hinein: Der Vertrag mit Pathé sichert nunmehr glänzende Einkünfte... Die Sartre-Familie profitiert von der Veränderung vom Herbst 1943. Zuerst wird umgezogen, die schmutzigen Tapeten von Montparnasse werden zurückgelassen, man richtet sich im *Hôtel La Louisiane* in der Rue de Seine ein, zwei Minuten von Saint-Germain-des-Prés entfernt. Auf einem Stockwerk Sartre und Beauvoir. Sie in einem großen Zimmer mit Sofa, massivem Holztisch, Blick auf die Dächer und einer Küche. Er in einem kleinen, kahlen Zimmer am anderen Ende des Korridors. Ein Stockwerk tiefer «die Kleinen», Nathalie Sorokine – eine ihrer früheren Schülerinnen –, die mit Bourla – einem seiner früheren Schüler – zusammenlebt. «Die Kleinen» hatten vorher schon im selben Hotel wie Castor in der Rue Dauphine gewohnt. Jetzt war Sartre reich, und jeder in der Rue de Seine konnte davon profitieren. Gemeinsame Mahlzeiten, zu denen manchmal Olga und Bost kommen, die in einem Hotel in der Rue Jules-Chaplain hinter der *Coupole* wohnen. Und noch eine weitere Freude des Gemeinschaftslebens, Mouloudji und seine Freundin Lola la Brune, die sich auch im *Louisiane* einquartiert haben, wo die junge Frau schnell beliebt wurde, da sie zu einer Zeit, als Seife rationiert war, die Hemden der Mieter wusch und bügelte![20]

«Es bedeutete eine große Veränderung meiner Existenz, daß unser Bekanntenkreis sich plötzlich erweiterte.» Als erste ahnt Simone de Beauvoir die Wende nach den letzten beiden strengen Jahren und dem einsamen, besessenen Schreiben. Inzwischen hätte sie sogar beinah einen Literaturpreis für ihren ersten Roman erhalten, und zusammen mit Sartre bildet sie jetzt das, was man ein Schriftstellerpaar nennen könnte. So begann gleich nach der Sommerpause 1943 eine neue Ära, die der Diners unter Schriftstellern; so wurde das ungewöhnliche Paar fester Bestandteil dieser Kreise: Castor – wie sie bald jeder nannte –, die schnell redete, alles methodisch löste, mit den Porzellanaugen und dem harmonischen Gesicht, um einen Kopf größer als der kleine, bissigere und jovialere Mann, ein unermüdlicher Stimmungsmacher. So wurden sie bei den Leiris' empfangen und mit den Queneaus bekannt. So luden sie ihrerseits nach den unsterblichen Gesetzen des Kodex mondäner Gegenseitigkeit ein. So lernten sie Camus kennen, seine lockere Art, zu sprechen, zu lachen, liebten seine Ungezwungenheit, bewunderten seine Talente als mediterraner Mann, wenn er Frauen ansprach oder sie um die Taille faßte und zum perfektesten Paso doble in den Arm nahm, den sie je gesehen hatten. Bei den Leiris am Quai des Grands Augustins entdeckten sie eine der schönsten Sammlungen moderner Kunst: Ernst, Miró, Picasso und Juan Gris, und hörten sich entzückt die Anekdoten dieser früheren Surrealisten an, sie, die beiden Agrégés, die mit solchen Menschen nie zu tun gehabt hatten. Ganz besonders gefiel ihnen Queneau, als ihn Sartre einmal gefragt hatte, was ihm vom Surrealismus übriggeblieben sei, und er zur Antwort gab: «Der Eindruck, jung gewesen zu sein.» Castor lernte, «zu empfangen», und machte sich die Päckchen von Madame Morel und die Tips von Zette Leiris zunutze: Der Wein «‹...glänzt nicht durch Qualität›, sagte Camus, ‹aber die Menge macht es›»[21]. Sie befreiten sich von den durch Sperrstunden, Rationierungen, tägliche Repression angestauten Spannungen in herrlichen Augenblicken gemeinsamen Lachens. Komplizenschaft, Wechselseitigkeit, gegenseitige Anerkennung hatten schon lange den Weg für diese Treffen geebnet. Camus kritisierte *La nausée* und *Le mur*, Sartre *L'étranger*, Leiris *Les mouches*, Sartre *L'âge d'homme* – notwendige und unvermeidliche Spiegelspiele, miteinander verstrickte literarische Schicksale. Ihre Freundschaft entwickelte sich blitzartig: regelmäßige Treffen, Sitzungen des CNE, diverse Cocktailempfänge, gemeinsames Ausgehen, hier fand eine Fusion statt, die historisch einmalig war. Als habe es sich um ein Manifest gehandelt, wird Beauvoir das später beschreiben: «Wir versprachen uns, für immer einen Bund zu schließen gegen die Systeme, die Ideen, die Menschen, die wir verurteilten. Die Stunde ihrer Niederlage würde kommen. Dann würde die Zukunft wieder offenstehen, und es wäre an uns, sie vielleicht politisch, bestimmt aber geistig zu formen. Wir wollten der Nachkriegszeit eine Ideologie liefern.»[22]

Beim Erscheinen von *L'invitée*, Simone de Beauvoirs erstem Roman, der die Geschichte eines Dreiecksverhältnisses schildert, bekamen Leser und Öffentlichkeit zweifellos den Eindruck, in ein intimes Geheimnis einzudringen. Das Paar Sartre und Castor führte plötzlich ein transparentes Privatleben. Mit dem Mittel der Fiktion werden hier Sartres Leidenschaft zu Olga – im Roman Pierre und Xavière – und die Versuche des Trios Beauvoir–Sartre–Olga – Françoise,

Pierre, Xavière – nacherzählt, Eifersucht, Besitzansprüche und ähnliches zu überwinden. Wie die Autorin selbst schreibt, rief der Roman «Neugier, Ungeduld, Sympathie» hervor, spielte unbestreitbar und stärker als jedes andere literarische Werk eine Werberolle, weil er sich offen für die Enthüllung, das Aufzeigen, gar die Zurschaustellung dessen entschied, was Paare üblicherweise verborgen halten, vor allem wenn es sich um nicht zeitgemäße alternative Experimente handelt, die außerhalb der bürgerlichen Ordnung stehen. Der Roman besiegelte darüber hinaus auch eine der wesentlichsten Komplizenschaften des Paares: die berufliche Komplizenschaft. War Castor nicht lange, endlos das Manuskript zunächst von *Melancholia*, dann von *La nausée* durchgegangen, hatte sie nicht die Thesen von *L'être et le néant* diskutiert, sie, die bevorzugte Gesprächspartnerin? Und als Sartre seine Freiheitstheorien beinahe stoisch verkündet hatte – «man kann immer frei sein» –, hatte sie dem lange entgegengehalten: «Und die Frauen eines Harems zum Beispiel, welche Freiheit besitzen sie?» «Nun», antwortete er, «eine von ihnen ist freier als die anderen, aber nichtsdestoweniger, das stimmt, ist der Handlungsspielraum minimal.»[23] In derselben gegenseitigen Ergänzung hatte Sartre bei der Geburt von *L'invitée* geholfen: herausragende Momente für die beiden Schriftsteller, die eine eigene Romantechnik suchten, er mit *Les chemins de la liberté*, sie mit *L'invitée* und danach *Le sang des autres*. Außerdem hatte Sartre Castors erstes Manuskript Paulhan überreicht; auch war er bei der Diskussion anwesend gewesen, bei der Paulhan erklärt hatte: «Man müßte das Ganze völlig neu überarbeiten» und dann angesichts der verzweifelten Miene der Autorin mit seiner sprichwörtlichen Wendigkeit schließlich meinte: «Dann ändern Sie nichts, es ist auch so gut...»

Der Philosophielehrer unterrichtete weiter am Lycée Condorcet. Er nahm seine drei halben Tage Unterricht pro Woche gewissenhaft wahr, diskutierte mit den Schülern, ermunterte und neckte sie. Beeindruckt waren sie wohl gewesen, die Hypokhâgne-Schüler, die sich bei Monsieur L... zu Tode langweilten, als sie erfahren hatten, daß der Autor von *Le mur* im Nachbarraum unterrichtete. Beim Schulleiter hatten sie um die Erlaubnis gebeten, den endlosen Erläuterungen von Monsieur L... zur *Kritik der reinen Vernunft* Stunden bei Sartre hinzufügen zu dürfen. *Le mur* hatten sie einander im Vorjahr unter der Hand weitergereicht, und nun verdoppelten die Balladurs, Neels und Richards aus reiner Lust ihr Philosophiequantum. Zwei Jahre lang suchten sie die Unterrichtsstunden des Lehrers und Freundes auf, der auf seinem Pult saß, mit Texten und Zitaten jonglierte und ohne die kleinste Notiz frei über Literatur, Film, Theater und Philosophie sprach. «Einfach überwältigend», begeistert sich heute noch der Architekt Balladur, der es, wenn er auf seine Karriere zu sprechen kommt, nie versäumt, sich als Schüler Sartres auszuweisen. «Eine klare Sprache», erzählt er weiter, «eine einmalige Art, zum unmittelbaren Wesen der Dinge vorzudringen, das seine außergewöhnliche Intelligenz sofort erfaßte.»[24] Bilder eines so wenig lehrerhaften, kleinen Lehrers, der unter der Last seiner enormen, zum Platzen gefüllten Ledertasche fast das Gleichgewicht verlor; der jede schriftliche Arbeit dazu nutzte, endlich seine geheimnisvolle Aktentasche zu öffnen, lose Papierblätter herauszog und zu schreiben, endlos zu schreiben begann; der seinen Unterricht ohne den obligaten Appell, ohne den Kodex hierarchischer Autorität wie eine Versammlung von Freunden mit den Händen in den Hosentaschen begann – «Habt Ihr den letzten Clouzot-Film gesehen?», «Balladur, bist du mit dem Lesen von Hemingway vorangekommen?» –, ehe er zur Analyse des Jenseits bei Heidegger und Hegel überging. «Ein Esel ist widerspenstig», erklärte Sartre. «Man bindet ihm eine Karotte unter die Nase, und er schreitet vorwärts, um sie essen zu können: das ist das Bild des Jenseits für Heidegger. Es gibt für uns immer ein ‹Mögliches›, das sich uns endlos anbietet. Hingegen essen wir bei Hegel jedesmal ein Stückchen der Karotte mit.»[25] Bruchlos geht er vom Alltag zur Philosophie über. Er teilt CNE-Flugblätter aus, erzählt ihnen von München, von der Pflicht jedes Bürgers, das historische Schicksal seines Landes mitzuverantworten, und beendet seine Stunde mit dem Thema Feigheit. Mittwoch mittags lädt er sie zum Bier in der Rue du Havre gegenüber der Gare Saint-Lazare ein. Mit einigen geht es dann weiter, er nimmt sie für den Nachmittag mit. So sah der achtzehnjährige Jean Balladur Giacometti in seinem Atelier, lernte im *Flore* Camus kennen, wohnte der Premiere von *Les mouches* bei, amüsierte sich bei einem Vortrag vor den Dominikanern in der Rue de Babylone, als der Autor von *L'être et le néant* von Gabriel Marcel und de Waelhens immer wieder gefragt wurde: «In welche Kategorie ordnen Sie die Rose ein, in das An-Sich oder in das Für-Sich?», woraufhin sich der verlegene Sartre in theoretische Darlegungen verstrickte.[26]

Lehrer und Schüler spielten sich die Bälle zu. Humorvoll nahm er die typischen Scherze hin. Beispielsweise als er in seiner «taupins»-Klasse – Vorbereitung auf die École polytechnique und die École centrale, bei der Philosophie kein Hauptfach ist – zufälligerweise für den 4. Dezember eine Arbeit vorgesehen hatte. Das Datum fiel mit einem Ritual der «taupins» zusammen, die an diesem Tag seit Generationen La Sainte Barbe feiern und grundsätzlich alles verkehrt machen. «Heilige Barbe, beten Sie für uns», erhält der Lehrer von der durchgedrehten Klasse zur Antwort, sobald er nur den Mund aufmacht. Nach drei Ermahnungen sammelt er die Arbeiten wieder ein und kürzt den Scherz ab. Die darauffolgende Woche berichtet er über die besagten Arbeiten, und die gespannten «taupins» sind nicht wenig überrascht, als sie nun selbst hereingelegt werden: Die Schüler, die ihre Arbeit spiralenförmig oder von rechts nach links geschrieben hatten, übertraf er an Witz, alles hatte er gewissenhaft korrigiert, selbst die Arbeit eines angeblichen Schülers, von dessen Nicht-Existenz er genau wußte – Beweis, daß der Star der Streiche von der Rue d'Ulm immer noch in ihm lebte.[27] Ein manchmal ironischer, manchmal barscher Lehrer, der seine Schüler gern provozierte und anrempelte. «Du bist faul, Balladur, du arbeitest nicht, du wirst einfach nie was erreichen!» Aber ins Zeugnis trug er «hervorragend» ein. Oder als er auf die Bewunderung des Schülers Richard für den Philosophen Alain einging: «Ich bin sicher, Richard, daß du Sockenhalter trägst und dich mit dem Säbel rasierst: das machen alle Greise!»[28] Beim Verlassen des Klassenraums gab es wahre Staus: Schülertrauben um ihn herum auf der ersten Stufe der Galerie. Anflüge von Neid bei den Schülern der Parallelklasse, ein Neid, den Balladurs begeisterte Berichte immer noch anstacheln, wenn er seine ganze Überzeugungskunst mit seinen großen, glänzenden orientalischen Augen aufbietet und endlos von seiner Leidenschaft zur Philosophie erzählt. In den Gängen munkelt man gar, Sartre habe seine Schüler zum «Schwänzen» am 11. November 1943 angestiftet, um gemeinsam mit den Studenten der Résistance den Jahrestag der Demonstration vom 11. November 1940 zu begehen...

Wie sollten sich Sartres Schüler – Jugendliche in Kriegszeiten – nicht über die Aufgeschlossenheit und Großzügigkeit dieses Lehrers wundern, dem man alles sagen und den man alles fragen kann? Eines Tages bittet ihn Balladur, einen Freund zu empfangen: der junge Misrahi, Sohn türkischer Juden, hat gerade *L'être et le néant* gelesen und möchte den Autor treffen. «Kommen Sie zwischen vier und fünf ins *Flore*», antwortet Sartre. Man spricht über Philosophie, über Privatangelegenheiten, gerade ist das Tragen des gelben Sterns angeordnet worden, und Sartre ist besorgt. «Besuchen Sie mich wieder, es gefällt mir, mit Ihnen zu reden.» Von einem Treffen zum andern erfährt Sartre allmählich, daß der junge Abiturient nicht weiter studieren wird, um seinen Gelegenheitsarbeiten nachgehen zu können, die ihm die Existenz ermöglichen: Träger, Laufbursche... «Sie müssen die Agrégation machen», verkündet Sartre überzeugt. Ein zunächst scheuer, später konkreter Vorschlag: er will Misrahi bis zur Agrégation einen monatlichen Wechsel zukommen lassen, er wird sein Wort halten.[29] Vielfache Begeisterung für die pädagogischen Fähigkeiten des Menschen Sartre, gemischte Komplimente bei den Autoritäten des Milieus, bei Schulräten und Schulleitern... «Brillante, lebhafte Intelligenz», notiert der Schuldirektor, «begleitet von einem ausgezeichneten Redetalent und einer Stimme, die Aufmerksamkeit erregt.» Der Schulrat André Bridoux, der die Klasse am 20. Januar 1943 aufsucht, lobt «die bemerkenswerte Kenntnis und Interpretation der Texte, die Klarheit der Ausdrucksweise, die Breite des Horizonts». Insbesondere fallen ihm «seine äußerst suggestiven Vergleiche (auf), beispielsweise wenn M. Sartre aufzeigt, daß das Fortschreiten zum Sein von Descartes zu Spinoza sich in der modernen Philosophie in dem von Husserl zu Heidegger wiederfindet».[30]

Doch weder seine pädagogischen Fähigkeiten noch seine Leidenschaft für die Schüler halten den Prozeß länger auf: Der Schriftsteller hat den Lehrer verdrängt, der bald aus dem Schuldienst ausscheidet. Schon warten auf ihn unterschiedlichste, mehr literarische als akademische Projekte: Film, Theater, Journalismus. «Der Schriftsteller, der Widerstand leistete», hatte seinen Weg gemacht und über den Lehrer der Besatzungsjahre gesiegt.

LEITFIGUR FÜR TAUSENDE VON JUGENDLICHEN

Drei Eier und ein Päckchen Nudeln»: Essensangaben sind mittlerweile Leitmotiv jeder Unterhaltung, jedes Briefwechsels im besetzten Frankreich, und auch Sartre entgeht dem nicht. So erfährt Mademoiselle de Beauvoir, daß er keine Brotmarken mehr besitzt und sich bei Wanda 700 Gramm Brot ausleihen mußte; daß er statt der erhofften Nudeln Kartoffeln erhalten hat oder auch daß er dank Jean Lescure soeben an ein Lebensmittel herangekommen ist, das unendlich kostbarer als jedes andere ist: fünfzig Gramm heller Tabak speziell für ihn von einem «Verehrer» aus der Schweiz, und das auch noch – Gipfel des Raffinements – über den Königsweg des Diplomatenkoffers. Je länger die deutsche Besatzung andauert, desto strenger werden die Entbehrungen, desto heftiger die daraus entstehenden Konflikte. «Ein ausufernder Schwarzhandel... unglaubliche Not... skandalöse Gewinne...», trug Charles de Gaulle für das Frühjahr 1944 in seinen *Mémoires de guerre* ein.

Zur gleichen Zeit beginnt ein gnadenloser Kampf zwischen Widerstandskämpfern und Milizangehörigen: Am 31. Januar 1944 hat die Vichy-Regierung die Miliz nämlich damit beauftragt, «die Herde gegnerischer Propaganda sowie die Anführer der feindlichen Kräfte auszumachen und regierungsfeindliche Umtriebe zu bestrafen». Dem Auftrag wird bisweilen mit maßlosem Eifer nachgegangen; die

Milizionäre gründen die «francs-gardes», regelrechte militärische Gruppen, die durch die wütenden Reden Darnands noch angestachelt werden, in denen er dem *ganzen* Widerstand den bewaffneten Kampf ansagt. Die direkt von den Deutschen ausgerüsteten faschistischen Gruppen eröffnen den Bürgerkrieg in allen französischen Regionen: rote Ostern im Jura, Massaker in Ascq, Exekution der dreiundzwanzig «ausländischen Terroristen», die in dem sogenannten Prozeß der «roten Plakatierung» verurteilt worden sind: Ihre Fahndungsfotos in der Pariser Metro rufen die zivile Bevölkerung zur Denunziation auf... Die kleine Gruppe im *Hôtel La Louisiane* wird das Gemetzel dieses Krieges bald am eigenen Leib erfahren. «Eines Nachts», erzählt Simone de Beauvoir, «glaubte ich, Himmel und Erde würden explodieren... ich zitterte..., als Sartre mich holte und auf die Dachterrasse des Hotels schleppte. Der Horizont stand in Flammen, und was für ein phantastischer Himmel!... Dieses tumultuöse Spektakel dauerte über zwei Stunden. Wir erfuhren am nächsten Tage, daß die Gare de la Chapelle in Trümmern lag. Bomben waren auch am Fuß von Sacré-Cœur gefallen.»[1]

Die größten französischen Städte werden bombardiert: Le Havre wird schwer getroffen und verliert unter anderem das *Hôtel Printania*. Geographische Bedrohung, physische Bedrohung: Die Schraube wird angezogen. Völlig verzweifelt erzählt Mouloudji eines Tages, Lola und Olga Barbezat seien anläßlich einer Razzia bei Freunden, die dem Widerstand angehören, verhaftet worden. Sartre interveniert bei einer Person, die sich angeblich bester Beziehungen zu Laval erfreut, und man wartet: Nach einer Internierung im Fresnes-Gefängnis tauchen beide einige Wochen später wieder auf.[2] Der Fehlalarm ging einem wirklichen Drama in der «Familie» nur kurz voraus. Man weiß von der Zuneigung der beiden Lehrer für die «Kleinen», Sorokine und Bourla, die im selben Hotel wohnen: «...sie sind nett», schreibt Sartre an Castor, die zum Wintersport gefahren ist. «Jeden Tag ist ein Gedeck für mich aufgelegt, eine Schüssel, eine Schale, ein Löffel und ein Messer, das ist rührend.»[3] Tägliche Diskussionen, gemeinsame Mahlzeiten, das Gemeinschaftsleben läuft auf vollen Touren. Und das kontrastreiche Paar Sorokine und Bourla ist darin restlos integriert: sie groß, blond und glatt, er dunkel, lockig, intensiv, stolz auf seine Abstammung als emigrierter spanischer Jude, zwei literarische und leidenschaftliche Zwanzigjährige. «Vor allem muß man Vertrauen zur Leere haben», erklärte er zu seinen Gedichten. Von der bevorstehenden Niederlage der Nazis war er überzeugt. «Und im Fall eines deutschen Sieges?» hatte ihn Sartre eines Tages gefragt. «Der deutsche Sieg ist in meinen Plänen nicht vorgesehen»[4], hatte er mit fester Stimme geantwortet. Am Tag, an dem man von Bourlas Verhaftung erfuhr, fühlte sich die ganze Sartre-Familie getroffen. Langes Warten, Intervention bei einem Deutschen, der ihn für mehrere Millionen retten will; das Geld wird beschafft, und Beauvoir begleitet Sorokine nach Drancy, wo sie von weitem jemanden hinter dem Stacheldraht grüßt, den sie für Bourla hält, weil sie ihn «dank dem deutschen Freund» noch am Leben glaubt... Allmählich begreifen sie, daß dieser Deutsche sie betrogen hat, daß Bourla unmittelbar nach seiner Verhaftung erschossen worden ist. «Bourla hatte in meiner nächsten Nähe gelebt», schreibt Simone de Beauvoir, «ich hatte ihn ins Herz geschlossen, und er war erst neunzehn gewesen. Sartre versuchte mich zu überzeugen, daß in gewissem Sinn jedes Leben vollendet sei, daß es nicht absurder sei, mit neunzehn zu sterben als mit achtzig.»[5]

Ungeachtet der Eskalation der physischen Brutalitäten und der Schocks, die ihm selbst widerfahren sind, setzt Sartre seinen Aufstieg in die hohen Sphären der Literatur fort und kombiniert die Gattungen, um sein ungewöhnlich starkes Schreibbedürfnis zu befriedigen: Film, Theater, Literaturkritik, Roman, politische Artikel... Gibt es Prioritäten in diesem Programm? Ich «habe... den Parain-Artikel beendet», schreibt er eines Tages, «und mich mit Wonne wieder an den Roman gemacht... es macht soviel mehr Spaß, als über die Sprache zu reden.»[6] Unaufhörliches Pendeln zwischen Momenten ungetrübter Lust – der Fiktion – und Momenten der Arbeit – der Kritik. Von Paulhan immer wieder gefordert, «Ich warte ungeduldig auf die Fortsetzung des Parain-Artikels»[7], setzt der Literaturkritiker seine Untersuchungen und vernichtenden Kritiken der modernen französischen Literatur fort. Ergötzt sich Paulhan an diesem von ihm perfekt beherrschten Doppelspiel, mit der einen Hand veröffentlichen, mit der anderen vernichten zu lassen? Jedenfalls ist Sartre für dieses

Spiel unvergleichlich geeignet, er, der nicht lange zögert, Beschimpfungen oder Pluspunkte auszuteilen, der schon jetzt die Schranken und Grenzen der Literatur von morgen absteckt, der die Spreu vom Weizen trennen will, der dahinsiechende Autoren erledigt und neue fördert, je nach den eigenen Haß- und Liebesobjekten: Auf Camus folgen Blanchot, Bataille, Parain und Ponge, die von ihm nacheinander minuziös untersucht, zerlegt und beurteilt werden. «... auf jeden Fall war es nicht allen Unzufriedenen gegeben, ihren Zorn auf die Sprache zu richten. Dazu mußte man ihr vorher schon einen einzigartigen Wert zuerkannt haben. Das war bei Ponge und bei Parain der Fall. Jene, die meinten, die Idee von den Wörtern lösen zu können, waren nicht weiter beunruhigt oder setzten ihre revolutionären Energien anderswo ein. Ponge und Parain jedoch hatten im voraus den Menschen durch das Sprechen definiert. Da das Sprechen nichts galt, waren sie verratzt. Man kann in diesem Fall buchstäblich sagen, daß sie hoffnungslos waren: ihre Lage ließ ihnen keinerlei Hoffnung. Man weiß, daß Parain von einem Schweigen bedrängt, das sich ihm ständig versagte, sich bis zum extremsten Terrorismus verstieg und zu einer nuancierten Rhetorik zurückkehrte. Der Weg Ponges ist windungsreicher.»[8]

Während er Stein auf Stein des Gebäudes schichtet, das aus ihm den französischen Literaturpapst machen wird, entdeckt Sartre die Wonnen eines turbulenten Gesellschaftslebens. Literarische Ereignisse, vielfältige Angebote, neue Bekanntschaften, zig Gelegenheiten folgen einander in schnellem Tempo. Als Jurymitglied neben Malraux, Éluard und Camus erreicht Sartre im Februar 1944 die Verleihung des Pléiade-Preises für den von ihm protegierten Mouloudji. Man speist zu Ehren des Preisträgers im Restaurant *Le Hoggar*. Im März 1944 literarische Treffen und Debatten bei Marcel Moré in Paris; ausgehend von den Thesen Batailles spricht Sartre mit Klossowski, Hypolite und dem Pater Daniélou über die Bedeutung der Sünde. Im April 1944 beantragt Sartre beim Erziehungsministerium «aus Gesundheitsgründen» seine erste Beurlaubung vom Dienst. Und schließlich ist es Jean Grenier, der sich im *Café Flore* zu Simone de Beauvoir hinüberbeugt und ihr die fatale Frage stellt: «Madame, sind Sie Existentialistin?»

Ein ganz bestimmter Abend machte für unsere beiden Schriftsteller und ihre Freunde Geschichte: Alles fing im Frühjahr 1944 mit dem von Picasso geschriebenen Stück *Le désir attrapé par la queue* an. Der Text, eine entfernte Parodie der Avantgardewerke aus den zwanziger Jahren, gefiel Leiris, der den Vorschlag einer öffentlichen Lesung machte, bei der Albert Camus Regie führen sollte. Eine glanzvolle Besetzung, ein außergewöhnlicher Text, ein einzigartiges Ereignis, alle Voraussetzungen für einen gelungenen Abend waren erfüllt. Und es wurde ein schöner Abend. Sartre spielte die Rolle des «runden Endes», Leiris den «Großen Fuß», Dora Marr die «fette Angst», Simone de Beauvoir die «Kusine»... Nach einigen Proben erschienen zahlreiche Gäste, darunter Theaterleute wie Jean-Louis Barrault, Maler wie Georges Braque, Schriftsteller wie Salacrou, Bataille, Limbour, Berühmtheiten wie der Arzt Jacques Lacan und Sylvia Bataille... Von der Atmosphäre angeregt und vom Alkohol beschwingt bleiben die Laienschauspieler nach dem Fortgang des Publikums noch eine Weile zusammen, sie singen, und bald ist Sperrstundenzeit. «Wollt ihr nicht die Nacht hier verbringen?» schlägt Leiris vor. Lieder, Musik, die Freunde nehmen die Nacht in Besitz, bewohnen sie. Eine jungfräuliche Nacht in einer toten Stadt ohne Geräusch, ohne Bewegung, ohne Licht. Ein Rausch, die einzig Wachen zu sein, zusammenzusein, zu singen, zu jauchzen, zu lachen, dem aufgezwungenen Schweigen und der Naziordnung zum Trotz. Nach Mouloudji setzt sich auch Sartre ans Klavier und spielt zwei seiner Lieblingsstücke: «Les papillons de nuit» und «J'ai vendu mon âme au diable»... Eine Festnacht bis morgens um fünf, die erste einer Serie von «fiestas», die unsere beiden Schriftsteller mit Picasso und Dora Marr liierte, sie Salacrou und seiner Frau näherbrachte und Bataille kennenlernen ließ... In diesem Surrealistenmilieu holten Sartre und Beauvoir eine ihnen unbekannte Jugend nach...[9] Sartre und Castor stiegen zu gleichberechtigten Mitspielern im Pariser Künstlerleben der Besatzungszeit auf. Witzige, anregende Mitwirkende, immer zu Festen bereit, phantasievolle und spontane Gastgeber. Sie empfingen in ihrem Hotelzimmer oder bei Freunden, zum Beispiel im Haus von Bost auf dem Lande oder in dem wunderschön eingerichteten von Camille, wo eines Abends die kollektive Phantasie explodierte: «Wir waren ein kompletter Jahrmarkt mit seinen Drehorgeln, Anreißern, Clowns, Werbeschauen», erzählt Beauvoir. «Dora Marr mimte einen Stierkampf, Sartre dirigierte in einem Schrank ein Orchester, Limbour zerlegte mit kannibalischem Schmatzen einen Schinken, Queneau und Bataille duellierten sich mit Flaschen, die sie wie Degen schwangen, Camus und Lemarchand spielten Militärmärsche auf Kochtöpfen. Wem Gesang gegeben war, der sang, aber auch alle, denen er nicht gegeben war. Pantomimen, Komödien, Diatriben, Parodien, Monologe, Geständnisse – die Improvisationen rissen nicht ab...»[10]

Nach all den Angriffen auf die individuelle Sphäre, den Essenrestriktionen, den Sperrstunden, die immer früher angesetzt wurden, den Alarmen, den Bomben, den ermordeten Freunden will man die Fesseln wenigstens zeitweise abstreifen: eine vielleicht illusorische Form kollektiver Befreiung und kurzlebigen Lustgewinns. Nächtliche Ausbrüche, zeitweilige Freizügigkeit, dann geht das Leben weiter... Theater, Film und Politik: Sartres Arbeitsplan ist jetzt stark ausgefüllt. Vielleicht auch zu sehr, vielleicht droht eine Überforderung: «Was meine Stimmung betrifft», schrieb er damals, «ich war ein bißchen gekränkt, weil meine Szenarios abgelehnt wurden, ich bin jetzt so an Lob gewöhnt, daß es mich verwirrt, wenn ich keines bekomme.»[11] In der Tat, gelobt wurde er nicht. «Weil mich die Mittelmäßigkeit der Drehbücher entmutigt hatte, die wir bei Pathé zugeschickt bekamen, bin ich zu Sartre gegangen»[12], erzählt Jean Delannoy. Enthusiasmus des Schriftstellers, dessen besondere Beziehung, ja komplizenhafte Bindung zum Film bekannt ist; man erinnere sich an seine Rede bei der Preisverleihung in Le Havre, an seine Leidenschaft für die Filmsprache, die er begeistert seinen Schülern mitteilt. «...ein geschickter Schnitt kann immer die verschiedensten Szenen nebeneinanderstellen, ineinander verzahnen: eben waren wir auf dem Feld, jetzt sind wir in der Stadt», erläuterte er ihnen, «wir glaubten dort zu bleiben, aber im nächsten Moment führt man uns aufs Feld zurück... erinnern Sie sich an *Napoléon* von Abel Gance...»[13] Eigentlich war damals eine günstige Zeit: Auf der Leinwand tauchten die Namen von Cocteau, Pagnol und Prévert auf: die erste glanzvolle Hochzeit von Literatur und Film. Für Sartre sollte es eine gescheiterte Ehe werden. Eine glücklose Ehe wie jene Leidenschafts-

und Liebesheiraten von zu gierigen, zu idealistischen, vielleicht sich zu ähnlichen jungen Leuten, die die Realität verfehlen, ohne den Grund dafür zu begreifen.

«Klägliche Mißerfolge», meinte er später selbst zu seinen meisten Filmarbeiten. Er wird der Welt des Films stets fremd bleiben. Er betrachtet sie fasziniert, wie ihn jede Avantgardetechnik fasziniert, doch einen Zugang findet er nicht, unbeholfen drängelt er hinter der Scheibe, ein unglücklicher Zuschauer... Diese Situation des Außenstehenden zeigt sich deutlich beim Lesen von «Un film pour l'après-guerre», einem Artikel, den er im April 1944 für die illegalen *Lettres françaises* schrieb. Ein didaktischer, schwerfälliger, hölzerner Artikel. «Wir werden einen besonderen Fall nehmen, der uns erlauben wird, Ihnen zu zeigen, wie gegenwärtig der Film den Weg, zu dem er ‹gezwungen› ist, nicht verlassen kann...»: Redeweise, Methode, Rhetorik eines Lehrers. Wo sind Glanz, Virtuosität und Eleganz des Kritikers geblieben? Und wen will er überzeugen, wenn er eine so furchtbar traditionelle Konzeption des Films darlegt, der, wie er behauptet, allein «über die Masse zu den Massen sprechen... (und den) außerordentlichen Platz einer *Massenkunst*» für sich beanspruchen kann? Sicher will er die Notwendigkeit von Engagement postulieren, die politische Mission des Films, aber warum so schwerfällig? Und warum greift er versteckt die zeitgenössischen Drehbuchautoren und die aktuellen Filmproduktionen an, «die einschläfernden Obszönitäten gewisser sogenannter ‹pariserischer› Komödien», die dem Publikum «wie ein abgenagter Knochen» hingeworfen werden? Preist er hier nicht die Modelle seiner Kindheit an, die er «die großen Pioniere des Films» nennt, «Griffith... Cecil B. De Mille... King Vidor... Eisenstein»? Hier, am Beispiel des Films, zeichnet sich eine erste Grenze für Sartres intellektuelle Gier und seinen mitunter – selten – verfehlten Größenwahn ab. Wenn er auch über ausreichendes intellektuelles Werkzeug zu verfügen meint, um über den Film sprechen zu können, wenn er auch gewiß genug Leidenschaft, Kultur und technische Fertigkeit besitzt, um in die Welt der Drehbuchautoren einzutreten, so behindert ihn doch ein wesentliches Handicap, das ihn linkisch macht. Worin sind ihm Cocteau, Pagnol, Prévert überlegen, Schriftsteller, die mühelos ins Filmmilieu aufgenommen worden waren? Müssen die Gründe in seiner akademischen Ausbildung, in seiner sehr theoretischen Spezialität, der Philosophie, in einer gewissen Unbeweglichkeit auf Terrains, die seinen eigenen zu fern sind, gesucht werden? Seine verschiedenen, unaufhörlichen Bemühungen, sich neue Ausdrucksformen anzueignen und zu erobern, Film, Journalismus, Theater, Politik, werden mehr oder weniger glücklich ausfallen, nach einer Gesetzmäßigkeit, die wir zu durchschauen versuchen werden. Die Philosophie als Ausgangspunkt und bleibendes Bezugssystem, von wo aus er unbekanntes Land erforscht, verleiht ihm in den Augen seiner Zeitgenossen zwar eine unbestreitbare Legitimität, aber ist sie wirklich allmächtig, ist sie überhaupt zur erfolgreichen Eroberung dieser neuen Gebiete geeignet? Wir werden noch mehrmals darauf zurückkommen. Zur Stunde gibt Sartre seine Meinung zum modernen Film kund: «...man hat ihn gefesselt, man hat diesen Riesen gezwungen, Miniaturen zu malen. Denn», so fügt er hinzu, «man hat Angst vor ihm.»

Er setzt seine Arbeit als Drehbuchautor fort. Nacheinander und wie aus ein und derselben Feder schreibt er *Les jeux sont faits*, *Typhus* und ein Drehbuch über die Résistance. Er verbindet die Themen von *Les mouches* und *Huis clos* – seinem nächsten, schon in Vorbereitung befindlichen Stück – und bezieht sich auf die unmittelbare Aktualität, nach wie vor verfolgen ihn kranke Städte, geschlossene Orte, das unerträgliche Unbehagen der Einwohner. Ottawee, eine Stadt des Malaiischen Archipels, wird von einer Epidemie dezimiert. «Es ist furchtbar, schreit Nellie, in dieser Stadt umherzuirren, in der der Typhus lauert, es riecht nach Tod an jeder Straßenecke... Ich habe kein Geld mehr, ich weiß noch nicht einmal, wo ich heute abend schlafen soll, und ich habe keine Unterkunft.»[14] Bei der technischen Zusammenarbeit für das Exposé wundert sich der Drehbuchautor Nino Frank: «Zum erstenmal traf ich auf einem Filmautor, der nach Aufnahmen, nicht nach Szenen dachte..., der extrem schnell dichte, präzise Dialoge schrieb; der erstaunlich instinktiv, also kinematographisch war.»[15] Dann kommt der Schnitt, den Jean Delannoy persönlich macht. Auslassungen, Streichungen, die beiden Freunde bewundern zwar das Talent des Produzenten, sind aber über die radikale Glättung enttäuscht. «Die Umstände verlieren an Härte, jede Zuspitzung wird entschärft, jede Spur Maßlosigkeit ausradiert. Der Produzent beruft sich auf seine Autorität, seine Kenntnis des Publikums, der Hollywood-Gesetze, der Zwänge des Films... Sartre gibt mir Zeichen, nicht weiter zu insistieren. Und dann, beim Rausgehen: ‹Ich habe dieses Drehbuch satt. Lassen wir die Sache laufen. Wichtig ist, daß gedreht wird›.»[16] Zehn Jahre später wird der Film *Les Orgueilleux* fertig sein. *Les jeux sont faits* wird 1947 aufgeführt.

Aus dem Drehbuch zur Résistance wurde nie ein Film, obwohl es Sartre sehr am Herzen lag: Relativ offen hatte er sich dazu in einem Artikel ausgelassen, in dem er die Themen darlegte, mit denen sich der Nachkriegsfilm unbedingt zu beschäftigen hätte: «Niemand wird an unsrer Stelle von den Deportationen, den Erschießungen, den Kämpfen der Soldaten ohne Uniform... sprechen können... Es wird nicht darum gehen, einen Propagandafilm zu drehen... Der Regisseur, der den Mut hätte, sich an einen solchen Film heranzumachen, müßte schon jetzt daran denken und schon jetzt Dokumente sammeln: er muß einfach versuchen, zu *bezeugen*. Aber dieses Zeugnis wird dem Film zugleich seine Weite und seine Macht zurückgeben, denn er wird ein großes Gesellschaftsfresko zu malen haben.»[17]

Mißerfolge hier, Erfolge dort, Enttäuschung beim Film, Erfolg am Theater: Das Rad dreht sich. Am 27. Mai 1944 findet im Théâtre du Vieux-Colombier auf halbem Weg zwischen Montparnasse und Saint-Germain-des-Prés die Premiere von *Huis clos* statt. Mit Tania Balachova, Michel Vitold und Gaby Sylvia, unter der Regie von Raymond Rouleau: ein Ereignis. Ein um so bemerkenswerteres, als alles aus einem Witz entstanden war: Wanda hatte sich wie ihre Schwester Olga gewünscht, in einem Sartre-Stück zu spielen. Ebenso Olga Barbezat, deren Mann eine Tournee in der Provinz organisierte. Zwei Frauenrollen also, denen Sartre eine männliche hinzufügte, welche er Camus anbot, der auch die Regie übernehmen sollte. Einziger Zwang, den sich Sartre auferlegt hatte: drei Rollen, drei Texte identischer Länge, damit keiner der drei Schauspieler begünstigt werde. Weihnachten 1943 hatten die Proben begonnen, mal im Hotelzimmer von Castor, mal bei Camus. Mit Höhen und Tiefen: kleiner Flirt zwischen Camus und Wanda. «Die russische Seele, die wir bis in die geheimsten Winkel erforscht haben, ist ihm noch wenig vertraut», wird Sartre an Castor schreiben. «Er ist leicht verknallt in Tania... Er spricht von Tanias ‹Genie› und ihrem ‹menschlichen

Wert›»[18], erzählt er und streitet jede Eifersucht ab. Und dann eine andere, ernsthaftere Episode: die Verhaftung von Olga Barbezat, einer der beiden Schauspielerinnen. Damit hörten die Proben endgültig auf, und Sartre befürchtete schon, sein Stück würde nie aufgeführt werden... Der Direktor des Vieux-Colombier, Anet Badel, interessierte sich dafür, die Proben wurden wieder aufgenommen, diesmal mit Berufsschauspielern und einem erprobten Regisseur.

«...ich habe mir gesagt», erzählt der Autor, «wie kann man drei Personen zusammenbringen, ohne daß man eine von ihnen hinausgehen läßt, und sie bis zum Schluß für alle Ewigkeit auf der Bühne behalten. Da kam mir die Idee, sie in die Hölle zu setzen und jede von ihnen zum Folterknecht der beiden anderen zu machen.»[19] Die Anekdote ist nett, doch über den einfachen «Trick» eines Dramatikers hinaus spielen diese geschlossenen Türen auf die Kriegsatmosphäre an, auf die Stacheldrahtumzäunung des Stalags und das, was manchmal «die Psychologie der Kriegsgefangenen» genannt wird. Vom Gefangenenlager aus, in das er eingesperrt war, hatte der Philosoph Jean Cazeneuve zu diesem Thema gerade ein Manuskript an die *Presses universitaires de France* geschickt, und Jacques Merleau-Ponty berichtete darüber im illegalen *Combat*: «Man kann das Kapitel ‹Begrenzter Horizont› mit der von Sartre in *Huis clos* dargestellten Hölle vergleichen, einem Gefängnis, in dem es nur Wände, nur Korridore und abermals Wände, aber kein Draußen gibt.»[20]

Tania Balachova, dunkles Kleid, scharfgeschnittenes Gesicht unter einem Seidenturban, spielt Inès. Kurzes Haar, weißes Korsagenkleid und schwarze Handschuhe: Gaby Sylvia spielt Estelle. Zwischen den beiden Frauen, diesen beiden Frauentypen in Stadtkleidung und mit dem Charme der Dreißigjährigen, spielt Michel Vitold den Garcin. In einem Salon im Second-Empire-Stil, der Hölle, stellen sich drei Individuen gegenseitig vor. «Lungenentzündung», «Gas», «Zwölf Kugeln». Wechselbad von Zuneigung und Haß vor einer hoffnungslosen Ewigkeit, der unwiderruflichen Anwesenheit der zwei anderen, dem unerträglichen Getto des Trios: «Die Hölle, das sind die anderen», wirft Garcin hin, und schnell wird die Formel das Publikum verführen. Peinliche Spannungen, wenn Inès etwa außer sich über das Paar Estelle/Garcin schreit: «Macht, was ihr wollt, ihr seid die Stärkeren. Aber denkt daran: ich bin auch da, und ich beobachte euch. Ich lasse euch nicht aus den Augen, Garcin; Sie müssen sie vor meinen Augen küssen. Wie ich euch alle beide hasse! Liebt euch! Liebt euch! Wir sind in der Hölle, und ich werde auch schon drankommen.» Garcin zu Estelle: «Gib mir deinen Mund!»

«Wir beurteilen uns mit den Mitteln, die die andern... uns zu unserer Beurteilung gegeben haben», erklärte Sartre später, als er auf die Mißdeutungen seines berühmten Satzes einging. «...Wenn meine Beziehungen schlecht sind, begebe ich mich in die totale Abhängigkeit vom andern. Und dann bin ich tatsächlich in der Hölle.»[21] Abgesehen vom Atmosphärischen, den dramatischen Formulierungen und Effekten weiht die Aufführung von *Huis clos* ein spezifisch Sartresches, für seine Talente charakteristisches Prinzip ein. *Huis clos* ist ein Jahr nach Erscheinen von *L'être et le néant* gewissermaßen dessen «Übersetzung» für die Öffentlichkeit. Dort lexikalische und theoretische Strenge, die Zitate für Akademiker. Hier die Vielfalt einer Theaterbühne. Dort der abstrakte Gedanke. Hier schillernde Illustrationen. «...mein dickes Buch», sagte er, «erzählte sich kleine Geschichten ohne Philosophie.»[22] Von den ersten Momenten seines Schriftstellerdaseins an wird das sein Markenzeichen sein: Simultandialog mit unterschiedlich zusammengesetztem Publikum, Verankerung im Theater wie in der Philosophie. Eine Ausnahmeerscheinung, die sich im Laufe der Zeit immer weiter verfeinern wird.

Die kollaborierende Presse schimpft über das Stück und seine «Amoralität».[23] R. Francis eröffnet die lange Liste von Beleidigungen, mit denen Sartre nach dem Krieg großzügig bedacht werden wird: «Man kennt Monsieur Sartre», schreibt Francis, «er ist ein seltsamer Philosophielehrer, der sich seit *Le mur* und *La nausée* anscheinend auf das Studium der Unterhosen seiner Schüler spezialisiert hat... Er verfügt über einen treuen kleinen Anhang von Claqueuren, und jedesmal, wenn er in einem Buch oder auf der Bühne eines Theaters das Bein hebt, kommt ein Trüppchen schmächtiger Jugendlicher und impotenter Greise zum Schnüffeln, bevor sie die Feder schwingen, um ihre Zufriedenheit zu Papier zu bringen.»[24] Umgekehrt begeistert sich Claude Jamet in *Germinal*: «Jean-Paul Sartre ist zweifellos seit Anouilh das größte Ereignis des jungen französischen Theaters.»[25]

Es ist soweit: Jetzt hat er alle Trümpfe in der Hand, um ein «Star» zu werden. Von Frühjahr 1944 an hat er seine Anhänger und seine Verleumder, seine begeisterten Komplizen und seine haßerfüllten Feinde. Viel mehr ist nicht nötig, damit Sartre für die Literaturkritik eine Berühmtheit wird. Im französischen Schriftstellermilieu löst er übrigens genau die gleichen Reaktionsweisen aus: Gabriel Marcel beispielsweise erkennt den «außergewöhnlichen Erfolg» des Stücks an und bedauert sein «luziferisches Prinzip», das «zur Gesundung unseres Landes überhaupt nichts beiträgt».[26] Kontroversen – liegt der Erfolg vielleicht auch ein wenig an den Kühnheiten des Autors, an den Unschicklichkeiten dieses Trios, das sich zerfleischt, während jetzt die große Stunde der Idealisten ist?

«Hast du Sartre gelesen?» erkundigt sich Paulhan bei Jouhandeau. «Das ist wie ein auf den Kopf gestellter Giraudoux.»[27] Guéhenno hingegen vertraut nach der *Huis clos*-Aufführung seinem *Journal des années noires* an, daß ihn alles an diesem Stück anekle: von den «Scheußlichkeiten» über die «infernalischen Bilder» bis zu den «provokatorischen und pseudozynischen Faseleien von Verantwortungslosen»[28]. «Wer wird uns aus diesem Sumpf befreien?» seufzt er schließlich. Paulhans Brief, Guéhennos Tagebuch: ein ganzes Programm. Vom ersten bagatellisiert, vom zweiten absolut mißverstanden, scheint Sartre für beide bereits einer anderen Welt anzugehören. Wenn diese beiden Vorkriegsliteraten den «Gegenstand Sartre» mißtrauisch beäugen, unter die Lupe nehmen und doch nicht exakt einordnen können, wenn beide sich perplex fragen, um welches neue, unbekannte Produkt es sich eigentlich handle, bedeutet es vermutlich, daß Sartre seit *Huis clos* nicht mehr in die bekannten Kategorien hineinpaßt. Er ist nicht einzuordnen, er steht außerhalb von allem, was es schon gibt. Selbstverständlich, Talent wird ihm schon zugesprochen. Dennoch werden zur Beschreibung seiner Thematik und seiner Qualitäten Vergleiche, Gemeinsamkeiten mit anderen bemüht. Drückt Paulhans Äußerung, Sartre sei «gewissermaßen ein auf den Kopf gestellter Giraudoux», denn etwas anderes aus als die unausgesprochene Meinung, eine Grenze der französischen Literatur der Gegenwart sei nun überschritten? Wird hier nicht eine neue Topographie der französischen Nachkriegsliteratur vorweggenommen? Guillaume Hanoteau freut sich vor allem über die ungewöhnliche Publizität, die *Huis clos* und seiner Premiere zugefallen ist: «*Huis clos* war zweifellos das Kulturereignis, das das Goldene Zeitalter von Saint-Germain-des-Prés einleitete»[29], behauptet er.

Die einen sind entrüstet, die anderen fasziniert, mal ist er ein begabter Dramatiker, mal ein nationaler Miesmacher Nummer eins. Jedenfalls verläßt Sartre mit *Huis clos* den Elfenbeinturm der Pariser Literaturkreise und wird ein weitbekannter Schriftsteller. Dessen Widerhall sich in Briefwechseln, Tagebüchern, Pressekritiken und Salondebatten findet. Es ist darum nicht weiter überraschend, daß man ihn am 10. Juni 1944 – eine Woche nach der Uraufführung von *Huis clos* – in der Rolle eines Vortragsredners wiedertrifft, der auf Einladung von Jean Vilar zum «Dramenstil» spricht. Die Versammlung findet vor einem zahlreichen und ausgesuchten Publikum in einer Salonsuite an den Seinequais statt. «Zunächst ist ein Wort eine Handlung»[30], sagt er und lobt zwischendurch die Stücke seiner Kollegen Camus und Salacrou, die beide anwesend sind. Sichtlich genießt er die Herzlichkeit der anschließenden Diskussion, an der sich unter anderen Jean Vilar, Jean-Louis Barrault, Jean Cocteau und Albert Camus beteiligen... Unvermeidliche Wende: Die Schüler am Lycée Condorcet wunderten sich, als sie in den letzten Junitagen einen fröhlichen Lehrer mit den Händen in den Taschen den Raum betreten sahen. Keine vollgestopfte Aktentasche mehr. Die Seiten, die er geschrieben hatte? Veröffentlicht. Die Hefte, die er gestapelt hatte? Fertiggeschrieben. Und dann noch, alles andere übertreffend, jenes subversive Talent in allen Rollen, die er eine nach der anderen gerade besetzt hatte. Die des Lehrers, der nie eine Arbeit korrigiert, des Dramatikers, der seine Kollegen schockiert, des Drehbuchautors, der Schiffbruch erleidet, des Philosophen, der in den akademischen Kreisen Zündstoff legt, oder des politisch Engagierten, der gegen Organisationen allergisch ist. In den letzten Junitagen 1944 beschließt der Schriftsteller Jean-Paul Sartre, seine Lehrerkarriere zu beenden.

Inzwischen waren die Alliierten in der Normandie gelandet, und die ersten Vorzeichen einer jetzt nicht mehr illusorischen Befreiung erreichten Paris. Am Morgen nach einer Fiesta bei Camille, am 7. Juni 1944, bemerken Sartre und Castor beim Verlassen der ersten Metro etwas Ungewöhnliches: An der Gare Montparnasse sind alle Züge in

Richtung Westen storniert. Anschließend erfahren sie die Nachricht aus dem Radio. «Die Tage, die nun kamen», berichtet Simone de Beauvoir, «waren ein einziges Fest. Die Leute lachten einander zu, die Sonne strahlte – und wie fröhlich waren die Straßen!... Mit Sartre, mit unseren Freunden trank ich auf der Terrasse des ‹Flore› falschen ‹Turin-Gin› und auf der Terrasse von ‹Rhumerie Martiniquaise› falschen Punsch. Wir bauten an der Zukunft und freuten uns.»[31] Doch die Monate Juni und Juli 1944 werden eine lange Liste an Brutalitäten und Toten aufweisen: Massaker der gesamten Dorfbevölkerung in Oradour-sur-Glane, Ermordung des früheren Erziehungsministers Jean Zay, Verhaftung von Georges Mandel... Letzte deutsche Aufmärsche in Paris: Das Bild einer der bekanntesten SS-Panzerdivisionen auf den Champs-Élysées, die an den stolzen Gesichtern des Generalfeldmarschalls von Rundstedt und des «Kommandanten von Groß-Paris», von Boineburg-Lengsfeld, vorbeizieht, wird man im Gedächtnis behalten. In den allerletzten Schlachten steigerte sich nochmals die Gewalt, alte Rechnungen wurden mit Blut beglichen. Das Résistance-Netz «Combat», dem Camus angehörte, wurde allmählich aufgelöst, vorbeugende Sicherheitsmaßnahmen mußten getroffen werden. Camus empfahl Sartre einen Adressenwechsel. Sie verbrachten also den letzten Kriegssommer zum Teil bei den Leiris', zum Teil in Neuilly-sous-Clermont. Simone de Beauvoir: «Am 11. August gaben Rundfunk und Presse bekannt, daß die Amerikaner sich Chartres näherten. Wir packten hastig und schwangen uns auf die Räder. Man hatte uns gesagt, die Hauptstraße sei nicht befahrbar... Wir fuhren auf einer Nebenstraße über Beaumont nach Chantilly. Trotz der Hitze traten wir fieberhaft in die Pedale; plötzlich jagte uns die Furcht, wir könnten von Paris abgeschnitten werden. Wir wollten die Tage der Befreiung nicht versäumen.»[32]

«Wie ein Fest fängt es an, und noch heute wahrt der Boulevard Saint-Germain, menschenleer und in Abständen vom Feuer der Maschinengewehre bestrichen, einen Hauch tragischer Feierlichkeit. Unwillkürlich denkt man an frühere Sonntage, jene Friedenssonntage, wo sich die Menge auf Jahrmärkten, bei Sportveranstaltungen drängte und sich plötzlich ein Unfall ereignet hatte. Dann bewegte ein Wirbel die hellen Kleider; die vor Angst erblaßten und gleichwohl noch unbestimmt fröhlichen Gesichter beugten sich im Sonnenschein über einen blutigen Leichnam. Ein Fest: drei rote Sonntage hintereinander...»

Wer dieser Reporter, dieser Zeuge der sich in den Tagen der Pariser Befreiung anbahnenden Gegenwart ist? Jean-Paul Sartre. Camus hat ihn angeworben, und jetzt leitet er auf der Titelseite von *Combat* eine Artikelserie ein: *Ein Spaziergänger im aufständischen Paris*. Hat er den Titel der Reportage selbst ausgesucht, oder ließ er sich ihn von der Redaktion aufzwingen? Denn der «Spaziergänger» war auch Mitwirkender. Die alten Rechnungen mit der Vergangenheit sind beglichen, und dank Camus stürzt er sich in die Welt hinein. «Im ruhigsten Stadtviertel hört man alle zwei oder drei Minuten das trockene Aufschlagen eines Kiesels gegen Stein: das ist eine Gewehrkugel. Oder aber plötzlich – man weiß nicht, woher – den Feuerstoß eines Maschinengewehrs. Diese Geräusche sind unerklärlich: Deutsche sind nicht in der Nähe, die *Forces françaises de l'intérieur* sind weit weg. Niemand sucht nach dem Schlüssel des Geheimnisses; die Leute blicken einander an, sie sagen mit ernstem Gesicht: ‹Es schießt...› Das ist alles.» Eine Periode von Euphorie und Sartres Begegnung mit der Geschichte. Seine Stadt heute? Eine Theaterkulisse wie bei seiner Rückkehr aus dem Stalag. Aber eine lebendige Kulisse. «Auf dem Boulevard Saint-Germain, an der Ecke zur Rue de Seine, werden alle zwei Stunden Zivilisten getötet... Wer möchte schon allein in seinem Zimmer bleiben, wenn Paris um seine Freiheit kämpft? Im übrigen ist die Gefahr unvorhersehbar. Um drei Uhr nachmittags ist sie hier, um vier Uhr ist sie dort. Warum soll man versuchen, sie zu meiden? In dieser Schicksalhaftigkeit liegt, wie ich finde, eine gewisse Größe. Sie verleiht Paris diese außergewöhnliche Physiognomie...»

Andere, wie Claude Roy, werden hellauf begeistert sein und ihrer Freude lyrischen Ausdruck geben. «Die französische Fahne wird an der von den Verrätern der Intelligenz und von den nationalsozialistischen Intellektuellen befreiten Sorbonne gehißt. Ein Student küßt seine Freundin. Der schönste Tag unsres Lebens. Ein alter Professor hat seinen Kneifer aufgesetzt, damit er besser sieht. Die Menge singt die Marseillaise. Der schönste Tag unsres Lebens. Ein junges Mädchen wirft die Arme hoch, lacht, tanzt. Der schönste Tag unsres Lebens.»[33] Kriegsende und Wiedersehen mit dem Leben. In der ersten

Loge der Befreiung der Stadt – unser Schriftsteller. Die Feierlichkeiten, die Opferdienste dieser Tage entzücken seine Vorliebe für die individuelle Befreiungstat. Der Liebhaber griechischer Dramatik ist jetzt Mitwirkender der Geschichte und zugleich Rezitator, Sänger und Erzähler.

«Es gibt eine Geographie des Aufstands: in bestimmten Stadtvierteln tobt die Schlacht, ohne nachzulassen, seit vier Tagen; in anderen hält sich die Ruhe mit so etwas wie geradezu besorgniserregender Starre (am Montparnasse...). Aber die Karte des kämpfenden Paris zu zeichnen wäre schwierig... So etwas wie Trägheit lastet noch auf dieser Menge, sie wünscht, daß Paris ohne Blutvergießen geräumt wird, sie wartet auf die Alliierten wie auf ein Geschenk. Ein paar Leute dringen bis zum Boulevard Saint-Germain vor und kommen enttäuscht zurück: die Hakenkreuzfahne weht noch auf dem Senat: ‹sie› sind noch da... Nur ein älterer Mann, der nicht laufen kann, bleibt auf dem Boulevard zurück; die Deutschen zielen auf ihn. Er stürzt auf die Tür eines nahe gelegenen Hauses zu, klopft aus Leibeskräften, man braucht ihm nur aufzumachen. Die Tür bleibt geschlossen, die Deutschen schießen, und der Mann fällt... Dieses Ereignis hat genügt, die Leute zu verwandeln. Ihre gemütlichen kleinen Träume von friedlicher Räumung sind gestorben... schon sind sie nicht mehr nur Zivilisten. Sie haben Partei ergriffen... Mitten im Sonnenschein ist der Krieg da.»[34] «Am Mittwoch wurden stündlich die Amerikaner in Versailles angekündigt; und jedesmal verscheuchte ein Dementi unsere Freude; jemand hatte in Versailles angerufen, sie waren nicht da. Plötzlich, am Mittwoch, verkündete der englische Rundfunk, Paris sei befreit. Ein Freund und ich hörten uns das bäuchlings an, weil um das Haus gerade eine kräftige Gewehrschießerei eingesetzt hatte, und wir konnten nicht umhin, diese den Parisern gemachte Ankündigung ziemlich überraschend und etwas unpassend zu finden. Paris war befreit. Aber es war unmöglich, aus dem Haus zu gehen; Aber die Rue de Seine, wo ich wohnte, war völlig gesperrt...»[35] «Die Kanone ist verstummt; Paris ist eingeschlafen. Aber seit Beginn des neuen Tages sind die Straßen erneut voller Leute; man reißt sich um die Morgenzeitungen... In der Rue de Rennes klatscht eine Frau, die sich aus einem beflaggten Balkon lehnt, Beifall: auf dem Boden liegend, von der Trikolore verborgen, schießt ein Mann durch ihre Beine hindurch; eine andere hält in ihren Armen ein Kind und lächelt: das Kind ist eine Puppe, unter der ein Revolver versteckt ist. Der Haß, der an diesen Herzen nagt, breitet seinen Schatten über die festlich gestimmte Stadt.»[36]

Endlich die Befreiung selber. «Vor acht Tagen, auf die Stunde genau, brach der Aufstand aus; ich befand mich damals in derselben Rue de Rivoli; sie war menschenleer... Heute sind SIE da, SIE werden gleich vorüberziehen. Ich bin in einem Salon des *Hôtel du Louvre*. Mir gegenüber die dicke schwarze Masse des Finanzministeriums. Unter mir die Menge, die in der Sonne glänzt. Ich habe noch nie so viele Menschen auf einmal gesehen... Ich habe nie einen seltsameren und schöneren Vorbeimarsch gesehen. Er hatte nicht die strenge Gliederung und den Aufwand der großen Truppenschauen. Zuallererst erinnerten diese bunten Wagen, die mit sonderbaren Zeichen und Streifen weißer Farbe bedeckt waren, an einen etwas dürftigen Karneval, einen Kriegskarneval. Auf kleinen Lastwagen zogen Männer und Frauen langsam vorüber, wie auf den großen Wagen am Karnevalsdienstag... In diesem Augenblick knallten die ersten Schüsse, und dann noch mehr. In dieser gespannten, fast tragischen Atmosphäre, nach dem Hochhalten all dieser Waffen, nach diesen sechs Tagen des Ruhms und des Blutes schienen sie keineswegs unangebracht. Sollte ich zu sagen wagen, daß sie mir wie eine natürliche Folge der Feststimmung vorkamen?»[37]

Samstag, 26. August 1944: Ganz Paris ist auf der Straße. De Gaulle, Leclerc, Chaban-Delmas ziehen die Champs-Elysées entlang, gefolgt von der zweiten Panzerdivision; eine ganze Stadt jubelt, die jungen französischen Mädchen feiern die amerikanischen Soldaten... Vom Balkon im *Hôtel du Louvre* sieht Sartre den Chef der Provisorischen Regierung, Charles de Gaulle, der aufrecht in seinem Panzer steht. Zusammen mit Genet, den er vor kurzem kennengelernt hat, hört er am gleichen Abend bei einem Essen der Leiris lange Patrick Waldberg zu, der in amerikanischer Uniform vom Einmarsch in Dreux, in Versailles erzählt...

Abgesehen von der Niederschrift dieser Seiten legt er wahnsinnige Fußwege in Paris zurück: Verabredung mit Camus in der Zeitung, Mittagessen mit Salacrou auf der Avenue Foch, Treffen des Comité national du théatre in der Comédie française, wo er den Tag und die

Nacht über bleibt. Endlos läuft er durch die Stadt! Diese Tage werden zahlreiche weitere Artikel ergeben: *Die Republik des Schweigens*[38], *Paris unter der Besatzung*[39], *Was ist ein Kollaborateur?*[40], *Das Ende des Krieges*[41], *Die Befreiung von Paris: Eine Woche der Apokalypse*[42]. Sartre ist im rechten Moment aufgekreuzt, um schnell zum privilegierten Zeugen zu werden, der die Atmosphäre im besetzten Paris beschreibt. «Wird man mich verstehen, wenn ich zugleich sage, daß (das Grauen) unerträglich war und daß wir sehr gut damit zurechtkamen?... Alles, was London in Stolz erlebt hat, das hat Paris in Verzweiflung und Schmach erlebt... Niemals waren wir freier als unter der deutschen Besatzung... (Wir) bitten... Sie zu verstehen, daß die Besatzung oft schrecklicher war als der Krieg. Denn im Kriege kann jeder das tun, was er als Mensch zu tun hat, während wir in dieser zweideutigen Lage wirklich weder *handeln* noch auch nur *denken* konnten... Wenn der Krieg stirbt, läßt er den Menschen nackt, ohne Illusion, seinen eigenen Kräften ausgeliefert, weil er endlich begriffen hat, daß er nur noch auf sich selbst zählen kann.»

«In Paris hat sich das Alltagsleben nach wie vor nicht normalisiert», schreibt Janet Flanner Ende 1944; «es wird aber aufgeatmet, gehofft... Die Pariser Bevölkerung ist nach wie vor eine Masse ruheloser Menschen, unter dem winterlichen Dauerregen schleppt jeder die eigenen Erinnerungen mit sich.»[43] Langatmige CNE-Sitzungen, diverse Abrechnungen, heftige Debatten zur Frage der Säuberungen. Die aus ihrem jeweiligen Exil zurückgekehrten Schriftsteller bilanzieren die Situation. Mit stark divergierender Bewertung, wie sich beispielsweise am Fall Pucheu zeigt, jenem früheren École-normale-Studenten, der Pétains Innenminister wurde und insbesondere für die rückwirkende Gesetzgebung verantwortlich gewesen war. Camus mißbilligt ausdrücklich die Todesstrafe und will dazu einen Leitartikel in *Les Lettres françaises* veröffentlichen. Éluard und Morgan sind dagegen. «Wenn wir auch das Recht haben, denen zu verzeihen, die uns Leiden zugefügt haben», argumentieren sie, «so haben wir dennoch nicht das Recht, denen zu verzeihen, die Unschuldige ermordet haben.»[44] Dieselbe Debatte kommt bei Brasillach erneut auf.

Was für eine Szene! Jetzt sind es die Männer des französischen

Kulturlebens, die einander zerfleischen. «Die ersten Sitzungen zur Frage der Säuberung waren unbeschreiblich», erzählt Hanoteau. «Jeder hatte sein eigenes Haßobjekt, dem er persönlich etwas nachtrug. Mauriac wollte Edmond Jaloux an den Kragen; Aragon wünschte die Verurteilung und Erschießung von Armand Petitjean.»[45] Jean Lescure betont ebenfalls das öffentliche Auspacken, die unverhohlenen und von persönlicher Rankühne entfachten Konflikte. «Die Auseinandersetzungen zu Bretons Artikel in *Comoedia* zogen sich um so endloser hin, als keine klare Richtlinie vorlag.»[46] Ungeachtet aller Generationsunterschiede, aller politischen Zugehörigkeiten und aller literarischen Richtungen ähnelt die französische Literaturwelt mittlerweile einem großen Kampfring, wo kein Schlag ausgelassen wird: Die Karten werden neu gemischt, und die Einsätze liegen hoch. Hier zeichnen sich die zukünftigen Mehrheiten, die allgemeinen Konturen der Nachkriegszeit ab: Der Zyklon ist vorübergezogen und hat frühere Moden und Modelle zur Seite gefegt, weggeblasen, vernichtet. Mauriac, Malraux, Gide, Rolland, Martin du Gard: Vergangenheit. Aus den Säuberungsdebatten tritt eine neue Generation hervor.

«Der Großmeister der Säuberungen ist Aragon gewesen», erzählt Debû-Bridel. «Wie viele hätte er liebend gern weggesäubert, mit einer Ausnahme: die ehemaligen Kollaborateure, die sich der KPF angeschlossen hatten.»[47] Frankreichs Autoren spalten sich nach mitunter schwer durchschaubaren Kriterien in «Säuberer» und «Antisäuberer»: Paulhan und Mauriac befürworten eine sanfte Säuberung; Camus' Meinung variiert von Fall zu Fall; Vercors gehört zu den ganz Harten und schlägt sogar eine Säuberung unter den Verlegern vor; Sartre entscheidet sich für einen Mittelweg. Ein Säuberungskomitee wird gegründet, das Listen zusammenstellt; die zweite Liste wird über 700 Namen umfassen. Eines Tages erregen sich Vercors und Seghers: Die Verleger trügen *größere* Schuld als die Schriftsteller; will man reinen Tisch machen, müßte bei den Institutionen und nicht beim einzelnen begonnen werden. Paulhan jedoch verteidigt Gallimard. Aragon sucht Gaston auf, der ihm sagt: «Aber Louis, Sie wissen doch, daß ich nur ein einfacher Papierverkäufer bin...! Und daß ich außerdem nie aufgehört habe, Benda finanziell zu unterstützen!»[48] Gallimard macht Aragon einige Versprechungen, und Aragon zieht sich aus der Debatte zurück. Vercors und Seghers treten aus dem Säuberungskomitee aus: Sie sind in der Minderheit, die Verleger werden nicht gesäubert. Sartre scheint sich für sie nicht besonders engagiert zu haben: Er arbeitet an seiner Theorie des individuellen Engagements und der individuellen Verantwortung; und Gallimard hat ihm soeben die Finanzierung einer Zeitschrift zugesagt: *Les Temps Modernes*.

«Wir sollten der Nachkriegszeit eine Ideologie liefern. Wir hatten klare Vorstellungen... Camus, Merleau-Ponty, Sartre und ich wollten ein Gruppenmanifest verfassen. Sartre war entschlossen, eine Zeitschrift zu gründen, die wir alle zusammen leiten würden. Wir waren an das Ende der Nacht gelangt, der Tag dämmerte herauf. Seite an Seite wollten wir einen neuen Anlauf nehmen.»[49] Im Redaktionskomitee der Zeitschrift: Aron, Paulhan, Ollivier, Merleau-Ponty und natürlich Sartre und Beauvoir. Ende 1944 gründet Vercors bei Les Éditions de Minuit die Zeitschrift *Les Chroniques de Minuit*: Als Chefredakteur wünscht er sich Sartre, der auf der Grundlage einer gemeinsamen Plattform die Überbleibsel des Nationalsozialismus bekämpfen soll. «Schade», antwortet Sartre. «Ich habe gerade *Les Temps Modernes* gegründet.»[50] Weiterer Ausdruck des Zeitgeistes: Sartre und Camus lehnten eine Mitarbeit bei der Zeitschrift *Esprit* ab, die von Seuil herausgegeben wurde; sie wäre ihnen «zu christlich». Zur Illustration der Konflikte innerhalb des ersten Redaktionskomitees sei aus einem Brief Paulhans an Gide zitiert: «Sartre hat für *Les Temps Modernes* gerade ein Manifest verfaßt, bestehend aus einem solide wirkenden marxistischen und einem schimärenhaften metaphysischen Teil. Flaubert beging den Irrtum, die Unterdrückung der Commune nicht zu verurteilen, und Proust den, von heterosexueller Liebe zu sprechen. Meinetwegen, es lebe die sogenannte engagierte Literatur. Ihre Loslösung vom Marxismus gelingt Sartre nur in dem Maße, wie er sich auf eine menschliche Freiheit einläßt, die hundertmal dürftiger als die von Albertine ist. Ich habe zugesagt, dem Komitee dieser Zeitschrift beizutreten, die wohl langweilige und falsche Begründungen kaum vermeiden wird. Aber in der Literatur ist alles verwendbar.»[51]

Aufregungen, Tumulte, Abrechnungen. Im Herbst und Winter 1944 wird Sartre die Treffen «für die Zeitschrift» den CNE-Versammlungen vorziehen. «Das CNE?» schreibt Paulhan an Raymond

Guérin. «Was soll diese plötzliche Sucht nach Geselligkeit? Camus ist ausgetreten, Sartre erscheint nie. Ich selber arbeite nur noch halbherzig mit... In der Praxis hat sich herausgestellt, daß es für die kommunistische Politik nur ein billiges Mittel gewesen ist, sich der Namen von Mauriac, Duhamel usw. zu bedienen.» In einem weiteren Brief an Éluard: «Was habe ich denn in einem Komitee verloren, wo ich mit meiner Meinung alleine stehe?... Es geht darum, ob die Ehre eines Schriftstellers ihm erlaubt, ihm befiehlt, andere zu denunzieren. Ich persönlich glaube das nicht, das ist alles... Weder Richter noch Spitzel.»[52] Wie Paulhan hat auch Sartre diese Abrechnungsversammlungen bald satt, statt dessen zieht er es vor, nach vorne zu blicken...

Ohne sich deswegen organisierten Gruppen anzuschließen. Nimmt er etwa an der Veranstaltung von *Action* am 20. Dezember 1944 in der Mutualité teil? Begegnet er dort Pierre Hervé, Maurice Kriegel-Valrimont, Pascal Copeau, Jean-Daniel Jurgensen, die den Aufbau einer einzigen, vereinigten Organisation der Résistance anstreben? Nein. Sartre schwimmt nicht in denselben Gewässern. Schon beginnen für ihn wieder die Auseinandersetzungen mit den Kommunisten. Nach einigen Artikeln, die den «Existentialismus» angreifen, schreibt er in *Combat* eine *Klarstellung*: «Was werfen Sie uns vor? Erstens, daß wir uns von Heidegger inspirieren lassen, einem deutschen Philosophen und Nazi», heißt es dort insbesondere. «Zweitens, daß wir unter dem Namen Existentialismus einen Quietismus der Angst propagieren... (ich) werde... nur vom Existentialismus sprechen: Haben Sie ihn wenigstens Ihren Lesern erklärt? Dabei ist das ganz einfach... der Mensch muß sich sein eigenes Wesen schaffen; indem er sich in die Welt wirft, in ihr leidet, in ihr kämpft, definiert er sich allmählich... *Die Angst ist keineswegs ein Hindernis für das Handeln, sondern vielmehr dessen Voraussetzung*... Der Mensch kann nichts wollen, wenn er nicht zunächst begriffen hat, daß er auf nichts anderes als auf sich selber zählen kann, daß er allein ist, verlassen auf der Erde inmitten seiner unendlichen Verantwortlichkeiten, ohne Hilfe noch Beistand, ohne ein anderes Schicksal als das, das er sich auf dieser Erde schmieden wird.»[53]

Deutlicher kann eine Antwort auf die marxistische Ideologie kaum ausfallen: Die Lager sind abgesteckt. Was Sartre verteidigt? Das individuelle Leben als tägliches Erschaffen, das «Wir sind uns das eigene Kunstwerk», ein radikales Projekt, das das Individuum als reine Kreativität, als Herausspringen und Hervorbrechen begreift. Die Theorie von *La nausée* ist von den Erfahrungen des Krieges bereichert worden. Der einsame Weg der Vorkriegszeit ist mit der Geschichte zusammengestoßen. Der abseits stehende Mensch ist ins Zentrum gerückt.

Sartres Durchbruch im Zuge der Pariser Befreiung löst eine Bewegung aus. Und er, der Eindringling, der Outsider, der Abseitige wird gemeinsam mit Camus an ihrer Spitze stehen. Wo er sich befindet? Genau am entscheidenden strategischen Punkt. Ausgestattet mit den Fähigkeiten, die er durch den Journalismus und das Theater erworben hat. Ein gewisses Renommee genießt er schon, und soeben hat er von einem Paris, aus dem der literarische Zirkel desertiert ist, symbolisch Besitz ergriffen. Der historische Moment? Die Nachkriegszeit macht reinen Tisch; seine Vorstellungen von radikalem Pessimismus, Revolte, Verweigerung und absoluter Einsamkeit treffen sich endlich mit dem Zeitgeist. Und fallen nun auf fruchtbaren Boden. Nach dem Scheitern von *Socialisme et Liberté* hatte er sich doppelt angestrengt. Seine Bilanz? Zwei Romane, ein Philosophiewerk, zwei Theaterstücke, fünf Drehbücher, elf literarische Artikel, acht Reportagen, drei politische Artikel und ein Artikel zum Film, der Briefwechsel, die Notizen, die Tagebücher nicht mitgezählt... Welches Gebiet könnte sich ihm noch entziehen? Sein Größenwahn, der die politische Prüfung nicht bestand, hat sich in einem beispiellosen Schreibhunger niedergeschlagen. Wie bei jenen Pflanzen, die ungestüm wachsen und wuchern, sobald man sie stutzt.

Ferner genießt Sartre 1944 den Vorteil des gesellschaftlichen Gewichts und anerkannten Wertes der Philosophie. Er gehört zur Spitze der Pyramide: École normale, Agrégé, Erster bei der Agrégation; kurz, das Elitekonzentrat wird die intellektuelle Welt mit Siebenmeilenstiefeln betreten. Er, der buchstäblich bombardiert wurde, wird dank seiner übermenschlichen Willens- und Arbeitskraft, dank seinen Talenten alle Rekorde brechen. Ausgerüstet mit der Legitimität des Philosophen wird er alle Nachbarfelder annektieren: Film, Theater, Roman, Kritik, Journalismus, Politik. Er annektiert sie, indem er sie sich zunächst aneignet und dann wieder auseinandernimmt. Er schwingt das philosophische Werkzeug, als handle es sich um eine unbesiegbare, unwiderstehliche Waffe. Für traditionelle Bereiche wie die Literaturkritik und den Roman eine hervorragende, unübertreffliche Technik. Doch welche gelegentlichen Mißerfolge dafür im Film, im Journalismus oder auch in der professionellen Politik!

Momente äußerster Aufnahmefähigkeit in diesem vom Krieg erschöpften Land: Die Vorkriegsleute, Paulhan, Guéhenno und die anderen verfolgen Sartre mit perplexem Blick. Delirierender Enthusiasmus hingegen bei der Nachkriegsgeneration. Sartre, das ist ihr Mann. Zufall, daß ihn Diskussionen und Abrechnungen im CNE langweilen? Nein. Er gehört der Zukunft, er ist woanders. Eine ganze Jugend bewegt sich auf ihn zu: Sie ist von seiner Radikalität, der permanenten Überschreitung von Konventionen, vom Caféleben, von der Transparenz, dem Außenseitertum, das den Bourgeois schockiert, einfach hingerissen. «Eine soziale Technik des Romans»: Der Vortrag, den er im Herbst 1944 in der Maison des Lettres in der Rue Saint-Jacques hält, zieht all diejenigen Studenten und Kritiker an, denen *Huis clos* gefallen hat. Eine Apologie der amerikanischen Romantechnik. «Es war das erste Mal», erinnert sich Michel Butor, «daß ich von Virginia Woolf, Dos Passos, Faulkner hörte... Es steht völlig außer Zweifel, daß ein großer Teil der Problematik meiner eigenen Romane auf Überlegungen nach diesem Vortrag zurückzuführen ist.»[54] Mit seinen Formulierungen sorgte der Redner, der, wie er betonte, auf keinen Fall «ewig die Liebe von Babylas und Ernestine nacherzählen will», für das Entstehen einer ganzen Nachkommenschaft.

Der junge Alexandre Astruc hatte dem gesamten Sartre-Werk bereits einen zwölfseitigen Artikel gewidmet, eine Art leidenschaftliches Glaubensbekenntnis: «In der französischen Literatur geschieht wenig, was uns begeistern könnte... Eine solche Ausnahme scheinen mir Sartres erste Bücher zu sein», verkündet er und schreibt weiter: «Das Neue seiner Revolte ist, daß sie radikal ist und auf das Faktum der Existenz selbst abzielt... Von Lucien Fleurier bis Orest ist hier eines der exaktesten Bilder des Menschen gezeichnet worden, die uns die Literatur je gegeben hat.»[55] Jean-Paul Sartre selber, der im Chaos eines geschwächten Landes Anhänger und Bewunderer mitreißt, weiß offenbar sehr gut, wohin er will: Im übrigen gelten jetzt seine Roman- und Theaterhelden als Vorbilder. Insofern ist die Prophezeiung, die Paulhan mit einem lachenden und einem weinenden Auge seinem Freund Jouhandeau anvertraut, kaum überraschend: «Sartre ist dabei», kündigt er Ende 1944 an, «zur Leitfigur für Tausende von Jugendlichen zu werden.»[56]

Die Kriegsluft hat den Wetterdienstsoldaten endgültig wachgerüttelt, der damals, auf den Abmarschbefehl wartend, während der ersten Monate der *drôle de guerre* auf den Knien schrieb. Anfang Dezember 1944 tritt Bost atemlos in den Hof des *Hôtel Jules Chaplain*, hinter dem *Dôme* in Montparnasse und ruft ihm zu: «Camus schlägt eine Amerikareise für *Combat* vor!» Sartre jubelt. Er wird nach New York reisen. Die Entdeckung Amerikas …

VON BUFFALO BILL ZU PRÄSIDENT ROOSEVELT. ERSTE AMERIKAREISE

Samstag, 11. Januar 1945. In der Militärmaschine DC 8, Flugnummer 137279, die soeben vom Pariser Flughafen nach Amerika gestartet ist, machen sich acht Journalisten miteinander bekannt. Acht französische Journalisten zwischen fünfundzwanzig und fünfundsechzig, die das amerikanische State Department zu einer offiziellen zweimonatigen Reise eingeladen hat. Acht Franzosen, Journalisten und aktive Zeugen der Résistance, die über die amerikanische Kriegsanstrengung in ihren jeweiligen Zeitungen berichten sollen.

Vergeblich hatte das französische Informationsministerium die Werbetrommel gerührt, einige Plätze blieben doch unbesetzt: In der französischen Presse hatte es um die Verteilung der Einladungen seltsamerweise kein Gerangel gegeben. Auf der Liste der Reisenden ist ein Name den Beamten des State Department auf Anhieb suspekt: Die Sonderkorrespondentin von *L'Humanité* und *Ce Soir*, Andrée Viollis, wird auf der anderen Seite des Atlantiks mit einer gewissen Zurückhaltung empfangen. Die Fünfundsechzigjährige hat bereits die ganze Welt durchquert und Reportagen über Indien, China und natürlich auch die UdSSR veröffentlicht. Sie gilt als gefährliche Kommunistin und wird die ganze Reise über auf Schritt und Tritt von FBI-Agenten beobachtet, die die geringsten Bewegungen auch aller übrigen Delegationsmitglieder bis ins kleinste festhalten. Die mit dem Stempel *Internal Security* versehenen Berichte senden sie telegrafisch an ihre Vorgesetzten, die sie wiederum in die Akte «Madame Andrée Viollis, alias Madame d'Ardene de Tizac, *et al...*» (*sic*) einsortieren. Als weniger suspekt gelten Denoyer von *France-Soir*, Pizella von *Libération*, Jean-Paul Sartre von *Combat* und *Le Figaro*. Hinzu kamen aus Lyon Robert Villers, aus Grenoble Jean Terquelin, aus Marseille Louis Lombard und aus Toulouse schließlich Étiennette Bénichon.

«Jean-Paul Sartre, Autor von *Le mur* und zahlreicher philosophischer Schriften, einer der schärfsten und originellsten Köpfe seiner Generation...» konnten die New Yorker ihrer Abendpresse entnehmen. Was niemand berichtete: Für den kleinen Mann in der DC 8 war es der erste Flug und zugleich die erste Reise außerhalb Europas. Während der endlosen Überquerung des Atlantiks: zwei Reisetage mit drei Zwischenlandungen und über vierundzwanzig Stunden Flug in einer nicht klimatisierten Maschine, zusammen mit diesen Journalisten, deren Sorgen, Pläne, Erfahrungen sich so stark von seinen unterscheiden, döst Sartre, träumt Sartre, denkt Sartre; seine Liebesgeschichte mit Amerika hatte zu Beginn des ersten Weltkriegs angefangen...

Damals zog der Neunjährige seine Mutter zu gierigen Einkäufen mit: Von einem Bouquinisten zum nächsten suchte er sich an den Seinequais die Alben zusammen, um die ihn der Krieg brachte; unbedingt mußte er sie finden, seine Lieblingshelden, Buffalo Bill, Sitting Bull, Nick Carter, Texas Jack. Und welches Erschauern bei dem ganz darauf versessenen Kind, wenn es auf einem Buchdeckel den größten Büffelschlächter aller Zeiten entdeckte, Buffalo Bill mit blondem Haar und Fransenjacke! Oft war die Beute reichhaltig, und bald bildeten die gleich zu Dutzenden erworbenen Alben einen Schatz von nahezu fünfhundert Bänden. Und in jedem Heft das sagenhafte Land: Amerika. Das Amerika der endlosen Prärien, wo Buffalo Bill in atemlosem Tempo mit seinem Lasso die Indianer, die Rothäute, verfolgt. Das Amerika der Wolkenkratzer in Manhattan, wo Nick Carter einen Gegner packt und ihn an der Ecke des Broadway und der 5th Avenue über dem Madison Square zappeln läßt. Das Amerika verwilderter und finsterer Orte, das der Fertigbaubaracken, wo man auf irgendeine Schlägerei zur Rechtfertigung der eigenen Existenz wartet. Unvergleichliches Dekor, einsame Helden, die die Entbehrungen im Krieg von 1914 noch kostbarer, noch mythischer machten:

Wenn es Nacht wird in den puritanischen und blutrünstigen Städten, tragen Mörder und Rächer, einer wie der andere frei und souverän, ihren Kampf mit dem Messer aus…[1]

Die Journalisten haben ihre Unterhaltung wieder aufgenommen… Angeödet von ihrem Jargon, der kaum sein eigener ist, nickt Sartre wieder ein. Wie weit weg von alldem ist sein Amerika. Und wie wenig macht er sich im Grunde aus der amerikanischen Kriegsanstrengung. Er träumt von *Manhattan Transfer* und vagabundiert mit Mac, dem halb schottischen, halb irischen Arbeiter zwischen Chicago, Illinois und Goldfield, Nevada herum. Szenen, Bilder aus der unnachahmlichen Saga von Dos Passos kommen ihm ins Gedächtnis, in welcher er sich selbst seit fünfzehn Jahren eine Rolle zum Mitspielen zugedacht hat.

«Die amerikanischen Tendenzen bei Dos Passos… Der amerikanische Mensch… Im amerikanischen Schmelztiegel aufgesogene Emigranten… Behaviorismus… Der Mensch von draußen gesehen… Journalismus… Bedeutung der Zeitungen… Der Reportageroman… Bis zum Überdruß genaue Beschreibungen des Gewöhnlichsten am Individuum… Absolute Objektivität… Nie ein Urteil… Eindruck von Massen, also von der Welt… Das Meisterwerk: die Kriegserklärung, von Eleanor aus gesehen… Die Welt wird nacheinander vom Standpunkt jedes einzelnen aus gesehen… In der Welt versunkenes Individuum… Spüren lassen, wie klein ein Mensch unter Menschen ist.»[2] Winter 1932, Le Havre, Salle de la Lyre: Dort hatte er zum erstenmal von seinem Enthusiasmus, seiner Leidenschaft erzählt, und seine Schüler waren losgestürzt, um sich die Bücher zu kaufen… Das war damals schwierig, als *The big money* in Frankreich noch gar nicht erschienen war, und Castor hatte ihm langsam und geduldig, mit ihrer feingliedrigen, nach rechts geneigten Schrift, ganze Seiten aus der Trilogie übersetzt… Dann hatten sie ihr Leben wie einen amerikanischen Roman gelebt und hatten sich als Bud oder Mac oder der Reporter von *The Chicago Tribune* ihren Tageslauf erzählt, wie Dos Passos es gemacht hätte. «Wie einfach ist diese Technik, und doch, wie wirksam! Es genügt, ein Leben im Ton des amerikanischen Journalismus zu erzählen, und schon kristallisiert es zum Gesellschaftlichen…» Begeistert hatte er später, 1938, einen Artikel für die *Nouvelle Revue française* verfaßt, den er so beendete: «Ich halte Dos Passos für den größten Schriftsteller unserer Zeit.»[3]

Allmählich, unvermeidlich wurde Amerika damals sein Eldorado, seine exotische Alternative zur erstickenden Enge der französischen Provinz. In den Hinterräumen des *Café Victor* in Rouen oder des *Guillaume Tell* in Le Havre spielten Sartre, Castor und ihre damaligen Freunde mit symbolischen Granaten und fiktiven Pistolen, die sie den amerikanischen Romanen, Krimis und Filmen entliehen hatten: Dynamitanschläge auf die verschlafenen Provinzhauptstädte. «Schließlich erklärten sie», gab er zur Beschreibung des eigenen Standpunkts aus, «wenn sie Dockarbeiter wären, würden sie bestimmt zur KP gehen, aber in ihrem Falle könne man von ihnen lediglich verlangen, stets für das Proletariat einzutreten.»[4]

Bald würde er in New York sein, bald würde er Manhattan sehen... Vorerst aber schaukelte die Maschine heftig, und die Journalisten lachten. Während der kleine Mann seine ersten Erfahrungen mit Luftlöchern machte, dachte er zunächst vage, dann immer präziser an die Figuren in *Sartoris*, an den alten Bayard, an den jungen Bayard, an den alten John, an den jungen John, an die Flugzeugunfälle im Krieg von 14–18, an den schwerfälligen, langsamen, tauben und starrsinnigen Großvater... Eine Szene vor allem verfolgte ihn: wie der alte Bayard einen Stuhl zur verrosteten Truhe schleppt, diese allmählich leerräumt, schließlich die voluminöse Bibel mit den Kupferverschlüssen findet und sie mit zusehends langsameren Bewegungen öffnet. «Der alte Bayard», schrieb Faulkner, «betrachtete lange den beeindruckenden Stammbaum, die Apotheose seines Namens, den die Jahre auslöschen würden. Die Sartoris hatten sich über die Zeit hinweggesetzt, die Zeit aber war nicht rachsüchtig.»[5] Reigen der Namen und Orte, Memphis, Quentin, Benjy, Simon, Haßliebe für den alten Süden, das Schweigen, die Symbole, die Langeweile dieses Landes mit seinen reichen Leuten, «die keine Arbeit und keine Muße haben, diese anständigen und ungebildeten Leute, die, auf ihrem eigenen Land gefangen, Herren und Sklaven ihrer Neger sind, sie langweilen sich und versuchen, die Zeit mit ihren Gesten auszufüllen»[6]. Wieder Luftlöcher, und Sartre erinnert sich, kurz vor dem Krieg in der *Nouvelle Revue française* geschrieben zu haben: «Faulkners Monologe erinnern an Flugreisen, bei denen man durch viele

Luftlöcher kommt; jedesmal ‹fällt› das Bewußtsein des Helden ‹in die Vergangenheit› und erhebt sich wieder, um aufs neue zu fallen.»[7] Eines wußte er schon jetzt: In diesem Land würde er die Schwarzen, die Proletarier, die *Underdogs* und jene klaffenden Widersprüche suchen, die es ihm noch vor seiner Ankunft zugleich abstoßend und ungewöhnlich begehrenswert erscheinen ließen... Auch würde er sich auf die Suche nach allen Vorboten der Zukunft machen, die das Land in seinen Klauen hielt: «Als wir zwanzig waren, um 1925», schrieb er später, «hörten wir von den Wolkenkratzern. Für uns waren sie das Symbol des märchenhaften amerikanischen Wohlstandes. Verblüfft entdeckten wir sie in den Filmen. Das war die Architektur der Zukunft, so wie der Film die Kunst der Zukunft und der Jazz die Musik der Zukunft war.»[8]

Sartre steht abseits von der Journalistengruppe; so bleibt es während der ganzen Reise, auch wenn er scheinbar das Spiel mitspielt. Treffendes Symbol für seine Haltung ihnen gegenüber ist das Gefühl der Belästigung durch ihre Unterhaltung auf dem Flug Paris–New York. Abseits steht er auch mit seiner Faszination, seinem maßlosen Entzücken beim Transfer nach New York in den großen Limousinen, die man ihnen geschickt hat. Das New York, das er zuerst entdeckt? Eine Nacht- und Schneestadt, eine Märchenstadt. «Das strahlte, und es war voll von Geschäften, die Strom hatten... geöffnete, erleuchtete Geschäfte, in denen gearbeitet wurde, um elf Uhr nachts Friseurgeschäfte... Man konnte sich um elf Uhr nachts frisieren, rasieren, die Haare waschen lassen...»

Erste Etappe der Abenteuer des kleinen Mannes in der Neuen Welt: «Central Park West at Fifty-Seventh Street, *The Plaza Hotel*», ruhmreicher Palast, Inbegriff von Luxus auf diesem Planeten. Geträumt hatte er von Mac und der Bowery, von Dos Passos und Faulkner, und nun trifft er auf Scott und Zelda, landet unversehens bei Fitzgerald, mitten in einer Szene von *Der große Gatsby*... Zerknittert, müde, hungrig, von fünf Kriegsjahren, Sperrstunden, Lebensmittelrationierung angegriffen und durch die zwei Reisetage, die fünfundzwanzig Stunden Flugzeit und die sechs Stunden Zeitverschiebung noch ganz benommen, die Füße in Behelfsschuhen mit Sohlen aus Karton, die den Schnee durchließen, fanden sich die acht offiziellen Gäste vor der Drehtür des *Plaza*-Hotels wieder. Wie im

Traum kreuzten, streiften, berührten sie die Smokings, die langen Kleider, die Diamanten, Pelze, Parfums mitten im Gelächter eines Balls... New York City, 12. Januar 1945, Mitternacht: zwei Gruppen – zwei Welten – prallen aufeinander. «Es war genauso, als wäre wieder Frieden», wird Sartre sagen. «Sie waren sich nicht bewußt, daß Krieg war.»[9] Seine erste amerikanische Nacht verbrachte Sartre mit dem jüngsten der Gruppe, Villers, in einem Zimmer; die ganze Reise werden sie «gepaart» bleiben, wie ihnen ein kanadischer Hotelportier eines Abends feierlich erklären sollte. Gemeinsam also bekommen Sartre und Villers am ersten Morgen ein prächtiges Frühstück auf dem Silbertablett serviert: Kuchen, Omelett, Kaffee in einer riesigen Silberkanne, Erdbeeren im Übermaß, Schlagsahne... Danach geht Sartre nach unten und beginnt, alleine und zu Fuß, die Entdeckung New Yorks.

«Am nächsten Tag stand ich völlig unvermittelt an der Ecke der 58. Straße und der Fifth Avenue. Lange wanderte ich in der eisigen Luft. Es war ein Sonntag im Januar 1945, ein öder Sonntag. Ich suchte New York und fand es nicht. Je weiter ich in einer Avenue voranging, die mir kalt, x-beliebig und unpersönlich vorkam, desto mehr schien es vor mir wie eine Gespensterstadt zurückzuweichen. Was ich suchte, war wohl eine europäische Stadt... Daher bemühte sich mein europäischer und kurzsichtiger Blick, der langsam umherschweifte und alles musterte, vergebens, in New York etwas Einprägsames zu entdecken, irgend etwas, ganz gleich was: eine Häuserreihe, die plötzlich die Straße versperrt, eine Straßenecke, irgendein altes, mit der Patina der Jahre überzogenes Haus. Vergebens: New York ist eine Stadt für Weitsichtige, man kann nur auf unendlich ‹einstellen›.»[10] Entgegen der erwarteten Liebe auf den ersten Blick tritt zunächst Verlegenheit, ein Unbehagen, eine Art New-York-Krankheit auf, so wie es See-, Luft- oder Bergkrankheiten gibt. Die Fülle der kulturellen Bezüge, der Wiederbegegnungen über den Kopf stört den sinnlichen Kontakt zwischen dem ohnmächtigen Fußgänger und seiner mythischen Stadt. Verwirrt, aber auch entzückt genießt er ein süßes Unbehagen, entdeckt der kleine Mann, die Nase nach oben gerichtet, die großen gelben Taxis, die man so bequem herbeirufen kann, die unglaubliche Rationalität der Topographie, die konstante Präsenz von Himmel und Raum. Bei dieser ersten ambivalenten

Tuchfühlung findet Sartre noch keinen tatsächlichen Zugang zur Stadt: Widerspenstig und verführerisch entzieht sie sich ihm, noch weigert sie sich, von ihm gezähmt zu werden.

Halb Clochards, halb Helden: Die höheren Beamten des Office of War Information, die ihre Ehrengäste empfangen, sind einigermaßen erstaunt, als sie die seltsame Gruppe in so kläglichem Zustand ankommen sehen. Die mit dem Empfang beauftragte OWI-Administration stürzt sich in Unkosten, um aus unseren acht Überlebenden normale Menschen zu machen. Schnell wird ein Trupp auf den Weg geschickt, um sie kostspielig einzukleiden. Im Verlauf eines längeren Spaziergangs auf der Fifth Avenue werden sie wie durch Zauber verwandelt, gekleidet, beschuht und verpflegt. Strahlend wird Sartre in gestreifter Hose und passender Jacke wieder aus dem Laden kommen und die alte Lederjacke, die er bei seiner Ankunft trug, irgendwo liegenlassen. Jene Jacke, die Cartier-Bresson mit dem Foto verewigt hat, das Sartre auf dem Pont des Arts zeigt, auf das Geländer gelehnt und Pfeife rauchend...

War ihnen schon damals bekannt, daß ihre Wohltäter der nach der Niederlage von Pearl Harbor von General Donovan gegründeten Organisation angehörten, die für die amerikanische Kriegspropaganda gegenüber Europa zuständig war? So strahlte The Voice of America auf den NBC-Wellen mehrere Sendereihen zur Information der Franzosen aus: «*The Voice of America is speaking to France...*» Seit Herbst 1942 las die schöne, etwas schrille Stimme des Dichters André Breton die von Pierre Lazareff redigierte «*Commentary Show*». In ihren New Yorker Büroräumen an der 57th West Street versammelte The Voice of America eine der schönsten Paletten französischer Literaten, Journalisten und Intellektueller im Exil. Unter den achtzig festen Mitarbeitern, die täglich dreiundzwanzig Sendungen produzierten, begegnete man Julien Green, Robert de Saint Jean, Michel Gordey, Édouard Roditi, Jacques Scherer, Henriette Nizan, Lewis Galantière, Denis de Rougemont... «Für spätere Zeiten mag es amüsant sein», schreibt Rougemont, «die Zusammensetzung unserer Mannschaft als literarische Gazette festzuhalten. Geleitet wird sie vom früheren Chefredakteur von *Paris-Soir*, assistiert vom früheren Sekretär der *Revue hebdomadaire*. Der ehemalige Sekretär der *Nouvelle Revue française* und der ehemalige Chefredakteur des *Matin* liefern die Textvorlagen. Die ehemaligen Herausgeber von *La Révolution surréaliste* und von *L'Esprit nouveau* verlesen sie am Mikrophon. Währenddessen sind im großen Saal ehemalige Mitarbeiter der *Nouvelles Littéraires*, des *Collège de Sociologie*, des *Esprit*, des *Figaro* usw. beschäftigt.»[11]

Für unsere acht Gäste folgt sehr bald das Ballett von Einladungen, Feierlichkeiten und Zusammenkünften. Zunächst die französische Kolonie in New York: Die von Focillon und später Maritain geleitete École libre des hautes études, die zum OWI Verbindung hielt, empfing das Nonplusultra der europäischen Intelligentsia: Koyré, Gurvitch, Adorno, Marcuse, Brecht, Thomas Mann... In anderen Kreisen traf man auf Etiemble, Chagall, Calder, Léger, Masson, Tanguy, Lévi-Strauss oder den gerade eingetroffenen Pierre Schaeffer. Das Exil, die Distanz und die amerikanische Gastfreundschaft hoben viele der üblichen Barrieren auf, und die dort geknüpften Bindungen hatten einen Hauch von exaltierter Freiheit. Die «Franzosen von New York» bereiteten den acht Reisenden einen großen Empfang, man stürzte sich auf sie, um mit ihnen zu reden, man behandelte sie wie Berühmtheiten, wie Helden. Über Rougemont erhielt Sartre eine Einladung bei Consuelo – der Witwe von Antoine de Saint-Exupéry – in ihrem prächtigern Penthouse über dem East River, das ursprünglich von Greta Garbo eingerichtet worden war. Dort machte er insbesondere die Bekanntschaft des englischen Dichters Auden. In anderen Kreisen schloß er sich Calder und Léger an, traf die Gerassis wieder, genoß es, Künstler anderer Branchen wie Tanguy und Masson kennenzulernen; er kam in den Vorzug privater Erstvorführungen, sah als einer der ersten *Citizen Kane* – ein ständiger Wirbel von Entdeckungen.

«Diese Typen, die gerade in New York gelandet waren», erzählt Henriette Nizan, «steckten uns mit ihrem Fieber an, wie Ausgehungerte nahmen sie Amerika und uns in Besitz. New York war für sie zunächst das reine Volksfest; sie zogen von einem Festessen zum nächsten, von einem Mädchen zum nächsten, von einer Flasche zur nächsten.»[12] Die acht seltsamen Vögel – die ersten Journalisten aus der Résistance, die sich in den USA aufhalten – haben den Eindruck, daß sich die Amerikaner mit ihrer stürmischen Gastfreundlichkeit ein bißchen revanchieren wollen. Acht französische Journalisten, die von den New Yorkern berauscht gefeiert und in den Himmel gehoben werden, ist das nicht so etwas wie eine Antwort auf den triumphalen Einzug der amerikanischen Soldaten und ihrer Panzer in das befreite Paris unter den Küssen, den Grüßen und dem Beifall der französischen Frauen? Acht französische Journalisten, herumtollend wie junge Hunde, erleben trunken die «Befreiung – Zweite Folge» und sind vom überwältigenden Empfang und Reichtum dieses Landes beschwipst. «Sie reisten alleine, ohne ihre Frauen, nach allen diesen Entbehrungen», erzählt Henriette Nizan weiter. «Gegenüber den ernsthaften Amerikanern wirkten sie leicht verrückt. Sie fühlten sich in einer Ausnahmesituation, wollten etwas Besonderes im Ausland erleben, das ließ sie wie Leute von einem anderen Planeten erscheinen, schwerelos, folgenlos...»

Am Montag, dem 20. Januar um fünf Uhr nachmittags geben sie in den Räumen des OWI ihre erste Pressekonferenz. Ihnen gegenüber: die renommiertesten Aushängeschilder der amerikanischen Presse; dichtgedrängt sitzen sie in dem zu kleinen Raum, um die «Stars» zu hören und zu befragen. Die zwei Damen, die extravagante schwarze Hüte tragen, sitzen schon am Tisch, als die sechs schlecht zueinander passenden Männer eintreffen – drei Große, zwei Mittlere, ein Kleiner –, von denen fünf eine seltsame Uniform vor den Augen tragen: runde Brillengläser in einem braunen Horngestell. Andrée Viollis beschreibt ihre Aktivitäten in der Illegalität: Schreiben und Verteilen von CNE-Artikeln und -Flugblättern in Paris, ehe sie, um den Nachstellungen der Gestapo zu entgehen, in die Drôme emigrierte. Bénichon erzählt von der Einheit der verschiedenen Strömungen des Widerstands und der «Bedeutungslosigkeit der ideologischen Differenzen» *(sic)*. Am stärksten beeindruckt Denoyer: Sein Ruf und seine Beziehungen sind ihm vorausgeeilt; als Träger des Straßburger Preises für die beste Amerikareportage vor dem Krieg, ferner als Stipendiat der Rockefeller-Stiftung hat er viele Freunde unter den Anwesenden. In ausgesuchtem Englisch spricht er von den Bombardierungen und den Problemen des Wiederaufbaus großer Provinzstädte wie Rouen oder Le Havre. Vor allem aber begrüßt er die französisch-amerikanische Freundschaft: «Wir wissen», behauptet er, «was wir Ländern wie Großbritannien oder der UdSSR verdanken, doch Amerika war das entscheidende Land: Wir alle wissen, daß wir ohne Amerika heute nicht hier wären. Unsere Aufgabe in Ihrem Land wird es sein, zu beobachten und zu begreifen, damit wir den Franzosen ein genaueres und vollständigeres Bild ihres sichersten Alliierten geben können...» Danach sprudeln die Fragen: «Waren die Widerstandskämpfer ausschließlich Kommunisten?» fragt ein New Yorker Reporter. Villers antwortet: «François Mauriac zum Beispiel ist keiner; es darf auch nicht vergessen werden, daß eine der einflußreichsten Publikationen der Illegalität die *Cahiers du Témoignage Chrétien* gewesen sind, eine von einem Priester gegründete und geleitete Zeitschrift...» Zum großen Erstaunen aller amerikanischen Journalisten – und keiner von ihnen versäumt, es zu erwähnen – blieb Sartre die ganzen zwei Stunden der Pressekonferenz über stumm, guckte zur Decke, langweilte sich... Abwesend? Man hatte doch einen Monat zuvor im *Atlantic Monthly* den ersten ins Englische übersetzten Artikel über die französische Résistance bemerkt: «Die Republik des Schweigens», unterzeichnet Jean-Paul Sartre. Der biographischen Anmerkung, die den Artikel begleitete, war zu entnehmen gewesen, daß er «der Autor von *Le mur* und zahlreichen philosophischen Schriften» sei, «einer der führenden Köpfe des CNE», der sich «der illegalen Arbeit mit heldenhaftem Mut hingegeben» und «Verbindungen zwischen Schriftstellern verschiedenster Richtungen» hergestellt habe, kurz, daß er «zusammen mit Aragon, Éluard und Paulhan die brillantesten Tendenzen der französischen Nachkriegsliteratur» repräsentiere... Man hatte also neugierig und interessiert auf Sartre gewartet und fand sein Schweigen unerträglich in einer Zeit, wo allein Saint-Exupéry in New York bekannt geworden war. *Pilote de guerre* hatte die Ovationen der US-Presse erhalten, und *Vol de nuit* war schon 1942 verfilmt worden; den Amerikanern galt er, der am 31. Juli 1944 auf einem Flug verschollen war, nach wie vor als größter französischer Schriftsteller.

«*De Gaulle foes paid by US., Paris is told*», titelte die *New York Times* vom 25. Januar. Alarmierender Bericht über Sartres ersten Amerika-Artikel, der am Vortag im *Figaro* unter der Überschrift erschienen war: «Die französischen Journalisten in den USA. Frankreich von Amerika aus gesehen, von unserem Sonderkorrespondenten Jean-Paul Sartre.» Bumerang-Effekt. Ja, dieser erste Artikel führt zu einem Zwischenfall: Viel Tinte wird fließen in einem umfangreichen Briefwechsel von Erklärungen und Erläuterungen, der bis März andauert; und vielleicht trug der Artikel auch zur Bereinigung in den französischen politischen Kreisen New Yorks bei. Denn die Einladung der acht Journalisten durch das State Department findet in dem komplexen und verworrenen Rahmen statt, den die französisch-amerikanischen Beziehungen vom Waffenstillstand 1940 bis zur Landung 1944 abgeben. Ein äußerst delikater Rahmen, in dem es weder an geheimen Aktivitäten noch an persönlichen Differenzen mangelt; das Mindeste, was man behaupten kann, ist, daß de Gaulle heftig abgelehnt und bekämpft wurde. Die Reise im Januar 1945 gehörte zu einer langen Reihe entlarvender Gesten und Gegengesten ...[13]

«Man vergesse nicht», hatte de Gaulle 1943 in seinen *Mémoires de guerre* geschrieben, «daß sich die ganze Geschichte nicht zwischen uns und Giraud, der ein Nichts ist, abspielt, sondern zwischen uns und der Regierung der Vereinigten Staaten ...» Die Ernennung Girauds zum Nachfolger Darlans nach der alliierten Landung in Nordafrika und der Ermordung Darlans ist eindeutig auf die amerikanische Regierung zurückzuführen. «Washington versucht mit allen Mitteln, Giraud zum Führer der französischen Résistance aufzubauen», bemerkt de Gaulle verbittert. Die alte Gegnerschaft zwischen den beiden französischen Generälen bildet nur die Spitze des Eisbergs. Offensichtlich – das bestätigen die zeitgenössischen Historiker – war Giraud nichts anderes als eine amerikanische Schachfigur gegen die kommunistische Gefahr, die die Amerikaner bei de Gaulle sahen. Im Juni 1943 lädt Eisenhower Giraud und de Gaulle zu Gesprächen ein und verlangt die Beibehaltung von Giraud als oberstem Befehlshaber. Roosevelt kommentiert: «Die britische und die amerikanische Regierung lehnen derzeit eine militärische Befehlsgewalt de Gaulles deswegen ab, weil sie zu ihm kein wirkliches Vertrauen haben ...» Der amerikanische Druck auf die inneren Angelegenheiten Frankreichs nimmt so stark zu, daß sich de Gaulle Ende 1943 bei Churchill heftig darüber beklagt: «Warum scheinen Sie zu glauben, ich müßte meine Kandidatur für die französische Staatsführung bei Roosevelt einreichen? Die französische Regierung existiert. Ich bin in dieser Hinsicht weder auf die Vereinigten Staaten noch auf Großbritannien angewiesen ...» Die Spannungen halten bis zur Landung am 6. Juni 1944 an. Der amerikanischen Regierung bleibt nichts anderes übrig, als die Mediokrität ihrer Schachfigur Giraud einzusehen, der ein «schlechter Gaul» ist und weder Sinn für Politik noch irgendwelche Kräfte hinter sich hat. Unter dem Zwang der Bedingungen wird Roosevelt schließlich im Juli 1944 de Gaulle ins Weiße Haus einladen. «Die vier Jahre Mißtrauen und Querelen haben ihre Spuren bei ihm hinterlassen», bemerkt de Gaulle nach der Rückkehr in seinen Memoiren. Roosevelt wird seinerseits behaupten, «de Gaulle ist überaus empfindlich, was die Ehre Frankreichs betrifft».

«Als Amerikaner und Soldat schäme ich mich darüber, wie Ihr Führer, General de Gaulle, behandelt worden ist», erklärte General MacArthur einem französischen Journalisten. Er fügt hinzu: «Die Schande, mit der sich mein Land in der traurigen Nordafrika-Angelegenheit bedeckt hat, wird nicht so schnell getilgt werden können. Ich kann nicht umhin, Ihnen meinen tiefen Abscheu vor Roosevelts und Churchills Verhalten gegenüber General de Gaulle auszudrükken...» Sollte die Einladung einer Delegation von acht Journalisten aus der Résistance eine erste Geste der amerikanischen Regierung zur «Tilgung der Schande» sein, die MacArthur meint? Was Sartre betrifft, schrieb er zwar mit restloser Aufrichtigkeit, doch in diesem Zusammenhang mußten seine Worte wie eine Bombe einschlagen. «Wir sind hier brüderlich und rührend aufgenommen worden», erklärt er, merkt jedoch schon etwas zähneknirschend an: «Die Amerikaner lieben Frankreich. Allerdings haben sie zwei verschiedene Vorstellungen von Frankreich und zwei Arten, es zu lieben.» Entschlossen, die Dinge beim Namen zu nennen, erläutert Sartre weiter, was zum Verständnis des «tiefen Sinns» ihrer Reise nötig sei: «Ein kurzer historischer Abriß der französisch-amerikanischen Beziehungen, so wie sie die Menschen hier seit Juni 1940 erfahren haben.» Er packt den Stier bei den Hörnern und erzählt. Bei der Dürftigkeit der Informationen, über die die Journalisten damals verfügten, ist er nicht einmal besonders bösartig; es gelingt ihm sogar noch, die amerikanische Regierung nicht ihr Gesicht verlieren zu lassen und sie in dieser Angelegenheit fast freizusprechen. Doch schon das bloße Erinnern an jene für die Amerikaner beschämende Periode ist für manche eine echte Provokation.[14]

Sartres ganze Argumentation geht davon aus, daß Amerika in zwei

Lager geteilt sei, die sich an ihrer gegensätzlichen Wahrnehmung eines «ängstlichen Frankreichs» oder eines «revolutionären Frankreichs», wie er sich ausdrückt, entzweien. Damit gab er bestimmte amerikanische Pressekampagnen insbesondere von Anfang 1943 gegen Giraud und seine Mannschaft – darunter Peyrouton, Noguès und Chatel – richtig wieder; bei diesem Anlaß war auch das Fortbestehen von Gefangenenlagern in Marokko und die Beibehaltung der antijüdischen Gesetze in Algier trotz der Landung der Alliierten enthüllt worden: Walter Lippmann war in der *New York Herald Tribune* vom 19. Januar 1943 so weit gegangen, daß er den Rücktritt von Robert Murphy forderte, den er für diese traurigen Geschichten direkt verantwortlich machte. Sartre bezieht sich namentlich auf Lippmann und Amerikaner seines Schlags, die nach der Tradition der Meinungsfreiheit in den USA die Öffentlichkeit über die Untaten der Giraud-Verwaltung und die amerikanische Einmischung in die inneren Angelegenheiten Frankreichs zu alarmieren wußten.

Erstes und letztes Bild Sartres in einer hundertprozentig gaullistischen Rolle: Das ist eine eingehendere Betrachtung wert; denn seine Beschreibung der französischen Exilkolonie in Amerika nutzt er eifrig, um die gaullistische Vereinigung «France for ever» zu erwähnen – die im übrigen sehr minoritär ist, da sie nur 2,2 % der französischen Bevölkerung in den USA vertritt. Und er spricht von der Presse: «Ich will zwar keine Namen nennen», schreibt er, «es muß aber gesagt werden, daß einige von der Hochfinanz und vom State Department gekaufte Journalisten eine französischsprachige Zeitung herausgegeben haben, die unserer Sache sehr geschadet hat...» Dieser kleine Satz löste auf beiden Seiten des Atlantiks eine Flut von Briefen und Klarstellungen aus allen politischen Richtungen aus.

Sartres Artikel wurde von manchen amerikanischen Journalisten als «*lack of tact*» bezeichnet. So schickte der Pariser Korrespondent der *New York Times* seiner Zeitung postwendend eine Antwort, in der er sich fragte, ob der besagte Artikel eigentlich «gescheit (war), jetzt wo Frankreich Amerika zwecks Waffen und anderer finanzieller Unterstützung so dringend braucht, und ob die Gaullisten auf beiden Seiten des Atlantiks nicht besser beraten wären, ihren Antiamerikanismus vorübergehend zu dämpfen.»[15] Der Herausgeber von *Le Figaro* griff persönlich ein und versicherte die *Times* seiner wärmsten proamerikanischen Gefühle. Geneviève Tabouis wiederum, die sich bis ins Mark getroffen fühlte, griff entsetzt und wütend zur Feder, um an den Chefredakteur der *New York Times* einen offenen Brief zu richten und in ihrer Zeitung, *Pour la victoire*, einen langen Artikel zu verfassen. Wütend empört sie sich darüber, was sie als «eine Beleidigung nicht nur aller seit 1940 in die USA geflüchteten französischen Schriftsteller, sondern auch des amerikanischen Volkes und der amerikanischen Regierung» betrachtet. Ohne in der Sache selbst zu widersprechen, beklagt sie den Mangel an Höflichkeit bei jener «antiamerikanischen Clique», die als offizielle Gäste der amerikanischen Regierung «heftige Beschimpfungen gegen die Freunde Frankreichs, gegen die Amerikaner» ausstoßen, statt ihren eigentlichen Auftrag zu erfüllen, nämlich «über die Kriegsanstrengungen der USA zu berichten».[16] Sartre schreibt ebenfalls dem Chefredakteur der *New York Times*: «Nie habe ich aus den Augen verloren», erklärt er dort unter anderem, «daß ich hier als Gast der USA weile... Ich weiß, daß Ihre Zeitung unsere Sache verteidigt hat... Ich will Ihnen an dieser Stelle versichern: Die Kritik, die ich geübt habe und die ich weiter üben werde, hat ihren tiefen Grund in meiner wirklich aufrichtigen Freundschaft zu den USA. Ich werde weiterhin Bericht erstatten und auf meine eigene Verantwortung erzählen, was mich an Ihrem Land anzieht und was mich abstößt. Ich mußte nicht erst nach New York kommen, um eine tiefe Zuneigung für das, was ich von Ihrem Land kenne, zu empfinden. Ich meine nicht nur Ihre Soldaten, die zur Verteidigung unserer Grenzen gekämpft haben, was jeder französische Bürger nie vergessen wird, sondern ich sage das auch wegen des großen Einflusses, den Ihre Literatur auf die Menschen meiner Generation gehabt hat, und weil wir uns unter der Besatzung Ihrem Land, dem größten aller freien Länder, zugewandt haben. Ich hoffe sehr, daß diese wenigen Worte zur Klärung dieses unglücklichen Mißverständnisses, unter dem ich persönlich leide, genügen werden.»[17] Die offene Parteinahme gegen die amerikanischen Finanzmächte und die Gruppe der Giraudisten in New York – der es nicht so gut ging, da Kerillis wegen Kollaboration vor Gericht stand – ließ einige von einem «Mißgriff» sprechen. Denn Sartres eigentlich banale Aussagen bedeuteten einen Verstoß gegen den heimlichen Berufskodex, die Solidarität unter Kollegen. Fest entschlossen, sich absolute geistige Unabhängigkeit zu bewahren, setzt Sartre seine sorgfältige und präzise Beschreibung des New Yorker «Bürgerkriegs» zwischen Gaullisten und Giraudisten fort. Er spricht von einer «neuen Dreyfus-Affäre», die «die besten Familien» entzweie; er erwähnt die Kursänderung des State Department, das «Giraud aus militärischen Gründen unterstützte», und beschreibt den begeisterten Empfang de Gaulles durch das amerikanische Volk, ein wahrer «Sieg», der «den Triumph des einen Frankreichbildes über das andere anzeigt» [18].

Die New Yorker Gaullisten machen sich den Vorfall sogleich zunutze: Unter der Schirmherrschaft von Henry Torrès haben sie sich in der Vereinigung «France for ever» organisiert und geben die Wochenzeitschrift *France-Amérique* heraus. Die Feinde von Tabouis und Kerillis reiben sich die Hände und packen die Gelegenheit beim Schopf. «Es scheint eine Sartre-Affäre zu geben», schreibt Henry Torrès in einem Artikel mit der treffenden Überschrift *In the Laundry*. «An unserer sehr günstigen Meinung, die wir schon vor seiner Ankunft von dem Schriftsteller hatten, hat sich nichts geändert: In der Situation der schlimmsten Unterdrückung hat er seinen Glauben an die angelsächsischen Demokratien bewiesen und Freiheit und Leben dafür riskiert.» Seiner Kollegin Tabouis ruft er zu: «Still, still, Kassandra! Meine liebe Geneviève, lassen Sie mich im Namen unserer alten Freundschaft, die mich Ihnen gegenüber bisweilen Nachsicht walten ließ, sagen: Sie besitzen nicht die nötigen Voraussetzungen, um einem Helden unserer Résistance Lehren erteilen zu können... Monatelang, jahrelang haben Sie den General de Gaulle beleidigt, haben Sie sich geweigert, die Résistance zur Kenntnis zu nehmen, und unter dem Vorwand der Liebe zu Amerika versucht, sie mit Frankreich zu entzweien.»[19]

In bewegter Atmosphäre werden die acht im Interesse der Sache nunmehr verherrlichten Journalisten in den Räumlichkeiten von «France for ever» empfangen, sie, die «nicht nur vier Jahre lang Folter riskiert hatten, sondern denen auch die Verbreitung von Informationen durch ihre illegalen Zeitungen zu verdanken war». Die Anwesenden bewundern «ihre Art, von Hunger, Kälte, Zerstörung und Leiden zu erzählen, ohne sie besonders herauszustellen, als seien es tägliche Gefährten.»[20] «Was soll man zu Jean-Paul Sartre sagen», heißt es weiter, «außer daß er trotz seinen brillanten literarischen Erfolgen ein äußerst bescheidener, charmanter und einfacher Mensch ist? In seinen ersten journalistischen Versuchen demonstriert der große Schriftsteller bereits, daß ein Spiel mit der Wahrheit für ihn nicht in Frage kommt.»[21] Hübscher Euphemismus derer, die an erster Stelle von dem Vorfall profitierten. Dem Treffen folgte ein festliches Diner in den Salons des Restaurants *Chez Félix*. Gastgeber war Guérin de Beaumont, der französische Generalkonsul, und bis nach Mitternacht wurde auf Frankreich und Amerika angestoßen...

Die ganze Reise über blieb Sartre ein absoluter Außenseiter, den die Wege und Umwege der amerikanischen Kriegsanstrengung gleichgültig ließen; entschlossen, seine Unabhängigkeit zu bewahren, auch gegenüber den stillschweigenden Konventionen des Journalistenmilieus, setzte Sartre auf der Suche nach eigenen Faszinationen seine Entdeckung Amerikas fort. Camus wird ihm übrigens deutlich die Meinung sagen: Er beklagt, daß Sartre dem *Combat* – dem er die Reise verdankt – nur technische und langweilige Artikel zuschickt, während er den *Figaro* mit weit eleganterer Prosa und farbigeren Texten bedenkt. Wenn es um französisch-amerikanische Politik geht, ist er gelangweilt und unbeholfen. Dafür leidenschaftlich und brillant, wenn er über Literatur spricht. «Nun, wie sieht das französische Literaturleben aus?» fragt ihn Denis de Rougemont gleich nach der Ankunft. «Also», antwortet Sartre, «es gibt heute zwei große Schriftsteller, Albert Camus und Simone de Beauvoir...» «Albert Camus?» fragt Rougemont. «Camus, das ist ein Schriftsteller aus Algerien, ein ‹pied-noir›, das genaue Gegenteil von mir. Er ist schön, elegant, und er ist Rationalist.»[22] Und der kleine Mann eilt vergnügt davon, um seinen ersten Vortrag vorzubereiten. Eine Ode auf Camus. Er spricht über die alte Garde, Gide, Giraudoux, Anouilh und über die neue, Camus, Cassou, Leiris. «Dadurch daß sie so oft unter gefährlichen Umständen illegal Artikel veröffentlichten..., gewöhnten sie sich an den Gedanken, daß schreiben handeln heißt. Und sie haben dem Handeln Geschmack abgewonnen. Weit entfernt davon zu behaupten, daß der Schriftsteller keine Verantwortung trage, verlangen sie, daß er jederzeit bereit sei, für das, was er schreibt, zu bezahlen», erklärt er. «In der illegalen Presse konnte nicht eine einzige Zeile gedruckt werden, die nicht für ihren Verfasser, den Drucker... Lebensgefahr bedeutete... für alle jüngeren Schriftsteller ist Reden eine ernste Sache, Schreiben eine noch ernstere. Und da sie wissen, daß ihre Werke den Leser notwendig *engagieren*, wollen sie sich selbst in ihren Werken vollständig engagieren. Deshalb spricht man heute in Frankreich soviel von ‹engagierter Literatur›.» Er hat in seinem definitiven Ton, ohne die geringste lyrische Note gesprochen. Die Stimme ist klar und deutlich, das Gesagte wirkt überzeugend. Ein respektloser, präziser Ton. Scharf wie ein Rasiermesser. Er hat ohne Notizen gesprochen, die Hände in den Taschen, ernst und konzentriert. Unwiderruflich schließt er prophetisch: «Die Generation, die in den Zwischenkriegsjahren brillierte, wird bald in den Hintergrund geschoben sein... Aber es ist wahrscheinlich, daß in dem düsteren, reinen Werk des Camus schon die Hauptzüge der künftigen französischen Literatur erkennbar sind. Es verhieß uns eine klassische Literatur, ohne Illusionen, aber voll Vertrauen zur Größe des Menschen; hart, aber ohne nutzlose Gewalt, leidenschaftlich, aber beherrscht, eine Literatur, die sich bemüht, den metaphysischen Zustand des Menschen zu schildern, und zugleich voll und ganz an den Bewegungen der Gesellschaft teilnimmt...»[23] Rougemont schließt sich dem Redner an: «Dieser Gedanke, der Mensch sei zugleich frei und verantwortlich...» setzt er an. «Ich weiß sehr gut, wo ich ihn herhabe...» antwortet Sartre. «*Politique de la personne*, Rougemont, 1934.»[24]

Wie bekommt man Zugang zu einem fremden Land, dessen Sprache man nicht beherrscht? Wie soll man auf der Straße um eine Auskunft bitten? Wie über Literatur, Film oder Politik reden? Zeitung lesen? Wie erhält man direkte Informationen ohne die Hilfe eines Dritten, eines Übersetzers? Bis jetzt hat Sartre ausschließlich mit emigrierten Franzosen verkehrt, und sie haben den Übergang ermöglicht. Was er von Amerika spontan, ohne äußere Hilfe wahrnehmen kann? Die Architektur, die Landschaften, die Musik... Für alles weitere ist er auf Dritte angewiesen, eine Situation, die ihm mißfällt. «Wenn Ihnen keine Antwort einfällt», erklärt er eines Tages Pizella, der dieselben Schwierigkeiten hat, «sagen Sie einfach ‹*fine*›, das paßt auf alles mögliche – Frauen, Männer, Whisky, Gesundheit, Wetter, Heer oder Luftwaffe, zivile oder kommerzielle Luftfahrt, Musik,

Film, Essen oder Rollschuhe, das entspricht unserem ‹*au poil*›.» Und Pizella wird entzückt über den tollen Tip von Sartre unermüdlich sein *fine* plazieren, zutiefst davon überzeugt, jetzt nie mehr dumm dazustehen.[25] Allmählich bereichert Sartre seinen Bestand an englischen Vokabeln: Bald hört man ihn «*whisky on the rocks*», «*whisky and soda*» bestellen oder auch dieses semantische Feld mit einem «*why not?*» verlassen... Er durchkreuzt weiter New York, gewöhnt sich an die Stadt, entdeckt neue Sprachen und neue Brücken der Kommunikation: «Die Mauern sprechen zu einem. Rechts und links ist man von Plakaten, Leuchtreklamen, riesigen Schaufenstern umgeben... Hier bietet eine Frau mit verstörtem Gesicht ihre Lippen einem amerikanischen Soldaten dar; dort wirft ein Flugzeug Bomben auf ein Dorf ab, und unter dem Bild stehen die Worte: ‹Statt Bomben Bibeln!›.»[26]

Allmählich hat das Liebeswerben Erfolg, gewöhnen sich die Partner aneinander: «Ich liebe New York. Ich habe es liebgewonnen», schreibt er. «Ich habe mich an seine gewaltige Gesamtanlage, an seine weiten Perspektiven gewöhnt. Meine Blicke... schweifen sogleich zum Horizont, um sich auf im Dunst verschwimmende Hochhäuser zu heften, die nur noch Volumen, nur noch nüchterne Umrahmung des Himmels sind. Wenn man die beiden Gebäudereihen, die wie Klippen eine große Verkehrsader säumen, anzuschauen versteht, dann wird man belohnt... Ich habe seinen Himmel liebgewonnen... Ich habe die Avenuen Manhattans liebgewonnen... Ich mußte mich daran gewöhnen, aber jetzt, wo es soweit ist, fühle ich mich nirgends freier als inmitten der New Yorker Menschenmenge.»[27] Der jetzt gleichberechtigte New Yorker Bürger wird die Komplizenschaften, Rituale, die tausend Bräuche jener tausend Kulturen genießen; er liebt die Wettervorhersagen von Sturm, Gewitter und Schneefall im Rundfunk, die Angst vor dem fremden Blick, den Respekt vor dem anderen, den Rhythmus der großen Menschenmengen, die Menschenströme, in denen man über das bloße Gehen hinaus versinkt und gleichberechtigtes Mitglied dieses zugleich erlauchten und demokratischen Kreises wird, jenes «durchlöcherten Gewebes», wie Lévi-Strauss sagt. «Es genügte», schrieb letzterer, «(die Löcher) auszusuchen und in sie hineinzurutschen, um wie Alice auf der Kehrseite des Spiegels derart märchenhafte Welten zu entdecken, daß sie irreal wirkten... (Denn) nirgendwo mehr als in New York existierten damals solche Fluchtmöglichkeiten... (Dieses) so unwahrscheinlich komplexe Gebilde... moderner und andererseits beinahe archaischer Lebensweisen.»[28]

Inzwischen ist die Gruppe umgezogen und befindet sich plötzlich an der «Three-O-One Park Avenue, between Forty-Ninth and Fiftieth Street» im *Waldorf-Astoria*, einem Monument vornehmer Eleganz, einem ganzen Häuserblock im Art-Déco-Stil der dreißiger Jahre, der idealen Synthese europäischen Geschmacks aus der Zeit zwischen den Kriegen und amerikanischer Gigantomanie: tausendachthundert Zimmer, der größte Empfangssalon des ganzen Landes und natürlich ein Turm von sechshundertfünfundzwanzig Fuß Höhe... Laut Werbung das größte Hotel der Welt. Aber für unsere acht Journalisten war die witzigste Entdeckung in dieser riesigen Stadt, in der sich alle mehrmals verirrt hatten, der Friseursalon im Kellergeschoß: für viereinhalb Dollar leistete sich jeder von ihnen den Spaß, sich mit dem Kopf nach unten das abwechselnd in kalte und warme Kompressen gewickelte Gesicht massieren, reinigen und rasieren zu lassen, Gipfel an New Yorker Exotik und Luxus.[29]

«Zunächst hat mich wie jeden Europäer heute der Wohlstand, der in New York herrscht, beeindruckt, und dann habe ich allmählich die Anzeichen, zwar nicht von Entbehrungen, aber doch von einer strengen Sparsamkeit wahrgenommen.» Danach zählt Sartre die Beschränkungen auf, unter denen die Bevölkerung leidet, beispielsweise das berühmte *brown out*, jene gemilderte Version des *black out*, bei der die Nachtbeleuchtung zwar nicht total ausgeschaltet, aber halb heruntergedreht wurde. «Gewiß, den die tristen Pariser Nächte gewohnten Pariser», schreibt er weiter, «wird die Überfülle an Lichtern, Neonleuchten, Straßenlaternen verblüffen. Für den Amerikaner aber, der den Luxus der Vorkriegszeit erlebt hat, lastet eine Art Traurigkeit über den Vergnügungsvierteln... Eigentlich habe ich also auf Grund des Reichtums, der die Franzosen verblüfft, gelernt, die ersten Anzeichen zwar nicht von Knappheit, aber von einer aufmerksamen und knauserigen Sparsamkeit zu sehen.»[30] Immer öfter meidet er offizielle Empfänge und mondäne Cocktails zugunsten der volkstümlichen Dancings am Times Square oder der Kinos am Broadway; er beginnt, eine bestimmte amerikanische Realität zu entziffern,

Traurigkeit, Komfort und Angst miteinander in Verbindung zu bringen, die abwesend und verträumt *Jitterbug* tanzenden Matrosen von den sich fortgesetzt schlagenden *boys* zu unterscheiden. Vor allem beginnt er den «Triumph der Technik» zu bewundern, der es einem Gast beispielsweise ermöglicht, «ohne den Platz zu verlassen, allein durch Knopfdruck, Gerichte und Geschirr auftauchen zu lassen«[31]. Nachdem er sich also eingelebt hat, lernt er, die Atmosphäre der verschiedenen Stadtviertel und Avenuen zu unterscheiden, nimmt «die düstere Eleganz der Park Avenue» wahr, «die stuckartige Gefühllosigkeit der Fifth Avenue», «die heitere Leichtfertigkeit der Sixth und Seventh», «die Lebensmittelmärkte in der Ninth», «das Niemandsland der Tenth», «das Elend der Bowery»[32]. Er geht also in die Tanzlokale, in die Kinos, und natürlich sucht er den Jazz.

Seine Schüler am Lycée Pasteur, vor allem der Pianist Jacques Besse und dessen bester Freund, der allwissende Bernard Lamblin, zwei wahre Fanatiker, hatten bedauert, daß Sartre anders als sie kein Anhänger der avantgardistischen Tendenzen des Jazz sei, vom Hot Jazz oder Boogie-Woogie nichts wüßte, und das *Some of these days* in *La nausée* war ihnen wie eine oberflächliche Reverenz erschienen... Von ihnen lernt Sartre viel, und in New York verkehrt er bald in den modischsten Klubs, in den heißesten Lokalen. Sieben Jahre vorher hatte der achtzehnjährige Charlie Parker Kansas City verlassen, um ins *Savoy* nach Harlem zu eilen und dort Chick Webb am Schlagzeug oder Art Tatum am Klavier hören zu können. Bald spielte er selber in den schäbigen Lokalen der 118th, im *Monroe* und *Milton's Playhouse*, an der Seite von Kenny Clarke, Dizzy Gillespie, Lester Young und Thelonius Monk. Als Sartre in New York ankam, war Charlie Parker eine der tragenden Säulen der berüchtigten 52nd geworden, der Straße, wo im Krieg sieben Klubs wie die Pilze aus dem Boden geschossen waren. Hier trat der «Bird» auf im *Jimmy's Rian*, im *Onyx*, im *Famous Door* oder auch im *Three Deuces*, jener Traumwelt zwischen der Fifth und der Sixth Avenue, wo tagsüber Transparente mit den glanzvollen Namen «Sidney Bechet», «Howard Mac Ghee», «Coleman Hawkins» wehten, während nachts die Neonlichter blinkten und die besten Jazztrompeter der Welt spielten, gelegentlich Jam Sessions veranstalteten, und wo gerade der Bebop geboren wurde...

«In New York habe ich gelernt, daß Jazz ein nationales Vergnügen ist», schreibt Sartre aufgewühlt durch die Abende in *Nick's Bar*. Alle seine vorgefertigten Schemata brechen zusammen, von Paris nach New York kehrt sich alles um: Eben hat er die Faktizität des französischen Jazz ermessen, «nur ein Vorwand für ein paar Tränen in guter Gesellschaft». Er schreibt von einer der heiligen Stätten des New Yorker Nachtlebens aus: «Man setzt sich in einen verräucherten Saal neben Matrosen, Halbstarke, nicht gemeldete Huren, Damen aus der vornehmeren Gesellschaft... Niemand redet... Niemand rührt sich... Jazzmusik... Ein dicker Mann bläst sich die Lunge aus dem Leibe, da ist auch ein gnadenloser Pianist, ein Kontrabaßspieler, der seine Saiten zupft, ohne auf die anderen zu hören. Sie sprechen den besten Teil in uns an, den nüchternsten, den freiesten, jenen Teil, der weder Melancholie noch die alte Leier, sondern den schwindelerregenden Glanz des Augenblicks will. Sie fordern uns, sie lullen uns nicht ein.»[33] Hier, bei seinen Underdogs, bleibt er, vergißt er das *Plaza* und das *Waldorf-Astoria*; an jenem Ort New Yorks wird er bleiben, an genau dem Ort, von dem er geträumt hatte. Wen hörte er im *Nick's*? Charlie Shavers mit Teddy Bunn an der Gitarre, Russell Procope am Saxophon oder vielleicht Leo Watsons phantastische Stimme bei den endlosen *scats*? Versuchte er, Bill Coleman mit Benny Morton und Ed Hall zu hören? Verbrachte er Nächte im *Village Vanguard*? Im *History House*? Im berühmten *Apollo*? In *Kelly's Stable*? Erlebte er im *Savoy* einen jener berühmten Abende, an denen Sister Rosetta Tharpe mit ihrer Gitarre, begleitet von Lucky Millinder und Erskine Hawkins *semispirituals* sang? An denen Wilbur Bascomb Variationen des Themas von *Tuxedo Junction* auf der Trompete blies? «Jazz, das ist wie bei Bananen, das konsumiert man an Ort und Stelle», wird er später sagen; ganz ohne Zweifel war es für ihn das ideale Gegengift zu den offiziellen Essen, Pressekonferenzen und Pflichtvorträgen über Bomben und Flugzeugträger, den letzten Erfindungen der Rüstung *made in USA*.

Vor allem in der *One-Two-Three* Bar, natürlich in der 52nd, wird man ihn oft in Begleitung einer ebenso kleinen, immer lächelnden jungen Frau mit mattem Teint sehen. In den Jahren zwischen den Kriegen, als sie Schauspielerin an einem Theater in der Rue de la Gaîté in Montparnasse gewesen war, hatte Dolorès Vanetti in der *Coupole* und im *Dôme* die Gruppe an dem einen Tisch bemerkt und erfahren, daß es sich um den Schriftsteller handle, der gerade *La nausée* geschrieben hatte, ein Buch, das sie nicht gelesen hatte, weil sie ihm beispielsweise *La jument verte* von Marcel Aymé vorzog. Von den ersten französischsprachigen Sendungen des OWI an war sie mit der «Frauenshow» beauftragt, jeden Tag bereitete sie sie vor, schrieb und sprach die Texte mit glänzendem Erfolg. Sie besaß eine einzigartige, tiefe und melodiöse Stimme und verband ohne Übergang mit unerwartetem Geschick den reinsten Pariser Argot mit typischsten New Yorker Redewendungen. In den Büros der Voice of America war sie außerordentlich beliebt: Sie war überzeugend, spontan, direkt, extrovertiert, ohne Hintergedanken, mitteilsam und duzte jeden sofort, und vor allem André Breton, der in seiner Zeitschrift *VVV* Gedichte von ihr veröffentlicht hatte, liebte ihre Gesellschaft, das schöne Oval ihres Gesichtes, die Reinheit ihres Lächelns, ihre erfrischende Ungezwungenheit, ihre ständige gute Laune, ihre natürliche Kultur, ihre extreme Transparenz, ihre Mischung aus Phantasie und Ernst. Sie war die ideale Gefährtin, wenn Breton gemeinsam mit Lévi-Strauss, Duthuit und Max Ernst bei einem Antiquar in der Third Avenue herumstöberte, wo sich einer von ihnen eine Teotihuacán-Maske kaufte oder bei einem Verkäufer in der 55. Straße südamerikanischen Nippes. Zu einer Zeit, in der John Dos Passos Sartre treffen, Koyré mit ihm diskutieren wollte, verwechselte Dolorès Vanetti immer noch seinen Namen mit dem eines Bildhauers, Raoul del Sarte, den sie früher gekannt hatte... Als die Gruppe der acht Journalisten eines Tages von der OWI zu mehreren Interviews eingeladen wurde, begegneten sich Jean-Paul Sartre und Dolorès Vanetti.

«Vor meinem Büro stand eine ganze Reihe französischer Journalisten Schlange, um in das Aufnahmestudio zu kommen», erzählt Dolorès. «Und ganz am Ende dieser Reihe stand dieser kleine Mann, der kleinste und der letzte von allen. Er stolperte über irgend etwas, seine Pfeife fiel hin, er hob sie auf, und wir haben einige Worte gewechselt. Ich weiß nicht mehr, was wir gesagt haben», fügt sie hinzu, «jedenfalls hat er nach diesen wenigen Worten gefragt, ob wir uns treffen könnten.»[34] Sartre erzählt von Castor, Olga, Wanda, Bost, Le Havre, er erzählt alles, und er erzählt lange. «Er war», berichtet Dolorès weiter, «von einer ständig übersprudelnden Heiterkeit, erzählte lauter Geschichten, um einen zu amüsieren und an seinem Leben teilnehmen zu lassen, ständig überlegte er, was einem die größte Freude bereiten könnte, er scheute keine Mühe und verausgabte sich rückhaltlos.» Er stellt Dolorès tausend Fragen über ihr New Yorker Leben, sie hilft ihm, Zeitungen zu lesen, übersetzt seine Unterhaltungen, zeigt ihm die Orte, die sie liebt. Beispielsweise den *Russian Tea Room* hinter *Carnegie Hall* – ein wunderschöner Salon mit Patina, mit roten Wandbehängen und als Kosaken verkleideten Kellnern –, wo sie vor einem Glas Wodka und einem *Vatrouchka* bekannte Gestalten erkennen: «Schau, da ist Strawinski», sagt sie, «und hier, hinter ihrem Haar versteckt, das ist Greta Garbo...» Er zweifelte, wollte es nicht glauben und empfand so wenig Neugier für «berühmte Gesichter», daß ihm das Unübersehbare entging.

«Immerhin, Dolorès hat mir Amerika geschenkt», wird der siebzigjährige Mann auf Fragen von Simone de Beauvoir 1974 antworten: ein zugleich monumentales und einschränkendes Geschenk. Vorerst aber ist es das State Department, das seinen Ehrengästen das Land zeigt. Und da man dieses Unternehmen nicht auf die leichte Schulter nehmen will, stellt man ein spezielles Programm für sie zusammen. Was für ein Programm! Acht Wochen lang reisen die acht an Bord einer für sie reservierten Militärmaschine. Von Norden nach Süden, von Osten nach Westen, von Quebec nach New Orleans, von Philadelphia nach San Francisco, von Detroit nach New Mexiko fliegen sie im Winter 1945 durch den amerikanischen Nebelhimmel.

Entspannt lachend sieht man sie, wie sie sich ein technisches Experiment zur Meerwasserentsalzung erklären lassen; verkrampft lächelnd willigen sie in eine Tour auf den Schnellbooten ein, die in der Normandie landeten; dann besuchen sie die Fox-Studios in Hollywood; erschöpft und übermüdet beobachten sie durch Ferngläser Panzer- und Angriffsmanöver der amerikanischen Armee auf einem Übungsgelände; sie besichtigen eine Fallschirmfabrik in Virginia; besuchen ein klassisches Konzert, wechseln vom Marinestützpunkt zum Diplomatendiner, vom Treffen mit einem Farmerpaar in Middle West zur Universitätsdiskussion in Manitoba, von der Handelskammer in Pittsburgh zur Fabrik der Boeing-Flugzeuge über; man erlebt sie am Staudamm der Tennessee Valley Authority, auf dem besonders vornehmen Cocktailempfang der *Chicago Sun*, sie lassen sich vor ihrer Maschine – einem B 29-Bomber – auf der Landepiste von San Antonio, Texas, fotografieren, stehen mit den Offizieren der Infanterieschule in Georgia stramm; unter dem Bild La Fayettes mimen sie in den holzgetäfelten, überladenen Salons des französischen Botschafters Bonnet und seiner Gattin mondäne Ungezwungenheit. Sie werden überfüttert mit Rüstungsbetrieben, Militärflugzeugen, Angriffspanzern und detaillierten Erläuterungen zur Erdölgewinnung für die Luftfahrt mit Hilfe der ausgetüftelten Methode des «analytischen cracking»; sie werden frieren, sie werden schwitzen; vor allem werden sie am 11. Februar Angst bekommen, als sich ihr Pilot, Major Finch, bei Sturmwind in den Grand Cañon des Colorado hineinwagt, die fünfhundert Kilometer Mäanderwindungen entlangfliegt, dicht an die Felswände herankommt, ihnen die natürlichen rosa und violetten Skulpturen, gotischen Kathedralen und Mondlandschaften zeigt und seinen Passagieren einen Schrecken einjagt, die tausendmal fürchten, sie könnten hier an diesen Felsvorsprüngen sterben; schließlich erreichte die Maschine das Ende des Tunnels, um im blauen Himmel von New Mexico wieder aufzutauchen, auf jener eigenartigen Ebene zwischen Albuquerque und Taos Pueblo, wo die Indianer unglaubliche Städte aus rosafarbener Erde errichtet haben und sich die Häuserwürfel in einer wunderbaren geheimnisvollen Harmonie ineinanderfügen.

Am 11. März werden sie in den Salons der Abgeordnetenkammer in Washington bei einem Bankett mit der Presse zusammentreffen, das Sol Bloom, der Vorsitzende des Auswärtigen Ausschusses, ihnen zu Ehren gibt; am 31. Januar beschreibt ihnen Lawrence Drake in Baltimore seine Arbeit als Sekretär des Umschulungskomitees für die Nachkriegszeit; am 21. Februar sehen sie die Lokalpresse von Chicago; am 3. März wird man sie in Washington wieder endlos zu den Lebensmittelrationierungen unter der deutschen Okkupation befragen; sie stellen Fehlinformationen richtig, die eine anspruchslose amerikanische Presse verbreitet hat, prangern die Intrigen von Geneviève Tabouis an, sagen für die Zukunft eine beträchtliche französische Nachfrage nach amerikanischen Exporten voraus, betonen unerschütterlich – auf einem Cocktailempfang bei Walter Lippmann in Washington –, wie sehr de Gaulle «*the right man at the right place*» gewesen sei, und werden in der Tagespresse mit Fotos und Interviews auf den Titelseiten gewürdigt. Man rühmt ihren Mut, ihre Willensstärke; die neuen Informationen, die man von diesen Botschaftern eines heimlichen und verkannten Krieges erhält, werden in Umlauf gebracht: Die amerikanischen Journalisten erfahren, daß jeder Jugendliche zwischen zwanzig und fünfundzwanzig systematisch für den STO rekrutiert wurde, daß die Gestapo etwa hunderttausend Zivilisten umgebracht hat, davon allein fünfundsiebzigtausend in Paris, daß sich die Presse unter der Résistance erneuert und verändert hat und daß sich die Franzosen für die Zukunft jetzt vieles von Amerika versprechen.[35]

Schließlich der Höhepunkt der Reise: ihr Besuch bei Präsident Roosevelt am 9. März im Weißen Haus. Eine Pressekonferenz mit anschließenden Gesprächen, die schon für sich genommen die Reise rechtfertigen. «Während er uns die Hand drückt», schreibt Sartre, «betrachte ich sein dunkles, etwas fahles, so amerikanisches Gesicht. Er sieht seinen Bildern überhaupt nicht ähnlich. Was zunächst auffällt, ist der große menschliche Charme seines zugleich zarten und harten länglichen Gesichts... Er lächelt uns zu, er spricht zu uns mit leiser und langsamer Stimme. Er liebt Frankreich, das er in früheren Zeiten mit dem Fahrrad durchquert hat...» Austausch von Höflichkeiten, die französischen Journalisten äußern den Wunsch, die «zwischen beiden Ländern aufgezogenen Wolken» mögen sich bald wieder verziehen. Eine gute Gelegenheit für Präsident Roosevelt, sein altes und tiefes Mißtrauen gegen de Gaulle öffentlich zurückzunehmen, gewissermaßen zu annullieren. Roosevelt erklärt gleich, «die angeblichen Reibereien zwischen beiden Regierungen seien Erfindungen von Journalisten». Beweis? «Als de Gaulle in die USA kam, waren die Beziehungen ausgesprochen herzlich.» Die Rede wird von unseren acht Sonderkorrespondenten im vollen Wortlaut der französischen Öffentlichkeit bekannt gemacht. Als Überschrift für seinen *Figaro*-Artikel wählt Sartre: «Präsident Roosevelt erklärt gegenüber französischen Journalisten seine Liebe zu unserem Land.»[36] Alles steht bestens, die Reise hat sich gelohnt, die «Helden» der französischen Résistance haben die stumme Reue des amerikanischen Präsidenten akzeptiert, der sich nun bemüht, seine Schuld einigermaßen zu tilgen, indem er nachdrücklich die herzlichen Grüße betont, die unsere acht Boten dem General überbringen sollen. «Wir sind große Freunde», schließt er und reibt sich die Hände. Erreichte die Botschaft den General? Ohne Belang. Einen knappen Monat später starb Roosevelt.

Konnte sich die Überfütterung durch militärische Informationen mit Sartres Faulkner-Sehnsüchten vertragen? Welche Alchemie wurde damals benötigt, um Erwartungen und Enttäuschungen, Phantasmen und Wirklichkeitsschocks in Einklang zu bringen? In seinen Reportagen ist nirgends von Rüstung, Bomben, Panzern und Flugzeugträgern die Rede. Ausgelassen werden auch Empfänge, mondäne Ereignisse, idyllische Beschreibungen und Höflichkeitsrituale. Wie sollte es auch anders sein bei seinem sprachlichen Defizit? Jedenfalls gehören seine Amerika-Artikel nicht ins Pantheon seiner besten Werke: Sie sind flach, mit Zahlen vollgestopft, unverdaulich und enthalten langatmige, inkompetente Beschreibungen industrieller Unternehmen. So will uns ein *Combat*-Artikel davon überzeugen, der Staudamm der Tennessee Valley Authority sei deswegen ein «demokratisches Experiment», weil «es eigentlich darum geht, individuelle Initiativen und private Betriebe zu einer großen Kooperative mit strikt beschränkter staatlicher Beteiligung zusammenzufassen»[37]. In anderen Artikeln finden sich lange, didaktische Abhandlungen zu den Gewerkschaften: man lernt, die AFL von der CIO zu unterscheiden, die allerdings nur ein Drittel der Werktätigen vertreten; man wird informiert darüber, «welche Form das, was bei uns ‹Klassenkampf› heißt, in den USA annimmt»; man erhält Erläuterungen zu den amerikanischen Unternehmern, die «keine besondere gesellschaftliche Klasse darstellen», oder bekommt direkte Eindrücke mitgeteilt: «Ich habe Werkshallen während der Viertelstundenpause besucht», schreibt er, «und die starre Trübseligkeit, die man auf den Gesichtern las, hat mich erschreckt.»[38] Denn aus einem weiteren Artikel erfährt man, «in Amerika unterscheidet sich auf der Straße der Arbeiter nicht vom Bürger: äußere Klassenzeichen gibt es hier nicht». Er unternimmt sogar eine vergleichende Analyse zwischen amerikanischem und französischem Proletariat, die er mit Zahlen und Zitaten amerikanischer Soziologen belegt.

Engagierter und authentischer sind seine Reportagen zum amerikanischen Film. «Los Angeles: keine Verdunklung. Die Stadt strahlt abends über vierzig Meilen in ihrem ganzen Licht wie eine einzige große Milchstraße... Hollywood hat sich verändert... Die ehemaligen Stars, deren Namen das französische Publikum kennt, haben kaum noch Lust, Filme zu drehen... Andere sind eingezogen: Robert Montgomery, James Stewart... Die neuen Stars, Jennifer Jones, Ingrid Bergman, Betty Field, verdienen weniger gut, sind noch ganz am Anfang ihrer Karriere und haben nicht den Glanz der alten. Für den ausländischen Besucher scheint der amerikanische Film, jener Film, von dem er vier Jahre geträumt hat, etwas von seiner Vitalität verloren zu haben... Ich habe nichts gesehen, was an *Hallelujah, The Crowd* oder *Stagecoach* heranreicht. Irgend etwas scheint mit dem Frieden verschwunden zu sein. Dennoch ist auch etwas gewonnen...» Mit Vladimir Pozner, während der Kriegsjahre Drehbuchautor in Hollywood, führt Sartre lange Gespräche, von ihm erhält er die Informationen, die er braucht. Er verfaßt technische Artikel, in denen er von *writers* und *sneak previews* berichtet, jener Form der Zusammenarbeit von Drehbuchautoren untereinander sowie mit dem Publikum selbst, die für den amerikanischen Film so prägend ist. «Wir haben den Stummfilm, dann den Tonfilm gehabt. Jetzt erleben wir die Wiedergeburt des Problemfilms», sagt ihm Pozner.[39] Sartre zitiert *Casablanca, To-Morrow the world* oder auch *Searching wind.* «Die ganze Kraft des Films fand ich erst wieder, als ich in einer Privatvorführung den Film eines französischen Regisseurs sah, den herrlichen *Hold Autumn in Your Hands*, den Renoir nach einem Bauernroman über die kleinen Farmer in Texas gedreht hat und der noch nicht in New York gelaufen ist... Als der amerikanische Film erwachsen wurde, hat er seine Anmut, seinen kindlichen Charme, seine Ausdruckskraft verloren. Er hat dafür andere Qualitäten gewonnen: ...Gefallen an historischer Genauigkeit.»[40]

Engagierter und anteilnehmender sind auch seine Reportagen zum Rassenproblem in den Südstaaten der USA. Die individuelle Zusatzreise – die jeder der acht Journalisten zum Abschluß der großen Reise selbst wählt – führt Sartre nach Texas und New Mexico. Villers und Pizella entscheiden sich für eine weniger soziale und mehr politische Tour: Sie werden auf die Pazifikinseln reisen, um dort General

MacArthur zu treffen, und triumphierend mit einem *scoop** nach Frankreich zurückkehren: mit einer vertraulichen Mitteilung an de Gaulle. «Nirgendwo ist das Elend auf dem Lande tiefer als in bestimmten Gegenden von Texas und New Mexico», berichtet Sartre. «Amerika ist ein Kolonialland, und die amerikanischen Arbeiter würde ich, bei allen Unterschieden, am ehesten mit unseren französischen Siedlern in Marokko vergleichen.»[41] Später, nach seiner Rückkehr nach Frankreich, wird er diese erste Erfahrung mit dem Problem der Schwarzen, dieses erste Wahrnehmen des rassistischen Unrechts verfeinern und präzisieren. Artikel, Essays, Vorträge und Theaterstücke werden Spuren jener sozialen Wut tragen, die auf einer fernen Auslandsreise entstanden ist. Was ihn nach dem Schock des Krieges als erstes mobilisiert hat? Das Problem, dessen Sprachrohr er sein will? Die rassistische Unterdrückung, wie sie in diesem Winter 1945 in Texas und New Mexico existiert. Die Werftarbeiter von Le Havre und ihre Lohnforderungen in der Zeit vor der Volksfront hatten ihn nie zu aktiver Unterstützung bewogen? Die französischen Wahlen hatten keinerlei Politisierung bei ihm bewirkt? Weit weg von zu Hause, von seiner Alltagsrealität und seinen soziohistorischen Bezügen setzt er sich erstmals für ein rein soziales Anliegen ein. Hier kommt die Sartresche Kriegsmaschine in Gang: Nichts wird sie mehr zum Halten bringen.

«In diesem Land mit seinem berechtigten Stolz auf seine demokratischen Institutionen entbehrt jeder zehnte seine politischen Rechte: auf diesem Territorium der Gleichheit und Freiheit leben dreizehn Millionen Unberührbare... Sie bedienen Sie, sie putzen Ihre Schuhe, sie bedienen Ihren Fahrstuhl, sie tragen Ihre Koffer zu Ihrem Abteil; aber weder haben sie mit Ihnen noch Sie mit ihnen zu tun; sie haben mit dem Fahrstuhl, mit den Koffern, mit den Schuhen zu tun... Wie Maschinen erledigen sie ihre Arbeit... Sie bezeichnen sich selber als ‹Bürger dritter Klasse›. Es sind die Schwarzen. Nennen Sie sie nicht ‹Nigger›: Sie würden sie verletzen... Im Süden bilden sie ein hauptsächlich ländliches Proletariat. Vierundsechzig Prozent der schwarzen Gesamtbevölkerung der USA sind entweder in der Landwirtschaft oder als Bedienstete beschäftigt... Überall im Süden wird die

* Knüller.

‹segregation› praktiziert: es gibt keinen öffentlichen Ort, wo man Schwarze und Weiße zusammen sieht... In den Eisenbahnen und in den Straßenbahnen haben sie gesonderte Plätze; sie haben ihre Kirchen und ihre Schulen, ärmere und seltenere Schulen als die weißen Schulen; es geschieht sogar oft, daß sie in den Betrieben in abgetrennten Räumen arbeiten. Diese Parias besitzen überhaupt keine politischen Rechte.»[42] Trocken wie ein Protokoll oder eine Kriegserklärung setzt sich die Bestandsaufnahme fort. Die vom State Department organisierte Reise erhält hier eine ihrer am wenigsten erwarteten Konsequenzen. «Im düsteren Negerviertel von Chicago stehen noch griechisch-römische Tempel», schreibt er weiter. «Nach außen sehen sie noch gut aus, aber im Innern führen zwölf Familien, in fünf oder sechs Zimmer zusammengepfercht, einen verzweifelten Kampf mit Läusen und Ratten.»[43]

Qu'est-ce-que la littérature, Réflexions sur la question juive, La putain respectueuse: alles Werke von Sartre, die die Realitäten, die er jetzt entdeckt, in den kommenden Monaten wieder aufgreifen werden. Seine Sensibilisierung für die schwarze Frage wird sich vor allem in der Freundschaft zu dem amerikanischen Schriftsteller Richard Wright niederschlagen. Er ist drei Jahre jünger als Sartre und wurde in Natchez, Missouri, geboren. Anfang 1945 wird er von zwei Seiten angefeindet: einerseits von der amerikanischen kommunistischen Partei, von der er sich öffentlich distanzierte – «Ich betrachte die kommunistische Partei heute nicht mehr als wirksames Instrument zur gesellschaftlichen Veränderung» –, und andererseits von der alltäglichsten und unannehmbarsten Rassentrennung im New Yorker Künstlerviertel Greenwich Village – um eine Wohnung mieten zu können, benötigte er unglaubliche Tricks. «Wenn der Krieg beendet sein wird», trug er am 20. und 21. Januar 1945 in sein Tagebuch ein, «und wenn ich Glück habe, will ich Rassenhaß und amerikanische Pressionen hinter mir lassen und in einem freien Land leben, in dem ich meine Zeit vollständig dieser Riesenarbeit widmen könnte.» Seine Autobiographie *Black boy*, die in Amerika im März 1945 erschien, war ein sofortiger Erfolg.[44]

Sartre erfuhr nichts von Wrights damaligen Problemen, offensichtlich begegnete er ihm erst später. Dafür erlebte er manche Szenen, die jeden in der Gruppe schockierten. Beispielsweise als sie im

Pullmanwagen von Baltimore nach Philadelphia zu Abend aßen. Zwei schwarze Offiziere fragen nach einem Tisch, werden jedoch von der Bedienung abgewiesen. Der Dolmetscher, der die Journalisten begleitet, begreift schnell, wie stark sie diese Szene befremdet, und interveniert leise bei der Bedienung. Diskrete Verhandlung: Die beiden schwarzen Offizierer werden ins Hintere des Wagens gewiesen, taktvoll wird ein rosa Vorhang gezogen, die übrigen Reisenden sehen sie nicht mehr.[45]

«Am 7. Februar hat sich X... bei unserem Büro telefonisch gemeldet, er berichtet, einer der französischen Journalisten habe aufmerksam die vor kurzem in New Orleans ausgestellten Bilder von Naziagenten betrachtet und um einen Abzug gebeten, man hat ihm einen gegeben, ohne zu wissen, was er damit vorhat...» «Am 24. Februar hat X... in unserem Washingtoner Büro angerufen; er besitzt einen in Kansas City angefertigten Bericht zum Besuch der französischen Journalistengruppe beim Wasserflugzeughersteller PBY. Der Bericht betont, die Journalisten hätten sich hauptsächlich für die sozialen Probleme der Arbeiter, den Frauenanteil an der Gesamtbelegschaft und für das Fließbandsystem interessiert... X... fügt hinzu, jeder von ihnen sei wahrscheinlich überdurchschnittlich intelligent, ihr technisches Wissen erscheine ihm aber ausgesprochen dürftig.» «Ein Mitglied der Gruppe ist erkrankt, berichtet uns X... Er hat den Empfang verlassen, aber man rechnet damit, daß er bald wieder auftaucht.» Punktuelle Spuren, dezente Beobachtungen, die ein gutes Dokument für die Umsicht sind, mit der die amerikanischen Behörden diese Reise behandeln. Die FBI-Agenten fehlen auf keiner Etappe, erleichtert betonen sie, bei dem Besuch dieser oder jener Fabrik von Amphibienfahrzeugen seien «weder Geheimnisse noch vertrauliche Informationen» offenbart worden; eifrig weisen sie darauf hin, daß sich «die komplette Journalistengruppe am 10. Februar zum Flughafen von New Orleans begeben und die Sondermaschine Richtung Kelly Field, einem Vorort von San Antonio, Texas, bestiegen hat. Abflugzeit: 9 Uhr 22 morgens, Ankunftszeit: 1 Uhr 30 mittags. Das Büro in San Antonio ist unterrichtet.» Ironie der Geschichte für den fanatischen Leser von Nick Carter. Die kleinste seiner Gesten wird festgehalten; man erfährt, daß er im Washingtoner *Statler-Hotel* das Zimmer W 808 mit Villers teilt, dagegen im *Saint-Anthony-Hotel* in San Antonio das Zimmer 372 alleine bewohnt oder auch daß «Jean-Paul Sartre am ersten März am Gruppenprogramm in Schenectady nicht teilgenommen und die Stadt nachmittags mit einem Zug Richtung New York City verlassen hat».

Sartre setzt sich weiterhin von der Gruppe ab: Der offiziellen Reise schließt er einen privaten Aufenthalt in New York an. Er hat es überhaupt nicht eilig, nach Frankreich zurückzufliegen. Er flaniert, genießt die Vergnügungen und die Freiheit, die ihm Amerika bietet; es drängt ihn offensichtlich nicht, den politischen Wiederaufbau in Frankreich zu erleben; offenbar hat er keine Sorge, etwas zu verpassen. Zunächst in Washington, später in New York trifft er sich mit Henriette Nizan: Er informiert sie über die Kampagnen der Kommunisten gegen Nizan und versichert ihr seine Absicht, dem ein Ende zu bereiten. Sie erzählt ihm, daß sie bereits 1941 am New Jersey College for Women an der Douglas University eine Vorlesung über *La nausée* gehalten hat: die erste Sartre-Vorlesung an einer amerikanischen Universität. Er sieht sich nach Büchern für Gaston Gallimard um, der ihm freie Hand zum Abschluß interessanter Verträge gegeben hat. Er diniert mit dem Verleger Jacques Schiffrin, der wegen der Rassengesetze gezwungen gewesen war, Frankreich, das Haus Gallimard und die von ihm betreute *Pléiade*-Reihe zu verlassen und der jetzt mit Kurt und Helen Wolf beim Pantheon-Verlag zusammenarbeitet. Er trifft einen Freund aus der École normale wieder, Jean-Albert Bédé, der jetzt an der Columbia-Universität lehrt. Er sieht den stellvertretenden Außenminister Archibald MacLeish. Er sieht Dolorès Vanetti wieder. Im Mai kehrt er nach Paris zurück.

«Mein Leben sollte eine Folge von Abenteuern sein oder, besser, ein Abenteuer», erzählte Sartre 1974 von seinen Phantasien als Kind. «So sah ich es. Abenteuer ereigneten sich nahezu überall, aber selten in Paris, weil es in Paris selten ist, daß man eine Rothaut... auftauchen sieht. Die Notwendigkeit von Abenteuern zwang mich demnach, sie nach Amerika, Afrika oder Asien zu verlegen... Da habe ich angefangen zu träumen, daß ich nach Amerika gehen, dort mit Ganoven kämpfen, mit ihnen fertig werden und einige ins Unglück stürzen würde.»[46] Er sah Indianer, sah «Ganoven», wurde sogar vom Präsidenten empfangen und bewunderte dessen Sammlung von Eseln, dem Emblem der Demokratischen Partei, aus Marmor, Gummi, Plastik und Tonerde. Er tat aber keinem einzigen Ganoven etwas, war nie Buffalo Bill und noch weniger Nick Carter.

DIE SARTRE-JAHRE

1945–1956

PARIS: DER EXISTENTIALISMUS IST GEKOMMEN

Frühling, Sommer, Herbst 1945: Ihrer Presse konnten die Franzosen jetzt eine Unmenge Informationen entnehmen, denen die erst seit kurzem wieder vorhandene Pressefreiheit und die allmählich zunehmenden Papierbestände besondere Bedeutung verliehen: Dem Mangel folgte schnell die Fülle. So erfuhren sie mit allen Details, die ihnen bislang vorenthalten worden waren, von der Existenz der Gaskammern und der Krematorien, über die Jacques-Laurent Bost, der für *Combat* nach Dachau gefahren war, berichtete, daß sie «außerhalb der Stacheldrahtumzäunung in einem Backsteingebäude untergebracht sind. Über der Tür der Gaskammer steht ‹Dusche›.» Die Nachkriegsfranzosen erfuhren weiter, wie Deutschland am 7. Mai, um zwei Uhr und einundvierzig Minuten bedingungslos kapituliert hatte. Sie erfuhren, daß Abel Bonnard in Abwesenheit zum Tode verurteilt wurde und wie Jean Luchaire an der Gare de Lyon empfangen wurde: Er wurde angespuckt. Sie erfuhren von der Eröffnung des Prozesses gegen Pétain und dem Tod von Paul Valéry: Ironischerweise erhielt der vierundsiebzigjährige verstorbene Dichter am selben Tag die Ehre eines Staatsbegräbnisses, an dem der neunundachtzigjährige Marschall erklärte, er sei unschuldig und werde jede Antwort verweigern. In diesen Monaten verbissener nationaler Abrechnungen, in denen die Franzosen ihre dreckige Wäsche wuschen, nahmen die Schriftsteller die gefährliche und delikate Rolle von Helden oder Sündenböcken an, sie stellten jetzt eine nationale Kategorie dar, die genauso exponiert und verantwortlich war wie die Soldaten oder Politiker: Die Männer der Feder wurden den Männern des Degens gleichgestellt.

Sommer, Herbst, Winter 1945: Die Franzosen erlebten die aufeinanderfolgenden Phasen einer neuen gesellschaftlichen Ordnung und die Wiederherstellung eines nationalen Gleichgewichts. Allmähliche Räumungsarbeiten auf den Trümmerfeldern, allmähliche Ablösung der abgesetzten ehemaligen Akteure durch die neuen Hoffnungsträger: Erbitterter denn je wurde die Spreu vom Weizen getrennt. «Pétain hat vielleicht seine Person zur Verfügung gestellt», schreibt Albert Camus in *Combat*, «wie eine Prostituierte, aber nicht seinem Land Frankreich.» «Nie zuvor hat ein Mensch ein Volk so betrogen», erklärte Paul Reynaud. «Pétain hat ein Staatskomplott organisiert», beschuldigt ihn Herriot. Zeugenaussagen von Weygand, Daladier, Léon Blum... Der Pétain-Prozeß, der bis August dauerte, nahm die Dimensionen eines Corneille-Dramas an: zwei Teile eines Ganzen, von denen einer den anderen beschuldigt und in kurzer Folge umgekehrt verurteilt und verflucht wird. Am 15. August 1945 wird Philippe Pétain zum Tode verurteilt. Am 17. wandelt General de Gaulle als Präsident der provisorischen Regierung die Todesstrafe in lebenslängliche Haft um. Ein symbolischer Prozeß mit einem eigentlich lächerlichen Urteil, denn nur einigen wenigen wurde offiziell Verantwortung zugewiesen, während deren Sympathisanten mitsamt der dahinterstehenden Weltanschauung präsent blieben. Es folgte der Laval-Prozeß und die Erschießung von Pierre Laval am 15. Oktober. Im November schließlich begann in Nürnberg der große Kriegsverbrecherprozeß, und Otto Abetz saß vorübergehend in der Straßburger Festung. In diesen Monaten, in denen rächende Entlarvung Pflicht ist, Moralität an der Elle der Widerstandsmonate gemessen wird und die ganze Welt zwischen Ungeheuern und Helden zu zögern scheint, stimmen die Männer des Degens und die der Feder überein.

Die Männer der Feder standen also in der ersten Reihe: Zumindest stellte es die damalige Presse so dar. Abel Hermant, Mitglied der Académie française, wurde nach einem turbulenten Prozeß zu lebenslänglicher Haft verurteilt. Robert Denoël, der Céline, Rebatet und Hitler verlegt hatte, wurde am 3. Dezember 1945 in der Nähe seiner

Pariser Wohnung auf der Straße ermordet. Einige Tage später wurde Louis-Ferdinand Céline gefunden und in Kopenhagen verhaftet. Die «Bösen» wurden eliminiert, die «Guten» befördert. Im Zuge langatmiger Säuberungs- und Prozeßsitzungen entstand der neue Typus des Helden-Schriftstellers. Am 22. November ernannte de Gaulle André Malraux zum Informationsminister: Auf der anschließenden Pressekonferenz betonte Malraux die politischen Verpflichtungen des Schriftstellers. Einige Tage zuvor hatte Romain Gary für seinen ersten Roman, *Éducation européenne*, den Prix des Critiques erhalten; er nutzte die Gelegenheit, um seine jüngste gaullistische Vergangenheit in London in Erinnerung zu rufen: ein Mann der Feder in Uniform.

In einem beispiellosen Durcheinander trat das neue Personal schnell in Aktion. «Die Pariser haben Schlange gestanden, um wählen zu gehen», titelte *Combat* am 16. Oktober 1945. «Die verfassunggebende Versammlung muß gebildet werden», «Die verfassunggebende Versammlung ist gewählt», heißt es lyrisch am nächsten Tag. Und als General de Gaulle im November die Zusammensetzung seiner Regierung bekanntgab, wunderte sich kaum jemand über das vorgestellte Bündnis: Maurice Thorez und weitere kommunistische Minister gehörten ihr an. Gaullistische und kommunistische Résistancekämpfer sollten das Land eine Zeitlang in einem unsicheren Balanceakt regieren. Frühling, Sommer, Winter 1945: Die Franzosen lernten mit Hilfe ihrer Presse, Frankreich nach einer neuen Werteskala zu lesen. Das schloß allerdings Alltagsprobleme wie die neue Brotrationierung oder das Fortdauern der Stromausfälle in der Hauptstadt keineswegs aus. «Mangels Stroms werden die Cafés und Restaurants drei Tage pro Woche geschlossen bleiben», kündigte man Ende Dezember vorsichtig an. Gleichzeitig hieß es, 1946 würden die Verleger 40 000 Tonnen Papier erhalten und infolgedessen die Schüler vor Ende des Jahres keine neuen Schulbücher bekommen.

Die literarische Saison im Herbst 1945 entsprach dem großen Umbruch: Im Bereich der Künste waren genauso viele Köpfe wie in der Politik gerollt. Im Jahr zuvor hatte man, wie wir gesehen haben, auf den Säuberungssitzungen des CNE Schwerstarbeit geleistet, um zu entscheiden, ob nur Schriftsteller bestraft oder auch ihre Helfershelfer und Komplizen, die Verleger, einbezogen werden müßten: Man hatte für Milde optiert, nichtsdestoweniger wurde Brasillach am 6. Februar 1945 erschossen. Den Prix Goncourt jenes Jahres bekam ein neuer unbekannter Autor, Jean-Louis Bory, für seinen Roman *Mon village à l'heure allemande*. Der Prix Interallié ging an den kommunistischen Schriftsteller Roger Vailland für *Drôle de jeu*. Einstimmig wurde Camus' am Théâtre Hébertot aufgeführtes Stück *Caligula* gelobt: Ein unbekannter Dreiundzwanzigjähriger, der noch das Conservatoire besuchte, glänzte in der Hauptrolle, «ein Engel» laut Simone de Beauvoir, es war Gérard Philipe. Auf der Bühne des Théâtre du Carrefour fiel Olga Dominique in *Les bouches inutiles* auf, Simone de Beauvoirs erstem Theaterstück. «Eine Persönlichkeit», schrieb Robert Kemp über die junge Schauspielerin in der Theaterrubrik der Zeitung *Le Monde*.

Abgesehen von Bücherneuerscheinungen und Theateraufführungen kündigten die Zeitungen täglich alle stattfindenden Konferenzen und Vorträge an. Roger Caillois sprach über die Entwicklung der argentinischen Republik seit der Revolution vom 8. Juni 1943; Maurice Rostand über Sarah Bernhardt; Georges G. Toudouze, Mitglied der Marineakademie und des Rats der Union fédérale bretonne wählte das Thema Anne de Bretagne, «Königin der Eleganz und Fürstin der Künste», während der Pfarrer Élie Lauriol die Frage aufwarf: «Worauf soll sich der Wiederaufbau stützen?» und ein Chemieprofessor großzügig gleich zwei Themen hintereinander anbot: «Die Entdeckung des Beleuchtungsgases und ihre Konsequenzen» sowie «Der jeweilige Stand des künstlichen und des natürlichen Kautschuks». Die Pariser hatten auch Gelegenheit, sich über die Geschichte des französischen Korsika, über Amerika 1945, über die Jahre 1935–1945, über die Wahrheit von zehn Jahren Geschichte zu informieren. Nichts unterschied diese Titel im Veranstaltungskalender von *Le Monde* von jener lakonischen und nichtssagenden Ankündigung, die die Leser am Montag, dem 29. Oktober 1945, der Zeitung entnehmen konnten: «Conférence Maintenant» war annonciert, «Montag, 29. Oktober, 20.30 Uhr, Salle des Centraux, 8, Rue Jean-Goujon (Metrostation Marbeuf). Jean-Paul Sartre spricht über ‹Der Existentialismus ist ein Humanismus›.»

Die beiden Organisatoren des «Club Maintenant», Jacques Calmy und Marc Beigbeder, hatten sich diese Anzeige in *Le Monde*, *Com-*

bat, Le Figaro und in der *Libération* von Emmanuel d'Astier de la Vigerie viel kosten lassen. Davon überzeugt, die Saalmiete nicht wieder hereinzubekommen, hatten sie sich ansonsten für eine «hausgemachte» Werbung entschieden und ihre Ehefrauen damit beauftragt, in den renommiertesten Buchhandlungen vom Quartier Latin, von Montparnasse und Saint-Germain-des-Prés Plakate anzubringen. Beigbeder war optimistisch, Calmy dagegen war zunehmend besorgter: «Mit so einem Titel! Der Existentialismus!» Beigbeder hatte Sartre aufgesucht, und gemeinsam war den beiden schließlich «Der Existentialismus ist ein Humanismus» als Titel eingefallen, der nach den antihumanistischen Tiraden in *La nausée* auf alle Fälle paradox wirken mußte.[1]

Ein beispielloser kultureller Erfolg. Gedränge, Handgemenge, kaputte Stühle, ohnmächtige Frauen. Die Kasse wurde gestürmt, zerstört, auseinandergenommen: Ein Verkauf von Eintrittskarten fand nicht statt. Beigbeder und Calmy waren abwechselnd zufrieden, besorgt, bestürzt, erschrocken, verlegen, überwältigt, ohnmächtig angesichts des wahnsinnigen Menschenstroms. Gaston Gallimard, Armand Salacrou und Adrienne Monnier waren gekommen. Die kompakte, nervöse, von einem heißen Oktobertag überreizte Menschenmenge wartete aufgeregt und hinderte jeden am Eintritt. Nur einmal übte sie Nachsicht: Als das Schauspielerehepaar Jean-Louis Barrault und Madeleine Renaud eintraf, da trat das Handgemenge zugunsten mondäner Höflichkeit zurück. Sartre kam allein mit der Metro von Saint-Germain-des-Prés aus. Als er in die Straße einbog und die so dichte, bedrohliche Menschenmasse vor der Salle des Centraux erblickte, dort wo er sprechen sollte, dachte er: «Nun, das werden Kommunisten sein, die gegen mich demonstrieren!» und erwog, den Rückmarsch anzutreten. Er schritt dennoch vorwärts, mehr aus Berufsethos als aus dem Wunsch, sich mit der vermeintlich feindlichen Menge zu messen, und erreichte lustlos den Eingang. Aber wer von den zwei- bis dreihundert Zuhörern, die mit den Ellenbogen schoben, kannte schon sein Gesicht? Und wem lag der Stil: «Hoppla, hier bin ich, Sartre, rückt zur Seite, laßt mich hinein!» weniger als Sartre selbst? Er sagte also kein Wort und ließ sich von hinten nach vorne, von links nach rechts, im Rhythmus der Ellbogen-, der Stock-

und Stuhlstöße, in abwechselnd langsamen, wohltuenden und brutalen Aufundabbewegungen bis nach vorne treiben: Die Reise von der Eingangstür bis zum Podium, wo er reden sollte, dauerte eine Viertelstunde. Mit einer guten Stunde Verspätung begann der Redner seinen Vortrag in einem überhitzten, überfüllten, überreizten Saal.

Natürlich sprach er ohne Unterlagen und, sofern es ihm die erdrückende Nähe zu seinem Auditorium erlaubte, mit den Händen in den Taschen. Zunächst verteidigte er den Existentialismus gegen die Vorwürfe der Kommunisten, «eine kontemplative Philosophie, eine Philosophie des Luxus, eine bourgeoise Philosophie» zu sein; gegen die Vorwürfe der Katholiken, «das Verwerfliche am Menschen hervorzuheben, überall das Zwielichtige, das Visköse zu zeigen». Dann stellte er knapp sein Anliegen vor: den Sinn von «Humanismus» und die Definition von «Existentialismus» zu verdeutlichen, nämlich als «eine Lehre, die das menschliche Leben möglich macht». Geschickt wunderte sich der Redner sodann über die «existentialistische Mode». «Das Wort», sagte er, «hat heute einen solchen Umfang und eine solche Verbreitung angenommen, daß es überhaupt nichts mehr bedeutet... In Wirklichkeit ist der Existentialismus die am wenigsten skandalöse, die strengste Lehre; sie ist ausschließlich für Fachleute und für Philosophen bestimmt.» Nachdem er sein Revier abgesteckt, es gegen Eindringlinge, Kritiker und Sinnverfälscher verriegelt und sich auf sein Lieblingsterrain, die Philosophie, zurückgezogen hatte, stürzte er sich in ein reines Philosophieseminar, das ungeachtet der Heterogenität der Anwesenden, ungeachtet auch des mondänen Publikums die versprochene Fachlichkeit und Strenge bot; den Menschenstrom, die zerbrochenen Stühle und die Ohnmachtsanfälle übersah er schlicht. Er hielt sich an die Linie, die er sich, als er die Einladung annahm, selbst vorgenommen hatte, bewies seine Absicht der Strenge und wich keinen Millimeter davon ab. Die Schweitzers hätten diese Redlichkeit, diese Unbekümmertheit gegenüber dem Erfolg und diese Bescheidenheit, mit denen er an diesem Abend jede Koketterie mied, vermutlich geschätzt.

Die zusammengedrängten, herumgestoßenen, halb erstickten Zuhörer mußten dichte und präzise Analysen der Theorien von Jaspers, Gabriel Marcel, Kierkegaard, Kant und Auguste Comte sowie eine Lawine von Bezugnahmen auf Voltaire, Diderot, Dostojewski, Zola,

Stendhal, Cocteau und Picasso über sich ergehen lassen. Eine fundierte und interessante, strenge und vielseitige Darlegung, in der er die Schrauben noch etwas anzog, die er schon in seiner *Mise au point*, der Erwiderung auf die kommunistischen Kritiken in der Zeitung *Action* vom vergangenen Dezember, angebracht hatte; er zog die Schrauben «Individuum», «Verantwortlichkeit», «Angst», «Engagement», «Verlassenheit» fest und griff bestimmte prägnante Formulierungen wieder auf: «Der Existentialismus definiert den Menschen durch sein Handeln»; «Der Existentialismus sagt dem Menschen, daß es Hoffnung nur im Handeln gibt und daß die Tat das einzige ist, was dem Menschen zu leben erlaubt»; «Ein Mensch engagiert sich in seinem Leben, zeichnet sein Gesicht, und außerhalb dieses Gesichts ist nichts vorhanden»; «wir sind verlassen, ohne Entschuldigungen. Das meine ich, wenn ich sage, der Mensch ist zur Freiheit verurteilt.» Einige schlecht montierte oder störende Schrauben lockerte er, etwa die Schraube «Verzweiflung» oder die Schraube «Geschichte». Dann ließ er wie ein Mechaniker oder Autoschlosser, der einen Motor repariert hat, den Gegenstand, den er auseinandergenommen und wieder zusammengebaut hatte, mit jenem Gleichmut des arbeitenden Menschen liegen, den nichts von seiner täglichen Konzentration ablenken kann, und beglückwünschte sich selbst, daß der Existentialismus «ein Optimismus, eine Lehre der Tat» sei. Zwischendurch war ihm das Kunststück gelungen, die Definition eines «existentialistischen Humanismus» zu erfinden und vor allem einen Begriff des Individuums einzuführen, mit dem sich jeder identifizieren konnte: den «Europäer von 1945». Jenes Individuum mit der Fähigkeit, «jeden Entwurf zu verstehen, auch den des Chinesen, des Indianers oder des Schwarzen», rückte er ins Zentrum der Welt. Und der Zauberer, dieser Europäer von 1945, sollte schnell Karriere machen. Der Mechaniker-Redner entfernte sich von seiner Maschine. Der ursprünglich geplante Veranstaltungsteil, Diskussion mit den anwesenden Widersachern, fiel aus Platz- und Zeitmangel weg. Der Redner ging.

Am nächsten Tag traf sich Marc Beigbeder mittags mit ihm im *Café Flore*. Zuerst wollte er sich bei ihm wegen der dürftigen Organisation des denkwürdigen Abends entschuldigen und ihm dann die Schwierigkeiten darlegen, denen er jetzt ausgesetzt war: Gewiß hatte er ihm ein Honorar angeboten, jetzt aber müsse der Club Maintenant, ohne die geringsten Einnahmen gehabt zu haben, eine ziemliche Summe auftreiben: Saalmiete, Anzeigen in der Presse, Beschädigung des Mobiliars, der Direktor der Maison des Centraux hatte schon eine Rechnung für die beschädigten Stühle aufgestellt... Beigbeder kam nicht dazu, die Liste seiner künftigen Schulden zu beenden: «Na gut, vergessen Sie doch mein Honorar!» schlug Sartre vor. «Im übrigen scheint es ein Erfolg zu sein!» meinte er und zeigte ihm die Artikel in der Morgenpresse, die er gerade bei Café und Croissants entdeckte.

«Zu viele Menschen bei Jean-Paul Sartres Vortrag. Hitze, Ohnmachtsanfälle und Notdienst. Oberst Lawrence war Existentialist», titelte Maurice Nadeau in *Combat*. Nadeau, dem später die übrigen Kritiker folgten, machte sich als erster einen Spaß daraus, von der Panik und den Exzessen der Menschenmenge zu berichten. Alle beschrieben «die Ellbogenkämpfe», «die unexistentialistische Angst», die Sorge, an «Erstickung zu sterben», die diversen Einwürfe «ehrwürdiger Greise», die ausgebuht wurden, als sie vorschlugen, «den Notdienst zu rufen», die Unruhe, die Zwischenrufe: «Dieser geschlossene Saal, das ist *Huis clos*», und die Hitze, die Schminke, Kleidung und Körper auflöste. In *Terre des hommes* verglich Justin Saget mit seinem großen Filmwissen den bescheidenen Saal in der Maison des Centraux mit der Kabine von Groucho Marx in *Une nuit à l'opéra*; die Rednerbühne verglich er mit dem Deck der *Bounty* beim Ausbruch der Revolte; schließlich beschrieb er Sartre – welches Heraufbeschwören von Jean-Baptistes Geistern – als «großen Steuermann und Alleinherrscher an Bord, der seine Leute vollständig in der Gewalt hat und auf seinem Podium wie der Schaum auf dem Kamm der Welle wirkt». Wurde der einzigartige Abend durch den lyrischen Überschwang verzerrt? Oder trug das dazu bei, diesen Menschenansturm zu einem vorzeitigen «Medienereignis» zu machen? Allmählich überboten sich die Journalisten gegenseitig, die einen sprachen von «Kakerlakenhitze» oder einem Publikum, das «eher eine Horde» gewesen sei, «eher Sartrions als Sartriens», die anderen zählten «dreißig zerbrochene Stühle» oder «fünfzehn Ohnmachtsanfälle» oder erklärten den «Sieg» des Redners damit, daß man Stolz über ihn empfunden habe, so wie andere «der Stolz der Anwaltskammer, der Politik, der Armee oder der Marine sind»... Wenn auch die aggressiven, streitsüchtigen, komischen und beinahe phantastischen Elemente dieses Abends die Kritiker einerseits selig machten, wurde andererseits der Vortrag selbst als «Universitätsseminar», als «zu scholastische Zusammenfassung seiner Lehre» bezeichnet, wobei dem Redner übereinstimmend «Souveränität», «Mut», «Bravour», «persönliche Präsenz», «persönlicher Magnetismus» bescheinigt wurden.

Von diesem Tag an und ohne daß irgend jemand damals das Geheimnis dieses Ansturms aufzuklären versuchte, wurde Sartre endgültig eine öffentliche Person. Retrospektiv galt sein Vortrag beim Club Maintenant als «must» des Jahres 1945. Außerdem gab Boris Vian in seinem Roman *L'écume des jours* 1947 einen ironisch-grotesken Bericht des Abends, an dem «sich Jean-Sol Partre mit dem Beil den Weg zur Bühne frei machte». Zu dem die Zuhörer «im Leichenwagen» gekommen seien oder «mit dem Fallschirm aus Sondermaschinen absprangen» oder es schließlich «über die Kanalisation» probierten...: ein wesentlicher Text zum Entstehen der Sartre-Legende. Was Vians Satire allerdings nicht bot: eine Analyse oder irgendeine Erklärung des völlig überraschenden Phänomens jenes Menschenauflaufs, während am gleichen Abend am Théâtre du Vieux Colombier in Saint-Germain-des-Prés – dort, wo ein Jahr zuvor *Huis clos* gespielt worden war – Julien Benda vor einem schönen, großen und absolut leeren Saal auftrat: Das Sartre-Phänomen war geboren.

Was den Zeitgenossen natürlich weiter entging, als jener Sartresche Herbst 1945 über sie hereinbrach, war das permanente, geradezu einhämmernde Hervorheben seines Namens, seiner Werke und der Werke seiner Freunde im französischen Literaturleben. Vom 1. September bis zum 31. Dezember 1945 verging kein Tag, an dem nicht in der Presse Sartre und der Existentialismus erwähnt oder zitiert wurden. «Der Existentialismus? Ich weiß nicht, was das ist. Meine Philosophie ist eine Philosophie der Existenz», hatte er noch vor zwei Monaten auf einem von den Éditions du Cerf in Brüssel organisierten Kolloquium erklärt. Überrollt von Presse und Öffentlichkeit, die den Begriff lanciert und sich angeeignet hatten, überrannt von einem Modephänomen, das er genau durchschaute, wandte Sartre schließlich im Oktober 1945 den Begriff selber an. Ein in der französischen Geistesgeschichte äußerst seltenes Ereignis: Ein strenges, fachphilosophisches Denken traf in der Öffentlichkeit auf ein ungewöhnlich großes Echo. Gewiß, Sartre war ein Mann der einprägsamen Formulierungen, und sein Werk bot jedem eine Zugangsmöglichkeit. Ein Werk zu tausenderlei Zwecken, mit tausenderlei Lesemöglichkeiten: *La nausée*, *Le mur*, *L'être et le néant*, *Les mouches* und *Huis clos* – um nur die literarischen Werke im Unterschied zu den Artikeln hervorzuheben – belieferten die Sartriens von 1945 mit allseitig einsetzbaren Instrumenten, Formeln, Vorbildern, mit flexiblen, brauchbaren und ansprechenden Helden.

Die erste Etappe hatte eigentlich einen Monat vorher mit dem gleichzeitigen Erscheinen der ersten beiden Bände seiner Romanfolge *Les chemins de la liberté* stattgefunden, *L'âge de raison* und *Le sursis*. Knapp danach folgte die erste Ausgabe der Zeitschrift Sartres: *Les Temps Modernes*. Nach *La nausée*, einem Zwischending zwischen Philosophie und Roman, nach *Le mur*, einer Sammlung von Novellen oder Kurzromanen, wartete man auf *L'âge de raison* als Sartres ersten richtigen Roman; die Neugier war um so größer, als er seine Talente als Kritiker, Theoretiker, wenn nicht Literaturpapst schon bewiesen hatte und die Leser sich darauf freuten, den Romanautor an den eigenen Literaturtheorien messen, die beiden Seiten ein und desselben Künstlers miteinander konfrontieren zu können: den Theoretiker mit dem Praktiker, den Richter mit dem Erfinder. Die intellektuelle Mechanik Sartres, das war es, was man sich von *Les chemins de la liberté* versprach, und das Warten und die Neugier ließen das Interesse wachsen: «Für diesen Schriftsteller, der mit seiner Feder alles kann», schrieb André Rousseaux in *Le Figaro*, «stand nur noch an, sich mit einem großen Roman, einem dieser üppigen und wuchernden Romane, wie es sie früher in Amerika gab, zu behaupten...» Die Ankündigung des bevorstehenden Erscheinens der ersten beiden Bände der *Chemins* nahm immer stärker die Züge einer Herausforderung, einer Wette, fast eines Spiels an.

Man erinnere sich an das langsame Entstehen von *L'âge de raison*, damals noch *Lucifer*, gleich nach dem Niederschreiben des letzten Satzes von *L'enfance d'un chef*. Man erinnere sich an die Planung, dann die Ausarbeitung des Manuskripts seit Anfang 1939. Man erinnere sich auch an das allmähliche Redigieren während der ersten Monate der *drôle de guerre*; an die abschnittweise Fertigstellung zwischen dem 31. Dezember 1939 und dem Sommerende 1941, als immer wieder gestrichen und neugeschrieben wurde. Man erinnere sich schließlich an seine Gier nach Veröffentlichung: «... das Buch (sollte) im Oktober (1940) erscheinen» [2], wie an die späteren Skrupel: «Sartre verwahrte *L'âge de raison* in seiner Schublade, da sich kein Verleger zur Veröffentlichung eines derart skandalösen Buches bereit gefunden hätte» [3], erzählt Simone de Beauvoir. Man erinnere sich nicht zuletzt an die tatsächliche Existenz der Romanfiguren an der Seite des schreibenden Soldaten während der *drôle de guerre*: Er lebte unter ihnen, betrachtete sie, liebte sie, verkehrte mit ihnen, erwähnte sie in seinen Briefen, setzte sie in Szene, beobachtete, wie sie sich bewegten, reagierten, zitterten. Ivich und Boris, Mathieu, Marcelle und Daniel wurden die fiktiven Abbilder der Olgas, Wandas, Bosts und Sartres, wie es Zigaretten aus Schokolade oder Dollars aus Marzipan gibt... Danach setzte er sich an den zweiten Band, *Le sursis*, den er zwischen 1942 und November 1944 schrieb. Die beiden in völlig unterschiedlichen Perioden konzipierten, ausgearbeiteten und vollendeten Bücher wurden an ein und demselben Tag der Öffentlichkeit vorgestellt: ein Schockeffekt. Die Wirrungen des Krieges hatten sich für ihn als günstig erwiesen.

Im September 1945 also, nach Ende des Krieges, lernten die Franzosen die Bedrängnisse einer Persönlichkeit kennen, des Helden von *Les chemins*, die Sartre wie ein Bruder ähnelte – gleiches Alter, gleicher Beruf, gleicher Lebensstil – und Mathieu Delarue hieß. In *L'âge de raison* und in *Le sursis* ließ er seine allmähliche Desillusionierung, seine verzweifelte Romantik, seinen lockeren Anarchismus, seine marginale Komplizenschaft, seine Ästhetik des Scheiterns, seine unpathetische und undramatische Auseinandersetzung mit dem eigenen Leben, der eigenen Person, der eigenen Freiheit im Juni und September 1938 durch die Cafés, Bistros und Restaurants der Pariser Intellektuellenviertel herumgeistern. Für ihn bedeutete die Zeit der Reife keinen Bruch, und sie vertrug sich mit gelegentlicher Jungenhaftigkeit. Geschickt windet er sich durch die Belastung der Abtreibung seiner früheren Geliebten und die Abfuhren der jungen Studentin, der er den Hof machte, hindurch, steckt Schläge ein, teilt welche aus, ein Alltag ohne Beschönigung, ohne Heldentum, ohne Heuchelei.

«Meine Absicht ist, einen Roman über die Freiheit zu schreiben», erläuterte der Autor in der Ankündigung. «Ich wollte den Weg einiger Personen und sozialen Gruppen zwischen 1938 und 1944 nachzeichnen... Daher habe ich *L'âge de raison* in der üblichen Weise erzählt und nur die Beziehungen einiger Individuen zueinander gezeigt. Aber mit den Septembertagen von 1938 brechen die Abschottungen zusammen... In dem Band *Le sursis* wird man alle Personen aus *L'âge de raison* wiederfinden, aber verloren in einer Menge anderer Leute.» Er nennt ausdrücklich seine Vorbilder: Zola in *Germinal*, Dos Passos und Virginia Woolf und folgert: «Ich habe das Problem genau an dem Punkt wieder aufgegriffen, bei dem sie es belassen hatten, und ich habe versucht, auf diesem Weg etwas Neues zu finden. Der Leser wird sagen, ob es mir gelungen ist.» [4] Viel Selbstsicherheit in diesem öffentlichen Bekenntnis, in dieser offenen und unumwundenen Absichtserklärung. Großzügig bot er einige Schlüssel zum Verständnis des Sartreschen Systems an, und selbstherrlich warf er ein «Und nun viel Spaß!» hin. Wieder einmal sorgt er für die spielerische Dimension, die akrobatische Herausforderung, die offenbar Begleitmerkmale des Erscheinens seiner Bücher geworden sind. «Selten sind Romane so erwartet worden», antwortet der Kritiker von *Le Populaire* auf das Sartresche Fingerschnippen. «Das Leben von Jean-Paul Sartre ist genauso öffentlich wie das von Sokrates, und seine Erfolge auf den unterschiedlichsten Gebieten sind für die Pariser Chronik wie für die Geistesgeschichte von gleich großem Interesse.» Der Schriftsteller hatte damit gespielt, von sich hören zu lassen, indem er die Mittel und Instrumente zur Dekodierung seiner Romane lieferte; die Kritiker spielten Warten: Offenbar ging bei jedem die Rechnung auf.

«Jean-Paul Sartre gehört endgültig zu den größten französischen Schriftstellern unserer Zeit... Sein ungewöhnliches Talent bestätigt sich eklatant...»: Louis Parrot, *Les Lettres françaises*; «Falls Sartre die Ambition gehegt haben sollte, die Schranken der bisherigen Literatur einzureißen, ist es ihm schon jetzt gelungen... Mit allen großen Romanciers teilt er das Privileg, ein Universum zu haben»: Gaëtan Picon, *Confluences*; «Das Meisterwerk des zeitgenössischen Romans»: Maurice Nadeau, *Combat*. Hohes Lob also, Anerkennung auch seitens einiger Schriftsteller wie Joë Bousquet: «Ich bewundere sehr diese Leichtigkeit und diesen tiefen Humor, die ihn dazu bewegen, sich selber zu kopieren, sich selber zu ironisieren»; Maurice Blanchot: «Das Zusammentreffen eines hervorragenden Philosophen und eines hervorragenden Schriftstellers in ein und demselben Menschen rührt auch von der Möglichkeit her, die ihm Philosophie und Literatur geboten haben, sich in ihm zu treffen.» Aber auch Zurückhaltung, sogar heftige Angriffe, die sich meist mit ungehemmter Vehemenz artikulieren: Émile Henriot beispielsweise geißelt in *Le Monde* «den Existentialismuslehrer und in dieser Eigenschaft von einem Teil der heutigen Jugend bewunderten Meister», um den Leser vor einem «ekelerregenden Buch mit widerwärtigem Latrinengeruch» zu warnen. «Wenn Bücher riechen würden», greift Louis Beirnaert in *Études* seine Wendung wieder auf, «dann müßte man sich beim Lesen der letzten Sartre-Romane die Nase zuhalten... Die Frage des Lebens nur von seinen Exkrementen her aufzuwerfen, die Existenz auf das Niveau der Gosse und des Mülleimers herabzudrükken, genau das ist Sartres Absicht.» In *Le Figaro* empfindet André Billy nichts als Verachtung für die Sprache dieses Romans, der «durch die Kühnheit und das Krude seiner Darstellungen, durch die Feigheit seiner Charaktere, durch den Pessimismus und den Ekel vor dem Leben skandalös ist». Das Lager der Moralisten wird von Claude Benedick verstärkt, der in *La Marseillaise* schlankweg die Alarmglocke läutet: «Es ist seltsam und besorgniserregend, daß sich in einer Zeit, in der Mut und Disziplin nötiger denn je sind, eine Theorie entwickeln kann, die... sämtliche Exzesse rechtfertigt. Eine um so gefährlichere Theorie, als sie bei uns einen der bedeutendsten Schriftsteller seiner Generation zum Sprachrohr hat.» Zwischen Lob und Haß sind viele, die das klarsichtige, «harte und mitleidslose» Werk begrüßen, das von «intensiver Wahrheit» sei und «einen beinahe visionären Sinn für das menschlich Intime» habe. Vom «jugendgefährdenden» Sartre bis zu dem als Erbe «der Riesen Balzac, Zola und Proust» gefeierten Sartre (Pierre Maulet in *Renaissances*) entsteht allmählich ein genaueres Bild jenes außergewöhnlichen Schriftstellers, jenes so begabten Romancier-Philosophen; auch verfeinern sich die Konturen seines Lebensstils und seiner Weltsicht, als würden ihm in einer einmaligen Umkehrung der Dinge die besten Eigenschaften seiner Romanfigur Mathieu Delarue zufallen: die Echtheit des Alltags, die Banalität des täglichen Lebens.

Mathieu Delarue, 1938 zum Zeitpunkt des Münchner Abkommens konzipiert, zu Beginn des Zweiten Weltkriegs geschaffen, während der *drôle de guerre* umgestaltet und verfeinert, zu Beginn der Résistance vollendet, wurde für die Sartriens von 1945, wie aus heiterem Himmel, zum Tintin*, zum Vorbild und Mann für alles der Nachkriegszeit. Er sprang aus der Schublade, in die ihn die Zwänge der Zensur jahrelang verbannt hatten. Mathieu Delarue, der weder zielgerichtetes Programm noch reiner Zufall war, taucht 1945 auf, beladen mit allen historischen Herausforderungen der Vorkriegszeit: mit der Sorglosigkeit, mit der «bonace trompeuse» vom Juni 1938, der Ruhe vor dem Sturm, mit den zunehmenden Spannungen im September; mit seinem Zögern und mit seinen Entscheidungen verkörperte er einen fünfunddreißigjährigen Mann, der eine Vorkriegszeit betrachtet, über die es 1945 tatsächlich weder Untersuchungen noch Analysen gab.

Das Erscheinen der zwei Bände von *Les chemins de la liberté* löste im September 1945 deshalb diese Flut von Artikeln aus, weil es zu einem strategischen Zeitpunkt geschah: der Renaissance der französischen Presse nach der Zensur der Kriegszeit. Die Erlasse vom 26. August 1944 hatten die Ära der Freiheit eröffnet und im französischen Journalistenmilieu eine Art Revolution hervorgerufen: eine Flut von Neugründungen und zugespitzte Konkurrenz. Die drei 1945 aufeinanderfolgenden Informationsminister Pierre-Henri Teitgen, Jacques Soustelle und André Malraux erlebten in einem einzigen Jahr die Gründung von vierunddreißig Tageszeitungen. «Die Revolution, die die französische Presse verändert hat», schrieb Raymond Millet 1946, «erstaunt das Ausland nach wie vor; sie ist präzedenzlos. Nie zuvor und in keinem Land der Welt hat sich je eine solche Flut von Neugründungen in der Presse ereignet!»[5] Und Camus warnte im *Combat*: «Oft ist ein Land soviel wert wie seine Presse... wir haben die Mittel errungen, die tiefgreifende Revolution zu machen, die wir uns wünschten. Allerdings steht noch aus, sie auch wirklich zu machen!»[6] Im Herbst 1945 explodierte die gut vorbereitete, gut eingeleitete Sartre-Mode wie eine Bombe, für die ausgehungerte Presse wurde sie das erste echte Medienprodukt der

* Deutsch: «Tim und Struppi».

Nachkriegszeit. Von seinen ersten Gehversuchen bei *Combat* und *Le Figaro* an ist Sartres Geschichte mit der Geschichte der Presse verschmolzen, und so bleibt es fast ohne Unterbrechung bis zu seinem Tod: eine Vernunftehe. Abgesehen davon und weit über ein simples, in der exaltierten Euphorie der Befreiung entstandenes Medienprodukt hinaus wurde Sartre selbst ein journalistischer Akteur und kein unbedeutender: Im Oktober 1945 erschien die erste Ausgabe der Zeitschrift, deren Herausgeber er selber war: *Les Temps Modernes*.

«Das Ereignis dieser Woche ist sicher das Erscheinen der ersten Ausgabe der *Temps Modernes*», bemerkt der Rezensent von *Le Figaro* am 3. November und fährt fort: «Sie wurde sozusagen als Zeitschrift der dritten Partei erwartet. Neben den zwei großen disziplinierten Familien – der marxistischen und der christlichen –, die nach rascher Veränderung von Menschen und Dingen trachten und darauf Einfluß nehmen wollen, bieten jetzt *Les Temps Modernes* ihren eigenen Weg an. Man kann also sagen, die Literatur verfügt jetzt genauso wie die Politik über ihre ‹drei Großen›.» Ein solcher Vergleich konnte nur in einem Jahr Interesse wecken, in dem de Gaulle und Thorez gemeinsam regierten, in dem SFIO-MRP einerseits und KPF andererseits das politische Leben bestimmten. *Les Temps Modernes* war eine Art symbolischer «Sartre-Partei»: weder mit den einen noch mit den anderen. Und lag im übrigen nicht die Verzögerung des Erscheinens der Zeitschrift an den weiterhin bestehenden Papierrationierungen? Einige bereits redigierte Artikel waren in der Zwischenzeit schon in der amerikanischen und englischen Presse erschienen. Unter der Überschrift: «The case for a responsible literature» konnten zunächst die englischen, später die amerikanischen Leser Sartres Leitartikel *Présentation des «Temps Modernes»* in den Zeitschriften *Horizon* und *Partisan Review* lesen, ganze sechs Monate vor dem französischen Publikum.

Dasselbe Warten auf die erste Ausgabe der *Temps Modernes* wie vorher auf die zwei Bände der *Chemins*: Hätte ihm eine bessere Werbung einfallen können? «Endlich ist die so sehr erwartete Zeitschrift von Jean-Paul Sartre erschienen», freut sich Maurice Nadeau im *Combat*. Sie sollte im monatlichen Rhythmus herauskommen und hatte ein schlichtes, fast strenges Aussehen, abwechselnd rote und schwarze Lettern auf weißem Grund, ein klassisches Format von 14 mal 23; einen Titel, der ein Sartresches Augenzwinkern zu Chaplin hin war; im weitgefächerten Redaktionskomitee waren Raymond Aron, Albert Ollivier, Michel Leiris, Jean Paulhan sowie de Beauvoir und Merleau-Ponty. Herausgeber: Jean-Paul Sartre. Gab es verglichen mit der übrigen damaligen Presse Innovationen? Eine vielleicht, die neben das Inhaltsverzeichnis fett gesetzte Mitteilung: «Der Herausgeber empfängt dienstags und freitags von 17.30 Uhr bis 19.30 Uhr.» Die Leitlinien des Projekts stießen auf großes Interesse, vor allem die Rubrik «Lebenswege», auf die wir noch zurückkommen werden, aber zunächst stürzten sich die französischen Leser auf Sartres *Présentation des «Temps Modernes»* und seinen Artikel *La Nationalisation de la littérature*. Diese *Présentation* wurde überall sofort als richtiges Manifest aufgenommen und innerhalb der Vielfalt seiner Talente der Tradition von Sartre-dem-Mörder-Richter-Papst, kurz, der Tradition seines Mauriac-Artikels zugeordnet. Um so eher, als viele, wie Justin Saget in *Terre des hommes*, den Sinn seiner Darlegung als «wahre Herausforderung der ästhetischen Werte im Namen einer gesellschaftlichen Verpflichtung, die dem Schriftsteller zufiele», empfanden.

«Der Schriftsteller ist in seiner Epoche *situiert*; jedes seiner Worte findet einen Widerhall. Auch sein Schweigen», betonte der Herausgeber. «In meinen Augen sind Flaubert und die Brüder Goncourt für die Repression verantwortlich, die der Pariser Commune folgte, weil sie nicht eine Zeile zu ihrer Verhinderung schrieben. Das war nicht ihre Sache, wird man sagen. Aber war der Prozeß Calas die Sache Voltaires? War die Verurteilung von Dreyfus die Sache Zolas? War die Verwaltung des Kongo die Sache Gides?» Anklage, Schmährede, Beschwörung der ruhmreichen Ahnen, unumwundene Verurteilungen – nichts fehlte, damit diese *Présentation* als Manifest, als kulturpolitisches Bekenntnis, als Kriegsbeil, als Mauriac-Artikel *da capo* verstanden wurde, in dem der angeklagte Mauriac mit zehn multipliziert worden war. «Ein Jivaro», meinte Justin Saget zum Sartre der *Présentation*. Und weiter: «Wie die Amazonasindianer, die den Fremden mit trostloser Strenge bewirten, ist der Herausgeber von *Les Temps Modernes* der Kopfjäger *par excellence* in der Literatur... Opfer des Gemetzels sind Balzac, Flaubert, Goncourt und Proust...» Wieder bewegen wir uns in der Welt des Spiels und der Akrobatik: Sartre der Possenreißer, der Jahrmarkthändler, der Spaßvogel. Eine der Möglichkeiten, ihn zu lesen, die seinen Wünschen freilich diametral entgegengesetzt ist.

«Wir erklären laut und deutlich... Wir behaupten... Wir lehnen ab... Wir akzeptieren a priori nicht... Wir weigern uns zu glauben... Wir bestreiten... Wir stimmen zu...» Programme und Definitionen folgen einander im schnellen Rhythmus der Sartreschen Stimme: Es sollen gleichzeitig die gesellschaftliche Situation der Menschen und ihr eigenes Selbstbewußtsein verändert werden; die Literatur muß die gesellschaftliche Funktion zurückerhalten, die sie nie hätte verlieren dürfen; *Les Temps Modernes* müssen sich zu einem Forschungsorgan entwickeln; alle literarischen Genres sollen einbezogen werden: vom Gedicht über Reportagen oder Untersuchungen bis zum reinen Dokument; unsere Epoche als «bedeutende Synthese» betrachten und die verschiedenen Erscheinungen der Gegenwart in einem «synthetischen Geist» interpretieren; alle Gutwilligen aufnehmen; der «engagierten Literatur» dienen. Sartre trat also als Anführer einer Mannschaft auf, als «leader» einer Strömung und Sprecher einer Bewegung mit besonders hochgesteckten Zielen: «synthetischer» Zugang zur modernen Gesellschaft; «synthetischer Geist» auch beim Anwenden aller erforderlichen Forschungsinstrumente. Das Zeitalter der «engagierten Literatur» hatte einen aufsehenerregenden Start.

Eine solche Lawine Sartrescher Behauptungen mußte entweder irritieren oder überzeugen. Sie irritierte manche, darunter Gide, obwohl er zu den wunderbar Geretteten zählte, die dem «Gemetzel» unseres «Kopfjägers» gerade noch entkamen. «Das Manifest der *Temps Modernes* ist verwirrend», schrieb der geschonte Gide, der gleichwohl wenig geneigt war, die frontalen und definitiven Angriffe auf seine Kollegen hinzunehmen. «Ich hoffe sehr», wünschte er ironisch, «daß er nach der Literatur nicht auch noch die Musik und die Malerei zu ‹engagieren› beabsichtigt. ‹Es lebe der König› und ‹Es lebe die Liga› können nach derselben Melodie gesungen werden.»[7] Der berühmte Autor der meisterhaften Ohrfeige von *Retouches à mon retour de l'URSS*, der sich seiner Autorität bewußt ist, provoziert seinen Widersacher mit Ironie und bringt herablassend eigene Erfahrungen im «Lande der Sowjets» in Erinnerung: «Ich entsinne mich einer Ausstellung russischer Malerei in Tiflis, wo jedes Werk die Abkehr von den individuellen Werten zugunsten eines unübersehbaren Engagements bezeugte; angefangen bei der erbaulichen Wahl der *sujets...*» Hier Zähneknirschen, dort Wohlwollen oder auch Unterstützung. «Die Partie verspricht spannend zu werden», amüsiert sich der *Figaro*-Kritiker ganz im Stil einer Sportberichterstattung, um allerdings eine Bemerkung hinzuzufügen, die wahrscheinlich vielen auf der Zunge lag: «All das bietet viel Sartresche Aktualität. Die Präsenz ist ausufernd: Romane, Stücke, Vorträge. Und allein schon das Wort ‹existentialistisch› läßt alle beim Torloni-Geist Verbliebenen aufwachen.»[8] «Sartre macht sich gut als ‹prominenter Zeitgenosse›», drückt sich ähnlich der Kritiker von *Terre des hommes* aus, der ihn ansonsten als «ungewöhnlich begabten geborene Schriftsteller»[9] einschätzt.

Bei näherer Betrachtung entwickelte die gesamte Sartresche Produktion, die im Herbst 1945 ans Tageslicht kam, eigentlich nur ganz bestimmte, seit langem herangereifte Gedanken: bekanntlich entstand *L'âge de raison* vor dem Krieg. Und die Idee der *Temps Modernes* hatte in den Diskussionen zwischen Sartre, Beauvoir, Merleau-Ponty, später auch Camus und Leiris in der Widerstandsgruppe «Socialisme et Liberté» und vor allem nach deren Zusammenbruch Gestalt angenommen. Durch die Verhaftungen von Yvonne Picart und François Cuzin hatte Sartre die Realität der militanten politischen Aktion wie auch der eigenen Grenzen erfahren. Aus diesen Wirrungen entstand die Zeitschrift, aus diesem Umbruch, aus diesem Wiederaufbau einer Welt mit seinen vorübergehenden Übereinstimmungen: Sehr bald werden Aron, Paulhan und Ollivier das Redaktionskomitee wieder verlassen. Diese Zeitschrift wird wohl «langweilige und falsche Begründungen kaum vermeiden», hatte ja Jean Paulhan schon am 10. Dezember 1944 an André Gide geschrieben. Nur begrenzt schenkte er Sartre Aufmerksamkeit, er wartete ab und beteiligte sich nur äußerst schwach; nun erschien allerdings die durch Drieu la Rochelles politische Positionen während der Besatzung zu stark kompromittierte *Nouvelle Revue française* nicht mehr.

Mit der Gründung von *Les Temps Modernes* etablierte sich Sartre allmählich, er war jetzt Herausgeber einer angesehenen Zeitschrift, er war offen für die «Gutwilligen», und er stellte einen Machtfaktor dar. Nach und nach hatte er jeden Bereich des Denkens erobert, jedes Publikum angesprochen und alle verfügbaren Waffen erprobt. Nach den Intellektuellen, seiner ersten Leserschicht, hatte er dank seinen Artikeln und mehr noch seinen Theaterstücken eine große Öffentlichkeit erreicht sowie mit *L'être et le néant*, abgesehen von seinen ersten philosophischen Texten zwischen den Kriegen, die akademischen Kreise. Jetzt, 1945, wandte er sich mit zwei Romanen, einer Zeitschrift und diversen Vorträgen erneut dem breiten Publikum zu. Konnte man Sartre noch entkommen? Ihn ignorieren konnte niemand mehr. Die Eroberung, von ihm selbst liebenswürdig «synthetisch» genannt, wurde eine globale, die Machtübernahme eine totale. Dem opportunistischen Bürgertum, das durch den jahrelang grassierenden Pétainismus rückständig geworden war, mißfiel er, er schokkierte es. Er schockierte auch die Kommunisten, die sich ihres Ruhms als «Partei der Erschossenen» sicher waren und sich als erste Partei Frankreichs begriffen. Andere begeisterte und verführte er; die Anhänger der «dritten Partei», von der der *Figaro*-Journalist gesprochen hatte, prügelten sich darum, ihn kennenlernen, treffen, sehen zu dürfen. Mit Sartre war der Schriftsteller 1945 etwas völlig anderes geworden als nur ein Mann der Feder.

Unter anderem war er ein Ideenjongleur, ein Gehirntier geworden. Um dieses Wunder sehen und hören zu können, waren am 29. Oktober um 20.30 Uhr die drei- bis vierhundert Menschen in die Salle des Centraux gekommen. Maurice Nadeau merkte an, es sei seine «intellektuelle Akrobatik», die das Interesse begründet hätte.[10] Hätte Sartre den Widerhall, auf den er traf, das Publikum, über das er jetzt verfügte, die Anziehungskraft seiner Stimme sowie die Kompetenz, die man ihm jetzt zuerkannte, richtig einschätzen können, wäre er weniger überrascht gewesen, als er es war.

Jahrelang hatte er seine Denkmaschine leerlaufen lassen. Wie ein Boxer, der weiß, daß er wieder hochkommen wird, hatte er Mißerfolge und Ablehnungen als Schläge hingenommen, Zyklen der Verdammung erfahren: den Zyklus der dreißiger Jahre: von 1935 bis 1938; den Zyklus der vierziger Jahre: von 1941 bis 1942. 1945 sprang er wieder auf, vervielfachte seine Tätigkeiten, die einfachsten wie die komplexesten, und spielte auf jeder Tastatur der großen Orgel, die er für sich allein gebaut hatte. Wir werden öfter auf diese überhaupt nicht gespielte Naivität des Menschen Sartre zurückkommen. Wie oft wird er sich noch darüber wundern, ein Echo, Anhänger, Ratsuchende, Gefolgsleute zu besitzen. Zwischen den Produktionskapazitäten eines sich ständig selbst überfordernden Menschen und dem Einschätzungsvermögen der tatsächlichen eigenen Aura liegt ein meilenweiter Abstand. Anfangs der Dialog mit sich selbst. Später der Dialog mit der Welt. Die beiden Verfahrensweisen sind nicht zwingend miteinander verbunden: Im Fall Sartre sind bewußte Demagogie wie falsche Bescheidenheit unbedingt auszuschließen. Um jeden Preis hatte er zum Vorschein kommen wollen, dank der unglaublichen Überlegenheit seines Talents und auch dank seinem Größenwahn gelang es ihm; alle anderen drückte er zur Seite, über seinen Erfolg wunderte er sich: all das ist Sartre. Mit allen Widersprüchen und Ungereimtheiten. Unerschütterlich garantierte der Protestant in ihm die erstaunliche Gelassenheit, mit der er den Erfolg entgegennahm, selbstverständlich froh, doch ohne übermäßiges Interesse. Er ging seinen Weg weiter, zog die Furche tiefer, beackerte sein Feld, versunken in einen inneren Dialog, selig über die Vervielfachung der eigenen Möglichkeiten, über die Entdeckungen, die Aneignungen der Welt dank einem von ihm selbst als «magisch» verstandenen Mittel: der Erkenntnis.

Sartre und seine existentialistischen Produkte wirkten in den drei Herbstmonaten 1945 wie ein Überfall oder eine Überschwemmung: In einer Folge gut durchdachter Schachzüge erreichten sie alle denkbaren Publikumsschichten. Mit der Gründung von *Les Temps Modernes* hatte er eine intellektuelle Hegemonie errrungen, jetzt drang er in die verschiedensten Bereiche ein, um für jede Sparte des Denkens Gesprächspartner und Leser zu finden. Anerkennung genoß er bei den Fachphilosophen wie beim großen Publikum, und das auch noch gleichzeitig. Beispielsweise gelang es ihm, die Idee des Engagements in einen Bereich hineinzutragen, dem sie immer fern gewesen war: in die Philosophie; genauso gelang es ihm unter Einhaltung der Kodesprache des Milieus und der akademischsten philosophischen Rethorik, die Idee der Freiheit auf das Sein anzuwenden.

Bald nach dem ersten Vortrag beschlossen die Organisatoren des Club Maintenant, einen streng philosophischen Abend zu veranstalten. Den Philosophen Jean Wahl baten sie um einen «kurzen geschichtlichen Abriß des Existentialismus», als Disputanten luden sie mehrere renommierte Philosophen ein; einen ganzen Abend analysierten Berdjajeff, Gurvitch und Emmanuel Lévinas die kierkegaardschen, husserlschen und heideggerschen Einflüsse im «Existentialismus»: «Ich habe zwar *L'être et le néant* noch nicht gelesen», beichtete Lévinas, «dennoch denke ich, daß das neue philosophische ‹Erschauern›, das von der Philosophie Heideggers hervorgerufen wurde, darin besteht, das *Sein* von dem *Seienden* zu unterscheiden und auf das Sein das Verhältnis, die Bewegung, die Wirksamkeit zu übertragen, die bislang im Seienden angesiedelt waren... Wenn Sartre in seinen Romanen das Verb sein kursiv schreibt, wenn er in: ‹ich *bin* dieses Leiden› oder in: ‹ich *bin* dieses Nichts› *bin* hervorhebt, ist es die Transitivität des Verbs sein, die er hervorhebt.» [11]

Ob ihn seinesgleichen, die Philosophen, lasen oder nicht: Sartre wurde Gegenstand von Debatten, Analysen, Interpretationen, Kommentaren: Sie hätten ihn gar nicht ignorieren können. Ein ganzes Buch wird später fundierte Stellungnahmen sammeln: *Pour ou contre l'existentialisme*, in dem sich Widersacher und Anhänger in ziemlich umfassender Weise zum Existentialismus äußern. Neben der «Kleinfamilie», Colette Audry, Francis Jeanson, Jean Pouillon, Jean-Bertrand Lefèvre-Pontalis, waren Emmanuel Mounier, Roger Vailland und Julien Benda als Kritiker vertreten: «Der Existentialismus?» meinte letzterer. «Das ist die moderne Version einer ewigen philosophischen Position.» [12] So wurden die diversesten Definitionen des «Existentialismus» aufgestellt, je nach Milieu und Position.

In den französischen Roman hatte Sartre Techniken der von ihm frühzeitig gelobten amerikanischen Autoren eingeführt; in die französische Philosophie führte er eine Denkrichtung ein, die er aus Deutschland oder, im Falle Kierkegaard, aus Dänemark importiert hatte. Er, der Erbe solidester französischer intellektueller Tradition, unterwanderte ihre klassischsten Modelle mit ausländischen Erzeugnissen. Er trat das Erbe an und belebte es mit neuen Denkmethoden, die er jenseits der französischen Grenzen gefunden hatte. «Die Entdeckung Amerikas durch die französischen Schriftsteller ist keine Bereicherung für unsere Literatur»: Im Lager der Konformisten wurden sofort die Schutzschilder hochgehoben, wobei sie Unterstützung von *Samedi-Soir* erfuhren, der Zeitung, die noch jahrelang dafür sorgen wird, Sartre zur Haßfigur eines ganzen Teils der französischen Bevölkerung zu machen. Sie porträtierte ihn als Betrüger, als Fälscher, Verräter, als einen gefährlichen Gauner, der das nationale Kulturgut beschmutzt, befleckt und ausverkauft. «Man muß einfach die Tatsache zur Kenntnis nehmen», entsetzte sich *Samedi-Soir*, «daß die Touraine eben nicht von Negern bevölkert ist, die mit dem Absingen von *Spirituals* und dem Trinken von Jamaika-Rum beschäftigt sind, um die bösen Geister zu vertreiben. Dijon ist nicht Chicago, und die Pariser sind nicht von einer Whiskywolke eingenebelt.» [13] Verkappter Fremdenhaß, hochgradiger Protektionismus, kultureller Hypernationalismus, im Haß auf Sartre setzt sich die zählebige petainistische Tradition von 1940 fort.

«Zwielichtige Hotels, ekelerregender Rausch, Abtreibungen, triste Nächte, Liebesgeschichten ohne Anmut: In den Romanen von Sartre und Simone de Beauvoir wird das Trübste am Leben dargestellt. Es handelt sich um den Versuch, den französischen Roman der bürgerlichen oder mondänen Welt zu entreißen, der er von *La princesse de Clèves* bis Laclos, Stendhal, Proust und Giraudoux so gut wie immer angehörte. Höflichkeit, Eleganz, vornehme Gefühle, Harmonie der Sprache, alles, was so lange kennzeichnend für den französischen Roman gewesen ist, wird schlicht vor die Tür gesetzt.» [14] Unter der feindseligen Feder der Journalisten von *Samedi-Soir* verschärft sich, wie man sieht, rasch der Tonfall; daß gleichzeitig mit Sartres Werken ein Roman und ein Theaterstück von Simone de Beauvoir erscheint, ist Wasser auf die Mühlen ihrer Gegner: Dieser «Lehrersohn, der sich von seinen Büchern erhebt, um die arbeitsamen Sitzbänke im *Café Flore* mit dem lauten Schnaufen der literarischen Revolution wachzurütteln», und dieses junge, in bester französischer aristokratischer Tradition erzogene Mädchen sind dabei, große Teile der französischen Jugend zu verderben. Verdorbenheit, Verkommenheit, Schmutz, Unzucht, Atheismus, Verrat, moralische Zügellosigkeit, Laster aller Art: Das ganze Spektrum aller Laster sei hier komplett vertreten, meinen die Konformisten, um diese Bande, diese Clique und ihre dermaßen schädlichen Zwecke und Wirkungen zu stigmatisieren. Als Cliquenchef wird Sartre ausgemacht: «Den langhaarigen Individuen von Saint-Germain-des-Prés», heißt es in derselben Wochenzeitung, «gilt er als ‹Meister›. Für die anständig denkenden Menschen ist er ein ‹Mörder›. Was hat denn Herr Sartre geleistet, daß er die Geister derart erhitzt? Ganz einfach: In den Salons auf beiden Ufern der Seine hat er eine nebulöse philosophische Abstraktion modern gemacht, eine Lehre deutscher Herkunft, die den barbarischen Namen ‹Existentialismus› trägt. Niemand weiß, was das heißen soll, aber alle reden beim Tee davon. Seit Barnum hatte man einen solchen Werbeerfolg nicht mehr erlebt.»[15] Natürlich wird auf eine Analyse besagter «Lehre» verzichtet; man erfährt lediglich, daß sie aus der Fremde kommt und die Reinheit der französischen Kultur entstellt und verfälscht.

«Der Ruhm brachte mir Haß ein», wird er später sagen: Einen Teil seines Ruhms verdankte er der Hysterie von *Samedi-Soir*. Selbst die französische Kirche schaltete sich ein, und Ende der vierziger Jahre warnten zahlreiche Predigten die frommen Gläubigen vor der teuflischen Versuchung namens «Existentialismus». «Der Existentialismus ist gefährlicher als der Rationalismus», hieß es oft![16] Solche Verquickungen und Exzesse, eine solche regelrechte Entstellung von Sartres Werk sorgten dafür, daß sein Name so gut wie jedem bekannt wurde. Diesen Teufeln gab man einen Namen: «Existentialisten», ihren Überzeugungen auch: «Existentialismus»; an ihre Spitze setzte man einen Schriftsteller: Jean-Paul Sartre, und ihrem Alltag wies man einen Platz zu, einen Vergnügungspark, wo man sie besichtigen konnte: Saint-Germain-des-Prés. So nahmen dank der Nachrichteninflation der Nachkriegszeit, vor dem Hintergrund eines verkappten Petainismus, mit der Unterstützung der neugegründeten, entfesselten Presse zwei untrennbar miteinander verbundene Moden ihren Lauf: Die «Existentialismus»-Mode und die «Saint-Germain-des-Prés»-Mode. Daß der Existentialistenkönig und Saint-Germain-des-Prés-Prophet selbst nur wenig mit dem Geschehen in jenem Stadtteil zu tun hatte, spielte keine Rolle. Die Gleichsetzung war praktisch, funktionierte bestens, und eine sich überschlagende Legende um «Sartre und die Grande Sartreuse» kam in Umlauf. Man wetteiferte darum, wer die anstößigsten, hemmungslosesten und schaurigsten

Details über das Intimleben der Monster, ihre Gewohnheiten und Verhaltensweisen herausbekommt. Bestimmte Franzosen fanden hier ein Ventil für die Demütigung durch die Kriegsjahre und den Triumph früherer Résistancekämpfer. Die «Existentialisten» waren eine begehrte Beute: Sartre und seine Umgebung wurden die Sündenböcke der Nachkriegszeit.

So funktionierte die Legende. So funktioniert jede Legende: Man nehme ein Stück Realität, blähe es auf, man füge ihm einige übertriebene Details hinzu, und schon ist das Spiel gelaufen. Man gab also bekannt, Sartre lebe im *Hôtel La Louisiane*, Rue de Seine. «Im Morgengrauen inmitten umgekippter Aschenbecher und verstreuter Kleidungsstücke», lautete die Zwischenüberschrift eines Artikels, in dem behauptet wurde, das Wort Louisiane erinnere «an den Sezessionskrieg, *Negro Spirituals* und gutaussehende Südstaaten-Offiziere.» Man erfand die Geschichte, Sartre nehme junge Mädchen auf sein Hotelzimmer mit, um sie... an einem Camembertkäse riechen zu lassen! «Vor einigen Jahren», hieß es weiter, «forderte ein nichtsahnender Zollbeamter den Autor von *La nausée*, der nach Amerika reiste, auf, seinen Koffer zu öffnen. Der Zollbeamte steckte seine Hand in ein Durcheinander von Wäsche, zog einen Lumpen hervor, bekam Atemnot und sagte nur: ‹Gehen Sie, gehen Sie schnell!›»[17] Noch Schwerwiegenderes wurde düster angedeutet: «Der Existentialismus, das ist auch ein einträgliches Geschäft. Heute haben die Existentialisten die puritanische *Nouvelle Revue française* in der Hand, nehmen die Theater in Beschlag, verfügen bei der Presse über Gefolgsleute, kontrollieren das Verlagswesen, veröffentlichen eine Zeitschrift, deren Titel, *Les Temps Modernes*, sie von Charlie Chaplin haben, und reden den amerikanischen Kapitalisten ein, der Trust des französischen Denkens sei in ihrem Besitz...» Mit diesem Text hatte man die These des Komplotts, der multinationalen Gang erreicht. Es fehlt auch nicht der Hinweis, «Sartre will die ganze Welt unter die Fuchtel seiner Lehre bringen». Wie eine ansteckende grassierende Pest bedroht die Sartresche Gefahr Frankreich, Europa und die Welt. «Nimm dich vor Sartres Fuchtel in acht!» könnte die Fortsetzung für den Schulunterricht lauten. «Wenn du nicht artig bist, rufe ich einen Existentialisten: Er wird dich auffressen, mein Kind...»

Im Stil «Achtung, der Feind lauert vor Ihrer Haustür» überschlug sich *Samedi-Soir*: «Niedergang des Theaterlebens... Das Pariser Publikum hat die Aufführungen, die es verdient... Erdrückende Verantwortlichkeit des Publikums...»[18] oder etwas später: «Nach der Literatur frißt sich der Wurm der Politik jetzt durch den Film...»[19] «Montparnasse ruht sich auf seiner Vergangenheit aus... Wo soll man hingehen? Nach Saint-Germain-des-Prés, um dort auf Existentialisten zu stoßen?»[20] «Wer verlegt werden will, muß swingen, in Cafés verkehren und den Jitterbug tanzen.»[21] Selbstbezichtigung, Protektionismus und Nationalismus, die alten Geister kehren zurück: Hitlernostalgien und Fremdenhaß. «Das einzige Foto von Eva Braun mit Hitler», hebt die Hauptüberschrift am 7. Juli hervor. «Himmler ist in den Armen eines Juden gestorben», verkündet ein anderer Artikel kurze Zeit später. Was Rassismus betrifft, war der Fall klar, jede Woche stieß man in den Zeilen der Zeitung darauf: «Unglücksrabe Mouloudji, der Laufbursche der Existentialisten, wird sich rächen», erklärte man am 1. Februar 1947. Später wurde Jean Genet ironisch als «Engel der Knäste» bezeichnet. Natürlich wurde auf ihre Freundschaft zu Sartre-und-seine-Fuchtel hingewiesen. In Montparnasse, erfährt man am 24. November 1945, «trifft man nur im *Dôme* einige der Israeliten wieder, die die deutsche Besatzung zerstreut hatte; sie suchen hier ihre Glaubensgenossen.» Man warnte auch mit dem Argument, daß von allen französischen Büchern diejenigen von Sartre und de Gaulle die stärkste amerikanische Nachfrage hatten: «Staunend hat das Ausland zur Kenntnis genommen, daß die Franzosen ihre materiellen Sorgen gelegentlich zugunsten leidenschaftlicher Kontroversen über den Existentialismus vergessen.»[22] Mit der erfundenen Verachtung und Ironie im Ausland wurde wieder an den Nationalismus appelliert. Im Herbst 1945 teilte sich Frankreich wie beim Waffenstillstandsabkommen im Juni 1940 noch einmal in zwei Lager, und vermutlich verlief diese Spaltung entlang derselben Gegensätze und Grenzlinien; ein Teil der Franzosen verschanzte sich hinter einer moralisierenden, konformistischen und engstirnigen Heuchelei gegen die neuen Feinde: die Existentialisten; gegen die neuen Henker: jene philosophischen Lehren aus dem Ausland; gegen die neuen Gespenster: Sartres Fuchtel und die Horde seiner Anhänger.

«Im Herbst 1945 war der Existentialismus in aller Munde», schreibt Simone de Beauvoir: Sie übertrieb nicht. «Was halten Sie vom Existentialismus?» fragte ein Journalist Romain Gary an dem Tag, nach dem dieser den Prix des Critiques erhalten hatte. Mit «einem kleinen verlegenen Auflachen» antwortete dieser, er wisse nicht, «was das bedeute, da ich in den letzten fünf Jahren wenig Kontakt zur französischen Literatur gehabt habe». Das war gerade erst Anfang November. «Zweifel sind nicht mehr erlaubt», schreibt Pierre Fauchery in *Action*, «es gibt eine ‹kleine existentialistische›, sonderbar abgeschlossene und enge Welt: ein Freimaurertum.»[23] «Der Existentialismus wird zur Nervensäge», bekräftigt André Billy. «Man kann in der Stadt nirgendwo mehr essen gehen, ohne daß eine hübsche junge Frau Sie zur Seite nimmt und Ihnen die scheue Frage stellt: ‹Bitte, erklären Sie mir, was Existentialismus ist›...»[24] «Ich bin kein Existentialist», erklärt Camus.[25] «Camus ist kein Existentialist», bestätigt Sartre.[26] «Was ist der Existentialismus?» lautet die ernstgemeinte Frage von Henry Magnan,[27] der den Philosophen Jean Beaufret um eine vereinfachende Darstellung für *Le Monde* gebeten hat. «Was ist der Existentialismus?» fragt gleichfalls Dominique Aury[28] in *Les Lettres françaises*, die in einem Interview mit Sartre eine «Bilanz der Offensive» zu ziehen versucht. Endlose Interviews, Untersuchungen, Gegenuntersuchungen bemühen sich, die einen mit philosophischen Kategorien, die anderen mit oberflächlichen Informationen, die neue Mode zu deuten, von der überall die Rede ist und mit der man sich ja doch auseinandersetzen muß.

«Der Existentialismus, das ist wie der Glaube, das lebt man, das kann man nicht erklären... Zahlreiche Erklärungen sind zum Existentialismus gegeben worden... doch immer wenn man meint, eine begriffen und festgehalten zu haben, entweicht sie einem wieder; und dem Tischnachbarn, der Sie fragt: ‹Haben Sie den Existentialismus verstanden? Was ist das denn?›, können Sie wieder einmal keine Antwort geben...» In dem unglaublichen *Petit catéchisme de l'existentialisme pour les profanes* bietet Christine Cronan einen übervereinfachenden Intensivschnellkurs in Existentialismus an, einen oberflächlichen kurzen «Digest» für den Massengebrauch: Schlüsselbegriffe des Sartreschen Vokabulars, unterschiedliche Existentialismusrichtungen, philosophische Ursprünge, bevorzugte Ausdrucksformen...

Es ist unwahrscheinlich! Das Produkt hatte offensichtlich Erfolg, wurde endlos erweitert, ausgebaut und nachgeahmt. Einige Beispiele: «Frage: Was ist der Existentialismus? – Antwort: Der Existentialismus bedeutet die Überzeugung, im Laufe seines Lebens schaffe sich der Mensch durch seine Taten selbst... – Frage: Wer ist verantwortlich für die Wiedergeburt des Existentialismus als Mode unserer Zeit? – Antwort: Jean-Paul Sartre... – Frage: Was behauptet der moderne Existentialismus? – Antwort: Die Existenz geht dem Wesen voraus...»[29] Und so weiter: Von den ausgeklügeltsten, raffiniertesten bis hin zu den schlichtesten und einfältigsten Produkten nahm die existentialistische Mode ihren Lauf, zog ihre Kreise und erreichte schließlich jede Schicht der Öffentlichkeit, was Sartre später als «das totale Publikum» bezeichnete. Christine Cronan hatte übrigens die Gebote des Existentialismus in einer Formel zusammengefaßt: «Engagiere dich / Ziehe die Menschheit mit / Schaffe dich immer wieder selbst / Allein durch deine Taten...»

Der Begriff Existentialismus stand bald wahllos für eine philosophische Strömung, eine «Rebellion» oder auch einen Lebensstil, für ein Sammelbecken alles dessen, was in der französischen Gesellschaft als abweichend, marginal, provokatorisch, anarchistisch galt. «Zahlreiche Menschen sind davon überzeugt», wird später Jean Galtier-Boissière in *Le Crapouillot* schreiben, «es sei eine Art, sich zu kleiden, ein bestimmter Tanz, ein Haarschnitt, ein Pariser Arrondissement, oder daß man sich nicht wäscht oder irgendein anderer Lebensstil. Erwecken Sie ja nicht den Eindruck, das zu glauben: Man würde Sie für einen Niedersachsen, einen Zoulou oder noch schlimmer für einen Provinzler halten.»[30] Die Praxis der Gleichsetzung wurde allmählich eine Kunst, die von den Federfuchsern der Nachkriegszeit hemmungslos betrieben wurde, mit allem möglichen assoziierte man den Begriff «Existentialismus», wie unter der Wirkung einer Halluzination. Das Ergebnis war ein absolut lächerlicher und bedeutungsloser «melting-pot», ein ausschließliches Produkt von Hirngespinsten der Medien, ein unkenntlicher Bastard mit kollektiver Vaterschaft, eine verkannte, fade, würzlose, blasse, entstellte, zersetzte Substanz, die weder mit Sartres Theorie in *L'être et le néant* noch mit seinen Artikeln, Vorträgen, Klarstellungen und sonstigen Schriften das geringste zu tun hatte. Von der deutschen

Phänomenologie war man vorschnell zu einem sinnentleerten «-ismus» übergegangen, den jedoch alle zu verstehen vorgaben, zu einer sogenannten Denkrichtung, die jeder zu kennen meinte, zu vagen und nebulösen Verhaltensweisen, die jeder zu übernehmen schien.

Kein Wunder, daß Sartre schon damals über die unkontrollierbaren Entgleisungen klagte, die ihm der allzu plötzliche Ruhm einbrachte. Später wird er teuer dafür zahlen; vorerst wird er auf eine Rolle festgelegt, er wird aufgesaugt und entstellt: Was man sich über ihn erzählt, kontrolliert er nicht mehr; die Gedanken, die ihm unterstellt werden, überblickt er nicht mehr: eine Höllenmaschine. Bald gewinnt Sartre den unangenehmen Eindruck, sein eigenes Projekt gleite ihm aus der Hand, und fühlt sich etwas ratlos. Wie sollte man auch bei einem solchen Ansturm nicht beunruhigt sein? Allein mit seiner literarischen Produktion war es ihm innerhalb von nur drei Monaten gelungen, die Erinnerung an die berühmtesten Schriftsteller wachzurufen, an diejenigen, die die intensivsten Dialoge mit dem Volk geführt hatten. Erinnerte nicht der Sartre, dem man vorhielt, die Jugend zu verderben, an Sokrates, den Vorläufer in der Rolle des «Philosophen für jedermann»? Und der Sartre der Cafés, der messianische Bohemien, erinnerte er nicht an Diderot? Sprach nicht der politisch engagierte Sartre gegen seinen eigenen Willen von Hugo und Zola? Der Eintritt in die Legende vollzog sich unter den schlechten Auspizien des Camembert-Liebhabers und Jungfrauenverführers, anschließend aber zehrte sie, nicht ohne Ironie, von den Erinnerungen an die großen Ahnen, Philosophen und Schriftsteller aller Jahrhunderte, Männer der Feder und des Degens, die ihm in einem gewissen Sinn den Weg geebnet hatten.

Die Methode der Gleichsetzungen, die dazu beigetragen hatte, den «Existentialismus» in diesem Herbst zum Wort für alles zu machen, funktionierte auch dann, als Sartre mit jener Bevölkerung gleichgesetzt wurde, die bald in das Stadtviertel einzog, in dem er wohnte: Saint-Germain-des-Prés. In den letzten fünfzehn Jahren hatten sich Sartre und seine Freunde von einer gewissen Peripherie aus – Le Havre, Laon und Montparnasse – einem gewissen Zentrum genähert: Saint-Germain-des-Prés. Von 1945 an stieg dieses kleine Pariser Perimeter für ein ganzes Jahrzehnt wieder zum absoluten Zentrum des französischen und internationalen literarischen und kulturellen Lebens auf. «Wenn eine Katastrophe das alte Europa vernichtete», schrieb Léo Larguier, «und nur den Abschnitt der Rue Bonaparte verschonte, der vom Quai aus nach Saint-Germain-des-Prés führt, könnten die Bewohner der anderen Kontinente, die die Ruinen besichtigen würden, dank seinen Boutiquen die gesamte Zivilisation der westlichen Welt rekonstruieren.»[31] «Ein Dorf» heißt es oft, wegen der Kirche, der Esplanade, der schmalen Straßen links und rechts vom Boulevard Saint-Germain. In Wirklichkeit blickte das Viertel auf eine alte, solide literarische Tradition.

Das Saint-Germain-des-Prés von 1945 hatte tausend verschiedene Gesichter. Das der Gelehrsamkeit und das des Abenteuers, der Vergnügung und der Feste, das der Wissenschaft und der Kritik. Das Gesicht Molières und das Gesicht Diderots, das der Benediktinermönche und das der Surrealisten. Mönche und Taschenspieler, Taschenspieler und Gelehrte, Gelehrte und Schauspieler, Schauspieler und Lebemänner, Lebemänner und Maler, Maler und Abgeordnete, Abgeordnete und Dichter, Dichter und Schriftsteller und so weiter. Der magische Ort sog all diese Einflüsse in sich auf, stapelte sie übereinander, fügte sie ineinander, paßte sie beinahe einander an, und als Sartre im Februar 1941 beschloß, es sei wärmer, bei Père Boubal am Ofen zu schreiben als in seinem Hotelzimmer, reihte er sich ahnungslos in die große Galerie «germanopratinischer» * Bilder ein. In jeder Geste, in jeder Bewegung des neuen modischen Gastes Sartre spiegelten sie sich, schimmerten sie durch.

Von den ersten Monaten des Winters 1941 an hatten sich Jean-Paul Sartre, Simone de Beauvoir und ihre Freunde im *Flore* niedergelassen. 1938, 1939 hatten sie sich noch in Montparnasse, im *Dôme* und in der *Coupole* oder auch, mehr an der Peripherie, in den *Mousquetaires* an der Avenue du Maine getroffen. Das weitläufigere, weniger intime, belebte Montparnasse bot während der harten illegalen Zeiten nicht die absoluten Sicherheitsgarantien, die sie sich wünschten. Bei Père Boubal im *Flore* hingegen konnte man hinter dicken Vorhängen in der Nähe des Kohleofens den ganzen Tag lang arbeiten, was in

* Einwohner von Saint-Germain-des-Prés.

jenem eisigen Winter einige Einsparungen ermöglichte. Die kleineren Räume, die Nähe enger, fast dörflicher Straßen und vor allem ihres neuen Hotels, des *La Louisiane* in der Rue de Seine hatten sie unwiderstehlich und endgültig nach Saint-Germain-des-Prés gezogen. In der zugleich unruhigen und freien, intensiven und antikonformistischen Nachkriegszeit löste eine neue, vom Stadtviertel angezogene Generation die Stammgäste der Vorkriegszeit ab, die reifen, erfolgreichen Männer und sonstigen etablierten Berühmtheiten. Nach der Befreiung 1945 waren es die Schauspielschüler, die jungen Intellektuellen, die es sich zur Gewohnheit machten, einen Café im *Flore* oder im *Deux Magots*, einen Punsch in der *Rhumerie Martiniquaise* oder ein Bier in der *Reine Blanche* zu trinken. Bald wurde der Stadtteil zu dem Ort schlechthin, wo man an den Blicken der «42er» oder «45er» blasierte Nonchalance, Freiheitsrausch und fortschreitende Exzeßerfahrung ablesen konnte. Das Café als öffentlicher Ort und zugleich die Intimität des «Dorfes» boten ideale Voraussetzungen zum Reden, Treffen und Phantasieren: Aus den unterschiedlichsten Mischungen und Kreuzungen entstand hier eine neue flexible Gesellschaft.

Als Sartre die Cafés von Saint-Germain-des-Prés zum Arbeitsplatz wählte, führte er keineswegs etwas Neues ein: Er nahm lediglich seinen Platz in einer sehr alten Pariser Tradition ein, die bis zu den Enzyklopädisten des 18. Jahrhunderts, den «messianischen Bohemiens», wie man sie nannte, zurückreicht. Noch eine Tradition unterwanderte er, als er Prévert und seinen Leuten folgend seine «Familie» hier einführte. Denn den Bürgern im 6. Arrondissement bedeutete die «Sartre-Familie» soviel wie Zersetzung.

Zwischen Sartre und der neuen Fauna von Saint-Germain-des-Prés herrschte ein stillschweigender Konsens, der mehrere Punkte umfaßte, beispielsweise die neue und schwarzenfreundliche Exotik und den Jazz, die Ästhetik der Angst oder eine ruhelose, versessene Lebensgier, einen gewissen Kult des Populismus und, über die Sprache, eine regelrechte Subversion der traditionellen Werte. Als Ende 1946 und Anfang 1947 die Bebop-Tänzer und Jazztrompeter die wiederentdeckten Keller von Saint-Germain-des-Prés in Beschlag nahmen und jene anzogen, die sich vom Überschwang der Sinne in langen schlaflosen Nächten eine Antwort, eine Provokation oder eine Ästhetik versprachen, hieß es in der Presse ohne Wenn und Aber: «die existentialistischen Keller.» Daß Sartre persönlich sie so gut wie nie betrat, war unerheblich. Wieder einmal wurde ein Lebensstil – seiner –, eine philosophische Lehre – seine – mit dem Verhalten einer Generation gleichgesetzt, ohne daß man überhaupt nachprüfte, ob diese ihn jemals gelesen hatte und sich in ihm wiederfand oder ihn ignorierte. Als Kriterium genügte damals, daß Sartre und diese Generation eine gemeinsame Kritik an den traditionellen Werten teilten, daß beide Jazz, Tanzrhythmen, Cafédiskussionen, die freie Liebe und eine gewisse Boheme im Alltag mochten, daß beide provozierend mit desillusioniertem Lachen eine Welt entdeckten, die innerhalb kürzester Zeit dem Wahn verfallen könnte. Zwischen Sartre und der Bevölkerung von Saint-Germain-des-Prés gab es zweifellos einige Berührungspunkte. «Diese jungen Leute haben mit mir nichts zu tun und ich nichts mit ihnen...» Verärgert über die übertriebenen Gleichsetzungen wird er später die Dinge doch noch klarstellen.

«Die Existentialisten müssen nicht mehr im *Flore* gesucht werden. Sie sind in die Keller geflüchtet... Hier, vermutlich beim Warten auf ihre geliebte Atombombe, trinken, tanzen, lieben und schlafen heute die Existentialisten. Der Existentialismus ist so schnell gereift, daß ihn schon jetzt der Klassenkampf spaltet. Heute kann man tatsächlich zwischen reichen und armen Existentialisten unterscheiden...» Kaum achtzehn Monate nach dem berüchtigten Herbst tobt sich der unvermeidliche *Samedi-Soir* in einer herrlichen Sondernummer aus, einer Mischung aus erschöpfendem und manischem Anthropologielehrbuch und Klatschgeschichten der Sensationspresse. Das Ganze durch das Bild eines Paares verdeutlicht: Sie sind jung, schön, lehnen sich an etwas an, was nur ein Kellereingang sein kann. Ein Riß in der Mauer und eine angezündete Kerze, die der Mann in seiner Hand hält, haben vermutlich den Zweck, das noch einmal zu unterstreichen. Beide im selben grauen Anzug, einer androgynen Kleidung; diese zwanzigjährigen Kinder wirken äußerst harmlos, kontemplativ und sanft. Das Bild zeigt zwei französische Stars der Nachkriegszeit: Juliette Gréco und Roger Vadim. «Existentialistische Keller», «existentialistische Kellerratten», «existentialistische Selbstmorde», «reiche Existentialisten», «arme Existentialisten», «junge Existentialisten», «alte Existentialisten»: Bis zum Überdruß wurden Adjektiv und Substantiv dekliniert, wie es in anderen Zeiten mit «snob», «enragé» oder «branché» geschehen war. «Existentialist» bedeutete infolgedessen bald gar nichts mehr außer eine Bevölkerungsgruppe, die sich in einem vage begrenzten Raum bewegte und noch vageren Merkmalen entsprach. Die Abstrusität erreichte ihren Höhepunkt mit einem Artikel des *Samedi-Soir* im Mai 1947: «Ein Existentialist», erklärte die Zeitung in einem fabelhaften Wortspiel, «das ist einer, ‹qui a du sartre sur les dents›» (‹qui a du tartre sur les dents›: der Zahnbelag hat).

Daß Sartre kurz zuvor für Juliette Gréco ein Lied geschrieben hatte, verbesserte die Dinge nicht gerade. Daß er die Bekanntschaft des Trompeters Boris Vian gemacht und ihm bei *Les Temps Modernes* eine «Chronik des Lügners» angeboten hatte, machte sie noch komplizierter. Hinzu kam, daß Sartre gern – aber war das neu? – hübsche junge Frauen und Schauspielerinnen um sich hatte, womit für alle denkbaren Gleichsetzungen und Entgleisungen Tür und Tor geöffnet waren. Mit den sogenannten Existentialisten teilte Sartre auch noch die Jazzleidenschaft, eine gewisse Neigung zum Populismus, den Gefallen an *black* Exotik, eine Ästhetik der Verzweiflung, eine Manie der anarchistischen Subversion und einen gewissen Einschlag à la «Provokateur aus reichem Haus», der dem Stichwort des *Samedi-Soir* von der «reichen Pariser Kellerjugend» entgegenkam. Kurz, ein vager Konsens. Aber wurde Sartre je in der *Bar Vert*, im *Tabou*, im *Club Saint-Germain*, in *La Canne à Sucre*, im *Montana* oder *Méphisto* gesehen? Und als sich innerhalb von höchstens fünf Jahren Saint-Germain-des-Prés entwickelte und von der Ära der Cafés zur Ära der Keller, von der Ära der Keller zur Ära der Tanzlokale überging, «traf» man der auflagenstarken Presse zufolge dort nach wie vor auf Sartre, als sei er mit diesem magischen Ort organisch verschmolzen und müßte einfach da sein. Eines Tages jedoch brach die Mode ab, vielleicht weil Saint-Germain-des-Prés trotz seiner revolutionären Begabungen nie ein populäres Stadtviertel wie Montmartre wurde. «Hier hat immer eine Rue de la Gaîté gefehlt», sagte einer von ihnen sehr treffend, der schon das *Flore* zugunsten der Butte Montmartre verraten hatte, nämlich Jacques Prévert. «Außerdem war das nie ein Stadtteil», betonte er. «Es gab weder Nutten noch Erdnußverkäufer.»[32]

Erst nach der Rückkehr von seiner ersten Amerikareise im Frühjahr 1945 hatte Sartre eine Nachricht erhalten, die ihm seine aufmerksame und diskrete Mutter während seiner Abwesenheit vorenthalten hatte: Als er nach Paris zurückkam, erfuhr er, daß sein Stiefvater Joseph Mancy am 15. Januar 1945 gestorben war. Ohne zu zögern, zog der vierzigjährige «Poulou» sofort zu seiner «petite maman» zurück. Gemeinsam richteten sie sich in einer etwas altmodischen Wohnung ein, Nummer 42 der Rue Bonaparte, an der Ecke zwischen der Kirche Saint-Germain-des-Prés und der Rue de Rennes. Im Salon im falschen Louis-XVI-Stil stand ein Klavier; den beiden Schweitzernachfahren bereitete es größtes Vergnügen, jeden Morgen vierhändig Chopin-Walzer und Schubert-Lieder zu spielen. Der Sohn erhielt ein eigenes Zimmer mit einem schmalen Einpersonenbett, einem Regal sowie einem kleinen Schreibtisch am Fenster mit Blick auf die Kirche und den Platz. Madame Mancy ließ sich von einem Hausmädchen helfen, das Poulous Hemden wusch und bügelte. Sie kümmerte sich um die materiellen Angelegenheiten jenes berühmten Manns, der ihr Sohn geworden war, voller Bewunderung und Erstaunen über das «häßliche Entlein», das sie geboren hatte und das so ganz anders war als sie. Sie verhielt sich wie eine vollendete, sanfte, liebende und äußerst hilfsbereite Mutter. Manchmal äußerte sie seinen Freunden gegenüber Verwunderung über haßerfüllte Kritiken, die ihr zu Ohren gekommen waren; nie aber wagte sie auch nur die kleinste Kritik oder die geringste Gereiztheit ihrem Sohn gegenüber. Bat man sie darum, wie beispielsweise Beigbeder für sein Buch *L'homme Sartre*, besorgte sie Informationen, Details und Dokumente und half, so gut sie konnte.

Welch ein Abstand zwischen dem von den Medien fabrizierten «Haupt des französischen Existentialismus» und dem Menschen, der gegenüber der Kirche von Saint-Germain-des-Prés zusammen mit seiner «petite maman» Schubert vom Blatt spielte. Zwischen dem, den die Presse sehen wollte, und dem, der in der Rue Bonaparte 42 wohnte. Als einziger stutzte ein Journalist von *Terre des hommes* bei der Widmung der *Présentation des «Temps Modernes»*: «Für Dolorès» und vermutete etwas. «Diese für die Leser geschriebene Vorstellung», wunderte er sich, «ist jedoch einer gewissen Dolorès gewidmet.»[33] Die mysteriöse Dolorès, die er sechs Monate zuvor in

New York kennengelernt hatte, hatte inzwischen, trotz oder wegen der Abwesenheit, eine solche Bedeutung gewonnen, daß er ihr den besagten Text widmete und schon eine zweite Amerikareise plante, um sie wiederzusehen. Eine einfache Angelegenheit, da er jenseits des Atlantiks von allen Seiten um Vorträge, Vorlesungen und Interviews gebeten wurde. Vom 15. Dezember 1945 an bereitete er sich auf die Reise vor und ließ begeisterte Anhänger und neugierige Journalisten wegen einer Liebesgeschichte stehen, die sich Tausende Kilometer entfernt abspielte.

Der, den Paulhan gleich nach *Huis clos* als «Leitfigur für Tausende von Jugendlichen» bezeichnet hatte, war ein Jahr später zum Spaltpilz der französischen Gesellschaft geworden. Jeder spürte, daß mit ihm ein Bruch in der französischen Literatur eingetreten war, daß nach ihm nie wieder alles wie früher sein könnte. «Was wird den Romanhelden ablösen?» fragte Nadeau im *Combat*. «Das Ereignis, wie Sartre meint? Die Zukunft wird uns darauf eine Antwort geben.»[34] Für manche war Sartre verantwortlich für den Einbruch ausländischer Strömungen in das französische Denken. Was er auch tat, es roch nach Pulver. Und jeder wußte, daß man mit ihm eine bestimmte Tradition der französischen Literatur zu Grabe tragen, den Tod einer gewissen, noch nahen Vergangenheit erleben würde: der Vorkriegszeit. Während sich alle Kritiker Fragen über die Zukunft seiner Zeitschrift, seiner Romane, seiner Literaturtheorie oder seiner – in *L'être et le néant* angekündigten – Moral stellten, war Sartre selbst wieder nach Amerika abgereist.

NEW YORK: SARTRE IS BEAUTIFUL

Das neue Lieblingskind der französischen Literatur ist vergangene Woche in die Manhattan-Arena gesprungen: eine Reihe von Vorträgen ist vorgesehen.» [1] So kündigt das berühmte *Time Magazine* das Ereignis an. Wir schreiben den 26. Januar 1946, Sartre wird nunmehr der Rubrik «Internationale Nachrichten» zugeordnet, Bereich: «Europa», Unterbereich: «Existentialismus»...

Das Lieblingskind, um das sich die amerikanischen Medien nach dem Vorbild ihrer französischen Kollegen bald reißen werden, kam mit dem Schiff in der amerikanischen Hauptstadt an, nach einer abenteuerlichen, anstrengenden und grotesken Winterreise von achtzehn Tagen. Denn obwohl er sich, um Dolorès Vanetti wiederzusehen, eine Vortragstournee hatte zusammenstellen lassen, hatten ihm seine Mittel nichts Besseres als den Seeweg erlaubt. Wir haben gesehen, daß er zum Erstaunen mancher Wert darauf gelegt hatte, die «Vorstellung» der *Temps Modernes* Dolorès zu widmen: Das war die Geste eines Verführers, das Überreichen eines Blumenstraußes in aller Öffentlichkeit und, zur größten Überraschung der Empfängerin selbst, das Tremolo eines entschlossenen, kühnen, ungeduldigen, romantischen und vielleicht utopischen Verliebten... «...es gab Post», schrieb er Castor im Juli 1945, «ein Brief von Dolorès, was mir sehr großes Vergnügen gemacht hat. Der Brief ist in sehr würdigem Ton gehalten, wenn man bedenkt, daß sie den Brief, den ich ihr von der

Verlegerin Knopf überbringen ließ, nicht erhalten hat und im Grunde schreibt, um mir zu sagen: Schreib mir doch. Das muß natürlich durch eine künstliche Steifheit kompensiert werden, aber man spürt hinter alldem die richtige Wärme...»[2]

Mitten im Dezember schifft er sich also in Bordeaux an Bord eines Militärfrachters ein, der mit dem hübschen Namen *liberty ship* bezeichnet wird: «Sie müssen wissen», schreibt er Castor, «daß ein ‹liberty ship› ein Frachter ist, schlimmer, ein Militärfrachter.» Drei Wochen dauert die Überfahrt, Wind und Stampfen machen ihm «den Kopf leer». Die Tage sind endlos, da er nicht lesen und nur schwer schreiben kann. Er flucht über die unendliche Monotonie des Meeres, den Sturm, das «Unwetter und eine Havarie mitten im Unwetter» und auf den Kapitän, der beinahe SOS gefunkt hätte. Er flucht vor allem auf seine Reisegefährten, die ihn, weil sie seinen Namen auf den schäbigen Kofferschildern entdeckt haben, mit Fragen überfallen. «...die Leute rissen sich meine Bücher aus den Händen, die sie übrigens gemein runtergemacht haben. Es sind *alles* Petainisten und Kollaborateure, etliche träumen von einer richtigen Diktatur in Frankreich, sie machen Bemerkungen, daß einem die Haare zu Berge stehen, und eines Tages stand ich ostentativ vom Tisch auf, als ein dreckiger kleiner Idiot der École centrale Anekdoten erzählte, die die Männer vom Vercors* lächerlich machen und verspotten sollten.»[3] Vergebliche Versuche, seinen Nachbarn, der ungeduldigen Langeweile, dieser Langeweile zwischen Himmel und Meer durch irgendwelche Gesten, kleine Affären und ansonsten denkwürdige Saufabende zu entkommen. Eines Morgens wird man ihn schnarchend in einem Rettungsboot finden, wo er wer weiß welcher Gefahr entgehen wollte. «Die Frau des brasilianischen Konsuls hat mir acht Tage lang den Hof gemacht», klagt er.

«16. Dezember 1945. Das Gute und die Subjektivität: Das Gute muß getan werden. Das bedeutet, daß es der Zweck der Tat ist, zweifellos... Ob das Gute *ist*, ist aber unerheblich. Es muß *durch uns*

* Landschaft in den französischen Voralpen, wo im Juni/Juli 1944 3500 Maquisards (Widerstandskämpfer) gegen deutsche Truppen kämpften, um sie daran zu hindern, die Front in der Normandie zu erreichen. Ende Juli 1944 wurden sie von deutschen Truppen aufgerieben.

sein... Montag, 17. Dezember... Diese traurige Straße mit den Mietskasernen breitet sich vor mir endlos aus, es ist mein Leben, es ist das Leben. Und meine Einsamkeit in Bordeaux, das war *die* Einsamkeit, *die* Verlassenheit des Menschen. Schwierigkeit: es gibt zwei Ebenen... Warum ist das Heil notwendig das Ergebnis eines neuen Verfahrens, das das erste neutralisiert? Überlegen wir. Was wir hier Authentizität nennen, ist eigentlich ein ursprünglicher Entwurf oder eine Urwahl, die der Mensch von sich selbst trifft, indem er sein Gutes wählt.»[4] Ein mit den intimen Mäandern des eigenen Denkens beschäftigter Philosoph, ein mit seinen Ideen geradezu physisch kämpfender Philosoph, der unaufhörlich denkt und seine Gedanken niederschreibt, ununterbrochen mit sich selbst debattiert, seine Theorien überprüft, ihnen diese und jene Anmerkung, diese und jene kürzlich erlebte Anekdote hinzufügt, ein Philosoph an der Arbeit. Auch wenn er jetzt verliebt ist. Auch wenn er seekrank und auf einem Frachter bei Unwetter dürftig untergebracht ist, auf einer langen Reise mit feindseligen Menschen, und auch wenn er zur Krönung des Ganzen keine Ahnung, absolut keine Ahnung hat, wie er in New York empfangen werden wird.

Denn Dolorès, für die er diese anstrengende Reise unternimmt, ist noch nicht erobert. «Erst beim zweiten Aufenthalt habe ich mich in ihn verliebt», erzählte sie uns. Inmitten von Silvesterschmuck und dem für konformistische Franzosen obligaten Tanz und Konfetti übt sich der verliebte Philosoph auf diesem absurden Militärfrachter schon überschwenglich in Aufmerksamkeiten gegenüber Dolorès: Nach einem seiner Abenteuer packte ihn fast die Reue. «Ich habe also eindeutig Schluß gemacht mit dieser dummen Geschichte, die ohne Sinn und Verstand war», schreibt er Castor, «(die) mich aufregte, ohne daß ich die Person auch nur im geringsten schätzte, mir, wenn etwas daraus geworden wäre, nur Unannehmlichkeiten bereitet hätte, die für Dolorès beleidigend war und für mich unehrenhaft oder auf jeden Fall ziemlich kläglich ausgehen konnte.»[5] Verliebt in Dolorès Vanetti, das war er an diesem Weihnachten 1945, der «winzige und warmherzige Pariser», wie die Zeitschrift *The New Yorker* den berühmten Schriftsteller vorstellte, dessen Bild, ein sehr gelungenes und sogar schmeichelhaftes Porträt, im *Time Magazine* veröffentlicht wurde und für Dolorès das «schönste Foto von Jean-

Paul» blieb. Die Bildunterschrift lautete trocken und radikal: «*Philosopher Sartre. Women swooned*», was man, allerdings ohne die amerikanische Knappheit, etwa so übersetzen könnte: «Beim Philosophen Jean-Paul Sartre verlieren die Frauen die Sinne.»

Beim *Time Magazine* hatte man sich wirklich große Mühe gemacht, eine Karikatur von Jean Effel illustrierte den Artikel: Ein frisch zur Philosophie bekehrter Faun, vertieft in die Lektüre eines enormen Sartre-Buchs, wird von seinem Begleiter, einem Zentauren, befragt: «Verstehst du das? – Zur Hälfte». Die Karikaturen kamen aus Paris, dafür überließ man den amerikanischen Fotografen die Aufgabe, neue Porträts zu knipsen. Unbestreitbar: Jener Sartre von William Leftwich, den der Kommentar als Liebling der Pariser, Frauenheld und unwiderstehlichen Verführer darstellte, hatte das Aussehen eines gepflegten, völlig korrekten, fast schönen Mannes, eines diskreten modernen Helden, eines unfreiwilligen Charmeurs. Perfekt zum gestreiften dunklen Anzug passender kleiner weißer Hemdkragen, dunkler Schlips, langer Hals, sinnlicher Mund, gerade, gut gezeichnete Nase, große, helle Augen hinter den runden Gläsern der Hornbrille, breite Stirn, durchaus anständige Frisur mit Seitenscheitel, große Ohren, kurz ein klassisches sinnliches Gesicht. Das berüchtigte Schielen auf dem linken Auge war bei dem dreiviertel Winkel, den der Fotograf gewählt hatte, kaum zu erahnen und wirkte wie eine leicht vergrößerte Pupille. Die Schweitzers hätten auf diesem Porträt sogar eine Ähnlichkeit mit Anne-Marie erkennen können, der schönen jungen Frau, die seine Mutter war: durch welches Wunder hatte das Auge eines amerikanischen Fotografen aus Sartres Gesicht gewisse Züge seiner Mutter hervorgezaubert, die richtige Einstellung gefunden, die die Merkmale der Schweitzers unterstrich, also die Ernsthaftigkeit, die Sinnlichkeit, den schönen klaren Blick, den großen Mund, kurz genau das, was so viele andere häßlich fanden? Verwandlung des Menschen Sartre nach den körperlichen Qualen, den narzißtischen Kränkungen, den finsteren Jahren? Nach seiner Rückkehr aus Berlin, als alles schiefging, das Schreiben, die Liebe, die verschiedenen Projekte, als er fett geworden war und wie ein Tabakbeutel aussah, als er die ersten Anzeichen des Alterns entdeckte, waren seine Glatze, seine «Verglatzung», wie er sie in einem hübschen Sartreschen Neologismus getauft hatte, und die Verformung seines Körpers an sich schon ein Zeichen vollständigen Scheiterns gewesen. Und jetzt, genau zehn Jahre später, steht er als Lieblingskind inmitten der New Yorker Arena, zart, elegant, schön, erfolgreich, verjüngt natürlich und verliebt.

«Die Avantgardemagazine in ganz Amerika», schrieb Dorothy Norman bei seiner Ankunft in *The New York Post*, «quellen über von Artikeln über den brillanten französischen Schriftsteller Jean-Paul Sartre oder von solchen aus seiner eigenen Feder. Die Kommunisten greifen ihn an. Die antistalinistischen Intellektuellen von *Partisan Review* spenden ihm Beifall. Die Zeitschrift *New Yorker* lächelt. Selbst die Modezeitschriften beginnen, auf die Sartresche Offensive zu reagieren.»[6] Dorothy Norman, die für die Pariser Legende empfänglich war, verbreitete auf der anderen Seite des Atlantiks die Gerüchte über ohnmächtig werdende Frauen, ein für das amerikanische Publikum vortreffliches Symbol für die Qualität seiner Schriften. *Harper's Bazaar* bestellte bei Simone de Beauvoir ein möglichst intimes und exklusives Sartre-Porträt, das unter dem reißerischen Titel «Jean-Paul Sartre – streng geheim» genau zum Zeitpunkt seiner Ankunft in New York erschien. «Er haßt das Land. Er verabscheut – das Wort ist nicht zu stark – das wimmelnde Insektenleben und das Wuchern der Grünpflanzen...» Castor hielt sich nicht zurück und nannte die Dinge beim Namen: Bald wußten die Amerikaner über eine Reihe von Geheimnissen aus dem Privatleben des neuen Helden Bescheid, über seinen Abscheu vor Chlorophyll oder seinen Ekel vor Rohkost. Die französischen Medien hatten die Rakete startbereit gemacht; ihren Gebräuchen folgend stürzten ihn die amerikanischen Medien gleich in das Bad des «star-system».

Im Zug Paris-Bordeaux von der kleinen Wanda begleitet, auf dem Schiff Bordeaux-New York von der Frau des brasilianischen Konsuls hofiert, dem amerikanischen Publikum durch Castors eigene Feder vorgestellt, in New York von einer Dolorès erwartet, für deren Verführung er seine ganzen Künste aufbieten würde: eine traumhafte Situation! Auf dem Weg zum Ruhm standen ihm alle seine Frauen aufmerksam und tatkräftig zur Seite. Die unzähligen «kleinen Verlobten» aus dem Jardin du Luxembourg, die ihm Charles Schweitzer andichtete oder ausmachte, diese Blicke wohlwollender, liebender

Frauen, die immer und alle gleichzeitig verführt werden mußten, ohne daß man eine von ihnen verlieren wollte, das ist unbestreitbar sein ganzes Leben lang ein wesentlicher Antrieb gewesen. Im Winter 1946 mehr denn je: Heiter thronte er inmitten dieser weiblichen Galaxie, ohne an spätere Opfer oder an einzuhaltende Versprechen zu denken. Galaxie hin, Galaxie her, zur Stunde ist es allein Dolorès, die das Genie, die Phantasie und allseitige Erfindungsgabe dieses so talentierten Verliebten stimuliert: Lieder, Gedichte, Briefe, Oden, Spaziergänge, Komplimente, Entzücken, Scherze, endlose Unterhaltungen, spritzige Fragen, verschiedenste Emotionen: ein unerschöpfliches Arsenal. «Er hatte eine Art, einen zu lieben», erzählt Dolorès, «die absolut einzigartig war: Alles, was er besaß, setzte er ein, sein ganzes Wissen; er gab sich völlig hin, um einem zuzuhören, einen zu verstehen, zu lieben. Seine ganze Intelligenz, seine ganzen Talente bot er auf, und schließlich fühlte man sich unwiderstehlich von ihm angezogen.»[7] Nachdem er alle Abwehr besiegt hatte, lieferte er sich voll und ganz aus. «Man wußte alles aus seinem Leben», erzählt Dolorès weiter, «*alles, alles*. Das Einzigartige an ihm, wenn er verliebt war und einen verführen wollte, war, daß er grenzenlos erzählte, einen befragte und wie ein Panzer in Sie eindrang, wie ein richtiger Panzer...»

Zweieinhalb Monate lebt er mit Dolorès zusammen, begleitet sie auf Reisen, trifft ihre Freunde, sucht ihre Lieblingsplätze auf. Am Wochenende schließt er sich zwei Tage lang bei ihr ein: Eine verheiratete Frau entkommt, auch wenn sie alleine lebt, nur schwer dem Klatsch der Portiers in den ehrwürdigen New Yorker Häusern, wo Männer in Livrée einem die Tür der Taxis aufhalten und einen mit dem Fahrstuhl bis zur Wohnung begleiten. Dolorès nannte ihn «der Gefangene» und machte ironische Bemerkungen über die Widrigkeiten seiner Situation. «Das Leben hier ist süß und ereignislos», schreibt er lakonisch an Simone de Beauvoir. Arbeit, Liebesleben, Treffen, Spaziergänge, Jazzlokale und ruhige Bars. Wochenende bei Freunden von ihr auf dem Land. Der vierzigjährige Sartre lebte sich in New York und Amerika ein dank den Alltagsgewohnheiten, dank den Freunden von Dolorès. «Dieses Geschenk Amerikas», das Geschenk von Dolorès – wie er später selbst sagen wird –, geschieht jetzt: Auch die ungestüme, blühende, mitteilsame Dolorès beginnt, mit all ihren Talenten zu jonglieren, übertrifft sich selbst als Köchin; bereitet im Handumdrehen von allen unbemerkt raffinierte und köstliche Geleegerichte, die sie herbeizuzaubern scheint, ohne sich die geringste Spur von Arbeit oder Zeitaufwand anmerken zu lassen. Gastronomische Aufmerksamkeiten, die in den Wirbel des Lebens integriert waren, wie es nur große, wahre Künstler wie von Geburt an beherrschen. Das strahlend-verwegene Paar Sartre-Dolorès, das über die Sixth Avenue spazierte und sich in einem farbigen französischen Argot unterhielt, zwei freche und glückliche Kinder, die ununterbrochen redeten und im Höllentempo die Welt entdeckten – das ist ganz sicher das authentischste, das am ehesten «streng geheime» Bild jener zwei Monate gewesen.

Unter anderem traf Sartre in New York einen seiner Gefährten aus der École normale wieder: Jean-Albert Bédé, der an der Columbia-Universität lehrte, in jenem schönen von der 100th North Street begrenzten Stadtteil am Rande von Harlem. Bédé macht Sartre den Vorschlag, Vorträge zu halten, stellt ihn seinen Kollegen vor und bietet ihm sogar eine auf zwei Jahre befristete Professur im Fachbereich Französisch an. Zusammen mit Alfred Knopf, seinem amerikanischen Verleger, wird sich Sartre um juristische Angelegenheiten kümmern, sich mit der Aufführung von *Huis clos* durch eine kanadische Truppe beschäftigen, Interviews geben, Einladungen annehmen und natürlich auch die Vorträge halten, die die einzige Rechtfertigung seiner Reise gewesen waren. «Es ist hier wie in Paris», schreibt er Castor, «alles spricht von mir, und überall zieht man mich in den Dreck. Das ist wohl mein Schicksal.»[8] Ja, das konformistische Amerika, alarmiert durch den Einzug dieser «finsteren Philosophie des Pessimismus, die ein französischer Atheist aus den Texten eines dänischen Mystikers abgeleitet hat»[9], sträubte sich prompt mit der geballten Kraft seiner moralischen Tugenden gegen das Eindringen des gallischen Virus. «Es wurde damals eine richtige Affäre», bestätigte Henri Peyre. «Der Existentialismus hatte den bösen Ruf einer Niederlagenliteratur.» Henri Peyre, der 1939 aus Kairo gekommen war, um den angesehenen romanischen Fachbereich an der Yale-Universität im Connecticut zu leiten, und die künftige Schlüsselfigur des französischen literarischen und akademischen Lebens in den USA werden wird, hatte Sartre zu einem Vortrag nach Yale eingeladen. «Bei der Nachricht, Sartre käme zu uns, protestierte ein Geschäftsmann beim Universitätspräsidenten sowie beim Leiter des französischen Fachbereichs: Dieser Redner würde die Universität demoralisieren. Ich habe persönlich darauf geantwortet und dem Geschäftsmann erläutert, wie und warum der Existentialismus eine völlig moralische Philosophie sei.»[10] Trotz diesem Ärger redete Sartre schließlich vor zweihundertfünfzig Yale-Studenten und -Professoren; unter anderem knüpfte er an die Themen von «Der Existentialismus ist ein Humanismus» an. «Präzise, klar, ohne Effekthascherei, äußerst freundlich, als ihm Fragen gestellt wurden, sehr herzlich, sehr bescheiden»: Henri Peyre ist voller Lob über «seinen» Redner: Für ihn war es auch ein persönlicher Sieg, da er für seinen Auftritt gekämpft hatte. Sartre selbst war von der «Sartreschen Exegetenarmee», die im französischen Fachbereich vertreten war, stark beeindruckt: abgesehen von Henri Peyre traf man dort auch auf Jean Boorsch und Kenneth Douglas. Beide hatten alles gelesen, sich alles angeeignet und wußten die richtigen Fragen zu stellen. So sprach man über den «intellektuellen Helden» im französischen Roman, ein für Amerikaner exotisches Phänomen, dem Victor Brombert später ein wunderbares Buch widmen wird.[11] Sartre wird nach Yale zurückkehren, um dann über den Einfluß der amerikanischen Autoren in Frankreich in seinen Kreisen zu sprechen: «Wir waren», erklärte er, «ohne uns dessen bewußt zu sein, von der Last unserer Tradition und unserer Kultur erdrückt. Die amerikanischen Schriftsteller haben, ohne Tradition und ohne Hilfe, mit barbarischer Unbekümmertheit Instrumente von unschätzbarem Wert geschaffen... Wir haben bewußt intellektuell das angewandt, was Produkt von Talent und unbewußter Spontaneität war... Bald werden in Amerika die ersten französischen Romane erscheinen, die unter der Besatzung geschrieben worden sind. Wir werden Ihnen jene Techniken zurückgeben, die Sie uns geliehen haben. Wir werden sie Ihnen in einem verdauten, intellektualisierten, weniger wirksamen und weniger unbekümmerten, dem französischen Geschmack bewußt angepaßten Zustand zurückgeben.»[12] Hier trifft man wieder auf Sartres Vorliebe für den Bruch, die Neuerung, die *creatio causa sui*. Zwei Jahre später widmete die hervorragende Zeitschrift *Yale French Studies* Sartre und dem Existentialismus eine Sonderausgabe.[13]

Danach sprach Sartre an der Harvard-Universität in Boston, wo Jean Seznec, ein ehemaliger Mitschüler, lehrte: Er machte ihn mit Harry Levine bekannt, dem berühmten Komparatisten. Vor dem Vortrag äußerte Sartre beim Essen den Wunsch, das vorgesehene Thema zu ändern: Geplant war ein Vortrag über den französischen Zugang zur amerikanischen Literatur – «die er meiner Ansicht nach nicht besonders gut kannte», erläutert Harry Levine. «Nun ist es aber so», begründete Sartre, «daß ich gerade vor meiner Abreise aus Paris *La peste* von Camus gelesen habe, ich bin begeistert und würde gern aus dem Stegreif darüber reden.» «Er hat», sagt Harry Levine weiter, «vor seinem Auditorium einen Vortrag von außergewöhnlicher Eloquenz und Begeisterung über *La peste* improvisiert.»[14] Mal kühner Akrobat, mal klassischer Vortragsredner setzte er, von Yale nach Harvard, von Princeton nach Columbia, von New York nach Toronto, von Ottawa nach Montreal, von Hörsälen zu Konzerthallen wie der Carnegie Hall seine Tournee fort.

Seine Vorträge hatten einen um so stärkeren Zulauf, als die amerikanischen Zuhörer von der Presse neugierig gemacht worden waren und es nur wenige englische Übersetzungen seiner Werke gab. Um sich einen Gesamteindruck seines Werkes verschaffen zu können, waren die Nicht-Frankophonen also auf «Vermittler» angewiesen, Professoren, Kritiker und andere, die seine jüngsten Veröffentlichungen im Original hatten lesen können. Januar 1946 lagen im Englischen nur seine Novellen *La chambre* (Hogarth Press, London 1939) und *Le mur* (Chimera, Sommer 1945) vor, ferner sein Theaterstück *Huis clos* (Horizon, London 1945) und einige seiner Artikel wie *La république du silence* (*Atlantic Monthly*, Dezember 1944) oder *Présentation des «Temps Modernes»* (Horizon, London 1945 und *Partisan Review*, New York, Sommer 1945). Außerdem hatte die Zeitschrift *Vogue* ihn um einen Artikel gebeten, der 1945 unter der Überschrift *New Writings in France* erschien. 1946, kurz nach seinem Aufenthalt, veröffentlichte *Partisan Review* einen Auszug aus *La nausée* und den Artikel «Portrait de l'antisémite», der kurz zuvor in *Les Temps Modernes* erschienen war. Viel war es eigentlich nicht.

«Sartre soll in der Carnegie Hall auftreten? Ich gehe wahrscheinlich nicht hin; Sartre, das ist einer dieser Typen, die die Normale sup von Zeit zu Zeit produziert: Er kann Ihnen an einem Wochenende ein fünfzigseitiges Papier zu jedem x-beliebigen Thema ausspucken. Und dazu noch fünfzig *gute* Seiten.» Zynisch und widersprüchlich hatte Marcel Duchamp Lionel Abel einen Sartre vorgestellt, an dem er freilich kaum etwas auszusetzen hatte, denn einige Tage später saß er in den ersten Reihen von Carnegie Hall, um dem Vortrag über die neuen Tendenzen im zeitgenössischen französischen Theater zu folgen. Der von Charles Henry Ford, dem Chefredakteur der Zeitschrift *View*, organisierte Abend war ein Festival: Der Liebling der französischen Literatur sprach zwar zur Erneuerung des Theaters im Nachkriegseuropa, doch war es eigentlich der Mensch, den man entdeckte und schätzte. Vor allem als er vom Alkohol und dem anschließenden Empfang beflügelt über seine fremdsprachigen Unfähigkeiten witzelte und munter wieder zu seiner Rolle als Clown zurückfand, wie immer, wenn er sich auf befreundetem Terrain wußte. «Er hat uns schlankweg erklärt», berichtet der Journalist des vornehmen *The New Yorker*, «daß er New York uneingeschränkt liebe. Was ihm hier gefalle, sagte er, sei, daß es keine Restaurants mit rein intellektueller Kundschaft gebe, man dadurch den Konflikten dieses Milieus entkomme und sich gewissermaßen freier fühle... Er hat uns auch erzählt, bei seinem vorigen Aufenthalt hätte die Rundreise durch das Land herrlich sein können, wenn er nicht ständig Rüstungsbetriebe zu besichtigen gehabt hätte. Er mag keine Rüstungsbetriebe... ‹Dieses Mal habe ich keine Betriebe zu besichtigen, sondern Vorträge zu halten. Ich ziehe die Vorträge den Betrieben vor›.»[15]

Man nahm also das wahr, was kein Text hätte vermitteln können; die menschliche Wärme, den Humor, die Geselligkeit. Man registrierte weiterhin, was auch die schmeichelndsten Fotos nicht zeigten: daß er «klein, untersetzt, mit kräftigen Gelenken und breiter Brust» sei. Lionel Abel beispielsweise beeindruckte die «offenkundige Männlichkeit seiner Redeweise, seine körperliche Kraft, seine Haltung dem Schmerz gegenüber», und er betont vor allem die außergewöhnliche Kommunikationsfähigkeit. «Wenn man ihn einmal beim Reden erlebt hat», sagt er, «fragt man sich, in welcher Situation ihm wohl die Worte entfallen könnten.»[16] William Barrett, dem man später zahllose Artikel über Sartre in *Partisan Review* und *Atlantic Monthly* und vor allem im darauffolgenden Jahr das berühmte Werk *What is Existentialism?*[17] zu verdanken haben wird, war an diesem

Abend ebenfalls in Carnegie Hall anwesend. «Ich habe ihm nur kurz die Hand gedrückt», berichtet er uns vierzig Jahre später. «Woran ich mich erinnere, ist, daß der Saal überfüllt war und man dort auf zahlreiche amerikanische Surrealisten traf. Sartre war sehr interessant, bewies große rhetorische Brillanz. Sein Ruf war ihm natürlich dank der Presse vorausgeeilt. Vor allem überwältigte uns diese Vielseitigkeit des Autors. Es war ein einzigartiges Ereignis, das Zusammentreffen eines Philosophen dieses Formats mit einem – wenn auch enttäuschenden – Romancier, einem Dramatiker, Journalisten und Essayisten... Ja, es war diese Gesamtheit, die uns restlos beeindruckte.»[18] Irving Howe, der ebenfalls viel über Sartre schreiben wird, unterstrich die unvergleichliche Anziehungskraft des Sartre-Images als «unabhängiger, außerhalb jeder Institution stehender, von jedem Determinismus freier Intellektueller», auch wenn es, wie er ergänzt, «für uns äußerst schwierig war, beispielsweise politisch ähnlich zu denken, weil die amerikanischen Kommunisten erwiesenermaßen schwach waren, während die KPF in der Regierung saß: Das änderte alles an unseren Analysen.»[19]

Kritisiert, das wurde Sartre gewiß auf seinen Zusammenkünften mit der *Partisan-Review*-Mannschaft. Von der Gruppe in ein französisches Restaurant in der 56th West Street eingeladen traf er dort insbesondere Hannah Arendt, William Phillips, Philip Rahv und Lionel Abel: Artikelaustausch mit *Les Temps Modernes*, Schreibaufträge für Sartre und politischer Gedankenaustausch: Natürlich gab es einen antistalinistischen Konsens, doch war jemand wie William Philipps zum Beispiel von dem nach seinem Geschmack zu dogmatischen Sartreschen Positionen sehr enttäuscht. «Wir fanden Camus direkter», sagte er uns später.[20] Außerdem werden Sartres spätere Annäherungen an die KPF seine amerikanischen Freunde vollends enttäuschen. Anläßlich dieses Mittagessens erzielte Sartre aber auch einen eindeutigen Erfolg, als man ihn über seine französischen Kollegen befragte. Camus? «Ja, das ist ein Freund, ein begabter Schriftsteller, ein guter Stilist, aber kein wirkliches Genie», antwortete er. Das freute Philip Rahv und Hannah Arendt, die daraufhin ihre Kritik an *L'étranger* um so ungehemmter darlegen konnten. «Dagegen», überraschte er jeden, «haben wir derzeit in Frankreich ein absolutes literarisches Genie: es heißt Jean Genet, und sein Stil, das ist der von Descartes!»[21]

Kurz darauf widmete *Partisan Review* Genet einen Artikel: eine glorreiche Entdeckung!

Denen, die von der Frankfurter Schule noch dageblieben waren wie beispielsweise der Philosoph Horkheimer, der damals an der New School of Social Studies in New York lehrte, begegnete er nicht. Letzterer hatte nämlich Norbert Guterman anvertraut, daß Sartre für ihn nichts «als ein Gauner und Taschenspieler in der Welt der Philosophie» sei. «Und», sagt Guterman, «hatte er nicht meisterhaft für seine eigene Werbung gesorgt? Hatte er nicht der Zeitschrift *Life* einen Artikel verweigert, weil das Honorar zu schlecht wäre?»[22] Genausowenig scheint Sartre die zahlreichen Soziologen und Anthropologen der Chicago-Schule getroffen zu haben, obwohl sie schon damals verschiedene gemeinsame Forschungsgebiete hatten. Die Alltagssoziologie, die in *L'être et le néant* wiederholt gestreift wird, hätte Leuten wie Talcot Parsons, Herbert Blumer, Schutz, Gregory Bateson, Wright Mills, Kenneth Burke und George Herbert Mead gefallen müssen. Allerdings wurde das Werk erst zehn Jahre später ins Englische übersetzt, so daß allein Herbert Marcuse schon 1948 einen Artikel darüber schreiben konnte: «Sartres Existentialanalyse ist eine strikt philosophische, insofern sie von den geschichtlichen Faktoren, die die empirische Konkretheit konstituieren, abstrahiert.»[23] Der Soziologe Erving Goffman, den manche später mit Sartre vergleichen werden, war 1947 erst zwanzig Jahre alt und studierte Philosophie an der Chicago-Universität, unter anderem bei Professoren wie Herbert Blumer und William Thomas. Der philosophische Hintergrund ihrer Forschungen sowie ihre Untersuchungsgebiete sollten noch zahlreiche Gemeinsamkeiten aufweisen: Das Interesse für gesellschaftliche Marginalität ist bei Sartre Ursprung seiner ethisch-politischen Auseinandersetzungen gewesen; bei Goffman motivierte es aufwendige Untersuchungen im Bereich der Mikrosoziologie. «Sartre hatte eine Soziologie à la George Herbert Mead entwickelt», wird uns Erving Goffman 1982 sagen. «In *L'être et le néant* zum Beispiel gibt es rein ethnographische Passagen, ohne daß er uns tatsächlich beeinflußt hat. Als wir studierten, war er noch nicht übersetzt. Als wir ihn lesen konnten, waren wir schon ausgebildet.»[24] Muß man es bedauern, daß die so parallelen, aber auch so unterschiedlichen philosophisch-soziologischen Perspektiven der beiden

1 Erste Seite: Porträt Sartres von Gisèle Freund, 1939
2 Der Bauernhof der Sartres in Puifeybert (Dordogne)
3 Thiviers: Das Haus der Familie Sartre befindet sich rechts am Anfang der Rue du Thon, genau gegenüber unter dem Balkon die Chavoix-Apotheke
4 Jean-Baptiste Sartre, Jean-Paul Sartres Vater, als Gymnasiast in Périgueux um 1885

5–7 École polytechnique, drei Schüler aus dem Zulassungsjahr 1895: 5. Jean-Baptiste Sartre; 6. Georges Schweitzer; 7. Joseph Mancy

8 Panzerküstenwachschiff «Le Bouvines», auf dem Jean-Baptiste Sartre Leutnant zur See war

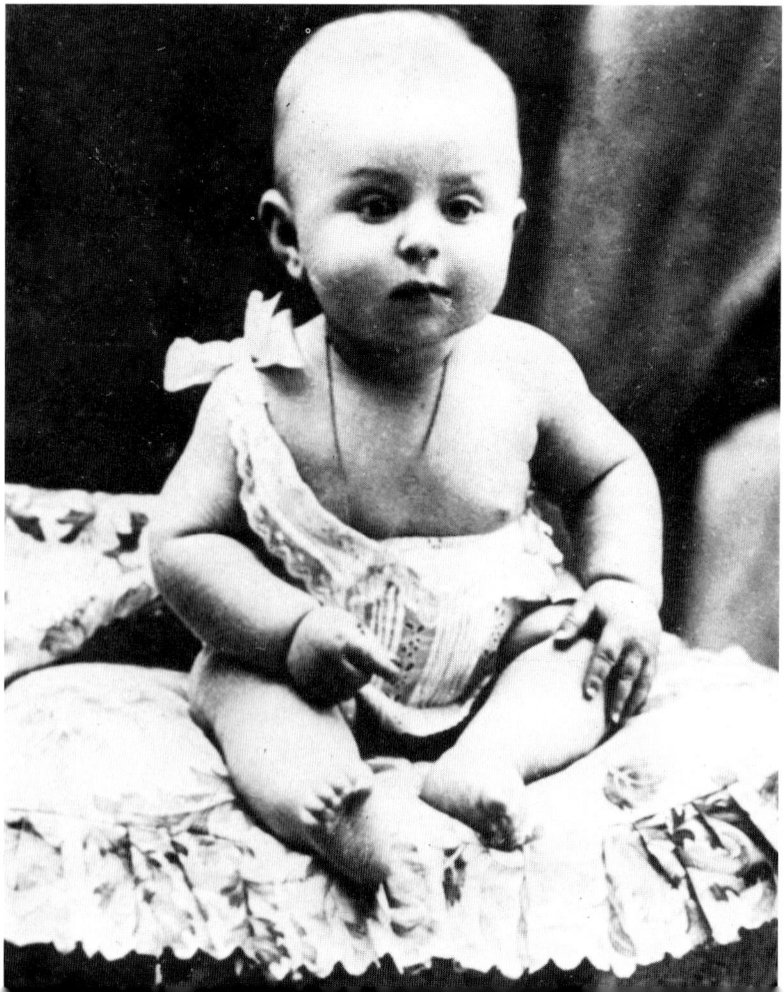

12 Poulou mit eineinhalb Jahren
13 Links: Anne-Marie und Poulou nach Jean-Baptistes Tod

14 Das «Schweitzer-Quartett» um 1915 auf Besuch in Pfaffenhoffen. Von links nach rechts: Charles Schweitzer, Sartres Großvater; Anne-Marie; Émile Schweitzer, sein Onkel mütterlicherseits; der achtjährige Poulou; der Onkel und die Tante Biedermann; Louise Schweitzer, seine Großmutter

9 Linke Seite: Anne-Marie Schweitzer, Jean-Paul Sartres Mutter zur Zeit ihrer Hochzeit
10 Jean-Baptiste Sartre zur gleichen Zeit
11 Jean-Paul Sartre, genannt «Poulou», als Baby von wenigen Monaten

15 Die Seconde von 1919/20 am Gymnasium in La Rochelle: Sartre, zweiter von links, sitzt auf der Erde und hält die Arme verschränkt

16 Porträt des Kindes, um 1913 von seiner Mutter gezeichnet.

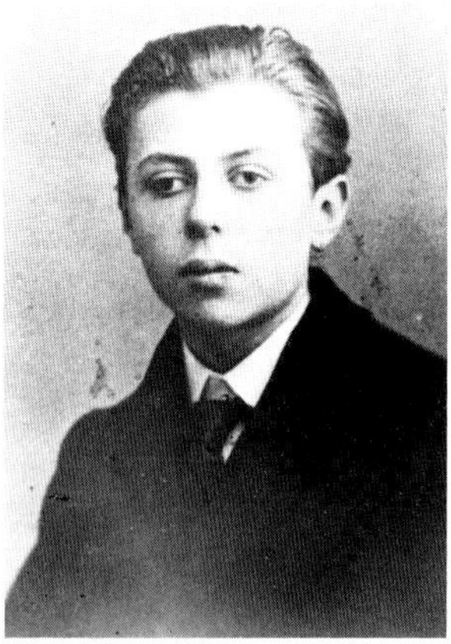

17 In der Première am Lycée Henri IV

18 École normale supérieure 1924: Ausflug auf die Dächer. Sartre sitzt rechts auf dem Schornstein. Unten Henriette Alphen, die Verlobte von Paul Nizan, zweite von links; Nizan, dritter von links; stehend Lagache, zweiter von links

19 École normale supérieure, Revue 1925: «La revue des deux mondes ou le désastre de Lang-son»: Sartre sitzend als Lanson verkleidet. Sylvain Broussaudier spielt Dupuy

20 Dieselbe Revue, Sartre als Lanson mit Daniel Lagache als Doña Ferentes

21 Im Sommer 1929 an einer Schießbude. Rechts Hélène de Beauvoir, links, halb verdeckt, Simone de Beauvoir, daneben der Maler Fernando Gerassi

22 Schuljahr 1931 am Gymnasium in Le Havre

23 Rechte Seite oben: Ferien im Sommer 1939: Sartre und Simone de Beauvoir in Juan-les-Pins
24 Rechte Seite unten: Sartre während der *drôle de guerre* als Soldat beim Wetterdienst; er betrachtet durch das Fernrohr einen Ballon, den ihm der Gefreite Pierre hochhält

25 9. März 1944: Lesung des Picasso-Stücks «Le désir attrapé par la queue». Teilnehmer sind (oben von links nach rechts) Jacques Lacan, Cécile Éluard, Pierre Reverdy, Louise Leiris, Zanie de Campan, Pablo Picasso, Valentine Hugo, Simone de Beauvoir, Brassaï; (unten) Sartre, Camus, Michel Leiris, Jean Aubier

26 16. Oktober 1944: Demonstration am Friedhof Père-Lachaise zum Gedenken an die Opfer des Nationalsozialismus. Sartre ist Mitglied des Comité national de théâtre

27 *Café de Flore*, 1945

28 Januar–März 1945: erste Amerika-Reise. Die Delegation der acht französischen Journalisten posiert auf dem Flughafen von San Antonio (Texas). Von links nach rechts: Étiennette Bénichon, François Prieur, Louis Lombard, Sartre, Pierre Denoyer, Andrée Viollis, Stéphane Pizella, Robert Villers

29 Porträt Sartres von William Leftwich für *Time Magazine*, 1946

30 Mit Boris und Michelle Vian
31 Eine Studioaufnahme der «Tribune des Temps Modernes»

32 Am 2. April 1948 mit Francis Carco anläßlich der Premiere von *Les mains sales*

33 Am selben Tag mit François Périer, der die Rolle von Hugo spielte

34 Das Redaktionskomitee der *Temps Modernes* bei Simone de Beauvoir: Jacques-Laurent Bost, Simone de Beauvoir, Claude Lanzmann

35 Im *Pont-Royal* mit Dolorès Vanetti, Jacques-Laurent Bost, Jean Cau und Jean Genet

36 Juni 1954 in der Nationalbibliothek in Leningrad

37 Herbst 1955, Reise in die Volksrepublik China. Gespräc mit Minister Chen-Yi

38 Unten links: Kuba, Februa 1960, Treffen mit Fidel Castro

39 Juli 1957 auf dem San-Marco-Platz in Venedig

40 Rechte Seite: An seinem Fenster, 42, Rue Bonaparte, über dem Café *Des Deux Ma gots*, hinten die Rue de Renne

44 Anfang 1965 in der *Coupole* mit Arlette Elkaïm

41 Linke Seite oben: Letzte ruhige Momente in einem Café in Montparnasse vor der Bekanntgabe des Nobelpreises

42 Oben rechts: 1. November 1961, während des Algerienkriegs: Schweigedemonstration an der Place Maubert gegen den Rassismus

43 *Théâtre de la Renaissance*, September 1959: Proben für *Les séquestrés d'Altona* mit Evelyne Rey und Serge Reggiani

45 9. November 1966, Pressekonferenz gegen die Apartheid

46 Frühjahr 1967, Besuch eines palästinensischen Flüchtlingslagers zum Abschluß seiner Ägypten-Reise

47 14. März 1967: Ankunft auf dem Flughafen von Lod; er wird von jüdischen und arabischen Studenten empfangen

48 Besuch des Kibbuz Merhavia in Obergaliläa

49 23. März 1968 in der *Mutualité*: «Tag der Intellektuellen für Vietnam»; mit Joseph Kessel und Laurent Schwartz

50 10. Februar 1969 in der *Mutualité*. Auf seinem Pult findet er den Zettel vor: «Sartre, sei kurz.»

51 26. Juni 1970: illegaler Verkauf von *la cause du peuple*

52 Arbeitssitzung mit Robert Gallimard, 222, Boulevard Raspail

53 1978: Redaktionskomitee der *Temps Modernes*, 29, Boulevard Edgar-Quinet. Links: Jean Pouillon, Benny Lévy, Claire Etcherelli, François George, André Gorz

54 Februar 1980. Boulevard Edgar-Quinet: im Schatten des Turms

55 26. Juni 1979 mit Raymond Aron im Élysée zur Unterstützung der Kampagne «Ein Boot für Vietnam»

56 26. September 1979: Beerdigung von Pierre Goldmann auf dem Friedhof Père-Lachaise

57 Letzte Seite: 19. April 1980: die Beisetzung

Männer zu keinen Zusammenkünften und direkten Diskussionen geführt haben? Sie werden sich weiterhin parallel zueinander bewegen und einander wie auch ihrer jeweiligen Leserschaft vertraut bleiben. Goffman vertiefte sich in die partizipierende Beobachtung der Gesellschaft in allen ihren Auswüchsen, Abweichungen – Psychiatrie und Gefängnis – und Monstrositäten. Sartre interessierte sich zwar leidenschaftlich für dieselben Phänomene, allerdings als Philosoph oder ethisch Engagierter. Beide teilen den gleichen illusionslosen Blick auf das Reale, das Existentielle.[25]

Zweiter Amerikaaufenthalt: Bei Dolorès wurde eine Sartresche Dependance, ein Annex der *Temps Modernes* gegründet. Sie sammelt Anfragen, Artikel, beherbergt New-York-Besucher, hier ist das Zentrum aller Sartreschen Beziehungen zu Amerika: In New York hatte bald jeder sein eigenes Sartre-Bild, von den Akademikern über die Philosophen, Geisteswissenschaftler, Journalisten, Dramatiker bis zu den Politikern und Schriftstellern. Arthur Miller, der ihm nie begegnete, erinnert sich an die Spuren des Aufenthalts in den Medien, an die «absolut faszinierende Persönlichkeit», die damals in der Presse beschrieben wurde, an sein Gefühl einer «tiefen Identität» mit dem Theatermann Sartre. «In Amerika schreibt man sehr realistische Stücke», erläuterte er uns, «er aber versuchte, dem philosopische und psychologische Analysen hinzuzufügen, was völlig neu war.»[26]

Hatte er den Wunsch, über diesen zweiten Amerikaaufenthalt zu schreiben? Gleich nach seiner Rückkehr arbeitete Sartre in Paris an einem Manuskript, das unter dem Einfluß seiner jüngsten Erlebnisse stand und den provisorischen Titel *Tableautins d'Amérique* trug: wer weiß, was aus diesem Projekt geworden ist? In einer Sondernummer von *Les Temps Modernes* zu den Vereinigten Staaten – die im Sommer 1946 erschien – blieb seine Einleitung als einzige Spur davon zurück: «Es gibt die großen Mythen», schreibt er insbesondere, «den Mythos des Glücks, der Freiheit, der triumphierenden Mutterschaft, es gibt den Realismus, den Optimismus … Es gibt den Mythos des Glücks, es gibt diese verführerischen Slogans, die einen auffordern, so schnell wie möglich glücklich zu sein, die Filme, die ‹gut ausgehen›…, es gibt diese Sprache, die mit knappen optimistischen Ausdrucksweisen überladen ist: ‹*have a good time*›, ‹*enjoy*›, ‹*life is fun*› etc…» Nachdem er amerikanische Tabus, die amerikanische Rassentrennung erwähnt hat, schließt er nostalgisch mit «der seltsamen müden Sanftheit auf den Gesichtern der New Yorker, wenn am Broadway die ersten Lampen angehen.»[27]

«Ich habe Lust zurückzukehren, die Leidenschaft und die Vorträge machen mich fertig.» In den letzten Februartagen von 1946 teilt Sartre Simone de Beauvoir die Verschiebung seiner Rückkehr nach Paris mit: Er wird am 15. März fliegen. Die Gründe dieser Verschiebung? Geldprobleme, letzte Einkäufe. Sind sie restlos glaubwürdig, Sartre und seine unbeholfenen Entschuldigungen? Oder ambivalent, wenn er zum Beispiel dem Castor Dolorès beschreibt und Probleme erwähnt, sich bemitleiden läßt? «Dolorès (liebt) mich beängstigend... Ihre Leidenschaft erschreckt mich buchstäblich, vor allem, da ich auf diesem Gebiet nicht stark bin.»[28] Die Doppelzüngigkeit als klassisches Mittel – für Möchtegern-Don-Juans? – beherrschte Sartre sein ganzes Leben lang vorzüglich. Lügen, doppeltes Spiel, Versprechungen, Entschuldigungen, Geschenke, erneute Verführungen, Liebesreisen: In jeder dummen Situation, in die er hineingeraten ist, wird er seine ganze Begabung und seine ganze Phantasie aufbieten, um sich wieder herauszuwinden und den offenen und unbegrenzten Harem zu erhalten, den er um keinen Preis aufgeben will. Zur gleichen Zeit, als er sich bei Castor beklagte, Dolorès liebe ihn zu sehr, verließ er Dolorès mit eindeutigen Worten: «Er sagte zu mir: ‹Komm, ich heirate dich, und dann ist Schluß›», erzählte sie uns. «Wobei er außer acht ließ, daß ich damals noch verheiratet war. Außerdem hatte er tatsächlich Lust, das Angebot einer zweijährigen Gastprofessur von einem Freund der Columbia-Universität anzunehmen und hier mit mir zusammenzuleben. Ich selber fragte mich, ob es ihm bei seinen Sprachproblemen in New York gefallen würde...»

Als Sartre am 15. März 1946 wieder in Paris eintraf, war die «Akte Dolorès» sicher das Hauptdiskussionsthema zwischen Castor und ihm. «Sartre (erzählte) mir viel über M.», schreibt Simone de Beauvoir, die ein diplomatisches Kürzel benutzt. «Ihre Zuneigung schien damals gegenseitig zu sein, und sie hatten vor, jedes Jahr drei bis vier Monate miteinander zu verbringen», schreibt sie weiter. «Es war nicht die Trennung, die mich erschreckte, sondern seine Schilderung der mit ihr in New York verbrachten Wochen... Plötzlich fragte ich mich, ob er nicht an M. mehr hinge als an mir... Nach seinen Erzählungen zu schließen, teilte M. restlos seine Reaktionen, seine Gefühle, seine Wünsche, seine Ungeduld.»[29] Die Fortsetzung ist bekannt: Eifersüchtig auf diese Geschichte, die ihr doppelt entging, weil sie sich so weit weg in New York abspielte, stellte Simone de Beauvoir Sartre die ewige Frage: «Sie oder ich?», worauf er das famose Meisterstück an Doppeldeutigkeit zur Antwort gab: «Ich hänge ungeheuer an M., aber ich bin bei Ihnen»! Gedankenlos, pervers, zynisch, taktierend, grausam, sadistisch oder einfach nur unbeholfen? Mit größter Transparenz erzählte er der einen von der anderen, hatte er Lust darauf, sein Glück mitzuteilen. Dafür allergrößte Doppeldeutigkeit, wenn Ausflüchte auf der Tagesordnung standen. Die Tricks des verliebten Sartre, des polygamen Sartre dürften all jene ergötzen, die in ein Doppel- oder Dreierleben verstrickt sind und selten wirksame Argumente und Lösungen finden. Ihm gelang es brillant und bruchlos bis zu seinem Tode. Doch um welchen Preis?

«Ich werde Ihnen auch von Dolorès erzählen... Die merkwürdige Mischung aus Angst und Entschiedenheit, tiefem Pessimismus und Optimismus im Detail, Leidenschaft und Vorsicht, verängstigter Schüchternheit und Unverfrorenheit, aus der sie sich zusammensetzt, können Sie sich kaum vorstellen... wenn sie glücklich ist, kann sie von kindlicher Unschuld und Treuherzigkeit sein.»[30] Gedankenlos oder grausam, diese Zeilen an Castor? Gedankenlos oder grausam, als er nach seiner Rückkehr aus Amerika jedem erklärte, Dolorès sei die wunderbarste Frau der Welt und käme bald hierher? Madame Mancy fragte, in ihrer erstaunlich naiven Liebe zu ihrem Sohn und ihrer äußerst konventionellen Anschauung über die Ehe und die «affektive Stabilität», jeden aus, der in New York Dolorès gesehen hatte. Eines Tages näherte sie sich Henriette Nizan und fragte sie leise, fast heimlich: «Dolorès, meinen Sie, daß es die richtige für Poulou wäre?»[31]

IM MASCHINENRAUM

Nacheinander erschienen von 1946 bis 1949: *L'existentialisme est un humanisme* (März 1946); *Matérialisme et révolution* (Juni); *New York, ville coloniale* (Juli); *Présentation des États-Unis* (August/September); *Réflexions sur la question juive* (November); *Morts sans sépulture* (November); *La putain respectueuse* (November); *Les mobiles de Calder* (Herbst); *La liberté cartésienne* (Dezember); *Écrire pour son époque* (Dezember); *Baudelaire* (Januar 1947): *Qu'est-ce-que la littérature?* (Februar–Juli 1947); *Les faux nez* (März); *Nick's Bar, New York City* (Juni); *Les jeux sont faits* (September); *La tribune des «Temps Modernes»* (Oktober); *Situations I* (Oktober); *Théâtre I* (Oktober); *David Hare: sculptures à* n *dimensions* (Dezember); *Présence noire* (Dezember); *Visages* (Januar 1948); *Giacometti: La recherche de l'absolu* (Januar); *Les mains sales* (März); *Situations, II* (Frühjahr); *Orphée noir* (Frühjahr); *Préface à «Portrait d'un inconnu» de Nathalie Sarraute* (Frühjahr); *Conscience de soi et connaissance de soi* (April/Juni); *L'engrenage* (November); eine Artikelserie zum *Rassemblement démocratique révolutionnaire* (März–Dezember); ein Lukàcs-Interview (Februar 1949); eine Antwort an François Mauriac (Mai); *Situations, III* (Juni); *Naissance d'Israël* (Juni); *Le noir et le blanc aux États-Unis* (Juni); *Présentation du «Journal du voleur» de Jean Genet* (Juli); *La Mort dans l'âme* (August); Haitireportage (Oktober); *Drôle d'amitié* (Dezember).

Ganz zu schweigen von den Dutzenden von Interviews und Artikeln in Frankreich, Europa, Nord- und Südamerika. Von den Dutzenden nicht veröffentlichten Vorträgen in der Schweiz, in Italien, Großbritannien, Deutschland. Den fast immer sofort folgenden Übersetzungen. Die – unvollständige – Liste umfaßt an die vierzig Sartresche Produkte innerhalb von weniger als vier Jahren. Die Gattungen? Vorträge, Essays, Theaterstücke, Artikel, Vorworte, Radiosendungen, Biographien, philosophische Reflexionen, Drehbücher, Lieder, Romane, Reportagen... Die Themen? Ästhetik, Literatur, Ethik, Politik, Philosophie, Reisen, Kunst, Musik... Wer bietet mehr?

Produktionsstrategie oder unkontrollierte Schreibbesessenheit? Schreiben als Keulenschlag? Als Faustschlag? Größenwahn? Fette Jahre? Ein ausufernder Schriftsteller? Ein weitschweifiger? Wahn eines fanatischen Federfuchsers? Welche Worte, welche Formeln entsprechen am ehesten diesen Jahren? Audiberti erfand die Formel «Sartre und seine fünf Köpfe», sprach von seinen «Lastwagen, die überall in einem unglaublichen Durcheinander, im Buchhandel, im Theater, im Film kampieren.»[1] Und weiter? Gibt es eine kohärente Linie, eine Hierarchie, eine Werteskala, ein heimliches System?

«Hörte ich ihn pfeifen, wußte ich mit Bestimmtheit, daß er Philosophisches schrieb. War er gutgelaunt, war es ein Roman. Wenn er hingegen seine mürrische Laune nicht verbarg, dann war es entweder Theater oder Journalismus und vor allem Politik»: Worte eines nahe stehenden Zeugen. An seinem Stimmungsbarometer konnte man die Sartresche Hierarchie ablesen. Bei den unterschiedlichen Produkten dieser fetten Jahre, bei den Texten, die er aus Spaß, und denen, die er aus Pflicht schrieb, bei den Texten, die er in wenigen Stunden an der Ecke eines Tisches hinkritzelte, und denen, die er sich vornahm, wenn er Zeit hatte, herrscht eine solche Vielseitigkeit, eine solche Unterschiedlichkeit und doch auch eine solche Kohärenz. Verlassen wir uns nicht auf die äußere Erscheinung: Seine skandalösesten Texte waren nicht seine bevorzugtesten, seine bekanntesten Texte waren nicht die am besten recherchierten, seine am besten verkauften Texte waren nicht die, die ihm am teuersten waren. Das Ganze funktioniert nach einem zugleich äußerst einfachen und äußerst komplexen System: Es genügt, alle veröffentlichten oder nichtveröffentlichten, gleichzeitigen oder aufeinanderfolgenden Texte zu betrachten, Texte,

Aktionen, Artikel und Theorien in Verbindung miteinander zu bringen und die einzigartige persönliche Architektur des Maschinenraums enthüllt sich uns.

Gleich nach der zweiten Rückkehr aus Amerika im Frühjahr 1946 veränderte sich das Sartresche System: eine gewisse Anzahl neuer Gesten, die zu denen gehören, die man gedankenlos, mechanisch macht, wie schneller gehen oder seine Brille aufsetzen. Selbstverständliche, alltägliche, notwendige, scheinbar bedeutungslose Gesten, die dennoch durch ein vollständiges System, das ihnen zugrunde liegt, bestimmt werden. Einfache, unzweideutige und doch entscheidende Gesten, Verschiebungen, die von außen kaum wahrnehmbar sind. Als würde er vom Handwerk zum Professionalismus übergehen. Räderwerk, Kolben, Transmissionsriemen, unterschiedliche Brennstoffe, Rohprodukte und veredelte Produkte: Es fehlt an nichts. Der Maschinenraum? Das Kernstück der gewaltigen Mechanik, ein verborgener, heimlicher, intimer, extrem raffiniert ausgebauter Ort. Inmitten der glühenden Hitze von Hochöfen wird pausenlos gearbeitet, rotieren die Kolben. Der Meister, der Chef, der Mechaniker, der Turbinen und Heizungsraum, Motoren und Montagebänder nie aus den Augen verliert, repariert, produziert, der besessene und geniale, von Maschinendampf und höllischem Arbeitstempo berauschte Handwerker, der aus jeder Maschine und vor allem seiner eigenen das Äußerste herausholt, ein Kaffee nach dem anderen, um nicht einzuschlafen, ein Orthedrin nach dem anderen, um sich aufzuputschen, ein Whisky nach dem anderen, um auszuspannen, hier ziehend, dort schiebend, vom Ofen zur Mühle eilend – ein vierzigjähriger, kleiner, kräftiger, robuster, fröhlicher, munterer, lebhafter, rauchender, trinkender, witziger, unverwüstlicher Mann. Während *Samedi-Soir* über den «Existentialismuspapst» herzog, während sich die «Salauds» zwischen Käse und Nachtisch über seine diversen Laster, den Gestank seines Hotelzimmers, die überquellenden Aschenbecher, zerwühlten Betten und befremdenden Gerüche ausließen, während man sich über seine «von Kellnern aus Saint-Germain-des-Prés und Bar-men vom linken Ufer der Seine umgebenen Truppen» mokierte, nahm das Sartresche Gebäude Form an, nach einem Rhythmus, nach Gesetzen und nach Modellen, die es stets kennzeichnen werden. Jetzt entsteht alles woanders, weit weg von den verlausten, übelriechenden Hotels. Zwar ganz in der Nähe der Cafés und Keller. Doch da drüben, über ihnen, wie er es liebte. Im vierten Stock, in einer gepflegten und altmodischen Wohnung, gegenüber der Kirche, gegenüber dem Platz und der Rue de Rennes. Das Anderswo ist ganz nah, ganz oben, hier ist der Maschinenraum. Hier wird alles eingefädelt, entschieden, geboren. Und wenn wir uns die Maschinen näher ansähen?

Alles beginnt eigentlich mit der Einstellung eines Sekretärs, als ein junger, sehr Sartrescher «Khâgneux» eines Tages seine Dienste anbietet. Den großen Bewunderer von Mathieu in *Les chemins de la liberté* fasziniert dieser Lehrer, der mit seinen Truppen Bordelle aufsucht. Er trifft Sartre im Café, geht auf ihn zu, spricht ihn an, und schon ist alles geregelt. Spontaneität, Frechheit, ungestümer Spott, ungeschliffene Kraft, holpriger Akzent aus dem Südwesten, dunkles, rauhes Aussehen, breite, kräftige Hände, Ganovenblick, Ungeduld eines Tiers, das ständig auf der Lauer ist: Der junge Jean Cau gefällt Sartre auf Anhieb. Er ist etwa zwanzig Jahre alt, hat gerade die «khâgne» auf Louis-le-Grand abgeschlossen, wo er mit Jean Poperen, Claude Lanzmann und Gilles Deleuze Gedanken und Bücher geteilt hat. Gern betont er seine Art des erfolgreichen Kindes aus dem Volke, dem man nichts vormachen kann, er spricht die krude und farbige Sprache der Menschen aus der Aude, aus der Gegend zwischen Carcassonne und Narbonne. Was das heißt, Sartres Sekretär? Jeden Morgen an einem kleinen Schreibtisch in der Rue Bonaparte Platz nehmen, Anrufe beantworten, Post öffnen, Finanzen verwalten: «Ein idealer Chef», sagte er später, «von restloser Großzügigkeit» und «grenzenlosem Vertrauen»[2]. Was es heißt, Sartres Sekretär? Zwischen der Rue Bonaparte und den Räumen der *Temps Modernes* Termine vereinbaren, Anfragen sammeln, Unerwünschte fernhalten, Projekte verwalten, Angebote sortieren... Das Gespann Sartre–Cau wird elf Jahre bestehen, von 1946 bis 1957. Ein weiterer Vorzug von Cau: Im Krieg hat er in Carcassonne Robert Gallimard kennengelernt, den er in Paris anläßlich eines Cocktails im Verlag wiedersieht, zu dem er den «Meister» begleitet hat. «Was machst du denn hier?» – «Sekretär von Sartre», antwortet Cau. Die Beziehung von Robert zu Cau wird den Informationsfluß zwischen Autor und Verleger erleichtern. So wurde der mit Cau gleichaltrige und erstaunlich schlaue, schnelle, direkte, warmherzige Robert Gallimard, «der Linksradikale in der Familie», der mit Sartre viel gemeinsam hatte, endgültig zum Sartre-Herausgeber.

«Genial» für die einen, «etwas undurchsichtig» für die anderen, «in Sartre verliebt» für manche, «abscheulich und vulgär» für wieder andere – doch Jean Cau wird später, nachdem er ihn verlassen hat, immer mit größter Zurückhaltung und größter Zuneigung von Sartre sprechen, und auch das nur, wenn er so direkt befragt wurde, daß er nicht mehr schweigen konnte. Im Frühjahr 1985 brach Jean Cau erstmalig sein Schweigen und widmete Sartre ein zwanzigseitiges Porträt in seinem Buch *Croquis de mémoire*. Ein scheuer, sensibler Text zu verschiedenen, klug interpretierten Momentaufnahmen, allerdings ohne tatsächliche Analyse: ein glatter, formvollendeter Kieselstein, den man nicht festhalten kann. Kein Kritiker wagte, an diesen Text zu rühren. Ansonsten blieb Cau von vorbildlicher Reserviertheit und respektvoller Diskretion, trotz seiner späteren Entgleisungen. Hauptperson in der Nummer 42 der Rue Bonaparte, der Bastion aus einem anderen Jahrhundert, etwa aus dem Ende des 19. Jahrhunderts, ist Madame Mancy, wenn auch rein funktional. Mitten in den falschen Louis XVI-Möbeln, hinter den Spitzengardinen, sekundiert von ihrem elsässischen Hausmädchen, kümmert sie sich um die materiellen Bedürfnisse: Einkauf der Anzüge, Auswahl der Schlipse, Waschen und Bügeln der Hemden mit den weißen Kragen, Essen, Putzen. Diskret hält Madame Mancy das Haus in Ordnung, verhält sich reserviert und kokett, und ist restlos entzückt und sprachlos über das «fünfbeinige Schaf», das sie zur Welt gebracht hat, über diesen ungewöhnlichen Sohn.

Neben der schönen, gepflegten Sechzigjährigen mit dem tadellosen Knoten, die in den nächsten zwanzig Jahren einiges von der Zuneigung ihres Sohnes zurückgewinnen wird, steht natürlich eine andere Frau, Castor, die in strahlender Schönheit mit extravaganter, gelegentlich folkloristischer Kleidung, mit komplizierten Frisuren, hochgestecktem Haar nach kastilischer Art, raffinierten Ohrringen und viel Farbensinn, sich ihrem vierzigsten Geburtstag nähert. Castor, zugleich Triebfeder, Öl, Brennstoff und Räderwerk des ganzen Systems. Castor, ein mit außergewöhnlicher Sartrescher Lebendigkeit begabtes Organisationstalent. Castor, die aktive und unermüdliche Bewunderin, Erfinderin, Draufgängerin, Gesprächspartnerin. Mitte der dreißiger Jahre ist sie diejenige gewesen, die die ersten Schriften eines Mannes las, den Depressionen und für einen Roman viel zu schwerfällige philosophische Systeme belasteten, ihn immer wieder gelesen, beraten und unterstützt hatte. Sie hörte ihm zu, ging die Texte wieder durch, veränderte und kritisierte sie, ohne den Sinn zu verfälschen, ermutigte ihn. Sie hatte ihn weiter unterstützt, während der *drôle de guerre* Briefe geschrieben, den Kontakt aufrechterhalten, eine Hüterin des Sartreschen Feuers, eine Schutzbarriere gegen seine Irrungen, sie, die Anregerin, sein Spiegel und schon seine Biographin. Die Bekanntheit von Sartres Leben in den Medien – erinnern wir uns an *L'invitée* und an den streng vertraulichen Artikel in *Harper's Bazaar* – ist vor allem Simone de Beauvoir zu verdanken. Ihre eigenen Werke, Romane, Theaterstücke und Vorträge sind wohl die besten Illustrationen und die ersten Anwendungen eines triumphierenden Existentialismus. Die überzeugte und dennoch autonome Jüngerin, die Feministin und Anhängerin wird genau das tun, was zur Erhaltung des Gleichgewichts nötig ist: Sie schafft ein eigenes Werk, das zugleich eine Verstärkung von Sartres Werk und ein absolut beauvoiristisches Werk sein wird. Unbestritten, Castor ist die Meisterin, der nichts entgeht; sie pendelt zwischen der Rue Bonaparte und dem Büro von *Les Temps Modernes*, ist unentbehrlich, aktiv, von unerschütterlicher Präsenz.

Dann kommt die «Familie»: Für die einen die «Sartresche Garde», für die anderen «die Kleinfürsten des Regimes». Fast alles ehemalige Schüler, bedingungslose Anhänger, Freunde: die Vertrauten. 1946 sind es Jacques-Laurent Bost, Jean Pouillon, J.-B. Pontalis, sechs Jahre später kommt neben anderen Claude Lanzmann dazu. Diese Kleinfürsten – abgesehen vielleicht von Pontalis, der 1969 mit seinem ehemaligen-zukünftigen Analysierten einen «psychoanalytischen» Konflikt haben wird – werden bis zum Schluß die Sartresche Linie strengstens einhalten. Diese Kleinfürsten, diese junge Garde bilden zwischen Sartre und der Welt eine ständige Pufferzone, einen wirksamen Schutz, eine zweite Barriere nach Cau: Die Unerwünschten warfen sie hinaus, die neuen potentiellen Adepten führten sie ein. Die Nebendarsteller nach Castor entwickelten, bereicherten das Denken des Meisters: Sie veröffentlichten Vorträge, Artikel, Romane, Essays im Sinne des Sartreschen Denkens und manchmal zu dessen Verteidigung. Sie verkörperten auch die Jugend, dienten als Vorbilder, vor allem Bost, dessen etwas steife Eleganz, aristokratische Souveränität, verlegener Charme, respektlose Sprache und permanente Rebellion Sartre stets fasziniert haben, ganz abgesehen davon, daß er vor allem derjenige war, der Olga geheiratet hatte. Bost, halb kleiner Bruder, halb geistiger Sohn, der Sartreschste vielleicht aller Kleinfürsten, ist jedenfalls der einzige, den Sartre als Boris in *Les chemins de la liberté*, hat auftreten lassen. Der von Sartre verewigte Bost brachte seine Anekdoten, sein Leben in die Rue Bonaparte mit und wird bis zum Schluß der hilfsbereite Getreue sein, ein «steriler Satellit», meinen einige, der von 1935 bis 1980, vielleicht darüber hinaus, innerhalb der Sartreschen Umlaufbahn bleibt. Die Kleinfürsten berichten, informieren, machen Vorschläge, erklären, stehen im permanenten Kontakt zur Außenwelt. Sie sind aber auch Propagandisten und Mitarbeiter, sie sorgen dafür, daß *Les Temps Modernes* und Sartres Werk am Leben erhalten bleiben; der eine bearbeitet ein Theaterstück, der andere überprüft die Bearbeitung des Stücks zu einem Drehbuch, der dritte übersetzt, der vierte kontrolliert, der fünfte erläutert. Die zweite Reihe war wie eine Panzerung, ein Kommandotrupp, für die einen Hüter des Feuers, für die anderen Parasiten.

Nach den Kleinfürsten kommt der lockere Freundeskreis, einige von ihnen werden manchmal für einige Monate Vertraute, andere warten jahrelang darauf, wiederum andere werden sich von glühenden Anhängern zu geschworenen Feinden entwickeln, ebenfalls ehemalige Schüler wie die Kleinfürsten. Zu den Kleinfürsten, zu Cau und Castor unterhält der dritte Kreis vorübergehende, enge Freundschaftsbeziehungen: Essen, gemeinsames Ausgehen, häufige Verabredungen. Dann verlassen sie wieder die Sartresche Bahn, werden autonom und brechen manchmal endgültig mit dem Gesamtkometen – wie Jean Cau oder Raoul Lévy –, oder sie halten weiterhin konfliktgeladene Beziehungen zu ihm aufrecht, die sie heftig und öffentlich austragen wie Jean Kanapa oder auch in gedämpfter Form wie Jean

Genet oder Robert Misrahi. Zahlreiche ehemalige Schüler werden vorbeiziehen, den *Temps Modernes* neue Horizonte eröffnen und aus dem Sartreschen Raum entweder unbeabsichtigt oder aus Verdruß oder auch einfach aus Erschöpfung wieder verschwinden. Als Beispiele seien hier erwähnt: Albert Palle, Jean Balladur, Nathalie Sorokine, die später Nathalie Moffat wurde... Diese ehemaligen Schüler aus Le Havre, Rouen, aus dem Lycée Molière, Condorcet oder Pasteur werden von den Kleinfürsten, mit denen sie in Verbindung stehen, angeworben, publizieren in *Les Temps Modernes*, was sie entzückt, werden aber bald von den eigenen Beschäftigungen zu stark beansprucht und entgehen letztlich der Sartreschen Anziehungskraft.

Gegenstück zum Kleinfürstenkreis: der ebenso stabile, ebenso dauerhafte, ebenso starke Kreis der Frauen. Frühere Freundinnen von Sartre, Hofdamen, die noch oder nicht mehr verliebt in ihn sind, die das Sartresche Werk begleiten werden. Die sichtbarsten sind seine Schauspielerinnen, seine Interpretinnen, seine Musen. Zum Beispiel Olga, Bosts Frau und Darstellerin der Elektra in *Les mouches*; oder Wanda, Sartres Freundin und Darstellerin der Estelle in *Huis clos*. Zum Beispiel später Évelyne Rey, Claude Lanzmanns Schwester, Schauspielerin in *Les séquestrés d'Altona*. So bekommt Juliette Gréco von Sartre 1946 das berühmte Lied «La rue des blancs-manteaux» geschenkt, das er für *Huis clos* geschrieben hatte. So wurde die Gréco geboren, sie war zwanzig, ein dunkles, elfenhaftes, begabtes, zartes und verführerisches junges Mädchen – genauso wie Sartre sie liebte. Er gab der Gréco die entscheidende Starthilfe, lieh ihr Bücher zur Zusammenstellung ihres Repertoires... Die brillante Fortsetzung der Karriere von Juliette Gréco ist bekannt.[3]

Von seinen verborgensten bis zu seinen sichtbarsten Abteilungen, von seinen intimsten bis zu seinen öffentlichsten Räumen, von Madame Mancy bis Juliette Gréco: Im Maschinenraum herrscht eine ständige Bewegung, wird unermüdlich gearbeitet und produziert, jede einzelne Abteilung steht in einer harmonischen Wechselbeziehung zum Ganzen. Die dauerhafte Wirksamkeit dieses Maschinenraums, seiner ziemlich einzigartigen Gliederung und Arbeitsweise hat wahrscheinlich damit zu tun, daß jeder daraus Vorteile zog. Eingerichtet wurde der Maschinenraum zur Hoch-Zeit des Existentialismus, als der von Haß und Leidenschaft begleitete Sartre eine selten erreichte Allgegenwärtigkeit erlebte, als niemand mehr seine Bedeutung in Frage stellen konnte. Im Maschinenraum wurde damals die maximale symbolische Energie, das Maximum an finanzieller Unterstützung akkumuliert, bearbeitet, aufbereitet und zu Rohprodukten, Unterprodukten und Derivaten verarbeitet. Die Produktion der Jahrgänge 46–49 war unbestreitbar eine der reichhaltigsten: abwechslungsreich, anspruchsvoll und nach dem Durchbruch von 1945 genau zum richtigen Zeitpunkt kommend. Sartre wurde damals ein wirklich reicher Mann. Theaterstücke, Romane, Essays, zahlreiche Artikel: alle seine Produkte wurden ins Ausland verkauft. Übersetzungen, Bearbeitungen, Aufführungen...: eine Sartresche Multinationale. *Les mouches* wurde in Stockholm und Berlin, *Huis clos* in Montreal und New York gespielt, in London und New York veröffentlichte man Auszüge aus *La nausée*, die *Présentation des «Temps Modernes»* wurde gleichzeitig in Rom, London und Berlin publiziert, für Artikel und Vorträge erhielt er Honorare. Kurz, Sartre exportierte sich gut, besser als de Gaulle, zur Verblüffung von *Samedi-Soir*. Gefördert wurde er damals auch von dem Verleger Louis Nagel, seinem früheren Theateragenten. François Erval, damals Herausgeber bei Nagel, hatte ursprünglich die Idee gehabt, den Vortrag vom 29. Oktober 1945 zu verlegen; Nagel fiel ein geschickter Satzspiegel ein – Text auf der rechten Seitenhälfte, Zwischenüberschriften auf der linken, Abdruck der anschließenden Diskussion am Ende des Buches –, damit konnten die wenigen Blätter zu einem richtigen Buch aufgebläht werden. «Mehrere Hunderttausende Exemplare innerhalb von vierzig Jahren», gab Louis Nagel an, als man ihn nach der erreichten Auflagenhöhe des in achtzehn Sprachen übersetzten Büchleins fragte, das lange Zeit zum größten Entsetzen Sartres als «existentialistische Bibel», als ein vorzeitiges «kleines rotes Buch» und vereinfachende Kurzfassung von *L'être et le néant* galt.

«Ich bin es, der Sartre gemacht hat», versichert Louis Nagel. «Denn wenn ich nicht die Idee gehabt hätte, *L'existentialisme est un humanisme* zu veröffentlichen, wäre er der Meisterdenker einer kleinen Clique geblieben. Das Büchlein war sehr preiswert, jeder Student konnte es sich leisten, das hat Sartre ein unglaubliches Publikum verschafft. Ich war es auch, der Sartre davon überzeugt hat, nicht mehr im Hotel zu wohnen, der die Wohnung in der Rue Bonaparte finanziert hat, ihm den Vertrag eines monatlich enorm hoch honorierten Schriftstellers ausgestellt hat... Eines Tages schleppte mich ein befreundeter Anwalt auf den Boulevard Saint-Germain mit, zeigte auf die zahlreichen Cafés und die vielen Menschen und meinte zu mir: ‹Louis, sieh dir dein Reich an›.»[4] Sartre veröffentlichte vier Titel bei Nagel; Simone de Beauvoir und Merleau-Ponty gaben ihm ebenfalls einige Manuskripte, und für einen kurzen Moment überlegte man auch, ob man nicht *Les Temps Modernes* herausgeben sollte. Sehr schnell werden sich aber die Beziehungen zwischen Sartre und Nagel verschlechtern: Prozesse, Beschimpfungen und gegenseitige Anschuldigungen. Daß ein gefragter, erfolgreicher Autor einen schlauen und eitlen Verleger anzieht, der die Vaterschaft seines Ruhms für sich beansprucht, gehört zum Normalsten der Welt. Ein weiterer Beweis seines Verkaufswertes...

Dieses Geld, das er jetzt in nie zuvor erlebter Menge erhielt, wird Sartre auf seine eigene Weise ausgeben. Er stopfte seine Taschen bündelweise mit Scheinen voll, warf sie beim Bezahlen in kleinen Haufen auf den Tisch, gab fürstliche Trinkgelder, bezahlte immer alles für alle, zückte sein Scheckheft, noch ehe er überhaupt gefragt wurde: Hier zeigte sich seine Neigung zum *pater familias* am deutlichsten. 1946 gehörten zu seinen Pensionären, die er monatlich freiwillig bezahlte, unter anderen Wanda und Robert Misrahi. Monat für Monat begann die Haushaltsführung mit einer Reihe Schecks oder Briefumschlägen, zusätzlich zu den regelmäßigen Pensionsbeziehern kam ein Scheck für Wandas Arztkosten, für Kanapas Sanatorium oder für Bosts Steuern. Im Zentrum des Maschinenraums befand sich also das Sartresche Manna, der Schatz klingender Münzen, die der Chefmechaniker in der einen oder anderen Form großzügig verteilte. Zwar lehnte er für sich selbst die traditionellen Verhaltensweisen und Werte ab, Ehe, Wohnung, Fortpflanzung und ähnliches mehr, dafür baute er ein Netz um sich auf, das man vielleicht die «Sartresche Familie» nennen kann, bei der er den absoluten Vorsitz führte: Bis zu seinem Lebensende bleibt er der Pelikanvater, der gibt und nimmt, der das Geben und vermutlich auch das Herrschen durch das Geben genießt.

«Ich weiß, es wirkt protzig, wenn man ein dickes Geldbündel herauszieht», wird er später Michel Contat gestehen.[5] «Aber ich bin kein Nabob. Nein, wenn ich gern viel Geld bei mir habe, so entspricht das, glaube ich, gewissermaßen der Art... wie ich mit meiner Kleidung umgehe – fast immer dieselbe –, mit meiner Brille, meinem Feuerzeug, meinen Zigaretten. Dahinter steckt der Gedanke, möglichst viele Dinge, die für mein Leben bestimmend sind, bei mir zu haben... Der Gedanke, in jedem Moment ganz das zu sein, was ich bin, von niemandem abzuhängen, niemanden um etwas bitten zu müssen, alles nur Mögliche sofort verfügbar zu machen.» Er erzählt auch: «Wenn meine Großmutter mir Geld gab, sagte sie immer: ‹Wenn du eine Scheibe zerbrichst, hast du wenigstens ein paar Groschen bei dir›. Davon ist mir etwas geblieben...»

Stille und Wachsgeruch in der Wohnung der Rue Bonaparte. Morgens arbeiteten sie. Jeder für sich, Cau hier, Sartre dort, jeden Vormittag, ohne Ausnahmen. Nachmittags suchte Castor diesen Hort des Fleißes auf, den Cau eben verlassen hatte; sie schrieb oder sie las, manchmal setzte sich Sartre ans Klavier, übte eine Beethovensonate, ein Präludium oder auch eine Fuge aus dem «wohltemperierten Klavier». «Man kann viel tun, ohne viel zu arbeiten. Drei Stunden morgens, drei Stunden abends. Das ist meine einzige Regel. Auch in den Ferien»[6], erläuterte er später. Die Mittag- und Abendessen sind Vertrauten und Geliebten vorbehalten. Nie gehen sie «groß essen», nie pflegen sie mondäne Treffen. Allein das *Flore* und die *Deux Magots*, die Restaurants, in denen er mittags essen ging, boten manchmal Gelegenheit zu informellen Treffen: Er wurde erkannt, gegrüßt, kurz angesprochen, befragt. Beispielsweise von jenem jungen Schriftsteller, der ihn im Restaurant *Chez Dominique* Fragen stellte, sein Anliegen in die Länge zog und erst beim Weggehen merkte, daß Sartres Essen wahrscheinlich kalt geworden war.[7]

«Kein Franzose wird frei sein, solange die Juden nicht im Besitz ihrer vollen Rechte sind. Kein Franzose wird in Sicherheit sein, solange noch ein Jude in Frankreich und *in der ganzen Welt* um sein Leben wird fürchten müssen...» Zwei Jahre nach dem Krieg, als Frankreich noch gelähmt war von der Last der nationalsozialistischen Verfolgungen, der weiterhin verbreiteten Denunziationen, Kompromittierungen und Feigheiten, als man über das jüdische Martyrium noch nicht sprechen konnte oder wollte, wagte sich ein kleiner kämpferischer Mann vor. Er packte den Feind am Kragen, lächelte ihn böse an, stülpte ihn kurzerhand um und verpaßte ihm den gekonntesten Faustschlag: *Réflexions sur la question juive*. Den in der allgemeinen Trägheit eingedösten Feind scheuchte er auf und zwang ihn, den Ring zu besteigen. Von dort aus richtete er das blendende Licht eines Scheinwerfers auf den verdunkelten Saal und rüttelte diese eingenickten Menschen, einen nach dem anderen, einfach dadurch wach, daß er ihnen von ihnen selbst erzählte: «Der Antisemit hat den Haß gewählt..., weil der Haß ein Glaube ist... Der Antisemit gibt gerne zu, daß der Jude intelligent und arbeitsam ist... Viele Antisemiten – vielleicht die Mehrheit – gehören dem städtischen Kleinbürgertum an; es sind Beamte, Angestellte, kleine Kaufleute, die nichts besitzen... Der Antisemit flieht die Verantwortung wie er sein eigenes Bewußtsein flieht... Was für den Antisemiten den Juden ausmacht, das ist das ‹Jüdische› in ihm... Genauso ist der Antisemit. Eine Komponente seines Judenhasses ist die tiefe sexuelle Anziehungskraft der Juden für ihn... Zerstörer von Beruf, Sadist mit reinem Gewissen, ist der Antisemit im Grunde seiner Seele ein Verbrecher...»

Genügte es zuzuschlagen? Genügte es, einfach die üblichen Redeweisen wie einen Handschuh umzukrempeln? Genügte es, den Frieden zu stören? Der knappe, dichte, in der einfachsten, vielleicht alltäglichsten Sprache Sartres verfaßte Essay überraschte alle. Was er hier kopierte? Ganz einfach: Rembrandts Anatomielektion, er traf dort, wo es schmerzt, sezierte die Leiche, führte die Verletzungen vor, stocherte in den Wunden herum... Ein neues Produkt aus den Sartre-Betrieben, diese im November 1946 erschienenen *Réflexions sur la question juive*? Ein neues Genre, eine neue Provokation von unserem vielseitigen Schriftsteller? So nahmen es einige auf. In Wirklichkeit führt der Text Überlegungen fort, die erstmals 1939 angestellt wurden – ein Interview mit Arnold Mandel beweist es[8] –, und er sollte das monumentale philosophische Werk illustrieren, das er ein Jahr zuvor begonnen hatte, die berüchtigte *Morale*, die angekündigte Fortsetzung von *L'être et le néant*. Der Schock, den die *Réflexions* auslösten, war also von ihrem Autor keinesfalls beabsichtigt, sondern das

Ergebnis des Aufeinanderprallens zweier unterschiedlicher Logiken: Ein lethargisch gewordenes Frankreich bekam eine innere, lang gereifte Wahrheit, eine Sartresche Evidenz ins Gesicht geschleudert.

«Ich sehe Unterdrückte (Kolonisierte, Proletarier, Juden). Ich will sie von der Unterdrückung befreien. *Diese* Unterdrückten sind es, die mich berühren, und mit ihrer Unterdrückung fühle ich mich solidarisch; ihre Freiheit wird meine anerkennen...» Jean-Paul Sartre: *Cahiers pour une morale*. Diese Schrift, ein Entwurf von 600 Seiten, blieb bis zum April 1982 unveröffentlicht, obwohl der zwischen 1945 und 1948 geschriebene Text den Schlüssel zu allen Sartreschen Werken aus dieser Zeit liefert. Er zeigt die zentralen Themen innerhalb des Gesamtsystems auf, deren Derivate nur Varianten sind. «Daher will ich die Welt besitzen», hatte er einige Jahre früher in den *Carnets de la drôle de guerre* eingetragen. «Und für mich hat die Erkenntnis einen magischen Sinn von Aneignung.»[9] Kernpunkt des Sartreschen Projekts, zwei Themen, zwei Leidenschaften: die Welt und Ich. Kein narzißtisches Ich, auch kein egozentrisches Ich, sondern viel eher ein Ich-und-die-Anderen, ob bedeutende Leute oder Bastarde, Anerkannte oder Abweichende. Und zwei Werkzeuge, die Philosophie und die Literatur, die sich abwechselnd um die Vorherrschaft streiten. Denn es geht um das umfassende Werk, das globale Genre, das alles andere integriert und überschreitet. Keine große Veränderung also seit 1928, als er im Zimmer der École normale auf seinem Bett lag und sich die Frage stellte: Philosophie oder Literatur? Philosophie und Literatur! Die Verhandlungen brechen nicht ab. Die Verhandlungen brachen nie ab.

Die *Morale*, diese enorme, gewaltige Arbeit im verborgenen, war damals, in jenen Jahren, der einzige seiner Texte, der den Schriftsteller fröhlich stimmte, ihn zum munteren Pfeifen animierte. Ein unterirdisches Gestein, ein Sockel, die Wurzel, die eigentliche Stütze. Der große unsichtbare Baum im Maschinenraum. Von der *Morale* aus erkundet er die Welt, zunächst theoretisch: Philosophie und Ethik. Danach kamen die konkreten Fragestellungen: der Übergang von der Reflexion zur Praxis, das regelmäßige Verhandeln mit dem Konkreten. Ein unauflösbares Hin und Her zwischen der Theorie des Philosophen und ihrer praktischen Umsetzung, andere würden es seine politische Praxis nennen. Theorie des Engagements, punktuelle Militanz, öffentliches Eingreifen: Alles ist in der *Morale* enthalten. Polymorphe Varianten der *Morale* sind seine Essays, Artikel und Vorträge zur Unterdrückung der Juden, zur Unterdrückung der Schwarzen. Für das Theater weitere Varianten: *Morts sans sépulture* und *La putain respectueuse*. Schließlich *Les mains sales*, diese exemplarische Widerspiegelung des Sartreschen Denkens: Politik und Ethik sind miteinander verbunden, voneinander losgelöst, zueinander widersprüchlich und einander ergänzend. Bis hin zu den Drehbüchern: *Les jeux sont faits* und *L'engrenage*, perfekte Illustrationen seiner Philosophie. Ohne die Artikel zum Dialog mit dem Marxismus zu vergessen: *Marxisme et révolution, Qu'est-ce-que la littérature?*, wie auch die Radiosendungen *La tribune des Temps Modernes*, die Artikel und Vorträge zum Rassemblement démocratique révolutionnaire und einige Passagen im dritten Teil von *Les chemins de la liberté*.

Ein weiterer, langer, endloser Dialog Sartres: «Ich-und-die-Anderen», «Ich-in-den-Anderen». Ein Dialog, aus dem der 1947 Jean Genet gewidmete *Baudelaire* entstand, ein bedeutendes, brillantes und verkanntes Buch, denn Baudelaire ist in mancher Hinsicht Sartres Double gewesen, sein Komplize, sein Bruder. Ein Dialog, aus dem ebenfalls 1947 die Artikel zu Calder, Giacometti und Genet entstanden. Sowie der schöne Vortrag «Kafka, écrivain juif», den er am 31. Mai 1947 auf Einladung der Ligue française pour la Palestine libre hielt. Die Thematik des abwesenden Vaters, des gehaßten Stiefvaters: nur einige der hundert Motive für Sartres Interesse an Kafka. Und ein weiterer unveröffentlichter Text: ein langes Manuskript, fünfhundert Seiten, zu Mallarmé, das er 1948–1949 schrieb: «Mallarmé... ist unser größter Dichter. Ein Leidenschaftlicher, ein Rasender. Und seiner selbst Herr bis zu dem Vermögen, sich durch eine bloße Bewegung der Zunge zu töten!» sagte Sartre später, als ein Auszug aus dem Text veröffentlicht wurde.[10] Er fügte gleich hinzu: «Sein Engagement erscheint mir so total wie möglich: gesellschaftlich ebenso wie poetisch...» Später werden *Saint Genet, Les mots* und der gewaltige *Flaubert*, Werke von gleicher Art, hinzukommen. Und die zahllosen Porträtartikel: Merleau-Ponty, Camus, Nizan, Fanon, Lumumba, Tintoretto... Spiegelspiele biographischer Forschungen: von den anonymen Lebensberichten in *Les Temps Modernes* bis zur Theorie des einzelnen Allgemeinen, «der soviel wert ist wie sie alle und soviel wert wie jedermann», bis zum gigantischen und unvollendeten *Flaubert* die gleiche ruhelose Suche.

Von der verblüffenden Produktivität aus diesen Gnadenjahren sollten drei Titel festgehalten werden. Das persönlichste, das intimste Buch, das Erstlingsprodukt seiner biographischen Leidenschaft: *Baudelaire*. Das kämpferischste, das heftigste, das erste, das eine lange Tradition des ethischen Kampfes einleitete: *Réflexions sur la question juive*. Das meistverkaufte, das unter dem guten Vorzeichen der Freundschaft zu François Périer stand, der die Rolle von Hugo kreierte: *Les mains sales*.

Soll jetzt über Äußeres, über die bis zum Überdruß bekannten Bilder berichtet, von dem Skandal erzählt werden, den die Brutalität der Folterszenen in *Morts sans sépulture* auf der Bühne im Théâtre Antoine auslöste, so daß er einiges streichen mußte, und von der zweiten Aufführung an dem Stück eine Vorwarnung an das Publikum vorauszuschicken hatte? Oder an das Geschrei mancher erinnert werden, beispielsweise das des Abgeordneten Frédéric-Dupont, als auf Plakaten das Wort «Putain» auftauchte und er daraus ein «P...» machen mußte, um niemanden zu schockieren? Oder an die Entrüstung der Pariser – und New Yorker – Proamerikaner erinnert werden wegen der Darstellung des antischwarzen Rassismus in dem besagten Stück *La p... respectueuse*? An Célines Schaum vor dem Mund in seiner Antwort – Zahn um Zahn – *L'agité du bocal* auf die *Réflexions sur la question juive*? An seine wüsten Beschimpfungen: «verdorbenes Arschloch», «verfluchtes, mit Scheiße gemästetes Miststück, du kriechst mir aus dem Po raus, um mich von außen wieder zu besudeln» oder auch noch: «diese Glupschaugen... dieser sabbernde Mund... dieser Haken: ein Wurm, genau das ist er»? An die äußerst mondänen Szenen auf dem Filmfestival in Cannes, als dort sein Film gezeigt wurde und der Autor von *Les jeux sont faits*, im dunkelgrauen Flanellanzug, mit weißem Hemd, gestreiftem Schlips, begleitet von Micheline Presle, der Hauptdarstellerin, und Jean Delannoy, dem Regisseur, den Ansturm von Fragen einer eleganten Presse zuvorkommend beantwortete? An das ungewöhnliche Zusammentreffen mit François Périer, der beim Verlassen des Théâtre des Ambassadeurs nach einer Vorstellung einen kleinen Mann auf sich zukommen sah, der ihm ein Manuskript reichte: «Nun, ich habe ein Stück geschrieben. Die männliche Rolle habe ich vergeblich mehreren Schauspielern angeboten. Dann sind Sie mir eingefallen!»? An die Verwunderung desselben Périer, der zwar das Gesicht erkennt, aber doch nicht auf Sartre kommt, der das Manuskript von *Les mains sales* sofort in einem Zug liest, am frühen Morgen in der Rue Bonaparte anruft, losstürzt, dort in Gegenwart des Autors die Rolle vorträgt und schließlich einen verständlichen – man denke an die Müdigkeit, die Uhrzeit, die Situation – und wunderschön sinnwidrigen Versprecher macht: «Non. Récupérable» (Nein. Verwendbar) statt: «Non récupérable» (Nicht verwendbar)? Soll Périers zärtliche Zuneigung zum Autor erwähnt werden, der auf den wunderbaren Versprecher gar nicht erst aufmerksam machte und ihn mit dieser allerersten tragischen Rolle auf eine neue Bahn in seiner Schauspielerkarriere setzte?[11] Oder die Freundschaft mit den Vians, mit Boris, mit Michelle? Die ersten Zerwürfnisse mit Camus? Die letzten Zusammenstöße mit Mauriac? «Unser Philosoph muß endlich zur Vernunft kommen. Verzichte auf die Politik, Zanetto, *e studia la matematica*»[12], hatte ihm der katholische Schriftsteller empfohlen. Oder soll erinnert werden an die ewiggleichen, langweiligen Gleichsetzungen rund um den Existentialismus, Saint-Germain-des-Prés und unseren Philosophen, der willigen und gereizten Geisel? An die zahllosen Arbeitsreisen durch ganz Europa, an seine Vorträge, Pressekonferenzen, Diskussionsveranstaltungen und diversen öffentlichen Äußerungen? An seine zahllosen Tourismusreisen? Italien, Holland, Italien, Skandinavien, Italien, Algerien, Italien und so weiter? Die gelegentlich mühselige Aufteilung seiner Ferientage zwischen seiner Mutter, Castor, Dolorès und den anderen? «Ich werde ungefähr um 10 Uhr ... im *Deux Magots* sein. Ich werde bis mittags bei Ihnen bleiben. Die Katastrophe ist, daß T.* ‹bis zum 24.› anders versteht als wir. Es bedeutet ‹einschließlich des 24.›. Das heißt, damit keine Mißstimmung aufkommt, ist es, glaube ich, besser, ihr ihn zu lassen. Wir gewinnen dabei eine Zeit guter Laune»[13], schreibt er 1946 an Castor.

* Tania = Wanda Kosakiewicz

Die immer neu hinzukommenden, immer wieder überraschenden Schreibpläne, beispielweise eines Kriminalromans oder einer großen Untersuchung zur Französischen Revolution?

«Wenn ich sehe, daß die Einwände, die im 4. Jahrhundert vor Chr. Plato und heute dem Existentialismus gemacht werden, sich nicht verändert haben, muß ich das wahrscheinlich auf ein universelles Wesen des Menschen zurückführen.»[14] In welchen Sphären bewegte sich der Sartre, der diese Zeilen der *Morale* 1947 schrieb? Oder der Sartre, den man in einem seiner existentialistischen Keller vermutete? Natürlich woanders, ganz woanders, zwischen Plato und Sokrates, auf seinem Lieblingsgelände, bei den berühmten Männern.

ZWEITER SCHOCK DES KONKRETEN

Letzte Sphäre, letzte Etappe dieser begnadeten Jahre: die militante Aktion. In jedem seiner Texte, in jeder seiner Reden ruft er seit dem Kriegsende immer eindringlicher zum Engagement auf. Nacheinander wird er Position zu den verschiedenen politischen Parteien beziehen, sie beurteilen, angreifen und kritisieren, ehe er schließlich selbst den Kampf aufnimmt. Der «Wachposten an sämtlichen Fronten des Denkens» – so wieder Audiberti – schreibt immer zahlreichere politische Artikel, die im übrigen sofort nach ihrem Erscheinen ins Englische oder Spanische übersetzt werden.[1] Seine Positionen werden deutlicher, seine Formulierungen spiegeln eine fest entschlossene Kritik an der KPF wider: «Wenn man jetzt fragt, ob der Schriftsteller, um die Massen zu erreichen, seine Dienste der Kommunistischen Partei anbieten soll, antworte ich, nein; die Politik des Stalinschen Kommunismus ist mit der redlichen Ausübung des literarischen Berufs unvereinbar.»[2]

Die zunehmend heftigeren kommunistischen Angriffe gegen ihn bleiben nicht ohne Wirkung auf seine Gegenschläge. «Ein falscher Prophet: Jean-Paul Sartre», hatte Roger Garaudy schon im Dezember 1945 geschrieben, als er den Existentialismus, «diese Totengräberliteratur», «diese metaphysische Pathologie» attackierte. «Wenn sich das Denken vom Handeln loslöst, erkrankt es... Diese Krankheit trägt heute den Namen Existentialismus, und... die Großbourgeoisie labt sich an Jean-Paul Sartres intellektueller Unzucht.»[3] Danach war Jean Kanapa, Sartres ehemaliger Schüler am Lycée Pasteur, in Stellung gegangen, um in *L'existentialisme n'est pas un humanisme* dem Lehrer, den er vielleicht zu sehr bewundert hatte, harte Schläge zuzufügen: «Der Mann ist gefährlich», hieß es gleich auf den ersten Zeilen des jungen kommunistischen Philosophen, «gedankenlos hat er zwar einen Flirt mit dem Marxismus begonnen..., doch Marx hat er nicht gelesen, wenn er auch eine ungefähre Ahnung vom Marxismus hat...» Seinen Angriff weitete er gleich auf die ganze «Gruppe der *Temps Modernes*» aus, in seinen Augen eine «Clique ratloser Bourgeois mit verbittertem Blick, weitschweifigem Stil und schlaffen, hoffnungslosen, erbärmlich schlaffen Armen».[4] Mit dem Übereifer des Frischbekehrten hatte Kanapa ein Jahr zuvor in seinem Roman *Comme si la lutte entière* einen unter den Zügen des zweideutigen und unsympathischen Labzac leicht erkennbaren Sartre ins Lächerliche gezogen.

Von Beleidigungen zu Beschimpfungen stieg Sartre in dieser Nachkriegszeit, in der die Kommunisten als integraler Bestandteil des Dreiparteiensystems an der Regierung beteiligt waren, allmählich zum Hauptfeind für die KPF auf. Seine Texte reizten, seine Bekenntnisse rochen nach Manipulation, seine Romane nach moralischer Dekadenz. In *Matérialisme et révolution* hatte er eine revolutionäre Philosophie dargelegt, die sich für den Aufbau des Sozialismus und den Sieg eines neuen Humanismus einsetzt: den «revolutionären Humanismus». Der revolutionäre Humanismus, hieß es, wird «nicht als die Philosophie einer unterdrückten Klasse erscheinen, sondern als die Wahrheit an sich, geschmäht, verschleiert und unterdrückt von Menschen, die ein Interesse daran haben, sie zu fliehen...» Bei der Gelegenheit hatte er auch gleich mit «dem naiven, engen Szientismus Garaudys» abgerechnet, mit den Ängsten und Sackgassen der Kommunisten, der «Krise des marxistischen Geistes..., (der) sich mit Wortführern vom Schlage Garaudys zufriedengibt.»[5] Die gut durchdachte, wenn auch nicht erschöpfende Stellungnahme, die strenge und vielleicht vorschnelle Kritik des dialektischen Materialismus endete mit dem Vorschlag eines philosophisch-politischen «dritten Weges». Im gleichen Jahr hatte sich Sartre zum «Fall Nizan» gegen die Kommunisten engagiert. Der frühere Jugendfreund hatte am

23. Mai 1940 in der Nähe von Dünkirchen den Tod gefunden, ein Jahr nachdem er die KPF verlassen hatte. Schon kurz nach seinem Austritt leitete die illegale kommunistische Presse eine Diffamierungskampagne gegen ihn ein, und Maurice Thorez persönlich beleidigte den, der über elf Jahre lang Mitglied, dann Funktionär der Partei gewesen war, ehe er seine Karriere als Mitherausgeber der Tageszeitung *Ce Soir* und Verantwortlicher für die Rubrik Außenpolitik beendet hatte. Für das schon während des Kriegs vorhandene Mißtrauen der Kommunisten gegenüber Sartre hatte vielleicht auch seine Freundschaft zu Nizan eine Rolle gespielt. Statt nach 1945 abgeschwächt oder zurückgenommen zu werden, wurde die Diffamierung Nizans ganz im Gegenteil auf noch hinterhältigere und feigere Weise fortgesetzt: in den KPF-Reihen wurde er nicht mehr erwähnt; man machte ihn doppelt abwesend, indem er einfach ignoriert wurde, als bedeute schon das bloße Aussprechen seines Namens die Gefahr, sich bei diesem «Verräter» anzustecken, bei diesem «räudigen Hund aus dem Innenministerium», wie sich Maurice Thorez ausdrückte. Abschnitt um Abschnitt hatte sich Sartre über die Entwicklung der Affäre auf dem laufenden halten lassen: In New York hatte er sich mit Henriette Nizan getroffen; er war Vormund ihrer beiden Kinder geworden; er hatte die von Anne-Marie und Patrick Nizan an Maurice Thorez gerichteten Bitten um Aufklärung und den Brief von Henriette an Aragon verfolgt; zusammen hatten sie die Feigheit der Adressaten ermessen können, die beide nicht antworteten; und schließlich hatte er einer Schrift von Henri Lefebvre die stillschweigende Übereinkunft entnehmen können, wonach Nizans Leben und Werk immer und von Anfang an von Verrat bestimmt gewesen sein. Daher übernahm er 1947 die Führung einer Gruppe von Intellektuellen, die ein ausdrücklich an die KPF gerichtetes Pressekommuniqué veröffentlichte: «Wir werden von Zeit zu Zeit daran erinnert, daß Jacques Decour, Jean Prévost für uns gestorben sind... Aber um den Namen Nizan, einen der begabtesten Schriftsteller seiner Generation... herrscht Stillschweigen... Indessen flüstert man..., er sei ein Verräter gewesen... Dann beweisen Sie es! Wenn wir... keine Antwort oder nicht die verlangten Beweise erhalten..., (werden wir in) einer weiteren Presseerklärung... Nizans Unschuld beweisen.»[6] Guy Leclerc antwortete in *L'Humanité* mit noch hemmungsloseren

Angriffen auf den «Parteiverräter», den «Verräter Frankreichs», der den «Agenten der 5. Kolonne in ihrer verbrecherischen Politik»[7] geholfen hätte. Zur Kenntnis genommen, hatten Sartre, Aron und die anderen voller Wut gedacht.

Inzwischen war die Zeitschrift *Les Temps Modernes* der Treffpunkt, der anspruchsvolle Club geworden, wo man, Monat für Monat, auf alle klangvollen Namen der linken Intelligentsia Europas und Amerikas traf: Texte von Francis Ponge, Samuel Beckett, Philippe Soupault, Maurice Blanchot neben Texten von Alberto Moravia, Elio Vittorini, Ignazio Silone oder Carlo Levi für Italien, während Richard Wright oder James Agee Amerika vertraten. Man fand auch Beiträge des Komponisten René Leibowitz oder des Ökonomen Pierre Uri; Artikel von Boris Vian – «La Chronique du menteur» –, Raymond Queneau, Michel Leiris, Jean Genet, Violette Leduc und Nathalie Sarraute. Sympathischerweise wurde diese erlesene Mischung durch die weniger berühmten Namen von Freunden oder ehemaligen Schülern ergänzt, die hier debütierten: unter anderen Raoul Lévy, Robert Misrahi, Jean Cau, Jean Balladur oder Nathalie Sorokine. Das in der «Vorstellung» vom Oktober 1945 angekündigte Projekt – «Wir werden den Sinn jagen», die Einbeziehung von Dokumenten, Berichten oder Reportagen neben der Literatur – hatte tatsächlich konkrete Formen angenommen: anonyme, nicht unterzeichnete Lebensberichte erfüllten diese Rolle. Leben eines Unglücksopfers; Leben eines Juden; Leben eines französischen Bürgers; Leben eines jüdischen Richters; Leben eines Deutschen; Leben eines Fremdenlegionärs; Leben einer Prostituierten: Mit diesen Berichten versuchte man, Individuelles wie Gesellschaftliches zu erfassen, wobei das «Mikrosoziale» zur symbolischen Enthüllung des «Makrosozialen» diente. «Wenn es nur *eine* Wahrheit gibt... darf man sie... nirgendwo anders suchen als überall»[8]; noch Jahre später wird Sartre seinen Gedanken wieder aufnehmen, unser Zeitalter in seiner Totalität als eine signifikante Synthese zu betrachten. *Les Temps Modernes* werden als Sprachrohr eine soziopolitische Funktion wahrnehmen, anonyme Texte wie berühmte Namen drucken, unveröffentlichtes Material für zwei Sondernummern zusammentragen, die erste im August/September 1946 zu den USA, die zweite im

August/September 1947 zu Italien. Die Zeitschrift sollte ihre Erkundung der Welt noch ein Stück weiter führen: Im Herbst 1947 bekam die Redaktion die Realisierung einer wöchentlichen Radiosendung angeboten, «La Tribune des *Temps Modernes*».

Der Zugang zum Rundfunk ermöglichte der Gruppe, ein breiteres Publikum anzusprechen, diejenigen Hörer, die nicht unbedingt eine Zeitschrift lesen. Alphonse Bonnafé, ein früherer Kollege und Freund am Gymnasium Le Havre, war es gewesen, der die Sache bei der Regierung Ramadier angezettelt hatte. Unter etwas verrückten, chaotischen Zuständen werden einige Radiosendungen produziert, in denen immer wieder Sartres «dritter Weg» propagiert, diskutiert, angegriffen und vorgeschlagen wird. Außerstande, sich zwischen bürgerlichem Idealismus und marxistischem Materialismus zu entscheiden, hatte Sartre in *Matérialisme et révolution* für den dritten Weg optiert. Dritter Weg, er wiederholt es in *Qu'est-ce-que la littérature?*, weder UdSSR noch angelsächsischer Block, er entscheidet sich für ein sozialistisches Europa. «Ein sozialistisches Europa... ist nicht ‹zu wählen›, da es ja nicht existiert: es ist zu *schaffen*.»[9] Um den dritten Weg geht es auch bei der «Tribune des *Temps Modernes*» immer wieder. «Es ist nötig, den Glauben an die Unausweichlichkeit des russisch-amerikanischen Krieges zu bekämpfen», erklärte Sartre in einem Interview mit Louis Pauwels am Vorabend seiner Rundfunksendungen. «Der historische Fatalismus ist nach wie vor in den Köpfen vorhanden. Und wir begegnen dieser Welt des Fatalismus völlig machtlos...» Ein weiteres Mal gibt er eine seiner Definitionen des Schriftstellers innerhalb der modernen Gesellschaft: «Die engagierten Schriftsteller müssen zugleich schreiben und sich der vermittelnden Kunstformen, die heute Rundfunk und Film sind, bedienen...»[10] Die gleiche Mischung also wie in *Les Temps Modernes*, die gleiche Einbeziehung der angeblich «minderwertigen» Ausdrucksformen neben den «edleren», die gleiche Absicht, ausnahmslos jede Ausdrucksform in allen Richtungen zu erkunden: Er sieht den Schriftsteller als Mittelpunkt einer ganzen Sternenkonstellation, die er umfassend erforschen will. Das aktuelle politische Geschehen im Radio zu analysieren war die jüngste Entdeckung, und die Vielseitigkeit der französischen und internationalen Aktualität war zum Debattieren wie geschaffen.

Seit die Franzosen mit dem Referendum vom 21. Oktober 1945 ihr Land mit einem Dreiparteienregime versehen hatten, MRP – SFIO – KPF, war das politische Gleichgewicht längst wieder auseinandergefallen. Der provisorische Konsens am Abend der Befreiung hatte nicht lange überlebt: die IV. Republik verstrickte sich rasch in schwere Konflikte, denn schneller als gedacht fand jede Partei zu ihren jeweiligen politischen Reflexen der Vorkriegszeit zurück. Auf Grund verfassungsrechtlicher Differenzen mit der Nationalversammlung hatte der Regierungschef, General de Gaulle, am 20. Januar 1946 seinen Posten geräumt; doch die Reden, die er am 16. Juni 1946 in Bayeux, am 30. März und am 7. April 1947 in Bruneval und Straßburg hielt, ließen keinen Zweifel daran, daß er mehr denn je eine Rolle auf der politischen Bühne anstrebte und seiner Meinung zur nationalen Entwicklung, auch wenn er jetzt nur von außen intervenierte, unbedingt Gehör verschaffen wollte. Am 5. Mai 1947 schließlich, letzte Etappe der Veränderungen dieser Nachkriegszeiten, verließen die kommunistischen Minister die Regierung, nachdem sie ihr das Vertrauen verweigert hatten. Jetzt zerbrach das Dreiparteiensystem endgültig, das seit 1945 die Regierung gestellt hatte; trotz dem Rücktritt der Kommunisten erklärten die Sozialisten ihre Bereitschaft zur Fortsetzung des Regierungsexperiments. Gleichzeitig nahm an der internationalen Front der Kalte Krieg zwischen dem sowjetischen und dem amerikanischen Lager immer bedrohlichere Formen an. Auch hier zerbröckelte der im gemeinsamen Kampf gegen den nationalsozialistischen Feind geschaffene Konsens: Jetzt war es Europa, das die Kosten des Bruchs zu tragen hatte. Die Ankündigung des Marshallplans für Europa markierte im Juni 1947 den Beginn des Kalten Krieges: Molotow lehnte ihn ab, und die europäischen politischen Parteien wurden zu Gegnern je nach proatlantischer oder prosowjetischer Einstellung. Die französischen Sozialisten beispielsweise entschieden sich sofort für die Annahme des Marshallplans und verschärften damit ihre Gegnerschaft zur KPF. Zerfall des Dreiparteiensystems, Beginn des Kalten Krieges, die innenpolitischen Spannungen in Frankreich kulminieren in sozialen Unruhen, die das ganze Jahr 1947 prägen werden: im Januar und Februar Streiks in der Pariser Presse, im Juli, September und November massive Streiks in weiteren Branchen, unter anderem im Verkehrswesen, Konfrontationen mit der Polizei, der Gewerkschaft CGT wird mit dem Einsatz von Soldaten gedroht. Das Land wurde erheblich durchgeschüttelt. Inmitten dieser schwierigen politischen Situation, dieser bewegten sozialen Lage beschloß der General de Gaulle im April 1947 die Gründung des «Rassemblement du peuple français». Der erste Test für die neue Partei fand im Herbst 1947 anläßlich der beiden Wahlgänge zu den Gemeindewahlen am 19. und 25. Oktober statt. Beim ersten Wahlgang erlebte die neue gaullistische Bewegung einen spektakulären Durchbruch, der MRP hingegen eine Niederlage: 38 % der Stimmen für de Gaulles RPF, lediglich 10 % für den MRP, der gegenüber 1945 zwei Drittel seiner Stimmen verlor.

«Jean-Paul Sartre und seine Mitarbeiter stellen Ihnen ihre Sendung: ‹Les Temps Modernes› vor... (Musik)... Thema unserer heutigen Sendung ist der Gaullismus. Teilnehmer sind Jean-Paul Sartre, Simone de Beauvoir, Merleau-Ponty, Pontalis und Bonnafé...»: Montag, 20. Oktober 1947, Startschuß des Experiments ganz im Stil eines Vorläufers der «freien Sender». Genau einen Tag nach dem ersten Wahlgang und dem gaullistischen Durchbruch. General de Gaulle war natürlich das ideale Opfer für die ausgelassene Truppe, die den «Mann der Vorsehung, der hervortritt, um das Wunderland Frankreich zu retten», unter salopp-ironischen Dauerbeschuß nahm. Maurice Merleau-Ponty, wie immer der ernsthafteste, der vernünftigste, unterzog de Gaulles letzte in Vincennes gehaltene Rede einer genauen Analyse, wobei er besonders seine außenpolitischen Vorstellungen hervorhob: «ein für General de Gaulle neuer Gedanke», erklärte Merleau. «Nachdem die Politik der französischen *Grandeur* gescheitert ist, plant er etwas anderes...: ‹Bieten wir den Vereinigten Staaten jetzt schon unsere militärische Zusammenarbeit an.› Ich frage mich, wie man eine aktive französische Kriegsbeteiligung (an der Seite Amerikas) überhaupt ernsthaft in Erwägung ziehen kann...» Merleau-Pontys Beitrag, der einzige etwas seriösere und fundiertere, blieb kurz: «Marschall, General, alles das gleiche. Beide kommen von der Armee, von der ‹Grande Muette›, der ‹Großen Stummen›, beide sind eloquente Redner, beide sind katholisch, beide haben das Prinzip, daß die Herrschaft von oben kommt, beide haben Frankreich großzügig ihre Person geschenkt...» Sartre leitete die Attacke auf de Gaulle ein, der jetzt zur Zielscheibe für die entfesselte Mannschaft erklärt wurde. Zugegeben: In den zurückliegenden sechs Monaten hatte das RPF einen starken Personenkult betrieben, und quer durch das Land prangte das Bild des Generals an allen Mauern. Und nicht wenige Franzosen verurteilten jene glorreiche, fast wundersame Rückkehr des großen Résistanceführers, seine rabiaten antikommunistischen Reden und seine Art, sich der Nation anzubieten und als Alternative eine planetarische Katastrophe heraufzubeschwören. Sartre und seine Freunde aber schossen über eine Kritik und Verurteilung de Gaulles weit hinaus. «Wenn man sich die RPF-Plakate ansieht, die einem an jeder Pariser Mauer ins Gesicht springen», fuhr Bonnafé fort, «haben Sie es sich angesehen, dieses Großporträt des Generals?... Ich versichere Ihnen, das versetzt einem einen Schock: Dieser kleine Schnurrbart und dazu die schweren Augenlider... abgesehen von der Stirnsträhne ist alles da, ich sage: alles! Und jeder Passant denkt: ‹Aber... das ist doch...›» – «Besser, Sie sagen es nicht!» fiel ihm Chauffard schnell ins Wort.[11]

Erwartungsgemäß wurde die Sendung im gaullistischen Milieu sehr schlecht aufgenommen: Das Wort Skandal wäre noch untertrieben. Sie rief einen Sturm der Entrüstung zugunsten des Generals hervor, einen massiven öffentlichen Protest, ein gewaltiges Skandalgeschrei. Noch am gleichen Tag äußerten der General Pierre Guillain de Bénouville und der Anwalt Henry Torrès, beide RPF-Mitglieder, ihre Empörung im Radio. Für den darauffolgenden Tag wurde ein Streitgespräch zwischen den beiden Gaullisten und Jean-Paul Sartre verabredet, bei der Raymond Aron die delikate Rolle des Moderators übernehmen sollte. «Ich weiß selbst nicht mehr, wer mich zu dieser Sendung eingeladen hat. War es Sartre? War es der Rundfunk?» antwortete Jahre später Sartres früherer «petit camarade». «Als ich in diesen Raum kam und einerseits Sartre sah, andererseits Bénouville und Torrès, die ihn beschimpften, fragte ich mich, was ich da sollte, die Situation war hoffnungslos blockiert. Was sollte ich tun? Ich konnte Sartre nicht unterstützen – de Gaulle mit Pétain zu vergleichen mag noch angehen, aber mit Hitler!... Ich konnte ihn nicht verteidigen; mich den beiden anderen anschließen, die Sartre mit Beleidigungen überschütteten, konnte ich auch nicht.»[12] Das für den

22. Oktober 1947 im französischen Rundfunk vorgesehene Streitgespräch fand nicht statt, und jeder ging wieder seines Weges. «Bénouville und Torrès forderten Sartre auf, die Diskussion mit ihnen vor dem Mikrofon fortzusetzen», erzählt Simone de Beauvoir. «Er erklärte sich einverstanden... (sie) erklärten..., daß sie nach reiflicher Überlegung zu der Ansicht gelangt seien, daß Sartre die zulässigen Grenzen überschritten habe und daß sie sich deshalb nicht zu einem Streitgespräch bereit finden könnten. Aron hatte Bénouville begleitet, mit dem er sich verbündet hatte.» [13] «Meine Worte sind nicht so scharf gewesen, wie behauptet worden ist», protestierte Sartre, «und ein Bürger besitzt immer das Recht, zu sagen, was er denkt... Ich empfinde keinerlei Haß gegen die Person von Herrn de Gaulle. Wie sollte ich? Ich kenne ihn nicht.»[14] Die Hörer, die sich auf eine turbulente Sendung freuten, bekamen lediglich Rechtsanwalt Henry Torrès zu hören: «Die Sendung von Sartre gegen den General de Gaulle ist ein Anschlag auf Anstand und Würde des Geistes gewesen... Der Autor hatte sich einen falschen de Gaulle ausgedacht, den er mit Pétain und Hitler verglich; so etwas verdient nur öffentliche Verachtung. Unter diesen Umständen ist eine Erwiderung nicht möglich, dieser Infamie kann nur mit Schweigen begegnet werden.»[15] In der Presse hieß es später, der Rechtsanwalt habe Sartre derart grob und ausfallend beschimpft, daß dem Philosophen jegliche Auseinandersetzung unmöglich gemacht wurde. «Torrès war von einer unglaublichen Grobheit und Schärfe, die keine Antwort wert war: Er hat das von mir gewünschte Streitgespräch abgelehnt», erklärte Sartre am nächsten Tag in der Presse. Der gaullistische Journalist Pierre Loewel entrüstete sich, daß «ein der Sprache mächtiger Schriftsteller und ein des Denkens kundiger Philosoph sich auf das Niveau eines Kaspers und eines beleidigenden Clowns begibt, sich einen lächerlichen und dümmlichen Gaullisten zurechtbastelt, um desto leichter über ihn triumphieren zu können.»[16] Albert Ollivier, früherer Mitarbeiter von *Les Temps Modernes*, nannte Sartre und seine Freunde «potentielle Faschisten»[17], und der Schriftsteller Paul Claudel fand den historischen Satz: «Herr Sartre greift General de Gaulles Aussehen an: Ist er denn mit seinem eigenen zufrieden?»[18] Bei diesem für Frankreich ungewöhnlichen politischen Ereignis, das die Presse über eine Woche beschäftigte, schlug sich Sartre in Arti-

keln und Interviews tapfer. «Man behauptet, ich hätte de Gaulle mit Hitler verglichen», sagte Sartre. «Das ist falsch: ich habe RPF-Plakate mit bestimmten Plakaten der Nazipropaganda verglichen.»[19] Mit diesem Skandal, diesem lächerlichen und maßlosen Mißverständnis, mit diesen bewußt provokatorischen anarchistischen Exzessen begann das lang anhaltende Zerwürfnis zwischen Sartre und Aron. Raymond Aron hatte zwar nicht einmal ein Jahr in der Redaktion der *Temps Modernes* mitgearbeitet, und das auch nur auf der Grundlage eines dünnen Konsenses, doch hatte er in dieser Zeit einiges dort publiziert, unter anderem einen Artikel zum Pétain-Prozeß von 1946, mit dem er sich noch Jahre später einverstanden erklärte. Folge des eigentlich nebensächlichen Vorfalls war also ein langlebiges Schweigen zwischen beiden Männern: Aron zweifelte nicht daran, Sartres Gesicht gerettet zu haben; Sartre blieb unerschütterlich überzeugt, Aron sei nur gekommen, um die beiden anderen zu unterstützen...

Die Sendereihe «La Tribune des *Temps Modernes*» überlebte ihren aufsehenerregenden Start um knapp einen Monat, der Sturz der Regierung Ramadier – der sie ihre Existenz ursprünglich verdankte – hatte sofort die Streichung des Programms zur Folge. Inzwischen hatten Sartre und seine Mitarbeiter offene Debatten angeboten, beispielsweise über «Liberalismus und Sozialismus», über die «Krise des Sozialismus», über «die Gewerkschaftsbewegung und die sozialen Konflikte», über den «eigentlichen Sinn der Arbeiterforderungen» und über «Kommunismus und Antikommunismus». Mit ihrem leichten Humor, ihrer manchmal etwas plumpen Plattform, ihren meist fundierten, langen Darlegungen beschritten diese Sendungen neue Wege; mit ihrem neuen Stil, ihrer noch unbekannten Atmosphäre belebten sie die französische politische Kultur. Die Gruppe um *Les Temps Modernes* hatte eine beträchtliche Einschaltquote von Hörern aufzuweisen, die zwischen begeistertem Interesse und vehementem Haß schwankten. Am 3. November verwendeten sie die Sendezeit auf die Beantwortung der eingegangenen Post, der Lobes- oder Beschimpfungsbriefe, und bewiesen, daß die Zahl ihrer Hörer die ihrer Leser, wenn nicht überholt, so doch eingeholt hatte. Inhaltlich war innerhalb dieser neun Monate wenig Neues von der Gruppe zu vernehmen: «Wir stehen an der Seite der Arbeiterklasse..., und wir haben eine prinzipielle Sympathie für die Parteien, die sie vertreten... Die KP zeigt sich seit der Befreiung äußerst zögernd... Ihre Hauptsorge scheint die Niederschlagung des Zentrismus gewesen zu sein, also der sozialistischen Partei an der Regierung»: Sartre. «Weder im Gaullismus noch im Kommunismus sehen wir Grund zur Hoffnung..., und in dem Zusammenhang ist viel von einer dritten Kraft die Rede»: Pontalis. «Wir haben nicht viele Waffen zur Verfügung, insbesondere besitzen wir keinerlei Machtinstrumente, wir haben nur die Waffe der Wahrheit, und sie müssen wir einsetzen»: Merleau-Ponty. Ihre Beiträge werden zunehmend politischer, beziehen sich immer stärker auf die französische Aktualität. Ursprünglich für den 8. Dezember vorgesehen war eine Sendung unter dem Thema «Zwei Aufrufe an die internationale Öffentlichkeit», die aber nicht ausgestrahlt wurde, da inzwischen das Schuman-Ministerium die Regierung Ramadier abgelöst und die «Tribune des *Temps Modernes*» gestrichen hatte. Die beiden Appelle, die unter anderen auf die Initiative von Claude Bourdet, dem Herausgeber der Zeitung *Combat*, Emmanuel Mounier von der Zeitschrift *Esprit*, Georges Altman von *Franc-Tireur* und David Rousset zurückgingen, warnten die Öffentlichkeit vor der Verschärfung des Kalten Krieges und schlugen eine Alternative zur Blockpolitik vor, die auch die Vorstellung eines sozialistischen Europas enthielt. Begeistert hatte Sartre seine Unterschrift gegeben; von seinen Mitarbeitern hingegen war beispielsweise Pontalis etwas zurückhaltender: «Meinen Sie, daß auch wir jetzt reif für eine Parteigründung sein könnten?» beunruhigte er sich. «Es geht überhaupt nicht um eine Partei», antwortete Sartre. «Schon deswegen nicht, weil ein Großteil der Unterzeichner, jedenfalls ich selbst, absolut unfähig wären, eine Partei zu führen, das wäre ein absurder und prätentiöser Wunsch, über den wir selbst am meisten lachen müßten...» Auf diese Absage kommen wir bald zurück. Die Sendereihe geht jetzt ihrem Ende entgegen: Sie ist ein kurzes Strohfeuer gewesen; sie hat zahlreiche Hörer schockiert, sie hat vor allem den Zusammenhalt der Gruppe der *Temps Modernes* bewiesen, ihre Entschlossenheit, gemeinsam auf die öffentliche Meinung einzuwirken; schließlich hat sie den Stil der «freien Tribüne» eingeführt, die unzensierte Rede, die sprachlichen Exzesse, die offene politische Diskussion zu Ehren gebracht. Dementsprechend hieß es zum Abschluß der letzten, nicht übernommenen Sendung: «Die Hörer seien daran erinnert, daß die von Jean-Paul Sartre und *Les Temps Modernes* produzierten Sendungen unter dem Zeichen absoluter Meinungsfreiheit hergestellt worden sind und daher weder der Kontrolle der Rundfunkabteilungen noch der Verantwortung der Belegschaft der Radiodiffusion française unterliegen.» [20] Ein vermutlich überflüssiger Hinweis: In diesem Herbst 1947 hatte die Gruppe der *Temps Modernes* mit dem üblichen im Rundfunk tolerierten politischen Stil nicht die geringste Gemeinsamkeit.

Sartre hatte also beide Appelle an die internationale Öffentlichkeit unterzeichnet, die unter der Ägide ihm nahestehender Linker verfaßt worden waren und die zugleich Ablehnung des Kalten Krieges und Bekenntnis zu einer europäischen sozialistischen Identität dokumentieren sollten. Das geschah im November 1947. Einige Monate später setzen sich Georges Altman und David Rousset erneut mit ihm in Verbindung: In Weiterführung der politischen Analyse, aus der die beiden Appelle entstanden waren, beabsichtigten sie jetzt die Gründung einer politischen Bewegung und baten Sartre, daran mitzuwirken. Er stimmte zu. Am 27. Februar 1948 erschien in allen französischen Zeitungen ein Aufruf des Komitees für das Rassemblement démocratique révolutionnaire – Kürzel: RDR. Mitglieder des «Initiativkomitees» waren David Rousset, Jean-Paul Sartre, Paul Fraisse von der Zeitschrift *Esprit*, Georges Altman, Daniel Bénédite, Jean Ferniot, Bernard Lefort und Charles Ronsac von *Franc-Tireur* sowie Roger Stéphane. Neben diesen Schriftstellern und Journalisten die Namen von vier Parlamentariern und sechs Gewerkschaftern. Das RDR-Experiment war gestartet; bald wird es in der Presse einfach nur noch die «Sartre- und Rousset-Partei» heißen. Als erste und letzte tatsächliche Parteierfahrung im Leben Sartres – abgesehen von den wenigen Monaten «Socialisme et Liberté» – ist sie achtzehn Monate lang für den Philosophen der Sprung in die aktive, konkrete politische Praxis. Gemeinsam mit Menschen von den unterschiedlichsten Richtungen der Linken, die aus allen Schichten der Gesellschaft zusammengekommen sind: Trotzkisten, Linkskatholiken, junge Sozialisten, oppositionelle Sozialisten, Kommunisten und ehemalige Kommunisten, Marxisten und Nicht-Marxisten, Arbeitergenossen und ehemalige Gewerkschaftsfunktionäre.

Die eigentliche Initiative ging auf zwei Gruppen zurück: Die eine Gruppe hatte sich rund um Georges Altman und seine Zeitung *Franc-Tireur* gebildet, die auflagenstärkste Tageszeitung nach *Le Figaro*, deren Leser vor allem Arbeiter und Angehörige der Mittelschichten waren, mehrheitlich keine Kommunisten. In der zweiten Gruppe waren einige, allerdings nicht alle Namen der *Revue Internationale* vertreten, einer Zeitschrift, die 1945 von Claude Bourdet, Gilles Martinet, David Rousset und Gérard Rosenthal gegründet worden war, also von einer breitgefächerten Linken, die vom Trotzkismus bis zum äußersten linken SFIO-Flügel reichte. Ausgangspunkt ihrer Analysen: Mängel der Gewerkschaften, abnehmendes Interesse an den traditionellen politischen Parteien, Auseinanderbröckeln der Basisstrukturen. Die jüngsten, mit dem Kalten Krieg verbundenen Ereignisse hatten das übrige getan, und den Einfall, sich die Unterstützung Sartres zu holen, fand jeder genial. «Eine der Vorstellungen, die mich gereizt haben, als Sie mich aufsuchten und wir versucht haben, diese Bewegung aufzubauen», so Sartre später gegenüber David Rousset, «war die Idee, die – bei den existierenden Parteien schon lange in Vergessenheit geratenen – Voraussetzungen für eine uneingeschränkt funktionierende Demokratie innerhalb einer politischen Gruppierung zu schaffen.»[21]

In der Periode einer drohenden politischen Krise verkörperte das RDR für verschiedene von den Linksparteien enttäuschte Dissidenten den hartnäckigen Traum von einem aktiven und ehrenhaften politischen Ausweg. Ein Traum, mit dem eine Reihe sozialistischer oder kommunistischer Oppositioneller schon mehrfach geliebäugelt hatte; ein nostalgischer Traum der Rückbesinnung auf die ursprüngliche theoretische Reinheit, den die «Parti socialiste et paysan» von Marceau Pivert, die erste PSU, die neue Linke usw. von den dreißiger bis zu den sechziger Jahren in immer wechselnden Bündnissen vergeblich zu verwirklichen versucht hatten: In dieser Geschichte von Versuchen und Experimenten stellte das RDR die «1948er Lese» dar.[22] Diese Linken empfanden sich 1948 mehr denn je als passive und manipulierte Geiseln für Politiker, an die sie nicht glaubten, als Spielbälle eigennützig manövrierender politischer Parteien; in ihrer Ablehnung von KPF und SFIO stimmten sie überein. Zusehends stärker bedrängt, sich zwischen UdSSR und USA zu entscheiden, trafen sie also zusammen, Menschen von allen linken und linksradikalen Positionen, frühere Kriegsgefangene, ehemalige Deportierte, Widerstandskämpfer, unterschiedliche Dissidenten, erfahrene Aktivisten oder praxisunerfahrene Intellektuelle, ehemalige Gewerkschafter, gutwillige oder spontan linksradikale Studenten, und beschlossen, auf der Grundlage einer sehr weit gefaßten Plattform gemeinsam zu marschieren. Gemeinsam war ihnen der Traum von einer wahren Demokratie, einer kollektiven, sich permanent in Frage stellenden politischen Praxis: ein einzigartiges Experiment, dessen Stunde jetzt, eindringlicher als je zuvor, geschlagen hatte.

«Wir sind Millionen in Frankreich, Millionen in Europa und auf der ganzen Welt. Millionen, die denselben Weg suchen. Der Hölle Entkommene, Überlebende der Résistance, Militante, Sympathisanten oder Weggenossen der großen Bewegungen, die sich auf die Emanzipation der Gesellschaft berufen, sind wir der Meinung, daß die Welt ihre Erlösung vom Hitlerismus teuer genug bezahlt hat, um... das Heil nur noch von der Achtung und Wahrung der Menschenrechte und in der Freiheit zu erwarten...» Mit diesen lyrischen Zeilen begann der Aufruf, den Zeitungen und Flugblätter verbreiteten. Appell an die Eigenverantwortlichkeit gegenüber Regierungen, Aufruf an die Demokraten und Revolutionäre: «Es stimmt nicht, daß die Politik der Blöcke der einzige Weg ist, den man den Menschen zeigen kann», hieß es weiter im Text, der so endete: «Frankreich kommt es zu, erneut den Hoffnungschrei von Saint-Just in die Welt hinauszurufen: ‹Das Glück ist eine neue Idee in Europa›». Ergänzend kam Marx' und Engels' hundert Jahre alter Aufruf hinzu: «Proletarier und freie Menschen aller Länder, vereinigt euch!» Wem würde der ausdrückliche Bezug auf die Revolution von 1848 – im Gegensatz zu der von 1789 – nicht auffallen? Das RDR erinnert an ihren hundertsten Jahrestag und weist auf ihre Hauptbedeutung hin: «die auf die Erde herabgestiegene Idee des Sozialismus». Wem könnte auch die gleichzeitige Berufung auf Karl Marx und den radikalen, reinen und kompromißlosen Saint-Just entgehen, die beiden Männer, die geschickt zusammengebracht werden, als ob sie einander ergänzen, sich verbünden und Hand in Hand gehen? Eine weiterzuverfolgende

Symbolik bei diesem Gründungsprojekt einer neuen Linken, die aus dem Dilemma – entweder sowjetischer oder amerikanischer Block – ausbrechen will, die nicht bereit ist, den beiden Großmächten das europäische Territorium als verlassenes Schlachtfeld zu überlassen, und die zu diesem Jahresanfang 1948 über alarmierende Nachrichten aus dem Osten besorgt ist: Gottwald hat in einem Gewaltstreich die Macht in der ČSSR übernommen; der «Prager Staatsstreich» beendet das politische Bündnis von Kommunisten, Sozialisten, Sozialdemokraten und Christdemokraten und damit auch das schwache Symbol einer eventuellen Versöhnung beider Blöcke.

Am 10. März 1948 findet in der Salle des Sociétés savantes in der Pariser Rue de Richelieu die erste Pressekonferenz des RDR statt. Unter den Gründern auf dem Podium zwei Intellektuelle, Rousset und Sartre, und zwei Gewerkschafter, Jean Rous und Léon Boutbien. Nach und nach zeichnet sich in den Beiträgen eine präzise Linie ab. Das RDR? «Ein Sammelpunkt für alle Mitglieder der Linksparteien und für alle Parteilosen, die links denken und kämpfen wollen»: Jean Rous. Sartre ergreift das Wort und hämmert mit seiner nunmehr berühmten Stimme den achtzig anwesenden Journalisten ein: «Die Mehrzahl der Europäer hat sich offenbar schon für einen Sieger entschieden. Vermittelt über Dritte befinden wir uns nach wie vor im Krieg. Das RDR lehnt es ab, sich aus Angst vor den einen bei den anderen einzureihen. Es will das Klima entgiften und Kontakte zu allen europäischen demokratischen Gruppierungen herstellen, damit Europa die Führung des Friedens übernimmt.» «Was wir wollen», sagt David Rousset, «ist eine breite, vom Monolithismus befreite Massenbewegung auf der Basis der freien Diskussion ... Wir stehen an der Seite der Arbeiter und der Mittelständischen, die für ihr Leben kämpfen.»[23] Die Originalität des RDR, fährt er fort: «eine Vereinigung, keine Partei». Seine Ziele: «In einem Monat müssen wir in Paris fünfzigtausend Mitglieder haben.»

Von den politischen Nachbarn ironisch aufgenommen, von den Tageszeitungen *Combat* und *Franc-Tireur* und den Zeitschriften *Esprit* und *Les Temps Modernes* unterstützt, schien sich das RDR 1948 unter dem Druck der wachsenden Gefahr eines dritten Weltkriegs kontinuierlich zu entwickeln. Die Kommunisten dagegen, Étienne Fajon, Pierre Hervé oder Pierre Courtade, bezichtigten das RDR unermüdlich einer Komplizenschaft mit den Amerikanern: «Aus der Problematik Krieg und Frieden», schrieb letzterer, «windet man sich nicht einfach durch Wortspiele und gespielte Naivität heraus.»[24] Die Sozialisten verfolgten die Zusammensetzung der neuen Bewegung ihrerseits mit argwöhnischen Blicken. Schon bald nach der RDR-Gründung nahm Gilles Martinet in *Bataille Socialiste* das Unternehmen auseinander, um eine alarmierende Prognose der Überlebenschance des neugeborenen Bastards aufzustellen. Er wies auf die heterogene Zusammensetzung, die Labilität des erreichten Konsenses hin – «es wäre ein Gebot der Logik gewesen, Übereinstimmung auf der Ebene der Theorie zu suchen statt auf der der gemeinsamen Aktion» –, er unterstrich die Begrenztheit der konkreten Vorschläge – «eine Zusammenstellung ebenso verkürzter wie doktrinärer Formeln, eine Flut voluntaristischer Mitteilungen» – und hielt dem RDR schließlich einen völlig fehlenden Sinn für die Politik vor, betonte die frommen Wünsche, die abstrakten Absichten, die schimärenhafte Projekte – «Illusionen von Intellektuellen»: «Sie werden sich in Sekten aufspalten», prophezeite er. «Sie sagen: ‹Wir sind Millionen›, Sie sind nur ein paar hundert... Ihre literarischen Texte werden es nicht sein, die den desorientierten Werktätigen das Vertrauen in die eigenen Kräfte zurückgeben werden.» Dann holte er zum letzten Schlag aus: «Der Sozialismus wird nicht *mit*, sondern *gegen* Jean-Paul Sartre ‹neugedacht› werden.»[25]

In der Salle Wagram fand am 19. März 1948 die erste Großveranstaltung des RDR statt; das leitende Komitee hatte hart gearbeitet, um Tagesordnung, Reden und Beiträge vorzubereiten. Redner waren Georges Altman von *Franc-Tireur*, Paul Fraisse von *Esprit*, Jean Rous, David Rousset und Jean-Paul Sartre. Als letzter sprach der Philosoph: «Das erste Ziel des Rassemblement démocratique révolutionnaire besteht darin, *die revolutionären Forderungen mit der Idee der Freiheit zu verbinden... Daher ist es das erste Ziel des Rassemblement, tatsächlich ein Zusammenschluß von Menschen dieses Landes zu sein, als Konsumenten und Produzenten, innerhalb von Stadtteilkomitees, Dorfkomitees, Fabrikkomitees*, in denen sie... konkrete Mittel entwickeln werden, (ihre Forderungen) durchzusetzen.»[26] Ehe er auf die großen Organisationsleitlinien des RDR einging, analysierte er zwei Beispiele, erwähnte er zwei Arten von Dramen, Hunger und Krieg: «Der Hunger, der einfache Hunger... ist bereits die Forderung eines Menschen, der verlangt, daß man ihn... von allem befreie, was ihn daran hindert, ein Mensch zu sein.» In den ersten Monaten seiner Existenz hatte das RDR tatsächlich erheblichen Zulauf: Die Vorstellung von Basiskomitees war flexibel und wirksam zugleich; die Idee einer linken Sammlungsbewegung, die nicht den Fehlern der Linksparteien verfiel, war neu; die Ideen von Frieden und Freiheit, das Ideal eines sozialistischen Europas wirkten anziehend. Zunächst in Paris, dann in ganz Frankreich bildeten sich Gruppen und Kommissionen; im Mai wurde eine zweiwöchentlich erscheinende Zeitung unter der Leitung von Jean Ferniot gegründet: Das Rassemblement schien auf dem Weg zum Erfolg zu sein. Man schrieb ihm Briefe: «Der Kommunismus, das ist der Krieg gegen die USA, und um keinen Preis will ich den Krieg!» schrieb Laurence Nicolas, eine Studentin aus Asnières. «Ich habe Ihren Aufruf gelesen, ich habe diesen Aufschrei endlich gehört, auf den ich schon so lange wartete. Ja, Sie haben recht, der Augenblick ist gekommen, Frankreich muß sich auf die Mission zurückbesinnen, die es von der Welt erhielt...» Richard Muller, Generalsekretär der Eisenbahnergewerkschaft von «Force ouvrière», FO (Sektion Ost), freute sich: «Endlich eine Hoffnung und eine Gewißheit... Ich bin überzeugt, daß der Glaube, der diese Menschen beflügelt, diejenigen Werktätigen mitreißen wird, die bessere Zeiten anstreben, in einem anständigen, von wahren Demokraten regierten Frankreich...» «Betrachten Sie mich ab sofort als eine Stütze Ihrer Bewegung», versicherte Pierre Pradales aus dem 19. Pariser Arrondissement, ein ehemaliger Mauthausen-Deportierter. Guy Jezouin aus Avignon, Vaucluse, schrieb: «Vor einigen Tagen haben wir, mehrere Genossen, Ihren Aufruf für das RDR gelesen, es macht Freude, einen solchen Aufruf in dieser hoffnungslosen Zeit zu lesen. Wir sind fünf Genossen, die vor einigen Monaten die SFIO verlassen haben...» «Ich glaube, daß es etwas höchst Interessantes an dieser Bewegung gibt, das bedingungslos unterstützt werden muß», schrieb ein gewisser Vallet, ehemaliger Post-Gewerkschafter, wohnhaft in Villeneuve-Saint-Georges. «Wenn es nicht von Schweinen unterwandert oder von stumpfsinnigen Idioten gespalten wird..., dann glaube ich, wird es ein lohnendes Experiment werden...»

Breite Unterstützung für diesen Aufruf, dessen idealistische Akzente tatsächlich auf großes Gehör trafen. Breite Unterstützung auch nach der ersten Großveranstaltung in der Salle Wagram und den Beiträgen des Leitungskomitees. Breite Unterstützung ebenso auf Grund der Presseberichterstattung, der Pressekonferenz und der anschließenden Großveranstaltung. Unterstützung auch – wozu es abstreiten? – dank Sartres Mitwirken an vorderster Front. Er erhielt zahlreiche Briefe, zahlreiche Beitrittserklärungen, zahlreiche Reaktionen, sogar ein in Berrymundart verfaßtes Gedicht, das ihm eine Gruppe aus Gien zuschickte. Er war aber auch derjenige, der die meisten Beschimpfungen auf sich zog. «Das Hauptanliegen Sartres und seiner Gefährten», erklärte die gaullistische Zeitung *Rassemblement*, das offizielle Organ des RPF, «ist es, den bösen Mythos des Krieges durch den guten Mythos des Friedens zu ersetzen...» Rémy Roure von *Le Monde* lächelte abwartend, gab zu, der Aufruf sei «sehr nobel» und die Menschen, die das RDR bildeten, seien «von rührender Aufrichtigkeit». «Sie verdienen unsere Sympathie: Wir können nie genug träumen».[27] Raymond Aron fand in *Le Figaro* einige ziemlich treffende Worte zur RDR-Gründung: In einem Artikel zu den «Widersprüchen des Kommunismus» suchte er nach den Ursachen für den Niedergang des intellektuellen Stalinismus und folgerte: «Den freigewordenen Platz, den die Stalinisten hinterlassen, versucht jetzt das Rassemblement démocratique révolutionnaire, von *Franc-Tireur* bis *Les Temps Modernes*, zu besetzen. Gegen den bürokratischen Despotismus und gegen den Kapitalismus bemühen sie sich, der so oft enttäuschten und immer noch gefragten Revolutionsromantik einen Weg zu ebnen.»[28]

Im Juni 1948 verdoppelte die zweiwöchentliche Zeitung *La Gauche-RDR* ihre Seitenzahl: «Palästina, Südafrika, Tschechoslowakei... Aber wo sind denn Freiheit und Demokratie geblieben?» fragte Charles Ronsac, während David Rousset behauptete, angesichts des Niedergangs des Sozialismus und der Isolierung der Kommunisten gäbe es für das RDR eine «große Lücke zu füllen». Vor den Sommerferien fand am 11. Juni in den Räumen der Sociétés savantes eine weitere Großveranstaltung statt. Die Versammlung wurde von heftigen Zwischenfällen gestört: RPF-Gruppen demonstrierten ihre Gegnerschaft zu den Linksradikalen. Sartre ergriff das Wort zu einer flammenden Rede: «Jugendliche Europas, vereinigt euch!» rief er. «Nehmt eure Zukunft in die eigene Hand...», damit wandte er sich direkt an jene Generation der französischen Bevölkerung, die er bei weitem bevorzugte: die Zwanzigjährigen. Darauf stimmte er seine Rede ab: «Wir, die Vierzigjährigen, haben nicht das Recht, der Jugend Ratschläge zu erteilen: unsere eigenen Angelegenheiten sind uns nicht so gut gelungen, daß wir dazu autorisiert wären. Daher sind es keine Ratschläge, die ich mitbringe, sondern etwas, was ich von einigen Reisen in Europa gelernt habe...» Das Publikum war begeistert, und er fuhr fort: «Durch den Aufbau Europas wird die Jugend die Demokratie schaffen. Durch die Bildung einer Föderation, durch das Zustandekommen einer Bewegung, die jede Grenze überwinden wird, wird die europäische Jugend endlich IHRE Zukunft, IHREN Frieden und IHRE wahre Freiheit erlangen.» [29] Paul Fraisse behandelte das Thema der laizistischen Schule, der «Schule der Freiheit»: «Mit seiner ganzen unverbrauchten Kraft», sagte er, «wird das RDR die Verwirklichung und die Unterstützung des öffentlichen Schulwesens, der Schule der Freiheit überall und in allen ihren Formen fordern.» Polemisch griff er vor allem die Sozialisten an, die gerade «vor den Forderungen der Verteidiger des konfessionellen Schulwesens kapituliert» hätten... Revolutionsromantik, Stellungnahmen gegen die direkten politischen Nachbarn, große europäische, demokratische und sozialistische Ideale: Jeder RDR-Führer setzte sich für die gleichen Themen ein. Der Überfall durch ein RPF-«Kommando», dem sie eben zum Opfer gefallen waren, bewies ihnen, daß sie innerhalb von knapp drei Monaten zum ernst zu nehmenden Feind für die jungen Gaullisten aufgestiegen waren. Wie sollte man auch den Umstand anders interpretieren, daß fünfzig mit Stöcken und Schlagringen bewaffnete Jugendliche «Es lebe de Gaulle!» und «Nieder mit den Schweinen!» brüllend den Raum zu stürmen versuchten, in dem Sartre, Rousset und Rosenthal sprachen? «Die Veranstaltung darf nicht abgebrochen werden», rief Rosenthal, als die Schlacht schon überall im Gange war. «Wir weigern uns, die Polizei zu rufen. Wir sorgen selbst für die Einhaltung der demokratischen Ordnung.» [30]

Ein weiteres Erfolgszeichen nach diesen ersten drei Monaten war die Anerkennung im Ausland, insbesondere bei Engländern und Amerikanern. Die Tageszeitung *New York Herald Tribune* veröffentlichte ein dreispaltiges Interview: «Jean-Paul Sartre, ein revolutionärer Demokrat». Dank seinen Aufenthalten jenseits des Atlantiks schon etwas geübt bemühte er sich, der amerikanischen Öffentlichkeit das RDR vorzustellen: «Die Revolution, die das RDR anstrebt», legte er dar, «soll sich nicht allein auf Frankreich beschränken: um erfolgreich und stabil zu sein, muß sie von ähnlichen Bewegungen im übrigen Europa begleitet werden. Das wiederum setzt eine gewisse ‹europäische Vereinigung› voraus... ein Bündnis, das sich sowohl ideologisch wie auch geographisch von den USA wie von der UdSSR unterscheiden müßte.» [31] Ganz offensichtlich baden die Mitglieder des RDR-Leitungskomitees Ende Juni 1948 in voller Euphorie: Alles ist möglich, der Aufbau eines revolutionären Europas eingeschlossen, das in der Lage wäre, beide Weltmächte in Schach zu halten. Ja, mehr als je zuvor setzen sich Männer der Feder, und Sartre als erster, begeistert für gewaltige politische Projekte ein, auf halbem Wege zwischen Saint-Just und Karl Marx! Schon ist ein Programm zur internationalen Politik entworfen, das sich Gedanken zum Schicksal Spaniens, Griechenlands wie Palästinas, zum Umgang mit den Rohstoffquellen und zu den internationalen Beziehungen macht. Schließlich ein wohl übertriebener Höhenflug: Vom eigenen Elan mitgerissen setzen sich die Männer der Feder für eine «freie, europäische sozialistische Föderation» ein, die ein «breites, internationales Rassemblement, dessen erste Tat der Entwurf einer Charta der revolutionären Weltdemokratie sein könnte» [32], gründen soll.

Wichtiger sind wahrscheinlich die zur gleichen Zeit stattfindenden Gespräche zwischen Sartre, Rousset und Rosenthal, die später unter dem Titel *Entretiens sur la politique* publiziert wurden: eine Art retrospektiver Analyse der französischen Parteien; eine Art Rechtfertigung dafür, wie das Rassemblement zwischen die Maschen geschlüpft war, ein Spinnennetz zwischen den Linksparteien gewoben, freie Mitglieder gewonnen hatte – die durchaus in einer weiteren Partei Mitglied sein durften – und sonst politisch voneinander Getrennte zusammengebracht hatte. In jener euphorischen Aufstiegsphase des RDR fanden Sartre und seine Freunde vor allem zu jenem unnachahmlichen, zeitlosen Schwung revolutionärer Führer, die im Zuwachs ihrer Mitgliederzahlen eine fast heilige Sanktionierung der Realität, den unbestreitbaren Beweis ihres Erfolgs zu sehen meinen:

Das war bei Sartre, Rousset und Rosenthal im Juni 1948 der Fall. Hielten sie sich für Lenin, Liebknecht oder Luxemburg? Sie tauchten in das süße Bad der revolutionären Illusion ein und schmiedeten immer gewaltigere Pläne: Die Basiskomitees sollten nach dem Vorbild der Revolutionäre von 1789 Forderungskataloge aufstellen; das leitende Komitee würde im permanenten Kontakt und offenen Dialog mit der Basis stehen. An der Basis selbst würde ebenfalls ein permanenter Prozeß des Austauschs stattfinden. «Das uneingeschränkte demokratische Funktionieren», das Sartre gereizt hatte, war jetzt ein konkretes Ziel. Ebenso wie weitere Projekte, zum Beispiel die Ausarbeitung einer den hier zusammengeschlossenen Linken gemeinsamen ideologischen Linie; oder das von Sartre selbst definierte «gemeinsame Ziel»: «Die Integrierung des freien Individuums in eine als Einheit der freien Tätigkeiten des Individuums konzipierte Gesellschaft.»[33] Von allen Einwänden und Kritiken gegen das RDR scheint sie allein Arons Vorwurf der «Revolutionsromantik» getroffen zu haben. Bei den drei Revolutionären löste er verschiedene Richtigstellungen und Dementis aus.

Eine euphorische Geburt, ein kometenhafter Aufstieg für das RDR. Und ein Höhepunkt: die Großveranstaltung in der Salle Pleyel am 13. Dezember 1948, erstes und letztes Aufbäumen vor dem Zusammenbruch. Zur goldenen RDR-Zeit setzten seine Aktivisten und Gründer, die vom Verhalten der übrigen Parteien immer mehr angewidert wurden und sich immer stärker von der Gefahr eines dritten Weltkriegs bedroht fühlten – im Sommer 1948 eine französische Obsession –, ihre Hoffnung auf die Gründung von Komitees, auf Forderungskataloge, auf Vorbereitungen von Kongressen, Vollversammlungen, militanten Aktionen, auf Rekrutierungs- und Unterstützungsaktivitäten, hier für die streikenden Grubenarbeiter in Nordfrankreich, dort für die ausländischen Arbeiter in Frankreich oder für ein laizistisches Schulwesen in der Vendée.[34] Aber die eigentliche Sternstunde des RDR, der öffentliche Beweis seines Erfolges war jene mit prachtvollen Plakaten angekündigte große Profilierungsveranstaltung Monate nach seiner Gründung.

Auf der gleichen Tribüne nebeneinander in der überfüllten und lauten Salle Pleyel die Schriftsteller Jean-Paul Sartre, Albert Camus, André Breton, Richard Wright, Carlo Levi, Theodor Plievier, Jef

Last, Guido Piovene, Intellektuelle aus Indien, Madagaskar, Vietnam, Spanien und Marokko, die RDR-Führer Rousset, Altman, Bourdet und Rosenthal: Das läßt erahnen, in welchem Glanz das RDR auf seinem Höhepunkt erstrahlte. Die Zeit der Großveranstaltungen, als die Intellektuellen der AEAR in den dreißiger Jahren die Massen in Bewegung setzten, schien zurückgekommen zu sein... Etwa viertausend Menschen besuchten diese Veranstaltung zwischen der Place des Ternes und dem Faubourg Saint-Honoré, auf der Intellektuelle aus allen Teilen der Welt unter dem abstrakten und ungeschickt banalen Motto «Der Internationalismus des Geistes» das Wort ergriffen: aus literarischer Neugier oder wirklichem politischem Interesse? «Keine einzige vorhandene Partei entspricht heute noch den Bedürfnissen der Menschen», behauptete André Breton, während Albert Camus den Gedanken äußerte, «die Welt ist in Not, schon heute sitzen überall auf der Welt Inquisitoren auf Ministersesseln», ehe er die Formel aufstellte: «Es ist besser, sich zu irren und niemanden umzubringen, als vor Leichenfeldern recht zu behalten.» Der Italiener Carlo Levi zeigte sich überzeugt, daß die verschiedenen «Bewegungen, die für eine revolutionäre Demokratie eintreten, eines Tages eine einzige Bewegung bilden» würden. Sartre, der danach zu Wort kam, propagierte ein weiteres Mal Europa als Lösung, obwohl man nicht mehr so genau wußte, ob er sie wirklich als Alternative oder nur als letzten Rettungsanker verstand: «Die Menschen, die hier versammelt sind», verkündete er, als spreche er eine paradoxe Wahrheit aus, «sind Menschen, die an Europa glauben. Sie haben dieselben Ängste und dieselben Hoffnungen... Jeder Versuch einer Einigung Europas, der von den amtierenden Regierungen und Politikern stammt, ist suspekt. Diese Einigung kann nur über die Einheit der europäischen Massen beginnen.» Der Deutsche Theodor Plievier erwähnte die Jugend seines Landes: Nicht nur habe sie nicht «das geringste für den Traum einer deutschen Hegemonie übrig», versicherte er, «sondern sie hat begriffen, daß dieser Traum Ursache ihres ganzen Unglücks ist. Nach einer verständlichen Apathie in den Tagen nach der Zerschlagung des Naziregimes beginnt sie jetzt, sich für das politische Leben im weitesten Sinne des Wortes zu interessieren.» Der schwarze amerikanische Schriftsteller Richard Wright, ein ehemaliger Kommunist, hielt eine Rede, in der alle seine früheren Widersprüche deutlich wurden: «Diese beiden Nationen, Amerika und Rußland», sagte er, «behaupten, sie würden die menschliche Freiheit vertreten, und zwischen beiden Behauptungen wird der menschliche Geist geopfert. Die Menschen haben Angst. Sie haben keine Wahlmöglichkeit.» Schließlich erinnerte er sich, weshalb er eigentlich gekommen war: «Hören Sie, Schriftsteller und Künstler: Die Menschen, die heute die Welt regieren, haben Ihnen den Krieg erklärt! In der Gesellschaft, die jene anstreben, werden Sie nicht gebraucht.»[35]

Wäre das RDR nichts anderes gewesen als der Veranstalter solcher Foren, auf denen Schriftsteller von hier und dort aus frommer, wohlmeinender, spontaner Solidarität lyrische Banalitäten von sich gaben, wäre es zweifellos ein Mißerfolg gewesen. Das Podium vom Montag, dem 13. Dezember 1948 in der Salle Pleyel sollte im übrigen der letzte große öffentliche Auftritt jener bunten Palette scheinbar vereinter internationaler Schriftsteller sein. «Der Konsens war zu Ende», berichtet Rousset. «Jeder trennte sich von jedem, Merleau-Ponty war eingeladen worden, Camus aber intervenierte: Er werde sich nicht beteiligen, wenn man nicht Merleau auslade. Camus bedeutete ein zu zahlreiches Auditorium: Also wurde Merleau ausgeladen.»[36] Abgesehen von dieser Art Intrigen und Manipulationen hinter den Kulissen war eine solche Ansammlung von Stars an einem einzigen Abend zumindest unter dem Gesichtspunkt der Werbung natürlich beeindruckend. Was aber die inhaltliche Qualität der Beiträge betraf, so brauchte man kein Experte zu sein, um zu merken, daß sie sich auf einen äußerst schwachen, äußerst dünnen, äußerst brüchigen Konsens aus den verschiedensten Motiven stützten. Alle für den Frieden, alle gegen den Krieg? Gut. Alle für die Wahrheit, alle gegen die Lüge? Selbstverständlich. Alle für Europa und gegen die beiden Blöcke? Und wie... Und schon ist das Gewissen mühelos wieder beruhigt. Zugegeben: Hätte das RDR nur diese Sorte billiger öffentlicher Werbung geboten, wäre es ziemlich dürftig gewesen.

Die wahren Verdienste der RDR-Anhänger lagen woanders: beispielsweise bei den von der Basis ausgehenden Initiativen zum Dialog mit den streikenden Grubenarbeitern und anderen Gruppen von Werktätigen. Sie lagen bei all diesen Bemühungen – Anläufe und Mißerfolge – um eine demokratische Mitbestimmung der Geschicke des Landes, winzig kleine Experimente, die wie weiße Kieselsteine zwanzig, fünfundzwanzig Jahre später wieder auftauchen werden anläßlich der Studentenrevolte vom Mai '68 oder des Selbstverwaltungsexperimentes bei Lip in Besançon, um nur zwei symbolische Beispiele zu nennen. Die sofort Sartres Unterstützung erhielten. Schon 1948 setzte er sich innerhalb der RDR-Reihen aktiv für die Verwirklichung zweier Experimente ein, die ihm am Herzen lagen, zweier Projekte, die seinen Vorstellungen entsprachen. Er ist der Initiator von Volkshochschulen wie auch von Weiterbildungskursen für nordafrikanische Arbeiter gewesen. Zwei Initiativen von ganz anderer Tragweite als die frommen Wünsche seiner Reden, wenn er die Rolle des magischen Bürgen spielte. Er bekam noch weitere Gelegenheiten, das Richtige zu tun, zum Beispiel als er auf Einladung marokkanischer Studenten einen Vortrag hielt, in dem er zum erstenmal Dritte-Welt-Akzente setzen wird, die später kennzeichnend für ihn sein werden: «Auf eine marokkanische Versammlung geht ein Franzose als Schuldiger hin», begann er. «Das marokkanische Volk ist unterdrückt... Es wird von Frankreich, nicht aber von den französischen Massen unterdrückt. Natürlich hat man Ihnen oft von Frankreich als Land der Freiheit erzählt, wenn es darum ging, gegen Ausländer zu kämpfen. Damit wollte man Sie täuschen. Viele von Ihnen sind für den Imperialismus gefallen und glaubten, für die Freiheit zu sterben... Zu Recht klagen Sie Frankreich an... Zu Recht beklagen Sie sich... Indem Sie für Ihre Freiheit kämpfen, kämpfen Sie für die Freiheit des Menschen, also auch für unsere. Und wir selbst wären nicht würdig, unsere Freiheit zu fordern, solange wir nicht sagen können: ‹Kein Mensch auf Erden wird unseretwegen unterdrückt›.»[37] Anschließend würdigten Sartre und Jean Rous die Verdienste der Istiklal-Partei im Namen der unterdrückten Völker. Wenn das RDR nur Vorwegnahme, nur unbeholfenes Stammeln gewesen ist, aber auf eine Reihe von politischen Problemen hingewiesen hat – zum Beispiel nationale Unabhängigkeit und europäische Identität – und wenn es lediglich bestimmte gesellschaftliche Probleme aufgedeckt hat – das der ausländischen Arbeiter, der laizistischen Schule oder der Dritten Welt –, kann man ihm das Jahrzehnte später vorhalten? Denn alles in allem war das leicht idealistische, von der Angst vor einem dritten Weltkrieg entfachte Engagement, das durch zwei gleichermaßen unannehmbare Sackgassen im Osten wie im Westen bedrängt, durch den Verfall und die Passivität, zu denen man Europa verurteilen wollte, gedemütigt war und sich von der Berlinblockade aufscheuchen ließ, ein gesunder Reflex. Ein Mißerfolg, dieses RDR? «Ein stark verfrühter Versuch», antwortet Jahre später David Rousset, «eine revolutionäre soziale Bewegung zu schaffen, die weder sozialdemokratisch noch stalinistisch sein sollte.»[38] «Das war meine erste und, wie ich gestehe, nicht sehr glückliche politische Tat», ist Sartres Meinung. «Unsere Ideen waren höchst unklar; insgesamt, wie mir scheint, eine neue Version der dritten Kraft, die so viele Leute in Frankreich schaffen wollten»[39], fügt er hinzu in einer durch und durch negativen Beurteilung.

Der entscheidende Bruch zwischen Sartre und Rousset geschah genau in dem Moment, als sich Rousset aus finanziellen Gründen den amerikanischen Gewerkschaften AFL und CIO zuwandte: Mit ihrer Beteiligung und derjenigen amerikanischer Intellektueller wie Sydney Hook organisierte er am 30. April 1949 einen «Tag des internationalen Widerstands gegen Krieg und Diktatur». Schon vorher hatte Sartre seine Teilnahme an den Zusammenkünften des leitenden Komitees vom 29. und 30. Januar für überflüssig gehalten, obwohl die dort anwesenden fünfundzwanzig Genossen die nächsten Etappen zur Eingliederung des Rassemblement in die sozialistische Bewegung für die Vereinigten Staaten Europas entworfen sowie über die Strategie zu den Kantonalwahlen vom 20. März 1949 und eine eventuelle Kandidatur beraten hatten. Sartre war auf den Treffen des leitenden Komitees genauso abwesend wie auf den Veranstaltungen am 30. April: Weder erschien er um vierzehn Uhr dreißig im großen Hörsaal der Sorbonne noch um zwanzig Uhr auf dem Podium im Vélodrome d'hiver.

Nach der Konzeption von Leuten wie David Rousset sollte dieser Veranstaltungstag eine Antwort auf die Initiative der soeben gegründeten und vollständig unter kommunistischem Einfluß stehenden «Friedensbewegung» sein; einige RDR-Delegierte, Fraisse, Bourdet, Rous, Rousset, hatten mit einigen kommunistischen Intellektuellen wie Laurent Casanova delikate Verhandlungen für ein eventuelles Bündnis und eine eventuelle gemeinsame Veranstaltung geführt. Diese Verhandlungen scheiterten schließlich daran, daß sich die

Kommunisten gegen eine Erwähnung des Problems der «Nichtexistenz elementarer demokratischer Freiheiten in der Sowjetunion» sperrten; und daran, daß das RDR, was neu war, die Möglichkeit in Betracht zog, unter gewissen Bedingungen den atlantischen Pakt zu akzeptieren. Die Kommunisten zogen Richtung Moskau, das RDR Richtung New York, das Seil riß. Es riß auch innerhalb des RDR zwischen Personen wie Rousset und Sartre zur gleichen Zeit und aus den gleichen Gründen. «Merleau-Ponty, Richard Wright und ich begriffen, daß man uns hereingelegt hatte, und wir weigerten uns, an diesen Gesprächen teilzunehmen... Die Amerikaner hatten bekannte Antikommunisten geschickt, zum Beispiel Sydney Hook. Leute, die die Atombombe preisen... (wir) forderten die dringende Einberufung eines Kongresses, der einen Monat später in Paris stattfand.»[40]

Nach achtzehnmonatiger Existenz fand am 28. und 29. Juni 1949 die erste nationale RDR-Konferenz statt: Insgesamt siebzig Delegierte hatten, wie die befreundete Zeitung *Franc-Tireur* diplomatisch formulierte, «einen brüderlichen Meinungsaustausch bei absoluter Gedankenfreiheit»[41]. «Bei diesem Kongreß kam es zum Zusammenstoß: Die Teilnehmer, ehemalige Kommunisten und Trotzkisten, machten Rousset Vorwürfe wegen der Verpflichtungen, die er in den USA eingegangen war und wegen der – so kriegerischen – Tagung für den Frieden. Das RDR zerfiel. Eine große Mehrheit wollte mit den Kommunisten arbeiten, und eine kleine Minderheit erklärte sich amerikafreundlich.»[42] Daß Sartres Name in den RDR-Archiven festgehalten wurde, liegt vor allem an der Resolution, die von ihm gemeinsam mit anderen Genossen zu diesem Bilanzierungstreffen entworfen worden war und unter dem Namen «Antrag Chauvin-Sartre» bekannt geblieben ist. Neben Sartre, Mitglied des leitenden Komitees, und Jean-René Chauvin, Mitglied des Pariser Regionalkomitees, hatten drei weitere Genossen den Antrag unterzeichnet: Henri Sack, ein ehemaliges Mitglied der Kommunistischen Partei Deutschlands; Henri Massein, ein ehemaliger Kommunist aus der trotzkistischen Dissidentenfraktion; Georges Gousseau, der sich später der sozialistischen Partei anschloß. «Das RDR ist heute über ein Jahr alt», schrieben sie. «Wo steht es? Die negative Bilanz ist leider schwerwiegend. Nach vielversprechenden Anfängen ebbte die Rekrutierung schnell ab... Wir verlieren Mitglieder; ganze Sektionen treten aus; andere sind nur noch Skelette. Dennoch setzt das leitende Komitee seine Politik der spektakulären Veranstaltungen und Demonstrationen fort..., was nicht weiter gefährlich wäre, wenn gleichzeitig die Rekrutierungsarbeit aktiv weiter betrieben worden wäre. Deren Stagnation aber hat zu einer Kluft zwischen einer embryonalen Basis und einem leitenden Komitee geführt, das sich an alle und jeden wendet, an die Massen, Europa, die Welt, nur nicht an die eigenen Mitglieder... Die direkte Demokratie, die das Hauptkennzeichen unserer Organisation sein sollte, blieb Papier. Nicht daß das RDR Allüren einer diktatorischen Partei angenommen hätte, nein, es herrschte einfach Anarchie.»[43] Die Wut ist ebenso groß, wie die selbstkritischen Andeutungen ehrlich sind. Über die Vorwürfe mangelnder innerer Demokratie oder gebetsmühlenhafter Politik hinaus zeichnen sich deutlich die ideologischen Dimensionen des Konfliktes ab, und wieder reißt das Seil Moskau–New York. «Das RDR lehnt nicht nur kein einziges Bündnisangebot der kommunistischen Partei ab», behauptete der Antrag, «sondern will es immer dann zwischen kommunistischen und sozialistischen Arbeitern herbeiführen, wenn es um die Verteidigung der unmittelbaren Interessen der Werktätigen geht...»

Vor dem Kongreß beauftragte das leitende Komitee eine Kommission mit der Erarbeitung eines «Entwurfs für eine allgemeine Orientierung» des RDR. In dieser Kommission traten die Genossen Altman, Dechezelles, Fraisse, Parisot, Rosenthal, Rous und Sartre wieder zusammen: Scheitern bei der «Organisierung einer tatsächlichen kollektiven Praxis»; Scheitern bei der Definition der «Organisationsstruktur»; dafür Hervorhebung des «Auftrags des RDR als *organisierendes und initiierendes Zentrum* für unterschiedliche demokratische Strömungen der Arbeiterbewegung, die von der MRP- und CFTC-Linken bis zur nichtstalinistischen radikalen Linken reichen, wo es auf ein beachtliches positives Echo gestoßen ist.»[44] Danach zerfiel das RDR auf Grund der Spannungen: sinkende Mitgliederzahlen, endlose interne ideologische Auseinandersetzungen, ganz zu schweigen von den Finanzproblemen. Sartre verließ die Bewegung im Oktober 1949 und hielt namentlich David Rousset vor, sich zu sehr «nach rechts entwickelt» zu haben. Die Zeitungen berichteten über die Trennung; *Le Monde* schrieb, «das RDR ist nach einem brillanten Anfang in Schlaf gesunken. Vorhandene Differenzen schwächen es weiter.» Der Journalist fügte hinzu: « Jean-Paul Sartres Austritt ist ein eklatanter Beweis für die gegenwärtige Unfähigkeit der Bewegung, ihre inneren Querelen zu überwinden.»[45] Sartres Rückzug zum Barometerstand des RDR zu erklären, war das nicht etwas übertrieben? War es einfach nicht ein weiteres Zeichen des Sartre-Kults in den französischen Medien, die weiterhin jede kleinste Geste des Philosophen genauestens verfolgten? «Aus politischem Ekel verläßt Sartre das RDR», lautete die Überschrift von *Samedi-Soir*, dem man Interesse an politischen Nachrichten sonst kaum nachsagen konnte. Vergebens hätte man auf dem Kongreß Sartre gesucht. Aus gutem Grund: Soeben war er mit Dolorès nach Mexiko, Guatemala und in andere Länder abgereist.[46]

Als Sartre das RDR verließ, zählte es zweitausend Mitglieder in ganz Frankreich, was nach über einjährigem Bestehen eigentlich ein mageres Ergebnis war. Mehrere Krisen hatte es gegeben, eine davon innerhalb der Redaktion von *Franc-Tireur*, aus der einige Journalisten ausstiegen; ein weiterer Konflikt entstand, als einige Mitglieder des leitenden RDR-Komitees lieber *Franc-Tireur* als Organ nutzen wollten, als für Ferniots «Blatt» hohe Gelder zur Verfügung zu stellen. Alles in allem erweist sich, daß Sartres Anwesenheit für die Entwicklung des RDR nur von Vorteil gewesen ist: Sartre soll laut Paul Fraisse ein «sehr großzügiger Finanzier» gewesen sein – er hatte der Bewegung eine Summe von 300 000 Francs zur Verfügung gestellt –, aber «weder ein Komitee- noch ein Veranstaltungsmensch»[47]. Und war nicht die Unterstützung der Ausländer, auch wenn sie von der Basis kam, vor allem seinem Namen zu verdanken? Etwa als eine Gruppe junger Italiener im Februar 1949 um «die Ehre» bat, «mit *La Gauche-RDR* korrespondieren zu dürfen», dessen «Programm» sie «befürworteten». Die römischen Genossen bezogen sich auf eine Rede Sartres: «In einem seiner Artikel hat Jean-Paul Sartre die Jugendlichen dazu aufgefordert, selbst ihr Leben zu interpretieren. Seit zwanzig Jahren hat es keine Regierung vermocht, den Jugendlichen wahre demokratische Institutionen zu geben, die ihnen die Befreiung von dogmatischen Formeln und die Zurückweisung von Finten ermöglichen könnten.»[48] Die von dem Philosophen am meisten bevorzugte Altersklasse, die Zwanzigjährigen, denen er diese Rede zugedacht hatte, meldete sich auf den Sartreschen Appell. Immer wird er dieses Publikum ansprechen. Nie wird er versäumen, es auf die eine oder andere Weise zu umwerben.

Nach dem RDR-Experiment griff Sartre 1949 nur noch selten politisch ein. Zwei Fälle müssen aber doch erwähnt werden. Zunächst die Unterstützung, die er Garry Davis und seiner Bewegung der Weltbürger zukommen ließ: Im September 1948 hatte der ehemalige Kriegspilot der US-Air-Force in einer öffentlichen symbolischen Geste zum Zeichen des Protests gegen den Kalten Krieg seinen amerikanischen Paß zerrissen, ehe er vor der UNO die «Weltbürgerschaft» für sich beantragte. Pressekonferenz, Solidaritätsbewegung, Veranstaltungen, Petitionen: Seine Aktion hatte Kreise gezogen, und zahlreiche französische Schriftsteller engagierten sich zu seinen Gunsten: André Breton, Albert Camus, Raymond Queneau, Vercors, Paulhan, Emmanuel Mounier und andere. Sartre hielt sich zunächst noch zurück. Im Juni 1949 aber, als sich seine Beziehungen zum RDR verschlechterten, erklärte er sich zu einem Dialog mit Garry Davis und den Weltbürgern bereit und unterbreitete ihnen einige stichhaltige Kritiken zu ihrem Vorhaben: Sie bezogen sich vor allem auf die Idee einer «Weltregierung», die er «utopisch, ideell oder, besser gesagt, mythisch im Sorelschen Sinne des Wortes» fand, obgleich er ihnen versicherte, zu ihren «Freunden und Verbündeten»[49] zu zählen.

Die zweite in mehrfacher Hinsicht interessante politische Intervention von 1949 war ein Vortrag, den Sartre am 24. April vor dem Centre d'études de politique étrangère hielt. Ein bedeutender Vortrag, der seine Überlegungen und Erfahrungen von 1946 bis 1949 originell zusammenfaßt. Unter dem Titel: «Verteidigung der französischen Kultur durch die europäische Kultur» soll an mehreren Beispielen der Einfluß der politisch-ökonomischen Macht auf die Kultur demonstriert werden: «...das Verhältnis der Kulturen (ist) in einem gewissen Maß von einem Kräfteverhältnis bestimmt», sagt Sartre insbesondere. Anschließend bemüht er sich, die Identität der französischen Kultur im Vergleich zur amerikanischen zu bestimmen, und spricht von einer Undurchlässigkeit: Er zitiert alle möglichen Anekdoten von seiner letzten Vortragstournee, um aufzuzeigen, was die intellektuellen europäischen Schriftsteller von den US-Schriftstellern trennt. «Was die europäische Kultur im allgemeinen kennzeichnet», präzisiert er, «ist, würde ich sagen, ein jahrhundertelanger Kampf gegen das Böse... Immer haben die Schriftsteller gegen die Mächte, gegen die etablierten Ideologien und für soziale Gerechtigkeit gekämpft... Während der Intellektuelle und der Schriftsteller in Amerika getrennt sind, ist in Frankreich ein Schriftsteller auch ein Intellektueller... Besonders *ein* amerikanischer Virus könnte uns sehr stark anstecken, nämlich der Pessimismus des Intellektuellen... Haben wir also ein anderes Mittel, die wesentlichen Elemente dieser Kultur zu retten?» fragt er schließlich, nachdem er das Gespenst einer von amerikanischer Hegemonie bedrohten französischen Kultur heraufbeschworen hat. «Ja», antwortet er optimistisch, vorausgesetzt, es könne eine «kulturelle Einheit» geschaffen, eine «europäische Kulturpolitik» eingeleitet werden. Und er erwähnt eine «merkwürdige Übereinstimmung, die sich (ihm) im Laufe (s)einer Reisen gezeigt hat.» Seit Kriegsende sei in ganz Europa der Zugang der Menschen zueinander «unmittelbar». Eine hübsche antiamerikanische Demonstration, zu der er sich aller Mittel einschließlich der Schrekkensvision bedient hat, Voltaire, Kafka und Kierkegaard könnten unter Tonnen restlos unlesbarer Yankee-Romane begraben werden. «Nur wenn wir eine europäische Kultureinheit anstreben», faßt er zusammen, «werden wir die französische Kultur retten; aber diese Kultureinheit wird keinerlei Sinn haben und nur aus Worten bestehen, wenn sie sich nicht in den Rahmen einer sehr viel tieferen Anstrengung stellt, eine ökonomische und politische Einheit Europas zu verwirklichen.» [50] Ergebnis seiner Überlegungen, seiner Beobachtungen, seiner politischen Analysen: Ist dieser Vortrag nicht an sich schon die Synthese des erfolgreichen Sartre? Status des Schriftstellers, Status Europas, kulturelle und politische Projekte sind hier in einem originellen persönlichen Programm miteinander verbunden: seine letzten Überlegungen dieser Art, ehe er für eine gewisse Zeit den Rahmen der politischen Arena verläßt.

Nach dem Scheitern des RDR hört er eine Zeitlang damit auf, «praktisch zu intervenieren». «Sartre hatte sich bei dieser Geschichte überwinden müssen», resümiert David Rousset heute, «und vielleicht war es ein Fehler von uns, von Altman und mir, ihn zur Gründung des Rassemblement heranzuziehen; seine Anwesenheit hat einiges sehr Positives bewirkt, er war sehr direkt in seinen Beziehungen zu den Mitgliedern, blieb aber gleichzeitig von päpstlicher Dogmatik; das ist es meiner Meinung nach gewesen, was sein Verhältnis zur Politik enorm erschwert hat, denn trotz seinem Scharfsinn lebte er eigentlich in einer von der Realität restlos abgekoppelten Sphäre... Er hatte das lebhafteste Interesse für das Spiel und die Bewegung der Ideen, empfand aber für die Ereignisse wenig Neugier und für die Welt kein besonders leidenschaftliches Interesse...» David Rousset hält inne, denkt nach und greift das eben Gesagte wieder auf: «Ja, das ist es eigentlich, Sartre, der lebte in einer Luftblase.»[51]

Nach dem Scheitern von «Socialisme et Liberté« 1941, nach den Verhaftungen der Genossen, nach den Risiken der illegalen politischen Aktion hatte Sartre eine Pause eingelegt. Kurz, eine Sackgasse. Nach dem Scheitern des RDR, nach diesem Experiment einer intellektuell-libertären Demokratie, nach dem zweiten Bewußtwerden des Abstands zwischen intellektueller Spekulation und konkretem militantem Handeln legt Sartre erneut eine Pause ein. Kurz, eine zweite Sackgasse. Von nun an werden seine politischen Interventionen nie mehr solche eines *innerhalb* einer Bewegung oder einer Gruppe integrierten Aktivisten sein. Sondern solche eines sympathisierenden Intellektuellen, der seine Unterstützung *von außen* einbringt, stets abseits stehend oder, wenn man lieber will: an der Seite von... Nach seinem Abgang aus dem RDR zieht er sich vom Feld der politischen Aktion zurück: Weit hatte er sich vorgewagt, jetzt kann er die Grenzen dieses abstrakten Traums, dieser paar Monate «Revolutionsromantik» ermessen, wie es Aron perfide prophezeit hatte.[52]

ZWEITE SACKGASSE

Im Lexikon wird man später den Eintrag finden: SARTRE, Jean-Paul, berühmter Vorwortverfasser aus dem 20. Jahrhundert...» Ironisch und amüsiert äußerte er sich manchmal über das, was zeitweise eine Art zweiter Karriere wurde. Nach dem Scheitern des RDR werden Produktion und Geschwindigkeit gedrosselt, die Maschinen laufen weiter, allerdings langsamer. «Sartre... hatte jede politische Tätigkeit so gut wie völlig aufgegeben», schreibt Castor. «Er hatte sich sowohl mit der Psychoanalyse wie mit dem Marxismus beschäftigt... vor allem mit der Geschichte und der Nationalökonomie.»[1] Allerdings – Vorworte. Krönung seiner Machtposition innerhalb des französischen Kulturlebens, seines Aufstiegs? Beweis seiner Bedeutung, seines Einflusses? Oder Symptom eines Tiefstands, eines Leerlaufs? Nur noch für Vorworte gut? Endete eine Hegemonie mit der bescheidenen Rolle des Ansagers, des Sprechers, beinahe des Marktschreiers? Von Sartre vorgestellt, verbürgt, inthronisiert, «sartronisiert»: Louis Dalmas und sein Essay zum jugoslawischen Kommunismus, Juan Hermanos und sein Essay zum Franco-Regime, der Komponist René Leibowitz und seine Analyse des Künstler-Engagements in einer «nicht signifikanten» Kunst, Roger Stéphanes *Portrait de l'aventurier*, die Skandinanvien-Reiseführer von Nagel und später noch die China-Fotos von Henri Cartier-Bresson, wo er, im Gegensatz zu Skandinavien, noch nie gewesen war...

Was bedeuten eigentlich diese Taufgesten für einen Mann, der eine reale Vaterschaft immer ablehnte? Zwar pflanzte er sich physiologisch nicht fort, dafür sicherte er sich die denkbar größte und am weitesten reichende Nachkommenschaft: Leser, Getreue, Anhänger wurden nacheinander «roquentisiert» und «sartrisiert». Einige verlangten mehr: die «Sartronisierung» wurde zu einem Sakrament, das man auf Antrag erhielt, nach Studium der Akte durch bestimmte Familienmitglieder. Der Fall Nathalie Sarraute, der erste der Liste, ist vermutlich auch der schönste: ihrem zweiten Roman *Portrait d'un inconnu* gingen acht Sartresche Seiten voraus. «Sartre ist mir gegenüber wunderbar gewesen», erzählte sie später. «Nach der Befreiung hat er mein jüngstes Manuskript gelesen und von sich aus vorgeschlagen, ein Vorwort zu schreiben. ‹Das Buch ist sehr schwierig›, meinte er, ‹und Sie werden Mühe haben, einen Verleger zu finden.› Er hatte recht. Trotz seinem Vorwort und seiner Berühmtheit, die damals so groß war, daß sich die Touristen busweise zu den *Deux Magots* fahren ließen, in der Hoffnung, ihn auch nur eine Sekunde sehen zu können, wurde mein Roman 1947 überall abgelehnt. Schließlich fand ich einen Verleger, der vierhundert Exemplare verkaufte, ehe er den Rest verramschte.»[2] Am Schicksal dieses Romans änderte Sartres Name nichts, und er war es selbst gewesen, der damals der jungen Schriftstellerin im Glauben, ihr damit behilflich sein zu können, ein Vorwort angeboten hatte.

Seine Aktivität als Vorwortverfasser war allerdings kohärenter, als es schien: Diese kämpferischen Einleitungen gaben ihm Gelegenheit zur Weiterentwicklung, Nuancierung und Verdeutlichung seiner eigenen Ideen. An der sogenannten abstrakten Kunst (Leibowitz) konnte er seine Konzeption des Engagements erläutern; mit der Gegenüberstellung von aufrichtigen Schriftstellern und dem Gesichtspunkt Gottes (Nathalie Sarraute) seinen Anti-Mauriac-Artikel von 1938 ergänzen; die Thematik des Engagements in ihren ethisch-politischen Dimensionen wieder aufnehmen (Roger Stéphane); sich bereits 1950 zur Unterstützung von Marschall Tito und seinem jugoslawischen Experiment bekennen (Dalmas). Gelegenheiten, seine Überlegungen weiter zu verfolgen und zugleich zu verfeinern. Ebenso Gelegenheiten, Freunde, Verbündete und Komplizen in die Sartresche Sphäre aufzunehmen.

Ein weiteres Symptom seines Ruhms, Gewichts und angehäuften Kapitals: die Inflation von Bitten um Ratschläge und Termine, kurz, von all dem, was unter der Rubrik «Treffen mit Sartre» rangiert. Bernard Pingaud beispielsweise machte die Erfahrung der Sartreschen Verführung durch seine Person und sein Werk. Lycée Pasteur, allerdings nicht in Sartres Klasse; unter der Besatzung flüchtige Station bei den petainistischen Studenten, erster Roman *Le phœnix*, und Dumartin, ein Freund von Pingaud, schlägt vor, ihn Sartre zu zeigen. «Er hat das Manuskript gelesen, und mich ins *Flore* bestellt», erzählt Pingaud. «‹Ich habe es gelesen, Sie sind sehr begabt›, sagte er mir. ‹Aber warum wollen Sie lyrisch sein? Sie sind ein Nüchterner. Kultivieren Sie doch dieses Genre. Sie werden nie ein Lyriker sein, und besuchen Sie mich wieder, wenn Sie Lust haben.›»[3] 1946 veröffentlichte Pingaud seinen Roman bei den Éditions de la Table ronde, er las *Les chemins de la liberté* und schrieb eine Untersuchung zu Sartre, aus der nach einer Überarbeitung durch den rechten Schriftsteller Pierre Boutang das gemeinsam unter Pingaud-Boutang herausgegebene Pamphlet *Sartre est-il un possédé?* wurde. Insbesondere warfen ihm die beiden Autoren vor, nicht lyrisch genug zu sein, mit der Knappheit des Ausdrucks zu übertreiben und der Nüchternheit des Stils. Später wird Bernard Pingaud auf Vorschlag von Pouillon in das Redaktionskomitee der *Temps Modernes* eintreten.

Zickzackkurs um Sartres Werk und Persönlichkeit: Pingauds Bahn ist exemplarisch. Sartre, der die Karten mischte und neu austeilte, gelang es, zahlreiche junge französische Schriftsteller der Nachkriegszeit an sich zu ziehen, ob sie nun rechts oder links standen. Anarchisten, Libertäre, Linksradikale, sogar die «hussards»* zog er an. Roger Nimier war es sehr wichtig, seinen ersten Roman *La prisonnière* mit Sartres Stempel zu versehen: «Für Jean-Paul Sartre», heißt es in der Widmung. Und als Louis Pauwels 1946 seinen Roman *Saint Quelqu'un* veröffentlichte, stellte er seinen Helden Jousselin als ein gänzlich «roquentisiertes» Wesen dar, das auch von Meursault aus Camus' *L'étranger* beeinflußt sei. Kurz, von 1946 an eine gesicherte Nachkommenschaft... «Ich habe nur ernsthafte Schriftsteller gemocht», schrieb Nimier 1953 an Chardonne. «Bernanos, Char-

* Draufgänger, der Begriff kam nach dem Krieg 1914–18 auf.

donne, Sartre. Wir müssen zu Sartre zurück. Man ist ihm gegenüber ungerecht.»[4] An anderer Stelle begrüßt er dessen «gesellschaftliche Rolle» und vergleicht ihn mit Voltaire, ehe er fortfährt: «Sein neues Bild ist das eines Zerstörers, freilich mit dem ersten Preis für Intelligenz und mit dem zweiten für Obszönität.»[5]

Bewunderung ruft er oft hervor, Bösartigkeit gelegentlich, doch Gleichgültigkeit nie. Welche Absicht verfolgte Jacques Laurent, abgesehen von seinem Sarkasmus, mit dem berüchtigten, 1951 erschienenen Essay *Paul et Jean-Paul*? Ja, was wollte er eigentlich mit dem kühnen Vergleich von Sartre und Paul Bourget? Wenn er Sartres und Paul Bourgets Positionen zum Thesenroman, zur Frage des L'art-pour-l'art, zu den schlechten Gefühlen und den konfusen Ideen miteinander konfrontiert? Oder mit seiner Aufforderung, Jean-Paul Sartre solle sich «als Erbe gründlicher mit seinem eigentlichen Auftrag befassen. Bourgets Schüler, gut. Aber der Schüler hat das Werk des Meisters weiterzuführen. Bislang hat sich Sartre eher bemüht, es zu adaptieren als zu erneuern.»[6] Wollte Laurent das Idol verletzen, die Statue ankratzen oder sie nur treffen? Zugegebenermaßen hatte die Parallele Substanz, Brillanz, Kühnheit, auch trafen einige Kritiken zu, und hin und wieder wurde der Vergleich aufgegriffen, wahrscheinlich muß der Text aber eher als freche, spöttische Anerkennung denn als tatsächliche Demontage gesehen werden.

Der berühmteste und jedenfalls schwierigste Sartre-Besucher ist zweifellos Bernard Frank gewesen, der in mehreren seiner Bücher – darunter *La panoplie littéraire* und *Le dernier des Mohicans* – Episoden aus ihrer von 1951 bis 1953 andauernden Bekanntschaft erzählt hat. Hinterlassen des ersten Manuskripts bei der Concierge in der Rue Bonaparte; zitterndes Warten auf eine positive Antwort: «In dem Moment», schreibt Frank, «bestellte mich Sartre zu sich, um mir mitzuteilen, daß ich ein Schriftsteller sei. Ich begriff, daß es für ihn eine Entdeckung bedeutete, während es für mich, und schon seit Jahren, eine Evidenz war... Sein Staunen, seine Freude, sein Lob mißfielen mir... Heute finde ich für Sartres Verhalten tausend Rechtfertigungen... Er ist von unergründlicher Liebenswürdigkeit gewesen. Er brachte seinen Besuchern das für einen Schriftsteller höchstmögliche Maß an Interesse entgegen.»[7] Für einen einundzwanzigjährigen Schriftsteller bedeutete ein solches Treffen allerhand, und schon im darauffolgenden Jahr bot Sartre Frank die Literaturchronik in *Les Temps Modernes* an. In weniger als einem Jahr war ein junger, unbekannter, allerdings talentierter und, wie man sagt, vielversprechender Autor in die Mannschaft, in den Familienkreis aufgenommen. «Sartre ließ mir ausrichten..., die ersten sechs Monate seien meine Probezeit... Ich hatte das Gefühl, als ob er mich in eine junge, adrette, eine Spur zu lebhafte Kammerzofe verwandelte, ohne ihr völlig sorglos den schwarzen Staubwedel anzuvertrauen, den man gerade den Händen eines alten Dieners entrissen hat, dessen Manien und ständige Nörgelei das ganze Haus nicht mehr ertragen konnte.»[8] Nach einer Phase von Euphorie – «Ich mochte diese Rolle eines Freischärlers oder Söldners der *Temps Modernes*, die meinem Wesen entsprach», schreibt Frank –, verschlechterten sich die Beziehungen: Ablehnung seiner Artikel, Kritik seines neuen Romans *Les rats* in einem von Cau unterzeichneten Artikel der *Temps Modernes*. Bei *Les Temps Modernes* hatte man offenbar wenig geschätzt, daß Frank in seinem letzten Roman den dort herrschenden «seltsamen *kollektiven* Solipsismus» angegriffen hatte... Eifersüchteleien, Konflikte zwischen Cau und Frank? Diese Spannungen wurden Thema eines Buchs, und Frank behielt den Sartreschen Konjunktiv Imperfekt stets in nostalgischer, freundlicher Erinnerung.

1951, 1952 schließlich schrieb Michel Crozier mehrere Artikel für *Les Temps Modernes*: «Ich war der junge Unbekannte gewesen, der einen Artikel losschickt, wie man eine Flasche ins Meer wirft», erzählt er. «*Les Temps Modernes* nahmen meine Prosa an und verlangten eine Zugabe.»[9] Eines von vielen Beispielen für die lockere, offene Struktur, für die Regel, die Sartre offenbar einführen wollte: «Alles ist allen jederzeit möglich», ein Beispiel für diese Art Zelle der Weiterbildung und sozialen Förderung, die *Les Temps Modernes* darstellten? Nein, antwortet Crozier, der seine Enttäuschung beim Namen nennt: «Ich ging natürlich nicht davon aus, berühmt zu werden, aber ich hoffte schon, daß man ein wenig auf mich achten würde, daß ich Menschen fände, mit denen ich reden könnte, daß ich der Einsamkeit entgehen und, warum auch nicht, zu einem lebendigen Milieu gehören würde, in dem ich meinen Platz hätte. Ich traf bei *Les Temps*

Modernes nur auf Rivalitäten, Snobismen und Eitelkeiten. Es war genauso kalt und unpersönlich wie in einer politischen Partei oder an der Universität...»

Während der Vorwortautor die junge französische Schriftstellergeneration bekannt machte, empfing und beriet, setzte er sich an sein x-tes Vorwort, diesmal aus eigenem Antrieb: das Vorwort zu den Werken von Jean Genet. Sie hatten sich 1944 durch Cocteau kennengelernt, Genet war Dauergast der Sartre-Familie geworden, gewissermaßen ein Freund, sofern gemeinsames Ausgehen solche Art Beziehungen offiziell besiegelt. Was Genet nämlich von Sartre hielt, bleibt einigermaßen mysteriös, so unverhältnismäßig wurde die spätere Geschichte. Erinnern wir uns – «ein literarisches Genie» – an die 1945 und 1946 in den USA gehaltenen Lobreden. 1947 widmete ihm Sartre seinen *Baudelaire*, Genet wiederum ließ «Für Sartre. Für Castor.» in sein *Journal du voleur* drucken. Doch welche tatsächlichen Bindungen, welche tatsächlichen Beziehungen existierten hinter der Fassade der öffentlichen Huldigungen? «Proust hat die Homosexualität als Schicksal gezeigt, Genet steht als Wahl für sie ein... Der Autor hat den Diebstahl und das Gefängnis gewählt, er hat die Liebe und das Bewußtsein im Bösen gewählt. Er berührt, er stellt sich zur Schau, und dennoch gibt er sich nie hin; seine Kunst hält die Leser auf Distanz. Deswegen trifft man in den Tiefen dieser fernen Welt, in der Hölle der Schließer, der Knastbrüder und des Baus auf einen Menschen.»[10] Der im März 1946 von Sartre verfaßte Werbetext für *Le miracle de la rose* weist auf einige seiner bevorzugten Themen hin, die er später immer wieder aufgreifen, weiterspinnen und miteinander verquicken wird.

Das Vorwort zu Genet wird im Laufe der Niederschrift ein enorm dickleibiger, monströser Bastard werden. Allmählich von allen Leidenschaften Sartres geschwängert, wird es sich immer weiter aufblähen, um schließlich nicht weniger als sechshundertneunzig Seiten zu zählen. Jean Genet wird hier auf die sartreschste Rolle aller Sartreschen Helden festgelegt, er wird zum Sartreschen Helden überhaupt. Die gesellschaftlichen Verfluchungen hat Genet alle gekannt: uneheliches Kind, Sozialfürsorge, Kriminalität, Gefängnis, Homosexualität... Die gesellschaftlichen Verfluchungen hat Genet alle erlebt, bis zum Ende auf sich genommen. Allerdings dadurch auf sich genommen und verändert, daß er letztlich ein Kunstwerk produzierte. Auf dem Weg durch alle Randbereiche der Gesellschaft blieb er für ihre Normen, Verwünschungen, Sanktionen und natürlich auch für alle Anerkennungen und Belohnungen unempfindlich. Ein absolut unabhängiger Mensch, auf den die Situationen gesellschaftlicher Anomie nicht den geringsten Zugriff haben; ein absolut autonomer Mensch, der sich sein eigenes Wertesystem, sein eigenes Universum schafft. Ein Mensch *causa sui*, wie es Sartre in seinen komplexen Auseinandersetzungen mit Jean-Baptiste, Charles Schweitzer und Mancy selbst hatte sein wollen. *Saint Genet, comédien et martyr* wäre also ein Sartrescher Doppelgänger, allerdings ein erfolgreicher, dessen Leben selbst ein Kunstwerk ist: Ästhetik der Provokation, der Sublimierung, Ästhetik kompromißloser Asozialität, permanent hin und her gerissen zwischen Demütigung und Herausforderung, Stigmatisierung und Allmacht. Aus dem gefährlichen Würgegriff, in den die Gesellschaft diese Art Menschen nimmt, ging Genet natürlich als restloser und absolut unbeeindruckter Sieger hervor. «Die Kanonisation von Eva Perón durch den Papst», schrieb Cocteau, nachdem er Sartres Buch gelesen hatte, «und die von Genet durch Sartre (ein weiterer Papst) sind die zwei mystischen Ereignisse dieses Sommers.»[11] Cocteau untertrieb eher noch: Heiligsprechungen finden nur postum statt. Genet aber wurde von einem vielleicht unbewußten Sartre lebendig einbalsamiert in diesem wahnsinnigen, leidenschaftlichen, verzauberten Loblied. Vampirisierung Genets? Monstrosität des Lobes? Sicher hätte Genet das gewaltige Manuskript, das ihm Jean Cau auf Sartres Vorschlag vor der Veröffentlichung zu lesen gab, verlieren, ablehnen, kritisieren, verbrennen können. Er stimmte stillschweigend zu und nahm damit auch alle Konsequenzen hin. Die Leser des ungewöhnlichen Buchs erlebten also die Begegnung zweier Individuen, die an zwei entgegengesetzten Polen der französischen Gesellschaft geboren und durch ihre Herkunft gegensätzlich bestimmt waren. Ausgestattet mit Bücherwissen, spezifischer kultureller Identität und raffinierten theoretischen Instrumenten beugte sich der Normalien über den Bastard, den Knastbruder, den Ganoven, den Homosexuellen. Und sprach von Genet und zugleich von sich selbst, als Intellektueller, als Insektenforscher.

«Ich wurde Verräter und blieb es», schrieb Sartre später in seiner

Autobiographie. Die vielseitige, unersättliche und permanente Fähigkeit zum Verrat, die er bei Genet spürte, umspannt den ganzen *Saint Genet*. «Die agilste und intelligenteste aller Lektionen über phänomenologische Ontologie aus der damaligen Zeit nach französischer Art», so kommentierte der Philosoph Jacques Derrida den Text.[12] Das psychoanalytisch-biographische Unternehmen war derart ambitioniert, der Sartresche Druck auf Person und Werk Genets so maßlos und zäh, daß es fast einer Vergewaltigung gleichkommt. Das Thema des Bastards verwies auf das des vaterlosen Kindes, allerdings in radikalerer Form. Die Themen Diebstahl, Knast, Homosexualität verwiesen auf die der gesellschaftlichen Subversion, des Verrats, der marginalen Gewalt, allerdings in unvergleichlich konsequenterer und erprobterer Form. So bildete sich allmählich das in Sartres Philosophie wesentliche Konzept der «Praxis» heraus – der im *Genet* noch implizite Begriff wird schon ein Jahr später explizit auf die Politik angewandt, um 1960 in der *Critique de la raison dialectique* analysiert und ausgearbeitet zu werden. Innerhalb der Sartreschen Produktion markierte der *Saint Genet* eine Etappe an der Kreuzung (auto)biographischer – *Baudelaire*, *Les mots*, *Flaubert* – und philosophischer Wege – *Morale*, *Critique de la raison dialectique*.

Cocteau, der die Begegnung zwischen Sartre und Genet vermittelte, faßt in seinem Tagebuch am eigenen Beispiel die unterschiedlichen und verwirrten Reaktionen der Kritiker bei Erscheinen des Buches zusammen: «Wie jede wahrhafte Kritik ist es ein monumentales Sartre-Porträt, für das Genet nur das Fundament oder den Bronzeguß bildet... und das ebensowenig Genet darstellt wie die Freiheitsstatue in New York die amerikanische Freiheit... Sartre spricht Genet frei... Er dreht Genet um – er stellt ihn also wieder auf die Füße... Sartres Buch zu Ende gelesen. Die letzten Kapitel versinken in übelriechendem Schlamm. Schade... Ich verlasse das Buch mit einer seltsamen Übelkeit. Wer kann so etwas schlucken? ...Das Beste schlägt Sartre für sich heraus, sein Schreibstil stimmt mit seinen Gedanken überein... Es gibt bei Sartre eine Vornehmheit des Klinikers, eine Liebe zum Thema, das er behandelt, eine Freimütigkeit. Man ist angewidert, erschreckt. Aber nicht *geniert*. Und noch etwas gibt es. Eine Art Besitzergreifung der Literatur, den Willen, alles übrige herabzusetzen.»[13] Andere mischten sich ebenso in die Debatte ein, jeder zog aus dem monumentalen, überraschenden Werk seine eigenen Metaphern, Formeln, Ekelgefühle: ein richtiger Projektionstest. Olivier Larronde beispielsweise freute sich: «Sartre hat Genet nicht verletzen, sondern an ihm ein Bravourstück vollbringen wollen. Er ist Wilhelm Tell.»[14] Mauriac hingegen machte es sich einfach: in *Le Figaro* bezeichnete er Genets Werk als «Kothaufen», damit ist alles gesagt. Paul Claudel hatte in *Les Nouvelles littéraires* einen Artikel von Robert Kemp entdeckt, in dem unter der Überschrift «Widerwärtigkeiten» gleichzeitig Sartres Werk und ein Buch von Céline behandelt wurden. Beides Bücher, die wie Claudels gesammelte Werke auch bei Gallimard verlegt worden waren. Also schrieb er als entsetzter Bürger einen Brief an den «lieben Gaston»: die Nachbarschaft zu diesen zwei Texten in dem renommierten Katalog sei ihm physisch unerträglich. «Der Autor, der seinen Anhängern dieses Individuum zur Bewunderung darbietet», schrieb Claudel, «bezieht, mit einem sicher von Ihnen gewürdigten Geschmack, Texte der heiligen Theresa und des heiligen Johannes vom Kreuz auf sie. Diese Werke werden offensichtlich bei Ihnen verlegt. Ich nehme an, sie werden Ihnen Geld einbringen. Leider werden Sie nicht lange daran Freude haben, und ob es Ihnen angenehm ist oder nicht, die Zeit ist nicht fern, da Sie darüber werden Rechenschaft ablegen müssen. Bis dahin weiß ich nicht, ob Ihnen die Vorstellung gefällt, daß, wenn Ihre Bücher einmal Ihren Enkeln und deren Nachkommen unter die Augen kommen, sie auf dem Umschlag in großen Buchstaben den Namen ihres Großvaters lesen werden. Unauslöschbar. Ich grüße Sie tief betrübt.»[15] Die Geschichte gibt keine Auskunft darüber, ob Gaston Gallimards Nachkommen Anstoß an der Kohabitation nahmen; für Robert jedenfalls, Sartres Verleger, stellte sich die Frage nicht. Ist es nötig zu erwähnen, daß Claudel das Buch *nicht gelesen* hatte?

Dafür veröffentlichte Georges Bataille in der Zeitschrift *Critique* einen enthusiastischen Artikel: «Ich sehe in dieser endlosen Untersuchung nicht nur eines der gehaltvollsten Bücher unserer Zeit», schrieb er unter anderem, «sondern auch Sartres Meisterwerk... Das Buch hinterläßt ein Gefühl konfuser Katastrophe und universeller Täuschung, gleichzeitig aber erhellt es die Situation des aufrührerischen, außer sich geratenen Menschen von heute... Nie zeigten sich (Sartres) Mängel deutlicher: Nie hat er langatmiger seine

Gedanken buchstabiert, nie hat er sich stärker jenen diskreten Verzückungen verschlossen, die das Glück einem einräumt, die das Leben durchziehen und es kurz aufleuchten lassen: Daß er das Grauen mit Gefälligkeit beschreibt, unterstreicht diesen Charakterzug.»[16] Und Genet selbst? Wie ertrug er die in aller Öffentlichkeit betriebene, extrem exhibitionistische Sartresche Werbung? «Du und Sartre, ihr habt ein Standbild aus mir gemacht», sagte er zu Cocteau, als er ihn sechs Monate nach Erscheinen des Buches aufsuchte. «Ich bin ein anderer, dieser andere muß sich zu Wort melden.»[17] Und Jean Cocteau ergänzte: «Jean hat sich seit Sartres Buch verändert. Er scheint sich ihm anzupassen und gleichzeitig vor ihm zu fliehen.»[18] Privilegierte Wahrnehmung des privilegierten Freundes, der vermutlich selbst verlegen war.

Zur gleichen Zeit wie der *Saint Genet* geschrieben, am 7. Juni 1951 uraufgeführt und ohne Unterbrechung bis März 1952 gespielt, war Sartres siebentes Theaterstück *Le diable et le bon Dieu* das Ereignis der Theatersaison. «Das Stück kann als eine Ergänzung, als eine Fortsetzung von *Les mains sales* angesehen werden», schreibt der Autor in einem Ankündigungstext, «obwohl die Handlung vierhundert Jahre vorher spielt. Ich versuche einen Menschen zu zeigen, der den Massen seiner Zeit genauso fremd gegenübersteht wie der Bürgersohn Hugo, die Hauptfigur von *Les mains sales*, und der auch genauso zerrissen ist.» Das Stück, ein Auftrag von Simone Berriau, der Leiterin des Théâtre Antoine, sorgte bei seinem Entstehen für wahre Psychodramen. Es muß dazu gesagt werden, daß die Persönlichkeiten der diversen Partner eher für Zweikämpfe im aufregendsten Westernstil geeignet waren. Zunächst Simone Berriau, eine dynamische und attraktive Geschäftsfrau, die Tag und Nacht raffinierte schmal- oder breitkrempige Hüte trug. Ihr gelang es, das Stück bei Sartre zu bestellen, ihn anzuspornen, gar zur Arbeit anzutreiben, als er die Lust verlor. Dann Louis Jouvet, die legendäre Figur des französischen Theaters, der mit *Le diable et le bon Dieu* seine letzte Inszenierung machte und zwei Monate nach Spielbeginn starb. Der Schauspieler Pierre Brasseur, ein weiteres großes Tier im französischen Pantheon, spielte Götz, die Hauptrolle. Neben ihm Jean Vilar, der Gründer des Théâtre National Populaire, in der Rolle von Heinrich; die große, feurige Maria Casarès mit der warmen Stimme in der Rolle von Hilda; Wanda, alias Marie Ollivier, als Katharina. Berücksichtigt man noch, daß mit den Proben schon begonnen wurde, ehe Sartre das Stück zu Ende geschrieben hatte, daß Simone Berriau Streichungen verlangte, daß Sartre und Jouvet sich miteinander anlegten, daß 19400 Stunden an der Herstellung von Kulissen und Kostümen gearbeitet wurde, daß Sartre unter Zeitdruck, Jouvet unter Todesdruck und Berriau unter Termindruck standen, erahnt man ein wenig die Spannungen zwischen allen Beteiligten.[19] Zwar war es wie üblich, wenn Sartre produzierte, eine Angelegenheit von Besessenen, diesmal allerdings zu zwölft, zu fünfzehnt. «Sartre behauptete», erzählt Simone de Beauvoir, «daß ihre (Simone Berriaus) Finger mechanisch die Bewegungen einer Schere nachahmten, wenn sie über die Bühne ging.»[20]

«Jouvet wartet auf Sartre», überschrieb ein Kritiker seinen Artikel vier Monate vor der Premiere. Die Journalisten malten sich das ungewöhnliche Handgemenge, diesen Kampf der Giganten, der heiligen Monster aus. Am Abend der Premiere pfiff jemand lautstark im Saal und wurde zum Polizeirevier geführt, wo er erklärte: «Ich hasse Sartre; er vergiftet die französische Jugend, er ist ein Verbrecher; er gehört erschossen wie ein schädliches Tier.»[21] Die Kritiker schürten das streitsüchtige Klima, indem sie eine «Kriegsmaschinerie gegen Gott» in dem Stück zu sehen glaubten; die rechte Presse griff die «lächerliche Blasphemie» an, Mauriac bezeichnete Sartre ironisch als «den begnadeten Atheisten», Thierry Maulnier titelte: «Gott gibt's nicht.» Andere hielten dem Stück vor, es könne sich nicht zwischen dem Intellektuellen, dem Philosophischen und dem Metaphysischen entscheiden, sei langweilig, geschwätzig und weitschweifig. Elsa Triolet erläuterte, sie müsse dabei an Ghelderode denken; andere wiesen auf Claudel hin. Angesichts der Idee vom Tod Gottes betonten die Kritiker vor allem die schauspielerische Leistung. Paradoxerweise war eine «Sartreschere» Interpretation damals noch unmöglich. Obwohl er in dem Ankündigungstext einige Schlüssel geliefert hatte: Fortsetzung von *Les mains sales*, von den Massen abgeschnittener Held... Roquentin, dann Lucien Fleurier, später Oreste, Hugo, Genet und jetzt Götz: die gleiche Frage, das gleiche festgehaltene Bild, das gleiche Spiegelspiel Sartres auf der Suche nach sich selbst, nach der Beziehung des Einzelnen zum Handeln, zur Welt, zur Moral. In *Le diable et le bon Dieu* erarbeitete Sartre tatsächlich ein Kettenglied seiner philosophischen Reflexion, wie Simone de Beauvoir später in *La force des choses* erläuterte; ihre Vertrautheit mit der Sartreschen Reflexion bei der Entstehung und bei allen Umwegen, ihre privilegierte Kenntnis der unveröffentlichten Manuskripte des Schriftstellers ermöglichten ihr, eine «interne» Interpretation von Themen und philosophischen Kategorien zu geben. «In Wirklichkeit stellte Sartre wieder einmal die Wirksamkeit der Praxis und die Nichtigkeit der Moral einander gegenüber. Diese Konfrontation geht viel weiter als in seinen früheren Stücken... 1944 glaubte Sartre noch, daß jede Situation durch eine subjektive Bewegung überwunden werden könne; 1951 wußte er, daß uns die Umstände zuweilen unsere Transzendenz rauben, daß es dann nicht mehr um das Wohl des Einzelnen geht, sondern nur noch um den kollektiven Kampf.»[22] Denn Götz, das ist Genet, der auf seiner Suche nach dem Absoluten bis zum äußersten Bösen geht, das ist die Verkörperung von Sartres Dialog mit dem Marxismus nach dem Scheitern des RDR, nach der Machtlosigkeit des Konkreten. «Ich habe Götz das tun lassen, was ich nicht tun konnte», sagte er übrigens selbst.

Die unbekannteste Arbeit jener Phase einer zweiten Sackgasse, in die er am meisten investierte und von der zu klären bleibt, warum er sie aufgab, ist sicher das unter dem Namen *La reine Albemarle ou le dernier touriste* bekannte Manuskript, jener unvollendete, unveröffentlichte Roman, von dem Simone de Beauvoir behauptet, er sollte «*La nausée* seines Reifealters» werden. In ein kleines Schülerheft mit schwarzem Kunstlederdeckel hatte Sartre die ersten hundert Seiten geschrieben; auf das Etikett des Heftes trug er selbst als Titel ein: «La regina Albemarle o l'ultimo turisto». Es war ihm offenbar ein Vergnügen, selbst einige italienische Wörter schreiben zu können, und das war ja nicht völlig abwegig, denn das Manuskript entstand in Italien und handelte von Italien. Von dem Land, wo er sich am häufigsten und am liebsten aufhielt. Von Neapel, Venedig, Mailand, Turin und vor allem Rom. Sein Tagesablauf in Rom war ähnlich perfekt organisiert wie in Paris. Frühstück, vormittags Arbeit in einem Café, abends Spaziergang auf der Suche nach einer Piazzetta, einem Restaurant im Freien, wie es Hunderte, Tausende davon in der Stadt gibt. Lange Wanderungen durch Trastevere, um eine Pasta asciutta zu essen, später in Richtung Piazza Navona für den abendlichen Whisky und ein «tartuffo con panna» – sein bevorzugtes Schokoladeneis –, zum Campo dei Fiori und zur Piazza San Eustachio, um den besten Café von Rom zu trinken, den stärksten, kräftigsten, fast bittersten Espresso unter dem eigenartigen Blick des gewaltigen Hirschkopfes, den man sehen kann, wenn man sich fast den Hals verrenkt und ganz nach oben guckt, wo er an der gegenüberliegenden Kirche angebracht ist... Sartre war restlos in Rom verliebt, ein genießerischer, romantischer, leidenschaftlicher Liebhaber. Von 1946 an wird er ausnahmslos jedes Jahr einige Wochen hier verbringen: im Hotel *Minerva* an dem kleinen Platz, wo eine Elefantenminiatur einen Obelisken trägt, im Hotel *Senato* am Pantheon oder zum Schluß im Hotel *Nazionale* gegenüber der Abgeordnetenkammer, dem luxuriösesten von allen, wo er von den sechziger Jahren an gemeinsam mit Castor eine Suite mit Balkon und Klimaanlage haben wird: «Zimmer 94 und 95», gab uns der Portier auf die bloße Erwähnung des Namens hin mechanisch zur Antwort. Römische Genüsse, Pflastersteine, Blumenmärkte, ockerfarbene Fassaden, Brunnen, Feigenbäume, Geruch von Abwasser, angebrannter Pizza und geröstetem Kaffee, Autos, die die Fußgänger streifen, zusammenstoßen, hupen, vor allem Blicke, die einen provozieren, verspotten, fragen, streifen, fast schützen, vereinnahmen und einen sofort zum römischen Bürger, zum römischen Fußgänger machen. Tourist, er, in Rom? Kaum, er geht durch die Stadt, ein glücklicher Spaziergänger, der seine Orientierungspunkte, seine Leckerbissen, seine Gerüche wiederfindet... War seine Ankunft erst einmal überall in der Presse angekündigt, wurde er wieder frei, ein anonymer Fußgänger in Rom, der in Cafés selten erkannt, selten gestört wurde und sich unbehelligt seiner Leidenschaft, dem Blick, hingeben konnte, der wieder den Café-Voyeur spielen konnte wie vor dem Krieg in Paris, Le Havre und Berlin. Er setzte sich mit einem Glas *vino bianco* auf eine Terrasse, beobachtete die Bewegungen der Menge, das Kommen und Gehen der Menschen, die hübschen Damen. «Un espresso», «un whisky», «un gelato», «grazie, grazie», und schon war er für alles gewappnet. Eine magische, autonome, korrumpierende Stadt, eine anonyme Menschenmenge, eine unbekannte Sprache: Er genoß diese Bewegungsfreiheit, die ihm der französische Ruhm nur selten gestattete. Geschützt durch die Sprachbarrieren, diese Art bequemen Nebel, der infantilisiert, alles leichter und alle nachsichtiger macht.

«Einer der Reize Roms», schreibt Simone de Beauvoir, «ist, daß die Einheit der Linken nach 1946 nicht zerbrochen war. Was Sartre zu verwirklichen versucht hatte.»[23] Auf Rom, auf Italien wird Sartre seine politischen, kulturellen und sonstigen Phantasmen projizieren. Aus der italienischen kommunistischen Partei macht er die Wunder-Partei, die Anti-KPF, die Partei aller Freiheiten, aller Möglichkeiten. Aus Italien das magische Land, «das Land, wo man auf der Straße lebt»[24]. Aus den italienischen kommunistischen Intellektuellen die einzigen aufgeschlossenen Kommunisten, mit denen ein Dialog, eine Verständigung möglich und in deren Land noch alles offen war, so daß der Kampf an der Seite des Proletariats keine gravierenden Kompromisse nach sich zog. Ein Land schließlich, wo engagierte Kunstwerke immer Kunstwerke bleiben konnten: Zwischen den diversen Schrifterzeugnissen französischer kommunistischer Schriftsteller in den fünfziger Jahren und den schönen Romanen von Elio Vittorini, Carlo Levi, Ignazio Silone und Alberto Moravia gab es für ihn also gar keinen Vergleich. Als würden römische Magie, toskanische Harmonie, piemontesische Eleganz schon ausreichen, um vor jeglichem Dogmatismus und jeglicher Willkür zu schützen.

«Ich sollte mich um die filmische Bearbeitung von *Huis clos* kümmern», erzählt uns Alberto Moravia[25], «aber Sartre hatte meine Interpretation überhaupt nicht gefallen, worin er im übrigen recht hatte. Wir verabredeten uns in einem kleinen Café an der Piazza Colonna, und dort sagte ich ihm, wie glücklich ich sei, dem Autor von *La nausée* und *L'enfance d'un chef* zu begegnen...» Moravia, ein Liebhaber Flauberts und der Surrealisten, der dank seiner französischen Gouvernante, Mademoiselle Durand, ein korrektes und wortreiches Französisch sprach, hatte 1946 bereits elf Romane geschrieben. Zwei Jahre jünger als Sartre, hatte er schon 1929 in *Gli indifferenti* die Themen Indifferenz, Fremdheit, Hyperluzidität des Individuums behandelt und damit *La nausée* um zehn Jahre vorweggenommen. Große Gemeinsamkeiten also, auch wenn Moravia, der selbst gern bereit war, der PCI von außen und punktuell seine Unterstützung «als Bürger» zu geben, stets den Sartreschen Begriff des Engagements ablehnen wird. «Die Suche nach dem Absoluten, die die Sache des Künstlers ist, schien mir schon immer der Suche nach dem Relativen, der Sache des Politikers, zu widersprechen», erklärt er, während er sich vor dem «Denker» tief verneigt.

In Rom verkehrte Sartre mit Carlo Levi, dem Maler Guttuso, dinierte mit Togliatti, diskutierte mit ihnen, wunderte sich über ihre Popularität, traf auf Argumente und Gemeinsamkeiten, wie er sie bei seinen französischen Kollegen nicht fand. Rom, die magische Stadt: Hier wird er von entscheidenden politischen Ereignissen erfahren, hier wird er auf sie reagieren, dazulernen. In den Cafés von Rom und Venedig wird er für *La reine Albemarle* die Feder des Voyeurs wiederfinden, wie bei *La nausée* in Le Havre. «Die italienischen Frauen haben das Naturell Stendhals behalten», schreibt er. «Ich bewundere, wie sie ein Restaurant, ein Tanzlokal betreten. Unsere suchen nach Attitüden. Sie nicht.»[26] Er konzipiert *La reine Albemarle* als eine Reportage über seine italienischen Erfahrungen und sein Touristendasein, als ein Tagebuch täglicher minuziöser Selbstbeobachtung. Er erfindet den Begriff des «Antitouristen», erzählt von einer Geschichte, die ihm in einer Gondel in Venedig passierte, analysiert ihre Bedeutung und findet im Status des Antitouristen einige Aspekte Roquentins wieder, ein gealterter, aber weiter bummelnder Beobachter. «Die Traurigkeit von Venedig ist wie eine sanfte durchdringende Kälte, die langsam bis in die Knochen kriecht... In Venedig wird man zum Bastler, zum Handwerker, weil man langsam, Minute für Minute, von der Hand in den Mund lebt und sieht... Aber Venedig ist auch ein wenig wie das verfluchte Denken eines Menschen, den die Unaufrichtigkeit verwirrt, der sich in sich selbst verstrickt und keinen Ausweg findet... Daher eine Art Niedergeschlagenheit... Und dann das Wasser... Und man bläst sich allmählich auf.»[27] Er hält auch einige Details fest, die ihm bekanntlich besonders wichtig waren: «Diese Italiener sind Süchtige, Aufgeputschte... Mit ihren hundertvierzig Kilo Nudeln im Jahr... Ich lese, daß man bei dreißig Cafés am Tag sterben kann...» Anziehungskraft eines Landes von Süchtigen und Aufgeputschten für den Süchtigen und Aufgeputschten. Langsames Entwerfen der Konturen eines entstehenden Romans, eines scheiternden Romans.

Zu dieser ersten im kleinen schwarzen Kunstlederheft redigierten Reportage kommt ein weiteres Manuskript, eine andere Fassung von *La reine Albemarle*: ein erstaunlicher Text von etwa dreißig Seiten, die durchweg phantastische Beschreibung einer römischen Begegnung, eine seltsame, unfaßbare Atmosphäre wie die Erzählung eines Traums, eine verglichen mit der üblichen Sartreschen Tonalität dissonante Stimme. Der Erzähler, der in der Ich-Form redet, begegnet monströsen, unförmigen Wesen, und auf Grund rein materieller Merkmale leben sinnliche, verkörperte Erinnerungen wieder auf, beispielsweise wenn er anmerkt, daß die Maße des einzigen Raums eines Hauses «ungefähr denen unserer Baracke im Stalag XII D entsprechen: dort waren wir zu 158». Typisch für Wachträume diese phantastische Atmosphäre, die Deformierung der Proportionen, der fast magische Verweis auf andere, verschüttete Proportionen, das Nebeneinander von monströs Riesenhaftem und monströs Winzigem. Wie etwa in folgenden Bruchstücken des Manuskripts: «Rom ist menschenleer... Eine Zwergin taucht aus den Korridoren auf und kommt mir mit schlurfenden Schlappen entgegen: es war höchste Zeit, ich war nahe dran, mich für ein Gespenst zu halten. Sie aber wirft mir im Vorbeigehen einen ängstlichen Blick zu, und in ihren Augen lese ich, daß sie sich nicht so sicher ist, daß ich keins bin.»[28] Wie soll man ein so lückenhaftes Manuskript, ein derart unvollständiges Mosaik analysieren? Die *Nausée* seiner Reifejahre wurde aufgegeben; vielleicht werden später weitere Seiten auftauchen, die die Lücken schließen. Nach den bestinformierten Sartrologen zählte das Manuskript, als es aufgegeben wurde, an die fünfhundert Seiten und nur hundert sind heute zugänglich. Auf Bitten der Wochenzeitschrift *France-Observateur* autorisierte Sartre die Veröffentlichung einiger Auszüge, die später in den vierten Band der *Situations* übernommen wurden: «Venise de ma fenêtre» und «Un parterre de capucines». «Es regnet. Im Regen gleichen sich alle Großstädte. Paris ist nicht mehr Paris und London nicht mehr London; aber Rom bleibt Rom... dreißig Jahrhunderte haben die Mauern mit einer Art Phosphor getränkt: mitten im Regen begleitet mich milde Sonnenhelligkeit. Lachend rennen die Römer zwischen diesen ertrunkenen Sonnen dahin... Ich gehe um das geplünderte Pantheon herum; ein grämlich dreinschauender Elefant trägt den kugelgeschmückten Obelisken:

ein afrikanisches Werk zum Ruhm des Christentums. Und da ist Rom: es taucht aus dem Wasser auf, ist schon wieder trocken, ein einziger verdammter Knochenhaufen.»[29] Werden die verblichenen römischen Spuren in Sartres vergrabenen Manuskripten eines Tages wieder ans Licht kommen? In Rom selbst gibt es allerdings Sartresche Spuren, beispielsweise im Hotel *Nazionale* oder auch in jenem Restaurant unweit der großen Synagoge, wo man noch im August 1984 den skurrilen Hinweis lesen konnte: «Piccioncino alla Jean-Paul Sartre, ricetta di Jean-Paul Sartre» ... Trotz dem Elefanten der Piazza Minerva, trotz den kleinen Tauben des Restaurants der Altstadt überließ der letzte Tourist *La reine Albemarle* ihren magischen Reizen und Mythen und gab das Projekt eines großen Romans auf. Die Aufgabe eines solchen Projekts ereignete sich in Sartres Leben weder zum ersten- noch zum letztenmal. Und doch zog der Verzicht auf *La reine Albemarle* einen Schlußstrich. In knapp zwei, drei Jahren trat Sartre den Dienst in der konkreten Praxis wieder an, betrat eine gänzlich neue Phase, setzte er sich als Schriftsteller neue Ziele, neue Ambitionen. Nach wenigen Seiten werden wir klarer sehen.[30]

Vorerst aber, einsam und besessen, liest er, schreibt er, hört er Musik, meist bei Simone de Beauvoir. Weder Vorträge noch sonstige öffentliche Auftritte in diesen Jahren. Vielmehr ein Rückzug, eine Wiederbegegnung mit einer gewissen Ästhetik der Einsamkeit und Askese. Daß man ihn häufig an Castors Seite sieht, ist nicht erstaunlich: Im Juni 1950 hat er sich von Dolorès getrennt, ein Jahr nach ihrer großen Reise durch Mittelamerika, derentwegen er den ersten und letzten Kongreß des RDR in der Mutualité «geschwänzt» hatte. Die Reise hatte sie nach Mexiko, Guatemala und Haiti geführt, wo er Hahnenkämpfe und Manifestationen des Voodookults erlebt hatte, und schließlich nach Kuba. Dort traf er sich zum zweitenmal mit Ernest Hemingway in dessen Haus La Finca, ein offenbar mißlungener Abend, an dem die beiden Schriftsteller sich mehr über Autorenrechte, Tantiemen, Auslandsrechte und Übersetzungen – also branchenbezogene Fragen – als über Literaturtheorie oder Existentialismus unterhielten. Dolorès war an diesem Abend ungewöhnlich stumm, vielleicht aus zu großer Verliebtheit. Vermutlich hatte Sartre für die übermäßigen Bemühungen von Hemingways Frau, beide Schriftsteller zusammenzubringen, nur wenig übrig. Vermutlich hatte er eher den Eindruck von einem mondänem *name-dropping* als von einer tatsächlichen Begegnung mit einem Freund oder Gesprächspartner. Frau Hemingway bemerkte enttäuscht, jenes gemeinsame Essen am 27. August 1949, bei dem sich Sartre und seine Freundin den Wein und die Gerichte schmecken ließen, habe ihre Erwartungen nicht erfüllt: «Ich hoffte», schreibt sie, «auf einen Überblick, eine Analyse der existentialistischen Bewegung... Sie redeten wie Geschäftsmänner.»[31] Auch Dolorès behielt den Abend nicht in bester Erinnerung, ebensowenig wie die ganze Reise. Offenbar war Sartre schlecht gelaunt und gelegentlich auch mürrisch – es war nicht ihre glücklichste Periode. Ihre Geschichte ging ähnlich zu Ende wie die anderen auch, das heißt, Sartre schlug vor, sie nicht zu beenden, bot eine Wohnung in seiner Nähe und geplante, regelmäßige Treffen an: also eine Art lebenslänglichen Freundschaftsvertrag. Dolorès lehnte ab. Aus der Distanz spricht sie von «unglaublicher Grausamkeit», beschuldigt aber niemanden; sie spricht von «Zerstörung, Zerstörungen zahlreicher Leben», von «folgenlosen Taten», zugleich lehnt sie kategorisch ab, einen «Schuldigen» zu benennen; sie redet von «unerschütterlicher Kraft, Entschlossenheit, Härte» bei denjenigen in Sartres Umgebung, die ihrer Beziehung feindselig gesinnt waren. «Sie ist übrigens die einzige, die mir angst gemacht hat», wird Simone de Beauvoir ihrerseits in ihren Gesprächen mit Sartre 1974 sagen, «sie hat mir angst gemacht, weil sie feindselig war.»[32] Einige Zeit nach dem Bruch mit Dolorès liierte sich Sartre mit Michelle Léglise-Vian, die sich kurz zuvor von Boris Vian getrennt hatte. Man sah beide lachend und glücklich in den Bars am linken Ufer der Seine; Michelle brachte ihre Englischkenntnisse bei Übersetzungen und Zusammenkünften ein, blieb immer aufmerksam und zart. Sie brach die Beziehung zu ihm nie ab.

Wendejahre, Jahre des Nachdenkens: Manche Beziehungen gehen auseinander, andere werden neu angeknüpft. André Gide stirbt im Februar 1951. Man erinnert sich an das berühmte: «Wer ist dieser neue Jean-Paul?» Auf den ersten Blick hatte Gide den Schriftsteller Sartre richtig erkannt, gleich nachdem er 1938 in der *Nouvelle Revue* française die Novelle *Le mur* gelesen hatte. Ihr erstes Treffen hatte die Fotografin Gisèle Freund vermittelt. Als Sartre sich im Sommer 1941 um die Erweiterung seiner Widerstandsgruppe bemühte, hatte er Gide als ersten aufgesucht. In der «Vorstellung» der *Temps Modernes*, dieser allgemeinen Kriegserklärung, hatte Sartre den Schriftsteller der Entkolonisierung kurz gewürdigt. Beim Lesen von Sartres Aufruf zum Engagement war Gide perplex gewesen. Dennoch sieht man sie im Sommer 1950 in der Provence, in Gides Garten in Cabris wieder zusammen. In riesige Armstühle mit viel zu biegsamen Rückenlehnen versunken posierten sie für eine Szene in dem Gide-Film, den Marc Allégret drehte. Als Gide wenige Monate später starb, widmete ihm Sartre einen kurzen Artikel in *Les Temps Modernes*: er würdigte die Verdienste des gerade im Alter von achtzig Jahren verstorbenen Schriftstellers: «... derselbe Mann wagte das Glaubensbekenntnis des *Corydon*, die Anklageschrift der *Voyage au Congo*, hatte den Mut, sich an die Seite der Sowjetunion zu stellen, als das gefährlich war, und den noch größeren, es öffentlich zu widerrufen, als er – zu Recht oder zu Unrecht – glaubte, daß er sich geirrt hätte. Vielleicht macht ihn gerade diese Mischung aus Vorbehaltlichkeit und Kühnheit zum Vorbild...» Verwegenheit des Freischärlers, Logik des Widerspruchs und des permanenten Suchens, Mut zur Subversion gegen die etablierten Werte, Parteinahme für die Wahrheit um jeden Preis: Das hob Sartre in seinem *Gide vivant* hervor, und er betonte, Gide sei im Gegensatz zu so vielen anderen deswegen «ein unersetzliches Vorbild, weil er... gewählt hat, *seine Wahrheit zu werden*». Ergänzend, als meinte er sich selbst, schrieb er: «Jede Wahrheit, sagt Hegel, ist geworden. Man vergißt es allzuoft, man sieht das Ergebnis, nicht den Weg, man nimmt die Idee als ein endliches Produkt, ohne zu merken, daß sie nichts andres als ihre langsame Reifung ist, als eine Reihung notwendiger Irrtümer, sich korrigierender, partieller Ansichten, die sich ergänzen und erweitern.»[33] Der Abschied von Gide ist ein kleiner Stein auf dem langen Weg der bio- und autobiographischen Untersuchungen.

Inzwischen hatte sich die Gruppe um *Les Temps Modernes* vergrößert, einige neue Mitarbeiter standen der KPF nahe, darunter Claude

Lanzmann – der zum «Vertrauten» wurde und es blieb –, Marcel Péju, Bernard Dort. Inzwischen hatte die Zeitschrift auch einen Artikel von Maurice Merleau-Ponty mit der Überschrift «Les jours de notre vie» veröffentlicht, der die Existenz von sowjetischen Arbeitslagern brandmarkte: «Wenn sich 10 Millionen Menschen in Konzentrationslagern befinden – während am anderen Ende der sowjetischen Hierarchie Löhne und Lebensstandard um 15 bis 20 Prozent höher sind als bei freien Arbeitern – ..., dann kehrt sich das ganze System um und bekommt einen anderen Sinn..., und trotz der Verstaatlichung der Produktionsmittel und obwohl in der UdSSR die private Ausbeutung des Menschen durch den Menschen sowie die Arbeitslosigkeit ausgeschlossen sind, muß man sich fragen, was uns noch dazu berechtigt, in bezug auf dieses Land von Sozialismus zu reden.»[34] Merleau verurteilte also die sowjetischen Arbeitslager, die «vielleicht noch verbrecherischer» als andere seien, «weil sie die Revolution verraten». Doch seine Verurteilung ist voller Skrupel und geschieht von einer ethischen Position aus: Merleau-Ponty betonte nämlich, Rußland bleibe «den anderen Staaten unvergleichbar; man darf über dieses Land nur richten, wenn man sein Unternehmen bejaht und in dessen Namen urteilt»[35]. Zwar eine öffentliche Anklage, doch nicht im üblichen Stil, ein widerwilliges Alarmgeben. Verlegenheit, Ambivalenz, Wille und zugleich Unfähigkeit zu grundlegender Kritik, mühsamer Entschluß dazu und dennoch ein Rest an Vertrauen, an Hoffnung. Den Kommunisten allerdings entging der Angriff nicht. «Unsere Freunde von der KP hatten den Artikel über die Lager nicht verwunden. Wir hatten ein Recht auf ihren Grimm, jetzt kamen wir dran. Mich kümmerte das alles nicht; Ratte, Hyäne, Viper: ich mochte dieses Bestiarium gern, es versetzte mich in ein anderes Reich.»[36] Ein neuer Konflikt, neue Beschimpfungen, neue Zweideutigkeiten. In wessen Namen diese Skrupel der *Temps Modernes*, wenn nicht in dem der Arbeiterklasse, des sozialistischen Vaterlands, der von ihnen selbst so genannten «kommunistischen Werte»? Denn Merleau-Ponty fügte hinzu: «Wir haben die gleichen Werte wie ein Kommunist». Mit der Präzisierung: «Man wird mir sagen, die Kommunisten hätten keine Werte... Sie haben sie *gegen ihren Willen*.»[37]

Diese realen oder fiktiven «kommunistischen Werte» wird Sartre in diesen Jahren der zweiten Sackgasse weiterhin teilen. Sofort sagte er zu, als Claude Roy und Jean Chaintron ihn um Unterstützung von Henri Martin baten, dem kommunistischen Matrosen, der im Mai 1950 wegen seines politischen Engagements gegen den Indochinakrieg verhaftet und zu fünf Jahren Gefängnis verurteilt worden war. Sofort unterzeichnete Sartre gemeinsam mit weiteren Prominenten ein Gnadengesuch an den Präsidenten der Republik. Sofort verlangte er, von Staatschef Vincent Auriol empfangen zu werden. «Der Fall Henri Martin», erklärte er im Januar 1952 beim Verlassen des Elysée, «spiegelt die Schwierigkeiten großer Teile der Jugend wider, wenn sie in einer Gesellschaft, die sie nicht billigen, Prinzipien und Sehnsüchten folgen, die sie in ganz andere Situationen versetzen als jene, die man ihnen aufzwingen möchte.»[38] Sartre willigte ebenso ein, an einem Sammelband mitzuwirken, der die Details der Affäre rekonstruieren sollte. Woher diese spontane, schnelle Einsatzbereitschaft? Aus der Distanz betrachtet scheint die Affäre Henri Martin exakt die Art von Anliegen zu sein, für die sich Sartre immer als einer der ersten freiwillig meldete. Einerseits ging es um ein zu Unrecht eingesperrtes Individuum. Andererseits vor allem um Opposition zum französischen Indochinakrieg. 1945 sporadische Aufstände, Guerilla, nicht ernstzunehmende Abkommen, Wiederaufnahme der Kämpfe; 1946 war die Lage überaus gespannt, und nach einer vagen Übereinkunft mit d'Argenlieu ging Ho Tschi Minh im Dezember 1946 wieder in den Untergrund; er kündigte die unmittelbar bevorstehende Befreiung von Kotschinchina und die Vertreibung der Franzosen «mit allen Mitteln» an. Nachdem man auf eine politische Lösung des Konflikts gehofft hatte, dehnte sich der Guerillakampf mehr denn je zuvor aus; bald nahm der Krieg auf Grund der amerikanischen Beteiligung ab Herbst 1950 moderne und internationale Formen an. Die Nachrichten, die Frankreich von der Front erhielt, zeigten das Versagen der Armee gegenüber dem zähen Widerstand von Ho Tschi Minh und seinen Leuten, und im Januar 1952 besiegelte der Tod von General de Lattre die Demütigung der französischen Truppen in dem so fernen, so kostspieligen und so absurden Krieg. Einige Soldaten, wie der junge Henri Martin, wurden sich dessen an Ort und Stelle bewußt. Sie begriffen, daß sie getäuscht worden waren: Ihr Einsatz galt nicht der Bekämpfung der Japaner, sondern der des vietnamesischen Volks, das mit den erstbesten Mitteln für seine Unabhängigkeit kämpfte. Die Affäre Henri Martin und der Kontext des Koreakriegs entsprachen genau den Anliegen, bei denen Sartre nie auswich. Nichts, was antikolonialistischer Kampf war, ließ ihn gleichgültig. Einige Jahre später wird er überall dort anzutreffen sein, wo von Vietnam und Vietnamkrieg die Rede ist.

«Es war seine Calas-Affäre», hört man oft zur Affäre Henri Martin sagen. Sartres hundertseitiger Text als Bestandteil des Sammelbands, der 1953 bei Gallimard erschien, ist dennoch sein unbekanntester Text. Das Buch ist vergriffen, unauffindbar, erlebte nie eine Neuauflage. Sartres Plädoyer, begleitet von Analysen von Michel Leiris, Hervé Bazin, Jean-Marie Domenach, Jacques Prévert und anderen, ähnelt einem Bronzedenkmal zu Ehren eines positiven Helden, eines exemplarischen Individuums. Ein guter Sohn, ein guter Schüler, ein guter Widerstandskämpfer, ein guter Arbeiter, ein guter Arbeitsloser und schließlich ein guter Matrose: Nichts wird ausgelassen. Bis zum äußersten vereinfachte Bilderbuchbilder mit naiven, kontrastreichen Farben: fast schon eine Dreigroschenoper. Ganz zu schweigen von den Briefen, die der Soldat aus der Along-Bucht an seine Familie sandte und in denen man das allmähliche Erwachen eines mit scharfem analytischem Sinn begabten Matrosen verfolgen kann. Kurz, nichts fehlt für den blütenweißen Marmor, aus dem man stalinistische Denkmäler meißelte. Ein Ehrenmal also für den vorbildlichen Matrosen, den ergreifenden Kommunisten. Damit führte Sartre etwas Neues ein.

«Liebe Eltern», schrieb Henri Martin zum Beispiel aus Saigon, «heute haben wir eine hübsche Bilanz auf unserem Aktivposten. Ein getötetes Kind und eine verwundete Frau, ganz zu schweigen von den anderen Verwundeten, die in den Reisfeldern geblieben sind... Jetzt, da wir sein Kind getötet und seine Frau verwundet haben, wird dieser Annamite sicherlich Vietminh werden, falls er es nicht schon war. Da sieht man, wie wir befrieden. Sonst herrscht Frieden. Für heute abend schließe ich. Herzliche Küsse.»[39] Täglich kamen weitere Berichte hinzu, Unterlagen für eine ohnehin schon umfangreiche Akte. Keine Lyrik, sondern Empörung; keine Literatur, sondern viel mehr als Literatur soll diese unbeholfene Reportage sein, diese zunehmende Bewußtwerdung, diese zurückgehaltene Empörung, dieser ehrliche, fast widerwillig schockierte Blick. Sartre übernahm die Rolle des Staatsanwalts, prüfte alle Unterlagen der Akte. «Wovor haben sie Angst?» griff er an. «Vor einer Entführung? Wirklich, sie halten die Kommunistische Partei für Fantômas. O leichtfertige Henker! In Toulon lebte einmal ein Obermaat, der die Matrosen zu einer gemeinsamen Protestaktion aufrufen wollte... Ihr selbst habt Millionen Menschen auf die Lücke in einer ihrer Familien, auf das Verstummen einer Stimme inmitten des Lärms, auf die unbeugsame Verachtung hinter den Gefängnismauern hingewiesen; ihr selbst habt seinen Mißerfolg in einen Sieg verwandelt; o ihr Einfaltspinsel, ihr habt aus einem unzufriedenen Matrosen Henri Martin gemacht. Warum? Was verbirgt sich hinter dieser Affäre? Woher kommt es, daß diese Prozesse uns Abscheu einflößen?»[40] Aggressive Formulierungen, Frontalangriffe, Sartre zeigte sich nicht zimperlich.

War Voltaire nicht ähnlich vorgegangen, als er die Unterlagen zur Calas-Affäre, Briefe, Erklärungen, Analysen zu einer Collage montierte? «Was?» rief er. «In diesem 18. Jahrhundert, zu einer Zeit, in der Philosophie und Moral die Menschen aufklären, wird ein Unschuldiger wegen einer Mehrheit von acht gegen fünf Stimmen gerädert, werden zur Übertragung des Geschreibsels eines verabscheuungswürdigen Gerichts tausendfünfhundert Pfund verlangt? Und die Witwe soll bezahlen?»[41] Seine Calas-Affäre also, eine Calas-Affäre jedoch, die einige ferne Erinnerungen aus der Sartreschen Archäologie aufleben ließ, die den Lesern verborgen blieben. Mußten die Briefe Henri Martins von der Along-Bucht an seine Familie, «Auf dem Mekong... 1947», das schweigsame Waisenkind nicht an jene Berichte von brennenden Dschunken, Pagoden und Schlachten erinnern, die Jean-Baptiste 1895 von der Along-Bucht aus an die Familie in Thiviers, an Hélène, an Joseph geschrieben hatte? Henri Martin rebellierte an dem Ort, wo Sartres Vater gekämpft hatte, auf jenem fernöstlichen Boden, wo Jean-Baptiste erkrankt war. In seinen Briefen erzählte Henri Martin von den Schrecken eines Krieges, den er ablehnte, den er mit allen Mitteln aufzuhalten versuchte. Und demontierte damit eigentlich jene Raub- und Eroberungsoperationen, die Jean-Baptiste und seine Leute fünfzig Jahre zuvor genau am selben Ort, zunächst von der *Jean Bart*, später von der *Descartes* aus, zum Wohle jener angeblich primitiven Bevölkerung unternahmen, die der Vizeadmiral de Beaumont so gern zivilisiert hätte…

TAUBEN UND PANZER

Man gehe zu einem Bischof und sage ihm zum Beispiel: ‹Gott ist tot, ich zweifle, daß er wiederauferstehen wird, aber inzwischen schließe ich mich Ihnen an.› Man wird sich für Ihr gütiges Anerbieten bedanken, aber nicht glauben, es annehmen zu können ...

Merleau-Ponty vivant

Rom, Frühjahr 1952. Wie immer verbringt Sartre einige Wochen im Hotel. Diesmal mit Michelle Vian. Er setzt seine römischen Spaziergänge fort und arbeitet weiter an begonnenen Manuskripten: *Mallarmé* und *La reine Albemarle.* Vielleicht stellen diese Wochen außerhalb Frankreichs und fern von der Aktualität, nach den zwei Sackgassenjahren, auch eine Art Exil dar. Allein die Affäre Henri Martin hatte seine schlafenden Energien nach der kalten Dusche des RDR wieder mobilisiert: War das schon ein Zeichen dafür, daß er sich bereit hielt, sobald sich nur eine neue, ernsthafte Gelegenheit bieten würde? Beim RDR hatte er sich mehr für ein Programm als für ein zeitlich festgelegtes Handeln, mehr für ein ideologisches Projekt als für die direkte Aktion engagiert. Die Affäre Henri Martin war der Beweis dafür, daß er, auch wenn er sich zurückgezogen hatte, in dringenden Fällen seine Unterstützung nicht verweigern, sondern Feder, Name, Geld und die eigene Person zur Verfügung stellen würde. So verhielt es sich auch im Frühjahr 1952, als er in Rom war.

In Rom hielt sich Sartre auf dem laufenden: Er las die französische und die italienische Presse. Er verfolgte in den Zeitungen die Reaktionen der Öffentlichkeit auf die Anwendung chemischer Waffen und die Entwicklung des bakteriologischen Krieges in Korea. Er erfuhr, daß die KPF eine Protestdemonstration gegen den Pariser Besuch des amerikanischen Generals Ridgway, den Verantwortlichen für diese neue Kriegführung, plante. Die Mobilisierung der Kommunisten bei der Affäre Henri Martin hatte in einer Phase stattgefunden, in der die Nachrichten aus Amerika ihr Gefühl einer Verfolgung noch verstärkten: die Hexenjagd des McCarthyismus. «Eine erhitzte Avantgarde», erläutert Dominique Desanti, «die zunehmend von der Masse der Lohnabhängigen abgeschnitten war, die sich (ihrerseits) Sorgen um ihre Kaufkraft machten.»[1] In Rom also erfuhr Sartre vom Verbot der Demonstration gegen Ridgway durch den Polizeipräsidenten Baylot; dieser hatte ein Jahr zuvor erklärt: «Ein Kommunist ist ein russischer Soldat. Bewußt oder unbewußt, jedenfalls ist er es. Unsere Haltung beruht auf dieser Feststellung.»[2] Sartre erfuhr auch, daß die erhitzten Kommunisten beschlossen hatten, das Verbot zu übertreten. Eskalation zwischen KPF und Staatsmacht, beide Seiten verhärteten sich: auf seiten der Demonstranten scharfkantige Transparente, auf seiten der Polizei die Absicht, hart zuzuschlagen. «Ein wahrer Klassenkrieg», erzählt Desanti weiter, «sechs Stunden Bürgerkrieg.» In den KPF-Archiven blieb die Demonstration vom 28. Mai 1952 legendär: zwanzig- bis dreißigtausend Menschen auf den Pariser Straßen bei einer illegalen Demonstration gegen eine Regierung, die eine Ungeschicklichkeit nach der anderen beging. Ein Beispiel: Am Abend jener Demonstration wurde Jacques Duclos, der Fraktionschef der KPF – Maurice Thorez war in Moskau aufgehalten worden –, in seinem Wagen verhaftet: Er und seine Frau fuhren mit einigen Tauben nach Hause, einem Geschenk eines Genossen aus der Provinz, die sie zum Abendessen braten wollten. Die unter der Pinay-Regierung bestehenden Anordnungen wurden ohne jede Verhältnismäßigkeit auf Jacques Duclos angewandt: Die Tauben galten als Beweis eines kommunistischen Komplotts gegen den Staat, man dekretierte, es handle sich um Brieftauben zur Kommunikation unter den Parteimitgliedern, und Duclos wurde über einen Monat inhaftiert.

«Die italienischen Zeitungen unterrichteten mich über die Verhaftung von Duclos, den Diebstahl seiner Notizbücher, die Farce mit den Brieftauben. Mir wurde übel von diesen schmutzigen Kindereien: es gab gemeinere, aber keine bezeichnenderen. Die letzten

Bande zerrissen, meine Perspektive wandelte sich: ein Antikommunist ist ein Hund, davon gehe ich nicht ab, davon werde ich nie mehr abgehen... Im Namen der Prinzipien, die sie mir eingeimpft hatte, im Namen ihres Humanismus und ihrer humanistischen Bildung, im Namen der Freiheit, der Gleichheit, der Brüderlichkeit schwor ich der Bourgeoisie einen Haß, der erst mit meinem Leben enden wird. Als ich Hals über Kopf nach Paris zurückkehrte, mußte ich schreiben, oder ich wäre erstickt. Ich schrieb Tag und Nacht den ersten Teil des Essays *Les communistes et la paix*.»[3] Berühmte Seiten in einer Geistesverfassung geschrieben, von der Castor sagt: «Er schäumte vor Wut.»[4] Berühmte Seiten: verbale Gewalt, Entladung, endgültige Beschlüsse, spontane Reaktionen, leidenschaftliche Abrechnungen mit seiner ganzen Vergangenheit, seiner Familie; seinem Stiefvater und den «salauds» – über die Frage der französischen Kommunistischen Partei hinaus ist all das in diesem Text enthalten. Berühmte Seiten, die zu anderen ähnlich berühmten Seiten in Beziehung gesetzt werden müssen: Sie stellen die zwei Eckpfeiler dar, zwischen denen sich der Dialog Sartres mit der KPF in seiner freundschaftlichsten Periode bewegen wird. «Ich sage, daß eine Wiederaufnahme der Beziehungen zu denen, die heute die KPF führen..., nie wieder möglich sein wird. Jeder einzelne Satz, jede einzelne Geste von ihnen ist das Ergebnis von dreißig Jahren Lüge und Verknöcherung...» «Heute kehren wir zur Rolle der Opposition zurück... Mit unseren Möglichkeiten von Intellektuellen, die von Intellektuellen gelesen werden, werden wir versuchen, zur Entstalinisierung der Kommunistischen Partei Frankreichs beizutragen.»[5]

Zwei Schlüsseldaten: Juli 1952 und November 1956. Zwischen den durch diese beiden Erklärungen markierten Eckpfeilern liegt die einzige Periode, in der der Dialog zwischen Sartre und den Kommunisten die Beschimpfung ablöste. Vier Jahre eines relativen Einverständnisses, in deren Verlauf Sartre die Sowjetunion entdeckte, sich Kongressen, Debatten, Veranstaltungen, Botschaften, Erwiderungen, Reden und Vorträgen widmete und so gut wie jede streng literarische Produktion nach außen hin einstellte, um statt dessen sein ganzes Schreiben – zumindest dem Augenschein nach – dem Kampf an der Seite der Arbeiterklasse unterzuordnen. Nie saß er soviel auf

Rednertribünen, nie setzte er seine rhetorischen Talente so oft ein: Im Dezember 1954 wurde er Vizepräsident der Gesellschaft für französisch-sowjetische Freundschaft. Einige Beobachter staunten über die «Sartresche Wende». In Wirklichkeit beglich der Schriftsteller eigene Rechnungen, als er sich der neuen, putschistischen KPF-Linie anpaßte. Es war wie das Zusammentreffen zweier Aufstandsstrategien: Sartre, der Erbe des 19. Jahrhunderts, der die Bourgeoisie so haßte, wie man sie damals haßte; die KPF von 1952, die sich im Kontext des Kalten Krieges auf einen neuen Bürgerkrieg vorbereitete. Henri Martin verhaftet, Jacques Duclos verhaftet, die KPF Opfer einer um sich schlagenden Staatsmacht. Sartre fand alles vor, woran er seinen Haß festmachen konnte: Er spürte die Dringlichkeit, sprang auf, riß sich los von den lieblichen Reizen seines römischen Exils. Innerhalb weniger Minuten wurde alles, was die KPF an Negativem zu verbuchen hatte, getilgt: getilgt die Beschimpfungen von Kanapa zu Hoch-Zeiten des Existentialismus, getilgt die Gemeinheiten von Leclerc zu *Les mains sales*, vergessen die Pfiffe der Kommunisten, als das Stück später im Kino gezeigt wurde, weggewischt die Beleidigungen von Fadejew auf dem Wroclawer Kongreß zur RDR-Zeit: In wenigen Minuten und für ganze vier Jahre wurde der frühere Schakal, der frühere Iltis, die frühere Hyäne, die frühere Viper, die frühere Ratte zum Weggefährten. Sartre selbst hatte nicht einmal diese Gedanken; eine Logik des Nicht-Widerspruchs war nie die seine gewesen, er dachte in Zyklen, praktizierte die Technik der permanenten Bewegung, des Abwägens von Prioritäten und liebte es, wenn Konflikte offen und nicht verdeckt waren. Im Juli 1952 erschien in *Les Temps Modernes* das erste Produkt seines Klassenhasses, der erste Teil von *Les communistes et la paix*. Bei der Kette von Brutalitäten war ihm übel geworden, sie hatte ihn in seinen Gefühlen getroffen, die römischen Reize annulliert und innerhalb von Sekunden sieben Jahre Beleidigungen und Beschimpfungen weggefegt. Er griff zur Feder.

«Als die CRS mit Waffengewalt gegen die Bergarbeiter vorgingen, gab die rechte Presse Siegesmeldungen heraus, was mich glauben ließ, daß der *Figaro* die Arbeiter nicht mochte. Doch ich täuschte mich. Ich bitte alle vielmals um Entschuldigung, insbesondere Herrn Robinet. Denn Herr Robinet vergöttert die Arbeiter. Er wollte es nicht eingestehen – aus Schamhaftigkeit, nehme ich an.»[6] Die ersten

Sätze von *Les communistes et la paix* sind unmißverständlich. Mit allen Waffen nehmen die Sartreschen Panzerdivisionen die Bourgeoisie unter Beschuß... Worte wie Peitschenhiebe, eiskalte Ironie, jede Zeile strotzt vor Wut und mörderischem Haß: Ausbrüche gegen die «salauds», triumphierender, bitterer Zorn auf den hier und jetzt ausgemachten Feind im Namen der Beleidigten, im vorliegenden Fall im Namen der von der KPF vertretenen Arbeiterklasse. Dieselbe verbale Ästhetik wie in den *Réflexions sur la question juive*, dieselbe Frische, derselbe Haß, dieselbe Kampfeslust, dieselbe bittere Spontaneität, die Wiederbegegnung von Feder und Degen: Pardaillan. Komplexe Situation, wachsende Herausforderung, und Sartre stürzt los: Konflikte beleben ihn, vor allem wenn sie unentwirrbar scheinen; Haß feuert ihn an, vor allem wenn der Feind diffus und hinterhältig ist. Also schießt er hemmungslos auf Robinet, den Herausgeber des *Figaro*, zielt danach munter auf Georges Altman, den Herausgeber vom *Franc-Tireur*, der vor vier Jahren innerhalb des RDR sein Kampfgefährte war. «Das ständige Suchen nach den Läusen der Kommunistischen Partei hat euch die Augen verdorben», schleudert er Altman und seinen Freunden entgegen, «liebe klebrige Ratten».[7] Gewagte intellektuelle Akrobatik: Plötzlich sagt er sich von seinen politischen Freunden, seinen antistalinistischen Reden los, postiert sich auf seinem neuen Territorium, eilt einer durch «das Polizeiwesen eines sterbenden Regimes»[8] angegriffenen KPF zu Hilfe und hält den Freunden von gestern Standpauken. Logik der Relativität, Logik des Widerspruchs, Sartresche Logik natürlich: Der Feind von gestern ist jetzt woanders; eine blinde, dumme, brutale Bourgeoisie hat ihn zum Märtyrer gemacht; also ist er es jetzt vor allem, der unsere Unterstützung braucht.

Dreihundert Seiten und drei Artikel, die zwischen Juli 1952 und April 1954 in *Les Temps Modernes* erschienen, widmete Sartre mit *Les communistes et la paix* seiner Annäherung an die Kommunisten. «Grob gesagt: die Stimme des Dockers ist halb soviel wert wie die des... Kirchendieners oder halb soviel wie die seines Schwagers, der Stadtdirektor ist.»[9] Mit Hilfe von Wahlergebnissen und Abgeordnetenzahlen wies er nach, daß «sein» Docker in einen «Untermenschen», einen «politisch Schwachen» verwandelt worden sei. «Ich erinnere nebenbei daran, was ihr aus ihm gemacht habt: einen Staatsbürger zweiter Klasse.»[10] Bis zum Überdruß rief er die Fakten der Demonstration vom 28. Mai in Erinnerung: Offensichtlich hatte Sartre an dieser Provokation der KPF einen ganz besonderen Gefallen. Er identifizierte sich offenbar mit dem Willen, das polizeiliche Verbot einer der autoritärsten bürgerlichen Regierungen um jeden Preis zu übertreten. Diese Reaktion der KPF, dem Gegner die Stirn zu bieten, der Demütigung zu trotzen, mit der Protestdemonstration gegen den Ridgway-Besuch in Paris die Rechte herauszufordern, mußte ihm gefallen. Ein Automatismus: Kaum wurde die KPF verfolgt und reagierte zugleich provozierend, schon stand Sartre an ihrer Seite. Er schrieb wie mechanisch, in einem Zug, mit der ganzen Heftigkeit seines Hasses auf die Bourgeoisie. Er schrieb wütend, verbissen, haßerfüllt, unter dem Druck der eigenen bürgerlichen Vergangenheit. «Ich habe immer gegen mich gedacht», sagte er gern. Gegen welches andere «ich» dachte er damals, wenn nicht gegen den Bourgeois, den Bourgeoissohn, den Bourgeoisenkel, das Bourgeoisstiefkind...? 1952 also unterstützte er die KPF, den mißhandelten Docker, griff die «klebrigen Ratten» an, denen er einmal angehört hatte, und brachte den in ihm schlummernden Bourgeois um. Parallel arbeitete er seine erste Analyse der revolutionären Praxis aus: Allein die KPF, erläuterte er, ermögliche den unorganisierten Massen die Aneignung jener *Praxis* und verwandle sie dadurch in eine mächtige und aktive Arbeiterklasse.

Genau zur gleichen Zeit kommt der Bruch mit Camus. Das Zerwürfnis zwischen beiden Männern, das tief im politischen Kontext dieser bewegten Jahre verwurzelt ist, ist gelegentlich als der Konflikt zweier miteinander rivalisierender Schriftsteller aufgefaßt worden. Man wird sehen, daß das nicht stimmt und daß ihre Auseinandersetzung um so streitsüchtigere, heftigere Formen annahm, je vehementer Sartre gegen die Schweine, gegen die Bürger, die Feigen und die Unentschlossenen zu Felde zog. Camus bekam die Konsequenzen zu spüren. Es wurde ein grausamer, endgültiger Bruch, mit öffentlich ausgetragenen Wortgefechten, bei dem im Handumdrehen ein nicht mehr rückgängig zu machender Grad von Beleidigungen erreicht wurde, der so manche Verletzungen aus der Vergangenheit vermuten ließ. Hatte es die ganze Zeit schon Rivalitäten gegeben? Für die Rolle der verfeindeten Brüder, auf die sie die Nachkriegspresse nur allzugern festlegte, waren sie beinahe vorherbestimmt. Im Verlauf ihrer jeweiligen Karriere, ihrer Erfolge und Mißerfolge breitete sich die Feindseligkeit langsam wie ein Gift aus. Zwar hatte es anfangs eine gegenseitige, fast ritterliche Anerkennung gegeben: Camus lobte im *Alger républicain La nausée* und *Le mur*; Sartre lobte in den *Cahiers du Sud L'étranger*. Zwar hatte Sartre *Huis clos* zunächst eigentlich für den Schauspieler und Regisseur Albert Camus geschrieben. Zwar war es Camus gewesen, der Sartre bei *Combat* einführte, ihn auf seine erste Amerikareise schickte. Zwar gingen sie gemeinsam aus und hatten gemeinsame Freunde. Auch bot Sartre Camus eine Mitarbeit in der Redaktion der *Temps Modernes* an. Oder man sah sie im Dezember 1948 in der Salle Pleyel nebeneinander auf der Tribüne der RDR-Großveranstaltung für Intellektuelle anläßlich dieses letzten öffentlichen Konsensus zwischen Breton, Sartre, Camus, Wright, Levi und andere, doch ihre aseptischen Reden konnten die unterschwelligen Spannungen nicht ganz verdecken. Sie trafen sich zwar noch, beispielsweise auf Festen bei den Vians. Doch der Konflikt zwischen beiden Männern war eigentlich vorhersehbar gewesen: Von ihrer gesellschaftlichen wie beruflichen Laufbahn, ihren literarischen wie politischen Ambitionen her ähnelten die beiden tonangebenden Männer der französischen Literatur einander, als ob sie Zwillinge wären. Zwillinge allerdings, von denen der eine auf dem Schloß, der andere auf dem Bauernhof geboren wäre. Zwar mit den gleichen tollkühnen literarischen Projekten. Doch mit grundverschiedenen, von ihrer Klassenherkunft stammenden Strategien, Rhythmen, Stilen: Camus blieb ihr treu, sein ganzes Leben fühlte er sich von seinem ursprünglichen kulturellen Milieu hin und her gezerrt; Sartre dagegen wird ein Verräter sein, wie es nur richtige Erben sein können, entschlossen und reuelos zerreißt er den bürgerlichen Vertrag, den ihm seine Geburt aufoktroyiert hatte.

Gab es wirkliche Bande zwischen Sartre und Camus? Vergebens würde man nach früheren Gemeinsamkeiten und einem Gedankenaustausch suchen: 1952 scheinen sie schon von jeher durch unvermeidliche, archaische Widersprüche getrennt zu sein. War also ihre rosa Periode der Jahre 1943–1946 vielleicht nur gegenseitige Duldung, wie sie in jedem «Milieu» vorkommt? Man ist geneigt, auf ihr erstes Zerwürfnis zurückzukommen, das drei Monate andauerte, von Dezember 1946 bis März 1947, und mit einem Abend bei den Vians begann, an dem jeder ziemlich angetrunken war, als Camus Merleau-Ponty wegen seines Artikels *Le yogi et le prolétaire* angriff. «Merleau-Ponty verteidigte sich, Sartre unterstützte ihn. Mit fassungsloser Miene schlug Camus die Tür hinter sich zu», berichtet Simone de Beauvoir. «Sartre und Bost liefen ihm auf die Straße nach, aber er weigerte sich, zurückzukommen.»[11] Offenbar war es Dolorès, die Camus und Sartre vorübergehend wieder miteinander versöhnte, aber wie soll eine Freundschaft weitergehen, wenn sich mit jedem Artikel, mit jeder Parteinahme tiefgreifende ideologische Widersprüche anhäufen? Der oberflächliche Konsens zerbrach endgültig, als Camus im Herbst 1951 seinen Essay *L'homme révolté* veröffentlichte. Zunächst beschloß Sartre, ihm mißfalle das Werk und in *Les Temps Modernes* solle es nicht besprochen werden. Offenbar überzeugte ihn aber das Redaktionskomitee, daß man das Ereignis nicht übergehen könne. «Dann soll das derjenige von euch übernehmen, der am wenigsten etwas gegen Camus' Buch hat», soll Sartre erklärt haben. Francis Jeanson schrieb den Artikel, und der Artikel war gemein. Sartre war natürlich damit einverstanden. Aber Camus war auf der Stelle beleidigt und schickte Sartre einen Brief, der mit einem förmlichen «Sehr geehrter Herr Herausgeber» begann. Es hatte ihn sichtlich verletzt, daß Jeanson, den er an keiner Stelle namentlich nannte, sondern den ganzen Brief hindurch lediglich mit einem kühlen «Ihr Mitarbeiter» erwähnte, und nicht Sartre sein Buch besprochen hatte. Mit einem ans Pathetische grenzenden Satz kanzelte er ihn ab: Er habe «es wirklich langsam ein bißchen satt», schrieb Camus, «erleben zu müssen, wie ich selbst und vor allem alte Kämpfer, die sich niemals irgendeinem der Kämpfe ihrer Zeit entzogen haben, unablässig Lektionen in Wirksamkeit erhalten, und zwar von Zensoren, die immer nur ihren Mantel nach dem Wind gehängt haben.»[12] Camus war getroffen, und das war in jeder dieser Zeilen an Sartre spürbar; vielleicht ist das seine größte Schwäche gewesen, seine offene Wunde, seinen gedemütigten Stolz, seinen enttäuschten Ehrgeiz, kurz, seinen verletzten Narzißmus so offen zu zeigen. Sartre spürte wohl das Lächerliche jener Unbeholfenheit; er antwortete postwendend mit einem offenen Brief, der ganz unbestreitbar zu seinen bösartigsten und grausamsten Texten gehört. «Mein lieber Camus, unsere Freundschaft war nicht einfach, aber ich werde ihr nachtrauern. Wenn Sie sie heute brechen, dann zweifellos deshalb, weil es zum Bruch kommen mußte.» Diese ersten, berühmt gewordenen Sätze sind im Gedächtnis geblieben. Sartre sparte weder an Emphase und Konjunktiv Imperfekt noch an Ausrufungs- und Fragezeichen.

«Ein Gemisch aus unbewußter Selbstgefälligkeit und Verwundbarkeit hat einen immer davon abgehalten, Ihnen die ganze Wahrheit zu sagen... (Ich) hätte... es lieber gesehen, unsere jetzige Meinungsverschiedenheit wäre beim Grundsätzlichen geblieben und es hätte sich kein solcher Beigeschmack von verletzter Eitelkeit hineingemischt. Wer hätte gesagt, wer hätte geglaubt, daß alles, was einst zwischen uns war, in einem Autorenstreit enden könnte, bei dem Sie den Trissotin spielen würden und ich den Vadius?» Die Fetzen flogen, es wurde eine hemmungslose Züchtigung, eine radikale Abrechnung. Eine jener Eheszenen, die weh tun, einfach deswegen, weil man nur zu gut weiß, was den anderen verletzt. Eine jener blutigen Verletzungen, weil man nur zu gut weiß, wo der andere zu treffen ist. Sartre hatte gespürt, daß Camus' Eitelkeit verletzt war: Genau darauf schlug er ein. «Aber sagen Sie doch, Camus, wie soll das zugehen, daß man nicht über Ihre Bücher diskutieren kann, ohne daß man der Menschheit ihre Gründe zu leben nimmt?... Mein Gott, Camus, wie *seriös* Sie sind und gleichzeitig, um einen Ihrer Ausdrücke zu gebrauchen, wie frivol! Und wenn Sie sich nun geirrt hätten? Wenn Ihr Buch lediglich Ihre philosophische Inkompetenz bewiese? Wenn es nur aus hastig aufgeschnappten Erkenntnissen aus zweiter Hand bestünde? ...Haben Sie solche Angst vor Angriffen?... Ich wage nicht, Sie auf *Das Sein und das Nichts* zu verweisen, die Lektüre dieses Buches erschiene Ihnen unnötig schwer: Denkschwierigkeiten sind Ihnen ein Greuel...»[13] Und mit einem einzigen Degenstoß, einem einzigen Waffengang teilte Sartre Camus unumwunden mit, ohne eine der üblichen Formen zur Verschlüsselung von Gedanken einzuhalten, welche Verachtung er für ihn empfinde. Unumwunden sagte Sartre Camus einige unangenehme Wahrheiten ins Gesicht, die er offenbar schon immer gedacht hatte: er sei süffisant, dünkelhaft, prätentiös, eitel, intellektuell oberflächlich, philosophisch eine Null. Kurz, weder menschlich noch intellektuell gebe er viel her.

Abstoßendes Handgemenge! Schläge unter die Gürtellinie, bequeme Angriffsflächen – die ideologischen Differenzen hätten zur Austragung ihres Streits wirklich genügt. Später wurde versucht zu begreifen, wie und weshalb beide Männer eine solche Art von Rivalität erreicht hatten, daß ihr Duell so leicht zur privaten Abrechnung verkommen konnte. Eigentlich drehte sich alles um das Problem der Freiheiten in der UdSSR: Die Mitarbeiter von *Les Temps Modernes* waren für die Verurteilung der Arbeitslager bei gleichzeitiger Ablehnung eines einseitigen Antikommunismus eingetreten; wer bereit sei, von der Unterdrückung in Rußland zu sprechen, müsse auch andere Länder, insbesondere Amerika, erwähnen: Unterdrückung müsse «überall oder nirgendwo» angegriffen werden. Unter den verschiedenen Positionen, die bei *Les Temps Modernes* koexistierten, traf sich Sartre mit Merleau-Ponty in dem quasi instinktiven Bedürfnis, zumindest noch eine Zeitlang das Bild eines sozialistischen Landes aufrechtzuerhalten, das sich von jedem anderen Land gänzlich unterscheide. Für Camus mußten jede Mißgeburt des Stalinismus ohne Zögern verurteilt, alle Verbrechen radikal aufgespürt werden. Sartre setzte sich für die Wahrheit ein, sah aber einige mildernde Umstände. Für Camus galt die Gleichung: Stalinismus = Faschismus. Sartre bemühte sich differenziert, das Verhältnis zwischen Politik und Moral herauszufinden. Camus suchte zwar nach Begriffen für dieselben Dinge, doch seine Position war viel stärker eine antagonistische. Sartre bemühte sich um einen ethischen Pragmatismus. Der radikalere Camus befürwortete eine grundsätzliche Ablehnung von Gewalt, ganz gleich, von wem sie ausginge und womit sie begründet würde. Zwei unterschiedliche Interpretationen von politischer Moral: Sartre suchte nach einer moralischen Dimension von Politik, allerdings unter Einbeziehung der strategischen Wahl (kurzfristig/langfristig; internationale/nationale Strategie; politische Opportunität/Inopportunität usw.); Camus dagegen wird sich immer allein auf die Prinzipien und Forderungen der Moral beziehen und es ablehnen, sie einer politischen Polemik unterzuordnen. Der Versuch einer Verbindung von Politik und Moral gegen eine streng antagonistische Konzeptualisierung. Der Versuch eines Dialogs mit dem Konkreten gegen das Beharren auf moralischen Prinzipien: zwischen Camus und Sartre also ein Dialog von Taubstummen; nach dem öffentlichen Schlagabtausch wird ihre «Beziehung» bis zu Camus' Tod 1960 allmählich still versanden.

Welcher tatsächliche Antagonismus lag hinter den realen ideologischen Differenzen, hinter jenen Argumenten *ad hominem* der Beziehung zwischen Sartre und Camus zugrunde, daß sie so jämmerlich und so rasch zerfiel? Von Anfang an trennte sie offenbar ihre jeweilige gesellschaftliche Laufbahn, später kamen scharfe intellektuelle Rivalitäten hinzu. Schon beim ersten Händeschütteln im Théâtre de la Ville bei der Premiere von *Huis clos* im Juni 1943 hatte es eine Konfrontation zwischen Sartre, dem Erben, und Camus, dem Parvenü, gegeben. Eine Konfrontation zwischen dem Schweitzer-Nachkömmling mit seinen akademischen Ahnen, ihrer Kultur, ihrer Orgelmusik, ihren Büchern mit Goldschnitt, ihrer protestantischen Ethik und ihren pädagogischen Programmen einerseits und dem Sohn von Catherine Sintès, geboren in Chéraga, Analphabetin und Putzfrau in Belcourt, dem Arbeiterviertel von Algier, andererseits. Hier das verwöhnte und verweichlichte Königskind, dort das kränkliche, schwache Armenkind. Hier der prätentiöse und zufriedene Schüler, dort der dank seiner Begabung und seinen Lehrern wie durch ein Wunder Gerettete. Hier der Boxkampfschüler vom Turnsaal der Rue d'Ulm, dort der Spieler vom Donnerstagsfußball auf dreckigen und menschenleeren Plätzen. Hier die Bronchitis des Einzelkindes, dort die Tuberkulose des schlecht ernährten Kindes, das unter elenden hygienischen Bedingungen aufwuchs und mehr zufällig gepflegt wurde. Hier der Jugendliche aus der École normale mit seinen Streichen für bessere Leute, seinen Stücken für Lehrertöchter und seiner anarchisierenden Opposition, dort der junge Schauspieler, der aktive Kommunist, der die Kultur entdeckt. Camus war ein unersättlicher Autodidakt; Sartre war ein Versorgter. Camus wird den kulturellen Eifer, Elan und Hunger haben, den Sartre einst bei Nizan hatte beobachten können, als sie sich im Alter von zwölf Jahren auf dem Lycée Henri IV begegneten. Sartre wird die Passivität, die Trägheit derer besitzen, denen Straßenprügeleien unbekannt sind. Wie hätten solche Erfahrungen verloschen sein können, als sie sich das erste Mal die Hand drückten? Die patriarchalische Verachtung und Arroganz des Sartre vom August 1952, waren sie nicht immer vorhanden gewesen? Waren ihre Begegnungen nicht immer von Camus'

Bewunderung und Groll begleitet gewesen? Hinzu kamen bestimmte Formen von Rivalität, die bei manchmal fast schon karikaturhaft verschiedenen Selbstdarstellungsweisen unvermeidbar waren. Camus erzählte gern von sich, klärte auf, wie sein Verhalten, sein «mediterraner Maßstab» zu interpretieren sei; Sartre war diskreter, jovialer, jedenfalls weniger narzißtisch.

Vor allem Rivalität bei ihren jeweiligen Projekten: Beide träumten sie von einer bedingungslosen Annektion des französischen intellektuellen Feldes. Sie betraten – das Phänomen ist so selten, daß es verdient, hervorgehoben zu werden – exakt dasselbe Terrain. Und das auch noch zur selben Zeit. Roman, Theater, Philosophie, Journalismus, Politik, Literaturkritik, Film: Gleichzeitig eigneten sie sich dieselben Instrumente an. Sie erschienen beim selben Verleger. Zur Krönung des Ganzen durchzogen ähnliche Themen und Töne ihre ersten Romane: eine unbestreitbare Verwandtschaft in der Gleichgültigkeit und dem Absurden, im Rückzug und in der Distanz, im verstörten Individualismus. Dasselbe Terrain, derselbe vielseitige Zugriff, dieselben Ausdrucksmittel, dieselben Themen zur selben Zeit. Sartre bemühte sich – man sieht es an seiner Antwort –, Camus aus der Philosophie zu verbannen und nachzuweisen, daß sein Rivale die Ideen seines ehemaligen Philosophielehrers aus Algier, Jean Grenier, einfach nur literarischer wiederhole. Camus wiederum, der sich im Theater sicherer fühlte, schrieb Kritiken zu *Les mains sales*, um seine Überlegenheit auf diesem Gebiet zu demonstrieren.

Durch die Publizität um ihre Person, ihr Privatleben, sogar ihr Liebesleben wurden die latenten Konflikte fraglos von der damaligen Presse noch geschürt. Bis zum Schluß blieben sie in dieser Affäre Opfer des neuen Pressestils. War es denn beispielsweise nötig, als es zum Bruch kam, ihre Konflikte derart offen und exhibitionistisch auszutragen? Sich in dieses lächerliche und grausame Duell zu stürzen, das ihnen zunächst aufgezwungen worden war? War es nötig, zu den traurigen Protagonisten des mißlungensten Spielfilms des Jahres 1952 zu werden? In die Falle jenes Starkultes zu tappen, die ihnen andere gestellt hatten? Zwar kennt die französische Literaturgeschichte spektakuläre Konfrontationen – zwischen Voltaire und Rousseau oder auch zwischen Breton und Aragon anläßlich der Affäre Paillasse –, doch scheint keine abstoßender gewesen zu sein.

Sartre schloß sich in ein verletzendes Schweigen über Camus ein und griff erst nach seinem Tod wieder zur Feder. Camus sprach hier und da von seiner Verletzung und bat die anderen, ihn ihre Position in diesem Duell wissen zu lassen. Mit kläglichem Ergebnis. Viel später, als der bejahrte Sartre zu seiner Freundschaft mit Camus befragt wurde, behauptete er, sie habe sich auf ganz dünnem Boden bewegt: «In intellektueller Hinsicht durfte man nicht zu weit gehen», antwortete er, «denn er wurde leicht kopfscheu; ein bißchen war er immer noch der kleine Gassenjunge aus Algier, sehr ungezogen und frech... wir unterhielten uns gut miteinander; er sprach eine sehr freie Sprache, ich übrigens auch, wir erzählten allerhand Schweinereien, und seine Frau und Simone de Beauvoir taten entrüstet.»[14] «Eine gescheiterte Liebesgeschichte», ist Robert Gallimards Resümee, dem es gelang, mit dem einen wie mit dem anderen befreundet zu bleiben.

«Die Ordnung der Finanzen spiegelt sich in der Ordnung der Wechselkurse wider, die Währungsordnung in der Wirtschaftsordnung, die Gesellschaftsordnung in der Sittenordnung.»[15] So sprach Antoine Pinay, Ministerpräsident der Vierten Republik im September 1952. «Herr Pinay ebnet einer Diktatur den Weg», antwortete Sartre in der Zeitung *Libération*, da für ihn alles darauf hindeutete, vor allem die Verhaftung des CGT-Führers Alain Le Léap. Da Le Léap sich dem Indochina-Krieg widersetzt hatte, wurde er der «Demoralisierung der Nation» bezichtigt. Sartre konterte: «Die Tatsache, daß der Indochina-Krieg unmoralisch ist, ist keine strikt kommunistische Ansicht... Die Regierung scheint sich jetzt des Antikommunismus amerikanischer Machart zu bedienen.»[16] Nach seinen zwei Jahren Zurückgezogenheit traf Sartre auf starken Widerhall: laut Dominique Desanti waren die Ausgaben der *Temps Modernes* vom Sommer 1952, die *Les communistes et la paix* und die Antwort an Camus enthielten, «innerhalb weniger Tage vergriffen, und genauso war es mit der zweiten Auflage. Für die Studenten, ob jung oder alt, war es die Annäherung des Meisters an die verfolgte, verschlossene und geheimnisvolle KPF, die damals immerhin als einzige Partei die Sache des Proletariats, Vietnams und des Friedens verteidigte.»[17] Er ging also auf die Kommunistische Partei zu und unterstützte sie, weil «die Regierung sie mundtot machen wollte». «Ich habe immer gedacht», echote der neue Sympathisant, «daß man jene Linke, deren Abwesenheit heute in Frankreich so schmerzlich spürbar wird, nicht gegen die kommunistische Partei wiederherstellen kann. Heute denke ich, daß man sie nicht ohne sie wiederherstellen kann.»[18] Er ging auf sie zu, zwei Jahre nachdem er in seiner Zeitschrift öffentlich die Arbeitslager in der Sowjetunion verurteilt hatte. Er ging auf sie zu einige Monate nach der Ermordung der Angeklagten des Slansky-Prozesses in Prag; unmittelbar nach der Affäre Marty-Tillon. Als außenstehender Weggefährte, als kritischer Weggefährte brauchte er nicht alles gutzuheißen. Wenn er sich der KPF zu diesem Zeitpunkt trotz allem näherte, so vor allem deshalb, weil ihm die Absicht der Regierung, diese Partei zum Schweigen und ins Gefängnis zu bringen, unannehmbar erschien: ein absoluter Notfall.

Wirklich öffentlich wurde die sartro-kommunistische Idylle anläßlich des Wiener Kongresses der Weltfriedensbewegung, der vom 12. bis zum 19. Dezember 1952 tagte. Den kommunistischen Intellektuellen, die den Kongreß initiiert hatten, war es seit 1948 gelungen, weltweit eine beeindruckende Heerschar von Sympathisanten zu gewinnen. Der Wiener Kongreß vom Dezember 1952 war die Krönung ihrer Bemühungen. «Der Kongreß stand unter dem Zeichen der ‹Hymne an die Freude›», erzählt Dominique Desanti, «also der Hymne aus Beethovens *9. Symphonie*, die am letzten Tag vor Hunderten von Vietnamesen, Pakistanern, Indern, Japanern, Chinesen, Frauen und Männern aus allen lateinamerikanischen Ländern, Nord- und Südafrikanern und Delegierten aus ganz Europa gespielt wurde. Frankreich hatte Werftarbeiter aus Le Havre, Matrosen und Metaller aus Marseille, Arbeiterinnen aus der Textil- und Zuckerindustrie, Winzer, Bergleute, kinderreiche Mütter und arbeitslose oder streikende Schulabgängerinnen geschickt... Der Reiz solcher Kongresse liegt im Nebeneinander der Berufe, Generationen, Klassen, Rassen, Länder... Die Einsamen waren von der Solidarität ergriffen, und die Arbeiter aus den Großbetrieben empfanden eine grenzenlose Brüderlichkeit. Es war wirklich die Welt en miniatur.»[19] Andere blieben weniger empfänglich für diese Euphorie und sprachen, wie beispielsweise Jean-Pierre Delilez, von einer barocken Versammlung, halb internationale Supershow, halb banale politische Veranstaltung im großen, goldenen habsburgischen Konzerthaussaal, wo vor allem vier purpurfarben gekleidete hohe Würdenträger des polnischen Episkopats auffielen, schweigsam und geheimnisvoll wie Automaten, die durch ihr Schweigen ihre Mißbilligung der Politik ihres Landes bekunden wollten.[20]

Begab sich Sartre freiwillig nach Wien? Wurde er darum gebeten? Wurde er manipuliert? Einige behaupten, er sei grandios manipuliert worden, und zwar durch Aragon, der einfach Sartres Kommen angekündigt hätte; der Übertölpelte habe sich nicht mehr zurückziehen können.[21] Jedenfalls fuhr er nach Wien, und man hörte davon: Presseerklärungen vor und nach der Ankunft, offizielle Reden, Erklärungen vor und nach der Rückreise. Sartresche Direktreportagen bezeugten begeisterte Freude, als handelte es sich um eines der außergewöhnlichsten Erlebnisse seines Lebens. So etwa bezeichnete er das im übrigen selbst. In einer seiner zahlreichen Erklärungen wies er auf drei Ereignisse hin, die in seinem Leben, seit er das Erwachsenenalter erreicht hatte, am meisten gezählt hätten, drei Ereignisse, die ihm wieder «Hoffnung gaben: die Volksfront von 1936, die Befreiung und der Wiener Kongreß.»[22]

Unter den in Wien anwesenden Schriftstellern die Südamerikaner Jorge Amado und Pablo Neruda. Unter den sowjetischen Schriftstellern Ehrenburg, Korneitschuk und... Alexander Fadejew, derselbe, der vier Jahre zuvor, ebenfalls auf dem Weltfriedenskongreß, die antisartresche Metapher von der «Füllfeder-Hyäne» erfunden hatte! Die Vorstellungen nahmen eine interessante Wende, zumal Sartre sehr schnell ein wenig wie der Hauptdarsteller wirkte: Rede bei der Eröffnungssitzung, Scharen von Bewunderern, die um Autogramme baten... Jo Starobin, ein amerikanischer kommunistischer Journalist, den Dominique Desanti zitiert, erzählt von seinen Eindrücken: «Der Kongreß übertrifft jede Erwartung... Die Anwesenheit von Jean-Paul Sartre, dem existentialistischen Philosophen und einstigen Helden des *New York Time Magazine*, verkörperte am besten die tiefe Veränderung in Westeuropa... Er rief die ‹anständigen Menschen› auf, das ‹no man's land des Antikommunismus› zu verlassen.»[23] Auf dieser pluralistischen Versammlung – «lediglich zwanzig Prozent Kommunisten», versichert Simone de Beauvoir auf Grund der Angaben Sartres[24] –, auf dieser Versammlung, die zwar auch der Abgeordnete der unabhängigen Linken Pierre Cot aufgesucht hatte, wofür er aber von anderen französischen Sozialisten, von Gilles Martinet in seiner Zeitung *France-Observateur* oder von Roger Stéphane, hart kritisiert wurde, auf dieser großen österreichischen Kirmes, wo nicht mehr eindeutig auszumachen war, ob menschliche Wärme, internationale Solidarität oder Gedankenaustausch die Bedürfnisse der Besucher waren, schien sich Sartre nicht einfach nur wohl, sondern sogar «glücklich» zu fühlen. «Nach seiner Rückkehr», berichtet uns Gilles Martinet, «erzählte Sartre ständig, daß dieser erste Kongreß seines Lebens wirklich ein wunderschönes Erlebnis gewesen sei; das Positivste am gesamten Kongreß war für ihn die völlige Diskussionsfreiheit jenseits der Alltagssorgen; die Arbeiter beispielsweise waren von Streikvorbereitungen entlastet.»[25] Sartres Erklärungen enthielten allerdings mehr als nur solche, teilweise dümmliche Euphorie; abermals zeigte er sich ambivalent: fasziniert wie ein Kind über die Entdeckung solcher zwanglosen Treffen, aber *zugleich* auch ungläubig, empfand er das skeptische Bedürfnis, den Grund dieser Faszination aufzuspüren. «Ich kann leicht verstehen, daß gewisse Zeitungen *die Begeisterung* des letzten Tages totgeschwiegen oder lächerlich gemacht haben», erklärte er zum Beispiel. «Das ist normaler *Kriegs*brauch.»[26] Oder auch: «Man mag über diese Überzeugung, die auf einer Stimmung fußt, lächeln.» Gleichzeitig sprach er eindeutige Worte: «Ich bestätige, daß der Wiener Kongreß trotz den Verleumdungen ein historisches Ereignis ist und bleiben wird.»

In seiner Eröffnungsrede hatte er sein Mißfallen gegenüber der damals herrschenden Politik und dem Zeitgeist bekundet: «Das Denken und die Politik von heute führen uns zum Massaker...» sagte er besorgt. «Man hat die Welt zweigeteilt, und jede Hälfte hat Angst vor der anderen... Die Menschen selber werden in dieser Perspektive abstrakt. Jeder ist *der Andere*, der mögliche Feind, man *mißtraut* ihm... Das Neue und Erstaunliche auf diesem Friedenskongreß ist, daß er *Menschen* zusammenführt.»[27] Nichts besonders Aufregendes eigentlich, keine wirkliche «Konversion», kein Aufruhr, sondern vernünftige, gut gemeinte Bemerkungen im Sinne einer Ablehnung der Blöcke, nicht mehr, nicht weniger. Nein, seine Huldigung an die KPF absolvierte Sartre nicht *auf* dem Wiener Kongreß. Eher wegen oder anläßlich des Wiener Kongresses machte er eine symbolische

Geste, legte er sich eine Art Selbstzensur auf als Beweis dafür, daß seine Anwesenheit in Österreich keine rein formale war, sondern Ergebnis eines Nachdenkens, das wahrscheinlich tiefer ging als vermutet. Prompt verbot er die Aufführungen von *Les mains sales*, die damals in einem Wiener Theater gespielt wurden. Und zahlte dafür eine stattliche Entschädigung; zum Schaden aller seiner Agenten und Verleger obendrein, die ungebeten in die Geschichte hineingezogen wurden und sich die Haare rauften.

Die Schwierigkeiten des Autors mit den verschiedenen Aufführungen von *Les mains sales* waren übrigens nicht neu: In New York waren Übersetzung und Inszenierung im Januar 1949 derart schlecht, daß es zu einem Prozeß kam; im Dezember 1948 intervenierte die sowjetische Regierung offiziell, um die Aufführung des Stückes in Helsinki zu verhindern: «antisowjetische Propaganda»; in der kommunistischen Presse fanden sich zahlreiche herbe Kritiken, unter anderen im Februar 1949 ein Angriff von Ilja Ehrenburg in *Les Lettres françaises*. Die vor allem politischen Mißverständnisse, Entstellungen und Feindseligkeiten schienen aus *Les mains sales* zeitweise ein verketzertes Stück zu machen. Dann kam der Wiener Kongreß, auf dem Sartre die Entscheidung traf, die Aufführung des Stücks von der Zustimmung der jeweiligen kommunistischen Partei des Landes abhängig zu machen. Zwei Jahre später rechtfertigte er diese Entscheidung: «Ich desavouiere *Les mains sales* nicht, doch ich bedaure, wozu es verwendet worden ist. Mein Stück ist ein politisches Schlachtfeld, ein Instrument politischer Propaganda geworden. In der gegenwärtigen gespannten Lage glaube ich nicht, daß seine Aufführung an neuralgischen Orten wie Berlin oder Wien dem Frieden dienen kann.»[28]

Er selbst konnte sich als Person hier und dort einmischen, je nach politischer Dringlichkeit, je nach dem Pragmatismus seiner Ethik; aber einige seiner früheren Texte behinderten ihn manchmal und schränkten seine Meinungsfreiheit unbequem ein. Nein, es war nicht dieser oder jener *Les-Temps-Modernes*-Artikel gegen die Zensur von Schriftstellern durch die Orthodoxie einer Partei, die er nie hätte zurücknehmen können, es war auch kein Roman oder Essay, sondern ein Theaterstück. Der Gattung des politischen Theaters an sich stellte Sartre eine Falle: Jede neue Aufführung bedeutete unvermeidlich zeitgenössische politische Bezüge. Hugos Tiraden, im Kontext von 1948 eine Kritik an einer damals starken und mächtigen KPF, mußten 1952 im Kontext des Kalten Kriegs zur proamerikanischen Waffe werden; und verrieten ihren Autor. Eine Falle für die Sartresche Freiheit? Eine Beeinträchtigung seiner sakrosankten Verfügbarkeit? Der Allmacht eines ungebundenen Menschen? Wenn er sich 1952 das Verbot der Aufführungen von *Les mains sales* in Wien so viel kosten ließ und keinen Konflikt mit Agenten und Verlegern – also auch gegen seine eigenen Interessen – scheute, dann weil es für ihn um Wesentliches ging, was diese Verfahrensweise rechtfertigte. Vielleicht zahlte er hier symbolisch für die Schaffung eines Präzedenzfalls, um das Sartresche Denken vor jeder beliebigen Reaktualisierung zu schützen, die allein Sartre vorbehalten bliebe: Das Schreiben verweist auf die Urheberschaft, die Politik auf die Freiheit, die Autonomie auf das Geld. Bis 1966 wird es in allen Teilen der Welt zu weiteren Konflikten und Prozessen um *Les mains sales* kommen, und manche werden größte Mühe haben, die Wege und Umwege der praktizierten Sartreschen Freiheit zu verstehen. Mut? Gedankenlosigkeit? Feigheit? Trotz? Sartres Verrat gehört allein Sartre.

Unerheblich bleibt dann, daß er in Wien im Dezember 1952 mit Ehrenburg, Fadejew und Korneitschuk gemeinsam Wodka trank. Oder daß er in goldnen Sälen, im Schnee und bei Apfelstrudel einen Besuch in Moskau zusagte, falls man ihn dazu einlade. Oder daß er, mit der Journalistin Dominique Desanti als Übersetzerin, für Korneitschuk einen Anfängerkurs in Existentialismus veranstaltete: Im Vergleich zu seiner Geste mit *Les mains sales* treten alle übrigen Begegnungen, Gespräche und freundschaftlichen Beziehungen in den Hintergrund. Unerheblich wirkt dann auch, daß er, «umlagert von Autogrammjägern», noch die Zeit dazu fand, einer französischen Journalistin zu erklären, der Beitrag einer italienischen Delegierten der christlichen Friedensbewegung sei «der eklatante Beweis für die restlose Meinungsfreiheit» auf dem Wiener Kongreß.[29] «Es haben sich also Liberale aus Italien, Radikale aus Frankreich gefunden», erläutert er, «die ... sich über die Frage des Friedens mit den französischen Kommunisten ... geeinigt haben; es haben sich Franzosen gefunden, die, *ohne das Prinzip der Kolonisierung zu verurteilen*, dieselbe Resolution wie die Vietnamesen verabschiedet haben.»[30] Beharrlich betonte Sartre die Möglichkeit zum Dialog mit der KPF, versuchte, sie aus ihrer Art Exil herauszuholen, und bemühte sich, die Richtigkeit ihres damaligen Kampfes nachzuweisen. So trat er auch an der Seite von Jacques Duclos auf einer Veranstaltung im Pariser Vélodrome d'Hiver auf, wo der Wiener Kongreß und seine wichtigsten Beschlüsse bekanntgemacht wurden. Jeder, und Simone de Beauvoir als erste, spürte, daß dieser 23. Dezember 1952 zu einem historischen Datum werden könnte: zwei bekannte Silhouetten, die nunmehr Seite an Seite auf der gleichen Tribüne saßen und Witze austauschten; ein kleiner Dicker mit rundem und jovialem Gesicht und dem Ruf knallharter Führungsmethoden: Jacques Duclos, Konditor aus dem Südwesten; ein kleiner Dünner, ebenso jovial und damals noch ganz von seiner Entdeckung des Tribünen-, Kongreß- und Debattenlebens hingerissen: ein Sartre, der munter sein Debüt als kritischer Weggefährte gab.

Abgesehen vom Wiener Kongreß und der Affäre um *Les mains sales* waren jedoch alle seine Kämpfe in diesen ersten Monaten an der Seite der KPF ethische Kämpfe. Die Affäre Henri Martin, der Koreakrieg. Jetzt ist es die Affäre Rosenberg, die ihn mobilisiert und entflammt. Wieder einmal nimmt er den Kampf auf, bissig, rachsüchtig, zornig, außer sich. «I Rosenberg sono stati assassinati»: Wieder einmal ist es Italien, wo er davon erfährt. Wieder einmal läßt er in diesem Land alles andere liegen und greift zur Feder; am darauffolgenden Tag gibt er der von d'Astier geleiteten *Libération* telefonisch seinen Artikel durch. «Die Rosenbergs sind tot, und das Leben geht weiter. Das ist es, was ihr wolltet, nicht wahr? ... Ihr habt schon das Ding mit Sacco und Vanzetti gedreht, und es ist geglückt. Dieses Mal wird es nicht glücken ... ihr werdet uns nicht dazu bringen, daß wir die Exekution der Rosenbergs als einen ‹bedauernswerten Zwischenfall› oder auch nur einen Justizirrtum auffassen. Es ist eine legale Lynchjustiz, die ein ganzes Volk mit Blut befleckt und die ein für allemal klar und deutlich den Bankrott des Atlantikpakts anzeigt und eure Unfähigkeit, das *leadership* der westlichen Welt zu übernehmen ... ihr habt geglaubt, daß die Ermordung der Rosenbergs die Begleichung einer Privatangelegenheit wäre. Hunderttausend Stimmen wiederholten euch: ‹Sie sind unschuldig.› Und ihr antwortetet stupide: ‹Wir bestrafen zwei unserer Bürger nach unserem Gesetz. Das ist nicht eure Angelegenheit.› Aber eben doch! Die Rosenberg-Affäre ist unsere Angelegenheit: Wenn es darum geht, daß man Unschuldige sterben läßt, so ist das die Angelegenheit der ganzen Welt.»[31] Er hatte schon die französische Justiz mit seinen Pfeilen bedacht, jetzt kam die amerikanische Staatsmacht dran; er, Sartre, schickte eine eiskalte, brutale, respektlose Anklageschrift über den Atlantik; er, Sartre, der barfüßige Freischärler, der entrüstete Partisan, rechnete mit der ganzen Welt ab. «Es ist entschieden etwas faul in Amerika», fuhr er fort, Shakespeare parodierend. «Eines Tages vielleicht werden euch alle diese guten Willen von eurer Angst heilen: wir wünschen es, denn wir haben euch geliebt. Bis dahin dürft ihr euch nicht wundern, wenn wir von einem Ende Europas bis zum anderen rufen: Achtung, Amerika hat die Tollwut. Kappen wir alle Bande, die uns mit ihm verknüpfen, sonst werden wir unsererseits gebissen und tollwütig.»[32] Kein Wunder, daß drüben in Washington die FBI-Beamten, die Nachkommen von Nick Carter, bei Sartres Artikel – dessen Überschrift auch noch: «Die tollwütigen Tiere» hieß – sofort hellhörig wurden und sich der Angelegenheit annahmen: «Mit Schreiben vom 24. Januar 1953», hielt ein FBI-Beamter fest, «hat das Comité pro Libertades Civiles (CLC) seine Korrespondenten davon informiert, ... daß die internationale Bewegung zur Rettung der Rosenbergs unabhängig von jeglicher politischen Bewegung ist. Der Brief erläutert ebenfalls, der Schriftsteller Jean-Paul Sartre sympathisiere mit diesem Komitee.»[33]

Etwa zur selben Zeit der antiamerikanischen Anklage nach dem Tod der Rosenbergs hielt Sartre am 5. Mai 1953 in der Mutualité die Rede «La machine infernale» zum Indochina-Krieg. Damals erlebte man die letzten Tage des fernöstlichen Konflikts, ehe das Laniel-Kabinett antrat, das die Dinge im Juni 1953 langsam veränderte; in Frankreich wußte man jetzt, daß jede Hoffnung auf Sieg vergebens war; und verzweifelt wurde nach einem «ehrenhaften Abgang» gesucht, mit dem man die französische Armee aus diesem Wespennest herausholen könnte. Sartre sprach von einem «sinnlosen Gemetzel» und erklärte unter anderem: «Man muß sich die Frage stellen, ob es wirklich so interessant ist, Krieg zu führen, damit Indochina nicht Ho-Tschi-Minh und Mao Tse-tung in die Hände fällt, wenn gleichzeitig klar ist, daß ein Sieg bedeuten würde, es Bao-Dai und den Amerikanern auszuliefern. So oder so stehen wir offenbar abseits. Wir lassen also unsere Leute umbringen, und wir bringen Vietnamesen um, für nichts, für Luft.»[34] Eine klare Rede zum Indochinakrieg in einem Jahr, in dem sich in der kommunistischen Welt soeben vieles verändert hatte.

Das Jahr 1953 war reich an Affären, Gegenaffären, unterschiedlichen Komplotten und Prozessen. Januar: In Moskau wird das «Komplott der weißen Kittel» bekannt gemacht. Neun Ärzte, darunter sieben Juden, sollen den Mord an Schdanow 1948 zugegeben und sich gegen bestimmte hohe Funktionäre verschworen haben; vier Monate später wird man von ihrer Unschuld, von Folterungen und von der ganzen Maschinerie des stalinistischen Regimes erfahren. In Paris werden André Marty und Charles Tillon wegen politischer Abweichung aus der KPF ausgeschlossen. Februar: neue antisemitische Welle in der Sowjetunion. März: Stalins Tod. Sechs Monate später steht Nikita Chruschtschow an der Spitze der Partei. Allerlei zu schlucken für unseren Weggefährten auf Erkundungsreisen. Übrigens wird man ihn auch oft zur Rechenschaft ziehen wollen – Mauriac beispielsweise wird ihn öffentlich zum «Komplott der weißen Kittel» und zur Entwicklung des Antisemitismus in der UdSSR befragen. «Herr Mauriac sorgt sich wegen meines Schweigens», antwortete der Herausgeber von *Les Temps Modernes* lakonisch, «er kann beruhigt sein; die Zeitschriften wirken nur deswegen schweigsam, weil die Tageszeitungen so geschwätzig sind.»[35] Sartres jüngster Kurswechsel zog unvermeidlich gewisse Veränderungen in seinem Bekanntenkreis nach sich, sorgte für Konflikte über zahlreiche Probleme, die er jetzt anders sieht. Darunter auch Konflikte mit einigen Mitarbeitern der *Temps Modernes*, die für die stalinistische Neuorientierung wenig Begeisterung empfanden: mit Merleau-Ponty, mit Claude Lefort, mit Etiemble kommt es zu offenen Auseinandersetzungen. Letzterer, damals verantwortlich für die Literaturrubrik der Zeitschrift, erhielt im Februar 1953 einen deftigen Brief des Herausgebers mit folgendem Wortlaut: «Mein lieber Etiemble, aus Ihrer Anmerkung zu ‹Deux Étendards› (*NNRF*, 1. März) greife ich den folgenden Satz auf Seite 528 heraus: ‹Um ganz offen zu sein, den Stalino-Nazis ziehe ich die ehrlichen Schweine, die Nazo-Nazis vor.› Anders gesagt: eigentlich ziehen Sie also den Kommunisten die Hitleranhänger vor. Sie haben mich neulich gefragt, ob es für die Freiheit unserer Mitarbeiter Grenzen gäbe. Ich dachte, es gäbe keine. Ich irrte mich: Dies ist eine solche Grenze; indem Sie sie überschritten, haben Sie sie mir offenbart. Sie ist auch die meiner Achtung. Ich halte also Ihren Artikel für die Bekanntgabe Ihres Adressenwechsels. Wir werden Ihre Post in die Rue Sébastien-Bottin nachsenden lassen. Ihr Jean-Paul Sartre.»[36] Eine neue Art, dieser Ton eines entrüsteten Zensors? Oder einfach nur die Entschlossenheit – an der er immer festhielt –, jede antikommunistische Hysterie zu verurteilen? Welche Rolle kommt seinen neuen Anschauungen hierbei zu? Eifer eines Weggefährten oder überspitzter Ausdruck eines Sartreschen Übereifers? «Der Brief von J.-P. S.: von konsternierender Unaufrichtigkeit», wird Paulhan an Etiemble schreiben. «Richtig», fügte er hinzu, «ich denke, daß Sie darauf antworten sollten, und zwar in der *Nouvelle Revue française*. So bald wie möglich bitte.»[37]

Schwerwiegender, komplexer und weitaus heftiger noch war die Polemik mit Claude Lefort, der Merleau-Ponty nahestand und eine der Hauptstützen der Zeitschrift war. In der *Temps-Modernes*-Ausgabe vom April 1953, setzen sich beide mit dem anderen auseinander: zunächst Claude Lefort mit «Le Marxisme et Sartre»; dann Sartre mit «Réponse à Claude Lefort». Diese Diskussion macht Sartres spezifische Situation deutlich, der inmitten der krypto- oder parakommunistischen Strömungen der Nachkriegsjahre auf isoliertem Posten stand: Hier haben wir es mit der ganzen Tradition der französischen «zweiten Linken» zu tun, derjenigen, die sich immer wieder sagt: «Die KPF, leider!». Sartre war weder Kommunist noch Marxist, als die Mehrheit der Intellektuellen von 1945 es waren. 1952 näherte er sich der KPF genau in dem Moment, als diese Generation sich auf ihren Austritt vorbereitete. Was Sartre 1952–1953 jubelnd entdeckte, waren sie im Begriff zu verlassen. Alle Dialoge Sartres mit benachbarten Gruppen, die in den gleichen Gewässern kreuzten, leiden unter diesem Auseinanderklaffen. Sartres Polemiken mit Gruppen wie «Arguments», «Socialisme ou Barbarie«, mit Einzelpersonen wie Edgar Morin, Kostas Axelos, Cornelius Castoriadis oder Claude Lefort spiegeln diese doppelte Isolierung wider. Als beispielsweise

Claude Lefort gegenüber Sartre die – heute leicht überholte – Diskussion über die Frage von Organisation und Spontaneität begann – Braucht die Arbeiterklasse tatsächlich eine proletarische Partei? –, bejaht Sartre die Frage im Sinne strengster marxistischer Orthodoxie. Das veranlaßte Edgar Morin bei seiner Analyse von Sartres politischem Standort zu der wunderbaren Bezeichnung «Hypostalinist»: Der Hyperstalinist, sagt Morin, leugnet die Existenz von Arbeitslagern in der UdSSR strikt und unterstützt die Sowjetunion blind. Der Hypostalinist dagegen duldet jede Kritik am sogenannten ersten sozialistischen Vaterland, um sich ungerührt weiter für den Sieg der Weltrevolution einzusetzen. Vielleicht kann man jene Diskussion der Aufrechten heute mit interessanteren, schärferen Analysen bereichern: Vielleicht hat Sartre, der die Tradition des 18. und 19. Jahrhunderts fortführte – zum Beispiel die des an der Seite des Volkes kämpfenden Schriftstellers –, auch bei seiner Annäherung an die KPF nur versucht, jenes alte Bezugssystem zu reproduzieren? Eine heilige Allianz, die nur vier Jahre funktionierte und dann ebenso schnell wieder zerbrach. Sie hinterließ einen leicht verwaisten Sartre, der nun jedoch wieder in aller Freiheit neue Modelle der direkten Intervention erfinden konnte.

Sartre stritt sich also mit Camus, mit Etiemble, mit Lefort und schließlich mit dem, der ihm am nächsten stand: Merleau-Ponty. Seine vier Jahre an der Seite des französischen Proletariats, in denen er alle Welt kurzerhand als «Bourgeois» beschimpfte, kamen ihn wirklich teuer zu stehen. Merleau-Ponty hatte *Les Temps Modernes* von Anfang an angehört; oft schrieb er die Leitartikel; Sartre und er waren zeitweise geradezu austauschbar gewesen. Die beiden «Normaliens» und Philosophie-Agrégés, von denen jeder auf seine Weise zur Phänomenologie gekommen war, waren einander an der École normale auf sehr komische Weise begegnet. «Die École normale war gegen einen Freund und mich aufgebracht», erzählt Merleau, «weil wir nach ihrem Geschmack zu deftige traditionelle Lieder gesungen hatten. Sartre vermittelte zwischen unseren Verfolgern und uns und verschaffte uns einen ehrenhaften, schadlosen Abgang aus der heroischen und lächerlichen Situation, in die wir uns selbst begeben hatten.»[38] Dennoch treffen sie sich erst viel später, im Winter 1941, wieder, um in dem Grüppchen «Socialisme et Liberté» zusammenzuarbeiten. Gemeinsam erleben sie ihre Unerfahrenheit und ihr Scheitern; später trafen sie sich regelmäßig auf jenen verrückten «fiestas» gegen Kriegsende; gemeinsam entwarfen sie die Leitlinien dessen, was *Les Temps Modernes* wurde. Das Gespann Sartre–Merleau dauerte ohne nennenswerten Konflikt von 1945 bis 1952. Wie zu erwarten, tauchten Spannungen zwischen ihnen auf, als Sartre der KPF zu Hilfe eilte. Ehe Merleau die Zeitschrift endgültig verließ, gab er den *TM* noch einen Abschiedsartikel, «Le langage indirect et les voix du silence», der in den Juni- und Juliausgaben von 1952 erschien – wieder dieses schicksalträchtige Datum! Ironischerweise gingen ihre Wege zur gleichen Zeit noch weiter auseinander: Während sich Sartre den Kommunisten näherte, nahm Merleau einen Philosophie-Lehrstuhl am Collège de France an. Später, 1955, veröffentlichte Merleau-Ponty einen Sammelband, *Les aventures de la dialectique*, in dem er eine scharfsinnige, fundierte Analyse von Sartres Verhältnis zum kommunistischen Phänomen entwickelte: «Sartre et l'ultra-bolchevisme». Die philosophischen Differenzen, die den Überlegungen der beiden Denker zugrunde lagen, waren schon bei ihrer jeweiligen Entdeckung der Phänomenologie entstanden. «Wir entdeckten (Husserls) *Ideen* im selben Jahr», schrieb Sartre später. «Man hätte meinen können, aus Zufall und aus Notwendigkeit... Er entdeckte eines Tages, was er vergeblich gesucht hatte: die *Intention*... Im gleichen Jahr entdeckte ich in Berlin die Intention in *Ideen*; ich versprach mir davon genau das Gegenteil dessen, was Merleau sich davon versprach...: daß sie das Bewußtsein von seinen Schlacken, von seinen ‹Zuständen› befreit... Beide blieben wir uns treu.» Merleau erwartete, daß ihn der Begriff der Intention zur Spontaneität führe; Sartre fand darin den Zugang zur Freiheit. «Spontaneität, Freiheit», fährt Sartre in diesem Text fort,[39] «dieser Unterschied bedeutet alles und nichts: diese Worte bringen das Ergebnis unseres Denkens mit unserer jeweiligen Geburt, Kindheit, Wahl in Verbindung. Bei unserem späteren Streit... mußte man immer zum Ursprung zurückgehen und den Disput stufenweise zurückverfolgen.» Besser könnte man diese unüberbrückbare Divergenz nicht beschreiben, die 1952 den Punkt erreichte, von dem es kein Zurück mehr gibt. In «Sartre et l'ultrabolchevisme» nahm Merleau-Ponty meisterhaft die Widersprüche, Subtilitäten und Besonderheiten des Sartreschen Denkens auseinander. Die Schlußsätze über Sartres «Ultrabolschewismus» wirkten prophetisch: «Und wenn die Zeitverhältnisse so beschaffen sind... daß man nicht zugleich freier Schriftsteller und Kommunist oder Kommunist und Opponent sein kann, besteht zwar die Möglichkeit, die marxistische Dialektik, die diese Gegensätze vereinigte, durch ein ermüdendes Hin und Her zwischen ihnen zu ersetzen, doch mit Gewalt lassen sie sich nicht miteinander versöhnen. Man muß also zurückweichen und von der Seite angreifen, was frontal nicht zu ändern war, und eine andere Aktion als die kommunistische suchen.» Diese Zeilen stammen vom Frühjahr 1955. In der Tat suchte Sartre achtzehn Monate später, nach der sowjetischen Intervention in Ungarn, eine andere Aktion als die kommunistische...

In einem Interview zur Auslieferung des Sammelbands über die Affäre Henri Martin hatte Sartre Gelegenheit, seine Auffassung des Intellektuellen zu präzisieren: «Ähnlich wie die Affäre Rosenberg wirft die Affäre Henri Martin das Problem staatlichen Unrechts auf. Meinen Sie», fragte ihn der Journalist Serge Montigny, «daß dieses Unrecht allein im Westen zu bekämpfen ist?» «Überhaupt nicht», antwortete Sartre kühl. «Man kann es überall dort bekämpfen, wo man es für wirksam hält. Das bedeutet nicht, daß man es überall mit den gleichen Mitteln bekämpfen muß. Ob wir wollen oder nicht und wie auch immer unsere Haltung zu den USA ist, wir sind Teil eines ‹Blocks›, also eines komplexen Organismus.» Der Affäre Rosenberg – «die europäische Entrüstung hat leider kaum Gewicht, wenn es um innere Angelegenheiten der USA geht» – stellte er den Slansky-Prozeß entgegen, der zweifellos auch ein «Justizverbrechen» gewesen sei, gegen den er aber nicht öffentlich protestiert habe: «Es wäre eine rein symbolische Geste gewesen», meinte er und fügte eine ebenso komplexe wie definitive Erläuterung hinzu. Bestimmte Enthaltungen seien im Kontext des Kalten Krieges legitim, weil dieser, wie er behauptete, bestimmte Proteste in regelrechte «Kriegsakte» verwandle. Schließlich fand er zu seiner legendären ungetrübten Selbstsicherheit zurück und kam auf eine Formulierung, die im übrigen die Überschrift des Artikels abgab: «Die Aufgabe eines Intellektuellen», dekretierte er, «bedeutet nichtsdestoweniger, allerorts das Unrecht zu verurteilen.»[40] Auf der Titelseite der Zeitung *Combat*, wo der erste Teil des Interviews mit der eben zitierten Formel erschien, konnte man neben Sartres Antworten auch die folgende Information lesen: «Oslo, 30. Oktober. Friedensnobelpreis für Albert Schweitzer und General Marshall. – Die fünf Mitglieder des Nobelkomitees haben heute abend die Friedenspreise verliehen. Der elsässische Arzt und Leiter des Krankenhauses von Lambarene in Gabun, Albert Schweitzer, erhält den Preis für das Jahr 1952...» Zwei Schweitzers nebeneinander in der Presse bezogen sich unbeabsichtigt in ihrem moralischen Kampf aufeinander, «Onkel Albert» und «Yous Sohn», Nachbarn durch die Zufälle von Aktualität und Umbruch. «Wir haben oft die gleichen Ziele, ohne die gleichen Prinzipien zu haben», schrieb zehn Jahre später Yous Sohn seinem «lieben Onkel Albert».[41] Damit war bereits alles gesagt...

Die folgenden Jahre brachten eine noch bedeutendere Wende jener kritischen Weggefährtenschaft: Es waren die Jahre seiner ersten Reise in die Sowjetunion, der zahlreichen Kongresse und Treffen der Friedensbewegung, zum Beispiel in Knokke-le-Zoute, wo er Brecht traf, oder in Berlin, wo er eine Rede gegen die Atombombe hielt, oder in Helsinki, wo er das gleiche Thema wieder aufgriff, oder in Venedig, wo er die von ihm so geschätzten Freunde, die italienischen Kommunisten, wiedersah; es war auch die Zeit seiner großen China-Reise und seiner Ernennung zum Vizepräsidenten der Gesellschaft für französisch-sowjetische Freundschaft. Er lernte Brecht kennen, aber auch Chaplin und Picasso, Heidegger und Lukács, Togliatti und Moravia, Silone, Ungaretti, Piovene und Carlo Levi. In Prag traf er den Dichter Nezval, in Moskau Simonow und Lili Brik, in Knokke-le-Zoute sprach er mit Elsa Triolet, an Stalins Todestag ging er mit Louis Aragon in Paris Mittag essen. Er veränderte also seinen Bekanntenkreis, gewann neue Gesprächspartner, nahm neue Gewohnheiten und neue Ausdrucksweisen an: das war der Sartre des Kalten Krieges in diesen vier besonderen Jahren, in denen er das Kongreßleben, die offiziellen Reisen, die Rednertribünen und die Appelle entdeckte.

Er setzte einen Fuß in das Milieu der kommunistischen und prokommunistischen Schriftsteller, reihte sich in die Friedensbewegung ein, und dann lief alles von selbst: Er wurde vereinnahmt und war unfähig, Einladungen, Angebote und ähnliches auszuschlagen. Elsa Triolet lud ihn zum Beispiel nach Knokke-le-Zoute ein, dort traf er Simonow, der ihn nach Moskau einlud, wo... und so weiter und so fort. Die Annahme von Einladungen unter der Ägide der Partei der Arbeiterklasse wurde für ihn zur Pflichterfüllung. Zu den besten Zeiten von Saint-Germain-des-Prés hatte er noch ein wirksames Selbstschutzsystem errichten und dank seiner «Familie» einen einigermaßen geschützten Bekanntenkreis aufbauen können, doch die Periode als kritischer Weggefährte der KP riß alle Dämme nieder, und vielleicht aus Sorge, nicht konstant genug an der Seite der Arbeiterklasse zu stehen, wurde er selbst nun sehr verfügbar, allzu verfügbar. Man erinnere sich an die Brieftauben-Affäre, an seine Schreibsucht, an die Besessenheit, den Bourgeois in sich abzutöten, bis zur physischen Erschöpfung gegen sich zu denken. Das ging die ganze Zeit so weiter, die er an der Seite der Kommunisten verbrachte. Man erinnere sich auch an seine Kaffee- und Orthedrin-Periode, als er sich in seiner Schreibwut bis zum letzten verausgabte. Das war 1947. Jetzt entdeckte er neue Drogen, neue Aufputschmittel, nahm zuviel Whisky, zuviel Kaffee, zuviel verschiedene Tabletten zu sich, als ob er sich an der Brutalität gegen sich selbst und gegen die eigenen Reserven berauschte, als ob er einen einsamen Kampf mit seinen physischen, psychischen und intellektuellen Ressourcen führte und von diesem Raubbau an den eigenen Kräften, der eigentlich ein Wüten gegen sich selbst war, fasziniert wäre. 1954 erlitt er eine Bluthochdruckkrise, und sein Arzt verordnete ihm besorgt sofortige Ruhe, was Sartre selbstverständlich nicht befolgte. Da er die nicht einzuhaltenden Termine unbedingt wahrnehmen wollte, ließ er alles auf Hochtouren laufen. Es wurde seine altruistischste und selbstmörderischste Periode. Er sagte zu viele Vorworte, zu viele Reden, zu viele Reisen zu. Die totalitäre Maschinerie der Kommunistischen Partei spannte den willigen Partner in ein wahnwitziges Programm ein. Unter diesen Bedingungen trat er seine erste UdSSR-Reise an. Wie nicht anders zu erwarten, mußte er dort, weil er keine Bankette, Besuche oder Wodkas abschlagen konnte, wegen einer Bluthochdruckkrise ins Krankenhaus, wo er völlig erschlagen zehn Tage lang an ein Moskauer Krankenbett gefesselt war. Aber nehmen wir nichts vorweg.

Ehe er hier landete, hatte er einem Aufmarsch zum Jahrestag des

Anschlusses der Ukraine beigewohnt: «Ich habe mit meinen Augen eine Million Menschen gesehen»,[42] schrieb er Simone de Beauvoir. Er hatte Universitäten, Fabriken, Museen, Kirchen, Moscheen besucht, sich mit Studenten und Arbeitern, Technikern und Schriftstellern, Krankenschwestern und Ärzten getroffen, hatte mit Intellektuellen über die moderne sowjetische Malerei diskutiert und unumwunden seine Aversion dagegen bekundet, dafür aber die gesellschaftliche Gleichheit und den Stolz der Werktätigen bewundert, Fragen der Arbeiter über Frankreich beantwortet, die Bildungsfortschritte analphabetischer Frauen aus Usbekistan registriert, der Aufführung eines Volksstücks in einer Kolchose beigewohnt, *Tauwetter*, den letzten Roman von Ehrenburg, schätzengelernt, einen Vertrag über die Aufführungen von *La putain respectueuse* auf russisch unterzeichnet, sich die Beschwerden einer Gruppe von Arbeitern über den Schriftsteller Simonow angehört, dessen letzter Roman ihnen mißfallen hatte, entdeckt, daß es in diesem Land «keine Privilegien» gebe, mit einem Studenten, Doktor der Philosophie, über die neue sowjetische Philosophie und deren mögliche Vereinbarung mit einem ideologischen Pluralismus debattiert; er hatte die Friedensanstrengungen begrüßt, den weit verbreiteten wissenschaftlichen und marxistischen Bildungsstand gewürdigt und von Moskau bis Taschkent, von Leningrad bis Samarkand das Land durchkreuzt, wobei er in ständiger Anwesenheit einer Dolmetscherin von Kollegen wie Simonow oder Ehrenburg begleitet wurde; er wurde auf Simonows Datscha eingeladen und heiter zu einem Trinkwettbewerb ermuntert... Eine Zweitauflage seiner ersten Amerikareise? Pflichtveranstaltungen, Pflichtprogramme, Pflichttreffen zur Entdeckung der UdSSR. «In der UdSSR herrscht eine totale Freiheit der Kritik», erklärt er gleich nach seiner Rückkehr der Zeitung *Libération* in einer Interviewserie.

In den dreißiger Jahren war das Ritual der Rückkehr aus der Sowjetunion eine literarische Zeremonie, fast ein eigenständiges Genre geworden: In Erklärungen, Artikeln, Essays und Vorträgen legte jeder seine Eindrücke, seine Kritik und seine Begeisterung dar, berichtete, daß die UdSSR tatsächlich ein ganz anderes Land sei, und alle erzählten von der Exotik des sozialistischen Aufbaus, wie man zu anderen Zeiten die Details einer Reise auf den Mond beschreiben wird. Nacheinander steuerte jeder seine eigene Rückkehr aus der UdSSR bei, Barbusse, Aragon, Malraux, Nizan, Jean-Richard Bloch, André Gide und viele andere. Ob einfache Weggefährten wie Barbusse oder Malraux oder Funktionäre wie Aragon oder Nizan, alle beobachteten und berichteten und kamen tief beeindruckt zurück. Manchmal veränderte sich ihr ganzes Wahrnehmungssystem angesichts jenes paradiesischen, mythischen Landes, wenn einige, wie Nizan, meinten, dort sei auch das Problem des Todes endlich gelöst worden. Es gab die fanatische Rückkehr aus der UdSSR. Vor allem gab es die vortödliche endgültige Rückkehr. Wer kann Gides meisterhafte Ohrfeige vergessen, als er 1938 nach seiner zweiten Reise und einem königlichen Empfang seine erbarmungslosen *Retouches à mon retour de l'U.R.S.S.* schrieb, wo er der prosowjetischen Mythologie eine endgültige Absage erteilte? Außerdem hatten die Schauprozesse und sonstigen Säuberungen schon längst begonnen, und im Westen wurde allmählich darüber gesprochen und Kritik gewagt. Unvergessen ist auch die Erfahrung des aktiven Parteifunktionärs Nizan geblieben, der das ganze Jahr 1934 in Moskau verbrachte und nach seiner Rückkehr die üblichen Vorträge hielt. Im selben Jahr jedoch bekam die kommunistische Überzeugung des tadellosen Parteimitgliedes, das Nizan gewesen war, erste Sprünge. In Usbekistan und Georgien spürte er die Risse, seine Distanz: Weder die Nationalitätenfrage noch die der Meinungsfreiheit waren gelöst, ebensowenig das Problem der Chancengleichheit... Vier Jahre später trat er aus der KPF aus, zuviel hatte er herunterschlucken müssen.[43] Exakt zwanzig Jahre nach Nizan zelebrierte sein «kleiner Freund» Sartre sein eigenes Ritual, seine eigene Rückkehr aus der UdSSR. Und erregte allgemeines Erstaunen. Seine enthusiastischen Erklärungen machten alle sprachlos, die seine Einwände gegen die kommunistischen Methoden, die kommunistische Moral, die kommunistischen Exzesse geteilt und daran festgehalten hatten. In den emphatischsten, maßlosesten, naivsten und überraschendsten Erklärungen ließ sich Sartre zum unglaublichsten prosowjetischen Loblied hinreißen.

Simone de Beauvoir versichert zwar, er sei nach allen diesen Exzessen, der Bluthochdruckkrise und den zehn Krankenhaustagen völlig erschöpft gewesen. So behauptet sie, er habe das Manuskript seiner *Libération*-Gespräche nicht gegenlesen können. Aber wie kann man reinen Gewissens beschließen, jene fünf langen, begeisterten und etwas seltsamen Gespräche zu unterschlagen, nur weil sie uns so peinlich sind, wo er doch andererseits in der Zeitung *France-U.R.S.S.* oder in weiteren Äußerungen von 1954 und 1955 ihren Inhalt nochmals bekräftigt? Vom 15. bis zum 20. Juli 1954 konnten die Franzosen auf der ersten und dritten Seite von *Libération* die mit Fotos ergänzte Sartresche Version einer uneingeschränkt euphorischen Rückkehr aus der UdSSR zur Kenntnis nehmen. Unter dem Serientitel «Die Eindrücke J.-P. Sartres von einer Reise in die Sowjetunion» folgten fünf Artikel zu fünf Themenkomplexen: «In der UdSSR herrscht eine totale Freiheit der Kritik»; «Von Dostojewski zur zeitgenössischen Literatur»; «Der Elite anzugehören ist keine Pfründe»; «Die sowjetischen Philosophen sind Erbauer», «Frieden durch Frieden». Die Gespräche hatte der Journalist Jean Bedel zunächst bei einem mehr als zweistündigen Treffen in der Rue Bonaparte aufgenommen und anschließend stenographiert.

«Haben Sie das Gefühl», fragte der Journalist, «daß die Sowjetmenschen eine Veränderung spüren? Ich meine damit das, was einige im Westen als die ‹Malenkow-Ära› bezeichnen?» «Ja», antwortete Sartre. «Sie spüren eine Veränderung, und sie reden gern darüber. Ich lese die Artikel von den Lazareffs, die man einfach nicht ernst nehmen kann.» Sofort setzte sich Sartre von dem publizistischen Experiment bei *France-Soir* ab, das der Journalist Pierre Lazareff leitete, eine Symbolfigur für eine auflagenstarke französische Presse, die sowohl im Management wie auch in der Ideologie dem amerikanischen Vorbild folgte. Mit dem Angriff auf Lazareff eröffnete Sartre einen Konflikt, der sich bald in zahlreichen weiteren Episoden fortsetzen wird. «Der sowjetische Bürger», fuhr Sartre fort, «besitzt eine uneingeschränkte Freiheit der Kritik, es handelt sich aber nicht», präzisierte er, «um eine Kritik an Menschen, sondern um eine Kritik an Maßnahmen. Es wäre ein Irrtum, zu meinen, der sowjetische Bürger rede nicht und behielte seine Kritik für sich. Das ist nicht wahr. Er kritisiert wesentlich mehr und konkreter als wir. Der französische Arbeiter sagt: ‹Mein Chef ist ein Schwein!› Der sowjetische Arbeiter wird nicht sagen: ‹Der Leiter meines Betriebs ist ein Schwein!›, sondern: ‹Jene Maßnahme ist absurd›. Der Unterschied ist, daß der Franzose es im Café sagt; der Sowjetbürger dagegen wird sich *öffent-*

lich engagieren, seine Kritik vor einer offiziellen Versammlung verantworten... Die Kritik ist zwar meistens hart, geschieht aber immer mit positivem Ziel. Und was für die Arbeiter zutrifft, trifft für alle anderen auch zu.»[44] Ein breites, enthusiastisches Fresko, absolut manichäistische Bilderbuchbilder, versimpelnde Idealisierungen, bedingungslose Zustimmung, intellektuelle Blindheit, kindliche Naivität: Wo sind Sartres eigene Grundsätze, seine entlarvende Genauigkeit, die giftigen Attacken, die Wahrnehmungsschärfe des Einzelkämpfers, seine strengen Analysen und seine mutigen und rücksichtslosen Angriffe geblieben?

«Haben Sie den Eindruck», fragte der Journalist weiter, «daß es in der Sowjetunion einen besonderen Menschentypus gibt?» «Sie selber betrachten sich als solche», antwortete Sartre und belegte das mit Beispielen und Anekdoten: «Zuerst kommt meiner Ansicht nach die Tatsache, daß der Mensch von Kind an sofort in die Gesellschaft integriert wird. Sie sehen siebenjährige Kinder, die in einem Pionierlager vor einem überdimensionalen Stalinporträt spielen, tanzen, sich vergnügen. Auf der einen Seite Bilder der Hauptshelden des Widerstands unter der Besatzung... auf der anderen Seite die Helden von Fadejews Roman *Die junge Garde*. Man bekommt den Eindruck, daß die Kinder schon mit sieben in das Gesellschaftliche eingebettet sind, daß es ihr Nachdenken prägt, ihre Phantasie anregt.»[45] Nach diesem erstaunlichen Lob der stimulierenden Wirkung von Pionierlagern und Stalinporträts formulierte der Schriftsteller plötzlich Fragen zum letzten Buch seines Kollegen Ilja Ehrenburg: «Haben Sie *Tauwetter* gelesen?» fragte Sartre den Journalisten. «Das ist kurios. Er kritisiert massiv den corneillehaften Einschlag des modernen sowjetischen Helden... Er erzählt die Geschichte eines jungen Mädchens, das spontan die symbolistische Lyrik von Alexander Blok anhimmelt und sich dazu zwingt, an der sozial engagierten Lyrik von heute Gefallen zu finden. Der Roman ist viel kritisiert worden...» Was ist in den scharfsinnigen Beobachter gefahren, daß ihn diese eigenartige Unschlüssigkeit ergreift, die seinem kritischen Geist und seiner legendären Auffassungsgabe diametral entgegengesetzt ist? Daß er erstmals in seinem Leben in jener Trägheit, Glückseligkeit und intellektueller Lethargie versinkt, die er immer so radikal angegriffen hat? Das Ritual der Rückkehr aus der UdSSR setzte sich leider fort, trieb ihn zu weiteren, ähnlich emphatischen Höhenflügen. So fragte ihn der Journalist auch, ob sich die Frage der gesellschaftlichen Privilegien in der UdSSR ähnlich stelle wie hier. «Nein», antwortete Sartre selbstsicher. «Wenn Sie so wollen, gibt es einen kleinen Kern der gegenwärtigen Elite, der auf Grund der Nachfolge Gefahr läuft, zu einer eigenen Schicht zu werden... Das spielt nur für einen minimalen Teil der modernen sowjetischen Gesellschaft eine Rolle...» «Haben Sie ihnen das gesagt?» wollte Jean Bedel wissen. «Ja», sagte der Schriftsteller. «Und sie haben es auch umstandslos zugegeben. Ich betone nochmals: sie nehmen jede Kritik an, die ihnen zutreffend erscheint, weil sie in einem ständigen Prozeß von Selbstkritik stehen, mit dem Ziel des Fortschritts. Das natürlich haben die Lazareffs nicht begriffen.» [46] Man meint zu träumen! Warum nur verfiel er auf eine derart deplazierte und plumpe Emphase, ein so fades Pathos und diese platte, nuancenlose Seligkeit? Was war geschehen?

Die Liste der sowjetischen Reize, der entdeckenswerten Wunder setzte sich unerschütterlich im schönsten Schnulzenstil für junge Mädchen fort. Sartre in seiner Nummer «Rückkehr aus der UdSSR oder Wie verliebt man sich gegen alle in das sowjetische Paradies», achtzehn Monate vor dem 20. Parteitag, achtzehn Monate vor dem großen Debakel, achtzehn Monate bevor die Weltöffentlichkeit über die öffentlich bekanntgewordenen stalinistischen Verbrechen zu Gericht saß. «Haben die Sowjetmenschen den Wunsch, andere Länder kennenzulernen und dorthin zu reisen?» fragte Jean Bedel weiter. «Kommen wollen sie nicht», behauptete Sartre. «Abgesehen von einigen wenigen haben sie wenig Lust, ihr Land zu verlassen. Ich habe viele gefragt: ‹Warum wollen Sie nicht kommen? Sie täuschen sich oft über uns.› Aber nein, es reizt sie nicht besonders. Sie haben im Moment keine große Reiselust. Sie haben anderes zu tun.» [47] Nach dieser Behauptung wurde Sartre noch zur Zukunft der französisch-sowjetischen Beziehungen befragt, und hier rutschte ihm das Schönste heraus: «Das Mindeste, was man sagen muß, ist, daß es sich hier um ein großes Volk handelt, das sich innerhalb von dreißig Jahren um den Preis enormer Opfer industrialisiert hat und eine Kultur aufgebaut hat und seinen Marsch in die Zukunft fortsetzt. Wenn Frankreich weiterhin stagniert, wird um 1960, jedenfalls vor 1966, der durchschnittliche Lebensstandard in der UdSSR um 30 bis 40% höher liegen als unserer.»[48] Mit dieser Prophezeiung hörte das Interview auf. Sartres einziger Einwand gegen die Sowjetunion betraf die Art, wie an den Universitäten Philosophie gelehrt würde: Das sei so, behauptete er, «wie an französischen religiösen Institutionen Kant, Hegel oder Marx gelehrt werden; man erklärt sie, weist auf ihre Irrtümer hin oder auf das, was man dafür hält; man nennt Einwände gegen sie, und man entledigt sich ihrer.»[49] Den Bürger, den Literaturkritiker, den Schriftsteller, den Journalisten hatte die Entdeckung der UdSSR restlos betört. Die einzige Einschränkung machte der Pädagoge, der die überholten Methoden eines traditionellen, schulischen Philosophieunterrichts ablehnte, das Gegenteil des kritischen Dialogs, den er mit den eigenen Schülern immer praktiziert hatte.

«Wir halten diese Befragung, die auf breiten Widerhall stößt, nicht für beendet», erklärte die Zeitung nach dem letzten Gespräch. «Wir haben einen Brief von Hélène Lazareff und Pierre Lazareff erhalten, die Jean-Paul Sartre verbittert vorwerfen, sie ‹namentlich› in Frage gestellt zu haben.»[50] Mit dem Angriff auf die beiden Lazareffs hatte Sartre nicht nur einen Konflikt mit der großen Presse, sondern mit der gesamten Pressewelt heraufbeschworen. Einen Konflikt, der sich schnell ausdehnte. Einen Konflikt – und das ist entscheidend – zwischen einem Intellektuellen und der französischen Journalistenklasse. Die Situation des französischen Intellektuellen wird sich von jetzt an verändern; ein sich verhärtendes Milieu wird den unbequemen Intellektuellen beiseite schieben und ihn auf sein Fachgebiet verweisen. Sartre hat zweifellos dazu beigetragen.

Diese Erklärungen verursachten ein allgemeines Geschrei. Jacques-Francis Rolland erzählt humorvoll, wie verdutzt die «Genossen aus der Partei» über Sartres Kehrtwendungen gewesen sind. Seine Erklärungen nach der Rückkehr aus der UdSSR «begeisterten die Genossen», schreibt er. «In der Zelle hörte man Bemerkungen wie: ‹Er macht dermaßen viele Fortschritte, daß er demnächst hier auftauchen wird, um in die Partei einzutreten.› Laffont ging auf die Witze ein; allerdings fühlte er sich bemüßigt, die gebotene Distanz wieder herzustellen: ‹Langsam, Freunde. Einverstanden, er hat Fortschritte gemacht, aber spinnt immer noch.›»[51] Und man gewann den Eindruck, Sartre habe Spaß an diesem Spiel einer gegen alle, bei dem er die UdSSR beweihräucherte. Jetzt machte er sich alle Welt zum

Feind: seine ehemaligen Mitstreiter vom RDR, die ratlos über das waren, was sie als unannehmbare Kehrtwendung, als plötzliche Zustimmung zu dem immer gemeinsam Verurteilten wahrnahmen. Seine Freunde von *Les Temps Modernes* wie Merleau-Ponty oder Claude Lefort; seine Freunde von der radikalen, aber institutionalisierten Linken wie Gilles Martinet und die ganze Redaktion von *France-Observateur*, darunter Roger Stéphane und Etiemble. Zwei Jahre zuvor hatte Sartre in einem brutalen öffentlichen Duell Camus vernichtet. Jetzt packte ihn rasende Leidenschaft, und er schlug zur Verwunderung aller bewußt seinen einsamen Weg ein. Gegen den Strom, als er beschloß, die KPF zu unterstützen; gegen den Strom, als er die UdSSR lobte. Gegen den Zeitgeist, gegen das allgemeine Urteil: wirklich ein seltsamer Weggefährte. Als sich nach der Befreiung alle möglichen bei der KPF, der «Partei der Erschossenen», einfanden, durchlebte der beschimpfte und isolierte Sartre seine Phase der größten Feindseligkeit gegen die Kommunisten. Zur RDR-Zeit nahm er gemeinsam mit ähnlich denkenden Linken die kommunistische Moral, eine «konformistische Moral», eine «kleinbürgerliche Moral»,[52] unter Beschuß. Er hatte *Les mains sales* geschrieben und auf Meinungsfreiheit, kritischem Individualismus und Freischärlertum insistiert. Aber als die Mehrzahl der aktiven Kommunisten und die Flut der kommunistischen Intellektuellen der fünfziger Jahre zu erwachen, zu zweifeln begannen – das Komplott der weißen Kittel, die Slansky-Affäre, der offene Antisemitismus, die Informationen über die Straflager –, näherte sich der in seiner Logik isolierte Sartre immer stärker der KPF. Genau in dem Moment, als sich alle anderen von ihr entfernten. Diese erstaunliche Logik gegen den Strom und gegen den Zeitgeist, genau das muß näher untersucht werden, will man seine Haltung, seine Erklärungen, seine Mißgriffe begreifen. «Ah ja, das stimmt, nach meinem ersten Besuch in der Sowjetunion 1954 habe ich gelogen», wird er zwanzig Jahre später erklären.[53] «Na, ‹gelogen› ist vielleicht zuviel gesagt: Ich verfaßte einen Artikel – den übrigens Cau zu Ende schrieb, weil ich krank war, ich hatte in Moskau ins Krankenhaus gehen müssen –, in dem ich über die UdSSR freundliche Dinge sagte, die ich nicht wirklich dachte. Ich tat das einerseits, weil ich der Meinung war, wenn man eben bei Leuten zu Gast gewesen sei, dann könne man sie nicht, kaum wieder zu Hause, mit Dreck bewerfen, und andererseits, weil ich mir über die UdSSR und über meine eigenen Ideen nicht ganz klar war.» Wir werden versuchen zu sehen, wie diese «Lügen» aus dem Sommer 1954 zu bewerten sind.

War es eine Belohnung für seine Erklärungen, eine Anerkennung für seine emphatische Rückkehr aus der UdSSR oder die letzte Etappe seiner Vereinnahmung durch die Kommunistische Partei? Jedenfalls wurde Sartre sechs Monate nach der Reise zum Vizepräsidenten der Gesellschaft für französisch-sowjetische Freundschaft ernannt: das war im Dezember 1954. Für fast zwei Jahre übernahm er eine Patenschaft für jene Organisation, die nach der Befreiung die Nachfolge der 1929 gegründeten «Association des amis de l'URSS» angetreten hatte. Mit seinem Namen und seinem Ansehen trug er dazu bei, die der Kommunistischen Internationale eng verbundene Organisation und ihre Bekehrungsbemühungen über Reisen, Pressearbeit, Vorträge und ähnliches glaubwürdig zu machen. Er erfüllte diese Rolle mit dem gleichen Eifer, den er in den zwei vorangegangenen Jahren bewiesen hatte. Im Innern, als persönlicher Kontrapunkt zu diesem offiziellen und öffentlichen Leben, ging jedoch die Arbeit des Schriftstellers weiter, mal publiziert, mal verborgen, schlug gelegentlich seltsame Wege ein, doch blieb diese Tätigkeit in einer bis dahin nie erreichten Interdependenz und Notwendigkeit stets aufs engste mit dem Programm an der Oberfläche verbunden. Bietet die Sartresche Logik der Literaturproduktion nicht die Schlüssel zu einer umfassenden Aufklärung jener Jahre?

Zwar schrieb er damals zwei Theaterstücke, *Kean* und *Nekrassov*, die jeweils 1953 und 1955 aufgeführt wurden, zwar verfaßte er 1956 das Drehbuch *Les sorcières de Salem* nach Arthur Millers *Hexenjagd*, zwar veröffentlichte er 1953 endlich ein Dutzend Seiten zu Mallarmé – Überbleibsel eines zwischen 1947 und 1949 geschriebenen Manuskripts –, die in einen Sammelband integriert wurden, doch blieben diese vier Texte Waisen: Sie wurden von keiner weiteren literarichen Publikation begleitet. Seine Reden, seine Appelle, seine Antworten, seine Artikel, seine Reiseeindrücke und seine Vorworte reichten zwar quantitativ an seine literarischen Texte der vorherigen Jahre heran. Dennoch ist unübersehbar, daß die Begegnung mit der KPF den Literaten steril werden ließ. Zumindest dem Anschein nach. Er wurde ein

Garant, ein Bürge, ein Neubekehrter, ein Reisender, ein Handelsvertreter mit einem nützlichen Sprachrohr, ein Unterzeichner, ein Redner, ein Wohltäter, ein Unterstützer. Der Schriftsteller aber starb. Hinter den Kulissen freilich, in jenem Maschinenraum, in dem mittlerweile Brieftauben aufgetaucht waren, drehten sich die Turbinen weiter, und der Schriftsteller arbeitete beharrlich, vielleicht beharrlicher denn je, an neuen Texten, ordnete und sortierte alte Manuskripte, traf eine Auswahl, erklärte bestimmte Projekte für erledigt und legte sein Heftchen mit dem schwarzen Kunstlederdeckel endgültig zur Seite, um andere dicke Akten aus blauem Papier wiederaufzunehmen. Darauf muß man einen Blick werfen, wenn man Sartre in seiner eigenen Logik zu fassen bekommen will, irgendwo zwischen 1952 und 1956, zwischen Moskau und Helsinki, Wien und Stockholm, zwischen dem obersten Stockwerk der Rue Bonaparte und dem Büro der *Temps Modernes*.

Nekrassov ist eindeutig sein entschiedenstes Pro-KPF-Stück gewesen, das polemischste, das parteilichste fast. Kein anderer seiner Texte ist so manichäistisch und in gewisser Hinsicht so stark zeitgebunden: eine Art Fortsetzung und Schluß der Rückkehr aus der UdSSR. Das Stück wurde bei Simone Berriau am Théâtre Antoine gespielt und geriet gleich unter den Beschuß der bürgerlichen Presse und anderer, unterschiedlicher Gruppen. «Die Mystifizierung eines Salonlöwen», erklärten die Mitglieder des «Cercle libre d'Études russes», «der noch nirgendwo gekämpft hat und dessen Hände schmutzig sind, seit er die der Henker des russischen Volkes gedrückt hat.» [54] In mehrfacher Hinsicht waren das Stück *Nekrassov* und vor allem die sich anschließende Affäre beispielhaft für die vier prokommunistischen Jahre Sartres. Hier wird die ganze Frage des Verhältnisses zwischen großer Presse und Politik im allgemeinen und der KPF im besonderen aufgeworfen. Allein die Themenwahl sorgte bei den Journalisten für Entrüstung und Wut, als habe er sich an ein Tabu gewagt. Hören wir zunächst die Äußerungen des Autors anläßlich verschiedener Gespräche: «Das Stück ist halb mißlungen...»[55] «Ich wollte ein satirisches Stück schreiben... eine gewisse Presse schreit schon auf, noch ehe sie das Thema meines Stücks kennt, noch ehe sie überhaupt angekratzt worden ist.»[56] «Mein Stück ist eine offene Satire der antikommunistischen Propagandamethoden...»[57] «Bestimmte Zeitungen lehnen die – selbstverständlich kostenpflichtigen – Anzeigen zur Vorankündigung meines Stücks ab.»[58] Vor allem die Figur von Jules Palotin, genannt Jojo les Bretelles, Herausgeber der auflagenstarken *Soir à Paris*, erregte die gesamte Presse: Man meinte eine simplifizierte Karikatur von Pierre Lazareff und seiner Zeitung *France-Soir* darin zu erkennen, die Sartre schon im Jahr zuvor angegriffen hatte. Durch eine Umbesetzung sollte übrigens jede Gleichsetzung vermieden werden: Ursprünglich hatte Louis de Funès, dessen kleiner Wuchs die Ähnlichkeit noch stärker betonte, die Rolle bekommen; schließlich stellte sie Armontel mit seinen hundertfünfundsiebzig Zentimetern dar. Trotz dem Bemühen, zu vermeiden, daß eine allzu offensichtliche Ähnlichkeit Sartres Absichten noch unterstrich, schrie alle Welt auf. Angefangen bei Françoise Giroud, die das Stück persönlich in ihrer Zeitung *L'Express* verriß. Die Verleumder waren Legion, und nach und nach ereiferte sich jeder, abgesehen natürlich von der kommunistischen Presse; im Juni 1955 nahm das Ganze Dimensionen einer Kabale an. Nacheinander zeigten sich *Paris-Match*, *L'Aurore*, *Le Figaro*, alle Pariser Zeitungen in ihrer Ehre beleidigt und eilten *France-Soir* zu Hilfe. Niemand wollte abseits stehen. Einer nach dem anderen prasselten die Anklagepunkte nieder: ein naives, kindisches, lächerliches, dümmliches, falsches Stück. Pierre Marcabru erfand eine Reihe unmißverständlicher Formulierungen zur Beschreibung der Handlung: «Eine Farce, die wie ein Elefant vorwärts trampelt, Dialoge von der Schwerfälligkeit eines Hinkelsteins und der Feinsinnigkeit eines Rhinozeros: Vier Stunden lang zermürbt Jean-Paul Sartres Stück die Zuschauer. Eine unmenschliche Zumutung... Die Regie scheint den Kopf verloren zu haben. Für sie gibt es Entschuldigungen, für Sartre nicht.»[59]

Diesem Heer von Verleumdern standen nur einige berühmte Verteidiger von *Nekrassov* gegenüber: Gilles Sandier, Jean Cocteau und Roland Barthes. «*Nekrassov* wurde bei seiner Aufführung säuberlich ermordet», erklärt Sandier. «Säuberlich, das ist eine Redensart, denn es ist abstoßend gewesen. *Le Figaro* rief dazu auf, gegen das Stück zu demonstrieren, ohne es überhaupt zu kennen, nur auf der Grundlage von Gerüchten. Die ganze Presse... spielte verrückt und tarnte ihre Wut mit Herablassung. Genau das traf das Stück übrigens hervorragend.»[60] Roland Barthes schlug noch stärker zu, indem er als Kern der Debatte den «berüchtigten Mythos der Trennung der Gattungen» entdeckte, eine archaische, überholte, heuchlerische Debatte, die sich sinnlos bemühe, herauszubekommen, ob das Stück nun eine Farce, eine Sittenkomödie, eine Satire, eine Revue oder ein Kaspertheater sei. Gleichzeitig verteidigte Barthes vehement Sartres Stil in diesem Stück: An manchen Stellen sei er «ebenso funkelnd wie der von Beaumarchais». Denn, so Barthes weiter, «durch die Trennung des gesellschaftlichen Bösen und des gesellschaftlichen Guten ohne Klassensophistik hat Sartre genau den schwachen Punkt jeder bürgerlichen Seele getroffen... zum Unglück für unsere nach Großmut hungernden Kritiker hat Sartre keine moralische, sondern eine politische Welt gezeichnet... *Nekrassov* spricht das allgemeine Wissen über die Abhängigkeit der großen Presse aus, und diese schonungslose Einsicht löst Triumph und Jubel aus: die Freude, offen zu sehen, was dunkel erahnt wird, das ist eigentlich das komische Theater, das ist die Katharsiswirkung der Satire... Ich tröste mich bei dem Gedanken», schließt Barthes lyrisch ab, «daß *Nekrassov* allabendlich und hoffentlich noch lange Zeit Franzosen befreien wird, die wie ich unter der bürgerlichen Krankheit zu ersticken drohen. ‹Ich leide an Frankreich›, sagte Michelet: deswegen hat mir *Nekrassov* gutgetan.»[61] Die Akte *Nekrassov* blieb dennoch offen; die beiden Wiederaufführungen des Stücks, 1968 von Hubert Gignoux am Théâtre National in Straßburg und 1978 von Georges Werler am Théâtre de l'Est parisien, lösten eine ähnlich heftige Kabale aus. Wir betreten hier delikates, selten untersuchtes Terrain, Sartres Beziehungen zur Presse. Nie als Dazugehöriger integriert, oft verdächtigt, vielleicht war das der Preis für seine Plattform, die von den Journalisten oft als zu umfassend, zu polyvalent, zu kolonisatorisch angesehen wurde. Seine Entscheidung, über bestimmte Vergehen eines Milieus zu spotten, das er nur schlecht kannte, faßte man als Ohrfeige, als Grobheit auf. Hinzu kam, daß sich sein «primitiver Prosowjetismus», so François Chalais[62], ein knappes Jahr später als hinfällig, wenn nicht gar als politischer Irrtum erwies.

Mit dem Angriff auf die französische Presse in *Nekrassov* schlug Sartre eine dicke Akte auf: das Verhältnis zwischen der Presse und einem bestimmten Typus von Intellektuellen. Es hatte die glückliche Periode gegeben, als Gide, Malraux, Aragon, Nizan, Camus mühelos zwischen Roman und Reportage, Literatur und Journalismus hin und her pendelten und einige von ihnen sogar, wie Camus bei *Combat*, selbst Presseunternehmer wurden. Von Camus angeworben erlernte Sartre das journalistische Handwerk anläßlich der Befreiung von Paris und seiner ersten Amerikareise, ehe er *Les Temps Modernes* ins Leben rief. Seine Leistungen als Reporter hatten das Milieu allerdings nicht sonderlich beeindruckt, und allgemein teilte man die Ansicht, Journalismus sei nicht seine beste Waffe... Seine Rückkehr aus der UdSSR vergiftete das Klima schlagartig: Durch seine Aussagen, seinen Angriff auf die Lazareffs, seine implizite Infragestellung ihrer Kompetenz als Beobachter begab sich Sartre in die Position des Angreifers. Genauer gesagt: in die Position eines Angreifers von außen, der hemmungslos bei Professionellen eindringt, um ihnen mitzuteilen, daß sie ihr Metier nicht beherrschten. Und daß er, der Lehrer, Philosoph, Schriftsteller, Kritiker, Dramatiker und Redner, ihnen zu zeigen hätte, was aus einer Reise zu lernen und wie Beobachtungen in einer Reportage zu analysieren seien, kurz, wie man zum großen Reporter wird. Im Herbst 1945 war Sartre von den Medien gemacht worden, die sich nach der deutschen Zensur entfalteten und denen es an Schreibern nicht mangelte. Für ein ganzes Jahrzehnt war er Produkt wie Protagonist jener neuen Medienmaschinerie. Mitte der fünfziger Jahre jedoch werden beide sich nicht mehr gegenseitig fördern, sondern aufeinanderprallen. Die Logik des allmächtigen Intellektuellen, der die der neuen Pressezaren frontal angreift, stößt auf eine Mauer. Vielleicht können die ersten Symptome des schwindenden Charismas der französischen Intellektuellen auf das Jahr 1955 datiert werden. Kann man sagen, die Kraftprobe zwischen Jean-Paul Sartre und Pierre Lazareff sei der Auslöser dieses allmählichen Prozesses gewesen? Die Rückkehr aus der UdSSR und *Nekrassov*, beides offene Kriegserklärungen, werden schnell unaufhebbare Spannungen heraufbeschwören. In diesem offenen Krieg stehen sich mit Sartre und Lazareff der französische Intellektuelle Nummer eins und der Kopf der neuen französischen Presse gegenüber. Ein Krieg der Chefs von tiefer Symbolik. «Mit *Nekrassov* will ich als Schriftsteller meinen Beitrag für den Frieden leisten», hatte er Guy Leclerc in der *Humanité* erklärt. «Auf dem Wiener Kongreß sind wir Verpflichtungen eingegangen, die wir einlösen müssen. Jetzt, wo die Entspannung deutlicher wird, wo sich eine Viererkonferenz abzeichnet, werden unsere Hoffnungen und unsere Vorhaben vor allem durch die Arbeitsweise jener Presse gebremst, die das Klima vergiftet. Ich habe ihre Arbeitsweise schwarz auf weiß aufzeigen, den Gutwilligen unter ihren eigenen Lesern die Augen öffnen wollen.»[63] Diente *Nekrassov* tatsächlich dem Kampf für den Frieden zwischen den Blöcken?[64]

Das zweite, unter demselben Einfluß stehende Gelegenheitswerk, *Les sorcières de Salem* nach dem Stück von Arthur Miller, bot ihm Gelegenheit, erneut seine Position gegen den McCarthyismus darzulegen, wie er es schon in seinen Artikeln zur Unterstützung der Rosenbergs getan hatte. Daraus wurde ein dreihundertseitiges Drehbuch, das unter der Regie von Raymond Rouleau mit Simone Signoret und Yves Montand in den Hauptrollen verfilmt wurde; der Film wurde 1957 in Frankreich gezeigt und hatte einen gewissen Erfolg. Weder *Nekrassow* noch *Les sorcières de Salem* können zu den unvergänglichen Werken des Dramatikers und Drehbuchautors Sartre gezählt werden. Es sind eher ideologische Pflichtbeiträge, vergleichbar mit seinen sonstigen prokommunistischen Reden, Petitionen, Erklärungen und Artikeln. Daß er in diesen Jahren allerdings auch literarisch arbeitete, wurde erst später bekannt. Parallel zu allen seinen kommunistischen Verpflichtungen. Als Gegengewicht?

Kean, das vom Kalten Krieg am wenigsten geprägte Stück, bietet weitere Aufschlüsse über die eben erwähnte verborgene literariche Arbeit. Mit der Bearbeitung des Stoffs von Alexandre Dumas d. Ä., mit der eigenwilligen Wiederbelebung des ungewöhnlichen englischen Schauspielers Kean setzte Sartre seine biographische Untersuchungen fort, indem er versuchte, einen anderen Menschentypus zu analysieren und nach Genet, Mallarmé, Baudelaire und Kafka erstmals einen Schauspieler in seine Porträtgalerie aufzunehmen. Offensichtlich machte es Sartre Spaß, in einer blumigen, weitschweifigen, stark an das 19. Jahrhundert angelehnten Sprache zu schreiben. Mit offensichtlichem Vergnügen porträtierte er Keans Größenwahn, Donjuanismus, Einsamkeit und Hochmut in herrlichen Tiraden, die von Pierre Brasseur im Herbst 1953 auf der Bühne des Théâtre Sarah Bernhardt meisterhaft gesprochen wurden. Als einziger literarischer Äußerung, einziger persönlicher Konzession mitten in dieser Zeit der Wende und der Isolierung auf der Hälfte des Weges kommt der Figur von Kean eine besondere Bedeutung in Sartres Werk zu. In diesem Dialog zwischen Sartre und Kean tauchten derart intime Themen, Ideen, Obsessionen auf, daß manche, beispielsweise Francis Jeanson, gewagte Interpretationen dazu anboten. Zugegeben: Hier erreichte die Thematik des Bastards, des Verräters eine seltene Tiefe. «Ein Trugbild, eine Phantasmagorie, das hat man aus Kean gemacht. Zum Scherz bringe ich Königreiche zum Wanken; zum Beifall der Käsehändler bin ich ein falscher Prinz, ein falscher Staatsmann, ein falscher Feldherr. Davon abgesehen, nichts. Ah! ja: ein nationaler Ruhm. Doch unter der Bedingung, daß ich mich nicht unterstehe, in Wahrheit zu existieren... Verstehen Sie, daß ich mit meinem wahren Gewicht auf der Erde stehen will? Daß ich es satt habe, eine Laterna magica zu sein? Seit zwanzig Jahren vollführe ich euch zu Gefallen Gesten; verstehen Sie, daß ich wünschen könnte, Taten zu vollführen?»[65] Ein Aufblitzen existentieller Psychologie vor dem Eintritt in das kommunistische Kollektiv? Sehnsucht nach einem Gleichgewicht zwischen subjektivem Schaffen und Gruppenengagement? Zwischen existentialistischer Tirade und massiver Aneignung eines galoppierenden Marxismus? Zwischen dem Schriftsteller als Sinnproduzent und dem Schauspieler als Textinterpret? Ja, *Kean* war durchaus ein Kreuzungspunkt, dessen wahre Tragweite, Bedeutung, Symbolik vielleicht noch zu entdecken sind.

Sartre verlor die ersten fünfhundert Seiten von *Mallarmé* und brach *La reine Albemarle* ab, er fing eine Geschichte der Arbeiterwelt und ein Drehbuch zur Französischen Revolution an, die er beide liegenließ: Was bedeuten diese totgeborenen Kinder? Wie sind diese abgebrochenen Projekte, diese erstarrten Versuche zu interpretieren? Zumal noch zahlreiche weitere Buchprojekte genannt werden müßten, die er oft erwähnte, aber nie ausführte, beispielsweise einen Kriminalroman, über den er unter anderem mit Jean Cau sprach. In seinen vier Jahren als kritischer Weggefährte ereigneten sich im verborgenen weitreichende literarische Umwälzungen. Es war nach der Verwandlung im Krieg von 1939 die zweite große Verwandlung des Schriftstellers, seine letzte. Er war Duclos und der KPF zu Hilfe geeilt, hatte mit protestantischer Besessenheit gegen sich selbst gedacht, den

Bourgeois in sich abtöten wollen. Mit der Gutwilligkeit des Opferbereiten hatte er sich vereinnahmen lassen und in den Kampf für eine Sache gestürzt, die er als seine ureigenste ansah. Fast mit geschlossenen Augen, denn sein Eifer, Menschen wie Antoine Pinay oder dem Polizeipräfekten Baylot den Kampf anzusagen, zustimmende, idealisierende Erklärungen zur Sowjetunion oder zum Wiener Kongreß abzugeben, die antikommunistische Presse zu demontieren, war geprägt von leidenschaftlichem Einsatz, erstaunlicher Naivität und vielleicht jener panischen Angst, seiner Rolle nicht gerecht zu werden. Jedenfalls begann er schon 1953 drei neue Manuskripte, die er teilweise zu Ende schreiben wird. Eine Autobiographie mit dem ursprünglichen Titel *Jean sans Terre*, die 1963 unter dem Titel *Les mots* erschien. Einen philosophischen Text, der die vorübergehend liegengelassene *Morale* ablöst und 1960 *La critique de la raison dialectique* wurde. Schließlich eine Illustration dieses philosophischen Textes, eine monströse Klammer, ein Beispiel für Fettleibigkeit, das 1971–1972 erschien: *L'idiot de la famille*, ein Monument aus drei Bänden, 2802 Seiten, unvollendet…

Das Manuskript von *Les mots* muß man berührt haben. Diese blauen, weißen, beigen Blätter gesehen haben. Die großen, zerrissenen, dünnen Papierseiten mit Eselsohren in die Hand genommen haben. Diese drei-, vierhundert handgeschriebenen Seiten gelesen haben. Sich die Augen verdorben haben bei dem Versuch, diese rebellische, schwierige, eigenwillige Spatzenschrift zu entziffern. Sich lange in das blaue und schräg geschriebene Gekritzel vertieft haben. Mit jener Schreibaskese konfrontiert worden sein: drei Zeilen am oberen Rand einer Seite, die auf der nächsten Seite wiederaufgenommen, durchgestrichen und noch einmal wiederaufgenommen werden. Die Angespanntheit, die Hartnäckigkeit gespürt haben, von diesen Sätzen angesteckt worden sein, die er geduldig zehn-, zwölf-, fünfzehnmal, Wort für Wort, Zeile für Zeile wieder neu formulierte. Sich über die fast leeren Seiten gewundert haben, die nur die Spuren dreier Wörter oder eines Satzes aufweisen, die in der Luft hängengeblieben sind. Dann erst erahnt man, welche gewaltige Arbeit hier geleistet wurde, und dann erst wird man von Sartres besessener Anstrengung gepackt. *Les mots*, ein über zehn Jahre immer wieder neu geschliffenes, umgearbeitetes, umredigiertes Manuskript, ist etwas Besonderes, ein Werk, das mit Schmerz und Leidenschaft hervorgebracht worden ist. «Das ist der Ausgangspunkt. Ich habe alles in die Literatur investiert... ich schreibe seit genau einem halben Jahrhundert, und ich habe vierzig Jahre in einem Gefängnis aus Glas gelebt... ich stelle fest, daß die Literatur ein Religionsersatz ist... ich hatte einen Wörtermystizismus... der Atheismus hat allmählich alles zersetzt. Ich habe das Schreiben entmystifiziert, laizisiert. Man kann sagen, daß meine Verwandlung von dieser Veränderung meines Verhältnisses zur Sprache kommt. Ich bin vom Terrorismus zur Rhetorik übergegangen: als ich Mystiker war, wurden die Wörter den Dingen geopfert; als Ungläubiger komme ich auf sie zurück: man muß wissen, was reden bedeutet. Aber das ist schwer: ich strenge mich an, aber spüre vor mir etwas wie einen gestorbenen Traum, wie eine fröhliche Brutalität, wie eine ständige Versuchung des Terrors. Seit vierzig Jahren denke ich gegen mich selbst... (durchgestrichen)... seit einundfünfzig Jahren schreibe ich aus Gewohnheit... ich habe systematisch die Fundamente untergraben, die Religion der Literatur ausgemerzt: Schluß mit dem Heil, nichts rettet, und vor allem ist das nicht mehr die Frage... Schluß mit der Unsterblichkeit: ich schreibe für meine Epoche... das Altern hat den Fortschritt gestoppt... Das ist mein Ausgangspunkt: um mich von einer Malaise zu heilen, habe ich alles in das Schreiben investiert... die Folge davon ist, daß ich seit einem halben Jahrhundert schreibe... Schon in meinem achten Lebensjahr bin ich dem Orden beigetreten, die Sache geschah ganz von selbst...»[66]

Dieses Manuskript schrieb er zwischen *Les communistes et la paix*, der «Antwort an Albert Camus», der Rückkehr aus der UdSSR und *Nekrassow*... An der Oberfläche brachen Wut und Leidenschaft zugunsten einer verfolgten kommunistischen Partei und Arbeiterklasse aus, darunter Wut und Leidenschaft gegen das Sartresche Gebäude. Gegen das Gebäude, das ein achtjähriger Phantast entworfen hatte, um endlich seinem Großvater zu entkommen. Gegen das Heil durch die Literatur. Gegen die Unsterblichkeit des Genies. Mit acht hatte er das nötige Werkzeug in sich gefunden, mit dessen Hilfe er sich dem schamlosen Druck seiner Erwachsenenumgebung entziehen konnte; er hatte sich «zurückgezogen hinter einen Paravent», zur «Wiederholung (seiner) Geburt».[67] Jetzt, mit achtundvierzig Jahren, wiederholte er das gleiche, zerstörte er das Gebäude, das vierzig Jahre lang funktioniert hatte und wechselte den Kurs. «*Die Wörter* sind im wesentlichen 1953 geschrieben worden», wird er später erzählen. «Damals hat sich viel bei mir verändert, vor allem habe ich festgestellt, daß ich... eine regelrechte Neurose durchgemacht hatte. Die Neurose bestand im Grunde darin, daß ich – wie beispielsweise Flaubert in seiner Epoche – meinte, es gäbe nichts Schöneres und Höheres als Schreiben, Schreiben hieße bleibende Werke schaffen, und das Leben eines Schriftstellers ließe sich von dem her begreifen, was er geschrieben hat. Und damals, 53, habe ich begriffen, daß das eine absolut bürgerliche Sicht ist und es ganz andere Dinge als Schreiben gab; Schreiben bekam also einen ganz anderen Stellenwert, als ich geglaubt hatte. Von diesem Standpunkt aus bin ich damals, um 1953–54, schlagartig von meiner Neurose geheilt worden. Dann wollte ich sie aber auch verstehen... So habe ich in großen Zügen *Die Wörter* geschrieben...»[68] In verschiedenen weiteren Gesprächen wird er diesen Gedanken wiederaufgreifen, vor allem die Frage des Schreibens als bürgerlicher Marotte aus dem 19. Jahrhundert, und seine Entdeckung aus den Jahren 1952–1953: «Schreiben (ist) eine Arbeit... wie jede andere auch»,[69] weiter nichts. Er wird auch erklären, daß er «sein Leben» fünfzig Jahre lang geträumt habe, daß er «in Bewegung gehalten (wurde) durch die Idee des Absoluten», daß ab den fünfziger Jahren jedoch «das Absolute dahin»[70] sei. Wie hängen *Les mots* mit seiner Entdeckung des aktiven politischen Lebens zusammen? Wie soll man verstehen, daß der Beginn seiner Autobiographie zugleich das Ende seines literarischen Schaffens bedeuten soll? Und wie vor allem läßt sich die unglaubliche Selbstanforderung mit der Gefälligkeit, der Kritiklosigkeit, dem Idealismus gegenüber der UdSSR, mit der absoluten und leidenschaftlichen Hingabe an die unterdrückte Arbeiterklasse vereinbaren?

Nimmt man alle Fäden dieser vier Jahre wieder auf, erinnert man sich an die Wut und Leidenschaft, das Wüten gegen die ehemaligen Freunde und gegen sich selbst an erster Stelle, an die Lust, diejenigen zu demontieren, die seinem Denken am nächsten standen, rechts von der KPF, links von der KPF, innerhalb der KPF, vergegenwärtigt man sich die Verwunderung aller über seine scheinbar radikale, späte und rätselhafte Konversion, nimmt man seine öffentlichen Auftritte und geheimen Manöver hinzu, dann wird einiges von der damals einsetzenden Sartreschen Logik verständlich. Der Kalte Krieg, die Politik der Blöcke, die Ablehnung eines Weltkriegs, der Ekel über den Koreakrieg, die Empörung über die Verfolgung der KPF machten aus Sartre einen kritischen Weggefährten. Am 28. Mai 1952 passierte es. Hals über Kopf verließ er Rom und seinen Zauber, ohne sich bewußt zu sein, in welches Räderwerk er damit geriet. Am 23. Oktober 1956 geschieht es wieder in Rom, daß ihn die ersten Nachrichten vom Ungarnaufstand, von der Anwesenheit russischer Panzer und der Härte der sowjetischen Repression erreichen. Genauso schnell und genauso überzeugt, wie er im Frühjahr 1952 von Rom aus der KPF zu Hilfe geeilt war, stürzt er im Oktober 1956 von Rom aus zur Unterstützung der unterdrückten Ungarn los. Von Duclos' Tauben zu den Budapester Panzern: Er engagiert sich genauso instinktiv, genauso leidenschaftlich, in perfekter Übereinstimmung mit der Sartreschen Logik. Einer Logik der Relativität von Dringlichkeiten. «Ich verurteile die sowjetische Aggression voll und ganz, ohne die geringste Einschränkung. Ohne das russische Volk dafür verantwortlich zu machen, wiederhole ich, daß seine gegenwärtige Regierung ein Verbrechen begangen hat... Und für mich ist das Verbrechen nicht *nur* der Angriff auf Budapest mit Panzern, sondern auch daß er ermöglicht worden ist... durch zwölf Jahre Terror und Dummheit... Ich sage, daß eine Wiederaufnahme der Beziehungen zu denen, die heute die KPF führen, jetzt nicht möglich ist und nie wieder möglich sein wird. Jeder einzelne Satz, jede einzelne Geste von ihnen ist das Ergebnis von dreißig Jahren Lüge und Verknöcherung. Ihre Reaktionen sind einfach verantwortungslos.»[71]

Das war das Ende der vier Wendejahre: Die KPF wird aus Sartres riesiger Galaxie ausrangiert. Sie war eine notwendige Etappe. Nach diesem Satz wird nichts wieder wie früher sein. Der Schriftsteller stirbt zugunsten des Intellektuellen-im-Dienste-aller-Unterdrückten-dieser-Erde. «Der Philosoph und seine Armen», meinte später Jacques Rancière. Sartre wird jetzt ein anderer, der im völligen Bruch zu dem Königskind, zu dem größenwahnsinnigen Kind steht – er wird es in *Les mots* erzählen; und im noch radikaleren Bruch zu dem Schweitzererbe des 19. Jahrhunderts – er wird es im *Flaubert* erzählen. Im übrigen wird er bis zum Schluß nichts anderes mehr sagen. Er begleicht seine eigenen Rechnungen, liquidiert das Familienerbe und stellt sein Leben in den Dienst der Verfolgten. Die weitere Sartresche Produktion steht zwischen 1952 und 1956 schon fest. Er hat eine Entscheidung getroffen und wird sich an sie halten. Er schließt sich einer langen Tradition von Philosophen an, von Plato und Sokrates über Rousseau und Voltaire bis Marx, die die Gesellschaft retten wollten. Ist die KPF vielleicht auch nur etwas gewesen, was er «mit dem Trick zunächst der Empathie und der anschließenden radikalen Überschreitung» sich aneignen, sich einverleiben wollte, ein Bestandteil seines gigantischen Projekts der Welterkundung, ein Ausdruck seiner größenwahnsinnigen und fiebrigen Gier? 1956 ist er einundfünfzig Jahre alt und «ein Mann, der geheilt aus einem langen, bitteren und süßen Wahn erwacht...»[72]

EIN MANN ERWACHT

1956–1980

... seit ungefähr zehn Jahren bin ich ein Mann, der geheilt aus einem langen, bitteren und süßen Wahn erwacht und der sich nicht darüber beruhigen kann und der auch nicht ohne Heiterkeit an seine einstigen Irrtümer zu denken vermag und der nichts mehr mit seinem Leben anzufangen weiß.

Die Wörter

IHR SEID FABELHAFT...

War das Frankreich der fünfziger Jahre wirklich so fabelhaft? Waren sie fabelhaft, diese Franzosen, die jetzt zur Modernität erwachten? Das Wort «fabelhaft» jedenfalls, «formidable», war Mode. Charles Aznavour und Gilbert Bécaud hatten es in ihre letzten Schlager aufgenommen; die Schüler benutzten es wie ein Zauberding mit Wunderkräften: Man kürzte es ab, man mißhandelte es, und «c'est formid» wurde zusammen mit «c'est sensas» oder auch «c'est sympa» das Schlüsselwort für jede Art Begeisterung und Eroberung...

«Ihr seid fabelhaft...» wiederholte Jean Nohain mit seiner berühmten Stimme jede Woche im Radio und später dann im Fernsehen. Der schon fünfzigjährige Journalist setzte seinen Stil, seine Glatze, seinen arglosen Optimismus, seine berühmte Stimme und seine marktschreierischen Superlative im Frankreich der fünfziger Jahre durch, das sich jetzt unzählige neue Formen der Kommunikation erschloß. Populär wie kein anderer Medienmensch, eroberte Jean Nohain mit seinen erfolgreichen Spielsendungen schnell das Herz der Franzosen: Nach im Grunde immer gleichem Muster erfand er die Sendereihen «Eintagsköniginnen» und «Ihr seid fabelhaft». Beispiel: Eine französische Familie legte am Mikrofon vor Jean Nohain ihre Not dar. Der Journalist gab den Notruf weiter, bat die Zuhörer mit seiner schmetternden, erobernden, patriarchalischen

Stimme um Hilfe, überzeugte die französischen Massen davon, daß sie wirklich einfach fabelhaft seien: Und sofort strömten Konservendosen, Möbel, Kleidungsstücke, Medikamente und alles mögliche andere zum Animateur. Unversehens sah sich jene notleidende französische Familie im Besitz eines Reichtums, den sie diesem besonderen, illusorischen Moment von Großzügigkeit, dieser zugleich herzlichen wie trügerischen landesweiten Mobilisierung zu verdanken hatte.

Während Jean Nohain die französischen Massen im Wochenrhythmus vom mildtätigen Elan einiger weniger träumen ließ, richtete sich das Land unbekümmert im Konsumzeitalter ein. Entdeckungen aller Art, kollektives Umlernen, gemeinsamer Eintritt in die Modernität. Mit den neuen Automodellen, der 4 CV, dem Spitzenprodukt von Renault, der Frégate, der Trianon, der Versailles oder der Dyna Panhard, alle fünf mit der berühmten runden, sanften Kellerasselkarosserie ohne eine einzige Kante, lernte man die Freuden der Geschwindigkeit kennen. Man entdeckte die Wonnen von Kühlschrank, Küchenmaschinen, Resopal und Plastik. Vor allem gab es allabendlich beim Familienessen einen neuen Gast, seit Pierre Sabbagh Anfang der fünfziger Jahre für dreihundert französische Zuschauer zum erstenmal um 20 Uhr die Tagesschau moderierte. Derweil ging Jean Nohain seinen Weg weiter; emphatisch lobte und glorifizierte er die verborgenen Schätze des französischen Kleinbürgers, versüßte er die sozialen Konflikte, versöhnte und beschwichtigte er: ein Zauberer der modernen Zeiten... War das Frankreich der fünfziger Jahre wirklich so fabelhaft? Waren diese Franzosen auf halber Strecke des 20. Jahrhunderts tatsächlich so fabelhaft?

«Ihr seid fabelhaft», sagt auch Jean-Paul Sartre, Jean Nohain parodierend, in einem Artikel der *Temps Modernes* vom Mai 1957. «Die Zeitungen hofieren uns», schreibt er, «sie wollen uns weismachen, wir seien gut. Wenn der Rundfunk oder das Fernsehen uns um ein Almosen bitten, betiteln sie ihre Sendungen: ‹Ihr seid fabelhaft!›, und schon rennen wir mitternachts von der Porte de Saint-Ouen zur Porte d'Italie. Aber wir sind nicht fabelhaft. Ebensowenig wie wir arglos sind: die illusorische Gemeinschaft der anständigen Menschen, das ist ganz einfach die Leserschaft von *France-Soir*. Wenn wir uns weigern, uns selbst an die Erforschung der französischen Wahrheit zu machen, während wir fähig sind, unsere alten Matratzen auf die 4 CV zu stapeln, um sie irgendeinem Jean Nohain vor die Füße zu werfen, so tun wir das aus Angst. Angst, unser wahres Gesicht nackt zu sehen. Die Lüge ist da...»[1] Ohrfeige für den populärsten französischen Quizmaster, Entlarvung des Betrugs, brutaler Angriff auf das Phänomen Jean Nohain. Zur Zeit des latenten Antisemitismus hatte Sartre mit seinen *Réflexions sur la question juive* Frankreich provoziert. Zehn Jahre danach knüpft er sich die mythische Figur des französischen Kleinbürgertums schlechthin vor. Plötzlich ist Sartre wieder da: Der paradoxe und scharfsinnige Philosoph krempelt die Ärmel hoch und geht wieder nach vorn; der Desillusionist nimmt die Arbeit wieder auf und springt dem «Desto-besser»-Onkel der Franzosen an die Kehle. Nach seinen prosowjetischen Psalmen war es auch höchste Zeit für Sartre, zu seiner Stimme und seiner Wut zurückzufinden!

«Erste Lüge... Zweite Lüge... Schuldig... Doppelt schuldig...» In der Fassung von «Ihr seid fabelhaft», die im Mai 1957 in *Les Temps Modernes* erschien, schlägt Sartre Alarm, Alarm wegen Algerien. Eigentlich wirbt er für eine kurz zuvor erschienene Broschüre: *Des rappelés témoignent*. Er will die Bedeutung dieses Textes, der Plünderung und Folter in Algerien dokumentiert, Korruption, Übergriffe und Zersetzung der französischen Armee bezeugt, hervorheben, bekannt machen. «...wir sind krank, schwer krank; fiebernd und entkräftet, verfolgt von seinen alten Träumen von Ruhm und der Ahnung seiner Schande, schlägt Frankreich um sich inmitten eines undeutlichen Alptraums, den es weder fliehen noch entschlüsseln kann. Entweder werden wir Klarheit gewinnen, oder wir werden krepieren.»[2] Diesen Prozeß macht Sartre dem ganzen Land.[3] Anknüpfend an 1945 will der Ankläger das, was er als «Kollektivverantwortung» bezeichnet, in Erinnerung rufen, sein Land aus seiner Trägheit, Feigheit, Bequemlichkeit wachrütteln. In wenigen Zeilen beschreibt er das Frankreich von 1957, weist auf die Widersprüche hin, benennt die Gegensätze und schleudert, nachdem er die Modeformel des Jahres mehrmals aufgenommen hat, das famose «Ihr seid fabelhaft» zurück, als handle es sich um ein bösartiges, gemeines, übelriechendes, fast schon obszönes Ding. «Ach! Damals (im letzten

November) waren wir *auch schon* fabelhaft»[4], ein nervtötendes Leitmotiv. Und immer wieder greift er den Gedanken auf: «Wir sind nicht arglos, wird sind dreckig.»[5] Ist nicht Frankreichs perverser Zauberkünstler und Medizinmann Jean Nohain, der dem Land ein einschläferndes Serum einspritzt, mehr oder weniger das Gegenstück zur Regierung Mollet, die die Realität der Folter in Algerien kennt und ihrerseits Ausflüchte sucht, Verrat übt, verheimlicht und träumen läßt? «...die Regierung Mollet... schreckt vor keinem Opfer zurück, sie hat für drei Tage die Königin von England auf Frankreichs Thron gesetzt. Welch Entzücken! Welche Wonne! Wildfremde Leute sprachen einander an, faßten sich bei den Händen und tanzten die Farandole. In Algerien jedoch fuhren zähe Männer fort in ihrem *Job*: keine Feiertage für die Peiniger...»[6]

Kontrasteffekt: «Die Königin ist abgereist, sie ruht sich in Windsor aus... Ihr schweigt», insistiert Sartre. «Ihr kennt die Dokumente... Wie viele Matratzen müßten wir an der Place de la Concorde abgeben, um die Welt vergessen zu lassen, daß in unserem Namen Kinder gefoltert werden und daß wir dazu schweigen?»[7] Typisch Sartre, die Parallele zwischen Königin Elisabeth II., deren archaische Krönungszeremonie mit Prunk und Karossen vier Jahre zuvor das Fernsehen übertragen hatte, und Jean Nohain, der um Matratzen für die verschuldete Familie Lambda bettelt. Sartre verurteilt beide im Namen einer einzigen Anklage: der «künstlichen Unwissenheit, in der man uns hält... Um unsere Ruhe zu gewährleisten.»[8] Die schmerzliche Wahrheit über Afrika, der Alptraum, die kollektive Scham werden verdrängt. Wir werden «in eine scheußliche Falle getrieben... und, zu unserem Unglück, in eine Haltung, die wir selbst verurteilt haben.»[9] Empörung, Erregung, Dringlichkeit: «Noch ist es Zeit..., noch ist es möglich» und schließlich die Aufforderung: «...blicken wir der Wahrheit ins Gesicht; sie wird jeden von uns zwingen, entweder die begangenen Verbrechen öffentlich zu verurteilen oder die Verantwortung dafür in voller Kenntnis der Tatsachen auf sich zu nehmen... Hier ist der Beweis, hier sind die Greuel, *unsere*: wir können sie nicht zur Kenntnis nehmen, ohne sie aus uns herauszureißen und zu vernichten.»[10] Sartre wird diesen aufrüttelnden, empörten, mobilisierenden Text noch oft verwenden, ihn immer wieder um das gleiche Thema variieren und, wenn er beinahe obsessiv die Frage von Kollektivschuld und perverser Verdrängung aufgreift, die Rolle spielen, die er immer spielt, seine eigene Rolle...

«Formid», «impec», «sensas»: Wie alle französischen Schulkinder spielten auch die Kinder an den Schulen Algeriens in ihren hellen Kitteln mit dem neuen Wortschatz der fünfziger Jahre, den neuen emphatischen Schlüsselbegriffen, mit denen man den letzten Schlager oder den ersten Sputnik kommentierte. Während Jean Nohain bei seinen Anhängern laut die Trommel rührte, spürte Frankreich die ersten Wehen jener umgekehrten Geburtsarbeit, an der es acht Jahre lang in verheerender Weise leiden sollte. Denn der Algerienkrieg, von dem Sartre 1957 – zwei, drei Jahre nach den ersten Symptomen – sagte, er würde das Land in eine «scheußliche Falle treiben», vergiftete allmählich das ganze Land. Von Dünkirchen bis Tamanrasset stürzte das scheinbar so prosperierende, solide und unangreifbare Kolonialsystem zusammen. In Paris kümmerte es offenbar niemanden, daß man in El-Biar, in Ouargla oder Tlemcen allen Schulkindern unabhängig von ihrer Herkunft beibrachte, ihr Land besitze in seiner Mitte ein großes Granitmassiv mit Namen Massif Central und werde unter anderen von der Loire, der Vienne und der Garonne bewässert... Djurdjura, Arach, die Ebene der Mitidja: das wurde nie erwähnt, das existierte nicht. Daß man sie dazu erzog, Gedichte von du Bellay oder klassische Monologe zu lieben, auswendig zu lernen und aufzusagen, beunruhigte keinen; Corneille und Racine standen hoch im Kurs, ob in den Schulen am Square Bresson oder in den Armenvierteln Constantines. Nicht einmal erwähnt wurden die Namen von Ibn Kaldoun, der Königin Kahana oder dem Dichter El-Manfalouti: Auch sie hatten offenbar nie existiert. Seit 1830, als General Bugeaud im Kampf gegen Abd el Kader das begehrte algerische Territorium für Frankreich erobert hatte, war eine Politik äußerster kultureller Assimilierung betrieben worden, Französisch ersetzte als offizielle Schulsprache allerorts das Arabische, und wie in allen ähnlichen Fällen wurde damit eine zwangsläufig entfremdende Importkultur vermittelt. So lebten Moslems, Berber, Juden und französische Siedler schon hundertfünfundzwanzig Jahre, als diejenigen, die in Algerien die «Mutterlandfranzosen» hießen, unter der sieben Millionen starken Bevölkerung die ersten Unruhezeichen bemerkten.

Erbarmungslos schlug im «fabelhaften» Frankreich der fünfziger Jahre das Pendel zurück. Die ganze in hundertfünfundzwanzig Jahren französischer Kolonialmacht verdrängte algerische Sprache, die ganze unterdrückte algerische Kultur, die für eineinviertel Jahrhundert verschwiegene Geographie und Geschichte: Auf einmal wurden die verdutzten Franzosen damit konfrontiert. Und wie immer waren es zunächst neue Wörter, die sich durchsetzten: Den Setzern und den Zeitungen wurden die Vokabeln «Aurès», «Djebels», «Douars», «Fellaghas», «Rebellen», «Gesetzlose», «Paras» und «Aufrechterhaltung der Ordnung» vertraut. Selten hat eine sprachliche Invasion so klar dokumentiert, wie eine verdrängte politische und menschliche Realität wieder zu ihrem Recht kommt und sich in einem Land durchsetzt, das sie nicht länger ignorieren kann. «Mehrere Attentate sind an verschiedenen Orten Algeriens verübt worden», erklärte am 7. November 1954 François Mitterrand, Innenminister der Mendès-France-Regierung. «Diese Attentate», führte er weiter aus, «gehen auf das Konto Einzelner oder isolierter Gruppen. Der Generalgouverneur in Algerien, Roger Léonard, hat Sofortmaßnahmen ergriffen, und der Innenminister hat ihm zusätzliche Polizeikräfte zur Verfügung gestellt. Unter der Bevölkerung herrscht größte Ruhe.» Der 1. November 1954 blieb das symbolische Datum für den Beginn der Explosion – das Werk «Einzelner oder isolierter Gruppen» oder von «Terroristen», wie es im Rückgriff auf eine seit der Okkupation vergessene Sprache hieß. Nach der Niederlage in Dien Bien Phu hatte Mendès-France in Indochina Frieden geschlossen; im gleichen Zug hatte er Tunesien die innere Autonomie zugebilligt. Die algerische Frage aber hatte er nicht lösen können. Er bekam den Spitznamen «bradeur de l'empire», und man hielt ihm vor, mit dem Kolonialreich eine Politik des Ausverkaufs zu betreiben: frontal war er mit den Interessen der mächtigen «Pieds-noirs», der Siedler-Lobby zusammengestoßen.

Die Regierung Edgar Faure löste die Regierung Mendès-France ab. Die Regierung Guy Mollet löste die Regierung Edgar Faure ab. Als Generalgouverneur in Algerien folgte auf Edmond Naegelen Roger Léonard. Auf Roger Léonard folgte Jacques Soustelle. 1956 schließlich wurde Robert Lacoste zum Residierenden Minister in Algerien ernannt. In knapp sechs Jahren erlebten die Franzosen in der

Metropole und die Franzosen in Algerien mehr als sechs Politiker, die die unangenhme «Affäre», wenn nicht lösen, so doch wenigstens verwalten sollten. Eine um so unangenehmere Affäre, als mit jeder Woche neue Informationen hinzukamen, die nicht alle beruhigend waren. Um so unangenehmer auch deswegen, weil einige Journalisten ihren Auftrag erfüllten und mit Reportagen, Artikeln und Zeugnissen den weißgetünchten Putz der merkwürdigen Konstruktion «französisches Algerien» Stück für Stück abtrugen. Was vor allem allmählich zerstört wurde? Die resolute Selbstsicherheit der Politiker, die bis zum Überdruß die Formeln wiederholten: «Algerien ist Frankreich», »Algerien bildet mit dem Mutterland eine unantastbare Einheit», «Von Flandern bis zum Kongo gilt ein einziges Gesetz, und das ist das französische Gesetz».

Eine exemplarische journalistische Erfahrung in den ersten Tagen des algerischen Dramas machte Robert Barrat: Im August 1955 hatten Massaker im nördlichen Constantine unter der europäischen und moslemischen Bevölkerung Tausende von Opfern gekostet. Barrat wollte der Sache nachgehen und traf sich sowohl mit Jacques Soustelle, dem Generalgouverneur in Algier, wie mit einigen algerischen Führern, den berüchtigten «Fellaghas» der FNL-Bewegung. Außerdem bemühte er sich vergebens, Verhandlungen zwischen den «Rebellen» und den Vertretern des französischen Staates herbeizuführen. Auf Grund seiner Reportage «Ein französischer Journalist bei den algerischen Rebellen», die in *France-Observateur* erschien, wurde er von Soustelle verhaftet und von Edgar Faure wieder freigelassen: Das zeigt, wie unentschlossen die Regierung war... Den Zeugenberichten von Robert Barrat folgten die von Colette und Francis Jeanson, die in *L'Algérie hors-la-loi* mit Hilfe von Dokumenten den vollständigen Bankrott der Kolonialpolitik einer Pseudointegration deutlich machten. Darüber hinaus wiesen sie die politische, historische, ökonomische und kulturelle Legitimität dieser sogenannten «Gesetzlosen» nach, die von französischen Fallschirmjägern in den kabylischen Djebbels gejagt wurden. Nach der Anklageschrift Barrat und der Anklageschrift Jeanson öffneten *L'Express*, *L'Observateur*, *Le Monde* allmählich jenen Stimmen ihre Spalten, die die unerträgliche «Wahrheit Afrikas» bezeugten. Gleich nach den ersten bewegenden Reportagen von Barrat und Jeanson wurde im Herbst 1955 das *Comité d'action des intellectuels contre la poursuite de la guerre en Algérie* gegründet, das «Aktionskomitee der Intellektuellen gegen die Weiterführung des Krieges in Algerien»; es vereinigte so unterschiedliche Menschen wie den christlichen Intellektuellen André Mandouze und die ehemaligen KPF-Mitglieder Edgar Morin, Robert Antelme und Dionys Mascolo. «Wir lehnen uns gegen das Prinzip des Kolonialkriegs auf und treten für das Prinzip des Selbstbestimmungsrechts der Völker ein», kommentierte später der Soziologe Edgar Morin.[11] Zu den genannten Gründungsmitgliedern stießen sofort und im selben pluralistischen Geist Schriftsteller hinzu: Roger Martin du Gard, François Mauriac und Sartre.

Sartre und Simone de Beauvoir hatten die algerische Realität auf ihren Reisen an Ort und Stelle erlebt. Was hatten sie aber tatsächlich gesehen, als sie im Frühjahr 1950 auf ihrer Reise nach Mali und in den Senegal Algerien durchquert hatten? Eigentlich wenig: In Ghardaja hatten sie als Touristen die Schönheit des Mzab bewundert. «Wir waren zwar Gegner des Kolonialsystems, aber nicht a priori gegen die Männer eingestellt, die die einheimischen Angelegenheiten verwalteten oder den Straßenbau leiteten.»[12] Keine Bewußtwerdung also anläßlich jener Reise, dafür aber ein von jeher eindeutiger, definitiver Haß auf den Kolonialismus, auf jeden Kolonialismus. Schon zur RDR-Zeit hatte Sartre die Unterdrückung des marokkanischen Volkes uneingeschränkt verurteilt. «Zu Recht klagen Sie Frankreich an», lautete seine erste antikolonialistische Erklärung, als er auf einer Versammlung marokkanischer Studenten in Paris gesprochen hatte.[13] Auf einem Friedenskongreß in Helsinki hatte er die Frage des Kolonialismus erneut thematisiert. «Die Ära des Kolonialismus geht ihrem Ende entgegen», hatte er erklärt und den Wunsch geäußert, Frankreich möge auf friedlichem Wege unverzüglich die algerischen, marokkanischen und tunesischen Forderungen erfüllen.[14] Ein frommer Wunsch, der damals, 1955, noch legitim wirkte. Vier Monate später war die Situation derart vertrackt, daß schon das Wort «Frieden» im algerisch-französischen Kontext wie der reinste Anachronismus wirkte. Ein weiterer Bericht hatte Sartre über die nordafrikanische Realität informiert: Francis Jeansons Zeugnis. Jeanson war schon immer, und besonders seit 1945, Sartre-Anhänger, hatte drei Bücher über Sartre geschrieben – einige der genauesten Exegesen seiner Texte, die jemals geschrieben worden sind – und sich der Strömung von *Les Temps Modernes* angeschlossen. Seine Kenntnisse der algerischen Realität hatte Jeanson seit dem Zweiten Weltkrieg durch zahlreiche Reisen und ständige Kontakte zu den nationalen Bewegungen und ihren Führern vertieft. Über Jeanson wurden Sartre und *Les Temps Modernes* fast täglich über den Gang der Ereignisse, über den politischen Bewußtseinsprozeß des algerischen Volkes auf dem laufenden gehalten. Im Herbst 1955 veröffentlichte Jeanson mit *Algérie hors-la-loi* als einer der ersten überwältigende Dokumente, die einen Teil der öffentlichen Meinung umstimmten. Später, anläßlich des sowjetischen Einmarschs in Ungarn, lockerte sich die Beziehung zwischen Sartre und Jeanson: Jeanson hatte in einem Interview mit der Wochenzeitschrift *L'Express* erklärt, er halte Sartres Verurteilung der Kommunisten in dem Artikel «Le fantôme de Staline» für zu scharf. Ein dreijähriges Zerwürfnis ist eigentlich kein Drama. Allerdings ereignete sich dieses Zerwürfnis zu Beginn des algerischen Aufstands und schnitt Sartre von Jeanson ab; damit verlor der Herausgeber von *Les Temps Modernes* einen erstklassigen Informanten und einen direkten Kontakt zur algerischen Wirklichkeit. Nehmen wir aber nichts vorweg. Sartre unterzeichnete also den Aufruf des «Komitees der Intellektuellen», schrieb Artikel und hielt Reden.

«Noch heute morgen war ich in Algier... Ich überbringe Ihnen die Grüße der algerischen Revolution...» André Mandouze sorgte am Freitag, dem 27. Januar 1956 auf der Veranstaltung des Komitees in der Salle Wagram für eine «stark dreiundneunziger» Atmosphäre.[15] Außerdem ergriffen Jean Amrouche, Robert Barrat, Aimé Césaire, Alioune Diop, Dionys Mascolo und Jean-Paul Sartre das Wort. «Für die Abschaffung des Kolonialsystems» lautete die Ankündigung. «Für die Achtung des Selbstbestimmungsrechts der Völker.» «Für die friedliche Lösung des Algerienproblems.» Jenes algerische «Problem», das 1956 noch nicht Krieg bedeutete, behandelte Sartre in einer seiner solidesten und faktenreichsten Reden. «...die Kolonialherrschaft ist weder ein Zusammenspiel von Zufällen noch das statistische Ergebnis Tausender individueller Unternehmungen», erklärte er. «Sie ist ein System, das um die Mitte des 19. Jahrhunderts errichtet wurde, gegen 1880 Früchte zu tragen begann, nach dem

Ersten Weltkrieg in seine Verfallsphase geriet und sich heute gegen die kolonisierende Nation kehrt.»[16] Der Kolonialismus sei ein System, wies Jean-Paul Sartre nach und griff die «neokolonialistische Mystifikation» an, das heißt die Anhänger einer Zwischenlösung, eines abgemilderten französischen Algeriens. «Denn es ist nicht wahr, daß es gute Kolonialherren gäbe und andere, die böse sind: es gibt Kolonialherren, das ist alles.»[17] Er nannte ökonomische, demographische Fakten: An diesem Abend benutzte Sartre Zahlen, was für ihn unüblich war; die Genauigkeit der ökonomischen Angaben beeindruckte das Auditorium. «1850 besaßen die Kolonisatoren 115000 Hektar Land. 1900 waren es 1600000 Hektar, 1950 schließlich 2703000 Hektar... Der französische Staat besitzt 11 Millionen Hektar, die als ‹Domänengüter› bezeichnet werden; 7 Millionen Hektar hat man den Algeriern gelassen. Kurz, ein Jahrhundert hat genügt, sie um zwei Drittel ihres Landes zu bringen...» Mit Hilfe dieser Zahlen zeigte Sartre die Ursachen des Übels, machte sich kurzerhand zum Landwirtschaftsexperten, rief einige verdrängte Tatsachen in Erinnerung und sprach einige der am stärksten unterdrückten grundsätzlichen Wahrheiten aus.

«...in Algerien war bei der Ankunft der französischen Truppen *aller fruchtbare Boden kultiviert*», betonte er beispielsweise. Mit Nachdruck wies er darauf hin, daß «die angebliche ‹Erschließung›» des algerischen Bodens durch die Kolonisatoren «auf einer Beraubung der Einwohner» beruhte, «die ein Jahrhundert währte». Schließlich sei, wie er weiter ausführte, «die Geschichte Algeriens... die fortschreitende Konzentration des europäischen Grundbesitzes auf Kosten des algerischen Besitzes.»[18] Er erinnerte an die Zementierung dieses Systems durch die Gründung großer Kolonialunternehmen, an die theoretischen Positionen eines Jules Ferry, des Apostels des «neuen Kolonialismus» am Ende des 19. Jahrhunderts; er beschrieb die Arbeit der Untersuchungskommissare, erwähnte die «Anteilscheine», die sie ausgaben, ihr manipulierendes, meist hinterhältiges und betrügerisches Handeln und geißelte den vollständig imperialistischen Charakter des Imports europäischer kapitalistischer Wirtschaft auf algerischen Boden. «Wenn sich die Operation im zwanzigsten Jahrhundert mit der blinden Zwangsläufigkeit eines ökonomischen Gesetzes fortgesetzt hat», betonte er, «so deshalb, weil der französische Staat künstlich und brutal in einem feudalen Agrarland die Lebensbedingungen des kapitalistischen Liberalismus geschaffen hatte.»[19] Algerien, ein feudales Agrarland, das Anfang des 19. Jahrhunderts unter die Fuchtel einer modernen Industriewirtschaft kam: Dieses Bild gab Sartre auf dieser Veranstaltung als Historiker, als Ökonom, als Agronom. Er griff die Politik der blinden Französisierung an, die sich unter anderem im Weinbau widerspiegelte: «Zwischen 1927 und 1932 hat der Weinbau 173 000 Hektar dazugewonnen, wovon mehr als die Hälfte den Moslems weggenommen wurde», ein gutes Beispiel von Kapitalentfremdung, denn «die Moslems... trinken keinen Wein. Auf den Feldern, die man ihnen stiehlt, haben sie Getreide für den algerischen Markt angebaut. Diesmal nimmt man ihnen nicht nur das Land weg: indem man dort Weinstöcke pflanzt, beraubt man die algerische Bevölkerung ihres Hauptnahrungsmittels. Eine halbe Million Hektar, aus den besten Ländereien herausgeschnitten und ausschließlich dem Weinbau vorbehalten, sind für die islamischen Massen unproduktiv und im Grunde verschwunden.»[20]

Von der algerischen Landwirtschaft über die algerische Ökonomie und algerische Demographie bis zur algerischen Geschichte behandelte Sartre nacheinander jeden Bereich, ehe er zu dem kam, was er am besten beherrschte: die Kultur. «Was unsere berühmte Kultur betrifft, wer weiß, ob die Algerier besonders begierig waren, sie zu erwerben? Fest steht jedenfalls, daß wir sie ihnen vorenthalten haben... Aber schließlich ist es uns doch gelungen, aus unseren ‹islamischen Brüdern› ein Volk von Analphabeten zu machen. Noch heute zählt man 80 % des Lesens und Schreibens Unkundige in Algerien... Seit 1830 wird die arabische Sprache in Algerien als Fremdsprache angesehen...»[21] Sartre zog seine Schlüsse aus dieser Situation und setzte die Polemik fort: «Wir, die Franzosen des Mutterlandes, können aus diesen Tatsachen nur eine Lehre ziehen: der Kolonialismus ist dabei, sich selbst zu zerstören. Aber er verpestet noch die Atmosphäre: er ist unsere Schande, er spricht unseren Gesetzen hohn oder macht sie zu Karikaturen ihrer selbst; er infiziert uns mit seinem Rassismus... Unsere Rolle ist es, ihm beim Sterben zu helfen... Das einzige, was wir versuchen können und müssen – aber das ist jetzt das Wesentliche –, ist, an seiner (des algerischen Volkes) Seite zu kämpfen, um die Algerier und *zugleich* die Franzosen von der kolonialen Tyrannei zu befreien.»[22]

Das algerische Problem, die «Wahrheit Afrikas» waren die ersten politischen Fakten, denen sich Sartre nach dem Bruch mit der KPF widmete. Dennoch brachte ihn sein nachdrückliches Engagement für die Kolonisierten im algerischen Konflikt ungewollt in die Nähe der Kommunisten zurück. Die Bekämpfung des Kolonialismus steht in direkter Beziehung zum Marxismus. Ende der fünfziger Jahre war seine Hauptzielscheibe zweifellos weniger die KPF als der General de Gaulle. Abgesehen von den progaullistischen Artikeln anläßlich der ersten Amerika-Reise 1945 trat Sartre stets als unbeirrbarer Feind des Generals auf. 1958 übernahm de Gaulle die Macht, nachdem die im Parlamentarismus eingeschlossene, von den Massen völlig abgeschnittene und von den ersten Kolonialkrisen erschütterte Vierte Republik abgedankt hatte. Eine Regierung hatte die andere abgelöst: zunächst Mollet, dann Bourgès-Maunoury, danach Gaillard, schließlich Pflimlin. Das Treiben der Rechten hatte die Gemüter erhitzt: der Abgeordnete Pierre Poujade hielt vor überfüllten Sälen seine nationalistischen, traditionalistischen, rachsüchtigen Reden voller indirektem Haß gegen die «cocos», die Kommunisten, die «métèques», die Kanaken, und die «pédérastes», die Schwulen. Er hetzte gegen die «Ausverkaufspolitik», die «gekauften Politiker», die Feinde der «Pieds-noirs» und eines französischen Algeriens. Und was die Armee betraf, vor allem die in Algerien stationierte, zählte sie in ihren Reihen unaufhörlich verbitterte Revanchisten, die nicht lange auf ihre Wortmeldung warten ließen. «Die Macht braucht nicht mehr ergriffen, sie braucht nur aufgelesen zu werden», kommentierte de Gaulle später diese Periode.[23] In Paris bereiteten Politiker auf Initiative von Michel Debré und in Algier die Armee auf Initiative von General Massu die Rückkehr des Generals an die Macht vor.

«Ein großer Mann ohne Funktion ist für eine Nation gefährlich; auch wenn er sich in ein entlegenes Dorf zurückgezogen hat. Schweigt er, dann hört man seine Vergangenheit. General de Gaulle schwieg seit langem, aber seine Vergangenheit blieb unter uns ...»[24] Am Tag nach dem Staatsstreich vom 13. Mai 1958 geht Sartre in *L'Express* unter der beredten Überschrift «Der Prätendent» zum Angriff über. Ohne abzuwarten, lehnt er sich gegen die politische Auferstehung des Generals auf, gegen sein «Image», seine Hochstapelei, seine Erklärung am Abend des 13. Mai in Colombey-les-deux-Églises. «Der Verfall des Staates», hatte de Gaulle mit jener feierlichen Stimme erklärt, die die Franzosen von nun an über zehn Jahre hören werden, jene unnachahmliche staatsmännische Stimme eines Soldaten, der sich gern als Literat ausgab; der Verfall des Staates also, sagte der General langsam und bedächtig, «bedeutet unvermeidlich die Entfremdung der verbündeten Völker, Unruhen bei der kämpfenden Truppe, nationale Auflösungserscheinungen und Verlust der Unabhängigkeit... Das Land hat mir seinerzeit das Vertrauen ausgesprochen, damit ich es rette. Heute, angesichts der Prüfungen, denen es erneut ausgesetzt ist, soll es wissen, daß ich mich bereit halte, die Regierung der Republik zu übernehmen.» Das über die Person des Generals wiederbelebte Bild eines konventionellen, nationalistischen, katholischen und militaristischen Frankreichs stieß Sartre beinahe schon instinktiv ab. «De Gaulle wartete», schrieb er in seinem Artikel weiter. «Dieser Berg des Schweigens schöpfte seine Kraft aus unserer Schwäche, er war der geometrische Ort all unserer Ohnmacht, all unserer Widersprüche...» Furcht vor einer Militärdiktatur, ein Soldat als letzte Rettung, um das Land wieder ins Lot zu bringen: Keinem Linken im Lande entging die Gefährlichkeit der Situation. Sartre versäumte nicht, sofort auf die bedrohlichen Anzeichen hinzuweisen: «...da der Souverän ein General ist», schrieb er namentlich, «gehorcht die Armee nur sich selbst, und das Land gehorcht der Armee. Und es stimmt durchaus, daß unser Staat schwach ist.»[25] Er ergänzte: «Und wenn Charles de Gaulle diese Sondervollmachten hätte, was würde er mit ihnen tun? Was sind seine Pläne? Wie wird sein Schiedsspruch ausfallen?... die Einsamkeit dieses in seiner Größe eingeschlossenen Mannes verbietet es ihm unter allen Umständen, das Oberhaupt eines republikanischen Staates zu werden. Oder, was auf dasselbe hinausläuft, verbietet es dem Staat, dessen Oberhaupt er sein wird, eine Republik zu bleiben.»[26]

«Die Frösche, die einen König haben wollen»: Zur Beschreibung der ersten Monate gaullistischer Staatsmacht griff Sartre wie noch nie zuvor auf die Tierwelt, auf seine Kenntnisse der Fabeln La Fontaines zurück. Entzückt fand er in diesen neuen lexikalischen Ressourcen – die in anderen Zeiten Kommunisten gegen ihn verwendet hatten, wenn man sich an «Schakal», «stinkende Hyäne», «Iltis» und ähnliches erinnert – einen grausamen Zerrspiegel, den er dem General vorhalten konnte. Zum Referendum im September 1958 beispielsweise ließen die Sartreschen Positionen nicht auf sich warten: «Wenn ich... in aller Eile die großen Linien eines Programms skizziere, so nicht deshalb, um sie heute vorzuschlagen. Ich tue es, um die Republikaner, die am Sonntag de Gaulle ihre Stimme geben werden, zu fragen: Ist *das* der Grund, warum Sie für ihn stimmen?... Warum behaupten Sie, für ein Programm zu stimmen, wenn Ihr Stimmzettel direkt dem Mann gilt?... Ihr Kandidat ist für die erhabene Hartnäkkigkeit seiner Weigerungen berühmter als für die Fülle seiner wirtschaftlichen und sozialen Leistungen.»[27] Ja, den «Menschen de Gaulle», sein Konzept persönlicher Machtausübung, seine so besondere Beziehung zum Land – das alles haßt Sartre durch und durch. «Wer *heute* erklärt: ‹De Gaulle ist der einzige, der...›, sagt nichts Vernünftiges», fährt Sartre fort. «Wenn es in der menschlichen Gattung einen Menschen gibt, der so aufgeklärt ist, wie nur er allein es sein kann, wenn diese Aufklärung ihm das Recht gibt, unser Geschick zu beeinflussen, und sei es als guter Vater, und wenn seine Handlungen immer richtig und gut sind, nur weil sie sein Wesen zum Ausdruck bringen, dann zerfällt die menschliche Gattung langsam: es gibt keinen Menschen mehr, sondern nur noch einen Übermenschen und Tiere.»[28] Eine Beweisführung mit der Klarheit der Evidenz: Die Beziehungen des Generals zur französischen Bevölkerung geraten unweigerlich aus dem Reich der Menschen ins Tierreich: «Haben Sie es nötig, o gaullistische Republikaner», entrüstet sich der Fabeldichter Sartre, «sich zu Tieren herabwürdigen zu lassen?... Diese dumpfe Unterwürfigkeit bestürzt mich.»[29] Die erdrückende Tirade gegen den an die Macht zurückgekehrten «konstitutionellen Monarchen» schließt er mit einer Beschwörung ab. «Begreifen wir endlich, daß man ein Land nicht aus seiner Ohnmacht reißt, indem man einem einzelnen Mann unumschränkte Macht anvertraut... Das Ja ist der Traum; das Nein ist das Erwachen. Es ist Zeit, uns zu überlegen, ob wir aufstehen oder schlafen gehen wollen.»[30]

Nie hatte sich Sartre so weit in die aktuellen politischen Kämpfe vorgewagt. Nie scheint er sich in der Rolle des politischen Leitartikelschreibers, der Schlag auf Schlag die etablierte Staatsmacht angeht, so gefallen zu haben. Vergnügen am Sarkasmus, diesmal gegen de Gaulle? Ja, aber auch der Konflikt zweier unterschiedlicher Modelle. Die Konfrontation zwischen de Gaulle und Sartre ist auch die Auseinandersetzung zwischen zwei Traditionen aus dem 19. Jahrhundert. Der katholischen, nationalistischen, militaristischen, konformistischen Tradition einerseits und der protestantischen Tradition der Gelehrten, Pädagogen und Anhänger des freien Willens andererseits.

«Ihr seid fabelhaft», versicherte Jean Nohain weiter den begeisterten französischen Zuhörern und wird das noch Jahre tun. «Das französische Volk hat die äußeren und inneren Widrigkeiten überwunden... Das französische Volk ist auf dem Weg zu einer großen Bestimmung, zu einem großen Wohlstand und zu einer großen Aktivität... Frankreich wird groß und wohlhabend sein»[31], behauptete seinerseits der General de Gaulle, wenn er mit weit ausholenden Armbewegungen zum Volk redete. «Wir sind alle Mörder», erwiderte Jean-Paul Sartre. In den Chor der selbstzufriedenen, feierlichen Stimmen streut er das Gift seiner radikalen Kritik, seines extremen Mißtrauens. Sartres fünfziger Jahre waren von einer absolut ungehemmten Kreativität, die seiner Überproduktivität und Überanstrengung in der Nachkriegsphase nahekam. Damals hatte er, um seinen Arbeitsrhythmus einzuhalten, seine Kräfte bis zum äußersten ausgebeutet, er schlief wenig, rauchte viel und trank nach Herzenslust. 1945 war er vierzig. Die Orthedrin-Tabletten, die er damals schluckte, spielten die Rolle eines willkommenen chemischen Aufputschmittels. Jahre waren vergangen, der Körper hatte sich abgenutzt, Arbeit und Exzesse hatten Maschine und Einzelteile verschlissen. Im Sommer 1954 war er in der Sowjetunion schlicht zusammengebrochen, von Übermüdung, Überforderung, Alkoholexzessen erschöpft: Abrupt hatte sein zehntägiger Krankenhausaufenthalt in Moskau die erste Sowjetunionreise beendet. Doch Sartre war, wie man sich vorstellen kann, nicht der Mann, der auf seine Ärzte hörte, die ihm Mäßigung, Erholung, Schlaf und Enthaltsamkeit empfahlen. Nach dem Moskauer Alarm gab es eine zweite Krise, als er zusammen mit Simone Berriau, Castor und Bost an der Probe seines letzten Theaterstücks im Théâtre Antoine teilnahm. Alle saßen und tranken, Sartre sprach und schlürfte seinen Whisky; als er das Glas wieder hinstellen wollte, bekam er einen besorgniserregenden Schwächeanfall: Er torkelte um den Tisch, das Glas kreiste zunächst wie ein kranker Schmetterling, ehe es an einer Ecke des Teppichs landete. «Am ehesten hat an diesem Tag Simone Berriau die Situation erfaßt»[32], kommentiert heute ein Freund.

In Sartres Umgebung nahm man nämlich nur ungern solche Schwächeanzeichen wahr, und die kleine «Familie» weigerte sich mehr oder weniger, die unangenehme Vorstellung eines behinderten Sartre hinzunehmen. Weshalb auch? Die meiste Zeit strotzte er vor Vitalität und erschöpfte andere mit seiner Energie. Abgesehen von punktuellen, sich jetzt häufenden Havarien schien alles bestens. Außerdem, wer hätte schon ohne Zwang auf den immer mehr gegen sich selbst wütenden Sartre und seine erdrückende Persönlichkeit Einfluß nehmen können? Das Problem war einfach: Während er sein gesellschaftliches Leben fortführte, seine Reisen, seine guten Mahlzeiten, seine diversen Exzesse, ob Alkohol, Fett, Tabak oder Drogen, schrieb Sartre ununterbrochen nach einem absolut rigiden Zeitplan von klösterlicher Strenge, ohne die geringste Abweichung. Erste Arbeitssitzung morgens in der Rue Bonaparte. Um halb eins, und für genau eine Stunde, von seinem Sekretär organisierte Verabredungen mit diesem und jenem. Um halb zwei kam entweder Castor, Michelle oder eine andere Freundin in die Rue Bonaparte. Er ertrug übrigens nicht die geringste Zeitverschiebung, weder nach vorne noch nach hinten. Anschließend Mittagessen um Punkt zwei. Mit dem Taxi zur *Coupole* oder zum *Balzar*; zu Fuß zum *Lipp* oder *Akvavit*, Rue-Saint-Benoît. Schwere Mahlzeiten, reich an Wurst, Schinken, Sauerkraut und Schokoladenkuchen, begossen von einem Liter Wein. Um halb vier stand er mitten im Satz abrupt auf und rannte zu seinem Arbeitstisch am Fenster in der Nummer 42, Rue Bonaparte. 1958 war ein furchtbares Jahr, ein «erschöpfendes Jahr», schrieb Castor. Immer häufigere Anfälle: besorgniserregende Geistesabwesenheiten mitten beim Essen, kleine, eilig geschriebene Zettel mit kranker, verrenkter Schrift, punktuelle Delirien, Ohrensausen, Bluthochdruckkrisen und Hyperämie. Fühlte er sich so elend, daß ihm der Arzt

Erholung verordnete, willigte er gelegentlich in taktische Halbheiten ein: etwas weniger Tabak, etwas weniger Drogen, eine Woche lang... Kam er wieder in Form, fing er munter wieder an, berauscht von seinem Trotz und seinem Sieg. Er arbeitete genausoviel und schränkte weder Vergnügen noch Verabredungen ein – bei allerdings zusehends angegriffener Gesundheit und zu kurzen Tagen. Der Ausbruch aus der Quadratur des Kreises? Sartre war nicht lange ratlos: Er versuchte, die Zeit zu komprimieren. Zur Sicherung seines Schlafs nahm er Unmengen Schlafmittel, um gleich nach dem Aufwachen die erste Corydran-Tablette zu schlucken. Er übertrieb beim Kaffee, er übertrieb beim Whisky und geriet in einen Teufelskreis, er arbeitete, wie ein Schiffbrüchiger auf offener See schwimmt, er ruderte, wie ein Galeerensklave rudert, unter absolutem Zeitdruck, getrieben vom Zwang, sich bis zum äußersten zu verausgaben, als ginge es nur noch um eins: den Einsatz zu retten.

In den fünfziger Jahren war Corydran die bevorzugte Droge von Studenten und Intellektuellen in einem ganzen Milieu. Man meinte, mit ihrer Hilfe unvorstellbares Talent, Genie und Scharfsinn erreichen zu können. Auf Grund ihrer Zusammensetzung – Aspirin plus Amphetamine – unterdrückte sie Fieber und Schmerzen, wobei sie die Nervenzentren stimulierte. Sie beruhigte und putschte auf, besänftigte und erregte zugleich. Unter ihrer Wirkung schien der Geist Flügel zu bekommen. Man gewöhnte sich daran, nicht mehr ohne sie auszukommen. 1971 wurde Corydran zum gesundheitsschädigenden Präparat erklärt und der Verkauf in Apotheken verboten. Das Medikament wurde aus dem Handel gezogen. Das Zwanzig-Tabletten-Röhrchen, hergestellt von Delagrange, sah in seiner braun-grünen Verpackung eigentlich harmlos, hübsch und diskret aus. Wären da nicht die Hinweise gewesen: «Grippe, Schnupfen, Erkältung, Asthenie», hieß es. «Corydran, belebend, schmerzstillend und fiebersenkend.» Beim genaueren Hinsehen kam man den Geheimnissen des Zaubermittels auf die Spur: Aspirin im Verhältnis von fünfzig Milligramm pro Röhrchen und «hundertvierundvierzig Milligramm Doldenamphetamin-Tartrat». Zusatzhinweis: «ein bis zwei Tabletten morgens und mittags». Schließlich stand in roter Umrandung der berüchtigte Hinweis: «Die vorgeschriebene Dosis nicht überschreiten.»

Nach einem schweren Abendessen und einigen Stunden schlechtem, künstlichem, durch vier oder fünf Schlaftabletten erzwungenem Schlaf begann er gleich nach dem Aufstehen mit Kaffee, gefolgt von Corydran: ein, zwei, drei Tabletten, die er nebenbei während der Arbeit einnahm... Am Ende des Tages war ein Röhrchen – manchmal auch zwei – leer. Ein leeres Röhrchen für dreißig, vierzig neue Sartre-Seiten. Manchmal war die blaue Tintenschrift ruhig, besonnen, linear – die Wörter aneinander gepreßt –, floß munter dahin, nach rechts gebeugt, nach unten abfallend, jedoch immer unter Kontrolle. Von Zeit zu Zeit dagegen gab es ein Gewitter, einen Sturm, die Entladung, den unkontrollierten Wahn: geschundene, deformierte, monströse, nach links, nach unten verdrehte, gedehnte, vergrößerte, anarchische, über die Zeilen springende, reduzierte oder überdimensionale, volltrunkene Wörter. So ist *die Critique de la raison dialectique* geschrieben. In einem hastigen Fluß wildgewordener Wörter und aneinandergereihter, kompakter, manchmal schlecht gebauter Sätze. In Phasen von Übererregung und Drogeneinnahme mit allen möglichen Begleiterscheinungen, nach vorne, zurück, halt, nach vorne und so weiter und so fort... in einem wahnwitzigen Kampf gegen sich selbst, gegen einen müden Körper, gegen die Zeit und gegen den Schlaf. Und mit Riesendosen. Denken wir nur an das Programm, das er sich für einen vierundzwanzigstündigen Tag auferlegte: zwei Päckchen Zigaretten – «Boyard mais» - plus zahlreiche mit dunklem Tabak gestopfte Pfeifen; dazu ein Liter Alkohol – Wein, Bier, klare Schnäpse, Whisky usw.; zweihundert Milligramm Amphetamine; fünfzehn Gramm Aspirin; mehrere Gramm Barbiturate, ganz zu schweigen von Kaffee, Tee und den Fetten seiner täglichen Ernährung. Riesendosen für einen zähen, widerstandsfähigen und schmerzunempfindlichen Mann. Für einen hyperluziden Mann, der zwar gelegentlich an eigenartigen Abwesenheiten litt, sich aber schnell, stolz und vital wieder in den Griff bekam. Überforderte er sich selbst bewußt? Überschritt er bewußt seine eigenen Grenzen? Nahm er überhaupt wahr, daß diese Maßlosigkeit einem Selbstmord sehr nahe kam?

«Wohlgemerkt war das Vertrauen in Corydran so etwas wie das Streben nach dem Imaginären», gab er 1974 Castor zur Antwort. «Der Zustand, in dem ich beim Arbeiten war, wenn ich morgens zehn

Corydran genommen hatte, war die völlige Aufgabe meines Körpers. Ich erfaßte mich über die Bewegung meiner Feder, über meine Imagination und meine Ideen, die sich entwickelten. Ich war dieses aktive Wesen, wie Pardaillan, ohne Rücksicht...»[33] Er sagte weiter: «Ich dachte, daß ich im Kopf – allerdings nicht getrennt, nicht analysiert, in einer Form, die rational werden mußte –, daß ich alle Ideen im Kopf hatte, die ich zu Papier brachte. Es ging nur darum, sie zu trennen und sie zu Papier zu bringen... In der Philosophie bestand Schreiben im großen ganzen also darin, meine Ideen zu analysieren, und ein Röhrchen Corydran bedeutete: diese oder jene Ideen werden in den zwei kommenden Tagen analysiert.»[34] Das Spiel des Schreibens war ein Spiel mit sich selbst, eine innere Lust. Ein wahnwitziger, verzweifelter und kontrollierter, berauschender privater Wettlauf. «Meine Gesundheit schonen? Aber wozu?» sagte er seinen Freunden. «Wenn leben bedeuten soll, daß man ständig auf sich aufpassen muß!» Im übrigen erinnerte er gern an die Langlebigkeit der Schweitzers; er brüstete sich mit dieser ererbten Gesundheit, die er ausschöpfte, abnutzte, verbrannte, als handle es sich um ein absurdes, unmögliches Erbe, das man verspielt, einmal mehr gegen sich selbst.

Die *Critique de la raison dialectique*, Band I, *Théorie des ensembles pratiques*, erschien im Frühjahr 1960 und wurde Castor gewidmet. Ebenso wie zuvor *La nausée* und *L'être et le néant*. Auf siebenhundertfünfundfünfzig Seiten bilanzierte Sartre die schwierigen Verhandlungen zwischen dem Sartreschen Existentialismus und dem Marxismus. Von der *Critique* leiten sich alle weiteren Schriften ab, beispielsweise *Le Tintoret* oder sein neuntes Theaterstück: *Les séquestrés d'Altona*. Das Primat der Philosophie in der Sartreschen Werteskala ist bekannt. Unter der Okkupation hatte er mit Leidenschaft *L'être et le néant* geschrieben und dann, im Eifer der großen Sartre-Jahre 1947–1949, die bis 1982 unveröffentlichten *Cahiers pour une morale*. Purer Zufall? Die Entstehungsbedingungen der *Critique de la raison dialectique* entsprechen offenbar einem Gesetz der Serie: Phase relativer Leere und Sackgasse nach einem Scheitern, nach einem Schock im Konkreten wie «Socialisme et Liberté» 1941, wie das RDR 1949 oder zuletzt die KPF nach 1956. Nach dem Scheitern, nach der Sackgasse der Versuch einer praktischen Verhandlung, schließlich intensivierte Reflexion und Entstehen eines theoretischen Werks. *L'être et le néant* war die Antwort auf den frühen Tod eines Widerstandszirkels. Die *Morale* entstand parallel zu den Schwierigkeiten innerhalb des RDR. Die *Critique de la raison dialectique* wird in den Monaten nach dem Bruch mit der französischen Kommunistischen Partei entworfen. Ein ganzes Philosophenleben in drei Etappen, auf drei theoretische Werke verteilt, die wiederum Ergebnis von drei gescheiterten Versuchen praktischer Politik sind. Als befragten sich praktische Aktion und Philosophie gegenseitig zu denselben Problemen und Themen; als handle es sich um ein und dieselbe Suche auf zwei sich ergänzenden Wegen, wobei sich schließlich doch die Philosophie als Integrierung und Überschreitung der Wirklichkeit behauptet.

«Seit fünfzehn Jahren versuche ich etwas ganz Bestimmtes», erklärt er Madeleine Chapsal, die ihn während der Arbeit an der *Critique* interviewte, «es geht, wenn Sie so wollen, um eine politische Grundlegung der Anthropologie. Das wucherte vor sich hin. Wie ein Krebsgeschwür, das sich ausbreitet; ich hatte bestimmte Ideen; ich wußte noch nicht, wozu man sie verwenden könnte, also legte ich sie irgendwo nieder: in dem Buch, das ich gerade schrieb. Jetzt ist das abgeschlossen, sie haben sich strukturiert, ich schreibe ein Werk, in dem ich sie loswerden kann, *Critique de la raison dialectique*.»[35] Metaphern des Organismus und der Krankheit: Zur Beschreibung des eigenen Schaffenswegs greift er wie bei *La nausée* auf bekannte Vorstellungen zurück: Wucherung, Krebsgeschwür. Erinnern wir uns an die wimmelnden Bilder, die klebrigen Gegenstände, die animalisierten Körperteile... «Wenn man nicht-philosophische Werke schreibt, während man sich mit Philosophie herumschlägt», erklärt er Madeleine Chapsal weiter, «wie ich es vor allem in den letzten zehn Jahren getan habe –, dann leidet die geringste Seite, die geringste Prosa an Brüchen. Wenn ich in der letzten Zeit Brüche beim Schreiben spürte, so brach ich lieber ab. Deshalb gehe ich mit allen diesen Büchern schwanger.» Nachdem er die Gemeinsamkeiten, Wechselbeziehungen und Verknüpfungen aller Fragen, die ihn verfolgen, aller Bücher, die er gleichzeitig schreibt, aufgezeigt hat, insistiert er besonders auf dem notwendigen Zusammenhang zwischen seiner Arbeit zur Dialektik und seiner Arbeit über Flaubert. Der Ursprung der *Critique de la raison dialectique* ist der Auftrag der polnischen Zeitschrift *Twórczość* über den Stand des Existentialismus 1957. Der Artikel hieß auf polnisch «Marksizm i Egzistencjalizm» und in *Les Temps Modernes* «Questions de méthode». Es war der erste Arbeitsgang zur Entstehung der *Critique*. «In dem polnischen Artikel», erzählt Sartre Madeleine Chapsal, «(habe ich) nicht... umhinkönnen, von ihm (Flaubert) zu sprechen, und umgekehrt habe ich in die *Critique de la raison dialectique* lange Passagen übernommen, die aus meinem Buch über ihn stammten. Gegenwärtig ist es dick, unabgeschlossen. Aber es wird kein Bruchband brauchen.»[36] Hier taucht man in eine intime und geheime Welt ein und wird zum Voyeur und Beobachter dreier Dimensionen: der Archäologie, Architektonik und Alchemie der Kreativität. Zurückliegende intellektuelle Projekte, die je nach Aufträgen oder aktuellen Interessen neu aufgegriffen, neu verhandelt werden. Spiegelspiele zwischen seinen verschiedenen Werken, seinen zwei Hauptleidenschaften: «Ich-und-die-Welt» und «Ich-und-die-anderen», Verschachtelungen des einen Textes in den anderen. Schließlich programmierte Gewöhnung an Amphetamine und weitere Aufputschmittel: Kaffee, Alkohol, Tabak... Interne Ziele, Werkzeuge, Strategien: Der ganze geheime Sartresche Produktionsapparat reduziert sich auf diese Elemente, die, wie bei Zeichenschnittbögen für Kinder, herausgeschnitten und anschließend bewegt, belebt werden können. Der *Flaubert* – erst 1971 werden die ersten Bände veröffentlicht – ist sowohl eine Klammer, ein Nebenprodukt, eine Illustration wie auch eine Vertiefung, eine Überschreitung und eine Synthese der *Critique*. Alles fügt sich ineinander zu einem ausgeklügelten, komplexen und schillernden Mosaik.

Keine großen Veränderungen im Sartreschen Maschinenraum Ende der fünfziger Jahre. Die Infrastruktur bleibt die gleiche, dafür Veränderungen im Personenkreis, die einen gehen, andere kommen. Im Sommer 1957 beispielsweise beendete Jean Cau nach elf Jahren Arbeit in den Räumen der Rue Bonaparte und im Büro von *Les Temps Modernes* seine Tätigkeit als Sekretär von Jean-Paul Sartre. Claude Faux ersetzte ihn am Ende des Sommers. Bis zum Ungarn-Aufstand war er KPF-Funktionär gewesen und hatte der Strömung kommunistischer Journalisten und Schriftsteller um Aragon angehört. Als er das Manuskript seines jüngsten Romans *Les jeunes chiens* abgeschlossen hatte, kam er auf die Idee, es Sartre zu schicken, der ihn telegrafisch benachrichtigen ließ, er sei zu einem Gespräch bereit. «Ihr Buch gefällt mir», sagte er ihm trocken. «Sie lieben die Menschen, das ist wichtig... Was machen Sie eigentlich zur Zeit?» «Ich suche gerade Arbeit», antwortete Faux. Als er ihn zur Tür begleitete, sagte Sartre wie fast aus Versehen: «Übrigens suche ich im Moment einen Sekretär... Wenn Sie nichts Besseres vorhaben...»[37] Es war formlos gesagt worden oder vielmehr in ganz Sartreschen Formen. Vom Herbst 1957 an saß Claude Faux für die nächsten sechs Jahre jeden Morgen im Arbeitszimmer der Rue Bonaparte. «Zunächst hatte ich enorme finanzielle Probleme zu bewältigen», erzählt er, «man hatte nämlich versäumt, Einkommensteuererklärungen abzugeben... Man mußte also Gelder auftreiben, bei den Verlegern jammern, mit dem Finanzamt großzügigere Zahlungsfristen aushandeln, Pfändungen abwenden, und allmonatlich galt es weiterhin für die eine einen Scheck auszustellen oder für die andere den ‹Sou› in einen kleinen Umschlag zu stecken... Der Finanzexperte, den ich zu speziellen Fragen konsultiert habe, hat uns zu einer Vereinsgründung geraten, was die Regelung bestimmter Angelegenheiten erleichtert hätte. Sartre hat kein Wort davon hören wollen. Er lehnte es ab, sich mit der geringsten Geldangelegenheit zu befassen: Das sei Zeitverlust. Dennoch brauchte er ständig Geld, das er in seiner Umgebung verschenkte, verteilte.» Beständige Details einer grenzenlosen täglichen Großzügigkeit, eines fast totalen finanziellen Desinteresses, das an Anarchie oder Sadomasochismus grenzte.

Veränderungen also innerhalb der kleinen Sartre-Familie. Claude Faux ersetzt Jean Cau in der Rue Bonaparte. Und neue Begegnungen, neue Frauenfreundschaften. Beispielsweise zu einer achtzehnjährigen Studentin, die wegen eines Termins angerufen hatte: Jean Cau hatte mit ihr gesprochen und ihre Bitte an Sartre weitergeleitet. Es ging um präzise Fragen zu *L'être et le néant* wegen einer Philosophie-Arbeit in einer «khâgne»-Klasse. Sartre hatte das junge Mädchen empfangen und sie darum gebeten, mit ihm in Kontakt zu bleiben; also hatte sie wieder angerufen. «Es ist die kleine Elkaïm... Nehmen Sie ab?» rief Cau Sartre vom Nebenzimmer aus zu, während er die Hand auf den Hörer legte. Arlette Elkaïm mit ihrer «Sanftheit eines verschreckten Rehs», ihren großen schwarzen Augen, ihrer komplizenhaften Intelligenz und ihren noch frischen Leiden einer verletzbaren algerischen Jüdin wird bald zur Rue Bonaparte gehören. 1965 beschloß Sartre, einen Adoptionsantrag für sie zu stellen. Aber über Arlette, die er «Kleine» nannte, werden wir noch Gelegenheit haben ausführlicher zu reden. Im selben Jahr lernte Sartre auch Évelyne Rey, die Schwester von Claude Lanzmann, kennen: eine junge blonde, intelligente Schönheit von außerordentlicher Sensibilität und Präsenz. Die politisch engagierte Schauspielerin und Journalistin wird in der Sartre-Familie Möglichkeiten zur Entwicklung all ihrer Talente finden. Vor allem, als Sartre für sie die sehr schöne Frauenrolle in *Les séquestrés d'Altona* schrieb.

Im übrigen existieren die Sartresche Familie und sein Frauensystem zwar weiter und festigen sich auch, doch es zeigen sich allmählich auch unmerkliche Veränderungen. Vielleicht seit Castor als anerkannte Schriftstellerin, als schreibende Frau und Feministin den ersten Platz unter den weiblichen Intellektuellen Frankreichs eingenommen hat. Der persönliche Erfolg Simone de Beauvoirs entfernt sie von Sartre und bringt sie ihm zugleich näher. Autonom geworden, seit 1949 *Le deuxième sexe* erschienen ist, findet sie in der Analyse der Frauensituation einen eigenen Weg: mit Formulierungen wie: «Man wird nicht zur Frau geboren, man wird dazu gemacht», reißt sie eine ganze Generation mit. Autonom ist sie auch wieder, als sie 1954 mit sechsundvierzig Jahren für ihren Roman *Les mandarins de Paris* den Prix Goncourt erhält. Geld, Ruhm, Autonomie, sie erlaubt sich ihre erste Eigentumsgeste: den Kauf einer Wohnung im oberen Montparnasse in einer ruhigen Straße gegenüber vom Friedhof. Autonom ist sie schließlich auch, als sie sich dazu entschließt, in voller Transparenz ganz nach dem Sartreschen System eigene affektive Abenteuer mit Nelson Algren, mit Claude Lanzmann zu erleben. Ein Feriensystem zu viert wird eingerichtet: Sartre-Michelle, Castor-Lanzmann oder Sartre-Castor, in Italien, in Griechenland, alle Variationen werden ausprobiert. Die Schriftstellerin Simone de Beauvoir wird die Sartre-Familie schildern. Mit *L'invitée* – 1943 erschienen –, *Les mémoires d'une jeune fille rangée* – 1958 erschienen – oder *La force de l'âge* – 1960 erschienen – wird sie die Hauptchronistin der Gruppe und ihrer Epoche werden. Simone de Beauvoir wird es sein, die die Öffentlichkeit über Sitten, Gewohnheiten und Verhaltensweisen des Paares, das sie mit Sartre bildet, und der Gruppe, die sie beide mit ihren Freunden bilden, informieren wird. In den fünfziger Jahren setzt sie jene Arbeit fort, die sie schon bei Ausbruch des Zweiten Weltkriegs begonnen hat, als sie in Form eines Romans über den Versuch eines «Trios» in den dreißiger Jahren berichtete. Nach wie vor ist sie für Sartre eine tägliche Hilfe: In seinem ganzen Leben ist kein Manuskript erschienen, das nicht zuvor durch Castors Hände gegangen, kein Text, der nicht zuvor ihrer Begutachtung oder Kritik unterzogen worden war. Für den schnellen und gelegentlich flüchtigen Schreiber, der Sartre war, blieb sie unermüdlich die genaueste und strengste Kritikerin. Präzise, zuverlässig, mit unfehlbarem Gedächtnis begabt, hörte sie ihm zu, unterbrach ihn, überprüfte jedes Wort, bemerkte die reinen Erfindungen der Sartreschen Imagination, kritisierte Übertreibungen, wies auf Mißgriffe hin. Und wann immer sich Sartre an sie wandte, ob wegen einer Diskussion, eines Rats oder eines angefangenen Manuskripts, fand sie das richtige Wort. Opportunistisch, wie andere es angesichts von Sartres Ruhm geworden wären, wurde sie nie. Eine der großen Stärken Castors war unbestritten, daß sie sich gegenüber dem, der für alle Welt Sartre geworden war, weder schmeichlerisch noch gefällig verhielt. So blieb sie auch diese Glanzjahre hindurch die wahre Bienenkönigin, der Mittelpunkt aller Netze, aller Werke, aller Projekte, die kritische, strenge tägliche Begleiterin des Sartreschen Schaffens.

Weshalb hätte es Castor also bekümmern sollen, daß Sartre sein Abschottungssystem, seine Versteckspiele weiter fortsetzte? Daß er beispielsweise Gallimard sozusagen um die besondere Gunst bat, für ihn zwei einzelne Exemplare der *Critique de la raison dialectique* mit einer Widmung «für... (es folgte ein Frauenname)» zu drucken, während alle übrigen Ausgaben die Eintragung «Für Castor» enthielten? Bei den Essen zu dritt – Sartre, Castor, X – beeindruckte sie stets den Dritten durch ihre Präsenz, durch jenes Siezen, das sie zwischen Sartre und sich eingeführt hatte, durch die seltsame steife Intimität, die von dem Paar ausging.

Gelegentlich traf sich das Paar Sartre–Castor mit Freunden zum

Mittagessen, im intimeren Kreis jedoch wurde das Tête-à-tête streng eingehalten: Dienstag mittag ißt Castor mit Pouillon; Mittwoch abend ißt sie mit Lanzmann; währenddessen teilt Sartre seine Mahlzeiten entweder mit Michelle, Arlette oder Bost. In dieser Hinsicht kein Trio mehr, sondern eine Zweierregelung. Das wurde natürlich vom üblichen Klatsch begleitet, der bei solchen Organisationsformen in einem so geschlossenen Milieu unvermeidlich ist. Sartre setzte sein aufgeteiltes und ritualisiertes Gefühlsleben mit Castor, Wanda, Michelle, Évelyne und Arlette fort: Reisen nach Italien mit der einen oder der anderen, obligate Zwischenstationen in Rom, Capri, Venedig. Er lachte, er lebte und lehnte weiterhin Verzicht und Trennung ab.

Unter diesen idealen, stabilen, konstanten, stets erneuerten emotionalen Bedingungen vertiefte der «corydranisierte» Philosoph einige Brüche, verband einige andere, schrieb «furios» die *Critique de la raison dialectique* sowie alle ihre Satellitentexte. Am erstaunlichsten sind vielleicht seine Seiten zu Tintoretto, die sowohl zur großen Galerie der Sartreschen Biographien von Baudelaire über Genet bis Flaubert gehören wie auch zur Reihe der meist fragmentarisch und unveröffentlicht gebliebenen italienischen Entwürfe wie *Venise de ma fenêtre* und *Un parterre de capucines*, Einzelstücke zu einem nie vollendeten Mosaik, dem Roman, den Castor als *La nausée* seiner Reife bezeichnet hatte: *La reine Albemarle ou le dernier touriste*.

Aus diesem abgebrochenen Werk überlebte das wunderbare Stück über den venezianischen Maler des 16. Jahrhunderts, Jacopo Tintoretto, mit dem Titel *Le séquestré de Venise*, «Der Eingeschlossene von Venedig» mit den Untertiteln «Die Betrügereien Jacopos», «Die Puritaner des Rialto», «Der Gehetzte» und «Ein Maulwurf in der Sonne»: ein überraschender, blasphemischer, prächtiger Text, der in vielerlei Hinsicht an einen «comic strip» erinnert. Mit lebhaftem Humor, gezielter Respektlosigkeit, Anachronismen und der Reduktion seiner Figuren auf leicht gezeichnete Karikaturen begibt sich Sartre selbstsicher, munter, kühn, ungezwungen in die italienische Malerei der Renaissance. Stand er nicht mit allen großen Männern auf gleichem Fuß? Er nimmt sich seines kleinen Jacopo rückhaltlos an, um ein Plädoyer zur Rehabilitierung seines Helden zu halten, in dem keine einzige Spur, kein einziges Datum, keine einzige Information unberücksichtigt bleibt. «Jacopo kämpft einen zweifelhaften Kampf mit einem Feind ohne Zahl, ermattet, wird besiegt, stirbt – das ist, grob gesagt, sein Leben. Wir werden es ganz und gar in all seiner düsteren Nacktheit überblicken, wenn wir nur einen Augenblick lang das Gestrüpp aus Geschwätz zur Seite biegen, das den Eingang überdeckt.» Sartre zeichnet das wirkliche Leben Tintorettos nach: «Sein Leben ist die Geschichte eines von Angst zerfressenen Strebers.» Und er ruft die Auseinandersetzungen zwischen dem zwölfjährigen Jungen Tintoretto, dem Sohn eines Färbers, und der außerordentlichen Figur seines Meisters Tizian in Erinnerung, der seit einem halben Jahrhundert ein wahrer König am venezianischen Himmel ist: Der Meister jagte den Lehrling fort, das Kind kam «auf die schwarze Liste». Aber, fährt Sartre fort, «Jacopo ist von einer ganzen arbeitenden Bevölkerung beauftragt, mit Hilfe seiner Kunst die Vorrechte des reinblütigen Venezianers zurückzuerobern.» Man hat schon begriffen: Sartre ergreift wie immer Partei für einen, der allein gegen die Institutionen, gegen die Mächtigen, gegen die Schweine steht. «Schlagartig, behelmt, mit seinem ganzen Ungestüm und in allen seinen Formen taucht Jacopos Ehrgeiz empor, er ist nichts anderes als jener winzige Lichtspalt, das Mögliche. Oder vielmehr, *möglich* ist an sich nichts... Aber das kümmert Tintoretto nicht im geringsten; die Hauptsache ist, daß keinem der Weg nach oben, der ihm zukommende Platz verwehrt wird. Er weiß, daß er begabt ist, und man hat ihm gesagt, das sei ein Kapital... Da hat er sich nun für ein ganzes Leben in Fahrt gesetzt, ist unabkömmlich: es gilt, diese Ader auszubeuten, bis Mine und Bergmann erschöpft sind. Um die gleiche Zeit spielt jenes andere Arbeitspferd, Michelangelo, den Angewiderten...»

Zunehmend von seinem neuen Helden eingenommen, beschleunigt der Regisseur den Rhythmus, aktiviert augenzwinkernd zeitgenössische Vergleiche: «Die Auflehnung Tintorettos wird immer radikaler...»; «Der Humanismus der Gebildeten läßt ihn kalt...»; «Er dagegen ist ein Maulwurf: nur in den engen Gängen seines Erdhügels fühlt er sich wohl...»; «Raffael und Michelangelo sind Angestellte; sie leben in Abhängigkeit und Pracht... Tintoretto dagegen ist aus anderem Holz...»; «Michelangelo, der falsche Adlige, und Tizian, der Bauernsohn, unterliegen unmittelbar der Anziehungskraft der Monarchie. Tintoretto dagegen kommt in einem Milieu von Handwerkern zur Welt... Als Handarbeiter ist er stolz auf seine Hände...»; «Venedig zwingt seinen Künstlern den Grundsatz der Puritaner auf: *no personal remarks*»... Einige Perlen aus diesem witzigen Text. Einige bunte, brillante Bilder und derart viele Sartresche Reminiszenzen, daß es an Magie grenzt. Der Künstler und seine Stadt, der Künstler und die gesellschaftliche Repression, der Künstler und seine obsessive Wahl der freiwilligen Einsperrung, des sublimierten Wahns, der Künstler gegenüber den Besitzenden, den Bürgern, seiner Einsamkeit, seiner Wut, seinem Stolz. Das ist beiläufig, derart fein eingefädelt und derart genau gezeichnet, daß man beinahe das 16. Jahrhundert und diese ungewöhnlichen Menschen vergessen könnte, über die sich Sartre fragt: «Sind sie Halbgötter, die Maler der Renaissance, oder Handarbeiter? Nun, je nachdem.»[38]

Le séquestré de Venise erscheint im November 1957 in *Les Temps Modernes*. *Les séquestrés d'Altona*, sein neuntes Theaterstück, schrieb er zwischen 1957 und 1959. Im Laufe derselben Periode taucht zweimal das Thema der freiwilligen Einsperrung auf. Madeleine Chapsal, die in ihren Gesprächen mit Sartre bemerkenswerten Scharfsinn bewies, versäumte nicht, ihm dazu Fragen zu stellen. Man «hat... das Gefühl», vertraute sie ihm an, «daß Sie sich noch unbehaglicher als die anderen in dieser finsteren Gesellschaft fühlen, daß Sie sich überhaupt nicht wohl darin fühlen, daß Sie darin erstikken – und daß Sie Ihr Werk wie einen Panzer absondern. Deshalb frage ich Sie, ob Sie sich nicht ‹eingeschlossen› fühlen?» «Nein», antwortete er, «der finstere Geist der *Séquestrés* ist mir im wesentlichen durch den gegenwärtigen Zustand der französischen Gesellschaft eingegeben. Es ist ein entsetzlicher Schlamassel, für den ich mich im übrigen völlig mitverantwortlich fühle, wie jeder. Wenn ich, wie alle, die nein gesagt haben und es wiederholen, ein Gefangener bin, so bin ich ein Gefangener des gegenwärtigen Systems.»[39] In der Tat, trotz dem geographischen und historischen Rahmen der *Séquestrés d'Altona* – die deutsche Aristokratenfamilie von Gerlach nach dem Zweiten Weltkrieg – fehlt es nicht an Bezügen zur aktuellen politischen Situation in Frankreich: Das geht so weit, daß man das Stück mühelos als durchgehende Allegorie interpretieren könnte. Zwischen dem eingesperrten Franz von Gerlach – dessen Grenzsituation zwischen Wahn, Genie und Luzidität von Serge Reggiani hervorragend gespielt wurde –, seiner Schwester Leni – Marie Ollivier –, seiner Schwägerin Johanna – Évelyne Rey – und seinem Vater – Fernand Ledoux – existieren leidenschaftliche, brutale, intensive und unerträgliche Beziehungen. Selten hatte der Schriftsteller Sartre solches Können, solche Erfindungsgabe und Ausdrucksstärke erreicht. Selten hatte Sartre derart aus eigenen Irrwegen, Erfahrungen und Phantasmen geschöpft: Es ist sein ergreifendstes Theaterstück. Sein unanfechtbarstes.

Das Gesicht hart und verschlossen, ein Monokel auf dem rechten Auge, steif und starr in SS-Uniform, hat sich Franz von Gerlach mit Champagner und Tonbandgerät freiwillig eingeschlossen, um seinen Wahn radikal durchleben zu können. «Dieser nationalsozialistiche Hamlet oder Lorenzaccio» – so Gilles Sandier[40] –, den der Schauspieler Serge Reggiani am 23. September 1959 auf die Bühne des Théâtre de la Renaissance treten ließ, bleibt eine unvergeßliche, eine legendäre Theaterfigur. Im postnazistischen Deutschland, das sein schlechtes Gewissen vergessen und seine Wirtschaft wieder aufgebaut hat, hat sich der älteste Sohn einer Familie mächtiger Industrieller, der protestantischen, aristokratischen von Gerlachs, die keine wirklichen Nazis gewesen sind, eingeschlossen, weil er sich weigert zu vergessen. Ein neues *Huis clos* mit komplizierten Verhältnissen zwischen den fünf Personen: dem Vater, den beiden Söhnen, der Tochter, der Schwiegertochter. Die von Franz verkörperte Schuld zwingt sich den anderen auf und steckt sie unterschiedlich an – «Vater und Sohn kommunizieren miteinander von weitem, ohne sich zu sehen», erläutert Sartre, «in einer Art Spiralenbewegung.»[41] Das beklemmende Quintett wird von der Vergangenheit wie einer zusätzlichen Rolle begleitet. «Die Personen werden die ganze Zeit von der Vergangenheit beherrscht und gefangengehalten, wie sie auch voneinander gefangengehalten werden», erklärt der Autor weiter. «Die Vergangenheit, die eigene Vergangenheit, die Vergangenheit aller bestimmt ihr Handeln. Wie im wirklichen Leben...» *Les séquestrés d'Altona*, die in obsessioneller Weise von unserer Verantwortung bei Massaker und Folter, von unserer Feigheit und unseren kollektiven

Problemen sprechen, sind ein zeitgenössisches Stück. Und wenn Franz in seinen Momenten simulierten Wahns von Krebsen spricht und Krebse anspricht, wird er zum eigentlichen Fürsprecher der kollektiven Verantwortung im Reich der lebendigen Toten. «*Welchen* Krebsen? Sind Sie verrückt? Welchen Krebsen?» schreit er seine Schwägerin Johanna an. «Die Krebse sind Menschen... Ich, der Krebs... Ich habe die Situation umgekehrt, ich habe geschrien: ‹Hier ist der Mench; nach mir die Sintflut; nach der Sintflut die Krebse; *ihr*!› Entlarvt, alle! Die Balkons wimmelten von Gliederfüßlern. Es ist Ihnen ja nicht unbekannt, daß die Spezies Mensch mit dem falschen Bein aufgestanden ist: ich habe ihr sagenhaftes Pech gekrönt, indem ich ihre sterbliche Hülle dem Tribunal der Krustentiere auslieferte.»[42]

Man denke an die Meskalinphasen in den zwei Jahren, nachdem er von Berlin nach Le Havre zurückgekehrt war, an Sartres damalige Zwangsvorstellungen und Alpträume, als ihn Krustentiere verfolgten. Diese Meerestiere, die er bei Tisch verabscheute! *Les séquestrés d'Altona* mit ihren rein Sartreschen Zwangsvorstellungen, ihren politischen Anspielungen und ihrem Zug zur klassischen Tragödie werden sein literarischstes, sein exzentrischstes Stück bleiben. Der Druck, unter dem das Stück entstanden war, trug vermutlich zur Verstärkung dieser Aspekte bei: einerseits natürlich das Corydran, andererseits das so leidvole, sterile Jahr 1958 und das Gefühl, die Zeit aufholen zu müssen. Dazu das Warten von Simone Berriau, die sich die Haare raufte und ihn anflehte, den Text zu Ende zu schreiben. Außerdem – wie zu Zeiten von *Huis clos* – das Versprechen an zwei Frauen, die ältere Freundin Wanda und die neue Freundin Évelyne, für sie beide ein Stück zu schreiben. Unter diesem dreifachen beruflichen, affektiven und physischen Druck schrieb Sartre wie ein Besessener. Kann man sich überhaupt die Atmosphäre jener Proben vorstellen, mit zwei Frauen, die beide eine Hauptrolle haben wollten, doppelt Rivalinnen, und die man beide zu schonen hatte? Im Sommer 1958 war Sartre nicht in der Lage gewesen, *Les séquestrés* abzuschließen. Zu Ende schrieb er sie im Sommer 1959 in Venedig unter seltsamen Bedingungen. Nach einem Monat Rom gemeinsam mit Castor verbrachte er einige Wochen mit Arlette in Venedig. Zunächst wohnten sie in einem großen Hotel, dann, weil das Geld knapper wurde, in einer schäbigen, lauten kleinen Herberge in Bahnhofsnähe. Erinnerungen an die Zeit in Le Havre? «Es war wahnsinnig heiß», erzählt Arlette, «und mit nacktem Oberkörper, schwitzend und erschöpft begann Sartre, mir den letzten Monolog von Franz vorzulesen, den er gerade fertiggeschrieben hatte... Nein, genauer gesagt, deklamierte er eher, als daß er las, in ganz lyrischer, melodramatischer Weise, mit der gleichen zweitklassigen romantischen Emphase, mit der er Chopin maßlos larmoyant spielte. Das wirkte derart schrullig, daß ich fast Angst bekam, zunächst vor diesem Stil, dann vor diesem Stück, denn ich befürchtete, dieser Schluß würde alles übrige abwerten... Heute weiß ich, daß ich mich irrte.» [43] «Jahrhunderte, hier ist mein Jahrhundert, einsam und mißgestaltet, der Angeklagte... Das Jahrhundert wäre gut gewesen, wenn dem Menschen nicht aufgelauert worden wäre von seinem uralten grausamen Feind, von jener fleischfressenden Spezies, die ihm Verderben geschworen hatte, von der bösartigen, haarlosen Bestie Mensch... o Tribunal der Nacht, du, das du warst, sein wirst, bist, ich bin gewesen! Ich bin gewesen! Ich, Franz von Gerlach, hier, in diesem Zimmer, ich habe das Jahrhundert auf meine Schultern genommen, und ich habe gesagt: Ich stehe dafür ein. An diesem Tag und für immer.» [44] Im blendenden venezianischen Sommerlicht, mitten in der Mittagshitze, in einem schäbigen, lauten Hotelzimmer hielt der halbnackte Dramatiker seinen ungewöhnlichen Vortrag vor einer bevorzugten, leicht erschrockenen Zuhörerin, ehe er diese letzten Seiten zur Post brachte und sie an Simone Berriau, Théâtre de la Renaissance, adressierte.

Diesmal war sich die Kritik fast ausnahmslos einig und lobte – so beispielsweise Bernard Dort – «die Großzügigkeit, den Heroismus des Sartreschen Denkens... die Leidenschaft Sartres für eine von Menschen gemachte Geschichte, für unsere Geschichte, die ihn fesselt und verfolgt!» [45] Nach dem Fiasko mit *Nekrassov* vier Jahre zuvor kam es fast einem neuen Anfang gleich. «Vier Jahre zog er sich zurück, jetzt ist Jean-Paul Sartre wieder da», hieß auch die Überschrift von *Paris-Journal*. Einige sprachen von «einem Sartreschen Comeback», andere wie Gilles Sandier lobten den «Dramatiker Sokrates» und seine Hauptfigur, «jenen Schinder, der sich selbst züchtigt, jenen Lorenzaccio, der gefoltert hat, wie sein ganzes Jahrhundert, der den düsteren Glanz eines romantischen Helden besitzt und die Last seines Jahrhunderts trägt, dessen Schuld er auf sich nimmt.»[46] *Les séquestrés* schloß Sartres dramatische Produktion ab. Es wird noch Bearbeitungen geben, 1965 beispielsweise *Les Troyennes*. Auch Neuaufführungen, 1968 beispielswiese *Le diable et le bon Dieu* am Théâtre national populaire; oder 1974 *Nekrassov* am Théâtre de l'Est parisien. Aber *Les séquestrés* blieb das unübertroffene Stück.

1958, als er *Les séquestrés* vorbereitete und die *Critique* zu Ende schrieb, setzte sich der amerikanische Regisseur John Huston, der 1946 *Huis clos* als *No exit* an einer New Yorker Bühne inszeniert hatte, mit Sartre in Verbindung. Huston beauftragte Sartre mit einem Drehbuch über Sigmund Freud, das im Stil einer «Kriminalintrige» Freud als «Abenteurer» schildern sollte; außerdem sollte sich das Drehbuch im Rahmen der Hollywood-Tradition halten und vor allem darauf konzentrieren, wie Freud dank seiner Entdeckung der Hypnose zu den ersten psychoanalytischen Intuitionen kam. Ist eine theatralischere Begegnung zweier solcher Riesen vorstellbar? Sartre und Huston, zwei Männer gleichen Alters, beide sind fast eine Karikatur ihres Milieus: der europäische Intellektuelle und der Hollywood-Cineast. Zwischen den beiden Linken gab es ideologische Gemeinsamkeiten, eine alte gegenseitige Bewunderung wie auch eine vage, aber doch tiefe Anerkennung. Zwei exzessive, maßlose Künstler, zwei außergewöhnliche Charaktere. Der Kampf der Riesen wird unsanfte Formen annehmen: Kulturelle, sprachliche Divergenzen, diverse Mißverständnisse ließen das gemeinsame Projekt scheitern, das vielleicht von Anfang an unrealistisch und utopisch gewesen war. Obwohl Huston eine ansehnliche Summe angeboten hatte, die Sartre natürlich nicht verschmähte. Er bat Michelle Vian, ihm Zeile für Zeile die dicke Freud-Biographie von Ernest Jones zu übersetzen, die damals noch nicht auf französisch erschienen war. Er las die *Studien zur Hysterie* und die *Traumdeutung* wieder. Und wie zu erwarten, stürzte er sich ohne die geringsten Komplexe in die Arbeit. Wie hätte er, der das Unterbewußtsein ablehnte, sich einer so wahnwitzigen Herausforderung entziehen können?

Doktor Freud und Doktor Meynert im Büro des Wiener Hospitals Ende des 19. Jahrhunderts, Freud und seine Verlobte Martha in einer

Droschke, Freud und sein Vater, Freud und seine Mutter, Freud und seine österreichischen Studenten, Freud in Paris als Student bei Charcot ...: mit ähnlicher geographischer, geschichtlicher und kultureller Unbefangenheit wie ein Jahr zuvor im *Tintoretto* reihte Sartre Szene an Szene. Vom 16. Jahrhundert venezianischer Malerei zum 19. Jahrhundert Wiener Medizin: nichts ist unmöglich, wenn man Sartre heißt und zwischen den dicken, alten Lederbänden seines Großvaters aufgewachsen ist; der Umgang mit berühmten Männern statt Teddybären verleiht unerschütterliche soziohistorische Sicherheit, die einen bestens dazu befähigt, später selbstbewußt und teilweise auch kundig zwischen den Jahrhunderten, Kontinenten und Kulturen hin und her zu springen. «Schon am ersten Exposé, das er Huston übergab», berichtet Michelle Vian, «hatte er enorm viel gearbeitet, mit den detailliertesten Angaben über Kamerabewegungen und Kostüme.»[47] Nahm Huston es übel, daß Sartre die Kompetenzen überschritt und sein eigenes Revier betrat? Jedenfalls verfolgte Sartre Freuds Entdeckung der Psychoanalyse mit seiner hysterischen Patientin und der Deutung ihrer Träume und das allmähliche Aufstellen eigener Hypothesen mit unvermutetem Eifer und großem Spaß. Am 15. Dezember 1958 schickte er Huston ein fünfundneunzigseitiges Exposé. Ein Jahr später schloß er die Endfassung des Drehbuchs ab, das, zumindest in Hustons Augen, gewaltig ausuferte. Und jetzt vergiftet sich das Klima: Der Regisseur verlangt Überarbeitungen, Streichungen, Sartre lenkt zunächst ein, wird dann aber wütend. Charles Kaufmann und Wolfgang Reinhardt, die beiden Assistenten Hustons, überarbeiten seinen entstellten, gekürzten Text. Schließlich verlangt Sartre während der Dreharbeiten, daß sein Name aus dem Vorspann verschwindet. Es heißt sogar, nie habe er jenen Freud mit Monty Clift in der Hauptrolle gesehen: von dem Bastard, den Huston produziert hatte, habe er sich voll und ganz distanziert und keinerlei Interesse an dem Produkt gezeigt, das er nie als sein eigenes betrachtet hat. «Die Biographen aber sollen sich plagen, wir wollen 's ihnen nicht zu leicht machen»[48], hatte er Freud – und vielleicht auch sich selbst? – hochmütig sagen lassen.

Trotz diesem Scheitern hinterließ die Begegnung Sartre–Huston denkwürdige historische Spuren, und kein Biograph könnte der wenn auch bedeutungslosen Versuchung widerstehen, einige Szenen zwischen diesen beiden, einander so fremden Riesen nachzuzeichnen. Einander fremd waren sie, sowohl was ihre Auffassung vom Film als auch ihre Geschichte, ihre jeweiligen Karriere, ihre jeweiligen Werte betraf. Angefangen bei der 25 000-Dollar-Gage, die Sartre für seine Arbeit erhielt: Für einen französischen Schriftsteller war das stattlich, er nahm also an und produzierte eine Unmenge an Seiten, was man von ihm gar nicht verlangte. «Ich rief Elliot Hyman an, mit dem ich *Moby Dick* und *Le moulin rouge* gemacht hatte», schreibt Huston, «ohne zu zögern, akzeptierte er die Summe von 25 000 Dollar.» An anderer Stelle notiert er: «Die Summe, die ich für Sartre ausgegeben hatte, war minimal.»[49] Zwei gänzlich verschiedene ökonomische Maßstäbe: was für ein Unterschied zwischen den Autorenrechten eines europäischen Schrifstellers und der Gage eines Drehbuchautors für Hollywood. Die Spannungen um das Drehbuch wurden immer heftiger, die Mißverständnisse immer deutlicher: «Der linke Sartre war zwar Antifreudianer», schreibt Huston weiter, «doch ich meinte, daß er der ideale Autor für das Freud-Drehbuch wäre. Er war ein Philosoph, der Freuds Werk beherrschte und es objektiv und scharfsinnig behandeln könnte.»[50] Ein schwerer Irrtum. Sartre war weit entfernt, Freuds Werk zu kennen, geschweige es zu «beherrschen», und Huston erlag seinem eigenen Wunschdenken, als er sich jemanden zurechtbastelte, den er mit sämtlichen Attributen europäischer Kultur versah, «Sartre schickte mir einen ersten Entwurf von dreihundert Seiten auf französisch», fährt Huston fort. «Bei einer Minute pro Seite ergab das einen fünfstündigen Film... Das war für einen Film zu lang und zu überladen. später übergab er mir eine zweite ‹gekürzte› Fassung. Es überraschte mich nicht zu sehen, daß sie noch länger als die erste war... Offensichtlich begriff Sartre nicht, warum ein Film keine acht Stunden dauern kann.»[51]

Die denkwürdigsten Zusammenkünfte ereigneten sich kurz nach den ersten Aufführungen der *Séquestrés* im Herbst 1959 bei einem Aufenthalt von Sartre und Arlette in Irland, wo man auf dem Besitz von Huston in Saint Clerans gemeinsam das Drehbuch umarbeiten wollte: Es blieb ein frommer Wunsch. «(Ich) habe... dieses riesige Gebäude nicht mehr verlassen», berichtet Sartre Castor. «Aus meinen Fenstern sehe ich eine grüne Weide, die sich angeblich über ich weiß nicht wie viele Kilometer erstreckt. Auf dieser Weide sehe ich

Kühe und Pferde, die der Hausherr (Huston) mit Mütze auf dem Kopf nachmittags reitet – mal das eine, mal das andere –, im Trott, im Galopp, ums Haus herum, wobei ein kleiner störrischer Esel hinter ihm hertänzelt und diesen Ritt lächerlich macht.»[52] Huston seinerseits war bei der Beschreibung Sartres nicht viel freundlicher und versprühte sein ganzes Gift, wenn er von ihm sprach: «Er war klein», schrieb er, «untersetzt und so häßlich wie nur vorstellbar. Ein zerfurchtes, aufgedunsenes Gesicht, gelbe Zähne, und außerdem schielte er auch noch. Er trug ständig einen grauen Anzug, schwarze Schuhe und immer einen Schlips, vom frühen Morgen bis zum Schlafengehen.»[53] Wie im Echo darauf beschreibt Sartre seinen Gastgeber: «Durch eine Menge entsprechender Zimmer irrt ein großer trauriger und vereinsamter Romantiker umher, unser Freund Huston, vollkommen unbehaust, gealtert, buchstäblich *unfähig*, mit den Leuten zu reden, die er einlädt.»[54] Zwei Riesen, die sich messen. Zwei Berühmtheiten, die einander entdecken, taxieren, abschätzen. Zwei Kulturen, die aufeinanderprallen. Zwei Männer, die eine Woche lang unter einem Dach, mit gleicher Vehemenz entdecken, wie tief die Kluft zwischen ihnen ist. Ein großer irischer Landsitz, wo Handwerker herumlaufen, die die Zimmer neu streichen, wo Menschen zusammenwohnen, sich sehen und doch nicht miteinander sprechen – sprechen sie überhaupt die gleiche Sprache? – «... fast eine Mondlandschaft. Und genauso ist die innere Landschaft von meinem Boss, dem großen Huston», ergänzt Sartre, der unermüdlich diese leicht verrückte Welt beobachtet, deren Sprache er nicht versteht. «Er ist nicht einmal traurig: er ist *leer*, außer in den Momenten kindlicher Eitelkeit, wenn er einen roten Smoking anzieht, aufs Pferd steigt (nicht sehr gut), seine Gemälde zählt und seine Arbeiter anleitet. Unmöglich, fünf Minuten seine Aufmerksamkeit zu erregen: er kann nicht mehr arbeiten, er vermeidet es, nachzudenken... Das ist, mehr vielleicht als der Tod, die reine Leere... Er flieht das Denken, weil es traurig macht.»[55] Sartre sieht sich einem Analphabeten von einem anderen Planeten gegenüber. Huston steht vor einer reinen Denkmaschine: «Nie habe ich mit jemandem gearbeitet, der so starrsinnig und kategorisch war wie Sartre. Wenn er redete, notierte er, was er sagte. Irgendeine Unterhaltung mit ihm war unmöglich. Ihn zu unterbrechen ebenfalls. Ohne Luft zu holen, überfiel er mich mit einem

Wortschwall. Da er kein Englisch sprach und so schnell redete, hatte ich Mühe, seinen Gedankengängen zu folgen. Ich bin mir sicher, daß das, was er sagte, brillant war... Es kam vor, daß ich vor Erschöpfung den Raum verließ. Das Summen seiner Stimme folgte mir noch einen Augenblick, und wenn ich zurückkam, hatte er nicht mal bemerkt, daß ich hinausgegangen war.»[56] «Misunderstandings», Mißverständnisse, unglaubliche Mutmaßungen: Natürlich merkte Sartre, wenn er den Raum verließ. «Wir sitzen alle in einem Rauchsalon», erzählt der Philosoph, «wir reden alle, und dann verschwindet er plötzlich mitten in der Diskussion. Man hat Glück, wenn man ihn vor dem Mittag- oder Abendessen noch einmal sieht.»[57]

Das Absurdeste zwischen den beiden Originalen geschah, als Sartre, der Zahnschmerzen hatte, Huston um einen Zahnarzt bat. «Er begnügte sich mit dem erstbesten Zahnarzt», kommentiert Huston, «und ließ sich den kranken Zahn ziehen. Ein Zahn mehr oder weniger, das zählte für Sartre nicht. Denn das physische Universum existierte für ihn nicht. Nur Denken hatte Bedeutung. Ich muß im übrigen sagen, daß er lauter unterschiedliche Tabletten schluckte.»[58] Totales Unverständnis schließlich, als Sartre Post aus Paris mit allen Presseausschnitten zu *Les séquestrés* bekam. «Er nahm sie nicht sofort zur Kenntnis», wundert sich Huston. «Vor dem Mittagessen zog er sich kurz zurück, um sie durchzusehen, erzählte aber kein Wort, als er zurückkam. Ich mußte ihn erst bitten, sie mir zu zeigen, um zu erfahren, daß es positive Kritiken waren. Ich betrachtete dieses unerschütterliche Monster, wie es in kleinen Schlucken seinen Sherry trank, und dachte an meine Angst in der Nacht zurück, in der ich darauf wartete, was Presse und Publikum von meinem Vater in *Othello* halten würden.»[59] Diese Streiflichter hätten keine Bedeutung, wenn sie nicht die Starrköpfigkeit der beiden Zufallskollegen bezeugten und bestätigten, was man ihren «kulturellen und menschlichen Autismus» nennen könnte, wenn sie uns nicht ein echt kafkaeskes Bild von Sartres und Hustons Zusammenleben lieferten, das an Absurdität *Huis clos* und *The misfits* zusammen übertrifft... «Aber ich schwöre Ihnen», schrieb Sartre an Castor, «es lohnt sich, diese gemeinsame Einsamkeit einmal erlebt zu haben... ich langweile mich nicht, und eigentlich weiß ich nicht, warum.»[60]

Zwischen 1957 und 1960 schrieb er *Le Tintoret, Freud, Les séque-*

strés. Werke also – ob Auftragsarbeiten oder originäre Produkte der Phantasie ihres Schöpfers –, die neben dem zentralen Manuskript dieser Jahre entstanden: *Critique de la raison dialectique.* «Ich bin dabei, ein dickes philosophisches Ding zu schreiben», hatte Sartre fast nebenbei hingeworfen, als er irgendwann einmal mit Robert Gallimard im Restaurant Mittag saß. «Eines Abends rief mich die Telefonzentrale», erzählt Gallimard, «‹Sartre ist unten›, sagt man mir. Ich gehe hinunter und sehe ihn auf einem alten, wackligen Sofa sitzen, ein dickes, riesiges Schriftstück unter dem Arm. ‹So, ich bringe Ihnen das hier mit›, sagt er und übergibt mir das schwere Paket Papier.»[61] So war Sartre: Er investiert ein unvorstellbares Maß an Energie in ein ihm wesentliches Manuskript und übergibt es dann eilig und verlegen, als wolle er es loswerden. Obwohl die *Critique* das Kernstück seiner Philosophie, seines Lebens darstellt, obwohl sie der Schnittpunkt aller seiner Fragen und Werke ist. 1947 bis 1952 hatte er, man erinnert sich, eine Arbeit zur Französischen Revolution begonnen und Unmengen von Dokumenten für eine breitangelegte Analyse der Verfassunggebenden Versammlung zusammengetragen. Ausgehend von der Hypothese, daß ein Ganzes nicht einfach die Summe seiner Teile ist, wollte er die Biographie von jedem einzelnen Abgeordneten rekonstruieren. Diese abgebrochene Arbeit nahm er in der *Critique* wieder auf, ein zwar kompaktes und theoretisches, aber auch mit Beispielen, Anekdoten, Details reichhaltig illustriertes Werk. So werden nacheinander Baudelaire, Flaubert, Freud, Robespierre in das große philosophische Mosaik aufgenommen. Bemerkenswert sind vor allem seine einprägsamen Thesen zur Praxis und zum «Praktisch-Inerten», seine Ausführungen zur fusionierenden Gruppe und zur Serie; hervorzuheben ist auch sein ständiges Bemühen, jene Wahrheit zu begründen, die der Marxismus ist, ihn neu zu beleben und seine Beziehungen zu Ökonomie und Geschichte zu erforschen. Schließlich ist noch die Beständigkeit einer großen Frage herauszustellen, der quälendsten sicherlich: die Frage nach dem Sinn der Geschichte, nach dem langen Dialog des Menschen mit der Geschichte: Enthält der Mensch die Geschichte? Enthält die Geschichte den Menschen? Eine immer wiederkehrende Frage an allen Bruchstellen jener Periode, in allen Biographien, in allen diesen Lebenswegen exemplarischer, außergewöhnlicher Menschen, von Jacopo Tintoretto über Sigmund Freud bis Franz von Gerlach. «Bis jetzt haben wir versucht», schreibt er zum Schluß, «zu den elementaren und formalen Strukturen zurückzugehen, und haben damit gleichzeitig die dialektischen Grundlagen für eine strukturale Anthropologie gelegt... Wenn die Wahrheit in ihrer wachsenden Interioritätsspezifizierung *eins* sein soll, werden wir in der Antwort auf die letzte Frage der regressiven Erfahrung die eigentliche Bedeutung der Geschichte und der dialektischen Rationalität entdecken.»[62]

Les séquestrés war sein letztes Theaterstück. Die *Critique* sein letzter veröffentlichter philosophischer Essay. Trotz ihrem fast ausschließlich theoretischen Charakter, trotz ihrer geringen realen Leserzahl wird die Veröffentlichung der *Critique* Sartres Kurswert auf dem literarischen Markt wieder in die Höhe gehen lassen. Modephänomen? Spontaner Erfolg? Pariser Snobismus? Man urteile selbst: Als Sartre noch an seinem Manuskript saß, hatte er in Jean Wahls Bitte eingewilligt, vor dem Collège de philosophie über die Dialektik und die Fragen, die er gerade behandelte, zu referieren. Der Vortrag fand in der Rue de Rennes, Nummer 44, statt, also genau gegenüber seiner Wohnung. Gegen 18 Uhr traf er in einem überfüllten Saal ein, ein dickes Paket unter dem Arm. «Ich werde Ihnen von dem erzählen, was ich gerade tue», sagte er mit seiner schnarrenden und schnellen Stimme. Und ohne aufzublicken, als wäre er ins Schreiben vertieft, sprach er, endlos. «Er redete eine dreiviertel Stunde», erzählt Jean Pouillon, «eine Stunde, eineinviertel Stunden, eineinhalb Stunden, eindreiviertel Stunden, ohne aufzublicken. Die Leute, die standen – die Hälfte der Zuhörer –, konnten nicht mehr. Einige brachen sogar zusammen... Man hatte das Gefühl, Sartre habe die Zeit vergessen.»[63] Als ihm Jean Wahl schließlich notgedrungen ein Zeichen gab, packte der Philosoph seine Sachen zusammen und lief genauso abrupt, wie er eingetroffen war, in sein Arbeitszimmer zurück.

Das Interesse an der *Critique* ging übrigens nach ihrer Veröffentlichung nicht zurück. Im Frühjahr 1960 schlägt Claude Lévi-Strauss Jean Pouillon vor, die *Critique* in seinem Seminar an der École pratique des hautes études zu behandeln. «Das war drei Monate nach der Veröffentlichung des Buches», erzählt Pouillon. «Zunächst lehnte ich das Angebot von Lévi-Strauss ab, weil ich dachte, daß noch niemand das Buch gelesen haben konnte. Dann besann ich mich und bot meine ‹Lektüre› der *Critique* in drei Seminaren zu je zwei Stunden an. Normalerweise brachte mir diese Art anthropologischer Seminare ein Publikum von fünfundzwanzig bis dreißig Leuten ein. Bei Sartre nahm eine kompakte Menschenmenge den Saal in Beschlag... Unter ihnen erkannte ich Leute wie Lucien Goldmann.»[64] Zusammen mit *La nausée* blieb die *Critique* für Sartre eines seiner Lieblingsbücher des eigenen Werks.

Nach den Zeiten besessener, unermüdlicher Arbeit steuert er eine neue Etappe mit direkteren Aktivitäten an. Der Literatur ordnet er jetzt eine andere Funktion zu: Die Vorstellung des «literarischen Überlebens» hat er aufgegeben, und seine neue Definition engagierter Literatur vertraut er wieder einmal Madeleine Chapsal an: «Wenn die Literatur nicht *alles* ist», behauptet er, «ist sie nicht der Mühe wert. Das will ich mit ‹Engagement› sagen. Sie vertrocknet umgehend, wenn man sie auf die Unschuld, auf Lieder reduziert. Wenn jeder geschriebene Satz nicht auf allen Ebenen des Menschen und der Gesellschaft widerklingt, bedeutet er nichts. Die Literatur einer Epoche ist die durch ihre Literatur verdaute Epoche.»[65] Auf die Epoche wird er im Frühjahr 1959 bald wieder stoßen. Während Sartre Bücher und Artikel verfaßte, war Francis Jeanson schon seit zwei Jahren im Untergrund. Er leitete ein französisches Unterstützungsnetz für die FNL und half den algerischen Kämpfern bei der Beschaffung von Fortbewegungsmitteln, Versammlungsräumen, Unterkünften und Pässen, bei der Sammlung der Spendengelder der algerischen Arbeiter in Frankreich und bei der Veröffentlichung eines illegalen Informationsbulletins: *Vérités pour*. Nun wissen wir schon, daß sich Jeanson und Sartre im Herbst 1956 auf Grund unterschiedlicher Einschätzung des Ungarnaufstands und der sowjetischen Repression überworfen hatten. Jeanson wußte jedoch, wie sinnvoll und nützlich ihm Sartres Unterstützung sein könnte. Doch es gab dieses Zerwürfnis, und Jeanson hatte Skrupel. «Eines Morgens», schreibt er, «flüsterte mir meine Ungeduld, diesen Menschen wiederzusehen und mich wieder mit ihm auseinanderzusetzen, ein schönes Argument zu: *Ich hatte nicht das ‹Recht›*, zwischen die Sache, der wir dienten, und einem von den Menschen, die am ehesten in der Lage waren, sie zu unterstützen, irgendwelche Skrupel zu stellen, die nur mich angingen. Wir brauchten Sartre: Ich mußte mich an ihn wenden, mein Pech, wenn er mich zum Teufel schicken sollte.»[66]

Die Entscheidung war getroffen. Jetzt ging es um die Strategie zur Vermeidung eines Scheiterns. Marceline Loridan, eine Frau aus dem Unterstützungsnetz, wird die Aufgabe übernehmen. Marceline, das ist eine standfeste, eine sichere Frau, die in Sachen Untergrundtätigkeit keinen Spaß versteht, weil sie schon anderes erlebt hat, und deren Vorsicht legendär ist. Zudem ist sie schon lange mit Evelyne Rey, einer Vertrauten Sartres, befreundet. Zuerst wird Marceline also Évelyne damit beauftragen, Sartres eventuelle Bereitschaft, sich dem Unterstützungsnetz zur Verfügung zu stellen, und seine jetzige Haltung zu Jeanson zu sondieren. Ein Treffen wird organisiert. Marceline trifft in der Rue Bonaparte ein. «Ich soll Ihnen eine wichtige Botschaft von Jeanson überbringen», beginnt sie etwas schüchtern, denn von diesem Tag hängt so vieles ab. «Er war sofort bereit, mir zu folgen und Jeanson zu treffen, der damals bei mir versteckt war», erzählt sie später. «Er hat sich bei mir nach seiner Gesundheit erkundigt und war besorgt wegen seiner Asthmaanfälle... Wir haben ein Taxi zur Rue de Cheroy genommen, wo sich Jeanson befand, und Sartre hat sofort eine Zusammenarbeit zugesagt. Ich glaube», ergänzt sie, «daß er reif war, daß der Moment für ihn gekommen war, zu uns zu stoßen.»[67] Francis Jeanson aber war an diesem Tag auf das Schlimmste gefaßt: «Nachdem ich allein in der Wohnung nicht weit vom Théâtre Hébertot zurückgeblieben war», berichtet er, «malte ich mir nacheinander zwanzig verschiedene Ausgänge dieses verrückten Unternehmens aus. Als es endlich im verabredeten Rhythmus an der Eingangstür läutete, war ich mir sicher, daß mir nur noch übrigbliebe, bedauernde Erklärungen meiner Botin entgegenzunehmen; aber Sartre selbst betrat den Raum und fragte: Nun, wie geht's? Ohne mir Zeit für eine Antwort zu lassen, sprach er gleich weiter: ‹Wissen Sie, ich bin mit dem, was Sie tun, hundertprozentig einverstanden. Verwenden Sie mich, wie Sie wollen: Ich habe Freunde, die ebenfalls nichts anderes wünschen, als sich Ihnen zur Verfügung zu stellen; sagen Sie mir, was Sie brauchen!› Als er zwei Stunden später wieder ging, hatte ich für unsere illegale Presse schon ein Interview plus einige Adressen, die sich für uns als äußerst kostbar erweisen sollten.»[68]

«Es ist absolut unglaublich», sagte Sartre in diesem im Sommer 1959 erschienenen Gespräch, «daß die Linken behaupten könnten, sie seien erschrocken über den Nationalismus der Algerier ... für uns alle darf doch nur zählen, daß die FLN das unabhängige Algerien in Form einer sozialen Demokratie anstrebt und daß sie mitten im Kampf die Notwendigkeit einer Agrarreform einsieht.»[69] Ein zentraler Artikel in mehrfacher Hinsicht. Einerseits löst nunmehr in der Sartreschen Hierarchie der Unterdrückten der Kolonisierte den Proletarier ab. So erklärt er: «Von den Kolonien hat das Proletariat lange Zeit nur ‹generöse Vorstellungen› gehabt. Aber die generösen Vorstellungen sind Worte, sie bleiben völlig wirkungslos, solange sie nicht auf einer realen Interessensolidarität beruhen ... *Heute* fühlen sich die französischen Arbeiter mit den algerischen Freiheitskämpfern solidarisch, weil beide das dringendste Interesse haben, die Bande der Kolonisation zu sprengen.»[70] Ein zentraler Artikel vor allem aber auch, weil er ein Jahr später unter historischen Umständen wieder aufgenommen werden wird. Aber eins nach dem anderen ...

Der vierundfünfzigjährige Mann, der arbeitet und in dem angeblich «fabelhaften» Frankreich den Mißklang seiner Stimme widerhallen läßt, wird nach Jeansons Appell für die bevorstehenden politischen Kämpfe eine Bürgschaft, ein Kapital, ein Wert werden. Sartre auf seiner Seite haben bedeutet Tausende, Hunderttausende weitere gewinnen. Soeben hat sich Sartre also zur aktiven Unterstützung eines illegalen Netzes für die Unabhängigkeit Algeriens entschieden. Und selbstverständlich wird Frankreich bald die Bedeutung dieser Unterstützung zu spüren bekommen.

EIN MILITANTER BOTSCHAFTER

Währenddessen reist Sartre durch die Welt. Schon Anfang der dreißiger Jahre hatte er sich gewünscht, ins Ausland zu gehen, dort zu leben und zu lehren. Hätte er damals außerhalb der französischen Grenzen seinen Weg leichter gefunden? Aber er war geblieben, zunächst in Le Havre, später in Laon; mit Castor hatte er die Freuden des Tourismus entdeckt, Italien, Deutschland, Griechenland und sogar Marokko, ohne jemals wirklich auf seine Eroberungsgier zu verzichten. Kennenlernen, Entdecken, Erobern: Für ihn war das eins. Auch das philosophische Abenteuer profitierte vom Reisen. Amerika 1945 war seine erste große Erfahrung dieser Art gewesen: Durch die Begegnung mit dem anderen, mit der gesellschaftlichen und rassischen Diskriminierung hatte er damals gelernt, die Welt zu entdekken. Artikel, Berichte, Stellungnahmen und Parteinahmen folgten den Reisen wie selbstverständlich. Die Zeitschrift *Les Temps Modernes* wurde zum Umschlagplatz, zur obligaten Durchgangsstation für die Nachkriegskultur, die allerorts neu aufblühte. Sondernummern zu den USA, Italien, Deutschland, der UdSSR, den Ostblockländern, China...

Der Zyklus der großen Sartreschen Reisen begann viel später und unter anderen Bedingungen, als sich der kleine Mann vorgestellt hatte. Dennoch, über seine Reisen von Peking bis Moskau, von Rio bis Jerusalem, von Prag bis Tokio, von Kuba bis Rom, von Stockholm bis Belgrad, von Kairo bis Leningrad gelang es Sartre tatsächlich, «die Welt zu besitzen». Seine Reisealben sind beeindruckend. In weniger als zwanzig Jahren stieg er zu einem der berühmtesten Franzosen im Ausland auf, zum Symbol. Wenigen Schriftstellern ist ein solches Schicksal in der Welt zuteil geworden. Wenige von ihnen reisten in diesem Sinne. Vor ihm hat vermutlich allein der große Voltaire mit seinen zahllosen Beziehungen zu Friedrich II. von Preußen, Gustav III. von Schweden, Christian VII. von Dänemark oder zur Zarin Katharina eine vergleichbare Rolle gespielt. Um das Geheimnis jener erstaunlichen Begeisterung fremder Länder und ausländischer Staatsoberhäupter für den französischen Schriftsteller zu lüften, müssen die Einladungen, die Zusammenkünfte, das Händeschütteln mit Fidel Castro, Che Guevara, Mao Tse-tung, Nikita Chruschtschow oder Marschall Tito verfolgt werden.

1930 hatte Sartre sehnlichst auf eine Stelle in Tokio gehofft; mit fünfundzwanzig Jahren Verspätung flog er nach dem Fernen Osten; sein Besuch in der Volksrepublik China vom 6. September bis 6. Oktober 1955 eröffnete die Zeit der großen Reisen. Hier debütierten Sartre und Beauvoir als offizielle Gäste und reisendes Paar; für die Welt galten beide fortan als unzertrennliche politische Globetrotter; in jedem besuchten Land hinterließen sie jene starren Bilder und Spuren ihrer legendären Persönlichkeit. Sehen wir sie an, wie sie nebeneinander stehend dem chinesischen Fotografen zulächeln. Sie trägt ein geblümtes helles Baumwollkleid mit offenem Kragen, das Haar ist hochgesteckt. Er, im dunklen Anzug mit Hemd und Schlips, weiß nicht wohin mit seinen Händen, mal hält er den Kopf schräg, mal knickt er den Oberkörper ein, nie wirkt er wirklich natürlich. Oder wie sie gemeinsam von der Tribüne aus der großen Pekinger Parade am 1. Oktober 1955 beiwohnen, mit der Jahr für Jahr die Ausrufung der Volksrepublik China gefeiert wird. Purpurfarbenes Gemäuer, goldene Dächer, Fahnen aus bunter Seide, fröhlich vorbeiziehende junge Pioniere, Staudammingenieure, Arbeiter und Arbeiterinnen, Bauern, Künstler, Schriftsteller, die alle chinesischen Provinzen vertreten. Riesige Papierdrachen, die in der Luft schweben und flattern; rote, grüne, blaue, gelbe Luftballons, die die Kinder hochsteigen lassen; Akrobaten, die auf Fässern stehen; vier Stunden lang schauen Sartre und Castor dem Spektakel zu, hören die Nationalhymne, die ein ehemaliger Schüler von Paul Dukas komponiert hat, und schließlich, ohne sie zu verstehen, die traditionelle Ansprache des Pekinger Bürgermeisters: «Wir gedenken», sagte er, «der ruhmreichen Volksarmee, die unser Volk befreit hat.» Betrachten wir sie weiter, wie sie feierlich, aber stumm Mao Tse-tung begrüßen. Wie sie mit Vizeminister Chen Yi an einem Tisch aus Lackholz die traditionelle Tasse grünen Tee trinken. Wie sie schließlich am See von Huang-tcheu, der ehemaligen Hauptstadt der Song, dem Fotografen zulächeln.

Die Chinareise hatte sie gereizt, wie sie überhaupt jede Veränderung auf der Welt, jedes neue Experiment reizte. Selbst zu sehen, was sich auf dem chinesischen Kontinent vollzog und welche Erschütterungen dadurch im westlichen Denken ausgelöst würden, interessierte Sartre und Castor frühzeitig. Und es wäre ein Irrtum, auf Grund dieser touristischen Bilderbuchbilder zu meinen, ihre Reise habe sich auf Pittoreskes und Exotisches beschränkt. Mit ihrer Chinareise fuhren sie eigentlich der Geschichte entgegen; durch ihre Anwesenheit nahmen sie an dem teil, was dort gerade aufgebaut wurde. Noch ehe Sartre das Land kennenlernte, hatte er dem Fotografen Henri Cartier-Bresson ein Vorwort zu dessen Buch *D'une Chine à l'autre* zugesagt. Noch vor seiner Entdeckung der chinesischen Massen, chinesischen Städte und chinesischen Landschaften hatte Sartre dieses Fotoalbum mit der Gier eines Forschungsreisenden verschlungen. Und davon erzählt wie über ein bekanntes und geliebtes Land, mit Kenntnis und Leidenschaft. «Cartier-Bresson», schrieb er, «läßt uns überall jenes geisterhafte, in winzige Konstellationen zerstückelte Gewimmel erahnen, jene diskrete und allgegenwärtige Gefahr des Todes. Jemandem wie mir, der die Menge liebt wie das Meer, erscheinen die chinesischen Massen nicht schrecklich und nicht einmal fremd: zwar töten sie, doch vergraben sie die Toten tief in sich, sie saugen das Blut auf wie ein Löschblatt die Tinte: weder gesehen noch gekannt. Unsere sind zänkischer, grausamer.»[1] Dann entwickelte er politischere, philosophischere Überlegungen. «Zwischen der zirkularen Zeit des alten China und der unumkehrbaren Zeit des neuen China ist ein Zwischenglied, eine gallertartige Dauer, die von Geschichte und Wiederholung ebenso weit entfernt ist: das *Warten*... Den gestochenen Bildern des alten Peking folgen schwere, dichte Bilder. Warten. Wenn sie nicht die Geschichte in die eigene

Hand nehmen, erleben die Massen die großen Augenblicke als endloses Warten.»[2] Zum Schluß, durch den chinesischen Virus angesteckt wie früher durch die Antike oder die berühmten Männer, verkündete er unerschütterlich: «Dieses Album ist eine Bekanntmachung: es kündigt das Ende des Tourismus an. Es zeigt uns schonend und ohne überflüssiges Pathos, daß das Elend seine pittoreske Seite verloren hat und nie wiederfinden wird.»[3] Sahen sie, in Begleitung ihrer Dolmetscherin und Führerin, Frau Cheng, die Handwerker des alten Peking, die alten Dienerinnen in den Großstädten? Und wenn sie lokalen Intellektuellen vorgestellt wurden, wußten sie dann wirklich, sich mit ihnen zu verständigen? «Sartres Name und der meine», berichtete Simone de Beauvoir nach ihrer Rückkehr, «waren ihnen – wenn man von zwei bis drei in der französischen Literatur bewanderten Spezialisten absah – überhaupt nicht bekannt. Die Zeitungen schrieben, Sartre habe soeben eine ‹Lebensbeschreibung Nekrassows› veröffentlicht..., und unsere Gesprächspartner zeigten gewöhnlich ein höfliches Interesse für dieses Werk. Dann sprachen sie über Gastronomie. Diese gegenseitige Unkenntnis störte unsere Gespräche noch mehr als die politischen Rücksichtnahmen.»[4] Es stimmt, 1955 «verkannte» China die beiden illustren Reisenden. Jedoch weder aus Respektlosigkeit noch aus Bösartigkeit: ein einfaches Problem der Öffnung.

«Was China heute kennzeichnet», erläuterte Sartre nach seiner Rückkehr aus Peking im französischen Rundfunk, «ist, daß die Mauer der Isoliertheit durchbrochen worden ist. Nirgendwo habe ich solche Besorgtheit von jedem um jeden, eine solche Solidarität erlebt... Fehlt es an Lehrern? Kein Problem. Jeder Chinese, der gerade das Lesen gelernt hat, wird es einem weiteren Chinesen beibringen. Diese Massen – man könnte tausend weitere Beispiele anführen –, die man früher nur als Ameisenhaufen wahrgenommen hat, werden von großen konzentrischen Bewegungen durchwirbelt, sie erziehen sich selbst, sie vertiefen ihre Beziehungen zueinander, sie erhöhen zugleich das Niveau der Produktion und das Niveau der Freundschaft, sie emanzipieren sich. Das ist der Haupteindruck, den ich von China behalte, nämlich daß die Freundschaft die *Kehrseite* einer ökonomischen Notwendigkeit, daß sie der Motor der Produktion ist.»[5] Wie bei seiner Rückkehr aus der UdSSR im Sommer 1954, wie auch bei seinen zukünftigen Reisen zeigte Sartre unbestreitbar eine bestimmte Gefälligkeit gegenüber dem bereisten Land und seinen Errungenschaften, die ihm auf den touristisch-politischen Rundreisen vorgeführt wurden. Aus China kehrte er zwar begeistert und ohne jeden Zweifel wohlmeinend zurück, doch wahrte er eigentlich stärker als bei anderen Gelegenheiten eine kritische Distanz. Obwohl das chinesische Volk, die chinesischen Massen 1955 für ihn den positiven Helden schlechthin, den Hoffnungsträger aller Revolutionäre der Welt verkörperten. Hören wir ihr noch einmal selbst: «Zwischen den beiden Weltkriegen hatte das vom ausländischen Kapital ausgebeutete, von einem schwachsinnigen Feudalismus niedergedrückte, durch die japanische Invasion verwüstete China sein Selbstvertrauen verloren. Man muß dort gewesen sein, um die Verbitterung zu verstehen, die sich hinter der Objektivität des berühmten Satzes verbirgt: Wir sind ‹ökonomisch wie intellektuell Zurückgebliebene› (Mao Tsetung).»[6] Ansonsten zog Sartre nach seiner Rückkehr aus China immer wieder Vergleiche zwischen der sowjetischen und der chinesischen Revolution. «Die UdSSR ist nie ein Kolonialland gewesen», erklärte er zum Beispiel. «Sie industrialisierte sich zur Verteidigung der Revolution. China dagegen hat die Kolonisierung erfahren, es kann sie morgen wieder erfahren: deshalb industrialisiert es sich, weil das seine einzige Verteidigung gegen den Kolonialismus ist.»[7]

Sartre berichtete von dieser Reise in Erklärungen, Diskussionen und Artikeln, Castor widmete den vier chinesischen Wochen ein ganzes Buch, *La longue marche*. Was sie auf dieser ersten Reise begriffen hatten? Daß die chinesische Revolution eines der bedeutendsten politischen Ereignisse des 20. Jahrhunderts war, eine dieser großen Pendelbewegungen der Weltgeschichte, der Geburtsakt fast der Hälfte des Planeten. Daß sich die westliche Geschichte allmählich der Geschichte einer anderen, vollständigeren Welt öffnete. Im Unterschied zur sowjetischen Revolution war in der chinesischen Revolution die Rede von anderen Kontinenten, anderen Völkern. Und in ihre Spur riß sie all ihre ausgebeuteten, vergessenen oder verkannten Brüder Afrikas und Asiens mit. Diese Reise war das erste Erwachen des späteren «Dritte-Welt»-Sartre und sensibilisierte die beiden Reisenden für die kommenden Kämpfe.

1985 waren aus Sartres Gesamtwerk allein ein Kapitel der *Critique de la raison dialectique*, eine alte Fassung der *Putain respectueuse* sowie einige – in Literaturzeitschriften veröffentlichte – Auszüge aus dem Romanwerk ins Chinesische übersetzt. All diese Texte sind übrigens in Buchhandlungen und oft sogar in Bibliotheken unauffindbar. Im April 1983 widmeten die Zeitung *Klarheit* – die Zeitung der chinesischen Intellektuellen – und die *Arbeitertageszeitung* dem Existentialismus eine Artikelserie. «Unter dem Honig das Arsen», lautete die Definition, die Verurteilung fast. Dennoch tauchte damit im Vokabular und in den Unterhaltungen der Chinesen mit vierzig Jahren Verspätung «jenes für China neue Wort auf, das manche bewundern: Existentialismus.»[8] Anfang 1981 wurde in China zum erstenmal ein Sartre-Stück aufgeführt: *Les mains sales*. «Gleich nachdem die Ankündigung plakatiert worden war», erzählt Yao Guo-qiang, ein Intellektueller aus Fudan, «wurden in weniger als zwei Stunden die Karten für drei Vorstellungen verkauft.»[9] Das Publikum kam offenbar aus spontaner Neugier für Sartre: Lebhaft wurde über die Person des Philosophen, sein Verhalten und seine Positionen debattiert. Mehr noch als der Schriftsteller schien vor allem der Intellektuelle das chinesische Publikum zu interessieren. «Ein Freund des chinesischen Volkes ist gestorben», gab die Agentur Neues China am 15. April 1980 bekannt. Das war etwas lakonisch und weltweit wahrscheinlich die knappste Todesanzeige. Durch seine politischen Aktivitäten war es Sartre dennoch gelungen, das Nichtvorhandensein seiner Werke in China so gut zu kompensieren, daß er dreißig Jahre nach seiner ersten Reise diese Begeisterung für seine Person auslösen konnte.

Fünf Jahre nach China kommt etwas ganz anderes. Ein anderes Land im Umbruch bemüht sich um den Besuch der beiden Reisenden: Kuba. Als Gäste der Wochenzeitschrift *Revolución* empfangen Beauvoir und Sartre die Huldigung der jungen kubanischen Revolution. Als wolle man dem Paar das Neugeborene auf dem Taufbecken präsentieren und ihm anbieten, die Patenschaft für das entstehende Abenteuer zu übernehmen und durch ihre Zustimmung Garanten und Bürgen des kubanischen Experiments in den Augen der Welt zu werden. «Was wir tun, betrifft auch Sie: Sie müssen kommen, um unsere Revolution zu erleben», hatte ihnen in Paris der Journalist Franqui gesagt. Noch im gleichen Winter landeten sie auf der Insel: Erkannte

Sartre sie trotz der politischen Umwälzung wieder? Mit Dolorès war er im Sommer 1947 dort gewesen, auf ihrer letzten Karibikreise, ehe sie sich trennten. Damals noch unter der Batista-Diktatur hatte Kuba keinen Anlaß, auf die soziopolitische Situation seiner Arbeiter in den Zuckerrohr- oder Tabakplantagen stolz zu sein: Sie war eine der katastrophalsten in der ganzen Region. Acht Jahre später traf Sartre Fidel Castro, Raúl Castro und Che Guevara, den Wirtschaftsminister. Und vor den Augen der Welt beglückwünschte er den dreiunddreißig Jahre jungen Rechtsanwalt, der soeben, gemeinsam mit einer Handvoll Studenten und Intellektuellen, nach einer sechsjährigen Guerilla die Macht auf der Insel übernommen hatte. Wie hätte auch das Bild des neuen Reisenden Sartre verborgen bleiben können? Das Händeschütteln und die Umarmungen zwischen dem bärtigen, zigarrerauchenden Riesen in Kampfmontur und dem kleinen, breit lächelnden und entzückten Philosophen im bürgerlichen Anzug: Diese Bilder, Dokumente von Sartres Zustimmung zum kubanischen Regime, gingen natürlich um die ganze Welt.

Das kubanische Experiment war rundum wie zur Verführung des Philosophen geschaffen: Versuch einer direkten Demokratie auf einer hauptsächlich agrarischen Insel, die jetzt aus langen Jahren des spanischen Kolonialismus und der Diktatur erwachte. Eine unwahrscheinliche, die höchste Herausforderung des amerikanischen Imperialismus, zumal auf einem Territorium nur einige Kilometer von seinen eigenen Grenzen entfernt. Sartre wurde sich schnell über das Mißverhältnis zwischen dem jungen Jurastudenten und seiner Handvoll Genossen auf der einen Seite und den amerikanischen Bankiers auf der anderen bewußt, und diese Allegorie von Herr und Knecht gefiel ihm bestimmt. Die linksradikale, romantische Jugend an den europäischen und amerikanischen Universitäten der sechziger Jahre erblickte in der kubanischen Revolution das demokratischste, das kulturvollste und symbolträchtigste Modell einer Revolution, die noch dazu unter dem Zeichen der Freude, des Festes stand. Hinzu kamen Fidel Castros Charisma, sein Elan, seine langen, drei oder vier Stunden dauernden Reden, mit denen es ihm gelang, die «campesinos» mit der «machete» mitzureißen, zu überzeugen und zu bilden. «Schon heute will ich das kubanische Volk und die kubanischen Mütter davon überzeugen», sagte er, «daß ich alles in meiner Macht Stehende tun werde, um alle Probleme ohne Blutvergießen zu lösen. Den kubanischen Müttern kann ich versichern, daß hier nie auch nur ein von uns verschuldeter Schuß fallen wird.»[10] Epische, historische Reden, in denen der kubanische Leader das Volk anfeuerte, in denen er von sich, über sie, über die gemeinsame Zukunft sprach und kubanische Landarbeiter wie westliche Linksradikale verführte. «Ich bin kein Berufssoldat», beichtete er fast. «Wenn ich meine Aufgabe hier zu Ende gebracht habe, werde ich mich zurückziehen und anderen Beschäftigungen zuwenden. Und, offen gesagt, ich glaube nicht, daß meine Anwesenheit unentbehrlich ist. Jedenfalls meine ich nicht, zur Lösung der militärischen Probleme unentbehrlich zu sein. Außerdem habe ich ganz andere Ambitionen.»[11] Wie hätten solche Beteuerungen, solche Versprechen, solch ein romantischer Elan Sartre kaltlassen können?

Das war er natürlich nicht. Den Reden des frühen Castro schloßen sich im Februar 1960 direkte Besichtigungen an: Zuckerrohrplantagen, Tabakplantagen, Treffen mit Landarbeitern, Politikern, Studenten, Journalisten. Erklärungen, Vorträge, Fragen, Austausch: ein echtes sartro-kubanisches Fest... «Kann man eine Revolution ohne Ideologie machen?» fragte ihn ein Student bei einer Diskussion an der Universität Havanna. Sartre antwortete genauso beißend wie immer, stellte später die Mängel seiner Antwort fest und beschloß, darüber nachzudenken. Die Zeitung *Lunes de revolución* öffnete ihm ihre Spalten, und Sartre schrieb in einem Zug einen Artikel nieder, der am Tag seiner Abreise unter der Überschrift *Ideología y revolución* veröffentlicht wurde. Der Artikel, ein richtiger Anschauungsunterricht zur kubanischen Revolution, bemühte sich, Verbindungen zwischen den theoretischen Themen aus der *Critique de la raison dialectique* und der Castristischen Praxis herzustellen. Eine virtuose Sartresche Darbietung: Er konfrontierte die abstrakte Fragestellung seiner voluminösen philosophischen Abhandlung mit den von ihm beobachteten konkreten Realisierungen der kubanischen Revolution. Selbstkritik der eigenen, zu stark intellektuellen Verhaltensweisen: «Vor einigen Monaten», legte er dar, «haben mich kubanische Freunde in Paris aufgesucht; sie haben lange und wärmstens von der Revolution erzählt, aber vergeblich habe ich von ihnen zu hören versucht, ob das neue Regime sozialistisch sei oder nicht. Heute muß ich zugeben, daß es falsch von mir war, die Frage so zu betrachten; aber wenn man weit weg lebt, ist man leicht abstrakt und neigt dazu, große Worte zu verwenden, die heute eher Symbole als Programme sind.»[12] Nahm der Normalien, der Philosophie-Agrégé, der mit Begriffen, Abstraktionen und Wörtern überfütterte Europäer mit fünfundfünfzig Jahren in jenem idealen kubanischen Mikrokosmos seine erste Lektion in praktischer Politik?

«Ich habe Fidel auf der Bühne und das Volk vor ihm stehen sehen. Castro hat gesprochen, die Dämmerung fiel ein über die dunklen Gesichter, dann kam die Nacht...» Der Philosoph mischt seiner Analyse Erfahrungen und Anekdoten bei, verquickt Fragen, Beschreibungen, Erkenntnisse und bemüht sich, das kubanische Phänomen zu interpretieren, das als Putsch begann und «nacheinander seine Ursprungsziele verschwinden sah, um neuere, populärere, tiefergehende, in einem Wort revolutionärere Ziele zu entdecken». Der Philosoph will begreifen, vergleichen, einschätzen. Der Philosoph befragt sein neues Kapital: die direkte Erfahrung, die Begegnung mit aktiven Revolutionären, er informiert sich, holt seine Pariser Theorien hervor, modifiziert sie, verändert sie, man könnte sagen: Er paßt sie an. «Ich meine, in der Geschichte eures Kampfes die unerschütterliche Kraft einer Idee entdeckt zu haben», gesteht er nebenbei. Oder an anderer Stelle: «Da begriff ich, daß der Feind mit seinen Manövern nichts anderes tat, als einen inneren Prozeß zu beschleunigen, der sich nach einer inneren Gesetzmäßigkeit entwickelte.»[13] Auswüchse prokubanischer Naivität? Spontane, voreilige Freude über ein politisches Experiment, das er selber als «romantischen Heroismus» kennzeichnete? Oder muß man das eher als die x-te Etappe des Sartreschen Paradoxes ansehen, daß er es so liebte, das Verhältnis Lehrer–Schüler umzukehren, und fasziniert war, wenn er von seinen Schülern in Le Havre oder Paris, von seinen Freundinnen und seinen jüngeren Freunden lernen konnte? Jedenfalls ist das eine Konstante der Sartreschen Persönlichkeit: immer wiederkehrende Faszination für den Mythos des Neubeginns, den Mythos des Neuen, den Mythos der Jugend. Mit zunehmendem Alter wird diese Faszination noch wachsen, und den sechzig- bis siebzigjährigen Sartre werden zwanzig- bis fünfundzwanzigjährige Freunde und Gesprächspartner verführen. Wie aus Notwendigkeit und immer stärker.

«Das aus der kubanischen Revolution hervorgegangene Regime ist eine direkte Demokratie... Die kubanische Revolution ist eine echte Revolution.»[14] Zurück in Paris sprach er klare Worte. Zweifellos dachte er an die Feste sonntags abends, die Karnevalsnächte, an die Begeisterung der Bevölkerung, die ihn auf der Straße erkannte, an die ihm so wohlgesonnene Presse, die Vorstellungen von *La putain respectueuse*, seine nächtlichen Zusammenkünfte mit den Politikern: Ja, unbestritten, Sartre, der Spontaneist, wurde von der kubanischen Euphorie ergriffen, von der Jugend ihrer Leader verführt, war entzückt über den täglichen Aufbau im Rausch des weißen Rums, der Antillenmusik und der allgemeinen Heiterkeit. «Das sind die Flitterwochen der Revolution», vertraute Sartre Castor an.[15] Er verfaßte sogar ausgesprochen lyrische Texte zur Beschreibung jenes kubanischen Experiments. Beispielsweise die folgenden Zeilen: «Die Kubaner waren zwar nacheinander eingeschlafen, doch Castro vereinigte sie in einer durchwachten Nacht: der nationalen Nacht, *seiner* Nacht... Ich betrachtete sie, wie sie, dunkelhäutig und stolz, bemüht waren, alles zu verstehen... In jener Nacht sprachen wir, Castro und ich, lange, und zu meiner Schande muß ich gestehen, daß ich es war, der gegen ein Uhr morgens um Erlösung bat. Die Müdigkeit betäubte mich, ich verstand nichts mehr. Aus Höflichkeit überließ man Simone de Beauvoir den klimatisierten Raum. Alle anderen Bewohner des Regierungspalastes schliefen in der Stube. Nein, nicht alle. Castro, Raúl und Celia fehlten beim Appell. Als erste kam Celia gegen zwei Uhr morgens zurück. Raúl um halb drei. Ich schlief nicht. Ich hatte mich vollständig angezogen ins Bett gelegt und kam mit der für mein Empfinden zu knappen Decke nicht zurecht. Und außerdem gab es entlang der vergitterten, scheibenlosen Fenster ein eigenartiges und ständiges Gewusel: Insekten. Unter dem Flattern zahlloser durchsichtiger Flügel bebt die Nacht bis zum Morgengrauen; von Zeit zu Zeit stieg das Quaken eines Ochsenfrosches aus den Sümpfen empor. Gegen Viertel nach drei traf Castro ein.»[16] Ein eigenartiger Text voller Emphase, Lokalkolorit, epischer Breite und revolutionärer Intimität; eine für Sartre ungewöhnliche Sentimentalität und Ästhetik, ohne große kritische Distanz zum Thema... Hatte Kuba Sartre bis zum Verlust des ihm eigenen bissigen Stils berauscht? Die nach seiner Rückkehr für *France-Soir* unter dem Titel «Ouragan sur le sucre» verfaßten Reportagen erstaunen durch ihren anekdotischen Charakter, ihre Trivialität. Sartre brilliert im Genre «Castro für Anfänger». Aber wo ist er? Ständige Loblieder, offizielle Reden, Dürftigkeit der Analyse: Hier zeigt sich wieder Sartres Mittelmäßigkeit als Reporter. Schon als der Philosoph 1945 über Amerika und 1954 über die UdSSR berichtet hatte, waren ähnliche Artikel herausgekommen: aus Gefälligkeit?

Einige Themen allerdings heben sich vom Rest ab und sollten vielleicht erwähnt werden: das Thema der Jugend beispielsweise und alle damit verbundenen Elemente, Mythologie der Energie, der Leidenschaft, der Lebenskraft. Hören wir diese Stellen kurz an, wo die Faszination der Jugend über jede weitere ideologische Betrachtung siegt: «Keine Alten an der Macht!» schreibt er in einem auf den 9. Juli datierten Artikel. «Tatsächlich, ich habe unter den führenden Politikern keinen einzigen gesehen; auf meiner Rundreise durch die Insel bin ich an allen Befehlsstellen von der Spitze bis zur Basis, wenn ich so sagen darf, meinen Söhnen begegnet.» Unter besagten Söhnen ist auch Che Guevara, ehemals Kommandant der Rebellenarmee und seit Castros Machtübernahme Präsident der kubanischen Nationalbank. «Das war der kultivierteste Mensch», erzählte Sartre, «und laut Castro einer der hellsichtigsten Köpfe der Revolution. Ich habe ihn gesehen: bei der Sanftheit und dem Humor, die er seinen Gästen bewies, müßte man verrückt sein, wenn man glaubte, er streife sie nur für Empfänge kurz über... Diese jungen Männer verehren, wenn auch diskret, die von Stendhal so geliebte Energie... Wachen ist eine Leidenschaft... Sie wachen grundlos... Von allen diesen Wachposten ist Castro der wachste.»[17] Und Sartre berichtet von seiner Verwunderung, als ihn Ernesto Guevara um Mitternacht in seinem Büro empfing oder Castro ihn um zwei Uhr morgens bestellte. Bei dem besessenen Menschen, der Sartre auch war, konnte ein solcher Kampf gegen sich selbst, gegen Schlaf und Erholung nur Anklang finden, einen ganz persönlichen Anklang. So bewegte er sich also mitten durch die kubanische Revolution, von diesen neuen Söhnen verführt, die er sich gerade ausgesucht hatte; er machte seine Analysen, seine Begeisterung und seine Ratschläge bekannt, und setzte seine Angriffe gegen das gaullistische Regime, gegen die Kolonisierung Algeriens und gegen den amerikanischen Imperialismus fort.

Fest, Rausch und Flitterwochen auf der Sonnenseite. Am Ort sparte er nicht an Komplimenten. Als er in Paris zurück war, füllte er die Funktion eines gefälligen Propagandisten vielleicht unbeholfen aus, doch unmißverständlich prokubanisch. Zähneknirschen dafür auf der Schattenseite: bestimmte Kubaner, und nicht die unbedeutendsten, sollen seine «belehrende Art», die er anscheinend oft annahm, nicht besonders geschätzt haben; man munkelte gar, in der Umgebung des Regierungschefs seien einige seiner ewig überlegenen und pedantischen Haltung überdrüssig geworden; Fidel persönlich sei manchmal wütend geworden... In gewissen Kreisen erzählte man, Che habe einmal mit gewisser Verbitterung erklärt: «Wenn Jean-Paul Sartre die Philosophie der Revolution betreibt, sind es aber die Kubaner, die sie leben, die sie verwirklichen und keine Zeit haben, ihre Theorie zu machen.»[18] Weniger überraschend war die Gereiztheit unter den französischen Offiziellen auf der Insel, die in diesem antifranzösischen Besuch, den sie keineswegs gebilligt hatten, ein Unternehmen von zweifelhaftem Geschmack sahen. Ansonsten fand jeder Sartres demonstrative Weigerung seltsam, auch nur eine Frage zum Existentialismus zu beantworten, sowie sein ständiges Betonen, er sei nicht gekommen, um über Literatur zu reden... Trotz seinen Bemühungen, sein Image als Schriftsteller zu bekämpfen, trotz seiner Entscheidung, nun einen neuen Zyklus zu eröffnen, werden die neuen Leitlinien seines Lebens von der Öffentlichkeit noch nicht akzeptiert.

Zähneknirschen auch und vor allem in den amerikanischen Kreisen. Die «Geheim»-Akte des FBI erwähnte den Besuch und die gefährliche Unterstützung des kubanischen Regimes durch den Philosophen: «Auf Einladung der kubanischen Regierung haben sich Sartre und seine Frau im Februar 1960 nach Kuba begeben. Sartre schrieb ein Buch mit dem Titel *Sartre über Kuba* und einen Artikel mit der Überschrift *Ideologie und Revolution*. Er hat Aufrufe unterzeichnet und die prokubanischen Pressekampagnen mitorganisiert; allen, die sich zu informieren wünschen, versprach er, ihnen ‹Die Wahrheit über die kubanische Revolution› zu schicken, schließlich wirkte er an der Organisierung von Kubareisen für studentische Gruppen mit, die dem Regime wohlgesinnt sind. Sartre beschrieb die kubanische Revolution als die originellste, die er jemals gesehen hat, und beschimpfte die Vereinigten Staaten als gehirnlose Nation.»[19] Sartre und diejenige, die die Geheimagenten hartnäckig «seine Frau» nannten, flogen Anfang Frühjahr 1960 nach Paris zurück. Viel Zeit wird ihnen nicht bleiben, um die immer alarmierender werdenden Nachrichten aus Algerien zur Kenntnis zu nehmen.

Die Unterstützung des chinesischen Experiments, des kubanischen Experiments überschnitt sich tatsächlich mit dem Kampf, den Sartre und seine französischen Freunde für den Sieg eines unabhängigen Algeriens führten. Sartre wird alle ihm mehr oder weniger nahestehenden antikolonialistischen Emanzipationsherde spontan und unterschiedslos unterstützen, in der Überzeugung, daß hier und jetzt, 1960, die Wahrheit liege. Anfang Sommer stand er vor einem Gewissenskonflikt: Anläßlich des Prozesses gegen die Unterstützungsnetze der FNL wäre seine Anwesenheit in Frankreich nützlich gewesen; andererseits hatte er dem Romancier Jorge Amado versprochen, zu einer dreimonatigen politischen Reise nach Brasilien zu kommen. Er wog das Für und Wider ab, sprach mit Freunden und traf seine Entscheidung: Auf Grund seiner jüngsten prokubanischen Stellungnahmen sei seine Anwesenheit an der Seite der brasilianischen Massen wichtig; außerdem ging es um einen Kampf, den er weiterführen, eine Entdeckung, die er vertiefen wollte. Schließlich vertraten ihn seine Freunde von *Les Temps Modernes* in Paris hervorragend und zuverlässig. Natürlich wieder mit Castor flog er also nach Brasilien, zur dritten großen Etappe ihrer Entdekkung der Welt, die vom 15. August bis zum 1. November 1960 andauerte.

«Lernen Sie in Brasilien die konkreten Probleme der unterentwikkelten Länder kennen», hatte der brasilianische Schrifsteller Jorge Amado Sartre und Beauvoir anläßlich eines Pariser Aufenthalts gesagt. Die Brasilienreise war die längte und die politischste ihrer Reisen: Jorge Amado und seine Frau organisierten ein streng systematisches Besuchsprogramm des Landes mit genau durchdachter touristisch-politischer Zielsetzung. Sartre und Beauvoir wurden in die brasilianische Wirtschaft, Architektur, Literatur, Demographie, Gastronomie, Politik und Agronomie eingeführt. Man zeigte ihnen Tabak-, Kaffee- und Kakaoplantagen, Erdölförderungsanlagen,

Dorfmärkte und ultramoderne Städte. Sie sahen «favellas»*, «fazendas»*, «vaqueiros»*, man erklärte ihnen «candomble»*, bei und sie tranken «batidas». Sie besuchten Recife, Bahia, Olinda, Copacabana, Rio, Brasilia, São Paulo, Araraquara, Fortaleza und Amazonien. Indianer schenkten ihnen Federkränze, Bogen und Pfeile. Sie trafen brasilianische Persönlichkeiten aller Berufszweige, vom Architekten Oscar Niemeyer über den Präsidenten der Republik, Kubitschek, den Verleger Rubem Braga, den Maler Di Cavalcanti, die Schriftsteller Paulo Freire und Josué de Castro bis zu unzähligen Studenten, Akademikern, Journalisten, Arbeitern aller Branchen, Dockern und Samba-Tanzlehrern. Sie lernten jene ländlichen Milieus kennen, auf die sie durch die Romane von Amado und die Essays von Paulo Freire schon vorbereitet waren.[20]

«In Brasilien will ich der Gegen-Malraux sein, um auszulöschen, was letzterer dort angerichtet hat, als er die französische Kultur in den Dienst des Algerienkriegs stellte.» Bei der Ankunft in Bahia läßt Sartre die tieferen Gründe für seine gerade beginnende Brasilienreise nicht im dunkeln. André Malraux, der ehemalige große Fernostreisende, der ehemalige revolutionäre Pilot im Spanienkrieg, der Schriftsteller André Malraux ist inzwischen seit dem 27. Juli 1958 als Kulturminister mit «der Verbreitung und Ausstrahlung der französischen Kultur beauftragt». In dieser Funktion hatte André Malraux im Sommer 1959 eine große Propagandatournee durch Lateinamerika gemacht: Er hatte Vorträge und Reden in Argentinien, Peru, Uruguay, Mexiko und Brasilien gehalten, Artikel geschrieben, überall den Gaullismus gepriesen und die segensreiche Aufrechterhaltung der französischen Herrschaft über Algerien gerechtfertigt. «Achthunderttausend Franzosen und eine Million Araber haben sich für Frankreich entschieden gegen dreißigtausend Fellaghas, die meinen, Algerien sei die FNL», erklärte er beispielsweise in Buenos Aires und bekräftigte seine Position in unmißverständlichen Formulierungen: «Algerien aufgeben heißt jene ermorden lassen, die uns treu sind. Frankreich wird diesen

* *favelas*: Wohnsiedlungen der Armen; *fazendas*: Großgrundbesitz; *vaqueiros*: Viehhüter; *candomble*: mystisches Kultfest in Brasilien.

Mord nicht zulassen.»[21] Die gaullistische Propagandatournee hatte das Außenministerium am Quai d'Orsay mit großem Kostenaufwand vorbereitet; und alle französischen Botschafter, Konsuln, Berater und Kulturattachés in Lateinamerika hatten zum optimalen Gelingen der Reise beigetragen. Die antigaullistische Propagandareise des Gegenministers Sartre dagegen hatten alle Kulturzentren, Institutionen, politischen wie gewerkschaftlichen Gruppen, Fakultäten und Institute, Verleger und Journalisten, Buchhandlungen und Vereine, kurz alles, was Brasilien an Linken und Linksradikalen aufzuweisen hatte, organisiert. Diese Sympathisanten der Entkolonisierungsbewegungen waren bemüht, sich eine Bahn durch die Welt zu schlagen: Daher war Sartre genau ihr Mann. Seine Reise wurde Punkt für Punkt die strenge Antithese zur Malraux-Reise. Denn Sartre führte sich in Brasilien – wie sechs Monate zuvor auf Kuba – als aufrichtiger und entschiedenster Gegen-Botschafter der französischen Republik auf. Er erfand sich eine neue Rolle, eine neue Funktion und verlieh sich selbst den offiziellsten und seriösesten Ministerposten, den man sich vorstellen kann: alles, was auch nur entfernt das Etikett «gaullistisch» trug, anzugreifen, zu bekämpfen und zu zerfetzen. «De Gaulle ist ein Betrüger», erklärte er öffentlich in Rio. «Malraux ist Minister des Königs und nicht Minister. Im übrigen braucht die Kultur keinen Minister.» Das war wenigstens eine klare Sprache!

Unter den Themen, die er in seinen zahllosen Vorträgen und Rundgesprächen behandelte, kehrte natürlich regelmäßig der Krieg in Algerien wieder. Im übrigen bat der brasilianische Vertreter der Provisorischen Revolutionären Regierung Algeriens, der in Copacabana residierte, um ein Treffen. «...wir haben uns über die Propaganda für die Algerier unterhalten», berichtet Sartre. «Wir waren uns ganz und gar einig.»[22] In der Tat: Ob anläßlich seiner Pressekonferenz in São Paulo oder seiner Rede über «Die Jugend und die Probleme der heutigen Welt» an der Medizinischen Fakultät von São Paulo oder bei seinem öffentlichen Auftritt am Brasilianischen Institut in Rio de Janeiro, überall hob er die algerische Frage hervor. «Es gibt nur eine endgültige Lösung für Algerien», sagte er in São Paulo, «das ist die Unabhängigkeit. Die Selbstbestimmung kann das Mittel zur Lösung des Problems schlechthin sein, unter der Voraussetzung, daß der FNL seriöse Garantien gegeben werden.» Oder in Rio: «Der Algerienkrieg wird von Gruppen geschürt, die engstens mit den Siedlern verbunden sind, die mit den ehemaligen Pflanzern auf Kuba verglichen werden können.» Er vertiefte die Parallele zwischen kubanischer und algerischer Situation und errgänzte: «Das ist der Grund, weshalb ich als Franzose Ihnen von einem nationalen Schandfleck spreche, den wir nicht verschweigen dürfen. Wenn wir alten Europäer wirklich die Freunde der jungen Nationalismen bleiben wollen, müssen wir zu unserer Tradition des Internationalismus zurückfinden, während die unterentwickelten Länder nur durch die Behauptung ihres eigenen Nationalismus stärker werden können.»[23] Zu diesem Vortrag an der Universität von São Paulo kamen über tausendfünfhundert Menschen: ein Ansturm wie zu den besten Zeiten des Existentialismus damals im Saal der Rue Jean-Goujon. Das Publikum, vorwiegend Studenten, stürzte sich in den Saal, nahm Stühle in Beschlag, drückte die Türen ein, besetzte die Bühne. Nachdem Sartre seinen Standpunkt und den der FNL dargelegt hatte, wurden Fragen auf Fragen gestellt. Eine davon, auf französisch vorgetragen, verteidigte ein französisches Algerien. Der Mann wurde niedergepfiffen, ausgebuht, und die Versammlung endete im größten Tumult als Solidaritätskundgebung für die endgültige Unabhängigkeit Algeriens. Anderswo wies Sartre mit seiner Kritik die brasilianischen Gewerkschafter zurecht, forderte sie zur militanten Aktion auf und stellte sogar heraus, was er offenbar als Passivität und Feigheit gegenüber der algerischen Frage ansah: «Was haben Sie für die Freiheit des algerischen Volkes geleistet?» fragte er sie. «Bislang nichts. Was haben Sie vor zu tun? Was können Sie tun, um ihm in seinem Kampf zu helfen? Und finden Sie es normal, daß Ihre Vertreter in der UNO die französische Regierung in dieser wesentlichen Frage unterstützen?» Waren denn Malraux' Weichenstellungen im Sommer 1959 so markant gewesen, daß Sartres Gegenakzente im Sommer 1960 so vehement ausfielen?

In Ansprachen und Reden als Volkstribun führte er den Vergleich zwischen Algerien und Kuba fort; dennoch meinten einige Journalisten eine leichte Veränderung in Sartres Position seit den kubanischen Reden vor einigen Monaten zu spüren. «Er lobte das Prinzip der kubanischen Revolution», hieß es in einigen Artikeln, «und nicht mehr Fidel Castro. Er bekannte sich zum Marxismus, kritisierte die gegenwärtigen Sachwalter des Marxismus und äußerte die Hoffnung, die Jugend von heute möge eine gewisse Anarchie in den Marxismus einführen.» Und unter ständigem Hinweis auf das kubanische Beispiel erklärte er: «Das Problem Kubas sind der Boden und die Landarbeiter... Das ist in Brasilien anders, Sie haben das noch nicht gelöst... Damit die kubanische Revolution ihren ganzen Sinn erhält, ist nötig, daß ganz Lateinamerika sie als den ‹kubanischen Weg› zur Unabhängigkeit betrachtet. Demzufolge hängt ihre vollständige Verwirklichung von der vollständigen Solidarität aller lateinamerikanischen Länder ab... Kuba ist der Anfang, und zum erstenmal stellt sich die Notwendigkeit der bedingungslosen Solidarität Lateinamerikas gegen den amerikanischen Imperialismus.»[24] Ob er die Folgen seiner Reden ermessen konnte? Die Gefährlichkeit seiner Vorschläge einer umfassenden anarcho-marxistischen Revolution in Zentralamerika? Vom eigenen Schwung mitgerissen machte er sich eigentlich vor allem zum glanzvollen Interpreten der Rede seiner Gastgeber, zum glanzvollen Botschafter ihrer eigenen Botschaften.

Im gleichen Anlauf und sich immer mehr echauffierend mischte er sich wie erwartet in innere brasilianische Angelegenheiten ein, entwickelte Analysen, machte Vorschläge, gab Ratschläge und theoretisierte gelegentlich auch. «In meinen Augen», erklärte er in São Paulo vor zwölfhundert Menschen, «ist Brasilien die am vollständigsten verwestlichte Demokratie und zugleich eine Diktatur von zehn Millionen Städtern..., die von dem enormen industriellen Wachstum profitieren, über sechzig Millionen Menschen, die in absolutem Elend auf dem Land leben... Der Eindruck, den ein Franzose hat, ist, daß in Brasilien jeder links ist.» Er teilte Zensuren aus, urteilte unbekümmert über dieses und jenes, präsentierte jedem seine jüngsten Beobachtungen, seine ganz frischen Zahlen oder auch die philosophischen Überlegungen, die das Produkt einer langen, geduldigen, konzentrierten inneren Arbeit waren, streute sein Wissen aus, provozierte die einen, begeisterte die anderen; quer über den amerikanischen Kontinent sandte er seine aufrührerischen Reden aus, die im Lauffeuer von Washington nach Kuba und von Miami nach Rio drangen; in größter Freiheit und Selbstverständlichkeit, als sei es schon immer Sache eines europäischen Intellektuellen gewesen, als Verbündeter durch seine Anwesenheit Gewerkschafter, Politiker und Studenten in Entwicklungsländern zu stärken und zu unterstützen. Bester Beweis für seinen immensen Erfolg: Die Zeitung *Ultima Hora* veröffentlichte Sartres Kuba-Reportage «Ouragan sur le sucre» auf brasilianisch. Einem brasilianischen Verleger gelang der Kraftakt, daraus in wenigen Wochen ein Buch zu machen; Sartres kleines Kubabuch veranlaßte eine der aufregendsten Autogrammveranstaltungen in der Librairie Française von São Paulo: über tausendfünfhundert Menschen stürmten in den Laden. Stundenlang unterzeichnete Sartre, und auch Simone de Beauvoir wurde gebeten, ihren Namen neben den ihres Gefährten zu setzen...

Bei der Ankunft auf dem Flughafen von Recife waren Sartre und Beauvoir wie «Stars» von Trauben von Fotografen, Bewunderern und Journalisten empfangen worden. Die Landung auf dem Flughafen von São Paulo, wo ebenfalls eine Menschenmenge wartete, geriet fast zur politischen Demonstration. «Cuba si, Yankee no», lauteten die Schilder. «Viva Sartre, Viva Castro», riefen die Studenten. Über tausendfünfhundert Menschen hörten an der Fakultät für Wissenschafts- und Literaturphilosophie von São Paulo seinen Vortrag über Ästhetik. Über tausend Menschen folgten an der philosophischen Fakultät von Araraquara seinem Vortrag über «Die Jugend und die Probleme der heutigen Welt». Über tausend Journalisten erschienen zu einem Rundgespräch über streng politische Fragen am Brasilianischen Institut in Rio. Und über fünfhundert Menschen schließlich fanden sich im Salon des Rektors der Universität von Bahia ein, wo Sartre sie mit philosophischen Betrachtungen unterhielt. Eine Begeisterung, ein Ansturm, die scheinbar kein anderer Besucher je ausgelöst hatte. Allein in der Presse von São Paulo mehr als zweihundertfünfzig Artikel innerhalb der einen Woche, die Sartre dort verbrachte. «Ein Stellenwert ohnegleichen», notierte ein hoher französischer Offizieller, «ein Zulauf, den die Brasilianer nur allerhöchsten Besuchern gewähren. Die zahllosen Artikel bezeugen das leidenschaftliche Interesse von Presse und Öffentlichkeit für diesen Besuch. Die Exzesse in den Stellungnahmen des Schriftstellers zu den großen Zeitproblemen haben ebenfalls dieser Publizität gedient... Der Snobismus spielte ebenso eine Rolle wie die Maßlosigkeit vor linksradikalen Jugendlichen.» Was die brasilianische Presse betrifft, war sie einerseits geschwätzig, andererseits waren ihre Reaktionen je nach politischer Couleur entweder fanatisch oder extrem kritisch. «Dieser atheistische Materialist», hieß es unter anderem in *A Gazeta, O Correio Paulistano, O Dia, O Diario de Comercio y Industria*, «gehört trotz seinem Talent nicht zur Tradition der großen Männer aus dem 18. Jahrhundert... Brasilien braucht keine Belehrung aus dem Ausland... und auch keine gefährlichen revolutionären Propagandisten.» Der *Diario Carioca* von Bahia sprach von einer «Sartreschen Hysterie» und kommentierte weiter, das Phänomen sei völlig unerklärlich, zumal Sartre «in Europa nur noch ein Schattendasein» friste. *Jornal do Brasil* ging noch weiter, beklagte «den Zirkus» und monierte, daß «einer der bekanntesten Schriftsteller im Ausland ungestraft sein Land und seine Regierung kritisieren darf». Allerdings gab es auch enthusiastische Stimmen wie in *Ultima Hora*, wo die Beiträge des Philosophen, vor allem seine Gespräche mit Gewerkschaftsführern, in den höchsten Tönen gelobt wurden. «Wenn Sartre zwei Jahre in Brasilien bliebe», hieß es dort, «würde sich das Schicksal unseres Landes wenden, würde sich die Gewerkschaftsbewegung ihres Auftrags bewußt werden.»

Mal leidenschaftlich, mal haßerfüllt erledigte die brasilianische Presse ihre Arbeit, genauso wie Sartre die seine erledigt hatte; so gut sie konnte, verfolgte sie die Dynamitspur, die der kleine Mann auf seinem Weg hinterließ. Müssen wir noch hinzufügen, daß die offiziellen französischen Stellen die Reise mißbilligend verfolgten, dem Außenminister detaillierte Berichte schickten und überdimensionale Akten über die kleinsten Details dieser Reise anlegten? Als hätten sie mit diesen Gesten die hitzigen Übertreibungen, das unbestrittene Charisma, die flammenden Reden unter Kontrolle halten können. Außerdem hieß es überall, Sartre sei im Frühjahr 1961 zu einer zweiten Tour nach Brasilien eingeladen... Was anscheinend jedoch von niemandem bemerkt wurde, weder von den französischen Stellen noch von den Journalisten, noch von den brasilianischen Gewerkschaftern, war, daß Sartre müde, ja krank und oft genug am Ende seiner Kräfte war. Schon auf dem Flug nach Recife litt er an einer Gürtelrose, und sein Gesundheitszustand wurde im Verlauf der Reise nicht besser. In einigen Briefen an Familienmitglieder stöhnte er schließlich über das Übermaß an Besuchen und Verpflichtungen. Er beklagte sich auch, zum Ziergegenstand, zu einem Schriftstellerobjekt geworden zu sein, einem von seinen Gastgebern manipulierten Monument... Ein Schriftstellerobjekt in der Falle des eigenen Ruhms; er spielte das Spiel in absoluter Doppelzüngigkeit mit, zuvorkommend und höflich in der Öffentlichkeit, erschöpft und desillusioniert im Privaten. Er stimmte mit dieser makellosen Fassade nicht überein und suchte mehr und mehr den Rückzug auf die eigenen inneren Territorien hinter diesem neuen Paravent, den er jedoch aufrechtzuerhalten suchte. Das Schriftstellerobjekt zu spielen wird ihm immer schwerer fallen.

Als im Herbst 1961 der FNL-Führer Ben Yussef Ben Khedda seinerseits nach Brasilien fuhr, war er tief beeindruckt von der Vorarbeit, die Sartre dort geleistet hatte, als er zur algerischen Sache sprach. «Er erzählte Lanzmann und Fanon», berichtet Simone de Beauvoir, «daß ihn die Behörden bei der Landung hätten abweisen wollen und daß Studenten, die in Scharen zu seinem Empfang erschienen waren, ihn im Triumph vom Flughafen geleiteten. Und sogleich wäre der Name Sartre gefallen.»[25] Die große politische Brasilienreise, die eng mit Sartres Kampf für die Entkolonisierung und die Dritte Welt und mit den kubanischen und algerischen Ereignissen verbunden war, verstärkte seinen Einfluß noch. Schon hatte Lanzmann nach Rio telefoniert, um Sartre und Castor zu beschwören, nicht in Frankreich zu landen, sondern von Rio aus nach Barcelona zu fliegen: Die Situation in Frankreich hätte sich extrem zugespitzt, sagte er. Und Sartre hätte aufs engste damit zu tun.

Mit der Unterstützung Chinas, Kubas und der lateinamerikanischen Demokratien hatte Sartre Amerika herausgefordert. Er hatte es sogar abgelehnt, wieder dort hinzufahren, trotz den zahlreichen Einladungen, die Studenten und fortschrittliche Universitäten an ihn richteten. Zu dieser Zeit unterhielt er komplexe und ambivalente Beziehungen zur UdSSR und allen ihren Satelliten. Innerhalb von knapp vier Jahren – zwischen Juni 1962 und September 1966 – begab er sich wohl neunmal zu teilweise mehrwöchigen Aufenthalten in die Sowjetunion. Moskau, Leningrad, Kiew, Jalta, Odessa, Tbilissi, Estland, Georgien, Litauen, Ukraine: meist in Begleitung von Castor durchkreuzte er die sozialistischen Sowjetrepubliken. Was suchte er damals dort, nachdem er seine Jahre als Weggefährte hinter sich hatte? Er war von der Gemeinschaft der europäischen Schriftsteller (COMES) eingeladen worden, die ihn am 14. März 1962 zu ihrem Vizepräsidenten gewählt hatte. Außerdem hatte er dort ansehnliche Autorenrechte für alle seine ins Russische übersetzten Werke einzulösen. Auch hatte er enge persönliche Freundschaftsbeziehungen zu sowjetischen Menschen geknüpft, die er nur pflegen konnte, wenn er sie besuchte. Einen französischen Schriftsteller von Sartres Renommee konnten die sowjetischen Kollegen aber nur auf den Wegen und Umwegen ihrer offiziellen Kulturpolitik einladen. Diese war mal offen und positiv – beispielsweise als sich Sartre auf Kafka berief, um den Sowjets zu erklären, wie wichtig es für sie wäre, die westliche Kultur in die sowjetische Kultur einzubeziehen –, um das Jahr darauf wieder rigide zu den guten alten Zeiten des sozialistischen Realismus zurückzukehren. Sartre erklärte sich bereit, über die Idee einer «kulturellen Koexistenz» zu diskutieren. Mit von der Partie waren Ungaretti, Piovene, Vigorelli, Nathalie Sarraute, Alain Robbe-Grillet, Roger Caillois, Angus Wilson, John Lehman und Hans-Magnus Enzensberger. Während der ganzen ersten kulturellen Liberalisierungsperiode, die Chruschtschow einleitete, wurden die Schleusen weit geöffnet. Als aber ab 1964 die Weichen wieder in Richtung sozialistischer Realismus gestellt wurden, sah es Sartre als seine Pflicht an, seine oppositionellen und fortschrittlichen sowjetischen Freunde wie Ilja Ehrenburg oder Tarkowski zu unterstützen. Im Sommer 1964 ereignete sich eine ziemlich erstaunliche, aber für die «Beziehungen mit kontrollierten Pannen», auf die die Sowjets den französischen Schriftsteller gern festgelegt hätten, ziemlich bezeichnende Anekdote: ein Ausfall von Chruschtschow persönlich, der vor Zorn platzte und die komplette COMES-Schriftstellergruppe öffentlich beschimpfte, Sartre eingeschlossen. Chruschtschow empfing eine Schriftstellerdelegation auf seiner Datscha in Georgien: «Da er uns eingeladen hatte, waren wir der Meinung gewesen, er werde uns mit einer gewissen Herzlichkeit begegnen. Doch davon konnte keine Rede sein», erzählt Castor. «Er beschimpfte uns, als wären wir Handlanger des Kapitalismus. Er rühmte die Schönheiten des Sozialismus; er übernahm die Verantwortung für die sowjetische Intervention in Budapest. Nach diesem Eklat rang er sich ein paar höfliche

Floskeln ab. ‹Nun, schließlich sind auch Sie gegen den Krieg. Dann können wir ja trotz allem zusammen trinken und essen.› Surkow zog ihn hinterher beiseite und sagte zu ihm: ‹Sie sind sehr scharf gewesen.› Worauf Chruschtschow ungerührt antwortete: ‹Die müssen endlich mal begreifen›.»[26]

Soll man, wie Simone de Beauvoir zu verstehen gibt, den eisigen Empfang auf die Warnungen von Maurice Thorez zurückführen? Dieser war einige Tage zuvor durchgereist und hatte seinen Genossen Chruschtschow aufgeklärt, die Menschen, die er demnächst empfangen werde, seien «gefährliche Antikommunisten», vor denen man sich um so stärker in acht nehmen müsse, als «sie sich auch noch als Linke» begreifen würden. Gewiß, aber das alleine war es nicht. Auch die regelmäßige Anwesenheit des französischen Philosophen, mit dem zahlreiche Opfer des Antisemitismus, Opfer der Berufsverbote sprachen, war für die Regierung sicher eine zweischneidige Sache. Außerdem war Sartre eine Beziehung zu seiner Dolmetscherin vom Sommer 1962 eingegangen, Lena Zonina, die manche schwärmerisch als eine Frau beschreiben «von bemerkenswerter Intelligenz und Kultiviertheit und ausgesprochener Schönheit mit wunderbaren schwarzen Augen in einem ovalen Gesicht, langen, dunklen Haaren, einer ziemlich tiefen Stimme und von ungewöhnlicher, zugleich geheimnisvoller und starker Sensibilität, eine Art slawische *femme fatale*»[27]. Wegen ihres Vaters, den sie im übrigen nicht mehr sah, und auch wegen ihrer jüdischen Herkunft war sie beim Studium diskriminiert worden. Zwar war über ihre Beziehungen zum Schriftstellerverband nichts Genaueres bekannt, was man aber auf jeden Fall wußte, war, daß sie den Oppositionellen angehörte. Sie begleitete Sartre auf allen seinen sowjetischen Reisen, sie war es, die ihn über die Mißstände des sowjetischen Regimes informierte. Es heißt, zwischen dem Philosophen und der schönen Moskauer Dame habe es eine große Liebesgeschichte gegeben, wie nach einer Art Gesetzmäßigkeit, der zufolge er in jedem Land, das er bereiste, eine große Liebe fand. Die vielleicht deutlichste Spur dieser Geschichte war jene Geste des Schriftstellers bei der Veröffentlichung von *Les mots* ein Jahr nach ihrer Begegnung: auf einer Widmungsseite vor dem Textbeginn hieß es scheu: «À Madame Z.» Zuwenig für die Franzosen, zuviel für die Sowjets. Die drei lakonischen Wörter sollten auch den

Sowjets signalisieren: «Achtung, ich Sartre, ich bin da, ein Schutzschild: Vergreifen Sie sich nicht an dieser Frau!» Im übrigen war es Madame Z., die *Les mots* gleich nach der Veröffentlichung in Frankreich ins Russische übersetzte.[28]

Offensichtlich bereitete es Sartre daher größte Freude, erneut in die Sowjetunion zu fahren. Lag es damals an einem Bedürfnis, den Oppositionellen zu Hilfe zu kommen? Oder empfand er es als Notwendigkeit, die Kolloquien zu besuchen, um jenen Kreis engagierter Schriftsteller wiederzutreffen, die sich klar gegen den amerikanischen Imperialismus aussprachen? Gegenüber der französischen Kommunistischen Partei hatte er ein eher instrumentelles als wirklich ideologisches Interesse gezeigt; er blieb dabei Sartre, ein gebieterischer und souveräner Außenstehender, der sich zur KPF hinunterbeugte, nur um sie desto besser in das eigene System integrieren, überschreiten und schließlich benutzen zu können. Ohne große Komplexe verwendete er die gleiche Strategie gegenüber ihn interessierenden ausländischen Regimen: zunächst Interesse, dann Eroberung und schließlich Überschreitung. So war Sartre gleichermaßen ungezwungen, ob er es mit Chruschtschow oder Freud, Kafka, Tintoretto oder Baudelaire zu tun hatte: ruhig, selbstsicher, eroberungslustig. Man solle sich ihn bloß nicht naiv, leichtgläubig oder unüberlegt vorstellen: Das hieße den tiefen Sinn seines Verfahrens mißverstehen. Mit den Reisen, Begegnungen und Gesprächen bemühte er sich, wenn auch teilweise unbeholfen, um die schwierige Verknüpfung unterschiedlicher Wertsyteme. Auch gelang es ihm über die zahllosen Hin- und Rückfahrten, seine Herkunftskultur – an deren Kritik er übrigens nicht sparte – mit den neu entdeckten Modellen zu bereichern. Seine Begegnung mit dem jugoslawischen Kommunismus ist dafür vielleicht das beste Beispiel. Zehn Jahre vor seiner ersten Reise in das Land des Titoismus hatte er das Vorwort zu einem Buch von Louis Dalmas *Faux savants ou faux lièvres?* geschrieben. «Der Titoismus ist nur deshalb von außergewöhnlicher Wichtigkeit für uns, weil er zur Subjektivität führt», schrieb er damals, «doch taucht diese nicht als formelles Ideal wieder auf: vom Objektivismus aus wird sie als wirksame Realität von der Bewegung der Geschichte selbst erzeugt... Titos halber Sieg gibt den jugoslawischen Führern die Subjektivität zurück und steckt gleichzeitig die sowjetischen Führer damit an.»[29] Und über die konkrete Verwirklichung seiner Philosophie des Subjekts entzückt, sagte er eine Reise nach Belgrad zu. Denn jeder Liberalisierungsversuch, jede Bemühung, den Marxismus zu erneuern, schien ihm *a priori* den eigenen Analysen zu entsprechen. Jugoslawien war übrigens das erste sogenannte «Ostblock»-Land, wo Sartres Werk lückenlos ohne irgendeine Unterschlagung übersetzt wurde; alle seine Theaterstücke wurden dort aufgeführt; sein Denken beeinflußte zahlreiche jugoslawische Intellektuelle, die später, wie beispielsweise Vladimir Dedijer, Dissidenten wurden. Auf Einladung des jugoslawischen Schriftstellerverbandes werden also Sartre und Castor am 13. Mai 1960 von Marschall Tito empfangen. Eine Reise zur Unterstützung des titoistischen Experiments, verbunden mit Vorträgen an der Belgrader Universität. Wieder einmal eine Reise, mit der Sartre seine politische Unterstützung eines staatlichen Experiments bezeugt. Wieder einmal besiegelt ein Händedruck – zwei Monate nach dem mit Castro –, der Händedruck mit Tito, diese neue Funktion. Und der kleine französische Philosoph setzt seine Reise durch die Welt fort, verbürgt sich aus freien Stücken für politische Regime, die ihm wohlgesinnt sind, beglückwünscht Staatsoberhäupter, gibt Ratschläge, hinterläßt seine Spuren ... die Jugoslawen werden ihn im übrigen feiern: zwei seiner Theaterstücke, *Huis clos* und *Les séquestrés*, wurden während seines Aufenthalts gespielt, und er hatte das Vergnügen, den Aufführungen beizuwohnen. Eine Doppelfunktion also, einerseits Solidaritätskundgebung für das Regime, andererseits aber auch etwas, was man vielleicht als «Sartreschen Kundendienst» oder genauer «Sartreschen Kundendienst zum Engagementbegriff» bezeichnen könnte. Später, nachdem er diese Bahn völlig verlassen hat, wird Sartre einer der ersten sein, der für die Demonstrationen und Kämpfe der sowjetischen Dissidenten eintritt. In *Les Temps Modernes* wird er *Babij Jar* von Jewtuschenko drucken und sich bemühen, den Westen über den Stand der Menschenrechte in der UdSSR zu informieren.

Eine interessante und weniger schwierige Beziehung verband ihn mit Japan. Elf Jahre nach der Chinareise wurde er erneut in den Fernen Osten eingeladen. Zu China bestand von Anfang an ein erheblicher Unterschied: Alle seine Werke waren schon seit langem ins Japanische übersetzt, an Universitäten analysiert und studiert worden und hatten zahlreiche Anhänger gewonnen. Als er auf Einladung der Keio-Universität und seines Verlegers Watanabe von *Jinbun Shoin* am 18. September 1966 in Tokio landete, befand er sich beinahe auf erobertem Gebiet. «Sartre und Simone de Beauvoir», berichtet der damalige französische Kulturattaché Bertrand Dufourcq, «kamen Anfang Herbst nach Tokio, als wir gerade eine französische Woche in Japan veranstalteten: Wir hatten das französisch-japanische Gymnasium eröffnet, und im Kaufhaus Tagasimaia war eine außergewöhnliche Ausstellung zu Napoleon aufgebaut worden, zu der man sich aus Malmaison den Mantel hatte schicken lassen, den Joséphine am Krönungstag trug... Der Empfang für Sartre und Simone de Beauvoir war in diesem Kontext triumphal, fast ein Rausch.»[30] Vor ihrer Ankunft wies die lokale Presse darauf hin, daß Sartre in Japan, neben de Gaulle und Napoleon, eine der bekanntesten französischen Persönlichkeiten sei. Auf der Pressekonferenz nach ihrer Landung auf dem Flughafen von Tokio gab Sartre lächelnd zu, in seinem ganzen Leben noch nie von so vielen Fotoapparten und Kameras verfolgt worden zu sein.

In verschiedenen, aufeinanderfolgenden Wellen hatte jede japanische Intellektuellengeneration das Werk Sartres schätzen gelernt. Zuerst hatten manche, wie der Schriftsteller Oda Sakunosuke, *Le mur* deswegen gemocht, weil es der westlichen Literatur neue Perspektiven eröffnete. Dann drangen *Les chemins de la liberté* und die existentialistischen Schlüsselbegriffe in die japanische Intelligentsia ein und riefen heftige Auseinandersetzungen zwischen orthodoxen Marxisten und pro-Sartreschen «Modernisten» hervor. Später hatten Sartres Diskussionen mit der KPF spürbare Auswirkungen auf die Diskussionen der einheimischen Intellektuellen. Unter den von Sartre unmittelbar beeinflußten Schriftstellern müssen Noma Hiroshi, Oe Kenzaburo, Hanada Kiyoteru oder auch Nakano Shigeharu erwähnt werden.[31] Sartres Werk konnte den Japanern nur gefallen – und er erhielt genügend Gelegenheit, sich selbst davon zu überzeugen. Ausgesprochen wirksame Multiplikatoren hatten ihn gerühmt: die literaturwissenschaftlichen Fachbereiche an den Universitäten, wo mehrere Professoren ein erstklassiges Französisch beherrschten, das sie sich als Lektoren an der École normale supérieure in der Rue d'Ulm erworben hatten; die anspruchsvollen Literaturbeilagen der großen Zeitungen, die in Auflagen bis zu zehn Millionen vertrieben wurden. Sartre entdeckte bei den Japanern einen beträchtlichen kulturellen Appetit auf alles Französische, eine gewisse snobistische Neugier an existentialistischen Exzessen und ein unverfälschtes Interesse für die Tradition des «Meisterdenkers» einschließlich allem, was Sartre über die gesellschaftliche Rolle des Intellektuellen lehrte. Das war auch das Thema, das er für seine Vorträge wählte: «Was ist der Intellektuelle?», «Die Rolle der Intellektuellen», «Das politische Engagement des Schriftstellers». Seine zahlreichen Zuhörer stellten präzise und aufmerksame Fragen, die Presse berichtete wohlwollend. Der mehr touristische Teil der Reise erstreckte sich über einen weiteren Monat, und die beiden Gäste nutzten sie zu wiederholten Erklärungen, in denen sie die japanischen Intellektuellen aufriefen, sich gegen den amerikanischen Imperialismus zu wenden. Wenn dem französischen Schriftsteller meist widerspruchslos Intelligenz und Redetalent zugesprochen wurden, blieben einige doch skeptisch, wenn nicht sogar enttäuscht, weil sein Denken und seine Weltanschauung sich nicht mehr «in Übereinstimmung mit der zeitgenössischen Welt» befänden. Später, als Sartre in seine letzte politische Periode, die linksradikale Periode, eintrat, werden sich die Zengakuren-Studentengruppen bei ihren Aktionen am Rand der Legalität oft auf Sartres politische Aktivitäten berufen und seinem Beispiel folgen. Innerhalb von zwölf Jahren hatte er Asien, Lateinamerika, Afrika und mehrere europäische Länder erobert. Einige Territorien standen zur vollständigen Eroberung der Welt noch aus. Ein Jahr nach Japan bezwang er eine jener letzten Bastionen, nämlich den Nahen Osten, wo die arabische Welt und Israel gleichermaßen auf ihn warteten.

Schon bei den Vorbereitungen nahm die Reise nach Kairo vom 25. Februar bis zum 13. März 1967 die Form eines offiziellen politischen Besuchs an. Claude Lanzmann, der eine umfangreiche Sondernummer der *Temps Modernes* zum israelisch-palästinensischen Konflikt vorbereitete, hatte alle lokalen Kontakte geknüpft. Er begleitete Sartre und Castor während ihres achtzehntägigen Aufenthalts in Ägypten. Das offizielle, von der Kairoer Tageszeitung *Al-Ahram* aufgestellte Programm sah zahlreiche Zusammenkünfte mit der künstlerischen und intellektuellen Avantgarde, mit politischen Aktivisten, Gewerkschaftern und sonstigen Vertretern der ägyptischen Intelligentsia vor. Um die diversen Aktivitäten zu planen, wurde ein spezielles Empfangskomitee eingerichtet, dem Journalistn wie Hassaneim Haykal, Lufti el-Kholi, Chefredakteur der Zeitschrift *El-Taliaa*, oder Schriftsteller wie Louis Awad und Tewfik el-Akim angehörten. Die Begeisterung der Ägypter für die beiden Besucher war von Anfang an unleugbar. «Das Interesse der Kairoer Bevölkerung für Sartre», kommentiert eine Tageszeitung in den ersten Tagen der Reise, «ähnelt dem, das die Pariser Bevölkerung der Tutenchamun-Ausstellung entgegenbringt.» Bekam Sartre Wind von diesem ehrenvollen anachronistischen Vergleich? Was er jedenfalls nicht übersehen konnte, war der nicht nachlassende Menschenandrang, ganz besonders an der Kairoer Universität, wo er vor über zweitausend Menschen wieder über die Rolle des Intellektuellen in der westlichen Gesellschaft sprach. Der amtierende Vizeministerpräsident, Saroit Okacha, hatte Wert darauf gelegt, den berühmten Redner mit seiner Anwesenheit zu ehren. «Jean-Paul Sartre ist das Gewissen seiner Zeit», betonte er in seiner Vorstellung. «Für mich symbolisiert er den Traum aller aufrechten Menschen; die menschliche Solidarität.» Sartres Auftritt an diesem Tag schien einige aber doch zu verwirren, der schnelle Redefluß des französischen Schriftstellers löste unübersehbare Verwunderung aus. Sartre nahm an verschiedenen Gesprächen, Veranstaltungen und Besuchen teil; im Nationaltheater erlebte er die Überraschung, eine Aufführung von *Les mouches* zum erstenmal im schönsten klassischen Arabisch zu hören. Die Reise nahm allmählich einen immer feierlicheren, offizielleren Charakter an. Der Botschafter Sartre traf den Generalsekretär der Sozialistischen Arabischen Union, ehe ihn der Präsident der Republik empfing, Oberst Nasser. Das Gespräch zwischen beiden Männern dauerte über drei Stunden, und der herzliche Händedruck, den sie zum Schluß für die Fotografen aus aller Welt austauschten, bewies die Herzlichkeit jenes Austauschs. «Ich bin von der Persönlichkeit des Präsidenten Nasser äußerst angenehm überrascht worden», erklärte Sartre nach seiner Rückkehr in Paris, «und ich bedaure aufrichtig das Bild, das die westliche Presse von dem ägyptischen Staatsoberhaupt meist gibt.» Auf der Pressekonferenz vor seiner Abreise sorgte Sartre allerdings für einiges Zähneknirschen: Den Journalisten und Beobachtern war wohlbekannt, daß sich der ägyptischen Reise direkt ein Aufenthalt in Israel anschließen sollte; bekannt waren auch die Sympathien des Autors der *Réflexions sur la question juive* für den hebräischen Staat. Man befragte ihn zum Palästinaproblem: drängende, zum Teil auch unangenehme Fragen; Sartre zog sich aus der Affäre, so gut es ging, indem er zwischen einem den Umständen entsprechenden Pragmatismus und dem, was er als seine notwendige «Neutralität» bezeichnete, pendelte. Er hatte gerade den berüchtigten «Gazastreifen», die Waffenstillstandslinie, besucht und mit einigen Vertretern der palästinensischen Flüchtlinge diskutiert. Geschickt vermied er den Zwischenfall, den manche befürchtet hatten, hörte viel zu und informierte sich eher, als daß er dezidierte Stellungnahmen abgab. Wiederholt erklärte er: «Ich bin gekommen, um zu lernen, nicht um zu lehren.» Er gab das bevorstehende Erscheinen einer Sondernummer der *Temps Modernes* zum Nahen Osten bekannt und erläuterte vorsichtig, darin würden Israelis und Araber zu Worte kommen, «allerdings ohne daß ein tatsächlicher Dialog zustande kommt». Die verlegene und ein wenig enttäuschende Position der Neutralität entging niemandem, ebensowenig wie seine Weigerung, sich klar und eindeutig für die ägyptische Politik auszusprechen. Dafür große Überraschung und tiefe Zufriedenheit, als Sartre unumwunden erklärte: «Bisher habe ich mich geweigert, zur Kennzeichnung des ägyptischen Regimes das Wort Sozialismus zu benutzen. Was ich hier habe beobachten können, hat mich davon überzeugt, daß ich mich geirrt habe.» Daraufhin verteidigte er die Besonderheiten des gegenwärtigen ägyptischen Sozialismus als notwendige Zwischenetappe zu einem vollendeteren politischen Regime. Er verließ also Ägypten, nachdem er gerettet hatte, was zu retten war. Er hatte den Schiedsrichter gespielt, aber sich geweigert, die Karten offenzulegen.

Er sollte sich sehr bald bemühen, diesen verpaßten Dialog zu kompensieren; kaum hatte er Kairo verlassen, fuhr er Richtung Tel Aviv. Die Reihenfolge der beiden Besuche hatte die ägyptische Presse erzürnt, ja schockiert: Kairo und danach, in einem Zug, Tel-Aviv, das widersprach jeder Gepflogenheit. Die israelische Presse demonstrierte ihrerseits prompt Gereiztheit über das, was auch sie als «mangelnde Höflichkeit» ansah. Trotz diesen Schwierigkeiten fiel auch diese Reise eher positiv aus. Aber war es nicht eine waghalsige Wette? Sartre unternahm diese Doppelreise in einer extrem gespannten politischen Situation; weniger als zwei Monate später standen sich die israelische und die ägyptische Armee im sogenannten Sechstagekrieg wieder gegenüber. Zwei miteinander verfeindete Staatschefs nacheinander aufzusuchen entsprang einer leicht idealistischen, utopischen Geisteshaltung. Ohne Rücksicht auf Verluste und ohne sich um den Unwillen zu kümmern, den er damit erregte, durchquerte er, was man in der Region den «Sandvorhang» nennt, der beide Länder trennt. In Israel hatten die linke Partei Mapam und die Zeitschrift *Outlook* den fünfzehntägigen Aufenthalt organisiert; mit genau dem gleichen Programm: Treffen mit ihren israelischen Kollegen, Journalisten, Akademikern, linken Schriftstellern; Besuch von historisch und soziologisch bedeutsamen Orten des Landes; Vorträge und Debatten; schließlich politische Diskussionen und Zusammenkünfte. Die israelischen Journalisten versäumten nicht, daran zu erinnern, daß Sartre die *Réflexions sur la question juive* geschrieben hatte, die es schon 1948 unter dem Titel *Anti-Semite and Jew* auf Englisch und einige Jahre später auf Hebräisch zu lesen gab. Mit diesem Etikett eines philosemitischen französischen Schriftstellers versehen, wurde Sartre schnell als Freund des jüdischen Volkes im besonderen und des Staates Israel im allgemeinen wahrgenommen. Alle Persönlichkeiten aus dem israelischen Kulturleben bemühten sich, die zwei französischen Schriftsteller zu treffen, unter ihnen der Dichter Abraham Schlonsky, der aus Berlin stammende Gershom Scholem, der Schriftsteller Nathan Schaham und der Bildhauer Dani Karavan... Ganz abgesehen von den Journalisten, Abgeordneten, Gewerkschaftsvertretern, Ministern und sonstigen Regierungsangehörigen. Sartre beeindruckte alle Gastgeber durch seine unermüdliche Neugier, den ständigen Schwall seiner Fragen und vor allem dadurch, was sie seine «Computerintelligenz» tauften.

Das vielleicht originellste Ereignis des offiziellen Programms war für die beiden von Ehrungen erschöpften Reisenden der ausführliche Besuch eines Kibbuz. Ausgewählt wurde der Kibbuz Merhavia in Galiläa. Drei Tage lang führte sie der damalige Kibbuz-Sekretär französischer Herkunft, Yehoshua Rash, durch die ultramodernen

Einrichtungen der Landwirtschaftskooperative, zeigte ihnen Eßsaal, gemeinsame Bibliothek und europäisch geprägte kulturelle Einrichtungen, die in dieser ländlichen Umgebung unbedarfte Besucher so sehr beeindrucken. Simone de Beauvoir interessierte sich besonders für die Erziehung der Kinder. «Warum Kinderhäuser?» fragte sie oder: «Wie entwickelt sich ein Kind, das von seinen Eltern getrennt schläft?» «Es war ein wahrer Studienaufenthalt, ein Arbeitsbesuch», erzählte Rash uns später. «Sie fühlten sich stark angesprochen; sie sahen hier ihren Traum von Sozialismus verwirklicht.»[32] Sartre war vor allem neugierig auf die *Motivation* eines Kibbuznik und fragte: «Nach welchem Kriterium nimmt man die Arbeitsanstrengung auf sich? Öffentliche Anerkennung? Entlohnung durch das Kollektiv?» Man führte sie auch ins Haus des Ahnen von Merhavia, zu Meir Yaari und zum großen Versammlungsraum, wo sie freundlich auf die Fragen von etwa fünfzig Kibbuz-Mitgliedern antworteten, ehe sie selbst Fragen stellten. Insbesondere Simone de Beauvoir hinterließ einen bewegten Eindruck: Sie habe endlich, so erklärte sie, einen Typus gesellschaftlicher Institution kennengelernt, in dem die Gleichheit zwischen Frau und Mann beinahe verwirklicht sei. Dann verließen sie die Berge von Galiläa, ihre rote Erde und ihre Zypressen; über Nazareth, wo sie mit christlichen Arabern und Kommunisten diskutierten, begaben sie sich nach Jerusalem.

Es folgten die unvermeidlichen Vorträge in unvermeidlich überfüllten Sälen zu den unvermeidlichen Themen; bei ihm: die Rolle des Intellektuellen in der Gesellschaft von heute; bei ihr: die Rolle der Frau. Einzige Abweichung vom bewährten Szenario: als Castor in letzter Sekunde beschloß, ihr Thema zu verändern; was ich in Israel gesehen habe, meinte sie sinngemäß, hat mich davon überzeugt, daß die hiesige Lage der Frauen so fortgeschritten ist, daß es mir nicht nur nicht opportun, sondern sogar deplaziert erscheint, hier darüber zu sprechen. Was Sartre betrifft, hielt er zwar den vorgesehenen Vortrag, zog aber jener schweigenden Zuhörermenge zweifellos das viel intimere Treffen vor, das am darauffolgenden Tag stattfand. Castor hielt gerade einen Vortrag, er war frei und äußerte den Wunsch, sich mit Philosophiestudenten zu treffen. «Wir haben uns zu fünf, sechs Leuten bei Claude Fegelman getroffen», erzählt Menahem Brinker. «Wir bereiteten damals alle unser Philosophiepromotion vor, unter anderem Jeremihiaou Yovel, Ran Sigat und ich selbst. Es wurde eine zweistündige rein philosophische Diskussion. Sartre hätte gerne gehabt, daß wir ihm etwas zur *Critique* sagten, von der wir damals nur einige hundert Seiten gelesen hatten. Wir haben vor allem über die Beziehung zwischen *L'être et le néant* und der *Critique* gesprochen, das Problem der konkreten Beziehung zum Anderen... ‹Dieses Problem ist abgeschlossen, das interessiert mich nicht mehr›, antwortete er uns.» Und der damals etwa dreißigjährige Menahem Brinker versuchte eine genauere Kritik: «Sie stellen die *Critique* als eine vollständige Zurücknahme Ihrer früheren Philosophie dar», begann er. «Meiner Ansicht nach existieren zwischen der *Critique* und *L'être et le néant* weitaus mehr Verbindungen, als Sie es zugeben wollen. Denn obwohl Sie sie als eine verbesserte Version des Marxismus darstellen, behaupte ich, daß sie eher eine Alternative zum Marxismus ist. – Nein, antwortete Sartre mit Nachdruck. Ich habe vielleicht übertrieben, als ich sagte, der Existentialismus sei tot. Aber die *Critique* ist ein völliger Neubeginn. *L'être et le néant* beschäftigte sich mit der Frage nach dem Sein; die *Critique* behandelt die Frage der Freiheit. Und für mich steht heute fest, daß kein einziger nichthistorischer Zugang den Menschen erklären kann.»[33] Eine Auseinandersetzung zwischen dem französischen Philosophen und der jungen Garde einheimischer Philosophen: Allen Berichten zufolge hatte Sartre daran große Freude; der praktische Dialog wurde im übrigen wenige Jahre später fortgesetzt, als Menahem Brinker, der eine Anthologie philosophischer Texte Sartres vorbereitete, mit ihm die Textauswahl besprach und diese und seine Argumentation zu diesem oder jenem Begriff weiterführte.

Auf die Besichtigungen, Vorträge und akademischen Treffen folgte wie in Kairo der eigentliche politische Gedankenaustausch. Sartre und Castor unterhielten sich beispielsweise mit dem Arbeitsminister Igal Alon, mit dem Präsidenten der Republik Zalman Chazar und dem Ministerpräsidenten Levi Eschkol. Offenbar etwas steife Zusammenkünfte, die die beiden französischen Beobachter nicht sonderlich überzeugten. Um so mehr interessierte sie ihr Gespräch mit Moshe Sueh, dem Sekretär der Kommunistischen Partei Maki. «Was uns am stärksten beeindruckte», erzählt der damals anwesende Gabriel Cohen, «war Sartres uneingeschränkt politische und konkrete

Vorstellung vom arabisch-israelischen Konflikt. Er verfügte über ein enormes Wissen, da er gerade aus Ägypten kam. Ich glaube, daß die Israelis unendlich viel Zeit damit verloren, ihm Dinge zu erklären, die er in- und auswendig kannte.»[34] Wie überall schloß eine Pressekonferenz ihre Reise ab. Sie fand am 29. März 1967 in Tel Aviv vor hundert Journalisten statt. Ungezwungene Fragen, humorvolle Antworten, freundlicher, herzlicher Austausch: Alles schien bestens zu laufen. Natürlich gab es einige sprachliche Barrieren; wie anderswo auch nannte man ihn «Sartère»; wie anderswo auch sprach Sartre jedes englische Wort französisch aus; «meeting» ergab «métingue». Wie in jedem anderen Land auch begann Sartre mit einem Exposé zu den aktuellen politischen Kämpfen, sprach zum Vietnamkrieg und erläuterte die Gründung des Russell-Tribunals. Wie immer argumentierte er mit ruhiger, wohlartikulierter und langsamer Stimme und benutzte die für ihn typische Technik, eventuellen Einwänden zuvorzukommen, indem er sie selbst erwähnte und dann auseinandernahm. Wie sonst auch trat nach ihm Simone de Beauvoir als Aktivistin auf: Sie bezog sich nicht direkt auf Sartres Argumentation, griff nicht in die eigentliche Ideendebatte ein, sondern bekräftigte seine Position: «Wenn Sie dem Russell-Tribunal helfen und es unterstützen wollen», sagte sie mit ihrer schnellen Sprechweise, «sollen Sie wissen, daß wir Geld brauchen und daß Sie ab sofort Komitees bilden können.» Wie üblich spielten sich Sartre und Castor nach einem perfekt geregelten Szenario die Bälle zu. Die einander ergänzenden Rollen waren auch diesmal streng verteilt: Der militante Botschafter legte dar, argumentierte und überzeugte; seine Gefährtin schlug anschließend die konkreten Anwendungsmodalitäten vor. Ein Botschafter, ja so verstand sich Sartre voll und ganz in seinen Beiträgen zum Nahostkonflikt. «Wird das Existenzrecht Israels durch das Recht, das Sie in Kairo den arabischen Flüchtlingen zugestanden haben, in Frage gestellt?» fragte man ihn. Immer wieder wurde er gedrängt, von Ägypten zu erzählen, von der dortigen Einstellung zum Krieg, von den Positionen der «fortschrittlichen arabischen Kräfte» zu Israel und so weiter und so fort. Wie in Kairo zog sich Sartre durch Lavieren aus der Affäre. Und wenn er eher enttäuschte als schockierte, so deshalb, weil er sich auf die vorsichtige – und vielleicht etwas zu ängstliche – Rolle des bewußt unparteiischen Beobachters beschränkte. «Die ägyptische Haltung», erklärte er in einem schwerfälligen Beitrag, in dem er jedes Wort bedächtig abwog, «verlangt vor allem eines, die Rückkehr der Flüchtlinge, was hier abgelehnt wird. Ägyptens Position ist also eine fordernde Position, die den Kriegsgedanken als solchen einschließt. Obwohl das in meiner Gegenwart, außer von einigen Palästinensern, selten erwähnt worden ist. Hier gibt es keine andere Forderung als die nach Anerkennung Israels durch Ägypten; das bedeutet also, daß man den Frieden durch den status quo erreichen will. Anders ausgedrückt, der israelische Wille zum *Frieden* impliziert eine Voraussetzung; und der ägyptische Wille, *allein* unter einer Voraussetzung zu verhandeln – verhandeln, nun, ich weiß nicht – jedenfalls unter der Bedingung, daß diese Voraussetzung angenommen wird, impliziert eine aggressivere Haltung. Ich weiß nicht, ob ich verständlich bin.» Anschließend ging er auf den realen Rahmen des Konflikts ein, die Großmächte. «Sie wissen genau», behauptete er zum Schluß, «daß die Ägypter Sie als Imperialisten beschimpfen, ähnlich wie Sie erklären, die Ägypter würden die russische Politik befolgen und vom Osten bewaffnet werden... Man müßte sich endlich auf beiden Seiten von diesem Standpunkt frei machen.» Enttäuschte der Botschafter gleichermaßen, wie er in Kairo enttäuscht hatte? Jedenfalls wurde in Tel Aviv alles versucht, um ihn zu testen und auf die Probe zu stellen, damit er sich endlich eindeutig zugunsten der Israelis ausspräche. Eine Frage gibt die Angst der einheimischen Beobachter besonders gut wieder; Guy Kessari von der Zeitung *Maariv* fragte ihn: «Wie ist Ihr Eindruck, nach Ihren Gesprächen mit Nasser und Levi Eschkol, wenn Sie beide Staatschefs persönlich, politisch und ideologisch miteinander vergleichen?» Gelächter im Publikum. Sartre nahm das Mikrofon wieder an sich: «Ich werde die einzige Antwort geben, die möglich ist, wenn ich die Position der Neutralität nicht verlassen will: Eineinviertel Stunden bin ich bei Herrn Eschkol gewesen; dreieinviertel Stunden bei Präsident Nasser.» Er hatte gut reagiert mit lakonischem Humor und zweideutiger Höflichkeit. Im Moment selbst wurde das mit Gelächter und unterschiedlichen Regungen quittiert, dafür in der über soviel Attentismus frustrierten israelischen Presse scharf kommentiert. Im Vorjahr hatte er von seiner «Zerrissenheit zwischen sich widersprechenden Freundschaften und Loyalitäten» erzählt, seiner «Zerrissenheit zwischen Bewunderung für den Kampf Israels gegen die Engländer und Solidarität mit der arabischen Welt auf der Suche nach Souveränität und Menschlichkeit.» Hatte ihn sein Besuch weitergebracht? Auf dieser Seite der Wüste gab es keinen einzigen Anlaß zu dieser Annahme. Die jordanische Tageszeitung Jerusalems, *Al-Quds*, veröffentlichte am Tag seiner Abreise einen offenen Brief an Sartre von Khalil Sawahreh, einem palästinensischen Flüchtling. «Warum so viele Zugeständnisse an die zionistischen Thesen?» schrieb er unter anderem. «Haben Sie denn die bittere Erinnerung an Ihren Besuch bei den Enteigneten in den Flüchtlingslagern des Gazastreifens schon vergessen.»[35]

Die Nahostreise ging am 30. März 1967 zu Ende. Und wenn es mühsam gewesen war, unter derart spannungsgeladenen Umständen die Balance zu halten, hat Sartre trotzdem die große Leistung fertiggebracht, dieses Gleichgewicht der Enttäuschung in Jerusalem und Kairo zu wahren. Er fuhr nach Paris zurück; knapp fünf Wochen später begann ein neuer Krieg zwischen Israel und Ägypten. Seine enttäuschende Neutralität, sein schwieriges und unmögliches Unterfangen, die Position eines Schiedsrichters einzunehmen, führte ihn später allerdings eher zur Unterstützung des Staates Israels.

Lange nach diesen Reisen sind Sartres Spuren jener Zeiten heute noch lebendig, in Frankreich wie im Ausland. In Lateinamerika, in Afrika, in der Mehrheit der Entwicklungsländer spricht man noch heute von Sartre als einem Propheten der modernen Zeiten, einem legendären Intellekutellen. Und so mancher kommt von weit her, um französische Luft zu atmen, die Luft vom Land Sartres, der soviel für sie getan hat. «Sartre, un mal nèg» wird eine Wochenzeitung auf den Antillen am Tag nach seinem Tod titeln; die kreolische Formulierung gilt einem, den man als Bruder, als «großartigen Typ», als «vorbildlichen Menschen» begreift. Und eine kolumbianische Monatszeitschrift, *El Heraldo* aus Baranquilla, wird Auszüge aus allen unbekannten Sartre-Texten veröffentlichen, den *Carnets de la drôle de guerre* und den *Cahiers pour une morale*, und sich mit dem Foto des Philosophen auf der Titelseite zur Anhängerschaft Sartres bekennen. Seltsamerweise zog man es in Frankreich drei, vier, fünf Jahre nach seinem Tod vor, negative Bilanzen zu ziehen und rückwirkend Anklagen zu erheben. Der damaligen Meinung seiner Mitbürger zum

Trotz war Sartre 1985 für die Mehrheit der ausländischen Intellektuellen nach wie vor eine der imponierendsten Gestalten des modernen Frankreich geblieben.

Der mythologische Platz, den Sartre in den sechziger Jahren außerhalb der französischen Grenzen errungen hatte, blieb natürlich nicht ohne Wirkung auf die Franzosen selbst. Es störte sie, wunderte sie. Obwohl sie spürten, daß Sartre in zahlreichen Ländern nunmehr zum Prototyp des französischen Intellektuellen geworden war, akzeptierten sie diese neue Rolle nur widerwillig: Sie blieben beunruhigt, verblüfft, mißtrauisch. Als würden seine festen und soliden Beziehungen in anderen Kontinenten Sartres Machtbefugnisse erweitern. Als würde er seinen gutgehenden mittelständischen Betrieb in Frankreich zu einem Sartreschen Multi ausbauen, mit Ablegern und Tochtergesellschaften in jedem Kontinent, eine weltweite Import-Export-Gesellschaft für «linksradikale» Kultur. Und die vielen Fotos, auf denen man sah, wie alle möglichen Staatschefs den Philosophen begrüßten, verstärkten noch diesen Widerwillen.

Das Spiel der Geschichte gegen die im 19. Jahrhundert errichteten Kolonialreiche setzte sich allerorts fort. Besonders in den Jahren 1960 bis 1962 spielte Sartre eine wichtige Rolle bei der schmerzhaften Loslösung Algeriens von Frankreich. Das spürte auch General de Gaulle, der das von dem reisenden Philosophen bei seinen letzten Eskapaden erworbene Charisma ermaß und ihn demzufolge schonte. Was das Staatsoberhaupt damals weiter begriff? Daß Sartre ein bedeutendes, äußerst exportfähiges, wenn auch schwer kontrollierbares Kulturgut für Frankreich darstellte. Also behandelte er ihn mit der gleichen Vorsicht und dem gleichen Fingerspitzengefühl, mit dem man mit einer Granate umgeht. Er wußte sehr gut, daß Sartre ein Botschafter Frankreichs war, wenn auch einer der Gegenkultur mit ziemlich wenig Ähnlichkeit zum Profil des Quai d'Orsay, ein Botschafter, der frei, neugierig und eroberungslustig durch die Welt tollte, seine Fäden wob, seine Netze spann, ein glanzvoller, gefährlicher, militanter Botschafter.

DER UNBERÜHRBARE

1960 war in jeder Hinsicht ein Schlüsseljahr in Sartres Leben. Ein Jahr in der Mitte zwischen Kriegsausbruch und Tod. Ein Jahr, in dem die Figur des Schriftstellers allmählich hinter der neueren Figur des engagierten Reisenden verschwand: Kuba mit Castro. Moskau mit Chruschtschow. Belgrad mit Tito. Brasilia mit dem Präsidenten Kubitschek. Reich an Ikonographie, arm an Literatur. Zu viele Artikel? Zu viele Erinnerungsfotos? Von den Medien bedrängt, gab der Schriftsteller nach. Das war das Hervortreten einer neuen öffentlichen Figur: die des symbolischen Intellektuellen. War es überhaupt noch Sartre, den man rühmte, oder nicht viel eher über seine Person der Mythos des französischen Intellektuellen, den man quer durch die Welt in einem zugleich konfusen und selbstverständlichen Konsens verehrte und feierte? In Frankreich gingen die Dinge weiter ihren Lauf: Von den einen anerkannt, von den anderen gehaßt, verkörperte Sartre einen Teil der Spannungen der durch den Algerienkrieg zerrissenen französischen Gesellschaft. Den einen diente er als Sündenbock, den anderen als symbolische Bürgschaft. «Erschießt Sartre!» schrien Demonstranten auf den Champs-Elysées. «Einen Voltaire verhaftet man nicht», erwiderte General de Gaulle einige Monate später und weigerte sich damit, Sartre als französischen Normalbürger anzusehen. Auch er behandelte ihn als etwas Besonderes: Sartre wurde der Unberührbare.

In Frankreich sprach man nicht mehr vom «algerischen Konflikt», sondern zunehmend vom «Algerienkrieg». Fast jeder hatte etwas an General de Gaulle auszusetzen: Die französischen Siedler und die nationalistischen Gruppen fühlten sich verraten: die «Jungens» der französischen Armee, die man in die kabylischen Berge geschickt hatte, fühlten sich entweder manipuliert oder im Stich gelassen: Schließlich waren Linke und Liberale von dem Vorgehen der Armee gegen die algerischen Kämpfer, von den Übergriffen, Exzessen und offensichtlichen Lügen, die der Staat deckte, angewidert. Wie bei jeder derartigen Herausforderung mit hohen ethischen und nationalen Ansprüchen spaltete sich die französische Gesellschaft im Sommer 1960 in streng voneinander abgegrenzte Lager. Von einer neuen Résistancezeit war die Rede, wie zwanzig Jahre zuvor wurden die Fronten zwischen Kollaborateuren und Widerstandskämpfern neu abgesteckt. Seit zwei, drei Jahren schon protestierten hohe französische Beamte – meist Liberale – öffentlich gegen die Ausschreitungen der französischen Armee in Algerien und verlangten ein Eingreifen der Regierung: René Capitant, Professor für allgemeines Recht an der Universität in Algier, hatte aus Protest gegen das suspekte «Verschwinden» eines seiner ehemaligen Schüler, Ali Boumendjel, seinen Rücktritt eingereicht. Paul Teitgen, Sekretär des Polizeipräsidiums von Algier, hatte dasselbe getan: «Ich habe die Überzeugung gewonnen», schrieb er, «daß wir in einen Prozeß der Anonymität und Verantwortungslosigkeit geraten sind, der bis zu Kriegsverbrechen führen kann.»[1] Einige Tage später trat der General Pâris de Bollardière von seinen Ämtern zurück: Unter diesen moralischen Bedingungen lehnte er es ab, weiterhin verantwortlicher Kommandeur für den Abschnitt Blida zu sein. Der Schriftsteller Vercors – der Résistancekämpfer und Autor des unvergeßlichen *Le silence de la mer* – schickte dem Präsidenten der Republik sein Kreuz der Ehrenlegion zurück als offizielle öffentliche Geste der Mißbilligung.

Der Sommer 1960 wurde zu einem der Höhepunkte in diesem latenten Bürgerkrieg: Die französischen Intellektuellen meldeten sich zum Dienst zurück, schmierten die Waffen, schliffen die Degen, sammelten die Kräfte, isoliert und in halber Illegalität. Große Truppenbewegungen bei den verschiedenen Denkschulen: den surrealistischen Schriftstellern, der *Temps-Modernes*-Gruppe, den ehemaligen Kommunisten, der *Lettres-Nouvelles*-Gruppe. Geheime Zusammenkünfte, Briefe, zahllose Treffen. Mobilisierungen in einem Klima allgemeinen Unbehagens und äußersten Mißtrauens. Schlüsselfiguren jener großen Manöver waren Maurice Blanchot, Jean Schuster, Dionys Mascolo, Maurice Nadeau und Jean Pouillon. Im Frühjahr 1960, als immer zahlreichere junge Wehrpflichtige ihrer Einberufung nach Algerien nicht folgten, erfuhr man aus der Presse, daß am 6. September der Prozeß gegen die Unterstützungsnetze für die FNL eröffnet würde. «Da hatte Mascolo die Idee einer gemeinsamen Erklärung», erzählt Schuster, «die den Anlaß des Prozesses nutzen sollte, um alle, die sich weigerten, gegen das algerische Volk zu den Waffen zu greifen, zu unterstützen und zu rechtfertigen, das heißt alle, die diesem Volk aktiv halfen, sich vom Kolonialismus zu befreien.»[2] Die beiden Initiatoren des Projekts arbeiteten einen ersten Entwurf aus, den sie ihren in Paris anwesenden Freunden aus der surrealistischen Gruppe vorlegten: etwa fünfzehn zustimmende Unterschriften. Danach schrieb Maurice Blanchot fast den ganzen ersten Teil des Textes um, gab ihm eine deutlichere Stoßrichtung und die Überschrift: «Appell an die Weltöffentlichkeit». «Wir respektieren und halten für gerechtfertigt die Weigerung, gegen das algerische Volk zu den Waffen zu greifen. Wir respektieren und halten für gerechtfertigt das Verhalten jener Franzosen, die es als ihre Pflicht ansehen, im Namen des französischen Volks den unterdrückten Algeriern Hilfe und Schutz zu gewähren. Die Sache des algerischen Volks, das entscheidend zur Vernichtung des Kolonialsystems beiträgt, ist die Sache aller freien Menschen.»

So entstand zwischen den Büroräumen der *Temps Modernes* und denen der *Lettres Nouvelles* der provokatorische Text, der als «Manifest der 121» in die Geschichte eingegangen ist. Sartre gab sofort seine Unterschrift und bot jede erdenkliche Unterstützung durch seine Freunde von *Les Temps Modernes* an. «Wir haben uns im Juli im *Bistrot de L'Espérance* getroffen», erzählt Mascolo, «wo er mit Simone de Beauvoir Mittag aß. Blanchot war auch anwesend, wir haben ihm den Text gezeigt und ihn um seine Unterstützung gebeten: Er hat gleich ja gesagt.»[3] Das war im Juli 1960. Anfang August flogen Sartre und Castor nach Brasilien; bevor er die Maschine nach Recife bestieg, wies er selbstverständlich seine Vertreter Lanzmann, Pouillon, Péju und Bost an: «Benutzen Sie mich, wie Sie es für richtig halten.»

«Der Prozeß beginnt im Prinzip am 29. August», schrieb Jean Schuster schon am 14. Juli 1960 an Dionys Mascolo. «Wir müssen genau zur Eröffnung herauskommen. Nadeau hat den Rechtsanwalt getroffen, der es verwenden wird. Mit etwas Geschick werden wir ihm meiner Ansicht nach eine enorme Resonanz geben können. Bin sehr optimistisch. Über Simone de Beauvoir versuchen wir an Sagan heranzukommen. Die Zahl der Unterschriften liegt zur Zeit bei dreißig. Am 25. August muß gedruckt werden. Ich nehme an, daß wir bis dahin etwa hundert Unterschriften haben, davon zwei Drittel ziemlich berühmte.»[4] In den sechs Wochen traditioneller Pariser Leere sammelten sich in den französischen Postsäcken Briefe ganz spezieller Art: Schuster an Mascolo, Blanchot an Mascolo, Mascolo an Pouillon, Pouillon an Nadeau, Lindon an Nadeau... «Die Liste wächst weiter an», schreibt Pouillon am 29. Juli, «trotz nicht unerheblicher Ablehnungen. Was mich persönlich betrifft, unterzeichne ich eigentlich wegen der Schlußfolgerung, nicht wegen der Analyse, die bei mir anders ausgefallen wäre... Hast du Antwort von Leuten wie Morin oder Duvignaud? Das wäre gut, denn es sind Beamte, und die Beamten, mit denen ich Kontakt aufgenommen habe, möchten nicht allein stehen.» «In dem Maße» stellt seinerseits Schuster am 5. August fest, «in dem die Regierung spektakulär in Frage gestellt wird, erstarrt die offizielle und die strategische Linke.» «Jetzt habe ich fünfunddreißig Namen», triumphiert Pouillon am 9. August, «ich erwarte noch ein Dutzend und rechne damit, daß Blanchot, Nadeau, Péju und Du (Mascolo) vor Monatsende noch weitere bekommen. Morgen sehe ich Castor, sie wird sofort an Merleau-Ponty schreiben.»

Namen auf Namen: Robbe-Grillet, Resnais, Pieyre de Mandiargues, Florence Malraux, Nathalie Sarraute, Signoret, Leiris, Vercors, Revel, Glissant, Boulez stimmen nacheinander dem Unternehmen zu. Auch Ablehnungen, zahlreiche, darunter einige überraschende: unter anderen Lévi-Strauss, Merleau-Ponty, Audry, Morin. Während jeder in einer Atmosphäre großer Ratlosigkeit auf Unterschriftenjagd geht, schlägt der skrupelhafte Blanchot einen passenderen

Titel vor: «Mangels eines Besseren», schreibt er an Mascolo am 26. Juli, «würde ich vorschlagen: ‹Erklärung über das Recht zum Ungehorsam im Algerienkrieg.› Das Wort ‹Ungehorsam› kommt Ihnen vielleicht einschränkend vor. Man könnte es mit dem deutlicheren Zusatz ergänzen: ‹Erklärung über das Recht zum Ungehorsam und zur Fahnenflucht im Algerienkrieg.› Zur Not scheint mir Ungehorsam auszureichen: Ungehorsam ist die Weigerung, militärische Pflichten zu erfüllen.» Große Vorsicht war geboten, jedes Wort wurde abgewogen. Bei diesen Beratungen fehlte es übrigens weder an Spannungen noch an Streitigkeiten; die Surrealisten und die *Temps-Modernes*-Gruppe schätzten sich zwar, aber eher von weitem. «Am 10. erscheinen *Les Temps Modernes*», teilt Nadeau Mascolo mit, «wenn nichts anderes möglich ist, müssen wir die ursprüngliche Idee wieder aufgreifen: den Text abziehen und an die Presse schicken. So wird der Text noch vor dem *Temps-Modernes*-Abdruck bekannt. Jedenfalls übernehme ich ihn auch in die Oktoberausgabe der *Lettres Nouvelles*, um zu zeigen, daß sie keine Exklusivrechte haben. Schäbig, diese Querelen. Ob man noch auf die Autorenrechte pochen wird?... Ich denke nicht nur an uns, sondern an Breton und andere, die keine besondere Sympathie für *Les T. M* haben und die auch wir damit betrogen hätten...» «Ich teile Dir mit, daß die *T. M.* glauben, mit ihrer Ausgabe vom 10. September die Ersten zu sein. Achtung, der Schuß könnte nach hinten losgehen!» Interne Konflikte zwischen Menschen aus unterschiedlichem Milieu, die zwar punktuell politisch zusammenarbeiten, aber Abhängigkeit von Dritten nicht mögen. «Das trifft alles zu», schreibt Schuster an Mascolo am 13. August, «genauso wie es zutrifft, daß die Surrealisten die einzigen gewesen sind, die gegenüber den stalinistischen Intellektuellen von Aragon bis Kanapa eine *konkret* revolutionäre Haltung eingenommen haben...»

Wäre die Fortführung dieser Art Feinarbeit mit so unterschiedlichen Persönlichkeiten bei gleichzeitiger Einhaltung strikter Konspirativität überhaupt möglich gewesen? Es gab tatsächlich undichte Stellen, und Gilles Martinet verletzte die Anonymität mit einem Leitartikel, der schon am 17. August in *France-Observateur* erschien: «Vor mir liegt ein Manifest», schrieb er, «das eine gewisse Zahl von Schriftstellern unterzeichnet hat – André Breton, Jean-Paul Sartre, Alain Robbe-Grillet usw. – und sehr bezeichnend ist...» Die Unterschriftensammler treten sofort zusammen, beraten sich, empören sich: «Was bedeutet diese Anspielung von Gilles Martinet», fragt Lindon Mascolo, «auf einen von Sartre, Breton und Robbe-Grillet unterzeichneten Text? Falls es sich um Ihren Text handelt, ist das ein großer Schnitzer!» «Schwerwiegende» Angelegenheit, kommentieren die einen, ein echter «Schnitzer», beteuern die anderen, doch woher kommt die Indiskretion? Diejenigen, die Schuster als die «offiziellen Linken» bezeichnete, mißbilligen das Unternehmen und jene Phantasmen von einer «neuen Résistance». Doch aus dem Ausland kommen wohlwollendere, manchmal sogar enthusiastische Überlegungen und Stellungnahmen: «Elio Vittorini, bei dem ich zur Zeit bin», schreibt Mascolo an Maurice Blanchot am 31. Juli, «hat mir zu unserem Brief gesagt, nach diesem Text hätte er Lust, Franzose zu sein; es sei *eine Tat*, eine wichtige Tat, eine wirkliche Widerstandstat, denn der Widerstand müsse, bevor er eine Aktion wird, eine Bewegung auslöst, zunächst ein *Nein*, eine Weigerung, eine verbale Tat, ein Urteil sein.»

Am 4. September 1960 meldete *Le Monde*: «Hunderteinundzwanzig Schriftsteller und Künstler haben eine Erklärung über das Recht zum Ungehorsam im Algerienkrieg unterzeichnet.» Von der Post in der Rue des Saints-Pères aus hatte Mascolo ganze Säcke mit über zweitausend Umschlägen verschickt, die ein vierseitiges Papier enthielten: die Erklärung und die Liste der hunderteinundzwanzig Unterschriften. Und da in dieser Angelegenheit auch nicht das Kleinste unberücksichtigt blieb, wurden auch an den Elysée-Palast und an die wichtigsten Ministerien Umschläge adressiert. Den Text durfte aber keine Zeitung offiziell veröffentlichen: Damit hätte man eine Beschlagnahme riskiert. Die Ausgabe der *Temps Modernes* – von der einige befürchtet hatten, sie würde die Urheberschaft der Sache für sich beanspruchen – erschien im Oktober mit der symbolischen Herausforderung durch zwei provokatorische, freche, leere weiße Seiten...

Am 5. September 1960 begann vor dem Pariser Militärgericht in der Rue du Cherche-Midi – dort, wo knapp siebzig Jahre vorher der Dreyfus-Prozeß stattgefunden hat – der Prozeß gegen die Mitglieder des «Réseau Jeanson», die man einige Monate früher verhaftet hatte. Ihre Verteidigung übernahmen mehrere Anwälte: Roland Dumas und Jacques Vergès. Obwohl sich Sartre an diesem Tag persönlich in Bahia aufhält, ist sein Schatten, sein symbolisches Gewicht an der Seite der Angeklagten und in den Akten ihrer Anwälte präsent. Seine größte Stärke scheint neuerdings überhaupt jene Gabe der Allgegenwärtigkeit geworden zu sein, die er trotz allem erworben hat. Denn ob Pouillon, ob Lanzmann, ob Bost und alle anderen: sie sind leibhaftig anwesend. Als ob sich der große Reisende den Luxus leisten könne, sich mit blindem Vertrauen von der Creme seines Mitarbeiterstabs vertreten zu lassen.

«Als der Prozeß begann», kommentiert heute Roland Dumas, «hatten die Hunderteinundzwanzig gerade einen Schock in der Öffentlichkeit ausgelöst. Um so mehr, als Sartres großer Schatten bei ihnen war, ein Paravent, ein gewaltiger Schutzschild. Allein sein Name veränderte die Situation, mobilisierte die linke Intelligentsia und leitete ein Umdenken in der öffentlichen Meinung ein.»[5] In Zusammenarbeit mit einigen Initiatoren des Manifests der 121 wie Maurice Nadeau hatte sich Roland Dumas eine bestimmte Verteidigungsstrategie ausgedacht: Er würde einige berühmte Namen benutzen, den Sartres an erster Stelle. «Wie kann man sich über Sartre hinwegsetzen?» dachte er und war damit überzeugt, einen der Haupttrümpfe für sein Plädoyer in der Hand zu haben, mit Sartres Namen die Truppen der Intellektuellen im Lande mobilisieren zu können.

Der Prozeß gegen das Réseau Jeanson wurde eine Maskerade, eine komische Oper, ein Zirkus, ein politisches Happening, eine Folge von Provokationen von einer in Gerichtsräumen selten erlebten Respektlosigkeit und Heftigkeit; eine Posse, eine Serie von Herausforderungen der Justiz, der Armee und der gaullistischen Regierung durch die Anwälte, die beste Tribüne, die je den Befürwortern der Unabhängigkeit Algeriens geboten worden war, um ihnen das nötige Gehör zu verschaffen. Tag für Tag schleuderte die Verteidigung dem Gerichtsvorsitzenden die Wörter Folter und Algerienkrieg als Beschimpfungen ins Gesicht und forderte das Ende des Schweigens zu den Übergriffen der französischen Armee in Algerien. Rechtsanwalt Vergès ist in Hochform und läßt eine Provokation auf die andere folgen; an einem Tag nennt er den Kulturminister der Regierung den «ehemaligen Terroristen Malraux»; am nächsten schreit er «Vichy!», als sich der Gerichtsvorsitzende davonmachen will; er kocht den

Skandal hoch, provoziert Zwischenfälle, um die Justizmaschinerie zu blockieren und die Regierung ins Lächerliche zu ziehen; schließlich läßt er von seinen Klienten die Armee vor Gericht zitieren. «Ich erkläre, daß der Soldat Paupert *verlangt*, daß Oberst Argoud persönlich zum Prozeß gegen das Réseau Jeanson als Zeuge geladen wird.» Die gesamte französische Presse gab natürlich der Berichterstattung über diese historischen Sitzungen breiten Raum. «Die Menschen standen abends Schlange», erzählt Roland Dumas, «um an den Sitzungen des Prozesses, an diesem Riesenpoker teilzunehmen. Es war, als gingen sie ins Theater.»[6]

Nach einer Verfahrensdebatte, die sich bis zum 15. September hinzog, begann die wichtigste Prozeßphase: die politische Ouvertüre. Zahlreiche Persönlichkeiten traten als Zeugen auf, die nur schwer des Anarchismus gegenüber dem Staat verdächtigt werden konnten, Menschen, die Kündigungen eingereicht oder Ehrenlegionsorden zurückgeschickt hatten, um sich demonstrativ von den Handlungen und Methoden der französischen Armee zu distanzieren: Paul Teitgen, Vercors, Marcel Aymé, Jean Cassou. Harte Worte fielen: «Kann uns der Zeuge sagen», legt Vergès bei der Befragung von Paul Teitgen los, «auf Grund der Berichte, die ihm seine Untergebenen in seiner Amtszeit vorgelegt haben:‹Leider ja, in Algerien wurde gefoltert, tagtäglich gefoltert, systematisch gefoltert! oder: ‹Nein, das stimmt nicht›?» Der Vorsitzende Richter wendet sich an Paul Teitgen: «Sind Ihnen Ausschreitungen oder Folterungen zu Ohren gekommen?» Paul Teitgen: «Die Ausschreitungen, die Folterungen sind der Grund gewesen, Herr Vorsitzender, weshalb ich von meinen Ämtern zurückgetreten bin... Herr Vorsitzender, ich habe geschworen, die Wahrheit zu sagen. Ich bedauere, zugeben zu müssen, daß mir einige Todesfälle bekannt wurden, deren ich absolut sicher bin; und ich wünschte, um mich endlich von quälenden Erinnerungen befreien zu können, daß dieselbe Strenge, mit der die getroffen werden sollen, deren Geist verwirrt ist, auch diejenigen trifft, die die Ehre meines Landes und seiner Armee befleckt haben.»[7] In seiner Zeugenaussage wies Paul Teitgen zum Beispiel darauf hin, daß einige französische Soldaten, angewidert von den Polizeimethoden gegen die algerischen Kämpfer, zu denen sie gezwungen wurden, lieber desertierten und die FNL unterstützten. Dank der Unterminierungsarbeit der Anwälte und Zeugen, dank der ausführlichen Presseberichterstattungen kehrte sich die Situation allmählich um: Die Ankläger wurden zu Angeklagten und umgekehrt. Der Prozeß gegen Fahnenflucht und Ungehorsam wurde zum Prozeß gegen die französische Armee, die Gesetzlosigkeit ihrer Praktiken und die Manipulierung ihrer Leute in Algerien. «Fünfundzwanzig kontrastreiche, barocke Tage», schreibt Marcel Péju, «an denen alles verwirrend war, wo auf Wutausbrüche juristischer Wahn folgte, wo ein fassungsloses Gericht hinausging und wieder hereinkam, sich widersprach, sich widerrief, Tag und Nacht tagte oder vierstündige Unterbrechungen bei siebenminütigen Sitzungen beschloß, plötzlich bewilligte, was es gerade noch heftig abgelehnt hatte, jedem ins Wort fiel und sich am nächsten Tag reaktionslos die erstaunlichsten Reden anhörte.»[8]

Die Rechtsanwälte tobten sich nach Herzenslust aus und beriefen sich so oft wie möglich auf Sartre: Das genügte, um den Vorsitzenden Richter, der schon auf den bloßen Namen des Philosophen regelrecht allergisch reagierte zur Weißglut zu bringen. «Der ganze Prozeß muß neu eröffnet werden, Herr Sartre muß hergeholt werden», betont ein Anwalt. Der Vorsitzende wird von dem verhaßten Namen aus dem Schlaf gerissen: «Ich warne Sie. Kein Sartre hier! Verstanden!»[9] Wohl oder übel muß sich der Vorsitzende dennoch den Namen Sartre noch öfters anhören, denn für den 20. September war – ein weiterer Putsch der Verteidigung – die Anhörung der Unterzeichner des Manifests der 121 vorgesehen. Zwei Dutzend Zeugen traten nacheinander auf, darunter Claude Roy, Vercors, André Mandouze, Claude Lanzmann, Jérôme Lindon, Jean Pouillon, Nathalie Sarraute. Unmittelbar nach Claude Lanzmanns Zeugenaussage ließ Roland Dumas sofort die Zeugenvernehmung unterbrechen: «Ich habe soeben einen Brief und ein Telegramm von Jean-Paul Sartre erhalten, der durch eine Vortragsreise in Brasilien verhindert ist. In seinem Telegramm bittet er darum, seine Abwesenheit zu entschuldigen, und versichert die Angeklagten seiner ‹vollen Solidarität›. Gestatten Sie mir, Herr Vorsitzender, diesen Brief nun vorzulesen?» Nach der Zustimmung des Gerichtspräsidenten las Roland Dumas den Brief vor: «Sehr geehrter Herr Rechtsanwalt, da ich verhindert bin, vor dem Militärgericht zu erscheinen, was ich sehr bedauere...»

Der auf den 16. September 1960 datierte Brief, der für eine der spektakulärsten Wendungen des Happening-Prozesses sorgte, indem er alle Blicke auf den auf so paradoxe Weise anwesenden großen Zeugen lenkte, hatte selber eine lange Vorgeschichte... «Benutzen Sie mich, wie Sie es für richtig halten», hatte Sartre vor seinem Abflug nach Recife seinen Statthaltern gesagt: eine klare Anweisung. Lanzmann und Péju hatten Sartre in Rio telefonisch erreicht, ihm den Stand bei Prozeßbeginn dargestellt und die Nützlichkeit einer – wenn auch nur schriftlichen – Zeugenaussage geschildert. Über Telefon wurden lange Argumente ausgetauscht: Der Text von Sartres erstem Gespräch beim Wiedersehen mit Jeanson wurde wieder ausgegraben, und Sartres Statthalter redigierten Sartres Brief in Sartres Stil. Paule Thévenin tippte ihn ab; schließlich machte der Zeichner Siné Sartres Unterschrift nach.[10] Die Maschinerie hatte perfekt funktioniert, ein Beweis für den Zusammenhalt der Gruppe. «Wenn Jeanson mich gebeten hätte, Koffer zu tragen oder algerische Freiheitskämpfer zu beherbergen, und ich es hätte tun können, ohne sie zu gefährden», trug Roland Dumas unter Betonung jedes einzelnen Wortes vor, «hätte ich es ohne Zögern getan... Ein widriges Geschick hat (die Angeklagten) vorübergehend von uns getrennt, aber ich wage zu behaupten, daß sie als unsere Abgesandten dort auf der Anklagebank sitzen. Im Gegensatz zu dem ephemeren Machtapparat, der sich anschickt, sie abzuurteilen, und der gar nichts mehr repräsentiert, repräsentieren sie die Zukunft Frankreichs.»

Das Gezeter war natürlich groß, und die Presse sprach tagelang davon. Als hätte Sartre mit dieser höchsten Provokation zugleich den französischen Staat und jeden einzelnen Bürger getroffen. «Eine Bombe» titelt *L'Aurore*: «Eine Bombe» und erläutert: «Vom hintersten Brasilien aus hat Jean-Paul Sartre einen skandalösen Brief geschickt und die französische Regierung beschimpft.» «Sartre ist an die Stelle von Maurras getreten und will einer verirrten, dekadenten Intelligentsia eine anarchistische und selbstmörderische Dialektik aufzwingen», erklärt der Informationsminister Alain Terrenoire. «Solange es sich nur um das Spielchen von Intellektuellen handelte, brauchte man dem keine große Bedeutung beizumessen. Jetzt aber sind es die Grundlagen der nationalen Gemeinschaft selbst, die angegriffen werden.»[11] Der Informationsminister persönlich äußerte also seine Sorgen anläßlich der letzten von Sartre ausgelösten Erschütterung. Und Thierry Maulnier meinte im *Figaro*: «Herr Jean-Paul Sartre hat jetzt nichts anderes zu tun, als mit dem Gewehr oder der Bombe in der Hand seine Positionen in den Reihen der FNL zu verteidigen: dort wird er wenigstens etwas riskieren müssen.»[12] Auch von *L'Express* wurde er durch den Mund Mauriacs angegriffen: «Sartre ruft die französische Linke auf», hieß es in der Wochenzeitschrift, «sich mit Terroristen einzulassen und mit denen gemeinsame Sache zu machen, die mit französischem wie auch algerischem Blut befleckt sind... Was für ein Wahnsinn! Denn bei Sartre kann man nicht von Dummheit reden, sondern nur von Verzweiflung.»[13] «Der Brief Jean-Paul Sartres», fügt *La Croix* hinzu, «zieht den Protest auf die niedrigste politische Stufe herunter.»[14] Der Abgeordnete von Seine-et-Marne, Herr Battesti, forderte in einer schriftlichen Anfrage an die Nationalversammlung die Regierung auf, den Philosophen gerichtlich zu belangen: «Findet es die Regierung normal», fragte er an, «daß in einer Zeit, in der Tausende junger Franzosen unter Einsatz ihres Lebens die Befriedung Algeriens sichern, Herr Jean-Paul Sartre ungestraft für die FNL Partei ergreifen kann?»[15] Den scharfsinnigsten Kommentar verdankte man dem *Le-Monde*-Journalisten Jean-Marc Théolleyre, der seit Prozeßbeginn für die Berichterstattung zuständig war. «Aufrührerische Reden», kommentierte er. Und fragte sehr treffend, ob Sartre vielleicht mit diesem Brief, der einer Herausforderung gleichkam, «seine Anklage» bezweckte.[16] Genau darum ging es.

Auf die Unterzeichner des Manifests der 121 hagelte es jetzt Anklageschriften. Entlassung von Beamten ohne Fortzahlung des Gehalts, Entlassung von Rundfunk- und Fernsehjournalisten, Anklagen, Hausdurchsuchungen und Verhöre: Der ganze Polizeiapparat trat in Aktion, um der Verantwortlichen habhaft zu werden. Schon am 27. September hatte Ministerpräsident Michel Debré einen Regierungserlaß verabschieden lassen, der ein erhöhtes Strafmaß für Anstiftung zum Ungehorsam und Unterbringung von Fahnenflüchtigen vorsah. In diesem hieß es: «Erforderlich ist nicht nur die strenge Bestrafung der Verweigerer, sondern auch derjenigen, die sie zur Pflichtverletzung ermuntern oder sie dabei unterstützen... Diese Aufrufe... verwirren bestimmte Einberufene, die für eine heimtükkische und demoralisierende Propaganda empfänglich sind... Die

Aufforderung zur Fahnenflucht wird bestraft werden... Für Beamte bedeutet diese Strafe den Abbruch jeglicher Beziehung zum öffentlichen Dienst: Die Verbüßung der Strafe hat also keine Wiedereinstellung am früheren Arbeitsplatz zur Folge...» In der darauffolgenden Woche, genauer am 29. September, schlägt die Regierung noch härter zu: Ihr jüngster Erlaß ermächtigt zur provisorischen Suspendierung jedes Beamten, der eine Verweigerung oder Fahnenflucht rechtfertigt oder die Soldaten zum Ungehorsam auffordert. «Niemand zwingt die Beamten, in den Staatsdienst zu treten», erläutert der Informationsminister. Die Presse und die Medien wimmelten von Protesten, Sympathieerklärungen, entrüsteten Kommuniqués, Unterstützungslisten. Die «Union des combattants d'Afrique du Nord» protestiert gegen «den skandalösen Charakter dieser angeblichen Zeugen, die... unser Land beschimpfen.» Und weiter: «Der Name Jean-Paul Sartre, der früher mit dem Saint-Germain-des-Prés-Milieu und der Vorstellung vom Ekel in Verbindung gebracht wurde, bedeutet für die französische Jugend Verrat.»[17] Der M.P. 13 nennt die Unterzeichner des Manifests «eine Handvoll degenerierter Intellektueller und exotiksüchtiger Frauen, Nutznießer einer dekadenten Gesellschaft». Zum Schluß heißt es: «Dem General Raoul Salan, dem großen Mann des 13. Mai, haben die Fürsten der Fünften Republik alles zu verdanken.»[18] In einem offenen Brief an den Ministerpräsidenten schreibt Herr Duchet, der Generalsekretär des «Centre national des Indépendants»: «Ich sehe es als meine Pflicht an, angesichts der ungehinderten Publikation des Briefs von Jean-Paul Sartre und des Aufenthaltsverbots für General Salan in Algerien, Ihnen die Erschütterung all derer auszusprechen, die ihr Land lieben, seine treuen Diener respektieren und seine Gesetze achten. Herr Jean-Paul Sartre , der uns noch nie etwas anderes als subversive Theorien und Sophismen geboten hat, hat ungestraft unsere Armee und Frankreich beschimpfen können. Er hat sich erdreistet, öffentlich den Beweis dafür zu erbringen, daß man durch Verletzung der Gesetze seines Landes und Unterstützung des Feindes die Ehre rette. Einerseits kann Jean-Paul Sartre die grundlegendsten Gesetze zum Schutz des Vaterlands verletzen. Andererseits wird einer unserer größten und diszipliniertesten militärischen Befehlshaber bestraft, weil er diese grundlegenden Gesetze in Erinnerung gerufen und geschützt hat. Ich bitte Sie also, diese ärgerlichen Maßnahmen zurückzunehmen, die, Sie wissen es ebensogut wie ich, Verwirrung innerhalb der Armee und im ganzen Land stiften.»[19]

Aus der entgegengesetzten Richtung erklärt das «Comité de vigilance universitaire», das Manifest der 121 sei «Ausdruck des Willens, dem Staat öffentlich die Mittel zur Fortführung des ungerechten Krieges in Algerien zu verweigern... Wir versichern alle Unterzeichner unserer Sympathie und unserer Achtung.»[20] Das «Comité d'action républicaine des artistes et écrivains d'art» meint zu den Unterzeichnern einhellig, «ihre Redlichkeit, ihre Selbstlosigkeit und ihr Patriotismus verdienen Respekt. Sie schließen sich denen an, die um der Ehre Frankreichs willen ihre Freisprechung sowie ihre Freilassung fordern.»[21] Im Herbst 1960 hagelt es von allen Seiten pro- und antisartresche Stellungnahmen: Veteranenvereine gegen Lehrerverbände, Anhänger des französischen Kolonialreichs gegen Schauspielergewerkschaften. Und schließlich folgt trotz den zwei leer gebliebenen Seiten an Stelle des Manifests die Beschlagnahme von *Les Temps Modernes*. Frankreich wird nervös, der Staat verhärtet sich. Die im Ausland bekannt gewordenen Prozeßskandale lösen ein Echo in Paris aus: Solidaritätsdemonstrationen. Italienische, deutsche, amerikanische und britische Intellektuelle setzen sich für die berühmten 121 ein. Unter den französischen Intellektuellen, die Anhänger des Regimes sind, zirkulieren Gegen-Manifeste. «Sie wollen Frankreichs Seele zerstören», schreibt Professor Charles Richet von der medizinischen Akademie. «Sartre ist in seinem emotionalen Wahn zu weit gegangen», schreibt André Brissaud im *Figaro*. Aber die symbolischsten Formulierungen fand Thierry Maulnier in seiner «Antwort an Jean-Paul Sartre», die unter der Überschrift «Die denkenden Individualitäten» am 30. September im *Figaro* erscheint: «Das wirkliche Frankreich muß besiegt werden», schreibt er, «damit das Sartresche Frankreich triumphiert, die revolutionäre Vorstellung von Frankreich, die Herr Jean-Paul Sartre an die Stelle Frankreichs gesetzt hat und die er Frankreich vorzieht. In jenem Sartreschen Frankreich, in jenem Frankreich der ‹denkenden Individualitäten› ist die FNL die eigentliche Armee, während die französische Armee zum verhaßten unentschuldbaren Feind wird: so etwas wie die Erbin und Fortführerin der Hitlerarmee der vierziger Jahre.» Und in *La Croix* stellt der

Schriftsteller Jacques de Bourbon-Busset das Entstehen von etwas Neuem anläßlich des Prozesses fest: «Das ist die Scheidung zwischen dem überwiegenden Teil der Öffentlichkeit und den sogenannten Intellektuellen. Es handelt sich um ein ernstzunehmendes Symptom, denn die Intellektuellen stellen in einer Gesellschaft den marschierenden Flügel dar, der die Zukunft vorbereitet.»[22]

Von nun an bringt die ganze Debatte jenes französische Kollektivgedächtnis dumpf zum Vibrieren, das aufschreckt, sobald das Wort Intellektueller ausgesprochen wird. «Anläßlich dieses Prozesses hat die englische Presse die französische Demokratie gegeißelt», schreibt Claude Fuzier, «sie hatte unrecht, große Worte zu gebrauchen: Die Angelegenheit war lächerlich... Während wir die Stimme eines Voltaire oder eines Paul-Louis Courier brauchten, haben wir es mit einem Haufen Vorstadt-Victor Hugos zu tun, von dem jeder *Les châtiments* neu schreiben möchte und dabei vergißt, daß Napoleons Name rund um Europa gegangen ist, aber der von Michel Debré das Senatsgebäude nicht verlassen hat.»[23] Michel Debré greift inzwischen in Metz zu pathetischen Worten: «Ja, wir wissen wohl, daß es eine der schlechten Traditionen unseres Landes ist, immer wieder Selbsthasser hervorzubringen. So erlebten wir vor kurzem manche, die, entweder aus einer bedauerlichen Geistesverwirrung oder aus einem ungesunden Geschmack an Publizität, wenn nicht am Skandal, den Ungehorsam gepredigt haben. Wir haben zu den Sanktionen gegriffen, die die Interessen des Staates und die nationale Vernunft erfordern. Die Gerichte werden über diejenigen urteilen, die sich durch besondere Agitation auszeichnen.»[24] Rede eines Grundschullehrers mit leicht gönnerhaftem Autoritarismus und starkem Patriarchalismus, dem sogar innerhalb der Regierung nicht jeder zustimmen konnte. Die Affäre der 121 erinnerte stark an zwei andere Affären: die Calas-Affäre und die Dreyfus-Affäre. Dann setzte der Mechanismus ein, daß sich Intellektuelle beider Lager gegenseitig zu überbieten anfingen: eine neue Unterschriftenliste zur Unterstützung des Manifests der 121 und eine neue Mobilisierung für ein Gegen-Manifest. «Das ist die Schlacht der Intellektuellen», meldet Le *Figaro* pompös. «Das Manifest der französischen Intellektuellen: 260 gegen 121.»[25] Man zählte die Punkte wie beim Fußball. Und wie auf bunten Stierkampfplakaten wird erklärt, worum es hier geht: «Die französischen Intellektuellen zu Sartres Intellektuellen: Die Apologeten der Fahnenflucht sind Betrüger und Verräter»[26], titelt *L'Aurore*. Andere Zeitungen sprachen von dem «neuen Verrat der Intellektuellen». Dagegen bewunderten einige den Mut Sartres und seiner Anhänger. Zum Beispiel *Réforme* in einem Artikel mit der Überschrift «Die Zeit der Militanten»: «Sartres Argument verdient Gehör... Er will nicht von den Ereignissen noch einmal an die Seite der staatstreuen Linken gedrängt werden: Er meint, daß die Zeit gekommen ist, Risiken einzugehen. Den Jugendlichen empfiehlt er Ungehorsam. Er stellt sich auf die Seite der algerischen Nationalisten, die für die Unabhängigkeit ihres Landes kämpfen. Es steht uns nicht zu, Jean-Paul Sartre zu verurteilen, sondern ihn zu verstehen.»[27] Schließlich ergriffen bedeutende Männer das Wort; Mauriac, man sah es; André Malraux, der meinte: «Besser, Sartre auf der Place de la Concorde ‹Es lebe die FNL› rufen zu lassen, als ihn zu verhaften und damit eine Dummheit zu begehen.»[28] Schließlich verdeutlichte General de Gaulle nach der Kabinettssitzung zu den Maßnahmen gegen die Unterzeichner des Manifests der 121, in welchem Geist er diese angewandt wissen wollte. Damit setzte er eine Politik der Aufgabenteilung innerhalb der Regierung fort: für einen der Knüppel, für die anderen die Friedenstaube. Der Staatschef unterschied in dieser Affäre zwischen den «Staatsdienern», deren Auflehnung gegen die Gesetze nicht geduldet werden konnte, und den «Intellektuellen», über die er sich mit einer Mischung aus Wohlwollen und Erhabenheit äußerte, wobei er die Beispiele Villon, Voltaire und Romain Rolland zitierte. «Diese Männer», sagte er, «haben zu ihrer Zeit den Behörden manche Schwierigkeiten bereitet, aber es ist nichtsdestoweniger notwendig, die Meinungsfreiheit der Intellektuellen zu achten, solange es mit dem Gehorsam gegenüber den Gesetzen und der Erhaltung der nationalen Einheit vereinbar bleibt.»[29] Die Tageszeitung *Paris-Jour* wählte an diesem Tag die Schlagzeile: «De Gaulle: ‹Ich verzeihe Voltaire, aber nicht den Staatsdienern.›» Jene souveräne Großmut war die erste Etappe in der Kanonisierung Sartres.

«Er-schießt-Jean-Paul-Sartre», «Al-ge-rien-bleibt-fran-zö-sisch», «Be-freit-La-gail-larde», «Sa-lan-an-die-Macht». Am Montag, dem 3. Oktober, versammeln sich sechs- bis siebentausend Demonstranten auf den Pariser Champs-Elysées an der Ecke der Rue Washington. Es ist kurz nach 19 Uhr. Sie laufen die Champs-Elysées hinauf, zum Arc de Triomphe auf der Place de L'Étoile. Zur «stillen Ehrung der zivilen und militärischen Opfer der FNL», und aus «Protest gegen den Aufruf zum Verrat» hatten sechs Veteranenorganisationen aufgerufen: Rhin-et-Danube, Anciens de la deuxième division blindée, Flandres-Dunkerque, Anciens du Corps expéditionnaire français d'Italie, Anciens des Forces françaises libres, Union nationale des Combattants et les Fils des tués. Fahnen mit goldenen Stangen, Auszeichnungen, dekorierte Feldmützen: Jeder stellt die letzten Reliquien seiner Armeevergangenheit zur Schau. An der Spitze hundert Fahnenträger, gefolgt von Männern mit Blumensträußen. Und dann Stadtratsmitglieder mit blau-weiß-roter Schärpe über der Brust, darunter Jean-Marie Le Pen mit seinem Abgeordnetenabzeichen und seiner grünen Fallschirmjägermütze. Schließlich das Gros der Truppe: junge Rechtsextremisten, die Flugblätter verteilen. Rituelle Kranzniederlegung und Schweigeminute in Anwesenheit der Marschälle de Lattre und Leclerc. Die Demonstration artet schnell aus: plötzlicher Rückzug auf die Champs-Elysées, Fensterscheiben und Schaufenster gehen zu Bruch – insbesondere bei *L'Express*. Zum erstenmal an diesem Tag wurde Sartres Namen auf einer Straßendemonstration als Symbol für alle «falschen Franzosen» verwendet, die die Regierung drängten, Algerien «aufzugeben». Für eine ganze Schicht der französischen Bevölkerung avancierte er damit offiziell zum Staatsfeind Nummer eins. «Sartre, das ist ein Ungeheuer», kommentierte die Wochenzeitung *Force Nouvelle* kurze Zeit später.

Viele Franzosen, die bislang eine Parteinahme für überflüssig gehalten hatten, engagierten sich jetzt, lehnten sich gegen das brutale Vorgehen der Regierung auf. Einer Handvoll von Intellektuellen und dem berühmten Manifest der 121 war es gelungen, alle Kräfte der Linken auf ihre Seite zu ziehen. Das Comité de liaison du spectacle, die CGT, die CFTC, die Versammlung der Kardinäle und Erzbischöfe Frankreichs, Journalisten der nationalen Rundfunk- und Fernsehanstalt RTF, der Forscher des Centre national de la recherche scientifique, Studenten der École normale supérieure, Grundschullehrer aus der Corrèze, das nationale Schriftstellerkomitee, die Gewerkschaft der Kritiker, die Liga für Menschenrechte: Alle protestierten sie gegen die Suspendierung von Beamten. Teilweise bezogen sie sich dabei auf bestimmte Schlüsselereignisse der französischen Geschichte: «Die Hexenjagd», heißt es im Kommuniqué des Comité National des Écrivains, «die in Frankreich mit dem Einmarsch der Wehrmachtbataillone in Sissonne und Mourmelon einherging, bedeutet untrüglich den Verlust von Ansehen und Prestige Frankreichs in der Welt. Der einzige Weg, der Willkür ein Ende zu setzen, ist die sofortige Beendigung des Algerienkriegs.»[30]

Sartre war von General de Gaulle in eine Sonderkategorie von Bürgern eingeordnet worden, die das Gesetz nicht antasten durfte: die Intellektuellen. Auch seine Freunde kamen in den Genuß dieses privilegierten Status. Jean Pouillon war als Schriftführer bei der Nationalversammlung für sechs Monate ohne Gehalt suspendiert worden. Dennoch wurde er nie angeklagt: trotz den Briefen, in denen er sich wiederholt nicht nur mit den Köpfen der Affäre «solidarisch» erklärte, sondern auch zu ihrem «Komplizen», trotz den Hausdurchsuchungen, trotz den Verhören, denen er sich unterziehen mußte, wurde er nicht weiter belangt. «Ich bin davon überzeugt», erklärt er heute, «wenn ich die Fülle an Informationen sehe, die die Polizei sammeln konnte, daß Sartre und seine Umgebung unter höchsten Schutz gestellt worden waren. Arlette zu belangen, Pouillon zu belangen, das hätte bedeutet, den Namen Sartre zu belangen. Nirgendwo aber erwähnte man uns, durch ihn waren wir absolut geschützt.»[31] Am 9. September, nach dem ersten Kommuniqué zum Manifest der 121, hatte die Schlagzeile der Tageszeitung *Paris-Presse-L'Intransigeant* gelautet: «Jean-Paul Sartre, Simone Signoret und hundert weitere riskieren fünf Jahre Gefängnis.» Kaum einen Monat später hatte sich die Situation umgekehrt. Sartre war zum Unberührbaren geworden, und die *Temps-Modernes*-Gruppe und die Mitglieder der kleinen Sartre-Familie waren in die Kastenprivilegien eingeschlossen. Auf Sartres Schreibtisch in der Rue Bonaparte häuften sich jetzt täglich Dutzende von Briefen, die sein Sekretär Claude Faux aufmachte. «Wir stehen absolut hinter ihren Erklärungen, wir unterstützten Ihre Aktion. Und was sollen wir jetzt tun?» war der allgemeine Tenor dieser Briefe.[32]

«Die Situation in Frankreich ist äußerst zugespitzt», hatte Lanzmann im letzten Telegramm, im letzten Telefongespräch Sartre vor dessen Rückkehr aus Brasilien gesagt. «Sie dürfen auf gar keinen Fall in Frankreich landen. Nehmen Sie den Flug Rio-Barcelona.» Jean Pouillon erzählt weiter: «Sartre mußte unbedingt über alle Details der politischen Situation auf dem laufenden gehalten werden, damit er nicht voreilige Presseerklärungen abgab.» Am 4. November landeten Sartre und Castor also in Barcelona. Bost und Pouillon waren mit dem Wagen hingefahren, um sie abzuholen. Alle vier trafen im Hotel *Colón* zusammen. Sie besuchten ohne Hast das Museum für katalanische Kunst von Barcelona, und dort, erzählt Pouillon, «hielt Sartre eine improvisierte Vorlesung über die katalanischen Fresken, die derart brillant war, daß die anderen Museumsbesucher meinten, wir hätten einen Führer engagiert». Am Montag nachmittag reisten sie Richtung Frankreich ab und kamen an die Grenze. Bost dachte, daß ein Zwischenfall unter Umständen doch noch möglich sei, und nahm die Sache in die Hand; er stieg aus dem Auto und ging mit den vier Pässen zum Vorgesetzten des Grenzpostens. Dieser sah sich die Namen und Fotos an und verlangte natürlich, die Personen zwecks Identitätsüberprüfung zu sehen. «Bitte, Maître, treten Sie ein«, sagte er zu Sartre und verbeugte sich tief. «Maître, nehmen Sie doch in meinem Privatsalon Platz... Maître, möchten Sie Zigaretten, Whisky, Zeitungen?» Und die uniformierten CRSler eilten davon, der eine Zigaretten besorgen, der zweite Whisky, der dritte Zeitungen. Nach einer dreiviertel Stunde kam der Vorgesetzte zurück: «Maître», sagte er und verbeugte sich wieder, «ich habe die Freude, Ihnen mitteilen zu dürfen, daß Sie die Grenze passieren können... Doch zuvor hätte ich eine Bitte, Maître: Könnten Sie sich in mein goldenes Buch eintragen?» Sartre willigte ein, setzte seine Unterschrift auf eine schon zur Hälfte beschriebene Seite und sah sich aus Neugier die vorherige Unterschrift an. «General Raoul Salan», las er. Um eine halbe Stunde hatten sie sich verpaßt, beide hatten die Grenze in jeweils entgegengesetzter Richtung passiert, Jean-Paul Sartre von Spanien nach Frankreich, Salan von Frankreich nach Spanien.[33]

«Wir sind ganz gemütlich nach Paris zurückgefahren», berichtet Jean Pouillon. «Nach einem Halt in Béziers und einem weiteren in Tournus. In Pont-Saint-Esprit haben wir uns mit Lanzmann getroffen, der nach uns gefahren war. Am darauffolgenden Mittwoch oder auch Donnerstag kamen wir in Paris an.» In Tournus hatten Bost, Pouillon und Lanzmann übrigens feststellen können, welcher Haß der einfache Anblick Sartres bei bestimmten Franzosen auslöste. Als sie zu fünft das große Restaurant von Tournus betraten, Sartre als erster, gefolgt von Castor, erhoben sich die Köpfe, man erkannte ihn, und die drei Statthalter sahen die Blicke, hörten das Gemurmel: «Schwein... Ungeheuer...» «Wahrer Haß», entsinnt sich noch heute Jean Pouillon. «Aber die Chefin», ergänzt er, «brachte wieder das Goldene Buch, und sie war offensichtlich überglücklich, ein Autogramm von Sartre zu ergattern.» Im Lauf eines Sommers war Sartre eine vorher noch nicht gekannte symbolische Bedeutung in der französischen Gesellschaft zugefallen. Die Diskussionen auf der Rückfahrt zwischen Sartre, Castor und ihren Freunden waren natürlich sehr lebhaft. «Selbstverständlich», versicherte Sartre, «bin ich bereit, mich genauso wie die übrigen Unterzeichner des Manifests anklagen zu lassen...» «Wie zufällig», sagt Pouillon, «hörten die Anklagen genau an dem Tag auf, an dem Sartre wieder in Paris war.»[34] «Vier- oder fünfmal», berichtet Roland Dumas, «schickte der Ermittlungsrichter Pérez Sartre eine Anklageschrift ins Haus, die jedesmal gleich wieder anulliert wurde! Dieses Spielchen dauerte einen Monat. Der Fehler der französischen Justiz bei dieser Affäre war», meint er weiter, «daß sie diese Intellektuellen wie kleine Ganoven behandeln wollte: Und ihr Versuch, sie einzuschüchtern unter dem Vorwand, sie ‹zu beruhigen›, war schlicht unbeholfen. Sie übersah ihren Rückhalt bei den Massen, das heißt die ideologische Bedeutung des Manifests der 121.»[35] Ein einziges Mal wurde Sartre von einer polizeilichen Ermittlungskommision verhört, und anschließend wartete er vergeblich auf seine Vorladung vor den Untersuchungsrichter. In Paris haben Kommissare angefangen, «unsere Aussagen aufzunehmen», berichtete Sartre später, «und es wurde verabredet, daß wir acht Tage später vor dem Untersuchungsrichter erscheinen würden. Am Vortag ist der arme Richter krank geworden... acht Tage später war er immer noch krank, und damit hat der Scherz geendet. Wir haben nie wieder etwas von unserer Anklage wegen der Unterzeichnung des *Manifests der 121* gehört.»[36]

Schließlich, nachdem er über einen Monat vergeblich auf die Anklage gewartet hat, beschließt Sartre die Einberufung einer Pressekonferenz für den 1. Dezember: Französische und ausländische Journalisten versammeln sich in Castors Wohnung. «Jetzt muß eine Bestandsaufnahme gemacht werden», erklärt er. «Man will nicht, daß wir Zeugenaussagen machen, und man will uns auf keinen Fall anklagen. Warum? Das weiß ich nicht. Was ich aber weiß, ist, daß es Angeklagte gibt, die ihre Anklageschrift unterschrieben haben und einen Prozeß bekommen. Wenn die Regierung die ganze Angelegenheit niedergeschlagen hätte, hätte ich mir nicht erlaubt, Sie hierherzubestellen. Dann hätte ich gemeint, daß man wieder zur Vernunft gekommen ist. Aber wenn sie dreißig Mitunterzeichner anklagt und die übrigen nicht, dann sind wir in einer unangenehmen Situation, die wir vor die Öffentlichkeit bringen müssen... Es wird versucht, bei den gleich verantwortlichen Unterzeichnern mit zweierlei Maß zu messen. Das ist ein ganz und gar unannehmbarer Zustand. Entweder sind wir alle anzuklagen, oder die Anklage muß insgesamt zurückgenommen werden... Ich erkläre der Presse, was ich dem Untersuchungsrichter erklärt hätte: Ich gehöre zu den Verfassern des Textes, zu seinen Verbreitern, zu den Unterschriftensammlern. Ich verlange also, angeklagt zu werden... Man bedient sich meines Namens, man fälscht und laviert: Ich habe für die Freilassung von Menschen, die nicht nur zur Regierung, sondern auch noch zur Demokratie in Opposition stehen, als Alibi gedient.»[37] Sartre wies auf die inneren Widersprüche im Regierungsapparat hin: Anweisungen und Gegenanweisungen folgten aufeinander; die härtesten Minister – Debré und Terrenoire – ließen keine Äußerung der Gemäßigteren – Malraux – unerwidert. Sartre amüsierte sich über die Rücksichtnahme der Regierung ihm gegenüber und ließ keine Gelegenheit aus, auf deren Inkohärenz hinzuweisen. Das gewaltige Tohuwabohu hatte das Land erschüttert, obwohl sich im Dezember 1960 noch kein Drucker vorgewagt hatte und das Manifest der 121 immer noch nicht in der Presse veröffentlicht worden war. Eines Tages, beim Verlassen des Restaurants *Lipp*, traf Mascolo auf den FDGS-Abgeordneten der Nièvre, François Mitterrand. Er schlug ihm einen Trick vor: «Wenn Sie bei einer mündlichen Anfrage in der Nationalversammlung den Manifesttext verlesen könnten, würde er automatisch im *Journal officiel* abgedruckt werden, damit wäre ein Präzedenzfall geschaffen, und der Veröffentlichung stünde nichts mehr im Wege ...» «Mitterrand», berichtet Mascolo, «sagte weder zu noch ab und unternahm offensichtlich nichts.»[38]

Eins drängt sich nach diesem Sommer, diesem Herbst 1960 auf: Im Algerienkrieg wurde Sartre deshalb aktiv, weil er nach einem Treffen mit Jeanson bereit gewesen war, den nicht von ihm gegründeten Unterstützungsnetzen für die FNL seine Solidarität und die seiner Mannschaft zuzusichern. Für das Manifest der 121 stellte er seinen Namen zur Verfügung und bot jegliche Unterstützung seiner Mannschaft an; das bedeutete zwar eine kostbare Hilfe, doch der Initiator war er nicht. Der Brief schließlich, den Roland Dumas auf der Prozeßsitzung am 20. September vortrug, war eine für einen Abwesenden hergestellte Fälschung. Die Frage stellt sich also: War er wirklich aktiv oder nur einverstanden oder von seinen Mitarbeitern, von den anderen Intellektuellen klug eingesetzt worden? Offenbar braucht er jetzt weder selbst etwas zu tun noch etwas zu wollen, er ist ein Schutzschild, ein Blitzableiter, ein «Nationalgut» geworden, wie Pouillon sagt. Das ist vielleicht genau das, was ihn stört.

Der politische Stellenwert, den Sartre im Kontext des Algerienkriegs gewonnen hatte, brachte ihm Sympathien in der ganzen Welt ein. Anfang der sechziger Jahre galt Sartre in Afrika, Südostasien, Südamerika, überall dort, wo sich politisches Bewußtsein entwikkelte, als theoretische Leitfigur, und natürlich auch in Europa bei jenen jungen Linksradikalen, die sich für das chinesische, das algerische, das kubanische Experiment einsetzten. Er wurde eine Zeitlang zum Propheten jener neuen Welt, die plötzlich zu erwachen schien und sich von den Fesseln des imperialistischen und kolonialistischen Westens befreien wollte.

Tunis, Sommer 1960. Ein großer, kahler Raum mit einer Matratze auf dem nackten Boden als einzigem Möbelstück. Claude Lanzmann und Marcel Péju treffen sich als Abgesandte der *Temps Modernes* mit Frantz Fanon. «Er war krank», erzählt Lanzmann, «doch obwohl er entsetzliche Schmerzen litt, setzte er sich über sein Leiden völlig hinweg. Er hatte die *Critique de la raison dialectique* schon gelesen und redete stundenlang mit uns darüber. Er erzählte uns auch von diesem Lichtblick, den die Männer des ‹Inlands› waren, von ihrer Selbstlosigkeit, Aufopferung, Ergebenheit. Er hatte ein riesiges Kommunikationsbedürfnis, vor allem wollte er uns davon überzeugen, daß dieses ‹algerische Inland› ein Land einer von jedem Vorurteil befreiten reinen Freiheit geworden sei, er sagte uns, Sartre sei ein Gott, er stand unter einem dreifachen Druck. Die Krankheit – seine Leukämie würde in kurzer Zeit einen tödlichen Ausgang nehmen. Die algerische Revolution. Schließlich die afrikanische Revolution. Er dachte bereits über die algerische Revolution hinaus», erinnert sich Lanzmann weiter. «Er sprach von seinem absolut visionären Traum der Einheit der gesamten Négritude. Er dramatisierte das Spiel der Geschichte und besaß einen außergewöhnlich hohen moralischen Anspruch. Er besuchte die Revolutionäre in den «Wilayas» an der algerisch-tunesischen Grenze, hielt ihnen Vorträge, erzählte ihnen von seiner Lektüre, besonders von Sartre; einmal – im Jahr ihrer Veröffentlichung – erläuterte er ihnen sogar, was ihm an der *Critique de la raison dialectique* besonders gefallen hätte. Er bildete diese Kämpfergruppen theoretisch aus, in denen man auf Menschen traf wie Oberst Houari Boumedienne, Ben Khedda – den Apotheker aus Blida –, der Ferhat Abbas an der Spitze der provisorischen Regierung ablösen sollte, auf Abdul Aziz Bouteflika oder auch Ahmed Medgui, den späteren Innenminister der algerischen Regierung... All diese Menschen», schließt Claude Lanzmann, «empfanden für Fanon die allergrößte Achtung und Bewunderung, sie nannten ihn voller Ehrerbietung ‹Doktor Fanon›.»[39]

Mit dem Eintreffen der beiden Boten von *Les Temps Modernes* in Tunis war die Achse Fanon-Sartre hergestellt worden. Schon 1948 hatte Fanon Sartres erste Texte zugunsten der afrikanischen Minderheiten gelesen; vor allem hatte ihm «Orphée noir» gefallen, Sartres Vorwort zu einer Anthologie der neuen schwarzen und madagassischen Poesie französischer Sprache. «Was habt ihr euch denn erhofft», fragte Sartre seine Zeitgenossen, «als ihr den Knebel abnahmt, der diese schwarzen Münder verschloß? Daß sie Lobgesänge für euch anstimmen würden? Habt ihr geglaubt, ihr könntet in diesen Gesichtern, die unsere Väter mit Gewalt in den Staub gedrückt hatten, Verehrung lesen, wenn sie sich wieder erheben würden?»[40] Sartre bot hier eine zornige und magische Interpretation der Gedichte von Aimé Césaire, Léopold Sédar Senghor, David Diop, Étienne Lero,

Rabearivelo, Damas aus Guyana oder Brierre aus Haiti, verglich die unterschiedlichen Erfahrungen, erinnerte an Paul Nigers Satz – «die Trompete Armstrongs wird am Tag des Jüngsten Gerichts der Interpret der Schmerzen der Menschen sein» –, befaßte sich mit dem Begriff der «Négritude» – «Triumph des Narzißmus und Selbstmord von Narziß» –, analysierte den Evangelismus der schwarzen Lyrik – die die «Mauern der Gefängniskultur sprengen» will –, nannte diese Poesie «orphisch», weil «dieser unablässige Abstieg des Negers in sich selbst mich daran denken läßt, wie Orpheus von Pluto Eurydike verlangte». Und in der Tradition der zur gleichen Zeit geschriebenen *Réflexions sur la question juive* provozierte Sartre schließlich seine weißen Zeitgenossen, schüttelte sie, beschimpfte sie fast: «Der Weiße hat dreitausend Jahre das Privileg genossen, zu sehen, ohne daß man ihn selbst sieht... Heute blicken uns diese schwarzen Menschen an, und unser Blick kehrt in unsere Augen zurück; jetzt beleuchten schwarze Fackeln die Welt, und unsere weißen Köpfe sind nur noch kleine Lampions, die im Winde schaukeln.»[41] Fanon wird später in seinen letzten Texten die Sartreschen Subtilitäten zur «Négritude» selbst übernehmen. Zur Stunde aber ist er überglücklich über dieses erste Zusammentreffen mit Péju und Lanzmann, seine schon vorhandenen Bindungen zu *Les Temps Modernes* nehmen konkrete Formen an: Die Zeitschrift hatte einen Auszug aus dem noch unveröffentlichten *L'an V de la révolution algérienne* abgedruckt; und sie hatte stets die FNL unterstützt. Die denkwürdige Losung ‹Algerien ist nicht Frankreich› hatte *Les Temps Modernes* ja schon 1955 verkündet als Antwort auf die ewigen Beschwörungen eines französischen Algerien; es hatte die Sondernummer «L'Algérie, mythe et réalité» gegeben; die Sondernummer zur Folter; die Unterstützung von französischen und algerischen mißhandelten oder verhafteten Kämpfern wie Maurice Audin, Djemila Bouhired oder auch Henri Alleg und Francis Jeanson... Vor allem empfanden Frantz Fanon und die *Temps-Modernes*-Mitarbeiter denselben Ekel vor der zaghaften, feigen und trägen institutionellen Linken. «Im vierten Jahr des nationalen Befreiungskrieges», schrieb Frantz Fanon in *El-Moudjahid*, «glänzt die französische Linke gegenüber der französischen Nation durch Abwesenheit, und angesichts der Bomben in der Rue Michelet macht sich die gesamte französische Linke zunehmend unsichtbarer... Ein

Großteil der Intellektuellen, fast die ganze demokratische Linke bricht zusammen und zwingt dem algerischen Volk ihre Bedingungen auf.»[42] Schließlich erschien im Mai 1955 die berüchtigte *Temps-Modernes*-Ausgabe zur französischen Linken. Unnötig zu betonen, daß man in Fanons «Die französischen Intellektuellen und Demokraten zur algerischen Frage» und in Sartres «Die Infragestellung der Linken» auf die gleiche Analyse, die gleiche Wut stößt. Ein Jahr später treffen sich beide in der römischen Sommerhitze. Die Ereignisse in Algerien hatten inzwischen ihre Kontaktaufnahme beschleunigt.

Im Sommer 1961 fand also in Rom endlich das erste Treffen zwischen Fanon und Sartre statt: tagelange, nächtelange, endlose, leidenschaftliche Gespräche; die Zahl ihrer Interessen schien unerschöpflich zu sein. Der fiebernde und ruhelose Fanon befragte Sartre ununterbrochen. «Von scharfem Verstand, außerordentlich lebendig», erzählt Castor, «mit einem düsteren Humor begabt, hörte er nicht auf, zu erklären, zu scherzen, zu fragen, zu imitieren, zu berichten: Alles, was er erzählte, war so plastisch, daß man es hätte mit den Händen greifen können.»[43] Fanon hatte sein letztes Buch *Les damnés de la terre* zu Ende geschrieben, das in Frankreich bei François Maspero erscheinen sollte. Kurz vor der ersten Begegnung mit Sartre hatte Fanon seinem Verleger einen drängenden und ungeduldigen Brief geschrieben, in dem Sartres Namen wieder einmal die bekannte symbolische Rolle spielte. «Da mein Gesundheitszustand sich leicht gebessert hat», schrieb Fanon am 7. April 1961 aus Tunis an Maspero, «habe ich mich doch dazu entschlossen, etwas zu schreiben. Dazu muß gesagt werden, daß mich meine Leute ausdrücklich dazu aufgefordert haben... Ich bitte Sie, und ich weiß, daß Sie diese Bitte erfüllen werden, den Druck dieses Buches zu *beschleunigen*: Es wird in Algerien und Afrika gebraucht... Bitten Sie Sartre darum, das Vorwort zu schreiben. Sagen Sie ihm, daß ich jedesmal, wenn ich mich an den Arbeitstisch setze, an ihn denke. An ihn, der so wichtige Sachen für unsere Zukunft schreibt, der zu Hause aber keine Leser findet, die zu lesen verstehen, und bei uns einfach Leser hat.»[44]

Sartres Vorwort zu Fanons *Les damnés de la terre* wird einer seiner engagiertesten Texte für die Dritte Welt bleiben. Manche Sätze, manche Formulierungen in dieser literarisch sehr ausgefeilten und für die neuen Sartreschen Schriften jetzt typischen Sprache haben an Kraft nichts verloren: «Was kümmert es Fanon, ob Sie sein Werk lesen oder nicht? Für seine Brüder entlarvt er unsere alten Machenschaften und ist sicher, daß wir keine neuen auf Lager haben. Zu ihnen sagt er: Europa hat seine Pfoten auf unsere Erdteile gelegt, und wir müssen so lange auf sie einstechen, bis es sie zurückzieht. Der Augenblick ist günstig.»[45] An anderer Stelle ermahnt Sartre seine Zeitgenossen, macht ihnen Vorhaltungen, redet auf sie ein: «Europäer, schlagt dieses Buch auf, dringt in es ein. Nach einigen Schritten im Dunkeln werdet ihr Fremde um ein Feuer versammelt sehen. Tretet heran und hört zu: Sie beraten über das Schicksal, das sie euren Niederlassungen und euren Söldnern zugedacht haben. Sie werden euch vielleicht sehen, aber sie werden fortfahren, miteinander zu sprechen, ohne auch nur die Stimme zu dämpfen. Diese Gleichgültigkeit ist wie ein Stich ins Herz.»[46] Nach den Ereignissen im Sommer 1960 markiert dieser Text das Ende einer Epoche, das Ende eines bestimmten Europas, die fröhliche Vernichtung eines vom 19. Jahrhunert geerbten Kolonialsystems. Was Sartre hier feiert? Das Entstehen einer autonomen Sprache der Kolonisierten, die Geburt eines neuen politischen Partners und die Verwandlung von ehemaligen Unterdrückten in Gleichberechtigte, die von gleich zu gleich reden. In der langen Reflexion über Subjekt und Objekt, in der Analyse der Dialektik Europäer–Kolonisierter lernt der Lehrer vom Schüler, der Vater vom Sohn, der Europäer vom ehemaligen Kolonisierten. Will Europa geheilt werden, fügt Sartre hinzu, muß es sich diese Worte anhören. Fanons Buch, erläutert er, «braucht kein Vorwort. Um so weniger, als es sich nicht an uns wendet. Ich habe trotzdem eines geschrieben, um die Dialektik bis zu Ende zu führen: auch wir Europäer werden dekolonisiert. Das heißt, durch eine blutige Operation wird der Kolonialherr ausgerottet, der in jedem von uns steckt. Schauen wir uns selbst an, wenn wir den Mut dazu haben, und sehen wir, was mit uns geschieht.[47] «Europäer», ruft Sartre aus, «habt den Mut, ihn (Fanon) zu lesen... Ihr seht, auch ich kann mich nicht von der subjektiven Illusion frei machen. Auch ich sage euch: ‹Alles ist verloren, wenn nicht...› Als Europäer stehle ich einem Feind sein Buch und mache es zu einem Mittel, Europa zu heilen. Profitiert davon!»[48] Nachdem er lange mit den Europäern über die Europäer geredet hat, kommt Sartre auf Fanon zurück und findet seine lyrischsten Akzente, seinen schnellsten Rhythmus, seine waghalsigsten Abkürzungen wieder; intensiviert seine Prosa: «Wir haben den Wind gesät, er ist der Sturm. Ein Sohn der Gewalt, schöpft er aus ihr in jedem Augenblick seine Menschlichkeit: wir waren Menschen auf seine Kosten, jetzt macht er sich auf unsere Kosten zum Menschen. Zu einem neuen Menschen – von besserer Qualität.»[49]

Les damnés de la terre wurde in siebzehn Sprachen übersetzt und hatte eine Auflage von einer Million. Das Buch griff in einer politisch sensiblen Periode in die ideologische Diskussion ein: am Ende des Algerienkriegs. Im Stil einer pathetischen Verfluchung geschrieben, war es zugleich auch ein bißchen das politische Testament eines Menschen, der sterben würde. Identifizierte sich Sartre derart mit Fanon, daß er die Emphase seiner Prophezeiungen teilte? Jedenfalls, das Gespann Sartre–Fanon wurde ein theoretisches Credo. Zu den Höhepunkten des Buches gehört vor allem die Übernahme und Anwendung des Begriffes «Dritte Welt». «Die Dritte Welt steht heute Europa als gewaltige Masse gegenüber... Für die Dritte Welt geht es darum, die Geschichte des Menschen neu zu schreiben...» Den Begriff «Dritte Welt» hatte Alfred Sauvy 1952 zum erstenmal benutzt bei einer abenteuerlichen Parallele von «Drittem Stand» und «Dritter Welt». Von der Veröffentlichung der *Damnés de la terre* an setzten sich die Begriffe «tiers monde», «tiers-mondisme» und «tiers-mondiste» überall durch.[50] Einige fünfundzwanzig Jahre später grenzte man sich eifrig von dem Begriff wieder ab und vergaß dabei häufig, in welchem Kontext er entstanden war. Dem Kontext der beginnenden fünfziger Jahre, als linke europäische Intellektuelle, die mehr oder weniger vom Marxismus beeinflußt waren, das «Elend» und die «Unterentwicklung» der «Dritten Welt» als Waffen des amerikanischen Imperialismus in seiner antikommunistischen Kampagne entlarvten. Im Punkt IV. seiner Rede von 1947 war Präsident Truman ausführlich darauf eingegangen. Der Begriff «Dritte Welt» war in den sechziger Jahren ein nackter Aufschrei des Hasses gegen die vielleicht etwas voreilig als «imperialistisch» beschimpfte Rechte. Sicher ein zu einseitiger, zu schematischer Begriff. Jedenfalls ein zu idealistischer, zu manichäistischer.

Am 6. Dezember 1961 starb Fanon in Washington an der Leukämie, die seit Jahren an ihm gezehrt hatte. Sartres Vorwort zu Fanons letztem Buch illustriert ein neues Genre, das der Nachrufe, mit denen er vielleicht den Bossuet des Jahrhunderts spielte. Am 4. Januar 1960 war Albert Camus bei einem Autounfall ums Leben gekommen, er war siebenundvierzig Jahre alt. Am 4. Mai 1961 starb plötzlich Maurice Merleau-Ponty mit vierundfünfzig Jahren. Sartre veröffentlichte in *Les Temps Modernes* zwei großartige Nachrufe auf seine beiden Freunde: «Albert Camus vivant» und «Merleau-Ponty vivant», die später unter dem makabren Titel «Portraits» in den vierten Band der *Situations* aufgenommen wurden. Zwischen dem Camus- und dem Merleau-Artikel schrieb Sartre im Auftrag des Verlegers François Maspero ein Vorwort zur Neuauflage des Pamphlets, das sein Freund Paul Nizan 1930 verfaßt hatte: *Aden Arabie*. Dieses Vorwort, ein kleines Ereignis in der Verlagssoziologie, ist ein weiterer Nachruf. Nizan, gestorben mit sechsunddreißig Jahren, Fanon, gestorben mit sechsunddreißig Jahren, Camus mit siebenundvierzig, Merleau-Ponty mit vierundfünfzig: Vier zu früh verschwundene Menschen wurden in Sartres kleinem Pantheon durch seine Stimme wieder auferweckt. Man denkt dabei natürlich an jene «Lebensberichte» aus den ersten Ausgaben der *Temps Modernes*. Auch an Poulous Begeisterung für die Lebensgeschichten berühmter Männer, die er bei seinem Großvater las. Oder an seine Autobiographie, die er gerade abschließt: «Ein ganzer Mensch, gemacht aus dem Zeug aller Menschen, und der soviel wert ist wie sie alle und soviel wert wie jedermann», lautet sein Schlußsatz in *Les mots*.

Unmittelbar nach der Nachricht von Camus' Tod wurde Sartre aktiv. Weil er seine früheren Attacken abmildern wollte? Er schrieb einen sehr schönen Text und fand jetzt gerechtere Worte, um von Camus zu sprechen. Camus, sagte er, «stellte in diesem Jahrhundert und gegen die Geschichte den gegenwärtigen Erben jener langen Folge von Moralisten dar, deren Werke vielleicht das Originellste der französischen Geisteswelt bilden. Sein starrköpfiger Humanismus, eng und rein, streng und sinnlich, führte einen ungewissen Kampf gegen die massiven und difformen Ereignisse dieser Zeit. Doch durch die Hartnäckigkeit seiner Weigerungen behauptete er mitten in unserer Epoche, gegen die Machiavellisten, gegen das goldene Kalb des Realismus, immer wieder die Existenz der Moral.»[51]

Das Vorwort zu *Aden Arabie*, im Februar 1960 in Kuba geschrieben und auf dem Rückflug zu Ende redigiert, erschien schon einen Monat später. Ein komisches, lachsfarbenes Büchlein, auf dessen Umschlag stand: «Paul Nizan: Aden Arabie. Préface de Jean-Paul Sartre». Seit dem Tod von Paul Nizan im Jahre 1940 waren seine drei Romane, seine zwei Pamphlete sowie seine Essays im Buchhandel praktisch nicht mehr erhältlich. Der Mensch war verschwunden. Seine Schriften ebenfalls. Wir erinnern uns, daß Nizan, nachdem er zwölf Jahre lang KPF-Funktionär gewesen war, nach dem Stalin-Hitler-Pakt im September 1939 ausgetreten war. Zunächst einfaches Mitglied, hatte er zu Abgeordnetenwahlen kandidiert, war Buchhändler, Journalist gewesen, hatte Reden gehalten, Artikel geschrieben, ein ganzes Jahr in der Sowjetunion verbracht, die einen hofiert, die anderen verteufelt, kurz, als er seine Opposition zu der 1939 angenommenen Linie öffentlich bekanntmachte und austrat, konnte er auf eine umfassende Aktivität in der Partei zurückblicken. Von seinem Austritt bis zu seinem Tod verstrichen ganze neun Monate, die der KPF in Gestalt von Maurice Thorez zur Einleitung einer Diffamierungskampagne genügten: «Verräter, räudiger Hund, Agent des Innenministeriums...», keine Beleidigung blieb dem armen Nizan erspart. Die Verleumdungen gingen nach dem Krieg weiter, und man entsinnt sich, wie Sartre 1947 gemeinsam mit anderen Intellektuellen die Parteiinstanzen aufforderte, entweder Beweise vorzulegen oder die Beschuldigungen zurückzunehmen. Dabei war es geblieben. Zwanzig Jahre nach seinem physischen Tod, zwanzig Jahre nach seinem symbolischen Tod ließ Masperos Idee Nizan wiederauferstehen. Dem Jugendfreund Sartre fiel diese Aufgabe zu. Sartre machte sich an eine umfangreiche Rekonstruktion. Sein stark projizierender Text trägt das Zeichen ihrer verpaßten Begegnungen. Sartre stürzte sich ohne Hemmungen und Skrupel in dieses Abenteuer und schrieb vielleicht einen seiner schönsten Texte, sprang, wie er es so gern tat, von seinen Erinnerungen an die École normale zur Einstellung der Linksparteien während des Krieges. Nizan war für ihn Gegenstand und Anlaß zu einer großen Rückbesinnung, und Sartre übertrieb und mythisierte nach Herzenslust in einer hübschen retrospektiven Identifikation und symbolischen Aneignung.

«Schließlich kam der Marshall-Plan: der Kalte Krieg traf diese Generation von Tänzern und Getreuen mitten ins Herz... Die Kellerratten wurden bestürzte alte junge Leute. Die einen ergrauen, andere bekommen eine Glatze. Wieder andere einen Schmerbauch... Ich erinnere mich noch, wie sie mit zwanzig waren, so lebhaft, so fröhlich, beflissen, uns abzulösen. Wenn ich heute ihre vom Krebs der Befremdung zerfressenen Augen betrachte, sage ich mir, daß sie das nicht verdient haben... Dieselbe Bestürzung vereint Nomaden und Seßhafte: wo ist bloß das Leben geblieben? Nizan kann antworten. Den Hoffnungslosen wie den Getreuen. Nur glaube ich kaum, daß sie ihn lesen wollen oder können: für diese verlorene, hinters Licht geführte Generation läutet dieser kraftvolle Tote die Totenglocke.»[52] Sartre galoppiert durch das Jahrhundert, gibt sein Urteil ab, trennt die Spreu vom Weizen. Mehr denn je vom Altern der Knochen und Ideen verfolgt, holt er aus dem Formaldehyd seinen Freund wieder hervor, dessen Wut und dessen Haß ungebrochen geblieben sind, und hält allen den vorbildlichen Toten, den unversehrten Helden vor Augen. Sollte ironisch daran erinnert werden, daß Sartre, als beide zwanzig waren, im Gegensatz zu Nizan nach seinen eigenen Worten ein sorgloses «Glück» erlebte? Oder daß Sartre bei der Veröffentlichung von *Aden Arabie* 1931 darin nur den leicht lyrischen und übertriebenen Wahn seines zu literarischen Freundes erblickt hatte? Gleichviel, wird man sagen, da Sartre ihn mit dreißig Jahren Verspätung wiederentdeckte und ihn zur Speerspitze der jungen Radikalen von damals machte. «Wer soll mit diesen *angry young men* sprechen? Wer kann Licht in ihre Gewalttätigkeit bringen?» schrieb Sartre weiter. «Nizan: er ist ihr Mann. Von Jahr zu Jahr hat ihn sein Winterschlaf jünger gemacht. Gestern war er unser Zeitgenosse, heute ist er der der jungen Leute. Zu seinen Lebzeiten teilten wir seinen Zorn, aber schließlich hat keiner von uns ‹die einfachste surrealistische Tat› vollbracht, und heute sind wir alt... Unsere alten Erinnerungen haben ihre Krallen und ihre Zähne verloren: zwanzig – ja, ich muß einmal zwanzig gewesen sein, aber ich bin fünfundfünfzig...»[53] Ein neuer Waffengang Väter-Söhne-Enkel, ein Hieb auf die KP, ein anderer auf die institutionelle Linke, ein letzter auf die Verräter und Feigen. An manchen Stellen gerät Sartre in Rage: «Glaubt jemand, daß sie die Söhne anziehen könnte, die Linke, dieser am Boden liegende große Kadaver, in dem die Würmer sitzen? Es stinkt, dieses Aas; Militärregime, Diktatur und Faschismus gehen aus seiner

Verwesung hervor oder werden daraus hervorgehen; um sich nicht davon abzuwenden, muß man sehr daran hängen. Uns, die Großväter, hat sie hervorgebracht.»[54]

Was bot der anarchisierende Großvater namens Sartre seinen Zufallsenkeln von 1960 an? Nizans absolute Vorbildlichkeit: ein unbestechlicher und kritischer Aktivist, der die Kommunisten links überholte, unfähig war, sich die Betonsprache der Bürokratie anzueignen, und statt dessen großmütig, radikal, exaltiert und rein blieb. Die Berechtigung dieser Annahme soll hier nicht überprüft, das Vorbild nicht mit der Realität konfrontiert werden. Dafür halten wir fest, daß dieses Bild einen Erfolg hatte, der alle Erwartungen übertraf. Mitten in diesem Algerienkrieg, als die KPF den Unterstützungsnetzen und Solidaritätsorganisationen hinterherhinkte und unermüdlich Sartre, Jeanson, das Manifest der 121 kritisierte wie alles, was sie unter dem verächtlichen Begriff der «Provokation» faßte, bedeutete Nizans Wiederauferweckung ein Gegenangriff. Nizan wurde für die begeisterten Generationen, die in Sartres Porträt einen Aktivisten neuen Typs entdeckten, die ideale Alternative zum entthronten kommunistischen Aktivisten, der ideale Held. Die kommunistische Studentenzelle an der École normale supérieure nannte sich in «Zelle Paul Nizan» um. Bei jeder Auseinandersetzung zwischen Sartre und einem Kommunisten, beispielsweise Roger Garaudy, sah man nur noch, wie Marc Kravetz erzählt, «auf der einen Seite Nizans brillanten Vorwortverfasser, auf der anderen den Bullen.»[55] Es kam so weit, daß Nizan mit Sartres Porträt von ihm verwechselt wurde, und dieses Mißverständnis lebte lange fort. «...es ist nicht falsch, mit dieser nackten Empörung zu beginnen: am Anfang aller Dinge steht zunächst die Weigerung. Jetzt mögen die alten Leute sich entfernen und einen Halbwüchsigen zu seinen Brüdern sprechen lassen: ‹Ich war zwanzig. Niemand soll sagen, das sei die schönste Zeit des Lebens.›»[56]

Wenn Sartre seinen *Fanon* mit euphorischer Empathie, das *Nizan*-Vorwort mit Nostalgie und warmer Anteilnahme, den *Camus*-Nachruf mit bewegter Reue schrieb, so war der *Merleau-Ponty*-Artikel für ihn offensichtlich eine Kraftprobe. «Sartre hat große Mühe gehabt, diesen Artikel zu schreiben», bestätigt Arlette Elkaïm. «Er mußte da durch. Er hat den ganzen Sommer 1961 mit diesem Text verbracht. Er nahm viel Corydran, er hat stark gelitten. Ich glaube, daß seine Beziehung zu Merleau-Ponty eine sehr vielschichtige war, mit der sich Sartre bis dahin noch nicht wirklich auseinandergesetzt hatte. Ich war manchmal besorgt und fragte ihn, weshalb er diese Idee nicht aufgab: Es ist der einzige Nachruf gewesen, der ihm schwergefallen ist.» Fünf Monate nach Merleau-Pontys Tod erschien der Artikel in einer Sondernummer der *Temps Modernes*. Beim Abschied von Camus hatte Sartre mühelos die Sprache der Freundschaft gefunden. Wenn er sich nach Merleaus Tod so quälte, so deshalb, weil keine einzige philosophische oder politische Debatte mit dem Husserl-Schüler abgeschlossen worden war, der ihm Jahre zuvor so brillant widersprochen und in seinem Essay «Sartre ou l'ultrabolchevisme» die Sartresche Mechanik mit großem Geschick demontiert hatte. Zudem gab es zwischen beiden Männern so viele persönliche Überschneidungen – beide waren Normaliens, Philosophen, Phänomenologen, beide hatten gemeinsame Freunde in der Nachkriegsgeneration, gemeinsame marxistische Sympathien usw. –, daß eine klare Trennung des Ideologischen vom Historischen schwerfiel. Die Auseinandersetzung mit Camus war heftig und handfest gewesen. Auf Merleau aber hatte Sartre nie geantwortet. Wie mag er, dem bei Descartes das «scheidende und schneidende» Denken so gut gefallen hatte, dem das Guillotinedenken selber später vertraut wurde, Merleaus scharfsinnige Kritik aufgenommen haben? Als Merleau starb, hinterließ er einen ratlosen, perplexen Sartre, mit Argumenten, die er Merleau und vor allem sich selbst gegenüber nicht früher entwickelt hatte.

«Wie viele meiner Freunde habe ich verloren, die noch leben! Niemand war schuld daran: sie waren es, ich war es; das Ereignis hatte uns geschaffen und einander nahegebracht, es hat uns getrennt. Und ich weiß, Merleau-Ponty sagte nichts anderes, wenn er an die Menschen dachte, die durch sein Leben geisterten und es wieder verließen. Dennoch hat er mich niemals verloren, er mußte sterben, damit ich ihn verlor. Wir waren einander ebenbürtig, Freunde, aber nicht gleichartig; wir hatten es sofort begriffen, und anfangs amüsierten uns unsere Meinungsverschiedenheiten; dann aber, um 1950, fiel das Barometer: eine kräftige Brise über Europa und über der Welt; die

Welle stieß uns beiden die Köpfe zusammen und warf im nächsten Augenblick jeden zu den Antipoden des anderen.»[57] Nizan hatte Sartre in den dreißiger Jahren aus den Augen verloren und auch intellektuell verloren: genau zu dem Zeitpunkt, als er bei seiner Entdekkung der Phänomenologie auf Merleau traf. Dann hatte Sartre Nizan 1940 auch physisch verloren: Nach seiner Rückkehr aus der Gefangenschaft näherte er sich Merleau in der Gruppe «Socialisme et Liberté». Von 1945 bis 1950 machten die beiden Philosophen bei *Les Temps Modernes* oder im RDR gemeinsam politische Erfahrungen und konkrete Entdeckungen. Die Unterzeichnung der Leitartikel mit «T. M.» war lange Zeit das Zeichen ihrer tiefen Übereinstimmung gewesen. 1952, 1953: Differenzen, Brüche bei der Analyse des Stalinismus. Merleau verließ *Les Temps Modernes*. Nicht nur politische Widersprüche trennten sie, auch echte theoretische Mißverständnisse, die sie nie aufgeklärt hatten. Die Qualen bei der Niederschrift seines «Merleau-Ponty vivant» rührten von Sartres Versuch her, die vereitelte Grundsatzdebatte nunmehr alleine zu führen. Der Artikel ist wahrscheinlich Sartres beste selbstauferlegte Anstrengung, den eigenen politischen Weg umfassend zu beschreiben. Er mühte sich ab, die wichtigsten Momente dieser Beziehung Szene für Szene wieder aufleben zu lassen: die Niederschrift von «Les communistes et la paix», das Zerwürfnis Camus-Merleau, die Veranstaltung im Vélodrôme d'hiver; er zwang sich dazu, jede Einzelperiode, jeden Widerspruch nochmals zu durchleben. «Unter unseren geistigen Divergenzen des Jahres 1941» gab er gegen Ende zu, «die wir so heiter hingenommen hatten, solange es nur um Husserl ging, entdeckten wir voll Verblüffung bald Konflikte, die in unserer Kindheit, ja sogar in den elementaren Rhythmen unseres Organismus ihre Wurzeln hatten, bald, wenn man unter die Haut sah, beim einen Duckmäusereien, Willfährigkeiten, einen törichten Aktivismus, der seine Niederlagen verbergen sollte, beim anderen eine Neigung zur Zurückhaltung und einen hartnäckigen Quietismus. Selbstverständlich war nichts von alldem ganz wahr oder ganz falsch: wir kamen durcheinander, weil wir das gleiche Feuer darauf verwandten, uns zu überzeugen, uns zu verstehen und uns anzuklagen.»[58] Sartre gelang es natürlich nicht, sein Unbehagen ganz zu verbergen: Auf jeder Seite des Textes brach es wieder hervor; besonders obsessiv in der stark von

Schuldgefühlen geprägten ersten Fassung. Ein Unbehagen, das er auf den Schlußseiten jener Ehrung benannte: «Das ist wahr..., daß wir es waren, wir zwei, die sich schlecht liebten. Man kann daraus nichts schließen, es sei denn, daß diese lange, nie besiegelte und nie aufgekündigte Freundschaft, die ausgelöscht wurde, als sie wieder geboren werden oder zerbrechen sollte, in mir als eine nie vernarbende Wunde zurückbleibt.»[59]

Camus, Nizan, Fanon, Merleau: 1960, 1961 beglich Sartre, so gut es ging, seine Rechnung mit seinen vier Freunden. 1964 tut er das gleiche für den PCI-Sekretär Togliatti, den er bei seinen Aufenthalten in Rom oft getroffen hatte. Diese neue Ästhetik entging niemandem und vor allem nicht François Mauriac: «Zum drittenmal», schreibt er in seinem *Bloc-Notes* am 29. Oktober 1961, «beeinflußt ein Sartre-Text meine Meditation – die Meditation eines Christen – ... Nun steht er uns nahe, dieser Sartre, den wir jetzt, seit er nicht mehr ganz so im Rampenlicht steht, richtig ermessen können. Er ist vielleicht nicht mehr der ‹Philosoph der Epoche›, aber er ist ein Schriftsteller in dem Sinn geworden, wie ich es verstehe, ein Mensch, der sich des Schreibens bedient, um in die Beziehungen zu den Menschen, die er liebte, Klarheit zu bringen. Wer hätte vor fünfzehn Jahren gedacht, daß dieser junge Sartre, der anscheinend in das Leben trat, um alles zu zerstören, alles zu beflecken, eines Tages seine Dialektik in den Dienst seines und unseres Herzens stellen würde?» Im Dezember 1964 reagierte François Mauriac auf einen weiteren beschwörenden, historischen Nachruf: die Rede des Kulturministers Malraux bei der feierlichen Überführung der Asche Jean Moulins ins Pantheon. Sartre, von Mauriac anerkannt und anschließend mit Malraux verglichen: eine neue Phase?

Während Sartre sich mit seinen Nachrufen plagte, setzte er seine politischen Aktivitäten fort, die fast ausschließlich dem Algerienkrieg galten. Die im Februar 1961 entstandene Organisation de l'armée secrète (OAS) zog alle Frustrierten des französischen Kolonialreichs, alle erbitterten Anhänger eines französischen Algeriens an, die immer neu die Fassung verloren, wenn der Präsident der Republik von einer «algerischen Republik» oder einem «souveränen algerischen Staat» sprach, gewalttätige Rassisten, die hatrnäckig auf die Aufrechterhaltung einer Realität pochten, die unter ihren Augen täglich etwas mehr abbröckelte. Am 22. April 1961 versuchten die Generäle Salan, Challe, Jouhaud und Zeller, die aus dieser Strömung hervorgingen, in Algier die Macht zu übernehmen; über das gesamte französische Territorium wurde der Ausnahmezustand verhängt. Zu den ersten Zielscheiben der OAS-Attentate gehörte Sartre: zweimal, am 19. Juli 1961 und am 7. Januar 1962 wurde auf die Wohnung in der Rue Bonaparte ein Sprengstoffanschlag verübt; am 13. Mai 1961 war das Büro von *Les Temps Modernes* dran. Sartre selbst wurde zwar von den Explosionen nicht getroffen, aber die Tür in der Rue Bonaparte war gesprengt worden, und zahlreiche Manuskripte und Briefe verschwanden. Er zog in eine neue Wohnung, die sein Sekretär am Quai Louis-Blériot gegenüber dem Eiffelturm für ihn gemietet hatte. Und unterstützte die FNL weiter: Am 1. November 1961 beteiligte er sich an einer Schweigekundgebung auf der Place Maubert aus Protest gegen die mörderischen Repressalien der französischen Polizei; am 18. November 1961 nahm er an einer weiteren Demonstration teil und gab anschließend eine Pressekonferenz im *Hôtel Lutétia*; am 13. Dezember nahm er an einer Veranstaltung zur Unabhängigkeit Algeriens in Rom teil, die in Anwesenheit des algerischen Führers Boularouf stattfand; am 19. Dezember 1961 beteiligte er sich an einer besonders harten Demonstration auf der Place de la Bastille; am 13. Februar 1962 schloß er sich dem Protest gegen das Polizeigemetzel an, das einige Tage zuvor an der Metrostation Charonne stattgefunden hatte; er trat auf Veranstaltungen in Rom, Brüssel und in der Pariser Mutualité auf; schließlich erschien er als Zeuge bei Prozessen, wo seine Stimme und sein Ansehen gefragt waren: beim Prozeß gegen Georges Arnaud im Juni 1960; beim Prozeß gegen den Abbé Davezies im Januar 1962. «Der Algerienkrieg, das war *sein* Krieg», sagte uns fünfundzwanzig Jahre später Roland Dumas. «Im Grunde hat Sartre den Spanienkrieg, die Volksfront verpaßt. Die Résistance? Ja, aber nur ein bißchen... Er hat also alle großen politischen Ereignisse seiner Zeit verpaßt, außer einem: den Algerienkrieg. Im gewissen Sinn war es das Zusammentreffen einer großen Sache mit einer großen Persönlichkeit.»[60]

Den Feierlichkeiten, mit denen am 1. Juli 1962 die algerische Unabhängigkeit gefeiet wurde, blieb Sartre fern: Er war stark von der Arbeit an seiner Autobiographie beansprucht. *Les mots*, zunächst im Oktober und November 1963 in zwei Teilen in *Les Temps Modernes* veröffentlicht, erschien im April 1964 bei Gallimard. Das Buch, das viele als sein eigentliches Meisterwerk betrachteten, wäre seinem offiziellem Verleger beinah entwischt. «Eines Tages beim Mittagessen», berichtet Robert Gallimard, «erzählt mir Sartre nebenbei mitten in der Unterhaltung: ‹ich bin dabei, eine Autobiographie zu schreiben; ein englischer Verleger hat mich darum gebeten›.»[61] Robert Gallimard zuckte zusammen; er wußte aber, daß das eher auf Sartres eigenartigen Umgang mit seiner literarischen Produktion hinwies als auf einen bewußten Verrat. Der Vertrag für *Les mots* wurde sofort abgeschlossen. Und das Buch im Frühjahr 1964 veröffentlicht. Einhelliges Lob seitens der Kritik, die die literarischen Qualitäten des Werkes hervorhob. «Dieser Sartre, der Jean-Paul haßt», «Wer ist Sartre?», «Sartre und die unmögliche Biographie», «Die Leidenschaft des Erklärbaren», «Sohn von niemandem», «Der kleine Jean-Paul», «Jean-Paul Sartre als Zerstörer seiner Kindheit», «Ein Exorzismusunternehmen», «Der Antiheld und die Schweine», «Sartre hat uns geprellt», «Ich, sage ich, und das reicht», «Ein Grenzfall von Autobiographie», «Was meint Sartre?», «Ich habe gelebt», «Hat Jean-Paul Sartre Paul Bourget imitiert?», «Auto-Sartro-Graphie»... Es hagelte Überschriften, bissige, als handle es sich um eine Sensationsgeschichte.

Jeder fühlte sich direkt gemeint und persönlich angesprochen. Alain Bosquet schrieb Sartre einen «offenen Brief»: «Sie haben uns ein Meisterwerk geschenkt. *Les mots* erinnert uns daran, daß Sie ein Schriftsteller sind, was sie zu lange haben vergessen wollen... Man möchte Ihnen danke zurufen, im Namen der schönsten und dauerhaftesten aller Uneigennützigkeiten: der wohlklingenden Anwendung der schönen französischen Sprache... Man kann es das Schöne, das Hübsche, das Liebliche nennen... Jetzt haben Sie sich zu diesem Zauber bekehrt, wenn Sie auch – was wir bereits befürchten, – zu Ihren Dämonen zurückkehren werden: dem Denken, dem Guten, dem Bösen, Ihrer Ambition, den Zeitgenossen nützlich zu sein.»[62] Außer Jean Dutourd, der den Stil «vulgär» fand, wurde beinah einhellig anerkannt, «Sartre hat zu seinem Talent» von *Le mur* und *La nausée* zurückgefunden. Man staunte und staunte, mit welcher seltsamen ironischen Distanz der Schriftsteller die eigene Kindheit erzählte. Koketterie? Hochmut? Mit Hilfe der prächtigsten literarischen Werkzeuge, die er jemals benutzt hatte, verwendete Sartre zweihundertdreizehn Seiten darauf, den Tod jener Auffassung von Literatur zu feiern, die er als Kind so verehrt hatte. «Wie soll man da noch klar sehen?» meinte Bernard Frank. Jeder hatte das Gefühl, mit seinem Latein am Ende zu sein. Dieser Stil war völlig unerwartet: selbstkritisch, selbstironisch, distanziert. So besiegelte er seinen Abschied von der Literatur, gab *seine* Version von einer Kindheit, die er mit nostalgischer Rage malträtierte und sich zugleich mit dem maßlosen Stolz des Einzelkindes aneignete. Damals, 1964, konnte eigentlich niemand dem Familienporträt, der von dem Schriftsteller gebotenen Interpretation der soziokulturellen Entstehungsbedingungen des genialen Kindes etwas entgegensetzen – außer seiner Familie. Madame Mancy versäumte nicht, ihm vorzuhalten, er habe «von seiner Kindheit nichts begriffen», und Tante Adèle schrieb sofort einen Brief voller Empörung über das schäbige Porträt der Familie Schweitzer. Niemand ahnte, was er verschwieg, noch, warum er es verschwieg. Niemand war in der Lage, eine Gegenuntersuchung durchzuführen, noch, die komplizierte Architektur des Buches, seine chronologischen Widersprüche, seine Datenfehler – zogen sie 1917 oder 1919 in die Rue Le Goff? War die Eifersuchtsepisode in Arcachon vor oder nach dem Krieg von 1914? – oder auch seine besondere Lust, sich in Gebieten zu tummeln, die er als seine ureigensten betrachtete, wie er es bei seinem *Nizan* getan hatte, zu demontieren. «Privateigentum», das einzige Eigentum, das er jemals beanspruchte, schien er mit diesen Seiten nahelegen zu wollen.

Die vielen Interviews, die er jedem auf Wunsch gewährte, erleichterten die Arbeit der Exegeten nicht gerade. Kaum hatte man die Zeit gefunden, die zweihundertdreizehn Seiten von *Les mots* aufzunehmen, schon bot Sartre wieder zusätzliche Interpretationen, neue Formulierungen, willkürliche Ergänzungen an. War dieser Teil seines Lebens – von zwei bis zwölf – der bislang verkannteste, geheimnisvollste gewesen, wurde er jetzt der aufgeklärteste, der geschwätzigste. Enthüllte sich Sartre, öffnete er sich? Eine ausgeklügelte Abwehrstrategie: Kaum hatte man die Technik, die Virtuosität, die Architektonik bewundert, die neuen Informationen zur Kenntnis genommen, die Leitmotive, die Paradoxe, die geglückten Formulierungen ausgemacht, schon war Sartre wieder entwichen. Dorthin entwichen, wo niemand, auch nicht seine Vertrauten je Zugang erhielten. Zu diesem geheimen Ort, den er scheu nie erwähnte. Um seine Verfolger abzuschütteln, hatte er das beste Mittel gefunden: Wortschwall zu dem Punkt, den man aufklären wollte, und daneben breiteste Schattenzonen. So erfuhr niemand von der Reise, die er 1960 allein nach Périgeux unternahm, um seine Tante, Madame Lannes, in jener Wohnung zu suchen, in der sie als «gealterte Schönheit», wie ihre Nachbarn sagten, ihre letzten Tage verbracht hatte.

«Es ist die Geschichte – meine Geschichte – eines fünfzigjährigen Mannes aus dem Kleinbürgertum, der am Vorabend des Krieges von 1914 neun Jahre alt war und von dieser ersten Vorkriegszeit bereits geprägt ist. Zwischen den beiden Kriegen hat er zwar ein ausgedehntes Studium betrieben, doch führte er ein Leben, in dem er sich über den Sinn seines Lebens völlig täuschte. Bis zu dem Tag, an dem er entdeckte, daß man Opfer von Umständen sein kann, war er Opfer eines Mystifizierung.»[63] 1955, zu Beginn seiner Arbeit an *Les mots* hatte er Journalisten gegenüber bestimmte Themen seines Buches dargestellt. «Ich bin weder verzweifelt, noch widerrufe ich mein früheres Werk», erklärt er Jacqueline Piatier in *Le Monde*, als *Les mots* veröffentlicht wurde. «Ich verleugne kein einziges meiner Bücher... Was ich bei *Der Ekel* bedaure, ist, daß ich nicht vollkommen beteiligt war. Ich blieb außerhalb des Elends meines Helden stehen, durch meine Neurose geschützt, die mir Glück gewährte im Schreiben... Selbst wenn ich zu jener Zeit mir gegenüber aufrichtiger gewesen wäre, *Der Ekel* hätte ich dennoch geschrieben. Mir fehlte der Sinn für die Realität. Seither habe ich mich verändert. Ich habe allmählich gelernt, das Reale zu sehen. Ich habe Kinder verhungern sehen. Gegenüber einem sterbenden Kind hat *Der Ekel* kein Gewicht.»[64]

Was allen bei dieser offenbar so eleganten und virtuosen Publikation entging? Das immer wieder überarbeitete Manuskript von *Les mots* hatte seitenlange Entwürfe, Korrekturen und Streichungen und Unmengen von Corydran erfordert: eine geduldige Handwerksarbeit, die er nie zuvor geleistet hatte und auch nie wieder, bei keinem anderen Werk, leisten wird. Eines Tages, nach einer Redaktionssitzung der *Temps Modernes*, hatte Sartre, der die Grenzen seiner Selbstanalyse kannte, zu Pontalis gesagt: «Sie wissen, J. B., daß ich zur Zeit meine Autobiographie, *Jean-sans-terre*, schreibe: ich notiere meine Träume, versuche, sie zu analysieren, aber ich stelle fest, daß ich allein nicht weit genug komme. Ich habe mich gefragt, ob ich nicht... eine Analyse... brauchte... bei Ihnen vielleicht...» Das war ganz beiläufig gesagt worden, wie zufällig, ohne größeren Nachdruck: eine Sache von höchstens zwanzig Sekunden zwischen Tür und Angel. «Ich glaube nicht, daß es bei mir möglich wäre», antwortete Pontalis höflich. «Ich kenne Sie zu gut, Sartre...» Dabei blieb es. Fünfundzwanzig Jahre später wird J.-B. Pontalis bereit sein, sich mit den Träumen zu befassen, die Sartre damals nach dem Aufwachen Arlette Elkaïm diktierte. In der Mehrzahl dieser Träume ging es seltsamerweise um die Frage der Unsterblichkeit, der Unabgeschlossenheit, der Anerkennung. «Ich sollte einen vierteiligen Vortrag im Ausland halten. Die ersten drei Teile hatte ich behandelt, nach dem dritten war ich gegangen, und ich fragte mich, ob man begriffen hätte, daß ich nicht zu Ende gekommen war...»: Traum vom 7. Dezember 1960. «Es war auf einem Bankett, das die ausländische Universität veranstaltete, an der ich am Vortag gesprochen hatte. Neben mir der Rektor oder der Dekan, der mir sagte: ‹Man hat Kredite für die Aufstellung einer Statue im Garten bewilligt.› ‹Ich weiß›, antwortete ich, ‹aber in einigen Jahren werde ich entweder vergessen oder zu berühmt sein.›: Traum vom 21. Dezember 1960. «Ein schwarzer Musiker, dem ich zuhörte und der sehr berühmt war, wiederholte ständig den gleichen Takt: 152mal. Ich war gegen die so häufige Wiederholung desselben Takts und dachte: ‹Er muß sein Publikum gut im Griff haben, wenn er sich das erlauben kann!›»: Traum vom 12. Januar 1961. «Träume von oben», kommentierte Pontalis. Diese Träume, erstaunliche Kontrapunkte zu Sartres häufiger Behauptung, Anhängerschaft, Ruhm und Nachwelt seien ihm gleichgültig, blieben in Arlettes kleinen Heften vor jeder Laienanalyse geschützt. Nie begann Sartre eine Analyse, schon gar nicht bei Pontalis. Dieser bot uns jedoch mit einem Vierteljahrhundert Verspätung einige humorvolle Interpretationen an: «‹Jean sans terre›, bei diesem Titel habe ich immer ‹Jean sans père› gehört... Sie wissen übrigens wahrscheinlich, daß auch Sartre mich wie jeder ‹J.-B.› nannte... Und wie nannte man seinen Vater, Jean-Baptiste Sartre? J.-B.... interessant.»[65]

Bei *Les mots* kam der Kaskadeur, der Sartre war, in letzter Sekunde wieder auf die Füße, ein Vorgang, dessen Geheimnis er besaß, eine dieser akrobatischen Pirouetten, die allein ihm gelangen, eine dieser Wendungen um 360 Grad, aus denen er relativ unversehrt wieder hervor kam. Erst 1964 wird die Öffentlichkeit von dieser seit mehr als zehn Jahren entstandenen Sartreschen Logik, diesem langsam gereiften, mit blauer Tinte geschriebenen Abschiedsbrief an die Literatur erfahren, also mit zehn Jahren Verspätung, und niemand verbarg seine Verwunderung über das, was zunächst wie eine Laune wirkte. Für Sartre nichts Ungewöhnliches: Als vier Jahre früher beim Manifest der 121 die öffentliche Meinung umschwenkte und Hunderte und aber Hunderte von Briefen auf seinem Schreibtisch landeten, die den Schriftsteller fragten: «Und jetzt? Wie können wir mitmachen?», beschloß sein Sekretär, als er keine Lust mehr hatte, Briefe aufzumachen und zu ordnen, Sartre den Haufen Umschläge vor die Nase zu halten und ihn seinerseits zu fragen: «Und jetzt? Was antworten wir ihnen?»; Sartre zuckte lustlos mit den Achseln, fast verlegen, so eine Macht, so ein Charisma zu besitzen, vielleicht auch erschrocken, ein derartiges Vertrauenskapital verwalten zu müssen. Obwohl er dieses Kapital eigenhändig akkumuliert hatte. Auch *Les mots* weist solche Paradoxe auf, literarische Exzesse mitten in einem Dossier mit dem Ergebnis: «Literatur = Fall erledigt». Typisch Sartresche Paradoxe, die seine Zeitgenossen aber nur als Zynismus ihnen gegenüber, als Unstimmigkeiten und Verrat auffassen können... Mit dieser undurchdringlichen Verklärungsarbeit, die er in *Les mots* leistete, enthüllte Sartre wohl auch seine größte Fähigkeit: sich allein dank seinem Willen unberührbar zu machen.

Auf internationaler Ebene wird das Spitzfindigste der Sartreschen Paradoxe gewiß sein Verhalten zum Nobelpreis für Literatur bleiben, der ihm im Oktober 1964, einige Monate nach Erscheinen von *Les mots* verliehen wird und den er sofort ablehnt. Ein Paradox für jeden Außenstehenden, dem die Sartresche Logik entgeht – und wie sollte sie einem nicht entgehen? Und doch strikte Kohärenz in der Linie, die der Schriftsteller für sich selbst festgelegt hatte. «Doppelter Coup für Jean-Paul Sartre», titelte *L'Aurore*. «1. Er hat den Nobelpreis. 2. Er lehnt ihn ab.» Es kam überhaupt zu einem amüsanten Verwirrspiel, alle üblichen Meinungsäußerungen zu Sartre gerieten durcheinander. Die großen rechten Zeitungen reagierten chauvinistisch, fühlten sich in ihrem Nationalstolz geschmeichelt, daß eine solche Ehre einem Franzosen zufiel, und beglückwünschten sich zu der Entscheidung der Jury. Bei der Gelegenheit erlebte man, wie Thierry Maulnier von der Académie française im *Figaro* erläuterte, daß Sartre «trotz allem eine Goldmedaille» sei: «Ob man mit Jean-Paul Sartres Denken sympathisiert oder nicht», schrieb er, «eins ist sicher: Kein einziger anderer französischer Schriftsteller seiner Generation und vermutlich auch weltweit kein anderer Schriftsteller seiner Generation genießt bei der zeitgenössischen Intelligentsia einen vergleichbaren Ruf... Sartres Ruhm rührt von einem Werk her, das zugleich das Werk eines Philosophen, eines Romanciers, eines Dramatikers, eines Kritikers und eines politischen bis polemischen Schriftstellers ist.»[66] Auf der Titelseite von *Le Monde* empörte sich der Schriftsteller Robert Escarpit in seiner berühmten Tageskolumne in seltsamen Tönen über die Ablehnung Sartres: «Sartre auf den Scheiterhaufen», lautete seine brutale Überschrift. «Sartre täuscht sich. Jetzt ist er ein Gefangener.»[67] Selbstverständlich gab es auch böse Zungen, André Maurois in *Paris-Jour*: «Der Frack steht ihm nicht, und zur Preisverleihung muß man sich in Gala werfen.» Oder, noch besser: «Er will Simone schonen, die sonst neidisch wäre.» Und der berüchtigte Lucien Rebatet schrieb im *Rivarol*: «Jede Entscheidung Sartres ist ein Konglomerat von Binsenweisheiten, Sophismen, Haarspaltereien, Pedanterien, Ausflüchten, Stolz und Feigheit, die mit einer unerschöpflichen Begabung für das Abstruse durcheinandergerührt werden. Was man Sartre zugute halten kann», gestand er immerhin zu, «ist, daß ihn Geld noch nie interessiert hat. Und dadurch steht er über dem alten Geldsack Malagar (François Mauriac), der, wie man ihn auch betrachtet, einfach abstoßend wirkt.»[68] Einige Krakeeler meinten übrigens, Sartre lehne den Preis ab, um sich noch mehr Publizität zu verschaffen oder weil Camus ihn vor ihm erhalten hatte. Prahlerei, Trotz, Neid: absolutes Unverständnis für Sartres Geste.

Den Preis erst Camus zu verleihen lag in der Logik des Testaments von Alfred Nobel; er hatte dem eigenen ästhetischen Geschmack entsprechend gewünscht, daß literarische Werke «mit idealistischer» und humanistischer Tendenz ausgezeichnet werden. So hatte der «koventionellere» Roger Martin du Gard ihn vor Gide erhalten. Und Camus vor Sartre. Mit dem etwas späten Entschluß, die provokatorischeren Außenseiter Gide und Sartre auszuzeichnen, sollte zugleich auf ihre Bedeutung, aber auch auf... ihre Gefährlichkeit hingewiesen werden. Nach Mauriac 1952, Camus 1957, Saint-John Perse 1960 war Sartre innerhalb von zwölf Jahren der vierte französische Nobelpreisträger für Literatur: Das war viel. Nach Sartres Ablehnung wurde merkwüdigerweise lange kein einziger französischer Schriftsteller mehr von der schwedischen Akademie auserkoren. Hat sie diese Geste, mit der ursprünglich kein Skandal beabsichtigt war, als Beleidigung aufgefaßt? Wurde Malraux, dem 1969 der Nobelpreis entging, gewissermaßen Opfer von Sartres Verzicht?

Der Nobelpreisträger von 1952, François Mauriac, lobte Sartre ein weiteres Mal in seine *Bloc-Notes*: «Er hat der Stadt und der Welt seine Gründe angegeben, ohne die Stimme zu heben; als wohlerzogener Bürger, der weiß, wie man sich gegenüber ehrenhaften Menschen – und seien diese auch Akademiemitglieder –, die einem solche Ehre erweisen, zu benehmen hat, hat er den richtigen Ton getroffen... Vor allem hat Sartre sich vor Großspurigkeit gehütet, was die Gefahr bei seiner Geste war... Dieser große Schriftsteller ist ein wahrhaftiger Mensch, und das ehrt ihn... Ein wahrhaftiger Mensch ist weder an jeder Straßenecke noch in jedem Redaktionsraum oder Verlegervorzimmer anzutreffen. Weil er ein wahrhafter Mensch ist, ereicht Sartre auch diejenigen, die seinem Denken völlig fremd und seiner Entscheidung völlig feindselig gegenüberstehen...» Eine klare Analyse, die erneut den Kern der Sache trifft: Der Nobelpreis brachte trotz seiner Ablehnung einige frühere Freunde, die sich von ihm entfernt hatten, wieder zu Sartre zurück. Bei allen Konflikten und Divergenzen die beste Sartresche Bekehrungsunternehmung. «An dieser Stelle halte ich inne», schrieb Mauriac weiter, «und ich lobe und bewundere mich selbst, daß ich so aufrichtig jenen Philosophen bewundere, der bei seinem Debüt im literarischen Leben mir den Hals umdrehen wollte.»[69] Als wäre ein abgelehnter Nobelpreis mehr wert als ein Nobelpreis und rechtfertige nachträglich jeden

Fehler, jede Übertreibung. René Maheu, der Freund aus der École normale, der inzwischen die UNESCO leitete, schrieb im *Figaro* einen weiteren Artikel: «Wäre ich überrascht gewesen, wenn ihm vor vierzig Jahren, als wir uns anfreundeten, dieses illustre Schicksal vorhergesagt worden wäre? Keineswegs. Und heute verstehe und akzeptiere ich uneingeschränkt die Gründe seiner Ablehnung...» Er wird gelobt und beglückwünscht.

Indessen galt es auch anderes zu verstehen, was seinerzeit schwerfiel. Aus einem Artikel im *Figaro littéraire* hatte Sartre von der Absicht der Nobelpreisjury erfahren. Sofort hatte er zur Feder gegriffen und den Schweden seinen unwiderruflichen Entschluß mitgeteilt, den Preis abzulehnen; er bat sie, auf diese Entscheidung zu verzichten und sie nicht öffentlich bekanntzumachen. Oben rechts trug er ein: «J.-P. Sartre, 222 Bd. Raspail Paris 14 Oktober 1964». In einem wunderbaren handgeschriebenen Brief lehnte er den potentiellen Nobelpreis mit seiner üblichen Höflichkeit ab, weil er unbedingt jede inopportune Auszeichnung vermeiden wollte. «Sehr geehrter Herr Sekretär», schrieb er, «nach bestimmten Informationen, von denen ich heute Kenntnis erhalten habe, soll ich einige Chancen haben, dieses Jahr den Nobelpreis zu erhalten. Obwohl es *anmaßend ist, über eine Abstimmung zu entscheiden*, bevor sie stattgefunden hat, nehme ich mir sofort die Freiheit, Ihnen zu schreiben, um jedes Mißverständnis zu zerstreuen oder zu vermeiden. Zunächst versichere ich Sie, Herr Sekretär, meiner tiefen Hochachtung für die Schwedische Akademie und für den Preis, mit dem sie so viele Schriftsteller geehrt hat. Doch aus mir ganz persönlichen Gründen und aus anderen, objektiveren Gründen, die hier nicht darzulegen sind, wünsche ich *nicht*, auf der Liste der möglichen Preisträger zu erscheinen, und weder 1964 noch später kann und will ich diese ehrenvolle Auszeichnung annehmen. Ich bitte Sie, Herr Sekretär, mich zu entschuldigen. Mit vorzüglicher Hochachtung.»[70] Durch einen unglücklichen Zufall erreichte der Brief jedoch seinen Empfänger nicht zur rechten Zeit. Sartre hatte ihn an die «Nobel-Stiftung» adressiert, dort hatte ihn ein Beamter in Empfang genommen und ungeöffnet an den Sekretär der Schwedischen Akademie weitergeleitet, der... zum Wintersport gefahren war. Die Entscheidung, Sartre zum Nobelpreisträger für Literatur zu designieren, war *vor* der Wintersportreise getroffen und am 22. Oktober offiziell bekanntgemacht worden. Doktor A. Österling, Mitglied der Schwedischen Akademie, begründete sie mit folgenden Worten: «Der diesjährige Nobelpreis ist dem französischen Schriftsteller Jean-Paul Sartre zuerkannt worden für sein Werk, das durch seinen Freiheitssinn und seine Wahrheitssuche einen großen Einfluß auf unser Zeitalter ausgeübt hat.» Ein späteres Kommuniqué aus Stockholm ergänzte lakonisch: «Der designierte Preisträger hat bekanntgegeben, daß er diesen Preis nicht wünsche. Die Tatsache, daß er die Auszeichnung ablehnt, ändert natürlich nichts an ihrer Gültigkeit. Der Schwedischen Akademie bleibt nur festzustellen, daß die Preisverleihung nicht stattfinden kann.» Angesichts dieser noch nie dagewesenen Ablehnung verhielten sich die Schweden nüchtern und würdevoll.

Die am 22. Oktober offiziell bekanntgemachte Nachricht löste in Paris sofort eine wilde Verfolgungsjagd auf Sartre aus. Er bemühte sich recht und schlecht, den Journalisten, Fotografen, Blitzlichtern und Mikrofonen zu entkommen, und überließ es seinem Verleger, eine Verteidigungsstrategie zu entwerfen. Allein dem in Paris lebenden schwedischen Schriftsteller, Verleger und Übersetzer Carl-Gustav Bjurström beschloß man ein Interview zu geben. Claude Gallimard und Bjurström waren sich sieben Jahre zuvor bei der Preisverleihung an Camus begegnet: Gemeinsam waren sie von Stockholm zurückgefahren, und die Gallimards sahen Bjurström als absolut vertrauenswürdige Person an. *Café L'Oriental*, Place Denfert-Rochereau: Sartre, Bjurström, Robert und Claude Gallimard, jeder ist aus einer anderen Richtung gekommen. Sie halten Ausschau nach Fotografen und Journalisten, danach lädt Robert Gallimard die drei anderen in sein Auto ein und fährt zum *Mercure de France*, wo ihnen das Büro von Simone Gallimard eine willkommene Zuflucht bietet... «Ich wollte gerade Sartre meine vorbereiteten Fragen stellen», erzählt Bjurström, «aber noch bevor er seinen Mantel ausgezogen hatte, legte er wie ein Maschinengewehr los und hielt einen richtigen Vortrag. Ich selber schrieb wie ein Besessener mit und bemühte mich, nichts auszulassen.»[71] Wieder zu Hause angekommen, schrieb er zwei Fassungen von Sartres Erklärung, die eine auf schwedisch, die andere auf französisch, und begab sich abends zu Castor, damit der Text gebilligt würde. «Sartre und Simone de Beauvoir haben gemein-

J. P. Sartre
222 Bd. Raspail
Paris
14 octobre 64

Monsieur le Secrétaire

D'après certaines informations dont j'ai eu connaissance aujourd'hui, j'aurais, cette année, quelques chances d'obtenir le Prix Nobel. Bien qu'il soit présomptueux de décider d'un vote avant qu'il ait eu lieu, je prends à l'instant la liberté de vous écrire pour dissiper ou éviter un malentendu. Je vous assure d'abord, Monsieur le Secrétaire, de ma profonde estime pour l'Académie Suédoise et pour le prix dont elle a honoré tant d'écrivains. Toutefois, pour des raisons qui me sont personnelles et pour d'autres, plus objectives, qu'il n'y a pas lieu de développer ici, je désire ne pas figurer sur la liste des lauréats possibles et je ne peux ni ne veux – ni en 1964 ni plus tard – accepter cette distinction honorifique.

Je vous prie, Monsieur le Secrétaire, d'accepter mes excuses et de croire à ma très haute considération.

J. P. Sartre

sam den Text gegengelesen und zwei oder drei Stellen korrigiert», erzählt Bjurström, «anschließend machte Sartre eine Geste, die mir nachträglich von ausnehmender Höflichkeit erscheint: Unter dem französischen Text fügte er handschriftlich hinzu: ‹Aus dem Schwedischen übersetzt.› Es lag ihm sehr daran, das schwedische Volk nicht zu schockieren, und seine Erklärung war an erster Stelle für die Schweden gedacht und dann erst für die Welt.» Der Text richtete sich tatsächlich an die Schwedische Akademie und blieb Sartres einzige offizielle Klarstellung in dieser Angelegenheit.

«Ich bedauere lebhaft», erklärte er, «daß die Affäre den Anschein eines Skandals angenommen hat: Ein Preis wird vergeben, und ich lehne ihn ab. Das liegt lediglich daran, daß ich nicht früh genug erfuhr, was sich da anbahnte... Ich wußte zu dieser Zeit noch nicht, daß der Nobelpreis vergeben wird, ohne daß man die Meinung des Kandidaten einholt, und ich glaubte, es wäre noch Zeit, meine Wahl zu verhindern... Die Gründe, aus denen ich den Preis ablehne, betreffen weder die Schwedische Akademie noch den Nobelpreis selbst, wie ich es auch in meinem Brief an die Akademie erläutert habe. Ich habe zwei Arten von Gründen geltend gemacht: persönliche und objektive.» Anschließend erläuterte er, was er jeweils unter «persönlichen» und «objektiven» Gründen verstand: «Meine Ablehnung ist keine Stegreifentscheidung, offizielle Ehrungen habe ich immer abgelehnt», und er erwähnte seine Ablehnung der Ehrenlegion nach dem Krieg wie auch in den fünfziger Jahren seine Ablehnung eines Lehrstuhls am Collège de France. «Der Schriftsteller sollte sich also weigern, sich in eine Institution verwandeln zu lassen, selbst wenn es, wie hier, unter den ehrenvollsten Bedingungen geschieht», erklärte er. Es folgten die «objektiven», natürlich vorwiegend politischen Gründe: «Der Nobelpreis in der heutigen Situation (erscheint) objektiv als eine Auszeichnung, die den Schriftstellern des Westens und den Rebellen des Ostens vorbehalten ist... Ich will nicht sagen, daß der Nobelpreis ein bürgerlicher Preis ist... Ich weiß sehr gut, daß der Nobelpreis als solcher kein literarischer Preis des Westblocks ist, doch er ist das, was man aus ihm macht... Der einzige auf kulturellem Bereich heute mögliche Kampf ist der für eine friedliche Koexistenz der beiden Kulturen, der des Ostens und der des Westens... Persönlich empfinde ich den Widerstreit zwischen den beiden Kulturen sehr tief... Selbstverständlich hoffe ich dennoch, daß ‹der Bessere siegt›. Das heißt der Sozialismus...»

Das war die ganze Erklärung, die Sartre seinem Publikum, der Nobelpreisjury, der internationalen Presse und natürlich auch seinen Verlegern in der ganzen Welt bot, die immerhin wußten, daß diese erstmalige Ablehnung des Nobelpreises eine hervorragende Werbung bedeutete. Natürlich hatte sich Sartre auch mit der Frage der 250000 Kronen befaßt, die dem Preisträger zugedacht waren. Nach seinen eigenen Worten «bedrückte» ihn der finanzielle Aspekt am meisten. Mit dieser Summe kann man «Organisationen oder Bewegungen unterstützen, die man für wichtig hält: Ich selber habe an das Londoner Apartheid-Komitee gedacht.» Robert Gallimard hörte ihn sogar die Tupamaros erwähnen. Er verzichtete aber auf den Preis wie auf das Geld und blieb allen dadurch entstehenden Skandalen gegenüber taub. Doch mit zwanzig Jahren Abstand kann man in dieser Geste etwas anderes sehen als nur das, was in Sartres offiziellen Schutzerklärungen stand. Im Grunde ging es um seine Ethik, und darauf kann man in einem Zeitungsartikel nicht detailliert eingehen. Mit seinem Text schützte er sich selbst: «persönliche Gründe», «objektive Gründe», das klang verführerisch und wirkte vollständig. Wer verstand ihn damals? Allein Max-Pol Fouchet deutete in einem schönen, scharfsinnigen und anteilnehmenden Artikel die tatsächlihen Probleme an: «Die Sartresche Tristesse ist nicht dort, wo seine Gegner sie zu sehen meinen. Ich entdecke sie im letzten Leitartikel der *Temps Modernes.* Eine wunderbare Elegie zum Gedenken an Togliatti... Die ganze Isoliertheit Sartres ist in diesem Text der *Temps Modernes* enthalten. Warum hätte die Schwedische Akademie ihn also nicht nachdrücklich als Preisträger designieren sollen? Niemand hat wie er in seinen Texten und in seinen Taten die Einsamkeit des revolutionären Schriftstellers gezeigt... Man kennt Linke, die diesen Preis ohne jedes Gefühl einer zweifelhaften ‹Kollaboration› annehmen würden... Sartre *durfte nicht.* Er, der die Verlogenheit der oberflächlichen und mondänen Wichtigtuerei angriff, konnte doch nicht den Weg einschlagen, auf dem er damals die Figur aus ‹L'enfance d'un chef› zurückgelassen hatte.»[72]

Mit einem Hinweis auf den Togliatti-Nachruf erinnerte Max-Pol Fouchet klarsichtig an ein Sartresches Unbehagen, das damals kaum wahrgenommen wurde: Aus einer Mischung von Freiheitswillen und Stolz weigerte sich Sartre, noch zu Lebzeiten einbalsamiert, zu einer Statue gegossen und vorzeitig heiliggesprochen zu werden. Gut, für alle seine Freunde flocht er kunstvolle, teilweise überschwengliche lyrische Kränze und erhob sie definitiv zu Statuen berühmter Männer. Sie balsamierte er ein, aber wenn er selber drankommen sollte, machte er sich flugs aus dem Staub. Mit *Les mots*, mit dem Nobelpreis vervollständigte er die Ausrüstung des Unberührbaren, die ihm der General gegeben hatte und die zu seiner Widersprüchlichkeit so gut paßte. Was seine Zeitgenossen jedoch nicht gemerkt hatten? Ein absolut heterodoxes Umgehen mit Zeit und Raum. Ein Umgang mit berühmten Männern und der Ewigkeit, wenn man ihn hier und heute mit seinen Zeitgenossen erwartet. Eine Erforschung von Raum und Zeit nach seinem Maß, dem Maß seiner Neurose, seiner Megalomanie, seines Wahns.

1963, 1964 ist der Mann auf der ganzen Welt berühmt. Er ist jetzt überall skandalumwittert, der weise, der freie, der authentische Mensch. Der mit einer Geste von nicht alltäglichem Heroismus den Nobelpreis abgelehnt hat. Der, den nichts mehr treffen kann. Obwohl er in seinem literarischen Leben noch nie so wenig Kontakte zu anderen zeitgenössischen Intellektuellen wie jetzt gehabt hat. In Paris, im Quartier Latin gilt er ein bißchen als *has been*. 1963, 1964: Im intellektuellen Feld Frankreichs verändert sich Sartres Bild spürbar. Einige können den Moment sogar genau angeben, in dem diese Veränderung spürbar wurde: War es nicht die Veranstaltung am 9. Dezember 1964 in der Mutualité? Das von der Zeitung *Clarté* organisierte Treffen hatte zum Thema «Was kann Literatur?»; außer Sartre und Castor waren Schriftsteller der Gruppe *Tel Quel* wie Jean Ricardou und Jean-Pierre Faye neben anderen wie Yves Berger oder Jorge Semprun eingeladen. «Man hatte den Eindruck», erzählt Louis Audibert, damals Khâgneux am Lycée Louis-le-Grand, «daß sich Sartre an seinem Zenith befand; als er auf der Bühne erschien, wurde er von wahren Ovationen begrüßt; zugleich spürte man, daß ihn andere jetzt langsam ablösten, beispielsweise Foucault.»[73]

In der Tat zeigte sich bei dieser Gelegenheit der Riß zwischen Sartre und den Denkströmungen seiner Zeit. Das Gespräch war enttäuschend, seine Beiträge wirkten mechanisch, mehrmals wich er dem direkten Dialog aus; es war, als ob Sartre abdriftete. Vor allem scheint er sich für die in den sechziger Jahren entstehenden Bewegungen nicht zu interessieren. Ob Lacanismus, literarische Formalismen oder Strukturalismus: alles Züge, die er nicht besteigt. Enttäuscht war man damals, aus Sartres Mund oder dem seiner Freunde Äußerungen zu hören, aus denen eine Unterschätzung von Michel Foucault sprach – «ein verzweifelter Positivist» – oder eine Ablehnung von Ethnographie, Linguistik und Psychoanalyse im Namen der Geschichte. Während sich Frankreich für Lévi-Strauss, Barthes, Lacan, Althusser und Foucault begeisterte, weigerte sich Sartre, sich mit jenen so fruchtbaren Forschungsmethoden auseinanderzusetzen oder ihnen überhaupt die nötige Aufgeschlossenheit entgegenzubringen. Der Zeitschrift *L'Arc* gab er ein Interview, an das sich zwanzig Jahre danach noch viele erinnern. «Die Philosophie stellt das Bemühen des totalisierten Menschen dar, den Sinn der Totalisierung zu erfassen. Keine Wissenschaft kann sie ersetzen, denn jede Wissenschaft bezieht sich auf ein bereits begrenztes Gebiet... Die Philosophie ist Befragung über die Praxis und damit gleichzeitig über den Menschen... Das Wesentliche ist nicht, was man aus dem Menschen gemacht hat, sondern, was er aus dem macht, was man aus ihm gemaht hat. Was man aus ihm gemacht hat, das sind die Strukturen, die Sinn-Einheiten, die die Geistes- und Sozialwissenschaften untersuchen. Was der Mensch macht, das ist die Geschichte selbst... Die Philosophie vermittelt beide.»[74] Mit der Dialektik erneuert und behauptet Sartre wieder einmal dasselbe philosophische Credo in einer zugleich vagen und verallgemeinernden Prinzipienerklärung; gleichzeitig geht er allen Diskussionen über die Epistemologien des Bruchs oder den Stellenwert des logischen Empirismus aus dem Weg. Muß man von Grenzen, von Selbstschutz, von Widerständen sprechen? «Die direkte Konfrontation hat er nie ertragen», hatte Raymond Aron im Zusammenhang mit den zwanziger Jahren gesagt. Machen wir die Inventur jener ästhetischen oder intellektuellen Denkrichtungen, die seiner eigenen immerhin nahestanden und dennoch nie tatsächlich von ihm wahrgenommen wurden. Ob er sie leugnete oder sich aneignete – «der Trick der radikalen Überschreitung», von dem Pierre Bourdieu spricht –, aus Ängstlichkeit oder Desinteresse ließ er sie links liegen. Unter anderem «Socialisme ou Barbarie» oder den Formalismus der sechziger Jahre. Ohne größere Auseinandersetzung, ohne wirklichen Antagonismus, aber mit einer Art Unbehagen; genau der Art Unbehagen, die sich nach Merleau-Pontys Tod bemerkbar machte.

Das leicht autistische Abdriften Sartres zeigt sich zum Beispiel an seinem eigenartigen Verhältnis zur Psychoanalyse. 1966 zu Lacans Formel «Das Unbewußte ist die Rede des Anderen» befragt, vereinnahmt Sartre die Psychoanalyse über die Intentionalität: «Es gibt keinen einzigen psychischen Prozeß, der nicht intentional wäre», behauptet er, «ebenso wie es keinen psychischen Prozeß gibt, der nicht durch die Sprache geleimt, pervertiert, verraten würde; doch umgekehrt sind wir Komplizen dieses Verrats, der unsere Tiefe *konstituiert.*»[75] Nur drei Jahre nach dieser Erklärung schloß ein grundsätzlicher endgültiger Konflikt Sartres Scheindiskussion mit der Psychoanalyse ab. Offenbar gelang es einem einzigen Gesprächspartner, Sartre in die Enge zu treiben – allerdings nur ein einziges Mal –: das war Louis Althusser. 1960 oder 1961 hatte Alain Badiou Sartre gebeten, einen Vortrag an der École normale zu halten; Jean Hyppolite, der damalige Leiter, hatte vorgeschlagen, Canguilhem und Merleau-Ponty als Gäste einzuladen; natürlich war auch der Philosophiepapst Louis Althusser mitsamt seinen Schülern anwesend. «Sartre hat vom ‹Möglichen in der Geschichte› gesprochen», erzählt Régis Debray, «Althusser ging anschließend darauf ein. Ausnahmsweise vertrat er diesmal die dialektischste Position, die Sartres Denken mit einschloß. Das Sartresche Cogito, sagte er, ist innerhalb einer marxistischen Problematik der Geschichte schwer aufrechtzuerhalten.»[76] Für Régis Debray, der damals seine Agrégation in Philosophie vorbereitete, gewann Althusser die Partie; Canguilhem fiel vor allem «die Perfidie der von den Althusser-Schülern gestellten Fragen»[77] auf. Diese Debatte Sartre-Althusser war ein einmaliger Moment, der für alle Teilnehmer unvergessen geblieben ist. Leider wurde sie nie publiziert.

Einige Jahre später schrieb Sartre für das Théâtre national populaire eine Bearbeitung der *Troerinnen* von Euripides. War das nach *Les séquestrés d'Altona* wirklich ein neues Theaterstück? Wie schon bei *Les mouches* übernahm er den Rahmen einer antiken Tragödie für eine aktuelle politische Realität. Troja war die Dritte Welt; der Feind war Europa. Der Chor der Troerinnen besang in einem ausgedehnten Lamento, einem obsessiven Klagelied das Leiden der Mütter. Allegorien, lyrische Beschwörungen, dieses große Oratorium über Krieg und Unterdrückung war eins der engagierten Theaterstücke, die für die damalige Beliebtheit des politischen Volkstheaters sorgten. «Das Hauptthema meines Stücks», sagte Sartre, «ist die Verurteilung des Krieges im allgemeinen und der Kolonialkriege im besonderen.» Cacoyannis hatte eine sehr plastische Inszenierung konzipiert. Unter den Schauspielern befanden sich Éléonore Hirt, Judith Magre, Françoise Brion und Nathalie Nerval. «Männer von Europa! Ihr metzelt Asien und Afrika nieder», rief würdig und feierlich der antike Frauenchor. «Barbaren», hieß es weiter, «jetzt wissen sie endlich, daß sie für nichts gestorben sind.» Vielleicht handelt es sich bei jenem klaren, poetischen Stück um eine sehr persönliche Ausdrucksform Sartres: Hatte seine Beziehung zu den griechischen Mythen nicht, sobald er lesen konnte, schon in der Bibliothek seines Großvaters begonnen?[78]

Mit den zwei Anschlägen auf die Wohnung in der Rue Bonaparte im Jahre 1962 ging eine Ära zu Ende: Die Wohnung wurde verkauft, es war das Ende einer Epoche. Sartre zog in ein kleines Appartement, 222, Boulevard Raspail, oben rechts, wenn man den Boulevard du Montparnasse und *La Coupole* hinter sich läßt. Ein modernes Appartement in einem modernen Haus, natürlich in einem höheren Stockwerk. Links eine Bücherwand, ein großer Ledersessel, ein langer, massiver, alter Arbeitstisch, eine Art Klostereßtisch voller Manuskripte, ein weiter Ausblick bis zum Eiffelturm, ein hübsches Pariser Panorama. Damit verabschiedete er sich von Saint-Germain-des-Prés, von der Nachkriegszeit, von der Hoch-Zeit des Existentialismus und kehrte nach Montparnasse zurück, wo jetzt alle seine Vertrauten versammelt waren: Castor, Bost, Lanzmann, Arlette, Michelle und sogar Madame Mancy, die nun in einem kleinen Hotelzimmer wenige Meter entfernt wohnen wird. Wenig später ersetzte André Puig Claude Faux als Privatsekretär des Schriftstellers. Hinzu kamen einige Veränderungen in der Redaktion von *Les Temps Modernes*: Marcel Péju ging, Gorz kam... Im Januar 1965 beschloß

Sartre einen Adoptionsantrag für Arlette Elkaïm zu stellen. Schließlich verlor er zwei ihm teure Freundinnen: Évelyne Rey beging 1966 Selbstmord, und Simone Jollivet, die während ihrer letzten Jahre in größtem Elend lebte, starb am 12. Dezember 1967. Die Nachkriegszeit und seine vierziger Jahre waren vorbei. Jetzt ermaß der sechzigjährige Sartre die Verluste, die Trauerfälle, die Veränderungen, und vielleicht war es einer der Gründe, die ihn dazu bewogen, Arlette zu adoptieren. «So wirst du, wenn ich mal alt bin, meinen Rollstuhl schieben», hatte er ihr eines Tages während einer Capri-Reise gesagt. Mit Arlette, die noch keine dreißig Jahre alt war, schloß Sartre gewissermaßen eine Wette auf die Zukunft. Er wußte nun, was auch immer passierte, sie würde sich um die Veröffentlichung seiner postumen Texte kümmern.

Der Unberührbare hatte seine Strecke zurückgelegt, seine Reisen beendet und seine Verfolger abgeschüttelt. Der Unberührbare hatte seinesgleichen einbalsamiert, Trauerkränze geflochten, sich über dem Leichnam anderer zum großen Mann gemacht und sich geweigert, sein Werk in irgendeiner Belohnung, irgendeinem Preis, irgendeinem Label erstarren zu lassen. Der Unberührbare hat die Literatur in die Requisitenkammer verbannt. Er ist jetzt über sechzig und wird einem anarchistischen Rausch verfallen, sich in Kunstlederjacken werfen und in seinem winzigen Appartement verschanzen. Das Unbehagen, das bei seinen Reisen spürbar war, die Nichterfüllung seiner Rolle, die dürftigen Gefälligkeitspapiere, die er schrieb, weil er nicht nein sagen konnte, waren sie die Vorboten des Alters, auf daß er sich vorbereitet, als der Fußgänger von Montparnasse mehr denn je von der gesellschaftlichen Gärung, von den jungen Generationen angezogen wird und echte Freunde, echte Diskussionen und echte Provokationen sucht? Glaubte man, daß sein Ruhm jetzt noch wachsen, daß man sich die *Situations*-Bände wie *Le mur* oder *Les mots* aus den Händen reißen würde, dann täuschte man sich... Die Jahre, in denen Sartre der Unberührbare war, blieben sein Höhepunkt, und der Öffentlichkeit wird der kleine verzückte Clochard, der zwischen der *Closerie* und der *Coupole* hin und her spaziert, «nichts in den Händen, nichts in den Taschen», etwas fremd bleiben.

ZWISCHEN FLAUBERT UND DEN MAOISTEN

Nichts hätte Ende der sechziger Jahre die Bewohner von Montparnasse, die allmorgendlich Sartre vorbeigehen sahen und seinen Rundgang kannten: Frühstück im Café am Boulevard Edgar-Quinet, gegen drei Uhr Mittagessen in der *Coupole*, danach Kauf von *Le Monde* am Zeitungskiosk an der Ecke Raspail-Montparnasse – nichts hätte sie vermuten lassen, daß der kleine bekannte Fußgänger mit den regelmäßigen Gewohnheiten dabei war, in kampfeslustiger Intimität an seinem langen, unordentlichen Arbeitstisch inmitten Tausender, seit rund dreißig Jahren angehäufter Papiere seinen letzten großen literarischen Kreuzzug zu vollenden. Was jedoch den Bewohnern von Montparnasse hätte auffallen können, waren seine neuen Kleidungsgewohnheiten, Anzug, Hemd und Schlips hatte er gegen eine komische Jacke aus Jersey und Wildleder eingetauscht, darunter trug er bunte Polohemden. Der Nobelpreis hatte ihm einen anonymen Ruhm verliehen, in dem er Sartre war. Ein geachteter, gefürchteter, geheimnisvoller oder gehaßter Sartre. Der nach Montparnasse zurückgekehrte sechzigjährige Schriftsteller ging weiter seinen Weg, führte ein seltsames Leben, gewissermaßen ein Doppelleben: außen die politischen, innen die literarischen Aktivitäten.

Das gewaltige Manuskript, an dem er schon so viele Jahre arbeitet, wird an Qualität und Quantität alles bisher von ihm Produzierte übertreffen. *L'être et le Néant*, *Saint Genet* und die *Critique de la raison dialectique*, seine drei dicksten Werke, wirken verglichen mit dem entstehenden *Flaubert* wie propädeutische Schriften, beinah wie Entwürfe. Rückblickend werden sie von Sartres Lesern und vor allem von ihm selbst als Vorarbeiten eines zukünftigen Werkes angesehen werden, dessen Schlußstein der *Flaubert* bildet. Die ersten beiden Bände des *Idiot de la famille* erscheinen im Sommer 1971. Anfang 1972 der dritte Band: insgesamt 2802 Seiten; und die *Situations*-Bände VIII und IX. Es waren die letzten, für ihn so inhaltsreichen Veröffentlichungen des Schriftstellers. Für diese wenig verkauften, kaum gelesenen Texte – und das trifft gleichermaßen für den *Flaubert* wie für die letzten *Situations*-Bände zu – interessierten sich die Kritiker nur mäßig; Sartre befand sich damals in einer Talsohle. Der *Flaubert*, sein eigentliches Meisterwerk, von dem man erst 1971 erfährt, nimmt das ganze Leben, alle Aktivitäten des Schriftstellers in Anspruch. Wenn man im Mai 1968 eine Übereinstimmung zwischen dem Fußgänger von Montparnasse und den jungen revoltierenden Studenten zu sehen meint, ist das ein reines Trugbild. Zu diesem Zeitpunkt lebt Sartre in einem ganz anderen Universum: Er befindet sich im Jahre 1831 unter Louis-Philippe mit Flaubert auf einer Jungenschule irgendwo zwischen Rouen und Croisset, wo bereits Widerstand gegen die etablierte Macht geprobt wird.

Flaubert, die Musik, die Sartre-Familie und Verabredungen, die sein Sekretär André Puig täglich für ihn plant: Sartre setzt zum letzten großen Rennen an, er schreibt, besessener und eiliger denn je. Und was sieht man? Nichts anderes, und das ist nicht neu, als die Manifestation eines punktuellen, sporadischen politischen Engagements. Am 2. Februar 1967 gibt er im Namen des Russell-Tribunals, dessen Vorsitz er führt, eine Pressekonferenz zum Vietnamkrieg; am darauffolgenden 2. Mai ist er in Stockholm; am 19. Mai in Paris wieder einmal auf dem Podium der Mutualité; am 27. Oktober in Brüssel, in der letzten Novemberwoche im dänischen Roskilde. Man sieht ihn wieder am 23. März 1968, am «Tag der Intellektuellen für Vietnam», an der Seite von Joseph Kessel und Laurent Schwartz. Im August 1968 ruft er gemeinsam mit Bertrand Russell zum Boykott der olympischen Spiele in Mexiko auf, und am 19. Dezember 1969 gibt er eine weitere Pressekonferenz zu den amerikanischen Massakern in diesem endlosen Krieg. Unermüdlich und vehement greift er in diesen Jahren immer wieder die Amerikaner an. Übrigens auch die Sowjets: Der Algerienkrieg, vor allem seine Zusammenarbeit mit linksradikalen Gruppen bewirkt eine zunehmende Konkretisierung seiner antistalinistischen und antisowjetischen Kritik. «Ich meine, daß es sich um eine wirkliche Aggression handelt, um das, was man im internationalen Recht Kriegsverbrechen nennt», erklärt er in Rom im August 1968, als er von der Intervention sowjetischer Panzer zur Niederschlagung des Prager Frühlings erfährt. «Heute», sagt er weiter, «ist das sowjetische Modell nicht mehr gültig, es ist durch die Bürokratie erstickt. Andererseits kann das Modell, das zur Zeit im neuen tschechoslowakischen Kurs entwickelt wird, viele Menschen anziehen. In diesem Sinn ist Prag nicht allein das beste Zeugnis zugunsten der sozialistischen Zivilisation, sondern auch eine Hoffnung.»[1] Einige Monate später nimmt er eine Einladung des tschechoslowakischen Schriftstellerverbands an, offiziell, um der Premiere von *Les mouches* beizuwohnen. Aber vor allem zum Zeichen der Solidarität. «Ich habe hier viel Mut erlebt», erklärt er, «eine begründete und vernünftige Hoffnung, die sich in maßvollen und bewußten Verhaltensweisen äußert. Wer die Tschechoslowaken für geknebelt hält, kann sich durchaus irren. Trotz der Unterbrechung vom August ist der im Januar eingeschlagene und seit Jahren vorbereitete Weg ein streng marxistischer und unterscheidet sich von anderen liberalen oder bürgerlich individualistischen Bewegungen. Er bietet ein Modell für eine entwickeltere Form des Sozialismus, der sich zu seinem demokratischen Wesen bekennt.»[2] Diese Sympathieerklärungen zu den Liberalisierungsbemühungen der tschechischen Intellektuellen beruhigten Sartres Prager Gesprächspartner. Fünf Jahre vorher hatte der französische Philosoph auf einem Kafka-Kolloquium an der Karls-Universität enttäuscht. «Man erwartete ihn wie den Papst, den Messias», berichtet Ilios Iannakakis, «Tausende von Jugendlichen stürmten in den Hörsaal, um ihn zu hören, alle Polizeisperren waren überrannt worden; man hatte *Les chemins de la liberté* gelesen, die im Buchhandel verboten und mit der Hand abgeschrieben wurden; man hatte ihm sogar sein Kokettieren mit dem Marxismus verziehen... Er ergriff das Wort und begann vom sozialistischen Realismus zu reden. Keiner traute seinen Ohren, und an jenem Tag starb Jean-Paul Sartre für die junge tschechische Generation.»[3] Nach seinen Erklärungen vom Sommer 1968 und nach seiner Winterreise nahm Sartre allerdings erneut Verbindung zu den Dissidenten auf, wofür das Gespräch, das er damals Karel Bartosek gewährte, ein Beleg ist.

Seine antistalinistische Kritik verschärft sich, und er engagiert sich immer stärker für die Verteidigung der Menschenrechte. Am 7. Januar 1971 zum Beispiel tritt er in der Mutualité für die sowjetischen Juden ein, die in ihrem Land verfolgt werden und nicht auswandern dürfen. Im Oktober desselben Jahres unterschreibt er einen Aufruf zugunsten des Auswanderungsrechts für sowjetische Bürger. Ebenfalls 1971 bricht er offiziell mit Fidel Castro und dem kubanischen Regime. Doch bevor in Frankreich der Sturm von 1968 losbricht, beschäftigt sich Sartre vor allem mit dem Vietnamkrieg: Er ist Vorsitzender des Russell-Tribunals, in dem Franzosen, Amerikaner, Deutsche, Briten, Pakistaner, Japaner, Österreicher, Türken, Italiener, Intellektuelle, Juristen und Gewerkschafter vertreten sind; sie tagen in Schweden und in Dänemark, sammeln Zeugenaussagen für den Prozeß über die «amerikanischen Kriegsverbrechen». Sartre gibt auf dem Stockholmer Tribunal einen Bericht über den Völkermord: «Die amerikanische Regierung ist nicht schuldig, den modernen Völkermord erfunden oder auch nur unter anderen Möglichkeiten einer Antwort auf den Guerillakrieg ausgesucht zu haben... Die amerikanische Regierung ist schuldig, eine Politik der Aggression und des Krieges, die auf den totalen Völkermord abzielt, einer Politik des Friedens vorgezogen zu haben... Sie ist schuldig, den Krieg fortzusetzen und zu intensivieren... Sie ist schuldig, mit Hilfe von Listen, Winkelzügen und Lügen, obwohl diese einzigartige und unerträgliche Erfahrung sie eines Besseren hätte belehren müssen, von Minute zu Minute immer weiter... vorzustoßen... Nach eigenem Eingeständnis ist sie schuldig, diesen *exemplarischen* Krieg bewußt zu führen, um den Völkermord zu einer Herausforderung und Bedrohung aller Völker zu machen.»[4] Für die Unterstützung des Kampfes des vietnamesischen Volkes und für die Anklage der amerikanischen Regierung schont Sartre weder seine Stimme noch seine Feder und äußert sich als Philosoph wie als Wirtschaftswissenschaftler, als Jurist wie als Historiker. «Daß die Vietnamesen unsere Würde verteidigen», schreibt er in einem Vorwort zu einem Kriegsfotoalbum, «illustrieren die hier gesammelten Dokumente. In den Augen dieser Männer, dieser Frauen, dieser Kinder, die die mächtigste Nation der Welt mit den verbrecherischsten Methoden in die Knie zwingen will, sehe ich weder Angst noch Entmutigung, sondern meistens Wut.»[5] Nach dem Algerienkrieg wird die Unterstützung der vietnamesischen FNL Sartre immer stärker von der französischen Alltagsrealität entfernen – ähnlich wie die zahlreichen Studentengruppen der Vietnam-Basiskomitees. Der Mai 68 wird sie schnell nach Frankreich zurückführen. Vorerst aber befindet sich Sartre irgendwo zwischen Saigon und Washington, zwischen Flaubert und der am 17. Breitengrad kämpfenden FNL, zwischen Croisset und Stockholm, hartnäckig versucht er die Öffentlichkeit zu alarmieren, und wendet sich in letzter Instanz an de Gaulle.

«Sehr geehrter Herr Präsident», schreibt er am Donnerstag, dem 13. April 1967. «Ich erlaube mir, Ihre Aufmerksamkeit auf folgende Tatsachen zu lenken. Das im November letzten Jahres auf Initiative von Lord Russell konstituierte Tribunal beabsichtigt, für seine zweite Sitzungsperiode vom 26. April bis Anfang Mai in Paris zu tagen. Bisher deutete nichts darauf hin, daß die französische Regierung dagegen Einspruch erheben würde...» Auf liniiertem Schülerpapier mit blauer Tinte geschrieben, ist das einer der ungezwungensten und unkonventionellsten offiziellen Briefe: Sartres erster Brief an General de Gaulle. Sein Anliegen ist einfach, es geht um die französische Weigerung, dem Tribunalmitglied Vladimir Dedijer ein Visum zu erteilen. «Ich hoffe, sehr geehrter Herr Präsident», schreibt der Philosoph weiter, «daß unsere Besorgnis unbegründet ist und... ich hoffe sehr, ... daß man Herrn Dedijer ein Aufenthaltsvisum gewähren wird, ebenso wie den anderen Mitgliedern der Jury, die es benötigen sollten, sowie den Personen aus dem Ausland, die als Zeuge vor uns zu erscheinen wünschen... Mit allerhöchster Hochachtung.» «Mon cher Maître», antwortete der Präsident der Republik postwendend und rechtfertigte sein Verbot der Tagung des Russell-Tribunals auf französischem Boden. Dabei blieb es jedoch nicht: einige Tage später explodierte Sartre in einem Interview im *Nouvel Obersavateur*: »*Maître* bin ich nur für die Kellner, die wissen, daß ich schreibe... (Wenn der Präsident der Republik es für sinnvoll gehalten hat, mich so zu bezeichnen, so, weil) er sich an den Schriftsteller zu wenden gedenkt und nicht an den Präsidenten des Tribunals, das er nicht anerkennen will...» Er empörte sich schließlich prinzipiell: «Paradoxerweise begründen gerade die Schwierigkeiten, die man uns macht, die Legimität unseres Tribunals, und außerdem beweisen sie eines: daß man *Angst* vor uns hat. Gewiß nicht vor Bertrand Russell, der vierundneunzig Jahre alt ist, und auch nicht vor mir, der ich zweiundsechzig bin, und auch nicht vor unseren Freunden. Wären wir bloß ein Dutzend intellektueller Trottel, die sich lächerlicherweise zu Richtern aufwerfen wollen, würde man uns seelenruhig gewähren lassen. Warum hat man Angst vor uns? Weil wir ein Problem stellen, das keine westliche Regierung gestellt sehen will: das Problem des Kriegsverbrechens, das... begehen zu können alle sich vorbehalten wollen.»[6] Es war sein letzter Kampf für die Dritte Welt: Nach dem Vietnamkrieg wandte er sich wieder Frankreich zu.

In Frankreich geht die gaullistische Ära zu Ende, das im Gewirr der algerischen Frage 1958 vom General errichtete Regime wird sich der großen Welle der «Protestler» zu stellen haben. In Nanterre, einem westlichen Pariser Vorort, auf einem großen freien Gelände, das der Armee gehörte, neben den «Bidonvilles», in denen maghrebinische Arbeiter wohnten, hatte man im Schnellverfahren mit Bauarbeiten begonnen: Eine Universität wurde gegründet, die, so gut es ging, die Studenten aus dem Babyboom der Nachkriegszeit auffangen sollte. Die ersten Vorlesungen an diesem «Ort am Ende der Welt» fanden 1965 statt. Kein Wunder, daß die ersten Unruhen, die ersten militanten Aktionen in Nanterre passierten. Diese exilierten und abgeschobenen Studenten spüren nur zu gut, daß sie stören, zuviel sind, die Malaise, die Widersprüche der französischen Gesellschaft empfinden sie in hundertfacher Verstärkung, und das bringen sie zum Ausdruck. Punktuelle Streiks, Besetzungen, polizeiliche Repressionen, Straßendemonstrationen, Politisierung der Bewegung, Ausbreitung des Protests. Im Mai 1968 erlebt die französische Gesellschaft ihre heftigsten Erschütterungen seit Beginn des 20. Jahrhunderts: Vom 18. Mai bis zum 7. Juni befinden sich neun Millionen Bürger im Generalstreik, und am 13. Mai 1968, beim zehnjährigen Jubiläum der Rückkehr General de Gaulles zur Macht, demonstrieren eine Million zweihunderttausend Menschen auf den französischen Straßen – eine

Massenflut, die offenbar nichts mehr aufhalten kann. Die französischen Studenten, politisiert durch den algerischen und den vietnamesischen Befreiungskrieg und in heftiger Opposition zu den Praktiken der kommunistischen Parteien des Westens, entwickeln Projekte nach neuen revolutionären Modellen wie Mao Tse-tungs China oder Fidel Castros Kuba oder, theoretischer zwar, aber nicht weniger mobilisierend, wie die Arbeitergenossenschaften und die permanente Revolution, zu denen man die Texte der Genossen Lenin und Trotzki ausgräbt. Ob prochinesische Marxisten-Leninisten, Anarchisten oder Anarchosyndikalisten, Trotzkisten aus der FER oder der JCR, jede linksradikale Gruppe wird in Windeseile ihre eigene Theorie, ihre politische Praxis, ihre Führung und ihre Truppen hervorbringen. Und ihre Protestbewegung gegen die «Wachhunde» der Bourgeoisie, gegen die etablierte Linke, gegen die kommunistischen Verräter und die verdorbenen Kapitalisten reißt im Laufe weniger Wochen die ganze französische Gesellschaft mit, Kommunisten, Gewerkschafter und Arbeiter eingeschlossen.[7]

«Die Franzosen langweilen sich», schrieb am 15. März 1968 der *Le-Monde*-Journalist Pierre Viansson-Ponté in einem berühmt gewordenen Artikel. «Die Franzosen langweilen sich», schrieb er also, «weder von nah noch von fern beteiligen sie sich an den großen Umwälzungen auf der Welt... Die Jugend langweilt sich. In Spanien, Italien, Belgien, Algerien, Japan, Deutschland, sogar in Polen demonstrieren und kämpfen die Studenten. Sie haben das Gefühl, etwas erobern, Protest laut werden lassen, der Absurdität wenigstens ein Gefühl des Absurden entgegensetzen zu müssen... In Frankreich wirken die Streitereien, die erbaulichen Reden, die Ansprachen der Politiker eher komisch auf die Jugend... General de Gaulle langweilt sich... Nur einige Hunderttausende Franzosen langweilen sich nicht: die Arbeitslosen, die stellenlosen Jugendlichen, die vom Fortschritt ruinierten Kleinbauern, die Opfer der notwendigen Konzentration und immer härteren Konkurrenz, die von allen fast vergessenen Alten... Gibt es wirklich nur die Alternative zwischen Apathie und Inkohärenz, Stillstand und Sturm? Der wahre Zweck von Politik ist nicht, den Nationalreichtum so wenig schlecht wie möglich zu verwalten... Sondern ein Volk zu führen, ihm neue Horizonte zu eröffnen, Begeisterung auszulösen, auch wenn es dabei zu kleinen

Rempeleien kommt... Elan und Phantasie sind genauso nötig wie Wohlstand und Expansion...»

Sartre langweilte sich nicht. Versunken in seinen *Flaubert*, setzte er sein geregeltes Leben fort, besuchte seine «petite maman» in ihrem Hotel am Boulevard Raspail; suchte seine Adoptivtochter Arlette auf, die in der Nähe der *Coupole* wohnte; traf sich mit Michelle Vian am Boulevard Montparnasse; mit Wanda in der Rue du Dragon und selbstverständlich mit Castor, deren Appartement fünf Gehminuten von seiner neuen Wohnung entfernt lag. Jeden Sonntag traf er zum Mittagessen bei seiner Mutter ein, und dieses Ritual schätzte er offenbar: Schweinebraten mit Kartoffelpüree und ein ungewöhnlicher Kuchen aus Biskuitteig, den er *étouffe-coquin** nannte. Dank Arlette fand damals eine große musikalische Renaissance statt: Sie lernte Flöte, Klavier und Gesang. Wenn Sartre nach dem Mittagessen in der *Coupole* bei ihr eintraf, setzte er sich manchmal eine, manchmal zwei Stunden, manchmal auch endlos ans Klavier. Eine Partitur folgte der anderen, er spielte vom Blatt, sang und begleitete Arlette: magische Stunden, die vielleicht an das Musizieren des kleinen musikalischen Jungen mit seiner Mutter erinnerten. Einmal spielte er fehlerlos und im richtigen Rhythmus die Orchesterpartitur von Pergolesis *Stabat Mater*. Oft den *Faust* von Gounod, aus dem das Lied des Königs von Thule immer noch zu seinen Lieblingsmelodien gehörte, die er mit lauter Stimme und größtem Vergnügen sang, während er sich am Klavier begleitete. Und natürlich Bach, Mozart, Wagner, Chopin.

Der 68er Sartre ist offenbar allerorts präsent. Was war dieser Sartre, der ganz mit Flaubert beschäftigt ist, für die Führer der Mairevolution? Gewiß ein Schriftsteller neben anderen, keineswegs aber ein Initiator und noch viel weniger ein «Meisterdenker». «Man hat uns Marcuse als Lehrmeister ‹anhängen› wollen», wird Dany Cohn-Bendit später sagen, «purer Unsinn. Keiner von uns hat Marcuse gelesen. Einige lesen natürlich Marx, vielleicht auch Bakunin, und von den heutigen Autoren Althusser, Mao, Guevara, Lefebvre. Die politischen Militanten der Bewegung des 22. März haben fast alle Sartre gelesen. Aber in keinem der Autoren kann man den geistigen Vater der Bewegung sehen.»[8] Alain Geismar erzählte uns: «Die Beziehun-

* Oder auch *étouffe-chrétien*: schwere, stopfende Mehlspeise.

gen, die ich zu Sartre habe, sind immer emotionale gewesen.» Schon 1958 stimmt er den antigaullistischen Texten Sartres zu. Im übrigen war es Geismar, der eines Abends zu Castor eingeladen wurde, um Sartre und sie in die Maiereignisse «einzuweihen». «Wir, Herta, eine Freundin aus der Bewegung vom 22. März, und ich selber, trafen gegen zwei Uhr morgens bei Simone de Beauvoir ein», erzählt er, «ihr Interesse für unsere Sache machte uns sehr glücklich, entzückte und faszinierte uns. Sie haben uns lange reden lassen, vielleicht zwei Stunden lang, sie wollten wissen, was jetzt genau passierte, und sie verhielten sich uns gegenüber wie Freunde, die uns herzlich ermunterten und ihren Augen nicht trauten... Trotzdem fand an dem Tag kein wirklicher Austausch statt. Ich habe das Gefühl gehabt, sie hörten uns zu, ohne etwas zu hören.»[9]

Machte Sartre in dieser Nacht auf Geismar einen abwesenden Eindruck? Während er bis zum Hals «flaubertisiert» war, verfolgte er natürlich die Ereignisse, begriff sie von außen, unterstützte sie gelegentlich und erkannte Ideen wieder, die seine waren und seine sind. Wie hätten ihn diese Parolen nicht begeistern sollen, die voller Euphorie das Wort, die Begierde und die Freiheit an die Macht brachten? «Renne, Genosse, die alte Welt ist hinter dir her», «Wir wollen keine Welt, wo man die Sicherheit, nicht an Hunger zu sterben, gegen das Risiko, an Langeweile zu sterben, eintauscht», verkündeten die Universitätsmauern; «Jagen wir Bankiers, Bullen, Pfaffen, Soziologen», erwiderten die Mauern in der Stadt. Eine Orgie von Worten, Reden, Flugblättern und Plakaten, alle Zungen lösten sich, jeder sprach mit jedem. Und diese im Studentenmilieu initiierte Bewußtwerdung griff auf alle Berufszweige, auf alle gesellschaftlichen Schichten über. Journalisten der ORTF, Schauspieler am Odéon-Theater, Schüler und Bankiers, Metallarbeiter und Bauern, Fischer und Frauengruppen, Angestellte der *Folies-Bergères* stellten ihre Situation, ihren Lohn und die Hierarchie in Frage, mitgerissen von diesen Worten und Parolen, die mehrere Monate lang über ein Frankreich hinwegwehten, das sich plötzlich nicht mehr langweilte. «Die Macht ist auf der Straße»; «Wir werden bis zum Ende gehen»; «Die große Umwälzung»; «Betrachtet eure Wünsche als Realität»; «Das Imaginäre wird zum Realen»; «Seid realistisch: Verlangt das Unmögliche»; «Leben ohne Leerlauf, genießen ohne Grenzen...»

«Die Solidarität, die wir hier mit der internationalen Studentenbewegung bekunden – mit jener Bewegung, die in grandiosen Momenten die sogenannte Wohlstandsgesellschaft, die Frankreich perfekt verkörpert, plötzlich erschüttert hat –, ist zuerst eine Antwort auf die Lügen, mit denen alle Institutionen und politischen Formationen, alle Presseorgane und Medien fast ausnahmslos sich seit Monaten darum bemühen, diese Bewegung zu entstellen, ihren Sinn zu verfälschen oder gar lächerlich zu machen. Es ist ein Skandal, daß nicht gesehen wird, was in dieser Bewegung gesucht wird und worum es ihr geht...» Dieser manifestähnliche Text erschien am 10. Mai 1968 in *Le Monde*. Unterzeichnet hatten ihn Sartre, Blanchot, Gorz, Klossowski, Lacan, Lefebvre, Nadeau. Er griff zu einem entscheidenden Moment in den Konflikt ein: am Vorabend der berühmten Nacht der Barrikaden, die ein Höhepunkt der Bewegung bleiben wird. Sartre bekundete den Studenten, die andere verächtlich «enragés»* nannten, seine uneingeschränkte, unzweideutige Unterstützung. «Diese jungen Leute», erklärte er in Radio Luxemburg, «wollen nicht die Zukunft ihrer Eltern, das heißt unsere, mit der uns bekannten Thematik, eine Zukunft, die bewiesen hat, daß wir feige, erschöpfte, ermüdete, vom blinden Gehorsam erschlaffte Menschen sind, völlige Opfer eines geschlossenen Systems... Die Gewalt ist das einzige, was, unter welchem Regime auch immer, den Studenten bleibt, die noch nicht in das System hineingeraten sind, das ihre Väter ihnen bereitet haben, und auch nicht hineingeraten wollen... In unseren erschlafften westlichen Ländern bilden allein die Studenten und, ich hoffe, bald die ganze Jugend, das linke Protestpotential... Heute haben die Studenten über die Form ihres Kampfes zu entscheiden, was ihnen im übrigen völlig bewußt ist. Wir haben deswegen keine Ratschläge zu erteilen, denn auch wenn man sein ganzes Leben protestiert hat, ist man in dieser Gesellschaft immer ein bißchen kompromittiert.»[10] Kurze Zeit später traf sich Sartre mit dem Führer der Bewegung vom 22. März, Dany Cohn-Bendit, und ihr Gespräch erschien im *Nouvel Observateur*. Sartre spielte hier vor allem die

* Wörtlich: «Wilde», Begriff aus der Französischen Revolution zur Bezeichnung der Anhänger des Abbé Jacques Roux, die sogenannte Maximalforderungen vertraten.

Rolle des intelligenten und begeisterten Journalisten, der sich mit wohlwollenden Fragen bemüht, seinen Gesprächspartner zu größerer Klarheit anzuregen. Angst vor einem Abflauen der Bewegung wegen der bevorstehenden Sommerferien, Verhältnis zu den Arbeitern, Gefahr einer reformistischen Vereinnahmung, Definition des Studenten im strengen Sinne des Wortes, all das erwähnte Sartre, und er folgerte: «Das Interessante an eurer Aktion ist, daß sie die Phantasie an die Macht bringt. Wie bei jedem Menschen hat eure Phantasie zwar Grenzen, doch ihr habt viel mehr Ideen als die Älteren... Die Arbeiterklasse hat sich oft neue Kampfmittel ausgedacht, doch immer im Hinblick auf eine konkrete Situation, in der sie sich befand... Ihr habt eine viel reichere Phantasie, und die Parolen, die man an den Mauern der Sorbonne lesen kann, beweisen es. Etwas ist aus euch hervorgegangen, was erstaunt, Unruhe schafft, was alles ablehnt, was aus unserer Gesellschaft das gemacht hat, was sie heute ist. Das ist das, was ich als die Ausdehnung des Feldes des Möglichen bezeichnen würde. Verzichtet nicht darauf.»[11]

Sartres interessanteste Gedanken zum Mai 68 erschienen Ende Juni unter den Überschriften «Les bastilles de Raymond Aron» und «L'idée neuve de Mai 68» in zwei Artikeln im *Nouvel Observateur*. Er stützte sich auf die eigene Biographie und erinnerte ausführlich an seine Erfahrungen mit Lehrbetrieb und Universität; er erwähnte die École normale supérieure, die Preisverleihung am Lycée in Le Havre, verglich seine Schüler von Laon und von Paris, bevor er zum direkten Angriff auf Raymond Arons Haltung überging. Durch die Rückbesinnung Sartres auf sich selbst erhielten die Texte den Wert eines authentischen persönlichen Zeugnisses, einer Sympathiebotschaft an die Adresse der Bewegung. Er äußerte sich zu den verschiedenen Akteuren der Ereignisse, beschrieb sie in seiner raschen, karikierenden Weise. Die Studenten? «Entgegen dem, was man uns glauben machen will, sind sie durchaus keine Unruhestifter, die davon träumen, alles in Trümmer zu legen...» Der Staat? «Die Politik der Feigheit. Gleichzeitig betreibt man an der Basis Mordhetze. Denn nichts anderes bedeutet der Appell de Gaulles, man solle Bürgerwehr-Komitees bilden... Dieser Aufruf zum Mord, erlassen vom Präsidenten der Republik, ist im übrigen keine Antwort auf die Gewalttätigkeit der Studenten gewesen. Der Alte ist erst dann in Zorn geraten, als Mitterrand und Mendès-France politisch seine Macht gefährdeten. Bis zu diesem Zeitpunkt war er leichthin aller Welt Freund, begriff nichts, wartete darauf, daß die Dinge wieder zur Ruhe kämen, war überzeugt, daß er sie wieder in den Griff bekommen würde...» Die Karikatur eines Universitätsprofessors? «Der Ordinarius ist fast immer – das war schon zu meiner Zeit so – jemand, der eine Dissertation geschrieben hat und sie für den Rest seines Lebens herbetet. Er ist außerdem jemand, der über eine Macht verfügt, an der er eisern festhält: die Macht, den Leuten im Namen eines Wissens, das er angehäuft hat, seine eigenen Ideen aufzuzwingen, ohne daß seine Zuhörer das Recht hätten, sie anzufechten...» Das Wissen? «Es ist immer etwas, was nicht mehr das ist, was man geglaubt hat, was nicht mehr stimmt, weil eine neue Beobachtung, eine neue Erfahrung gemacht worden ist, mit besseren Methoden oder besseren Hilfsmitteln.» Die Universität? «Sie ist dazu da, Menschen zu bilden, die widersprechen... Nun, wir haben an den Universitäten heute noch diese lächerlichen Refugien, die Vorlesungen *ex cathedra*, von Herren gehalten, die nicht vom leisesten Zweifel angerührt sind...» In diesen Artikeln lieferte Sartre seine Definitionen, Interpretationen und Auffassungen zu den Maiereignissen und erklärte seinen ehemaligen Freund Raymond Aron zum direkten Feind. «Wenn der alternde Aron vor seinen Studenten unaufhörlich die Ideen seiner Dissertation wiederholt, die vor dem Zweiten Weltkrieg geschrieben wurde, ohne daß seine Hörer ihn auch nur im geringsten kritisch kontrollieren können, so macht er von einer realen Macht Gebrauch, die jedoch ganz gewiß nicht auf einem Wissen beruht, das diese Bezeichnung verdiente... Das gegenwärtige Auslesesystem muß abgeschafft werden... Es setzt voraus, daß man nicht länger mit Aron der Meinung ist: Allein das Hinter-dem-Schreibtisch-Sitzen und Nachdenken – und seit dreißig Jahren dasselbe zu denken – sei eine Betätigung des Verstandes. Es setzt vor allem voraus, daß jeder Lehrende es gutheißt, von seinen Schülern beurteilt und in Frage gestellt zu werden... Jetzt, nachdem ganz Frankreich de Gaulle in seiner Blöße gesehen hat, müssen die Studenten auch Raymond Aron so sehen können. Man wird ihm seine Kleider wiedergeben, wenn er sich in Frage stellen läßt.»[12]

Welcher Teufel hatte Sartre bloß geritten, Raymond Aron öffentlich zum Haßobjekt, zum Sündenbock aller protestierenden Studenten zu machen? Aus welcher Wut heraus griff er seinen ehemaligen Zimmergenossen aus den 25er Jahren derart scharf an? Und weshalb entsann er sich, wie in jedem dieser Artikel deutlich, mitten im Mai 68 der Zeit, als er selber zwanzig war? «Sie können sich nicht vorstellen, wieviel dummes Zeug mich gelehrt wurde, als ich Student war...» schreibt er beispielsweise oder auch: «Ich erinnere mich an Gurvitch... Auch an Brunschvicg – wir hörten seine Vorlesungen an der Sorbonne, weil wir ihn für schlauer hielten als die anderen... Die Universität ist völlig anders als die unsere vor dreißig, vierzig Jahren... Doch wir waren wenige, und wir hielten uns leider Gottes für eine Elite...» Daß der Mai 68, der zur Universitätspädagogik Stellung bezog, erstarrtes Wissen, archaisches Zensursystem und *ex-cathedra*-Vorlesungen in Frage stellte, den Schriftsteller zu einer großen nostalgischen Rückschau auf die eigene Studentenzeit an der Sorbonne und der École normale anregte, verdient auf jeden Fall Aufmerksamkeit. Denn seinem Stil entsprach es eigentlich nie, von der eigenen Jugend zu erzählen, von den vergangenen Schlachten zu plaudern, den Großvater zu spielen, der an die eigenen zwanziger Jahre erinnert. Abschließend erklärte er: «Alle, die die Studenten beschimpft haben, haben nicht gesehen, daß die Studenten eine neue Forderung, nämlich die nach Souveränität, erhoben. In einer Demokratie müssen alle Menschen souverän sein, das heißt über ihr Tun entscheiden können, nicht einzeln, nicht jeder in seinem Winkel, sondern gemeinsam.»

Während Sartre in den Spalten der französischen Wochenzeitschriften seine Vorstellungen zur Demokratie darlegte, erfuhr er andererseits auf den öffentlichen Versammlungen der Studenten die möglichen Grenzen jener neuen Macht. Am 20. Mai 1968 sprach er im großen Hörsaal der seit einer Woche Tag und Nacht von den Studenten besetzten Sorbonne. Bei der Nachricht von Sartres Kommen stürmten Tausende von Jugendlichen diesen wunderschönen Saal mit den vergoldeten Holztäfelungen; und da nichts und niemand seine Überfüllung verhindern konnte, trotzten sie allen Sicherheitsbestimmungen. «Das reinste Spektakel», erzählt Arlette, die Sartre begleitet hatte, «es war ein unbeschreibliches Tohuwabohu, ein verräuchertes Durcheinander. Sartre war sehr müde, diese Versammlung machte ihm keinen besonderen Spaß; und er tappte vorwärts in einem Gesundheitszustand, der nicht der beste war.» Dennoch, als er auf der Tribüne eintraf, ließ er sich nichts davon anmerken. Triumph des Chaos, Rausch am hemmungslosen Reden: Die Fragen waren schwer zu kontrollieren, hagelten von allen Seiten; man befragte ihn zu den unterschiedlichsten Themen. «Was verstehen Sie unter Demokratie in einer Klassengesellschaft?», «Was halten Sie von der gegenwärtigen Entwicklung in Tunesien?», «Sind Sie der Meinung, die französische Linke hätte, wenn schon nicht die Macht ergreifen, sich zumindest die Bedingungen zur Machtübernahme schaffen können?», «Gibt es Ihrer Meinung nach, unabhängig von der Situation, Formen von Kultur, die auf den Müll gehören?» Das unersättliche, herzliche Publikum drängte den Philosophen, immer weiter zu sprechen. Die tiefe, entschlossene Stimme – der man schwer glauben konnte, daß sie aus einem so kleinen, so alltäglichen Körper herauskam – fesselte die Zuhörer ganz offensichtlich. «Die französische kommunistische Partei», warf Sartre zum Beispiel ein, «ist verhärtet und verkalkt. Daher ist jede gemeinsame Aktion mit ihr unmöglich. Deshalb hat man heute in Frankreich mit linken Stereotypen zu tun. Die CGT ist brav; sie mußte die Bewegung begleiten, um sie im Zaume zu halten. Vor allem wollte sie die wilde Demokratie verhindern, die ihr geschaffen habt und die alle Institutionen stört. Was jetzt entsteht, ist eine neue Konzeption von einer durch und durch demokratischen Gesellschaft, eine Verbindung von Sozialismus und Freiheit.»[13]

In dem unbeschreiblichen Gewühle waren alle Vorschriften abgeschafft und Entgleisungen aller Art erlaubt. «Der Genosse da oben hat das Wort», behauptete der Diskussionsleiter, der so gut wie nichts im Griff hatte. «Genosse Sartre, erklärst du dich solidarisch mit den kämpfenden Arbeitern?» wurde ihm von der Tribüne im ersten Rang zugerufen. Eine Kamera tauchte auf, Scheinwerfer blendeten den Redner. Tumult. «Stell die Kamera ab! – Das ist ein Film für die Betriebe... – Jean-Paul ist völlig einverstanden...» Eigenartige Anrede. Kaum jemand aus seiner Umgebung nannte Sartre «Jean-Paul». Er antwortete, ohne Sensationelles zu erklären oder Markantes von sich zu geben. Er war anwesend, sagte nicht viel, höchstens, daß er – nicht nur verbal – den Studenten in jener symbolischen Bastille, der Sorbonne, die sie der Macht entrissen hatten, restlos zustimmte. «Ihr habt eure Tradition *neu zu erfinden*», ergänzte er, «eine Tradition, die die Kulturrevolution selbst zu schaffen hat.» Das war seine Solidaritätsbotschaft, sein einziger Ratschlag. Die letzte Frage brachte ihn in Verlegenheit: «Genosse Sartre, was halten Sie von den Theorien Marcuses?» «Hört mal, darüber wollen wir jetzt nicht diskutieren», wich er aus. «Das ist ein Philosoph... Marcuse sagt, daß die einzigen Gruppen, durch die die Gesellschaft verändert werden kann, die Randgruppen sind: ‹Unsere Hoffnung kann nur von den Hoffnungslosen kommen›, schreibt er in seinem letzten Buch, *Der eindimensionale Mensch*. Ich stimme ihm nicht nur zu, sondern ich denke auch, daß das eine der Bedeutungen der Studentenrevolte ist.» Er sprach langsam und gemessen und betonte die Worte in einem regelmäßigen Rhythmus: eine starke Präsenz. «Ich werde euch jetzt verlassen», kündigte er trotz lautem Protest an, «ich bin müde, ich würde sonst anfangen, euch nur Dummheiten zu sagen. Es ist besser, ich gehe. Ich möchte noch betonen, wie neu die Diskussion ist, die ihr zwischen Schriftstellern und Studenten eingeführt habt. Dieses ist die erste. Ihr werdet so viele bekommen, wie ihr wollt. Auf Wiedersehen.» Außerhalb des überfüllten Saals, in den Gängen, im Hof der Sorbonne konnten dichtgedrängte Gruppen Sartres Stimme hören: Auf jeder Säule, hinter jeder Tür waren Lautsprecher angebracht. Raphaël Sorin hatte seinen Onkel Elias Canetti mitgebracht, der gerade in Paris war. «Vom Hof der Sorbonne aus», erzählt Sorin, «hörte Canetti zu, aber man verstand fast nichts. Alles, was man hörte, was man wiedererkannte, war Sartres symbolische, präzise Stimme, und Canetti sagte mir, daß wenige Schriftsteller auf der Welt solche Massen unter den Studenten hätten anziehen können.»[14]

Einige Tage später sprach Dany Cohn-Bendit den Dichter Aragon an, als dieser gerade auf dem Boulevard Saint-Michel vorbeiging. Die Aussprache war enttäuschend. Trotz seinen dreiundsechzig Jahren schien Sartre die studentischen Massen an der Sorbonne fasziniert zu haben. Doch ein kleiner Zwischenfall einige Monate später zeigte, daß seiner Überzeugungskraft Grenzen gesetzt waren und sein Einfluß geringer war, als man es vermutet hätte.

«Sartre, sei klar, sei kurz: Wir wollen über unser Aktionsprogramm diskutieren...» 10. Februar 1969 in der Mutualité: Auf dem Pult neben dem Mikrofon liegt der Zettel mit den wenigen mit Bleistift geschriebenen vernichtenden Worten, den Sartre kurz vor seinem Beitrag zu lesen bekommt. Einige Tage vorher hatten ihn Jean-Marcel Bouguereau, Jean-Marc Salmon und André Glucksmann angesprochen: Ob er bereit sei, gemeinsam mit Michel Foucault an einer Protestveranstaltung gegen die Relegierung von vierunddreißig Studenten teilzunehmen? Es ging außerdem auch um einen Gesetzesvorschlag von Edgar Faure zur Universitätsreform. «Sartre sagte sofort zu», erzählte uns Jean-Marcel Bouguereau. «Er bat darum, alle Unterlagen zu bekommen, damit er sich gründlich damit befassen könnte, wir haben sie ihm an einem Abend unter die Tür geschoben, er hat die Nacht durchgearbeitet und sie für seinen Beitrag ausgiebig verwendet.»[15] In der Mutualité findet sich am besagten Abend eine kompakte Studentenmenge ein. Auf der Bühne Universitätsprofessoren und Delegierte der Studentenbewegung: eine eigentlich banale Veranstaltung. Auf der Tagesordnung stehen konkrete Beschlüsse zu den jüngsten Regierungsmaßnahmen. «Ich merkte gleich zu Beginn, daß ich hier nichts verloren hatte», schrieb Sartre kurz nach der Versammlung. «Dieses Aktionsprogramm, das war nicht meine Sache: Das können nur gleichaltrige Genossen diskutieren, die die gleichen Interessen haben.»[16] Das Schlüsselwort hatte Sartre damit selbst geliefert, er fand von selbst die Erklärung für jene erste Ohrfeige, die ihm die Studenten verpaßt hatten. Zwar war er Sartre: Aber was bedeutete Sartre für zwanzigjährige Studenten, die ihn wahrscheinlich nicht einmal gelesen hatten? Zwar war er Sartre: Aber was hatte er besonders Sartresches auf einer internen Versammlung zu sagen, von der ihn alles trennte, Alter, Beruf, Interessen? Zwar war er Sartre: Aber von welchem praktischen Nutzen konnte seine Unterstützung sein, wo er doch seine uneingeschränkte Sympathie zur Genüge bewiesen hatte? «Ich habe ihnen also nur gesagt, sie müßten die Presse *auf deren eigenem Terrain* bekämpfen, den Arbeitern und selbst den Kleinbürgern erklären, warum sie die Bildungsreform von Faure ablehnen», schreibt er weiter. «Aber ich habe sie enttäuscht und kann das auch verstehen: Über ihre Genossen war soeben ein willkürliches Urteil gesprochen worden; für sie ging es darum, auf Gewalt mit

Gewalt zu reagieren, und nicht, ein Gesetz zu analysieren.» Muß ein gewisser Tod des mythischen Schriftstellers auf den 10. Februar 1969 datiert werden? Muß die Ungeduld der Studenten ihm gegenüber als symbolische Ohrfeige verstanden werden? Oder soll dieses «Sartre, sei kurz» mehr als perfide Provokation eingeschätzt werden, die den Philosophen an seiner empfindlichsten Stelle treffen sollte, nämlich seinem Wortschwall?

Sartre behielt nicht nur die Lektion vom 10. Februar 1969, er äußerte sich auch öffentlich dazu, machte sich gar zum Anwalt der Studenten und wandte sich an die widerspenstigen Eltern: «Väter, vergeßt nicht: Eure Kinder sind eure Zukunft», erklärte er kurze Zeit später. «Es hängt allein von euch ab, ob ihr sie im Namen des Humanismus ins Verderben treibt, ob sie euch, eine verlorene Generation, dem Vergessen überlassen, das ihr verdient, oder ob sie euch vor dem Nichts erretten – denn aus eigener Kraft werdet ihr euch nicht retten können; soviel ist sicher. Denkt jedenfalls daran, daß es eurer Feigheit zuzuschreiben ist, wenn eure Söhne Revolutionäre geworden sind. Sie werden euch nichts erklären; Worte sind im Mai genug gefallen, sie haben sich damit besoffen, jetzt haben sie diesen verhärteten, vermoderten, zerschundenen Kindern, die man Erwachsene nennt, nichts mehr zu sagen. Doch *wir* werden es euch erklären, wir, ein paar Erwachsene, die nicht ganz so verfault oder sich zumindest ihrer Fäulnis einigermaßen bewußt sind.»[17] Man erkennt hier die Thematik aus dem Vorwort zu Paul Nizans *Aden Arabie* wieder. Sartre der Unberührbare, den seine Freunde von jeher, die jungen Generationen, in Frage gestellt haben, Sartre, das historische Monument, dessen Marmor gerade angekratzt worden ist, findet einen Ausweg, eine Erwiderung: Er gibt nicht auf und ernennt sich zum Sprecher und Vermittler zwischen den Studenten und ihren Vätern. Er, der gut und gern der Großvater dieser Protestler sein könnte, entscheidet sich für die Rolle des verständigen Großvaters, wird zum Anwalt der Enkel gegen die Väter. Wir haben ihn erlebt, wie er boxen lernte, wie er Abende am Strand verbrachte und als fünfundzwanzigjähriger Lehrer in Le Havre seine knapp fünf, sechs Jahre jüngeren Schüler zu «verderben» versuchte. Wir haben erlebt, wie er sich nach Schulschluß am Lycée Condorcet, am Lycée Pasteur mit seinen wißbegierigen zukünftigen Philosophiestudenten beim Bier zu endlosen Diskussionen traf. Später sah man, wie sehr der Vierzigjährige, der Fünfzigjährige, der Sechzigjährige den Kontakt zu den Jüngeren wünschte und suchte. Gegen Ende seiner Laufbahn fand er seine bevorzugtesten Gesprächspartner unter jenen Studenten, die um einen Termin baten, ihn aufsuchten, ihm Fragen stellten, persönliche Probleme vortrugen. Das machte ihm immer die größte Freude. Mit zunehmendem Alter bedeutete Sartre dieser Gedankenaustausch die Möglichkeit einer permanenten Infragestellung seiner selbst. Einer Infragestellung, der er sich immer mit größter Aufrichtigkeit aussetzte, ohne je auszuweichen: zum Teil vielleicht mit dem, was man den «berüchtigten Sartreschen Masochismus» nennen wird. Schon im September 1968 sprach ihn Geismar wieder an, als man die Herausgabe eines Koordinierungsbulletins aller linksradikalen Gruppen zum Thema «Der Mai ist nicht tot» beabsichtigte. «Es ist ganz klar», erklärte uns Geismar, «ich hatte Lust, mit ihm die zwanglose Diskussion jener Mainacht wiederaufzunehmen, und wollte wissen, ob er bereit sei, mit uns in dem, was wir die ‹Bewegung› nannten, zusammenzuarbeiten… Wir trafen uns zum Mittagessen, und ich schlug ihm vor, seinen Namen in unserem Bulletin *Interluttes* erscheinen zu lassen… Wieder spürte ich ein Mißverständnis: Er sah die politischen Gruppen vom Mai als positive Summe gegnerischer Gruppen, die sich vor allem um eine Einigung bemühten…, während wir die Renaissance jener Gruppen im Rahmen einer tatsächlichen Bewegung als mühsames Unternehmen erlebten.»[18] Über Meinungsaustausch und Diskussionen werden sie schließlich einige Jahre später zu einem Konsens und gemeinsamen Handlungsinstrumenten finden.

Doch diese Bilder von Sartre in abgewetzter Lederjacke an der Sorbonne oder in der Mutualité, die Bilder eines politisch engagierten Menschen geben sein Leben, seine Interessen in den Jahren 68-69-70 nicht vollständig wieder. Im Zentrum seines Lebens in jenen drei Jahren steht seine eigentliche Leidenschaft, der monumentale *Flaubert*, den er jetzt endlich abschließt. Und entgegen allem Anschein interessieren ihn weder die Maiereignisse wirklich – steht er doch jetzt am Rand – noch die vordergründige Militanz – der er sich doch relativ mechanisch widmet; seine wirkliche Leidenschaft gilt diesem *Flaubert*, an dem er seit dreißig Jahren arbeitet, zu dem er

Tausende und aber Tausende von Blättern angehäuft hat, die er vollgeschrieben und durchgestrichen hat und die er nicht mehr ordnen kann.

Mit der Niederschrift des *Flaubert* beginnt eine neue Periode von Müdigkeit, Anspannung und Drogen. Wieder greift er wie bei der *Critique* zu Corydran: er wird nervös und schrullig. Wiederholt sieht man ihn die Arme mit gebogenen Ellenbogen bewegen, als sei er mit eigenartigen Flügelchen ausgestattet: besorgniserregende Ticks. Er trinkt und raucht wie zu den schlimmsten Zeiten. Einige von denen, die ihm nahestehen, lassen sich die ärgsten Tricks einfallen, um ihn zur Besserung zu bewegen: Arlette beispielsweise beschwört ihn, offizielle datierte und unterzeichnete Versprechen in ihr kleines Notizheft einzutragen, die attestieren sollen, daß es mit Corydran, Tabak und Alkohol vorbei sei. Sie tut noch mehr: Sie nimmt stapelweise Seiten mit, sortiert sie, tippt sie ab, damit sich Sartre in dem unglaublichen Manuskript zurechtfindet. Und wie immer liest Castor alles durch, streicht, korrigiert, kommentiert, ganz methodisch, den hohen Ansprüchen gemäß, von denen sie nie abließ.

«Flaubert (bedeutet) für mich das genaue Gegenteil meiner eigenen Auffassung von Literatur: totale Unengagiertheit und die Suche nach einem Formideal, das ganz und gar nicht das meine ist... Er begann mich zu fesseln, gerade weil ich in ihm in jeder Hinsicht das genaue Gegenteil von mir selbst erkannte. Ich fragte mich einfach: ‹Wie war ein solcher Mann möglich?›»[19] In einem Gespräch mit der englischen Zeitung *New Left Review* versucht Sartre ein Jahr vor Erscheinen des *Idiot de la famille* die Motive aufzuzählen, die ihn dazu anregten, das Projekt ins Auge zu fassen und zu verwirklichen. «Warum gerade über Flaubert?» hatte ihn schon 1964 die *Le-Monde*-Journalistin Jacqueline Piatier gefragt. «Weil er ein Gegensatz zu dem ist, was ich bin», antwortete er, ohne zu zögern. «Man hat das Bedürfnis, sich an dem zu reiben, was einen selbst in Frage stellt. ‹Ich habe oft gegen mich selbst gedacht›, habe ich in *Les mots* geschrieben. Auch dieser Satz ist nicht verstanden worden. Man hat darin ein Eingeständnis von Masochismus gesehen. Doch gerade so muß man denken: sich gegen das erheben, was man an ‹Aufgepfropftem› in sich hat.»[20] Der ganze *Flaubert* ist ein Beweis für die außergewöhnliche Beständigkeit des fundamentalen Sartreschen Entwurfs.

Flaubert, vor allem das «Kind Gustave», wie er ihn gern bezeichnet, ist also das Gegenteil von dem Kind Poulou. «... dieser selbstsichere kleine Junge, der tiefe Gewißheiten hat. ... weil er in seinen frühsten Jahren die ganze Liebe erfahren hat, die ein Kind braucht, um sich individualisieren und sich ein Ich bilden zu können.»[21] In den ersten drei Bänden des *Idiot de la famille* setzt er sich eine detaillierte und manische Untersuchung der frühesten Kindheit Gustaves zum Ziel. In den individuellen Lebenswegen des Vaters, der Mutter, des älteren Bruders und der jüngeren Schwester wie in den sozioökonomischen Merkmalen der Familie Flaubert und in den historischen Ereignissen der Epoche sucht Sartre nach Erklärungsmustern für das seltsame Kind, das Gustave gewesen ist: ein Kind zwischen Baum und Borke, ein unbeholfenes Kind, das mit sieben Jahren nicht lesen konnte, dafür mit dreizehn Briefe und Bücher schrieb. «Achille (der älteste Sohn) mußte ein Wunderkind gewesen sein. Und Caroline, ihr letztes Kind, ... lernte spielend», schreibt Sartre auf den ersten Seiten des *Idiot*. «Zwischen diesen beiden Wunderkindern saß nun Gustave: beiden unterlegen, gab er eine jämmerliche Figur ab ...» Indem Sartre signifikante Elemente der Familiengeschichte mit bestimmenden Elementen der Geschichte Frankreichs verbindet, bietet er dem Leser ein enormes Werk, das sich nichtsdestoweniger wie eine Abenteuergeschichte liest. «Was den Wahrheitsgehalt dieses Werks betrifft», erklärte er Arlette, als er die Feder hinlegte, «so weiß ich nichts davon. Als Kind erzählte ich mir Geschichten, und ich tue es immer noch. Vielleicht ist das jetzt die letzte Geschichte, die ich mir erzähle ...»

Wenn das Kind Gustave ein Anti-Poulou ist, so gehen beide dennoch beinahe seit je Hand in Hand durch das Leben. Schon mit acht hat Sartre Flaubert gelesen, auf der École normale las er ihn wieder, in Le Havre entdeckte er ihn neu, in den endlosen Monaten der Langeweile der *drôle de guerre* befaßte er sich ausführlich mit ihm. Er las damals *L'éducation sentimentale* wieder und widmete dem «falschen schönen Stil Flauberts» einige rabiate, vernichtende Seiten in seinen Tagebuchheften; mit Lust zerfetzt er die «viele(n) normannische(n) Listen, die stören», die «angeborene Schwäche des Verbs», die «Banalität nach sich zieht», die «Plattheit», die «jämmerliche Geschichte»[22] ... Zwischen Flaubert und Sartre besteht also unbestreitbar eine lange Haßliebe und ein von jeher vorhandenes literarisches Intimverhältnis. Während der Okkupation vertiefte sich Sartre schließlich in Flauberts Korrespondenz: Schon 1943 hatte er beschlossen, irgendwann über Flaubert zu schreiben. Denn außer daß das Kind Gustave Poulous Negativ war und abgesehen von den rein persönlichen Motiven zu diesem Entschluß, hatte Sartre in der Flaubert-Problematik und der dazugehörigen Dokumentation eine wahre Fundgrube für seine Forschung entdeckt. So dachte er auch sofort an Flaubert, als er 1954 mit Roger Garaudy den Plan eines Methodenvergleichs zu einem gemeinsamen Thema ins Auge faßte. «In drei Monaten», erzählte Sartre später, «habe ich ein Dutzend Hefte vollgeschrieben: das geschah sowohl schnell als auch oberflächlich, aber ich bediente mich bereits der psychoanalytischen und marxistischen Methoden. Diese Hefte habe ich Pontalis gezeigt... Er sagte mir: ‹Warum machen Sie kein Buch daraus?› Ich habe mich also darangemacht und eine Studie von ungefähr tausend Seiten geschrieben, die ich jedoch um 1955 liegen gelassen habe. Einige Zeit später habe ich mir gesagt, daß ich nicht weiter wie bisher meine unabgeschlossenen Arbeiten liegen lassen könne... und daß ich eines Tages irgend etwas in meinem Leben zu Ende führen müsse. Dieses Bedürfnis, zu Ende zu kommen, diese Entschlossenheit hat mich seitdem nicht mehr verlassen: der *Flaubert* hat mich zehn Jahre lang festgehalten, und ich kann sagen, daß ich seit dem Stück *Les séquestrés d'Altona*... nichts anderes mehr gemacht habe.»[23] Sartres Geschichte mit Flaubert ist also in folgenden Daten enthalten: 1943 ursprünglicher Entschluß; 1954 konkreter Entschluß; 1956 erste Fassung; 1960–1970 tägliche Niederschrift. Zusammengenommen vier oder fünf vollständige Fassungen, die jedesmal «von vorn bis hinten» umgearbeitet werden, bevor es zur Schlußfassung kommt, die im Frühjahr 1971 erscheint.

Zu den Hauptmotiven dieses Kreuzzuges für das Kind Gustave gehört auch die Reichhaltigkeit der Dokumentation. «Flaubert ist eine der sehr seltenen historischen oder literarischen Erscheinungen, die eine solche Menge an Information über sich selbst hinterlassen haben. Seine Korrespondenz umfaßt nicht weniger als dreizehn Bände, von denen jeder etwa 600 Seiten enthält.»[24] Ganz zu schweigen von den zahlreichen Berichten, die die Brüder Goncourt ihm in

II

De la soumission au ressentiment

Comment Flaubert ressentira-t-il cette condamnation. Comment l'aliénation radicale de sa vie – jusqu'à la mort elle-même – sera-t-elle subjectivement reçue? Son attitude réflexive en face du vécu aliéné restera-t-elle identique depuis la chute et la découverte jusqu'à la crise de Pont-Audemer? Telles sont les premières questions que nous devons nous poser.

Au départ – c'est à dire à sept ans – la réponse est claire: il ne peut qu'accepter le verdict dans la soumission. C'est que la sentence le frappe dans son amour: il est en pleine vassalité; on ne change pas si vite, d'autant que l'élan du petit vassal est soutenu par les structures objectives d'un milieu semi-féodal. Comment contester le jugement adorable de l'homme que la famille révère, que respecte Rouen tout entier, dont les sourires, à vrai dire rares, détenaient beaucoup de l'éclat? S'il aime à ce point le magistrat, il faut qu'il aime aussi la décision finale. Celle-ci le désespère mais il ne la refuse pas: comment le ferait-il, d'ailleurs, sans condamner son père. Et dans ce moment capital, comment ruiner l'autorité du chef de famille sans que la famille entière s'écroule? Il est plus économique, en somme, de se laisser détruire, de s'anéantir, mode inviable, dans la substance Flaubert, de préférer son ~~[illegible]~~ jusque dans ~~la servitude~~ →

ihrem Tagebuch widmeten, oder den Briefen von George Sand und vor allem den Jugendwerken von Flaubert selbst, jenen «Autobiographien», wie Sartre sie bezeichnet, und «tausend anderen Sachen», so der entzückte Forscher. Eine noch nicht erschlossene Goldgrube, die Sartre ähnlich anzieht, wie die unbekannte Ferne große Reisende oder Entdecker anzieht. Das Kind Gustave zwischen den Ereignissen von 1848 am Collège von Croisset und der Familienwohnung in der Rue du Gros-Horloge in Rouen wurde also sein Far West.

Bei der Ausbeutung der Mine Flaubert hatte Sartre ein hochgestecktes Ziel: Sein Schlachtplan sah eine Kombination aller Fragen und Methoden vor, die ihn bislang gereizt hatten. Ziel des *Flaubert* war, «von diesen theoretischen Erörterungen, die letztlich zu nichts führen, wegzukommen und ein konkretes Beispiel dafür zu geben, wie man es machen könnte»[25]. Die Analyse des Kindes Gustave, seiner Naivität, seiner Hysterie, seiner Zurückgebliebenheit und seiner Deppenhaftigkeit profitierte von Sartres lebenslangen Forschungen auf allen möglichen Gebieten. *L'imagination*, *L'imaginaire*, *L'être et le néant*, «Questions de méthode», kurz, Sartres gesamtes philosophisches Werk wurde zur Sondierung der Entstehungsbedingungen des Genies herangezogen. «...die Studie über Flaubert (stellt) für mich eine Fortsetzung meiner früheren Arbeit über *Das Imaginäre* dar», erläuterte er weiter. «In *Das Imaginäre* habe ich zu beweisen versucht, daß imaginäre Objekte – Vorstellungen – Abwesenheit sind... Das ist das ganze Problem der Beziehung zwischen dem Realen und dem Imaginären, das ich an Flauberts Leben und Werk studieren will. Von daher läßt sich schließlich die Frage stellen: worin bestand die ‹imaginäre gesellschaftliche Welt› der verträumten Bourgeoisie von 1848?»[26] Dieser neue biographische Versuch nach Baudelaire, Genet, Freud, Mallarmé und Tintoretto, dieser neue Erklärungsversuch eines Lebens, diese Versuchung, «alles zu schreiben, was über Flaubert zu sagen ist», dieser Traum, den, laut Sartre, «jeder Autor»[27] hegt, wird hier zum letztenmal verwirklicht und umfaßt alle vorherigen Versuche. «Kann ich mit all diesen Methoden einen Menschen untersuchen, und wie bedingen sich diese Methoden dabei wechselseitig, welchen Stellenwert erhalten sie schließlich?» betont er. In diesem Zusammenhang bezeichnet er seine Studie über Baudelaire als «eine sehr mangelhafte, eine außerordentlich schlechte... die Untersuchung der Bedingtheit Genets durch seine objektive Geschichte ist ganz offensichtlich unzureichend, völlig unzureichend.»[28] Dem Kind Gustave wird das Gipfeltreffen von marxistischer und psychoanalytischer Methode, Philosophie, Literaturkritik, französischer Geschichte und Familiengeschichte zugute kommen. «...ideal wäre es, wenn (der Leser) die Persönlichkeit Flauberts immer zugleich fühlen, verstehen und erkennen könnte als eine ganz individuelle und gleichzeitig ganz für seine Zeit repräsentative.»[29]

Ein in seiner Maßlosigkeit waghalsiges Unternehmen. Ein derart Sartresches, manisch Sartresches Unternehmen, daß es schon fast eine Herausforderung ist. Mit dem Sondieren des Entstehens des literarischen Genies aus dem 19. Jahrhundert, mit der Untersuchung von dem, «was interessant ist... der Entschluß zu schreiben», mit der Analyse des «Imaginären als Kardinalbestimmung eines Menschen» kommt Sartre mit fünfundvierzig Jahren Abstand auf genau die Fragen zurück, die ihn auf der École normale beschäftigten, als er für sein akademisches Diplom das Thema wählte: «Rolle und Wesen der Vorstellung im psychischen Leben». Oder als er seinen Freunden stolz seine Zukunftspläne mitteilte und ohne den leisesten Zweifel verkündete, er würde sich in seinen Schriften stets um die Verbindung von Literatur und Philosophie bemühen. Ist der gealterte Schriftsteller, der so unermüdlich, beharrlich und selbstsicher seine Flaubert-Manuskripte durcharbeitet, nicht jenem gleich, der sich 1927–1928 in endlose philosophische Darlegungen verstrickte, von Aron und Nizan grausam gereizt wurde, bevor einer von beiden zum höchsten Entgegenkommen bereit war und ihm großzügig half, seine komplizierten Theorien der übrigen Welt verständlich zu machen?

Der Sinn des Sartreschen Werks, das ganze Unternehmen, das Jean-Paul Sartre war, steckt in diesen wenigen Zeilen, in der langwierigen, ununterbrochenen Arbeit von 1927 bis 1972, die hartnäckig von der gleichen Wurzel ausgehend unbeirrbar dieselbe Problematik behandelt. Ein Unterfangen, das von den Problemen der siebziger Jahre gänzlich unberührt bleibt und immer wieder mit einer radikal phänomenologischen Methode versucht, das Auftauchen des Symbolischen im Gesellschaftlichen zu erklären. Oder, anders gesagt, die

Verflechtung des individuellen Imaginären und des gesellschaftlichen Imaginären. *L'idiot de la famille* schließt das Sartresche Werk ab: die Summe aller ihm vorausgegangenen Werke, Methoden und Gattungen und zugleich das unvollständige Ergebnis all seiner Forschungen, das allen von Sartre geschriebenen Seiten entgegen allem Anschein eine äußerste Kohärenz verleiht. Seine Theaterstücke, seine literarischen Essays, seine Kritiken, seine Biographien, seine Romane und seine philosophischen Essays erscheinen nunmehr als Sondierungs-, als Annäherungsversuche im Hinblick auf den *Flaubert*. Der Weg des Sartreschen Werks, den wir rückblickend verfolgen können, stellt sich jetzt als ein strikt persönlicher, unvergleichlicher Weg dar, der so verzweigt, so vielseitig ist, daß man ihn noch heute kaum nachzeichnen kann. Das Sartresche Unternehmen mit seiner Beständigkeit, seiner Hartnäckigkeit, seiner Sprödigkeit ist seltsam zeitlos, unzeitgemäß und wenig berührt von den großen zeitgenössischen geistigen Auseinandersetzungen.

«Ich möchte, daß man meine Studie... wie einen Roman liest», wünschte sich der Autor des *Flaubert*, «weil es ja die Geschichte einer Lehrzeit ist, die zum Scheitern eines ganzen Lebens führt. Ich möchte aber auch, daß man es beim Lesen für die Wahrheit hält, für einen Roman, der *wahr* ist... Das Buch ist so geschrieben worden, wie es mir in die Feder kam.»[30] Lasen die Zeitgenossen den *Idiot* wie einen Roman, einen *wahren* Roman, mit demselben Spaß, den es dem Autor gemacht hatte, ihn zu schreiben? Lasen sie ihn überhaupt? 1985 gab man bei Gallimard für die ersten drei Bände in kartonierter Ausgabe 27000 verkaufte Exemplare an. Was bedeutet aber diese Zahl für einen Text, den Sartre als sein Hauptwerk bezeichnete? Und weshalb berichtete die Presse so dürftig darüber? Wurde das Buch zwar gekauft, aber nicht gelesen? Es heißt sogar, ein Freund Sartres, ein Journalist bei einer französischen Wochenzeitschrift, habe sich direkt an den Autor gewandt und ihm die Ratlosigkeit der Redaktion mitgeteilt: Man wußte nicht, wen man mit der Kritik des *Idiot* beauftragen solle, denn angesichts des Arbeitsaufwands winkte jeder ab, vielleicht hätte Sartre eine Idee...

Eine Anekdote, die die Talsohle, in die er geraten war, verdeutlicht. «Sartre, sei kurz», hatten ihm die Studenten schon im Februar 1969 empfohlen. Ja, seit einigen Jahren schon stand er völlig am

Rande. Strukturalismus, Lacanismus, Althusserianismus rufen bei ihm weder Interesse noch Kritik, noch irgendeine andere Reaktion hervor. Nicht, daß er seine Kollegen Althusser, Foucault, Barthes, Lévi-Strauss ablehnt, die im Quartier Latin mittlerweile die Mehrheit der Leser anziehen. Nein, Sartre ist ihnen gegenüber von äußerster Zuvorkommenheit: weder für noch gegen sie. Er ist einfach nicht da. Er hätte bereit sein können, bestimmte Kontroversen, bestimmte Debatten mit ihnen auszufechten. Aber nicht einmal das. Er ist ihnen gegenüber liberal, er akzeptiert sie, sieht sie, keiner von ihnen scheint ihn auch nur zu stören. Er ist einfach stumm. Stumm, als Althusser die Manuskripte des jungen Marx begräbt. Stumm, als Lacan die große Debatte über die Sprache eröffnet. Einige Worte allerdings, als Foucault seine wachrüttelnden Texte über die Welt des Wahnsinns und der Gefängnisse publiziert. Wo ist der Denker Sartre an der Wende der sechziger Jahre? Er ist einfach abwesend. Als würden die Diskussionen seiner Zeitgenossen seine eigenen intellektuellen Beschäftigungen nicht tangieren. «Ein ganzer Mensch, gemacht aus dem Zeug aller Menschen...», hieß sein Schlußsatz in *Les mots*. Während er solche Worte niederschrieb, ging er dennoch munter seinen persönlichen Weg weiter, setzte er einsam und isoliert seinen etwas absurden und unzeitgemäßen Dialog mit den großen Männern, mit Flaubert, mit der Ewigkeit fort. Unerschütterlich befragt er das 19. Jahrhundert, einsam erkundet er das Phänomen der Kreativität. Interessiert sich Sartre nicht mehr für seine Epoche? Interessiert sich seine Epoche nicht mehr für Sartre? Es ist wie eine Scheidung, ein großes Schweigen, ein Abdriften.

Kaum jemand bemerkte die schamhaft hinterlassenen Spuren, die wie archaische Ablagerungen im *Flaubert* zu finden sind: eine bestimmte Figur aus *La nausée*, bestimmte Beschreibungen aus *Le mur*. «In meinem Buch», erklärte er eines Tages, «steckt unbestreitbar ein ständiger Angriff auf das Bürgertum der damaligen Zeit, für das die Familie Flaubert sehr repräsentativ ist.»[31]

Was jedenfalls nicht unerwähnt bleiben soll, ist Sartres ungewöhnliches Pendeln zwischen dem 19. und 20. Jahrhundert. Mit den Füßen steckt er in der großen Krise des 20. Jahrhunderts, mit dem Kopf in der Revolution von 1848. Er verfolgt die täglichen Ereignisse, die

Streiks, Petitionen, Demonstrationen gegen ein überfälliges Regime und untersucht am Arbeitstisch die Revolution von 1830, wie sie das Bürgertum von Rouen erlebte. Wer stand dem kleinen populären Fußgänger, der tagtäglich dieselbe Strecke durch Montparnasse ging, näher: die revolutionären Studenten vom Mai 1968 oder die revoltierenden Schüler von 1831? Beide historischen Situationen werden immer wieder in seine Arbeit einbezogen und miteinander verglichen. Sommer 1968: Vor offenem Fenster schreibt Sartre an seinem überladenen Arbeitstisch die Passage über die Schülerrevolte in Rouen. 1831 hat Louis-Philippe La Fayette entlassen und damit der Reaktion Tür und Tor geöffnet. Kurz bevor Gustave Flaubert in das Jungengymnasium von Rouen aufgenommen wird, kommt es zwischen Schülern und Schulleitung zu einer regelrechten Kraftprobe. Das offizielle Motiv: Die Schüler lehnen die tägliche Beichte ab. «Ich ziehe meinen Hut vor diesen Vierzehnjährigen, die diese Strategie entwikkelten, obwohl sie sich darüber im klaren waren, daß sie von der Schule verwiesen würden. Erst kommt der Kaplan... dann ein anderer Lehrer... Dann werden sie zum Direktor zitiert und schließlich von der Schule verwiesen. Es gibt einen gewaltigen Sturm im ganzen Gymnasium – so wie die Jungen es gehofft hatten. Die Quartaner bewerfen den stellvertretenden Direktor mit faulen Eiern, worauf zwei weitere Jungen hinausgeworfen werden. Dann versammeln sich im Morgengrauen die Externen und schwören feierlich, ihre Kameraden zu rächen. Am nächsten Morgen um sechs öffnen ihnen die Internatsschüler die Türen, und gemeinsam besetzen sie das Gebäude. Und das 1831! Aus ihrer Festung bombardieren sie die Lehrerversammlung, die in einem Nachbargebäude tagt. Währenddessen wirft sich der Direktor den älteren Schülern zu Füßen und beschwört sie, sich nicht mit den Besetzern zu solidarisieren – mit Erfolg. Am Ende erreichen die Quartaner zwar nicht die Wiederaufnahme ihrer Mitschüler, aber die Vorgesetzten müssen versprechen, daß niemand wegen der Besetzung der Schule bestraft wird. Drei Tage später stellen die Schüler fest, daß man sie betrogen hat: Das Gymnasium wird für zwei Monate geschlossen. Genau wie heute!»[32] Der Schriftsteller pendelt zwischen der geschichtlichen Alltagsrealität des Buchs, das er schreibt, und dem Leben, das er führt, und setzt immer wieder die beiden Epochen zueinander in Beziehung. In seinem Gespräch mit

Cohn-Bendit zieht er ähnliche Parallelen und versucht vergeblich, seinen Gesprächspartner auf das eigene Terrain zu locken. Zum Beispiel als er im Zusammenhang des Mißtrauens der Arbeiter gegen die Studenten den Hinweis gibt: «Dieses Mißtrauen ist nicht natürlich, es ist künstlich. Zu Beginn des 19. Jahrhunderts gab es ein solches Mißtrauen noch nicht, es entwickelte sich erst nach den Massakern vom Juni 1848.» «In Billancourt», antwortet Cohn-Bendit, ohne darauf einzugehen, «haben die Arbeiter die Studenten nicht in die Fabrik gelassen.»[33] Ein amüsanter Dialog!

So war also der Sartre von 68 bei den Maiereignissen zugleich anwesend und abwesend und ganz vertieft in das Frankreich der Restauration, der Aufstände von 1830 und der Revolution von 1848. Völlig mit der minuziösen Verwirklichung jenes literarischen Inzestes beschäftigt, den er da beging. Für die Ewigkeit drang Sartre in die Intimität eines großen Schriftstellers ein, verabscheute den schwerfälligen, unbeholfenen, «normannischen» Flaubert, sympathisierte mit Stendhal und Mallarmé, sammelte bei den Brüdern Goncourt die nötigen Informationen, reihte sich in die lange Tradition der französischen Schriftsteller ein, indem er Flaubert das zurückgab, was Flaubert La Bruyère eingeräumt hatte... Er nahm sich die Sexualität seines Opfers vor, begutachtete sie, zerlegte sie, um zu begreifen, weshalb Flaubert sich so meisterhaft in die Persönlichkeit von Madame Bovary hatte hineinversetzen können. «Genau darin liegt Flauberts ganze Kunst», behauptet er, «...wenn er von seinen Hauptpersonen spricht, dann immer mit einem erschreckenden Gemisch aus Sadismus und Masochismus... Gleichzeitig versetzt sich Flaubert immer ganz in seine Person hinein und spricht daher in gewisser Weise immer von sich selbst.»[34] Wir, die Leser, werden alles, absolut alles über die passive Sexualität des großen Gustave erfahren.

Was war nun dieser Flaubert, der teilweise als eine ungeheuerlich in die Länge gezogene Illustration der *Critique de la raison dialectique* verstanden worden ist? Wenn auch die These der Summe beim gegenwärtigen Stand der Forschung die einzig gültige ist, so handelt es sich doch um eine unvollendete Summe. Jedes Werk Sartres ist auf seine Weise unvollendet, wird man einwenden: unvollendet *L'être et le néant*, das auf die *Morale* wartet. Unvollendet *Les chemins de la liberté*, die auf den vierten Band warten. Unvollendet die *Critique de la rai-*

son dialectique, die auf den zweiten Teil wartet. Unvollendet der *Mallarmé*, der *Tintoret*, der *Séquestré de Venise*, unvollendet auch die *Morale*. Allerdings sind der vierte Band des *Idiot de la famille*, der sich vor allem mit *Madame Bovary* befassen sollte, und der fünfte Band, den er entworfen hat, die einzigen aus rein physischen Gründen unvollendet gebliebenen Werke Sartres: Im Herbst 1973 erblindet der Schriftsteller und kann nicht mehr schreiben. Doch mit welcher Begeisterung sprach er von diesem kommenden Buch. Wie sicher war er noch kurz vor seiner Erblindung, es zu Ende zu schreiben. «So gibt es zum Beispiel... den *Flaubert*», erklärte er noch im Frühjahr 1972, «an dem ich nun schon so viele Jahre arbeite, daß ich ihn nie aufgeben werde, ich werde ihn zu Ende schreiben, denn es wäre absurd, ihn nicht zu Ende zu schreiben, da diese Art Buch vielleicht eines Tages, unabhängig von seinem Wert, den Massen dienen kann – man kann nicht wissen, was die Kultur später sein wird, auf die eine oder andere Art–...»[35] Aber nein, diesen *Flaubert*, der ihm so viel bedeutete, wird er nicht abschließen können. Der Wille des Schriftstellers wird von der Gesundheit des Schriftstellers besiegt werden: Der plötzliche Schatten, die plötzliche Nacht, die über sein linkes Auge kommt, reißen ihn von Flaubert und Emma Bovary los. «*L'idiot de la famille*, das vielleicht mein vollständigstes Scheitern ist», erklärte er damals, «kommt zu allen übrigen Werken, die abgebrochen wurden, dazu. Es müßte einmal herausgefunden werden, weshalb ich Werke plane, die immer länger sind als die, die ich wirklich schreibe.» Diesem Gedanken weiter nachgehend, ergänzte er in einem seiner seltenen Augenblicke offener Affektivität: «Man muß das Leben derer, die schreiben, einbeziehen: es wird auf die eine oder andere Weise in das Geschriebene projiziert, das es bei den einen zerstört, bei den anderen abbricht. Das kann einen Autor nur melancholisch stimmen.»[36] Sartre schrieb seinen *Flaubert* ebensowenig zu Ende, wie de Gaulle sein Mandat zu Ende brachte: Beim Referendum im Juni 1969 vom Volk desavouiert, trat der Präsident wie angekündigt zurück. Als de Gaulle am 9. November 1970 starb, sagte Sartre nur: «Ich habe nie Achtung für ihn empfunden.»[37]

Unabgeschlossenheit, Anerkennung, Unsterblichkeit: Themen, die in *Les mots* immer wiederkehrten. Obsessionen, die in seinen damaligen Träumen auftauchten, die er gerne analysiert hätte. Er erwähnte sie kurz Pontalis gegenüber, und nie wieder war davon die Rede. Das Redaktionskomitee der *Temps Modernes* hatte sich allmählich der Psychoanalyse geöffnet, auf Vorschlag von Pontalis waren bestimmte Texte veröffentlicht worden, auch wenn Sartre weiterhin behauptete: «Das Unbewußte existiert nicht.» Und dann, eines Tages im April 1969, nach der sogenannten «Affäre des Mannes mit dem Tonband», werden Pingaud und Pontalis – «die Rechten der *Temps Modernes*», wie Sartre einfach sagte – das Redaktionskomitee plötzlich verlassen. «Ich fehle auf einer Redaktionssitzung und erfahre, daß *der* Text erscheinen wird», erzählt Pontalis ruhig. «Ich erfahre auch, daß Sartre die Entscheidung getroffen und dazu gesagt hat: ‹Das wird Pontalis ärgern.› Das Redaktionskomitee hat sich auf eine korporative Position versteift, indem es Sartres Entscheidung übernahm; also wurde ein Kompromiß beschlossen.»[38] Pontalis und Pingaud hatten sich vehement gegen die Veröffentlichung des Textes «Der Mann mit dem Tonband» ausgesprochen. Der Kompromiß bedeutete, daß dem umstrittenenen Text drei Erklärungen jeweils von Sartre, Pingaud und Pontalis hinzugefügt werden sollten. Daraufhin verließen die beiden «Oppositionellen» die Zeitschrift. «Psychoanalytischer Dialog» hieß es auf Seite 1824 der Ausgabe vom April 1969. Der stand unter der Rubrik «Zeugnisse» und wurde kurz erläutert: Der Text war der Redaktion zugeschickt worden und gab eine Analysensitzung wieder, die auf Tonband aufgenommen worden war.

«A. – Nein, Sie bleiben hier, Doktor! Sie bleiben hier und rühren Ihr Telefon nicht an. Sie werden schön hierbleiben und bloß nicht versuchen, mir wieder mit der Einweisung in eine Klinik zu kommen.

Dr. X. – Ich komme Ihnen dann nicht damit, wenn Sie diesen Raum verlassen.

A. – Ich verlasse diesen Raum aber nicht! Ich muß von Ihnen Rechenschaft verlangen, Rechenschaft über wichtige Dinge, und Sie werden sie mir geben. Und ich fordere sie nicht nur in meinem eigenen Namen, sondern im Namen von… Los, seien Sie so nett und setzen Sie sich. Wir wollen uns nicht aufregen. Sie werden sehen, es tut nicht weh. Ich will Sie doch nicht vergewaltigen!»

Fünfzehn Seiten von ungewöhnlicher Spannung und verbaler Heftigkeit: In jeder Zeile springt das Machtverhältnis zwischen Analysiertem und Analysierendem ins Auge. «Ich bin kein ‹falscher Freund› der Psychoanalyse», erläutert Sartre in seinem Kommentar, «sondern ein kritischer Weggefährte», und er bezieht sich auf das, was er als eine Grenzsituation bezeichnet. Und dann greift er an: «Die Analytiker können Motivationen für den ‹Übergang zur Tat› benennen, aber die Tat selbst verinnert die morbiden Motivationen in der Einheit einer Taktik und hebt sie darin auf... Dazu haben sie sich wenig Gedanken gemacht. Dann müßte man nämlich das Subjekt als Begriff wieder einführen.» Damit hat Sartre gesagt, was er im Analyseverhältnis ablehnt: die Verdinglichung des Patienten, des Kranken. «In England, in Italien», fährt er fort, «würde A. als unbestreitbares Subjekt dieser kurzen Geschichte kompetente Gesprächspartner finden: eine neue Psychiatergeneration ist bemüht, zwischen sich und den Menschen, die sie betreuen, ein Verhältnis der Wechselseitigkeit herzustellen... Es scheint mir nicht unmöglich, daß sich eines Tages die orthodoxen Psychoanalytiker ihnen anschließen. Bis dahin stelle ich diesen Dialog hier vor als einen nützlichen und harmlosen Skandal.» Drei Jahre vorher hatte Sartre das Vorwort zu dem Buch *Vernunft und Gewalt* von Ronald D. Laing und David G. Cooper geschrieben: die zwei «Antipsychiater» hatten darin einige Sartresche Texte interpretiert. «Mich besticht an Ihrem Buch», hatte er damals geschrieben, «Ihr ständiges Bemühen um ein ‹existentielles› Verständnis der Geisteskranken.» Auf sie berief er sich auch, wenn er die «orthodoxen Psychoanalytiker» angriff; den Versuchen von Laing, Cooper, Balint und Basaglia stimmte er nicht nur philosophisch, sondern auch moralisch zu.

War das ein Putsch? Pontalis antwortete mit knappen Worten: «Was mich interessiert, ist, daß Sartre uns mitteilt, ihn habe der Protestakt von A., der sich gegen seinen feudalen Unterdrücker auflehnt, fasziniert... Aber aus diesem tragikomischen Fragment zu schließen, die Zeit sei gekommen, wo die Analysierten der an der Universität Censier gelesenen Parole ‹Analysierte, erhebt euch!› folgen müßten, wenn sie nicht nach Italien emigrieren könnten..., scheint mir eine etwas voreilige Erwiderung zu sein.» Als eine erste Folge des Mai 68 innerhalb der Mikrogesellschaft der *Temps Modernes* machte die Affäre in der damaligen Presse viel Wirbel und verfestigte noch das linksradikale Image, das Sartre gern von sich selbst darbot.

Am Anfang der linksradikalen Bewegung hatte der von Flaubert absorbierte Sartre also nur eine ganz nebensächliche Rolle gespielt, war auf einigen Veranstaltungen aufgetreten, hatte bestimmte Thesen vertreten: Für die Akteure von 68 war er weder ein Meisterdenker noch eine Bezugsperson, sondern ein netter, etwas verbrauchter Weggefährte, kurz, ein alter, überholter bürgerlicher Humanist. Die sektiererischsten, rigidesten maoistischen Gruppen, die sich mit Althusser auf die ursprünglichen marxistischen Thesen beriefen, um die Revisionisten anzugreifen und die unverfälschten revolutionären Prinzipien wieder einzuführen, karikierten in ihren Presseorganen die Starallüren jener Intellektuellen, die sich als große Persönlichkeiten behandeln ließen. Ansonsten erschien ihnen Sartres Marxismus als viel zu individualistisch, als eine vage pseudoidealistische Abweichung, und sie hegten ein immenses theoretisches Mißtrauen ihm gegenüber. Lukács, Marcuse, die Frühschriften von Lapassade und vor allem Althusser: Das waren ihre theoretischen Gewährsleute. Sartre hatten sie zwar gelesen, aber mit Skepsis... «Ich selbst war fast zwei Jahre nach dem Mai 68», wird Sartre selber sagen, «noch damit beschäftigt, über das Geschehen nachzudenken, und ich hatte eines noch nicht recht verstanden: Ich sah noch nicht, was die Jungen wollten und welche Rolle dabei die alten Knacker wie ich spielen könnten. Ich war ihnen gefolgt, ich hatte sie mit Glückwünschen überhäuft, mit ihnen an der Sorbonne gesprochen, aber das besagte nicht viel. Richtig verstanden habe ich es erst später, als ich engere Beziehungen zu den Maoisten hatte.»[39]

Diese engeren Beziehungen beginnen, als die maoistischen Gruppen auf Anordnung von Innenminister Marcellin die regelmäßige Beschlagnahme ihrer Publikationen und die Verhaftung ihrer Herausgeber erleben; trotz ihrer intellektuellen und politischen Distanz zu Sartre beschließen sie, sich an ihn zu wenden und seinen Namen, sein Ansehen als Schutzschild zu benutzen. Am 22. März 1970 wurde

Jean-Pierre Le Dantec, der Herausgeber von *La Cause du Peuple*, dem Organ der *Gauche prolétarienne*, verhaftet und seine Zeitung beschlagnahmt. Er wurde sofort von einem neuen Herausgeber ersetzt, von Michel Le Bris, der zehn Tage später ebenfalls verhaftet wurde. Damit war für die «Maos» die Sache klar: Entweder würde sie der Innenminister, der es auf sie abgesehen hatte, mundtot machen, oder sie fänden einen Ausweg. Sartre war ein solcher. Geismar weigert sich allerdings, den Rückgriff auf Sartre nur als Suche nach einem «Blitzableiter» zu sehen. «Wer sich nicht auf einen engen Proletariatsbegriff beschränkte, suchte bei ihm eine Beziehung zu einem Intellektuellen neuen Typus. Das einfachste war also, bei einem, der den Intellektuellen schlechthin verkörperte, zu sehen, wie so etwas möglich sein könnte. Hinzu kommt, daß Sartres Anwesenheit uns gelegen kam, wir hätten aber auch andere Lösungen gefunden... Im übrigen hat er uns spüren lassen, daß ihm unser Anliegen einerseits eine große Ehre sei, er aber zugleich größte Zurückhaltung uns gegenüber wahren wolle... Wir selbst wollten *unbedingt*, daß er sich stärker einbezieht, was er auch von diesem Mittagessen an in den Diskussionen nach und nach tat.»[40] Das von Geismar erwähnte Mittagessen fand am 15. April 1970 in der *Coupole* statt: Anwesend waren Sartre, Pierre Victor und andere. Am 28. April 1970 wurde Sartre Herausgeber von *La Cause du Peuple*. Am 23. September wurde er auch Herausgeber von *Tout*, dem Organ der Gruppe *Vive la révolution*. Am 15. Januar 1971 schließlich auch Herausgeber von *J'accuse*. Inzwischen hatte das Parlament die «loi anti-casseurs» verabschiedet, und dieses «Gesetz gegen Steinewerfer» hatte dem Innenminister die Auflösung der *Gauche prolétarienne* am 27. Mai 1970 ermöglicht. Das Zweckbündnis Sartres mit den Maoisten war ohne vorherigen ideologischen Konsens von den Umständen bestimmt, ja beinahe diktiert worden. Von daher hätte es bittere Folgen haben können. Doch zwei Jahre lang teilte Sartre mit seinen neuen maoistischen Freunden gemeinsame militante Erlebnisse, radikalisierte er bewußt seine politischen Aktivitäten, schrieb Artikel, demonstrierte, ging in die Betriebe, kurz, begleitete die Mehrzahl der Aktionen jener Gruppen.

La Cause du Peuple, dessen Herausgeber er von Mai 1970 an wurde, war eine vier- bis achtseitige Zeitung mittleren Formats, deren schwarz-roter Druck auf schlechtem beigem Papier noch die Aggressivität des Inhalts unterstrich. «*La Cause du Peuple*, journal communiste révolutionnaire prolétarien» hieß der Titel, rechts davon waren ein Mao-Tse-tung-Bild und Hammer und Sichel abgebildet. Nachdem Sartre Herausgeber geworden war, stand sein Name auf der letzten Seite, erschien aber ebenso zusammen mit Simone de Beauvoirs Namen in winzigen Buchstaben unter fast jeder Seite wie ein Siegel, ein unauslöschbarer Stempel, eine Garantie für die Unantastbarkeit der Zeitung. Ein Detail läßt die Grenzen ermessen, die dem Bündnis Sartre–*La Cause du Peuple* von Anfang an gesetzt waren. «Jean-Paul Sartre hat sich entschlossen, die Herausgeberschaft von *La Cause du Peuple* zu übernehmen», teilte ein Kasten am 1. Mai 1970 mit. «In dem nebenstehenden Brief erläutert er die Gründe.» Sartre erklärte: «Es handelt sich darum, das Manöver der Regierung zu vereiteln, die mit wiederholten Beschlagnahmen die Zeitung ruinieren und mit der Behauptung, ihre Artikel seien Aufrufe zum Mord, diskreditieren will.» Er fügte hinzu: «Indem ich verantwortlicher Herausgeber werde, erkläre ich mich solidarisch mit allen Aktionen, die, wie die inkriminierten, die heute unter den Massen *real* vorhandene Gewalt zum Ausdruck bringen, um deren revolutionären Charakter zu unterstreichen. Wenn die Regierung vorhat, mich vor Gericht zu bringen, wird sie nicht verhindern können, daß mein Prozeß ein politischer Prozeß sein wird.»[41] Eine Woche später erschien in der nächsten Nummer jedoch eine Richtigstellung: «Richtig sollte es heißen ‹Ich erkläre mich solidarisch mit allen Artikeln› und nicht ‹Ich erkläre mich solidarisch mit allen Aktionen.›» Ein kleiner Druckfehler, der die Grenzen von Sartres Übereinstimmung mit der *Gauche prolétarienne* genau kennzeichnete: eine Solidarität des Wortes, aber eine kritische Distanz zu den politischen Aktionen.

Als Sartre einwilligte, die Zeitung durch seinen Namen zu schützen, waren die Überschriften besonders radikal geworden, und der Stil hatte seit Dezember 1969 den Ton wilder proletarischer Romantik angenommen. «Wir sind die neuen Partisanen», verkündete die GP, die gemeinsam mit anderen an der kollektiven Erfindung eines auserlesenen historischen Psychodramas mitwirkte, in dem es von historischen Parallelen strotzte: «Der Tod blendet die Partisanen nicht», «Zerbrecht die Gefängnisgitter unserer Brüder». Schließlich riefen sie aus: «Es lebe die neue Résistance!» Jeder in der Gesellschaft wurde zum Aufstand aufgerufen: die Jugendlichen, die Soldaten, die Arbeiter, die Häftlinge, die ausländischen Arbeiter, die Frauen, die Alten. «Wir wollen die kapitalistische Ordnung stören und die Volksrepublik Frankreich aufbauen», hieß es ununterbrochen. Auf der letzten Seite als Kontrapunkt ein Mao-Tse-tung-Zitat: «Die fünf Kontinente erheben sich zum Sturm.» Ein gewaltiger Kreuzzug, um die bürgerliche Ideologie überall aufzuspüren, zu entlarven, wo man sie antrifft, und sie durch die proletarische Ideologie zu ersetzen. Um neben weiteren Skandalen die Skandale der Polizei, der Pressefreiheit, der Ausbeutung und der betrieblichen Hierarchie anzuprangern. Die proletarische Gewalt wird ausgerufen als Antwort auf die kapitalistische Gewalt, die Unternehmer sollen eingesperrt, gegen die Bullen soll rebelliert, die Kapitalaneignung durch Staat und Unternehmer soll verhindert werden. Eine von der chinesischen Revolution überarbeitete und korrigierte marxistische Analyse, ergänzt durch nostalgische Erinnerungen an die Résistance gegen die faschistische Besetzung im Zweiten Weltkrieg: Als Sartre die GP unter seinen Schutz nahm, war sie zum Jahr II des Klassenkampfs übergegangen. Die schwarz-roten Bilder von einem Arbeitergrüppchen mit gereckter Faust neben den Texten wirkten wie der obligate Bezug auf die an die Ufer der Seine importierte chinesische Kulturrevolution.

Welchen Platz innerhalb dieser neuen Ethik eines revolutionären Heroismus konnte ein erschöpfter bürgerlicher Philosoph einnehmen, dessen tägliche Beschäftigung der Neurose des bürgerlichsten französischen Schriftstellers aus dem 19. Jahrhundert galt? «Abgeordnete kann man lynchen», «Unternehmer kann man einsperren», riefen die «neuen Partisanen» aus. «Kleine Chefs kann man zur Raison bringen», «Der Kampf für die Freiheit bedeutet Wut». Ein komplexes und verrücktes Hin und Her für den Schriftsteller, der sofort diese neuen Herausforderungen und Widersrpüche miteinander vereinbaren will. «Im Grunde genommen hast du also immer aus eigener Initiative dein Denken revidiert?» wird ihn kurze Zeit später, im Dezember 1972, einer der Führer der *Gauche prolétarienne* fragen, nämlich Pierre Victor – das war das Pseudonym von Benny Lévy, der sein letzter Sekretär wurde. «Was für einige von uns ein Problem ist,

ist vielmehr der Umstand, daß du keine Texte von unmittelbarem Nutzen für die aus dem Mai hervorgegangene Bewegung mehr schreiben kannst; statt dessen arbeitest du an deinem *Flaubert* weiter... Wäre es zum Beispiel nicht nützlicher, wenn du einen volkstümlichen Roman schreiben würdest?»[42] Sartre mußte sich neuen Widersprüchen zwischen seiner schriftstellerischen und seiner politischen Praxis stellen, und im maoistischen Milieu versäumte man nicht, wann immer nötig, ihn daran zu erinnern, wie stark er sich von dem idealen revolutionären Intellektuellen unterscheide. Anklagen, Angriffe, Infragestellungen: Seine Kampfgenossen schonten ihn nicht. Das Problem war ja kein leichtes: Der siebenundsechzigjährige Sartre sollte auf das begonnene Buch und auf sein gesamtes theoretisches Denksystem verzichten und ein anderer Intellektueller mit anderen Projekten, anderen Manuskripten und anderen theoretischen Voraussetzungen werden. «Schon seit langem studiere ich Flaubert mit Techniken und Methoden, die ich zu ändern versucht habe», antwortete er. «Und ich glaube nicht, daß dies alles so mir nichts, dir nichts von den Massen in Frage gestellt werden kann. (Wenn ich Flaubert nicht aufgebe, so) weil die drei schon geschriebenen Bände einen vierten verlangen. Ich habe sie kürzlich noch einmal gelesen und dabei auf fast jeder Seite gespürt, daß sie nach einem Schluß verlangen.» «Aber ließe sich dieses ideologische Interesse nicht mit den Forderungen der ideologischen Revolution verschmelzen?» insistiert der Gesprächspartner. «Das ist bloß gar nicht so einfach», erwidert Sartre ein bißchen unwillig. «Damit, daß ihr von mir verlangt, ich solle einen volkstümlichen Roman schreiben, ist nichts getan. Ich muß erst einmal wissen, was das überhaupt ist. Und ob so etwas 1972 von Nutzen sein kann. Sind die volkstümlichen Romane des 19. Jahrhunderts nützlich gewesen?... Und dann, weißt du, es ist auch eine Frage des Alters. Ich kann von Glück reden, wenn ich meinen *Flaubert* noch zu Ende bringe. Dann, danach, einen volkstümlichen Roman? Könnte man versuchen..., wenn ihr mir Zeit laßt. Da ihr mich immer wieder einspannt, komme ich nicht genug zum Arbeiten. Ihr haltet einen schon in Trab... mit meinen 67 Jahren kann ich höchstens davon träumen, daß mir noch ein paar Jahre bleiben, um den Anfang der Revolution mitzuerleben. Die Zukunft ist verschlossen. Und du verlangst von mir, daß ich in diesem Alter noch eine zweite literarische Laufbahn beginne...»[43]

Ein Dialog von Taubstummen, ein leicht pathetischer Dialog. Denn man sieht, wie Sartre gutwillig, selbstkritisch nachdenkt, sich zu überzeugen bemüht. Ist er hartnäckig? Gewiß, wenn es um die Fortsetzung seines *Flaubert* geht, von dem ihn offensichtlich nichts abbringen kann. Hartnäckig, aber auch müde wirkt er in dieser harten Szene: Zum erstenmal hört man ihn sein Alter, seine Gesundheit, das näher rückende Ende seines Lebens erwähnen. Sollte die Robustheit der Schweitzers ihre Grenzen haben? Er scheint jetzt mit gewisser Resignation hinzunehmen, daß sein Sartrescher Stolz nicht allmächtig ist, und mit siebenundsechzig Jahren erstmals seine eigenen Grenzen wahrzunehmen. Er, der sich mit Corydran, Whisky, Tabak und weiteren Aufputschmitteln bewußt zerstörte, schützt sich, schont sich nun und erwähnt seine Müdigkeit. «Für mich kam (der Mai 68) etwas spät», erläutert er im gleichen Gespräch. «Ich hätte ihn lieber mit 50 erlebt. Denn für alles, was ich jetzt mit euch tue, müßte man eigentlich 50 sein. Um einem bekannten Intellektuellen wirklich alles abverlangen zu können, dürfte er nicht älter sein als 45 oder 50 Jahre. Ich kann beispielsweise nicht einmal die Demonstrationen bis zum Schluß mitmachen, weil mein eines Bein nicht mehr will.»[44] Für diesen schmerzunempfindlichen Mann, der nie eigene Grenzen berücksichtigte, äußerte er sich an diesem Tag merkwürdig negativ über seine physischen Kapazitäten. «Wirklich nützlich kann ich sowieso nur noch drei oder vier Jahre sein», ergänzte er. «Wenn man mit 70 noch darauf besteht, sich unter die Aktiven zu mischen, muß man sich mit Auto und Klappstuhl an Ort und Stelle bringen lassen, da ist man für alle anderen eine Last, und man selbst fühlt sich wie ein Trottel. Ich sage das ohne jede Melancholie.»

Trotz den Gesundheits-, Alters-, Ideologie- und Erfahrungsproblemen, die ihn von den maoistischen Genossen trennten, engagierte sich Sartre an ihrer Seite auf der Grundlage eines Konsenses, «einer bestimmten Auffassung von direkter Demokratie»: Das war das «Hauptverbindungsglied» zwischen ihnen. Die politischen Ereignisse sollten ihm die Möglichkeit geben, den Zugang zur Realität mit jenen neuen theoretischen Werkzeugen zu erproben, auch würde er die Grenzen dieser neuen Presse erfahren, zu der er jetzt gehörte: der revolutionären Presse.

Seit dem Mai 68 hatten sich zahlreiche Intellektuelle mobilisiert; sie veröffentlichten Appelle und Proteste und dokumentierten durch ihre Anwesenheit immer, wenn nötig, ihre Opposition zur etablierten Staatsmacht. An Sartres Seite wird man in den jetzt folgenden Monaten fast ständig den lächelnden Kahlkopf Michel Foucault sehen, die rauhe Stimme von Maurice Clavel hören, die große, lange Physiognomie von Claude Mauriac erkennen und viele andere mehr. Ein Trio oder Quartett fast ausschließlich aus Philosophen bestehend, Zeugen der Epoche, Ankläger des Regimes. Doch ob von den übrigen kritischen Philosophen der Zeit unterstützt oder auch nicht, nur ihn verurteilte die französische Presse, als er Herausgeber von *La Cause du Peuple* wurde. Die gaullistische Tageszeitung *La Nation* bezeichnete diese Geste einfach als Show: Er habe das Bedürfnis, «der Star zu bleiben» und «seinen Ruhm zu pflegen». Die Kommunisten schrieben in der *Humanité*, Sartre habe sich völlig vergriffen, als er «groben linksradikalen Provokationen» Vorschub leistete. Nichts Neues also bei diesen Bildern Sartres, die die rechte und die kommunistische Presse verbreiteten. Unter der Fülle von Artikeln, die damals erschienen und sich über diese neue Sartre-Episode mokierten, bemühte sich einer um eine gelassenere und weniger polemische Interpretation: ein Kasten in *Le Monde* von Raymond Barrillon mit der schlichten Überschrift: «Jean-Paul Sartre und die Gewalt». Der Artikel würdigte zunächst an dieser Geste «das Risiko, das jemand, der sich selbst treu bleiben will, damit auf sich nahm», erinnerte daran, daß «seine ganze politische Laufbahn» seit der Befreiung «eine kohärente Folge begründeter Verweigerungen» war und dem «ständigen Bedürfnis» entsprach, «die eigene Einsamkeit in den Dienst der Vernachlässigten, der Isolierten und der Minderheiten zu stellen». Dann schrieb er: «Ob man es billigt oder verurteilt, ein solches Engagement verdient es, ernstgenommen zu werden... Die Sartresche Revolte verdient, daß man über sie nachdenkt. Es verbietet sich, über einen Mann zu lachen, der sich in einem Alter engagiert, in dem viele zur harmlosen Philosophie des ‹Verstehens›, des Vergessens und der Gleichgültigkeit dem gegenüber neigen, was morgen andere erleiden werden!»[45] «Es verbietet sich, über einen Mann zu lachen, der sich in einem Alter engagiert...»: Dieser mutige Satz drückt den Respekt aus, den die Verbindung von zweierlei Werten hervorrufen muß, Alter und Erfahrung einerseits, Generosität und Kohärenz andererseits. Zeichnet Barrillon hier nicht das Porträt des alten Sartre? Ist das nicht das erste öffentliche Foto jener neuen Gestalt, die jetzt die Medien allmählich zur Kenntnis nehmen, jener neuen Sartreschen Rolle, die er bis zu seinem Tode spielen wird?

Von dem Tag an, an dem Sartre der maoistischen Zeitung den Schutz der eigenen Immunität zusagt, werden sich die Ereignisse überschlagen und Sartre und die Sartre-Familie mitziehen. Am 25. Mai 1970 findet, wieder in der Mutualité, eine Veranstaltung zum Protest gegen die Verhaftung der beiden früheren Herausgeber von *La Cause du Peuple*, Le Dantec und Le Bris, statt: geleitet wird sie von Sartre. Am 27. Mai 1970 tritt Sartre im Pariser Justizpalast als Zeuge im Prozeß gegen Le Dantec und Le Bris auf: Die Zeitung wird zwar nicht verboten, aber ihre beiden ehemaligen Herausgeber werden verurteilt. Straßenagitationen und gewaltsame Demonstrationen antworten prompt auf die Gerichtsentscheidungen. Am 4. Juni 1970 beschließen Sartre und seine Freunde die Gründung einer «Gesellschaft der Freunde von *La Cause du Peuple*» unter der Schirmherrschaft von Simone de Beauvoir und Liliane Siegel. Am 20. und 26. Juni 1970 führt die Freundschaftsgesellschaft eine spektakuläre Aktion durch: illegale Verteilung der Zeitung in proletarischen Pariser Stadtteilen. Dabei sind natürlich Sartre und Simone de Beauvoir, aber auch Journalisten wie Jean-Edern Hallier oder Jean-Francis Held; Theaterleute wie Samy Frey oder Patrice Chéreau. Robert Gallimard, Éric Losfeld und Claude Lanzmann übernehmen als anonyme Passanten «verkleidet» die Rolle der Zeugen. Der Hausfotograf von Gallimard schießt ein Bild nach dem anderen. Zunächst vor der Kirche Alésia im 14. Arrondissement, dann auf den großen Boulevards zwischen der Rue du Faubourg Poissonnière und dem Boulevard Bonne Nouvelle: ein belebter Stadtteil zu dieser Mittagszeit vor dem Kino Rex, das in dieser Woche *La vengeance du shérif* spielt, einen B-Western mit Robert Mitchum: Sartre und die anderen verteilen die Zeitung an alle Passanten, insgesamt sind es achtundzwanzig illegale Zeitungsverkäufer.

«*La Cause du Peuple*...», «*La Cause du Peuple*...» Sartre geht auf jeden zu, verteilt die Zeitung, anfangs schüchtern. Er ruft sie zwar mit seiner klaren Stimme aus, doch etwas verlegen. «*La Cause du*

Peuple ...» Immer zahlreicher strömen die Menschen aus den Büros, und Sartre behauptet sich in seiner Rolle als Marktschreier. Die selbstsichere Stimme wird lauter und lauter, immer deutlicher. «*La Cause du Peuple* ...» Nach zehn Minuten ist Sartre Zeitungsverkäufer geworden, er ruft laut und herausfordernd, schreit fast: «*La Cause du Peuple*!» Den als Passanten verkleideten Beobachtern entging die seltsame Metamorphose nicht. «Er machte seinen Job wie ein richtiger Straßenhändler», erzählt Robert Gallimard voller Bewunderung. Dann kreuzen Polizisten auf, die sie auf das Polizeirevier schleppen. Eineinviertel Stunden Personalienfeststellung, als erster kann Sartre wieder gehen. «Zweierlei Maß», titelte *La Cause du Peuple* am 10. Juli und fügt dem Bericht über die Verkaufsaktion die freche Frage an: «Sind Sie eine Persönlichkeit?» – «Zweierlei Maß», heißt die Antwort. Sartre dagegen berichtete im Rundfunk gelassen: «Es ist überhaupt nichts passiert. Wir wurden verhaftet, das heißt festgenommen, weil wir Ausgaben von *La Cause du Peuple* verteilten, die, wie Sie wissen, keine genehmigte, sondern eine Woche für Woche illegal beschlagnahmte Zeitung ist. Darum wurden wir auf das Revier gebracht, wo wir im übrigen *extrem* gut behandelt worden sind ...» Und auf die Frage des Journalisten: «Bemühen Sie sich nicht darum, verhaftet zu werden?» antworete Sartre: «Nein, im Gegenteil, ich bin sehr froh, nicht verhaftet worden zu sein. Dadurch werde ich beim Prozeß derjenigen, die verhaftet worden sind, als Zeuge auftreten können. Worum ich mich bemühe, ist, die Regierung mit ihrer Verantwortung zu konfrontieren.»[46]

Gelang es Sartre, die Regierung mit ihrer Verantwortung zu konfrontieren? Gewiß, er reizte, er störte, doch erreichte er diesmal genausoviel wie im berüchtigten Herbst 1960 während des Algerienkriegs, als er ständig Vorladungen erhielt? In einem ähnelte der Herbst 1970 dem Herbst 1960, in der Kraftprobe zwischen Sartre, dem Unberührbaren, und dem Innenminister. Doch diesmal trieb Sartre die öffentliche Provokation noch weiter: Am 21. Oktober begann der Prozeß gegen Geismar, wo er als Zeuge auftreten sollte. Aber er erschien nicht und schickte den Richtern der 17. Strafkammer ein Telegramm mit den Worten: «Die Würfel sind gefallen, und man wird mir nicht stärker Gehör schenken als bei den anderen Malen, bei denen ich als Zeuge auftrat. Es ist mir wichtiger, auf der Straße und vor der Öffentlichkeit Zeugnis abzulegen.» Das tat er an diesem Tag tatsächlich, und mit dieser Provokation wollte er beweisen, daß jede staatliche Justiz Lug und Trug sei. Am Mittwoch, dem 21. Oktober 1970, bot Sartre eines der ersten dieser legendär gebliebenen Bilder: Ein kleiner Mann mit einer beigen Wildlederstrickweste über einem weißen Pullover, darüber eine Jacke mit einem Kragen aus Pelzimitation, stand auf einem Ölfaß und sprach mit einem Mikrofon in der Hand zu den Arbeitern von Renault-Billancourt am Fabriktor. An diesem Mittwoch im Herbst 1970 um halb drei auf der Place Bir Hakeim sagte Sartre: «Genossen, in diesem Augenblick sollte ich vor Gericht im Prozeß gegen Geismar aussagen. Statt dessen bin ich gekommen, um vor euch auszusagen... Geismar, den man aburteilt, das ist das Volk selbst. Das heißt das Volk, das... die Kraft erkennt, die es selber hat, und das gegen jene aufsteht, die es knechten wollen... Es gibt noch einen dritten Grund, warum ich vor euch spreche: nämlich daß ich ein Intellektueller bin, und es hat vor nunmehr einem Jahrhundert das Bündnis des Proletariats und der Intellektuellen gegeben... Seit Anfang unseres Jahrhunderts besteht es nicht mehr; wir müssen es wieder zustande bringen... Nicht damit die Intellektuellen den Arbeitern gute Ratschläge erteilen, sondern um eine neue einige Masse zu bilden, die den Standpunkt der Intellektuellen verändert, die sie in ihrem Handeln selbst umwandelt und damit eine feste und gefürchtete Vereinigung schafft. Die Tatsache, daß ihr mich hier angehört habt, ist ein Anfang. Wir müssen uns auch aus anderen Anlässen wieder treffen. Für den Augenblick sage ich euch nur: ‹Befreien wir Geismar›.»[47]

«Die Arbeiter ließ es kalt», berichtet André Guérin in *L'Aurore*, «und Sartres Zuhörer bestanden nur aus einer Handvoll Maoisten, die er selber mitgebracht hatte... Wurde rund um das Faß gelacht? Vermutlich nicht. Der Anblick dieses alten erschöpften Mannes, der in der selbstauferlegten Rolle verharrt, war eher traurig. Wann wird er begreifen, daß man nicht ewig eine tumultuöse Karriere fortsetzen kann, die zur Zeit der Walküren mit Pferdeschwanz von Saint-Germain-des-Prés ausging, indem man sich für immer peinlichere Kursschwenkungen Beifall holt? Einem Mittelmäßigen ohne Talent würde man alles verzeihen. Doch Jean-Paul Sartre... bleibt ein großer Romancier und ein großer Dramatiker.»[48] Vom Respekt von Raymond Barrillon bis zur Traurigkeit von André Guérin, von *L'Aurore* bis *Le Monde* suchen die französischen Journalisten nach Worten, wie sie die verschiedenen Elemente des Sartre-Puzzles zusammenfügen könnten: hier ein kohärenter und großzügiger alter Mann; dort ein seit langem anerkannter, aber lärmender und mitleiderregender Schriftsteller? Das letzte Bild fast eine Karikatur eines Philosophen mit müdem Gesicht vor einer rudimentären Kulisse: Ölfaß, Arbeiter, Mikro, Lederjacke. Dennoch, auch wenn *L'Aurore* den lächerlichen, müden Philosophen auf seinem lächerlichen Ölfaß stigmatisiert, bekundet sie doch ihre Hochachtung für den bedeutenden Schriftsteller und Dramatiker... Traditioneller Respekt des französischen Journalisten vor den eigenen Intellektuellen, was auch immer ihre Exzesse sein mögen.

«Wir hatten gesagt: Der Sommer wird heiß werden, und der Sommer ist heiß gewesen. Jetzt sagen wir: Der Herbst wird glühend werden. Er muß es sein, und er wird es sein!» Im Herbst 1970 verschärfen die Führer von *La Cause du Peuple* den Ton. Für die großen Pläne, die man hegte, war Sartre inzwischen auch Herausgeber der Zeitung *Ce que nous voulons: Tout* geworden, des Organs der maoistisch-libertären Gruppe *Vive la Révolution*, wo man unter anderen wieder auf Roland Castro traf. «Ich bin bereit, *Tout* herauszugeben, genauso wie ich bereit war, *La Cause du Peuple* herauszugeben, was ich nach wie vor tue. Diese beiden Zeitungen stimmen in vielen Punkten nicht überein, und ich persönlich bin nicht unbedingt mit allem einverstanden, was hier geschrieben steht. Aber darum geht es nicht: die lächerlichen und beschämenden Prozesse, die die Regierung über ein Ausnahmegericht gegen die Verkäufer der *Cause du Peuple* führt, zeigen, daß die herrschende Klasse die Beseitigung jeglicher revolutionären Presse beabsichtigt... Da man mich bei den laufenden Prozessen nicht einmal angeklagt hat», schloß Sartre provozierend, «stelle ich mich jeder revolutionären Zeitung zur Verfügung, um die bürgerliche Klasse zu zwingen, mir entweder einen politischen Prozeß zu machen, dessen Gegenstand diesmal eindeutig die Pressefreiheit sein wird, oder, wenn sie mich anklagt, die klare Illegalität der Repression zu enthüllen.»[49] Zwischen *La Cause du Peuple* und *Tout* gab es trotz gemeinsamen Kämpfens und Feinden einen offenkundigen Unterschied im Stil. *Tout* erschien im Vierfarbdruck, war buntscheckig, von erfrischender Frechheit, mit Briefen und Artikeln zu den unterschiedlichsten Themen vom Hochpolitischen bis zur Sexualität: Der anarchistische Geist war hier eindeutig lebendiger als bei der strikt dogmatischen und sektiererischen *Cause du Peuple*. Sartre deckte, zumindest zu diesem Zeitpunkt, beide Publikationen; von den kämpferischsten Parolen der *Gauche prolétarienne* bis zu den libidinöseren Losungen von *Vive la Révolution*: «Zieht die Zukunft aus dem Dreck», proklamierten letztere und fügten fröhlich hinzu: «Die Enragés leben noch.»

Welche Kämpfe brachte der angekündigte glühende Herbst, vom Geismar-Prozeß und der Faßpremiere in Billancourt abgesehen? Am 12. Dezember war Sartre in Lens Vorsitzender eines Volkstribunals aus Protest gegen den Tod von sechzehn Bergarbeitern nach einer Schlagwetterexplosion in den Houillères du Nord. «Die einzige wichtige Frage lautet», erklärte er, «wer ist für den Mord in Fouquières verantwortlich? Wir haben die Affäre dem Schwurgericht weggenommen und sie vor ein Ausnahmegericht gestellt, weil die bürgerliche Justiz keine Justiz ist... Die Justiz geht allein vom Volke aus.»[50] Darauf folgte im Februar 1971 eine große Kampagne gegen die Haftbedingungen in den französischen Gefängnissen; Foucault, Domenach, Vidal-Naquet und viele andere gründeten eine Informationsgruppe über die Gefängnisse. Sie bemühten sich, die Bewegungen und Hungerstreiks zu verfolgen und zu unterstützen, die sich wie ein Lauffeuer in den Gefängnissen von Melun, Toul, Limoges, Nancy-Charles III, Thionville usw. ausbreiteten. Auf einer Pressekonferenz am 5. Januar 1972 erklärte Sartre: «Was ist ein Häftling? Ein Mensch, den man gegen seinen Willen eingesperrt hält. Warum sperrt man ihn ein? Weil er eine individuelle Revolte gegen unsere finstere Gesellschaft gewagt hat... Man betrügt uns. Eine aus der Angst hervorgangene Regierung enthält uns Informationen vor. Man beutet uns aus, man unterdrückt uns, aber wir gehen abends nach Hause. Sie nicht, sie gehen nicht abends nach Hause, denn sie sind eingesperrt.»[51] Sartre und mit ihm seine Freunde engagierten sich auch gegen die rassistischen Attentate auf ausländische Arbeiter. Wieder gemeinsam mit Foucault, Clavel, Mauriac, demonstrierte er an der Goutte-d'Or in Paris, in Ivry, in den südlichen Vororten und marschierte an der Spitze einer Delegation zum Justizministerium auf der Place Vendôme.

Am Montag, dem 14. Februar 1972, folgte sein zweiter Auftritt bei den Renault-Werken in Billancourt. Es ging um die Unterstützung eines durchgängig verschwiegenen Hungerstreiks, mit dem entlassene Arbeiter ihre Wiedereinstellung durchsetzen wollten. «Um halb vier», erzählt Jean-Pierre Barou, «traf Sartre in einem kleinen Lieferwagen ein, den die Maoisten gemietet hatten... Während der Fahrt wurde geschwiegen. Die zwei Holzbänke, die zu dem Anlaß angebracht worden waren, schepperten ständig gegeneinander. Der Fahrer verkündete: ‹Wir sind durch das Tor durch›.»[52] Auf diese konspirative Art und Weise gelangte Sartre, begleitet von Journalisten und maoistischen Militanten, ins Innere der Île Seguin, um das Geheimnis dieses «sogenannten verstaatlichten» Betriebs, der eigentlich ein «Verbannungsort» ist, zu lüften. Das Grüppchen wurde vom Wachpersonal schnell hinausgeworfen, nicht ohne eine gewisse Gewaltanwendung, und die Presse berichtete ausführlich darüber. Dennoch – und Barous Bericht läßt die ganze Bedeutung der Angelegenheit erfassen –, wenn Sartre ein zweites Mal in das Renault-Gelände eindrang, war das weniger bloße Provokation, wie man oft glaubte, sondern das letzte Mittel einer Aktion, die ohne seine Unterstützung weiterhin völlig verschwiegen worden wäre, da die einen wie die anderen ihre Hilfe verweigert hatten. «Um 12 Uhr mittags stellte Pierre Victor die Situation dar; die Sackgasse, in der sich die Maos befanden, die geplante Aktion für den Nachmittag. Sartre arbeitete an seinem *Flaubert*. Er legte den Füller hin und ging hinunter... Er hörte sich Pierre Victor an... ‹Du bist unsere letzte Chance...› Sartre war nicht überrascht. Ich höre noch seine warme und heisere Stimme: ‹Einverstanden›.»[53]

Trotz seiner punktuellen Unterstützung solcher politischen Aktionen, trotz seiner Schirmherrschaft für drei maoistische Zeitungen – im Januar 1971 übernahm er die Herausgeberschaft von *J'accuse*, die später mit *La Cause du Peuple* fusionierte – war zwischen Sartre und den Maos nicht alles zum Besten bestellt. Und wenn diese zwei Jahre linskradikalen Engagements ihm auch die Möglichkeit boten, sich endgültig von der «K»PF – wie die Linksradikalen sie nunmehr schrieben – frei zu machen, so machten sich doch gelegentlich einige Spannungen bemerkbar. Zum Beispiel als ihn im Sommer 1970 Jean-Edern Hallier und Thomas Savigneau, zwei Journalisten von

L'Idiot international, interviewten und Sartre, um den Status und Auftrag des revolutionären Intellektuellen im Gegensatz zum klassischen Intellektuellen zu definieren, seine jüngste Erfahrung an der Seite der maoistischen Revolutionäre analysierte. Die Herausgeberschaft von *La Cause du Peuple* hat mich «radikalisiert», sagte er. «Ich halte mich heute für jede politisch richtige Aufgabe, mit der ich betraut werde, zur Verfügung. Und die Leitung von *La Cause du Peuple* habe ich nicht als Bürgschaft eines Literaten übernommen, der die Pressefreiheit verteidigt. Nein, ich habe sie einfach übernommen als eine Tat, mit der ich mich engagiere an der Seite von Leuten, die ich sehr schätze, deren Ansichten ich gewiß nicht alle teile, aber es ist kein rein formales Engagement...» Kritisch wurde er, als man ihn um sein Urteil über die Qualität der revolutionären Presse, über die oft anfechtbare systematische Aufblähung kleiner Informationen bat. «Ich stelle mir eine revolutionäre Presse vor, die von positiven Aktionen berichtet, aber auch sagt, welche Aktionen nicht positiv sind. Solange man beim Siegesgeschrei bleibt, bewegt man sich auf der Ebene von *L'Humanité*. Das ist unbedingt zu vermeiden», antwortete er. «Es gibt alte Techniken der Lügen, die ich nicht mag... Aber schlimmer ist, daß die bürgerlichen Zeitungen mehr die Wahrheit sagen als die revolutionäre Presse, selbst wenn sie lügen. Sie lügen weniger. Sie manipulieren zwar die Wahrheit, aber sie verschweigen nicht die Tatsachen. Es ist doch schlimm, daß die revolutionären Zeitungen den bürgerlichen Zeitungen, was die Wahrheit angeht, nicht überlegen sind, sondern unterlegen sind... Die Revolutionäre wollen sie nicht sehen. Man hat sie mit bequemen Halbwahrheiten gefüttert. Sie leben mit Träumen. Wir müssen bei allen, auch bei uns selbst, eine Vorliebe für die Wahrheit entstehen lassen.»[54]

Wie man sieht, der kritische Blick äußerte sich hart; aber er wird ihn nicht daran hindern, bis zum Sommer 1973, also solange die Mannschaft von *La Cause du Peuple* bestand und solange er noch sehen konnte, Weggefährte der Maoisten zu bleiben. «Es knisterte», kommentierte später Pierre Victor jene Spannungen. Im Zusammenhang mit einem Mord in Bruay-en-Artois kam es zu einer weiteren Krise, als einige einer Bourgeoisie, die sie *a priori* für schuldig hielten, voreilig einen globalen Prozeß machten, weil es sich um den Mord an einer Arbeitertochter handelte. «Eröffnung einer Diskussion über *La*

Cause du Peuple: Selbstkritik», schrieb Sartre. «1970 hörte man in *La Cause du Peuple* neue, ungewohnte Töne. Heute ist sie erbaulich wie ein Vereinskomitee. Natürlich muß eine radikale Orientierung beibehalten werden, aber schlechte Gewohnheiten sind eingerissen, die abzulegen wir viel Zeit brauchen werden. Wir müssen zum Beispiel den Feind ernster nehmen, seine Gründe, seine Taktik erklären.» Neben Sartres Namen stand «In Übereinstimmung mit dem gesamten Redaktionskomitee».[55]

Was war Sartre in seinen «Mao-Jahren» am wichtigsten? Der Aktionismus, der revolutionäre Journalismus, die theoretischen Diskussionen, die Entlarvung des Staates? In Wirklichkeit scheint es eine Art Herzlichkeit, freundschaftlicher Atmosphäre gewesen zu sein, die er zuvor in den politischen Gruppen, in denen er verkehrte, nie gefunden hatte. «Ich habe Beziehungen zu Kommunisten, zu Trotzkisten gehabt», erklärt er in einem Interview, «aber nie kam Herzlichkeit auf. Man redete über Politik, und dann gute Nacht! Aber bei den Maos gab es wirklich menschliche Beziehungen. Wenn wir miteinander redeten, machten wir es als Leute, die beschlossen hatten, etwas Gemeinsames zu tun, die sich aber auch zum Kino oder zu diesem oder jenem hätten treffen können. Mit Benny redete ich ständig über Philosophie... Mich hat die moralische Auffassung der Aktion und der menschlichen Beziehungen angezogen. Für mich waren die Maoisten in erster Linie das.»[56] Freundschaft und Metaphysik: das scheinen die beiden Hauptwerte gewesen zu sein, die Sartre in der maoistischen Gruppe entdeckte. Und paradoxerweise kehrt er über die politischen Diskussionen mit ihnen wieder zur Philosophie zurück. Er arbeitete in einer Gruppe von Studenten mit, die seine Enkel hätten sein können und von denen ihn anfangs fast alles trennte: Trotzdem fand er im Laufe der Begegnungen die Freude am philosophischen Gespräch wieder, wie er sie fünfzig Jahre früher bei philosohischen Gesprächspartnern wie Nizan, Aron, Simone de Beauvoir und später Merleau-Ponty erlebt hatte. Vor allem mit Benny Lévy (Pierre Victor) schien er in gemeinsamen Diskusisonen und Fragestellungen, die sich immer um Politisches drehten, eine Verständigungsebene gefunden zu haben. «Ich bin nicht Maoist», bekräftigte Sartre wiederholt. «Gewalt, Spontaneität, Moralität: das sind für die Maoisten die drei unmittelbaren Kennzeichen der revolutionären Aktion.»[57] Auch die Radikalität der Maoisten und ihren extremen Aktionismus nimmt Sartre von seinem Flaubert-Exil als echte Aktionsmerkmale wahr. Und triumphierend sah er, wie das altgewordene und verstaubte Frankreich der sechziger Jahre, an dessen Spitze de Gaulle, ein Mann des 19. Jahrhunderts, immer noch an der Macht war, unter den Schlägen der Linksradikalen nachgab. «Die Studenten und die Arbeiter merkten, daß die alte bürgerliche Gesellschaft im Eimer war und sich nur noch durch den Schlagstock der Bullen am Leben erhielt», wird er kommentieren.

Was wird von der Maoperiode in Sartres Leben bleiben? Eine Freundschaft mit einem der Führer der *Gauche prolétarienne*, Pierre Victor: Der Normalien und Philosoph wird von 1973 bis Sartres Tod sein letzter Sekretär und sein letzter Gesprächspartner sein. Eine angefochtene, schwer zu analysierende Beziehung. Bleiben wird auch die Mobilisierung für das Lip-Abenteuer: Machtübernahme durch die Arbeiter innerhalb einer Fabrik, Euphorie der praktischen Umsetzung, Jubel über die direkte Demokratie der Selbstverwaltung. Bleiben wird vor allem das *Libé*-Abenteuer. Denn Sartre wird bereit sein, gemeinsam mit anderen im Juni 1971 eine revolutionäre Presseagentur zu gründen: die Presseagentur *Libération*, dann die Tageszeitung *Libération*, deren erste Ausgabe am 23. Mai 1973 das Licht der Welt erblickte. Um den Erfolg dieses Unternehmens zu sichern, nahm er übrigens freiwillig einige Zeit Abschied von seiner Schreibarbeit, das heißt von seinem *Flaubert*. Denn das *Libération*-Projekt ist für ihn wie ein neues Buch, eine konkrete Umsetzung seiner Unterstützung der Linksradikalen vom Mai 68 und seiner Mao-Jahre. «Für sechs Monate lasse ich Literatur und Philosophie fallen», erklärte er damals, «es soll nicht behauptet werden können, ich hätte nicht alles für diese Zeitung getan.» Von seinen ersten öffentlichen Auftritten im Mai-Juni 1968 an hatte er sich eine der großen Schuldigen der französischen Gesellschaft vorgenommen: die bürgerliche Presse. «... die öffentliche Meinung in Frankreich ist dumm – wie jede öffentliche Meinung. Sie ist dumm, weil schlecht informiert, und schlecht informiert, weil die Presse ihre Arbeit nicht tut.» Er berichtet von revolutionären Aktionskomitees «vor dem Zeitungskiosk an der Ecke Raspail/Montparnasse», von den spontanen, hitzigen, öffentlichen Diskussionen, die auf den Bürgersteigen entstehen und wo «auf der Straße die Arbeit» geleistet werde, «die eigentlich Aufgabe der Presse wäre.»[58] Außerdem hatte er die Entwicklung und die Exzesse der revolutionären und sektiererischen Presse sehr genau verfolgt; er hatte sie ja sogar, wir haben es gesehen, in einem Gespräch mit *L'Idiot international* einer kritischen Analyse unterzogen.

Sartre wird zwei Schreibpraktiken parallel betreiben: Über Flaubert wird er das literarische Schreiben, das aus dem 19. Jahrhundert ererbte Schreiben als Zeremonie analysieren und zurückweisen. Gleichzeitig wird er sich für das journalistische Schreiben begeistern und an der Findung eines Stils arbeiten, der der «gesprochenen Kommunikation» entspricht, woraus *Libération* werden sollte. Er läßt sich als Schriftsteller für zwei Welten einspannen: eine sterbende und eine entstehende Welt. Er kniet sich in zwei einander ergänzende und antagonistische Projekte hinein: Liquidierung des erworbenen Erbes und Findung neuer Formen des Schreibens. Soll man im Zusammenhang des *Libération*-Abenteuers von «Avantgarde» sprechen? Unübersehbar umfaßte das Projekt eine Suche nach neuen Informationsformen und konkrete Schritte eines echten Experimentierens, reale Risiken, wirkliche Herausforderungen. Technische, finanzielle und ideologische Herausforderungen. Sartre spendete Geld – die 30000 Francs, die er für *On a raison de se révolter*, die Gespräche mit Gavi und Victor, erhalten hatte. Er steuerte Zeit und Ideen bei und ließ das auch wissen. Er nahm an Pressekonferenzen zur Ankündigung der Tageszeitung teil, er fuhr allein nach Lille, nach Lyon, sagte eine Teilnahme an der Radiosendung «Radioscopie» zu, in der er sich bemühte, so wenig wie möglich von sich und soviel wie möglich von *Libération* zu sprechen. Dieses Abenteuer war eigentlich das konkreteste Mittel, aus seiner politisch-agitatorischen Phase an der Seite der Maoisten herauszukommen: Damit versuchte er zahlreiche in jenem Konsensus gemeinsam entwickelte Vorstellungen praktisch umzusetzen. «Wir glauben an die direkte Demokratie», erklärte er, «und wir wollen, daß das Volk zum Volk spricht... Wenn es gelingt, das, was an der Sprache des Volkes am faszinierendsten ist, wiederzugeben, dann wäre das eine neue Schreibweise... Die Gesten, die Betonungen müssen neu erfunden werden... Wenn wir diesen Stil, der der Stil *aller Libé*-Artikel sein sollte, finden, dann ist, glaube ich, unser Erfolg sicher.»[59] Er sprach von seiner Ergriffenheit, als er hörte, wie Arbeiter, Streikende, Demonstranten, die von dieser neuen Art Presse erfuhren, ihre Begeisterung, ihre Erleichterung, ja ihre Befreiung zum Ausdruck brachten. «Wir wollen», sagte er weiter, «die *Akteure* der Ereignisse befragen, wir wollen, daß *sie* das Wort erhalten...» Finanzierung durch das Volk, Meinung des Volkes, frei übernommene direkte Demokratie: War *Libération* nicht diese ideale Gegenmacht, von der alle revolutionären Presseorgane geträumt, alle Veranstaltungen seit 68 geredet hatten? Begeistert über diesen konkreten Traum begab sich Sartre mit anderen auf das Schiff *Libération* wie ein glücklicher Jugendlicher, setzte alles oder fast alles dafür ein und war sogar zum großen Erstaunen mancher bereit, eine Zeitlang auf den *Flaubert* zu verzichten, ein Beweis dafür, daß zumindest in seinem Kopf beide Projekte einander die Waage hielten. Das galt auch noch im Herbst 1973, als Sartre erblindete. Sowohl *Flaubert* wie auch *Libé* muß er aufgeben, da er nun endgültig nicht mehr in der Lage ist, zu schreiben, zu lesen oder zu arbeiten.

Zwischen Flaubert und den Maoisten: wieder ein abgeschlossenes Kapitel in Sartres Leben. Im Herbst 1945 war er, mitgerissen von dem spektakulären Aufblühen der neuentstehenden Presse, aus dem Schweigen des Zweiten Weltkriegs aufgetaucht. Später hatte er über Konflikte und Umwege die unterschiedliche Entwicklung dieser Presse in den fünfziger und sechziger Jahren verfolgt: Man erinnert sich an die Gründung der *Temps Modernes* oder an die *Nekrassow*-Episode mit dem Sartre-Lazareff-Zwischenfall. Das *Libération*-Abenteuer stellt einen Höhepunkt aller stattgefundenen oder gescheiterten Dialoge dar, die Sartre mit den Medien seiner Zeit zu führen versuchte. Ist seine Unterstützung für eine in der bürgerlichen Presse so verrufene kleine Gruppe keine Wette, kein Erfolg? Abgeschlossen auch der Pragmatismus seiner politischen Interventionen: Nach dem RDR-Experiment im Jahre 1947 hatte er jedes neue politische Experiment im Rahmen einer Partei vermieden; von nun an unterstützte er von außen und punktuell unterschiedliche Organisationen, darunter nicht zuletzt die KPF. Als er 1970 von den Maoisten mobilisiert wird, findet er zu einer anarchisierenden linksradikalen Strömung zurück, macht die freudige Erfahrung, die KPF links zu überholen und jede dieser kleinen Initiativen zur gesellschaftlichen

Unruhe zu begleiten, die ihn seit den dreißiger Jahren mit der damals noch abstrakten Vorstellung einer direkten Demokratie verbanden. Seine jüngsten journalistischen und politischen Erfahrungen an der Seite von französischen Linksradikalen fußten auf allen seinen vergangenen Versuchen und allen seinen Leidenschaften. Chaotisch und sporadisch hatte er sie unternommen während der Erholungspausen, die ihm sein Hauptarbeitsinstrument erlaubte, das sich nun sperrte, sträubte und sich manchmal verweigerte: sein gerade siebenundsechzigjähriger, aber so verbrauchter, so erschöpfter Körper. Doch keiner merkte oder wollte damals merken, daß Sartres Werk abgeschlossen war.

«Das Krebsgeschwür der Nation», meldet die rechtsextremistische Wochenzeitung *Minute* damals, die schon wieder «Sartre ins Gefängnis!» ruft. Man warf ihm vor, bestimmte Artikel in der linksradikalen Presse durch seinen Namen zu decken, und für *Minute* wurde er abermals zum idealen Sündenbock in diesem sich wandelnden Frankreich. «Vorsicht, der Mann ist vielleicht drogensüchtig», hatten die Redakteure von *Tout* als Provokation unter ein kleines Sartre-Foto neben einem ziemlich banalen Artikel über die neuen Suchtmittelaufspürtechniken gesetzt. «Hiermit weisen wir Ärzte und Bullen darauf hin», schrieben sie, «daß der Herausgeber von *Tout* alle üblichen Symptome der Drogensucht aufweist... Nachlässige Kleidung... Zwielichtiges Benehmen... Beziehungen zu bekannten Drogensüchtigen... Versteckt sich gern an ungewöhnlichen Orten: Bistros, Veranstaltungspodien, diversen Hinterzimmern...»[60] Was die ungewöhnlichen Orte betrifft, sollte er sich jetzt für den letzten Abschnitt seines Lebens am Boulevard Edgar-Quinet versteckt halten: Als er blind wurde, mußte er auf Bitten der Eigentümerin den Boulevard Raspail verlassen und eine neue Wohnung beziehen; in einer so schwierigen Phase mußte er auch einen neuen Sekretär, neue Lebensgewohnheiten annehmen. Am 30. Januar 1969 starb mit siebenundachtzig Jahren Madame Mancy. Trotz diesem Schock interessierte sich Sartre kaum für die Ordnung ihrer Papiere, ihrer Reliquien. Genauso desinteressiert war er auch an seinem Umzug, an den Möbeln, die für den Boulevard Edgar-Quinet neu gekauft wurden, an dem Transport seiner unvollendeten Manuskripte.

IM SCHATTEN DES TURMS

Ich sollte mich mit Arlette in einer Art Krankenhaus für kriegsversehrte Schauspieler treffen, wo sie freiwillige Krankenschwester war. Es war auf dem Land, sie ging dort revolutionären Aktivitäten zugunsten der Landarbeiter nach. Ich stand an der Ecke der Rue Jacob und der Rue Bonaparte und wollte in die Rue de l'Université einbiegen, die zu diesem Ort führte. Da merkte ich, daß ich etwas vergessen hatte, vielleicht die Handschuhe, und ich lief zurück. Es fing an zu gießen, Gewitter und Sturm kamen auf, ich spürte zwar nicht den Regen, aber es war wie eine pechschwarze Nacht, man sah überhaupt nichts. Hinter mir lief ein Arbeiter, dem ich mißtraute und der mir sagte: Man sieht nichts mehr, was für ein Gewitter. Ich habe irgendeine Antwort gegeben wie ‹Das kann man wohl sagen!›, obwohl ich wußte, daß ich wenigstens das Tor meines eigenen Hauses sehen konnte... Daraufhin wachte ich auf.»[1]

Diesen seltsamen Traum hatte Sartre am Freitag morgen, dem 10. Februar 1961, nachdem er die Nacht bei Arlette verbracht hatte; nach dem Aufwachen hatte sie Sartres Bericht gewissenhaft in ihrem Heftchen notiert: Es war die Zeit, als er von einer Analyse bei Pontalis redete. Vorahnung einer zukünftigen Erblindung? Diffuse Angst vor dem Tod? Warum träumte er so präzise und zwölf Jahre im voraus von dieser «totalen Nacht»? Warum dieser Regen, der nicht naß macht? Das Krankenhaus für kriegsversehrte Schauspieler? Warum das Gewitter, der Sturm? Und die vergessenen Handschuhe? Warum das Mißtrauen gegenüber dem Arbeiter? Und die Privilegiertheit desjenigen, der trotz der «pechschwarzen Nacht» doch noch das «Tor des eigenen Hauses» sehen kann? Wäre die Traumdeutung eine Wissenschaft, könnte sie vielleicht wertvolle Schlüssel für das Sartresche Unbewußte, seine Obsessionen, seine eigenen Selbstprojektionen auf das zukünftige Leben liefern. Ahnte er schon im Jahre 1961, daß er erblinden würde? Daß seine Corydran-Exzesse, seine Diätmißachtung unvermeidlich zur Erkrankung führen würden? Im Herbst 1973 trat er in seine Schattenjahre ein.

«...mit meinem Beruf als Schriftsteller ist es vorbei... Das einzige Ziel meines Lebens war das Schreiben... In gewissem Sinne nimmt mir das jede Daseinsberechtigung: ich war, aber ich bin nicht mehr, wenn Sie so wollen... (ich) bin... vor allem ein Mann der Feder, und es ist zu spät, mich zu ändern. Hätte ich das Sehvermögen mit vierzig Jahren verloren, hätte es vielleicht anders sein können... Dieses Herausarbeiten des Sinns durch stilistische Arbeit ist genau das, was ich nicht mehr machen kann, weil ich keine Möglichkeit zum Korrigieren mehr habe... Ich war gewohnt, allein zu lesen, allein zu schreiben... diese Abhängigkeit ist mir etwas unangenehm.»[2]

Anläßlich seines siebzigsten Geburtstages am 21. Juni 1975 antwortet Sartre auf die Fragen von Michel Contat in einem Interview, das im *Nouvel Observateur* unter der rembrandtschen Überschrift: «Selbstporträt mit siebzig Jahren» erschien. Das Gespräch ist, wie man sieht, weder gefällig noch optimistisch: Es ist die nüchterne, in bester Sartrescher Tradition grausame Bestandsaufnahme seines physischen Verfalls, seiner Behinderungen und der neuen Herausforderungen, die er zu bewältigen versucht. Sartre hat sich dieses Gespräch nicht gewünscht, ihm aber zugestimmt: Er wird also von sich sprechen, da man ihn darum bittet, und er wird es ohne Beschönigung tun im Namen jener bekannten Kategorie der Transparenz. Andere wären dem verlegen aus dem Weg gegangen. Sartre stellte sich rückhaltlos, mit seiner tiefen, ruhigen und klaren Stimme, mit größter Natürlichkeit, ohne jegliche Weinerlichkeit sprach er ein derart unwiderrufliches, derart hoffnungsloses Urteil über seinen eigenen Gesundheitszustand, daß man sich ein dramatischeres Altern eines Schriftstellers kaum vorstellen kann.

Vom Herbst 1973 an existiert der Schriftsteller Sartre nicht mehr. Er wird noch knappe sieben Jahre durch die Dunkelheit tappen, abgesehen von den seltenen Augenblicken, in denen er ein seitliches Sehvermögen zu haben meinte: Dann, sagte er, sehe er vage Formen sich bewegen, und das sei alles. Schon mit vier hatte er das Sehvermögen des rechten Auges verloren. Jetzt läßt sein einzig gesundes Auge, sein linkes Auge nach: Er ist siebenundsechzig. Bluthochdruck, Thrombose einer Stirnvene, dreifache Blutung hinter dem Augapfel, Arterienschwäche, Schwächung der Abwehrkräfte auf Grund des Alters, der diversen Exzesse, vor allem mit Tabak, Alkohol und unterschiedlichen Aufputschmitteln: Die Diagnose steht fest. Die Erblindung, das endgültige Ende seiner Schriftstellerlaufbahn ist eigentlich nur ein Randphänomen seiner vielen Bluthochdruckkrisen, seiner Schläfrigkeit, seiner Absencen, seiner Gleichgewichts- und Kreislaufstörungen in Kopf, Beinen und Armen. Frühzeitig wurde Sartre von seinem Körper, diesem Arbeitsinstrument, dem er in seinen Glanzjahren derart viel abverlangt hatte, im Stich gelassen. Nunmehr von seiner Umgebung abhängig, ob im Alltag, beim Essen, Ausgehen oder bei Arztbesuchen, wird Sartre in seinem berüchtigten Stolz versuchen, ohne fremde Hilfe auszukommen. «Ich sehe doch, ich sehe doch», sagte er manchmal, um niemandem zur Last zu fallen oder um sich selbst davon zu überzeugen. Der jetzt auch in seinem intellektuellen Leben abhängige Sartre wird über Tageszeitungen oder Bücher, die ihn interessieren, informiert werden, wenn einer seiner Vertrauten sie ihm vorliest, er probiert ein neues Verhältnis zum Denken, neue kollektive Schreib- oder Denktechniken aus, vertieft im Kollektiv eine Reflexion, die er nicht mehr alleine bewältigt, da er sie nicht schriftlich festhalten und vor allem nicht nachlesen kann.

Von jetzt an wird er nach einem anderen Rhythmus leben, dem von Dritten, dem von Klängen und Musik, und den Verlust seiner Selbständigkeit, seines Entscheidungsvermögens bescheiden hinnehmen. Diese Bescheidenheit macht neugierig: Man fragt sich, wie ein Mensch, der mit solchem Stolz, solcher körperlichen Kraft ausgestattet war, der über ein Privatleben wachte, das er abgeschottet hielt wie kein anderer, der dank außergewöhnlichen intellektuellen und psychischen Fähigkeiten ein beeindruckendes Werk geschaffen hatte, von dem ein enger Personenkreis abhängig war, wie ein solcher Mensch den plötzlichen Zusammenbruch des ganzen Systems erträgt, das er – als legendärer Pelikanvater – erfunden, entwickelt und gefestigt hatte? Seinen Freunden zufolge bewies Sartre eine Art Stoizismus, nahm diese Folgen aus seinen Corydran-Jahren ohne Resignation, ohne Verbitterung auf sich. Allerdings dachte er sich immer wieder Strategien aus, um seine Blindheit zu überlisten, um seitliche Winkel auszumachen, von denen aus er besser Konturen wahrnehmen, das Licht einfangen könnte. So überraschte er eines Tages Castor: Ein Taxi hatte sie im Hotel abgeholt, um sie zu einem Restaurant zu bringen, das sie gut kannten. «Das ist nicht der richtige Weg», sagte Sartre nach fünf Minuten und bewies damit, daß er anwesender war als vermutet.

Obwohl es seinen eigenen Worten zufolge mit seinem Beruf als Schriftsteller vorbei war, setzte er bis zum Schluß etwas fort, was von weitem einer «intellektuellen Aktivität» ähneln konnte, als käme die Sartresche Denkmaschine nie zum Stillstand. Während dieser sieben Jahre – abgesehen von den schlimmen Krisen, bei denen er periodisch das Bett hüten mußte und Phasen von beinahe vollkommener Geistesabwesenheit und Schläfrigkeit durchmachte – ließ er die Maschinen zwar langsamer laufen, gab aber nie vollständig nach, sondern versuchte, im Rahmen seiner angegriffenen körperlichen Möglichkeiten unbedingt das Gesicht zu wahren. Jeden Morgen arbeitete er mit Pierre Victor an gemeinsamen Projekten. Vom Sommer 1974 an begann er eine Reihe von Tonbandgesprächen mit Castor – «Wir werden uns gegenseitig über unser Leben befragen», hatte er mit viel Stolz Robert Gallimard angekündigt –, ein Unternehmen, das eine Fortsetzung von *Les mots* sein sollte. Wir werden später sehen, was aus diesen Projekten wurde. Zunächst hat er das neue, eigene Territorium zu erproben, wo man ihn nunmehr aufsucht, Nummer 29 am Boulevard Edgar-Quinet.

Der Boulevard Edgar-Quinet ist eine eigenartige Verkehrsader, die wegen der Mittelallee leicht ländlich wirkt und wegen der Grabsteinläden, der Stände mit Orchideen aus lila Plastik für den Montparnasse-Friedhof, an dessen Westseite sie entlangführt, leicht morbid.

Mittwochs und samstags ist sie vom Morgengrauen an durch Marktstände belebt: Obst und Gemüse, Fisch, Fleisch, Käse, exotische Erzeugnisse werden ausgerufen... und das Gedränge ist groß. Der Boulevard Edgar-Quinet liegt zwischen dem Boulevard Raspail und der Gare Montparnasse, fängt im alten Montparnasse an und hört schließlich an den Neubauten der siebziger Jahre auf: dem sechsundfünfzig Stockwerke hohen Turm, dem Bahnhof, dem Einkaufszentrum und natürlich dem Kaufhaus Inno, dem ersten dieser Art in der Hauptstadt. Ist dennoch der Boulevard Edgar-Quinet nicht die Sartreschste Verkehrsader von Paris, zwar nicht so legendenumwoben wie die Place Saint-Germain-des-Prés, wo er seine Glanzjahre verbrachte, dafür aber authentischer? Als er nach der Rückkehr aus Le Havre in Paris lebte, lagen alle Hotels, in denen er wohnte, in diesem heiligen Perimeter: Avenue du Maine, Rue Delambre, Rue de la Gaîté, Rue Cels, rund um den Boulevard Edgar-Quinet. Ende der dreißiger Jahre war es ein einfacher Stadtteil mit – wie Prévert sagte – seinen Nutten und seinen Spelunken und den Montparnasse-Cafés in topographischer Nähe. Paul Hilbert – die Figur des neuen «Herostrat» in *Le mur* – beschließt, seine Revolverschüsse am Boulevard Edgar-Quinet, an der Kreuzung Rue d'Odessa, Rue Delambre und Rue de la Gaîté abzugeben. Wie könnte jemand, den diese Novelle berührt hat, an dieser Kreuzung vorbeikommen, ohne eine literarische Nostalgie zu empfinden? Die zwei aufeinanderfolgenden Adressen Sartres auf dem Boulevard Raspail und dann auf dem Boulevard Edgar-Quinet werden ihn immer näher zur «Herostrat»-Kreuzung führen. 1980 wird er auf dem Montparnasse-Friedhof beerdigt werden, gleich rechts, wenn man durch das Tor Edgar-Quinet kommt, unmittelbar hinter der Mauer.

Die Nummer 29 des Boulevard Edgar-Quinet ist ein besonders häßliches modernes Hochhaus mit einer hohen, schmalen Fassade. Hinter dem Kaufhaus Inno eingeklemmt liegt ein komischer, verlassener Innengarten, wo einige trostlose, kahle Bäume vegetieren, die von den sechsundfünfzig Stockwerken der Tour Montparnasse erdrückt werden, die jeden Freiraum in ihrer Nähe mit ihrer grauen Masse erstickt: Eins dieser modernen Hochhäuser, die für Nichteingeweihte oder auch einfach jene, die nicht mit dem so seltenen sechsten Sinn der Orientierung begabt sind, ein kompliziertes Labyrinth darstellen: eine steile Treppe, die an dem besagten kahlen und schäbigen Innengarten emporführt, zu dem hin sich die Hochhauseingänge mit so romantischen Namen wie A1, A2, B1, B2... öffnen. Hat man den richtigen Eingang gefunden, sucht man nach dem Fahrstuhl. Und überall der erdrückende Schatten der zu nahen Tour Montparnasse. Sartre hat die Wohnung, das Hochhaus und die Tour Montparnasse nie wirklich gesehen, trotzdem mußte er sich auf diesem komplizierten Weg, auf diesen Treppen, in diesen Fahrstühlen, in diesem Gang um den Garten zurechtfinden, um zu seiner Dreizimmerwohnung im zehnten Stock, Eingang A2 zu gelangen. Seine Freunde beschrieben ihm dieses traurige Hochhaus mit dem verkümmerten Garten, eine Mischung aus Ost-Studentenheim und Sozialwohnungsbau: Sie beschrieben ihm die Form der Dreizimmerwohnung, an der der riesige Balken der Tour Montparnasse, der alles Licht wegzunehmen schien, emporragt und von der aus man bei gutem Wetter ein Stück Eiffelturm sehen konnte. «Ich mag sie nicht mehr», sagte Sartre, als er einmal traurig war, zu dieser neuen Wohnung. Diese Wohnung hier, erklärte er, «ist der Ort, wo ich nicht mehr arbeite»[3].

Die Nummer 29 des Boulevard Edgar-Quinet, die Sartre nicht mehr mochte – hatte er sie überhaupt jemals gemocht? – wird zum Hauptquartier aller seiner Treffen: Arbeitstreffen, Redaktionssitzungen der *Temps Modernes*, Journalisteninterviews, Liebestreffen, alles passiert jetzt im Schatten des Turms. Der kleine Bienenkorb der Sartre-Familie wird sich nur noch hier zusammenzufinden, erst Michelle, dann Arlette, dann Wanda, dann Liliane, dann Hélène, dann Castor usw. Und alle diese Damen, die sich bislang nach einem komplizierten System nie begegnen durften, werden einander jetzt treffen oder wenigstens ablösen, sich gegenseitig über die ärztlichen Empfehlungen und die zu befolgenden Diäten auf dem laufenden halten: eine richtige Familie. Ebenso werden die seit dem Zweiten Weltkrieg angenommenen Gewohnheiten für die Ferienzeit – die Sartre immer aufs gewissenhafteste befolgte, wobei er sich paradoxerweise unumstößlich nach den Schulferien richtete – trotz der Erblindung fortgesetzt: drei Wochen für Arlette, zwei Wochen für Wanda, ein Monat für Castor. Mit der ersten fuhr er nach Südfrankreich, in ihr gemeinsames Haus, wo sie ihm vorlas oder sie langsamen Schrittes spazierengingen. Mit der zweiten fuhr er je nachdem nach Capri, Venedig oder Florenz. Mit der dritten schließlich unumstößlich nach Rom, in ihr Appartement im Hotel *Nazionale*, wo er ihre Fragen auf Tonband beantwortete. Mit der vierten schließlich, mit seiner neuen griechischen Freundin Hélène, verbrachte er eine oder mehrere Wochen in Athen oder auf einer Insel. So spielte sich also die geographische Existenz jenes alten und keuchenden Mannes ab, der immer noch Sartre war und sich am Arm der Damen immer noch an einem Cassoulet, einer geräucherten Wurst oder einem reifen Munsterkäse erfreute. So spielte sich sein Leben ab, bewacht von Frauen, die nunmehr einen strengen Zeitplan einhielten. Nachts lösten sich nur Castor und Arlette ab, die legendäre Gefährtin von fünfzig Jahren Komplizenschaft und die Adoptivtochter. Alle anderen werden weiterhin vorbeikommen, an ganz bestimmten Tagen, zu ganz bestimmten Zeiten, in einem ritualisierten Kommen und Gehen. «Feydeaureife Szenen», vertraute uns eine von ihnen später an.

Womit beschäftigte er sich in seinen von ihm so bezeichneten «leeren Stunden», wenn man ihn nicht zu intellektuellen Aktivitäten ermunterte? Er besitzt jetzt einen Fernsehapparat, vor dem er freitags und sonntags abend gemeinsam mit Arlette sitzt, um keine Sendung des *Ciné Club* zu versäumen. Ganz dicht am Bildschirm sitzend «sahen» sie beide zu, während Arlette ihm in rasendem Tempo leise jede Szene, die Bewegungen und die Gesichter der Schauspieler gewissenhaft beschrieb. Außerdem las sie ihm stundenlang vor, zum Beispiel aus einem dicken chinesischen Roman aus dem 16. Jahrhundert, an dem er Gefallen gefunden hatte, oder auch aus der *Histoire de la révolution française* von Claude Manceron. Bei Castor war ein Plattenspieler, und sie legten Schallplatten klassischer und zeitgenössischer Musik auf, die sie früher zusammen ausgesucht hatten. Er hatte auch ein kleines Radio bei sich und hörte sich lange die Programme von *France Musique* an: nach der Erblindung hörte er auf, Klavier zu spielen, weil er nicht mehr vom Blatt spielen konnte, dafür verstärkte er das aktive Zuhören und die Analyse des Gehörten. Der Zeitung *Le Monde* gab er 1977 ein langes Interview über Musik und griff mit Lucien Malson die Themen wieder auf, die er in den fünfziger Jahren für sein Vorwort zu René Leibowitz' *L'artiste et sa conscience* entwickelt hatte. Er sprach über außereuropäische Musik, über «proletarische Musik», über die Schwierigkeit, in der Musik von «Sinn» zu reden, stellte Musik und Politik einander gegenüber, verglich Musik und Wahn und gab zu, daß für ihn, der vor sechzig Jahren Musikunterricht erhalten hatte, Noten «etwas Privilegiertes» wären und blieben.[4]

Er blieb jedoch nach wie vor gefragt für Unterschriften, Aufrufe, Interviews und finanzielle Unterstützungen. Im Herbst 1976 wurde der 1972 von Astruc und Contat gedrehte Film *Sartre par lui-même* in den Kinos gezeigt; im Kreis seiner Freunde von *Les Temps Modernes* erzählte er dort sein Leben. Inzwischen hatte Gallimard in der Taschenbuchreihe «La France sauvage» *On a raison de se révolter*, die Gespräche mit Gavi und Victor, veröffentlicht, deren Autorenrechte an *Libération* gingen; Michel Sicard bereitete eine umfangreiche Sondernummer der Zeitschrift *Obliques* über ihn vor, in Cerisy-la-Salle fand ein Kolloquium über sein Werk statt; Contat und Rybalka schlossen nach ihrer monumentalen biographischen Arbeit, *Les écrits de Sartre*, die 1970 erschien, ihre Arbeit an dem ersten Sartre-Band in der illustren *Pléiade*-Reihe ab, der seine Romane und Erzählungen enthält; sein Freund John Gerassi befragte ihn regelmäßig für eine Biographie, an der er arbeitete, und der Schriftsteller Jean-Pierre Enard veröffentlichte bei dem Éditions du Sagittaire ein schmales Buch mit rotem Umschlag: *Le dernier dimanche de Sartre*; die Zeitschrift *L'Arc* widmete ihm eine Nummer; *Le Magazine littéraire* im September 1975 ein ganzes Heft; im darauffolgenden Jahr kamen der letzte Band von *Situations*, Nummer X, heraus und eine Taschenbuchausgabe von *L'être et le néant*. Außerdem gab es am Théâtre de l'Est parisien eine Neuinszenierung des *Nekrassow* von Georges Werler. Und weiterhin neue Übersetzungen im Ausland – *L'idiot de la famille* in der Bundesrepublik und den USA –, Neuaufführungen seiner Stücke. Ausländische Studenten baten um ein Gespräch zu ihren Arbeiten über seine Romane und seine Philosophie. Kurz, die Firma Sartre arbeitete etwas langsamer, wie bei Umbauarbeiten, doch die Sartre-Produkte und -Unterprodukte verkauften sich nach wie vor, wenn auch nicht übermäßig. «Heute spricht man über mich wie über einen lebenden Toten», wird er Victor im Januar 1977 sagen.[5] «Ich war seit dem *Flaubert* tot und wahrscheinlich schon etwas früher... Ich schrieb, ich wurde nicht mehr gelesen.»

Trotz seinen vielen symbolischen Toden lebte und dachte Sartre weiter. Und da das allein jetzt nicht mehr möglich war, tat er es mit anderen. Mit anderen also begann er einige Projekte, die, wie er meinte, ein Teil seines Werkes werden sollten. Castor setzte mit ihm in Rom die autobiographischen Tonbandgespräche fort. Pierre Victor wurde sein letzter Sekretär, sein letzter Gesprächspartner. Er klingelte jeden Morgen pünktlich am Boulevard Edgar-Quinet und arbeitete seine letzten sieben Jahre mit ihm zusammen. Die Entscheidung, Victor als Sekretär einzustellen, war unter dem Druck der Umstände etwas zufällig gefallen, und für Sartre bedeutete sie einen Akt der Solidarität. Victor – mit richtigem Namen Benny Lévy – war staatenlos, kam aus einer orientalischen jüdischen Familie, die nach der französisch-englisch-israelischen Suezkanal-Expedition 1957 aus Kairo hatte emigrieren müssen; seine rechtliche Situation war also extrem prekär – «eine der objektiven Ursachen meiner berüchtigten Paranoia, aber nicht die einzige»[6], sagte er uns –, und zwar um so mehr, als er wegen seiner politischen Aktivitäten bei einer Verhaftung einiges riskierte: Daher hatte er das Pseudonym Pierre Victor angenommen, das übrigens in der Gruppe bis 1980 als seine wahre Identität galt; gelegentlich trat er auf Terminen mit einem schlecht angeklebten falschen Bart und Sonnenbrille auf; seine Artikel unterzeichnete er praktisch nie; und schließlich bekam er das verwirrende und mysteriöse Image eines mächtigen und düsteren maoistischen Führers, der sich hinter einer Reihe von Ticks versteckt, einer überaktiven und unsichtbaren grauen Eminenz. Wiederholt, aber erfolglos hatte Robert Flacelière, der Direktor der École normale supérieure, bei Staatspräsident Georges Pompidou als ehemaligem Normalien interverniert, um zu erreichen, daß sein Schüler die französische Staatsbürgerschaft erhalte. «Ich schäme mich, Franzose zu sein», hatte Flacelière damals erklärt. Dann hatte sich *La Gauche prolétarienne* aufgelöst, und die maoistische Bewegung zerfiel allmählich, Victor mußte sich jeden Monat beim Polizeikommissariat melden, und seine Situation wurde immer schwieriger. «Geismar hatte die Idee, mit Sartre darüber zu sprechen», sagte uns Lévy; «und Liliane Siegel war es, die ihn fragte»: Wenn Sartre bereit wäre, Victor gegen ein Gehalt als Sekretär einzustellen, wäre ihm schon sehr gedient. Sartre sagte sofort zu: «Du wirst mir eine Hilfe sein, den *Flaubert* zu

Ende zu bringen.» Das war im Herbst 1973, seine Augen wurden immer schwächer, und die Zusammenarbeit mit diesem intelligenten und anregenden Jungen schien damals jedem zu gefallen. «Von allen, die ich kenne, ist er der einzige, der mich in dieser Hinsicht vollauf befriedigt», sagte Sartre 1975 über Victor in seinem «Selbstporträt», wobei er das Bemühen Victors meinte, politische und philosophische Arbeit zu vereinbaren. «Sartre schätzte an ihm die Radikalität seines Wollens», wird Simone de Beauvoir später schreiben, «die Tatsache, daß er, wie Sartre selbst, alles wollte. ‹Natürlich erreicht man nicht alles, aber man muß alles wollen.› Vielleicht täuschte sich Sartre», schreibt sie weiter, «aber wie auch immer: *so* sah er Victor.»[7]

Wenn zwar die meisten Mitglieder der Sartre-Familie die Entscheidung, einen neuen Sekretär einzustellen, begrüßten, so stimmten doch nicht alle, zum Beispiel Arlette, sofort zu. «Da war Puig», erklärt sie uns heute, «er kam jeden Morgen zu mir, um seine Sekretärsarbeit zu erledigen: Termine, unterschiedlichste Anfragen, Aufführungsrechte für die Stücke usw.; traurig fragte er sich also: ‹Wenn es einen neuen Sekretär gibt, was wird dann aus mir?›» Und Arlette befürchtete auch, daß Victor der «Schoenmann» Sartres werden könnte. Jenen Schoenmann, Russels Sekretär, der während des Tribunals gegen die Kriegsverbrechen in Vietnam schamlos im Namen Russells eigene Meinungen von sich gab, hatte sie in schlechter Erinnerung behalten.[8] Für Victor war dagegen Simone de Beauvoir, die später kommentierte: «Am Anfang ließ er sich sehr bitten, diese Arbeit zu akzeptieren; aber er war jung, ein Aktivist, der Sartres Philosophie sehr gut kannte und außerdem eine gewisse philosophische Politur hatte. Sartre hat sich etwas blenden lassen und auf ihn gesetzt. Außerdem glaube ich, daß Victor am Anfang eine gewisse Zuneigung für Sartre empfand, er hat schnell gespürt, wie sehr Sartre ihn brauchte. Ich glaube nicht, daß er damals böse Absichten ihm gegenüber hatte. Er hat die Arbeit, um die er gebeten wurde, getan; erst später haben sich die Dinge geändert.»[9]

Victor hatte Stunden um Stunden verwendet, um seine Genossen zu überzeugen, und mit großer Energie in erregten und hitzigen Diskussionen seine politisch-philosophischen Theorien dargelegt. Ähnlich zog er den um vierzig Jahren älteren, seit einiger Zeit sehr geschwächten Sartre in seine Ausführungen, Fragen und Lektüren mit hinein. Wer war das überhaupt, dieser Pierre Victor, dieser Benny Lévy, den vor der Veröffentlichung der Gespräche mit Sartre im *Nouvel Observateuer* vom März 1980, also einige Tage vor Sartres Tod, niemand kannte? Wer war dieser junge Philosoph von der École normale, der aus einer kultivierten Kairoer Familie kam und Robert Gallimard auf kurzen, lakonischen Zetteln gewissenhaft die Liste der Bücher übergab, die er haben wollte, um sie Sartre vorzulesen? «Als ich ihn 1970 kennenlernte», erklärte Sartre selbst, «war er sehr weit von meinem Denken entfernt: er kam aus einer anderen intellektuellen Landschaft, er war von Louis Althussers Marxismus-Leninismus geprägt worden. Er hatte einige meiner philosophischen Schriften gelesen, aber durchaus nicht alles akzeptiert. Bei ihm hatte ich es also glücklicherweise mit einem Denken zu tun, das in sich geschlossen war und das dem meinen widersprach, ohne es en bloc zu verwerfen. Das ist die Voraussetzung für eine aufrichtige Beziehung zwischen zwei Intellektuellen, für eine Beziehung, die es ihnen erlaubt, einander weiterzubringen.»[10] Die intellektuelle Auseinandersetzung zwischen den beiden wird Sartres Krisen und die politischen Ereignisse begleiten. «Als ich nach 1956 in Europa ankam», wird Lévy später erzählen, «hatte ich das gleiche Problem wie viele Juden in einer ähnlichen Situation, mich ‹zu finden›, herauszubekommen, was Frankreich für mich bedeutete... Wer mir dabei geholfen hat, ist Sartre. Das heißt, durch Sartre habe ich mich mit vierzehn, fünfzehn Jahren wirklich ‹in der französischen Sprache› aufgehoben gefühlt.»[11]

Victor, der als Muttersprache Französisch sprach und staatenlos war, fand in Sartres Büchern die ersten Motive für eine mögliche Integration. Hinzu kamen die konkreten Solidaritätsbeweise: Durch seine Arbeit als Sekretär erhielt er eine großzügigere Aufenthaltsgenehmigung; durch Sartres direkte Intervention beim Staatspräsidenten Valéry Giscard d'Estaing wird er schließlich Franzose. «Der Mann ist mir sympathisch», sagte Sartre später über Giscard in einem Gespräch, das er erst nach seinem Tode veröffentlicht wissen wollte. «Er hat mir einmal einen Dienst erwiesen, und ich weiß das zu würdigen.»[12] Damit spielte er geheimnisvoll auf Victors französische Staatsbürgerschaft an, die der Präsident der französischen Republik ihm, Sartre, gewährt hatte: die Sartresche Achtung einem Staatsmann gegenüber ist so selten, daß sie eine Hervorhebung verdient. «Sartre hatte mir geschrieben», sagte uns Präsident Giscard d'Estaing, «um mich zu bitten, ihm diesen Dienst zu erweisen. Er erklärte mir, daß er immer schlechter sehen und daher nicht mehr lesen und schreiben könne; daß er also diesen Jungen brauche, um sein Werk zu vollenden. Ich will Ihnen nicht verhehlen, daß die Sache juristisch kaum vertretbar war, es handelte sich immerhin um einen ehemaligen Extremisten. Doch meinerseits stand außer Frage, daß ich alles tun würde, um Sartre diesen Dienst zu erweisen. Und zwar aus zwei Gründen: zunächst, weil er für diesen Jungen garantierte, der, wie er sagte, sich jetzt reintegrieren würde. Und vor allem, weil er mir versicherte, er brauche ihn, um sein Werk zu Ende bringen zu können. Ich habe also dieses Problem mit der größtmöglichen Diskretion gelöst, und ich glaube, Sartre hat das zu würdigen gewußt. Natürlich teilten wir weder die gleichen Überzeugungen noch die gleichen Anschauungen, doch habe ich immer den allergrößten Respekt für die französische Tradition, die er verkörperte, gehabt.»[13]

«Die ersten Zeiten dieser Beziehung sind sehr hart gewesen», erklärt Benny Lévy heute, «so hart, daß ich manchmal erwogen habe, diese Arbeit aufzugeben. Ich kam an, klingelte an der Tür, und oft hörte Sartre mich gar nicht. Er döste in seinem großen Sessel alleine vor sich hin, und durch die Tür konnte ich das Radio hören, das Simone de Beauvoir, bevor sie weggegangen war, auf *France Musique* eingestellt hatte, damit er sich nicht zu sehr langweilte. Es war ja ein Kampf gegen den Tod. Ich hatte das Gefühl, stundenlang gegen die Schlafsucht, die Apathie oder auch einfach nur gegen das Kopfwackeln anzukämpfen... Ja, wirklich, was ich am Anfang tat, war eine Mund-zu-Mund-Beatmung.»[14] Pierre Victor trat ein und stand dann in diesem großen Raum: rechts das Sofa und die Bücherregale, links der große Arbeitstisch, hinten die breite Fensterfront zum Turm hin. Und mit dem Rücken zum Fenster, im Gegenlicht, damit ihn das Licht nicht blende, Sartre in seinem großen Sessel. «Sartre hat mühselig seinen Körper umgewöhnen, seine Abhängigkeit von anderen erlernen müssen. Wenn ich anfangs daran gedacht habe aufzuhören, lag es daran, daß ich manchmal zweifelte, ob das überhaupt möglich wäre. Trotz den Schwierigkeiten habe ich dennoch Tag für Tag diesen Kampf gegen den Tod fortgesetzt, weil ich davon überzeugt war, daß nur so bewiesen werden konnte, daß er lebt.» Und dann, nach und nach, regelten sich die Dinge wie von selbst, Lektüre, Diskussionen, Projekte regten die Sartresche Intelligenz an, die nur darauf wartete... Die Arbeit der beiden eingeschlossenen Philosophen bezog sich zunächst auf den *Flaubert*, dann auf die Französische Revolution, danach auf religiöse Häresien und die Gnosis, schließlich auf rein ontologische Probleme. Victor las Sartre ganze Bücher vor, anschließend diskutierten sie darüber, heftig, ohne Gefälligkeiten, in einer intellektuellen Auseinandersetzung, die sich schonungslos und ohne Halbheiten abspielte. «Ich arbeite gern mit Victor zusammen», vertraute Sartre Robert Gallimard an. «Er macht mir Spaß, wir brüllen uns richtig an.»[15]

Sieben Jahre lang nahm Victor nach und nach eine dominierende und nicht mehr wegzudenkende Rolle im intellektuellen Leben und unweigerlich bald auch im materiellen Alltag Sartres ein. Im Schatten des Turms begegnet er Castor, Liliane, Arlette, Michelle. «Mit Simone de Beauvoir tauschte ich anfangs Zeichen aus», erzählt Lévy weiter; «aber es war eine Art impliziter Komplizenschaft: Nie habe ich ihr gesagt, wie mir dabei zumute war; vielleicht hat sie mich damals für einen Krankenpfleger gehalten, ich weiß es nicht. Oft aber erschien sie mir hilflos, verwirrt, der Situation nicht gewachsen. Eigentlich haben sich in den schlimmsten Momenten alle, die Sartre liebten, gemeinsam um Sartre bemüht und über mögliche Konflikte geschwiegen. Diese so starke und doch implizite Komplizenschaft ist sicher die Grundlage des Mißverständnisses gewesen, das später bei Simone de Beauvoir entstand; sie hat unsere Beziehung hingenommen, ohne wirklich zu verstehen, was sie bedeutete.» Eine Sartresche Mannschaft also, die bei Verdrängung aller Spannungen in einem blinden Kampf gegen den Tod zusammengeschweißt ist, aber auch eine künstliche, zusammengewürfelte Mannschaft von Individuen, die sich begegnen, ohne sich zu kennen, die sich grüßen, ohne sich auszusprechen, denen nur ihre Zuneigung zu Sartre gemeinsam ist, die er bislang stets voneinander getrennt gehalten hatte und die sich jetzt unter dem Druck der Umstände kreuzen und treffen in einem seltsamen Ballett, in dem jeder für den anderen ein Fremder, ein Unbekannter ist, wie Pirandellos Figuren auf der Suche nach einer fiktiven Verschmelzung. Michelle und Arlette trafen sich wirklich erst nach Sartres Tod. Victor wird mit Arlette erst zwei oder drei Jahre vor Sartres Tod sprechen. Und so weiter... Was Sartre von einem bestimmten Moment an überhaupt nicht mehr beherrschte, waren die Interaktionen all dieser Individuen: Anziehung, Ablehnung, Sympathie, stillschweigender Haß, offener Haß – für jeden Geschmack etwas. Aber greifen wir nicht vor.

In seinem *Flaubert* eingeschlossen hatte Sartre schon lange aufgehört, sich über die letzten philosophischen und paraphilosophischen Publikationen auf dem laufenden zu halten; an den großen Diskussionen seiner Zeitgenossen hatte er nicht teilgenommen. Victor, der philosophische Bücher gierig verschlang und ein außergewöhnliches Gedächtnis hatte, stopfte Sartre plötzlich mit seinen eigenen Ideen voll. Wahrscheinlich liebte Sartre diese chaotischen, lebhaften Sitzungen, die seine Versäumnisse auf den eigenen Gebieten wieder wettmachten. Ein geschwächter, behinderter Philosoph gegenüber einem aktionistischen Philosophen, der seinen Gesprächspartner mit großer Energie zu überzeugen trachtete: Stand das Spiel nicht von vornherein unter einem falschen Vorzeichen? Doch Sartre war ja selbst jemand, der sich gern in Frage stellte und sich gern auf belebende Streitgespräche mit Jüngeren einließ. Victor war damals knapp achtundzwanzig Jahre alt, er war ein maoistischer Führer gewesen, dem oft übertriebene Selbstsicherheit, «verbaler Dogmatismus», Radikalismus und paranoide Tendenzen gegenüber der Polizei vorgehalten worden waren. Doch zu seiner Persönlichkeit fehlt es nicht an Aussagen. Eine breitgefächerte Palette von Aussagen, angefangen bei der Beschreibung von Pierre Goldmann – «ein in den Maoismus verirrter Talmudist»[16] – und dem vernichtenden Urteil von Roland Castro – «die am wenigsten humanistische Figur in der ganzen linksradikalen Bewegung, ein Monster aus Zynismus und Mystizismus»[17] – bis zu der Einschätzung von François Châtelet – «ein absolut vom Gesetz faszinierter Philosoph»[18] – oder der eines ehemaligen Kampfgefährten – «Ein Moralfanatiker..., der mit perfekten Reden von einer erdrückenden Intelligenz ganze Veranstaltungssäle umstimmte»[19] – oder der Formel von Maurice Clavel – «Ein Mensch von nirgendwo und vielleicht deswegen ein ernst zu nehmender Sartrianer»[20].

Zwischen beiden Philosophen entstand also eine ganz besondere Beziehung. Eine Beziehung, die vor allem unter dem Zeichen des intellektuellen Austauschs auf der Grundlage emotioneller und symbolischer Gemeinsamkeiten stand. Sukzessive Verschiebungen: Victor verwandelt sich, er gibt die Geschichte auf, um sich in das Studium des Urtextes im strengsten Sinne des Wortes zu vertiefen; der voreiligen Rede zieht er das Schweigen vor; er stürzt sich in die einzige intellektuelle Aktivität, die ihm allein würdig scheint: die immanente, erschöpfende, reine, ausschließliche, parteiische Textanalyse. Und man würde von Sartres letzten Jahren nichts begreifen, wenn man sich weigerte, allen Spuren, allen Wegen des großen intellektuellen Duells zwischen Sartre und Lévy nachzugehen, das damals im Schatten des Turms stattfand. Hartnäckigkeit, Heftigkeit, gegenseitige Provokation, spielerische Konfrontation – war Sartre wirklich immer ganz überzeugt? Oder ließ er nicht manchmal Victor freien Lauf, wie man einen jungen Hund herumtoben läßt, und sagte sich im stillen, daß er ihn schon noch überzeugen würde? Oder soll man der Formulierung Olivier Todds Glauben schenken, der von einer «Greisenverführung» spricht und damit nur wiedergibt, wie andere diese Beziehung wahrnahmen? Und was bedeutete für Victor die «Zusammenarbeit mit Sartre»? Sartre war immer noch Sartre und zugleich nicht mehr Sartre. Sartre verlangte, daß man den Mythos der Brüderlichkeit zwischen ihnen beiden respektiere, doch was bedeutete für die Außenstehenden diese plötzliche Demonstration einer Gleichheit zwischen einem Philosophen, der ein historisches Monument war und der französische Intellektuelle des Jahrhunderts, und diesem jungen Unbekannten ohne Vergangenheit und Veröffentlichungen, der ihn duzte? Gewiß besaß Victor von Anfang an eine unmögliche Machtposition: Sartre gegenüber besaß er jede Macht. Er war derjenige, der pünktlich jeden Morgen um 11 Uhr an seiner Tür klingelte, der ihn aus seiner Schläfrigkeit riß, der dafür bezahlt wurde, ihn aus seiner Trägheit herauszuholen, Bücher zu bestellen und sie ihm vorzulesen. Er sollte also *für* Sartre und gleichzeitig *mit* Sartre arbeiten, das heißt mit ihm den alten Mythos der Gleichheit spielen. Von Anfang an lag also die Beziehung schief. Sartre sah das übrigens sehr klar und erklärte in einem Gespräch, das 1977 in *Libération* erschien: «Entweder bin ich ein alter Idiot, den du manipulierst, oder ein großer Mann, von dem du Anregungen bekommst. Das sind die beiden Möglichkeiten. Es bleibt genau die richtige übrig: daß wir von gleich zu gleich miteinander verkehren.»[21] Für Victor bedeutete die Zusammenarbeit mit Sartre die Schaffung der Struktur eines extremen Voluntarismus – der «Mund-zu-Mund-Beatmung», sagte er uns –, um Sartres Absinken in Apathie zu verhindern. Wenn auch seine tägliche Anwesenheit bei Sartre bewirkte, daß der Mann nicht vorzeitig in eine senile Stagnation versank, und ihm – wie bei einer Bluttransfusion – durch eine äußerste Willensanstrengung letzte Lebenskräfte einhauchte, ist es nicht zugleich eine etwas künstliche Beziehung?

Übrigens, abgesehen von der reinen Arbeit, gefiel es Sartre, wieder Momente der «Freundschaft» zu erleben wie früher mit den Genossen der *Gauche prolétarienne*. Victor lud ihn in seine Wohngemeinschaft in einem Pariser Vorort zum Essen ein, Sartre traf sich oft bereitwillig und entzückt mit Unbekannten, für die er schon deshalb eingenommen war, weil sie jung, also belebend und potentiell subversiv waren. Victor wurde von Sartre in die Gastronomie eingeführt, er lernte Cassoulets, Sauerkraut, schwere, fette Wurstwaren und Restaurants wie *Maître Albert, Les Marronniers, Le Balzar* schätzen; umgekehrt ließ er Sartre an seinem sozialen Leben, an den eigenen gastronomischen Ritualen teilhaben, an herzlichen, zwanglosen Essen zu zehnt, zu zwölft. Gern spielte Sartre den anonymen Eindringling in diese Freundeskreise und freute sich, in die Atmosphäre von Einverständnis und Gelächter einbezogen zu werden, als würden ihn diese maliziösen Eskapaden eine Zeitlang regenerieren, vielleicht in impliziter Rückbesinnung auf den Faust-Mythos oder aus der sporadischen Lust, den Seinen zu entkommen: den Freunden der *Temps Modernes*, denen seiner eigenen Generation oder seiner Vergangenheit. Nach und nach verschob sich das bekannte «Ich denke gegen mich selbst» zum «Ich denke gegen die Sartrianer». Man wird sehen, wie sich das Verhältnis Sartre–Victor, der letzte Verrat des kleinen Mannes gegenüber sich selbst, dieses Verhältnis von Freunden und Philosophen, weiterentwickelt; man wird die sukzessiven Verlagerungen ihrer intellektuellen Interessen mit ihren politischen Implikationen erleben. Auch in den Augen der anderen.

«Was mich schockiert hat», erzählt Robert Gallimard, «was im übrigen jeden schockiert hat, wenn er sie das erste Mal zusammen sah, war, daß Lévy wie ein kleiner Junge wirkte, der außerdem Sartre duzte, denn Sartre duzte niemanden, nicht einmal Castor: Das hat mich wirklich verblüfft. Und außerdem sah Lévy Sartre so voller Bewunderung an, und Sartre wirkte sehr froh darüber.»[22] Im Grunde beschreiben heute alle aus Sartres Umgebung trotz den immer noch bestehenden Spannungen diese Beziehung zu Victor, bei aller Unterschiedlichkeit der Formulierung, doch mit unerwarteter Übereinstimmung. Für ein Ausreißen, eine Eskapade, von der seine alten Freunde ausgeschlossen waren, sei Victor für Sartre der ideale Gefährte gewesen. Die Veteranen der *Temps Modernes*, Castor und alle anderen mit ihren Redaktionskomitees, die ihn so stark langweilten, daß er einschlief, ließ er einfach links liegen zugunsten der pausenlosen Auseinandersetzungen mit Victor, die ihn gewiß erschöpften, ihm aber auch Spaß machten, ihn anregten, ihn zum Kampf zwangen. «Wir Veteranen der *Temps Modernes*, gibt heute Jean Pouillon zu, «waren für ihn die Vergangenheit, ‹etwas verstaubt›, und Sartre war nicht jemand, der sich damit abfinden wollte. Er wollte immer ein Projekt haben, immer weiterkommen, und er hatte wirklich den Eindruck, daß Victor ihm das bot.»[23] Eine der Stärken von Victor war vielleicht paradoxerweise seine manchmal übertriebene Weigerung, Sartres physische Schwäche wahrzunehmen oder zu respektieren. «Manchmal», erzählt Arlette, «stellte er genau in dem Augenblick eine entscheidende und extrem komplexe Frage, in dem Sartre langsam erschöpft war; manchmal las er ihm mit Verve und Elan fast exaltiert sehr laut Texte vor: Das war ziemlich beeindruckend.» Konfrontation von zwei unterschiedlichen Haltungen? Sartre hatte immer ein spielerisches Verhältnis zum Denken gehabt, und er bezeichnete Victor manchmal als «Tugendapostel». «Von Zeit zu Zeit», erzählt Arlette weiter, «versuchte ich für frische Luft zu sorgen, Sartre einen Tee, ein Medikament zu bringen, um ihn von dem intellektuellen Druck zu entspannen.»[24] Jene Jugend, jene Lebhaftigkeit des Denkens und der Sprache, die Sartre an Victor so gut gefielen, entgingen auch Simone de Beauvoir nicht. «Damals», sagte sie, «war bei Sartre der Wunsch stark ausgeprägt, auf der Höhe zu bleiben, sich zu überleben, in Fragen der Revolution, der Subversion weiter zu kommen als je zuvor. Und da er sich selber nicht in der Lage fühlte, etwas zu tun, mußte er jemand anderem vertrauen. Er sah nicht mehr, er spürte, daß er weder eine persönliche noch eine philosophische oder politische Zukunft mehr hatte: Er hat also seine Zukunftsträume aufgegeben, sie an Victor delegiert, diesen engagierten Intellektuellen, der er selbst nicht mehr sein konnte; er fand bei ihm auch eine solidarische Atmosphäre, die ihm sehr gefiel; allerdings haben die weiteren Ereignisse gezeigt, daß er sich zutiefst getäuscht hatte, als er Victor sein Vertrauen schenkte.»[25]

Das Gespann Sartre–Victor als neue Determinante in Sartres Leben wird unwiderruflich das ganze frühere intellektuelle Gebäude erschüttern. Diskussionen mit Castor? Redaktionskomitee der *Temps Modernes*? Intellektueller Austausch mit den «Veteranen der *Temps Modernes*»? Das alles scheint für Sartre jetzt hinfällig zu sein, seit Victor und seine voluntaristische Persönlichkeit, seine radikalen Ansprüche und seine ständigen Infragestellungen in sein Leben getreten sind. Auch wenn jeder eigentlich weiß, daß «das Ausprobieren neuer Schreibtechniken zu zweit», die Sartre verwirklichen will, mehr das illusorische Projekt eines alten Mannes, der nicht aufgeben will, als eine wirklich taugliche Idee ist. Hat er außerdem nicht selbst zugegeben, daß er immer «den Sinn über den Stil» herausgearbeitet hat? Hat er nicht oft erklärt, daß er nur *beim Schreiben* denken könne? Im Licht dieser schicksalhaften Evidenz wirken all die leidenschaftlichen Anstrengungen Victors wie pathetische, stolze Versuche, die zum Scheitern verurteilt sind. Victor wäre also der einzige gewesen, der wahnwitzigerweise daran *geglaubt* hätte, daß ein Werk zu zweit daraus hervorgehen würde und auf diese Weise Sartres Denken weitergeführt werden könnte. Und durch diesen Glauben hätte Victor Sartre außer der Illusion einer Diskussion auch noch die eines fortgesetzten Schaffens eingeblasen. Für die Freunde der *Temps Modernes*, die Sartre als Dreißigjährigen, als Vierzigjährigen gekannt hatten, war klar, daß die unvermeidbaren, schmerzhaften und offenkundigen Zeichen, die sie jetzt wahrnahmen, das Bild *ihres* Sartre trübten, dieses überraschenden, subversiven, ätzenden, scharfen, schnellen, provozierenden Sartre, der Bilder und Gedanken wie kein anderer assoziierte, der mit seinen Intuitionen und Theorien brillierte und meisterhafte Reden hielt. «Es war für mich schrecklich», erzählt heute Jean Pouillon, «zu sehen, wenn ich mit Castor und ihm in der *Palette* oder der *Coupole* Mittag aß, wie er die halbe Gabel auf die Hose schüttete – was Castor zur Verzweiflung brachte – und nur mit Mühe einer normalen Unterhaltung folgen konnte: Castor sprach ziemlich schnell, ich antwortete ihr, und Sartre fügte etwas äußerst Treffendes hinzu, allerdings mit einer Viertelstunde Verspätung. Wir hätten uns alleine mit ihm treffen müssen, um nach seinem eigenen Rhythmus mit ihm zu sprechen. Wir hätten selber tun müssen, was Victor tat. Wenn wir, Bost, Lanzmann oder ich selber, das gewollt hätten, hätten wir es auch tun können; aber wir hatten unsere eigenen Aktivitäten, und uns fehlte die Zeit.»[26]

Im Unterschied zu den Freunden der *T. M.* oder zu Castor hatte Victor ja den Sartre der Glanzjahre, der jetzt hinter den verschiedenen Zeichen des Verfalls täglich immer mehr verschwand, nicht gekannt. Er hatte einen bereits alten, müden Sartre kennengelernt, und sein nostalgiefreier Blick half ihm, dem alten Mann die wohltuende Information zu vermitteln, daß für ihn Sartre immer noch Sartre war. Das gelang um so mehr, als sich Victor fast eher dem Werk als dem Menschen konfrontiert fühlte. «Damals kannte er das Sartresche Werk besser als Sartre selbst», behauptet Arlette, «und sein phantastisches Gedächtnis ermöglichte ihm, alle Schwächen seiner Philosophie ausfindig zu machen. Manchmal erinnerte sich Sartre nicht mehr genau, was er geschrieben hatte, und Victor rief es ihm ins Gedächtnis.»[27]

Das Pathetischste an dieser ganzen Geschichte war vielleicht, daß sicher jeder in Sartres Umgebung ganz klar sowohl deren unbestreitbare Vorteile wie deren unvermeidliche Risiken sah. Jeder kannte die offensichtlichen Grenzen jenes wahnwitzigen grandiosen Traums von einer intellektuellen Zukunft zu zweit, den Sartre mit Victors Hilfe immer noch hegte. Jeder spürte auch, daß diese Illusion die Zukunft Sartres verlängerte, auch wenn man zugleich natürlich wußte, daß dieses Philosophenduell im Schatten des Turms keinerlei Chance hatte, auf irgendein Werk hinauszulaufen. Doch wie soll man sich einem blinden, stolzen und stoischen Schriftsteller gegenüber verhalten, der einem mit breitem Lächeln verkündet, daß er noch vor Jahresende ein Buch zu zweit veröffentlichen wird? Wer hätte den Mut gehabt, ihm diese Freude zu nehmen, und sei sie noch so absurd? «Beide spielten eine ungleiche Partie», sagt Simone de Beauvoir;

«Sartre war fast immer unzufrieden mit ihren Diskussionen, die sich im Kreise drehten.» «‹Heute haben wir schon wieder gerudert›, sagte er mir häufig», erzählt Arlette. «Victor war von ausgeprägter Eitelkeit», vertraute uns Pouillon an; «auf einer Redaktionssitzung der *Temps Modernes* hatte er einmal mit dem Ton eines Staatsanwalts gefordert, jeder außer ihm solle sich auf seine Vergangenheit besinnen und eine Selbstkritik seiner früheren Texte machen; etwas, was Sartre früher nie ertragen hätte.» «Victor hatte etwas von Wyschinski an sich, was Sartre nicht bewußt war», betont Simone de Beauvoir. Übrigens weist auch Arlette auf einige unüberbrückbare Divergenzen bei ihrem Versuch eines gemeinsamen Denkens hin. «Eine Konfrontation der Ideen hat nicht wirklich stattgefunden. Gelegentlich kam es zu kurzen Wutausbrüchen zwischen ihnen.» Und als dann Victor begann, den Judaismus zu entdecken, von dem Sartre kaum eine Ahnung hatte, war da eine wirkliche Verständigung möglich? Die Grenzen dieser neuen Etappe waren also jedem offenkundig. Doch diese Beziehung war zwar vielleicht prekär, aber sie hatte das Verdienst, daß sie existierte, Sartre beschäftigte, ihn unterhielt. «Victor half ihm wahrscheinlich, sich vor den Frauen zu schützen, deren Gefangener er ohne ihn gewiß geworden wäre», meint ein Nahestehender. «Victor half ihm zu leben», bestätigt Simone de Beauvoir. «Er tat für Sartre, was kein einziger von uns tat», erkennt Jean Pouillon an. «Und im Grunde kann ich sogar verstehen, daß Victor versucht hat, Sartre zu überzeugen: Wenn man jemanden liebt – und Victor empfand für Sartre eine unbestreitbare Bewunderung –, wenn man davon überzeugt ist, die Wahrheit zu besitzen, ist es das Natürlichste von der Welt, ihn überzeugen zu wollen. Nein, ich werde Victor nicht beschuldigen, ein Machiavellist zu sein.» Andere Berichte betonen einen anderen Aspekt dieser Beziehung: Victor habe Sartre vor Castor geschützt, die immer besitzergreifender geworden und ihm ein bißchen auf die Nerven gefallen sei. Unweigerlich nahm die immer stärkere Präsenz Victors in Sartres Leben langsam die Form einer Spaltung zwischen Vergangenheit und Gegenwart, eines Konflikts zwischen *Les Temps Modernes* und Postmaoismus, zwischen dem Sartre der vierziger bis sechziger Jahre und dem Sartre der siebziger und achtziger Jahre an. Der Verrat der Glanzjahre durch das Alter war in Wirklichkeit eine Angelegenheit zwischen Sartre und Sartre und paßte zu dem, was er schon immer gemacht hatte: überraschende plötzliche neue Wendungen nach der Logik der Zyklen. Eigenartigerweise war es auch eine Illustration seines nie veröffentlichten Romans *Une défaite*, den er mit zwanzig geschrieben hatte: Die 1925 entworfene Gegenüberstellung von Frédéric und Richard sollte genau fünfzig Jahre später von Victor und Sartre reproduziert werden. «Ihre Unterhaltungen», schrieb Sartre damals, «gingen immer über den trockenen dialektischen Apparat hinaus.» «Zugegebenermaßen hatte Sartre keine große Lust mehr, zu *Les Temps Modernes* zu kommen. Er empfand das als ein Auf-der-Stelle-Treten, eine eingefahrene Routine, er hätte sich wirklich etwas anderes gewünscht, er hatte keine Lust mehr, mit alten Sartrianern zu diskutieren, von denen er schon im voraus wußte, was sie sagen würden. Ja, das muß man zugeben, er fühlte sich vom Neuen, von der Jugend, von der eigenen Selbsterneuerung angezogen.»[28] Und Jean Pouillon, der gegenüber der Notwendigkeit und Fatalität dieses letzten Verrats Sartres zugleich ohnmächtig und voller Verständnis war, fügt in einer drastischen Metapher hinzu: «Das Schreckliche war, daß Victor eine Art Prothese bedeutete: Als Prothese konnte er nicht ersetzt werden. Man konnte lediglich über das *Wesen* dieser Prothese lamentieren.»[29] Der Konflikt zwischen Sartre und seiner Prothese einerseits und den alten Sartrianern der *Temps Modernes* andererseits war also unvermeidlich. Dennoch bricht er erst 1978 wirklich aus, also etwa fünf Jahre nach Victors Eintritt in Sartres Alltagsleben. Fünf Jahre, in denen sie ausreichend Zeit haben werden, diverse Projekte in Angriff zu nehmen, bevor der Konflikt alles kaputtmachte.

An erster Stelle all ihrer gemeinsamen Arbeiten steht der Auftrag des französischen Zweiten Fernsehens. Die Querelen um dieses Projekt und vor allem die Geschichte seines Scheiterns sind für sich schon allein symptomatisch für Sartres unbequeme Situation gegenüber dem französischen Staat. Im April 1974 hatten die Franzosen aus dem Radio den plötzlichen Tod ihres Präsidenten Georges Pompidou erfahren; bald darauf brachten die Präsidentschaftswahlen einen neuen Typus an die Macht, der einen höflichen und freundlichen Umgang mit Sartre pflegen sollte, nämlich General de Gaulles früheren Finanzminister Valéry Giscard d'Estaing. Kurz nach seiner Wahl bricht die ORTF auseinander, und für Januar 1975 wird ein zweites Fernsehprogramm angekündigt; Marcel Jullian, der zum Intendanten ernannt wird, kommt aus Südfrankreich, ist ein ehemaliger Verleger und ein aufgeschlossener und kaum streitsüchtiger Mann. In eklektischer Weise nimmt er rasch Vorschläge an und entwirft Projekte; hier stellt er einen Sportberichterstatter wieder ein, der nach dem Mai 68 entlassen worden war; dort öffnet er sogenannten Querulanten die Programme, wobei er sich allein auf seine Spürnase und seine Fernsehunerfahrenheit verläßt. «Es lebe die Freiheit!» hatte ihm Maurice Clavel in einem Glückwunschtelegramm zugerufen. So kam es, daß er auf dessen Vorschlag begeistert die Idee eines «Sartre-Projekts» angenommen hatte. Vom November 1974 bis zum September 1975 werden sich zwei regelrechte Teams etwa zwanzigmal treffen, anrufen und beraten: Sartres Team und das Team des Intendanten des Zweiten Fernsehprogramms. Eine der Grenzen dieses Zusammentreffens und dieses Projekts war: Jullian war mit der Vorstellung zu Sartre gegangen, er könne «ihn von seiner Umgebung, von seinen Vorurteilen gegen das Fernsehen und seine Anhänger, von seinen Phantasien eines Verfluchten befreien.»[30] Jullian war voller idealistischem Eifer und weigerte sich, bestimmte Realitäten zu sehen: Die notwendigen politischen Grenzen, die ihm sein Status als Leiter eines staatlichen Informationsorgans auferlegte, das Versäumnis einer wirklichen finanziellen Absprache mit Sartre wegen einer gewissen «furchtsamen Ehrerbietung» ihm gegenüber, von der Jullians Mitarbeiter Jean-Didier Wolfromm spricht[31], schließlich Jullians Verlegenheit, für den Sartre ein zu früh verschüttetes historisches Monument war, das man wieder ausgraben und freilegen müsse, und der sich dann einfach einem geschwächten alten Mann gegenübersah, umgeben von einer Mannschaft, die er sehr wenig schätzte. Diese Grenzen sollten also von Anfang an die Spielräume einengen. Doch trotz diesen massiven Ausgangsschwierigkeiten machten sich Sartre und seine Mannschaft an die Arbeit, und das Projekt hielt ihn fast neun Monate in Atem, interessierte ihn und füllte seine Arbeitstage aus.

«...mit meinem Beruf als Schriftsteller ist es vorbei», erklärte er Michel Contat 1975. «Aber ich kann noch sprechen. Deshalb wird meine nächste Arbeit – wenn das Fernsehen das Geld dafür auftreibt

– eine Sendereihe sein, in der ich versuchen will, über die 75 Jahre unseres Jahrhunderts zu sprechen. Diese Arbeit mache ich zusammen mit Simone de Beauvoir, Pierre Victor und Philippe Gavi, die auch ihre Gedanken einbringen und darüber hinaus die Redaktion besorgen, die ich selbst nicht machen kann: ich spreche zu ihnen, und sie notieren es, zum Beispiel. Oder wir diskutieren, und sie arbeiten dann das Projekt aus, über das wir uns verständigt haben.»[32] Später wird er wiederholt versichern, daß er diese Sendungen als «Bestandteile seines Werkes» betrachtet. War das nicht wirklich eine gute Idee, die Geschichte des 20. Jahrhunderts in Frankreich in zehn anderthalbstündigen Fernsehsendungen zu erzählen, wie sie «die Subjektivität eines 1905 geborenen französischen Intellektuellen» sieht? Das war nämlich Sartres Gegenvorschlag gewesen, als Jullian ihm angeboten hatte, an einer Serie «Die Intellektuellen und das Volk» mitzuwirken. Nach und nach kristallisierte sich für Sartres Mannschaft das Thema der Revolte im 20. Jahrhundert heraus, die sie in Unterkommissionen untersuchen wollte: So entstanden Texte, die sich bemühten, das Wesentliche der intellektuellen Revolte, der Arbeiterrevolte, der feministischen Revolte herauszuarbeiten... Insgesamt waren etwa achtzig Historiker, Forscher oder Hochschullehrer an dem Projekt beteiligt, die Victor, Gavi, Glucksmann, Rancière oder Simone de Beauvoir angesprochen hatten. «Wir haben ziemlich viel Arbeit investiert», erzählt Daniel Lindenberg, der mit einer Nizan-Studie beauftragt worden war,[33] «wir waren alle überzeugt, daß aus dem Projekt etwas werden würde.» Ein dreißigseitiges Exposé entstand, ein Regisseur – François Truffaut – wurde angesprochen, der aber ablehnte und die Sache an Roger Louis weitergab, und einige Monate lang schien alles seinen normalen Gang zu gehen. Trotz den zahllosen Spannungen, Auseinandersetzungen und Streitereien zwischen den verschiedenen Mannschaften war das Unternehmen gut angelaufen: Damals, in jener postmaostischen Zeit, war zwar der aggressive Proletkult mit seinen sektiererischen ideologischen Ansprüchen etwas zurückgegangen, doch bestimmte Themen wie die Frage der Arbeitermacht am jüngsten Beispiel von Lip wurden mit ungebrochener Heftigkeit verteidigt. Außerdem forderten die von Simone de Beauvoir einbezogenen Feministinnen bei diesem leicht modifizierten postmaostischen Projekt laut und deutlich Vorrechte, die ihnen selbstverständlich erschienen: Alle zerrten an diesem vom Himmel gefallenen Sartre-Projekt, das eine politische Gelegenheit bot, zynisch die Möglichkeiten eines staatlichen Fernsehens auszunutzen, das sich ihnen bislang immer verschlossen hatte. Sartre wurde dabei von diesen Intellektuellen auf der Suche nach einer Medienmacht gelegentlich etwas vergessen, teilweise sogar angegriffen; gewiß, er brauchte seine Mannschaft, denn er war auf Helfer angewiesen, trotzdem nahm jeder seine Beiträge als die völlig selbständigen Äußerungen eines Menschen wahr, der weiß, was er will, und selbst die Grenzen seiner eigenen Manipulierbarkeit ermißt. Und als das Ganze im September 1975 zu scheitern begann, behaupteten einige, Sartre habe zu schnell aufgegeben – im Grunde vielleicht froh, sich von einem Unternehmen loszusagen, das ihm zu viele Konflikte eintrug –, während andere aus seiner Umgebung bereit waren, mit Jullian Kompromisse auszuhandeln, selbst wenn diese ungünstig ausfallen würden.

Sind solche Einzelheiten wichtig? Im Grunde ist es viel interessanter, dieses Unternehmen als den letzten von Sartres gescheiterten Versuchen einer Zusammenarbeit mit den staatlichen Medien festzuhalten. Diese gescheiterten Versuche begannen ja 1947 mit der turbulenten Senderreihe «La Tribune des *Temps Modernes*». Interessanter ist auch, am Beispiel dieser Affäre das für Sartre typische Verhältnis zum Staat im allgemeinen und zu Staatsmännern im besonderen zu analysieren. Sartres antigaullistische Eklats und die gaullistischen Rücksichtnahmen Sartre gegenüber sind zwar bekannt, doch das höfliche, freundliche und prosartresche Verhalten von Giscard – «Persönlich bin ich gegenüber diesem Projekt immer wohlwollend geblieben», bestätigte er uns selber – und die eindeutig feindseligen Einwände des damaligen Ministerpräsidenten Chirac sind weitaus weniger bekannt. Hinter den Querelen der Mannschaften Sartres und Jullians, hinter diesen zehn Stunden «Sartre in seinem Jahrhundert», die nie verwirklicht wurden, hinter den finanziellen Vorwänden, versteckten Manipulationen und öffentlichen Pressekommuniqués wird im Grunde der tiefe Gegensatz zwischen zwei führenden Politikern in ihrem Verhältnis zu den Intellektuellen deutlich. De Gaulle hatte einst verkündet, einen Voltaire verhafte man nicht, Giscard hatte Sartre einen anteilnehmenden kleinen Brief zukommen lassen, als er von seiner Erblindung erfuhr, und später seine Unterstützung für Jullians Liberalismus zugesichert; Chirac dagegen gab dem Programmleiter sofort seine absolute Mißbilligung des Sartre-Projekts zu verstehen. Traditionen, Traditionen: In unserer Republik wird mit einem erstklassigen Intellektuellen nicht ungestraft umgesprungen, und sei dieser noch so aufrührerisch; man entscheidet sich nicht ungestraft für eine liberale oder rigide Haltung, ohne an bestimmte legendäre Bilder zu rühren, ohne an die Konflikte von Voltaire, Rousseau, Hugo und Zola mit dem Staat zu erinnern; ohne schließlich die charismatische, symbolische und mythische Bedeutung des Intellektuellen in der französischen Tradition wieder auferstehen zu lassen.

Gab es also eine Zensur? Offiziell stolperte man über eine Forderung Jullians: Die Verhandlungen sollten erst nach einer «Testsendung» fortgesetzt werden. Sartre antwortete unumwunden, er sei nicht mehr «in dem Alter, sich Prüfungen zu unterziehen», vorher aber, gibt Jean-Didier Wolfromm zu, «hatte es eine wirkliche Zensur gegeben, als der Verwaltungsrat des Fernsehens einen sechsminütigen kleinen Film als Ankündigung ablehnte. Wegen einer Passage zu *Libération*.» Kurz, wenn Sartre Jullians Angebot zunächst «unter der Bedingung, absolut freie Hand zu haben», angenommen hatte, so erklärte er auf der Pressekonferenz, die den endgültigen Bruch bekanntgab, ganz deutlich: «Ich habe gesehen, daß das ursprüngliche Angebot, frei arbeiten zu können, absurd war. Dieses kommt gerade recht, damit mir die Aufkündigung der Zusammenarbeit in die Schuhe geschoben wird. Ich war schon immer gegen das Fernsehen eingestellt. Ich glaubte, mich ändern zu können, jetzt ist das vorbei, ich ziehe mich zurück, ich verabschiede mich, ich werde nie mit ihm zusammenarbeiten, weder in Frankreich noch anderswo.»[34]

Während man zwischen den Bluthochdruckkrisen intellektuelle Projekte und Tonbandgespräche organisierte, wurde Sartre von seinen Vertrauten, seiner Familie über internationale Ereignisse, zum Beispiel die portugiesische Revolution oder die Repression gegen intellektuelle Dissidenten in der ČSSR auf dem laufenden gehalten. So blieb er weiterhin informiert und gefragt und wurde in einer etwas künstlichen Aktivität gehalten, die aber wenige in der Öffentlichkeit als solche wahrnahmen. Man wandte sich immer noch wegen Unterschriften, materiellen Unterstützungen, Petitionen und Erklärungen an ihn. Und einige mochten darüber witzeln, wenn sie Sartres Namen auf Aufrufen zur Unterstützung baskischer Nationalisten, spanischer Todeskandidaten, inhaftierter französischer Soldaten, eines Lehrers im Hungerstreik, festgenommener polnischer Arbeiter, marokkanischer, nigerianischer, argentinischer, italienischer, iranischer Gefangener oder Gefangener der Frente Polisario sahen... Abgesehen von dieser schriftlichen Solidarität trat er auch noch persönlich auf, beteiligte sich mit Arlette oder Michelle oder Castor an Demonstrationen zur Unterstützung der Armenier oder sowjetischer Dissidenten. Außerdem machte er noch einige politische Reisen: nach Portugal, Westdeutschland, Italien und nach dem Nahen Osten.

Im Februar 1973 hatte Sartre in einem Interview mit dem *Spiegel* unter anderem erklärt: «Es gibt ein sehr interessantes Phänomen: die Baader-Meinhof-Gruppe. Ich meine, daß das wirklich eine revolutionäre Gruppe ist, ich meine aber auch, daß sie vielleicht zu früh angefangen hat.» Mit Interesse hatte Klaus Croissant, der Verteidiger von Andreas Baader, diese Erklärungen gelesen, und er ist es gewesen, der zum gegebenen Zeitpunkt die Initiative zur Kontaktaufnahme mit dem französischen Philosophen ergriff: sein Klient war zum Protest gegen die Haftbedingungen in einen Hungerstreik getreten, woran ein anderer Gefangener, Holger Meins, vor kurzem gestorben war. Sartre stellte mehrere schriftliche Anträge an die deutschen Behörden, Baader in seiner Zelle besuchen zu dürfen. Nach mehreren Ablehnungen erhielt er schließlich eine Besuchserlaubnis für das Stammheimer Gefängnis bei Stuttgart, wo er genau fünfundzwanzig Minuten mit Baader zusammentraf. Das war am Mittwoch, dem 4. Dezember 1974: Er kam in Begleitung von Pierre Victor und Jean-Marcel Bouguereau von *Libération*, und Croissant führte ihn zu Baader, während Dany Cohn-Bendit ihm bei der anschließenden Pressekonferenz als Dolmetscher diente. «Baader ist in einer isolierten, völlig weißen Zelle», erklärte er den über hundertfünfzig anwesenden Journalisten, «in der kein einziges Geräusch wahrnehmbar ist, außer dreimal am Tag die Schritte der Wächter. Das Tageslicht wird durch ein Gitter gefiltert, das elektrische Licht ist den ganzen Tag über eingeschaltet... Die Lebensbedingungen im Gefängnis sind unerträglich. Nach der Menschenrechtskonvention bleibt ein Häftling ein Mensch, der die gleichen Eigenschaften wie ein freier Mensch besitzt. Doch die westdeutsche Regierung und die westdeutschen Gefängnisverwaltungen haben eine seltsame Auffassung von politischen Gefangenen.»[35] Ferner brachte er Heinrich Böll dazu, mit ihm einen Appell für die Schaffung einer internationalen Kommission zum Schutz der politischen Gefangenen zu unterschreiben. Hinter der ganzen Inszenierung, Reise, Pressekonferenz in der Bundesrepublik und später in Frankreich, erweckt die wohlwollende Plattheit von Sartres Aussagen Mißtrauen. In Wirklichkeit verlief die Begegnung zwischen Baader und ihm sehr schlecht. «Ich glaubte, einen Freund vorzufinden, und fand mich einem Richter gegenüber», hatte ihm der ehemalige Aktivist der Roten-Armee-Fraktion vorgehalten, weil er wütend über Sartres Einwände gegen die politischen Methoden seiner Gruppe war. «Der Terrorismus, der beispielsweise in Lateinamerika gerechtfertigt werden kann», hatte Sartre insbesondere gesagt, «ist auf die Länder Westeuropas politisch nicht übertragbar. Die Ermordung des Richters Drenkmann beispielsweise ist eine Tat, die man zwar erklären kann, aber sie ist eine politisch falsche Tat.»[36] «Bei dieser Reise sind wir etwas reingelegt worden», kommentiert Benny Lévy verbittert. «Heute bedaure ich sie.» Die betroffenen deutschen Minister, die Sartre angegriffen hatte, beantworteten in der Presse seine Erklärungen, die sie für falsch hielten, und vor allem fanden sie seine Intervention «taktlos». War diese Reise also ein Schlag ins Wasser? Ein sinnloses Aufsspielsetzen des Namens, der Autorität und Gesundheit Sartres, der eigentlich niemanden überzeugt hatte und außerdem einer unhaltbaren Sache und einem Gefangenen zu Hilfe geeilt war, der ihn beschimpfte?

Ganz anders als die Reise nach Stuttgart verliefen die Reisen nach Athen in einer oft sehr herzlichen Atmosphäre. Sartre besuchte hier seine Freundin Hélène, in die er sich einige Jahre zuvor verliebt hatte. Victor, der sich natürlich seiner Alibifunktion bewußt war, begleitete ihn. «Ich habe von seinen Verhältnissen zu Frauen nichts verstanden», sagte er uns humorvoll. «Genauso hat er von meinen nichts verstanden.» Bei einer dieser Reisen war Sartre bereit, einen Vortrag an der Athener Universität zu halten. «Zum erstenmal», erzählt Victor weiter, «sah ich, was er im Ausland bedeutete. Der Augenblick, als er den großen Saal betrat, war ergreifend. Sartre trat ein, und man hörte einen feierlichen, endlosen Beifall. Es war wie ein Glaubensakt. Wie ein gewaltiges Danke.»[37]

In Portugal handelte es sich dagegen um eine Solidaritätsreise: Die Revolution der Nelken ließ seit Ostern 1974 im linksradikalen Milieu Europas Sympathie und Enthusiasmus wieder auflodern, obwohl man davon überzeugt war, es mit der letzten Zuckung europäischer Revolutionsromantik zu tun zu haben. Zusammen mit Pierre Victor und Simone de Beauvoir fuhr Sartre in der zweiten Aprilwoche des Jahres 1975 nach Lissabon und bereiste das Land. Eine Reise der Anerkennung und der Sympathie, aber auch der politischen Information wie jene, die er früher auf Einladung oder eigene Initiative nach Kuba, Brasilien und anderswohin unternommen hatte. In Portugal traf er sich mit Arbeitern, Bauern, Frauen, Soldaten und Intellektuellen. Er sah das als seine Pflicht an. Die Salazar-Caetano-Diktatur hatte ja fast achtundvierzig Jahre gedauert, und mit ihr brach eine der letzten faschistischen Bastionen zusammen, die älteste und die widerlichste, eines der rückständigsten politischen und sozialen Systeme Europas. Die Revolution der roten Nelken, ihre Lieder, ihre Fröhlichkeit, die Unterstützung sogar der Armee für den Sturz Salazars, all das wirkte auf die Linke wie ein regelrechtes Fest. Sartre begab sich müde und glücklich an den Ort des Festes, und nach seiner Rückkehr erzählte er *Libération*, was er empfunden hatte: «Es kann sich eine andere Macht herausbilden, die Macht der Werktätigen. Nicht in Form einer Partei, sondern beispielsweise in Form von Kooperativen. In den selbstverwalteten Betrieben ermöglicht die Einheit des Volkes Aktionen, die weder von der Nationalversammlung noch vom Militär unternommen werden können: hier entsteht eine neue Autorität.» Außerdem ging er auf die Frage der Kultur ein, vor allem auf die «kulturelle Dynamisierung»: «Die Schriftsteller, die ich getroffen habe, denken über eine Literatur des Volkes nach, über ein kollektives Werk, eine Arbeit auf den Dörfern: Wie stellt man ein Verhältnis zu den Bauern her, wie kann man sie von der bäuerlichen Kultur her einbeziehen?»[38] Waren die Leser über diese etwas summarische, klischeehafte «Rückkehr aus Portugal» enttäuscht? Fanden die Leser Sartre nicht mehr so streitsüchtig und innovatorisch? Dennoch wurde er weiterhin von Journalisten um die Beurteilung dieses oder jenes Ereignisses gebeten, um das «Sartre-Wort» zu diesem oder jenem Thema. Im November 1979 interviewte ihn Catherine Clément für *Matin-Magazine* über «Die Linke, die Verzweiflung und die Hoffnung». Im Januar 1980 lud ihn Ivan Levaï zu seiner Sendung «Expliquez-vous» in *Europe 1* ein: «Wir kehren zum Kalten Krieg zurück», sagte Sartre. «Wir sind in einer sehr kritischen Situation.» Er protestierte gegen die Deportation des Dissidenten Andrei Sacharow in der Sowjetunion und bestätigte, daß er zusammen mit anderen zum Boykott der Olympischen Spiele in Moskau aufrief. Kompromißlos griff er im Namen der Menschenrechte das sowjetische Regime an und beteuerte gleichzeitig: «Ich bekenne mich nicht zum amerikanischen Imperialismus.»[39] Knappe, klare, aber doch etwas schwache Antworten.

War Sartre im Grunde nicht schon seit langem schweigsam geworden? Wahrscheinlich eine müßige Frage bei einem Menschen, der nie wirklich von der öffentlichen Bühne verschwand, dessen «Zurücktreten» sich nach und nach beinahe auf natürliche Art und Weise vollzog. Seine Stimme blieb in unseren Ohren, wurde aber immer leiser. Seine Wut ebenso. Und was seine körperliche Kraft angeht, schwand sie allmählich, und jedes neue öffentliche Auftreten hinterließ bei denen, die ihn liebten, eine seltsame Mischung aus Unbehagen und Wut. Wo blieb er denn, unser Sartre? War er es noch, dieser kleine dicke und aufgedunsene, schlecht rasierte, zitternde, blinde, langsam laufende Mann? Eines Tages hatte ihn ein verrückter Dichter, der regelmäßig Geld von ihm verlangte, durch den Türspalt mit einem Messer in die Hand gestochen. In den Restaurants von Montparnasse sah man, wie der kleine zerbrechliche Greis mit verbundener linker Hand sich am Arm einer Dame festhielt und die wenigen Meter zwischen einer Autotür und einem Restaurantstuhl vorsichtig vorantastete. Solche Szenen konnten die Stammkunden der *Coupole*, der *Closerie* regelmäßig erleben, das Barometer der Sartreschen Gesundheit war öffentlich zugänglich, sie merkten die Blindheit, die frühe Senilität, das Zittern, die Schwächeanfälle, die Fettleibigkeit. Und manche Mittagsgäste flüsterten sich verlegen zu, drehten sich um und konnten manchmal ein ergriffenes «Aber, das ist doch Sartre!» nicht unterdrücken. Andere nahmen ihm regelrecht übel, was aus ihm geworden war: Sartre gehörte ihnen, und den Verfall lehnten sie ab.

Andere aber liebten ihn um so mehr und bekannten sich öffentlich dazu wie Françoise Sagan. Am 21. Juni 1979 – es sollte sein letzter Geburtstag sein – schickte sie ihm einen wunderbaren Brief, «Liebesbrief an Sartre», der in *Le Matin de Paris* erschien. 1984 erzählte Françoise Sagan in einem sehr schönen Buch *Avec mon meilleur souvenir* von den fröhlichen Mittagessen mit ihm.

Die letzten beiden Bilder von Sartres öffentlichem Auftreten bleiben jedem im Gedächtnis. Am 26. Juni 1979 gehörte er zu der Delegation von Intellektuellen, die zum Élysée ging, um den Präsidenten der Republik zu einer aktiveren Unterstützung der «Boat people» aufzufordern, die unter hoffnungslosen Umständen vor den totalitären Regimen in Vietnam und Kambodscha flohen. Man sah ihn behutsam die Stufen des Präsidentenpalastes wieder herabsteigen; gestützt auf der einen Seite auf André Glucksmann und auf der anderen Seite auf Raymond Aron. Beide Männer waren gleichaltrig, und dieses Nebeneinander von Raymond Aron mit Anzug und Krawatte und im Vollbesitz seiner Kräfte und von Sartre mit Jacke und Pullover und schwächer denn je rief ein regelrechtes Unbehagen hervor; vor allem, als man Aron in Sartres Ohr «Mon petit camarade» flüstern hörte, damit dieser ihn erkenne... Drei Monate später, am 26. September, wurde Sartre auf den Friedhof Pére Lachaise zur Beerdigung von Pierre Goldmann gefahren, der Mitglied des Redaktionskomitees der *Temps Modernes* gewesen und einige Tage vorher ermordet worden war. Sartre und Castor standen in der Nähe eines Grabs und verfolgten diese öffentliche Ehrung von weitem, abseits von der Menschenmenge. Doch wie immer, wenn es nötig war, waren sie da.

Anfang 1978 kam es zu einem offenen, heftigen Streit zwischen Simone de Beauvoir und Pierre Victor, zwischen der Lebensgefährtin von fünfzig Jahren und dem letzten Sekretär, dem täglichen Komplizen der Vormittage des blinden Philosophen. Nach und nach hatte Victor im Laufe seiner Lektüre das Werk von Emmanuel Lévinas entdeckt – dem ersten Phänomenologen Frankreichs –, sich für die Kabala zu interessieren angefangen und schließlich beschlossen, Hebräisch zu lernen. Von außen gesehen ein etwas ungewöhnlicher Weg für diesen nicht gläubigen Juden ohne jegliche religiöse Ambition und Ausbildung, der aus einer Familie stammte, die die jüdischen

Feste mit kritischer Distanz einhielt. Nach und nach erzählte Victor Sartre von der Entwicklung seiner neuen Interessen von der Kabala zur Geschichte des jüdischen Volkes, zur hebräischen Sprache und schließlich zum Talmud. «Er wird doch nicht Rabbiner werden wollen!» hatte angesichts einiger Verbohrtheiten Victors eines Tages Sartre lachend zu Arlette gesagt. Im Zusammenhang mit diesen neuen Interessen hatte Victor eine Reise nach Israel geplant, die nur wenige Monate nach dem Jerusalem-Besuch von Präsident Sadat stattfand. Die Reise in Begleitung von Arlette und Victor dauerte nur wenige Tage, und Sartre empfing in seinem schönen Zimmer für berühmte Gäste gegenüber dem Jaffa-Tor israelische Persönlichkeiten, die bereit waren, mit ihm zu diskutieren. «Victor ging es darum, den Sadat-Geist wiederzubeleben», erzählt Arlette Elkaïm, «der in den Köpfen der Israelis wie der Araber langsam verblich. Sozusagen das Feuer der Begegnung wieder anzufachen.»[40] Sartre empfing israelische Intellektuelle wie Menahem Brinker oder Ely Ben Gal, palästinensische Intellektuelle wie Raymonda Tawil; die Diskussionen blieben Arlette zufolge «sehr künstlich», Sartre aber war begeistert und gutgelaunt: Er war sogar regelrecht glücklich, als ihn in einem Restaurant in Jericho eine junge Frau, Tal Auhalo, ansprach: «Guten Tag, Herr Sartre», sagte sie ihm. «Danke, daß Sie existieren.» Ganz im Sinn dieser Reise hatte Victor einen Text von Gesprächen mit Sartre zum israelisch-arabischen Konflikt vorbereitet, der der Reise als «roter Faden» dienen sollte. Genau dieser Text sollte den Konflikt auslösen.

«Daß mich die Leute das ‹Weltgewissen› nennen», sagte Sartre, «gefällt mir schon, aber ich bin kein Weltgewissen. Ich bin ein einzelnes Gewissen.

Victor: Da du weder Salomo noch das Weltgewissen bist, welchen Ort meinst du dann?

Sartre: Ich habe die subjektive Vorstellung, daß der Ort, an dem ich bin, Frankreich, eigentlich am ehesten eine Rolle spielen kann. Von Paris können die Vorschläge kommen. Von ihrem Standpunkt aus kann Paris die Vorschläge für einen neuen Anfang formulieren.

Victor: Das ist wieder das Weltgewissen. Paris, das ist das 18. Jahrhundert. Das ist die Französische Revolution.

Sartre: Ja, du weißt, ich bleibe der Französichen Revolution treu. Um offen zu sein, ich sage: ‹Paris›, weil man ja irgend etwas sagen muß, aber eigentlich ist es ganz einfach: die Vorstellung, daß ich damit in diesen Protest einbezogen werden kann...»

Victor hatte Jean Daniel, dem Herausgeber des *Nouvel Observateur*, den Text zur Veröffentlichung geschickt. «Zuerst habe ich als Journalist reagiert», erklärt uns Jean Daniel. «Ich dachte: Sartre, das veröffentlicht man. Aber der Text war nicht gut, schlecht geschrieben und drückte ziemlich kuriose Ideen aus, in denen man Sartre nicht wiedererkannte.»[41] Jacques-Laurent Bost, der damals Redakteur bei der Zeitschrift war, sah sich den mit «Sartre-Victor» gezeichneten Text an und alarmierte Castor. «Bost rief vom *Nouvel Observateur* aus an», kommentiert sie erschrocken. «Die Reportage war in der Tat nichts wert: Sie hatten nur vier Tage in Israel verbracht, was wirklich zu kurz war, um sich eine Meinung bilden zu können. Nie hätte Sartre so etwas alleine getan; der Text war wirklich zu schwach, und Victor, der nicht schreiben konnte, hatte die Gelegenheit genutzt, sich Sartres Namens zu bedienen. Ich selber habe Sartre gesagt, daß wir diesen Text erbärmlich fanden. Er hat geantwortet: ‹Vergessen Sie ihn, ich messe ihm keinerlei Bedeutung zu›.»[42] Genau an diesem Punkt beginnen die Berichte über Sartres Reaktion auf diesen ersten Streit auseinanderzugehen. Und daß sie divergieren, rührt bestimmt daher, daß sich Sartre in dieser Angelegenheit gegenüber den verschiedenen Personen, sagen wir, selektiv verhielt. «Das paßte genau zu seinem Charakter», bestätigte uns jemand aus seiner Umgebung. Schweigsam gegenüber den einen, leicht verärgert gegenüber den anderen, absolut gleichgültig oder ein bißchen wütend? Die Zeugen teilen uns ihre Erinnerungen mit. Jean Pouillon erzählt die Szene so: «Sartre ist außer sich gewesen. Es paßte ihm nicht: Er wollte nicht, daß wir gegen Victor recht hätten; auch wenn der Text von Victor geschrieben worden war, hatte er das Seine dazu beigesteuert, und er war über unsere Intervention sehr verärgert. Heute glaube ich, auch wenn ihn unser Eingreifen verletzt hat, haben wir dennoch recht gehabt, so zu handeln.»[43] Die Spaltung zwischen Vergangenheit und Gegenwart nahm in dieser Affäre eine ganz neue Dimension an; die Spannungen, die bis dahin durch den Alltag recht und schlecht überbrückt worden waren, führten jetzt zu einem nicht rückgängig zu machenden Prozeß. Und Sartre, der so gern keinem mißfallen hätte, war zwischen dem Sartre der Vergangenheit – Castor und *Les Temps Modernes* – und dem Sartre der Gegenwart – Victor und Arlette – hin und her gerissen. Das zeigte sich auch an seinem Verhalten in dieser Affäre: Er hatte die erbarmungslose Kritik Castors gehört und nichts unternommen. Allerdings – verdächtiges Zeichen – hatte er versäumt, Victor davon zu informieren. Dieser erfuhr es aus Castors Mund auf einer Sitzung des Redaktionskomitees. «... als ich mit Victor (darüber) sprach, wurde er wütend: noch nie hatte man ihn so vor den Kopf gestoßen ... bald darauf, während einer Sitzung der *Temps Modernes*, die ohne Sartre bei mir stattfand, kam es zu einer heftigen Auseinandersetzung zwischen Victor, Pouillon und Horst (André Gorz), über den Artikel, den letztere abscheulich fanden. Victor beschimpfte sie, erklärte anschließend, wir wären alle Tote, er der einzige Lebendige, und nahm nie wieder an den Sitzungen teil.»[44] «An diesem Tag», erzählt Benny Lévy, «bin ich wirklich explodiert mit meiner ganzen angestauten Wut, weil sie nichts begriffen. Ich habe auch irgend jemanden als vergreisten Grammatiker bezeichnet.»[45] Sartre war bei diesem ersten und letzten Streit zwischen seiner Vergangenheit und seiner Gegenwart abwesend, war das nicht schon symbolisch genug? Er hatte nichts getan und stumm hingenommen, daß «sein» Artikel von dem Sartrianer-Tribunal verboten worden war, hatte versäumt, diese peinliche Information von einer «Zensur» weiterzugeben und damit implizit eine Konfrontation zwischen den beiden antagonistischen Parteien provoziert, von denen sich zu trennen er nicht den Mut hatte. Verdruß? Feigheit? Machtlosigkeit? «Sartre fühlte sich bei diesem Text nicht sehr wohl», sagt heute Benny Lévy, «und das kann ich verstehen: Es war nicht seine eigene Initiative gewesen, er wußte, daß einige Stellen die Israelis verärgern könnten, was für ihn ein Problem war, und hat die Sache ihren Lauf nehmen lassen.»[46] Dennoch: Es war ein Präzedenzfall, und fortan gehen sich die beiden Clans aus dem Weg, verhärten sich, überwachen sich gegenseitig... Die seit 1973 gespannten Fäden waren wegen eines vielleicht belanglosen Zwischenfalls gerissen, aber eine Versöhnung schien nicht mehr möglich. Oft haben wir das Trio Sartre-Beauvoir-Victor auf gemeinsamen Gesprächen, Veranstaltungen und Reisen erlebt. Jetzt wird man Sartre nur noch mit Castor allein oder mit Victor allein sehen. «Bis dahin», schreibt Simone de Beauvoir, «waren die wirklichen Freunde Sartres auch immer die meinen gewesen. Victor war die einzige Ausnahme. Ich zweifelte nicht an seiner Zuneigung zu Sartre noch an der Sartres zu ihm.»[47] Zwei Jahre werden die wegen Sartres Blindheit abgeschafften Abschottungen wieder hergestellt sein, Castor und Victor werden sich sorgfältig aus dem Weg gehen und alle übrigen Mitglieder des Stammes in zwei verfeindete Clans hineinziehen, die beide das Leben Sartres auf unversöhnliche Art reproduzierten.

Das waren die Umstände, unter denen im März 1979 ein auf Victors Initiative von *Les Temps Modernes* organisiertes Kolloquium zum Thema «Frieden jetzt?» stattfand, bei dem palästinensische und israelische Intellektuelle zusammentrafen. Die israelische Seite vertraten unter anderen Ben Gal, Margalit, Harkabi und Steinsaltz; die palästinensische Dakkak, Watad, Nazzal, Charaf und Edward Saïd. «Es war an einem finsteren Nachmittag», erzählt Saïd, «es goß in Strömen, und wir haben erst einmal in der *Brasserie alsacienne* am Carrefour de l'Odéon Mittag gegessen. Sartre schien keine einzige Fremdsprache zu verstehen, weder Deutsch noch Englisch, und auch wenn Französisch gesprochen wurde, schien er völlig abwesend zu sein. Am nächsten Tag haben wir uns in der Wohnung von Michel Foucault getroffen: Er war bereit, uns aufzunehmen, wollte sich aber nicht an den Diskussionen beteiligen. Was mich angeht, bin ich gleich am zweiten Tag heftig geworden und habe gesagt, daß ich auf diesem Kolloquium nichts zu suchen hätte, wenn Sartre nicht reden würde. Daß ich nach Paris gekommen wäre, um Sartres Position zu hören, und ich keine Lust hätte, mich mit Israelis anzulegen, das Zirkustier, den Gladiator zu spielen und einige Pariser Intellektuelle zu unterhalten. Schließlich hat Sartre endlich das Wort ergriffen. Er hielt eine Rede, die nur aus Platitüden bestand: ritualisierte Formeln ohne die geringste Betroffenheit, was uns – uns allen, den Israelis wie den Palästinensern – den traurigen Eindruck vermittelte, wir wären durch einen Zaubertrick gar keine Menschen mehr. Später habe ich mich ihm genähert, ich habe mich hingekniet, um ihn anzusprechen, er hat mir noch einmal seinen Respekt für Sadat bekundet, und das war alles. Dieses Kolloquium ist mir in schlechter Erinnerung geblieben», faßt Edward Saïd zusammen, «ein wahres Desaster. Und meiner Meinung nach hat jeder das gleiche gedacht.»[48]

Dennoch hörte Sartre nicht auf, von seinem nächsten Buch zu sprechen, das er mit Victor gerade vorbereitete und das *Pouvoir et liberté* heißen sollte. «Das Thema dieses Buches», erklärte er, «ist für mich die Politik und die Moral, und ich möchte es am Ende meines Lebens abgeschlossen haben.»[49] Stundenlang hatten sie diskutiert, und Rosine, eine Freundin aus Victors Wohngemeinschaft, hatte alle Tonbänder abgetippt: 800 Seiten insgesamt, die Arlette in den Sommerferien in Junas Sartre Zeile für Zeile vorlesen sollte. «Das ist alles nichts Halbes und nichts Ganzes», sagte er offensichtlich unzufrieden wiederholt zu Arlette. Also folgten neue Gespräche: etwa zwanzig Seiten, die Arlette Zeile für Zeile gegenlas, die Sartre sich anhörte, korrigierte und wieder anhörte. «Für uns war es dringend, das Pferd beim Schwanz aufzuzäumen», sagt Lévy heute, «denn damals wurde die politische Konjunktur einer neuen Rechten ziemlich bedrohlich. Wir hatten also den Teil unserer Überlegungen vorweggenommen, in dem sich die Metyphysik politisch artikulieren konnte. Diese Gespräche sollten im Herbst 1980 veröffentlicht werden, zusammen mit den Grundlagen unserer Überlegungen, die sich vor allem um Sartres Revision des Begriffs des Für-andere-seins drehten. Bei unserer gemeinsamen Arbeit an diesem Text hatte sich zwischen uns der Witz eingebürgert, uns gegenseitig die Frage zu stellen: ‹Wie werden *sie* reagieren?› mit Betonung auf diesem ‹sie›, das gleichzeitig abstrakt und unumgehbar war. Für uns beide stand fest, daß es diesmal auf keinen Fall zu dem Theater von 1978 kommen würde; wir dachten zwar, sie würden schockiert sein, aber die Heftigkeit der Reaktionen haben wir nicht geahnt.»[50] Jeder war durch den letzten Streit angeschlagen; jeder versteifte sich jetzt also auf eine noch härtere Position: «Sartre kommt ins Schleudern», hatten die Freunde der *Temps Modernes* gedacht: «wir müssen ein Absinken verhindern»; Victor dagegen, den es tief verletzt hatte, daß sein emotionaler und intellektueller Einsatz für Sartre durch einen Federstrich von Leuten ausradiert wurde, mit denen Sartre seit Jahren nicht mehr diskutierte, beschloß: «Nun, das wird das letzte Mal sein, wo sie das Sagen haben!»

Jedenfalls legte Victor den Text der Gespräche Jean Daniel diesmal persönlich vor. «Ich nehme den Text mit nach Hause», erzählt uns Jean Daniel, «an diesem Abend aß Pierre Nora bei uns. Wir lesen ihn aufmerksam: Es war verwirrend, das bedeutete eine Wende in seinem

Denken, war aber sicher geschrieben und enthielt zugleich erstaunliche Veränderungen in wesentlichen Fragen ... Die ganze Nacht hat bei mir das Telefon geklingelt: Lanzmann im Namen von Simone de Beauvoir, Bost, Pouillon, die mich beschworen, diese Gespräche nicht zu veröffentlichen. Ich habe mich also gefragt, was ich tun sollte, und am nächsten Tag habe ich Horst den Text gezeigt, der eine ganz andere Meinung dazu hatte: ‹Sie sind alle sehr aufgeregt›, hat er mir erklärt, ‹sie spielen die Tempelwächter, und ich, der es auch sein müßte, bin es nicht: Dieser Text stört mich nicht.› Dann», erzählt Jean Daniel weiter, «wollte ich in Anwesenheit von Horst Sartre anrufen; ich habe aber gar nicht mehr die Zeit dazu gehabt, weil Sartre selbst anrief. Seine Stimme war absolut deutlich, er sprach mit äußerster Autorität: ‹Ich glaube zu wissen›, sagte er mir, ‹daß Sie in Nöten sind, ich weiß, daß meine Freunde Sie unter Druck gesetzt haben. *Ich, Sartre, bin es*, der Sie darum bittet, diesen Text zu veröffentlichen und ihn vollständig zu veröffentlichen. Wenn Sie es nicht tun möchten, werde ich ihn woanders veröffentlichen, aber ich wäre Ihnen dankbar, wenn Sie es täten. Ich weiß, daß meine Freunde Sie angesprochen haben, aber ich weiß auch, daß sie sich irren: denn der Gang meines Denkens entgeht ihnen allen, einschließlich Castor ...› Selten», sagt Daniel, «war Sartre so eindeutig, so präzise, so Herr seines Denkens und seiner Sprache. Als ich ihn auf einen Fehler im Text hinweisen wollte und mich bemühte, ihn die betreffende Zeile finden zu lassen, fragte ich ihn: ‹Haben Sie den Text bei sich?› ‹Ich habe ihn im Kopf›, antwortete er. Und tatsächlich kannte er ihn auswendig. ‹Ich verlasse mich auf Sie›, sagte er zum Schluß. ‹Im übrigen gibt es noch viele Fragen, über die ich gerne mit Ihnen diskutieren möchte, zum Beispiel die Frage der Gewalt. Und ich werde es gern tun, sofern mir die Zeit dazu bleibt.›»[51]

Diesmal kam es zu keiner direkten Konfrontation zwischen Simone de Beauvoir und Victor: Wie hätte es auch dazu kommen können, sie sahen sich ja nicht? Dafür aber zu einer Szene zwischen Sartre und Castor: Bei ihm zu Hause am Boulevard Edgar-Quinet hatte er ihr die Gespräche zu lesen gegeben. Das Fehlen eines minimalen Konsenses scheint für beide eine völlig neue Situation gewesen zu sein. «Sartre wurde nie wütend», sagte uns Arlette, «er war ein standfester Mensch, den nichts so leicht ärgerte. Nach dieser Szene äußerte er zum erstenmal eine *immense* Verärgerung. Er hatte mir vorher nie von Spannungen mit Castor erzählt; nach dieser Krise hat er mir zum erstenmal gesagt, daß er sie nicht verstünde, daß sie beim Lesen der Gespräche in große Wut geraten war, daß sie geweint hatte, daß sie den Text durch das Zimmer geschleudert hatte, daß er ihn ihr hatte erklären wollen – ‹Aber reden wir doch darüber, Castor› –, daß sie aber weder hatte reden wollen noch können.»[52] Offenbar hat diese unvermeidliche Verschlechterung seiner Beziehung zu Castor Sartre sehr stark erschüttert. Und konnte in den zwei Monaten, die zwischen dieser Szene und seinem Lebensende lagen, ihre tiefe Beziehung wirklich wieder hergestellt werden? «Ich habe schon wieder mit zwei strengen Musen gegessen», sagte er Arlette, wenn er von den Mittagessen mit Castor und ihrer Freundin Sylvie zurückkam. «Sie haben kein Wort mit mir gesprochen.»[53] «Ostern möchte ich mit euch beiden in Belle-Île Urlaub machen», sagte er andererseits zu Sylvie, «und nicht mehr über die Geschichte reden.»[54]

Er war über einen Wunsch von Castor hinweggegangen, das wußte er, und hatte sich hartnäckig gegen sie, gegen seine Vergangenheit, gegen die Tempelwächter, gegen das Sartrianer-Tribunal gestemmt. «Sartre hat sich versteift», analysiert heute Simone de Beauvoir klarsichtig, «weil wir gegen ihn waren; er ist aus Schwäche doppelt eigensinnig geworden. Er mußte sich hinter einer Art falschen Stärke verschanzen, und weil er schwach und gebrochen war, redete er um so lauter. Da er andererseits nicht mehr er selbst war, stand er um so mehr unter dem Einfluß von Victor. Was Sartre nicht bewußt geworden ist, vor allem bei diesen letzten Gesprächen, war, daß Victor ihn dazu gebracht hatte, sich zu widerrufen. Nein, er begriff überhaupt nicht das Ausmaß an Widerrufung, das ihm Victor in seiner Wyschinski-Art aufzwang. Mangels eines offenen, selbstsicheren Urteilsvermögens hat sich Sartre versteift: Er hatte auf Victor gesetzt und wollte nicht einsehen, daß er sich getäuscht hatte. Er dachte, daß er einen Schritt machte, den ich noch nicht vollziehen wollte, er glaubte, ich verstünde ihn nicht, er hat an eine Manipulation meinerseits geglaubt, an eine Manipulation seitens der *Temps Modernes*, während er von Victor und Arlette manipuliert worden war – an die er sich schlauerweise nach der Krise von 1978 gewandt hatte. Er ist durch all das sehr zerrissen gewesen, er hatte keine Lust, sich die

Wahrheit einzugestehen... Sartre», sagte sie weiter, «übergab keinem die Aufgabe, Sartres Zukunft zu sein, aber er hatte seine Augen nicht mehr, er hatte keine Zukunft mehr, er wußte genau, daß er in ziemlich naher Zeit zum Tode verurteilt war, daher...»[55]

Sartre, der Jean Daniel mit seiner klaren und unerschütterlichen Stimme seinen Willen aufzwingt, ist das nicht das einprägsamste Bild für den Eigensinn des alten Mannes, der um jeden Preis seine Entscheidung durchsetzen will, gegen die Isolierung, gegen die Zensur, gegen die Stagnation, gegen jedes vernünftige Verhalten? «Robert», hatte er einmal nach all diesen Krisen zu Robert Gallimard gesagt, «Sie werden doch nicht das gleiche wie alle anderen tun, Sie werden mich doch nicht auch noch ausschimpfen wollen! Mich im Namen der Sartrianer verurteilen zu lassen, das ist doch zum Totlachen! Aber Sie werden sehen, wenn das Buch erscheint, werde ich sie schon noch überzeugen.»[56] Arlette aber analysiert die Ereignisse so: «Nicht so sehr die Kritik hat ihn gestört, sondern die Aneignung der Sartreschen Wahrheit durch die Gruppe der *Temps Modernes*. ‹Sie behandeln mich wie einen Toten, der die Frechheit hat, sich bemerkbar zu machen›, hat er zu mir gesagt. Durch diese Arbeitssitzungen mit Victor hatte er gerade alles zerschlagen, was die anderen schon abgeschlossen hatten, Simone de Beauvoirs Buch *Tout compte fait* in Frage gestellt, das eine Bilanz ihrer beider Leben zog, und die Gruppe der *Temps Modernes* gestört, die er von nun an als Vormund empfand.»[57] Und sie bedauert weiter, daß sich niemand aus dem Redaktionskomitee der *Temps Modernes* die Mühe gemacht hat, Sartre aufzusuchen, um konkret über diese Gespräche mit ihm zu diskutieren, ihm ihre Kritik detailliert darzulegen, was ihm geholfen hätte, sie zu verstehen... «Mit ihm darüber reden» hat mir Pouillon gesagt. «Wozu? Im übrigen habe ich diese Gespräche nicht einmal lesen wollen. Was hätte es genutzt, wenn ich mit Sartre darüber gesprochen hätte? Wir hätten uns nur beschimpfen können... Entweder hätte ich ihn nicht überzeugt, und wir hätten uns nicht mehr gesehen; oder ich hätte ihn überzeugt, aber um welchen Preis? Was hätte ich dann getan? Ich hätte ihn jeden Morgen besucht, aber das hätte wie eine Krankenpflege ausgesehen.»[58]

Bei dieser peinlichen Geschichte hatte eigentlich jeder eine schlechte Rolle. Sowohl die alten Freunde, die Garanten *der* Sartreschen Wahrheit, wie auch die neuen Beziehungen, die ihn vielleicht brüskieren und mit seinem vollen Einverständnis radikal in Frage stellen. Der schon 1973 aufgetretene Bruch wird die letzten Lebensjahre Sartres vergiften. Hin und her gezerrt zwischen diesen beiden nach wie vor festen Strukturen, wird er sich so verhalten, wie er es oft getan hatte: Rückzug auf sich selbst, nichts wissen, das Unversöhnliche versöhnen wollen. Aus Feigheit? Vor allem aber war Sartre trotz den gesundheitlichen Sorgen nicht jemand, der nicht mehr leben, nicht mehr arbeiten, sich nicht mehr verändern wollte; im Gegenteil, man hatte manchmal den Eindruck, daß es ihm, wie von einem Schwindelgefühl angezogen, Spaß machte zu leben.

Abgesehen von den Vertrauten übrigens, die unter diesem letzten Konflikt litten, merkte so gut wie niemand diese Spannungen, die nach gutbürgerlichem Vorbild hinter den Kulissen der Familie blieben. In dieser vergifteten Clanatmosphäre wurde Sartre am 20. März mit der Diagnose Lungenödem in das Krankenhaus Broussais eingeliefert. Gleichzeitig zu all den Konflikten hinter den Kulissen erschienen nun im *Nouvel Observateur* die berüchtigten Gespräche, für die Pierre Victor endgültig sein Pseudonym fallenließ und wieder Benny Lévy wurde. Sechs Jahre waren seit der Veröffentlichung des letzten Bandes von *Situations* verstrichen, sieben seit dem dritten Band des *Idiot de la famille* und fünf schließlich seit *On a raison de se révolter*. Drei Wochen lang konnten die Leser mit Erstaunen diese Gespräche zwischen Jean-Paul Sartre und Benny Lévy entdecken, die die Überschrift *L'espoir maintenant* trugen. Eine jähe öffentliche Entdeckung dessen, was bislang allein den Vertrauten bekannt gewesen war. Der Inhalt der Erklärungen in dieser neuen Form des Dialogs, die Sartre bislang gemieden hatte, sorgte für eine beachtliche Überraschung. Denn hier hatte man es nicht mit einem Sartre-Interview von einem Journalisten oder Spezialisten zu tun – wie es drei und fünf Jahre vorher der Fall gewesen war bei dem Interview zur Frauenfrage mit Catherine Chaîne und bei dem Interview mit Michel Contat für das «Selbstporträt mit siebzig Jahren». Denn Benny Lévy wandte sich nicht respektvoll an Sartre, um aus seinem Munde Informationen oder Erläuterungen zu seinem philosophischen Werk zu erhalten. Sondern es waren Sequenzen aus ihren Arbeitssitzungen der letzten Jahre, die *genau der Form* ihres Verhältnisses entsprachen: zwanglose, formlose Freundschaft, Gleichheit zweier Partner. Und das gegenseitige Duzen, das dermaßen schockierte, war eigentlich noch das Geringste. In den Gruppen vom Mai 68 und danach war das Duzen ein Ritual, von dem allein die Ausgeschlossenen abwichen. Sartre paßte sich dem schnell an; diese Art von Freundschaft aber, in der Sartre einen noch nicht dreißigjährigen Unbekannten als Gleichen behandelte, der nichts geschrieben, nichts veröffentlicht hatte und mit dem ersten Intellektuellen der Nation auf Bruderschaft machte, rief wahre Bestürzung hervor. Sartres Aussagen trugen übrigens dazu bei, das Unbehagen noch zu verstärken. Seit dem letzten *Flaubert*-Band war er intellektuell verschwunden und auf der politischen Bühne nur noch sporadisch erschienen; doch von dem Leben, das er seit 1973 führte, wußte man eigentlich nichts. Und nun tauchte er plötzlich in einer völlig unerwarteten Rolle wieder auf, die jeden verblüffte.

«Seit einiger Zeit beschäftigst du dich mit der Hoffnung und der Hoffnungslosigkeit», begann Lévy. «Das sind Themen, die du in deinen Schriften kaum behandelt hast.

Sartre: – Auf jeden Fall nicht auf dieselbe Art und Weise. Denn ich habe immer gedacht, daß jeder mit Hoffnung lebt...

Lévy: – In *Das Sein und das Nichts*... sprachst du vielleicht nicht von Hoffnung, aber du sprachst von Hoffnungslosigkeit.

Sartre: – Ja, ich sprach von Hoffnungslosigkeit, doch, wie ich schon oft genug gesagt habe, war das nicht das Gegenteil der Hoffnung... Ich selbst war nie hoffnungslos, noch habe ich die Hoffnungslosigkeit je von nah oder fern für eine Eigenschaft gehalten, die zu mir gehören könnte. Es war also tatsächlich Kierkegaard, der mich diesbezüglich stark beeinflußte.

Lévy: – Seltsam, wo du Kierkegaard doch eigentlich nicht magst.

Sartre: – Ja, aber ich stand trotzdem unter seinem Einfluß. Es waren Worte, von denen ich annahm, daß sie für andere eine Realität haben konnten. Ich wollte ihnen daher in meiner Philosophie Rechnung tragen. Es war Mode.»

Und so ging das seltsame Gespräch weiter. Lévys unermüdliche scharfsinnige philosophische Fragen bewiesen seine profunde Kenntnis von Sartres Werk. Sartre seinerseits sprach in einer völlig neuen Art: weniger scharfe Rhetorik, Fadheit des Denkens, Schwäche der Argumentation. Woher genau kam dieses Unbehagen, das damals jeder empfand? Von Sartres neuen Positionen? Von dem neuen Stil dieser Gespräche? Oder eher daher, daß dieses private intellektuelle Treffen so plötzlich und überraschend im Scheinwerferlicht der Öffentlichkeit erschien? Und daß es ein neues, so viel weniger lebendiges und kämpferisches, ein enttäuschendes Sartre-Bild bot: einen anderen Sartre?

Die Veröffentlichung dieser Gespräche war das erste öffentliche Stück, das die Leser über die letzten Lebensjahre Sartres informierte. Nach seinem Tod häuften sich die Darstellungen, da die verschiedenen Mitwirkenden jener Zeiten einer nach dem anderen weitere Unterlagen für die jetzt entschieden öffentlich werdende Akte vorlegten. Vom Herbst 1981 bis zum Herbst 1984 hatte man es mit einer ganzen Reihe von Aussagen zu tun. Als erste beschloß Simone de Beauvoir zu reden und ihre Informationen bekanntzugeben: ihr Buch, *La cérémonie des adieux*, das achtzehn Monate nach Sartres Tod bei Gallimard erschien, war ein gewissenhaft genaues klinisches Tagebuch der letzten Lebensjahre Sartres. Auf dieses Buch, das als Exorzismus geschrieben worden war, reagierten die Leser, wie sie es schon immer gegenüber diesem mythisch gewordenen Paar getan hatten: entweder mit vorbehaltlosem Respekt oder mit radikaler Ablehnung. Die einen fanden in diesem Buch das Zeugnis «einer unendlichen Zärtlichkeit», die anderen lehnten es als «unerträglich» ab. Aber niemand sagte, wie sehr das Buch im typischen Beauvoir-Stil geschrieben war, mit derselben Thematik und demselben literarischen Kolorit wie einige ihrer vorherigen Werke, zum Beispiel *Une mort très douce, La vieillesse* oder auch einige Passagen aus *Tout compte fait*. «Dies ist das erste – und wahrscheinlich das einzige – meiner Bücher», schrieb Castor, «das Sie nicht gelesen haben werden, bevor es gedruckt wird. Es ist gänzlich Ihnen gewidmet und erreicht Sie nicht... Dieses *Sie*, das ich benutze, ist eine Illusion, ein rhetorischer Kunstgriff. Niemand hört es; ich spreche zu niemanden. In Wirklichkeit sind es die Freunde Sartres, die ich anspreche.»[59] Mit

La cérémonie des adieux wurden die Sartreschen Familienkonflikte restlos öffentlich und die direkt angegriffene Arlette antwortete nach einigen tendenziösen Artikeln mit einem offenen Brief an Simone de Beauvoir, der in *Libération* erschien: «Zum erstenmal erscheine ich in Ihren Memoiren, wo Sie mir anläßlich dieser Gespräche die Rolle eines Dummchens zuschreiben. Ich würde mich schnell darüber beruhigen, wenn Sie nicht durch die Reduzierung jeder Person auf einige Charakterschemata gleichzeitig auch Sartre verraten würden. Weiter schweigen wäre Feigheit, Sie sind zu weit gegangen... Als wir, Sartre und ich, zu zweit zusammen waren», schrieb sie weiter, «bemühte ich mich, für ihn zu sehen, soweit es möglich war... Nichts hinderte Sie jedenfalls daran, sich mit den Manuskriptblättern in der Hand neben ihn zu setzen und ihm Ihre Kritik Punkt für Punkt mitzuteilen. Er ist gelinde gesagt überrascht gewesen, daß Sie das nicht getan haben.»[60] Einige Monate nach diesem öffentlichen Dialog, als Ostern 1982 die ersten postumen Texte Sartres veröffentlicht wurden – *Les carnets de la drôle de guerre* und *Les cahiers pour une morale* –, interessierten sich bestimmte Journalisten für die Testamentsvollstreckerin des Schriftstellers, seine Adoptivtochter Arlette, und baten sie um Interviews: Diese unbekannte Person aus Sartres Umgebung, die jetzt eine Hauptrolle bei der Verwaltung seines Werks spielte, machte neugierig. Im Herbst 1984 beschloß schließlich auch Benny Lévy sich zu äußern: Er veröffentlichte bei Verdier ein seltsames Büchlein mit dem Titel: *Le nom de l'homme: Dialogue avec Sartre*. Entgegen allen Erwartungen griff Lévy nicht in geringster Weise die Polemik auf, sondern legte ein Philosophiebuch vor, das einer dichten und zähen Studie des Sartreschen Werks, einer absolut subjektiven und persönlichen judaischen Lesart der Sartre-Texte gewidmet war, und bewies eine bemerkenswerte Kenntnis dieses Werkes: Wie kein anderer bewegte sich Lévy zwischen dem *Saint Genet*, der *Critique*, dem *Flaubert*, dem *Baudelaire* und den *Réflexions sur la question juive*, verglich die Themen, die Begriffe, und schlug sich einen eigenen, entschieden isolierten Weg durch das Gestrüpp und die Labyrinthe des Sartreschen Werks.

Bruchstückweise wurden also einige Momente aus dem Privatleben der letzten Jahre des Schriftstellers bekannt. So tauchten in Sequenzen Personen aus seiner nahen Umgebung auf, die die breite

Öffentlichkeit nicht einmal dem Namen nach kannte. Wie einen über Jahre sich hinziehenden Fortsetzungsroman las man die langsam vervollständigte Geschichte eines blinden Schriftstellers, der sich darauf versteifte, gegen sich selbst und gegen alle Welt zu denken, und der Sartre hieß. Die erstaunliche und schmerzliche Geschichte seines Alters wurde mit überraschender Spärlichkeit offenbart, obwohl am Ende der – allerdings falsche – Eindruck entstand, daß man alles von diesen intimen Konflikten wisse.

Zur gleichen Zeit, als man in *Nouvel Observateur* die Gesprächsserie mit Benny Lévy entdeckte, lag Sartre auf der Intensivstation im Krankenhaus Broussais. An seinem Bett lösten sich die Vertrauten ab. Es gab sogar einen Arzt, der Sartre eine große Freude bereitete, als er ihm sagte, er habe die letzten Ausgaben des *Nouvel Observateur* gelesen und seine Erklärungen hätten ihn lebhaft interessiert. Benny Lévy hatte eine Reportage für den *Corriere della Sera* über Jerusalem und Kairo zugesagt. «In meiner Geburtsstadt Kairo», berichtete er uns gegenüber, «erhielt ich die Nachricht von Sartres Einweisung ins Krankenhaus und daß er im Sterben liege. Ich habe Kairo sofort verlassen und ihn im Krankenhaus besucht; er lag auf einer Intensivstation, die Arme hingen am Tropf, er konnte sich nicht bewegen; ich trete in den Raum ein, er richtet sich auf: ‹Ah, Victor, wir werden bald weitermachen, weißt du.› Er wollte unbedingt», sagte Lévy, «darüber sprechen, was wir tun würden, wenn wir wieder zusammen arbeiteten, er wollte über das Interesse von Journalisten und Verlegern im Ausland für unsere Gespräche informiert werden; einige hatten sich bereits mit uns in Verbindung gesetzt, um die Rechte zu kaufen und sie zu veröffentlichen.»[61] Bei den von Arlette und Castor streng eingeteilten Besuchen konnte sich jedes Mitglied der «Familie» eins nach dem anderen mit dem Philosophen unterhalten, der über das Leben sprach, das weitergeht. Eines Tages sagte er fröhlich zu Pouillon, der ihm ein Glas Wasser reichte, weil er durstig war: «Das nächste Mal wird es Whisky sein, und zwar bei mir!»[62] Sartre starb am 15. April 1980 um einundzwanzig Uhr in seinem Bett im Krankenhaus Broussais, als Arlette bei ihm wachte. Weniger als eine Stunde später wurde die Nachricht von der *Agence France Presse* verbreitet.

«Jean-Paul Sartre ist tot» – wie ein Schrei klang die Überschrift in *Libération*. Die ganze Titelseite mit einem großen Bild vom Anfang der siebziger Jahre war ihm gewidmet: ein gutgelaunter Philosoph mit den Händen auf den Knien auf einer Bank im Justizpalast sitzend, der zum x-tenmal wartet, um bei einem Prozeß auszusagen. «Der riesige Sartre», kommentierte Serge July, «beherrschte sein Jahrhundert wie Voltaire und Hugo das ihre... Er, der seit vierzig Jahren überall dabei war, bei allen Schreibweisen, bei allen Kämpfen...» «Sartre ist tot», meldete *Le Matin* über eine ganze Seite mit einem seltsamen Bild eines bebrillten Mannes, der unter einem großen weißen Licht schrieb oder las. «Mit ihm verschwindet einer der wenigen wirklich freien Menschen unserer Epoche», lautete der Kommentar, «einer der wenigen aufrechten Menschen in einem verworrenen und ohnmächtigen Zeitalter.» «Tod von Jean-Paul Sartre», schrieb *Le Figaro* auf der Titelseite, während auf den Innenseiten Jean d'Ormesson «den letzten Meister des französischen Denkens» würdigte. «Seine Beziehungen zur kommunistischen Partei waren nicht immer einfach», merkte lakonisch Georges Marchais in der *Humanité* an und grüßte «einen der großen Geister unserer Zeit». «Der Tod Jean-Paul Sartres», hieß es auf der Titelseite von *Le Monde*, die in ihrer Nachmittagsausgabe acht volle Seiten «der leidenschaftlichen Geschichte eines engagierten Intellektuellen» einräumte. Keine einzige regionale oder überregionale Tageszeitung, keine einzige linke oder rechte Wochenzeitschrift, die nicht dem Ereignis mehrere Seiten seiner Biographie widmete oder Fotos abdruckte. Einige Tage später waren die Wochenzeitschriften voll von glanzvollen Unterschriften und unveröffentlichten Zeugnissen. *L'Express, Le Nouvel Observateur, Le Point, Les Nouvelles littéraires* beteiligten sich an dieser Wortinflation, widmeten Sartre Titelseiten und bis zu zwei Dutzend Innenseiten: mehr als sie je einem literarischen Ereignis eingeräumt hatten.

Berichte aller möglichen Zeugen, Auszüge seiner Werke, Rekapitulierung aller tatsächlichen oder angeblichen Schlüsseldaten, aller Reisen, aller Veröffentlichungen, eine Art Familienalbum, in dem jeder die großen Momente des Jahrhunderts wiederfand. Ein delirierender Wettkampf, der im Grunde wahrscheinlich nur eine einzige Bedeutung hatte: das Eingeständnis einer beachtlichen Schuld Sartre gegenüber, vor allem aber das Eingeständnis der Unfähigkeit, diese Schuld auszudrücken. Dieses Informationsdelirium entartete manchmal zu einer etwas manischen Bestandsaufnahme, einer reinen Aufzählung: Sartre war also der Autor von etwa fünfzig Werken, die insgesamt etwa fünfzehntausend Seiten umfaßten. Oder nach anderen Maßstäben konnte Sartre als Autor von etwa sechshundert Büchern, Artikeln und Gesprächen betrachtet werden... War diese Diskussion über die Anzahl der Wörter, der Seiten nicht schon für sich genommen der beste Beweis für die Unfähigkeit, ihn einzuordnen? *Libération* und *Le Matin* beschlossen, eine Sartre-Sondernummer herauszubringen: ein dreißigseitiges Magazin, ein Erinnerungsstück. *Libération* wählte für den Umschlag einen nach vorn gebeugten Philosophen im Gegenlicht, der in den fünfziger Jahren an einem litauischen Strand spazierenging; *Le Matin* zog eine schwarzrote Illustration in der Art eines Familienalbums vor mit dem Foto des kleinen Jungen mit den langen Locken, den er selber in *Les mots* kommentiert hatte: In beiden Fällen wurden über hunderttausend Exemplare verlegt und verkauft. Am Freitag abend, dem Vorabend der Beerdigung, ersetzte Bernard Pivot die ursprünglich vorgesehene Sendung von «Apostrophes» durch eine Sondersendung zu Sartre, in der es übrigens zu einem merkwürdigen Gegenüber von Raymond Aron und Benny Lévy kam.

Auf die verbale Inflation der französischen Presse folgte bald die der ausländischen Presse. Titelseite und Fotos in *New York Times* und *Washington Post*: «Trotz seinem Bruch mit der KPF im Jahre 1956», merkte letztere an, «blieb der Mann ein Kommunist.» Das amüsante Schillern des Sartre-Bildes, das durch die ganze Welt ging, bot sich für alle möglichen Projektionen und die phantastischsten Mutmaßungen an. In Moskau meldete *Iswestija* die Nachricht in fünf trockenen Zeilen – ein einzigartiges Phänomen – und beschränkte sich auf die Aussage, er sei ein «berühmter Schriftsteller, Philosoph und Polemiker» gewesen. Von Rom aus sandte der Präsident der italienischen Republik, Sandro Pertini, einen kurzen Brief an Simone de Beauvoir, in der er «eine der einflußreichsten und originellsten Stimmen des französischen Bewußtseins für die höchsten menschlichen Werte der Freiheit und Gerechtigkeit» würdigte. Und in ganz Italien eiferten die Tageszeitungen mit Sympathiebekundungen ihrem

Präsidenten nach. «Unser Freund, unser Vorbild», titelte Rossana Rossanda ihren warmherzigen Artikel, der mit den knappen Sätzen endete: «Rennend, großmütig alle Hindernisse überspringend, hinfallend, wiederaufstehend und alles neudenkend, alles in Frage stellend, so hat er gelebt, so ist er gestorben. Ein glanzvolles Leben.» In Brasilien erinnerte Jorge Amado daran, daß jetzt der «bedeutendste Mann der Nachkriegszeit» gestorben war, «der den größten Einfluß auf die Welt von heute gehabt hat». In Athen waren es Melina Mercouri und Jules Dassin, die sich vor «dem Aktivisten der Freiheit» verbeugten; in London drückte Sir Alfred Ayer seine Erschütterung über «diesen großen Verlust für die französische Kultur» aus. «Ein Riese ist gestorben», kommentierte Professor Takeshi Ebisaka aus Tokio, der mehrere Sartre-Schriften übersetzt hatte. «Er verkörperte das 20. Jahrhundert», schrieb er, «nicht nur durch sein Werk, sondern auch durch seine Haltung gegenüber dem Leben.» Sogar aus dem Vatikan kam im *Osservatore Romano* eine – wenn auch zurückhaltende – Würdigung über den «Verlust einer der bekanntesten und umstrittensten Figuren der europäischen Intelligentsia.» Und vor der UNESCO schlug der Präsident der venezolanischen Republik eine offizielle Ehrung vor. In Jerusalem, Kairo, Peking, Belgrad, Warschau, Buenos Aires, Madrid und Budapest brachten Journalisten und Intellektuelle immer wieder ihre Erschütterung, ihre Trauer, ihr Bewußtsein vom Ausmaß dieses Verlusts zum Ausdruck.

Persönlichkeiten aller Richtungen, aller Bereiche im Ausland wie in Frankreich wurden von den Journalisten regelrecht verfolgt und immer wieder bedrängt, zu erzählen und zu erzählen. «Den Verlust Jean-Paul Sartres», hatte der Präsident der französischen Republik von sich aus erklärt, «empfinde ich als den Verlust einer der größten Köpfe unserer Zeit. Jean-Paul Sartre lehnte jede Ehrung ab», sagte er weiter. «Die Ehrerbietung des Präsidenten der Republik soll dieser persönlichen Entscheidung nicht widersprechen.» Es wurde also nach der Ministerratssitzung am Mittwoch kein Pressekommuniqué vom Elysée-Palast herausgegeben. Und nach wie vor Sartres Entscheidungen respektierend, ließ der Präsident der Republik «die Familie» anrufen. Er erkundigte sich nach den gewünschten Beerdigungsmodalitäten, schlug ein offizielles Begräbnis vor, gab Anweisungen zur Erleichterung der Routenfestlegung für den Beerdigungszug und ließ sich bei der Bestattung durch seinen Kabinettsdirektor Jacques Wahl vertreten. Dann ließ er den Angehörigen mitteilen, er würde sich persönlich vor den körperlichen Überresten des Schriftstellers im Krankenhaus verbeugen wollen: «Ich kam im Krankenhaus an, wo der Direktor auf mich wartete, um mich zu begrüßen», erzählt Präsident Giscard d'Estaing. «Dann ging ich nach links, und in einer Halle fand ich Sartres Sarg neben einem anderen. Ich bin dort eine Stunde geblieben. Niemand anders ist gekommen. Draußen gab es soviel Aufregung, so viele Informationen zur Beerdigung, die einige Tage später stattfinden sollte, und ich befand mich hier, alleine, andächtig vor Sartres Sarg in einer gewöhnlichen, anonymen Halle. Als ich wieder ging, dachte ich, Sartre hätte diese schlichte Ehrung seitens des ersten Mannes im Staat gefallen.»[63]

«Für Sartre», erklärte seinerseits Cohn-Bendit, der ehemalige Leader des Mai 68 auf Anfrage von AFP, «ging es nicht darum, Menschen zusammenzubringen, sondern Ideen. Nicht als ein Führer, der er nicht sein wollte, wird er ein Symbol bleiben, sondern als ein Mensch, der die radikale Freiheit wollte. Ich glaube», faßte er zusammen, «daß sich sehr viele Menschen in diesem Bedürfnis wiedererkennen.» In diesem Sinn veröffentlichte die Zeitung der ausländischen Arbeiter *Sans Frontière* einen sehr schönen Leitartikel von Saïd Bouziri: «Sartre in Barbès», schrieb er, «das war der Versuch, das Schweigen zu brechen, zu verhindern, daß die Ausländer die ‹Sündenböcke› werden, und vor allem auch, daß sich die Angst in ihren Herzen breitmacht... Es ging um den Versuch eines Dialogs zwischen Sartre und der hier anwesenden Dritten Welt... Der Tod Sartres läßt eine ungeheure Lücke zurück...» Und auf allen Antilleninseln schrieben die Zeitungen in kreolischer Sprache vergleichbare Artikel voll überschwenglicher Dankbarkeit. «Sartre, un mal nèg», titelte die kreolische Zeitung *Grif an tè*. «Un mal nèg», sagten uns martiniquesische Intellektuelle - Vincent Placoly, René Achéen und Roland Suvélor –, das kann man mit «ein großer Mann», «ein ungewöhnlicher Kerl» übersetzen. Die einzigen falschen Töne bei diesem Lobkonzert stammten aus bestimmten arabischen Ländern: «Meiner Meinung nach», erklärte der palästinensische Politologe Nafez Nazzal, «siegte seine Devotheit gegenüber Israel über alles andere.» Dann wurde es wild und beliebig: Man kramte den Text von *Bariona* wieder hervor, um zu beweisen, in Sartre habe ein verkannter Christ geschlummert; man holte unterschiedliche, manchmal bedeutungslose Dokumente heraus.

Sartre war gestorben, das Leben ging weiter, und alle, die ihn geliebt hatten, die Verwaisten, hörten ohnmächtig diese Lobeshymnen aus aller Welt. Sie dachten, daß sie sich nie mehr wie früher bei einem politischen Ereignis, bei einer zu treffenden Entscheidung abwartend fragen könnten: «Übrigens, was meint denn Sartre» Ja, ein kritisches Bewußtsein war verschwunden, und eine Woche lang war die Presse voller Trauerartikel. Erklärungen von Politikern, Nachrufe der ausländischen Presse, endlos wurden die verschiedenen Etappen, die Werke, die Szenen, die Freundschaften, die Reisen rekapituliert. Vor einem solchen Gewirr von Spuren wurde einem schwindlig: die letzte Erfindung, das erste Gespräch, das Baby mit den blonden Locken vor einem Schiff in Thiviers, Sartre in Gides Garten während der Besatzung, in Capri, in Saint-Germain-des-Prés, an der Goutte d'Or, im kubanischen Busch, man sah ihn sprechen, schweigen, eine Dame anlächeln, auf einem Faß reden, man sah ihn 1925 zusammen mit Aron für ein Klassenfoto an der Normale sup posieren und 1979 mit Aron den Elysée-Palast verlassen; man sah ihn demonstrieren, mit seinen Schülern, mit seinen Schauspielern für Fotos posieren, man sah ihn Zigarren, Zigaretten, Pfeifen rauchen; man sah ihn im Theater, auf dem Gericht, vor Gefängnistoren oder auf Rednertribünen; man sah ihn an einem chinesischen See und einem litauischen Strand, man sah ihn mit Moravia, Godard, Chruschtschow, Périer, Nasser, Foucault, Nizan und Fidel Castro; man sah ihn mit Castor, Genet, Jean Cau, Michelle, Arlette: unüberschaubare Vielfalt.

Während der Nachtwache bei den körperlichen Überresten Sartres hatten die Veteranen der *Temps Modernes* bis fünf Uhr morgens erzählt, geredet, bis die Krankenschwestern sie aus dem Zimmer verwiesen. «Ich will nicht sagen, daß es lustig war», sagte uns Jean Pouillon, «es war aber gut, wir haben Whisky besorgt und haben uns getroffen.»[64] Dann hatten Bost, Pouillon und Lanzmann die Organisation der Beerdigung in die Hand genommen. Sie gingen zum Friedhof Montparnasse, um sich mit dem Leiter zu treffen und ihn um eine

Gunst zu bitten; es war in der Tat nichts vorgesehen; Sartre hatte nur eine Einäscherung gewünscht, und vor allem wollte er nicht an dem Platz beigesetzt werden, der ihm an der Seite seines Stiefvaters auf dem Friedhof Père Lachaise reserviert worden war. Der Leiter des Friedhofs Montparnasse empfing die drei Freunde Sartres äußerst zuvorkommend und versprach ihnen ein zunächst provisorisches Grab links vom Eingang und für später einen endgültigen Platz in der ersten Reihe rechts. «Sie werden sehen», sagte er ihnen, «es ist sehr ruhig, und es ist nicht weit von Baudelaire. Außerdem hatte ja Sartre, wenn ich mich recht erinnere, ein Buch über Baudelaire geschrieben, nicht wahr?» Er schüttelte ihnen die Hand, einem nach dem anderen, und dann sagte er stolz zu Pouillon: «Ich wußte es, daß er zu uns kommen würde.»[65] Danach wurde der Ablauf der Beerdigung geregelt: Vom Krankenhaus aus sollte der Trauerzug um 14 Uhr aufbrechen und durch das 14. Arrondissement an allen Sartreschen Orten vorbeiführen, ehe er den Friedhof Montparnasse durch das Edgar-Quinet-Tor erreichte.

Massen waren es, die auf dem Friedhof Montparnasse eintrafen, mit Kindern auf den Schultern, damit diese nichts versäumten. Es war eine riesige, bunte, unerwartete Versammlung, eine strömende Menschenmenge. Gedrängel, Schreie, Geschubse. Ein Mann fiel in das Grab auf den Sarg. Es war Sonnabend nachmittag, und über fünfzigtausend Menschen hatten symbolisch dasein wollen. An diesem Tag unter einem grauen und schweren Himmel legte «Sartres Volk» in einer Atmosphäre von Spontaneität und Gedrängel eine über drei Kilometer lange Sartresche Strecke zurück. Einige behaupteten, daß an dem berühmten Restaurant *La Coupole* die Kellner draußen standen und sich vor dem Trauerzug verneigten. «In einen Toten tritt man wie in eine offene Stadt», hatte Sartre in seinem Vorwort zum *Flaubert* geschrieben. Die Szenen dieser Beerdigung, das Geschiebe und das Gedrängel schienen das zu bestätigen: Und das bunte, lebendige, zusammengewürfelte, erregte und sympathische Volk Sartres bewies es. Es war gleichzeitig würdevoll und bescheiden, schlicht und unkontrolliert. Sartre ging, und sein Weggang führte zu einer der seltsamsten Kundgebungen der Intellektuellen am Ende des 20. Jahrhunderts. Der kleine einsame, isolierte Mann, der Anarchist, der kinderlose Vater ging an diesem Tag in eine Art Legende ein. Gegen seinen Willen wurde er in den Himmel gehoben. Ein Clochard, der gezwungen wurde, alle Kinder des Jahrhunderts hinter sich herzuziehen und in eine Galakleidung zu schlüpfen. Der jetzt machtlose Schriftsteller, der alle Ehrungen ablehnte, erhielt seinen Tribut an Ehrerbietungen und Glanz. Er konnte sich keine Verrücktheit mehr leisten, sich nicht mehr verteidigen. Er fiel, er rutschte unendlich tief in die ordinäre Grube des Ruhms hinab. In New York hatte die Kulturabteilung der französischen Botschaft zu seinem Gedenken am Tag der Beerdigung den Film *Sartre par lui-même* vorgeführt. Mitten in der Menschenmenge war eine winzige Dame mit dunklem Teint und hochgestecktem Haar alleine und anonym dort hingegangen. Dolorès Vanetti.

Millionen von Gedenkworten zu seinem Tod, Tausende von Agenturdepeschen – «lange Biographie», «kurze Biographie» –, die sich in der ganzen Welt und in allen Sprachen kreuzten, Analysen, Synthesen, Fotos, Zitate, Anekdoten, vergebliche Versuche, ihn schrittweise zu begreifen, Massen an Archiven, Wörtern, Papieren, Reden, ein unglaublicher Wortschwall. Und dennoch ein weißer Fleck: keine wirkliche Gedenkrede wie jene, die er selbst für seine Freunde, für Camus, Merleau, Nizan, Gide, Togliatti, Fanon geschrieben hatte... Niemand sprach in jener lyrischen und umfassenden Weise, wie er es getan hatte, als er brillant das Leben seiner verschwundenen Freunde in Erinnerung rief. Letztes Ausweichmanöver des Unberührbaren? Unfähigkeit, seine Vielseitigkeit zu erfassen? Sartre, der sich immer entzog, immer in schwindelerregender Bewegung war, gelang es also bis zu seinem letzten Tag, den Netzen, den Maschen, dem Marmor und der patinierten Bronze zu entkommen. «Der Tod, daran denke ich nicht», hatte er zwei Jahre vorher gesagt. «Er ist nicht in meinem Leben, er wird außerhalb sein. Eines Tages wird mein Leben aufhören, aber ich will auf keinen Fall, daß es durch den Tod beladen wird. Ich will», insistierte der Philosoph, «daß mein Tod nicht in mein Leben eindringt, es nicht definiert, ich will immer ein Aufruf zum Leben sein.»

ANHANG

SARTRES LEBENSDATEN

1905	21. Juni: Geburt in Paris.
1906	Tod des Vaters.
1909–1917	Nach dem Tod seines Vaters kehrt seine Mutter zu ihren Eltern, Charles und Louise Schweitzer, zurück, wo ihr Sohn aufwächst.
1917–1920	Nach der Wiederverheiratung seiner Mutter zieht die Familie nach La Rochelle.
1920–1924	Fortsetzung der Schulbildung in Paris und Freundschaft mit Paul Nizan.
1920–1929	École normale supérieure. Kurz vor dem Staatsexamen lernt Sartre Simone de Beauvoir kennen.
1931–1936	Gymnasiallehrer in Le Havre.
1933	Studienaufenthalt in Berlin. Lektüre von Husserl und Heidegger.
1936	Veröffentlichung von *L'imagination (Die Imagination)*. Gymnasiallehrer in Laon.
1937–1944	Gymnasiallehrer in Paris.
1937	Veröffentlichung von *La transcendance de l'ego (Die Transzendenz des Ego)*.
1938	Veröffentlichung von *La nausée (Der Ekel)*.
1939	Veröffentlichung von *Esquisse d'une théorie des émotions (Skizze einer Theorie der Emotionen)* und der Erzählungensammlung *Le mur (Die Kindheit eines Chefs)*. 2. September: Sartre wird eingezogen.
1940	Veröffentlichung von *L'imaginaire (Das Imaginäre)*.
1940–1941	Deutsche Kriegsgefangenschaft in Trier. Sartre liest *Sein und*

Zeit von Heidegger und schreibt und inszeniert für die Weihnachtsfeier im Lager das Weihnachtsspiel *Bariona ou Le fils du tonnerre (Bariona oder Der Sohn des Donners)*. Sartre verläßt das Lager mit falschen Entlassungspapieren.

1941 Vergeblicher Versuch des Aufbaus einer intellektuellen Widerstandsgruppe gegen die deutsche Besatzung.

1943 Uraufführung von *Les mouches (Die Fliegen)*.
Veröffentlichung von *L'être et le néant (Das Sein und das Nichts)*. Mitarbeit in der illegalen Presse. Sartre lernt Albert Camus kennen.

1944 Uraufführung von *Huis clos (Geschlossene Gesellschaft)*.

1945 Als Sonderberichterstatter von *Combat* und *Figaro* in den USA. Treffen mit Präsident Roosevelt.
Veröffentlichung von *L'âge de raison (Zeit der Reife)* und *Le sursis (Der Aufschub)*.
1. Oktober: Erscheinen der ersten Nummer von *Les Temps Modernes*.
29. Oktober: Vortrag über das Thema «Der Existentialismus ist ein Humanismus»
Vortragsreise in den USA.

1946 Veröffentlichung von *L'existentialisme est un humanisme (Der Existentialismus ist ein Humanismus)* und *Réflexions sur la question juive (Überlegungen zur Judenfrage)*.
Uraufführung von *Morts sans sépulture (Tote ohne Begräbnis)* und *La putain respectueuse (Die respektvolle Dirne)*.

1947 Veröffentlichung von *Situations I, Baudelaire, Théâtre, I, Qu'est-ce que la littérature? (Was ist Literatur?)* und *Les jeux sont faits (Das Spiel ist aus)*.
Oktober/November: Radioserie *Tribune des «Temps Modernes»*.

1948 Veröffentlichung von *Situations, II, L'engrenage (Im Räderwerk)* und *Orphée noir (Schwarzer Orpheus)*.
März: Gründung des *Rassemblement démocratique révolutionnaire RDR* (Revolutionäre demokratische Sammlung).
Uraufführung von *Les mains sales (Die schmutzigen Hände)*.
Der Vatikan setzt Sartres Werke auf den Index.

1949 Veröffentlichung von *La mort dans l'âme (Der Pfahl im Fleische), Situations, III* und *Entretiens sur la politique*.
Austritt aus dem RDR.

1951 Uraufführung von *Le diable et le bon Dieu (Der Teufel und der liebe Gott)*.

1952 Veröffentlichung von *Saint Genet, comédien et martyr (Saint Genet, Komödiant und Märtyrer)* und *Les communistes et la paix (Die Kommunisten und der Frieden)*.

Bruch mit Albert Camus.
Teilnahme am Weltfriedenskongreß in Wien.
Vortrag in Freiburg, Besuch bei Martin Heidegger.

1953 Veröffentlichung von *L'affaire Henri Martin (Wider das Unrecht).*
Uraufführung von *Kean.*

1954 Vortrag in Berlin (West) über das Thema: «Die Universalität der Geschichte und ihr Paradox».
Erste Reise in die UdSSR.

1955 Uraufführung von *Nekrassov.*
Reise nach China.

1956 Teilnahme an einer Protestversammlung gegen den Algerienkrieg: *Le colonialisme est un système (Der Kolonialismus ist ein System).*
Protest gegen die sowjetische Intervention in Ungarn.

1957 Veröffentlichung von *Le fantôme de Staline (Das Gespenst Stalins)* über die sowjetische Intervention in Ungarn.

1958–1962 Artikel, Interviews, Demonstrationen und gerichtliche Zeugenaussagen gegen den Algerienkrieg und die Politik de Gaulles.

1959 Uraufführung von *Les séquestrés d'Altona (Die Eingeschlossenen von Altona).*

1960 Veröffentlichung der *Critique de la raison dialectique (Kritik der dialektischen Vernunft).*
Reise nach Kuba und Treffen mit Fidel Castro und Che Guevara.
Empfang durch Chruschtschow in Paris.
Reise nach Jugoslawien und Treffen mit Tito.
Unterzeichnung des «Manifests der 121» über das Recht zum Ungehorsam im Algerienkrieg.
Reise nach Brasilien und Treffen mit Präsident Kubitschek.
Brief an das Militärtribunal zum Prozeß gegen die Organisation von Francis Jeanson zur Unterstützung der Nationalen Befreiungsfront Algeriens.

1961 Bombenanschlag der OAS auf Sartres Wohnung.
Vorwort zu Frantz Fanon, *Les damnés de la terre (Die Verdammten dieser Erde).*

1962 Zweiter Bombenanschlag der OAS auf Sartres Wohnung.
Zweite Reise in die UdSSR und Treffen mit Chruschtschow.

1963 Veröffentlichung von *Les mots (Die Wörter).*

1964 22. Oktober: Sartre erhält den Nobelpreis für Literatur und lehnt seine Annahme ab.
Veröffentlichung von *Situations, IV, Situations, V* und *Situations, VI.*

1965	Veröffentlichung von *Situations, VII.*
	Uraufführung von *Les Troyennes (Die Troerinnen).*
1966	Reise nach Japan.
1967	Reise nach Ägypten und Israel. Treffen mit Nasser und Eschkol.
	Vorsitzender des Russell-Tribunals in Stockholm und Roskilde.
1968	Solidarität mit der Protestbewegung vom Mai und Verurteilung der Intervention der Staaten des Warschauer Pakts gegen den «Prager Frühling».
	Reise in die ČSSR.
1969	Demonstrationen und Interviews gegen die Repression der Protestbewegung vom Mai '68 und gegen den Vietnamkrieg.
1970–1972	Teilnahme an zahlreichen Aktionen vorwiegend maoistischer Gruppen. Nominelle Herausgabe der maoistischen Zeitschriften *la cause du peuple* und *Tout!*
	Veröffentlichung von *Le socialisme qui venait du froid (Der Sozialismus, der aus der Kälte kam).*
1971	Veröffentlichung der ersten beiden Bände von *L'idiot de la famille (Der Idiot der Familie).*
	Nominelle Herausgabe der Zeitschriften *J'accuse* und *Révolution.*
1972	Veröffentlichung des dritten Bandes von *L'idiot de la famille, Situations, VIII* und *Situations, IX.*
1973	Gründung und Herausgabe der Zeitschrift *Libération.*
	Nach Sartres Erblindung Zusammenarbeit mit Pierre Victor (Benny Lévy), dem ehemaligen Führer der aufgelösten maoistischen Organisation *Gauche prolétarienne.*
1974	Veröffentlichung von *On a raison de se révolter (Der Intellektuelle als Revolutionär. Streitgespräche mit Philippe Gavi und Pierre Victor).*
	Besuch bei Andreas Baader im Gefängnis von Stammheim bei Stuttgart aus Protest gegen die Isolationshaft der RAF-Mitglieder.
1975	Reise nach Portugal.
1976	Uraufführung des Films *Sartre par lui-même (Sartre. Ein Film)* von Alexandre Astruc und Michel Contat.
	Ehrendoktor der Universität Jerusalem.
1978	Reise nach Israel zur Empfehlung einer positiven Antwort auf die Friedensinitiative des ägyptischen Präsidenten Sadat.
1979	*L'engagement de Mallarmé (Mallarmés Engagement)* in: *Obliques* 18–19.
	Zusammen mit Raymond Aron und André Glucksmann bittet Sartre Staatspräsident Giscard d'Estaing um eine Intensivierung der Unterstützung der Vietnam-Flüchtlinge.

1980 Unter dem Titel *L'espoir maintenant (Hoffnung jetzt)* veröffentlicht die Zeitschrift *Le Nouvel Observateur* in drei Folgen Gespräche zwischen Sartre und Benny Lévy.
15. April: Sartre stirbt in einem Pariser Krankenhaus.
19. April: Eine Menge von etwa 50000 Menschen folgt seinem Sarg zum Friedhof Montparnasse.

1981 *Saint Marc et son double* in: *Obliques* 24–25.

1983 *Les carnets de la drôle de guerre (Tagebücher), Cahiers pour une morale, Lettres au Castor (Briefe an Simone de Beauvoir).*

1984 *Le scénario Freud.*

1985 *Critique de la raison dialectique*, Bd. 2.

1986 *Mallarmé (Mallarmés Engagement).*

ANMERKUNGEN

UNTERWEGS ZUM GENIE

1905–1939

JEAN-BAPTISTE IM RAMPENLICHT

1. Dieser Brief stammt wie alle hier zitierten Briefe von Jean-Baptiste Sartre aus dem Privatarchiv der Familie Sartre. Es wurde dank dem Spürsinn von Michèle Schmitt-Joannou im Verlauf ihrer Forschungen im französischen Südwesten wieder aufgefunden.
2. Archiv der École polytechnique in Paris.
3. Bericht von Madame Raynaud, Treffen mit Annie Cohen-Solal am 23. April 1984.
4. Diese Eintragungen, wie alle folgenden in diesem Kapitel, stammen aus der Personalakte von Jean-Baptiste Sartre.
5. Unveröffentlichte Korrespondenz des Marinegeneralstabs, Fernostgeschwader, mit dem Service historique de la Marine, Jahrgang 1898–1899.
6. Privates Familienarchiv.

GLÜCKLOSE ANNE-MARIE

1. Katalog Albert Schweitzer, Ausstellung der Bibliothèque nationale et universitaire von Straßburg, 1975.
2. Die in diesem Kapitel zitierten Briefe stammen ebenfalls aus dem in Périgueux wiedergefundenen Privatarchiv der Familie Sartre.

PRIVATBESTIARIUM EINES KÖNIGSKINDES

1. *Die Wörter*, 11.
2. Ebd., 15.
3. Ebd., 8.
4. Ebd., 32.
5. Ebd., 21.
6. Ebd., 61.
7. *L'histoire d'Alsace racontée aux petits enfants par l'oncle Hansi* sowie *Le Grand Livre de l'oncle Hansi*, Herscher, Paris, Neuauflage 1983.
8. Archive der Familien Sartre und Schweitzer.
9. *Die Wörter*, 88.
10. Ebd., 14.
11. Auszug aus «Matériaux autobiographiques», unveröffentlicht, von Sartre für das Drehbuch der Fernsehsendungen vorgesehen (Projekt Jullian, 1975). Archiv Daniel Lindenberg.
12. *Die Wörter*, 101.
13. Ebd., 99f.
14. Ebd., 37.
15. Diese Informationen über Nick Carter und die anderen Kindheitslektüren von Sartre stammen von Jean-Paul Mougin von der Zeitschrift *À suivre* sowie von Pierre Pascal.
16. *Die Wörter*, 76.
17. Ebd., 123.
18. Ebd., 124.

SZENEN AUS DEM LEBEN IN LA ROCHELLE

1. «Jésus la Chouette professeur de province» in: Michel Contat/Michel Rybalka, *Les écrits de Sartre*, Gallimard, Paris 1970.
2. Gespräch mit John Gerassi, zitiert in: Sartre, *Œuvres romanesques*, Gallimard, Paris 1981, XXXVIII.
3. Bericht des Domherrn Raymond de Magondeaux für Michèle Schmitt-Joannou, April 1983.
4. Bericht von Guy Toublanc, Gespräch mit A. C.-S. am 14. Februar 1984.
5. Bericht von Gaston Blanchard für A. C.-S. am 20. Februar 1984.
6. *Sartre. Ein Film*, 15–16.
7. Auszug aus «Matériaux autobiographiques», a. a. O.
8. Fernand Braudel und Ernest Labrousse, *Histoire économique et sociale de la France*, Bd. IV, 1. Teil, Archiv 1880–1914, Presses universitaires de France, Paris 1979.
9. Gespräch von Sartre mit Catherine Chaine, *Le Nouvel Observateur*, Februar 1977.

10. Simone de Beauvoir, *Die Zeremonie des Abschieds*, 192.
11. Auszug aus «Matériaux autobiographiques», a. a. O.
12. Brief von September 1921.

TAUSEND SOKRATESSE

1. «Über Paul Nizan» in: *Sartre über Sartre*, 17.
2. Archiv der Famlien Sartre und Lannes, Périgueux.
3. Bericht von Georges Canguilhem, Treffen mit A. C.-S. am 8. Juni 1982 und 24. März 1983.
4. Zu den «Khâgneux» und den «Normaliens» in diesen Jahren siehe die Dissertation von J.-F. Sirinelli.
5. Unveröffentlichter Text, Archiv Michel Rybalka.
6. Paul Nizan, *Die Verschwörung*, Rogner und Bernhard, München 1975, 32.
7. Veröffentlicht in: Michel Contat / Michel Rybalka, *Les écrits de Sartre*.
8. Unveröffentlichter Text, von dem allerdings ein Auszug in *Le Magazine littéraire*, Sondernummer Sartre, 1970, publiziert worden ist.
9. «Matériaux autobiographiques», a. a. O.
10. Bericht von René Frédet, Treffen mit A. C.-S. am 23. März und 29. Juni 1983.
11. Siehe Paul-Arthur Schilpp, *The philosophy of Jean-Paul Sartre*, La Salle, Illinois 1987, Interview mit Sartre, 5–51.
12. Archiv Henriette Nizan.
13. Staatsarchive.
14. Anspielung auf Vergils *Äneis*, II, die mit «*Timeo Danaos et dona ferentes*» beginnt (Ich fürchte die Griechen, auch wenn sie Geschenke bringen.)
15. Anspielung auf Victor Hugos Sammlung *Les chansons des rues et des bois*.
16. In der Sprache derNormaliens bedeutet «archicube» ehemaliger Schüler.
17. Zu allen diesen Revue-Szenen Bericht von Georges Canguilhem, Treffen mit A. C.-S. am 8. Juni 1982 und 24. März 1983.
18. Bedeutet «praktizierende Katholiken» und «Atheisten».
19. Jean Bruhat, *Il n'est jamais trop tard*, Albin Michel, Paris 1982, und Bericht von Jean Bruhat, Treffen mit A. C.-S. am 9. Oktober 1978 und 14. April 1980.
20. Zu Sartres Farcen: Bericht von Jean Baillou, Treffen mit A. C.-S. am 9. Juni 1982, Bericht von Émile Delavenay, Treffen mit A. C.-S. am 16. Mai 1983. Berichte von René Frédet und Georges Lefranc.
21. *Briefe an Simone de Beauvoir*, Bd. 1, 36.
22. Bericht von Armand Bérard, Treffen mit A. C.-S. am 16. April 1983.
23. Bericht von Jean Baillou, Treffen mit A. C.-S. am 9. Juni 1982.

24. Siehe Raymond Aron, *Le spectateur engagé* und *Mémoires*, Julliard, Paris 1981 und 1983.
25. Archiv Henriette Nizan.
26. Paul Nizan, *Aden / Die Wachhunde*, Rowohlt, Reinbek 1969, 48.
27. Bericht von Georges Lefranc, Treffen mit A. C.-S. am 26. Mai 1982.
28. Bericht von Raymond Aron, Treffen mit A. C.-S. am 30. April 1980 und 9. März 1983.
29. Archiv der École normale supérieure, Leseregister der Schüler.
30. *Tagebücher*, 128.
31. *Les Nouvelles littéraires*, November 1926.
32. Zu Sartres Persönlichkeit während der Zeit am Lycée Louis-le-Grand («Hypokhâgne») und an der École normale standen mir zahlreiche Berichte zur Verfügung, unter anderen: René Aillet, Briefwechsel mit A. C.-S. am 24. September, 11. Oktober und 1. November 1982; Marcel Bouisset, Briefwechsel mit A. C.-S. am 7. April 1983; Maurice Deixonne, Briefwechsel mit A. C.-S. am 27. April 1983; Étienne Fuzellier, Treffen mit A. C.-S. 1983; Henri Guillemin, Briefwechsel mit A. C.-S. am 7. Juni 1982; Vladimir Jankélévitch, Brief an A. C.-S. vom 2. Juli 1982; Olivier Lacombe, Telefongespräch mit A. C.-S. am 21. März 1983; Robert Lucot, Briefwechsel mit A. C.-S. am 3. April 1983; André Monchoux, Briefwechsel mit A. C.-S. am 23. März 1983; Marcel Paquot, Briefwechsel mit A. C.-S. am 23. März 1983; Louis Robert, Briefwechsel mit A. C.-S. am 25. März 1983; Édouard Selzer, Treffen mit A. C.-S. am 1. Juni 1983; Pierre Vilar, Treffen mit A. C.-S. am 2. Juni 1982; Robert-Léon Wagner, Treffen mit A. C.-S. am 28. April 1980.
33. Archiv Arlette Elkaïm-Sartre.
34. Unveröffentlichter Brief, 11. Oktober 1923. Archiv Sartre-Lannes, Périgueux.
35. Bericht von Jeanne Virmouneix, Treffen mit Michèle Schmitt-Joannou, April 1984.
36. Gespräch von Sartre mit Catherine Chaine, *Le Nouvel Observateur*, Februar 1977.
37. *Briefe an Simone de Beauvoir*, Bd. 1, 15.
38. Ebd., 34.
39. Ebd.
40. Ebd., 31.
41. *Une défaite*, 81–82.
42. Insbesondere Jean Baillou, Treffen mit A. C.-S. am 9. Juni 1982.
43. *Une défaite*, 36.
44. Siehe Gespräch mit Catherine Chaine, a. a. O.
45. Ebd.
46. Bericht von Maurice de Gandillac, Treffen mit A. C.-S. am 22. April 1980, 10. Mai 1982 und 27. Februar 1985.
47. *Memoiren einer Tochter aus gutem Hause*, 321.

48. Ebd., 322.
49. Ebd., 329f.
50. *Tagebücher*, 113–114.
51. *Briefe an Simone de Beauvoir*, Bd. 1, 43.
52. Alice Schwarzer, *Simone de Beauvoir heute*, Rowohlt, Reinbek 1983, 115.

EIN EINZIGER SOKRATES

1. Preisverteilungsrede, erste Abschnitte unveröffentlicht; Archiv des Gymnasiums in Le Havre, in das wir dank dem Direktor Claude Chartrel Einblick bekamen, Treffen mit A. C.-S. am 27. und 28. Mai 1983.
2. *Briefe an Simone de Beauvoir*, Bd. 1, 47.
3. *Der Ekel*, 292.
4. Bericht von Jean Giustiniani, Treffen mit A. C.-S. am 28./29. Mai 1983.
5. Berichte von Robert Marchandeau in: *Bulletin des anciens élèves du lycée François Ier*, Nummer 75, Sonderheft Sartre, das mir freundlicherweise von André Vogel am 27. Mai 1983 zur Verfügung gestellt wurde.
6. Bericht von Pierre Guitard, ebd.
7. Bericht von René Picard, ebd.
8. Bericht von Pierre Brument, Treffen mit A. C.-S. am 27. Mai 1983.
9. Bericht von Jacques-Laurent Bost, Treffen mit A. C.-S. am 25. November 1982.
10. Bericht von Georges Le Sidaner, *Bulletin des anciens élèves du lycée François Ier.*
11. Personalakte Sartre, Archiv des Bildungsministeriums.
12. *Die Zeremonie des Abschieds*, 336.
13. Zu Sartres Aufenthalt in Le Havre standen mir folgende Berichte zur Verfügung: Francis Bobée, Treffen mit A. C.-S. am 29. Mai 1982; Claire Bost, Treffen mit A. C.-S. am 18. Juli 1982; Jacques Levavasseur, Telefongespräch mit A. C.-S. am 14. November 1982. Weiterhin müssen aus dem Sartre-Sonderheft des *Bulletin des anciens élèves du lycée François Ier* die Zeugnisse von Roger Fleury, Albert Palle und Daniel Palmer erwähnt werden.
14. *In den besten Jahren*, 20.
15. *Tagebücher*, 396, 393.
16. *Briefe an Simone de Beauvoir*, Bd. 1., 9.
17. Gespräch von John Gerassi mit Raymond Aron, zitiert in: Sartre, *Œuvres romanesques*, XLIV.
18. *Der Ekel*, 17.
19. Ebd., 217.
20. *Memoiren einer Tochter aus gutem Hause*, 327.
21. *Der Ekel*, 281

22. Ebd., 307f.
23. Jean-Toussaint Desanti, *Introduction à la phénoménologie*, Grasset, Paris 1976, 32.
24. *Tagebücher*, 128f.
25. J.-T. Desanti, a.a.O., 148.
26. *Tagebücher*, 267.
27. Ebd., 267f.
28. *Die Transzendenz des Ego. Philosophische Essays 1931–1939*, 83.
29. Ebd., 39.
30. Ebd., 91.
31. Ebd., 91f.
32. François H. Lapointe, *Jean-Paul Sartre and his critics, an international bibliography* (1938–1980), Philosophy Documentation Center, Bowling Green State University, Ohio, 1981, 329.
33. *Tagebücher*, 268.
34. Unveröffentlichte Korrespondenz Sartre-Paulhan, Paulhan-Archiv.
35. *Tagebücher*, 268.
36. Unveröffentlichte Texte seiner Vorträge in Le Havre, Simone-de-Beauvoir-Archiv.
37. Deutsch im Original.
38. Bericht von Maurice de Gandillac, Treffen mit A. C.-S. am 10. Mai 1982 und 27. Februar 1985.
39. Von Jean-François Sirinelli erhaltene Information, er traf Susini im November 1980.
40. J.-B. Duroselle, *Politique étrangère de la France: La décadence 1932–1939*, Seuil, Paris 1979, 57–61.
41. Pierre Mac Orlan, *Le mystère de la malle n° 1*, Christian Bourgois, Paris 1984, 185–186.
42. Ebd., 162f.
43. Bericht von Raymond Aron, Treffen mit A. C.-S. am 9. März 1983.
44. Bericht von Henri Brunschwig, Treffen mit A. C.-S. am 18. März 1983.
45. *Tagebücher*, 405.
46. Zu den Details über Sartres Aufenthalt in Berlin standen mir unter anderem die Informationen von Henri Jourdan zu Verfügung, Briefe an A. C.-S. vom 6. März und 9. Mai 1983.
47. *Tagebücher*, 408ff.
48. Ebd., 413.
49. Ebd., 94.
50. Ebd., 267.
51. Von Eugène Susini an J.-F. Sirinelli weitergegebene Anekdote.
52. Raymond Vincent, *Le temps d'apprendre à vivre*, Julliard, Paris 1982, 261f.

SCHWERMUT, WAHN UND DIVERSE REISEN

1. *Tagebücher*, 115.
2. *Das Imaginäre*, *251*.
3. *In den besten Jahren*, 180.
4. Treffen von Simone de Beauvoir mit A. C.-S. am 27. März 1983.
5. *In den besten Jahren*, 202.
6. *Tagebücher*, 10f.
7. Ebd., 117.
8. Ebd., 118.
9. *In den besten Jahren*, 218.
10. Ebd., 208.
11. Ebd., 207.
12. Ebd., 206.
13. *Briefe an Simone de Beauvoir*, Bd. 1, 111.
14. *Zeit der Reife*, 64.
15. *Tagebücher*, 410.
16. Gespräch mit John Gerassi, zitiert in: Sartre, *Œuvres romanesques*, LI.
17. *Briefe an Simone de Beauvoir*, Bd. 1, 55.
18. Ebd., 101.
19. Ebd., 67f, 80f.
20. *Der Ekel*, 292.
21. Zitiert in Marcel Jean, *Autobiographie du surréalisme*, Seuil, Paris 1978, 335. Der Artikel von Breton trägt den Titel: «Du temps que les surréalistes avaient raison»; dieser Artikel wurde von sechsundzwanzig Surrealisten und Freunden des Surrealismus unterzeichnet, unter anderen: Dali, Éluard, Ernst, Magritte, Péret, Man Ray, Tanguy.
22. Bericht von Colette Audry, Treffen mit A. C.-S. am 9. Dezember 1982.
23. Paul Nizan, *Le cheval de Troie*, Gallimard, Paris 1935, 58–60.
24. Ebd., 196.
25. *In den besten Jahren*, 202.
26. *Briefe an Simone de Beauvoir*, Bd. 1, 115.

EIN KURZES INTERMEZZO: ZWEI JAHRE GLÜCK

1. Bericht von Robert Gallimard, Treffen mit A. C.-S. am 18. 11. 1982.
2. *Briefe an Simone de Beauvoir*, Bd. 1, 116.
3. Ebd.
4. Ebd., 118.
5. Bericht von Jacques-Laurent Bost, Treffen mit A. C.-S. am 25. November 1982.

6. Korrespondenz von J.-P. Sartre mit dem Haus Gallimard, zitiert in: Sartre, *Œuvres romanesques*, 1691–1694.
7. Ebd.
8. Ebd.
9. Ebd.
10. Siehe hierzu die in *Le débat* vom März 1984 erschienene Untersuchung.
11. *Briefe an Simone de Beauvoir*, Bd. 1, 150.
12. Von den fünfziger Jahren an Sartres Gesprächspartner im Verlag.
13. Sartre, *Œuvres romanesques*, 1694.
14. Bericht von Raoul Lévy, Treffen mit A. C.-S. am 21. und 27. Januar 1983.
15. Bericht von Gérard Blanchet, Treffen mit A. C.-S. am 6. Januar und 26. Juli 1983.
16. Bericht von Bernard Pingaud, Schüler aus Sartres Philosophie-Parallelklasse, Treffen mit A. C.-S. am 3. Februar 1983; zum *Trait d'union* siehe auch seinen in *Le Matin* am 15. April 1981 erschienenen Artikel.
17. Bericht von Jacques Ghinsberg, Treffen mit A. C.-S. am 21. Dezember 1982.
18. Alfred Tomatis, *L'oreille et la vie*, Laffont, Paris 1977, 37–39.
19. Archiv des Bildungsministeriums, Personalakte Sartre.
20. Zu Sartres Lehrerfahrungen am Lycée Pasteur stand mir auch der Bericht von Jean Pouillon zur Verfügung, der nach der Philosophie-Agrégation Sartres Praktikant wurde; Treffen mit A. C.-S. am 17. August 1982. Ebenfalls der Bericht von Mlle Martin, die von 1937 bis 1942 Sekretärin des Censeur war; Treffen mit Marie Nimier am 12. Oktober 1982.
21. Brief vom 27. Juli 1937.
22. Maria van Rysselbergue, *Les cahiers de la petite dame*, Band 3: 1937–1945, Gallimard, Paris 1976, 19.
23. Zur Presse siehe Sartre, *Œuvres romanesques*, 1701–1711.
24. Ebd., 1810–1817.
25. *Briefe an Simone de Beauvoir*, Bd. 1, 226.
26. Ebd., 217f.
27. *Die Kindheit eines Chefs*, 244.
28. Zum Thesenroman siehe das Buch von Susan Rubin Suleiman, *Le roman à thèse ou l'autorité fictive*, Presses universitaires de France, Paris 1983.
29. Unveröffentlichte Korrespondenz Sartre–Paulhan, Archiv Paulhan, Brief von 1938.
30. Ebd., 21. Juli 1937.
31. Ebd., 13. August 1938.
32. Ebd., 13. September 1938.
33. Ebd. Brief von 1938.
34. Casablanca, Sommer 1938.
35. Brief von 1939.
36. «Über John Dos Passos und *Neunzehnhundertneunzehn*», «François

Mauriac und die Freiheit», «*Sartoris* von William Faulkner» in: *Der Mensch und die Dinge*, 14, 25 und 9.
37. *L'Action française*, 13. April 1939.
38. *Gringoire*, 16. März 1939.
39. Zur Geschichte der rechtsextremistischen Gruppen in den dreißiger Jahren siehe J.-F. Sirinelli, «Action française, main basse sur le Quartier Latin» in: *Histoire* 51, Dezember 1982.
40. Beiheft zu Jean-Paul Sartre, *Gesammelte Werke, Romane und Erzählungen*, 6f.
41. «*Die Verschwörung* von Paul Nizan» in: *Der Mensch und die Dinge*, 24.
42. Bericht von Gérard Blanchet, a. a. O.
43. Siehe hierzu: Claude-Jean Philippe, *Le roman du cinéma*, Fayard, Paris 1984.
44. *Was ist Literatur?*, 164f.
45. *Briefe an Simone de Beauvoir*, Bd. 1, 223, 224.
46. Ebd., 242.
47. Ebd., 194f.
48. Ebd., 279.
49. Ebd., 282.
50. *Marianne*, 23. November und 7. Dezember 1938.

EINE VERWANDLUNG IM KRIEG:

1939–1945

EIN KAFKAESKER KRIEG

1. «Selbstporträt mit siebzig Jahren» in: *Sartre über Sartre*, 213.
2. Brief an Jean Paulhan, 23. September 1939.
3. *Die Zeremonie des Abschieds*, 496.
4. Bericht aus dem französischen Staatsarchiv zu den Gefangenenlagern.
5. Brief an Jean Paulhan, 13. Dezember 1939.
6. Brief an Adrienne Monnier, 23. Februar 1940, zitiert in: Sartre, *Œuvres romanesques*, 1911.
7. *Tagebücher*, 65 ff.
8. Ebd., 229 f, 231, 232, 233.
9. *La mort dans l'âme*, Variante in: Sartre, *Œuvres romanesques*, 2055.
10. *Die Zeremonie des Abschieds*, 341 f.
11. *Briefe an Simone de Beauvoir*, Bd. 1, 35.
12. Staatsarchiv, a. a. O.
13. Ebd.
14. *Die Zeremonie des Abschieds*, 365 f.
15. *Briefe an Simone de Beauvoir*, Bd. 2, 169 f.
16. Staatsarchiv, a. a. O.
17. Ebd.
18. Ebd.
19. *Briefe an Simone de Beauvoir*, Bd. 1, 383.
20. Brief an Jean Paulhan, 13. Dezember 1939.
21. *Briefe an Simone de Beauvoir*, Bd. 1, 392.
22. *Briefe an Simone de Beauvoir*, Bd. 2, 22.
23. Ebd., 22 f.
24. *Tagebücher*, 353 f.
25. Ebd., 110.
26. *Briefe an Simone de Beauvoir*, Bd. 2, 192 f.
27. Ebd., 22.
28. Ebd., 29.
29. *Briefe an Simone de Beauvoir*, Bd. 1, 393.
30. *Briefe an Simone de Beauvoir*, Bd. 2, 41.
31. Ebd.

32. *Briefe an Simone de Beauvoir*, Bd. 1, 474.
33. Ebd., 393.
34. *Briefe an Simone de Beauvoir*, Bd. 2, 22.
35. *Briefe an Simone de Beauvoir*, Bd. 1, 217f.
36. Ebd., 539.
37. *Briefe an Simone de Beauvoir*, Bd. 2, 174.
38. Ebd., 193.
39. Ebd., 61.
40. *Briefe an Simone de Beauvoir*, Bd 1, 383 u. Bd. 2, 61.
41. Ebd., 215.
42. *Briefe an Simone de Beauvoir*, Bd. 1, 458.
43. *Briefe an Simone de Beauvoir*, Bd. 2, 35.
44. Ebd., 33.
45. Ebd., 157.
46. Staatsarchiv, a. a. O.
47. *In den besten Jahren*, 356, 358.
48. *Briefe an Simone de Beauvoir*, Bd. 1, 406, 407.
49. Interview mit Sartre von Claire Vervin für ihren Artikel «Lectures de prisonniers», *Les Lettres françaises*, 2. Dezember 1944, 3.
50. *Briefe an Simone de Beauvoir*, Bd. 2, 151.
51. Ebd., 320.
52. «Den Tod im Herzen» in: *Sartre über Sartre*, 50.
53. Ebd., 51.
54. Ebd., 54.
55. Ebd., 55.
56. *Die Zeremonie des Abschieds*, 497.
57. *Der Pfahl im Fleische*, 41.
58. Ebd., 210.
59. Brief an Jean Paulhan, 9. Juni 1940.
60. *Die Zeremonie des Abschieds*, 498.
61. Ebd.
62. Staatsarchiv, a. a. O.

EINE ERHABENE GEFANGENSCHAFT

1. «Lectures de prisonniers», a. a. O.
2. «Mathieus Tagebuch» in: *Der Pfahl im Fleische*, 354.
3. Ebd., 336.
4. Gespräch mit John Gerassi, zitiert in: Sartre, *Œuvres romanesques*, LVI.
5. «Mathieus Tagebuch» in: *Der Pfahl im Fleische*, 345.
6. *La mort dans l'âme*, Variante in: Sartre, *Œuvres romanesques*, 1580.
7. *Sartre, Ein Film*, 44 und *La dernière chance* in: Sartre, *Œuvres romanesques*, 2147.

8. Gespräch mit John Gerassi, zitiert in: Sartre, *Œuvres romanesques*, LVI.
9. «Mathieus Tagebuch» in: *Der Pfahl im Fleische*, 335f.
10. Ebd., 342.
11. Ebd., 342f.
12. Ebd., 336.
13. Ebd., 336f.
14. Ebd., 356.
15. Ebd., 357.
16. *Die Zeremonie des Abschieds*, 343.
17. Ebd.
18. Bericht von Jacques-Laurent Bost, Treffen mit A. C.-S. am 25. November 1982.
19. *Die Zeremonie des Abschieds*, 416.
20. Marius Perrin, *Mit Sartre im deutschen Kriegsgefangenenlager*, Rowohlt, Reinbek 1983, 82f.
21. «Mathieus Tagebuch» in: *Der Pfahl im Fleische*, 344.
22. Ebd., 348.
23. *Bariona* in: Marius Perrin, *Mit Sartre im deutschen Kriegsgefangenenlager*, 156.
24. Ebd., 216.
25. «Mythen schaffen» in: *Mythos und Realität des Theaters*, 36.
26. Marius Perrin, *Mit Sartre im deutschen Kriegsgefangenenlager*, 71f, 75.
27. Staatsarchive, a.a.O.
28. *Die Zeremonie des Abschieds*, 244.
29. *Bariona* in: Marius Perrin, *Mit Sartre im deutschen Kriegsgefangenenlager*, 156.
30. *Die Zeremonie des Abschieds*, 244.
31. *Bariona* in: Marius Perrin, *Mit Sartre im deutschen Kriegsgefangenenlager*, 158, 160.
32. «Mathieus Tagebuch» in: *Der Pfahl im Fleische*, 360.
33. Marius Perrin, *Mit Sartre im deutschen Kriegsgefangenenlager*, 97f.
34. «Mathieus Tagebuch» in: *Der Pfahl im Fleische*, 351.
35. Marius Perrin, *Mit Sartre im deutschen Kriegsgefangenenlager*, 113.
36. «Mathieus Tagebuch» in: *Der Pfahl im Fleische*, 335.
37. «Lectures de prisonniers», a.a.O.
38. *Die Zeremonie des Abschieds*, a.a.O.

«SOZIALISMUS UND FREIHEIT»

1. «Die Gemälde Giacomettis» in: *Porträts und Perspektiven*, 278.
2. Ernst Jünger, Erstes Pariser Tagebuch, in: *Werke* 2, Ernst Klett, Stuttgart, 240.
3. Zur Kontaminierung der französischen Literatur unter der Okkupation

siehe Gérard Loiseaux, *La littérature de la défaite et de la collaboration*, Sorbonne, Paris 1984.

4. *Die Zeremonie des Abschieds*, 500.
5. *In den besten Jahren*, 411.
6. Bericht von Jean-Daniel Jurgensen, Treffen mit A. C.-S. am 25. Oktober 1982.
7. J.-B. Pontalis, Auszüge eines noch nicht erschienenen Buchs, die mir der Autor freundlicherweise zur Einsicht gab, sowie Bericht von J.-B. Pontalis, Treffen mit A. C.-S. am 11. und 18. Mai 1983.
8. Bericht von Raoul Lévy, Treffen mit A. C.-S. am 21. und 27. Jan. 1983.
9. Dominique Desanti, «Le Sartre que je connais», *Jeune Afrique*, 8. November 1964.
10. Berichte von Dominique und Jean-Toussaint Desanti, Treffen mit A. C.-S. am 7. Juli 1982.
11. Bericht von Georges Chazelas, Treffen mit A. C.-S. am 20. September 1982.
12. Bericht von Jean Pouillon, Treffen mit A. C.-S. am 17. August 1982.
13. Bericht von Georges Chazelas, a. a. O.
14. Dominique Desanti, a. a. O.
15. Siehe Stéphane Courtois, *Le P. C. F. dans la guerre*, Ramsay, 1980.
16. Bericht der Desantis, a. a. O.
17. Bericht von Georges Chazelas, a. a. O.
18. Bericht von Louis François, Generalinspektor des Bildungswesens, 1947, französisches Staatsarchiv, Kennziffer 72 AJ 49.
19. Bericht von Simone Debout, Treffen mit A. C.-S. am 21. Juli 1982.
20. Bericht von Raoul Lévy, 21. und 27. Januar 1983.
21. Bericht von Simone Debout, a. a. O.
22. Bericht von Raoul Lévy, a. a. O.
23. Bericht von Jean-Toussaint Desanti, a. a. O.
24. Bericht von Raoul Lévy, a. a. O.
25. Bericht von Jean-Toussaint Desanti, a. a. O.
26. Archiv des Bildungsministeriums, Personalakte Sartre.
27. *In den besten Jahren*, 420f.
28. Ebd., 421.
29. Bericht von Madame Pierre Kaan, Treffen mit A. C.-S. am 23. September 1982.
30. Ebd.
31. Bericht von Jean Rabaut, Treffen mit A. C.-S. am 23. August 1982.
32. *In den besten Jahren*, 423.
33. Ebd.
34. In Gisèle Freund, *Le monde et ma caméra*, Denoël, Paris 1970, 94.
35. Brief von Jean-Paul Sartre an Jean Paulhan, unveröffentlichte Korrespondenz, Archiv Jacqueline Paulhan. Undatierter Brief, wahrscheinlich aber am 26. August 1939 abgeschickt.

36. André Gide, *Journal 1939–1942*, Gallimard, Paris 1946, 123.
37. Ebd., 158f.
38. *In den besten Jahren*, 424.
39. André Gide-Roger Martin du Gard, *Correspondance*, Bd.2, Gallimard, Paris 1968, 237.
40. *In den besten Jahren*, 424.
41. Paul Lacouture, *André Malraux*, Seuil, Paris 1973, 276.
42. Bericht von Colette Audry, Treffen mit A. C.-S. am 9. Dezember 1982.
43. *Die Zeremonie des Abschieds*, 465.
44. *In den besten Jahren*, 428.
45. Bericht von Simone Debout, a. a. O.
46. Bericht von Jean Pouillon, a. a. O.
47. «Über Merleau-Ponty» in: *Sartre über Sartre*, 64.
48. Bericht von Raoul Lévy, a. a. O.
49. Bericht der Desantis, a. a. O.
50. Bericht von Georges Chazelas, a. a. O.
51. Bericht von Raoul Lévy, a. a. O.
52. Bericht von Jacques Debû-Bridel, Treffen mit A. C.-S. am 8. Oktober 1982; eigentlich wollte er von Simone Jollivet sprechen.
53. Ebd.
54. Bericht von Jean Pouillon, a. a. O.
55. *In den besten Jahren*, 415.
56. «*Moby Dick* von Herman Melville» in: *Der Mensch und die Dinge*, 72.
57. Jean-Toussaint-Desanti, *Un destin philosophique*, Grasset, Paris 1982, 149.

IN DER SACKGASSE

1. *In den besten Jahren*, 452f.
2. Ebd., 430.
3. Ebd., 432f.
4. «Die Republik des Schweigens» in: *Paris unter der Besatzung*, 37.
5. «Paris unter der Besatzung», ebd., 40ff.
6. *Un théâtre de situations*, 223–236.
7. *In den besten Jahren*, 416.
8. *Les Lettres françaises*, Nummer 12.
9. *Comoedia*, 19. Juni 1943.
10. *La Gerbe*, 17. Juni 1943.
11. *Un théâtre de situations*, 225f.
12. Ebd., 227f.
13. Archiv Paulhan, unveröffentlichter Brief.
14. Zum französischen Theater unter der Okkupation standen mir die Be-

richte von Christian Casadesus zur Verfügung, Treffen mit A. C.-S. am 10. Mai und am 14. Oktober 1982.
15. *In den besten Jahren*, 444.
16. *Briefe an Simone de Beauvoir*, Bd. 2, 42.
17. *Tagebücher*, 266.
18. *Das Sein und das Nichts*, 665 (zitiert nach Neuübersetzung).
19. Ebd., 661.
20. Ebd., 662.
21. Ebd., 46.
22. André Gorz, *Der Verräter*, Suhrkamp, Frankfurt 1980, 239.
23. *Les Nouvelles littéraires*, 29. Oktober 1964.
24. «Les pieds dans le plat», *Le Nouvel Observateur*, 21. April 1980.
25. «*Der Fremde* von Camus» in: *Der Mensch und die Dinge*, 87.
26. *Alger républicain*, 20. Oktober 1938.
27. «Ein neuer Mystiker» in: *Situationen*, 59.
28. «Drieu La Rochelle oder Der Selbsthaß» in: *Der Mensch und die Dinge*, 91 f.

EIN SCHRIFTSTELLER, DER WIDERSTAND LEISTETE ...

1. Gespräch mit John Gerassi in: Sartre, *Œuvres romanesques*, LVIII.
2. *Briefe an Simone de Beauvoir*, Bd. 2, 327.
3. Von Sartre benutzte Abkürzung für «toute petite Kosakiewicz», zur Unterscheidung zwischen der jüngeren Wanda und der älteren Olga.
4. *Briefe an Simone de Beauvoir*, Bd. 2, 334.
5. *In den besten Jahren*, 472.
6. Claude Morgan, *Les Don Quichotte et les autres*, Guy Roblot, Paris 1982, 140.
7. Jacques Debû-Bridel, *La résistance intellectuelle en France*, Julliard, Paris 1970, 95.
8. Bericht von Jean Lescure, Treffen mit A. C.-S. am 21. September 1982.
9. «Drieu La Rochelle oder Der Selbsthaß» in: *Der Mensch und die Dinge*, 91.
10. *Les Lettres françaises*, Nr. 15. April 1944.
11. Jean Kanapa, *Comme si la lutte entière*, Nagel, Paris 1946, 256.
12. Bericht von Jean Bruller-Vercors, Treffen mit A. C.-S. am 22. September 1982.
13. Archiv des Bildungsministeriums.
14. Bericht von Madame Pierre Kaan, Treffen mit A. C.-S. am 23. September 1982.
15. Eines der Pseudonyme von Pierre Kaan.
16. Bericht von Pierre Piganiol, Treffen mit A. C.-S. am 14. Dezember 1983.

17. Akte der Oudard-Papiere, Staatsarchiv.
18. Siehe *Les écrits de Sartre*, 110–111. Georges Michels Hypothesen scheinen mir sehr scharfsinnig zu sein. Dennoch kann der Text, wie Contat und Rybalka anmerken, nicht auf 1941 und die Erfahrung von «Socialisme et Liberté» zurückgeführt werden: alle hierzu befragten Zeugen aus der Gruppe – Debout, Desanti, Chazelas – haben meine Zweifel bestätigt. Dagegen besteht Anlaß – und die geschichtlichen Bezüge des Textes sind ein Beweis dafür –, diesen Text mit dem Jahr 1943 und den Treffen mit Pierre Kaan in Verbindung zu bringen.
19. Unveröffentlichter Text, Staatsarchiv.
20. *In den besten Jahren*, 474.
21. Ebd., 478, 480.
22. Ebd., 481.
23. Bericht von Simone de Beauvoir, Treffen mit A. C.-S. am 22. März 1983.
24. Bericht von Jean Balladur, Treffen mit A. C.-S. am 16. November 1982.
25. Unterrichtsnotizen von Jean Balladur, persönliches Archiv.
26. Bericht von Jean Balladur, a. a. O.
27. Bericht von Jean Chouleur, Treffen mit A. C.-S. am 22. Februar 1983.
28. Siehe Sartre selbst in «Episches Theater und dramatisches Theater» in: *Mythos und Realität des Theaters*, 74: «Alain sagte, daß ein Lehrer seine Schüler nicht begeistern darf...»
29. Bericht von Robert Misrahi, Treffen mit A. C.-S. am 7. Oktober 1982.
30. Archiv des Bildungsministeriums, Personalakte Sartre.

LEITFIGUR FÜR TAUSENDE VON JUGENDLICHEN

1. *In den besten Jahren*, 492.
2. Ebd., 485.
3. *Briefe an Simone de Beauvoir*, Bd. 2, 337.
4. *In den besten Jahren*, 451.
5. Ebd., 494.
6. *Briefe an Simone de Beauvoir*, Bd. 2, 339.
7. Unveröffentlichter Brief, Archiv Paulhan.
8. «Der Mensch und die Dinge» in: *Der Mensch und die Dinge*, 109f.
9. *In den besten Jahren*, 487f.
10. Ebd., 491.
11. *Briefe an Simone de Beauvoir*, Bd. 2, 339.
12. *Combat*, 15. April 1947.
13. «Die kinematographische Kunst» in: *Mythos und Realität des Theaters*, 151.
14. Unveröffentlichtes Drehbuch, Archive des I. D. H. E. C., zur Verfügung gestellt von Marianne de Fleury.

15. Siehe Nino Frank, *Petit cinéma sentimental*, La nouvelle édition, Paris 1950, 167–174.
16. Ebd. und Zeugnis von Nino Frank, Treffen mit A. C.-S. am 25. Februar 1983.
17. «Ein Film für die Zeit nach dem Krieg» in: *Mythos und Realität des Theaters*, 155.
18. *Briefe an Simone de Beauvoir*, Bd. 2, 341.
19. «Jean-Paul Sartre über *Geschlossene Gesellschaft*» in: *Geschlossene Gesellschaft*, 60.
20. *Combat*, 9. Februar 1945.
21. «Jean-Paul Sartre über *Geschlossene Gesellschaft*» in *Geschlossene Gesellschaft*, 61.
22. Das behauptet Sartre selbst in: «Literatur als Engagement für das Ganze» in: *Was kann Literatur?*, 10.
23. Alain Laubreaux, *Je suis partout*, 4. Juni 1944.
24. Zitiert von Pierre-Marie Dioudonnat in: *L'argent nazi à la conquête de la presse française: 1940–1944*, Jean Picollec, 1981, 262.
25. *Germinal*, 30. Juni 1944.
26. *Horizon*, Juli 1945.
27. Unveröffentlichter Brief (1944?), Archiv Paulhan.
28. Jean Guéhenno, *Journal des années noires*, Gallimard, Paris 1947, 475, 30. Mai 1944.
29. Bericht von Guillaume Hanoteau, Treffen mit A. C.-S. am 14. Oktober 1982.
30. «Zum Dramenstil» in: *Mythos und Realität des Theaters*, 20.
31. *In den besten Jahren*, 498.
32. Ebd., 504.
33. Claude Roy, *Les yeux ouverts dans Paris insurgé*, Julliard, Paris 1944, 13.
34. «Ein Spaziergänger im aufständischen Paris» in: *Paris unter der Besatzung*, 13, 15.
35. Ebd., 26.
36. Ebd., 29, 31.
37. Ebd., 31 ff.
38. *Les Lettres françaises*, 9. September 1944, übers. in: *Paris unter der Besatzung*.
39. *France libre*, November 1945, übers. in: *Paris unter der Besatzung*.
40. *République française*, November 1945, übers. in: *Paris unter der Besatzung*.
41. *Les Temps Modernes*, Oktober 1945, übers. in: *Paris unter der Besatzung*.
42. *Clarté*, 29. August 1945, übers. in: *Paris unter der Besatzung*.
43. Janet Flanner, *Paris journal 1944–1965*, Harcourt Brace Jovanovich, 1977, 3, Übers. ins Franz. A. C.-S.
44. Claude Morgan, a. a. O., 154.

45. Bericht von Guillaume Hanoteau, Treffen mit A. C.-S. am 4. Oktober 1982.
46. Bericht von Jean Lescure, Treffen mit A. C.-S. am 21. September 1982.
47. Bericht von Jacques Debû-Bridel, Treffen mit A. C.-S. am 8. Oktober 1982.
48. Ebd.
49. *In den besten Jahren*, 481.
50. Bericht von Jean Bruller-Vercors, Treffen mit A. C.-S. am 22. September 1982.
51. Unveröffentlichter Brief, Archiv Paulhan, datiert auf den 10. Dezember 1944.
52. Ebd., Brief vom 1. Oktober 1944.
53. «Klarstellung» in: Sartre-Lesebuch *Den Menschen erfinden*, Rowohlt, Reinbek 1986, 56f, 58f.
54. Erklärungen von Michel Butor in: *Obliques* Nr. 24/25, 1981, 67–69.
55. Alexandre Astruc, «Signification de Sartre» in: *Messages*, 1943, 413–424.
56. Unveröffentlichte Briefe von 1944, Archiv Paulhan.

VON BUFFALO BILL ZU PRÄSIDENT ROOSEVELT

1. Nach *Die Wörter*, 122f.
2. Unveröffentlichte Notizen Sartres. Archiv Simone de Beauvoir.
3. «Über John Dos Passos und *Neunzehnhundertneunzehn*» in: *Der Mensch und die Dinge*, 20.
4. *In den besten Jahren*, 120.
5. William Faulkner, *Sartoris*, Gallimard, Paris 1949, coll. *folio* 920, 121.
6. «*Sartoris* von William Faulkner» in: *Der Mensch und die Dinge*, 10.
7. «Die Zeitlichkeit bei William Faulkner» in: *Der Mensch und die Dinge*, 53.
8. «New York, eine Kolonialstadt» in: *Situationen*, 245.
9. *Die Zeremonie des Abschieds*, 309.
10. «New York, eine Kolonialstadt» in: *Situationen*, 241f.
11. Denis de Rougemont, *Journal d'une époque, 1926–1946*, Gallimard, Paris 1968, 514.
12. Bericht von Henriette Nizan, Treffen mit A. C.-S. am 23. Februar 1982.
13. Im selben Moment, als Sartre seinen ersten Artikel veröffentlichte, gab die amerikanische Presse die unmittelbar bevorstehende Gründung der Central Intelligence Agency durch General Donovan bekannt. «Amerikanische Gestapo», entrüstete sich Senator Homer Capehart im Februar 1945. Zu den damaligen inneren amerikanischen Problemen siehe Anthony Cave Brown, *The last hero: Wild Bill Donovan*, Time Books, 1982.

14. Siehe hierzu J.-B. Duroselle, *L'abîme*, Imprimerie nationale, 1982.
15. *New York Times*, 25. Januar 1945.
16. Ebd., 30. Januar 1945, und *Pour la victoire*, 3. Februar 1945.
17. *New York Times*, 1. Februar 1945.
18. *Le Figaro*, 25. Januar 1945.
19. *France-Amérique*, 11. Februar 1945.
20. Ebd., 4. Februar 1945.
21. Ebd.
22. Bericht von Denis de Rougemont, Treffen mit A. C.-S. am 11. Juli 1943.
23. «Neue Literatur in Frankreich» in: *Schwarze und weiße Literatur*, 11f, 15f.
24. Bericht von Denis de Rougemont, a. a. O.
25. In: Stéphane Pizella, *Les nuits du bout du monde*, André Bonne, 1953.
26. «Individualismus und Konformismus in den Vereinigten Staaten» in: *Situationen*, 223.
27. «New York, eine Kolonialstadt», ebd., 244.
28. In: Claude Lévi-Strauss, *Le regard éloigné*, Plon, Paris 1983, 348, 350, 358.
29. In: Pizella, a. a. O., 177–179.
30. «Un français à New York» in: *Combat*, 2. Februar 1945.
31. Ebd., 4. Februar 1945.
32. «New York, eine Kolonialstadt» in: *Situationen*, 242.
33. «Nick's Bar, New York City» in: *Jazz 47*, zitiert in: Michel Contat/ Michel Rybalka, *Les écrits de Sartre*, 680–682.
34. Bericht von Dolorès Vanetti, Treffen mit A. C.-S. am 4. Mai 1983.
35. Diese Rekonstruktion wurde dank der Presseartikel und der Fotos aus dem Archiv Paule Neuvéglise möglich, die von ihrem Mann, Robert Villers, stammen. Ergänzt durch die tausend Dokumentseiten, die das FBI, das State Department und das Department of the Air Force zur Verfügung stellten.
36. *Le Figaro*, 11. und 12. März 1945.
37. *Combat*, 8. und 9. März 1945.
38. *Combat*, 12., 14. und 30. Juli 1945.
39. Bericht von Vladimir Pozner, Treffen mit A. C.-S. am 3. November 1982.
40. «Hollywood 1945» in: *Mythos und Realität des Theaters*, 156f, 165, 166.
41. *Combat*, 7. Juni 1945.
42. «Ce que j'ai appris du problème noir» in: *Le Figaro*, 16. Juni 1945.
43. «Amerikanische Städte» in: *Situationen*, 233.
44. Siehe Addison Gayle, *Richard Wright: Ordeal of a native son*, Doubleday, New York 1980, 162, 171.
45. Von Pizella berichtete Anekdote, a. a. O., 156.
46. *Die Zeremonie des Abschieds*, 297.

DIE SARTRE-JAHRE:

1945–1956

PARIS: DER EXISTENTIALISMUS IST GEKOMMEN

1. Bericht von Marc Beigbeder, Treffen mit A. C.-S. am 12. Juli 1984.
2. *Briefe an Simone de Beauvoir*, Bd. 2, 215.
3. *In den besten Jahren*, 440.
4. «Ankündigungstext zum Romanzyklus *Die Wege der Freiheit*» in: *Beiheft* zu Jean-Paul Sartre, *Gesammelte Werke, Romane und Erzählungen*, 10, 12.
5. *Le Monde*, April 1947.
6. *Combat*, 8. September 1945.
7. *Terre des hommes*, 3. November 1945.
8. *Le Figaro*, 3. November 1945.
9. *Terre des hommes*, 3. November 1945.
10. Bericht von Maurice Nadeau, Treffen mit A. C.-S. am 11. Juli 1984.
11. *Petite histoire de l'existentialisme*, Club Maintenant, Paris 1946, 84–86.
12. *Pour ou contre l'existentialisme*, Atlas, 1948.
13. *Samedi soir*, 3. November 1945.
14. Ebd.
15. Ebd.
16. In Georgette Elgey, *La république des illusions*, Fayard, Paris 1965, 509.
17. *Samedi soir*, 17. November 1945.
18. Ebd., 23. Februar 1946.
19. Ebd., 21. Dezember 1946.
20. Ebd., 24. November 1945.
21. Ebd., 15. Dezember 1945.
22. Ebd., 24. April 1946.
23. Zitiert in: Sartre, *Œuvres romanesques*, 1927.
24. *Le Crapouillot*, Nr. 32.
25. *Les Nouvelles littéraires*, 15. November 1945.
26. Interview in: *Paru*, Dezember 1945.
27. *Le Monde*, 11. und 15. Dezember 1945.
28. *Les Lettres françaises*, 24. November 1945.
29. Christine Cronan, *Petit catéchisme de l'existentialisme pour les profanes*, Dumoulin, 1948.

30. *Le Crapouillot*, Nr. 32.
31. Siehe hierzu Jules Leroy, *Saint-Germain-des-Prés, capitale des lettres*, André Bonne, 1952.
32. Zitiert in: Guillaume Hanoteau, *L'âge d'or de Saint-Germain-des-Prés*, Denoël, Paris 1965. 119.
33. *Terre des hommes*, 3. November 1945.
34. *Combat*, 8. September 1945.

NEW YORK: SARTRE IS BEAUTIFUL

1. *Time Magazine*, 28. Januar 1946.
2. *Briefe an Simone de Beauvoir*, Bd. 2, 345.
3. Ebd., 349.
4. *Cahiers pour une morale*, 573–578.
5. *Briefe an Simone de Beauvoir*, Bd. 2, 350.
6. *New York Post*, 9. April 1946.
7. Bericht von Dolorès Vanetti, Treffen mit A. C.-S. in New York im Mai 1983.
8. *Briefe an Simone de Beauvoir*, Bd. 2, 356.
9. *Life Magazine*, 17. Juni 1946.
10. Bericht von Henry Peyre, Treffen mit A. C.-S. am 18. Mai 1982 und Brief an A. C.-S. vom 14. Mai 1982.
11. Victor Brombert, *The intellectual hero*, Lippincott, Philadelphia 1961.
12. *Atlantic Monthly*, August 1946, Text und franz. Übersetzung in: Michel Contat/Michel Rybalka, *Les écrits de Sartre*, 150–151.
13. *Yale French Studies*, Frühjahr-Sommer 1948.
14. Bericht von Harry Levine, Brief an A. C.-S. vom 26. März 1982.
15. *The New Yorker*, 16. März 1946.
16. *Salmagundi*, Nr. 56, Frühjahr 1982.
17. *Partisan Review Press*, 1947.
18. Bericht von William Barrett, Telefongespräch mit A. C.-S. am 25. 5. 82.
19. Bericht von Irving Howe, Treffen mit A. C.-S. am 20. Mai 1982 in New York.
20. Bericht von William Phillips, Treffen mit A. C.-S. am 15. Mai 1983.
21. *Salmagundi*, a. a. O.
22. Bericht von Norbert Guterman, Telefongespräch mit A. C.-S. am 17. Mai 1982 in New York.
23. Herbert Marcuse, «Existentialismus. Bemerkungen zu Jean-Paul Sartres *L'être et le néant*» in: *Kultur und Gesellschaft 2*, Suhrkamp, Frankfurt 1965, 52.
24. Bericht von Erving Goffman, Treffen mit A. C.-S. am 11. März 1982 in Philadelphia.

25. Simone de Beauvoir berichtet allerdings in *In den besten Jahren*, Sartre und sie selber hätten bei einer ihrer Reisen C. Wright Mills getroffen.
26. Bericht von Arthur Miller, Treffen mit A. C.-S. am 19. Mai 1982 in New York.
27. «Présentation» in: *Situations, III*, 127, 132.
28. *Briefe an Simone de Beauvoir*, Bd. 2, 354, 356.
29. *Der Lauf der Dinge*, 74.
30. *Briefe an Simone de Beauvoir*, Bd. 2, 355, 356.
31. Bericht von Henriette Nizan, *Les Nouvelles littéraires*, April 1983.

IM MASCHINENRAUM

1. Jacques Audiberti, *Dimanche m'attend*, Gallimard, Paris 1965, 210.
2. Bericht von Jean Cau, Treffen mit A. C.-S. am 20. Juni 1984.
3. Siehe hierzu Juliette Gréco, *Jujube*, Stock, 1983; deutsch: *Ich bin, die ich bin*, Scherz, Bern, München, Wien 1983.
4. Bericht von Louis Nagel, Treffen mit A. C.-S. am 11. Juli 1984.
5. «Selbstporträt mit siebzig Jahren» in: *Sartre über Sartre*, 229f.
6. «Rencontre avec Jean-Paul Sartre», Interview mit Gabriel Aubarède. Siehe: Michel Contat / Michel Rybalka, *Les écrits de Sartre*, 241.
7. Von Juliette Gréco berichtete Anekdote in: *Ich bin, die ich bin*, a. a. O.
8. Acht Jahre später veröffentlicht in: *La revue juive*, Genf, 10. Jahrgang, Nummer 6/7, Juni–Juli 1947, 212f.
9. *Tagebücher*, 364.
10. «Literatur als Engagement für das Ganze» in: *Was kann Literatur?*, 12.
11. Bericht von François Périer, Treffen mit A. C.-S. am 28. Mai 1982.
12. *Le Figaro*, 25. April 1949.
13. *Briefe an Simone de Beauvoir*, Bd. 2, 358.
14. *Cahiers pour une morale*, 13.

ZWEITER SCHOCK DES KONKRETEN

1. Nacheinander: *La nationalisation de la littérature*, November 1945; *Matérialisme et révolution*, Juni und Juli 1946; *Qu'est-ce-que la littérature?*, in sechs Folgen von Februar bis Juli 1947; schließlich *Écrire pour son époque*, Juni 1948, das sofort ins Deutsche, Englische und Italienische übersetzt wurde: *Der Schriftsteller und seine Zeit; We write for our own time; Scrivere per il proprio tempo.*
2. *Was ist Literatur?*, 196.
3. *Les Lettres françaises*, 28. Dezember 1945.
4. Jean Kanapa, *L'existentialisme n'est pas un humanisme*, Éditions sociales, Paris 1947, 61.

5. «Materialismus und Revolution» in: *Situationen*, 294f.
6. «Dossier zum ‹Fall Nizan›» in: Paul Nizan, *Aden/Die Wachhunde*, Rowohlt, Reinbek 1969, 231f.
7. Ebd., 233.
8. «Über Merleau-Ponty» in: *Sartre über Sartre*, 73.
9. *Was ist Literatur?*, 224.
10. *Combat*, 18. Oktober 1947.
11. Nicht gesendet, Text des Institut national de l'audiovisuel, INA.
12. Bericht von Raymond Aron, Treffen mit A. C.-S. am 9. März 1983.
13. *Der Lauf der Dinge*, 139.
14. *L'Ordre de Paris*, 22. Oktober 1947.
15. Ebd.
16. Ebd., 24. Oktober 1947.
17. *Carrefour*, 29. Oktober 1949.
18. Ebd.
19. *Combat*, 22. Oktober 1947.
20. Unveröffentlichter Sendetext, INA-Archiv.
21. *Entretiens sur la politique*, 22.
22. Bericht von Gilles Martinet, Gespräche mit A. C.-S. am 30. August und 1. September 1984 in Rom.
23. *Franc-Tireur*, 11. März 1948.
24. *L'Humanité*, 11. Dezember 1948.
25. *Bataille socialiste*, 19. März 1948.
26. «Hunger im Bauch – Freiheit im Herzen» in: *Krieg im Frieden 1*, 14.
27. *Le Monde*, 28. Februar 1948.
28. *Le Figaro*, 20. Januar 1948.
29. *La Gauche-R. D. R.*, 16.–30. Juni 1948.
30. Ebd.
31. *New York Herald Tribune*, 16. März 1948.
32. *La Gauche-R. D. R.*, a. a. O.
33. *Entretiens sur la politique*, 37, 40, 51.
34. *La Gauche-R. D. R.*, Oktober 1948.
35. *Franc-Tireur*, 14. Dezember 1948.
36. Bericht von David Rousset, Treffen mit A. C.-S. am 8. September 1982.
37. *La Gauche-R. D. R.*, November 1948.
38. Bericht von David Rousset, a. a. O.
39. *Der Intellektuelle als Revolutionär*, 20.
40. Ebd., 21.
41. *Franc-Tireur*, 30. Juni 1948.
42. *Der Intellektuelle als Revolutionär*, 21.
43. *Bulletin intérieur R. D. R.*, Mai 1949.
44. Ebd., Juni 1949.
45. *Le Monde*, 27. Oktober 1949.
46. «Über Merleau-Ponty» in: *Sartre über Sartre*, 61ff.

47. Bericht von Paul Fraisse, Treffen mit A. C.-S. am 1. November 1982.
48. Februar 1949.
49. *Peuple du monde*, 18. Juni 1949.
50. «Verteidigung der französischen Kultur durch die europäische Kultur» in: *Schwarze und weiße Literatur*, 100, 103, 105, 106, 109f.
51. Bericht von David Rousset, a. a. O.
52. Diese Analyse wäre ohne die Einsicht in das Archiv von Jean-René Chauvin nicht möglich gewesen.

ZWEITE SACKGASSE

1. *Der Lauf der Dinge*, 196.
2. *International Herald Tribune*, 17. März 1984.
3. Bericht von Bernard Pingaud, Treffen mit A. C.-S. am 3. Februar 1983.
4. Roger Nimier–Jacques Chardonne, *Correspondence*, Gallimard, Paris 1984, 95.
5. Roger Nimier, *Journées de lectures*, Gallimard, Paris 1965, 251.
6. Jacques Laurent, *Paul et Jean-Paul*, Grasset, Paris 1951, 66.
7. Bernhard Frank, *Le dernier des Mohicans*, Fasquelle, Paris 1956, 18, 19.
8. Ebd., 10.
9. *Esprit*, Sondernummer zum 50. Erscheinungsjahr, Januar 1983, 74: «Les belles années, de la guerre d'Indochine à mai 68».
10. Michel Contat / Michel Rybalka, *Les écrits de Sartre*, 146.
11. Jean Cocteau, *Le passé défini*, Bd. 1, Gallimard, Paris 1984, 314, 317–318.
12. Jacques Derrida, *Glas*, Denoël-Gonthier, Paris 1980.
13. Jean Cocteau, *Le passé défini*, a. a. O., 282, 302, 311.
14. Ebd., 324.
15. Paul Claudel, *Journal* Bd. 2, Gallimard, Paris 1969; der Brief ist wie folgt datiert: Brangues, den 18. August 1952.
16. *Critique*, Oktober und November 1952.
17. Zitiert von Jean Cocteau, a. a. O., 391.
18. Ebd., 322.
19. Siehe die Unterlagen zu diesem Stück in: Michel Contat / Michel Rybalka, *Les écrits de Sartre*, 231–240; sowie das Sonderheft «Spécial Sartre» von *L'Avant-scène théâtrale*, Nummer 402–403, 1968.
20. *Der Lauf der Dinge*, 233.
21. *Paris-Presse-l'Intransigeant*, 9. Juni 1951.
22. *Der Lauf der Dinge*, 235f.
23. Ebd., 105–106.
24. Bericht von Gilles Martinet, Treffen mit A. C.-S. am 30. August und 1. September 1984, über einen Vortrag, den Sartre 1958 auf Einladung von Rossana Rossanda in Mailand hielt. Gilles Martinet, der einige Wo-

chen vor Sartre dort gewesen war, hatte ein ganz anderes Bild der politischen Situation in Frankreich gegeben, weitaus weniger pessimistisch oder «katastrophistisch», wenn man so will.

25. Bericht von Alberto Moravia, Treffen mit A. C.-S. am 30. und 31. August 1984 in Rom.
26. Unveröffentlichter Auszug aus dem Manuskript *La reine Albemarle*, Privatarchiv.
27. Ebd.
28. Unveröffentlichte Auszüge aus dem Manuskript *La reine Albemarle*, Sartre-Fonds an der Bibliothèque nationale. Mauricette Berne ermöglichte uns freundlicherweise die Einsicht in das Manuskript.
29. «Ein Kapuzinerbeet» in: *Porträts und Perspektiven*, 352f.
30. Zu Sartres Beziehungen zu Italien war mir der Kulturattaché der französischen Botschaft in Rom, Paul Tabet, eine kostbare Hilfe.
31. Zitiert in: Mary Welsh Hemingway: *How it was*, Knopf, New York 1951, 280, 281.
32. *Die Zeremonie des Abschieds*, 395.
33. «Lebendiger Gide» in: *Schwarze und weiße Literatur*, 121.
34. «Die Tage unseres Lebens» in: *Krieg im Frieden 1*, 22.
35. «Über Merleau-Ponty» in: *Sartre über Sartre*, 87.
36. Ebd., 91.
37. Ebd., 87f.
38. *Action*, 24. Januar 1952.
39. *Wider das Unrecht, Die Affäre Henri Martin*, 56.
40. Ebd., 152f.
41. Zitiert nach Jean Orieux, *Voltaire*, Flammarion, Paris 1977, 2. Teil, 192.

TAUBEN UND PANZER

1. Dominique Desanti, *Les staliniens*, Fayard, Paris 1975, 303.
2. *Paris-Presse-l'Intransigeant*, 13. Juni 1951.
3. «Über Merleau-Ponty» in: *Sartre über Sartre*, 102.
4. *Der Lauf der Dinge*, 254.
5. *L'Express* vom 9. November 1956 und «Das Gespenst Stalins» in: *Krieg im Frieden 2*, 332.
6. «Die Kommunisten und der Frieden» in: *Krieg im Frieden 1*, 76.
7. Ebd., 81.
8. «Über Merleau-Ponty» in: *Sartre über Sartre*, 102.
9. «Die Kommunisten und der Frieden» in: *Krieg im Frieden 1*, 117.
10. Ebd., 116.
11. *Der Lauf der Dinge*, 113.
12. «Albert Camus, Brief an den Herausgeber der ‹Temps Modernes›» in: *Krieg im Frieden 2*, 24.

13. «Antwort an Albert Camus», ebd., 27, 28, 34f, 40.
14. «Selbstporträt mit siebzig Jahren» in: *Sartre über Sartre*, 225.
15. Zitiert in: Jean-Pierre Rioux, *La France de la IVe République*, Seuil, Paris 1980, 11.
16. *Libération*, 16. Oktober 1952, sowie *Ce Soir*, 17. Oktober 1952.
17. Dominique Desanti, a.a.O., 353.
18. *Ce Soir*, a.a.O.
19. Dominique Desanti, a.a.O., 357.
20. Bericht von Jean-Pierre Delilez, Treffen mit A. C.-S. im Mai 1982.
21. Bericht von Gilles Martinet, Treffen mit A. C.-S. am 30. August und 1. September 1984 in Rom.
22. «Was ich in Wien gesehen habe, ist der Frieden» in: *Krieg im Frieden 2*, 64.
23. Dominique Desanti, a.a.O., 358.
24. *Der Lauf der Dinge*, 20.
25. Bericht von Gilles Martinet, a.a.O.
26. «Der Wiener Kongreß» in: *Krieg im Frieden 2*, 76f.
27. «Rede bei der Eröffnung des Weltfriedenskongresses in Wien» in: *Krieg im Frieden 2*, 52.
28. *Le Monde*, 25. September 1954.
29. *Ce Soir*, 17. Dezember 1952.
30. «Der Wiener Kongreß» in: *Krieg im Frieden 2*, 73.
31. «Die tollwütigen Tiere» in: *Krieg im Frieden 2*, 166.
32. Ebd., 168, 170.
33. FBI-Archiv.
34. *Défense de la paix*, Juni 1953.
35. *France-Observateur*, 19. März 1943.
36. Korrespondenz Etiemble, Brief Nummer 154.
37. 6. März 1953.
38. Maurice Merleau-Ponty, *Sens et non-sens*, Nagel, Paris 1978, 73.
39. «Merleau-Ponty vivant»: erste Fassung in: *Revue internationale de philosophie* 1985, 152–153.
40. *Combat*, 31. Oktober / 1. November 1953.
41. Katalog Albert Schweitzer, Ausstellung der Bibliothèque nationale et universitaire von Straßburg, 1975.
42. *Der Lauf der Dinge*, 295.
43. Siehe Annie Cohen-Solal und Henriette Nizan, *Paul Nizan, communiste impossible*, Grasset, Paris 1980.
44. *Libération*, 15. Juli 1954.
45. Ebd.
46. Ebd., 17.–18. Juli 1954.
47. Ebd., 19. Juli 1954.
48. Ebd., 20. Juli 1953.
49. Ebd.

50. Ebd.
51. Jacques-Francis Rolland, *Un dimanche inoubliable près des casernes*, Grasset, Paris 1984, 279.
52. *Paris-Presse-l'Intransigeant*, 7. Juni 1951.
53. «Selbstporträt mit siebzig Jahren» in: *Sartre über Sartre*, 242.
54. Michel Contat/Michel Rybalka, *Les écrits de Sartre*, 283.
55. *Cahiers libres pour la jeunesse*, 15. Februar 1960; das Gespräch führten Jacques-Alain Miller und Raphaël Sorin.
56. *Combat*, 7. Juni 1955.
57. *Libération*, 7. Juni 1955.
58. *Le Monde*, 1. Juni 1955.
59. *Arts*, 15.–21. Juni 1955.
60. Gilles Sandier, *Discours sur l'imposture*, 1978.
61. *Théâtre populaire* Nr. 14, Juli/August 1955.
62. *France-Soir*, 24. Februar 1978.
63. *L'Humanité*, 8. Juni 1955.
64. Zu *Nekrassov*: Archiv Georges Werler, Treffen mit A. C.-S. am 1. und 22. Februar 1983; Bericht von Maurice Delarue, ehemaliger Praktikant Sartres und Dramaturg des Stücks am Théâtre de l'est parisien (TEP) 1978; Treffen mit A. C.-S. am 22. Februar 1983.
65. *Kean* in: *Gesammelte Dramen*, 394.
66. Unveröffentlichtes Manuskript der Bibliothèque nationale in Paris.
67. Ebd.
68. *Sartre. Ein Film*, 71 f.
69. *Der Intellektuelle als Revolutionär*, 31.
70. «Was bedeutet Literatur in einer Welt, die hungert?» in: *Was kann Literatur?*, 63 f.
71. *L'Express*, 9. November 1956.
72. *Die Wörter*, 143.

EIN MANN ERWACHT

1956–1980

IHR SEID FABELHAFT

1. «Ihr seid fabelhaft» in: *Wir sind alle Mörder*, 41 f.
2. Ebd., 38.
3. Michel Contat / Michel Rybalka, *Les écrits de Sartre*, 309–310. Die Zeitung *Le Monde* hatte den ursprünglichen Text bei Sartre bestellt. Er wurde aber als derart heftig eingeschätzt, daß *Le Monde* auf seine Veröffentlichung verzichtete. Eine abgemilderte und veränderte Fassung erschien später in *Les Temps Modernes*, Mai 1957.
4. «Ihr seid fabelhaft» in: *Wir sind alle Mörder*, 44.
5. Ebd., 40.
6. Ebd.
7. Ebd., 40, 44.
8. Ebd., 39.
9. Ebd., 44.
10. Ebd., 44 f.
11. Edgar Morin, *Autocritique*, Seuil, Paris 1959.
12. *Der Lauf der Dinge*, 201 f.
13. Siehe Seite 476.
14. Siehe Michel Contat / Michel Rybalka, *Les écrits de Sartre*, 288.
15. Bericht von Dionys Mascolo, Treffen mit A. C.-S. am 18., 24. und 26. Oktober 1984.
16. «Der Kolonialismus ist ein System» in: *Wir sind alle Mörder*, 16.
17. Ebd.
18. Ebd., 19.
19. Ebd., 20.
20. Ebd., 21.
21. Ebd., 24 f.
22. Ebd., 30 f.
23. Siehe Pierre Viansson-Ponté, *Histoire de la république gaullienne*, Fayard, Paris 1971, collection *Bouquins*, Laffont, 16.
24. «Der Prätendent» in: *Wir sind alle Mörder*, 62.
25. Ebd., 67, 70.
26. Ebd., 70 ff.
27. «Die Frösche, die einen König haben wollen», ebd., 92.

28. Ebd., 99.
29. Ebd., 99 f.
30. Ebd., 104.
31. Siehe Pierre Viansson-Ponté, a. a. O., 128.
32. Bericht von Jean Pouillon, Treffen mit A. C.-S. am 16. und 25. 10. 84.
33. *Die Zeremonie des Abschieds*, 423.
34. Ebd., 411 f.
35. «Literatur als Engagement für das Ganze» in: *Was kann Literatur?*, 9.
36. Ebd., 10 f.
37. Bericht von Claude Faux, Treffen mit A. C.-S. am 16. August 1982.
38. «Der Eingeschlossene von Venedig» in: *Porträts und Perspektiven*, 233 ff.
39. «Literatur als Engagement für das Ganze» in: *Was kann Literatur?*, 21.
40. *L'Arc*, Nr. 30, 1966.
41. *L'Express*, 10. September 1959.
42. *Die Eingeschlossenen von Altona*, Vierter Akt, 2. Szene.
43. Bericht von Arlette Elkaïm, Treffen mit A. C.-S. am 11. 11. 1984.
44. *Die Eingeschlossenen von Altona*, Schlußmonolog.
45. *Théâtre populaire*, Nr. 35, 1959.
46. *L'Arc*, Nr. 30, 1966.
47. Bericht von Michelle Vian, Treffen mit A. C.-S. am 10. Juni 1982.
48. *Le scénario Freud*, Gallimard, Paris 1984, 49.
49. John Huston, *An open book*, Knopf, New York 1980, 294–296.
50. Ebd., 294.
51. Ebd., 296.
52. *Briefe an Simone de Beauvoir*, Bd. 2, 379.
53. Huston, a. a. O., 295.
54. *Briefe an Simone de Beauvoir*, Bd. 2, 380.
55. Ebd., 382, 383.
56. Huston, a. a. O., 295.
57. *Briefe an Simone de Beauvoir*, Bd. 2, 383.
58. Huston, a. a. O., 296.
59. Ebd.
60. *Briefe an Simone de Beauvoir*, Bd. 2, 384, 380.
61. Bericht von Robert Gallimard, Treffen mit A. C.-S. am 18. November 1982.
62. *Kritik der dialektischen Vernunft*, 866.
63. Bericht von Jean Pouillon, Treffen mit A. C.-S. am 16. und 25. Oktober 1984.
64. Ebd.
65. «Literatur als Engagement für das Ganze» in: *Was kann Literatur?*, 13.
66. Francis Jeanson, *Sartre dans sa vie*, Seuil, Paris 1974, 214.
67. Bericht von Marceline Loridan, Treffen mit A. C.-S. am 18. 10. 1984.
68. Jeanson, a. a. O.

69. «Über den Nationalismus der algerischen Befreiungsfront und der französischen Linken» in: *Wir sind alle Mörder*, 106.
70. Ebd., 109.

EIN MILITANTER BOTSCHAFTER

1. *Situations, V*, 15.
2. Ebd., 20.
3. Ebd., 17.
4. *Der Lauf der Dinge*, 320.
5. Unveröffentlichter Text der Sendung «Voici la Chine» von Claude Roy und Albert Riera, gesendet am 24. März 1956, INA-Archiv.
6. «La Chine que j'ai vue», *France-Observateur*, 1. und 8. Dezember 1955.
7. Ebd.
8. Aus *Arbeitertageszeitung*, zitiert in: *Libération*, 6. Mai 1983.
9. «Figures de Sartre» in: *Magazine littéraire*, September 1981, 21–22.
10. *Fidel Castro parle*, Textsammlung, herausgegeben von Jacques Grignon-Dumoulin, *Cahiers libres*, François Maspero, Paris 1961
11. «Idéologie et Révolution» in: *Obliques*, Nr. 18/19, 1979, 293–297.
12. Ebd.
13. Ebd.
14. *Le Nouvel Observateur*, 24. März 1960.
15. *Der Lauf der Dinge*, 467.
16. Unveröffentlicht, Sartre-Fonds in der Bibliothèque nationale, teilweise in die Artikel vom 14. und 15. Juli 1960 übernommen.
17. «Ouragan sur le sucre» in: *France-Soir*, 10. und 11. Juli 1960.
18. Privatarchiv.
19. FBI-Archiv.
20. *Der Lauf der Dinge*, 484–539.
21. Jean Lacouture, *André Malraux*, Seuil, Paris 1973, 366.
22. *Die Zeremonie des Abschieds*, 472.
23. AFP-Depesche, *Le Monde*, 1. September 1960.
24. Privatarchiv.
25. *Der Lauf der Dinge*, 512.
26. *Alles in allem*, 297.
27. Bericht von Bertrand Dufourcq, dem ehemaligen französischen Kulturattaché in Moskau, Treffen mit A. C.-S. am 15. Oktober 1984.
28. Lena Zonina starb mit zweiundsechzig Jahren am 2. Februar 1985 in Moskau; sie hatte gerade ihr letztes Buch veröffentlicht: *Wege unserer Zeit: Überlegungen zu den französischen Romanciers der 60er und 70er Jahre.*
29. «Falsche Wissenschaftler oder falsche Hasen» in: *Krieg im Frieden 1*, 38–39.

30. Bericht von Bertrand Dufourcq, ehemaliger französischer Kulturattaché in Tokio, der Sartre empfing; Treffen mit A. C.-S. am 15. Oktober 1984.
31. Siehe «Le combat pour la liberté», Artikel von Takeshi Ebisaka über Sartre in Japan, in: *Magazine littéraire*, September 1981, 19–20.
32. Bericht von Yehoshua Rash, Treffen mit A. C.-S. am 18.9.1982.
33. Bericht von Menahem Brinker, Treffen mit A. C.-S. am 27. Juli 1982.
34. Bericht von Gabriel Cohen in: *Le Matin*, 27. April 1980.
35. Ich verdanke diese Aufzeichnungen den gemeinsamen Bemühungen von Dani Karavan, Amalia und Fiska Fürstenberg, Ariel und Rachel Aharoni. Wichtige Informationen zu Sartres Empfang durch die linken israelischen Schriftsteller erhielt ich ferner von Nathan Shaham.

DER UNBERÜHRBARE

1. Hervé Hamon / Patrick Rotman, *Les porteurs de valises*, Albin Michel, Paris 1979, 73.
2. *Tracts surréalistes et déclarations collectives*, E. Losfeld, Paris 1982, Bd. 2, 391.
3. Bericht von Dionys Mascolo, Treffen mit A. C.-S. am 18., 24. und 26. Oktober 1984.
4. Privatarchiv Dionys Mascolo.
5. Bericht von Roland Dumas, Treffen mit A. C.-S. am 15. Oktober 1984.
6. Ebd.
7. Marcel Péju, *Le procès du réseau Jeanson*, Maspero, Paris 1961, 104 f.
8. Ebd., 12.
9. *Le Monde*, 25.–26. September 1960.
10. Bericht von Paule Thévenin, Telefongespräch mit A. C.-S. am 23. Oktober 1984.
11. *L'Aurore*, 25.–26. September 1960.
12. *Le Figaro*, 21. September 1960.
13. *L'Express*, 20. September 1960.
14. *La Croix*, 24. September 1960.
15. *Le Monde*, 24. September 1960.
16. *Le Monde*, 22. September 1960.
17. *Le droit à l'insoumission*, Maspero, Paris 1961, 32.
18. Ebd., 34.
19. Ebd., 34 f.
20. Ebd., 32.
21. Ebd., 33.
22. *La Croix*, 4. Oktober 1960.
23. *Le Populaire de Paris*, 4. Oktober 1960.
24. Ebd., 3. Oktober 1960.
25. *Le Figaro*, 7. Oktober 1960.

26. *L'Aurore*, 7. Oktober 1960.
27. *Réforme*, 1. Oktober 1960.
28. Bericht von Roland Dumas, a. a. O.
29. *Paris-Jour*, 2. Oktober 1960.
30. *Le droit à l'insoumission*, a. a. O., 58.
31. Berichte von Jean Pouillon, Treffen mit A. C.-S. am 16. und 25. 10. 84.
32. Bericht von Claude Faux, Treffen mit A. C.-S. am 16. August 1982.
33. Bericht von Jean Pouillon, a. a. O.
34. Ebd.
35. Bericht von Roland Dumas, a. a. O.
36. *Die Zeremonie des Abschieds*, 473.
37. *Le Monde, Combat* und *Le Figaro*, 2. Dezember 1960.
38. Bericht von Dionys Mascolo, a. a. O.
39. Bericht von Claude Lanzmann, Treffen mit A. C.-S. am 9. Mai 1983.
40. «Schwarzer Orpheus» in: *Schwarze und weiße Literatur*, 39, 72.
41. Ebd., 39.
42. *El-Moudjahid*, 1., 15. und 30. Dezember 1957, zitiert in: Frantz Fanon, *Pour la révolution africaine*, Maspero, Paris 1964, 85 ff.
43. *Der Lauf der Dinge*, 562.
44. Archiv Maspero, unveröffentlichter Brief.
45. «‹Die Verdammten dieser Erde› von Frantz Fanon» in: *Wir sind alle Mörder*, 145.
46. Ebd.
47. Ebd., 154 f.
48. Ebd., 146.
49. Ebd., 154.
50. Siehe hierzu den Artikel von Yves Lacoste, *Du tiers-mondisme à l'anti-tiers-mondisme*, erschienen in: *L'autre journal*, Mai 1985.
51. «Albert Camus» in: *Schwarze und weiße Literatur*, 158.
52. «Über Paul Nizan» in: *Sartre über Sartre*, 13 f.
53. Ebd., 15 f.
54. Ebd., 15.
55. *Magazine littéraire*, Sonderheft zu Nizan, 1971.
56. «Über Paul Nizan» in: *Sartre über Sartre*, 49.
57. «Über Merleau-Ponty», ebd., 61.
58. Ebd., 108.
59. Ebd., 128.
60. Bericht von Roland Dumas, Treffen mit A. C.-S. am 15. Oktober 1984.
61. Bericht von Robert Gallimard, Treffen mit A. C.-S. am 22. Februar 1985.
62. *Combat*, 30. Januar 1964.
63. *Le Monde*, 2. Juni 1955.
64. «Was bedeutet Literatur in einer Welt, die hungert?» in: *Was kann Literatur?*, 65.
65. Bericht von J.-B. Pontalis, Treffen mit A. C.-S. am 29. April 1985.

66. *Le Figaro*, 23. Oktober 1954.
67. *Le Monde*, 25.–26. Oktober 1964.
68. *Rivarol*, 29. Oktober 1964.
69. *François Mauriac, Le Nouveau blocs-notes*, Bd. 3: 1961–64, Flammarion, Paris. 431–433.
70. Archive der Nobel-Akademie, Stockholm, zur Verfügung gestellt von C.-G. Bjurström. Siehe auch «Meine Gründe für die Ablehnung des Nobelpreises» in: *Was kann Literatur?*, 69 ff.
71. Bericht von Carl-Gustav Bjurström, Treffen mit A. C.-S. am 21. 5. 85.
72. *L'Express*, 27. Oktober – 1. November 1964.
73. Bericht von Louis Audibert, Treffen mit A. C.-S. am 21. Mai 1985.
74. «Jean-Paul Sartre antwortet» in: *alternative*, Juni 1967, 133.
75. «Die Anthropologie» in: *Mai '68 und die Folgen*, Bd. 2, 87.
76. Bericht von Régis Debray, Treffen mit A. C.-S. am 27. Mai 1985.
77. Bericht von Georges Canguilhem, Treffen mit A. C.-S. am 8. Juni 1982.
78. Im Juni 1985 beschloß der amerikanische Regisseur John Strasberg, die *Troerinnen* von seiner Schauspielschule aufführen zu lassen: Das war die zweite Inszenierung des Stücks.

ZWISCHEN FLAUBERT UND DEN MAOISTEN

1. *Paese sera*, 24. August 1968.
2. AFP *Le Monde*, 3. Dezember 1968.
3. Bericht von Ilios Iannakakis, Treffen mit A. C.-S. am 25. Mai 1984.
4. «Der Völkermord» in: *Wir sind alle Mörder*, 298.
5. *Au cœur du Viet-nam*, 96 Fotos von Pic, Maspero, Paris 1968.
6. «Sartre an de Gaulle» in: *Wir sind alle Mörder*, 241, 248.
7. Zu den sechziger Jahren siehe Maurice Achard und Anne-Marie Métailié. *Les années soixante en noir et blanc*, Anne-Marie Métailié éditeur, 1980.
8. J. Sauvageot, A. Geismar, D. Cohn-Bendit, *Aufstand in Paris*, Rowohlt, Reinbek 1968, 59.
9. Bericht von Alain Geismar, Treffen mit A. C.-S. am 12. Februar 1985.
10. Michel Contat/Michel Rybalka, *Les écrits de Sartre*, 463 f.
11. *De Sartre à Foucault, vingt ans d'entretiens à l'Observateur*, Hachette, Paris 1984.
12. «Das Bollwerk des Raymond Aron» in: *Mai '68 und die Folgen*, Bd. 1, 37 ff.
13. *Le Monde*, 22. Mai 1968.
14. Bericht von Raphaël Sorin, Treffen mit A. C.-S. am 21. Februar 1985.
15. Bericht von Jean-Marcel Bouguereau, Treffen mit A. C.-S. am 26. 8. 1984.
16. «Die geprellte Jugend» in: *Mai '68 und die Folgen*, Bd. 1, 76 f.
17. Ebd., 78 f.
18. Bericht von Alain Geismar, Treffen mit A. C.-S. am 21. Februar 1985.

19. «Sartre über Sartre» in: *Sartre über Sartre*, 155.
20. «Was bedeutet Literatur in einer Welt, die hungert?» in: *Was kann Literatur?*, 67.
21. «Über *Der Idiot der Familie*» in: *Was kann Literatur?*, 154f.
22. *Tagebücher*, 150ff.
23. «Über *Der Idiot der Familie*» in: *Was kann Literatur?*, 151.
24. «Sartre über Sartre» in: *Sartre über Sartre*, 154.
25. Ebd., 153.
26. Ebd., 156.
27. «J.-P. Sartre & M. Sicard, Entretien» in: *Obliques*, Nr. 18/19 (April 1979), 26.
28. «Sartre über Sartre» in: *Sartre über Sartre*, 152, 153.
29. Ebd., 154.
30. «Über *Der Idiot der Familie*» in: *Was kann Literatur?*, 153, 152.
31. Ebd., 154.
32. «Sartre über Sartre» in: *Sartre über Sartre*, 157.
33. J. Sauvageot, A. Geismar, D. Cohn-Bendit, *Aufstand in Paris*, a.a.O., 75.
34. «Sartre über Sartre» in: *Sartre über Sartre*, 155.
35. *Sartre. Ein Film*, 85.
36. «J.-P. Sartre & M. Sicard, Entretien» in: *Obliques* Nr. 18/19, 1979, 26.
37. Sartre, *Œuvres romanesques*, Chronologie, XCIV.
38. Bericht von J. B. Pontalis, Treffen mit A. C.-S. am 18. Mai 1983.
39. «Selbstporträt mit siebzig Jahren» in: *Sartre über Sartre*, 217.
40. Bericht von Alain Geismar, Treffen mit A. C.-S. am 12. Februar 1985.
41. *la cause du peuple*, 1. Mai 1970.
42. *Der Intellektuelle als Revolutionär*, 54, 54f, 56.
43. Ebd., 54, 55.
44. Ebd., 56.
45. *Le Monde*, 29. April 1970.
46. Unveröffentlichtes Archiv, INA.
47. *Der Intellektuelle und die Revolution*, Luchterhand, Neuwied, Berlin 1971, 149, 150.
48. *L'Aurore*, 22. Oktober 1970.
49. *Tout!*, 23. September 1970.
50. *J'accuse*, Januar 1971, 17–19.
51. *la cause du peuple*, 5. Januar 1972.
52. *Libération*, 17. April 1980.
53. Ebd.
54. «L'Ami du peuple» in: *Mai '68 und die Folgen*, Bd. 2, 78, 76.
55. *la cause du peuple*, Juni 1972.
56. Unveröffentlichtes Interview mit F. M. Samuelson, 23. Oktober 1978, 7. Juni 1979.

57. «Les maos en France» in: *Situations, X*, 38, 47.
58. «Das Bollwerk des Raymond Aron» in: *Mai '68 und die Folgen*, Bd. 1, 37.
59. «Radioscopie», 7. Februar 1973.
60. *Tout!*, 1. Februar 1971.

IM SCHATTEN DES TURMS

1. Unveröffentlichtes Archiv Arlette Elkaïm-Sartre.
2. «Selbstporträt mit siebzig Jahren» in: *Sartre über Sartre*, 180, 182, 184, 185.
3. *Die Zeremonie des Abschieds*, 87. Eine weitere, erst vor kurzem von Maurice de Gandillac erhaltene Information zum Hochhaus Nummer 29 am Boulevard Edgar-Quinet: Es war das Werk des Architekten Lecaisne, eines ihrer Mitschüler an der «hypokhâgne» bei Louis-le-Grand, und wurde am Ort eines früheren Bordells errichtet. Treffen mit A. C.-S. am 27. Februar 1985.
4. *Le Monde*, 28. Juli 1977.
5. *Libération*, 6. Januar 1977.
6. Bericht von Benny Lévy, Treffen mit A. C.-S. am 19. Februar 1985.
7. *Die Zeremonie des Abschieds*, 144.
8. Berichte von Simone de Beauvoir, Treffen mit A. C.-S. am 6. März 1985 und Arlette Elkaïm, Treffen mit A. C.-S. am 5. März 1985.
9. Ebd.
10. «Selbstporträt mit siebzig Jahren» in: *Sartre über Sartre*, 235 f.
11. *Le Matin*, 16. Januar 1982.
12. Radio-Luxemburg.
13. Bericht von Valéry Giscard d'Estaing, Treffen mit A. C.-S. am 6. 5. 1985.
14. Bericht von Benny Lévy, Treffen mit A. C.-S. am 25. Februar 1985.
15. Bericht von Robert Gallimard, Treffen mit A. C.-S. am 22. 2. 1985.
16. Pierre Goldmann, *Dunkle Erinnerungen eines in Frankreich geborenen polnischen Juden*, März bei Zweitausendeins, Frankfurt 1980, 141–142.
17. Roland Castro, *1989*, B. Barrault, 1984.
18. Bericht von François Châtelet, Treffen mit A. C.-S. am 29. Januar 1985.
19. *Libération*, 24. Dezember 1984.
20. Ebd.
21. *Libération*, 6. Januar 1977.
22. Bericht von Robert Gallimard, Treffen mit A. C.-S. am 22. Februar 1985.
23. Bericht von Jean Pouillon, Treffen mit A. C.-S. am 7. März 1985.
24. Bericht von Arlette Elkaïm, Treffen mit A. C.-S. am 5. März 1985.
25. Bericht von Simone de Beauvoir, Treffen mit A. C.-S. am 6. März 1985.
26. Bericht von Jean Pouillon, a. a. O.
27. Bericht von Arlette Elkaïm, a. a. O.

28. Bericht von Simone de Beauvoir, a. a. O.
29. Bericht von Jean Pouillon, a. a. O.
30. Marcel Jullian, *Délit de vagabondage*, Grasset, Paris, 299.
31. *Le Matin*, 8. Juli 1980, und Treffen von Jean-Didier Wolfromm mit A. C.-S. am 28. Februar 1983.
32. «Selbstporträt mit siebzig Jahren» in: *Sartre über Sartre*, 180f.
33. Bericht von Daniel Lindenberg, Treffen mit A. C.-S. am 20. 2. 1985.
34. *Le Monde*, 27. September 1975.
35. *Le Monde*, 6. Dezember 1974.
36. Ebd.
37. Bericht von Benny Lévy, a. a. O.
38. *Libération*, 22.–26. April 1975.
39. Berichterstattung in: *Le Matin*, 26. Januar 1980.
40. Bericht von Arlette Elkaïm, a. a. O.
41. Bericht von Jean Daniel, Treffen mit A. C.-S. am 28. Februar 1985.
42. Bericht von Simone de Beauvoir, a. a. O.
43. Bericht von Jean Pouillon, a. a. O.
44. *Die Zeremonie des Abschieds*, 143, außer dem Satzteil, er sei «der einzige Lebendige», hinzugefügt anläßlich des Treffens mit A. C.-S. am 6. März 1985.
45. Bericht von Benny Lévy, a. a. O.
46. Ebd.
47. *Die Zeremonie des Abschieds*, 144.
48. Bericht von Edward Saïd, Treffen mit A. C.-S. am 17. Mai 1982 in New York.
49. *Libération*, 6. Januar 1977.
50. Bericht von Benny Lévy, a. a. O.
51. Bericht von Jean Daniel, a. a. O.
52. Bericht von Arlette Elkaïm, a. a. O.
53. Ebd.
54. Bericht von Simone de Beauvoir, a. a. O.
55. Ebd.
56. Bericht von Robert Gallimard, a. a. O.
57. Bericht von Arlette Elkaïm, a. a. O.
58. Bericht von Jean Pouillon, a. a. O.
59. *Die Zeremonie des Abschieds*, Vorwort.
60. *Libération*, 3. Dezember 1981.
61. Bericht von Benny Lévy, a. a. O.
62. Bericht von Jean Pouillon, a. a. O.
63. Bericht von Valéry Giscard d'Estaing, a. a. O.
64. Bericht von Jean Pouillon, a. a. O.
65. Ebd.

BIBLIOGRAPHIE JEAN-PAUL SARTRE

A. ORIGINALAUSGABEN

La transcendance de l'ego («Die Transzendenz des Ego») in: *Recherches philosophiques* 1936/37, Nr. 6, und Librairie Philosophique J. Vrin, Paris 1965.

L'imagination («Die Imagination»), Alcan, Paris 1936.

La nausée («Der Ekel»), Gallimard, Paris 1938.

Le mur («Die Mauer», später «Die Kindheit eines Chefs»), Gallimard, Paris 1939.

Le mur
La chambre
Érostrate
Intimité
L'enfance d'un chef

Esquisse d'une théorie des émotions («Skizze einer Theorie der Emotionen»), Hermann, Paris 1939.

L'imaginaire («Das Imaginäre»), Gallimard, Paris 1940.

Les mouches («Die Fliegen»), Gallimard, Paris 1943.

L'être et le néant («Das Sein und das Nichts»), Gallimard, Paris 1943.

Huis clos («Geschlossene Gesellschaft»), Gallimard, Paris 1945.

L'âge de raison. Les chemins de la liberté 1 («Zeit der Reife. Die Wege der Freiheit 1»), Gallimard, Paris 1945.

Le sursis. Les chemins de la liberté 2 («Der Aufschub. Die Wege der Freiheit 2»), Gallimard, Paris 1945.

L'existentialisme est un humanisme («Ist der Existentialismus ein Humanismus?»), Nagel, Paris 1946.

Morts sans sépulture («Tote ohne Begräbnis»), Marguerat, Lausanne 1946.

La putain respectueuse («Die respektvolle Dirne»), Nagel, Paris 1946.

Réflexions sur la question juive («Betrachtungen zur Judenfrage»), Paul Morihien, Paris 1946.
Baudelaire («Baudelaire»), Gallimard, Paris 1947.
Les jeux sont faits («Das Spiel ist aus»), Nagel, Paris 1947.
Situations I (Auszüge in «Situationen» und «Der Mensch und die Dinge»), Gallimard, Paris 1947.
Sartoris *par W. Faulkner*
À propos de John Dos Passos et de 1919
La Conspiration *par Paul Nizan*
Une idée fondamentale de la phénoménologie de Husserl: l'intentionalité
M. François Mauriac et la liberté
Vladimir Nabokov: La Méprise
Denis de Rougemont: L'Amour et l'Occident
À propos de Le Bruit et la fureur: *la temporalité chez Faulkner*
M. Jean Giraudoux et la philosophie d'Aristote
Explication de L'Étranger
Aminadab *ou du fantastique considéré comme un langage*
Un nouveau mystique
Aller et retour
L'homme et les choses
L'homme ligoté. Notes sur le Journal *de Jules Renard*
La liberté cartésienne
Les mains sales («Die schmutzigen Hände»), Gallimard, Paris 1948.
Situations, II («Der Mensch und die Dinge» und «Was ist Literatur?»), Gallimard, Paris 1948.
Présentation des Temps modernes
La Nationalisation de la littérature
Qu'est-ce que la littérature?
Entretiens sur la politique (Gespräche über die Politik), Gallimard, Paris 1948.
La mort dans l'âme. Les chemins de la liberté 3 («Der Pfahl im Fleische. Die Wege der Freiheit 3»), Gallimard, Paris 1949.
Situations, III (Auszüge in: «Situationen», «Paris unter der Besatzung», «Schwarze und weiße Literatur» und «Drei Essays»), Gallimard, Paris 1949.
La république du silence
Paris sous l'occupation
Qu'est-ce qu'un collaborateur?
Fin de la guerre
Individualisme et conformisme aux États-Unis
Villes d'Amérique
New York, ville coloniale
Présentation

Matérialisme et révolution
Orphée noir
La recherche de l'absolu
Les mobiles de Calder

Drôle d'amitié, extraits du tome IV des Chemins de la liberté («Die letzte Chance. Die Wege der Freiheit 4») in: *Les Temps Modernes* Nov. 1949.

Le diable et le bon Dieu («Der Teufel und der liebe Gott»), Gallimard, Paris 1951.

Saint Genet, comédien et martyr («Saint Genet, Komödiant und Märtyrer»), Gallimard, Paris 1952.

L'affaire Henri Martin («Wider das Unrecht»), Gallimard, Paris 1953.

Kean («Kean»), Gallimard, Paris 1954.

Nekrassov («Nekrassow»), Gallimard, Paris 1956.

Les séquestrés d'Altona («Die Eingeschlossenen von Altona»), Gallimard, Paris 1960.

Critique de la raison dialectique 1 («Kritik der dialektischen Vernunft 1»), Gallimard, Paris 1960.

Les mots («Die Wörter»), Gallimard, Paris 1964.

Situations, IV. Portraits («Porträts und Perspektiven» und «Schwarze und weiße Literatur»), Gallimard, Paris 1964.

Portrait d'un inconnu
L'artiste et sa conscience
Des rats et des hommes
Gide vivant
Réponse à Albert Camus
Albert Camus
Paul Nizan
Merleau-Ponty
Le séquestré de Venise
Les peintures de Giacometti
Le peintre sans privilèges
Masson
Doigts et non-doigts
Un parterre de capucines
Venise de ma fenêtre

Situations, V. colonialisme et néocolonialisme («Kolonialismus und Neokolonialismus» und «Wir sind alle Mörder»), Gallimard, Paris 1964.

«D'une Chine à l'autre»
«Portrait du colonisé», précédé du «Portrait du colonisateur»
«Vous êtes formidable»
«Nous sommes tous des assassins»
Une victoire
«Le Prétendant»
La Constitution du mépris

Les grenouilles qui demandent un roi
L'analyse du Référendum
Les somnambules
«Les Damnés de la terre»
La pensée politique de Patrice Lumumba

Situations, VI. Problèmes du marxisme, 1 («Krieg im Frieden 1»), Gallimard, Paris 1964.

Portrait de l'aventurier
Faux savants ou faux lièvres
Sommes-nous en démocratie?
«La Fin de l'espoir»
Les communistes et la paix

Les Troyennes («Die Troerinnen des Euripides»), Gallimard, Paris 1966.

Situations, VII. Problèmes du marxisme, 2 («Krieg im Frieden 2», «Mythos und Realität des Theaters» und «Was kann Literatur?»), Gallimard, Paris 1965.

Réponse à Claude Lefort
Opération «Kanapa»
Le réformisme et les fétiches
Réponse à Pierre Naville
Le fantôme de Staline
Quand la police frappe les trois coups...
La démilitarisation de la culture
Discussion sur la critique à propos de «L'Enfance d'Ivan»

Michel Contat / Michel Rybalka: *Les écrits de Sartre. Chronologie, bibliographie commentée*, Gallimard, Paris 1970. Im Anhang:

L'ange du morbide
Jésus la Chouette, professeur de province
La théorie de l'État dans la pensée moderne française
Légende de la vérité
L'art cinématographique
Nourritures
Portraits officiels
Visages
Bariona ou le Fils du tonnerre
Moby Dick *d'Herman Melville*
La Mort dans l'âme (page de journal)
Drieu La Rochelle ou la haine de soi
À propos de l'existentialisme: Mise au point
La Libération de Paris: Une semaine d'apocalypse
Sculptures à n *dimensions*
Écrire pour son époque
Le Processus historique
Nick's Bar, New York City

Pour un théâtre de situations
Présence noire
La Rencontre ou Œdipe et le Sphinx
Il nous faut la paix pour refaire le monde
De la vocation d'écrivain
La Vie commence demain, *film de Nicole Védrès*
La Animaux malades de la rage
Julius Fucik
Tableau inédit de Nékrassov
Brecht et les classiques
Entretien de Sartre avec Francis Jeanson
Soledad *de Colette Audry*
Le cinéma nous donne sa première tragédie: Les Abysses
Détermination et liberté

L'idiot de la famille. Gustave Flaubert de 1821 à 1857 3 Bde. («Der Idiot der Familie. Gustave Flaubert 1821 bis 1857» 5 Bde.), Gallimard, Paris 1971–1972.

Situations, VIII. Autour de 68 («Mai '68 und die Folgen 1» und «Wir sind alle Mörder»), Gallimard, Paris 1972.

«Il n'y a plus de dialogue possible»
Un Américain écrit à Sartre.
Sartre répond
Le crime
Lettre au président de la République et réponse
Sartre à de Gaulle
Douze hommes sans colère
Tribunal Russell. Discours inaugural
De Nuremberg à Stockholm
Le génocide
L'alibi
«Refusons le chantage»
Achever la gauche ou la guérir?
Le choc en retour
Les bastilles de Raymond Aron
L'idée neuve de Mai 1968
Les communistes ont peur de la révolution
Il n'y a pas de bon gaullisme...
Le Mur *au lycée*
La jeunesse piégée
Masses, spontanéité, parti
Le peuple brésilien sous le feu croisé des bourgeois
L'affaire Geismar
«Le tiers monde commence en banlieue»
Toute la vérité

Intervention à la conférence de presse du Comité, le 27 janvier 1970
Premier procès populaire à Lens
Interview *Israel, la gauche et les Arabes*
Plaidoyer pour les intellectuels
L'ami du peuple

Situations, IX. Mélanges (Auszüge in «Was kann Literatur?», «Sartre über Sartre» und «Mai '68 und die Folgen 2»), Gallimard, Paris 1972.
Les écrivains en personne
L'écrivain et sa langue
L'anthropologie
Sartre par Sartre
Palmiro Togliatti
L'universel singulier
Mallarmé (1842–1898)
Saint Georges et le dragon
Le socialisme qui venait du froid
Je – Tu – Il
«Coexistences»
L'homme au magnétophone
Dialogue psychanalytique
Réponse à Sartre, par J.-B. Pontalis
Réponse à Sartre, par Bernard Pingaud

Un théâtre de situations («Mythos und Realität des Theaters»), Gallimard, Paris 1973.
Pour un théâtre de situations
Le style dramatique
Dullin et l'Espagne
Forger des mythes
Théâtre populaire et théâtre bourgeois
Brecht et les classiques
Théâtre et cinéma
L'auteur, l'œuvre et le public
Théâtre épique et théâtre dramatique
Entretien avec Kenneth Tynan
Mythe et réalité du théâtre
L'Acteur
L'acteur comique
Textes et interviews sur les pièces

Ph. Gavi, J.-P. Sartre, P. Victor: *On a raison de se révolter. Discussions* («Der Intellektuelle als Revolutionär, Streitgespräche»), Gallimard, Paris 1974.

Situations, X. Politique et autobiographie (Auszüge in: «Sartre über Sartre» und «Was kann Literatur?»), Gallimard, Paris 1976.
Le procès de Burgos

Les maos en France
Justice et État
Élections, piège à cons
Sur «L'Idiot de la famille»
Simone de Beauvoir interroge Jean-Paul Sartre
Autoportrait à soixante-dix ans

Sartre. Un film («Sartre. Ein Film»), Gallimard, Paris 1977.

Œuvres romanesques, Gallimard, Paris 1981. Bibliothèque de la Pléiade.

Les carnets de la drôle de guerre. Novembre 1939 – Mars 1940 («Tagebücher. November 1939 – März 1940»), Gallimard, Paris 1983.

Cahiers pour une morale (Aufzeichnungen zu einer Moral), Gallimard, Paris 1983.

Lettres au Castor et à quelques autres 2 Bde. («Briefe an Simone de Beauvoir und andere». 2 Bde.), Gallimard, Paris 1983.

Le scénario Freud (Das Freud-Szenario), Gallimard, Paris 1984.

Critique de la raison dialectique 2 (Kritik der dialektischen Vernunft 2)

Mallarmé. La lucidité et sa face d'ombre («Mallarmés Engagement»), Gallimard, Paris 1986.

B. ÜBERSETZUNGEN

Die Transzendenz des Ego. Philosophische Essays 1931–1939, Rowohlt, Reinbek 1982. *Neuübersetzung.*
Legende der Wahrheit
Eine fundamentale Idee der Phänomenologie Husserls: die Intentionalität
Die Transzendenz des Ego
Die Imagination
Skizze einer Theorie der Emotionen
Offizielle Porträts
Gesichter

Der Ekel, Rowohlt, Reinbek 1981, rororo 581. *Neuübersetzung*

Die Kindheit eines Chefs (früher *Die Mauer*), Rowohlt, Reinbek 1985, rororo 5517. *Neuübersetzung.*
Die Wand
Das Zimmer
Herostrat
Intimität
Die Kindheit eines Chefs

Das Imaginäre, Rowohlt, Reinbek 1971.

Die Fliegen, Rowohlt, Stuttgart 1949 (Neuübersetzung in Vorbereitung).

Das Sein und das Nichts, Rowohlt, Reinbek 1962 (Neuübersetzung in Vorbereitung).

Geschlossene Gesellschaft, Rowohlt, Reinbek 1986, rororo 5769. *Neuübers.*

Zeit der Reife. Die Wege der Freiheit 1, Rowohlt, Reinbek 1986, rororo 5813. *Neuübersetzung.*

Der Aufschub. Die Wege der Freiheit 2, Rowohlt, Reinbek 1987, rororo 5935. *Neuübersetzung.*

Ist der Existentialismus ein Humanismus? in: *Drei Essays*, Ullstein, Frankfurt–Berlin–Wien 1960, Ullstein-Bücher 304.

Tote ohne Begräbnis, Rowohlt, Reinbek 1988, rororo 12487. *Neuübers.*

Die respektvolle Dirne, Rowohlt, Reinbek 1987, rororo 5838. *Neuübers.*

Betrachtungen zur Judenfrage in: *Drei Essays*, Ullstein, Frankfurt – Berlin – Wien 1960.

Baudelaire, Rowohlt, Reinbek 1978, rororo 4225. *Neuausgabe.*

Das Spiel ist aus, Rowohlt, Reinbek 1981, rororo 59. *Neuausgabe.*

Der Mensch und die Dinge, Aufsätze zur Literatur 1938–1946, Rowohlt, Reinbek 1978, rororo 4260.

Sartoris *von William Faulkner*
Über John Dos Passos und Neunzehnhundertneunzehn
Die Verschwörung *von Paul Nizan*
François Mauriac und die Freiheit
Vladimir Nabokov, Verzweiflung
Denis de Rougemont, Die Liebe im Abendland
Der leuchtende Strom *von Charles Morgan*
Die Zeitlichkeit bei William Faulkner. Nach seinem Roman Schall und Wahn
Jean Giraudoux und die aristotelische Philosophie. Über Die Auserwählten
Moby Dick *von Herman Melville*
Der Fremde *von Camus*
Drieu La Rochelle oder Der Selbsthaß
Aminadab *oder Das Phantastische als Sprache*
Der Mensch und die Dinge
Der gefesselte Mensch. Anmerkungen zum Journal *von Jules Renard*
Vorstellung von Les Temps modernes
Die Nationalisierung der Literatur
Für seine Epoche schreiben

Die schmutzigen Hände, Rowohlt, Reinbek 1989, rororo 12485 *Neuübersetzung.*

Was ist Literatur?, Rowohlt, Reinbek 1981, rororo 4779. *Neuübersetzung.*

Der Pfahl im Fleische. Die Wege der Freiheit 3, Rowohlt, Reinbek 1988, rororo 12270. *Neuübersetzung.*

Situationen, Rowohlt, Reinbek 1965.

Über John Dos Passos und ‹Neunzehnhundertneunzehn›
François Mauriac und die Freiheit
Die ‹Mobiles› von Calder
Jean Giraudoux und die aristotelische Philosophie

‹Der Fremde› von Camus
Ein neuer Mystiker
Die Suche nach dem Absoluten
Die Zeitlichkeit bei William Faulkner
Eine grundlegende Idee der Phänomenologie Husserls: Die Intentionalität
Der Mensch und die Dinge
‹Aminadab› oder Das Phantastische als Ausdrucksweise betrachtet
Die cartesianische Freiheit
Die Nationalisierung der Literatur
Schwarzer Orpheus
Individualismus und Konformismus in den Vereinigten Staaten
Amerikanische Städte
New York, eine Kolonialstadt
Materialismus und Revolution

Paris unter der Besatzung. Artikel, Reportagen, Aufsätze 1944–1945, Rowohlt, Reinbek 1980, rororo 4593.
Ein Spaziergänger im aufständischen Paris
Die Republik des Schweigens
Paris unter der Besatzung
Die Befreiung von Paris: Eine Woche der Apokalypse
Was ist ein Kollaborateur?
Das Ende des Krieges

Die letzte Chance. Eine komische Freundschaft. Die letzte Chance (Fragmente). Die Wege der Freiheit 4, Rowohlt, Reinbek 1986, rororo 5692.

Der Teufel und der liebe Gott, Rowohlt, Hamburg 1951 (Neuübersetzung in Vorbereitung).

Saint Genet, Komödiant und Märtyrer, Rowohlt, Reinbek 1982.

Wider das Unrecht. Die Affäre Henri Martin, Rowohlt, Reinbek 1983, rororo 5096.

Kean, Rowohlt, Hamburg 1954 (Neuübersetzung in Vorbereitung).

Nekrassow, Rowohlt, Hamburg 1956.

Die Eingeschlossenen von Altona, Rowohlt, Reinbek 1989, rororo 12525. *Neuübersetzung.*

Marxismus und Existentialismus. Versuch einer Methodik, Rowohlt, Reinbek 1964.

Kritik der dialektischen Vernunft 1, Rowohlt, Reinbek 1967.

Die Wörter, Rowohlt, Reinbek 1965, rororo 1000.

Porträts und Perspektiven, Rowohlt, Reinbek 1968, rororo 1443.
Bildnis eines Unbekannten
Der Künstler und sein Gewissen
Von Ratten und Menschen
Lebendiger Gide
Antwort an Albert Camus

Albert Camus
Paul Nizan
Merleau-Ponty
Der Eingeschlossene von Venedig
Die Gemälde Giacomettis
Der Maler ohne Vorrechte
Masson
Finger und Nicht-Finger
Ein Kapuzinerbeet
Venedig von meinem Fenster aus

Schwarze und weiße Literatur. Aufsätze zur Literatur 1946–1960, Rowohlt, Reinbek 1984, rororo 5199.
Neue Literatur in Frankreich
Die Verantwortlichkeit des Schriftstellers
Schwarzer Orpheus
Nathalie Sarraute, Porträt eines Unbekannten
Verteidigung der französischen Kultur durch die europäische Kultur
Von der Berufung zum Schriftsteller
Lebendiger Gide
Von Ratten und Menschen
Albert Camus

Kolonialismus und Neokolonialismus, Rowohlt, Reinbek 1968.
Der Kolonialismus ist ein System
«Porträt des Kolonisierten mit einer Einleitung. Porträt des Kolonisators» von Albert Memmi
«Ihr seid fabelhaft»
Ein Sieg
Die Analyse des Referendums
«Die Verdammten dieser Erde»
Das politische Denken Patrice Lumumbas

Wir sind alle Mörder. Der Kolonialismus ist ein System, Rowohlt, Reinbek 1988, rororo 12271.
Schwarze Präsenz
Der Algerienkrieg:
Der Kolonialismus ist ein System
«Der Kolonisator und der Kolonisierte» von Albert Memmi
«Ihr seid fabelhaft»
Wir sind alle Mörder
Ein Sieg. Über «Die Folter» von Henri Alleg
«Der Prätendent»
Die Verfassung der Verachtung
Die Frösche, die einen König haben wollen
Über den Nationalismus der algerischen Befreiungsfront und der französischen Linken

Erklärung über das Recht zum Ungehorsam im Algerienkrieg (Manifest der 121)
Brief an das Militärgericht
Die Analyse des Referendums
Die Schlafwandler
Frantz Fanon – Patrice Lumumba:
«Die Verdammten dieser Erde» von Frantz Fanon
Das politische Denken Patrice Lumumbas
Der Vietnamkrieg und das Russell-Tribunal:
Eine Diskussion ist nicht mehr möglich
Ein Amerikaner widerspricht Sartre
Sartre antwortet
Das Verbrechen
Brief an den Präsidenten der Republik
Antwort des Präsidenten der Republik
Sartre an de Gaulle
Russell-Tribunal. Eröffnungsrede
Antwort an Dean Rusk
Zwölf Menschen ohne Zorn
Von Nürnberg nach Stockholm
Der Völkermord

Krieg im Frieden 1, Rowohlt, Reinbek 1982, rororo 4904.
Der Krieg und die Angst
Aufruf des Komitees für das Rassemblement Démocratique Révolutionnaire
Hunger im Bauch – Freiheit im Herzen
Wir brauchen den Frieden, um die Welt zu erneuern
Geburt Israels
Die Tage unseres Lebens
«La fin de l'espoir»
Falsche Wissenschaftler oder falsche Hasen
Sind wir in der Demokratie?
Die Kommunisten und der Frieden

Die Troerinnen des Euripides in: *Gesammelte Dramen*, Rowohlt, Reinbek 1969.

Krieg im Frieden 2, Rowohlt, Reinbek 1982, rororo 4973.
Albert Camus, Brief an den Herausgeber der «Temps Modernes»
Antwort an Albert Camus
Rede bei der Eröffnung des Weltfriedenskongresses in Wien
Was ich in Wien gesehen habe, ist der Frieden
Der Wiener Kongreß
Claude Lefort, Der Marxismus und Sartre
Antwort an Claude Lefort
Die tollwütigen Tiere

Operation «Kanapa»
Julius Fučík
Der Reformismus und die Fetische
Pierre Naville, Die Mißgeschicke Nekrassows
Antwort an Pierre Naville
Das Gespenst Stalins
Der Idiot der Familie. Gustave Flaubert 1821–1857 5 Bde., Rowohlt, Reinbek, 1977–1980.
Mai '68 und die Folgen 1, Rowohlt, Reinbek 1974, rororo 1757.
Das Alibi
«Lassen wir uns nicht erpressen»
Der Linken den Garaus machen oder sie kurieren?
Heilsamer Schock
Das Bollwerk des Raymond Aron
Der neue Gedanke vom Mai 1968
Die Kommunisten haben Angst vor der Revolution
Es gibt keinen guten Gaullismus
Der Erzählungsband «Die Mauer» am Gymnasium
Die geprellte Jugend
Massen, Spontaneität, Partei
Das brasilianische Volk im Kreuzfeuer seiner Bourgeoisie
Der Fall Geismar
«Die dritte Welt beginnt am Stadtrand»
Die ganze Wahrheit
«Erklärung auf der Pressekonferenz des Komitees zur Befreiung der inhaftierten Soldaten» am 27. Januar 1970
Erstes Volkstribunal in Lens
Mai '68 und die Folgen 2, Rowohlt, Reinbek 1975, rororo 1758.
Plädoyer für die Intellektuellen
L'Ami du peuple
Die Anthropologie
Sartre über Sartre
Palmiro Togliatti
Das singulare Universale
Der Sozialismus, der aus der Kälte kam
Was kann Literatur?, Rowohlt, Reinbek 1979, rororo 4381.
Literatur als Engagement für das Ganze
Die Abrüstung der Kultur
Bilanz und Vorspiel für einen Dialog zwischen den Schriftstellern in Ost und West
Alle Künste sind realistisch
Was bedeutet Literatur in einer Welt, die hungert?
Meine Gründe für die Ablehnung des Nobelpreises
Was kann Literatur?

Taschenbuchkultur und Massenkultur
Avantgarde? Wovon und von wem?
Der Schriftsteller und seine Sprache
Ich – Du – Er. Ein exemplarischer Roman über das notwendige Scheitern der «realistischen» Erzähltechniken
Über Der Idiot der Familie
Ein exemplarischer Roman über den Kolonialkrieg
Über die geplante Fortsetzung von Der Idiot der Familie

Sartre über Sartre, Rowohlt, Reinbek 1977, rororo 4040.
Über Paul Nizan
Den Tod im Herzen
Über Merleau-Ponty
Ein Playboy-Interview
Sartre über Sartre
Simone de Beauvoir befragt Jean-Paul Sartre
Selbstporträt mit siebzig Jahren

Mythos und Realität des Theaters, Rowohlt, Reinbek 1979, rororo 4422.
Zum Dramenstil
Mythen schaffen
Für ein Situationstheater
Volkstheater und bürgerliches Theater
Brecht und die Klassiker
Wenn die Polizei dreimal klopft...
Autor, Werk und Publikum
Episches Theater und dramatisches Theater
Soledad *von Colette Audry*
Gespräch mit Kenneth Tynan
Georges Michel, La promenade du dimanche
Mythos und Realität des Theaters
Die kinematographische Kunst
Ein Film für die Zeit nach dem Krieg
Hollywood 1945
Wenn Hollywood Problemfilme macht: Citizen Kane *von Orson Welles*
Diskussion über Kritik an Iwans Kindheit *von Andrej Tarkowskij*
Der Film schenkt uns seine erste Tragödie: Die Abgründe *von Nico Papatakis*

Der Intellektuelle als Revolutionär. Streitgespräche, Rowohlt, Reinbek 1976, rororo 1994.

Sartre. Film von Alexandre Astruc und Michel Contat, Rowohlt, Reinbek 1978.

Tagebücher. November 1939 – März 1940, Rowohlt, Reinbek 1984.

Briefe an Simone de Beauvoir und andere 2 Bde., Rowohlt, Reinbek 1984–1985, rororo 5424 und 5570.

Mallarmés Engagement, Rowohlt, Reinbek 1983.

BIBLIOGRAPHIE SIMONE DE BEAUVOIR

A. ORIGINALAUSGABEN

L'invitée («Sie kam und blieb»), Gallimard, Paris 1943.
Pyrrhus et Cinéas (in «Soll man de Sade verbrennen?»), Gallimard, Paris 1944.
Le sang des autres («Das Blut der anderen»), Gallimard, Paris 1945.
Tous les hommes sont mortels («Alle Menschen sind sterblich»), Gallimard, Paris 1945.
Les bouches inutiles (Die nutzlosen Münder), Gallimard, Paris 1945.
Pour une moral de l'ambiguité (in: «Soll man de Sade verbrennen?»), Gallimard, Paris 1947.
L'existentialisme et la sagesse des nations («Auge um Auge»), Gallimard, Paris 1948.
L'existentialisme et la sagesse des nations
Idéalisme moral et réalisme politique
Littérature et métaphysique
Œil pour œil
L'Amérique au jour le jour («Amerika – Tag und Nacht»), Gallimard, Paris 1948.
Le deuxième sexe 2 Bde. («Das andere Geschlecht»), Gallimard, Paris 1949.
Les mandarins («Die Mandarins von Paris»), Gallimard, Paris 1954.
Privilèges (in: «Soll man de Sade verbrennen?» und «Auge um Auge»), Gallimard, Paris 1955.
Faut-il brûler de Sade?
La pensée de droite, aujourd'hui
Merleau-Ponty et le pseudosartrisme
La longue marche. Essai sur la Chine («China - das weitgesteckte Ziel»), Gallimard, Paris 1957.

Mémoires d'une jeune fille rangée («Memoiren einer Tochter aus gutem Hause»), Gallimard, Paris 1958.
La force de l'âge («In den besten Jahren»), Gallimard, Paris 1960.
La force des choses («Der Lauf der Dinge»), Gallimard, Paris 1963.
Une mort très douce («Ein sanfter Tod»), Gallimard, Paris 1964.
Les belles images («Die Welt der schönen Bilder»), Gallimard, Paris 1966.
La femme rompue («Eine gebrochene Frau»), Gallimard, Paris 1967.
L'âge de discrétion
Monologue
La femme rompue
La vieillesse («Das Alter»), Gallimard, Paris 1970.
Tout compte fait («Alles in allem»), Gallimard, Paris 1972.
La cérémonie des adieux suivi de *Entretiens avec Jean-Paul Sartre* («Die Zeremonie des Abschieds und Gespräche mit Jean-Paul Sartre»), Gallimard, Paris 1981.

B. ÜBERSETZUNGEN

Sie kam und blieb, Rowohlt, Hamburg 1953, rororo 1310.
Das Blut der anderen, Rowohlt, Reinbek 1963, rororo 545.
Alle Menschen sind sterblich, Rowohlt, Stuttgart 1949, rororo 1302.
Amerika – Tag und Nacht, Rowohlt, Hamburg 1950, rororo 12206.
Das andere Geschlecht, Rowohlt, Hamburg 1951, rororor 6621.
Die Mandarins von Paris, Rowohlt, Hamburg 1955, rororo 761.
Soll man de Sade verbrennen?, Szczesny, München 1964, Rowohlt, Reinbek 1983, rororo 5174.
Pyrrhus und Cineas
Für eine Moral der Doppelsinnigkeit
Soll man de Sade verbrennen?
Auge um Auge, Rowohlt, Reinbek 1987.
Moralischer Idealismus und politischer Realismus
Der Existentialismus und die Volksweisheit
Auge um Auge
Literatur und Metaphysik
Rechtes Denken, heute
China – das weitgesteckte Ziel, Rowohlt, Hamburg 1958.
Memoiren einer Tochter aus gutem Hause, Rowohlt, Reinbek 1960, rororo 1066.
In den besten Jahren, Rowohlt, Reinbek 1961, rororo 1112.
Der Lauf der Dinge, Rowohlt, Reinbek 1966, rororo 1250.
Ein sanfter Tod, Rowohlt, Reinbek 1965, rororo 1016.
Die Welt der schönen Bilder, Rowohlt, Reinbek 1968, rororo 1433.

Eine gebrochene Frau, Rowohlt, Reinbek 1969, rororo 1489.
Das Alter der Vernunft
Monolog
Eine gebrochene Frau
Das Alter, Rowohlt, Reinbek 1972, rororo 7095.
Alles in allem, Rowohlt, Reinbek 1972, rororo 1976.
Marcelle, Chantal, Lisa…, Rowohlt, Reinbek 1981, rororo 4755.
Die Zeremonie des Abschieds und Gespräche mit Jean-Paul Sartre, Rowohlt, Reinbek 1983, rororo 5747.

PERSONENREGISTER

Abbas, Ferhat 653
Abd El Kader 561
Abel, Lionel 430f
Abetz, Otto 268f, 388
Abraham, Henri 270
Achéen, René 779
Adam, Georges 315
Adjibeyli-Bey, Timoutchine 207
Adorno, Theodor W. 359
Agee, James 456
Akim, Tewfik el- 623
Alain, Émile Auguste Chartier, gen. 103, 115, 326
Albérès, René-Marill 305
Albert, François 113
Algren, Nelson 579
Alleg, Henri 654
Allégret, Marc 502
Alon, Igal 627
Althusser, Louis 679f, 690, 708, 714, 743
Altman, Georges 463ff, 468, 474, 479, 482, 512
Amado, Jorge 522, 609f, 778
Amrouche, Jean 565
Anne de Bretagne 390
Anouilh, Jean 299, 338, 367
Anselm, der heilige 125
Antelme, Robert 564
Aragon, Louis 131, 163, 194ff, 217, 268, 309f, 314, 346, 361, 455, 519, 522, 533, 536, 545, 577, 636, 697
Ardene de Tizac, Madame d' → Viollis, Andrée
Arendt, Hannah 431
d'Argenlieu, Admiral 504
Argoud, Oberst 639
Aristoteles 125
Armontel 544
Armstrong, Louis 654
Arnaud, Georges 665
Aron, Raymond 100, 111, 118, 121, 123ff, 127f, 130, 136f, 159ff, 163, 166f, 173f, 177, 180, 201, 238, 347, 402, 404, 456, 460ff, 470, 473, 483, 679, 693f, 706, 728, 762, 777, 780
Artaud, Antonin 185
Äsop 147
Astier de la Vigerie, Emmanuel d' 284, 391, 526
Astruc, Alexandre 350, 740
Audibert, Louis 678
Audiberti, Jacques 437, 453
Audin, Maurice 654
Audry, Colette 196, 285, 407, 635
Augustinus, Aurelius, der heilige 125
Auhalo, Tal 763
Auriol, Vincent 504
Aury, Dominique 412
Aveline, Claude 270
Awad, Louis 623
Axelos, Kostas 529
Ayer, Alfred 778
Aymé, Marcel 373, 639
Aznavour, Charles 557

Baader, Andreas 758f
Babel, Isaak Jemmanuilowitsch 195
Bach, Johann Sebastian 65, 67, 76, 690
Badel, Anet 337
Badinguet → Napoleon III.
Badiou, Alain 680
Baillou, Jean 116, 126
Bakunin, Michail Alexandrowitsch 690
Balachova, Tania 336f
Balint, Michael 713
Balladur, Jean 325ff, 443, 456
Balzac, Honoré de 293, 399, 402
Bao-Dai 528
Barailler, Léonard, Sieur de Laplante 25
Barailler-Laplante, Familie 24
Barbezat, Olga 329, 336f
Barbusse, Henri 194f, 314, 536
Barnum, Phineas Taylor 409
Barou, Jean-Pierre 726
Barrat, Robert 563, 565
Barrault, Jean-Louis 298, 332, 340, 391

Barrès, Maurice 100
Barrett, William 430
Barrillon, Raymond 720f, 723
Barthes, Roland 544f, 679, 708
Bartosek, Karel 686
Basaglia, Franco 713
Bascomb, Wilbur 372
Bassiano, Madame de 215
Bataille, Georges 194, 196, 307, 331ff, 492
Bataille, Sylvia 332
Bateson, Gregory 432
Batista y Zaldivar, Fulgenico 603
Battesti, Pierre 642
Baudelaire, Charles 6, 185, 436, 449f, 489, 491, 547, 581, 592, 619, 705, 774, 781
Baylot, Polizeipräsident 509, 549
Bazin, Hervé 505
Beaufret, Jean 412
Beauharnais, Joséphine de → Joséphine
Beaumarchais, Pierre Augustin Caron de 158, 545
Beaumont, de, Vizeadmiral 32, 507
Beaumont, Guérin de, Generalkonsul 367
Beauvoir, Hélène de 156, 190
Beauvoir, Simone de, gen. Castor 89, 137ff, 156f, 163ff, 179f, 182, 184ff, 196, 198, 219ff, 224, 228, 233, 236ff, 240, 242ff, 246f, 261, 265, 267, 269f, 272f, 277, 281f, 284f, 290, 293, 302, 310ff, 322ff, 328ff, 336, 340f, 347, 354f, 367, 373f, 390, 397, 402, 404, 408f, 412, 415, 421ff, 425ff, 434f, 440ff, 445f, 451f, 459, 461, 484, 489, 494ff, 500f, 510, 515, 520, 522, 526, 535f, 564, 572, 574f, 579ff, 585, 589, 591, 597ff, 606, 608f, 614, 616ff, 620ff, 626ff, 634f, 649ff, 650f, 655, 671, 674, 678, 681, 691, 701, 716, 721, 729, 736, 738f, 741f, 744f, 749ff, 755, 758, 760, 762, 764ff, 768ff, 773ff, 777, 780
Bécaud, Gilbert 557
Bechet, Sidney 371
Becker, Oskar 169
Beckett, Samuel 456
Bédé, Jean-Albert 382, 427
Bedel, Jean 537, 539
Beethoven, Ludwig van 43, 446, 521
Béguin, Albert 181
Beigbeder, Marc 390f, 393f, 419
Beirnaert, Louis 399
Bellay, Joachim du 561
Bellessort, André 317
Bénard, Marc 255, 259, 302
Benda, Julien 346, 395, 407
Benedick, Claude 399
Bénédite, Daniel 464
Ben Gal, Ely 763, 766
Benichon, Étiennette 353, 360
Ben Khedda, Ben Yussef 616, 653
Bérard, Armana 116f, 123, 126
Bercot, André 99
Berdjajew, Nikolai Alexandrowitsch 407
Berger, Yves 678
Bergman, Ingmar 246
Bergman, Ingrid 378
Bergson, Henri 106, 110, 125, 127f
Bernanos, Georges 264, 486
Bernhardt, Sarah 390
Berriau, Simone 493f, 543, 572, 585f
Bertran de Born 65
Bertrand, de, Widerständler 317
Besnard, Armand Gustave, Admiral 32
Besse, Jacques 207, 371
Biedermann, Caroline 232
Billy, André 212, 399, 412
Bjurström, Carl-Gustav 674, 676
Blanchet, Gérard 206, 208
Blanchot, Maurice 210, 307, 331, 399, 456, 634f, 637, 692
Bloch, Jean-Richard 100, 194, 217, 536
Bloch, Marc 174
Blok, Alexander Alexandrowitsch 538
Blondel, Robert 145
Bloom, Sol 375
Blum, Léon 120, 282, 309, 388
Blumer, Herbert 432
Boineburg-Lengsfeld, von 341
Boisselot, Pater 259
Böll, Heinrich 759
Bollardière, Jacques Pâris de, General 633
Boncour, Paul 115
Bonnafé, Alphonse 147, 153, 457, 459f
Bonnard, Abel 387
Bonnet, Georges 375
Boorsch, Jean 428
Bory, Jean-Louis 390
Bosquet, Alain 666
Bossuet, Jacques-Bénigne 257, 658
Bost, Charles 154, 201
Bost, Jacques-Laurent 154f, 190, 193, 198, 200ff, 238, 244, 256, 272, 274, 277, 293, 312, 322, 332, 351, 373, 387, 397, 441ff, 445, 515, 572, 581, 635, 638, 649f, 681, 751, 764, 768, 780
Bost, Pierre 198, 201f
Boubal, Paul 292ff, 415
Bouglé, Célestin 159
Bouguereau, Jean-Marcel 698, 758
Bouhired, Djemila 654
Boularouf, Tayeb 665
Boulez, Pierre 635
Boumedienne, Houari 653
Boumendjel, Ali 633
Bourbon-Busset, Jacques de 645
Bourdet, Claude 463, 465, 474, 477
Bourdieu, Pierre 679
Bourdin, Martine 220f
Bourgès-Mannoury, Maurice 568
Bourget, Paul 487, 666

Bourla, Schüler von Sartre 272, 322, 329f
Bousquet, Joë 398
Boutang, Pierre 486
Boutbien, Léon 467
Bouteflika, Abdul Aziz 653
Bouziri, Saïd 779
Braga, Rubem 610
Brahms, Johannes 43
Braque, Georges 332
Brasillach, Robert 217, 277, 290, 315, 317, 345, 390
Brassaï, Gyula Halász, gen. 150
Brasseur, Pierre 493, 547
Braun, Eva 411
Bréal, Michel 45
Brecht, Bertolt 359, 533
Bremer, Karl-Heinz 268
Brentano, Franz 167
Breton, André 191, 196, 268, 346, 358, 373, 473f, 481, 514, 519, 636f
Bridoux, André 327
Brierre, Jean 654
Brik, Lili 533
Brinker, Menahem 626f, 763
Brion, Françoise 681
Brissaud, André 644
Brombert, Victor 428
Brossolette, Pierre 317
Broussaudier, Sylvain 115
Bruant, Aristide 108
Bruller, Jean → Vercors
Brument, Pierre 153
Brunetière, Ferdinand 118
Brunschwicg, Léon 125, 127, 161, 304, 695
Brunschwig, Henri 174, 178ff
Bucard, Marcel 261
Buffalo Bill, William Frederick Cody, gen. 74f, 353, 383
Bugeaud de la Piconnerie, Herzog von Isly, Thomas, Marschall 25, 561
Buisson, Ferdinand 45
Bulgakow, Michail Afanasjewitsch 246
Bunn, Teddy 372
Buñuel, Luis 132
Burke, Kenneth 432
Butor, Michel 350
Byron, George Gordon Noël Lord 160, 187

Cachin, Marcel 120
Cacoyannis, Michel 681
Caetano, Marcelo José das Neves Alvas 760
Caillois, Roger 390, 617
Calas, Affäre 402, 505f, 645
Calder, Alexander 359, 436, 449
Calmy, Jacques 390f
Camille → Jollivet, Simone
Camus, Albert 211, 276, 306f, 308, 316, 319, 322f, 325, 331ff, 336, 340ff, 344ff, 351, 367f, 388, 390, 400, 404, 412, 429, 431, 449, 451, 473ff, 481, 486, 513ff, 530, 541, 545f, 550, 658, 661ff, 671f, 674, 782
Canetti, Elias 697
Canguilhem, Georges 103, 112, 114f, 118, 126, 129, 680
Capitant, René 633
Carco, Francis 150
Cardinaud, Mitschüler Sartres 97
Carné, Marcel 219
Carnot, Marie François Sadi 22
Carossa, Hans 264
Cartier-Bresson, Henri 358, 484, 599
Casanova, Giacomo Girolamo 125
Casanova, Laurent 477
Casarès, Maria 493
Cassou, Jean 211, 270, 367, 639
Castelot, André 300
Castoriadis, Cornelius 529
Castro, Fidel 598, 603ff, 613f, 620, 632, 686, 689, 780
Castro, Josué de 610
Castro, Raúl 603, 606
Castro, Roland 724, 746
Cattan, Lucien 122
Cau, Jean 439f, 442, 446, 456, 488, 490, 541, 548, 577f, 780
Cavaignac, Jean-Baptiste 15
Cavaillès, Jean 168, 278, 282, 286, 317, 319
Cazeneuve, Jean 337
Céline, Louis-Ferdinand 158, 163, 210f, 217, 315, 388f, 450, 492
Cervantes Saavedra, Miguel de 125f
Césaire, Aimé 565, 653
Chaban-Delmas, Jacques 344
Chabrier, Lehrer 103
Chagall, Marc 359
Chaine, Catherine 771
Chaintron, Jean 504
Chalais, François 545
Challe, Maurice, Gen. 665
Chamson, André 173, 194
Chapelot, René 23
Chaplin, Charles Spencer Chaplin, gen. Charlie, 129, 219, 402, 410, 533
Chapsal, Madeleine 576f, 583, 594
Chapt da Rastignac, Grafen von Ribérac und Montagrier, Familie 26
Charaf 766
Charcot, Jean-Martin 588
Chardonne, Jacques 486f
Chateaubriand, François-René de 178
Chatel, Yves 364
Châtelet, François 746
Chauffard, R.-J. 460
Chauvin, Jean-René 478
Chavoix geb. Theulier, Urgroßmutter 20, 41, 52, 82
Chavoix, Élodie → Sartre geb. Chavoix, Élodie
Chavoix, Familie 24f, 79
Chavoix, Henri, Notar 25
Chavoix, Jean-Baptiste, Apotheker 24
Chavoix, Jean-Baptiste, Arzt 25
Chavoix, Jean-Baptiste, Rechtsanwalt 25
Chazar, Zalman 627
Chazelas, Georges 273ff, 277, 288
Chazelas, Jean 273
Cheng, Frau 600
Chen Yi 599
Chéreau, Patrice 721

Chirac, Jacques René 756f
Chomisse 256
Chonez, Claudine 222
Chopin, Frédéric 419, 586, 690
Chrétien de Troyes 125
Christian VII., König von Dänemark und Norwegen, Herzog von Schleswig und Holstein 598
Chruschtschow, Nikita Sergejewitsch 528, 598, 617ff, 632, 780
Churchill, Winston 362f
Cicero, Marcus Tullius 125
Clair, René 207, 219
Clarke, Kenny 371
Claudel, Paul 264, 461, 492, 494
Clavel, Maurice 720, 725, 746, 754
Clemenceau, Georges 60
Clément, Catherine 761
Clift, Montgomery 588
Cloître, Georges 73
Clot, Josette 284
Clouzot, Henri-Georges 325
Cocteau, Jean 121, 207, 299, 333f, 340, 393, 489f, 493, 544
Cody, William Frederick → Buffalo Bill
Cohen, Gabriel 627
Cohn-Bendit, Dany 690, 692, 697, 710, 758, 779
Coleman, Bill 372
Colette, Sidonie Gabrielle 220
Colonna d'Istria, Lehrer 110
Combes, Émile 49
Comte, Auguste 22, 392
Contat, Michel 446, 734, 740, 754, 771
Cooper, David G. 713
Copeau, Jacques 175
Copeau, Pascal 175, 178, 348
Coppée, François 275
Corneille, Pierre 68, 388, 538, 561
Cot, Pierre 522
Courbet, Amédée, Admiral 22
Courier, Paul-Louis 645
Courtade, Pierre 467
Courteline, Georges 69f, 230
Crevel, René 131f, 196
Croissant, Klaus 758
Crolant, Raymond 317f
Cronan, Christine 412f
Crouzet, Alfred 316
Crozier, Michel 488
Cunard, Nancy 131
Curial, Baron 27
Custer, George Armstrong, General 74
Cuzin, François 272, 319, 404

Dakkak, Ibrahim 766
Daladier, Édouard 218f, 309, 388
Daladier, Jean 218
Dalmas, Louis 484f, 619
Damas, Léon Gontran 654
Damia 150
Daniel, Jean 764, 767f, 770
Daniélou, Jean 331
Daniel-Rops, Jean Charles Henri Petiot, gen. 209
Darlan, François, Admiral 362
Darnand, Joseph 320, 329
Darquier de Pellepoix, Louis 301
Dassin, Jules 778
Daumal, René 185
Davezies, Abbé 665
Davis, Garry 481
Davy, Georges 138, 209f
Déat, Marcel 262, 308
Debout, Simone 272, 277ff, 281, 285f
Debray, Régis 680
Debré, Michel 568, 642f, 645, 651
Debû-Bridel, Jacques 313f, 346
Dechezelles, Yves 479
Decour, Jacques 290, 312, 455
Dedijer, Vladimir 620, 687
Dekobra, Maurice 264
Delacroix, Henri 128, 171, 183f
Delamaire, Bischof 49
Delange, René 290, 312
Delannoy, Jean 308, 333, 335, 450
Delbiausse, Roger 116
Deleuze, Gilles 439
Delilez, Jean-Pierre 521
De Mille, Cecil B. 334
Denoël, Robert 388
Denoyer, Pierre 353, 360
Denquin, Camille 23
Derrida, Jacques 491
Desanti, Dominique 272ff, 277, 285, 288, 509, 520ff, 525
Desanti, Jean-Toussaint 272, 276, 279f, 285, 288, 291
Descartes, René 126ff, 167f, 170, 327, 431, 662
Deschènes, Mitschüler Sartres 95
Dewey, George, Admiral 34
Dibildos, Abbé 37, 76
Di Cavalcanti, Emiliano Augusto 610
Diderot, Denis 46, 118, 392, 414f
Diop, Alioune 565
Diop, David 653
Domenach, Jean-Marie 505, 725
Dominique, Olga → Kosakiewicz, Olga
Donovan, William, General 358
Dort, Bernard 503, 586
Dos Passos, John 171f, 216, 350, 354ff, 373, 398
Dostojewski, Fjodor Michailowitsch 210, 392, 537
Douglas, Kenneth 428
Drake, Lawrence 375
Drenkmann, Günther 759
Dreyfus, Alfred 22, 60, 121, 366, 402, 637, 645
Drieu la Rochelle, Pierre 194, 197, 268, 284f, 307, 404
Dubosc, Albert 145
Duchamp, Marcel 430
Duchet, Roger 643
Duclos, Jacques 509, 511, 526, 548, 552
Dufaure de Lajarte 37
Dufaux, Witwe 148
Dufourcq, Bertrand 621

Duhamel, Georges 194, 348
Dujardin, Édouard 171
Dukas, Paul 599
Dullin, Charles 135, 198, 200f, 220, 297, 300, 311
Dumartin, Serge 206, 486
Dumas d. Ä., Alexandre 547
Dumas, Roland 637, 639ff, 650, 652, 665
Dupin → Kaan, Pierre
Durand, Mademoiselle 497
Dürer, Albrecht 204
Durieux, Jean-Louis 30, 53f, 79
Durieux, Madame 41
Durkheim, Émile 159
Dussutour, Familie 41, 82
Duthuir, Georges 373
Dutourd, Jean 666
Duvignaud, Jean 635

Ebisaka, Takeshi 778
Effel, Jean 424
Ehrard, Jean 174
Ehrenburg, Ilja 522, 524f, 535, 538, 617
Eisenhower, Dwight David 362
Eisenstein, Sergej Michailowitsch 334
Elisabeth II., Königin von Großbritannien und Nordirland 560
Elkaïm-Sartre, Arlette 237, 578f, 581, 585f, 589, 648, 661, 669, 681f, 690, 695, 701f, 733, 738f, 742, 745f, 749, 751f, 758, 763, 765, 767ff, 774f, 780
El-Manfalouti 561
Éluard, Paul 191, 309, 313, 331, 345, 348, 361
Émerys, die 220
Enard, Jean-Pierre 740
Engels, Friedrich 466
Enzensberger, Hans-Magnus 617
Epting, Karl 268
Erasmus von Rotterdam, Desiderius 125
Ernst, Max 323, 373
Erval, François 444
Escarpit, Robert 671
Eschkol, Levi 627, 629
Espitallier, Priester 257, 260, 262
Etchegoyen, Priester 257
Etiemble, René 359, 528ff, 541
Euripides 680

Fadejew, Alexander Alexandrowitsch 511, 522, 525, 538
Fajon, Étienne 467
Fallières, Armand 60
Falvelly de la Marthonye, Graf de 82
Fanon, Frantz 449, 616, 652ff, 661, 664, 782
Fargeot 49
Farrand, Familie 41
Farrère, Claude 97, 99
Fauchery, Pierre 412
Faulkner, William 158, 170ff, 216, 238, 350, 355f, 377
Faure, Edgar 562f, 698
Faure, Félix 15
Faure, Joseph 24
Fautrier, Jean 300
Faux, Claude 577f, 648, 681
Faya, Jean-Pierre 678
Feferman, Rosine 767
Fegelman, Claude 626
Feldmann, Valentin 302
Feller, Pater 259
Fénelon, François de Salignac de La Mothe-Fénelon, gen. 118
Ferniot, Jean 464, 469, 480
Ferry, Jules 45, 566
Feydean, Georges 739
Field, Betty 378
Finch, Major 375
Fitzgerald, F. Scott 356
Fitzgerald, Zelda 356
Flacelière, Robert 741
Flanner, Janet 345
Flaubert, Gustave 105, 210, 238, 347, 402, 449f, 491, 497, 551, 553, 576f, 581, 592, 683f, 687, 700ff, 705ff, 714, 718f, 726, 729ff, 740f, 745f, 772, 774, 781
Focillon, Henri 359
Ford, Charles Henry 430
Forster, Edward M. 195
Foucault, Michel 678f, 698, 708, 720, 725, 766, 780
Fouchet, Max-Pol 677
Fourichon, Léon Martin, Admiral 23
Fourier, Charles 263
Fraisse, Paul 464, 468, 471, 477, 479f
France, Jacques Anatole Thibault, gen. Anatole 147
Francis, R. 338
François, General 226
François-Poncet, André 175, 181
Frank, Bernard 487f, 667
Frank, Nino 335
Franqui, Carlos 602
Frédéric-Dupont, Édouard 450
Frédet, René 99, 107, 109
Fréhel 150
Freire, Paulo 610
Freud, Martha 587
Freud, Sigmund 587ff, 591ff, 619, 705
Freund, Gisèle 501
Frey, Samy 721
Friedrich II., König von Preußen 598
Fuehle-Sablière, Familie 24
Funès, Louis de 544
Furetière, Antoine 158
Fuzier, Claude 645

Gaillard, Félix 568
Gaillot 256
Galantière, Lewis 358
Gallimard, Claude 674
Gallimard, Gaston 198, 203f, 346, 382, 391, 492
Gallimard, Robert 204, 439f, 492, 520, 592, 666, 674, 677, 721f, 736, 743, 745, 748, 770
Gallimard, Simone 674
Galtier-Boissière, Jean 413
Gambetta, Léon 23
Gance, Abel 333
Gandillac, Maurice de 137ff
Garaudy, Roger 453f, 661, 703
Garbo, Greta Lovisa Gustafsson, gen. Greta 359, 374

Garçon, Maurice 203
Gary, Romain 389, 412
Gaulle, Charles de, General 262, 267f, 328, 344, 361ff, 366, 375ff, 379, 388f, 401, 411, 444, 458ff, 471, 568ff, 611, 621, 631, 632f, 646, 648, 664, 678, 687ff, 693f, 711, 729, 753, 756
Gavi, Philippe 730, 740, 755
Geismar, Alain 690f, 700, 715, 722f, 725, 741
Genet, Jean 344, 411, 431f, 436, 442f, 449, 456, 489ff, 495, 547, 581, 683, 705f, 774, 780
Georgin, Lehrer 103
Gerassi, Fernando 156, 359
Gerassi, John 740
Gerassi, Stépha 156, 359
Ghelderode, Michel de 494
Giacometti, Alberto 325, 436, 449
Gide, André 194f, 197, 210, 214, 236, 268, 281ff, 288, 296, 346f, 367, 402ff, 501f, 536, 545, 672, 780, 782
Gidel, Gilbert 316
Gignoux, Hubert 545
Gillespie, Dizzy 371
Gilly 262
Giraud, Henri, General 362ff, 366
Giraudoux, Jean 99f, 109, 125, 299, 311, 339, 367, 408
Giroud, Françoise 544
Giscard d'Estaing, Valéry 743f, 753, 756, 762, 778f
Giustiniani, Jean 150ff
Glissant, Édouard 635
Glucksmann, André 698, 755, 762
Goebbels, Joseph 176, 178
Godard, Jean-Luc 780
Goffman, Erving 432f
Goldmann, Lucien 594
Goldmann, Pierre 746, 762
Goncourt, Edmond und Jules de 402, 703, 710
Gordey, Michel 358
Gorki, Alexei Maximowitsch Peschkow, gen. Maxim 195
Gorz, Gérard Horst, gen. André, 304, 681, 692, 765, 768
Goethe, Johann Wolfgang von 160, 173
Gottwald, Klement 467
Gounod, Charles 690
Gousseau, Georges 478
Grangevieille de Mazaubert, Familie 82
Gréco, Juliette 417f, 443
Green, Julien 358
Grener 232
Grenier, Jean 331, 519
Griffith, David Llewelyn Wark 129, 334
Gris, Juan 323
Groethuysen, Bernard 200, 204
Gruber, Mitschüler Sartres 99
Guéhenno, Jean 173, 194, 313, 339, 350
Guérin, André 723
Guérin, Raymond 347f
Guérin de Beaumont, Generalkonsul 367
Guevara Serna, Ernesto, gen. Che 598, 603, 607f, 690
Guieysse, Paul 15
Guillain de Bénouville, Pierre, General 460f
Guille, Madame 156
Guille, Pierre 123f, 136, 156, 180, 183, 238
Guillemin, Louise → Schweitzer, Louise
Guitard, Pierre 152
Gurvitch, Georges 359, 407, 695
Gustav III., König von Schweden 598
Guterman, Norbert 432
Guttuso, Renato 498

Hafis, Schamsoddin Mohammad 109
Hall, Edward 372
Hallier, Jean-Edern 721, 726
Hanotaux, Gabriel 32
Hanoteau, Guillaume 339, 346
Hansi, Jean-Jacques Waltz, gen. Onkel 61
Hare, David 436
Harkabi, Iehoshua 766
Hautefort, Familie 41
Hawkins, Coleman 371
Hawkins, Erskine 372
Haykal, Hassaneim 623
Hegel, Georg Wilhelm Friedrich 289f, 325, 502, 540
Heidegger, Martin 168ff, 181, 205, 208, 221, 238ff, 257f, 285, 303, 313, 325, 327, 348, 407, 533
Heine, Heinrich 173
Heinrich III., König von Frankreich 74
Held, Jean-Francis 721
Hélène → Lassithiotakis, Hélène
Heller, Gerhardt 268
Hellier, Familie 41, 79
Hemingway, Ernest 207, 238, 306, 325, 500
Hemingway, Marie Welsh 501
Henriot, Émile 399
Herland, Louis 116
Hermanos, Juan (anonymes Pseudonym) 484
Hermant, Abel 388
Herr, Lucien 120
Herrera Campins, Luis 778
Herriot, Édouard 113f, 118, 120f, 388
Hervé, Gustave 116
Hervé, Pierre 348, 467
Himmler, Heinrich 411
Hiroshi, Noma 621
Hirsch, Louis-Daniel 200
Hirt, Éléonore 681
Hitler, Adolf 175f, 219, 221, 226, 237, 262, 267f, 271, 274, 289, 297, 388, 411, 460ff, 529, 644, 659
Hoffmann, Ernst Thedor Amadeus 133
Hölderlin, Johann Christian Friedrich 290
Homer 105
Hook, Sidney 477f
Horkheimer, Max 432
Horst, Gérard → Gorz, André
Ho Tschi Minh 504, 527

Howe, Irving 431
Huberson, Jean-Pierre 207
Hugo, Victor 59, 67f, 414, 645, 757, 776
Hume, David 170
Husserl, Edmund 166ff, 174, 177f, 181, 183, 216, 238, 240, 327, 531, 662f
Huston, John 587ff
Huxley, Aldous 171, 195
Hyman, Elliot 589
Hyppolite, Jean 331, 680

Iannakakis, Ilios 685
Ibn Kaldoun 561
Isherwood, Christopher 176
Isler, Pierre 317f
Isoré, Lehrer 147, 153
Issalène de Rouville 82
Jacob, Max 290
Jaloux, Edmond 346
Jamet, Claude 338
Jaspers, Karl 128, 392
Jaurès, Jean 120f
Jeanson, Colette 563
Jeanson, Francis 407, 515, 548, 563ff, 594ff, 637ff, 641, 652, 654, 661
Jewtuschenko, Jewgeni Alexandrowitsch 620
Jezouin, Guy 469
Joffroy, Guy 207
Johannes vom Kreuz, der heilige 492
Joirisse, Lisette 96
Jollivet, Joseph 41, 131
Jollivet, Simone, gen. Miyette, Camille, Toulouse 131ff, 135, 139, 159, 164, 198, 204, 244, 300, 332, 340, 682
Jones, Ernest 587
Jones, Jennifer 378
Joséphine, Kaiserin der Franzosen 621
Jouhandeau, Marcel 339, 351
Jouhaud, Edmond, General 665
Jourdan, Henri 174, 178
Jousseix, Marie 49
Jouvet, Louis 493f
Joyce, James 171, 210
Jullian, Marcel 754ff
July, Serge 776
Jünger, Ernst 269, 283
Jurgensen, Jean-Daniel 348

Kaan, André 282
Kaan, Marie 282, 318
Kaan, Pierre 282, 317ff
Kafka, Franz 158, 163, 210f, 217, 227, 230, 247, 307, 449, 482, 547, 591, 617, 619, 685
Kahana, Königin 561
Kaminker, Simone → Signoret, Simone
Kanapa, Jean 207f, 244, 273, 289, 316, 442, 445, 454, 511, 636
Kant, Immanuel 105, 125ff, 167, 174, 392, 540
Karavan, Dani 625
Katharina II., Kaiserin von Rußland 598
Kaufmann, Charles 588
Kean, Edmund 542, 547f
Kemp, Robert 390, 492
Kenzaburo, Oe 621
Kerillis, Henri de 365f
Kessari, Guy 629
Kessel, Joseph 684
Kholi, Lnfti el- 623
Kierkegaard, Søren 392, 407, 482, 772
Kiyoteru, Hanada 621
Klee, Paul 174
Kleist, Heinrich von 290
Klossowski, Pierre 331, 692
Kluck, Alexander von, General 174
Knopf, Alfred 427
Knopf, Verlegerin 422
Korneitschuk, Alexander Jewdokimowitsch 522, 525
Kosakiewicz, Olga, alias Olga Dominique 185ff, 192f, 201, 220, 238, 244, 272, 293f, 298, 312, 322f, 336, 373, 390, 397, 442f
Kosakiewicz, Wanda, auch Tania, alias Marie Ollivier 186, 190, 220, 244, 272, 293f, 310ff, 328, 336, 373, 397, 425, 443, 445, 494, 581, 584f, 690, 738
Koyré, Alexandre 169, 359, 373
Kravetz, Marc 661
Kriegel-Valrimont, Maurice 348
Kubitschek de Olivaira, Juscelino 610, 632

La Bruyère, Jean de 118, 710
Lacan, Jacques 332, 679f, 692, 708
Laclos, Pierre Choderlos de 408
Lacoste, Familie 41
Lacoste, Robert 562
Lafargue, André 23
La Fayette, Marie Joseph Motier, Marquis de 375, 709
Laffont 540
La Fontaine, Jean de 68, 568
Laforgue, Jules 100, 106
Lagache, Daniel 111ff, 128, 184
Lagaillarde, Pierre 646
Laing, Ronald D. 713
Lalande, André 137, 304
Lamblin, Bernard 207, 371
Landauer, Bernhardt 176
Landauer, Natalja 176
Lang, Fritz 219
Langlade 89, 96
Laniel, Joseph 527
Lannes, Annie oder Anny (Ninie), Kusine 75f, 82, 92, 95, 101f, 130ff, 164, 166
Lannes, Fréderic, Hauptmann 41, 56, 95, 130f
Lannes, Hélène → Sartre, Hélène
Lanson, Gustave 112ff, 121
Lanzmann, Claude 439, 441, 443, 502f, 579, 581, 616, 622, 635, 638, 640f, 649f, 652ff, 681, 721, 751, 768, 780
Lapassade, Georges 714
Lapouyade, Familie 41
Larguier, Léo 415
Larminat, Oberst de 226, 229, 235
Larronde, Olivier 492

Larroutis, Maurice 116, 122
Lassithiotakis, Hélène 738f, 759
Last, Jef 473f
Latapie, Leutnant 35
Lattre de Tassigny, Jean de, Marschall 504, 647
Laurent, Jacques 487
Lauriol, Élie 390
Laval, Pierre 329, 388
Lavoissière, Gontrand 93
Lawrence, Oberst 394
Lazareff, Hélène 537, 539f, 546
Lazareff, Pierre 358, 537, 539f, 544, 546, 731
Leander, Zarah 177
Lebail, Jean 115
Lebâtard, Dirigent 256
Le Bon, Sylvie 769
Le Bris, Michel 715, 721
Leclerc, Guy 455, 511, 546
Leclerc, Philippe, General 344, 647
Lecœur, Charles 123
Le Dantec, Félix 42, 715
Le Dantec, Jean-Pierre 715, 721
Ledoux, Fernand 584
Leduc, Violette 456
Lefebvre, Henri 455, 690, 692
Lefèvre-Pontalis, Jean-Bertrand → Pontalis, J.-B.
Lefort, Bernard 464
Lefort, Claude 528ff, 541
Lefranc, Georges 121
Leftwich, William 424
Léger, Fernand 359
Léglise-Vian, Michelle → Vian, Michelle
Lehman, John 617
Leibowitz, René 456, 484f, 739
Leiris, Michel 299, 308, 313, 322f, 331f, 341, 344, 367, 402, 404, 456, 505, 635
Leiris, Zette 322f, 341, 344
Le Léap, Alain 520
Lemarchand 333
Lenan, Franz Niembsch, Edler von Strehlenau, gen. Nikolaus 93
Lenin, Wladimir Iljitsch Uljanow, gen. 473, 689
Léonard, Roger 562
Le Pen, Jean-Marie 647
Le Person, Boxmeister 153
Lero, Étienne 653
Leroy, Henri 259f, 262, 266
Lescure, Jean 245, 328, 346
Le Sidaner, Georges 155
Lestrade de Conti, Graf de 82
Levaï, Ivan 761
Levi, Carlo 456, 473f, 497f, 514, 533
Lévinas, Emmanuel 166, 407, 762
Levine, Harry 429
Lévi-Strauss, Claude 359, 369, 373, 593, 635, 679, 708
Levitsky, Anatole 270
Lévy, alias Pierre Victor 715, 717, 726ff, 736, 740ff, 755, 758ff, 762ff, 774f, 777
Lévy, Raoul 205, 207, 273, 277f, 280, 286f, 289, 442, 456
Liebknecht, Karl 473
Limbour, Georges 332f
Lindbergh, Charles 116
Lindenberg, Daniel 755
Lindon, Jérôme 635, 637, 640
Lippmann, Walter 364, 375
Lise → Sorokine, Nathalie, gen. Lise, verh. Moffat, Nathalie
Lola → Mouloudji, Lola
Lombard, Louis 353
Loosdregt, Pater 92
Loridan, Marceline 595
Losfeld, Éric 721
Loubet, Émile 49
Louis, Roger 755
Louis-Philippe, König der Franzosen 67, 684, 709
Loewel, Pierre 461
Löwenherz → Richard I. Löwenherz
Löwith, Karl 169
Lubitsch, Ernst 219
Luchaire, Jean 387
Lucot, Robert 115, 118
Ludwig XIII., König von Frankreich 74
Ludwig XV., König von Frankreich 25
Ludwig XVII., König von Frankreich 249
Lukács, Georg 436, 533, 714
Lukrez, Titus Lucretius Carus, gen. 125
Lumumba, Patrice 449
Luxemburg, Rosa 473

MacArthur, Douglas, General 363, 378f
MacGhee, Howard 371
Machiavelli, Nicolò 752
MacLeish, Archibald 382
Mac Orlan, Pierre 150, 176
Magnan, Henry 412
Magnane, Georges 209
Magny, Claude-Edmonde 211
Magondeaux, Demoiselles de 20
Magondeaux, Raymond de Puiffe de 24, 30, 76
Magre, Judith 681
Mahen, Madame 156
Maheu, René 138f, 156, 673
Maine de Biran, Marie François Pierre Gouthier de Biran, gen. 125
Malenkow, Georgi Maximilianowitsch 537
Mallarmé, Stéphane 125, 449, 542, 547f, 705, 710f
Malraux, André 158, 194f, 197, 202, 210, 257, 268, 281, 284f, 288, 296, 331, 346, 389, 400, 536, 545, 610ff, 638, 646, 651, 664, 672
Malraux, Florence 635
Malson, Lucien 739
Manceron, Claude 739
Mancy, Anne-Marie → Sartre, Anne-Marie
Mancy, Joseph, Stiefvater Sartres 58, 84, 87ff, 93, 95, 97, 133, 141, 161, 191, 220, 233, 237f, 267, 293, 419, 490, 510, 781
Mandel, Arnold 447
Mandel, Georges 309, 341
Mandouze, André 564f, 640

Mann, Thomas 359
Mao Tse-tung 527, 598f, 601, 689f, 716f
Marcabru, Pierre 544
Marcel, Gabriel 169, 211, 313, 325, 339, 392
Marcellin, Raymond 714f, 722
Marcenac, Jean 313
Marchais, Georges 776
Marchandeau, Robert 151
Marcuse, Herbert 359, 432, 690, 697, 714
Margalit, Arishai 766
Maritain, Jacques 359
Marker, Chris 206
Marr, Dora 332f
Marrot, Raymond 272, 274, 276
Marshall, George Catlett, General 458, 533, 659
Marsollier, Charles 23
Marteville, Jean 23
Martin, Henri 504ff, 508f, 511, 526, 532
Martin du Gard, Roger 194f, 214, 284, 346, 564, 672
Martinet, Gilles 465, 468, 523, 541, 636f
Martius, Conrad 169
Marty, André 521, 528
Marx, Groucho 394
Marx, Karl 279, 454, 466, 472, 540, 553, 690, 708
Mascolo, Dionys 564f, 634ff, 651f
Maspero, François 655, 658f
Massein, Henri 478
Masson, André 359
Massu, Jacques, General 568
Maugham, Somerset 264
Maulet, Pierre 399
Maulnier, Thierry 494, 642, 644, 671
Maupassant, Guy de 6
Mauriac, Claude 720, 725
Mauriac, François, alias Forez 214ff, 300, 309, 313, 316, 346, 348, 361, 402, 436, 451, 485, 492, 494, 528, 564, 642, 646, 664, 671f
Maurois, André 194, 671
Maurras, Charles 214f, 641
Maxence, Jean-Pierre 217
Maydieu, Pater 313
Mayer, Daniel 282
McCarthy, Joseph Raymond 509, 547
Mead, George Herbert 432
Medgui, Ahmed 653
Meinhof, Ulrike 758
Meins, Holger 758
Melville, Herman 274, 290
Mendès-France, Pierre 562, 694
Mercier, Pierre 317
Mercier, Söhne 317f
Mercouri, Melina 778
Merle, Robert 209
Merleau-Ponty, Jacques 286, 337
Merleau-Ponty, Maurice 138, 272, 276f, 279, 287, 311, 347, 402, 404, 445, 449, 459, 463, 475, 478, 503, 508, 515, 517, 528ff, 541, 635, 658, 661ff, 680, 728, 782
Mesens 191
Meyerson, Émile 304
Meynert, Alfred 587
Michaux, Henri 185
Michelangelo Buonarroti 135, 582
Michelet, Jules 545
Miller, Arthur 433, 542, 547
Millet, Raymond 400
Millinder, Lucky 372
Mills, Charles Wright 432
Minkowski, Hermann 170
Miró, Joan 323
Misrahi, Robert 327, 443, 445, 456
Mitchum, Robert 721
Mitterrand, François 562, 651f, 693f
Moffat, Nathalie → Sorokine, Nathalie
Molière, Jean Baptiste Poquelin, gen. 415
Mollet, Guy 560, 562, 568
Molotow, Wjatscheslaw Michailowitsch Skrjabin, gen. W. M. 458
Monk, Thelonious 371
Monnier, Adrienne 283, 391
Montand, Yves 547
Montgomery, Robert 378
Montherlant, Henry de 5, 109, 195, 315
Montigny, Serge 532
Montluc, Blaise de 249
Morand, Paul 99, 194
Moravia, Alberto 456, 497, 533, 780
Moré, Marcel 331
Morel, Albert 123, 133, 156
Morel, Madame Louise 123, 133, 135, 156, 220, 302, 312, 323
Morgan, Claude 313, 345
Morin, Edgar 529f, 564, 635
Morton, Benny 372
Morzadec, Jean 151f
Moser, Marineaspirant 297
Moulin, Jean 317, 319, 664
Mouloudji, Marcel 294, 322, 329, 331f, 411
Mouloudji, Lola (la Brune) 294, 322, 329
Mounier, Emmanuel 407, 463, 481
Mozart, Wolfgang Amadeus 690
Müller 228f, 234
Muller, Richard 469
Murnau, Friedrich Wilhelm Plumpe, gen. Friedrich Wilhelm 129
Murphy, Robert 364
Mussolini, Benito 122, 308, 312

Nadeau, Maurice 394, 398, 401, 405, 420, 634ff, 638, 692
Nagel, Louis 444f
Naegelen, Edmond 562
Napoleon I., Kaiser der Franzosen 333, 621, 645
Napoleon III., Kaiser der Franzosen 44, 67
Nasser, Gamal Abd el 623, 629, 780
Nazzal, Nafez 766, 779
Neel, Sartre-Schüler 325
Neruda, Pablo 522
Nerval, Gérard de 5, 125, 264
Nerval, Nathalie 681
Nezval, Vitézslav 533

Nick Carter 71, 74f, 353, 381, 383, 527
Nicolas, Laurence 469
Niemeyer, Oscar 610
Nietzsche, Friedrich 109, 124, 133, 160f, 210
Niger, Paul 654
Nimier, Roger 486
Nizan, Anne-Marie 455
Nizan, Henriette 132, 156, 358ff, 382, 435, 455
Nizan, Patrick 455
Nizan, Paul 99ff, 106ff, 116, 118, 120ff, 126ff, 138f, 156, 158ff, 163, 180, 191, 194ff, 200ff, 216ff, 221, 238, 244, 262, 268, 285, 289, 382, 449, 454f, 518, 536, 545, 658ff, 663f, 667, 698, 706, 728, 755, 780, 782
Nobel, Alfred 672
Noguès, Auguste Paul, General 364
Nohain, Jean 557ff, 571
Nora, Pierre 767
Nordmann, Léon-Maurice 270
Norman, Dorothy 425
Novalis, Friedrich Leopold Freiherr von Hardenberg, gen. 173
Nox, André 129
Nozières, Violette 191

Okacha, Saroit 623
Ollivier, Albert 347, 402, 404, 461
Ophüls, Max 219
Ormesson, Jean d' 776
Ormesson, Vladimir d' 173
Österling, Anders 674
Oudard, Georges 319

Pabst, Georg Wilhelm 219
Pagnol, Marcel 333f
Paillasse, Affäre 519
Painlevé, Paul 113
Palle, Albert 443
Pams, Georges 60
Papen, Franz von 173
Papin, Schwestern 191
Parain, Brice 198, 200f, 203f, 307, 330f
Parisot 479
Parker, Charlie 371
Parodi, Dominique 137
Parouty du Grézeau 82
Parrot, Louis 398
Parsons, Talcot 432
Pasternak, Boris 195
Paulhan, Jean 170, 198, 200ff, 204, 210, 212ff, 221, 227, 236, 246, 283, 290, 300, 302, 312, 324, 330, 339, 346ff, 350f, 361, 402, 404, 420, 480, 529
Paulus, Friedrich, Generalfeldmarschall 302
Paupert, Soldat 639
Pauwels, Louis 457, 486
Pécaut, Félix 45
Péguy, Charles 117
Peignot, Colette 131
Péju, Marcel 503, 635, 640f, 652, 654, 681
Pélissier, Charles 152
Péret, Benjamin 191
Pérez, Richter 650
Pergolesi, Giovanni Battista 690
Périer, François 450f, 780
Péron, Alfred 115, 122, 135f, 277, 286
Perón, Eva Duarte de, gen. Evita 490
Perra, Daniel 23
Perrin, Marius 256f, 259f, 262ff, 280
Pertini, Sandro 777f
Pétain, Philippe, Marschall 249, 267f, 272, 345, 387f, 459ff
Petitjean, Armand 346
Peyre, Henri 427f
Peyrouton, Marcel 364
Pflimlin, Pierre 568
Philibert, Kapitän 31, 33ff
Philipe, Gérard 390
Phillips, William 431
Piatier, Jacqueline 668, 701
Picard, René 152f
Picart, Yvonne 272, 286, 404
Picasso, Pablo Ruiz y Picasso, gen. Pablo 132, 323, 331f, 393, 533
Picon, Gaëtan 211, 398
Pieterkowski, Soldat 228f
Pierre, Jean, Obergefreiter 226, 227ff, 233ff, 242, 248, 260f
Pieyre de Mandiargues, André 635
Piganiol, Pierre 317f
Pinay, Antoine 509, 520, 549
Pingaud, Bernard 486, 712
Piovene, Guido 474, 533, 617
Pirandello, Luigi 147, 745
Pivert, Marceau 465
Pivot, Bernard 777
Pizella, Stéphane 353, 368f, 378
Placoly, Vincent 779
Plato 105, 125f, 128, 452, 553
Plievier, Theodor 473f
Poincaré, Raymond 60, 62, 113f, 120f
Politzer, Georges 302
Pompidou, Georges 741, 753
Ponge, Francis 331, 456
Ponson du Terrail, Pierre Alexis 97, 99
Pontalis, Jean-Bertrand 271f, 407, 441, 459, 463, 669f, 703, 712f, 733
Poperen, Jean 439
Pouillon, Madame 274
Pouillon, Jean 272, 274f, 277, 286, 407, 441, 486, 581, 593, 634f, 638, 640, 648ff, 652, 749f, 752f, 764f, 768, 770, 775, 780f
Poujade, Pierre 568
Poumeau-Delille, Familie 24
Pozner, Vladimir 378
Pradales, Pierre 469
Presle, Micheline 450
Prévert, Jacques 333f, 418, 505, 737
Prévert, Pierre 416
Prévost, Camille 49
Prévost, Jean 455
Procope, Russell 372
Proust, Marcel 5, 99f, 109, 114, 210, 347, 399, 402, 408, 489
Puech, Henri-Charles 169
Pucheu, Pierre 297, 345
Puiffe de Magondeaux,

Raymond de → Magondeaux
Puig, André 681, 684, 742
Purnal, Roland 299

Quasimodo, Salvatore 125
Queneau, Raymond 163, 313, 322f, 333, 456, 481

Rabaut, Jean 277, 282
Rabearivelo, Jean-Joseph 654
Rabelais, François 27, 125, 210
Racine, Jean 68, 561
Raffael, Raffaello Santi, gen. 582
Rahr, Philipp 431
Ramadier, Paul 457, 462f
Ramuz, Charles Ferdinand 125
Rancière, Jacques 552, 755
Rash, Yehoshua 625f
Rasquin, Lehrer 153
Raynaud, Madame 27
Rebatet, Lucien 298, 315, 388, 671
Reggiani, Serge 584
Reinhardt, Wolfgang 588
Rembrandt, Rembrandt Harmensz. van Rijn, gen. 447, 734
Renaud, Madeleine 391
Renoir, Jean 219, 378
Resnais, Alain 635
Revault d'Allonnes, Olivier 306
Revel, Jean-François 635
Rey, Evelyn 443, 579, 581, 584f, 595, 682
Reynaud, Paul 388
Ribbentrop, Joachim von 269
Ricardou, Jean 678
Richard, Sartre-Schüler 325f
Richard I. Löwenherz, König von England 65
Richet, Charles 644
Ridgway, Matthew B., General 509, 513
Riemer, gen. Jean Populo oder Jean de la Genette, Lehrer 92f
Rigal, Louis Rigaudias, gen. 276
Rigault de Genouilly, Charles 22
Rilke, Rainer Maria 257, 264
Rimbaud, Arthur 188
Robbe-Grillet, Alain 617, 635ff
Robertfrance, Jacques 158
Robespierre, Maximilien de 592
Robinet, Louis-Gabriel 511f
Roditi, Édouard 358
Rolland, Jacques-Francis 540
Rolland, Romain 5, 194, 314, 346, 646
Romains, Jules 200
Ronsac, Charles 464, 470
Roosevelt, Eleanor 354
Roosevelt, Franklin Delano 362f, 376f
Rosenberg, Alfred 268
Rosenberg, Julius und Ethel 526, 532, 547
Rosenthal, Gérard 465, 471f, 474, 479
Rosine → Feferman, Rosine
Rossanda, Rossana 778
Rostand, Maurice 390
Rougemont, Denis de 268, 358f, 367f
Rouleau, Raymond 336, 547
Roulet, Lionel de 190
Roure, Rémy 470
Rous, Jean 467f, 476, 479
Rousseau, Jean-Jacques 67, 123, 519, 553, 757
Rousseaux, André 396
Rousset, David 277, 463ff, 467f, 470ff, 477ff, 482f
Roux, Jacques 692
Roy, Claude 342, 504, 640
Rundstedt, Gerd von, Generalfeldmarschall 341
Russell, Bertrand 6, 628, 684, 686ff, 742
Rybalka, Michel 740

Sabbagh, Pierre 558
Sacco, Nicola 526
Sacharow, Andrei 761
Sachs, Hans 67
Sack, Henri 478
Sadat, Muhammad Anwar As 763, 766
Sagan, Françoise 635, 762
Saget, Justin 394, 402
Saïd, Edward 766
Sainte-Beuve, Charles Augustin 145
Saint-Exupéry, Antoine de 268, 359, 361
Saint-Exupéry, Consuelo 359
Saint Jean, Robert de 358
Saint-John Perse, Marie René Auguste Alexis Saint-Léger Léger, gen. 109, 672
Saint-Just, Louis Antoine Léon 466, 472
Saint-Simon, Claude Henri de Rouvroy, Graf von 263
Sakunosuke, Oda 621
Salacrou, Armand 332, 340, 344, 391
Salan, Raoul, General 643, 646, 649, 665
Salazar, António de Oliveira 760
Salmon, Jean-Marc 698
Sand, Aurore Dupin, Baronin Duderant, gen. George 705
Sandier, Gilles 544, 584, 586
Sangnier, Marc 120
Sarraute, Nathalie 436, 456, 485, 617, 635, 640
Sarte, Raoul del 373
Sartre geb. Schweitzer, später verehelichte Mancy, Anne-Marie, genannt You, Mutter 18f, 37, 40ff, 43ff, 50ff, 55f, 57ff, 61, 69f, 74ff, 82ff, 87ff, 92, 95ff, 131, 133, 158, 160, 191, 193, 220f, 231, 242, 244, 267, 293, 419, 424, 435, 440, 443, 451, 533, 667, 681, 690, 732
Sartre, der Bauer, Urgroßvater 26
Sartre geb. Chavoix, Élodie, Großmutter 20, 24, 28ff, 37, 40ff, 48ff, 75, 78f, 83, 88, 130, 158

Sartre, Eymard, Doktor, Großvater 19, 24, 26ff, 41f, 49, 51ff, 79, 82, 90, 95, 130, 231, 661
Sartre, Familie 18ff, 26f, 30, 35, 40f, 47, 50f, 55, 76, 79, 85, 101, 130, 136f, 231
Sartre, Hélène, verehelichte Lannes, Tante 15, 18ff, 29f, 41, 47, 49f, 52ff, 56, 75, 83, 88, 101, 130f, 506, 668
Sartre, Jean-Baptiste, Vater 1 passim bis 42, 43, 47f, 50ff, 57f, 68, 77, 79, 82ff, 87f, 95, 120, 130, 133, 158, 164ff, 394, 490, 506f, 670
Sartre, Joseph, Onkel 20, 26, 29f, 40, 52ff, 77, 79, 83f, 88f, 98, 130f, 506
Sartre, Pierre, Urgroßvater 26f
Sauvy, Alfred 657
Savigneau, Thomas 726
Sawahreh, Khalil 630
Schaeffer, Pierre 359
Schaham, Nathan 625
Schdanow, Andrei Alexandrowitsch 528
Scherer, Jacques 358
Schiffrin, Jacques 382
Schiller, Friedrich 173
Schlonsky, Abraham 625
Schlumberger, Jean 210
Schnitzler, Arthur 172
Scholem, Gershom 625
Schoenmann, Ralph 742
Schopenhauer, Arthur 125, 133
Schubert, Franz 43, 419
Schuman, Robert 463
Schuster, Jean 634ff
Schutz, Alfred 432
Schwartz, Laurent 684
Schweitzer, Adèle 667
Schweitzer, Albert, Großcousin 45, 67, 133, 533, 658
Schweitzer, Anne-Marie → Sartre, Anne-Marie
Schweitzer, Auguste, Großonkel 45f
Schweitzer, Charles (Karl), Großvater 37, 40, 43ff, 48, 50, 53, 59ff, 67ff, 75ff, 84, 88, 90, 95, 97f, 99, 113, 118, 121, 133, 141, 161, 173, 183, 192, 231f, 425, 490, 588, 658, 681
Schweitzer, Émile, Onkel 46, 64, 69
Schweitzer, Familie 43ff, 47f, 50, 55, 57ff, 69, 82ff, 86f, 101, 113, 133, 160, 173, 182, 230ff, 392, 419, 424, 518, 533, 553, 575, 667, 719
Schweitzer, Georges, Onkel 23, 37, 46, 59, 64, 68, 84
Schweitzer, Jean-Chrétien, Ururgroßvater mütterlicherseits 63
Schweitzer, Jean-Jacques, Vorfahr 63
Schweitzer, Jean-Louis, Vorfahr 63
Schweitzer, Jean-Nicolas, Vorfahr 44
Schweitzer, Louis, Großonkel 45f, 67
Schweitzer geb. Guillemin, Louise, Großmutter 46, 59, 61, 64, 69, 75, 77, 99, 107
Schweitzer, Philippe-Chrétien, Urgroßvater 44f, 63
Seeligmann, Pierre 198
Seghers, Pierre 346
Ségur, Comtesse de 108
Seigneur, Gräfin du 82
Semprun, Jorge 678
Seneca, Lucius Annaeus, d.J. 125
Senghor, Léopold Sédar 653
Serge, Victor 196
Serpette de Bersaucourt, Fregattenkapitän 31
Seznec, Jean 429
Shakespeare, William 105, 125, 527
Shavers, Charlie 372
Shelley, Percy Bysshe 160, 187
Shigeharu, Nakano 621
Sicard, Michel 740
Sieburg, Friedrich 269
Siegel, Liliane 721, 738, 741, 745
Sigat, Ran 625f
Signoret, Simone Kaminker, gen. Simone 207, 547, 635, 648
Silone, Ignazio 456, 497, 533
Simonow, Konstantin Michailowitsch 533ff
Siné, Bob 641
Sintès, Catherine 518
Sitting Bull 74, 353
Slansky, Rudolf 521, 532, 541
Sokrates 129, 181, 183, 201, 398, 414, 452, 553, 586
Sophokles 264, 299
Sorel, Georges 22, 481
Sorin, Raphaël 697
Sorokine, Nathalie, gen. Lise → Moffat, Nathalie 293f, 312, 322, 329f, 443, 456
Soupault, Philippe 456
Soustelle, Jacques 400, 562f
Spaier, Albert 169
Spinoza, Baruch de 125, 127f, 327
Stalin, Jossif Wissarionowitsch Dschugaschwili, gen. 221, 227, 237, 262, 271, 289, 297, 453, 528, 533, 538, 565, 659
Starobin, Jo 522
Steinsaltz, Adin 766
Stendhal, Henry Beyle, gen. 125, 393, 408, 498, 607, 710
Stéphane, Roger 464, 484f, 523, 541
Stewart, James 378
Strauss, Pierre 275
Strawinski, Igor 374
Stülpnagel, Karl-Heinrich von, General 297
Such, Moshe 627
Supervielle, Jules 214
Surkow, Alexei Alexandrowitsch 618
Susini, Eugène 174, 178
Suvélor, Roland 779
Sylvia, Gaby 336f
Sylvie → Le Bon, Sylvie
Synge, John Millington 310

Tabouis, Geneviève 365f, 375
Tanguy, Yves 359
Tarkowski, Andrei Arsenjewitsch 617
Tatum, Art 371
Tawil, Raymonda 763
Tcheng, Oberst 33, 36
Teitgen, Paul 633, 639
Teitgen, Pierre-Henri 400
Terquelin, Jean 353
Terrenoire, Alain 641, 643, 651
Testard, Fregattenkapitän 31
Texas Jack 74, 353
Tharpe, Sister Rosetta 372
Théolleyre, Jean-Marc 642
Theresa von Ávila, die heilige 492
Thérive, André 212, 315
Theulier → Chavoix geb. Theulier
Theulier, Albert, Apotheker 25
Theulier, Albert, Arzt 25
Theulier, Familie 24f, 79
Theulier, Jacquot (Jacques), Ururgroßvater mütterlicherseits 24f
Theulier, Jean 25
Theulier, Jules 25
Thévenin, Paule 641
Thomas, Edith 313
Thomas, William 432
Thorez, Maurice 196, 289, 389, 401, 455, 509, 618, 659
Tillon, Charles 521, 528
Tintoretto, Jacopo Robusti, gen. Jacopo 449, 581ff, 588, 591f, 619, 705, 711
Tito, Josip Broz, gen. 485, 598, 619f, 632
Tizian, Tiziano Vecellio, gen. 582
Todd, Olivier 747
Togliatti, Palmiro 498, 533, 664, 677, 782
Tolstoi, Lew Nikolajewitsch 125
Tomatis, Alfred 208
Toepffer, Rodolphe 159
Torrès, Henry 366, 460f
Toublanc, Guy 92
Toudouze, Georges G. 390
Tournier, Michel 305
Triolet, Elsa 163, 494, 533f
Trotzki, Lew Davidowitsch Bronstein, gen. 689
Troude, Lehrer 155
Truffaut, François 755
Truman, Harry S. 657

Uchamp, Verwalter der École normale 274
Ungaretti, Giuseppe 214, 533, 617
Uri, Pierre 456

Vadim, Roger 417
Vailland, Roger 390, 407
Valéry, Paul 99, 387
Vallantin, René 23
Vallet 469
Vanetti, Dolorès (auch M.) 372ff, 382, 419, 421, 423, 425ff, 433ff, 451, 480, 500f, 515, 603, 782
Vanzetti, Bartolomeo 526
Vaulabelle 249
Védrine, Louise 220f
Vercors, Jean Bruller, gen. 309, 316, 346f, 481, 633, 635, 639f
Vergès, Jacques 638f
Vergil 105
Vermorel, Claude 299
Verne, Jules 249
Vian, Boris 395, 418, 451, 456, 501, 514f
Vian, Michelle, auch Léglise-Vian, Michelle 451, 501, 508, 514f, 572, 579, 581, 587f, 681, 690, 738, 745, 758, 780
Viansson-Ponté, Pierre 689
Victor, Pierre → Lévy, Benny
Vidal-Naquet, Pierre 725
Vidor, King 334
Vigorelli, Ezio 617
Vilar, Jean 340, 493
Vildé, Boris 270
Ville, Jean-André 174, 180
Ville, Marie (die Mondfrau) 174, 180, 185
Villers, Robert 353, 357, 361, 378, 381
Villon, François 646
Vincent, Familie 41
Viollis, Andrée 352f, 360
Vitold, Michel 336f
Vittorini, Elio 456, 497, 637
Voltaire, François Marie Aronet, gen. 46, 67f, 118, 158, 306, 392, 402, 482, 487, 506, 519, 553, 598, 632, 645f, 756f, 776

Wacrenier, Philippe 317
Wagner, Cosima 133
Wagner, Richard 67, 133, 172, 690
Wahl, Jacques 779
Wahl, Jean 137f, 169, 171, 407, 593
Waldberg, Patrick 344
Waelhens, Pater de 326
Waltz, Jean-Jacques → Hansi
Watad, Ma'hamad 766
Watanabe, Kazuho 621
Watson, Leo 372
Webb, Chick 371
Weber, E. H. 42
Werler, Georges 545, 740
Weygand, Maxime, General 388
Wilhelm von Aquitanien 67
Wilhelm II., Deutscher Kaiser und König von Preußen 238
Wilson, Angus 617
Wolf, Helen 382
Wolf, Kurt 382
Wolfromm, Jean-Didier 754, 757
Woolf, Virginia 171, 350, 398
Wright, Richard 380, 456, 473f, 478, 514
Wybot, Roger 317
Wyschinski, Andrei Januarjewitsch 752, 769

Yaari, Meir 626
Yao Guo-qiang 602
Young, Lester 371
Yovel, Jeremihiaou 627

Zay, Jean 270, 341
Zeller, Henri, General 665
Zévaco, Michel 74
Zola, Émile 392, 398f, 402, 414, 757
Zonina, Lena 618f
Zuorro, Marc 156

DANKSAGUNG

Dieses Buch ist aus einer Begegnung entstanden: Über Fanchita Gonzales Maspero setzte sich 1981 der Verleger André Schiffrin vom New Yorker Verlag Pantheon mit mir in Verbindung. Er schlug mir diese Biographie vor und überredete mich, sie zu unternehmen, und gab mir die Möglichkeit, vier Jahre lang tagtäglich in Sartres Universum zu arbeiten. André Schiffrin ist also der eigentliche Initiator dieses sartreschen Abenteuers: Sein verlegerisches Talent – einfach und entschieden an einen zu glauben, einem Vorschläge zu machen, ohne sie einem aufzuzwingen, zu kritisieren, ohne zu entmutigen – ist die Voraussetzung für das Entstehen dieses Buches gewesen. Mit ihm müssen auch die Mitarbeiter von Pantheon Books in New York und besonders Mary Kling in Paris erwähnt werden.

Zahlreiche Zeugen, Mitarbeiter oder Freunde sind bereit gewesen, mich bei meiner Forschungsarbeit zu unterstützen: Lionel Abel, René Achéen, Arieh Arahoni, Rachel Aharoni, René Aillet, Jean-Pierre Alacchi, Jeanne Allard, Noël Arnaud, Raymond Aron, Aaron Ascher, Louis Audibert, Colette Audry, Louis Autin, Armand Bachelier, Jean Baillou, Jean Balladur, Dr. Baron, William Barrett, Karel Bartosek, Marc Beigbeder, Armand Bérard, Mauricette Berne, Mademoiselle Billoux, Tom Bishop, Carl-Gustav Bjurström, Louis Blanc, Gaston Blanchard, Gérard Blanchet, Francis Bobée, Thierry Bodin, Jean-Marie Borzeix, Claire Bost, Jacques-Laurent Bost, Jean-Marcel Bouguereau, Marcel Bouisset, Jacques Boutineau, Dominique Braut-Klar, Marie-Sophie Brianceau, Menahem Brinker, Victor Brombert, Jean Bruhat, Jean Bruller-Vercors, Pierre Brument, Henri Brunschwig, Jean-Pierre Busson, Jean-Pierre Callot, Georges Canguilhem, Michel Cantal-Dupart, Mademoiselle Carpentier, Christian Casadesus, Jean Cau, Claude Chartrel, Jérôme Charyn, François Châtelet, Admiral Chatelle,

Jean-René Chauvin, Georges Chazelas, Jean Chouleur, Stéphane Courtois, Robert Cruège, Jean Daniel, Simone Debout, Régis Debray, Jacques Debû-Bridel, Maurice Deixonne, Maurice Delarue, Émile Delavenay, Jean-Pierre Delilez, Alex Derczansky, Dominique Desanti, Jean-Toussaint Desanti, Madame Roland Dorgelès, Michel Drouin, Bernard Dufourcq, Roland Dumas, Dr. Durieux, Hector Elisabeth, André Encrevé, François Erval, Patrick Esclafer de la Rode, Etiemble, Pierre Fanlac, Denise Fargeot, Beatrice Farwell, Claude Faux, das gesamte Team des amerikanischen FBI – John R. Burke, Louis P. Goelz, James K. Hall, Russell A. Powell, Robert M. Smalley, Darnall C. Stewart, John H. Wright –, Marianne de Fleury, Roger Fleury, Renée-Claire Fox, Paul Fraisse, Nino Frank, René Frédet, Anne Frejer, Amalia Fürstenberg, Fiska Fürstenberg, Étienne Fuzellier, der Patriarch und der ganze Fuzellier-Stamm – Isabelle, Ljiljana, Raymond, Vladimir –, Maurice de Gandillac, Jean Gatel, Philippe Gavi, Alain Geismar, Jacques Ghinsberg, Valéry Giscard d'Estaing, Jean Giustiniani, Erving Goffman, Michel Gordey, Rechtsanwalt Grangé, Jeanyves Guérin, Henri Guillemin, Norbert Guterman, Guillaume Hanoteau, Charles Hernu, Pierre Hervé, Stanley Hoffmann, Irving Howe, Ilios Iannakakis, Joris Ivens, Roger Jaccou, Vladimir Jankélévitch, Jean-Noël Jeanneney, Henri Jourdan, Jean-Daniel Jurgensen, Madame Pierre Kaan, Dani Karavan, Lucien Karhausen, Jean Karoubi, Hughes de Kerett, Brigitte de Kergorley, Edith Kurzweil, Olivier Lacombe, Claude Lanzmann, Georges Lefranc, Éric Lemaresquier, Jean Lescure, Jacques Levavasseur, Harry Levine, Laurent Lévi-Strauss, Benny Lévy, Raoul Lévy, Haviva Limon, Youzek Limon, Daniel Lindenberg, Gérard Loiseaux, Marceline Loridan, Robert Lucot, Raymond de Puiffe de Magondeaux, Mademoiselle Martin, Gilles Martinet, Dionys Mascolo, Suzanne Merleau-Ponty, Alain Meyer, Arthur Miller, Robert Misrahi, Selim Mohor, André Monchoux, Alberto Moravia, Jean-Paul Mougin, Maurice Nadeau, Louis Nagel, Marie Nimier, Nadine Nimier, Henriette Nizan, Madame de Nomazy, Marcel Paquot, Geneviève Pastier, Jacqueline Paulhan, General Pauly, François Périer, Marc Perrin de Brichambaut, M. Petitmengin, Henri Peyre, Claude-Jean Philippe, William Phillips, Jean Pierre, Pierre Piganiol, Bernard Pingaud, Vincent Placoly, J.-B. Pontalis, Jean Pouillon, Vladimir Pozner, Jean Rabaut, Jacques-René Rabier, Alain D. Ranwez, Yehoshua Rash, Madame Raynaud, Jeannine Richet, Louis Robert, Denis de Rougemont, David Rousset, Susan Rubin-Suleiman, Michel Rybalka, Edward Saïd, Olga de Saint-Affrique, François-Marie Samuelson, Alain Savary, Judith Schlanger, Michèle Schmitt-Joannou, Louis Schweitzer, Édouard Selzer, Nathan Shaham, Jean-François Sirinelli, Raphaël Sorin, Michel Suchod, Roland Suvélor, Paul Tabet, Paule Thévenin, André Tiercet, Guy Toublanc, Maurice Vaïsse, Dolorès Vanetti, Michelle Vian, P. C. V., Monique Vignal, Pierre Vilar, Jeanne Virmouneix, André Vogel, Robert-Léon Wagner, Georges Werler, Jean-Didier Wolfromm.

Simone de Beauvoir und Arlette Elkaïm-Sartre als privilegierte Zeuginnen haben mich stets herzlich und hilfsbereit empfangen. Indem sie mir Einblick in ihre Privatarchive gewährten, berichteten, korrigierten und ergänzten, wann immer es nötig war, haben sie eine wesentliche Rolle bei meiner langwierigen Erforschung der Sartre-Wahrheit gespielt.

Für die Analyse, die Arbeitshypothesen und die zahllosen, immer wieder vorgenommenen Umarbeitungen jeder Einzelepisode ist mir Christian Bachmann ein unersetzlicher Freund gewesen: Die gemeinsamen Fragestellungen, Zweifel und Entdeckungen haben ein genaues Auseinanderhalten von seinen und meinen eigenen Gedanken praktisch unmöglich gemacht.

Schließlich ist es Paule Neuvéglise gewesen, die mir symbolisch die Türen der Rue Sébastien-Bottin geöffnet und mich während dieser ganzen Arbeit beraten hat. Robert Gallimard und später das gesamte Team des Hauses Gallimard haben sich mit Kompetenz, Überzeugung und Begeisterung für die Fertigstellung des Manuskripts und die Verwirklichung dieses Buchs eingesetzt.

Jedem sei an dieser Stelle herzlich gedankt.

FOTONACHWEIS

FAKSIMILE IM TEXT

Archives Fondation Nobel, Stockholm: S. 675; Archives Thierry Bodin: S. 119; Archives Mme Roland Dorgelès: S. 72, 73; Archives de l'École Polytechnique: S. 17; Archives familiales: S. 66, 80, 81, 704; Archives du Ministère de la Marine: S. 38, 39.

FOTONACHWEIS

A. F. P.: 36, 43; U. P. I.-A. F. P.: 33, 46; Robert Cohen-Agip: 32, 45, 49, 56; Archives de l'École Polytechnique, Palaiseau, Photos H. Josse-Éditions Gallimard: 5, 6, 7;
Archives Gisèle Freund: 11; Archives Israël Government Press Office: 47; Archives Kibboutz Merhavia: 48; Archives du Ministère de la Marine, Vincennes, Photo H. Josse-Éditions Gallimard: 8; Archives Robert Villers: 28, Bernand: 42; Brassaï: 25, Annie Cohen-Solal: 2; Collection Jacques Boutineau, Thiviers: 3; Collection G. Canguilhem: 19, 20; Collections particulières, Photos Éditions Gallimard: 4, 9, 10, 12, 13, 14, 15, 16, 17, 18, 21, 23, 24; Gisèle Freund: 1, 40;
Brinon-Gamma: 35; Sas-Gamma: 50; Keystone: 39, 44; Yves Manciet: 30; Paris-Match/de Potier: 34; Berretty-Rapho: 41; Doisneau-Rapho: 31; Niépce-Rapho: 53; Jacques Robert-Éditions Gallimard: 51, 52, Melloul-Sygma: 55; Papillon-Sygma: 27; William Leftwich-*Time Magazine:* 29; Lapi-Viollet: 26;
Archives C. Raimond-Dityvon/Viva: 22; X-D.R.: 37, 38, 54, 57.

ABKÜRZUNGSVERZEICHNIS

AEAR: Association des écrivains et des artistes révolutionnaires, der Bund der revolutionären Schriftsteller und Künstler war in den dreißiger Jahren die u. a. von Aragon nach seinem Besuch des Charkow-Kongresses gegründete französische Sektion der UIER (Union internationale des écrivains révolutionnaires), die Friedenskongresse in Paris und Amsterdam veranstaltete (Barbusse, Romain Rolland u. a.).

CFTC: Confédération française des travailleurs chrétiens, frz. Gewerkschaft der christlichen Arbeiter, gegründet 1919.

CGT: Confédération générale du travail, KPF-nahe Gewerkschaft.

CGTU: Confédération générale du travail unitaire. Im Gefolge der SFIO-Spaltung (1920) abgespaltene kommunistische Gewerkschaft, die sich 1935 mit der damals sozialistischen CGT vereinigte.

CIO: Congress of industrial organisations, amerikanische Gewerkschaft.

CLS: Comité de liaison du spectacle, Vereinigung der im Medienbereich Beschäftigten (Mai '68).

CNE: Comité national des écrivains, aus der Résistance hervorgegangener Schriftstellerverband.

CNRS: Comité national de la recherche scientifique. Nationales Forschungszentrum.

COMES: Communauté européenne des écrivains, europäischer Schriftstellervereinigung.

CRS: Compagnies républicaines de sécurité, kasernierte Bereitschaftspolizei.

FDGS: Fédération de la gauche socialiste, Sozialdemokraten, Nachfolgeorganisation der SFIO.

FER: Fédération des étudiants révolutionnaires, Trotzkisten.

FN: Front national (de lutte pour l'indépendance de la France), auf Initiative der KPF im Mai 1941 ausgerufene Widerstandsorganisation, die eine der bedeutendsten wurde.

FLN: Front de libération nationale, algerische nationale Befreiungsfront, leitete mit dem Aufstand vom 1. 11. 1954 die Befreiung Algeriens ein.

FNL: Front national de libération, vietnamesische nationale Befreiungsfront.

FO: Force ouvrière, sozialdemokratische Abspaltung (1947) von der CGT-Gewerkschaft.

GP: Gauche prolétarienne, maoistische Organisation, im Herbst 1968 gegründet, im Mai 1970 per Regierungserlaß aufgelöst.

GPRA: Gouvernement provisoire de la république algérienne, von der FNL gegründete algerische Exilregierung.

JCR: Jeunesses communistes révolutionnaires, aus der KPF hervorgegangene 1966 gegründete Organisation. Im Juni 1968 aufgelöst; die Nachfolgeorganisation Ligue communiste wurde 1973 verboten und in Ligue communiste révolutionnaire umbenannt, Trotzkisten.

LVF: Légion des volontaires français, Kollaborateurorganisation.

MRP: Mouvement républicain populaire, nach der Befreiung u. a. von Bidault gegründete katholische Partei.

NNRF: Nach der Befreiung Nachfolgezeitschrift der N. R. F., *Nouvelle Revue française*, 1909 gegründet (Gallimard), von 1940 bis 1944 von dem Kollaborateurschriftsteller Drieu La Rochelle herausgegeben.

OAS: Organisation de l'armée secrète, französische paramilitärische, terroristische Organisation in Algerien, später auch in Frankreich (Salan u. a.).

ORTF: Office de la radiodiffusion et télévision française. Französische Rundfunk- und Fernsehgesellschaft.

OWI: Office of war information.

PLM: Paris-Lyon-Marseille, private Eisenbahnlinie.

PSU: Parti socialiste unifié, sozialistische Abspaltung der SFIO.

RDR: Rassemblement démocratique révolutionnaire, 1948 u. a. von Sartre und Rousset gegründete revolutionäre, neutralistische Organisation.

RPF: Rassemblement du peuple français, Massenbewegung de Gaulles von 1947 bis 1953.

SFIO: Section française de l'internationale ouvrière, auf dem Kongreß von Tours (Dezember 1920) konstituierte sich die Mehrheit der sozialistischen Partei als Parti communiste français (PCF); die reformistische Minderheit konstituierte sich als SFIO.

STO: Service du travail obligatoire, Zwangsarbeitsdienst unter dem Vichy-Regime für die deutsche Kriegsproduktion.

INHALT

UNTERWEGS ZUM GENIE

1905–1939

Jean-Baptiste im Rampenlicht 15
Glücklose Anne-Marie 43
Privatbestiarium eines Königskindes 57
Szenen aus dem Leben in La Rochelle 86
Tausend Sokratesse 99
Ein einziger Sokrates 143
Schwermut, Wahn und diverse Reisen 182
Ein kurzes Intermezzo: zwei Jahre Glück 199

EINE VERWANDLUNG IM KRIEG

1939–1945

Ein kafkaesker Krieg 227
Eine erhabene Gefangenschaft 249
«Sozialismus und Freiheit» 266
In der Sackgasse 292

«Ein Schriftsteller, der Widerstand leistete...» 308
Leitfigur für Tausende von Jugendlichen 328
Von Buffalo Bill zu Präsident Roosevelt... 352

DIE SARTRE-JAHRE

1945–1956

Paris: Der Existentialismus ist gekommen 387
New York: Sartre is beautiful 421
Im Maschinenraum 436
Zweiter Schock des Konkreten 453
Zweite Sackgasse 484
Tauben und Panzer 508

EIN MANN ERWACHT

1956–1980

Ihr seid fabelhaft 557
Ein militanter Botschafter 597
Der Unberührbare 632
Zwischen Flaubert und den Maoisten 683
Im Schatten des Turms 733

ANHANG

Sartres Lebensdaten 785
Anmerkungen 790
Bibliographie Jean-Paul Sartre 826
Bibliographie Simone de Beauvoir 839
Personenregister 842
Danksagung 855
Fotonachweis 858
Abkürzungsverzeichnis 859

JEAN-PAUL SARTRE

Gesammelte Werke
In Zusammenarbeit mit dem Autor
und El Kaim-Sartre
herausgegeben von Traugott König

Schriften zur Literatur
Der Mensch und die Dinge. Baudelaire. Was ist Literatur? Saint Genet, Komödiant und Märtyrer. Schwarze und weiße Literatur. Mallarmés Engagement. Was kann Literatur? Der Idiot der Familie I–IV, Gustave Flaubert 1821–1857.
Kassette mit 8 Bänden. rororo 34007

Romane und Erzählungen
Der Ekel. Die Kindheit eines Chefs. Zeit der Reife. Der Pfahl im Fleische. Mathieus Tagebuch. Die letzte Chance.
Kassette mit 4 Bänden. rororo 34008

Autobiographische Schriften, Briefe, Tagebücher
Die Wörter. Sartre über Sartre / Sartre. Ein Film. Briefe an Simone de Beauvoir und andere, Bd. 1 und 2. Tagebücher. Sartre. Bilder eines Lebens.
Kassette mit 6 Bänden. rororo 34009

Das Gesamtwerk Jean-Paul Sartres
ist im Rowohlt Verlag und
Rowohlt Taschenbuch Verlag
erschienen

ROWOHLT